I0876472

TEXTES DE PHILOSOPHIE
sous la direction de Raphaële Andrault et Pierre-François Moreau
23

Figures du handicap dans la philosophie occidentale

Ouvrage publié avec le soutien de la Fondation Voir et Entendre,
du programme Handicap & sociétés de l'École des hautes études
en sciences sociales, de l'Institut d'histoire des représentations et des idées
dans les modernités (IHRIM, UMR 5317), sous la tutelle du Centre
national de la recherche scientifique, de l'École normale supérieure
de Lyon, des universités Lumière – Lyon 2, Jean-Moulin – Lyon III,
Jean-Monnet – Saint-Étienne et Clermont Auvergne

Figures du handicap dans la philosophie occidentale

Une anthologie

Édition critique par Marion Chottin et Gaspard Brun,
avec la collaboration d'Emma Bourges

PARIS
CLASSIQUES GARNIER
2025

Marion Chottin est chargée de recherche au CNRS (IHRIM/ENS de Lyon). Elle a notamment publié *Le Partage de l'empirisme. Une histoire du problème de Molyneux aux XVII*[e] *et XVIII*[e] *siècles* (Paris, 2014), « Éléments pour une contre-histoire de la cécité et des aveugles » (*Corpus, revue de philosophie*, Paris, 2014), et, avec Céline Roussel et Zina Weygand, *Jacques Lusseyran entre cécité et lumière* (Paris, 2019).

Gaspard Brun, docteur en philosophie, a travaillé pour la coordination des politiques d'insertion des personnes handicapées. Il a notamment publié *L'Expérience de soi à l'épreuve des normes : éléments pour une philosophie du handicap* (ANRT, 2013) et « Les fondements du concept d'égalité dans le droit des personnes en situation de handicap. Le cas de la France » (*Développement humain, handicap et changement social*, 2018/2, p. 106-120).

Emma Bourges est doctorante en anthropologie et en philosophie à l'université de Bretagne Occidentale. Elle a réalisé plusieurs travaux portant sur le handicap, notamment : « VOUS VERREZ PAR VOS OREILLES : L'audiodescription proposée aux personnes malvoyantes et non voyantes dans les musées de France n'est-elle qu'une pollution sonore ? », *Canadian Journal of Disability Studies*, 13(1), 2024, p. 120-145.

ISBN 978-2-406-15153-1 (livre broché)
ISBN 978-2-406-15154-8 (livre relié)
ISSN 2103-575X

INTRODUCTION

CONTEXTE

Ce recueil de textes philosophiques est l'effet conjugué des *disability studies*[1] et des études francophones de handicap[2].

Champ de recherche pluri et interdisciplinaire anglo-saxon, né dans les années 1970-1980 aux États-Unis et en Grande-Bretagne, les *disability studies*, qui ne cessent depuis de se déployer, selon des orientations très variées, sont issues de mouvements sociaux de personnes handicapées en lutte pour leur égalité, tant formelle, ou juridique, que réelle, ou matérielle, avec les personnes dites valides. En référence à l'histoire bien connue de Rosa Parks, l'un de leurs slogans dit ainsi : « *I can't even get to the back of the bus*[3] » (je ne peux même pas aller au fond du bus). Dès les années 1960, dans la lignée, notamment, de celui des droits civiques, ces mouvements se sont opposés aux sciences de la réadaptation (*rehabilitation sciences*), telles que la médecine et les disciplines adjacentes (kinésithérapie, ergothérapie etc.), et aux politiques publiques avec lesquelles, depuis la Première Guerre mondiale, elles se sont articulées. Les *disability studies* naissantes montrèrent ainsi que ces sciences, associées à ces politiques, réduisent le handicap à l'attribut d'une personne – qu'il s'agisse de paralysie, de cécité, de surdité, de troubles mentaux, etc. – et son traitement à la réadaptation de celle-ci

1 Expression que l'on peut traduire par « études de handicap ».

2 Ou bien, selon la proposition de Henri-Jacques Stiker, « études à propos du handicap », « plutôt que "sur", pour ne pas laisser penser que ces études se situent en surplomb, en dehors, de l'expérience ». « Postface » à l'ouvrage *Discours et représentations du handicap. Perspectives culturelles*, C. Roussel et S. Vennetier (dir.), Paris, Classiques Garnier, 2019, p. 324.

3 Voir par exemple la photographie de Tom Olin lors d'une manifestation à Philadelphie en 1990. En ligne : https://everybody.si.edu/media/889 (consulté le 16/02/2023).

à la société, au travers de programmes de rééducation tant fonctionnelle que professionnelle. De la sorte, les personnes jugées éligibles à ce type de programmes, mais aussi celles qui sont estimées trop handicapées pour pouvoir en bénéficier, sont pour la plupart amenées à vivre, contre leur gré, dans des établissements dédiés, coupées du reste de la société, dans tous les cas privées de leurs droits fondamentaux (à la liberté et à l'égalité, à l'éducation, au travail, etc.). Une telle façon de concevoir le handicap, adossée à l'idée qu'il serait une « tragédie personnelle[4] », est rapidement nommée, par la première vague de *disability studies*, « modèle individuel », puis « médical » du handicap, et identifiée comme la cause des discriminations et de l'exclusion, voire de l'oppression des personnes handicapées. En Grande-Bretagne, à ce paradigme individuel ou médical est opposé le « modèle social du handicap », fondé sur la distinction entre la déficience (*impairment*), c'est-à-dire l'« absence d'une partie ou de la totalité d'un membre, ou la présence d'un membre, d'un organe ou d'un mécanisme corporel défectueux », et le handicap (*disability*) proprement dit, conçu comme « désavantage » ou « restriction d'activité » socialement élaborés[5]. Dans la mesure où c'est la société (capitaliste) qui handicape (*disables*) les personnes porteuses de déficience(s), il s'agit non pas de réadapter celles-ci à celle-là, mais l'inverse – ce qui, pour ces militants et premiers théoriciens[6] (matérialistes) des *disability studies*, eux-mêmes (socialement) handicapés, implique, à terme, la sortie du capitalisme lui-même. Une telle distinction entre la déficience et le handicap vaut en même temps, selon eux, partage disciplinaire : si la médecine et les disciplines adjacentes sont légitimes à prendre pour objet la première, le second, entendu, donc, comme restriction de participation à la vie en société, peut et doit être l'objet des sciences sociales. Il s'agit ainsi, pour ces théoriciens, en l'occurrence sociologues, de mettre au jour les obstacles (en matière d'éducation, de logement, d'emploi etc.) auxquels se heurtent les personnes porteuses de déficience(s), pour d'autant mieux les abolir. Ainsi, la suppression du handicap ne relève plus des sciences de la réadaptation et de l'aptitude des individus à « surmonter » celui-ci,

4 Voir par exemple Mike Oliver, *Social Work With Disabled People*, Londres, Macmillan Education, 1983, p. 121. Nous traduisons systématiquement l'anglais.

5 *Ibid.*, p. 24.

6 Principalement des hommes : outre Mike Oliver, nous pouvons mentionner Paul Hunt, Vic Finkelstein et Colin Barnes.

mais consiste en l'abolition des « barrières handicapantes[7] » (*disabling barriers*) qui les maintiennent dans une position sociale subordonnée.

C'est dans ce contexte qu'apparaît, dans les années 1990, ce qui sera nommé *philosophy of disability* (philosophie du handicap) ou *philosophical studies of disability* (études philosophiques du handicap). Ainsi, la philosophe britannique Susan Wendell publie, en 1996, l'ouvrage intitulé *The Rejected Body : Feminist Philosophical Reflections on Disability*[8] (Le corps rejeté : réflexions philosophiques féministes sur le handicap), dans lequel elle fait droit à l'idée de société handicapante et poursuit la critique de l'approche médicale du handicap, tout en défendant la nécessité de dépasser l'opposition nature/culture dans l'appréhension de la distinction déficience/handicap : la définition de l'« *impairment* » est culturellement située et relative à l'idéalisation sociale du corps humain, et celle de la « *disability* » (comme désavantage social) indissociable d'expériences corporelles que l'on ne saurait exclure de la conceptualisation du handicap. Aux États-Unis, la philosophe Anita Silvers, spécialisée en « éthique du handicap » (*ethics of disability*), met à l'épreuve les théories de la justice dans leur aptitude à prendre en compte les personnes porteuses d'« anomalies » physiques ou psychiques, et propose d'articuler, plutôt que d'opposer, modèle médical et modèle social du handicap[9]. Au Canada, Shelley Tremain déploie une philosophie foucaldienne féministe du handicap : selon elle, c'est non seulement le « handicap » qui est socialement construit, mais encore la « déficience » elle-même (comme altération biologique)[10].

Dans le même temps, émerge un nouveau courant au sein des *disability studies* : les *cultural disability studies*, qui étudient le handicap tel qu'il apparaît dans les textes, de quelque nature qu'ils soient, du passé et du présent, mais encore les œuvres d'art, les séries télévisées et les

---

7 Voir John Swain, Vic Finkelstein, Sally French et Mike Oliver, *Disabling Barriers. Enabling Environments*, Londres, SAGE Publications, 1993.

8 Susan Wendell, *The Rejected Body : Feminist Philosophical Reflections on Disability*, Londres, Routledge, 1996.

9 Voir par exemple Anita Silvers, « An Essay on Modeling : The Social Model of Disability », dans *Philosophical Reflections on Disability*, D. C. Ralston et J. Ho (dir.), New York, Springer, 2011, p. 19-36. Voir aussi l'ensemble de cet ouvrage collectif, ainsi que : Adam Cureton et David T. Wasserman (dir.), *The Oxford Handbook of Philosophy and Disability*, Oxford, Oxford University Press, 2018.

10 Voir par exemple Shelley Tremain, *Foucault and Feminist Philosophy of Disability*, Ann Arbor, University of Michigan Press, 2017.

médias. Par là, plusieurs de ces théoriciens et théoriciennes en viennent à analyser le handicap, ou les différents « handicaps », au sens d'« infirmités », dans l'histoire de la philosophie. Professeur d'anglais à Chicago, généralement considéré comme le fondateur des *cultural disability studies*, Lennard J. Davis, dans son ouvrage le plus célèbre, *Enforcing normalcy : Disability, Deafness, and the Body*[11] (Imposer la normalité : le handicap, la surdité et le corps), paru en 1995, cite ainsi, entre entres philosophes, Condillac, Diderot et Rousseau, qui selon lui participèrent, à des degrés divers, à la normalisation des personnes sourdes. De même, l'historien des idées Christopher Goodey, universitaire britannique, analyse longuement, dans son livre de 2011, *A History of Intelligence and "Intellectual Disability" : The Shaping of Psychology in Early Modern Europe*[12] (Une histoire de l'intelligence et du « handicap intellectuel » : la naissance de la psychologie en Europe au début de l'ère moderne), plusieurs textes d'Augustin, Pascal, Rousseau, et surtout de Locke, dont l'*Essai sur l'entendement humain* marque selon lui le moment où s'opèrent à la fois la promotion de l'intelligence et l'abaissement du « handicap intellectuel » au-dessous du seuil de l'humanité. Mentionnons enfin l'ouvrage paru en 2015 du chercheur en sciences de l'éducation Simon Hayhoe, dont le titre, *Philosophy as Disability and Exclusion*[13] (La Philosophie comme handicap et exclusion) parle de lui-même, et le sous-titre, *The Development of Theories on Blindness, Touch, and the Arts in England, 1688-2010* (Le développement des théories sur la cécité, le toucher et les arts en Angleterre) signale le champ d'application : selon lui, la philosophie, particulièrement sous les plumes de Locke et de Diderot, occasionna la ségrégation des personnes aveugles dans des écoles spécialisées, et le déploiement des préjugés auxquelles celles-ci, aujourd'hui encore, sont confrontées – telle que la croyance en leurs dons pour la musique, ou celle de leur impuissance à accéder à la culture visuelle.

Les études francophones de handicap n'ont pas la même histoire. Sans être coupées de l'engagement pratique en faveur des personnes handicapées, elles ne proviennent pas de mouvements analogues à ceux

11 Lennard J. Davis, *Enforcing normalcy : Disability, Deafness, and the Body*, New York, Verso, 1995.

12 Christopher Goodey, *A History of Intelligence and "Intellectual Disability" : The Shaping of Psychology in Early Modern Europe*, Londres, Routledge, 2011.

13 Simon Hayhoe, *Philosophy as Disability and Exclusion*, Charlotte, NC, Information Age Publishing, 2015.

qui ont donné naissance aux *disability studies*. Non pas qu'il n'ait existé de tels mouvements. Dans le contexte de l'après Mai 68 est ainsi créé, en France en 1973, le Comité de lutte des handicapés (CLH), dont le journal, *Handicapés méchants*, paraît jusqu'en 1980. Révolutionnaires, ses membres estiment que « [l]a lutte des handicapés n'est pas une lutte de marginaux comme on le voudrait bien, c'est une lutte qui fait partie intégrante de la lutte de classes[14] ». Cependant, si l'une d'entre eux, Élisabeth Auerbacher, publie, en 1982, *Babette,"handicapée méchante"*[15], ouvrage dans lequel elle analyse son expérience personnelle et collective de l'exclusion, mais aussi de résistance au sein de ce Comité, de tels mouvements et publications sont demeurés limités et n'ont pas conduit au déploiement de travaux académiques comme en Angleterre et aux États-Unis. Réciproquement, sauf exceptions, les premiers écrits universitaires sur le handicap ne sont pas le fait de militants et militantes, réformateurs ou révolutionnaires, en lutte pour un changement profond de société, susceptible de produire son adaptation aux personnes handicapées. Mentionnons tout d'abord l'une de ces exceptions. Dès 1973, le sociologue Bernard Mottez, qui s'inscrit dans la lignée de l'École de Chicago, rédige un projet intitulé « La méthode des signes dans l'enseignement des sourds », qui étudie les mécanismes d'exclusion sociale des personnes sourdes et donnera lieu, en 1977, à un article au titre significatif : « À s'obstiner contre les déficiences on augmente souvent le handicap : l'exemple des sourds »[16]. Ainsi, la distinction déficience/handicap a été faite en France aussi dès les années 1970[17]. En revanche, le philosophe, historien et anthropologue Henri-Jacques Stiker, qui publie, en 1982, son désormais célèbre *Corps infirmes et sociétés. Essais d'anthropologie historique*[18], vient de la Ligue pour l'adaptation du diminué physique au travail (LADAPT), association créée en 1929 pour

14 « Charte de revendication du Comité de lutte des handicapés. Il y a trente-cinq ans, dans la foulée des lois de 1975... », *VST – Vie sociale et traitements*, 2011/3, n° 111, p. 1. En ligne : https://www.cairn.info/revue-vie-sociale-et-traitements-2011-3-page-93.htm (consulté le 16/02/2023).

15 Élisabeth Auerbacher, *Babette, "handicapée méchante"*, Paris, Stock, 1982.

16 Bernard Mottez, « À s'obstiner contre les déficiences on augmente souvent le handicap : l'exemple des sourds », *Sociologie et Sociétés*, vol. 9, n° 1, 1977, p. 20-32.

17 Nous devons ces indications précieuses à Andrea Benvenuto, que nous remercions vivement.

18 Henri-Jacques Stiker, *Corps infirmes et sociétés. Essais d'anthropologie historique*, Paris, Dunod, 1982.

promouvoir, à l'instar du modèle médical du handicap, la réinsertion sociale et professionnelle des personnes handicapées au moyen de la réadaptation[19]. Néanmoins son ouvrage, d'inspiration foucaldienne, et traduit aux États-Unis dès 1999 sous le titre *An History of disability*[20], s'est trouvé rapidement intégré aux toutes jeunes *cultural disability studies*, dont on peut ainsi dire qu'il a anticipé la naissance. De fait Stiker historise-t-il, dans ce livre, le handicap, qui selon lui n'a pas toujours existé, et, en tant que synonyme d'« infirmité », n'existe pas en dehors des structures sociales et culturelles. De souillure dans la *Bible* hébraïque à objet de la réadaptation au XXe siècle, en passant par son statut de châtiment divin dans l'Antiquité grecque et d'occasion de la charité pendant le Moyen Âge, l'« infirmité » a pris une multiplicité de visages au cours de l'Histoire. En chemin, Stiker croise quelques lignes de Platon, Augustin, Montaigne, Locke ou encore Diderot : là encore, l'histoire de la philosophie montre qu'elle n'est pas dépourvue de textes sur les différents « handicaps ». En matière d'études culturelles, Stiker cependant n'aura pas d'émules immédiats dans l'espace francophone. Inspirées notamment par la pensée de Robert Castel, ce sont les sciences sociales qui surtout s'y déploient, au travers des travaux fondamentaux (outre ceux de Bernard Mottez) de Nicole Diederich sur le « handicap mental »[21], de Jean-François Ravaud, pourtant psychiatre et épidémiologiste de formation, ou encore d'Isabelle Ville, sociologue, qui tous deux, dès le début des années 1990, interrogent la participation sociale des personnes handicapées et publient sur le sujet nombre d'articles en

19 Mentionnons également l'ouvrage suivant : Catherine Barral, Florence Paterson, Henri-Jacques Stiker et Michel Chauvière (dir.), *L'Institution du handicap. Le rôle des associations*, Rennes, Presses Universitaires de Rennes, 2000, qui rassemble les premières contributions à la recherche sur le handicap en France. Dans ce pays, les grandes associations consacrées au handicap (outre LADAPT, citons l'APF, Association des paralysés de France) ont joué un rôle décisif dans les politiques publiques de la réadaptation. Ce que les chercheurs et chercheuses francophones qui s'inscrivent dans la lignée des *disability studies* considèrent aujourd'hui, et à juste titre, comme une forme de ségrégation, a pu être émancipateur au début du XXe siècle, eu égard aux conditions de vie déplorables des personnes handicapées recluses dans leur famille ou à l'hospice. Nous devons cette référence et cette remarque à Isabelle Ville, que nous remercions vivement.

20 Henri-Jacques Stiker, *An History of disability*, trad. par W. Sayers, Ann Abor, University of Michigan Press, 1999.

21 Voir l'un de ses premiers textes sur le sujet : Nicole Diederich et Tim Greacen, « Enquête sur la sexualité et la prévention du sida chez les adultes handicapés mentaux en Île de France », *Revue européenne du handicap mental*, n° 9, 1996, p. 20-32.

français comme en anglais[22]. Non seulement les études francophones de handicap sont, de la sorte, rapidement connues des chercheurs et chercheuses en *disability studies*, mais des travaux communs, dans les deux langues, voient le jour[23].

Au cours des mêmes années 1990, un autre ouvrage allait marquer les études francophones de handicap, mais aussi les *disability studies* : le livre intitulé *Processus de production culturelle du handicap : Contextes sociohistoriques du développement des connaissances dans le champ des différences corporelles et fonctionnelles* (1993), tiré de la thèse de l'anthropologue Patrick Fougeyrollas, soutenue à l'Université Laval à Québec. Héritier du champ de recherche anglo-saxon, en cela qu'il récuse tout lien de causalité nécessaire entre l'*impairment* et la *disability*, dont il fait un phénomène social, Fougeyrollas déploie cependant une analyse originale, par la conception dynamique qu'il propose du handicap : comme l'indique le titre de son livre, le handicap n'a selon lui rien de substantiel, et relève d'un processus, ou d'une série complexe de rencontres entre la personne porteuse de déficience(s) et son environnement. Plus récemment, la recherche québécoise a resserré ses liens avec les *disability studies*, tout en déployant, là encore, des travaux originaux[24].

C'est enfin au tournant des années 2000 que la philosophie francophone du handicap se déploie en Europe – en voici quelques jalons. En 1999, Alexandre Jollien, né infirme moteur cérébral, publie son *Éloge de la faiblesse*[25], présenté sous la forme d'un dialogue avec Socrate, au cours duquel il philosophe sur sa vie tant au sein qu'en dehors de l'institution spécialisée pour personnes handicapées, située en Suisse dans la ville de Sierre, dans laquelle il passa les 17 premières années de sa vie. En 2001, Danielle Moyse fait paraître, avec Nicole Diederich, *Personnes handicapées face au diagnostic prénatal. Éliminer avant*

22 Voir par exemple Jean-François Ravaud, Béatrice Madiot et Isabelle Ville, « Discrimination Towards Disabled People Seeking Employment », *Social Science & Medicine*, 1992, 35(8), p. 951-958. Mentionnons également les travaux de Dominique Velche, Alain Blanc, Charles Gardou, Serge Ebersold et Alexis Karacostas.

23 Voir par exemple Gary L. Albrecht, Jean-François Ravaud et Henri-Jacques Stiker, « L'émergence des *disability studies* : état des lieux et perspectives », *Sciences Sociales et Santé*, 2001, 19(4), p. 43-73 ; Catherine J. Kudlick et Zina Weygand, *The Life and Writings of a Youg Blind Woman in Post-Revolutionary France. Thérèse-Adèle Husson*, New York, New York University Press, 2001.

24 Voir notamment les travaux de Véro Leduc et d'Alexandre Baril.

25 Alexandre Jollien, *Éloge de la faiblesse*, Paris, Éditions du Cerf, 1999.

la naissance ou accompagner ?[26], premier ouvrage à donner la parole aux individus directement concernés par cette technique qui aboutit bien souvent à l'élimination des êtres humains différents. En 2010, elle publie *Handicap : pour une révolution du regard*[27], livre dans lequel, à partir du constat selon lequel les personnes handicapées disent souvent souffrir davantage du regard posé sur elles que de leurs propres « déficiences », elle s'emploie à conceptualiser le regarder comme un acte susceptible de les déshumaniser et de les objectifier, mais aussi de leur rendre leur pleine humanité. Après plusieurs articles sur le sujet, Pierre Ancet, de son côté, publie en 2006 une *Phénoménologie des corps monstrueux*[28], ouvrage dans lequel il analyse les appréciations et réactions, pour partie irrationnelles (peur de la contagion, fantasmes de métamorphose) et pour partie rationnelle (angoisses relatives à la fragilité du corps humain) des personnes dites valides face à la « monstruosité ». En 2009, Andrea Benvenuto soutient la thèse « Qu'est-ce qu'un sourd ? : de la figure au sujet philosophique », qui montre comment les philosophies des Lumières ont rompu avec la perspective aristotélicienne sur la surdité, et comment il est possible, avec Bernard Mottez, de penser celle-ci comme un « rapport », concept qui, par le prisme de celui de « maître ignorant » (Rancière), « déplace la question de l'inclusion des sourds par la langue dans la communauté des citoyens vers celle de l'inclusion irréductible des êtres humains, sourds ou entendants, dans la communauté des égaux[29] ». En 2013, c'est au tour du philosophe Bertrand Quentin de publier un ouvrage qui lui aussi fait déjà date sur la question du handicap. Intitulé *La Philosophie face au handicap*[30], ce livre déploie ce que Stiker avait initié vingt ans plus tôt, à savoir la citation et l'analyse de textes issus de la tradition philosophique sur les différents « handicaps ». La même année, Gaspard Brun soutient

---

26 Nicole Diederich et Danielle Moyse, *Personnes handicapées face au diagnostic prénatal. Éliminer avant la naissance ou accompagner ?*, Toulouse, Éditions Érès, 2001. Voir aussi Danielle Moyse, *Bien naître, bien être, bien mourir. Propos sur l'eugénisme et l'euthanasie*, Toulouse, Éditions Érès, 2001.

27 Danielle Moyse, *Handicap : pour une révolution du regard*, Grenoble, PUG, 2010.

28 Pierre Ancet, *Phénoménologie des corps monstrueux*, Paris, Puf, 2006. Du même auteur, voir *L'Épreuve du temps. Accidents, répétitions, rythmes et handicap*, Toulouse, Éditions Érès, 2021.

29 Andrea Benvenuto, « Qu'est-ce qu'un sourd ? : de la figure au sujet philosophique », thèse de doctorat en philosophie, Université Paris 8 Vincennes-Saint-Denis, 2009, « Résumé », n. p.

30 Bertrand Quentin, *La Philosophie face au handicap*, Toulouse, Éditions Érès, 2013. Du même auteur, voir *Les Invalidés. Nouvelles réflexions philosophiques sur le handicap*, Toulouse, Éditions Érès, 2019.

une thèse qui conforte l'émergence d'une philosophie française du handicap. Intitulée « L'expérience de soi à l'épreuve des normes : éléments pour une philosophie du handicap », étayée par les philosophies de Michel Foucault et de Georges Canguilhem, cette thèse propose, à rebours des classifications actuelles, une définition du handicap comme « expérience singulière du corps-soi à l'épreuve de normes sociales antagoniques[31] ». Dans le droit fil méthodologique des *disability studies* britanniques, Gaspard Brun soutient qu'une telle définition est susceptible de renouveler les pratiques en profondeur. Il produit en outre, en annexe, un tableau dans lequel il signale les références de plusieurs dizaines de textes de la tradition philosophique, de Platon à Bergson[32]. Ce premier travail de repérage constitue le point de départ du présent ouvrage. En 2017, la philosophe Anne-Lyse Chabert publie *Transformer le handicap. Au fil des expériences de vie*[33], livre dans lequel elle s'emploie à penser le handicap au ras du vécu, au travers des trois concepts de « norme de vie », d'« affordance » et de « capabilité »[34]. En 2020, Charlotte Puiseux fait paraître un *Dictionnaire Crip*[35], par lequel elle entend faire connaître au public francophone les *crip studies*, qui ont récemment émergé au croisement des *disability studies* et des *queer studies*[36]. En 2022, elle publie *De chair et de fer. Vivre et lutter dans une société validiste*[37], ouvrage dans lequel elle défend, à travers le récit de

31 Gaspard Brun, « L'expérience de soi à l'épreuve des normes : éléments pour une philosophie du handicap », thèse de doctorat en philosophie, Université Aix-Marseille, 2013, « Résumé », n. p.

32 *Ibid.*, Annexe 6, « Tableau des citations philosophiques par auteur », p. 487-506.

33 Anne-Lyse Chabert, *Transformer le handicap. Au fil des expériences de vie*, Toulouse, Éditions Érès, 2017.

34 Mentionnons également les travaux d'Anaïs Choulet-Vallet, qui a soutenu en 2024 une thèse de philosophie intitulée « Se réapproprier son corps et sa santé au moyen du toucher. Pour une épistémologie féministe du corps sensible » (Université Jean Moulin Lyon 3), et a publié par ailleurs plusieurs articles, également au croisement des études féministes et des études de handicap : « Remédier au paradoxe de l'expérience corporelle au moyen d'une épistémologie du point de contact », *Nouvelles Questions Féministes*, 2020/1, vol. 39, p. 33-49 ; « Une femme et une chienne : de la relation prothétique à l'expérience esthétique. Quelques réflexions philosophiques à partir d'un récit auto-ethnographique », *Cultures-Kairós*, n° 10, 2019, en ligne : https://revues.mshparisnord.fr/cultureskairos/index.php?id=1805 (consulté le 17/02/2023).

35 Charlotte Puiseux, *Dictionnaire Crip. Petit ouvrage d'introduction au Crip*, auto-publication, 2020.

36 Pour faire bref, les *crip studies* retournent le stigmate du « *cripple* » (infirme, estropié) et étudient les potentialités subversives (en termes de rapports aux normes sociales et de rapport au temps notamment) des « corps *crip* ».

37 *Id.*, *De chair et de fer. Vivre et lutter dans une société validiste*, Paris, Decitre, 2022.

son parcours de vie, le modèle social du handicap. Enfin, en 2023, Stéphane Zygart fait paraître *Vie, activité, handicap : réadaptations et normes médico-sociales*, ouvrage dans lequel, à distance d'une perspective foucaldienne, il montre que ces normes ne sont pas exemplaires « de la toute-puissance de certains systèmes et de certaines exigences biopolitiques », mais sont fragiles et limitées, « en concurrence et traversées de tensions internes[38] ».

L'histoire de la philosophie n'est pas en reste. Dès 1984, Francine Markovits publie son texte « Mérian, Diderot et l'aveugle »[39], dans lequel elle montre la fécondité du problème de Molyneux sur l'épistémologie et l'anthropologie diderotiennes. Elle écrit par la suite de nombreux articles aussi bien sur la surdité que sur la cécité au siècle des Lumières, et soulignera que celles-ci ne les ont pas conçues comme des manques ou des privations[40]. Elle édite aussi plusieurs textes du XVIIIe siècle sur le sujet, occultés par l'histoire dominante, spiritualiste, de la philosophie[41]. Dans la lignée de ses travaux, j'ai pour ma part fait paraître le collectif intitulé *L'Aveugle et le philosophe, ou comment la cécité donne à penser*[42]. Sans mobiliser non plus les *disability studies*, celui-ci s'attache à montrer comment la non-vue autorise l'intelligence d'objets (le processus de la vision et plus généralement de la perception, la hiérarchie des arts, l'origine du monde, etc.) qui échappent à la vue. J'ai par la suite prolongé ce premier travail par plusieurs chapitres et articles relatifs à la cécité et à la surdité dans l'histoire de la philosophie, dans lesquels je tente de montrer que les Lumières, à distance de la philosophie contemporaine, ne les ont pas pensées comme des « handicaps » au sens de « déficiences », sources de

38 Stéphane Zygart, *Vie, activité, handicap : réadaptations et normes médico-sociales*, Paris, Éditions de la Sorbonne, 2023, quatrième de couverture.

39 Francine Markovits, « Mérian, Diderot et l'aveugle », postface à J.-B. Mérian, *Huit Mémoires sur le problème de Molyneux*, Paris, Flammarion, 1984, p. 193-282.

40 *Id.*, « L'abbé de l'Épée : du verbe intérieur au langage des gestes », dans *Catalogue « Le Pouvoir des signes »*, L. Couturier et A. Karacostas (dir.), Paris, INJS, 1989, p. 34-54 ; « L'aveugle, une figure de la philosophie sceptique », *VOIR*, 1999 (19), p. 35-51 ; « Le problème de Molyneux », *Cahiers d'histoire de la philosophie n° 1 : Berkeley*, Université de Bourgogne, EUD, 2000, p. 95-126 ; « Une figure paradoxale des Lumières : l'aveugle », dans *L'Aveugle et le Philosophe ou Comment la cécité donne à penser*, M. Chottin (dir.), Paris, Publications de la Sorbonne, 2009, p. 43-51.

41 *Id.* (éd.), J.-B. Mérian, *Huit Mémoires sur le problème de Molyneux*, Paris, Flammarion, 1984 ; Abbé de l'Épée, *La Véritable manière d'instruire les sourds et muets*, Paris, Fayard, 1984 ; « Controverse entre l'Abbé de l'Épée et Samuel Heinicke », trad. par J.-R. Armogathe, J.-M. Bai et F. Markovits, *Corpus, Revue de philosophie*, n° 2, 1986, p. 87-115.

42 Marion Chottin (dir.), *L'Aveugle et le philosophe ou Comment la cécité donne à penser*, *op. cit.*

désavantages sociaux, mais comme des différences parfaitement compatibles avec l'éducation, la participation sociale et le bonheur[43].

Sans ces deux champs de recherche que sont les *disability studies* et les études francophones de handicap, le présent volume n'aurait pu voir le jour. Il a fallu que le handicap soit pris pour objet des sciences humaines et sociales, et que des textes issus de l'histoire de la philosophie soient repérés. En retour, cette anthologie entend les nourrir, aussi bien dans leur dimension de réflexivité du présent (qu'est-ce que les philosophes du passé ont à nous apprendre du handicap ?), que dans leurs enquêtes historiques (comment la philosophie a-t-elle pensé le handicap durant l'Antiquité, le Moyen Âge, la Renaissance, l'époque moderne, la période contemporaine ?). Elle vise aussi, plus largement, à ouvrir la philosophie et son histoire à la question, encore délaissée ou ignorée, du handicap, et à faire connaître à toutes celles et tous ceux qui le pensent, des textes largement méconnus.

Pour cela, le présent ouvrage propose à la lecture aussi bien les quelques textes régulièrement cités dans les *disability studies* et les études francophones du handicap – celui de Platon sur l'impossibilité de vivre « avec un corps flétri et ruiné[44] », les quelques lignes d'Aristote sur l'exclusion des sourds du domaine du « logos »[45], les longs passages de John Locke sur les « imbéciles » qui tiennent « le milieu entre l'homme et la bête[46] », etc., ici donnés dans leur entièreté – que des extraits, bien plus nombreux, jamais cités jusqu'alors.

Éditer ces textes, c'est d'abord les lire à nouveaux frais, et s'émanciper du simple ouï-dire à leur sujet. Ainsi de l'idée fausse, mais tenace[47],

---

43 *Id.*, « Penser la surdité. L'histoire du sourd de Chartres et l'empirisme des Lumières », *Dix-huitième siècle*, 2018, n° 50, p. 323-341 ; « Les aveugles des philosophes de l'Âge classique aux Lumières. Aléas d'une pensée de la cécité entre rationalisme et empirisme », dans *Discours et représentations du handicap. Perspectives culturelles*, *op. cit.*, p. 153-171 ; « La cécité dans les *Mémoires d'aveugle* de Derrida : un renversement paradoxal de sa représentation traditionnelle », *Canadian Journal of Disability Studies*, 2019/8, n° 6, p. 151-168 ; « Languages of action, methodological signs and deafness. A reception of Condillac by the Abbé de l'Épée or was it the other way round ? », dans *Condillac and His Reception : On the Nature and Origin of Human Abilities*, D. Antoine-Mahut et A. Waldow (dir.), New York et Londres, Routledge, 2023, p. 63-80. Sur la *Lettre sur les aveugles* de Diderot, voir aussi Kate E. Tunstall, *Blindness and Enlightenment : An Essay*, Londres, Continuum, 2011.

44 Voir p. 77.

45 *Ibid.*, p. 96-97.

46 *Ibid.*, p. 289.

47 Voir par exemple Jean-Baptiste Bonnard, « L'exposition des nouveau-nés handicapés dans le monde grec, entre réalités et mythes : un point sur la question », *Pallas*, 106/2018,

selon laquelle Platon aurait prôné l'« exposition », c'est-à-dire la remise aux dieux, et finalement le laisser-mourir, dans la nature, des enfants jugés difformes. Il suffit pourtant de le lire pour s'en défaire. Voici ce que le philosophe écrit à propos de sa cité idéale :

> Les enfants, à mesure qu'ils naîtront, seront remis entre les mains d'hommes ou de femmes, ou d'hommes et de femmes réunis et qui auront été préposés au soin de leur éducation ; car les charges publiques doivent être communes à l'un et à l'autre sexe.
>
> [...]
>
> Ils porteront au bercail commun les enfants des citoyens d'élite, et les confieront à des gouvernantes, qui auront leur demeure à part dans un quartier de la ville. Pour les enfants des citoyens moins estimables, et même pour ceux des autres qui auraient quelque difformité, ils les cacheront, comme il convient, dans quelque endroit secret et qu'il sera interdit de révéler[48].

Il y a certes là exclusion, mais non pas exposition de la difformité – ce que le *Timée* vient confirmer et préciser :

> SOCRATE
>
> Et afin de procurer les meilleures naissances possibles, ne vous souvient-il pas comment nous avons dit que les magistrats de l'un et l'autre sexe devaient arranger secrètement les mariages, au moyen de certains tirages au sort, de manière que les bons et les méchants soient unis à des femmes semblables à eux, sans que personne leur en veuille du mal, ces unions étant attribuées au hasard ?
>
> TIMÉE
>
> Il nous en souvient.
>
> SOCRATE
>
> Et aussi qu'il faut élever les enfants des bons, et reléguer secrètement ceux des méchants dans quelque autre classe de l'État ? Puis, lorsque les uns et les autres sont devenus grands, les examiner, ramener ceux qui en seraient dignes, et, au contraire, envoyer à leur place ceux qui ne mériteraient pas de rester parmi vous[...] ?
>
> TIMÉE
>
> Oui[49].

---

§ 5, en ligne : https://journals.openedition.org/pallas/5807#quotation (consulté le 17/02/2023).

48 Voir le texte p. 88-89.

49 Platon, *Timée*, dans *Œuvres de Platon*, éd. V. Cousin, t. XII, Paris, Rey et Gravier, 1839, p. 99-100 (texte non retenu dans cette anthologie).

Si le retour des enfants dans le premier groupe est possible, c'est bien qu'ils n'ont pas été exposés. Pour Platon, l'exclusion de la cité des nouveau-nés jugés difformes n'a rien de définitif ni de nécessaire. Ne faut-il pas voir, dans la persistance de l'idée contraire, le souci plus ou moins conscient d'opposer une Antiquité païenne barbare à une ère chrétienne favorable aux « infirmes » ?

Aussi cette anthologie permet-elle la mise à l'épreuve à la fois d'une représentation du traitement des personnes handicapées comme progrès linéaire et continu dans l'Histoire, et d'une conception critique dont Simon Hayhoe a sans doute atteint le paroxysme en pensant la philosophie et ses textes comme vecteurs de « handicap » (désavantage social) et d'« exclusion » des personnes directement concernées.

QUELLE ANTHOLOGIE ?

Ce recueil de textes couvre la seule « philosophie occidentale ». Utilisée par Bertrand Russell en 1946[50], particulièrement employée ces dernières années[51], cette expression signale en creux qu'il existe des philosophies autres qu'occidentales. Comme l'ont établi Souleymane Bachir Diagne[52] et Marietta Stepanyants[53], parmi de nombreux autres[54], et ainsi que le montre notre annexe consacrée à Zhuāng Zhōu (Tchouang-tseu)[55], une telle expression n'a rien d'un pléonasme ou d'une tautologie. Elle désigne une philosophie parmi les autres – celle qui a pris naissance en Grèce au milieu du VIe siècle avant Jésus-Christ, dans la bouche et sous les plumes de philosophes tels que Parménide, Anaximandre ou

50 Voir Bertrand Russell, *Western Philosophie*, Londres, George Allen & Unwin, 1946.

51 Voir par exemple Pierre Jacerme, *Introduction à la philosophie occidentale. Héraclite, Parménide, Platon, Descartes*. Paris, Agora, 2008.

52 Souleymane Bachir Diagne, « Pour une histoire postcoloniale de la philosophie », *Cités*, vol. 72, n° 4, 2017, p. 81-93.

53 Marietta Stepanyants, « Repenser l'histoire de la philosophie », *Diogène*, vol. 223, n° 3, 2008, p. 75-90.

54 Voir aussi, par exemple, François Chenet, *La Philosophie indienne*, Paris, Armand Colin, 2019 ; Vincent Eltschinger et Isabelle Ratié, *Qu'est-ce que la philosophie indienne ?*, Paris, Gallimard, 2023.

55 Voir p. 941-942.

Héraclite (réunis sous le nom, qui ne fait guère honneur à leur singularité, de « présocratiques ») – et qui s'est ensuite déployée dans toute l'Europe et au-delà.

En outre, nous avons considéré comme philosophes celles et ceux qui eux-mêmes se désignent ainsi, et/ou que l'histoire de la philosophie considère comme tels, et/ou que la dimension philosophique de leurs œuvres nous a conduits à juger tels – que ce soit ceux que la tradition qualifie de « grands » auteurs, tels que Platon, Aristote, Descartes, Spinoza, Kant, ceux qu'elle conçoit comme « mineurs », tels que, à l'Âge classique, La Mothe le Vayer et Fontenelle, ou encore les philosophes femmes souvent passées sous silence, telles que Teresa de Ávila et Marie de Vichy-Chamrond, marquise du Deffand. À ces différents titres, nous n'avons pas retenu les textes qui, tout en ayant une dimension philosophique, n'ont pas pour auteurs des philosophes – ceux, par exemple, de l'abbé de L'Épée et de Valentin Haüy pour le XVIIIe siècle, et de Freud, Pierre Villey, Lévi-Strauss ou encore Bernard Mottez pour le XXe. En somme, nous avons souhaité mettre au jour un corpus au sein même de la tradition philosophique, tout en contribuant à en redessiner les contours.

Il va de soi par ailleurs que la présente anthologie ne couvre pas le tout de la philosophie occidentale. Nous proposons un choix de textes destiné à être complété, mais suffisant pour montrer que le handicap, au sein de la philosophie occidentale, n'a jamais cessé d'être abordé – et surtout pour offrir des matériaux à qui veut le questionner et le penser. Ce volume commence avec Parménide, ou plutôt Lactance rapportant les propos de Parménide, soit aux commencements de la philosophie occidentale, et s'achève avec Judith Butler. Si des auteurs et des autrices dont nous produisons ici des textes, tels que Simone de Beauvoir et Habermas, n'avaient pas utilisé le terme de « handicap », nous aurions dit que cette anthologie portait sur « le handicap avant le handicap ». Nous dirons plus justement qu'elle concerne le handicap *avant*, mais surtout *en dehors* des *disability studies* et des études francophones de handicap – c'est-à-dire qu'elle se tient en retrait, non pas tant des ouvrages philosophiques de part en part consacrés à cet objet, dont on trouve des exemples bien avant la période contemporaine[56], que des textes qui, aujourd'hui, s'inscrivent explicitement ou de facto dans l'un de ces deux champs de recherche.

56 Voir *infra* p. 49-52.

Enfin, tant cette entreprise aurait été impossible et vaine, nous n'avons pas recherché les textes philosophiques qui permettent de penser le handicap sans cependant en traiter, ni retenu ceux qui, tout en ne traitant pas ce sujet sont, de fait, mobilisés dans les études de handicap – par exemple, à l'instar de Mike Oliver[57], les textes de Gramsci sur l'idéologie ou ceux de Comte sur la « loi des trois états », ou bien, à la manière de Garret Merriam[58], la conception aristotélicienne de la vertu, ou encore, sous les plumes de Steven D. Taff et Scot Danforth[59], l'œuvre de Dewey.

Une fois cela dit, quels critères présidèrent à nos choix ? Il fallut évidemment nous entendre sur le sens à donner ici au mot « handicap ». Parce que l'énumération qu'elle propose a le mérite d'englober la totalité des altérités physiques et psychiques aujourd'hui incluses dans les études de handicap, tant anglo-saxonnes que francophones, mais aussi parce qu'elle rejoint en partie ce que l'on nommait par le passé « infirmités », la loi du 11 février 2005, dite « pour l'égalité des droits et des chances, la participation et la citoyenneté des personnes handicapées », nous a semblé constituer un outil satisfaisant. Bien qu'elle définisse, à son article 2, le handicap comme « limitation d'activité ou restriction de participation à la vie en société », les lignes suivantes prennent aussitôt le mot au sens d'« altération » physique ou psychique « substantielle, durable ou définitive », et en énumèrent sept grandes catégories : le handicap physique, sensoriel, mental, cognitif, psychique, le polyhandicap et les troubles de santé invalidants[60]. Sans que cela signifie, de notre part, une adhésion à une telle conception du handicap comme déficience (que nous mettons au contraire à distance dans nos travaux), cette liste peut éclairer notre anthologie, comme celle-ci permettre de penser et de questionner ces catégories contemporaines. Ainsi figure dans cette anthologie un certain nombre d'extraits qui portent sur la folie, aujourd'hui synonyme de handicap psychique, et sur la surdité, en tant

57 Mike Oliver, *The Politics of Disablement*, Basingstoke et New York, Palgrave Macmillan, 1990, p. 37 et p. 44.

58 Garret Merriam, « Rehabilitating Aristotle : A Virtue Ethics Approach to Disability and Human Flourishing », dans *Philosophical Reflections on Disability*, *op. cit.*, p. 133-151.

59 Steven D. Taff et Scot Danforth, « Dewey and Philosophy of Disability », dans *Encyclopedia of Educational Philosophy and Theory*, M. A. Peters (dir.), Singapour, Springer, 2017, p. 470-476.

60 « Loi n° 2005-102 du 11 février 2005 pour l'égalité des droits et des chances, la participation et la citoyenneté des personnes handicapées », en ligne : https://www.legifrance.gouv.fr/jorf/id/JORFTEXT000000809647/ (consulté le 17/02/2023).

que la loi la conçoit comme un handicap sensoriel – alors même que d'assez nombreux auteurs et autrices, du côté de la psychologie et de la psychiatrie d'une part[61], et des études sourdes d'autre part[62], critiquent voire refusent de telles assignations. Les textes de cette anthologie traitent donc, en accord avec cette terminologie et ces catégories, d'un ou plusieurs handicaps pris aux sens propres des termes – il s'est agi d'exclure les usages métaphoriques de ceux-ci (ce que des théoriciens et théoriciennes des *disability studies* nomment « *disability as metaphor*[63] »), telles que la cécité ou la surdité employés pour désigner l'incapacité, voire le refus de comprendre, en tant que ces usages sont extrêmement nombreux, et surtout ne préjugent pas nécessairement des représentations et conceptualisations du ou des handicaps par ailleurs élaborées.

De là, les textes de cette anthologie ont été choisis pour leur pertinence, 1° du point de vue de la philosophie et de son histoire (par exemple les textes de Gassendi et de Locke dans lesquels les aveugles, les sourds et les « idiots » sont mobilisés pour réfuter l'existence des idées et des principes innés[64], sans toujours contenir des thèses pertinentes sur leur conception de ces « handicaps »), 2° du point de vue des études de handicap (par exemple la lettre du 17 octobre 1630 dans laquelle Descartes compare Isaac Beeckman à un aveugle présenté comme ignorant et avare[65], sans que ce texte soit philosophiquement très intéressant), 3° en priorité des deux points de vue solidairement (tels que les textes des stoïciens sur la comptabilité bonheur/« infirmité », ceux de Diderot et de D'Alembert sur la surdité et la cécité[66], et de très nombreux autres, dont nous donnons *infra* un aperçu), 4° en prenant soin de l'intertextualité à l'œuvre dans cette histoire : comme nous le montrons plus bas, nombre de ces textes se répondent, à tout le moins se font écho – sur la question de

61 Voir par exemple Alain Leplège, Gérard Bruneau et Julie Boudvin, « Le handicap dit psychique. Enjeux conceptuels et enjeux de soins », *Perspectives Psy*, vol. 54, n° 4, 2015, p. 296-308.

62 Voir par exemple Bernard Mottez, *Les Sourds existent-ils ?*, textes réunis et présentés par Andrea Benvenuto, Paris, L'Harmattan, 2006 : pour Mottez, si la surdité est un « rapport », elle n'est pas en tant que telle un « handicap », c'est-à-dire un désavantage socialement construit.

63 Voir notamment Thomas G. Couser, « Disability As Metaphor. *What's wrong with Lying* », *Prose Studies*, vol. 27, n° 1-2, 2005, p. 141-154.

64 Voir les chapitres consacrés à ces deux philosophes.

65 Voir p. 263.

66 Voir en particulier le chapitre sur Sénèque, et ceux consacrés à ces deux philosophes des Lumières.

savoir si l'« infirmité » est un mal, si les personnes aveugles disposent d'une imagination, si la « difformité » du corps va de pair avec celle de l'esprit, sur l'interprétation qu'il convient de donner au phénomène du « membre fantôme », ou encore le statut de la folie chez Descartes. Autant de fils qui traversent l'histoire de la philosophie et qui, nous l'espérons, donneront lieu à des enquêtes approfondies.

Nous avons enfin opté pour une présentation chronologique stricte, fondée sur les dates de naissance des philosophes, afin de rendre lisibles les évolutions et les modifications des représentations et conceptualisations du handicap – sans les insérer cependant dans une périodicité historique, généralement partagée en « Antiquité », « Moyen Âge », « Renaissance », « Temps modernes » et « Époque contemporaine », certes commode, mais sujette à controverses[67]. L'établissement d'un index consacré aux termes employés dans les textes pour désigner ce qui est aujourd'hui nommé « handicap(s) » – « aveuglement », « infirmité », « idiotie », « imbécilité », etc. – devra permettre aux lecteurs et lectrices de reconstituer le corpus qui, le cas échéant, les intéresse spécifiquement.

Plus de 650 textes[68] ont ainsi été sélectionnés par nos soins, écrits par près de 150 philosophes. Ceux qui se distinguent du point de vue du nombre de textes retenus (10 ou plus) sont : Augustin, Thomas d'Aquin, Montaigne, La Mothe Le Vayer, Descartes, Voltaire, Buffon, Reid, Diderot, Condillac, Kant, Herder, Cabanis, Maine de Biran, De Gérando, Foucault et Derrida – soient quelques-uns des plus grands auteurs selon la tradition philosophique, mais pas seulement. Par ailleurs, le nombre approximatif de textes par rapport à chaque grande période historique est le suivant[69] : pour l'Antiquité, 60 textes (soit environ 9 % du total), pour le Moyen Âge, 10 textes (1,5 %), la Renaissance, 45 (7 %), l'époque moderne, 300 (46 %), et la période contemporaine,

67 Voir par exemple Jacques Le Goff, *Faut-il vraiment découper l'histoire en tranches ?*, Paris, Le Seuil, 2014.

68 Nous incluons les annexes portant sur Zhuāng Zhōu et sur William Hay, mais non pas celle sur la cécité (ou prétendue telle) de Démocrite, dans la mesure où les textes qu'elle contient ne sont pas tout à fait de nature philosophique.

69 Il nous a été difficile de séparer nettement ces grandes périodes – principalement les philosophes modernes des philosophes contemporains, lorsqu'ils ont vécu entre les XVIIIe et XIXe siècles. Ainsi, nous avons fait commencer la période contemporaine à Destutt de Tracy, mais il n'est guère satisfaisant d'y placer les philosophes, certes plus jeunes que lui, mais qui participèrent à la Révolution française. C'est la raison pour laquelle nous parlons d'approximations à propos de ces données chiffrées.

236 textes (36 %). Ainsi, les seuls XVIIe et XVIIIe siècles occupent près de la moitié du présent volume. Ces résultats s'expliquent en partie par l'accessibilité des œuvres – guère satisfaisante pour l'Antiquité, dont une grande partie des textes est perdue, tout comme pour le Moyen Âge, du fait cette fois du nombre relativement restreint d'œuvres traduites du latin ; satisfaisante au contraire, voire très bonne, pour les XVIIe, XVIIIe et XIXe siècles, du fait des grandes entreprises d'édition réalisées sur cette période, et médiocre enfin pour ce qui est du XXe siècle, dont nombre d'ouvrages, encore sous droits, n'existent pas au format numérique, et ne permettent donc pas le « *distant reading* » (ou lecture éloignée, par recherche de mots clés) sans lequel cette anthologie n'aurait pu exister (et par lequel les humanités numériques pourront à présent l'explorer). Cependant, deux motifs nous font penser que, ces obstacles levés, ces proportions n'auraient pas été bouleversées – du moins si l'on fait exception de l'Antiquité, sur laquelle il est difficile, voire impossible de statuer. D'abord, le passage en revue des œuvres traduites d'Anselme de Cantorbéry, Jean Duns Scot, Guillaume d'Ockham et Francisco Suárez s'est avéré vain. Ensuite et surtout, les XVIIe et XVIIIe siècles avaient toutes les raisons de s'intéresser au « handicap » : l'avènement de la science moderne a permis d'en considérer les causes à nouveaux frais[70] ; la remise en question de l'innéisme a pu trouver dans le « handicap sensoriel » un puissant levier d'objections[71] ; le déploiement symétrique de l'empirisme, de quoi s'éprouver et se diversifier ; l'intérêt pris à la diversité humaine, se contenter.

Du point de vue maintenant des grandes catégories de handicap telles que la loi de 2005 les distingue – étant donné que d'assez nombreux textes en mentionnent plusieurs, mais encore que d'autres traitent de l'« infirmité » en général, sans expliciter[72] – voici ce que nous avons relevé. Environ 170 textes portent sur le « handicap physique » (principalement la paralysie, l'amputation, la « monstruosité » et la « difformité »), soit approximativement 26 % du total ; 250 sur le « handicap sensoriel » (170 sur la « déficience visuelle », soit 26 %, et 80 sur la « déficience auditive » et la mutité[73], soit légèrement plus que

70 Cela est particulièrement vrai pour ce qui est de la « monstruosité ».

71 Voir *infra* p. 42-43.

72 Dans les chiffres qui suivent, nous avons laissé de côté ces derniers.

73 Si nous avons ainsi regroupé surdité et mutité, c'est qu'elles étaient, jusqu'à ces dernières décennies, assez largement confondues.

12 %), soit un peu plus de 38 % du total ; 56 textes sur le « handicap mental » (« imbécilité », « idiotie », « stupidité », etc.), soit environ 8,5 % ; 4 textes sur le « handicap cognitif »[74], soit environ 0,5 % ; 110 textes sur le « handicap psychique » (principalement la « folie », mais aussi l'autisme), soit 17 % ; 2 textes sur le « polyhandicap »[75] (dont le premier de cette anthologie), soit moins de 0,5 % ; et, enfin, 25 textes sur les « troubles de santé invalidants » (jugés tels dès lors qu'il était question de grande faiblesse ou de langueur permanentes, d'état « valétudinaire » ou de maladies manifestement chroniques), soit un peu moins de 4 % du total. Ainsi, les « handicaps sensoriels » arrivent en tête de ce corpus, et, si l'on distingue la surdité et la cécité, c'est cette dernière et le « handicap physique », avec le même nombre de textes, qui y sont les mieux représentés.

Quelques remarques enfin sur l'évolution thématique au fil des siècles[76] – indications chiffrées qui ne prennent en compte, désormais, que les « déficiences » dont la part dans les textes de chaque période est égale ou supérieure à 10 %. Pendant l'Antiquité, c'est le « handicap physique » (près de la moitié des textes) qui est le plus abordé dans cette anthologie, suivi par la cécité (environ un quart des textes), le « handicap psychique » (18 %), et la surdité (près de 15 %). Au Moyen Âge, le « handicap physique » arrive toujours en tête, mais accroît sa part dans le total des textes : il concerne près des trois-quarts d'entre eux – suivi, de nouveau, par la cécité, à égalité avec le « handicap psychique » (un dixième environ pour chacun), quand les autres ne sont pas représentés. Pendant la Renaissance, le « handicap physique » occupe toujours la première place, mais représente seulement un

74 Dans la mesure où ces troubles des facultés cognitives (attention, mémoire, facultés langagières, gestuelle – sans « déficience intellectuelle ») n'étaient guère identifiés avant le XXe siècle, ce très faible nombre de textes n'est pas étonnant. Ces derniers portent principalement sur le bégaiement.

75 Le polyhandicap n'est pas n'importe quelle association de plusieurs « handicaps ». Selon le Groupe Polyhandicap France, « [l]e polyhandicap est une situation de vie spécifique d'une personne présentant un dysfonctionnement cérébral précoce ou survenu en cours de développement, ayant pour conséquence de graves perturbations à expressions multiples et évolutives de l'efficience motrice, perceptive, cognitive et de la construction des relations avec l'environnement physique et humain ». En ligne : https://gpf.asso.fr/?s=d%C3%A9finition+du+polyhandicap (consulté le 19/02/2023). Ainsi, la surdicécité par exemple n'est pas un polyhandicap.

76 Pour mesurer leurs évolutions réciproques, il nous faut ici distinguer dans chaque cas cécité et surdité.

quart du total, suivi de peu par le « handicap psychique » et la cécité (environ 22 % pour chacun). Au cours de l'époque moderne, l'ordre se modifie davantage : la cécité arrive en tête avec un tiers du total des textes, suivie du « handicap physique » (un quart), de la surdité (15 %) et du « handicap mental » (10 %). Enfin, la période contemporaine renverse cette hiérarchie : elle place en tête le « handicap psychique » (plus d'un quart du total). Le « handicap physique » arrive encore en deuxième position (près de 20 %) ; la cécité n'occupe plus que la troisième (15 %), suivie par la surdité (10 %). Pour terminer cette série de remarques, soulignons que l'époque contemporaine, particulièrement le XXe siècle, comporte en outre de nombreux textes, bien davantage que les périodes précédentes, qui abordent l'« infirmité » ou le « handicap » de manière générale. Cela n'a rien d'étonnant : le regroupement des « déficiences » est l'effet de l'élaboration même des notions d'« infirmité », puis de « handicap ».

Cette anthologie connaît les limites de toute anthologie : l'exhaustivité fait figure d'idéal difficile à atteindre, et la sélection dépend de l'accessibilité des textes. Elle permettra cependant de constater l'ampleur et la diversité de ce que les discours philosophiques ont énoncé sur les « handicaps ». Les traductions choisies, libres de droits, donc anciennes, sont marquées par les usages de leur époque en la matière. On ne leur demandera donc pas la précision terminologique que recherchent les traducteurs et traductrices actuels[77]. Elles ont en revanche l'avantage de partager la saveur des textes français qui leur sont contemporains.

Pointons à présent quelques enseignements, fragmentaires, qui néanmoins peuvent indiquer autant de voies d'entrée possibles de cette anthologie.

77 Nous avons par ailleurs corrigé quelques choix qui altéraient trop le sens originel. Voir p. 105, n. 8.

PRÉJUGÉS DE PHILOSOPHES

Incontestablement la philosophie joua souvent, selon les termes de Simon Hayhoe, comme « handicap et exclusion » pour les personnes handicapées – au travers, notamment, de tous les préjugés, entendus comme jugements faux, qu'ils soient ou non argumentés, dont ce recueil de textes montre qu'elle les charrie, de ses origines à aujourd'hui. Si le mot « anthologie » renvoie d'abord à une « collection de fleurs choisies[78] », nombre de celles que nous avons cueillies ont des épines. Elles se devaient cependant d'être collationnées, aussi bien pour montrer à quoi nous nous sommes arrachés, que pour contribuer à expliquer pourquoi l'opinion occidentale est encore à ce point prisonnière de nombreux préjugés. Ainsi, notre souci fut de donner à voir ce que la philosophie a produit dans l'Histoire, sans l'embellir ni la travestir.

L'une de ces fleurs épineuses est la croyance, en matière de handicap, en l'existence d'un rapport, ou d'une pluralité de rapports entre l'état du corps et celui de l'âme, qui peut ainsi se résumer : un organisme (jugé) difforme, sourd, aveugle ou bien touché par la maladie chronique, ne saurait abriter un esprit digne de ce nom. Ainsi, Platon n'a certes pas prôné l'exposition des nouveau-nés estimés mal conformés. Mais, dans les textes que nous avons précédemment cités, le philosophe juge manifestement que l'altération corporelle va de pair avec l'altération intellectuelle – ce que Rancière, entre autres, a dénoncé[79]. Sur cette question de l'« exposition », Aristote, de son côté, pourtant moins souvent mis au banc des accusés, recommande expressément de ne pas nourrir les jeunes enfants (jugés) difformes, et de ne pas procréer trop vieux, pour éviter d'en engendrer[80]. L'adhésion à la pratique de l'exposition se retrouve chez Sénèque, dans un texte bien connu des études de handicap : selon lui, « on étouffe les monstres ; on noie même ses propres enfants, quand ils naissent faibles et mal conformés[81] », et cela est parfaitement conforme à la raison. Cependant, le diagnostic prénatal, généralisé en

78 *Trésor de la langue française*, en ligne : https://www.cnrtl.fr/definition/anthologie (consulté le 17/02/2023). Le mot vient du grec *anthologia*, « action de cueillir des fleurs ».

79 Voir le texte de Rancière p. 923-924.

80 Voir p. 93-94.

81 Voir p. 115.

France (comme dans d'autres pays) depuis peu, et l'interruption médicale de grossesse qui, dans la très grande majorité des cas, s'ensuit lorsqu'une « anomalie » est détectée[82], pourraient en partie, par leurs effets, être comparés à la pratique de l'exposition.

Si l'état du corps fut ainsi conçu, chez Platon, comme le signe de celui de l'âme, il fut aussi pensé, dans l'histoire de la philosophie, comme sa cause. Tel est le cas, par exemple, de Rousseau, dans ce passage du début de *L'Émile* généralement négligé de ses spécialistes : « Je ne me chargerais pas d'un enfant maladif et cacochyme, dût-il vivre quatre-vingts ans. Je ne veux point d'un élève toujours inutile à lui-même et aux autres, qui s'occupe uniquement à se conserver, et dont le corps nuise à l'éducation de l'âme ». Et quelques lignes plus loin : « Un corps débile affaiblit l'âme[83] ». Quel paradoxe en apparence, pour un philosophe qui s'identifie lui-même comme « infirme[84] » ! Dans ce même texte, Rousseau fait aussi du corps « valétudinaire » la cause de l'intempérance de l'âme. Ainsi, dans cette veine, qui prend naissance chez Platon, la « difformité » ou la faiblesse corporelles s'accompagnent non seulement de faiblesse spirituelle, mais encore de mal moral. S'impose alors l'idée de la méchanceté des « infirmes », sans que celle-ci ait besoin d'être liée à la notion de péché. C'est le cas de Gerolamo Cardano – plus connu en France sous le nom de Jérôme Cardan, qui s'exprime ainsi : « Nous avons coutume d'appeler les mutilés, qui sont aveugles, sourds, borgnes, ayant six doigts, et tels monstres de nature, qui sont de mauvaises mœurs ». Et peu après : « [...] les pires de tous sont les bossus, entendu que la faute est alentour du cœur, principe de tout le corps ; après les aveugles et borgnes, pour ce que nature a failli alentour du cerveau ; puis les muets et les sourds, parce que nature a erré en la partie du cerveau la

82 En référence aux travaux d'Isabelle Ville, de Bénédicte Champenois-Rousseau et de Carine Vassy, Lisa Billois rappelle les chiffres suivants : « Alors que 84 % des personnes enceintes recourent à un dépistage anténatal de la trisomie 21 en France en 2011, les taux s'élèvent à 61 % en Angleterre et à 26 % aux Pays-Bas ; en France, 80 % des DPN positifs à la trisomie 21 sont suivis d'une IMG, tandis que ce taux est de 54 % aux Pays-Bas, inférieur à 50 % en Norvège, et oscille entre 51 % et 62 % selon les régions au Royaume-Uni. La France est donc l'un des États européens qui usent le plus des dépistages et diagnostics anténataux, et pratiquent le plus d'avortements sélectifs dans le cas de la trisomie 21 » (« La sélection périnatale. Conceptions du choix en réanimation néonatale et face à la possibilité d'un avortement sélectif à l'épreuve d'une critique pluridisciplinaire », mémoire de M2 de philosophie, université Paris 1 Panthéon-Sorbonne, 2022, p. 160).

83 Voir p. 456.

84 Voir p. 453.

moins noble [...][85] ». Il n'y a pas jusqu'à Diderot qui, tout en s'écartant de l'idée d'un lien de causalité inné entre l'état du corps et celui de la pensée, ne soit tombé dans le piège :

> Comme de toutes les démonstrations extérieures qui réveillent en nous la commisération et les idées de la douleur, les aveugles ne sont affectés que par la plainte, je les soupçonne, en général, d'inhumanité. Quelle différence y a-t-il pour un aveugle, entre un homme qui urine et un homme qui, sans se plaindre, verse son sang[86] ?

Chez d'autres philosophes, un tel lien de causalité est médiatisé par les relations sociales et l'intersubjectivité – mais n'en produit pas moins la dévaluation morale et l'essentialisation des personnes handicapées. Ainsi de Descartes :

> Et on voit que ceux qui ont des défauts fort apparents, par exemple, qui sont boiteux, borgnes, bossus, ou qui ont reçu quelque affront en public, sont particulièrement enclins à la moquerie ; car, désirant voir tous les autres aussi disgraciés qu'eux, ils sont bien aises des maux qui leur arrivent, et ils les en estiment dignes[87].

Bacon, son prédécesseur, qui pourtant ouvre l'entreprise moderne d'arrachement aux préjugés, ne craint pas d'affirmer que « [l]es personnes très laides, très difformes, les eunuques, les vieillards et les bâtards sont ordinairement envieux ; car tout homme affligé d'une disgrâce qu'il croit sans remède, et qui désespère d'améliorer sa condition, s'efforce de détériorer celle des autres [...][88] ». Pierre-Sylvain Régis s'attache quant à lui à expliquer pourquoi « [l]e vice de l'ingratitude appartient proprement aux hommes brutaux, aux stupides et aux faibles [...][89] ». Chez De Gérando, on apprend qu'un individu aveugle « est assiégé par la tristesse, par l'inquiétude, par la défiance, triste et trop ordinaire conséquence de son infirmité[90] » ; mais, à en croire Kant, les aveugles sont au contraire nombreux à être « causants, sociables et pleins de gaîté dans un repas », et c'est bien

85 Voir p. 189-190.
86 Voir p. 469.
87 Voir p. 259.
88 Voir p. 219.
89 Voir p. 297.
90 Voir p. 660.

plutôt la personne sourde qui est « d'humeur fâcheuse, ombrageuse et mécontente[91] » en réunion.

Il n'est pas jusqu'aux philosophes contemporains qui ne tissent un lien de causalité de l'état du corps vers celui de l'esprit. Ainsi d'Alain, qui, en 1935, écrit, au sujet du « bègue », qu'« il n'a aucune espérance d'éclaircir ses pensées ni même de les changer ; la peine qu'il prend pour les dire, pour les porter et jeter devant lui, est une sorte de preuve renouvelée[92] ». Et le philosophe, quelques lignes plus loin, de se montrer soucieux, d'une bien étrange manière, des effets de ses propos sur les personnes bègues : « Je ne voudrais pas offenser ceux qui poussent difficilement les labiales et les gutturales. Il y a des bègues à tous degrés, et plus ou moins dogmatiques[93] ».

Le lien de causalité peut également s'énoncer dans l'autre sens – c'est alors la méchanceté, ou la morbidité de l'esprit qui s'exprime dans celle du corps. À cet égard, nous connaissions déjà l'anecdote rapportée par Nietzsche, après Cicéron, au sujet de Socrate :

> En passant par Athènes, un étranger qui se connaissait en physionomie dit, en pleine figure, à Socrate qu'il était un monstre, qu'il cachait en lui tous les mauvais vices et désirs. Et Socrate répondit simplement : « Vous me connaissez, monsieur ! »[94].

Mais n'est-il pas surprenant de lire, sous la plume de Michel Serres, en 1985, la reprise exacte, teintée de philosophie sartrienne, du préjugé nietzschéen ?

> À partir d'un certain âge, un penseur répond de son visage, son savoir et sa pensée doivent répondre de son corps. Socrate hideux : quel aveu ! Son corps demeuré noueux : quel emblème de haine ! La difformité de cet homme révèle sa philosophie malade. Il a aimé la mort, il l'a tant souhaitée[95].

Monstruosité, difformité : on saisit sans peine comment des liens ainsi tissés entre le corps et la pensée ont pu produire l'infériorisation, et même la déshumanisation ou l'animalisation des personnes dites aujourd'hui handicapées. Ainsi, dans une perspective matérialiste,

91 Voir p. 544.
92 Voir p. 725.
93 *Ibid.*
94 Voir p. 707.
95 Voir p. 907.

Cabanis estime que « chez les vrais crétins, le cerveau n'ayant presque aucune action comme organe de la pensée, le foyer inférieur prend avec l'âge une prédominance remarquable [...] ; d'où s'ensuivent, chez ces êtres dégradés, les plus dégoûtantes habitudes de la masturbation[96] ». Ailleurs, c'est au contraire le refus de ces liens, assorti d'une caractérisation de l'être humain par la possession de la raison, qui conduit à la dévaluation, voire à la déshumanisation de certains individus. Tel est le cas de Locke, qui insiste sur le fait qu'une âme raisonnable peut parfaitement loger dans un corps « monstrueux », mais estime qu'un « imbécile » constitue « une espèce d'animal » qui tient « le milieu entre l'homme et la bête[97] », ou, différemment, de Wolff, pour qui « plus un homme sait faire usage des forces de son entendement, et plus il mérite de porter le nom d'homme[98] ». Et que dire de ces lignes de Herder, qui fait du « don céleste de la parole » la condition de la raison ?

> L'exemple des sourds et muets de naissance prouve combien il est difficile à l'homme privé de la parole, d'atteindre à des idées raisonnables, même en vivant au milieu d'autres hommes, et jusqu'à quel point l'état animal domine avec tous ses instincts les plus dégradants. [...] On a des exemples de sourds et muets de naissance qui ont égorgé leur frère, parce qu'ils avaient vu égorger un porc, et qui sans frémir leur ont arraché les entrailles, pour mieux imiter ce qui s'était passé sous leurs yeux [...][99].

Pour Herder, « [l']*homme est donc une créature d'ouïe et de mémoire formée pour le langage*[100] ». On peut voir là une filiation aristotélicienne. Il est en effet bien connu des *deaf studies* et des études sourdes francophones qu'Aristote a écrit, au sujet du langage (*logos*), défini comme « l'articulation de la voix (*phonê*), au moyen de la langue », que « ce privilège est réservé à l'homme seul », et que « ceux qui sont sourds de naissance », « toujours muets », « ont bien une voix ; mais elle ne peut pas articuler[101] » – ce dont on déduit aisément que, pour le Stagirite, les personnes sourdes sont plus proches des autres animaux que des êtres humains. À tout le moins écrit-il, dans un texte où il compare les mérites respectifs de

96 Voir p. 598.
97 Voir p. 289.
98 Voir p. 333.
99 Voir p. 565.
100 Voir p. 561.
101 Voir p. 97.

la vue et de l'ouïe, que « les aveugles-nés sont plus intelligents que les sourds-muets[102] ». Ce préjugé, qui consiste à ne pas tenir la langue des signes pour une forme langagière à part entière, traverse l'histoire de la philosophie. On le rencontre notamment chez Hobbes, pour lequel seule la parole, au sens de langage articulé, donne accès aux idées générales[103] ; chez Kant, qui écrit que « les sourds de naissance, qui doivent aussi être muets par cette raison, ne peuvent jamais parvenir qu'à quelque chose d'"analogue" à la raison[104] » ; sous la plume de Schopenhauer, qui soutient également que « [l]es mots ne sont représentés qu'imparfaitement par des signes visuels. Aussi [doute-t-il] qu'un sourd-muet, qui peut lire, mais qui n'a aucune représentation du son des mots, puisse exécuter toutes les opérations de la pensée [...][105] ». Encore largement répandue de nos jours dans l'opinion, et typique de ce que l'on nomme aujourd'hui l'« audisme[106] », la croyance en la supériorité de la langue vocale sur la langue des signes s'accompagne souvent de l'idée fausse suivant laquelle celle-ci est universelle.

Viennent en outre les préjugés qui, tout en étant datés et totalement dépassés, peuvent néanmoins se rencontrer aujourd'hui à l'état de résidus, ou sous des formes renouvelées. Marsilio Ficino, plus connu en France sous le nom de Marsile Ficin, estime ainsi que « ceux qui regardent fermement les yeux d'autrui infirmes et rouges, tombent facilement au mal des yeux, à cause des rais qui procèdent des yeux infirmes[107] », mais aussi que « [l]e regard d'un puant vieillard, ou d'une femme ayant ses malles semaines, cause le mal des yeux », et enfin que « [l]e regard d'un adolescent fait le mal de l'œil à un plus vieux[108] ». Seul l'être humain adulte, de sexe masculin, aux yeux « sains », semble dépourvu d'un tel

102 Voir p. 93.

103 Voir p. 245.

104 Voir p. 543.

105 Voir p. 666.

106 Voir Véro Leduc, « Audisme et sourditude : les dimensions affectives de l'oppression », *Créativité citoyenne*, vol. 10, n° 1, 2017 : « L'audisme peut être défini comme un système normatif subordonnant les personnes sourdes et malentendantes par un ensemble de pratiques, d'actions, de croyances et d'attitudes qui valorisent les personnes entendantes et leurs façons de vivre (par exemple, entendre, parler), au détriment d'une diversité de mobilités et de langues (des signes) ». En ligne : https://www.cremis.ca/publications/articles-et-medias/audisme-et-sourditude-les-dimensions-affectives-de-loppression/ (consulté le 17/02/2023).

107 Voir p. 170.

108 *Ibid.*

regard contagieux. Dans le cadre de ce qui fut nommé l'« ordre ancien du regard[109] », au sein duquel la vue peut s'expliquer par l'émission, depuis l'œil, de rayons de lumière, une telle croyance en la contagion de la vision « infirme », ou le pouvoir malfaisant d'une autre « tare », trouve un fondement d'apparence rationnelle. Si nous nous situons désormais dans le cadre de l'« institution moderne du regard[110] », si nous savons désormais que les rayons lumineux pénètrent dans les yeux, il n'est pas certain que nous nous soyons pour autant totalement défaits d'un tel préjugé relatif à la « malvoyance » et à la cécité. C'est ce que soutient David Bolt, Professeur de *disability studies* à Liverpool, qui constate la permanence de cette peur de la cécité, qui devient, en retour, peur des aveugles, et suscite, de la part des personnes qui voient, des stratégies d'évitement[111].

Teresa de Ávila, de son côté, recommande de « dompter » les femmes mélancoliques, au moyen de « grands » châtiments s'il le faut. Quelques lignes plus bas, elle tâche de se justifier :

> Il pourra sembler à quelques-uns qu'il y a de l'injustice de traiter aussi rudement une personne malade que si elle était saine. Mais si cela était véritable il y en aurait donc à lier les fous et à les fouetter, et il faudrait leur permettre de battre et d'assommer tout le monde[112].

Ces propos confirment ceux de Bertrand Russell, qui écrit, au sujet du traitement des « déments » pendant le Moyen Âge européen, que, lorsque l'exorcisme échouait, « on fouettait le malade ; si le démon refusait toujours de le quitter, on le torturait. Pendant des siècles, d'innombrables fous sans défense furent ainsi livrés à la barbarie de geôliers cruels[113] ». Et un peu plus loin :

> La croyance à la sorcellerie était étroitement liée au traitement médiéval de la démence. La *Bible* dit : « Tu ne laisseras point vivre la magicienne » (Exode XXII, 18). [...] Tant que les hommes ont cru à la *Bible*, ils ont fait de leur mieux pour mettre en pratique ses ordres au sujet des sorcières. Les

---

109 Carl Havelange, *De l'œil et du monde. Une histoire du regard au seuil de la modernité*, Paris, Fayard, 1998, p. 45.

110 *Ibid.*, p. 233.

111 Voir David Bolt, *The Metanarrative of Blindness. A Re-reading of Twentieth-Century Anglophone Writing*, Ann Arbor, The University of Michigan Press, 2014, chap. v.

112 Voir p. 199.

113 Voir p. 736.

> chrétiens libéraux de notre temps, qui continuent à soutenir que la *Bible* a une grande valeur morale, ont tendance à oublier de tels textes, et les millions de victimes innocentes qui sont mortes dans les supplices parce que les hommes de jadis réglaient effectivement leur comportement d'après la *Bible*[114].

Mais des athées comme Russell, comme aussi des chrétiens, peuvent oublier qu'il nous arrive encore, indépendamment de la religion, et sans que ce soit pour les protéger d'eux-mêmes, de « lier les fous ».

Une autre série de fleurs épineuses est l'ensemble des préjugés qui sont encore largement d'actualité. Ainsi de celui selon lequel le handicap fait obstacle au bonheur et qu'il n'est pas de pire état – à l'instar de ce propos d'Érasme d'après lequel « il n'est personne qui n'aime mieux sentir la douleur, que d'être stupide et perclus de ses membres[115] » ; de Gabrielle Suchon, qui pense que « personne ne doute qu'entre toutes les privations celle de la vue ne soit la plus sensible et la plus insupportable, à cause que par ce moyen l'imagination et le bon sens sont bien souvent trompés et prennent une chose pour une autre[116] » ; ou bien, dans la même veine, de Voltaire, qui, s'adressant à Marie de Vichy-Chamrond, devenue aveugle, écrit qu'« il faut deux yeux, ou du moins un, pour jouir de la vie[117] » ; ou encore de Victor Cousin, qui tient lui aussi d'on ne sait où qu'« [e]n vain plongerez-vous dans toutes les voluptés des sens l'homme dont vous aurez paralysé l'activité, vous le verrez souffrir et périr de langueur et d'ennui[118] ». Mais le préjugé le plus préjudiciable à cet égard est sans doute celui selon lequel il vaut mieux être mort qu'handicapé – le fameux « *better dead than disabled* » très largement dénoncé par les *disability studies*[119]. C'est ainsi que La Bruyère estime, à propos du « sot », qu'« il est vrai de dire qu'il gagne à mourir, et que dans ce moment où les autres meurent, il commence à vivre. Son âme alors pense, raisonne, infère, conclut, juge, prévoit, fait précisément tout ce qu'elle ne faisait point [...][120] ». La Mothe Le Vayer, quant à lui,

---

114 *Ibid.*

115 Voir p. 182.

116 Voir p. 278.

117 Voir p. 373.

118 Voir p. 673.

119 Voir par exemple Joel Michael Reynolds, « "I'd Rather Be Dead Than Disabled" – The Ableist Conflation and the Meanings of Disability », *Review of Communication*, 17(3), 2017, p. 149-163.

120 Voir p. 305.

ne sait point « de mort plus souhaitable autant que la Religion le peut souffrir, que celle, qui délivre d'une si calamiteuse infirmité, qu'est la démence [...][121] ». Voltaire, qui se fait passer pour aveugle auprès de son amie Marie de Vichy-Chamrond, lui demande : « Êtes-vous de l'avis de Mécène, qui disait : "Que je sois goutteux, sourd et aveugle, pourvu que je vive, tout va bien." Pour moi, je ne suis pas tout à fait de son opinion, et j'estime qu'il vaut mieux n'être pas que d'être si horriblement mal[122] ». Jürgen Habermas, en 2001, au sujet des techniques de sélection anténatale, énonce ce qui passe, aujourd'hui encore, pour une évidence, à savoir que « [l]e seul cas où il y aurait de bonnes raisons que la personne concernée soit en accord avec la finalité eugénique est celui de déficiences extrêmes et tout à fait généralisées[123] ».

Parce qu'il mobilise le concept de « sentience », ou capacité de ressentir (principalement du plaisir et de la douleur), commune aux animaux humains et non humains, Peter Singer, quant à lui, n'affirme pas abruptement qu'une vie handicapée ne vaut pas la peine d'être vécue. Tout dépend selon lui si cette vie est faite ou non de davantage de plaisirs que de douleurs. Mais, comme Sunaura Taylor l'a montré[124], s'il s'élève ainsi contre le spécisme, et, ajoutons-nous, permet par là de sortir du « *better dead than disabled* », il maintient en revanche une hiérarchie, la même qui pourtant produisit celle des espèces animales : la hiérarchie qui selon lui existe entre différentes formes de vie. Pour Singer, il n'y a rien là de gratuit.

> Il n'est pas arbitraire de soutenir que la vie d'un être possédant conscience de soi, capable de penser abstraitement, d'élaborer des projets d'avenir, de communiquer de façon complexe, et ainsi de suite, a plus de valeur que celle d'un être qui n'a pas ces capacités[125].

Selon le philosophe australien, si nous ôtons la vie à un être doué de telles capacités, nous lui faisons perdre beaucoup, à savoir les fruits de tous les efforts qu'il déploie pour réaliser ses projets – mais pas grand-chose *a contrario* si nous tuons celui qui ne les possède pas. C'est la raison

121 Voir p. 237.
122 Voir p. 369.
123 Voir p. 877.
124 Voir Sunaura Taylor, trad. par É. Sancey et C. Ayakatsikas, *Braves Bêtes. Animaux et handicapés, même combat ?* Paris, Éditions du Portrait, 2019.
125 Voir p. 930.

pour laquelle, d'après lui, « s'il nous faut choisir entre la vie d'un être humain et celle d'un autre animal nous devons sauver celle de l'humain ; mais il peut y avoir des cas particuliers où l'inverse sera vrai, quand l'être humain en question ne possède pas les capacités d'un humain normal[126] ». C'est ainsi que nous devrions choisir de sauver, si le cas se présentait, non pas la personne « handicapée mentale », mais le chien.

Les personnes dites aujourd'hui « handicapées mentales », de même que les personnes sourdes, lorsqu'elles leur sont peu ou prou assimilées, sont celles dont l'égalité avec les autres – voire l'humanité – fut, et est encore la plus interrogée, quand ce n'est pas tout simplement niée.

L'histoire de la philosophie, cependant, recèle également de nombreuses fleurs sans épines – du moins constitue autre chose qu'un champ de ronces.

PROBLÈMES PHILOSOPHIQUES ET HANDICAPS

D'abord, les différentes « infirmités » ont permis à la philosophie de progresser dans le traitement de plusieurs des grands problèmes qu'elle a, au cours du temps, formulés – quand elles n'en ont pas tout simplement occasionné l'énonciation.

Nous avons précédemment signalé la thèse, récurrente dans l'histoire de la philosophie, selon laquelle un corps infirme ne saurait abriter un esprit sain. C'est ainsi à l'occasion du grand problème des rapports corps/esprit (ou *mind/body problem* aujourd'hui) que le handicap, tantôt physique, tantôt mental, y est notamment traité. Du côté des partisans du dualisme, ou bien l'on estime, avec Platon, que le corps, ontologiquement distinct de l'âme, porte néanmoins la trace du type de vie que celle-ci, lors de sa précédente incarnation, a choisi[127] ; ou bien l'on juge que l'existence des personnes porteuses d'infirmité(s) vient bien plutôt confirmer la distinction de nature entre le corps et l'esprit, de même que celle qui sépare l'homme de la bête – c'est le cas de Descartes,

126 Voir p. 931.

127 Voir Platon, *Phèdre*, 248d-e (sans rapport direct avec le handicap, ce texte n'a pas été reproduit ici).

dans un texte bien connu du *Discours de la méthode* et dans la lettre du 23 novembre 1646 adressé au marquis de Newcastle[128], à propos des « fous », des « stupides » et des « sourds et muets », qui, tous, expriment leurs pensées au moyen du langage ; mais encore de Johann Gustav Reinbeck, au sujet des personnes sourdes, qui, selon lui, sont les seules à manifester une pensée sans langage, et permettent ainsi de prouver que l'âme, après la mort, peut demeurer pensante[129]. C'est aussi le cas de Maine de Biran, qui établit l'existence du sentiment de l'effort, et, de là, d'un « moi » irréductible à la matière, au travers des observations d'un médecin sur certaines personnes paralysées – qui peuvent certes éprouver, mais, indépendamment de l'activité du « sens intime », non pas localiser une impression sensible à même leur corps[130].

Cependant leurs adversaires ne s'en laissent pas conter, et mobilisent les différents handicaps, souvent les mêmes, pour attester au contraire de la matérialité de la pensée. Ainsi de La Mettrie, qui écrit :

> Dans les maladies, tantôt l'âme s'éclipse et ne montre aucun signe d'elle-même ; tantôt on dirait qu'elle est double, tant la fureur la transporte ; tantôt l'imbécillité se dissipe : et la convalescence, d'un Sot fait un homme d'esprit. Tantôt le plus beau Génie devenu stupide, ne se reconnaît plus. Adieu toutes ces belles connaissances acquises à si grands frais, et avec tant de peine !
>
> Ici c'est un paralytique, qui demande si sa jambe est dans son lit. Là c'est un soldat qui croit avoir le bras qu'on lui a coupé[131].

Dans le champ, encore, de la métaphysique, c'est aussi le problème, souvent lié au précédent, mais néanmoins indépendant, du « propre de l'homme » ou de la nature humaine, qui suscita des lignes et même de nombreuses pages sur tel ou tel « handicap ». Nous avons déjà cité Aristote et son exclusion quasi explicite, consécutive à sa conception du *logos* comme propre de l'homme, des personnes sourdes de la sphère de l'humanité ; mais encore Locke, qui en exclut les « imbéciles » – non pas les « monstres » cependant, dès lors que ceux-ci font montre de raison. Nous pourrions multiplier les exemples – ainsi de La Mothe Le Vayer, dont on est heureux qu'il fasse du « mâle » et de la « femelle » des individus humains à part égale, mais qui, lorsqu'il écrit que « les Sauvages

128 Voir p. 264-265.
129 Voir le chapitre consacré à ce philosophe.
130 Voir le chapitre consacré à ce philosophe.
131 Voir p. 415.

de Dauphiné pour être chèvre-pieds, ou de quelque autre structure corporelle aussi extraordinaire, ne laissent pas d'être hommes s'ils ont l'usage de la raison, d'où dépend la forme humaine[132] », en exclut, tout comme Locke, de nombreux autres. Cependant, parce qu'il fait de la génération – l'on dirait aujourd'hui, de la reproduction, le critère de l'espèce, Buffon[133], contre Locke, attribue une âme, et ainsi le rang d'humains, aux « imbéciles » ; et Condillac[134], La Mettrie[135], et De Gérando[136] perçoivent très bien que l'« imbécilité » des sourds de leur temps n'est que de circonstance, attribuable aux entendants qui, la plupart du temps, les privèrent de toute éducation.

Mentionnons à cette occasion un autre problème, contemporain de ce renversement – temporaire – du statut des personnes sourdes : celui des rapports qui unissent langage et pensée. Celui-là ne sert-il qu'à véhiculer celle-ci, à la transmettre au dehors, de telle sorte qu'il est en droit possible de penser sans les mots, ou bien ne pense-t-on que dans et par le langage, de telle façon que, sans lui, nous sommes privés de tout ou presque de nos idées ? Chez Reinbeck[137], et encore Jean Henri Le Maître[138], les personnes sourdes intelligentes mais sans langage prouvent la primauté chronologique de la pensée, et se voient ainsi, sans difficulté, accorder l'humanité – quand, chez Condillac, La Mettrie et De Gérando, les sourds viennent au contraire attester de l'influence du langage, voire de sa nécessité pour la pensée ; et ce, sans que leur humanité soit pour autant menacée, dans la mesure où, selon eux, tous les êtres humains déploient leurs facultés et pensent au travers des signes langagiers, de quelque nature qu'ils soient.

Par ailleurs, le « handicap », tant physique que sensoriel, se voit (plus ou moins longuement) cité lorsqu'il s'agit d'affronter le problème du bonheur. Pour paraphraser Platon, est-il possible d'être heureux « avec un corps flétri et ruiné » ? Nous avons entrevu à quel point les réponses négatives à cette question sont légion. Si plusieurs de celles que nous avons citées relèvent seulement de l'affirmation gratuite, d'autres

132 Voir p. 231.
133 Voir p. 405-406.
134 Voir p. 514-518.
135 Voir p. 415-417.
136 Voir p. 647-648.
137 Voir le chapitre consacré à ce philosophe.
138 Voir le chapitre consacré à ce philosophe.

s'inscrivent dans un débat qui traverse les siècles, et interroge la nature même du bonheur. Ce sont les stoïciens, en tant qu'ils identifient celui-ci à la vertu, qui se trouvent les plus vivement confrontés à l'objection (qu'ils se font parfois à eux-mêmes pour d'autant mieux y répondre) selon laquelle le malheur inhérent aux « infirmités » interdit d'affirmer qu'il suffit de bien agir pour être heureux. Ainsi de Cicéron, qui met en question les propos de Zénon :

> Voilà un sage qui est à la fois aveugle, estropié, malade, exilé, pauvre, privé de ses enfants, en proie à de cruelles tortures : comment Zénon l'appellera-t-il ? heureux, trois fois heureux. J'ai enseigné, dira-t-il, que le vrai bonheur ne comporte pas le plus ou le moins, et qu'il ressemble en cela à la vertu, qui est son principe. Comment le croire ? un tel homme très heureux ! Mais vous, Pison, qui le dites heureux, méritez-vous plus de croyance ? Prenez le peuple pour juge : lui prouverez-vous jamais que dans un tel état on est heureux[139] ?

Cicéron n'en désespère pas, longuement s'y emploie, et, par là-même, fait parvenir jusqu'à nous de petits portraits d'hommes sages, philosophes, hommes politiques ou écrivains, qui, au milieu de leurs « infirmités », restent parfaitement heureux :

> Le sage n'emprunte presque jamais le secours de ses yeux dans ses méditations ; et si la nuit n'empêche pas qu'on ne soit heureux, pourquoi un jour semblable à la nuit nous empêcherait-il de l'être ? Il y a un mot un peu libre, mais plaisant, d'Antipater le Cyrénaïque ; quelques femmes le plaignaient de ce qu'il était devenu aveugle : « Êtes-vous folles », leur dit-il, « et avez-vous oublié que les plaisirs de la nuit valent bien ceux du jour ? »[140].

Mais cette grande thèse stoïcienne de la compatibilité du bonheur et de l'« infirmité » ne pouvait manquer d'être contestée par plusieurs philosophes d'inspiration chrétienne, pour lesquels il est impossible d'admettre, du fait de la « chute », que l'on puisse être pleinement heureux « ici-bas ». C'est dans ce contexte qu'Augustin pointe la contradiction, que l'on peut juger présente, notamment, chez Sénèque[141], entre l'affirmation d'une telle compatibilité bonheur/« infirmité » d'une part, et celle du « *better dead than disabled* » d'autre part : « Ô la vie heureuse, qui, pour cesser d'être, cherche le secours de la mort ! Si elle est heureuse, que n'y

139 Voir p. 102.
140 Voir p. 104.
141 Voir le chapitre consacré à ce philosophe.

demeure-t-on ; et si on la fuit à cause des maux qui l'affligent comment est-elle bienheureuse ?[142] ».

Cependant, dès lors qu'il considère, à l'inverse du stoïcisme, que les « infirmités » sont des maux, le cadre de pensée chrétien ne pouvait non plus manquer de se trouver confronté à une forme spécifique de problème de théodicée : celui de la compatibilité entre l'existence des « infirmités » et la sagesse divine. Si Dieu est infiniment bon et sage, comment se fait-il que des êtres humains naissent infirmes ? Chez Augustin, les infirmités de naissance, qui ne peuvent être conçues comme les effets du « péché personnel », sont considérées comme ceux du « péché originel[143] ». Bien plus, ce que nous nommons aujourd'hui « handicap psychique » vient à l'appui, sous sa plume, de sa réfutation de l'un des principaux représentants du pélagianisme, Julien d'Éclane, qui refuse l'idée que les êtres humains aient hérité du péché d'Adam :

> [...] ne connaît-on pas des malheureux qui sont nés dans un tel état de folie qu'on les assimilerait facilement aux animaux ? Et malgré cela, vous ne voulez pas avouer que le genre humain, depuis qu'il s'est révolté contre Dieu, subit la transmission de la faute originelle et de la condamnation à tous ces châtiments, que le Créateur lui épargne parfois dans les profonds desseins de sa sagesse éternelle[144].

À cette conception des « infirmités » de naissance comme effets du péché originel, Thomas d'Aquin adjoint l'idée selon laquelle celles-ci constituent néanmoins des « moyens de correction[145] ». En effet, selon lui, lorsque c'est le corps, et non pas l'âme, qui est atteint, « la vertu humaine, apanage de la raison, se perfectionne dans l'infirmité [...][146] ». Le handicap comme épreuve voulue par Dieu : voilà sans doute un ressort efficace d'acceptation de soi, qui cependant conforte la conception de l'« infirmité » comme d'un mal logé à l'intérieur de soi.

Un autre moyen de conciliation entre les « infirmités » de naissance et la sagesse divine, qui se rencontre notamment chez Malebranche, consiste dans le recours à l'idée de la simplicité des voies de Dieu. « Un monde plus parfait, écrit l'oratorien, mais produit par des voies moins

142 Voir p. 142.
143 Voir p. 145-146.
144 Voir p. 146.
145 Voir p. 154.
146 Voir p. 153.

fécondes et moins simples, ne porterait pas tant que le nôtre le caractère des attributs divins. Voilà pourquoi le monde est rempli d'impies, de monstres, de désordres de toutes façons[147] ». Dieu aurait pu ne pas créer de « monstres », et ne les a voulus qu'en tant qu'ils accompagnent « des effets plus dignes de sa sagesse et de sa bonté[148] ». S'ils constituent sans conteste des imperfections, les « monstres » sont les signes non pas de son impuissance ni de sa méchanceté, mais de l'économie de moyens qui présida à la création.

Cependant, la « monstruosité » et la « difformité » n'en sont pas moins mobilisées par les athées comme preuves à l'appui de l'inexistence de Dieu. Ainsi du curé athée Jean Meslier, pour lequel « il n'est nullement croyable qu'un si excellent ouvrier, que serait un Dieu tout-puissant, infiniment bon, infiniment sage et infiniment parfait, aurait jamais voulu faire, ni laisser dans ses ouvrages aucune imperfection, aucune défectuosité, ni aucune difformité. Cela serait trop contraire et trop opposé à sa nature bienfaisante[149] ». Diderot aussi s'inscrit dans cette lignée, et va jusqu'à mettre dans la bouche du mathématicien aveugle Nicholas Saunderson[150], sans que rien n'atteste qu'il l'ait effectivement prononcé, l'argument anti-finaliste de la « monstruosité »[151]. Au siècle suivant, c'est Feuerbach qui le mobilisera : « Pourquoi la nature produit-elle des monstres ? parce que le résultat des choses qu'elle forme n'est pas pour elle un but conçu d'avance[152] ». Aussi voyons-nous, dans leur combat contre les créationnistes, les anti-finalistes endosser la même conception de la « monstruosité » comme mal physique ou imperfection – quand bien même, c'est le cas de Diderot[153], ils ont pu par ailleurs la contester.

En matière de théorie de la connaissance, trois grands problèmes liés entre eux incitèrent les philosophes à traiter du « handicap » – plus précisément des « déficiences sensorielles » : celui de la hiérarchie des sens, de l'origine des idées, et enfin le problème énoncé à la fin du XVIIe siècle par William Molyneux. Eu égard au premier, l'affirmation,

147 Voir p. 300-301.
148 Voir p. 301.
149 Voir p. 328.
150 Voir la note p. 364.
151 Voir p. 474-477.
152 Voir p. 683.
153 Le philosophe estime en effet qu'« il n'y a rien d'*imparfait* dans la nature, pas même les monstres » (p. 500).

majoritaire dans l'histoire de la philosophie, d'une primauté de la vue, a d'emblée conduit au dénigrement épistémique de la cécité. Ainsi de Platon, qui, dans la *République*, considère les personnes aveugles comme vouées à n'être jamais philosophes : pour Socrate, il n'existe guère de différences « entre les aveugles et ceux qui, privés de la connaissance des principes des choses, n'ayant dans l'âme aucun exemplaire qu'ils puissent contempler, ne pouvant tourner leurs regards sur la vérité même [...][154] ». Il est par là même facile, selon lui, « de reconnaître si un bon gardien doit être aveugle ou avoir la vue excellente[155] ». Si, comme nous l'avons indiqué, Aristote estime quant à lui que « les aveugles-nés sont plus intelligents que les sourds-muets », c'est qu'il considère que, du point de vue de la connaissance, l'ouïe l'emporte sur la vue – conception dont on lira une nouvelle forme en contexte chrétien, chaque fois que le « *fides ex auditu* » (la foi vient de ce qui s'entend) de saint Paul sera interprété littéralement. Ainsi de Pierre Charron, qui rappelle que « la Chrétienté enseigne que la foi et le salut est par l'ouïe, et que la vue y nuit plus qu'elle n'y aide[156] », et y trouve confirmation dans le fait qu'il y eu « non seulement plusieurs aveugles grands et savants mais d'autres encore qui se sont privés de vues à escient pour mieux philosopher, et nul jamais de sourd[157] ». Il fallut le siècle suivant et les philosophies des Lumières pour que le primat de la vue et celui de l'ouïe vacillent au profit de celui du toucher, qui devient alors le fondement des premières écoles pour enfants sourds d'un côté, avec l'abbé de L'Épée et les « signes méthodiques » élaborés avec ses élèves à partir de leur propre langue gestuelle, et pour enfants aveugles de l'autre, sous la houlette de Valentin Haüy et de la technique d'impression d'ouvrages en relief linéaire.

Le problème philosophique de l'origine des idées, essentiellement moderne, s'énonce en des termes distincts : nos idées sont-elles nées avec nous ou bien proviennent-elles de nos sens ? C'est alors Gassendi qui, le premier, à l'occasion des objections qu'il oppose à Descartes, mobilise la cécité (mais aussi la surdité) comme preuve du caractère acquis des idées : « [...] voulez-vous voir comment la nature n'a rien mis en nous d'une pareille idée [*sc.* l'idée du soleil] ? cherchez à la découvrir chez un

154 Voir p. 90.
155 *Ibid.*
156 Voir p. 214.
157 *Ibid.*

aveugle-né[158] ». Son ami La Mothe Le Vayer est encore plus explicite. Après avoir questionné un homme aveugle de naissance, qui, pour avoir pris des leçons d'astronomie, « avait quelque connaissance du mouvement des Cieux[159] », mais non pas des astres tels qu'ils paraissent à la vue, le philosophe conclut : « Vous voyez en tout cela clairement la preuve de l'Axiome Philosophique, qu'il n'entre rien dans notre esprit que par la porte des sens ; et par conséquent, que si l'on manque de quelqu'un, notre âme est nécessairement privée de beaucoup de connaissances[160] ». Berkeley, Condillac et Diderot estimeront aussi que les idées viennent des sens, mais souligneront, en mobilisant la cécité, l'aptitude du toucher à fournir des idées plus riches et plus étendues que le sens de la vue. À l'inverse, d'autres philosophes font appel au « handicap sensoriel » pour asseoir l'innéité des idées, que ce soit au titre de dispositions, ou de contenus de pensée pleinement actualisés. Ainsi de Le Maître, pour qui la surdité, en tant qu'elle ne fait pas obstacle à la transmission, via des signes gestuels arbitraires, des vérités révélées, vient prouver que les idées précèdent le langage et qu'elles sont donc innées[161].

Impossible enfin de ne pas mentionner le problème de Molyneux, qui traverse tout le XVIIIe avant de renaître sous d'autres formes aux XIXe et XXe siècles[162] :

> Supposez un aveugle de naissance, qui soit présentement homme fait, auquel on ait appris à distinguer par l'attouchement un cube et un globe, du même métal, et à peu près de la même grosseur, en sorte que lors qu'il touche l'un et l'autre, il puisse dire quel est le cube, et quel est le globe. Supposez que le cube et le globe étant posés sur une table, cet aveugle vienne à jouir de la vue. On demande si en les voyant sans les toucher, il pourrait les discerner, et dire quel est le globe et quel est le cube[163].

Même s'il le recoupera en partie – sous la plume, notamment, de Leibniz, il s'agit d'un problème distinct de celui du caractère inné ou acquis des idées : le savant irlandais ne demande pas si les idées de

158 Voir p. 249.
159 Voir p. 239-240.
160 Voir p. 240.
161 Voir p. 381-383.
162 Voir Marion Chottin, *Le Partage de l'empirisme. Une histoire du problème de Molyneux aux XVIIe et XVIIIe siècles*, Paris, H. Champion, 2014.
163 Voir p. 282.

figures sont présentes en nous dès la naissance ; il questionne, sur fond d'empirisme lockéen, la dimension homogène ou hétérogène des sensibles issus de la vue et du toucher. À l'occasion des nombreux traitements de ce problème, surgissent ainsi, en creux, autant de conceptualisations de la cécité[164].

Au XIXe siècle, le problème de Molyneux donne naissance à celui du caractère originairement visuel ou bien tactile de l'idée de l'espace[165], et, au XXe siècle, dans le cadre d'un dépassement du conflit de l'empirisme et de l'intellectualisme, Merleau-Ponty établit que l'étonnement de l'individu aveugle qui recouvre la vue atteste que « le toucher n'est pas spatial *comme* la vision[166] » :

> Pour distinguer un rond d'un rectangle par la vue, il lui faut suivre des yeux le bord de la figure, comme il le ferait avec la main et il tend toujours à saisir les objets que l'on présente à son regard. Que conclure de là ? que l'expérience tactile ne prépare pas à la perception de l'espace ? Mais si elle n'était pas du tout spatiale, le sujet tendrait-il la main vers l'objet qu'on lui montre ? Ce geste suppose que le toucher s'ouvre sur un milieu au moins analogue à celui des données visuelles[167].

Cette revue, non exhaustive, des problèmes à l'occasion desquels les philosophes traitèrent du handicap, peut et même doit nous amener à nous interroger : y a-t-il là instrumentalisation des personnes handicapées, mobilisées à des fins qui leur sont extérieures, au travers de représentations qui, de surcroît, peuvent être irréalistes, et de là préjudiciables, ou bien fécondité théorique du handicap, nécessaire à quiconque veut progresser dans le savoir, ou bien encore posture anti-validiste[168] avant l'heure de la philosophie, qui ferait montre, à cet égard, de son souci d'inclure tous les humains et d'universaliser la pensée ?

---

164 Voir Marion Chottin, « Les aveugles des philosophes de l'Âge classique aux Lumières. Aléas d'une pensée de la cécité entre rationalisme et empirisme », chap. cité.

165 Dans ce cadre, John Stuart Mill s'oppose à Ernst Platner et à William Hamilton, qui jugent tous deux que la perception de l'espace ne s'acquiert que par la vue, et confortent ainsi le préjugé, toujours actuel, selon lequel les personnes aveugles en sont privées.

166 Voir p. 793.

167 Voir p. 793-794.

168 Le terme « validisme » a fait son entrée en 2022 dans *Le Petit Robert*, qui le définit comme suit : « Système faisant des personnes valides la norme sociale » ; et, par extension, « [d]iscrimination envers les personnes en situation de handicap ». En ligne : https://dictionnaire.lerobert.com/definition/validisme#:~:text=D%C3%A9finition%20de%20validisme%20%E2%80%8B%E2%80%8B,ex. (consulté le 18/02/2023).

Quoi qu'il en soit des réponses, sans doute diverses, que l'on peut fournir à cette question, il importe aussi de souligner que des problèmes et des textes prirent, dans l'histoire, les différents « handicaps » comme fins en soi de la philosophie.

PHILOSOPHIES DES HANDICAPS

Les « infirmités » ne furent pas seulement mobilisées *à l'occasion* de tel ou tel grand problème philosophique. Elles furent aussi envisagées pour elles-mêmes, et suscitèrent la formulation de problèmes qui leur sont propres – de telle sorte que l'on trouve, dans l'histoire de la philosophie, une préhistoire des études francophones de handicap, et peut-être plus encore des *disability studies.*

Ainsi, la question des « monstres » ne fut pas seulement traitée à l'occasion du problème de la théodicée – le fait qu'elle émerge dès l'Antiquité suffit à le montrer. C'est comme physicien qu'Aristote étudie la « monstruosité », et pose le problème de sa nature, ou de la possibilité qu'elle soit contre-nature : selon ses termes, les « monstres » incarnent-ils la faillite de la nature entendue comme principe interne de mouvement propre à chaque être, ou bien la diversité et la contingence de ses voies ? Le Stagirite répond à cela que les monstres ne sont contre-nature que relativement au cours ordinaire de la nature, mais non pas absolument : « [...] ce qui est contre nature est encore naturel jusqu'à un certain point, quand la nature qui fait l'espèce et la forme ne l'emporte pas sur la nature qui fait la matière[169] ». C'est dans la lignée d'Aristote que Montaigne écrit la phrase célèbre, et amplement commentée dans les *disability studies*[170] : « Ce que nous appelons monstres ne le sont pas pour Dieu qui voit en l'immensité de son ouvrage l'infinité des formes qu'il y a comprises [...][171] ». Renaît ensuite, dans la lignée de Lucrèce, une conception matérialiste de la « monstruosité », notamment chez

169 Voir p. 98.

170 Voir tout particulièrement David T. Mitchell and Sharon L. Snyder, *Narrative Prosthesis. Disability and the Dependencies of Discourse*, Ann Abor, University of Michigan Press, 2000, chap. 3.

171 Voir p. 209.

Diderot[172] et Maupertuis[173], suivant laquelle les « monstres » résultent, comme tous les autres êtres, de l'assemblage fortuit des particules de matière. De la sorte, chaque être ou chaque type d'êtres peut être considéré comme le monstre d'un autre – la femme comme le monstre de l'homme, et l'homme celui de la femme, dira Diderot[174] ; ce qui revient aussi à dire, comme le fait d'Holbach, « qu'il ne peut y avoir ni monstres, ni prodiges, ni merveilles, ni miracles dans la nature[175] ». Ce qui peut se nommer une « déconstruction de la monstruosité » se retrouve, à l'époque contemporaine, sous la plume de Canguilhem : absolument parlant, le prétendu monstre est « seulement l'autre que le même, un ordre autre que l'ordre le plus probable[176] ». Mais l'importance de Canguilhem pour les études de handicap s'exprime ailleurs – dans le fait qu'il s'attache à penser pourquoi le « monstre », qui n'est donc tel que pour un vivant (du point de vue du vivant et en tant que le monstre est toujours un vivant), effraie, et joue comme « repoussoir[177] ». Sa thèse à cet égard est bien connue : « C'est la monstruosité et non pas la mort qui est la contre-valeur vitale[178] ». Ce n'est pas tant la mort qui s'oppose à la vie, que la monstruosité en tant qu'elle apparaît comme « la négation du vivant par le non-viable[179] ».

De même, les rapports que peut entretenir l'esprit avec un corps « difforme » ne furent pas seulement traités à l'occasion du problème corps/esprit ou de celui de la nature du bonheur. Ils y furent aussi conçus comme objets propres de la pensée – nous l'avons entraperçu au moment de signaler les préjugés qui, bien que parfois argumentés, constituent les propositions les plus validistes de l'histoire de la philosophie. Les philosophes furent cependant plusieurs à refuser une telle idée d'affinité entre l'état du corps et celui de l'esprit – et érigèrent ainsi en problème ce qui avait pu auparavant passer pour évident ou clairement établi. C'est le cas de Sénèque[180], dont on ne peut décidément pas réduire la

172 Voir p. 476.
173 Voir p. 378.
174 Voir D. Diderot, *Le Rêve de D'Alembert*, dans *Oeuvres complètes de Diderot*, t. II, éd. Jules Assézat et Maurice Tourneux, Paris, Garnier Frères, 1875, p. 150. Texte non reproduit dans cette anthologie.
175 Voir p. 530.
176 Voir p. 759.
177 Voir p. 760.
178 *Ibid.*
179 Voir p. 161.
180 C'est encore le cas de La Mothe Le Vayer, qui sur ce point s'oppose à Cardano. Voir p. 234-235.

pensée, sur la question du handicap, à la légitimation de la pratique de l'exposition. Après avoir retrouvé son « condisciple » Claranus, infirme, et l'avoir fréquenté, il put ainsi écrire : « Virgile a tort, quand il dit que "la vertu est plus aimable, quand elle réside dans un beau corps". La vertu n'a pas besoin de décoration ; son plus bel ornement, c'est elle ; et le corps est assez consacré par sa présence. Plus j'ai regardé Claranus, plus il s'est embelli à mes yeux ; je lui ai trouvé le corps aussi droit que l'esprit[181] ». C'est ce dernier point surtout qui mérite d'être relevé : dans une sorte de réfutation par anticipation des propos de Herder, qui répète à l'envi que « *[t]oute forme du sublime et de la beauté, dans le corps humain, n'est jamais que la forme de la santé, de la vie, de la force* », et que réciproquement « la *laideur* n'est que l'*infirmité*[182] », Sénèque, lui, l'a éprouvé : « [...] la beauté de l'âme se réfléchit sur le corps[183] ».

Gabrielle Suchon, de son côté, s'emploie à réfuter ce que nous pouvons nommer le validisme de Platon :

> Platon a voulu persuader, que de même que les beaux et riches palais sont destinés pour les grands Princes ; pareillement les beaux corps servent de retraite aux belles âmes. Néanmoins si nous voulons établir notre jugement sur l'expérience ordinaire et journalière ; nous y trouverons bien de la diversité et beaucoup de mélange, parce que nous voyons assez souvent des corps fort disgraciés de la nature, qui ne laissent pas de renfermer de très bons esprits et des âmes pleines de vertu et de sagesse ; comme au contraire il s'en trouve de très vicieuses et mal conditionnées qui font leur séjour dans des corps pleins de charmes et de beauté[184].

De la même manière, Helvétius ne laissa pas longtemps indemne la sentence rousseauiste selon laquelle « [u]n corps débile affaiblit l'âme ». Moins de dix ans après la publication de l'*Émile*, il conseille ainsi à son adversaire : « [...] que M. Rousseau consulte l'expérience ; il verra que les maladifs, les délicats, et les bossus, ont autant d'esprit que les droits et les biens portants. Pascal, Pope, Boileau, Scarron, en sont la preuve[185] ».

Par ailleurs, si telle ou telle infirmité peut être mobilisée dans le cadre d'un problème plus général, tel que celui de l'identité (ou non)

181 Voir p. 111.
182 Voir p. 563.
183 Voir p. 111.
184 Voir p. 279.
185 Voir p. 504.

bonheur/vertu, elle en vient souvent à devenir l'objet de développements, plus ou moins conséquents, susceptibles d'instruire nos questionnements contemporains. Sous la plume de Cicéron, ce phénomène est particulièrement frappant. Si ce qui lui importe est de sauver une telle identité de l'objection de l'« infirmité », il n'en réfute pas moins l'idée selon laquelle celle-ci serait un mal, et anticipe les réfutations actuelles de la « théorie de la tragédie personnelle », dont nous avons parlé plus haut :

> Regarderons-nous aussi la surdité comme un vrai mal ? M. Crassus était un peu sourd ; mais il avait un malheur plus grand, c'est qu'il entendait souvent parler mal de lui, injustement selon moi. Parmi nos épicuriens, il en est peu qui entendent le grec, et peu de Grecs entendent notre langue. Ils sont donc comme sourds les uns à l'égard des autres. Ne le sommes-nous pas nous-mêmes à l'égard d'une infinité de langues que nous n'entendons point[186] ?

La Mothe Le Vayer, qui, de son côté, s'attache à établir que nos idées viennent des sens, mais aussi que nos facultés en dépendent tout autant, souligne que l'homme aveugle qu'il a rencontré n'avait dans l'esprit aucune image – ce qu'il interprète comme une preuve de l'inexistence de l'imagination chez les personnes aveugles-nées[187]. Près d'un siècle plus tard, La Mettrie lui emboîte le pas : « À quoi servirait mon imagination, sans mes yeux ? Les aveugles de naissance n'imaginent rien. Les yeux seuls pouvaient faire passer l'image de la beauté dans mon âme, et l'empreinte en reste vivement gravée dans mon cœur[188] ». S'il y a là préjugé – en l'occurrence, restriction indue de l'imagination à la production d'*images*, surgit en même temps l'occasion qu'il soit interrogé et contesté. Ce qui ne tarda pas à se produire : si, dans la *Lettre sur les aveugles*, Diderot reste ambigu sur ce point[189], Voltaire, dans son *Dictionnaire philosophique*, n'a guère de mal à rétablir la vérité : « Un aveugle-né entend dans son imagination l'harmonie qui ne frappe plus son oreille ; il est à table en songe ; les objets qui ont résisté ou cédé à

186 Voir p. 105.
187 Voir p. 240-241.
188 Voir p. 418.
189 Diderot affirme tout à la fois qu'un aveugle de naissance « n'imagine point », et que « l'imagination d'un aveugle n'est autre chose que la faculté de se rappeler et de combiner des sensations de points palpables » (voir p. 470 et p. 471).

ses mains font encore le même effet dans sa tête[190] ». Par ses échanges avec Mélanie de Salignac[191], Diderot en aura confirmation, et formulera des questions qui sont encore d'actualité :

> J'avoue que je n'ai jamais conçu nettement comment elle figurait dans sa tête sans colorer. Ce cube s'était-il formé par la mémoire des sensations du toucher ? Son cerveau était-il devenu une espèce de main sous laquelle les substances se réalisaient ? S'était-il établi à la longue une sorte de correspondance entre deux sens divers ? Pourquoi ce commerce n'existe-t-il pas en moi, et ne vois-je rien dans ma tête si je ne colore pas ? Qu'est-ce que l'imagination d'un aveugle ? Ce phénomène n'est pas si facile à expliquer qu'on le croirait[192].

Mais ce sont deux autres textes du XVIIIe siècle, publiés à quatre années d'intervalle, qui sont les plus remarquables. D'abord parce qu'il s'agit d'ouvrages intégralement consacrés à la question du « handicap ». Ensuite parce que tous deux s'attachent à déraciner toute une série de préjugés. Enfin, et nous y reviendrons, parce qu'ils furent écrits par deux hommes qui de nos jours seraient sans doute qualifiés de « handicapés ». Le premier de ces textes, qui paraît en 1754 et s'intitule *Deformity : an essay*[193] (De la difformité : un essai), a pour auteur William Hay, homme politique et philosophe anglais issu d'une famille noble, qui s'identifiait lui-même comme bossu et mesurait moins d'un mètre cinquante. Le caractère exceptionnel de ce texte explique que nous en avons traduit ici quelques extraits, situés en annexe du présent volume[194]. William Hay, notamment, s'y attache à réfuter les propos de Bacon, tels que ceux que nous avons cités plus haut, et qui s'inscrivent dans une thèse plus générale, selon laquelle, d'après le chancelier, « [i]l est certain qu'il y a une corrélation naturelle entre le corps et l'âme ; et lorsque la nature a erré dans l'un, il est à craindre qu'elle n'ait aussi erré dans l'autre[195] ». Bacon reconnaît certes que la méchanceté de l'âme logée dans un corps « difforme » est susceptible de se corriger au moyen « de la science et

---

190 Voir p. 359.

191 Nièce de Sophie Volland (épistolière et maîtresse de Diderot), Mélanie de Salignac devint aveugle vers l'âge de deux ans. Diderot la fréquenta de 1760 jusqu'à la mort de la jeune femme en 1763, à l'âge de 22 ans. Le philosophe consacra à sa vie et à ses idées la majeure partie de son *Addition à la* Lettre sur les aveugles, parue en 1782.

192 Voir p. 486-487.

193 William Hay, *Deformity : an essay*, Londres, R. et J. Dodsley, 1754.

194 Voir p. 949-951.

195 Voir p. 220.

de la vertu[196] ». Mais cette affirmation ne le conduit qu'à (légèrement) nuancer sa thèse : « On ne doit donc pas regarder la laideur ou la difformité, écrit-il, comme un signe assuré d'un mauvais naturel, mais seulement comme une cause qui manque rarement son effet[197] ». C'est ce qui fit réagir William Hay, et l'incita à démontrer que la vertu non seulement n'est pas incompatible avec la « difformité », mais que celle-ci, en tant qu'elle fait obstacle à l'action du corps et favorise le travail de l'esprit, est au contraire propice à l'y mener – ainsi que Socrate, pour le philosophe anglais, en constitue la preuve en acte[198]. Il est cependant tout aussi remarquable que William Hay exprime malgré tout le besoin, pour atténuer ce qui demeure pour lui une source de peine, de se juger enviable par ceux qu'il estime plus infortunés que lui :

> Et que toute personne difforme se console en se disant que, même si son âme n'a pas l'appartement le plus commode ni le plus beau, il est habitable, qu'il peut servir d'auberge sur la route ; qu'elle n'en est que le locataire à vie, ou (plus exactement) à volonté, et que, tant qu'elle y reste, elle est dans une situation que les sourds, les muets, les boiteux et les aveugles peuvent lui envier[199].

La seconde œuvre qui mérite d'être remarquée s'intitule *Consolations pour les personnes valétudinaires*. Publiée à Berlin, en 1758 et en français, son auteur est le philosophe et pasteur allemand Johann Heinrich Samuel Formey. Plus connu comme encyclopédiste et secrétaire perpétuel de l'Académie de Berlin, Formey a par ailleurs écrit la *Lettre de M. Gervaise Holmes à l'auteur de la* Lettre sur les aveugles, *contenant le véritable récit des dernières heures de Saounderson*[200], dans laquelle il essaie de montrer, contre Diderot, que l'existence du géomètre aveugle n'est nullement un argument contre celle de Dieu. Dans l'ouvrage qui nous intéresse ici, il s'emploie à réfuter, non pas un philosophe en particulier, mais une formulation générale du *better dead than disabled* : « À quoi bon naître pour ne faire que souffrir ?[201] ». Il annonce ainsi

196 Voir p. 220.
197 *Ibid.*
198 Voir p. 950-951.
199 Voir p. 951.
200 Jean Henri Samuel Formey, *Lettre de M. Gervaise Holmes à l'auteur de la* Lettre sur les aveugles, *contenant le véritable récit des dernières heures de Saounderson*, Cambridge, 1750 (publiée sans nom d'auteur).
201 Voir p. 442.

d'emblée : « J'avoue que cet état est incommode, et qu'il vaudrait peut-être mieux ne s'y pas trouver. Je dis simplement *peut-être* ; et j'espère que la suite de ce Discours justifiera cette restriction[202] ». Et, comme William Hay, le philosophe allemand de signaler d'où il parle, c'est-à-dire depuis sa propre « infirmité », mais aussi d'en souligner la supériorité épistémique :

> Avant que d'aller plus loin, je justifierai le droit que j'ai {de} traiter cette matière. Il est aisé de prêcher la patience, quand on n'a jamais eu occasion de la réduire en pratique. [...] Un corps de la trempe de ceux qu'on appelle corps de fer, qui n'a jamais senti le plus léger ébranlement douloureux, la moindre atteinte d'incommodité, un tel corps endurcit pour l'ordinaire l'âme de ceux qui le possèdent ; ils ne s'imaginent pas qu'on puisse jamais souffrir ; ils prennent les cris même, pour de simples simagrées, ou tout au plus pour des marques de l'extrême faiblesse de ceux qui donnent ces signes de douleur. Il n'en est pas ainsi de ceux qui ont passé par les souffrances, et qui en connaissent l'amertume. Ils sont compatissants et secourables. Personne ne saurait être dans ce cas plus que moi. Né délicat, élevé délicatement, j'ai vu défaillir à l'entrée de ma carrière ce principe de vigueur, qui soutient ordinairement l'âge viril, et s'étend quelquefois assez avant dans la vieillesse. Avant que d'avoir accompli ma vingt-quatrième année, un rhumatisme universel m'avait accablé, et comme anéanti[203].

Formey peut alors déployer toute une série d'arguments, ou de raisons de « consolation ». À l'instar de William Hay (que cependant il ne cite pas), le philosophe allemand soutient, dans une perspective anti-rousseauiste, que l'« état valétudinaire » incline à la réflexion : « [...] conservant dans un corps faible un esprit actif, j'ai tourné mes vues vers des connaissances, et des études, auxquelles je n'aurais probablement jamais pensé [...][204] ». Mais il nous dit aussi qu'y compris sous le rapport du plaisir, la personne « infirme » n'a rien à envier à celle qui ne l'est pas : elle jouit des répits que lui laissent les douleurs, et éprouve alors un plaisir d'une intensité inconnue des autres individus[205]. Quelques années après, Georg Christoph Lichtenberg avancera le même argument et s'exclamera : « Oh ! que ne peut-on mourir ainsi ![206] ». Et Formey d'aller jusqu'à anticiper le concept

202 *Ibid.*
203 Voir p. 442-443.
204 Voir p. 445.
205 Voir p. 446.
206 Voir p. 553.

de *disability gain*[207] : l'« état valétudinaire » doit selon lui être conçu « tout au moins comme de compensation, tant est que ce ne soit pas un état d'amélioration et de gain[208] ». C'est pourquoi il ne croit pas « impossible » qu'une personne refuse d'être délivrée de son « infirmité ». « Au moins ai-je déjà insinué, écrit-il, qu'à certaines conditions je n'accepterais pas l'offre, comme serait celle de renoncer à toute étude, ou même la seule interdiction d'encre et du papier[209] ».

Cependant il n'en tombe pas moins, comme William Hay, dans le piège qui consiste à fonder en partie ses propos sur la dévaluation d'une autre sorte d'« infirmité ». Pour être heureux bien qu'infirme, ou parce qu'infirme, il ne faut en effet, d'après lui, « que la condition exprimée dans l'épigraphe [...] placée au titre de ces *Consolations.* Vous êtes heureux, à moins qu'une chose ne vous manque, l'esprit [...][210] ».

Que ce soit à l'occasion des problèmes considérés comme majeurs dans l'histoire de la philosophie, ou de ceux qui sont inhérents à l'idée d'« infirmité », ou simplement au détour d'une phrase, des philosophes, parfois les mêmes que ceux dont les propos nous choquent, ont cependant contredit, de l'Antiquité à aujourd'hui, nombre de préjugés relatifs à tel ou tel « handicap » – et/ou se sont montrés conscients des préjudices subis par les personnes dites actuellement handicapées. Dans les *Lois*, Platon préconise ainsi d'interdire les injures à leur endroit, comme à l'encontre de toutes les autres[211]. Plutarque, quant à lui, s'appuie sur Homère pour soutenir « qu'il n'y a pas lieu de blâmer ce qui n'a rien de honteux, ni de regarder, d'autre part, comme honteux ce qui nous est étranger et qui tient du hasard[212] ». Augustin, à la fin du IVe siècle, attribue aux personnes sourdes l'aptitude à s'exprimer par gestes[213]. Juan Luis Vives écrit que « [p]ersonne n'est infirme au point de manquer entièrement de forces pour s'acquitter d'une tâche[214] ». Au XVIIe siècle, La Mothe Le Vayer

207 Ce concept est issu de celui de « *deaf gain* » (la surdité comme gain), forgé par Dirksen L., Bauman et Joseph J. Murray : « Deaf Studies in the 21st Century : "Deaf-Gain" and the Future of Human Diversity », dans *Disability Studies Reader*, Lennard J. Davis (dir.), 4e éd., Londres, Routledge, 2013, p. 246-260.

208 Voir p. 447.

209 Voir p. 449.

210 Voir p. 450.

211 Voir p. 88.

212 Voir p. 120.

213 Voir p. 138.

214 Voir p. 187.

signale les préjugés, en la matière, de ses prédécesseurs philosophes, et en produit même la genèse :

> Je pense que la sévérité exercée contre ceux à qui la Nature semble avoir été marâtre dans une naissance pleine de disgrâces, a son fondement sur le mauvais préjugé qu'on fait d'eux. [...] Ainsi le mal que l'on en craint a donné lieu à cette grande aversion que tant de personnes ont d'eux ; et l'appréhension peut-être, que les plus maltraités de tous, qui sont les Monstres, ne nuisent au reste du monde, est cause qu'on les en chasse souvent devant qu'ils aient pu jouir de son agréable lumière[215].

Concernant la cécité, qui est l'un des « handicaps » qui l'a le plus intéressé, le philosophe montre qu'elle « a ses biens et ses privilèges encore plus grands encore que nous ne les avons remarqués, ne fût-ce que quand nous cédons le haut du pavé aux aveugles comme aux plus grands Seigneurs[216] ». Il termine ainsi l'étude qu'il lui a consacrée : « Pour conclusion permettez-moi cette petite raillerie en faveur des premiers, que si le texte d'Aristote est véritable, qu'aux pourceaux la perte d'un œil est la perte de la vie, on peut dire que c'est tenir plus du pourceau que de l'homme raisonnable, de ne pouvoir vivre sans yeux[217] ». Dans la même veine, Blaise Pascal remarque qu'« [o]n ne s'est peut-être jamais avisé de s'affliger de n'avoir pas trois yeux ; mais on est inconsolable de n'en avoir qu'un[218] ». Sur le chapitre de la cécité – et l'on pourrait appliquer ce qu'il dit à toutes les « infirmités », c'est peut-être Spinoza qui est allé le plus loin dans la réfutation du sens commun : selon lui, parce qu'elle est ce qu'elle doit être, une personne aveugle n'est en rien *privée* de vue. Nous la disons telle selon une manière erronée de penser, qui consiste à considérer la personne concernée ou bien par comparaison avec les autres, ou bien, si sa cécité est acquise, avec son état précédent de personne qui voit. Mais, en réalité, « il serait aussi contradictoire que la vision lui appartînt qu'il le serait qu'elle appartînt à la pierre [...][219] ».

Pierre Bayle, de son côté, reprend les idées de La Mothe Le Vayer : « C'est aux cyclopes, c'est aux ignorants, à croire qu'en perdant la vue

215 Voir p. 230.
216 Voir p. 243.
217 *Ibid.*
218 Voir p. 267.
219 Voir p. 276.

du corps on perd la joie de ce monde[220] », et les illustre par un petit conte à la fois sérieux et grivois :

> Une princesse de grande vertu, et qui était demeurée fille toute sa vie [...], perdit la vue sur le retour de son âge ; comme elle était en cet état, un pauvre aveugle fut conduit à la portière de son carrosse, et lui dit « Ma bonne dame ayez pitié d'un pauvre homme qui a perdu les joies de ce monde » ; la princesse, qui l'entendit, demanda à une de ses femmes, « Qu'a donc cet homme ? est-ce qu'il est eunuque ? » [...][221].

Quelques années plus tard, Montesquieu renverse les rôles traditionnellement attribués à la personne aveugle et celle qui l'accompagne, et réfute, au travers là encore d'un petit récit, deux préjugés qui la frappent, celui de l'incapacité à la mobilité et celui de la perceptibilité nécessaire de la cécité (dont on dit aujourd'hui qu'elle est un « handicap visible ») :

> Comme je sortais, un de ces hommes sortait aussi ; et, m'ayant entendu demander le chemin du Marais, qui est le quartier le plus éloigné de Paris : J'y vais, me dit-il, et je vous y conduirai ; suivez-moi. Il me mena à merveille, me tira de tous les embarras, et me sauva adroitement des carrosses et des voitures. Nous étions près d'arriver, quand la curiosité me prit : Mon bon ami, lui dis-je, ne pourrais-je point savoir qui vous êtes ? Je suis aveugle, monsieur, me répondit-il. Comment ! lui dis-je, vous êtes aveugle ? Et que ne priiez-vous cet honnête homme qui jouait aux cartes avec vous, de nous conduire ? Il est aveugle aussi, me répondit-il : il y a quatre cents ans que nous sommes trois cents aveugles dans cette maison où vous m'avez trouvé[222].

Marie de Vichy-Chamrond, qui cependant peine à convaincre Voltaire, lui écrit : « [...] tous les maux physiques, quelque grands qu'ils soient (excepté les douleurs), attristent et abattent moins l'âme que le chagrin que nous causent le commerce et la société des hommes. [...] Je vous surprendrais, si je vous avouais que de toutes mes peines mon aveuglement et ma vieillesse sont les moindres[223] ». Ce sont ainsi nombre de préjugés sur la cécité qui se voient, au siècle des Lumières, ciblés et réfutés.

Mais, comme nous l'avons entraperçu, cette « infirmité » est loin d'être la seule à y être traitée. À cet égard, Maupertuis est lui aussi

---

220 Voir p. 320.
221 Voir p. 321.
222 Voir p. 348.
223 Voir p. 371.

particulièrement intéressant. Parce qu'il rapproche « handicaps » et caractéristiques raciales, il pourrait faire figure de précurseur d'Erving Goffman, qui, en 1963, réunit sous le concept de « stigmate » des attributs aussi divers que les « déficiences » physiques et mentales, l'homosexualité, la criminalité, telle ou telle « race » ou religion, etc. – et ce, parce qu'ils constituent, du point de vue de la société, autant de marques « d'infamie[224] ». De là, Maupertuis fournit une explication, qui nous semble certes farfelue, et surtout teintée de racisme et de validisme, de l'exclusion de trois catégories de personnes, mais qui atteste aussi sa conscience de leur stigmatisation, et du sort commun qui, de fait, leur est déjà réservé :

> Que des Géants, que des Nains, que des Noirs, soient nés parmi les autres hommes, l'orgueil ou la crainte auront armé contre eux la plus grande partie du genre humain ; et l'espèce la plus nombreuse aura relégué ces races difformes dans les climats de la Terre les moins habitables. Les Nains se seront retirés vers le pôle arctique : les Géants auront été habiter les terres de Magellan : les Noirs auront peuplé la zone torride[225].

Maupertuis se montre également conscient du rôle de ce qui sera nommé la « classe sociale » dans l'expérience du « handicap » – en l'occurrence, dans le vécu des « longues maladies[226] ». Selon lui, « [s]i le malade se trouve dans l'aisance, avec un nombre suffisant de domestiques, entouré d'amis qui ne soient ni trop attendris ni trop peu sensibles à son état, il sera délivré de bien des gênes auxquelles il est rare que les gens en santé ne soient pas assujettis ; pour peu de plaisirs qu'il aura perdus, il aura trouvé beaucoup de repos[227] ».

Et si Rousseau refuse l'éducabilité aux enfants « valétudinaires », il soutient aussi que « [n]ous sommes aveugles la moitié de la vie ; avec la différence que les vrais aveugles savent toujours se conduire, et que nous n'osons faire un pas au cœur de la nuit[228] ». Il pose également le principe de l'accessibilité de la musique aux personnes sourdes et sourdaveugles :

---

224 Erving Goffman, *Stigmate. Les usages sociaux du handicap* [1963], trad. par A. Kihm, Paris, Les Éditions de Minuit, 1975, p. 11.

225 Voir p. 378.

226 Voir p. 380.

227 *Ibid.*

228 Voir p. 456.

> Comme le toucher exercé supplée à la vue, pourquoi ne pourrait-il pas aussi suppléer à l'ouïe jusqu'à certain point, puisque les sons excitent dans les corps sonores des ébranlements sensibles au tact ? En posant une main sur le corps d'un violoncelle, on peut, sans le secours des yeux ni des oreilles, distinguer, à la seule manière dont le bois vibre et frémit, si le son qu'il rend est grave ou aigu, s'il est tiré de la chanterelle ou du bourdon. Qu'on exerce le sens à ces différences, je ne doute pas qu'avec le temps on n'y pût devenir sensible au point d'entendre un air entier par les doigts[229].

Quant à Diderot, si, comme nous l'avons entrevu, sa *Lettre sur les aveugles* – et nous pourrions en dire autant de celle sur les « sourds et muets »[230] – n'est pas exempte de préjugés, il y plaça cette épigraphe qui atteste aussi bien de la persistance, au milieu du XVIIIe siècle, du préjugé d'incapacité des personnes porteuses de cécité, que de son souci de le déraciner : « *Possunt, nec posse videntur*[231] » (ils peuvent, alors qu'ils paraissent ne pas pouvoir). Par ailleurs, tandis qu'il invente alors en grande partie les propos que tiennent les deux hommes aveugles qu'il met en scène, ses *Additions* de 1782 effectuent un retour critique sur ce premier texte, au moyen de ce que Mélanie de Salignac, et quelques autres personnes aveugles, lui ont appris de la cécité : non seulement le « handicap » y est pris comme fin en soi de la philosophie, mais sa connaissance est fondée sur l'expérience de personnes directement concernées. Ainsi Diderot découvre-t-il ce qu'il ignorait encore en 1749, à savoir que « l'œil n'est pas aussi utile à nos besoins ni aussi essentiel à notre bonheur qu'on serait tenté de le croire[232] ».

Chez Adam Smith, nous lisons, au sujet des individus jugés « idiots », une analyse du caractère en quelque sorte auto-réalisateur de ce qui sera conçu comme « intériorisation du stigmate » :

> Les personnes assez malheureuses pour avoir été placées par la nature beaucoup au-dessous du niveau ordinaire, s'évaluent souvent encore moins que ce qu'elles valent réellement : et cette espèce d'humilité paraît les plonger dans l'idiotisme. Ceux qui ont pris la peine d'observer ce que l'on appelle un « idiot », trouveront que, dans la plupart des gens qui méritent ce nom, les facultés intellectuelles ne sont pas plus faibles que chez beaucoup d'autres

229 Voir p. 457.
230 Voir p. 488-489.
231 Voir p. 463.
232 Voir p. 481.

> qui, quoique reconnus pour être stupides et sans esprit, ne sont pas appelés « idiots »[233].

Si ces lignes vont dans le sens de la thèse de Christopher Goodey, selon laquelle la Modernité hiérarchise les êtres humains à l'aune de leurs facultés intellectuelles, elles viennent aussi souligner l'arbitraire de la catégorie d'« idiot ».

Nous avons vu comment, chez Herder, les personnes sourdes sont abaissées au-dessous du seuil de l'humanité. Mais le philosophe allemand est aussi celui qui constata que « des hommes privés de leurs bras ont fait avec les doigts des pieds des ouvrages d'art auxquels les mains ne suffiraient pas toujours[234] », qui invita une femme aveugle à apprécier une statue au moyen du toucher[235], et écrivit aussi que « [s]i un jour, une langue philosophique universelle devait être inventée, ce serait peut-être par un sourd ou un muet de naissance, qui sentirait à la fois de façon complètement visuelle et complètement abstraite[236] ». À la même époque, Bentham souligne que « la dureté d'expression à l'égard des infirmités d'autrui est une violation du principe de la maximisation du bonheur[237] ». Destutt de Tracy, que « [n]ous devons [...] regarder comme de vraies langues les assemblages de gestes par lesquels les pantomimes, les muets parviennent à exprimer non seulement des sentiments très fins, mais même des idées très abstraites[238] ». Mary Wollstonecraft Godwin a quant à elle « toujours remarqué que ceux qui rient des défauts et des difformités de leurs semblables, sont des personnes de peu d'esprit et de sensibilité[239] ». Au XIXe siècle, Marx affirme que l'« infirmité », bien davantage que ce que le capitalisme exclut – il mentionne au contraire sa tendance, à ses débuts du moins, à employer des « idiots » pour conserver certains secrets de fabrication – est ce que le capitalisme, briseur de corps et d'esprits, nécessairement produit[240].

Au XXe siècle, Canguilhem n'a pas seulement attribué au « monstre » une forme originale de normativité. Il a aussi, et en conséquence, condamné

233 Voir p. 534.
234 Voir p. 564.
235 Voir p. 563-564.
236 Voir p. 562.
237 Voir p. 574.
238 Voir p. 578.
239 Voir p. 613.
240 Voir p. 691-693.

l'une des thèses les plus critiquées par les études de handicap – celle suivant laquelle les individus socialement « inadaptés » sont anormaux :

> Définir l'anormalité par l'inadaptation sociale, c'est accepter plus ou moins l'idée que l'individu doit souscrire au fait de telle société, donc s'accommoder à elle comme à une réalité qui est en même temps un bien. En raison des conclusions de notre premier chapitre, il nous paraît légitime de pouvoir refuser cette sorte de définition, sans être taxé d'anarchisme. Si les sociétés sont des ensembles mal unifiés de moyens, on peut leur dénier le droit de définir la normalité par l'attitude de subordination instrumentale qu'elles valorisent sous le nom d'adaptation[241].

Sartre, de son côté, dit des personnes concernées qu'elles possèdent l'absolue liberté de constituer pour elles-mêmes leur « infirmité » : certes comme « intolérable », « humiliante », « à dissimuler », mais aussi, sitôt qu'elles le veulent, « à révéler à tous », et même – le philosophe anticipant alors la notion de *disability pride*[242] (« fierté handie ») – « objet d'orgueil[243] ». Deux ans après, en 1945, Merleau-Ponty montre à son tour en quoi le « *better dead than disabled* » est simple préjugé, et les tentatives d'objectivation des personnes « infirmes » essentiellement vouées à l'échec :

> On s'étonne souvent que l'infirme ou le malade puissent se supporter. C'est qu'ils ne sont pas pour eux-mêmes infirme ou mourant. Jusqu'au moment du coma, le mourant est habité par une conscience, il est tout ce qu'il voit, il a ce moyen d'échappement. La conscience ne peut jamais s'objectiver en conscience-de-malade ou conscience-d'infirme, et, même si le vieillard se plaint de sa vieillesse ou l'infirme de son infirmité, ils ne peuvent le faire que quand ils se comparent à d'autres ou quand ils se voient par les yeux des autres, c'est-à-dire quand ils prennent d'eux-mêmes une vue statistique et objective, et ces plaintes ne sont jamais tout à fait de bonne foi : revenu au cœur de sa conscience, chacun se sent au-delà de ses qualifications et du coup s'y résigne. Elles sont le prix que nous payons, sans même y penser, pour être au monde, une formalité qui va de soi. De là vient que nous pouvons dire du mal de notre visage et que cependant nous ne voudrions pas le changer pour un autre. À l'insurmontable généralité de la conscience, aucune particularité ne peut, semble-t-il, être attachée, à ce pouvoir démesuré d'évasion aucune limite imposée[244].

---

241 Voir p. 764.

242 Voir par exemple Jenny Morris, *Pride against Prejudice. Transforming Attitudes to Disability*, Londres, The Women's Press, 1991, chap. 8.

243 Voir p. 776.

244 Voir p. 805-806.

René Girard remarque, avant les *disability studies*, que l'« infirmité » ou la « difformité » est en quelque sorte considérée comme la plus infamante des marques d'infamies – elle est celle à laquelle les autres ont tendance à être reconduites : « [...] lorsqu'un groupe humain a pris l'habitude de choisir ses victimes dans une certaine catégorie sociale, ethnique, religieuse, il tend à lui attribuer les infirmités ou les difformités qui renforceraient la polarisation victimaire si elles étaient réelles[245] ». Enfin, et nous arrêterons là ce parcours au sein de la préhistoire des études de handicap, Gilbert Simondon nous donne à penser, sans pour autant s'extraire d'un vocabulaire dépassé, l'une des raisons du souci actuel des sociétés et de leurs dirigeants pour le sort des personnes handicapées :

> Par la force des choses, le handicapé est un expert en puissance dans le domaine moteur et sensoriel. Et ce n'est pas un hasard si le social s'aligne de plus en plus sur les handicapés et sur leur promotion opérationnelle : ils peuvent devenir de merveilleux instruments en fonction de leur invalidité même. Ils peuvent nous précéder dans la voie de la mutation et de la déshumanisation[246].

Pour finir, deux séries de remarques.

D'abord, nombre de philosophes dont nous donnons ici des textes seraient peut-être aujourd'hui qualifiés de personnes handicapées : Épicure, Épictète, Cardano, d'Ávila, Montaigne, Pascal, Fontenelle, Pope, Montesquieu, Hay, Voltaire, Vichy-Chamrond, Buffon, Formey, Rousseau, Lichtenberg, Maine de Biran, Schopenhauer, Comte, Kierkegaard, Nietzsche, Rosa Luxemburg, Simone Weil, Althusser, Habermas, Cixous, et sans doute d'autres encore, dont l'« infirmité » nous aura échappé. À cette énumération peuvent être ajoutés deux philosophes, l'un qui n'a rien écrit, l'autre dont les textes ne nous sont pas parvenus – Socrate, dont nous avons vu qu'il avait été jugé monstrueux, et Hypatia, au sujet de laquelle La Mothe Le Vayer écrit ceci :

> Suidas conte sur cela, que la savante Hippatia fille de Théon le Géomètre, et femme du Philosophe Isidore, guérit un Écolier amoureux d'elle à toute outrance, en exposant à sa vue ses infirmités, lui reprochant, qu'il avait mal placé ses affections d'aimer un corps si méprisable, et que si elle avait quelque

245 Voir p. 836.
246 Voir p. 869.

> chose digne d'estime qui le dût toucher, ce devait être du côté de l'esprit, exempt de toute corruption[247].

La plupart des philosophes que, chemin faisant, nous avons repérés comme étant « handicapés », n'écrivent rien sur leurs altérités. Cependant plusieurs en font état, voire leur attribuent une place, et parfois un rôle précis, au sein de leurs philosophies. Ainsi d'Épictète, dont la boiterie et le détachement qu'il exprime à son égard[248] jouent comme preuves en acte d'une de ses thèses : les choses qui ne dépendent pas de nous peuvent très bien ne pas entraver la volonté. D'ailleurs, la légende d'après laquelle son maître (rappelons qu'Épictète fut esclave pendant environ vingt ans) lui cassa une jambe, et qu'il ne s'en inquiéta pas, contribua à forger la représentation du stoïcien impassible face à la douleur. De manière analogue, Teresa de Ávila écrit qu'elle n'a « jamais pu rien faire », jusqu'à ce qu'elle se soit « résolue à ne tenir aucun compte de [son] corps et de [sa] santé[249] » – telle est la première attitude, toute « philosophe », que l'on peut remarquer chez les auteurs dont, ici, des textes sont cités.

Montesquieu, qui certes n'a pas connu la cécité totale, mais serait peut-être, étant donné la grande faiblesse de ses yeux[250], légalement considéré comme aveugle aujourd'hui[251], aborde son « infirmité » uniquement dans sa correspondance. Néanmoins pouvons-nous supposer que sa quasi cécité a pu motiver son intérêt pour les locataires de l'hôpital des Quinze-Vingts, perceptible dans les lignes précédemment citées. Nous ne reviendrons pas sur William Hay ni sur Formey, qui philosophèrent longuement sur leurs « infirmités » – si ce n'est pour signaler une seconde attitude à l'œuvre dans le présent volume : à l'opposé de celle du détachement et de l'abstraction, peut-être impossible pour ce qui les concerne, celle qui consiste à embrasser l'infirmité – d'une manière qui ne revient pas à « faire de nécessité vertu », mais à lui attribuer une véritable positivité. Ce que ne fait pas Marie de Vichy-Chamrond, qui adopte une troisième attitude, celle de la (simple) relativisation du statut de mal suprême (« *better dead than disabled* ») attribué en général à la cécité.

---

247 Voir p. 233.

248 Voir les lignes placées en exergue, p. 123.

249 Voir p. 197.

250 Voir p. 347.

251 En France aujourd'hui, la cécité légale est définie par une acuité visuelle inférieure à 1/20 pour le meilleur œil après correction.

Concernant Buffon, qui, dans son *Histoire naturelle*, signale sa forte myopie, et ajoute que lorsqu'il s'agit de voir distinctement, il ne se sert que d'un œil[252], il est tentant de lire ce qui suit comme l'effet raisonné de son vécu :

> Les personnes qui ont la vue courte, ou qui sont louches, ont beaucoup moins de cette âme extérieure qui réside principalement dans les yeux ; [...] comme l'expression de l'esprit et de la finesse du sentiment ne peut s'y montrer, on juge ces personnes défavorablement lorsqu'on ne les connaît pas, et quand on les connaît, quelque spirituelles qu'elles puissent être, on a encore de la peine à revenir du premier jugement qu'on a porté contre elles[253].

En outre, Buffon dans un autre texte, rectifie, grâce à une sorte d'auto-examen fondé sur l'inégalité de ses yeux, ce qu'il estime être une erreur des théories contemporaines de la vision : les personnes myopes voient les objets non pas plus grands, mais plus petits que les autres[254] – quatrième attitude, qui consiste à faire de son infirmité l'occasion d'un progrès de la science.

Le « cas Rousseau » est déjà relativement bien connu. Non seulement il signale son infirmité dans ses œuvres publiées, mais il la conçoit encore, au seuil de ses *Confessions*, comme la signature de son destin : « [...] je naquis infirme et malade ; je coûtai la vie à ma mère et ma naissance fut le premier de mes malheurs[255] ». Nous avons souligné le paradoxe apparent entre un tel statut, quasi revendiqué, de personne « handicapée », et la dureté dont il fait montre à l'égard de celles qu'il aurait pu, ou dû considérer comme ses pairs en « infirmité ». Voici comment Starobinsky établit qu'il n'y a là, en réalité, rien de paradoxal :

> La plainte endolorie du malade s'inverse, selon une parfaite complémentarité, pour devenir froide et cruelle sévérité envers les moins aptes. Le mépris pour la débilité devient un motif supplémentaire de déplorer une existence marquée par la maladie dès son origine... En dehors même de la trouble jouissance que Rousseau pouvait éprouver à être blessé ou blessant, nous pouvons admettre que sa fragilité physique l'incitait à un idéal de santé qui fût à la mesure même du manque ressenti[256].

252 Voir p. 393.
253 Voir p. 396.
254 Voir p. 397-398.
255 Voir p. 453.
256 Jean Starobinski, *Jean-Jacques Rousseau : la transparence et l'obstacle*, Paris, Gallimard, 1971, p. 431.

Cinquième attitude : le validisme précisément motivé par le vécu de l'« infirmité ».

Habermas, de son côté, est le seul philosophe de cette anthologie à faire de son « handicap » (une fente palatine de naissance, plus connue sous le nom de bec-de-lièvre) – sixième attitude – l'origine de plusieurs points cardinaux de sa philosophie. Au sujet de l'opération chirurgicale qu'il subit à sa naissance, il écrit : « [...] il se peut fort bien qu'elle ait suscité en moi le sentiment d'une dépendance et ait donné sens à l'importance de notre rapport *aux autres.* Il est, en tout cas, certain que la nature sociale des êtres humains s'est par la suite trouvée au départ de mes réflexions philosophiques[257] ». Habermas ne s'en tient pas là. À propos du « paradigme sous lequel se placent [s]es recherches[258] », c'est aussi le handicap, entendu, selon les termes de la loi française, comme « limitation d'activité ou restriction de participation à la vie en société », qui joua un rôle clé dans ses objets de recherche. Il écrit : « J'ai développé dans ce cadre une approche philosophique centrée sur le langage et une théorie morale qui pourraient avoir été inspirées par deux expériences auxquelles, écolier, j'ai été confronté : (*a*) les autres enfants ne comprenant pas ce que je disais ; et (*b*) la réaction de rejet que cela entraînait de leur part[259] ». Ses analyses en la matière vont plus loin – nous laissons aux lecteurs et lectrices de cette anthologie le plaisir de les découvrir.

Si l'on pourrait peut-être les multiplier autant de fois qu'il y eut de philosophes « handicapés », nous signalerons une dernière attitude, peut-être la plus féconde – celle qui consiste à faire de son « infirmité » un outil d'analyse. Ainsi d'Hélène Cixous, qui lit Proust avec sa vue de myope pour d'autant mieux en révéler la poésie, et, réciproquement, la poésie de la myopie :

> Regardez la phrase suivante : « Dans le ~~ciel~~ soir bleu du ciel d'été on voyait au loin ~~une que~~ une petite tache brune qu'on aurait pu prendre pour un moucheron ou pour un oiseau. » À part moi, qui suis d'une myopie telle que quand je suis à l'océan et qu'on me dit : tu as vu ça là-bas ?, très franchement, je ne sais pas si c'est une mouette ou un avion, sinon, on conclut : t'as vu ? et tout de suite on dit : C'est ; le moucheron ou l'oiseau, on les a éliminés par un raisonnement qui précède. « Ainsi quand on voit de très loin une montagne

257 Voir p. 872.
258 *Ibid.*
259 *Ibid.*

> on pourrait croire que c'est un nuage. » Alors, j'élimine l'erreur ; ce n'est pas une erreur, c'est un plus, c'est un supplément, c'est ça l'art[260].

La forte myopie de Cixous lui permet de lire chez Proust un procédé littéraire de personne myope, mais aussi, d'un même geste, d'exhausser la myopie en puissance artistique et d'en déconstruire la représentation comme déficience : « cet aéroplane est aussi un non-oiseau et un non-moucheron, et, de même que ce qui nous émeut dans la montagne, c'est que c'est un nuage immense et résistant, un aéroplane est un non-oiseau et un non-moucheron, et le non-être n'est pas rien[261] ».

Dans cette diversité d'attitudes de philosophes face à l'« infirmité », nous trouvons confirmation des propos de Sartre selon lesquels celle-ci n'est pas toujours « intolérable », « humiliante », ou « à dissimuler ». Il n'est cependant pas certain que cette diversité puisse être interprétée en termes de choix d'une absolue liberté. N'est-il pas plus vraisemblable et rationnel qu'un tel choix constitue, dans chaque cas, l'effet de multiples causalités ?

Mais, par ailleurs, combien de personnes perçoivent ces auteurs et autrices comme des philosophes handicapés ? Pourquoi, dans la majorité des cas, leurs « infirmités » sont-elles ignorées – non connues, ou bien négligées ? Les théoriciens des *disability studies* John Gliedman et William Roth peuvent nous mettre sur la voie. D'après eux, à la différence des personnes noires qui sont devenues célèbres, les personnes handicapées qui ont « réussi » (ils citent entre autres Pope, Beethoven, Dostoïevski, Nietzsche, Edison et Freud) ont été comme séparées de celles qui partagent leur condition, et perçues comme « normales » : loin d'atténuer les préjugés à son endroit, une telle réussite vient bien plutôt gommer, dans l'opinion, le handicap, dont la perception comme incapacité et infériorité demeure par là même inchangée[262]. N'est-ce pas là ce qui s'est produit relativement aux philosophes handicapés ?

Seconde série de remarques, sur quelques-uns des liens, à l'œuvre dans cette anthologie, entre genre et handicap.

Outre le fait qu'elle fournit des textes qui furent écrits par des philosophes *et* femmes, *et* (potentiellement considérées comme) handicapées, il est sans doute significatif que la présente anthologie s'ouvre sur un extrait, celui

---

260 Voir p. 920.

261 Voir p. 921.

262 John Gliedman et William Roth, *The Unexpected Minority. Handicapped Children in America*, San Diego, Harcourt Brace Jovanovich, 1980, p. 29.

de Lactance rapportant une thèse de Parménide, qui explique la survenue des « infirmités » de naissance, chez les individus de sexe masculin, par la rencontre des semences « dans la partie proprement féminine », à savoir la « matrice[263] ». Selon Parménide, un tel individu comporte alors « en lui quelque chose de féminin qui impose sa loi à la dignité mâle ; c'est ou bien une beauté que l'on remarque trop, ou bien un excès de pâleur, ou une faiblesse du corps, ou une finesse des membres, ou une taille petite, ou la voix faible, ou l'esprit débile, ou plusieurs de ces dommages à la fois[264] ». Très tôt dans l'histoire de la philosophie occidentale, l'« infirmité » fut ainsi conçue comme l'effet du féminin – peut-être parce que le féminin était lui-même déjà envisagé comme une « infirmité ».

De la sorte, ce n'est pas seulement la passivité, la matière, l'imperfection, qui ont été associées aux femmes, quand l'activité, la forme et la perfection ont été attribuées aux hommes : à cette double série doivent être ajoutées d'un côté l'« infirmité », et, de l'autre, ce qui n'a pas de nom en français – l'état de personne « valide », fait de force, de robustesse et de vigueur. Alors qu'il commente un passage de la Genèse, Maître Eckhart écrit ainsi que « tout ce qui appartient à l'action et à la perfection est à mettre dans l'idée composée de la forme et de l'actif, c'est-à-dire dans celle de l'homme, et à l'inverse tout ce qui appartient à la passion et à l'infirmité convient par son idée à la matière ou au passif, c'est-à-dire à la femme[265] ». Le piège consiste alors, lorsqu'on adopte sur de tels textes la perspective critique offerte par la notion de genre, à maintenir intacte l'infériorité associée à l'« infirmité » – autrement dit, à « déconstruire » cette conception stéréotypée du féminin sans repérer qu'elle implique une dévaluation de l'« infirmité ».

Réciproquement, l'« infirmité », dans l'histoire de la philosophie, est assez souvent reconduite au féminin. Bien connue des *disability studies*, la négation de la masculinité de l'homme « handicapé » est par exemple à l'œuvre dans le passage de l'*Émile* que nous avons mentionné. Rousseau en effet y écrit aussi : « Plus le corps est faible, plus il commande ; plus il est fort, plus il obéit. Toutes les passions sensuelles logent dans des corps efféminés [...][266] ». Synonymes de constitution faible, de santé

263 Voir p. 71.
264 *Ibid.*
265 Voir p. 165.
266 Voir p. 456.

chancelante, les adjectifs « valétudinaire » et « cacochyme », péjoratifs, employés dans les lignes qui précèdent, trouvent ici, dans celui d'« efféminé », un équivalent encore plus problématique : être « infirme », pour Rousseau, ce n'est pas seulement ne pas pouvoir maîtriser son âme et bien penser, c'est aussi avoir un corps de femme, soumis à l'intempérance et à l'empire des sens. Ainsi, le féminin sert à dégrader l'« infirmité », comme l'infirmité à dégrader le « féminin ».

À cet égard, la notion de race doit aussi être mentionnée : de manière analogue, certains textes « racialisent » en un sens l'« infirmité » (ceux, par exemple, qui font des « monstruosités » des sous-espèces de l'humanité, voire même des races qui en sont distinctes[267]), quand d'autres, ou parfois les mêmes, pensent la diversité des « races » par le prisme de l'infirmité – autrement dit considèrent, ou à tout le moins décrivent les personnes d'origine extra-européenne comme des personnes infirmes. Ainsi de ce texte de Buffon, qui, certes, affirme nettement l'« unité de l'espèce » humaine, mais commence par faire de deux « difformités », le nanisme et le gigantisme, autant de « races », avant de caractériser celles qui sont traditionnellement jugées telles par ce qu'il considère comme des traits de dégénérescence :

> [...] ces différences de couleur et de dimension dans la taille n'empêchent pas que le nègre et le blanc, le Lapon et le Patagon, le géant et le nain, ne produisent ensemble des individus qui peuvent eux-mêmes se reproduire, et que par conséquent ces hommes, si différents en apparence, ne soient tous d'une seule et même espèce, puisque cette reproduction constante est ce qui constitue l'espèce. Après ces variations générales, il y en a d'autres qui sont plus particulières, et qui ne laissent pas de se perpétuer, comme les énormes jambes des hommes qu'on appelle de « la race de Saint-Thomas », dans l'île de Ceylan, les yeux rouges et les cheveux blancs des dariens et des chacrelas, les six doigts aux mains et aux pieds dans certaines familles, etc[268].

Dans l'*Histoire naturelle* de Buffon, de tels textes sont légion.

Mentionnons enfin un problème philosophique relatif au « handicap » et qui, jusqu'au XIXe siècle, traverse cette anthologie : celui de savoir si (davantage que de la rencontre des semences au niveau de la « partie féminine » de la matrice) les « infirmités » de naissance proviennent de l'imagination des mères. L'idée générale est la suivante : suivant un principe

---

267 Voir par exemple p. 378-379.

268 Voir p. 407.

de ressemblance, ce que les femmes enceintes imaginent – soit qu'elles aient réellement vu un être difforme ou bien tel ou tel animal, soit qu'elles en aient rêvé – marquera le corps de leur bébé. Comme nous l'apprend Pico della Mirandola[269], cette thèse, qu'il « ne trouve pas mauvaise », était déjà soutenue par Empédocle au Ve siècle avant notre ère. Plus largement, le philosophe italien écrit, à juste titre, que « [l]es livres de Philosophes en sont pleins, que les choses vues par la femme sur le point de la conception, ont grande vertu pour donner forme et imprimer caractères à la créature qui s'engendre[270] » – le handicap n'est pas seul concerné. Même après la Renaissance, ce préjugé, sous des formes variées, eut encore longue vie : au travers de la théorie des esprits animaux, Descartes[271] et Malebranche[272] notamment s'attachèrent à le rationaliser.

Certes, une telle croyance a pu sauver des femmes de l'accusation d'adultère – « témoin celle, qui ayant attentivement regardé, sur l'instant qu'elle engrossissait, une peinture de maure, étant autour de son lit, fit l'enfant noir comme un Éthiopien[273] ». Mais on conçoit sans peine qu'elle les fit avant tout responsables[274] de ce qui ne pouvait et ne devait pas venir du père et qui, dans les textes portant spécifiquement sur le handicap, persistait ainsi sous la forme de représentations (à tout le moins) d'erreurs de la nature.

Avant Maupertuis[275], Buffon[276] travailla à réfuter une telle croyance. Mais pourquoi faire, puisque celui-ci estime que « le préjugé, surtout celui qui est fondé sur le merveilleux, triomphera toujours de la raison [...][277] » ? Parce que la raison dont il est ici question est uniquement celle des femmes :

---

269 Voir p. 174.

270 Voir p. 175.

271 Voir p. 265.

272 Voir p. 299-300.

273 Voir p. 174.

274 Anne-Lise Rey souligne un autre aspect du caractère néfaste de cette croyance : « La question de l'imagination des femmes enceintes, qu'elle ait subi un traitement merveilleux, scientifique ou merveilleux et scientifique, est aussi un moyen, par l'affirmation constamment réitérée de la faiblesse des fibres de la femme, d'expliquer la débauche à laquelle cède cette dernière ». « Retour sur le pouvoir de l'imagination des femmes enceintes », *Épistémocritique*, « Les esprits animaux (16e-21e siècles). Littérature, histoire philosophie », S. Kleiman-Lafon et M. Louis-Courvoisier (dir.), 2018, p. 143.

275 Voir p. 275-276.

276 Voir p. 393-396.

277 Voir p. 395.

> Comme il est souvent question dans le monde de ces marques des enfants, et que dans le monde les raisons générales et philosophiques font moins d'effet qu'une historiette, il ne faut pas compter qu'on puisse jamais persuader *aux femmes* que les marques de leurs enfants n'ont aucun rapport avec les envies qu'elles n'ont pu satisfaire[278].

Buffon manifestement s'est trompé.

Puisse cette anthologie contribuer, par l'exercice d'une raison universelle, à extirper les nombreux autres préjugés, toujours d'actualité, relatifs à l'« infirmité », et permettre de continuer à la penser dans toute sa complexité.

Marion CHOTTIN,
avec la collaboration
de Gaspard BRUN

278 *Ibid.* Nous soulignons.

PROTOCOLE D'ÉDITION

Afin de garantir la meilleure accessibilité possible de cette anthologie tout en respectant le style des philosophes, nous avons fait le choix de moderniser toute l'orthographe, mais non la syntaxe. Sont particulièrement concernés : Marsilio Ficino, Juan Luis Vives, Gerolamo Cardano, Teresa de Ávila, Michel de Montaigne et Pierre Charron.

De manière générale, les noms communs et expressions aujourd'hui inusités et ceux dont le sens n'est pas évident sont expliqués en bas de page.

Pour éviter toute ambiguïté, les noms de personnes ont été écrits dans l'orthographe la plus usuelle de nos jours, quelle que soit la forme sous laquelle ils apparaissaient dans les textes cités[1].

Au niveau des têtes de chapitre et de la table des matières, les noms des philosophes femmes sont, ou contiennent ceux de leur naissance.

Signalées par trois points entre crochets, les coupures dans les œuvres originales concernent les passages qui ne répondent pas aux critères de sélection des textes indiqués en introduction. De manière générale, l'emploi des crochets indique une intervention de notre part. Nous indiquons ainsi systématiquement les numéros de page des œuvres originales.

Les notes de bas de page originales ont été conservées (et mises aux normes éditoriales actuelles) lorsqu'elles concernent le handicap, directement ou indirectement (il est alors précisé, entre crochets, si elles sont de la main de l'auteur/autrice – « NdA » – ou de l'éditeur/éditrice – « NdE » – ou du traducteur/de la traductrice – « NdT »). Dans le cas contraire, leur absence est signalée par trois points entre crochets au niveau de l'appel de note.

1 Si ces orthographes altérées peuvent être significatives (elles peuvent notamment attester d'une lecture de seconde main), les lecteurs et lectrices intéressés par ce type d'enquête pourront se référer aisément aux textes originaux concernés, libres de droits.

PARMÉNIDE
(VIe-Ve SIÈCLE AV. J.-C.)

Les Présocratiques, éd. Jean-Paul Dumont avec Daniel Delattre et Jean-Louis Poirier, Paris, Gallimard, coll. « Bibliothèque de la Pléiade », 1988, Parménide, Témoignages, LIV, p. 254.

Lactance[1].

C'est ainsi que, d'après eux[2], se produisent les différences naturelles : lorsque par hasard la semence du mâle vient tomber sur la partie gauche de la matrice, c'est, d'après eux, un individu mâle qui se trouve engendré ; mais, étant donné qu'il se trouve conçu dans la partie proprement féminine[...], il comporte en lui quelque chose de féminin qui impose sa loi à la dignité mâle : c'est ou bien une beauté que l'on remarque trop, ou bien un excès de pâleur, ou une faiblesse du corps, ou une finesse des membres, ou une taille petite, ou la voix faible, ou l'esprit débile, ou plusieurs de ces dommages à la fois.

---

1 Lactance (Lucius Caecilius Firmianus) rhéteur et apologète chrétien né vers 250 et mort vers 325.

2 Parménide et ses disciples.

HIPPASE DE MÉTAPONTE (AUTOUR DE 500 AV. J.-C.)

Les Présocratiques, éd. Jean-Paul Dumont avec Daniel Delattre et Jean-Louis Poirier, Paris, Gallimard, coll. « Bibliothèque de la Pléiade », 1988, Hippase, Philosophie, X, p. 78-79.

[78] *Claudien Mamert*[1]

Hippon[...] de Métaponte, qui a lui aussi appartenu à la secte pythagoricienne, affirme, après avoir énoncé des preuves incontestables destinées à fonder sa propre opinion sur l'âme, qu'« il est évident que l'âme et le corps sont deux réalités absolument [79] distinctes, puisque la paralysie du corps n'enlève pas à l'âme sa vigueur : l'âme voit chez l'aveugle, et continue à vivre dans le cadavre ». Il avoue ignorer, d'ailleurs, d'où provient l'âme, autrement dit son principe. (*De l'âme*, II, 7.)

1 Claudien Mamert (Claudianus Mamertus) philosophe et théologien gallo-romain de la fin du Ve siècle de notre ère.

PLATON
(428/427-348/347 AV. J.-C.)

Œuvres de Platon, éd. Victor Cousin, t. I, Paris, Bossange Frères, 1822, *Criton* [entre 390 et 385 av. J.-C.], p. 137-139.

[137] SOCRATE.

Les bonnes opinions ne sont-ce pas celles des sages, et les mauvaises celles des fous ?

CRITON.

Qui en doute ?

SOCRATE.

Voyons, comment établissons-nous ce principe ? Un homme qui s'applique sérieusement à la gymnastique, est-il touché de l'éloge et du blâme du premier venu, ou seulement de celui qui est médecin ou maître des exercices ?

CRITON.

De celui-là seulement.

SOCRATE.

C'est donc de celui-là seul qu'il doit redouter le blâme, et désirer l'éloge, sans s'inquiéter de ce qui vient des autres ?

CRITON.

Assurément.

SOCRATE.

Ainsi il faut qu'il fasse ses exercices, règle son [138] régime, mange et boive sur l'avis de celui-là seul qui préside à la gymnastique et qui s'y connaît, plutôt que d'après l'opinion de tous les autres ensemble.

CRITON.

Cela est incontestable.

SOCRATE.

Voilà donc qui est établi. Mais s'il désobéit au maître et dédaigne son avis et ses éloges, pour écouter la foule des gens qui n'y entendent rien, ne lui en arrivera-t-il pas de mal ?

CRITON.

Comment ne lui en arriverait-il point ?

SOCRATE.

Mais ce mal de quelle nature est-il ? Quels seront ses effets ? Et sur quelle partie de notre imprudent tombera-t-il ?

CRITON.

Sur son corps évidemment ; il le ruinera.

SOCRATE.

Fort bien ; et convenons, pour ne pas entrer dans les détails sans fin, qu'il en est ainsi de tout. Et bien ! sur le juste et l'injuste, sur l'honnête et le déshonnête, sur le bien et le mal, qui font présentement la matière de notre entretien, nous en rapporterons-nous à l'opinion du peuple ou à celle d'un seul homme, si nous en trouvions [139] un qui fût habile en ces matières, et ne devrions-nous pas avoir plus de respect et plus de déférence pour lui, que pour tout le reste du monde ensemble ? Et si nous refusons de nous conformer à ses avis, ne ruinerons-nous pas cette partie de nous-mêmes que la justice fortifie, et que l'injustice dégrade ? Ou tout cela n'a-t-il pas d'importance ?

CRITON.

Beaucoup, au contraire.

SOCRATE.

Voyons encore. Si nous ruinons en nous ce qu'un bon régime fortifie, ce qu'un régime malsain dégrade pour suivre l'avis de gens qui ne s'y connaissent pas, dis-moi, pourrions-nous vivre, cette partie de nous-mêmes ainsi ruinée ? Et ici, c'est le corps, n'est-ce pas ?

CRITON.

Sans doute.

SOCRATE.

Peut-on vivre avec un corps flétri et ruiné ?

CRITON.

Non, assurément.

Ibid., t. V, 1823, *Second Alcibiade*[1] [s. d.], p. 140-148.

[140] SOCRATE.

Eh bien ! alors ne te semble-t-il pas que la prière exige beaucoup d'attention, de peur que, sans qu'on s'en aperçoive, on ne demande aux dieux de grands maux, en croyant leur demander de grands biens, et que les dieux ne se trouvent dans la disposition d'accorder ce qu'on leur demande ; comme Œdipe qui, dans un accès de colère, demanda aux dieux, à ce qu'on dit, que ses enfants décidassent leurs droits par l'épée. Et tandis qu'il pouvait prier les dieux d'éloigner de lui les maux dont il était accablé, il s'en attira de nouveaux ; car ses vœux furent exaucés, et de là cette longue suite de malheurs épouvantables, qu'il n'est pas nécessaire de te conter ici en détail[2].

[141] ALCIBIADE.

Mais, Socrate, tu me parles-là d'un homme en délire : car peux-tu croire qu'un homme dans son bon sens eût pu faire de telles prières ?

SOCRATE.

Être en délire te paraît opposé à être dans son bon sens ?

ALCIBIADE.

Assurément.

---

1 Généralement considéré comme apocryphe, notamment par Victor Cousin, le *Second Alcibiade*, ou *Alcibiade mineur*, est cependant inclus par Luc Brisson dans son édition des œuvres complètes de Platon. Voir Platon, *Œuvres complètes*, éd. Luc Brisson, Paris, Flammarion, 2008.

2 [NdE] Ces vœux d'Œdipe sont rapportés, par Jocaste, dans *les Phéniciennes* d'Euripide, v. 66.

SOCRATE.

Ne trouves-tu pas qu'il y a des hommes sensés et d'autres qui ne le sont pas ?

ALCIBIADE.

Et bien ?

SOCRATE.

Voyons, tâchons de les bien reconnaître. Il est convenu qu'il y a des hommes sensés et d'autres qui ne le sont pas, et d'autres encore qui sont en délire ?

ALCIBIADE.

Oui, cela est convenu.

SOCRATE.

N'y a-t-il pas des gens sains ?

ALCIBIADE.

Oui.

SOCRATE.

Et d'autres, malades ?

[142] ALCIBIADE.

Sans doute.

SOCRATE.

Ce ne sont pas les mêmes ?

ALCIBIADE.

Non, certes.

SOCRATE.

Y en a-t-il qui ne soient ni malades ni sains ?

ALCIBIADE.

Non pas, que je sache.

SOCRATE.

Car il faut qu'un homme soit sain ou malade.

ALCIBIADE.

À ce qu'il me semble.

SOCRATE.

Mais quoi ! du bon sens et de son contraire, en est-il de même, à ton avis ?

ALCIBIADE.

Comment dis-tu ?

SOCRATE.

Je te demande s'il te paraît nécessaire qu'un homme soit sensé ou insensé, ou s'il y a un certain milieu qui permette de n'être ni l'un ni l'autre ?

ALCIBIADE.

Non, il n'y a point de milieu.

[143] SOCRATE.

Il faut donc nécessairement qu'on soit l'un ou l'autre ?

ALCIBIADE.

Je le trouve ainsi.

SOCRATE.

Ne te souvient-il pas que tu es [*sic*] convenu que le délire est opposé au bon sens ?

ALCIBIADE.

Je m'en souviens très bien.

SOCRATE.

Et aussi qu'il n'y a pas de milieu qui permette de n'être ni sensé ni insensé ?

ALCIBIADE.

Oui, j'en suis [*sic*] convenu.

SOCRATE.

Mais se peut-il qu'une même chose ait deux contraires qui lui soient opposés ?

ALCIBIADE.

Nullement.

SOCRATE.

Ne pas être dans son bon sens, et être en délire, ont donc bien l'air d'être une seule et même chose ?

ALCIBIADE.

Il paraît bien.

[144] SOCRATE.

Quand donc nous dirons que tous ceux qui ne sont pas dans leur bon sens sont en délire, nous dirons bien. Sans aller plus loin, nous le dirons des hommes de ton âge, s'il y en a qui ne soient pas dans leur bon sens, comme il y en a sans doute, et dans un âge plus avancé ; car, je te prie, ne trouves-tu pas que dans cette ville les hommes sensés sont fort rares, et que le grand nombre n'a pas de sens, c'est-à-dire, selon toi, qu'il est en délire ?

ALCIBIADE.

Sans difficulté.

SOCRATE.

Mais penses-tu que nous fussions bien en sûreté au milieu de tant de furieux, et que nous n'eussions pas déjà porté la peine de ce voisinage, reçu des coups, et essuyé toutes les insultes qu'on doit attendre de pareils hommes ? Prends donc garde, mon cher, que la chose ne soit autrement que tu ne dis.

ALCIBIADE.

Comment est-elle donc ? car je pourrais bien m'être trompé.

SOCRATE.

Il me le semble aussi, et c'est ce qu'il faut examiner de cette manière.

[145] ALCIBIADE.

De quelle manière ?

SOCRATE.

Je vais te le dire : il y a des malades, n'est-ce pas ?

ALCIBIADE.

Qui en doute ?

SOCRATE.

Être malade, est-ce avoir ou la goutte, ou la fièvre, ou mal aux yeux ? Et ne crois-tu pas qu'on peut n'avoir aucun de ces maux-là, et être pourtant malade d'une autre maladie ? car il y en a plusieurs espèces, et ce ne sont pas là les seules.

ALCIBIADE.

J'en suis très persuadé.

SOCRATE.

Tout mal d'yeux te paraît une maladie ?

ALCIBIADE.

Oui.

SOCRATE.

Et toute maladie te paraît-elle un mal d'yeux ?

ALCIBIADE.

Non, assurément ; mais je ne vois pas ce que cela prouve.

[146] SOCRATE.

Si tu veux me suivre, peut-être le trouverons-nous, en le cherchant à deux[3].

3 [NdE] Allusion à un passage d'Homère, *Iliade*, liv. X, v. 224. Diomède propose d'aller la nuit dans le camp ennemi. Il saura bien y aller seul ; mais il préfère un compagnon : deux hommes qui vont ensemble voient mieux qu'un seul. Voyez le *Banquet* et le *Protagoras*.

ALCIBIADE.

Je te suis de toutes mes forces.

SOCRATE.

Ne sommes-nous pas convenus que tout mal d'yeux est une maladie, et que toute maladie n'est pas un mal d'yeux ?

ALCIBIADE.

Nous en sommes convenus.

SOCRATE.

Et avec raison ; car tous ceux qui ont la fièvre sont malades ; mais tous ceux qui sont malades n'ont pas la fièvre, ou la goutte, ou mal aux yeux, je pense. Ce sont bien là des maladies ; mais, à ce que disent les médecins, on les guérit par des moyens très différents : car elles ne sont pas toutes les mêmes, et on ne les traite pas toutes de la même façon, mais chacune selon sa nature. Cependant ce sont toutes des maladies [147]. Dis-moi encore : il y a plusieurs sortes d'artisans, n'est-ce pas ?

ALCIBIADE.

Oui.

SOCRATE.

Il y a des cordonniers, des architectes, des sculpteurs, et une infinité d'autres qu'il n'est pas nécessaire de nommer : ils remplissent les différentes divisions des arts ; ils sont tous artisans ; et cependant ils ne sont pas tous architectes, cordonniers, sculpteurs, bien qu'ils soient tous artisans en général.

ALCIBIADE.

Cela est vrai.

SOCRATE.

La folie est divisée de la même manière entre les hommes : le plus haut degré de folie nous l'appelons délire ; un moindre degré, bêtise et stupidité ; mais ceux qui veulent se servir de termes honnêtes, appellent le délire de l'exaltation, et la bêtise, de la simplicité. Ou bien on dit encore que ce sont des gens qui n'ont pas de méchanceté, qui ont peu d'expérience, des enfants. En cherchant, tu trouveras encore beaucoup d'autres noms ; mais enfin c'est toujours de la folie : et toutes ces espèces de folie ne diffèrent que comme un art diffère d'un autre [148] art, et une maladie d'une autre maladie. Ne le trouves-tu pas comme moi ?

ALCIBIADE.

Tout comme toi.

SOCRATE.

Revenons donc au point d'où nous sommes partis. Notre premier dessein était de reconnaître les fous et les hommes sensés ; car nous sommes tombés d'accord qu'il y a des hommes sensés et d'autres qui ne le sont pas, n'est-ce point ?

ALCIBIADE.

Oui, nous en sommes tombés d'accord.

SOCRATE.

N'appelles-tu pas sensé celui qui sait ce qu'il faut faire et dire ?

ALCIBIADE.

Oui.

SOCRATE.

Et qu'appelles-tu insensé ? N'est-ce pas celui qui ne sait ni l'un ni l'autre ?

ALCIBIADE.

Assurément.

Ibid., t. VI, Paris, Pichon et Didier, 1831, *Phèdre* [vers 370 av. J.-C.], p. 42-57.

SOCRATE.

[42] Figure-toi donc, bel enfant, que le premier discours était de Phèdre, fils de Pythoclès, du dème de Myrrhinos[4]; celui que je vais prononcer [43] est de Stésichore, fils d'Euphémos, né à Himère[5]. Il faut s'écrier en commençant : Non, ce discours n'est point vrai ; non, l'ami froid ne doit pas obtenir la préférence sur l'amant, par cela seul que l'un est dans son bon sens et l'autre en délire. Rien de mieux s'il était démontré que le délire fût un mal : au contraire, les plus grands biens nous arrivent par un délire inspiré des dieux. C'est dans le délire que la prophétesse de Delphes et les prêtresses de Dodone ont rendu aux citoyens et aux États de la Grèce mille importants services ; de sang-froid elles ont fait fort peu de bien, ou même elles n'en ont point fait du tout. Parler ici de la sibylle et de tous les prophètes qui, remplis d'une inspiration céleste, ont dans beaucoup de rencontres éclairé les hommes sur l'avenir, ce serait passer beaucoup de temps à [44] dire ce que personne n'ignore. Mais ce qui mérite d'être remarqué, c'est que parmi les anciens ceux qui ont fait les mots n'ont point regardé le délire (*μανία*[6]) comme honteux et déshonorant. En effet, ils ne l'auraient point confondu sous une même dénomination avec le plus beau des arts, celui de prévoir l'avenir, qui dans l'origine fut appelé *μανική*[7]. C'est parce qu'ils regardaient le délire comme quelque chose de beau et de grand, du moins lorsqu'il est envoyé des dieux, qu'ils en donnèrent le nom à cet art ; et nos contemporains, par défaut de goût, introduisant un *τ* dans ce mot, l'ont changé mal à propos en celui de *μαντική*[8]. Au contraire, la recherche de l'avenir faite sans inspiration d'après le vol des oiseaux ou d'après d'autres signes, et essayant d'élever à l'aide du raisonnement l'opinion humaine à la hauteur de l'intelligence et de la connaissance, fut appelée d'abord *οἰονιστική*[9] ;

4 [NdE] Dème de la tribu Pandionis.

5 [NdE] Il florissait environ 570 ans av. J-C. Il fit des poésies lyrico-épiques. On voit à quel haut rang le met Platon. Quintilien dit qu'il soutint par la lyre le fardeau de l'épopée. Suidas assure qu'il inventa la lyre, le principal ornement du chœur, ce qui le fit passer pour l'inventeur du chœur, et fit changer son premier nom Tisias en celui de Stésichore [...].

6 « Mania », c'est-à-dire « manie ».

7 « Manikê », que l'on peut traduire par « art de la folie ».

8 « Mantikê », ou « art de la divination ».

9 « Oionoïstikê ».

dont les modernes ont fait *οἰωνιστική*[...][10], changeant l'ancien o en leur emphatique ω[11]. Les anciens nous attestent par là qu'autant l'art du prophète (*μαντική*) est plus noble que celui de [45] l'augure (*οἰονοϊστική*) pour le nom comme pour la chose, autant le délire qui vient des dieux l'emporte sur la sagesse des hommes.

Il est arrivé quelquefois, quand les dieux envoyaient sur certains peuples de grandes maladies ou de grands fléaux en punition d'anciens crimes, qu'un saint délire, s'emparant de quelques mortels, les rendit prophètes et leur fit trouver un remède à ces maux dans des pratiques religieuses ou dans des vœux expiatoires ; il apprit ainsi à se purifier, à se rendre les dieux propices, et délivra des maux présents et à venir ceux qui s'abandonnèrent à ses sublimes inspirations.

Une troisième espèce de délire, celui qui est inspiré par les muses, quand il s'empare d'une âme simple et vierge, qu'il la transporte, et l'excite à chanter des hymnes ou d'autres poèmes et à embellir des charmes de la poésie les nombreux hauts faits des anciens héros, contribue puissamment à l'instruction des races futures. Mais sans cette poétique fureur[12], quiconque frappe à la porte des muses, s'imaginant à force d'art se faire poète, reste toujours loin du terme [46] où il aspire, et sa poésie froidement raisonnable s'éclipse devant les ouvrages inspirés.

J'aurais encore à citer beaucoup d'autres effets admirables du délire envoyé par les dieux. Gardons-nous donc de le redouter, et ne nous laissons pas effrayer par celui qui prétend prouver qu'on doit préférer un ami de sang-froid à un amant en délire : la victoire est à lui, s'il peut également démontrer que les dieux ne veulent pas du bien à deux personnes quand ils donnent à l'une de l'amour pour l'autre. Mais nous, au contraire, nous voulons prouver que les dieux ont en vue notre plus grande félicité, en nous accordant cette espèce de délire. Nos preuves seront rejetées par les faux sages, mais les vrais y souscriront.

[...]

[55] C'est ici qu'en voulait venir tout ce discours sur la quatrième espèce de délire. L'homme, [56] en apercevant la beauté sur la terre, se ressouvient de la beauté véritable, prend des ailes et brûle de s'envoler

---

10 « Oiônistikê ».

11 La lettre oméga.

12 [NdE] Voir l'*Ion*. C'était aussi l'opinion de Démocrite. Horace, *Art poétique*, 295 ; Cicéron, *De oratore*, II, 46.

vers elle ; mais dans son impuissance il lève, comme l'oiseau, ses yeux vers le ciel ; et négligeant les affaires d'ici-bas, il passe pour un insensé. Eh bien, de tous les genres de délire, celui-là est, selon moi, le meilleur, soit dans ses causes, soit dans ses effets, pour celui qui le possède et pour celui à qui il se communique ; or, celui qui ressent ce délire et se passionne pour le beau, celui-là est désigné sous le nom d'amant. En effet nous avons dit que toute âme humaine doit avoir contemplé les essences, puisque sans cette condition aucune âme ne peut passer dans le corps d'un homme. Mais il n'est pas également facile à toutes de s'en ressouvenir, surtout si elles ne les ont vues que rapidement, si, précipitées sur la terre, elles ont eu le malheur d'être entraînées vers l'injustice par des sociétés funestes, et d'oublier ainsi les choses sacrées qu'elles avaient vues. Quelques-unes seulement conservent des souvenirs assez distincts ; celles-ci, lorsqu'elles aperçoivent quelque image des choses d'en haut, sont transportées hors d'elles-mêmes et ne peuvent plus se contenir, mais elles ignorent la cause de leur émotion, parce qu'elles ne remarquent pas assez [57] bien ce qui se passe en elles.

Ibid., t. VIII, Paris, Pichon, 1832, *Les Lois* [vers 348-347 av. J.-C.], liv. IX, p. 201-202.

[201] Les limites des choses ne se mêlent pas toujours, à ce qu'il paraît[13] ; il en est qui ont entre elles un espace intermédiaire, et cet espace touchant de part et d'autre chacune des limites, forme exactement un juste milieu. Nous avons dit que les actions faites dans la colère sont de ce genre, et forment un milieu entre le volontaire et l'involontaire. Ainsi, quiconque sera convaincu d'avoir blessé quelqu'un par colère, si la blessure est telle qu'elle puisse se guérir, il payera le double du dommage ; si elle est [202] sans remède, il payera le quadruple ; dans le cas même où elle pourrait se guérir, si la cicatrice rend difforme et expose à la raillerie la personne blessée, il payera aussi le quadruple. Lorsque la blessure ne sera pas seulement préjudiciable à celui qui l'a reçue, mais encore à l'État, empêchant le blessé de concourir à sa défense contre l'ennemi, le coupable, outre les autres punitions, sera condamné aussi envers l'État à un dédommagement, qui consistera à aller à la guerre

13 C'est « l'Athénien » qui s'exprime.

pour son compte et pour celui du blessé, et à faire le service à sa place. S'il ne le fait point, tout citoyen aura droit de l'accuser de refuser le service militaire. Les juges qui l'auront condamné décideront également de la quotité de l'amende, si elle doit être double, triple ou quadruple.

Ibid., liv. XI, p. 286-287.

[286] Celui qui aura vendu à prix comptant une chose de la valeur de cinquante dragmes[14], sera obligé de rester dix jours dans la cité ; de plus, il faut que l'acheteur connaisse la maison du vendeur, afin de pourvoir aux contestations qui surviennent d'ordinaire en pareil cas, et que la rescision de la vente puisse se faire quand la loi l'autorisera. Voici les cas où la rescision aura et n'aura pas lieu selon les lois. Si quelqu'un vend un esclave atteint de la phthisie[15], de la pierre[16], de la strangurie[17], du mal qu'on appelle sacré[18], ou de quelque autre infirmité d'une guérison longue, difficile et dont il n'est pas aisé à tout le monde d'apercevoir les symptômes, infirmité qui affectera le corps ou l'esprit ; la rescision n'aura pas lieu si l'acheteur est médecin ou maître de gymnase, ni lorsque le vendeur aura déclaré d'avance la vérité à l'acheteur. Mais si le vendeur est habile et l'acheteur ignorant en ces sortes de choses, celui-ci aura droit de rendre l'esclave jusqu'au terme de six mois, à [287] moins qu'il ne s'agisse du mal sacré ; auquel cas la rescision pourra avoir lieu durant toute une année. L'affaire se jugera en présence de médecins choisis d'un commun accord ; et celui qui sera condamné paiera à l'autre le double du prix de la chose vendue. Si le vendeur et l'acheteur sont ignorants l'un et l'autre, la rescision et le jugement se feront comme dans le cas précédent ; mais le coupable ne paiera à l'autre que le simple prix de la chose.

---

14 Monnaie d'argent en usage dans la Grèce antique.

15 Pendant l'Antiquité, la phtisie désignait, au sens large, une maladie amaigrissante de longue durée, et, au sens étroit, une pathologie pulmonaire (qui au XIXe siècle prendra le nom de tuberculose).

16 Aujourd'hui nommée « lithiase », la maladie de la pierre provient de la formation de calculs dans les reins ou les voies urinaires.

17 La strangurie désigne l'émission douloureuse et intermittente des urines.

18 Selon Platon, trouble qui bouleverse les mouvements divins de l'âme humaine. Voir *Timée*, 85b. Il s'agit de l'épilepsie.

Ibid., p. 327-328.

[327] Que les furieux ne paraissent point en public, mais que leurs proches les gardent à la maison le mieux qu'ils pourront, sous peine d'une amende ; elle sera de cent dragmes pour les citoyens du premier ordre, qu'il s'agisse d'un homme libre ou d'un esclave ; de quatre cinquièmes d'une mine pour ceux du second, de trois cinquièmes pour ceux du troisième, et de deux pour ceux du quatrième. Il y a des furieux de plusieurs sortes ; ce que nous avons dit regarde ceux qui le sont par maladie. D'autres le sont par le vice d'une [328] humeur violente que l'éducation a fortifiée : tels sont ceux qui pour les moindres offenses jettent de grandes clameurs, et exhalent leur colère les uns contre les autres par des torrents d'injures. Il ne convient pas de souffrir un tel désordre dans un État bien policé. Ainsi voici la loi générale que nous portons touchant les injures : Que personne ne maltraite de paroles qui que ce soit.

Ibid., t. IX, Paris, Rey et Gravier, 1833, *La République* [vers 370 av. J.-C.], liv. V, p. 273-275.

[273] Il faut, selon nos principes[19], rendre les rapports très fréquents entre les hommes et les femmes d'élite, et très rares entre les sujets les moins estimables de l'un et de l'autre sexe ; de plus, il faut élever les enfants des premiers et non ceux des seconds, si l'on veut avoir un troupeau toujours choisi ; enfin, il faut que les magistrats [274] seuls connaissent toutes ces mesures, pour qu'il y ait le moins de discorde possible dans le troupeau.

À merveille[20].

Ainsi il sera à propos d'instituer des fêtes où nous rassemblerons les époux futurs, avec des sacrifices et des hymnes appropriés à ces solennités. Nous remettons aux magistrats le soin de régler le nombre des mariages, afin qu'ils maintiennent le même nombre d'hommes, en réparant les vides de la guerre, des maladies et des autres accidents, et que l'État, autant qu'il se pourra, ne s'agrandisse ni ne diminue.

---

19 C'est Socrate qui s'exprime.
20 C'est Glaucon qui répond.

Oui.

Je suis d'avis que le sort soit si habilement ménagé que les sujets inférieurs accusent la fortune et jamais les magistrats de ce qui leur est échu.

À la bonne heure.

Quant aux jeunes gens qui se seront signalés à la guerre ou ailleurs, entre autres récompenses, il leur sera accordé d'avoir un commerce plus fréquent avec les femmes, afin que, sous ce prétexte, le plus grand nombre des enfants proviennent de cette lignée.

Très bien.

Les enfants, à mesure qu'ils naîtront, seront remis entre les mains d'hommes ou de femmes, [275] ou d'hommes et de femmes réunis et qui auront été préposés au soin de leur éducation ; car les charges publiques doivent être communes à l'un et à l'autre sexe.

Oui.

Ils porteront au bercail commun les enfants des citoyens d'élite, et les confieront à des gouvernantes, qui auront leur demeure à part dans un quartier de la ville. Pour les enfants des citoyens moins estimables, et même pour ceux des autres qui auraient quelque difformité[21], ils les cacheront, comme il convient, dans quelque endroit secret et qu'il sera interdit de révéler.

Oui, si l'on veut conserver dans toute sa pureté la race des guerriers[22].

Ibid., t. X, 1834, liv. VI, p. 1-2.

[1] Après avoir établi que les philosophes sont ceux qui sont capables de s'attacher à ce qui existe toujours d'une manière immuable, et que ceux qui errent parmi une foule d'objets toujours changeants, ne sont pas [2] philosophes, ne faut-il pas voir lesquels nous choisirons pour être les chefs de l'État ?

---

21 [NdE] À Lacédémone, il était ordonné, par une loi, d'exposer les enfants nés difformes ou avec un tempérament faible. Voir Plutarque, *Vie de Lycurgue*, 16.

22 Comme l'atteste la note précédente, ce passage de Platon a souvent, et est encore aujourd'hui généralement considéré comme prônant une forme d'eugénisme négatif effectivement pratiqué pendant l'Antiquité, nommé « exposition » et consistant à laisser mourir les nouveau-nés jugés difformes. Sur le caractère erroné de cette lecture, voir l'introduction p. 17-19.

Quel est le parti le plus sage que nous ayons à prendre ?

C'est d'établir gardiens de l'État ceux qui seront reconnus capables de veiller à la garde des lois et des institutions.

Bien.

Il est facile de reconnaître si un bon gardien doit être aveugle ou avoir la vue excellente.

Assurément.

Or, quelle différence mets-tu entre les aveugles et ceux qui, privés de la connaissance des principes des choses, n'ayant dans l'âme aucun exemplaire qu'ils puissent contempler, ne pouvant tourner leurs regards sur la vérité même, comme les peintres sur leur modèle, y rapporter toute chose et s'en pénétrer le plus profondément possible, sont par conséquent incapables d'en tirer, par une imitation heureuse, les lois qui doivent fixer ce qui est honnête, juste et bon, et, après avoir établi ces lois, de veiller à leur garde et à leur conservation ?

Non, certes, il n'y a pas grande différence entre ces hommes et les aveugles.

ARISTOTE
(384-322 AV. J.-C.)

Logique d'Aristote, trad. Jules Barthélémy Saint-Hilaire, t. I, Paris, Ladrange, 1844, *Catégories* [s. d.], sect. III, chap. x, § 11-19, p. 113-117.

[113] § 11. La privation et la possession se disent par rapport à une seule et même chose : par exemple, l'aveuglement et la vue se disent en parlant de l'œil. Et en général c'est pour la chose même où la possession est une qualité naturelle, qu'on peut employer tour à tour l'une et l'autre.

§ 12. Quand nous disons pour une chose susceptible de possession, qu'elle est affectée de privation, c'est qu'elle ne se trouve, ni dans la chose, ni dans le temps où elle doit naturellement se trouver. On dit d'un être qu'il est édenté, non pas par cela seul qu'il n'a pas de dents, ou qu'il est aveugle, non pas par cela seul qu'il n'a pas la vue, mais parce qu'il n'a ni dents ni vue, quand par sa nature il devrait avoir l'un et l'autre. Certains êtres, en effet, sont, au moment de leur naissance, privés de dents et de vue, et on ne les appelle pas pour cela édentés ou aveugles. [114]

§ 13. Être privé et posséder ne doivent pas être confondus avec privation ou possession. La possession, c'est la vue ; la privation, c'est l'aveuglement. Mais avoir la vue n'est pas la vue, être aveugle n'est pas l'aveuglement. L'aveuglement, en effet, est une privation : être aveugle, c'est être privé, ce n'est pas privation. Si l'aveuglement était la même chose qu'être aveugle, on pourrait attribuer l'un et l'autre au même objet. Or, on dit d'un homme qu'il est aveugle, mais l'on ne saurait dire qu'il est aveuglement.

§ 14. Du reste, être privé et posséder paraissent opposés entre eux, comme le sont entre elles privation et possession : le mode de l'opposition est le même de part et d'autre ; et de même que l'aveuglement est opposé à la vue, de même être aveugle est opposé à posséder la vue.

§ 15. De même non plus ce qui tombe sous la négation et l'affirmation, ne doit pas être confondu avec la négation et l'affirmation : l'affirmation est un jugement affirmatif ; la négation, un jugement négatif. Quant aux choses qui tombent sous l'une de ces deux énonciations, on ne saurait dire qu'elles sont des jugements ; ce sont des choses.

§ 16. Mais on peut dire que ces choses aussi sont opposées entre elles, comme la négation et [115] l'affirmation. En effet, le mode de l'affirmation est identique ; car de même que dans ces deux phrases : Il est assis, il n'est pas assis, l'affirmation est l'opposé de la négation, de même les choses exprimées dans ces deux énonciations sont opposées : Être assis, n'être pas assis.

§ 17. On voit sans peine que la privation et la possession ne sont pas opposées entre elles, comme le sont les relatifs ; car ici la chose n'est pas dite être ce qu'elle est de celle qui lui est opposée. La vue, par exemple, n'est pas la vue de l'aveuglement, et ne peut être dite de l'aveuglement de quelque autre façon que ce soit. Et de même l'aveuglement n'est pas dit l'aveuglement de la vue ; car on dit que l'aveuglement est la privation de la vue, et l'on ne dit pas qu'il est l'aveuglement de la vue.

§ 18. D'un autre côté, on sait que tous les relatifs s'appliquent à des choses réciproques : si donc l'aveuglement était un relatif, on pourrait employer réciproquement pour lui la chose à laquelle on le rapporte ; mais il n'y a point ici de réciprocité pareille ; on ne dit pas que la vue est la vue de l'aveuglement.

§ 19 [...] [117] Ainsi donc il n'est pas nécessaire que l'un ou l'autre de ces contraires appartienne à tout le sujet qui les reçoit ; mais c'est nécessaire seulement, dans les choses qui naturellement n'ont qu'un seul des contraires ; et alors ce contraire unique est en elles d'une manière déterminée, et non pas indifféremment. On le voit donc, tout ce que l'on a dit jusqu'ici est inapplicable à la privation et à la possession. D'abord, il n'est pas toujours nécessaire que l'une ou l'autre se trouve dans le sujet qui les peut admettre : ce qui naturellement n'a pas encore dû avoir de vue n'est pas appelé aveugle ou voyant. Ainsi donc, la privation et la possession ne sont pas au nombre des contraires sans intermédiaire. Elles ne sont pas non plus de ceux qui ont des intermédiaires ; car il faut toujours nécessairement que l'un d'eux se trouve dans tout l'objet qui les reçoit : ainsi, d'un objet fait par nature pour avoir actuellement la vue, on dit qu'il est aveugle ou qu'il a la vue, sans que positivement l'une de ces deux propriétés soit déterminée, l'une pouvant être aussi bien que l'autre, puisqu'il n'y a pas nécessité que l'être soit aveugle ou qu'il ait la vue, et qu'il peut indifféremment être l'un, ou avoir l'autre. Loin de là, dans les contraires qui ont des intermédiaires, on se rappelle qu'il n'y a jamais nécessité que l'un ou l'autre appartienne à tous les objets qui peuvent les admettre, mais ils peuvent appartenir à quelques-uns ; et ces objets alors n'en ont qu'un seul d'une manière spéciale, et non pas indifféremment un des deux. Concluons donc qu'évidemment les choses énoncées par privation et possession, ne sont opposées entre elles d'aucune des deux façons dont les contraires peuvent l'être entre eux.

Psychologie d'Aristote, trad. Jules Barthélémy Saint-Hilaire, Paris, Ladrange, 1847, *De la Sensation et des choses sensibles* [s. d.], chap. 1, § 10, p. 24-25.

[24] De toutes ces facultés, la plus importante pour les besoins de l'animal, ainsi qu'en elle-même, c'est la vue ; mais pour l'intelligence, bien qu'indirectement, c'est l'ouïe. Ainsi la faculté de la vue nous révèle dans les choses les différences les plus nombreuses et les plus variées ; car tous les corps, sans exception, ont couleur. Par suite, c'est surtout la vue qui nous en fait percevoir les propriétés communes ; j'appelle propriétés communes, la figure, la grandeur, le mouvement, le repos, le nombre. Au contraire, l'ouïe ne fournit, en général, que les différences du son ; et, pour quelques êtres, elle [25] fournit aussi les différences de la voix. Mais indirectement, c'est l'ouïe qui rend les plus grands services à la pensée, puisque c'est le langage qui est cause que l'homme s'instruit, et que le langage est perçu par l'ouïe, non pas, il est vrai, en lui-même, mais indirectement. C'est que le langage se compose de mots, et que les mots ne sont jamais que des signes. Voilà bien pourquoi, parmi les hommes qui de naissance manquent de l'un de ces sens, les aveugles-nés sont plus intelligents que les sourds-muets.

Politique d'Aristote [s. d.], trad. Jules Barthélémy Saint-Hilaire, Paris, Dumont, 1848, liv. IV, chap. XIV, § 10-11, p. 255-256.

[255] § 10. Pour distinguer les enfants qu'il faut abandonner, et ceux qu'il faut élever, il conviendra de défendre par une loi de prendre jamais soin de ceux qui naîtront difformes ; et quant au nombre des enfants, si les mœurs répugnent à l'abandon complet, et qu'au-delà du terme formellement imposé à la population, quelques mariages deviennent

féconds, il faudra provoquer [256] l'avortement avant que l'embryon ait reçu le sentiment et la vie. Le crime, ou l'innocence de ce fait, ne dépend absolument que de cette circonstance de sensibilité et de vie.

§ 11. Mais il ne suffit pas d'avoir précisé l'âge où, pour l'homme et la femme, commencera l'union conjugale, il faut encore déterminer l'époque où la génération devra cesser. Les hommes trop âgés comme les jeunes gens ne produisent que des êtres incomplets de corps et d'esprit, et les enfants des vieillards sont d'une faiblesse irrémédiable. Que l'on cesse d'engendrer au moment même où l'intelligence a acquis tout son développement ; et cette époque, si l'on s'en rapporte au calcul de quelques poètes, qui mesurent la vie par septénaires[1], coïncide généralement avec la cinquantaine. Ainsi, qu'on renonce à procréer des enfants quatre ou cinq ans au plus après ce terme ; et qu'on ne prenne encore les plaisirs de l'amour que par des motifs de santé ou par des considérations non moins fortes.

Morale d'Aristote, trad. Jules Barthélémy Saint-Hilaire, t. II *Morale à Nicomaque* [s. d.], Paris, A. Durand, 1856, liv. III, chap. VI, § 14-15, p. 32-33.

[32] Mais ce ne sont pas seulement les vices de l'âme qui sont volontaires : dans bien des cas, ceux même du corps ne le sont pas moins ; et alors nous les blâmons tout autant. Ainsi, l'on ne reproche à personne une difformité naturelle, et l'on blâme ceux qui n'ont cette difformité que par un défaut d'exercice ou de soin. On fait la même distinction pour la faiblesse, la laideur et les infirmités. Qui ferait des reproches, par exemple, à un homme parce qu'il est aveugle de naissance, ou parce qu'il l'est devenu à la suite d'une maladie ou d'un coup ? On plaint bien plutôt son malheur. Mais tout le monde adresse un juste blâme à celui qui le devient par l'habitude de l'ivresse, ou par tel autre vice. § 15. Ainsi donc pour les vices du corps, on blâme ceux qui dépendent de nous ; [33] on ne blâme pas ceux qui n'en peuvent dépendre ; et s'il en est bien ainsi pour les vices de cet ordre, on peut dire pour tous les autres, pour les vices de l'âme, que ceux qu'on blâme ne dépendent que de nous seuls.

1 C'est-à-dire par périodes de sept ans.

Ibid., t. III, *Morale à Eudème* [s. d.], liv. VII, chap. XIV, § 23, p. 457.

D'autres ont la raison pour se guider ; mais ils n'ont pas ce principe[2] qui mène les gens heureux au succès. L'enthousiasme même, quand ils le ressentent, ne les fait pas réussir, tandis que les premiers réussissent, tout déraisonnables qu'ils sont. Même chez les gens réfléchis et sages, qui voient d'un coup d'œil, et comme par une sorte de divination, ce qu'il faut faire, ce n'est pas exclusivement à leur raison qu'il faut rapporter cette décision si sûre et si prompte. Chez les uns, c'est la suite naturelle de l'expérience ; chez les autres, c'est l'habitude d'appliquer ainsi leurs facultés à la réflexion. Ce sont là des privilèges qui n'appartiennent qu'à l'élément divin qui est en nous ; c'est lui qui voit si nettement ce qui doit être, ce qui est, et tout ce qui reste encore obscur pour notre raison impuissante. C'est là ce qui fait que les mélancoliques ont des songes et des visions si précises. Une fois que la raison a disparu en eux, ce principe semble y prendre d'autant plus de force ; et c'est comme les aveugles, dont la mémoire est en général beaucoup meilleure, parce qu'ils sont exempts de toutes les distractions que causent les perceptions de la vue, et qu'ainsi ils gardent mieux le souvenir de ce qu'on leur a dit.

Métaphysique d'Aristote [s. d.], t. II, trad. Jules Barthélemy Saint-Hilaire, Paris, Germain Baillière, 1879, liv. V, chap. XXVII, p. 202-204.

[202] Mutilé. [...]Le mot de Mutilé, ou Incomplet, ne s'applique pas à toutes les quantités au hasard et indistinctement ; il s'applique seulement à celles qui peuvent être divisées et qui forment un tout. Ainsi, le nombre Deux n'est jamais appelé un nombre Mutilé, quand on lui retranche une quelconque de ses deux unités, puisque jamais la mutilation, dans son sens vrai, ne peut être égale à ce qui reste. [...]D'ailleurs, on ne peut pas appliquer absolument à un nombre, quel [203] qu'il soit, l'idée de Mutilation ; car il faut, pour qu'il y ait Mutilation, que l'essence de la chose demeure. Par exemple, pour dire d'une coupe qu'elle est Mutilée, il faut encore qu'il subsiste une coupe ; mais, pour le nombre, il cesse d'être le même. [...]Il faut de plus, pour qu'on puisse appeler les choses Mutilées, qu'elles aient des parties

2 Il s'agit du principe de la raison, supérieure à celle-ci.

diverses. Et encore ne peut-on pas le dire de toutes choses ; car on ne peut pas le dire du nombre, par exemple, bien qu'il puisse avoir des parties dissemblables ; et c'est ainsi que Cinq se compose de Deux et de Trois. [...]D'une manière générale, on n'applique jamais l'idée de Mutilé aux choses où la position des parties est tout à fait indifférente, comme l'eau et le feu ; mais, pour que cette idée s'applique, il faut que la position des parties importe à l'essence même de la chose. [...]Il faut en outre que les choses soient continues, pour qu'on puisse dire qu'elles sont Mutilées. Ainsi, par exemple, [204] l'harmonie se forme de parties dissemblables, qui ont une certaine position ; et cependant on ne dit jamais d'une harmonie qu'elle est Mutilée. [...]Même pour les choses qui forment une totalité, on ne dit pas qu'elles sont Mutilées, parce qu'une de leurs parties quelconques en a été retranchée ; car il ne faut pas que ce soient des parties essentielles, ni des parties placées d'une façon quelconque. Ainsi, une coupe n'est pas Mutilée, parce qu'on y fait un trou ; mais elle l'est, si on lui a brisé une anse ou un bord. L'homme n'est pas Mutilé, parce qu'on lui a ôté un peu de chair, ou la rate ; mais il l'est, s'il a perdu une de ses extrémités, et non pas même une extrémité quelconque, mais une extrémité qui ne peut plus revenir une fois qu'elle a été enlevée tout entière. Et voilà pourquoi l'on ne dit pas des gens chauves qu'ils sont Mutilés.

Histoire des animaux d'Aristote [s. d.], trad. Jules Barthélémy Saint-Hilaire, Paris, Hachette et Cie, 1883, t. II, liv. IV, chap. IX, p. 92-101.

[92] [...]Voici maintenant ce qu'on peut dire de la voix des animaux. D'abord, la voix et le bruit sont choses fort différentes ; et le langage diffère encore de l'un et de l'autre. L'animal n'a de voix et ne se [93] fait entendre que par l'organe du pharynx exclusivement ; et par suite, les animaux qui n'ont pas de poumon, n'ont pas non plus de voix. [...]Le langage est l'articulation de la voix, au moyen de la langue. C'est la voix et le larynx qui émettent les voyelles ; c'est la langue et les lèvres qui forment les consonnes, ou lettres aphones. Tels sont les éléments dont se forme le langage ; et de là vient que les animaux qui n'ont pas de langue, ou qui n'ont pas une langue qui soit libre, ne parlent pas. Ce qui n'empêche pas que les animaux peuvent [94] faire du bruit par d'autres parties que celles qu'on vient d'indiquer.

[...] [100] [...]Les quadrupèdes vivipares ont chacun des voix différentes les unes des autres ; mais aucun n'articule un langage ; ce privilège est réservé à l'homme seul. Quand l'animal a un langage articulé, il a aussi une voix ; mais il peut avoir une [101] voix sans toujours avoir de langage, ni d'articulation. [...]Ceux qui sont sourds de naissance sont en outre toujours muets ; cependant ils ont bien une voix ; mais elle ne peut pas articuler.

Ibid., liv. VII, chap. VI, p. 434-435.

[434] [...]Il naît aussi des enfants infirmes de parents infirmes ; de boiteux, il vient des boiteux ; d'aveugles [435], il vient des aveugles. Souvent même, des enfants ressemblent à leurs parents pour des choses qui n'ont rien de naturel, et ils portent des signes tout à fait pareils : par exemple, des loupes[3] et des cicatrices. Quelquefois, ces ressemblances passent d'une première personne à la troisième ; et c'est ainsi qu'un père qui avait un signe au bras eut un fils qui n'avait plus ce signe ; mais le petit-fils eut à la même place une tache noire. [...]Ces derniers cas sont rares ; et la plupart du temps, de parents qui sont incomplets à certains égards viennent des enfants très-complets ; car dans tout cela, il n'y a rien de régulier.

Traité de la génération des animaux d'Aristote [s. d.], t. II, trad. Jules Barthélémy Saint-Hilaire, Paris, Hachette et Cie, 1887, liv. IV, chap. III, p. 280-282.

[280] La Nature prépare en quelque sorte la voie aux monstruosités, en faisant que ces animaux ne produisent que des petits qui ne leur ressemblent pas, puisqu'ils sont incomplets ; et les monstruosités aussi peuvent bien être considérées comme des dissemblances. Voilà comment cet accident se montre chez les animaux qui ont la nature de ceux dont nous venons de parler. Et c'est encore chez eux que l'on voit le plus fréquemment ce qu'on appelle des arrière-porcs[4], qui, à certains égards,

3 Une loupe désigne, en médecine, un kyste généralement situé au niveau de la tête.
4 Aristote évoque de nouveau ces porcs difformes au chapitre XIV du même livre de l'*Histoire des animaux*.

sont une sorte de monstres ; car c'est un genre de monstruosité d'avoir quelque chose de trop ou quelque chose de moins. [...]Le monstrueux est contre nature, non pas contre la Nature prise absolument, mais contre le cours le plus ordinaire de la Nature. Rien ne peut se produire en effet contre la Nature éternelle et nécessaire ; il ne se [281] produit quelque phénomène contre nature que dans les choses qui sont ordinairement de telle façon, mais qui pourraient aussi être d'une façon tout autre. Comme, même dans les cas où il survient quelque accident qui contrarie l'ordre établi, ce n'est jamais au hasard que cet accident arrive, le monstre, à ce point de vue, paraît moins monstrueux, parce que ce qui est contre nature est encore naturel jusqu'à un certain point, quand la nature qui fait l'espèce et la forme ne l'emporte pas sur la nature qui fait la matière. Aussi, ne regarde-t-on pas précisément comme des monstres les animaux dont nous venons de parler, ni les autres cas où il se produit quelque accident analogue à ce qu'on voit dans le péricarpe des fruits. Il y a par exemple, une espèce de vigne qu'on appelle quelquefois la « Fumeuse », pour laquelle on ne [282] regarde pas que ce soit une monstruosité de produire des raisins noirs, parce que c'est là le fruit qu'elle produit le plus habituellement. C'est que la nature de cette vigne tient le milieu entre le raisin blanc et le raisin noir, de telle sorte que la déviation n'est pas très éloignée, ni par conséquent tout à fait contre nature ; car le changement ne va pas jusqu'à une nature toute différente. Les monstruosités sont fréquentes dans les espèces qui ont beaucoup de petits, à cause de cette fécondité même ; car cette fécondité fait que les petits se gênent les uns les autres, dans leur complète formation ; et elle empêche les mouvements générateurs.

ÉPICURE
(342/341-270 AV. J.-C.)

> [...] quoique lui-même, tourmenté de la colique et de la strangurie tout à la fois, il ait donné quelques signes de courage, avouons qu'un homme persuadé que la douleur est de tous les maux le plus grand n'est pas propre à nous enseigner l'art de la supporter.
> CICÉRON, *Œuvres complètes de Cicéron*, t. XVII[1].

Lettres, Maximes, Sentences, éd. Jean-François Ballaudé, Paris, Librairie générale française, 1994, *Sentences vaticanes* [s. d.], 3-4, p. 209.

3. Ce qui, dans la chair, est souffrant, ne dure pas : en fait, sa pointe extrême est présente un très court instant, tandis que ce qui, dans la chair, est seulement en excès par rapport à ce qui éprouve le plaisir, s'en trouve concomitant un petit nombre de jours ; et dans le cas des maladies chroniques, ce qui, dans la chair, ressent du plaisir, est plus important que ce qui est souffrant[...].

4. Toute douleur est facile à mépriser : celle dont la peine est intense est d'une brève durée, celle qui dure dans la chair s'accompagne d'une faible peine.

---

1 Cicéron, *Œuvres complètes de Cicéron*, t. XVII, trad. Jacques Matter, Jules Pierrot, Louis Chevalier, Antoine Péricaud, Léon Crouslé et Jean-Pierre Charpentier, Paris, Garnier Frères, 1875, *Tusculanes* [45 av. J.-C.], liv. II, § XIX, p. 132.

CICÉRON
(106-43 AV. J.-C.)

Œuvres complètes de Cicéron, t. XVI, trad. Laurent Delcasso, Jean-François Stiévenart, Antoine Péricaud, Louis Chevalier et Jean-Pierre Charpentier, Paris, Garnier Frères, 1872, *Des vrais biens et des vrais maux* [45 av. J.-C.], liv. V, § XVII, p. 401-402.

[401] Nous n'avons rien dit encore qui ne se rapporte aux premières impressions naturelles. Mais si nous cherchons à conserver toutes les parties de notre âme et de notre corps, ce n'est pas seulement parce que nous nous aimons nous-mêmes, c'est aussi parce que, dans chacune de ces parties, il y a une force et une vertu qui nous y entraîne ; et c'est ce qu'il faut prouver maintenant. Commençons par ce qui regarde le corps. Si un homme devient perclus, estropié, ou privé de quelque membre, remarquez-vous avec quel soin il tâche de le cacher ; combien il s'étudie à dissimuler son infirmité, du moins en partie ; que de douleurs il brave pour la guérir ? N'en a-t-on pas vu qui, pour rendre à un membre contrefait sa forme naturelle, ont mieux aimé s'en servir avec moins de liberté ? Comme tous les hommes, par un sentiment naturel, et seulement pour eux-mêmes, veulent se conserver dans toute l'intégrité de leur nature [402], le désir de la conservation des parties qui les composent est nécessairement le même que le désir de la conservation du tout. Ne semble-t-il pas que la nature nous engage aussi à donner quelque attention aux mouvements, à la posture du corps, à la démarche, à la manière de s'asseoir, à l'air de la bouche et du visage ? N'est-il rien dans tout cela qu'on regarde quelquefois comme indigne d'un homme libre ? et ne trouvons-nous pas haïssable quiconque, par son maintien, sa contenance, semble mépriser la règle de la nature ? Or tous ces détails se rapportent au corps ; et, par elles-mêmes, la difformité, la mutilation sont à éviter : pourquoi donc, à plus forte raison, ne désirerions-nous pas la beauté, la convenance, la dignité de tout l'extérieur ? Nous fuirions

les attitudes, les mouvements que la honte fait proscrire, et la décence, la noblesse, nous ne les rechercherions pas ! C'est pour elles-mêmes autant que pour l'utilité que nous désirons santé, force, absence de toute douleur. La nature veut être accomplie dans toutes ses parties : il faut donc que l'état qui lui convient le mieux se présente à elle dans le corps et pour le corps ; car la maladie, la faiblesse, la douleur, produisent la perturbation de la nature.

Ibid., p. 425-426.

[425] La santé, dites-vous, est un bien : je réponds, la maladie est donc un mal. Est-ce un bien d'avoir tous ses membres, de jouir de la vue ; ce sera un malheur d'être estropié, de devenir aveugle. Vous trouverez peut-être quelque consolation à chacun de ces maux ; mais, s'ils sont tous accumulés sur une seule tête, quel remède y appliquerez-vous ? Voilà un sage qui est à la fois aveugle, estropié, malade, exilé, pauvre, privé de ses enfants, en proie à de cruelles tortures : comment Zénon l'appellera-t-il ? heureux, trois fois [426] heureux. J'ai enseigné, dira-t-il, que le vrai bonheur ne comporte pas le plus ou le moins, et qu'il ressemble en cela à la vertu, qui est son principe. Comment le croire ? un tel homme très heureux ! Mais vous, Pison, qui le dites heureux, méritez-vous plus de croyance ? Prenez le peuple pour juge : lui prouverez-vous jamais que dans un tel état on est heureux ? Consultez les esprits éclairés, ils douteront peut-être que l'empire de la vertu puisse aller jusqu'à faire habiter le bonheur dans le taureau de Phalaris ; mais il est une chose dont ils ne douteront pas, c'est que le Portique est conséquent dans son langage, et qu'il y a contradiction dans votre école. – vous approuvez donc le fameux livre de Théophraste sur *la Vie Heureuse* ? – Nous voilà encore bien loin de la question ; mais, pour terminer cette observation, oui, je l'approuve, si ce sont là des maux. – Qu'est-ce autre chose, selon votre système ? – Question imprudente : quelle que soit ma réponse, elle vous embarrassera. – Comment ? – Si ce sont des maux, l'homme qu'ils atteignent ne peut goûter le bonheur ; l'hypothèse contraire renversera toute la doctrine d'Aristote. – Je vous vois venir, dit-il en riant ; vous craignez que je ne détache de vous votre disciple. – Non, il peut vous suivre, pourvu qu'il ne quitte point vos pas. Être avec vous, ce sera encore être avec moi.

Ibid., t. XVII, trad. Jacques Matter, Jules Pierrot, Louis Chevalier, Antoine Péricaud, Léon Crouslé et Jean-Pierre Charpentier, Paris, Garnier Frères, 1875, *Tusculanes* [45 av. J.-C.], liv. II, § XIX, p. 131-132.

[131] *Et dans une douleur de longue durée*, conclut Épicure, *il y a moins de peine que de plaisir*. Je n'ose dire qu'un si grand homme n'a su ce qu'il disait ; mais ce que j'en pense, c'est qu'il se moquait de nous. [132] Une douleur peut très bien, ce me semble, être des plus violentes, et n'être pas courte. Je l'appellerai *extrême*, quand même il y en aurait une autre dont la violence irait à dix atomes de plus. Quantité d'honnêtes gens, que je pourrais nommer, sont depuis plusieurs années horriblement tourmentés de la goutte. Mais telle a été l'adresse d'Épicure, qu'il n'a fixé ni grandeur ni durée, en sorte qu'on ne sait ni ce que c'est qu'*extrême* à l'égard de la douleur, ni ce que c'est que *court* à l'égard du temps. Ainsi laissons ce diseur de riens ; et quoique lui-même, tourmenté de la colique[...] et de la strangurie[1] tout à la fois, il ait donné quelques signes de courage, avouons qu'un homme persuadé que la douleur est de tous les maux le plus grand n'est pas propre à nous enseigner l'art de la supporter.

Ibid., liv. V, § XXXVIII, p. 320-321.

[320] Enfin toutes les agitations de l'âme, les sollicitudes, les afflictions, sont bientôt adoucies par l'oubli, quand on retrouve quelque plaisir. Ce n'est donc pas sans raison qu'Épicure a osé dire qu'il y a toujours pour le sage plus de bien que de mal, parce qu'il se fait toujours des plaisirs nouveaux. Il croit pouvoir en conclure, aussi bien que nous, que le sage est toujours heureux. Quoi ! direz-vous, fût-il sourd et aveugle ? Oui, car le sage ne s'en inquiète point. Et de quels plaisirs est donc privé l'aveugle, dont le sort vous paraît affreux ? Je laisse à part l'opinion de quelques philosophes qui prétendent qu'il n'en est pas de ce sens comme des autres : les parties, disent-ils, destinées au goût, à l'odorat, au toucher, à l'ouïe, sont le siège des plaisirs que ces sens procurent ; au lieu que la vue ne se forme point dans les yeux, mais dans l'âme, qui reçoit et nous représente les images. Or l'âme jouit d'assez d'autres plaisirs, pour ne pas tant regretter celui de la vue. Je ne parle ici que de

1 Voir la note correspondante p. 87.

l'homme lettré et savant, pour qui vivre, c'est méditer. Le sage n'emprunte presque jamais le secours de ses yeux dans ses méditations ; et si la nuit n'empêche pas qu'on ne soit heureux, pourquoi un jour semblable à la nuit nous empêcherait-il de l'être ? Il y a un mot un peu libre, mais plaisant, d'Antipater le Cyrénaïque[2] ; quelques femmes le plaignaient de ce qu'il était [321] devenu aveugle : « Êtes-vous folles », leur dit-il, « et avez-vous oublié que les plaisirs de la nuit valent bien ceux du jour ? » L'ancien Appius[3], quoique aveugle depuis longtemps, exerçait les plus grandes magistratures, sans manquer en rien à aucun de ses devoirs, soit publics, soit privés. La maison de C. Drusus[4] le jurisconsulte était sans cesse remplie de clients, qui, fort peu clairvoyants dans leurs affaires, y prenaient un aveugle pour guide[…]. Dans mon enfance, Cn. Ausidius[5], qui avait été préteur, non seulement opinait dans le sénat, et assistait ses amis de ses conseils, malgré la perte de sa vue ; mais il écrivait de plus l'histoire grecque, et passait pour éclairé dans la littérature.

Ibid., § XXXIX-XL, p. 321-324.

[321] J'ai eu longtemps chez moi le stoïcien Diodote[6]. Depuis qu'il eut perdu la vue, il s'appliqua plus que jamais à la philosophie, sans autre relâche que celui de jouer quelquefois du luth, à la manière des pythagoriciens. Il se faisait lire jour et nuit ; et ce qui paraîtrait presque impossible sans yeux, il continuait à enseigner la géométrie, faisant fort bien entendre à ses disciples comment il fallait tracer les lignes. On demandait à Asclépiade[7], philosophe bien connu de l'école d'Érétrie,

2 Antipater (ou Antipatros) de Cyrène vécut au IVe siècle avant notre ère, eut pour maître Aristippe et pour disciple Hégésias de Cyrène.

3 Appius Claudius Caecus, IVe et IIIe siècles avant notre ère. Homme politique et écrivain romain. Consul en 307 et 296.

4 Ce Caïus Drusus, dont on sait peu de choses, est également cité par Pierre Bayle, en référence à ce passage de Cicéron, dans son *Dictionnaire historique et critique*, à l'article DRUSUS.

5 Voir à son sujet Nicolas Mathieu, *Histoire d'un nom. Les Aufidii dans la vie politique, économique et sociale du monde romain : IIe siècle avant Jésus-Christ-IIIe siècle après Jésus-Christ*, Rennes, Presses Universitaires de Rennes, 1999, Notice 10, en ligne : https://books.openedition.org/pur/11416?lang=fr#tocfrom1n1 (consulté le 23/12/2022).

6 Nous tenons de ces lignes ce que nous savons de ce philosophe. Cicéron le mentionne également dans son *Brutus* (89-90).

7 Grâce à Diogène Laërce (*Vies et doctrines des philosophes illustres*, II, 126), Asclépiade de Phlionte (vers 350-vers 270 av. J.-C.) nous est un peu mieux connu que les précédents

ce que sa cécité lui avait apporté ; il répondit qu'il était accompagné [322] en plus d'un jeune esclave[8]. En effet, si l'extrême pauvreté devient supportable quand on peut faire ce que font les Grecs tous les jours, la cécité est supportable aussi quand on ne manque pas de secours dans ses infirmités. [...][9]

On prétend qu'Homère était aveugle[...] ; cependant ses poèmes sont de véritables tableaux : quelle contrée, quel rivage, quel lieu de la Grèce, quel genre de combat, quelle ordonnance de bataille, quelle manœuvre navale, quels mouvements d'hommes et d'animaux n'y sont pas si fidèlement dépeints, que l'auteur semble nous mettre sous les yeux ce qu'il n'avait jamais vu lui-même ? Qu'a-t-il donc manqué à ce grand génie, non plus qu'aux autres hommes véritablement doctes, pour goûter tous les plaisirs dont l'âme est capable ? Anaxagore et Démocrite auraient-ils sans cela quitté leur pays et leurs biens, pour se livrer tout entiers aux plaisirs [323] divins que donnent la recherche et la découverte de la vérité ? Aussi les poètes, qui accordent la sagesse au devin Tirésias, ne le représentent jamais comme se plaignant d'être aveugle ; Homère, au contraire, nous ayant donné Polyphème pour un homme féroce et barbare, nous le dépeint s'entretenant avec un bélier, auquel il envie le bonheur d'aller où il veut, et de toucher ce qu'il lui plaît. On ne saurait blâmer le poète ; car le cyclope n'était pas plus raisonnable que le bélier.

XL. Regarderons-nous aussi la surdité comme un vrai mal ? M. Crassus[10] était un peu sourd ; mais il avait un malheur plus grand, c'est qu'il entendait souvent parler mal de lui, injustement selon moi. Parmi nos épicuriens, il en est peu qui entendent le grec, et peu de Grecs entendent notre langue. Ils sont donc comme sourds les uns à l'égard des autres. Ne le sommes-nous pas nous-mêmes à l'égard d'une infinité de langues que nous n'entendons point ? Vous me direz qu'un sourd est privé du plaisir d'entendre un bon musicien. Mais aussi n'entend-il pas le bruit importun d'une scie qu'on aiguise, ou d'un pourceau qu'on égorge ; et quand il veut dormir, les mugissements des flots ne le réveillent pas. Que si toutefois on est si passionné pour la musique, on doit faire

---

philosophes aveugles cités par Cicéron. Avec son ami Ménédème, Asclépiade prit la tête de l'école d'Érétrie à la fin du IVe siècle avant notre ère.

8 La traduction de cette phrase est de Catherine Barouin.

9 Les lignes ici coupées, portant sur Démocrite et sa cécité, sont reproduites dans l'annexe consacrée à ce philosophe, p. 943.

10 Marcus Licinius Crassus (vers 115-53 av. J.-C.) général et homme politique romain.

réflexion d'abord qu'avant qu'elle fût inventée, il y avait bien des sages qui vivaient heureux ; ensuite, qu'on trouve encore plus de plaisir à lire les vers qu'à [324] les entendre. Au reste, comme nous consolions tantôt l'aveugle par le plaisir de l'ouïe, nous pouvons à présent consoler le sourd par le plaisir de la vue. Quel besoin a-t-on de la conversation des autres, quand on sait converser avec soi-même ?

Enfin, rassemblons, si l'on veut, tous ces prétendus maux dans un seul homme : qu'il soit sourd et aveugle, qu'il souffre les plus vives douleurs. Premièrement, une mort prompte l'en délivrera ; mais si elles sont en même temps et si longues et si violentes qu'on ne les trouve plus supportables, quelle raison, grands dieux ! avons-nous de souffrir ? La mort ne nous offre-t-elle pas un port toujours prêt à nous recevoir[...], un éternel abri contre les souffrances ? Théodore[11] étant menacé de la mort par le roi Lysimaque[12] : « Oh ! le grand exploit, lui répondit-il, quand vous ferez ce qu'une cantharide[13] fait aussi bien que vous ! » Et quand Persée[14] suppliait instamment Paul-Émile[15] de ne le point mener en triomphe : « Vous pouvez, répondit le consul, l'obtenir de vous-même. »

---

11 Théodore de Gadara (ou de Rhodes) célèbre professeur de rhétorique du Ier siècle avant notre ère.

12 Lysimaque (vers 361-281 av. J.-C.) roi de Macédoine de 285 à 281.

13 Une cantharide est un coléoptère qui dégage une odeur très forte.

14 Persée (212-166 av. J.-C.), vaincu par les Romains en 168 avant notre ère, fut le dernier roi de Macédoine.

15 Paul Émile le Macédonien (vers 230-160 av. J.-C.) élu deux fois consul de la République romaine.

LUCRÈCE
(VERS 98 – VERS 55 AV. J.-C.)

De la Nature des choses [s. d.], trad. Jean-Baptiste Sanson de Pongerville, t. I, Paris, Panckoucke, 1829, liv. II, p. 137-139.

[137] Poursuis, ô, Memmius ! et recueille les fruits de mes doux travaux. Garde-toi de croire que la blancheur du lis, la teinte sombre de l'ébène, ou les divers coloris dont les objets brillent à tes yeux, soient le résultat de la couleur de leurs éléments : les éléments ne sont point colorés, aucune nuance ne les distingue.

Quelle est ton erreur, si tu penses que les éléments ne peuvent exister sans cette qualité ! Regarde l'infortuné qui n'a jamais entr'ouvert sa débile paupière à la clarté des cieux : l'habitude pour lui enseigne au tact à discerner les objets que l'œil n'aperçoit pas. Ainsi, par la pensée, nous pouvons nous représenter les éléments [...] [139] sans les douer de coloris. Enfin des corps que nous touchons pendant la nuit, l'éclat est entièrement effacé.

Ibid., t. II, 1832, liv. IV, p. 83-85.

[83] Quoique enlacé dans le piège fatal[1], l'homme pourrait encore s'y soustraire, si lui-même n'y précipitait ses pas, s'il ne fermait les yeux sur les vices de l'âme et du corps de l'objet qui l'asservit. L'aveugle délire des amants enfante des perfections imaginaires ; leur cœur séduit transforme en beautés, en vertus, les difformités et les vices. En vain ils se prodiguent une mutuelle et mordante ironie, ils se conseillent alternativement de conjurer Vénus de les affranchir de leurs nœuds avilissants, et le plus implacable censeur ne voit pas que lui-même est le plus coupable. Chacun embellit les défauts [85] de son idole : la noire est une brune piquante. L'immonde négligente dédaigne la parure. La

1 Il s'agit de l'amour.

louche est l'image de Pallas. La maigre, aux nerfs saillants, une biche légère. La petite, la naine, l'une des Grâces, une beauté, une perfection sans mélange. La taille colossale, sans altération, a de la noblesse et de la dignité. Celle qui balbutie des mots inachevés, c'est la modestie qui bégaie. La muette est la pudeur même. La querelleuse, ardente et loquace, est une flamme qui pétille sans cesse. Une maigreur qui semble ne plus appartenir à la vie, offre les traces d'un brûlant amour. Celle dont la toux est mortelle devient une beauté languissante. D'énormes mamelles sont les appâts de l'amante de Bacchus. Le nez court promet la volupté. La lèvre épaissie appelle le baiser. Mais où m'arrêter, si je tentais de retracer toutes les illusions de l'amour ?

Eh bien, j'y consens : ton amante mérite les éloges de ta bouche. Tout son corps voluptueux exerce la puissance des attraits de Vénus ; mais n'en est-il pas d'autres aussi parfaites, et tes jours coulaient-ils sans charme avant de la connaître ? oublies-tu que, comme la plus difforme, elle subit les infirmités de la vie ; que, souvent, son souffle corrompu l'infecte elle-même, et que ses suivantes s'échappent pour exhaler loin d'elle leur rire satirique.

Ibid., liv. V, p. 171-173.

[171] Le monde, au premier âge, ignorait le froid rigoureux, la chaleur dévorante et la fureur des tempêtes. Comme les autres productions de la nature, ces fléaux, faibles à leur naissance, s'accrurent avec l'âge. Je le répète, ami, la terre a justement mérité le nom de mère ; créatrice de l'homme, elle enfanta aussi toutes les espèces vivantes, les peuplades des bois, les hôtes rapides des montagnes, et ces oiseaux légers, qui, sous mille formes variées, planent aux champs aériens.

Mais, comme une mère fatiguée par l'âge, la terre en repos mit un terme à sa fécondité. Le temps change l'aspect du monde entier ; à l'ordre ancien succède un ordre nouveau : rien ne reste immobile, tout se déplace et se transforme dans la nature ; elle soumet tout à la variété. Là, on voit des corps affaiblis et brisés par le temps ; ici, les uns croissent et se fortifient, un objet sort du limon de la terre, un autre s'y engloutit. Ainsi l'âge donne au monde une face toujours nouvelle ; il impose à la terre une éternelle inconstance ; elle perd le pouvoir dont elle jouissait, et acquiert ce qui lui était interdit.

La terre cependant s'efforçait encore d'enfanter des êtres d'une forme et d'une stature imparfaite (l'Androgyne qui, monstrueux assemblage des deux sexes, diffère également de tous deux). On vit naître des corps dont les [173] organes étaient incomplets, privés de lumière, ou sans pieds, sans mains, sans figure, ou doués de membres inhérents au tronc ; ainsi contraints à l'immobilité, ils ne pouvaient par aucun mouvement éviter le péril, ou trouver leur pâture. La terre se surchargea d'une foule variée de monstres ; mais la nature ne leur permit ni de croître, ni de se conserver jusqu'à la fleur de l'âge ; elle les priva d'aliments, et leur interdit les liens de l'amour : car il faut, pour propager la vie, un concours nombreux de circonstances propices. L'abondante nourriture, la force, sont nécessaires, et les germes féconds répandus dans les membres doivent se réunir de toutes les parties du corps dans les canaux qui en facilitent la fluctuation ; il faut enfin qu'une parfaite harmonie entre les organes du plaisir permettent aux époux de s'identifier par les nœuds d'une mutuelle volupté.

SÉNÈQUE (ENTRE L'AN 4 AV. J.-C. ET L'AN I AP. J.-C. – 65 AP. J.-C.)

Œuvres de Sénèque le philosophe, t. I, trad. Joseph Lagrange, Paris, Frères De Bure, 1778, *Lettres* [63-64 ap. J.-C.], Lettre LXVI, p. 300-301.

[300] J'avais longtemps perdu de vue Claranus[1], mon condisciple : je l'ai retrouvé ; bien vieux, il n'est pas besoin de le dire, mais avec une âme vigoureuse et verte, qui se débat contre ses faibles organes. La nature a été injuste envers lui ; elle a trop mal logé une si belle âme ; ou peut-être, elle voulait montrer que le bonheur et le courage s'accommodent de toutes les demeures. Claranus a surmonté les obstacles ; et, pour en venir à mépriser tout, il a commencé par se mépriser lui-même. Virgile a tort, quand il dit que « la vertu est plus aimable, quand elle réside dans un beau corps[2] ». La vertu n'a pas besoin de décoration : son plus bel ornement, c'est elle ; et le corps est assez consacré par sa présence. Plus j'ai regardé [301] Claranus, plus il s'est embelli à mes yeux : je lui ai trouvé le corps aussi droit que l'esprit. Un héros peut sortir d'une chaumière ; et la plus belle âme, d'un corps difforme et cassé. Il me semble que la Nature a produit exprès quelques hommes pour prouver que la vertu naît partout. S'il était possible, elle ferait des âmes sans corps ; elle fait plus, elle les emprisonne quelques fois dans un corps, pour qu'elles brisent leur cachot. Je n'en doute pas : Claranus n'est venu au monde que pour nous apprendre que la difformité du corps n'enlaidit jamais l'âme, et que la beauté de l'âme se réfléchit sur le corps.

---

1 Nous ne savons de lui que ce que Sénèque en indique.

2 [NdE] « *Gratior est pulchro veniens in corpore virtus* ». Virgile, *Énéide*, liv. 5, v. 344.

Ibid., p. 309-311.

[309] Je le répète, il faut juger les choses comme les hommes. La vertu est également louable dans un corps sain et libre, ou malade et garroté. La vôtre[3] sera donc aussi la même, soit qu'elle vous laisse tous vos membres, soit qu'elle vous en ôte quelques-uns ; autrement ce serait juger du maître par les esclaves. Les esclaves sont l'argent, le corps, les honneurs, objets soumis à la fortune, et par conséquent fragiles, périssables, incertains. Le maître, c'est l'homme de bien ; ses actions libres, indépendantes, ne sont pas plus méritoires quand le sort les seconde, ni moins quand il les contrarie. Le désir est pour les choses, comme l'amitié pour les personnes. Vous n'aimeriez sans doute pas mieux un homme de bien, riche que pauvre ; robuste et nerveux que faible et délicat. Vous ne désirerez donc pas plus une action agréable et facile, que pénible et difficile ; [310] ou bien vous aimeriez mieux l'homme de bien, propre et parfumé, que poudreux et négligé ; vous en viendrez même jusqu'à chérir plus tendrement un Sage avec tous ces organes, que s'il est louche et contrefait. Votre délicatesse ira plus loin encore, et de deux hommes également justes et prudents, vous préférerez celui qui a de longs cheveux bien bouclés, à l'autre dont le front serait un peu dégarni.

Quand la vertu est égale des deux côtés, toutes les petites inégalités disparaissent ; elles ne sont que des accessoires de la vertu, et n'en font point partie. Quel père exerce dans sa famille une censure assez injuste pour préférer celui de ses enfants qui se porte bien, à celui qui est malade ; celui qui est grand et bien fait, à celui qui est petit et difforme ? Les bêtes mêmes ne connaissent pas ces distinctions : elles s'étendent pour allaiter également tous leurs petits. Les oiseaux montrent la même impartialité. Ulysse est aussi impatient de revoir les rochers d'Ithaque, qu'Agamemnon les murs fameux de Mycènes. On n'aime point sa patrie comme grande, mais comme patrie.

Pourquoi tous ces détails ? pour vous [311] montrer que toutes les œuvres de la vertu sont pour elle autant d'enfants ; elle les voit tous du même œil, les aime tous également, mais s'intéresse plus à ceux qui souffrent ; ainsi la tendresse des parents est plus vive quand la pitié vient s'y joindre.

3 Sénèque s'adresse à Lucilius le Jeune, gouverneur de Sicile.

Ibid., t. II, Lettre XCII, p. 258-260.

[258] Il y a des Philosophes qui prétendent que le Sage, dont le corps est en mauvais état, n'est ni heureux ni malheureux. C'est encore une erreur ; c'est égaler la fortune à la vertu, et accorder à ce qui est honnête, autant de pouvoir qu'à ce qui ne l'est pas. Or, quoi de plus honteux et de plus méprisable, que de comparer ce qui mérite notre vénération, à ce qui n'est digne que de nos mépris ! Ce [259] qui mérite notre vénération, c'est la probité, la justice, la piété, le courage, la prudence ; ce qui n'est digne que de nos mépris, ce sont des avantages qui peuvent tomber en partage aux hommes les plus méprisables ; tels sont des jarrets fermes, des bras nerveux, des dents saines. Ensuite, si le sage dont le corps est mal constitué, n'est ni heureux, ni malheureux, mais dans un état indifférent, il ne faudrait, ni craindre, ni désirer sa façon d'être. Mais, quoi de plus absurde, que de prétendre que la façon d'être du Sage ne soit pas désirable ! ou plutôt, quoi de plus inouï, qu'une vie, qui ne mérite, ni nos désirs, ni notre aversion !

En troisième lieu, si les maux du corps ne rendent pas le Sage malheureux, ils le laissent donc heureux ; car s'ils n'ont pas le pouvoir de le faire passer à l'état de malheur, ils n'ont pas non plus celui de troubler l'état de bonheur dont il jouit. Nous connaissons, dites-vous, des corps froids et des corps chauds, la tiédeur est une qualité moyenne entre l'un et l'autre ; de même il peut y avoir des gens heureux, des gens malheureux, et des gens qui ne soient ni l'un, ni l'autre. Dissipons cette vaine comparaison qu'on nous oppose ; en ajoutant quelques degrés [260] de froid à un corps tiède, il deviendra froid ; quelques degrés de chaleur de plus le rendront chaud. Il n'en est pas de même du Sage, dans quelque état qu'on le suppose ; quelque nombre de degrés que vous ajoutiez à ses incommodités, il ne sera pas malheureux, comme vous le prétendez ; votre comparaison manque donc d'exactitude. Mais je veux bien vous passer qu'un homme puisse n'être, ni heureux, ni malheureux ; je lui ajoute l'aveuglement, il ne devient pas malheureux ; des infirmités, il ne l'est pas davantage ; des douleurs vives et continues, elles n'ont pas plus de pouvoir ; si tant de maux ne conduisent pas un homme au malheur, ils ne lui ôteront pas non plus le bonheur. Si le Sage, d'heureux qu'il était, ne peut devenir malheureux, il ne peut donc pas non plus cesser d'être heureux.

Ibid., Lettre CI, p. 398-401.

[398] Hâtez-vous de vivre, mon cher Lucilius ; que chaque jour soit pour vous une vie particulière : suivant ce plan, en rendant tous les jours sa vie complète, on jouit de la sécurité. Mais quand on vit dans l'espérance, on laisse toujours échapper le temps qu'on a sous la main ; on est tourmenté par le désir de la vie, et par la crainte de la mort, le poison de tous les biens. De là ce vœu honteux de Mécène[4], qui ne refuse, ni les infirmités, ni la difformité, ni les supplices les plus aigus, pourvu qu'au milieu de ces souffrances, il conserve la vie[...]. [399] « Rendez, dit-il, mes mains débiles ; rendez mes pieds faibles et boiteux ; élevez une bosse sur mon dos ; ébranlez toutes mes dents ; tout ira bien si vous me laissez la vie : conservez-la pour moi, même en me mettant en croix ».

Il souhaitait donc ce qu'il eût regardé comme le comble du malheur, s'il lui fût arrivé : il demandait avec la vie, la prolongation des tourments. Je le regarderais comme le plus méprisable des hommes, s'il vivait jusqu'au moment du supplice. Rendez-moi infirme, dit-il, pourvu que mon âme reste dans un corps [400] impotent et mutilé. Défigurez-moi, pourvu que, monstrueux et contrefait, je gagne du répit : je consens même que vous m'attachiez à une croix douloureuse, je me sens la force de dissimuler ma douleur, de supporter cette cruelle suspension, pourvu qu'elle diffère le terme le plus consolant pour les malheureux, celui de ma douleur ; je consens à perdre la vie, pourvu que je la conserve. Que souhaiter à un pareil homme, sinon que les Dieux l'exaucent ? Ô honte ineffaçable de ces vers efféminés ! monument odieux de la crainte la plus folle ! était-ce ainsi que Virgile mendiait la vie, lorsqu'il s'écriait : « est-ce donc un si grand malheur que de mourir[5] ? ». Il souhaite les plus grands des maux, et, ce qu'il y a de plus terrible encore, leur prolongation ; et pourquoi ? pour vivre plus longtemps : mais qu'est-ce que vivre de cette manière ? c'est mourir longtemps. Peut-il se trouver un homme qui aime mieux se consumer dans les supplices, perdre ses membres les uns après les autres ; perdre la vie en détail, que d'expirer une bonne fois ? Qui est-ce qui, suspendu à un infâme gibet, [401] infirme, contrefait, étouffé par les éminences difformes de ses épaules et de sa poitrine, environné de causes de mort, indépendamment de la croix, préfèrera de prolonger des

4 Caius Maecenas (vers 70-8 av. J.-C), Mécène en français, homme politique romain.
5 [NdE] *Usque adeone mori miserum est ?* Virgile, *Énéide*, liv. 12, v. 646.

jours qui prolongent tant de tourments ? dites après cela que la nécessité de mourir est un bienfait de la Nature.

[...]

Il faut donc se dégager de la passion de la vie ; il faut apprendre qu'il n'importe en quel temps arrivera ce qui doit arriver un jour ; que l'essentiel est de bien vivre, et non pas de vivre longtemps, et que souvent ces deux choses sont incompatibles.

Ibid., t. IV, *De la colère* [51-52 ap. J.-C.], p. 132-134.

[132] Mais, dira-t-on, ils sont incorrigibles ; ils n'ont pas de vices médiocres ; ils ne laissent aucune espérance : eh bien ! retranchez-les de la société, puisqu'ils ne feraient que la pervertir ; qu'ils cessent d'être méchants de la seule manière dont ils le puissent ; mais cela doit se faire sans haine. Pourquoi haïrais-je un homme à qui je rends service, l'arrachant à lui-même ? hait-on ses membres quand on les fait couper ? ce n'est point de la colère ; c'est une dure extrémité. On [133] assomme les chiens enragés ; on tue les bœufs farouches et indomptables ; on égorge les brebis malades, de peur qu'elles n'infectent le troupeau ; on étouffe les monstres ; on noie même ses propres enfants[6], quand ils naissent faibles et mal conformés.

[134] Ce n'est pas la colère, mais la raison, qui nous prescrit de retrancher de la société un membre dangereux.

6 [NdE] La coutume d'exposer les enfants nouveaux nés, ou de les tuer même lorsqu'ils étaient contrefaits, était très commune autrefois dans la Grèce et dans l'Empire romain, où elle s'est conservée jusqu'au règne de Valentinien, Valens et Gratien. On ne voit pas même qu'elle ait été proscrite par les lois civiles ; au contraire Cicéron, dit expressément que, par la Loi des douze Tables, il était permis d'étouffer les enfants monstrueux (*De legibus*, liv. 3, chap. 8) [...].

PLINE L'ANCIEN
(23-79)

Histoire naturelle [74], t. I, trad. Émile Littré, Paris, Firmin-Didot et Cie, 1865, liv. XI, § LIII-LIV, p. 450a-450b.

[450a] LIII. Dans l'espèce humaine seule la couleur des yeux varie ; elle est au contraire uniforme respectivement dans les autres espèces d'animaux. Quelques chevaux ont les yeux glauques. Mais dans l'homme les différences sont très nombreuses : yeux grands, moyens, petits, saillants, qu'on regarde comme plus faibles ; enfoncés, qui passent pour voir le mieux, comme les yeux qui par la couleur ressemblent aux yeux de chèvre.

LIV. En outre les uns voient de loin ; les autres ne voient que les objets rapprochés. Chez beaucoup la vue ne s'exerce que si le soleil luit, ils ne voient point par un jour nuageux, ni après le coucher de cet astre ; d'autres ont la vue mauvaise pendant le jour, mais excellente pendant la nuit. Nous avons suffisamment parlé (VII, 2, 8) des prunelles doubles, et de ceux dont le regard est nuisible. Les yeux bleus voient mieux dans les ténèbres.

On raconte que l'empereur Tibère[1], seul entre tous les mortels, avait, réveillé au milieu de la nuit, la faculté d'apercevoir pendant quelques instants tous les objets, aussi bien que s'il était en plein jour ; puis, peu à peu, tout rentrait pour lui dans l'obscurité. Le dieu Auguste[2] avait les yeux glauques comme les chevaux, et le blanc en était plus grand que chez les autres hommes : aussi se fâchait-il quand on les regardait attentivement. L'empereur Claude[3] avait à l'angle des yeux une carnosité

1 Tibère (16 av. J.-C.-37 ap. J.-C.) deuxième empereur romain, de 14 à 37.

2 Auguste (63 av. J.-C.-14 ap. J.-C.) premier empereur romain, de 27 avant notre ère à l'an 14. Fils adoptif posthume de son grand-oncle Jules César, la déification de ce dernier par le Sénat en 42 avant Jésus-Christ lui confère le statut de fils de dieu. Il devient *Imperator Caesar Divi Filius Augustus* (l'empereur César Auguste fils de dieu).

3 Claude (10 av. J.-C.-54 ap. J.-C.) quatrième empereur romain, de 41 à 54.

blanche qui se remplissait de temps en temps de veines sanguines. Chez l'empereur Caligula[4] les yeux étaient fixes. Néron[5] ne voyait rien à moins qu'il ne clignât et que l'objet ne fût près. L'empereur Caligula avait vingt couples [450b] de gladiateurs : sur ce nombre, deux gladiateurs seulement, tant cela est difficile à l'homme, ne clignaient pas des yeux, quelque geste menaçant que l'on fit ; aussi étaient-ils invincibles. Chez la plupart il est naturel de toujours cligner, ce qu'on regarde comme un signe de timidité.

Chez personne l'œil n'est d'une seule couleur ; celle de la partie moyenne tranche toujours avec le blanc du reste. Aucune partie n'indique mieux l'état de l'âme chez tous les animaux, mais surtout chez l'homme, où ils expriment la modération, la bonté, la compassion, la haine, l'amour, la tristesse, la joie. Le regard en varie le caractère : farouche, menaçant, étincelant, grave, oblique, de travers, soumis, caressant. Certes c'est dans les yeux que l'âme habite : ils deviennent ardents, fixes, humides, voilés. Des yeux coulent les larmes de la pitié. Quand nous les baisons nous semblons atteindre l'âme même. Des yeux viennent les pleurs et ces ruisseaux qui arrosent le visage. Quel est donc ce liquide si abondant et toujours prêt dans la douleur ? et où est-il en réserve le reste du temps ? Mais c'est par l'âme que nous voyons, par l'âme que nous discernons : les yeux, comme des espèces de canaux, reçoivent sa faculté visuelle, et la transmettent. Ainsi une méditation profonde rend aveugle, la vue étant tournée à l'intérieur. Dans l'épilepsie, les yeux ouverts ne voient rien, l'âme étant couverte d'un brouillard.

4 Caligula (12-24) troisième empereur romain, de 37 à 41.

5 Néron (37-68) cinquième empereur romain, de 54 à 68.

PLUTARQUE
(VERS 46 – VERS 125)

Œuvres morales et œuvres diverses de Plutarque, t. I, trad. Victor Bétolaud, Paris, Hachette, 1870, *Comment il faut que le jeune homme écoute la lecture des poètes* [s. d.], § 13, p. 81-83.

[81] Cet exemple nous rappelle immédiatement un conseil que [82] nous voulons donner : c'est de faire bien attention aux blâmes et aux éloges, particulièrement chez Homère. Ce poète démontre à l'évidence que ni les biens du corps, ni ceux de la fortune ne méritent une recherche sérieuse. D'abord, quand ses héros s'abordent et s'interpellent, jamais ils n'échangent entre eux les épithètes de « puissants » ou de « forts ». Les compliments qu'ils s'adressent sont les suivants :

Divin fils de Laërte, ingénieux Ulysse[1] ;

et :

Fils de Priam, Hector, aussi sage qu'un dieu[2] ;

et :

Fils de Pélée, Achille, orgueil de notre Grèce[3] ;

et :

Divin Patrocle, toi qu'à tous mon cœur préfère[4].

Maintenant, s'ils s'adressent des injures, ce n'est jamais à des imperfections corporelles qu'ils s'attachent, mais c'est sur leurs vices qu'ils font porter le blâme :

Homme chargé de vin, œil de chien, cœur de cerf[5] !

et :

Ajax, toi qui te plais toujours dans les querelles,

1 [NdE] *Iliade*, II, 173.
2 [NdE] *Ibid.*, VII, 47.
3 [NdE] *Ibid.*, XIX, 211.
4 [NdE] *Ibid.*, XI, 607.
5 [NdE] *Ibid.*, I, 225.

Dans les propos amers[6] !

et :

Faut-il, Idoménée, avoir tant de jactance[7] !

et :

Discoureur téméraire, Ajax, homme insolent[8] !

Allons jusqu'au bout. Quand Thersite est accablé d'injures par Ulysse, celui-ci ne lui reproche pas d'être boiteux, chauve, bossu, mais il le blâme de ce qu'il parle sans discernement. Au contraire, la mère de Vulcain[9] voulant témoigner sa tendresse à son fils, fait allusion à l'infirmité dont il est atteint :

Mon pauvre estropié, mon fils, viens près de moi[10].

[83] Ainsi Homère raille ceux qui rougissent de leur claudication, de leur cécité. Il estime qu'il n'y a pas lieu de blâmer ce qui n'a rien de honteux, ni de regarder, d'autre part, comme honteux ce qui nous est étranger et qui tient du hasard.

Ibid., t. III, *Les Symposiaques* [vers 107], liv. I, quest. IV, p. 181-182.

[181] Mais tous les divertissements qui, sans rien avoir d'utile, introduisent la licence dans les festins, ne seront qu'avec de grandes précautions et une extrême réserve permis aux convives ; de peur que ceux-ci, sans y prendre garde, mêlant la grossièreté et l'insolence à leur vin, comme on fait des mélanges de jusquiame[11], ne tournent en dérision ce qu'on appelle les commandements de table : qu'ils n'ordonnent à des bègues de chanter, à des chauves de se peigner, à des boiteux de sauter sur un pied. C'est ce qui arriva pour Agapestor[12][...], de la secte académique. Il avait une jambe [182] toute petite et desséchée. Voulant lui jouer un mauvais tour, les convives décidèrent que chacun viderait sa coupe en se tenant debout sur le pied droit, ou bien que l'on payerait une amende. Quand fut venu le moment où lui-même devait commander, il ordonna

6 [NdE] *Ibid.*, XXIII, 483.
7 [NdE] *Ibid.*, XXIII, 474.
8 [NdE] *Ibid.*, XIII, 824.
9 Junon.
10 [NdE] *Ibid.*, XXI, 331.
11 Plante utilisée en médecine pour ses propriétés narcotiques, et par métonymie, substance vénéneuse extraite de cette plante.
12 Ou « Agamestor ».

que tous bussent comme ils le verraient faire. Une cruche vide ayant été apportée, il y plongea sa jambe étique[13], et dans cette attitude vida sa coupe. Les autres virent bien, après s'y être essayés, qu'ils n'en pouvaient faire autant, et ils payèrent l'amende. Agapestor se montra plein d'esprit. C'est ainsi qu'il faut prendre ses revanches d'une manière facile et gaie, qu'il faut s'habituer à user du commandement pour le plaisir et pour l'utilité. Les ordres que l'on formulera devront être appropriés à chacun, présenter une exécution facile et capable de faire honneur aux gens. Il sera imposé au musicien de chanter, à l'orateur de prononcer un discours, au philosophe de résoudre une question difficile, au poète d'improviser des vers ; car chacun prend plaisir à se laisser mener et obéit avec empressement, lorsqu'il s'agit d'exécuter ce en quoi il excelle.

Ibid., liv. II, quest. I, p. 210-211.

[210] 9. Il y a aussi des différences à établir, relativement aux imperfections physiques. Beaucoup de nuances y sont à observer. Si vous vous moquez des gens qui ont le nez crochu ou qui l'ont camard[14], ils en riront. Ainsi fit le mignon de Cassandre[15], qui ne fut pas irrité de s'entendre dire par Théophraste[16] : « Je m'étonne que tes yeux ne chantent pas, quand ton nez leur donne le ton[...]. » Pareillement Cyrus[17] engagea un homme qui avait un nez crochu à épouser une camarde[18] : « parce qu'ils seraient bien assortis ». Mais raillez les gens sur ce qu'ils sentent mauvais du nez ou de la bouche, ils seront molestés. Moquez-vous de ce qu'ils sont chauves, ils le supporteront doucement ; de ce qu'ils sont borgnes ou aveugles, ils se fâcheront. Antigone[19] voulait bien plaisanter lui-même de ce qu'il lui manquait un œil : un jour qu'il recevait une requête écrite en gros caractères, « Un aveugle même, dit-il, pourrait lire cela. » Mais ce qu'il avait dit ne l'empêcha pas de faire périr Théocrite

13 Affecté d'étisie, maladie qui produit un amaigrissement extrême ; par analogie, qui est extrêmement maigre.

14 Aplati.

15 Cassandre (vers 358-297 av. J.-C.), roi de Macédoine de 305 à 297.

16 Théophraste (vers 372-vers 288 av. J.-C.) philosophe grec élève d'Aristote.

17 Cyrus II ou Cyrus le Grand (vers. 600 ou 576 – 530 av. J.-C.), fondateur et premier empereur de l'Empire perse, de 559 à 530 avant notre ère.

18 Une personne au nez aplati ou sans nez.

19 Antigone le Borgne (382-301 av. J.-C.), général macédonien. Roi d'Asie de 306 à 301.

de Chio[20] [211] parce que quelqu'un ayant dit à ce dernier que s'il se présentait aux yeux du roi il serait sauvé, Théocrite avait répondu : « En vérité c'est m'apprendre que mon salut est impossible[...]. » Léon de Byzance[21], comme Pasiade[22] lui disait : « J'ai gagné votre mal d'yeux » – « Tu me reproches, lui dit-il, une infirmité physique, et tu ne vois pas que ton fils porte la vengeance divine sur ses épaules. » Pasiade, en effet, avait un fils bossu. Pareillement se courrouça Archippe[23], un des orateurs influents d'Athènes, parce que Mélanthius[24] se moquait de la bosse qui faisait plier celui-ci en deux, et disait : « Il ne dirige pas les affaires, il les courbe. »

Quelques-uns supportent ces plaisanteries avec calme et modération. Ainsi le mignon d'Antigone lui ayant demandé un talent et ne l'ayant pas obtenu, le pria de lui accorder une escorte et des gardes : « C'est afin, ajouta-t-il, qu'on ne m'attende pas en embuscade, croyant que je porte le talent sur mes épaules. » Ainsi les hommes, en raison de la diversité des caractères, sont diversement affectés de leurs disgrâces corporelles. Les unes chagrinent les uns, et d'autres les autres. Épaminondas[25] se trouvant à un festin avec ses collègues, buvait du vinaigre. On lui demandait si c'était chose bonne pour la santé. « Je ne sais pas, répondit-il : mais c'est chose bonne pour me faire ressouvenir de la manière dont je vis chez moi. » C'est pourquoi il faut tenir compte des naturels et des mœurs, de manière à pratiquer la plaisanterie en tâchant de n'être déplaisant pour personne et d'être agréable à tout le monde[...].

20 Théocrite de Chio, rhéteur grec du IVe siècle avant notre ère, père supposé du philosophe présocratique Métrodore de Chio.

21 Léon de Byzance, mort en 336 avant notre ère, philosophe, rhéteur et historien grec.

22 Pasiade, céramiste grec du IVe siècle avant notre ère.

23 Peut-être Archippos, vers 415 av. J.-C, poète comique.

24 Peut-être Mélanthios, vers 428 av. J.-C., poète tragique et élégiaque.

25 Épaminondas (entre 420 et 415-362 av. J-C.) général et homme politique grec.

ÉPICTÈTE
(50-135)

> Que puis-je faire, moi, vieux et boiteux, si ce n'est de chanter Dieu ? Si j'étais rossignol, je ferais le métier d'un rossignol ; si j'étais cygne, celui d'un cygne. Je suis un être raisonnable ; il me faut chanter Dieu. Voilà mon métier, et je le fais. C'est un rôle auquel je ne faillirai pas, autant qu'il sera en moi ; et je vous engage tous à chanter avec moi.
> *Les Entretiens d'Épictète*[1].

Ibid., chap. XII, p. 37-38.

[37] Quel est donc le châtiment de ceux qui n'accueillent pas ainsi les événements ? Leur châtiment est d'être ce qu'ils sont. Quelqu'un est-il mécontent d'être seul ? Qu'il reste dans l'isolement. Mécontent d'avoir des parents ? Qu'il soit mauvais fils, et se désole ! mécontent d'avoir des enfants ? Qu'il soit mauvais père. Jette-le en prison. Mais dans quelle prison ? Dans celle où il est ; car c'est malgré lui qu'il est où il est ; et là où quelqu'un est malgré lui, c'est en prison qu'il est ; d'où il suit que Socrate n'était pas en prison, car il y était volontairement. – « Se peut-il bien, dis-tu, que je sois estropié d'une jambe ? » – Esclave ! C'est pour une misérable jambe que tu prends l'univers à partie ! Ne peux-tu en faire le sacrifice au monde ? Ne saurais-tu t'en séparer ? Ne peux-tu la rendre gaiement à celui qui [38] te l'a donnée ? Vas-tu t'emporter, t'indigner contre les arrêts de Jupiter, contre ce qu'il a lui-même décidé et arrêté avec les Parques, quand elles assistaient à ta naissance avec leurs quenouilles ? Ne sais-tu pas quelle minime fraction tu es par rapport au tout ? Ceci (bien entendu) est dit de ton corps ; car par ta raison tu

1 *Les Entretiens d'Épictète* [vers 108], trad. Victor Courdaveaux, Paris, Librairie académique Perrin et Cie, 1908, chap. XVI, p. 45.

n'es pas au-dessous des dieux mêmes ; tu n'es pas moins grand qu'eux : la grandeur de la raison, en effet, ne se reconnaît pas à la largeur ni à la hauteur, mais aux jugements.

Manuel d'Épictète [vers 125], éd. Charles Thurot, trad. François Thurot, Paris, Hachette et Cie, 1889, § IX, p. 6.

IX. La maladie est une *contrariété* pour le corps, mais non pour la *volonté*, si elle ne veut pas. Être boiteux est une *contrariété* pour la jambe, mais non pour la *volonté*. Dis-toi la même chose à chaque incident ; tu trouveras que c'est une *contrariété* pour autre chose, mais non pour toi.

MARC-AURÈLE
(121-180)

Pensées de Marc-Aurèle [170-180], trad. Alexis Pierron, Paris, G. Charpentier et Cie, 1886, liv. V, § v, p. 130.

Tu[1] n'es point en état de faire admirer la vivacité de ton esprit ; je le veux, mais il y a bien d'autres choses pour lesquelles tu ne peux pas dire : Je n'y suis point propre. Fais donc ce qui est tout entier en ton pouvoir : sois sincère, grave, laborieux, ennemi des plaisirs, résigné à la destinée, satisfait de peu, bienveillant, libre, sans amour pour le luxe, la frivolité, la magnificence. Ne sens-tu pas combien de choses tu peux exécuter dès aujourd'hui, pour lesquelles tu n'as pas l'excuse d'inaptitude et d'insuffisance ? Et pourtant, tu restes volontairement au-dessous de tes devoirs. Est-ce une imbécillité naturelle qui t'oblige à murmurer, à montrer ta paresse, à flatter, à accuser ton misérable corps, à céder à ses caprices, à te livrer à la vanité, à rouler tant de projets ? non, par les dieux, non ! Depuis longtemps tu as pu être libre de ces défauts. Seulement, si tu es véritablement né avec un esprit lent, peu pénétrant, il faut t'attacher à ce défaut lui-même, ne point négliger cette pesanteur d'esprit, ni t'y complaire[...].

1 Dans ses *Pensées*, qui n'étaient pas destinées à être publiées, Marc-Aurèle s'adresse à lui-même. L'année de sa mort (180), il tombe gravement malade, souffre de vives douleurs à l'estomac, et, pour les soulager, prend de l'opium que lui prescrit Galien. Voir Pierre Grimal, *Marc Aurèle*, Paris, Fayard, 1991, p. 286.

SEXTUS EMPIRICUS
(VERS 160 – VERS 210)

Les Hypotyposes ou Institutions pyrrhoniennes de Sextus Empiricus [s. d.], trad. Claude Huart, [s. l.] 1725, liv. I, chap. XIV, p. 36-37.

[36] Il est donc évident qu'eu égard à [37] ce discours intérieur, le chien peut passer, avec justice, pour un animal à qui il ne manque rien. Et c'est peut-être cette persuasion, qui a fait que quelques philosophes se sont distingués en prenant leur nom de celui de cet animal. Il n'est pas nécessaire maintenant de parler de la faculté qu'il a d'exprimer sa pensée au-dehors, et que l'on peut appeler son discours extérieur, ou sa parole : puisque même quelques philosophes dogmatiques (pythagoriciens), ont rejeté la parole, comme étant contraire à l'acquisition de la vertu, ce qui faisait qu'ils gardaient le silence tout le temps qu'ils se soumettaient à l'instruction. En effet supposons qu'un homme soit muet ; personne ne dira pour cela qu'il soit privé de raison, comme les brutes.

Ibid., p. 48.

On pourrait dire aussi que la pomme a peut-être plus de qualités qu'il ne nous paraît ; et voici comment. Imaginons-nous qu'un homme n'a depuis sa naissance que le toucher, l'odorat, et le goût, et qu'il est privé de l'ouïe et de la vue. Cet homme-là croira qu'il n'y a rien qui puisse être aperçu par la vue et par l'ouïe, et qu'il n'y a que les trois sortes de qualités qu'il aperçoit par ses trois sens. Il peut donc arriver que comme nous n'avons que cinq sens, nous n'apercevons de plusieurs qualités qui sont réellement dans la pomme, que celles que nos sens nous permettent d'y apercevoir ; et que plusieurs autres qualités de cette pomme pourraient tomber sous d'autres organes des sens, que nous n'avons pas : ce qui est cause que nous n'apercevons pas ces choses, qui seraient sensibles par le moyen de ces organes.

PLOTIN
(205-270)

Les Ennéades, t. I, trad. Marie-Nicolas Bouillet, Paris, Librairie de L. Hachette, 1857, Ennéade I, liv. IV, § V-VII, p. 77-80.

[77] V. Mais, dira-t-on, ne faut-il pas tenir compte des douleurs du corps, des maladies, des obstacles qui peuvent entraver l'action, du cas où l'homme perdrait la conscience de lui-même, ce qui peut arriver par l'effet de certains philtres, de certaines maladies[1] ? Comment le sage pourra-t-il, dans tous ces cas, bien vivre et être heureux ? Et encore ne parlons-nous pas de la pauvreté, de l'obscurité de condition. En considérant tous ces maux, et surtout en y ajoutant les infortunes si fameuses de Priam[2], on pourra faire de bien graves objections. En effet, le sage supportât-il tous ces maux (et il les supporterait facilement), ils n'en seraient pas moins contraires à sa volonté : or la vie [78] heureuse doit être une vie conforme à notre volonté. Le sage n'est pas seulement une âme douée de certaines dispositions ; il faut aussi comprendre le corps dans sa personne[...]. Il semble naturel d'admettre cette assertion en tant que les passions du corps sont ressenties par l'homme même, et qu'elles lui suggèrent des désirs et des aversions. Si donc le plaisir est un élément du bonheur, comment l'homme affligé par les coups du sort et par les douleurs pourra-t-il encore être heureux, lors même qu'il serait vertueux ? Les dieux n'ont besoin pour être bienheureux que de jouir de la vie parfaite ; mais les hommes, ayant leur âme unie à une partie inférieure, doivent chercher leur bonheur dans la vie de chacune des deux parties qui les composent, et non dans celle de l'une des deux exclusivement, quoiqu'elle soit supérieure à l'autre. En effet, dès que l'une d'elles souffre, nécessairement l'autre se trouve,

---

1 [NdE] Plotin a surtout en vue ici la doctrine des Péripatéticiens : c'est à leurs objections qu'il répond. Voir Aristote, *Éthique à Nicomaque*, liv. VII, 13 ; Sextus Empiricus, *Hypotyposes pyrrhoniennes*, liv. III, 180 ; Stobée, *Eclogae*, liv. II, 7.

2 [NdE] Voir Aristote, *ibid.*, liv. I, 10, 14.

malgré sa supériorité, entravée dans ses actes. Autrement, il faut ne tenir compte ni du corps, ni des sensations qui en proviennent, et ne rechercher que ce qui peut, indépendamment du corps, suffire par soi-même pour procurer le bonheur.

VI. Si la raison faisait consister le bonheur à être exempt de douleur, de maladie, à ne pas éprouver de revers ni de grandes infortunes, il nous serait impossible de goûter le bonheur quand nous serions exposés à quelqu'un de ces maux. Mais si le bonheur est la possession du véritable bien, pourquoi oublier ce bien pour regarder ses accessoires ? Pourquoi, dans l'appréciation de ce bien, chercher des choses qui ne sont pas comptées au nombre de ses éléments ? S'il consistait à réunir, avec les biens véritables, des choses [79] qui sont seulement nécessaires à nos besoins, ou qui sans l'être sont cependant nommées *biens*, il faudrait travailler à posséder aussi ces deniers. Mais comme l'homme doit avoir une fin unique et non multiple (autrement on ne dirait pas qu'il tend à « sa fin », mais à « ses fins »), il faut rechercher seulement ce qu'il y a de plus élevé et de plus précieux, ce que l'âme désire enfermer en quelque sorte dans son sein. Son inclination, sa volonté ne peuvent aspirer à rien qui ne soit le souverain bien[…]. Si la raison évite certains maux et recherche certains avantages, c'est qu'elle y est provoquée par leur présence, mais elle n'y est pas portée par sa nature. La tendance principale de l'âme est dirigée vers ce qu'il y a de meilleur ; quand elle le possède, elle est rassasiée et elle s'arrête ; elle jouit alors d'une vie véritablement conforme à sa volonté. En effet, la volonté n'a pas pour but de posséder les choses nécessaires à nos besoins, si l'on prend le terme de volonté[…] dans son sens propre et non dans un sens abusif. Sans doute nous jugeons convenable de nous procurer les choses nécessaires, comme en général nous évitons les maux. Mais les éviter n'est pas l'objet de notre volonté : ce serait plutôt de ne pas avoir besoin de les éviter. C'est ce qui a lieu, par exemple, quand on possède la santé et quand on est exempt de souffrance. Lequel de ces avantages nous attire vers lui ? Tant qu'on jouit de la santé, tant qu'on ne souffre pas, on y attache peu de prix. Or, des avantages qui, présents, n'ont nul attrait pour l'âme et n'ajoutent rien à son bonheur, qui, absents, sont recherchés à cause de la souffrance qui naît de la présence de leurs contraires, doivent raisonnablement être appelés des « choses nécessaires » plutôt que des « biens » et ne pas être comptés au nombre des éléments de notre fin.

Lorsqu'ils sont absents et remplacés par leurs [80] contraires, notre fin n'en reste pas moins tout à fait la même.

VII. Pourquoi donc l'homme heureux désire-t-il jouir de la présence de ces avantages et de l'absence de leurs contraires ? Nous répondrons que c'est parce qu'ils contribuent, non à son bonheur, mais à son existence ; que leurs contraires tendent à lui faire perdre l'existence, qu'ils entravent la jouissance du bien, sans l'enlever cependant ; en outre, que celui qui possède ce qu'il y a de meilleur veut le posséder uniquement, sans aucun mélange. Toutefois, quand un obstacle étranger survient, le bien existe encore même en présence de cet obstacle. En un mot, s'il arrive à l'homme heureux quelque accident contre sa volonté, son bonheur n'en est en rien altéré.

Ibid., liv. V, § VI, p. 94.

Le malheureux ne devient-il pas plus malheureux avec le temps ? Toutes les calamités, les souffrances, les chagrins, tous les maux analogues, ne s'aggravent-ils pas en proportion de leur durée ? Mais, si dans tous ces cas le mal s'augmente avec le temps, pourquoi n'en serait-il pas de même dans les cas contraires ? Pourquoi le bonheur ne s'augmenterait-il pas aussi[3] ?

Par rapport aux chagrins, aux souffrances, on peut dire avec raison que le temps y ajoute. Quand, par exemple, la maladie se prolonge et devient un état habituel, le corps s'altère de plus en plus profondément avec le temps. Mais si le mal reste toujours au même degré, s'il n'empire pas, on n'a à se plaindre que du présent. Veut-on au contraire tenir compte aussi du passé, c'est qu'alors on considère les traces que le mal a laissées, la disposition morbide dont le temps accroît l'intensité, parce que sa gravité est proportionnée à sa durée. Dans ce cas, ce n'est pas la longueur du temps, c'est l'aggravation du mal qui ajoute à l'infortune. Mais le nouveau degré ne subsiste pas en même temps que l'ancien, et il ne faut pas venir dire qu'il y a plus, en additionnant ce qui n'est plus avec ce qui est. Quant à la félicité, son caractère est d'avoir un terme bien fixe, d'être toujours la même. Si encore ici la longueur du temps amène quelque accroissement, c'est parce qu'un progrès dans la vertu en fait faire un dans le bonheur, et alors ce n'est pas le nombre des années de bonheur qu'on doit calculer, c'est le degré de vertu qu'on a fini par acquérir.

3 [NdE] Voir, sur les mêmes questions, Cicéron, *De finibus*, liv. II, § 27, 28, 29, etc.

PORPHYRE DE TYR
(234 – VERS 310)

Traité de Porphyre touchant l'abstinence de la chair des animaux [vers 271], éd. Jean Levesque de Burigny, Paris, De Bure l'Aîné, 1747, liv. III, § XXIV, p. 237-239.

[237] Si cela n'avait déjà été fait plusieurs fois, nous rapporterions une infinité de faits, qui prouvent l'adresse des animaux. Faisons quelques autres réflexions. Il semble que chaque partie de notre corps, ou chacune de nos puissances, soit susceptible de quelque dérangement, ou par la mutilation, ou par les maladies, qui empêchent les fonctions auxquelles ces parties et ces puissances sont destinées par la nature. Ainsi l'œil peut cesser de voir, la cuisse peut boiter, la langue peut bégayer, et ces divers défauts sont affectés à ces seuls membres ; car ce qui n'est [238] pas fait pour voir, ne peut pas devenir aveugle, ce qui ne doit pas marcher, ne peut pas boiter et ce qui n'a point de langue n'est point susceptible de bégaiement. Aussi n'appellera-t-on ni fou, ni insensé, ni furieux, ce que la nature n'a point fait pour penser et pour raisonner. Il n'y a point de faculté qui ne soit sujette à quelque altération. J'ai souvent vu des chiens enragés.

On assure que les chevaux, les bœufs et les renards enragent. L'exemple des chiens suffit ; car il est hors de dispute et il sert de preuve que ces animaux pensent, ont de la raison, et que ce qu'on appelle rage et fureur chez eux, n'est que la raison troublée et confondue ; car ils n'ont ni la vue ni l'ouïe altérée et comme il y aurait de l'absurdité à nier qu'un homme qui serait accablé de mélancolie, ou tombé en démence, [239] n'a point souffert d'altération ni dans son esprit, ni dans son raisonnement, ni dans sa mémoire ; de même ce serait contredire la vérité, de nier que les chiens enragés ne souffrent point de dérangement dans leurs pensées, dans leurs raisonnements et dans leur mémoire ; puisque le trouble où ils sont, leur fait méconnaître ceux qu'ils aiment le mieux, changer de façon de vivre et les empêche de voir ce qui se présente devant eux. Voilà les arguments que l'on trouve dans plusieurs des ouvrages que Plutarque a écrits contre les Stoïciens et contre les Péripatéticiens.

JAMBLIQUE
(VERS 250 – VERS 330)

Le Livre de Jamblique sur les mystères [vers 320], trad. Pierre Quillard, Paris, Librairie de l'art indépendant, 1895, part. III, § xxv, p. 111-113.

[111] 25. Convenons donc qu'il en est ainsi. Ce qui suit se détourne du transport divin vers une extase de la pensée dans le sens du pire et dit à tort que la folie qui accompagne les maladies est la cause de la divination. À ce qu'il semble, cette opinion compare l'enthousiasme à la surabondance de la bile noire et aux désordres de l'ivresse et à la rage provenant des chiens enragés. [112] Il faut d'abord diviser en deux les formes de l'extase : l'une nous entraîne vers le pire et nous remplit de déraison et de démence ; l'autre nous donne des biens plus grands que la sagesse humaine. En outre la première tombe dans un mouvement désordonné, déréglé et matériel ; l'autre se livre elle-même à la cause suprême qui organise même l'ordre dans le monde ; celle-là privée de toute connaissance déchoit de la raison, celle-ci s'unit à ce qui dépasse toute notre sagesse ; l'une est en mouvement, l'autre stable ; l'une contre la nature, l'autre au-dessus de la nature, l'une élève l'âme, l'autre la rabaisse ; l'une est entièrement à l'écart de toute participation divine, l'autre au contraire s'y attache.

D'où vient-il que ce raisonnement erre à un tel point que parti de prémisses qui sont bonnes il aboutisse aux derniers maux de la folie ? Quel rapport y a-t-il entre l'enthousiasme et la mélancolie ou l'ivresse ou toute autre démence provenant des corps ? quelle mantie[1] pourrait provenir des maladies du corps ? est-ce qu'une telle perversion n'est pas la ruine complète de l'âme, tandis que la théophorie[2] en est la perfection et le salut ? est-ce que la mauvaise extase ne provient pas de la

1 Art divinatoire.
2 Possession divine.

faiblesse, et la bonne de la plénitude de la force ? à parler bref, celle-ci, tranquille, en possession de sa vie propre et de son intelligence, se met au service d'un être supérieur ; celle-là agissant ses propres actes [113], les accomplit d'une manière détestable et tumultueuse.

Cette différence est très remarquable, que dans les choses divines les œuvres sont toutes très dissemblables des autres : car de même que les espèces supérieures diffèrent de toutes les autres, de même leurs actes ne ressemblent à rien de ce qui existe. Ainsi quand tu parles du transport divin, supprime aussitôt toutes les aberrations humaines ; et si tu accordes aux dieux la sobriété sacrée, ne considère pas la sobriété humaine comme analogue à la leur. Ainsi ne rapproche pas avec les imaginations des dieux les maladies du corps telles que les obscurcissements de la vue et les imaginations éveillées par les maladies. Qu'y a-t-il de commun entre les unes et les autres ?

AUGUSTIN D'HIPPONE
(354-430)

Œuvres complètes de Saint-Augustin, t. III, éd. Jean-Joseph-François Poujoulat et abbé Raulx, Bar-le-Duc, L. Guérin, 1865, *Du maître* [vers 388 ; trad. abbé Raulx], chap. III, § 5, p. 187b-188a.

[187b] 5. *Ad.*[1] Je m'étonne que tu ignores, ou plutôt que tu fasses semblant d'ignorer qu'il est absolument impossible de faire dans une réponse ce que tu désires. En effet, nous conversons, et dans une conversation on ne peut répondre qu'avec des paroles. Or tu me demandes des choses, et des choses, quelles qu'elles soient, ne sont point certainement des paroles ; de plus tu me les demandes toi-même avec des paroles. Interroge d'abord sans paroles et je te répondrai de même. – *Aug.* Tu es dans ton droit, je l'avoue. Cependant si je cherchais ce que signifient ces trois syllabes, *muraille*, ne pourrais-tu pas, sans employer de paroles, me montrer du doigt et me faire voir la chose dont ce mot est l'expression ? – *Ad.* Cela se peut, je l'accorde, mais seulement quand il s'agit des noms qui désignent les corps, et que ces corps sont présents.

Aug. Disons-nous que la couleur soit un corps ? N'est-elle pas plutôt une qualité corporelle ? – *Ad.* C'est vrai. – *Aug.* Pourquoi donc peut-on aussi la montrer du doigt ? Joindras-tu aux corps les qualités corporelles et diras-tu, qu'on peut également, sans parler, les désigner lorsqu'elles sont présentes ? – *Ad.* J'entendais par corps tout ce qui est corporel, c'est-à-dire tout ce qui est sensible dans les corps. – *Aug.* Examine toutefois si tu n'as pas encore ici quelques exceptions à faire.

Ad. Ta réflexion vient à propos ; je ne devais pas dire : tout ce qui est corporel, mais tout ce qui est visible. Je l'avoue en effet : le son, l'odeur, la saveur, la pesanteur, la chaleur et ce qui tombe sous les autres sens, ne peuvent être perçus que par les corps, et c'est ce qui les fait appeler

1 Adéodat, fils d'Augustin, décédé lorsque celui-ci écrit le *De magistro*.

des accidents corporels ; mais on ne peut les montrer du doigt. – *Aug.* N'as-tu jamais vu des hommes converser par gestes avec des sourds, et les mêmes sourds, également par gestes, questionner ou répondre, enseigner ou montrer soit tout, soit presque tout ce qu'ils veulent ? N'est-ce pas une preuve que l'on peut, sans parler, montrer non seulement les objets visibles, mais encore les sons, les saveurs et autres choses semblables ? Ainsi, sur le théâtre, des [188a] histrions exposent et développent, sans parler et en gesticulant, des drames tout entiers.

Ibid., *De la grandeur de l'âme* [388 ; trad. abbé Morisot], chap. XVIII, § 31-32, p. 298a-299a.

[298a] 31. *Ev*[2]. Je ne sais si nous avons parcouru toutes les objections qui d'ordinaire me tourmentent, et il se peut que ma mémoire en oublie quelques-unes ; toutefois, examinons celle qui me vient maintenant à l'esprit, c'est que l'enfant ne parle pas dans son bas-âge, et qu'il acquiert cette faculté en grandissant. – *Aug.* C'est facile à résoudre ; tu sais, je crois, que chacun parle la langue des hommes au milieu desquels il est né et a été élevé. – *Ev.* Nul ne l'ignore. – *Aug.* Figure-toi maintenant un homme né et élevé dans un milieu où on ne parlerait point, où l'on n'aurait, pour [298b] exprimer ses pensées, que des signes et des gestes, ne crois-tu pas qu'il agira de la même manière, et qu'il ne parlera point, n'ayant entendu la parole de personne ? – *Ev.* Ne m'interroge point, je te prie, sur ce qui est impossible. Où y a-t-il des hommes semblables et comment me figurer un enfant né au milieu d'eux ? – *Aug.* Tu n'as donc pas vu à Milan un jeune homme d'une taille élégante, d'une politesse exquise, muet néanmoins, et tellement sourd qu'il ne comprenait les autres qu'aux mouvements du corps, et ne pouvait autrement exprimer sa volonté ? Il y est très connu. J'ai connu aussi un paysan qui parlait, son épouse parlait aussi, ils eurent environ quatre enfants, filles et garçons, peut-être plus, car je ne me rappelle pas très bien le nombre, tous étaient muets et sourds. Ils étaient muets, puisqu'ils ne pouvaient parler ; sourds, puisqu'ils étaient dans l'impuissance de comprendre les signes autrement que par les yeux. – *Ev.* J'ai connu le premier, pour les autres je te crois ; mais pourquoi rappeler ces faits ? – *Aug.* Parce que

2 Évodius, évêque d'Usale, un des plus proches amis d'Augustin.

tu as prétendu ne pouvoir supposer qu'il naisse un enfant parmi de tels hommes. – *Ev.* Maintenant même je le dis encore ; car, tu l'accordes, si je ne me trompe, ces enfants sont nés parmi des hommes qui parlaient. – *Aug.* Je ne le nie point ; mais puisque nous accordons mutuellement qu'il peut naître de tels êtres humains, suppose, je te prie, que l'on unisse ensemble un tel homme et une telle femme, qu'un hasard les confine dans une solitude où ils puissent vivre cependant, que là ils aient un fils qui ne soit point sourd, comment ce fils parlera-t-il à ses parents ? – *Ev.* Comment le penses-tu à ton tour ? Ne leur fera-t-il pas les signes et les gestes qu'il leur aura vu faire ? Mais comme cela serait encore impossible à un tout jeune enfant, mon objection demeure entière. Qu'importe que l'accroissement donne à l'enfant la faculté de parler ou de faire des signes, quand l'un et l'autre sont du domaine de l'âme, à qui nous refusons l'accroissement ?

32. *Aug.* Tu crois donc, quand un homme danse sur la corde, qu'il a une âme plus élevée que ceux qui ne sauraient le faire ? – *Ev.* C'est autre chose, qui ne voit qu'il y a de l'art en ceci ? – *Aug.* Pourquoi de l'art ? N'est-ce point parce que le danseur a appris ? – *Ev.* C'est vrai. – *Aug.* Alors pourquoi ne verrais-tu pas encore de l'art si l'on apprenait autre chose ? [299a] – *Ev.* Je ne nie point qu'il y ait de l'art dans tout ce qu'on apprend. – *Aug.* Cet enfant n'a donc pas appris de ses parents à faire un geste ? – *Ev.* Il a appris, c'est vrai. – *Aug.* Il te faut donc accorder aussi que c'est là l'effet non de l'accroissement de l'âme, mais de quelque art d'imitation.

Ibid., *Traité du libre-arbitre* [vers 388-395 ; trad. abbé Defourny et abbé Raulx], liv. III, chap. XXIV, § 71, p. 389a-389b.

[389a] Il est donc mieux d'examiner en quel état le premier homme a été créé que de chercher [389b] comment sa postérité s'est propagée. On se croit fort habile quand on présente la question de la manière suivante : si le premier homme a été créé sage, pourquoi s'est-il laissé séduire ? et s'il a été créé insensé, comment Dieu n'est-il pas l'auteur des vices puisque la folie est le plus grand de tous ?

Mais entre la sagesse et la folie, la nature humaine ne connaît-elle pas un milieu qui n'est ni folie ni sagesse ? Quand est-ce qu'un homme commence à mériter d'être appelé nécessairement ou sage ou insensé ?

N'est-ce pas quand il pourrait posséder la sagesse, s'il n'y mettait pas de négligence et que sa volonté devient responsable du défaut de la folie ? Personne n'est assez dépourvu de sens pour appeler un enfant insensé ; on serait moins raisonnable encore de vouloir l'appeler sage. Si donc un enfant, tout homme qu'il soit, n'est ni fou ni sage ; si par conséquent la nature humaine est susceptible d'un certain milieu qu'on ne peut nommer ni folie ni sagesse ; évidemment, on ne pourrait appeler insensé un homme qui serait disposé comme le sont ceux qui ont négligé d'acquérir la sagesse, s'il était ainsi non par sa faute, mais naturellement. La folie, en effet, n'est pas une ignorance quelconque de ce que l'on doit rechercher ou éviter, c'est une ignorance vicieuse. De là vient que nous n'appelons pas fou un animal sans raison : il ne lui a pas été donné de pouvoir acquérir la sagesse. Et pourtant nous prenons souvent les termes dans un sens figuré. Ainsi en est-il de la cécité ; elle est certainement le plus grand défaut dont puissent être affectés les yeux, mais elle n'en est pas un dans les petits chiens qui viennent de naître, et à proprement parler, on ne peut alors la nommer cécité.

Ibid., t. XIII, éd. abbé Raulx, 1869, *La Cité de Dieu* [426 ; trad. Émile Saisset], liv. XVI, chap. VIII, § 81, p. 338a-338b.

[338a] La raison que l'on rend des enfantements monstrueux qui arrivent parmi nous peut servir pour des nations tout entières. Dieu, qui est le créateur de toutes choses, sait en quel temps et en quel lieu une chose doit être créée, parce qu'il sait quels sont entre les parties de l'univers les rapports d'analogie et de contraste qui contribuent à sa beauté. Mais nous qui ne le saurions voir tout entier, nous sommes quelquefois choqués de quelques-unes de ses parties, par cela seul que nous ignorons quelle proportion elles ont avec tout le reste. Nous connaissons des hommes qui ont plus de cinq doigts aux mains et aux pieds ; mais encore que la raison nous en soit inconnue, loin de nous l'idée que le Créateur se soit mépris ! Il en est de même des autres différences plus considérables : Celui dont personne ne peut justement blâmer les ouvrages, sait pour quelle raison il les a faits de la [338b] sorte. Il existe un homme à Hippone-Diarrhyte[3], qui a la plante des pieds

3 Ou Hippo Diarrhytus. Ville du nord de l'actuelle Tunisie (Bizerte aujourd'hui).

en forme de croissant, avec deux doigts seulement aux extrémités, et les mains de même. S'il y avait quelque nation entière de la sorte, on l'ajouterait à cette histoire curieuse et surprenante. Dirons-nous donc que cet homme ne tire pas son origine d'Adam ? Les androgynes, qu'on appelle aussi hermaphrodites, sont rares, et néanmoins il en paraît de temps en temps en qui les deux sexes sont si bien distingués qu'il est difficile de décider duquel ils doivent prendre le nom, bien que l'usage ait prévalu en faveur du plus noble. Il naquit en Orient, il y a quelques années, un homme double de la ceinture en haut ; il avait deux têtes, deux estomacs et quatre mains, un seul ventre d'ailleurs et deux pieds, comme un homme d'ordinaire, et il vécut assez longtemps pour être vu de plusieurs personnes qui accoururent à la nouveauté de ce spectacle. Comme on ne peut pas nier que ces individus ne tirent leur origine d'Adam, il faut en dire autant des peuples entiers en qui la nature s'éloigne de son cours ordinaire, et qui néanmoins sont des créatures raisonnables, si, après tout, ce qu'on en rapporte n'est point fabuleux : car supposez que nous ignorassions que les singes, les cercopithèques[4] et les sphinx sont des bêtes, ces historiens nous feraient peut-être croire que ce sont des nations d'hommes[...]. Mais en admettant que ce qu'on lit des peuples en question soit véritable, qui sait si Dieu n'a point voulu les créer ainsi, afin que nous ne croyions pas que les monstres qui naissent parmi nous soient des défaillances de sa sagesse ?

Ibid., liv. XIX, chap. IV, p. 428b.

Y a-t-il quelque douleur et quelque inquiétude (deux affections diamétralement opposées à la volupté et au repos) auxquelles le corps du sage ne soit exposé ? Le retranchement ou la débilité des membres est contraire à l'intégrité des parties du corps, la laideur à sa beauté, la maladie à sa santé, la lassitude à ses forces, la langueur ou la pesanteur à son agilité ; et cependant, quel est celui de ces maux dont le sage soit exempt ? L'équilibre du corps et ses mouvements, quand ils sont dans la juste mesure, comptent aussi parmi les premiers biens de la nature. Mais que sera-ce, si quelque indisposition fait trembler les membres ?

4 Singe caractérisé par une longue queue, qui vit généralement dans les forêts d'Afrique centrale et méridionale.

que sera-ce, si l'épine du dos se courbe, de sorte qu'un homme soit obligé de marcher à quatre pattes comme une bête ? Cela ne détruira-t-il pas l'assiette ferme et droite du corps, la beauté et la mesure de ses mouvements ? Que dirai-je des premiers biens naturels de l'âme, le sens et l'entendement, dont l'un lui est donné pour apercevoir la vérité, et l'autre pour la comprendre ? Où en sera le premier, si un homme devient sourd et aveugle ; et le second, s'il devient fou ? Combien les frénétiques font-ils d'extravagances qui nous tirent les larmes des yeux, quand nous les considérons sérieusement ? Parlerai-je de ceux qui sont possédés du démon ? Où leur raison est-elle ensevelie, quand le malin esprit abuse de leur âme et de leur corps à son gré ? Et qui peut s'assurer que cet accident n'arrivera point au sage pendant sa vie ?

Ibid., p. 429b-430a.

[429b] L'âme est en effet d'autant moins soumise à Dieu qu'elle pense moins à lui ; et la chair est d'autant moins soumise à l'esprit qu'elle a plus de désirs qui lui sont contraires. Ainsi, tant que nous sommes sujets à ces faiblesses et à ces langueurs, comment osons-nous dire que nous sommes déjà sauvés ? Et si nous ne sommes pas encore sauvés, de quel front pouvons-nous prétendre que nous sommes bienheureux ? Quant à la force, quelque sagesse qui l'accompagne, n'est-elle pas un témoin irréprochable des maux qui accablent les hommes et que la patience est contrainte de supporter ? En vérité, je m'étonne que les Stoïciens aient la hardiesse de nier que ce soient des maux, en même temps qu'ils prescrivent au sage, si ces maux arrivent à un point qu'il ne puisse ou ne doive pas les souffrir, de se donner la mort, de sortir de la vie[...]. Cependant telle est la stupidité où l'orgueil fait tomber ces philosophes, qui veulent trouver en cette vie et en eux-mêmes le principe de leur félicité, qu'ils n'ont point de honte de dire que leur sage, celui dont ils tracent le fantastique idéal, est toujours heureux, devînt-il aveugle, sourd, muet, impotent, affligé des plus cruelles douleurs et de celles-là mêmes qui l'obligent à se donner la mort. Ô la vie heureuse, qui, pour cesser d'être, cherche le secours de la mort ! Si elle est heureuse, que n'y demeure-t-on ; et si on la fuit à cause des maux qui l'affligent comment est-elle bienheureuse ? Se peut-il faire qu'on n'appelle point mal ce qui triomphe du courage même, ce qui

ne l'oblige pas seulement à se rendre, mais le porte encore à ce délire de regarder comme heureuse une vie que l'on doit fuir ? Qui est assez aveugle pour [430a] ne pas voir que si on doit la fuir, c'est qu'elle n'est pas heureuse ? et s'ils avouent qu'on la doit fuir à cause des faiblesses qui l'accablent, que ne quittent-ils leur superbe, pour avouer aussi qu'elle est misérable ?

Ibid., liv. XXII, chap. I, p. 513b.

En effet, le mal n'eût jamais été, si la nature muable, quoique bonne et créée par le Dieu suprême et immuablement bon qui a fait bonnes toutes ses œuvres, ne s'était elle-même rendue mauvaise par le péché. Aussi bien son péché même atteste son excellence primitive. Car si elle-même n'était un bien très grand, quoique inférieur à son divin principe, la perte qu'elle a faite de Dieu comme de sa lumière ne pourrait être un mal pour elle. De même, en effet, que la cécité est un vice de l'œil, et que ce vice non seulement témoigne que l'œil a été fait pour voir la lumière, mais encore fait ressortir l'excellence du plus noble des sens, ainsi la nature qui jouissait de Dieu nous apprend, par son désordre même, qu'elle a été créée bonne, puisque ce qui la rend misérable, c'est de ne plus jouir de Dieu.

Ibid., t. XV, 1870, *Du mérite et de la rémission des péchés, et du baptême des petits enfants* [421 ; trad. abbé Collery], liv. I, chap. XXII, § 32, p. 497a-497b.

[497a] Supposons, avec nos adversaires[5], que les âmes soient condamnées à porter plus ou moins lourdement le poids d'un corps terrestre, d'après la vie qu'elles auraient menée dans quelque région céleste avant leur existence corporelle. Qui donc, en cette hypothèse, aura commis les péchés les plus criminels et les plus monstrueux ? N'accuserons-nous pas tous et bien haut ces hommes qui auraient mérité de perdre la raison, cette lumière de l'âme, au point de venir au monde

5 Ceux qui défendent « l'opinion qui admet pour les âmes humaines une vie antérieure à l'existence actuelle dans un corps, et la supposition qu'elles y descendent seulement par suite de leur conduite personnelle antécédente, afin d'éprouver ici-bas le bien ou le mal selon la diversité de leurs mérites » (Augustin, *ibid.*).

dans un état voisin de la brute ? Je ne parle pas seulement de ceux qui sont atteints d'une pesanteur excessive d'intelligence : d'autres, comme eux, sont ainsi qualifiés d'imbéciles [497b] ; non, je parle de ces pauvres aliénés qui sont voués à faire rire nos populations saines d'esprit et à les amuser tristement par le spectacle de leur folie ; ceux enfin que le peuple appelle Morions[6], d'un terme dérivé du grec μῶροςˆ[7].

Parmi ces êtres, cependant, un homme s'est rencontré tellement chrétien, que, patient à l'extrême, grâce à son étonnante folie, quand il ne s'agissait que de souffrir les injures dont il était l'objet, il ne pouvait, au contraire, supporter l'injure faite au nom de Jésus-Christ ou même à la religion, dans sa pauvre personne d'insensé ; quand il entendait les blasphèmes de gens prétendus sains d'esprit qui se plaisaient ainsi à le provoquer, il ne cessait de les poursuivre à coups de pierres et n'épargnait pas même ses maîtres en pareil cas. Pourquoi de tels hommes sont-ils prédestinés et créés ? À mon avis, c'est pour que ceux qui peuvent comprendre, comprennent en effet que dans l'ordre de la grâce de Dieu, de cet Esprit qui souffle où il veut[...], aucune sorte d'esprit humain n'est exclue du nombre des enfants de miséricorde, comme aussi les enfants de perdition comptent parmi eux toutes sortes d'intelligence ; ainsi faut-il que « celui qui se glorifie se glorifie dans le Seigneur[...] ».

Viennent maintenant ceux qui affirment que chacune de nos âmes, d'après ses mérites dans une vie précédente, reçoit un corps terrestre qui, du reste, charge les uns plus, les autres moins ; que selon ces mêmes mérites, les intelligences humaines sont créées différentes aussi, les unes étant plus vives, les autres plus grossières ; qu'enfin, et toujours en proportion des mérites d'une vie antérieure, la grâce divine est dispensée aux hommes qui doivent être sauvés. Dans leur hypothèse que répondront-ils au sujet de notre pauvre fou ? Comment lui attribuer une vie antécédente tellement exécrable qu'elle lui aurait valu sa naissance dans cet état de démence, et cependant tellement méritoire qu'elle lui aurait aussi procuré la grâce de Jésus-Christ, au point d'être préférable aux chrétiens même les plus intelligents ?

---

6 Êtres humains considérés comme contrefaits, qui étaient admis dans les festins pour amuser les convives.

7 « Môros » : sot, stupide, fou.

Ibid., chap. XXXV, § 66, p. 515a-515b.

[515a] Mais n'accusez ici que cette ignorance où l'enfance est si profondément ensevelie, que dans quelques jours, devenu plus fort, il frappera dans sa colère sa mère même, et souvent portera ses coups jusque sur le sein où il puise la vie à l'heure de ses besoins. Et ces furies du premier âge, non seulement on les supporte, mais on les aime.

Or, à quel sentiment obéit-on dans ce cas, sinon à cette passion charnelle qui porte la nature à s'amuser de tout ce qui est risible ou plaisant, au point que des hommes capables et habiles y donnent aussi leur absurde suffrage ? Car tel nous fait rire, que nous appellerions, non pas un plaisant, mais un fou, si son langage exprimait ses vrais sentiments. Et toutefois nous voyons ces pauvres aliénés, que le peuple nomme des morions, être employés pour amuser les sages ; et quand il s'agit du prix vénal des esclaves, les têtes saines se paient moins cher que ces misérables, tant est puissante, jusque dans les hommes mêmes non atteints de démence, cette passion charnelle qui s'amuse du malheur d'autrui !

[515b] Oui, la folie chez autrui plaît naturellement aux hommes, bien qu'eux-mêmes n'auraient jamais voulu passer par cet état. Ainsi un père est heureux d'attendre et de provoquer même certaines sottises en son petit enfant qui déjà babille ; et pourtant, s'il prévoyait que cette habitude dût lui rester quand il aura grandi, sans aucun doute il voudrait le pleurer plus tristement que s'il était mort.

Ibid., t. XVI, 1871, *Contre Julien défenseur du pélagianisme* [428-430 ; trad. abbé Burleraux], liv. III, § 10, p. 129b-130a.

[129b] Vous affirmez que, au moment de la naissance, la nature humaine est comblée de toutes les richesses de l'innocence. Si vous voulez parler de péchés personnels, nous sommes d'accord avec vous ; mais puisque vous niez que les enfants naissent coupables du péché originel, expliquez-moi comment une telle innocence peut naître dans un tel état d'aveuglement et de surdité. Ce triste état n'empêche-t-il pas la foi, selon cette parole de l'Apôtre : « La foi vient donc de ce qu'on a entendu[...] ? » Pour ce qui regarde l'âme créée à l'image de Dieu, peut-on supporter [130a] que, douée, comme vous le dites, de toutes les

richesses de l'innocence, elle naisse quelquefois dans un état de folie, s'il ne s'opère aucune transmission des mérites des parents aux enfants ? En est-il un seul parmi vous assez insensé pour ne voir aucun mal dans la folie ? Pourtant ne lisons-nous pas dans la sainte Écriture : « On doit pleurer un mort pendant sept jours, et un fou, tous les jours[...] ». Or, ne connaît-on pas des malheureux qui sont nés dans un tel état de folie qu'on les assimilerait facilement aux animaux ? Et malgré cela, vous ne voulez pas avouer que le genre humain, depuis qu'il s'est révolté contre Dieu, subit la transmission de la faute originelle et de la condamnation à tous ces châtiments, que le Créateur lui épargne parfois dans les profonds desseins de sa sagesse éternelle.

[...]

11. C'est donc une erreur de votre part de penser qu'il ne saurait y avoir de péché dans les enfants, puisque ces enfants n'ont pas de volonté, et qu'il ne peut y avoir de péché sans volonté. Ce principe n'est applicable qu'au péché personnel, et non pas à la transmission originelle du premier péché. Supposé que cette transmission n'existe pas, les enfants naîtraient dans une parfaite innocence, et par conséquent, sous un Dieu juste et tout puissant, ils ne seraient soumis à aucune douleur ou infirmité, soit pour l'âme, soit pour le corps.

ÉNÉE DE GAZA
(VERS 445-534)

Théophraste, Dialogue sur l'âme. Analyse et extraits, dans *Les Ennéades de Plotin*, t. II, éd. Marie-Nicolas Bouillet, Paris, Librairie de L. Hachette et Cie, 1859, § IV, p. 680-681.

[680] Dieu fait d'ailleurs rentrer [681] dans l'ordre général de l'univers les écarts mêmes de la liberté, en ce qu'il se sert du méchant pour punir un autre méchant ou pour éprouver un homme vertueux, sans que l'utilité qu'il tire de l'injustice diminue en rien la culpabilité du méchant[...]. Il ne veut pas que nous fassions le mal pour qu'il concoure à l'ordre de l'univers, mais, quand nous faisons le mal, il le force de concourir à cet ordre[...], en nous laissant toute notre liberté et en se réservant la faculté de nous punir ou de nous récompenser, selon nos mérites, dans une autre vie[...]. – Les infirmités que nous apportons avec nous en naissant tiennent à ce que, dans la génération, par défaut de chaleur et excès d'humidité, la puissance de la semence n'a pas complètement soumis la matière à son pouvoir ; il n'est donc pas besoin de la métempsycose pour rendre raison de ces infirmités, puisqu'elles s'expliquent par des causes physiques, et qu'elles ne sauraient en conséquence être considérées comme des peines infligées par Dieu pour des fautes commises dans une vie antérieure. – Cependant, elles entrent quelquefois dans les desseins de la Providence : il est utile à tel homme d'être aveugle de naissance parce que, s'il eût joui de la vue, il eût été impudique, de même qu'il est utile à tel autre d'être pauvre parce que, s'il eût été riche, il eût fait un mauvais usage de ses richesses, etc. [...]C'est faute de comprendre le remède appliqué à nos vices par la Providence qu'on accuse sa sagesse et sa bonté. – D'ailleurs, la Providence ne va pas jusqu'à anéantir notre liberté : car, si elle était tout, elle ne serait rien[...]. Elle permet donc que l'intempérance engendre la maladie, que les infirmités des enfants soient les conséquences de la mauvaise disposition dans laquelle leurs

parents se trouvaient par leur faute au moment où ils les ont engendrés[...]. – Quant à l'inégalité de la durée de la vie humaine, elle s'explique aussi par les desseins de Dieu sur nous : elle nous oblige à songer toujours à la mort, dont l'idée nous empêche de nous abandonner à nos passions, comme les accidents qui frappent chaque jour quelqu'un de nous nous rappellent notre faiblesse. La manière dont nous supportons les coups de la fortune fait notre honte ou notre gloire[...]. C'est ainsi que les souffrances des hommes vertueux enseignent la vertu aux autres hommes. – En résumé, les maux qui frappent l'homme servent à lui donner une occasion de déployer ses vertus ou à le corriger de ses vices ; s'il ne se corrige pas, son châtiment sert d'exemple aux autres[...]. Ainsi, aucune des choses que nous voyons arriver ici-bas ne nous contraint d'admettre la préexistence de l'âme.

THOMAS D'AQUIN
(1226-1274)

Somme de la foi catholique contre les gentils [1258-1265], t. II, éd. Pierre-Félix Écalle, Paris, Louis Vivès, 1854, liv. II, chap. 79, p. 185-186.

[185] 9° En admettant que la destruction du corps entraîne réellement la destruction de l'âme, l'*être* de l'âme devra également souffrir de l'affaiblissement du corps. Or, s'il arrive qu'une faculté de l'âme s'affaiblisse lorsque le corps éprouve quelque infirmité, ce n'est que par accident ; et cela vient de ce que cette faculté de l'âme a besoin, pour s'exercer, d'un organe corporel. La vue, par exemple, est plus faible quand l'organe a perdu en partie sa puissance ; mais c'est un simple accident. En voici la preuve : c'est que si cette faculté se trouvait affaiblie d'une manière essentielle, elle ne se rétablirait jamais, lors même que l'organe serait revenu à son premier état ; et nous voyons, au contraire, que la vue, à quelque degré de faiblesse qu'elle semble tombée, revient complétement, aussitôt que l'infirmité de l'organe disparaît ; ce qui fait dire à Aristote qu'un vieillard qui aurait les yeux d'un jeune homme verrait aussi clair que lui[...]. Puis donc que l'intelligence est une faculté de l'âme qui agit sans le secours d'un organe [...], elle ne s'affaiblit ni dans son essence, ni par [186] accident, à cause de la vieillesse ou de toute autre infirmité du corps. Lors donc que l'intelligence se trouve en quelque sorte fatiguée, entravée dans ses opérations par suite d'une infirmité corporelle, on ne doit pas attribuer cet effet à la faiblesse de l'intelligence elle-même, mais à l'affaiblissement des facultés qui sont au service de l'intelligence et qui sont : l'imagination, la mémoire et la faculté de penser. Il est évident, par-là, que l'intelligence de l'homme est incorruptible. Donc il en faut dire autant de l'âme humaine, qui est une substance intellectuelle. Nous avons pour nous l'autorité d'Aristote, qui dit dans son traité *De l'âme* : « L'intelligence paraît être une sorte de substance incorruptible[...]. »

Ibid., liv. III, chap. 6, p. 333-335.

[333] Pour résoudre plus clairement les objections qui viennent d'être proposées, il faut observer qu'on peut envisager le mal à un double point de vue, savoir, dans une substance et dans son action.

[334] Le mal, considéré dans une substance, consiste en ce qu'elle manque d'une chose qu'elle est apte à recevoir et qu'elle doit posséder en vertu de sa nature. En effet, ce n'est pas un mal pour l'homme de ne pas avoir des ailes, puisque cela ne lui est point naturel. De même ce n'est pas un mal pour lui de ne pas avoir des cheveux blonds ; car, bien que sa nature les admette, ils ne lui sont nullement nécessaires. Cependant ce serait un mal que l'homme fût privé de mains, parce que ces membres lui sont naturels et qu'il ne saurait être parfait sans eux ; mais il n'en est pas ainsi de l'oiseau. Or, on entend par privation, en prenant ce mot dans son sens propre et rigoureux, l'absence d'une chose qui est naturelle et nécessaire à un être. Donc la privation ainsi définie constitue le mal. – La matière étant en puissance pour toutes les formes, sa nature lui permet de les recevoir toutes. Aucune cependant ne lui est due, puisqu'elle peut être parfaitement en acte indépendamment de telle ou telle forme déterminée. Pourtant chaque forme particulière est nécessaire à l'un des êtres qui sont composés de matière : ainsi, l'eau ne peut être de l'eau, si elle n'a pas la forme propre à ce liquide ; le feu ne saurait exister sans la forme du feu. La privation d'une forme de ce genre n'est donc pas, pour la matière, un mal naturel ; mais par rapport à l'être auquel s'applique cette forme, c'est un mal [...] : par exemple, la privation de la forme du feu est un mal pour le feu. Comme la privation, aussi bien que l'habitude et la forme, n'existe qu'autant qu'elle est dans un sujet, si l'on considère la privation comme un mal, seulement en ce qui concerne le sujet, ce sera un mal absolu, tandis que considérée sous un autre point de vue [...], elle ne sera pas un mal absolu, mais relatif. – Donc c'est un mal absolu pour l'homme d'être [335] privé d'une main ; mais que la matière soit privée de la forme de l'air, ce n'est pas un mal absolu, mais le mal propre de l'air.

Quant à la privation de l'ordre ou de la proportion convenable dans l'action, c'est en cela que consiste le mal de l'action. Et parce que toute action doit être faite dans un certain ordre et soumise à une certaine proportion, une telle privation est nécessairement un mal absolu.

Ibid., liv. III, chap. 71, p. 586-587.

[586] La divine Providence, qui gouverne tous les êtres, ne les soustrait pas à la destruction, à l'imperfection et au mal : c'est ce qui ressort des démonstrations précédentes. En effet :

1° Le gouvernement divin, qui consiste dans l'action de Dieu sur les créatures, n'exclut pas l'opération des causes secondes [...]. Or, le défaut qui est dans l'effet tient à l'imperfection de la cause seconde, sans que pour cela cette imperfection se retrouve dans le premier agent : c'est ainsi que dans l'œuvre d'un artiste très habile dans son [587] art, on découvre des défauts qui proviennent de l'imperfection des instruments qu'il a employés. De même aussi on voit un homme robuste boiter, non qu'il manque de force, mais parce qu'il a une jambe torse. Donc l'imperfection et le mal sont dans les êtres que Dieu produit et gouverne, à cause de l'imperfection des agents secondaires, bien qu'il n'y ait pas en Dieu lui-même la plus légère ombre d'imperfection.

2° La bonté ne serait pas portée jusqu'à la perfection [...] dans les créatures s'il n'y avait pas entre elles un ordre gradué de bonté, en sorte que quelques-unes soient meilleures que d'autres ; car tous les degrés possibles de perfection ne seraient pas réalisés, et il n'y aurait pas de créature assimilée à Dieu par une suréminence qui la distingue des autres. On ferait encore disparaître la splendeur de la création en supprimant l'ordre de distinction et de disparité ; et surtout on retrancherait le nombre des êtres en leur accordant le même degré de bonté, puisque leur supériorité ou leur infériorité relative repose sur les différences qui les distinguent : ainsi, la nature animée l'emporte sur la nature inanimée, et l'être raisonnable sur la brute. Si donc il existait entre les êtres une égalité absolue, il n'y aurait qu'un seul bien créé ; ce qui déroge manifestement à la perfection de la création. Or, le suprême degré de la bonté consiste en ce qu'un être bon est dans l'impossibilité de déchoir de la bonté qu'il possède, et celui qui peut la perdre est à un degré inférieur. Donc l'univers, pour être parfait, doit renfermer ce double degré de bonté.

Ibid., t. III, 1856, liv. IV, chap. 73, p. 681-683.

[681] Dès lors que le corps est l'instrument de l'âme et que l'instrument [682] est au service de l'agent principal, il est nécessaire que l'instrument

soit tellement disposé qu'il convienne à l'agent principal ; d'où il suit que le corps est disposé comme il convient à l'âme. Il arrive donc, dans certains cas, que, par une disposition de la justice divine, une infirmité dérive pour le corps de la maladie de l'âme, qui est le péché. Cette infirmité corporelle contribue tantôt à la santé de l'âme, en tant que l'homme supporte humblement et avec patience l'infirmité de son corps, et il lui en est tenu compte comme d'une peine satisfactoire. Elle est aussi quelquefois un obstacle à la santé spirituelle, en tant que l'infirmité du corps s'oppose à la pratique des vertus. Il convenait donc qu'un remède spirituel fût appliqué au péché, selon qu'il découle du péché une infirmité corporelle, et ce remède spirituel guérit quelquefois l'infirmité du corps, lorsqu'il est expédient pour le salut. C'est à cela qu'a été destiné le sacrement de l'Extrême-Onction, dont il est dit : « Quelqu'un est-il malade parmi tous ? Qu'il appelle les prêtres de l'Église, qu'ils prient sur lui, en l'oignant d'huile au nom du Seigneur ; et la prière de la foi guérira[...] le malade » (*Jac.*, V, 14 et 15). La vertu du sacrement ne souffre aucun préjudice de ce que quelquefois les malades auxquels ce sacrement est conféré ne sont pas entièrement guéris de leur infirmité corporelle, parce qu'il est des cas où, même pour ceux qui reçoivent dignement ce sacrement, la guérison du corps ne serait point utile pour le salut de l'âme. Ceux-là, toutefois, ne le reçoivent pas inutilement, quoique la santé du corps n'en résulte pas ; car, comme ce sacrement est destiné à combattre l'infirmité du corps, en tant qu'elle est une suite du péché, évidemment il a encore été institué [683] contre les autres conséquences du péché, qui sont l'inclination au mal et la difficulté de pratiquer le bien ; et cela d'autant plus que ces maladies de l'âme ont plus d'affinité avec le péché que l'infirmité du corps. C'est la Pénitence qui doit guérir ces infirmités spirituelles, en tant que les œuvres de vertu, auxquelles le pénitent a recours pour satisfaire, le retirent du mal et l'inclinent au bien. Mais, parce que l'homme, ou par négligence, ou à cause des occupations diverses de la vie, ou même à raison de la brièveté du temps, ou pour d'autres obstacles analogues, ne se guérit pas parfaitement de ces défauts, un moyen salutaire est mis à sa disposition d'achever cette guérison et de se libérer de la dette de la peine temporelle par ce sacrement, de telle sorte qu'il ne reste plus rien en lui qui puisse l'empêcher d'entrer dans la gloire, lorsque son âme sortira de son corps ; c'est pourquoi saint Jacques ajoute : « Et le Seigneur le soulagera » (*ibid.*, 15).

Somme théologique de S. Thomas d'Aquin [1266-1273], t. V, trad. François Lachat, Paris, Louis Vivès, 1874, *La morale générale*, Ia IIae, quest. 55, art. 3, p. 387.

3° La raison se montre d'autant plus parfaite qu'elle surmonte avec plus d'empire ou qu'elle supporte plus courageusement les infirmités du corps et des parties inférieures de l'âme : voilà comment la vertu humaine, apanage de la raison, se perfectionne dans l'infirmité, non pas de la noble puissance qui la dirige, mais du corps et de la chair.

Ibid., t. VI, 1880, quest. 87, art. 7, p. 236-239.

[236] Il paraît que toutes les peines ne viennent pas du péché. 1° Nous voyons dans l'Évangile, *Jean*, IX, 3, que « si l'aveugle-né fut frappé de cécité, ce n'est pas qu'il eût péché, ni lui ni ses parents. » De plus les enfants souffrent souvent de grandes peines, la fièvre, les oppressions du mauvais esprit et des maux semblables ; et cependant, lorsqu'ils ont reçu le baptême, ces enfants n'ont aucun péché ; quand ils ne l'ont pas reçu, ils ne sont coupables que du péché originel. Donc toutes les peines ne sont pas un châtiment du péché.

[...]

[237] Mais nous lisons, *Job*, V, 7 : « Quand l'innocent a-t-il péri ? quand les hommes droits de cœur ont-ils été exterminés ? J'ai vu que ceux qui font l'iniquité, qui sèment les douleurs et les cueillent, sont emportés par le souffle du Seigneur et consumés par le tourbillon de sa colère. » Et Saint-Augustin dit, *De Retract.* I, 9 : « Toutes les peines sont justes et imposées pour quelque péché[...]. »

(CONCLUSION. – Toutes les peines, soit pures et simples, soit satisfactoires, ont pour fin de punir le péché : le péché originel ou le péché actuel, le péché propre ou celui d'autrui.)

Comme nous l'avons vu dans le dernier article, il y a deux sortes de peine : la peine pure et simple et la peine satisfactoire. La peine satisfactoire est volontaire sous un rapport ; et comme ceux qui diffèrent dans l'obligation de la subir deviennent un dans la volonté par les nœuds de [238] l'amour, l'innocent peut volontairement porter la peine pour le coupable : c'est ainsi que, dans les relations civiles, le chrétien charitable se charge quelquefois de payer la dette de son frère.

Au contraire la peine pure et simple, formant un châtiment vindicatif, concerne toujours une faute propre à celui qui la subit ; mais elle a quelquefois pour objet le péché actuel, comme lorsque Dieu ou l'homme punissent le coupable pour un méfait qu'il a commis ; d'autres fois elles se rapportent au péché originel, et cela comme peine principale ou comme peine conséquente. La peine principale du péché originel consiste en ce que la nature humaine, destituée de la justice primordiale, est abandonnée sans secours à elle-même ; puis la peine conséquente du même péché comprend tous les maux, toutes les infirmités qui ont résulté du délaissement et de la détérioration de la nature. Mais, il faut le remarquer, telle et telle choses a les apparences de la peine, qui n'en a pas la nature à tous égards, absolument parlant. En effet la peine forme une espèce du mal, comme nous l'avons vu dans la première partie, et le mal est la privation du bien. Mais comme l'homme a des biens de plusieurs sortes, ceux de l'âme, ceux du corps et ceux de la fortune, il peut perdre un bien moindre pour obtenir un bien plus grand : il peut perdre son argent pour recouvrer la santé corporelle ; il peut perdre ces deux choses pour opérer le salut de son âme et pour procurer la gloire de Dieu. La perte qu'il éprouve dans ces cas-là n'est pas un mal absolu, mais un mal relatif ; elle ne constitue donc pas une peine pure et simple, mais une peine médicinale, car le médecin soumet quelquefois le malade à un régime sévère pour lui rendre la santé. Et comme ces pertes, ces infirmités, ces maux n'impliquent pas rigoureusement l'idée de peine, ils ne viennent pas de la faute comme de leur cause, si ce n'est d'autant que la détérioration de la nature humaine, châtiment du péché originel, a rendu les peines nécessaires [239] comme moyens de correction ; car l'homme innocent n'aurait pas eu besoin de ces laborieux exercices pour avancer dans la voie de la vertu. Il faut donc dire que tout ce qu'il y a de pénal en tout cela, vient du péché originel.

Je réponds aux arguments : 1° Les défauts de naissance ou les souffrances qu'éprouvent les enfants sont la peine et les effets du péché originel, et restent après le baptême pour la raison donnée plus haut. Que ces infirmités ne soient pas égales dans tous, cela vient de la différence des tempéraments, de la diversité de la nature laissée à elle-même. Cependant ces maux sont ordonnés par la providence divine au salut des hommes, soit de ceux qui les subissent, soit de ceux qui en reçoivent des avertissements salutaires ; ils ont aussi pour fin de procurer la gloire de Dieu.

Ibid., quest. 102, art. 5, p. 573-574.

[573] Les tâches ou les défauts corporels qui faisaient exclure du saint ministère, représentaient les vices et les péchés dont les prêtres doivent être exempts[1]. La loi rituelle veut qu'on éloigne le candidat du sacerdoce, quand il est « aveugle », c'est-à-dire ignorant ; quand « boiteux », c'est-à-dire inconstant, sans fixité, allant à droite et à gauche ; quand contrefait « par un nez trop petit, ou trop grand, ou tortu[2] », c'est-à-dire privé de discrétion, manquant de tact et de mesure, aujourd'hui restant en deçà, demain allant au-delà du but, car le nez qui distingue les odeurs est le symbole du discernement ; de même quand il est « estropié de la main ou du pied », c'est-à-dire incapable de faire le bien, d'accomplir les devoirs du sacerdoce spirituel et d'avancer dans la vertu. On doit pareillement le refuser, s'il est « bossu par devant ou par derrière », ce qui veut dire s'il est dominé par l'amour superflu des choses terrestres ; si « chassieux », dans le sens moral si la chair appesantit son esprit, car la chassie[3] provient de la surabondance et de l'écoulement des humeurs. On doit encore le repousser, quand il a « la [574] taie[4] », tache blanche dans l'œil, c'est-à-dire la prétention d'avoir gardé l'éclat de l'innocence ; quand « une gale permanente », c'est-à-dire l'inquiétude et la pétulance de la chair ; quand « une gratelle[5] » qui, gagnant doucement le corps, ternit la beauté des membres, c'est-à-dire l'avarice qui corrompt le cœur et souille les actions ; enfin quand « une hernie », c'est-à-dire le vice caché dans l'âme, bien qu'il ne paraisse pas au dehors.

1 [NdE] *Lévitique*, XXI, 17 *sq.* : « Dites ceci à Âaron : Si un homme d'entre les familles de votre race a quelque tache sur le corps, il n'offrira pas les pains à son Dieu : et il ne s'approchera point du ministère de son autel, s'il est aveugle, si boiteux, si difforme par un nez trop petit, ou trop grand, ou tortu ; s'il est estropié de la main ou du pied, si bossu, si chassieux ; s'il a une taie sur l'œil, si une galle continuelle, si une gratelle répandue sur le corps, si une descente ».

2 De conformation irrégulière.

3 La chassie désigne une humeur jaunâtre sécrétée au niveau des paupières.

4 Aujourd'hui, une taie désigne plus précisément une tache cicatricielle sur la cornée, survenue à la suite d'une lésion traumatique, d'une inflammation ou d'une anomalie du développement.

5 La gratelle est une petite gale.

Ibid., t. XIII, 1859, part. III, quest. 68, art. 12, p. 243-245.

[243] Il paraît qu'on ne doit pas baptiser les furieux et les fous. 1° Il est nécessaire, pour recevoir le baptême, que le sujet en ait l'intention : on l'a vu précédemment, art. 7. Or, comme les furieux et les fous n'ont pas l'usage de la raison, ils ne peuvent avoir qu'une intention déréglée. Donc on ne doit pas les baptiser.

2° L'homme est supérieur aux brutes par sa raison. Or, les furieux et les fous n'ont pas l'usage de la raison : quelquefois même on ne peut espérer qu'ils en jouissent jamais, comme on l'attend des enfants. Il paraît donc qu'on ne doit pas plus baptiser les furieux et les fous que les brutes.

3° L'usage de la raison est plus enchaîné chez les furieux et les fous que chez un homme endormi. Or, la coutume n'est pas de donner le baptême à des personnes qui dorment. Donc on ne doit pas non plus le conférer aux fous et aux furieux.

Mais, au contraire, saint Augustin dit d'un ami, *Confess.*, IV, 4, que, « lorsqu'on désespérait de lui, il fut baptisé à son insu », et que, cependant, le baptême produisit en lui son effet[6]. On peut donc quelquefois baptiser ceux qui n'ont pas l'usage de la raison.

[244] (CONCLUSION. – On doit admettre au baptême les fous de naissance, parce qu'ils ressemblent aux enfants. Il faut aussi baptiser ceux qui ont été d'abord raisonnables et qui ont eu l'intention de recevoir le baptême, ou qui le demandent dans les moments de lucidité, s'ils en ont, et lorsque la raison leur revient.)

---

6 [NdE] « Je l'avais détourné de la vraie foi, dont son enfance n'avait pas été profondément imbue, pour l'amener à ces fables de superstitions et de mort qui coûtaient tant de larmes à ma mère. Il s'égarait d'esprit avec moi, cet homme dont mon âme ne pouvait plus se passer… Que fîtes-vous alors, ô Dieu, et combien impénétrable est l'abîme de vos jugements ! Dévoré de fièvre, il gisait sans connaissance dans une sueur mortelle. On désespéra de lui, et il fut baptisé à son insu, sans que je m'en misse en peine, persuadé qu'un peu d'eau répandue sur son corps insensible ne saurait effacer de son âme les sentiments que je lui avais inspirés. Il en fut autrement ; il se trouva mieux, et en voie de salut. Et aussitôt que je pus lui parler (ce qui me fut possible aussitôt qu'il put parler lui-même ; car je ne le quittais pas, tant nos deux existences étaient confondues), je voulus rire, pensant qu'il rirait avec moi de ce baptême qu'il avait reçu en absence d'esprit et de sentiment. Il savait alors l'avoir reçu, et il eut horreur de moi, comme d'un ennemi, et soudain, avec une admirable liberté, il me commanda, si je voulais demeurer son ami, de cesser ce langage. Surpris et troublé, je contins tous les mouvements de mon âme, attendant que sa convalescence me permît de l'entreprendre à mon gré. Mais il fut soustrait à ma folie, pour être réservé dans votre sein à ma consolation ». *Confessions*, IV, 4.

Il faut distinguer entre les différentes sortes de fous et de furieux. Les uns le sont dès leur naissance, ils n'ont pas d'instants lucides, et jamais on ne les voit faire usage de leur raison. On doit les juger, en ce qui regarde le baptême, comme les enfants, qui sont baptisés dans la foi de l'Église, ainsi que nous l'avons vu, art. 9. Les autres, après avoir eu l'esprit sain, sont tombés ensuite en démence. Il faut les juger sur la volonté qu'ils avaient avant d'avoir perdu le sens. Si donc ils ont alors manifesté l'intention de recevoir le baptême, on doit le leur donner lorsqu'ils sont devenus fous et furieux, lors même qu'ils s'y opposeraient ; si, au contraire, ils n'ont pas fait paraître cette intention quand ils étaient encore sains d'esprit, il ne faut pas les baptiser. Il y en a qui, quoique furieux et fous de naissance, ont quelques instants lucides, où ils peuvent user de leur raison. Si, dans ces intervalles, ils demandent qu'on les baptise, on pourra le faire, même dans le temps de leur démence, on devra même leur donner alors le sacrement, s'il y a quelque danger à craindre ; autrement, il vaut mieux attendre que la raison leur soit revenue, afin qu'ils reçoivent le sacrement avec plus de dévotion. Si l'on ne remarque pas, [245] durant les intervalles de lucidité, qu'ils aient la volonté de recevoir le baptême, on ne doit pas le leur conférer lorsqu'ils sont retombés en démence. Il s'en trouve aussi qui, tout en n'ayant pas l'esprit tout-à-fait sain, ont cependant encore la raison assez libre pour pouvoir s'occuper de leur salut et concevoir la vertu du sacrement. Il faut les traiter de la même manière que ceux qui ont l'esprit sain, et que l'on baptise lorsqu'ils le veulent, mais non contre leur gré.

Je réponds aux arguments : 1° Les fous qui n'ont jamais eu et n'ont pas actuellement l'usage de leur raison sont baptisés en vertu de l'intention de l'Église, de même que c'est par l'acte de l'Église qu'ils croient et se repentent : c'est ce que nous avons déjà dit des enfants, art. 9. On baptise en vertu de leur intention propre, qu'ils ont actuellement ou qu'ils ont eue lorsque leur esprit était sain, ceux qui ont joui pendant quelque temps, ou qui jouissent présentement de leur raison[7].

2° Les furieux et les fous ne sont qu'accidentellement privés de l'usage de leur raison ; car cette privation provient de l'infirmité d'un organe corporel, et non de ce que leur âme n'est pas assez complète pour être

7 [NdE] Ces décisions sont rapportées dans le *Rituel romain*, les unes textuelles, les autres équivalemment.

raisonnable, comme cela a lieu chez les brutes, qui ne sont pas de même nature. Il n'y a donc pas de parité à établir.

3° On ne doit pas baptiser une personne endormie, à moins qu'elle ne soit dans un pressant danger de mort. Si elle a précédemment manifesté la volonté de recevoir le baptême, il faut, dans ce cas, la baptiser, aussi bien que les fous ; et saint Augustin raconte dans ses *Confessions*, IV, 4, que son ami fut ainsi baptisé à son insu, parce qu'il était en danger de mort[...].

Ibid., t. XVI, 1861, *Supplément à la Somme théologique*[8] [s. d.], quest. 84, art. 1, p. 2-5.

[2] Il paraît que les corps glorieux ne seront pas agiles. 1° Ce qui possède de soi l'agilité, n'a pas besoin pour se mouvoir d'un moyen de transport. Mais les corps glorieux, après la résurrection, seront portés « sur les nuées dans les airs au-devant du Christ », I. *Thessal.*, IV ; ce que la Glose attribue au ministère des anges. Donc les corps glorieux ne seront pas agiles.

2° Quand un corps ne se meut qu'avec effort et avec peine, on ne peut pas l'appeler agile. Mais les corps glorieux seront précisément mus de cette manière, puisque leur moteur, qui est l'âme, leur imprime des mouvements contraires à leur nature ; sans cela ils se mouvraient toujours dans le même sens. Donc ils ne seront pas agiles.

3° Parmi les opérations animales, le sens l'emporte sur le mouvement. Or il n'y a dans les corps glorieux aucune propriété qui doive perfectionner le sens. Donc il ne faut leur en attribuer aucune non plus qui doive perfectionner le mouvement, telle que serait l'agilité.

4° La nature donne aux divers animaux des instruments diversement [3] disposés, selon la variété de leurs fonctions ou de leurs puissances ; ainsi elle ne donne pas les mêmes instruments à l'animal qui se traîne avec lenteur et à celui qui s'élance avec rapidité. Or Dieu met encore plus d'ordre dans ses opérations immédiates que dans celles qu'il accomplit par la nature. Le corps glorifié ne devant donc pas avoir des membres d'une autre forme ou d'une autre grandeur que ceux qu'il possède

8 Ce supplément est une compilation réalisée après la mort de Thomas d'Aquin par son confesseur et secrétaire particulier, Réginald de Piperno, à partir d'œuvres antérieures du philosophe.

maintenant, il n'aura pas apparemment une agilité différente de celle qu'il possède aujourd'hui.

Mais voici comment l'Apôtre exprime le contraire I. *Corinth.*, XV, 13 : « Il est semé dans l'infirmité, il se lèvera dans la force » ; c'est-à-dire plein de mouvement et de vie, ajoute la Glose. Or cela ne pourrait être sans l'agilité. Donc les corps glorieux devront être agiles.

La lenteur ou la torpeur semble éminemment répugner à la spiritualité. Or les corps glorieux seront aussi spirituels qu'ils peuvent l'être en conservant leur nature, comme nous l'enseigne encore l'apôtre saint Paul. Donc ils seront agiles.

(Conclusion. – Le corps glorifié étant entièrement soumis à l'âme bienheureuse, il faut qu'il soit aussi agile qu'elle, pour être en état de lui obéir parfaitement.)

Le corps glorifié sera complètement soumis à l'âme bienheureuse, de telle sorte que non seulement il n'y aura rien en lui qui résiste à la volonté de l'esprit, comme cela avait lieu dans le corps même d'Adam, mais qu'il possède encore une perfection spéciale, émanant en lui de l'âme glorifiée et ayant pour objet de le rendre en tout conforme à une telle sujétion. Cette perfection est l'une des propriétés des corps glorieux. L'âme est unie au corps comme forme et comme moteur. Or sous l'un et l'autre rapport, il faut que le corps glorifié soit parfaitement soumis à l'âme bienheureuse. Par la subtilité il est entièrement soumis à l'âme, en tant que celle-ci est la forme du corps, lui communiquant son être spécifique ; et de même par l'agilité il lui est non moins soumis, en [4] tant que l'âme est son moteur ; cette propriété le rend apte à obéir sans efforts à tous les mouvements et à toutes les actions de l'âme. Quelques-uns ont cru trouver la cause de cette agilité dans la cinquième essence ou essence céleste, qui doit alors dominer dans les corps glorieux. Mais nous avons dit plus d'une fois que cela n'était pas admissible[...]. C'est donc à l'âme qu'il faut faire remonter l'agilité des corps glorieux, aussi bien que leur gloire elle-même.

Je réponds aux arguments : 1° En disant que les corps glorieux sont portés par les anges ou même sur les nuées, on n'entend pas qu'ils aient besoin de ces mobiles étrangers ; on veut seulement exprimer par-là les hommages rendus aux corps glorieux, non seulement par les anges, mais encore par toutes les créatures.

2° Plus l'âme exerce de puissance sur le corps, moins est laborieux le mouvement imprimé au corps contrairement à sa nature. De là vient que les hommes en qui la force motrice est plus considérable, ou dont le corps a été ployé par un long exercice à obéir aux mouvements de l'esprit, éprouvent moins de peine à se mouvoir de la sorte. Or, après la résurrection, l'âme dominera parfaitement sur le corps, soit par un effet de sa propre puissance, soit par les dispositions qui résulteront dans un corps glorieux de ce trop plein de gloire que l'âme fera rejaillir sur lui. Les Saints n'auront donc aucun effort à faire pour se mouvoir corporellement ; et c'est ainsi que nous comprenons l'agilité dont leurs corps seront doués.

3° Ce n'est pas seulement l'aptitude du corps au mouvement local, c'est encore sa sensibilité et sa docilité à l'égard de toutes les opérations de l'âme, qui se trouveront perfectionnées par la propriété que nous étudions.

[5] 4° De même que la nature donne aux animaux les plus véloces des instruments de locomotion mieux disposés, soit par leur forme, soit par leur grandeur ; de même Dieu donnera aux corps des Saints des dispositions différentes de celles qu'ils ont ici-bas, mais simplement en leur communiquant cette propriété glorieuse que nous appelons l'agilité, et non en leur donnant une autre forme.

Ibid., quest. 86, art. 1, p. 30-34.

[30] Il paraît que les corps des damnés ressusciteront avec leurs difformités ou leurs défauts. 1° Ce qui a été établi comme un châtiment du péché ne doit cesser qu'autant que le péché est remis. Or la mutilation, qui nous prive d'un ou plusieurs membres, est un châtiment du péché ; et ainsi des autres défectuosités corporelles. Donc les damnés n'en seront pas à l'abri, eux qui n'ont pas obtenu la rémission de leurs péchés.

2° Comme les saints ressusciteront pour la félicité suprême, les impies ressusciteront pour la suprême infortune. Or il ne sera rien ôté aux premiers de ce qui constitue leur perfection. Donc également il ne sera rien épargné aux seconds de ce qui peut les constituer dans un état d'imperfection et de misère ; et c'est là une chose qui s'entend aisément des difformités.

3° Il en est de la difformité comme de la lenteur ; l'une et l'autre rentrent également dans les défauts d'un corps passible. Or la lenteur sera le triste apanage des corps des réprouvés, puisqu'ils n'auront pas reçu le [31] don d'agilité. Donc par la même raison ils ne seront pas exempts de leurs difformités.

Mais le contraire repose sur cette parole de saint Paul, I. *Corinth.*, XV, 52 : « Les morts ressusciteront sans corruption. » Et voici comment la Glose l'explique : « Les morts, c'est-à-dire les pécheurs eux-mêmes, ou bien absolument tous les morts, ressusciteront sans corruption, ce qui signifie sans altération ou diminution dans leurs membres. » Donc les corps des damnés après la résurrection seront sans difformités.

Les damnés n'auront rien en eux qui puisse empêcher le sentiment de la douleur. Or l'infirmité empêche ce sentiment, puisqu'elle a pour effet d'affaiblir les sens en débilitant les organes ; de même l'absence d'un membre ne permettrait pas à la douleur de s'attacher absolument à tout le corps. Donc les damnés ressusciteront sans ces sortes de défectuosités.

(CONCLUSION. – Dieu, l'auteur de la nature, voulant dans la résurrection rétablir intégralement la nature humaine, cette nature n'aura plus les défectuosités provenant de sa propre faiblesse. Mais quant aux infirmités qui dans le corps humain sont la conséquence des principes naturels, elles se trouveront réellement dans les réprouvés.)

Les difformités ou les défectuosités du corps humain peuvent avoir une double cause : elles peuvent d'abord provenir de la privation de quelque membre ; ce qui fait qu'il s'attache une certaine honte à l'état d'un homme mutilé, impression qui naît d'une sorte de désaccord et de dissonance existant désormais entre le tout et les parties. Tous les docteurs pensent également qu'une telle difformité n'existera pas dans le corps des damnés, par la raison que tous les corps, ceux des méchants comme ceux des bons, doivent ressusciter dans leur entier, ainsi que nous l'avons dit plus haut. En second lieu, la difformité peut provenir de la disposition irrégulière des diverses parties, dans leur grandeur, leur forme, leur place ; car tout cela rompt encore l'harmonie entre les parties et le tout. [32] Sur de telles difformités ou de semblables défauts, provenant quelquefois de la fièvre ou d'autres maladies de même nature, saint Augustin n'ose se prononcer et laisse la question indécise *Enrichid.*, cap. 92[9], comme l'a remarqué le Maître des Sentences IV, 44. Parmi les

9 [NdE] Nul doute que les élus ne ressuscitent avec un corps parfait ; car la patrie céleste, dont les corps eux-mêmes feront désormais partie, est le séjour de la perfection, et c'est aussi pour cela qu'elle est le séjour de la suprême béatitude. Mais peut-on dire la même chose du corps des damnés ? Ceux qui auront eu sur la terre des infirmités ou des

docteurs modernes, il existe à cet égard deux opinions : quelques-uns prétendent que ces sortes de difformités ou de défauts demeureront dans les corps des damnés ; et en embrassant ce sentiment ils considèrent uniquement l'état même de la damnation, car l'homme étant par-là livré à la suprême misère, aucun genre d'affliction ne doit lui être épargné. Ce sentiment toutefois ne nous paraît pas raisonnable. En effet, dans le rétablissement du corps humain par la résurrection, la pensée divine a plutôt en vue la perfection de notre nature, que notre état antérieur. Ainsi, ceux qui meurent avant l'âge et sans avoir atteint leur complet développement, ressusciteront dans la force de la jeunesse, comme il a été dit *Quæst.* LXXXIII, art. 2, et ceux qui ont eu des défauts corporels ou des infirmités naturelles, avec les difformités qui peuvent en provenir, seront dans la résurrection exempts de ces défauts ou difformités, à moins que le caractère spécial d'un péché n'y fasse obstacle ; et de la sorte si quelqu'un ressuscite avec de tels défauts ou de telles difformités, c'est un châtiment qu'il subira. Le mode du châtiment se mesure sur l'étendue de la faute. Or il peut arriver qu'un pécheur qui devra être damné pour des péchés moins graves, ait en lui des difformités que n'a pas un pécheur qui sera damné pour de plus grands crimes. Si donc celui qui eut ici-bas [33] des difformités corporelles, doit ressusciter avec ces mêmes difformités, tandis qu'un autre destiné à un plus rigoureux supplice, est néanmoins exempt de ces difformités par la raison qu'il ne les eut pas ici-bas, il en résultera que le mode du châtiment ne répondra pas à l'étendue de la faute ; il semblerait même en cela qu'un homme est puni pour les peines mêmes qu'il a déjà souffertes dans ce monde ; ce qui est vraiment absurde. Voilà pourquoi d'autres pensent avec plus de raison que l'Auteur de la nature rétablira complètement celle du corps humain dans la résurrection ; de telle sorte que Dieu éloignera de ce corps tous les défauts et toutes les difformités que la faiblesse de la nature corrompue ou ses déviations avaient pu produire en lui. Mais quant aux

difformités repoussantes, les conserveront-ils encore après la résurrection, dans les éternels supplices ? La question se présente naturellement à l'infatigable curiosité de l'esprit humain. Saint Augustin, comme on le voit, n'ose la résoudre. Il ne veut pas même que la raison se fatigue à ce sujet dans des recherches inutiles. « À quoi bon, dit-il, vouloir connaître quel sera l'état ou la beauté physique des malheureux réprouvés ? qu'il nous suffise de savoir que leur damnation est certaine et éternelle ». Nous avouons sans détour que cette réponse, toute évasive qu'elle est, nous paraît au moins aussi plausible que celle du continuateur de saint Thomas.

défauts qui dans le corps humain sont une conséquence légitime des principes universels de la nature, tels que la pesanteur, la passibilité, et les autres semblables, ils demeureront dans les corps des damnés ; seuls les justes en seront délivrés par le bienfait de leur résurrection glorieuse.

Je réponds aux arguments : 1° Devant un tribunal quelconque les peines sont infligées selon la condition des justiciables de ce tribunal. Les peines donc infligées dans cette vie temporelle pour quelques péchés, doivent être elles-mêmes temporelles, et ne sauraient s'étendre au-delà du terme de cette vie. Par conséquent, bien que leurs péchés ne leur soient pas pardonnés, il n'est pas pour cela nécessaire que les damnés aient à subir les mêmes peines qu'ils ont souffertes dans la vie ; la justice divine exige qu'ils éprouvent des châtiments tout autrement graves dans l'éternité.

2° Il n'y a pas de parité sous ce rapport entre les bons et les méchants, par la raison qu'il peut y avoir un bien parfait, mais non un mal absolu. La suprême félicité des saints veut donc qu'ils soient entièrement délivrés de tout mal ; tandis que la suprême infortune des méchants n'exclut pas absolument tout bien ; « un mal qui serait total se détruirait lui-même [34][10] », a dit le Philosophe, *Ethic.*, IV, 11. Le supplice des damnés porte nécessairement sur un bien, le bien de la nature, œuvre du Créateur ; et le Créateur, qui est la perfection même, rétablira cette nature dans sa perfection relative et spécifique.

3° La lenteur ou la pesanteur est un de ces défauts qui dérivent naturellement des principes constitutifs du corps humain ; mais il n'en est pas de même d'une difformité. Il n'y a donc pas de parité à établir.

10 [NdE] Par la raison qu'un mal total supprimerait la vie elle-même, le bien fondamental, et rendrait par conséquent tout mal absolument impossible.

MAÎTRE ECKHART
(1260-1328)

Livre des paraboles de la Genèse [s. d.], éd. Marie-Anne Vannier et Maxime Mauriège, trad. Jean-Claude Lagarrigue, Paris, Les Belles Lettres, 2016, chap. II, § 119, p. 148.

En outre, pour expliquer ce qui est dit : « les os de mes os et la chair de ma chair » (*Gn* 2, 23), on peut expliquer, en plus, que tout ce qui appartient à l'action et à la perfection est à mettre dans l'idée composée de la forme et de l'actif, c'est-à-dire dans celle de l'homme, et à l'inverse tout ce qui appartient à la passion et à l'infirmité convient par son idée à la matière ou au passif, c'est-à-dire à la femme. Car c'est l'action qui fait connaître la forme, et la passion la matière, comme dit le Commentateur[1].

1 [NdE] Averroès, *Métaphysique* XII, comm. 14 ; VIII, comm. 12. Voir *Commentaire de la Genèse*, I, n. 40.

NIKOLAUS VON KUES
(1401-1464)

La Docte ignorance [1440], éd. et trad. Pierre Caye, David Larre, Pierre Magnard et Frédéric Vengeon, Paris, Flammarion, 2013, liv. III, chap. 4, p. 181.

Or, la maximalité de la perfection de la nature humaine s'étend aux choses substantielles et essentielles, par exemple jusqu'à l'intellect, au service duquel sont toutes les autres parties du corps. Il en résulte que l'homme maximalement parfait ne doit pas être prééminent dans les choses accidentelles si ce n'est dans celles qui sont relatives à l'intellect. Il n'est pas demandé en effet au géant ou bien au nain de posséder tels ou tels taille, teint, forme ou autres qualités accidentelles, quelles qu'elles soient ; mais il est seulement nécessaire que le corps [...] s'écarte assez des extrêmes pour être un instrument parfaitement adapté à sa nature intellectuelle, tel qu'il puisse obéir et se soumettre à celle-ci sans résistance, plainte ou fatigue. Notre Jésus, en qui tous les trésors de la science et de la sagesse, du temps même de son apparition dans le monde, furent cachés comme la lumière dans les ténèbres, eut, comme nous le croyons d'après la tradition même des saints témoins de son intimité, le corps le plus parfait et le plus adapté à la fin de sa suréminente nature intellectuelle[1].

---

1 [NdE] Homme maximum, le corps du Christ n'est pas le corps souffrant sur la croix, déchiré par l'absolu, mais le corps, performant jusqu'à l'excellence, de la créature exprimant son Dieu.

MARSILIO FICINO
(1433-1499)

Discours de l'honnête amour sur le Banquet de Platon [1469], trad. Guy Le Fèvre de la Boderie, Paris, Jean Macé, 1578, chap. 3, p. 336-338.

[336] Notre Platon définit au *Phèdre* la fureur être une aliénation d'entendement ; et enseigne deux genres d'aliénation, desquelles il estime que l'une vienne d'infirmité humaine, l'autre d'inspiration divine. Il appelle la première, folie ; la seconde, fureur Divine. Par la maladie de folie l'homme tombe sous l'espèce de l'homme, et d'homme presque devient bête. Il y a deux genres de folie : l'une naît de défaut de cerveau, l'autre de défaut de cœur. Quelquefois le cerveau est occupé de la colère brûlée, quelquefois du sang brûlé, quelquefois de la noire lie du sang ; et de là les hommes deviennent fous. Ceux qui sont tourmentés de la colère brûlée, encore qu'ils ne soient [337] sujets d'aucuns injuriés, se courroucent aigrement, crient fort, se jettent sur quiconque ils rencontrent, et mettent la main et à soi et à autrui. Ceux qui sont occupés du sang brûlé, outrepassent de beaucoup mesure en risées, se vantent sur tous, promettent de soi grandes choses. Et avec bal et chants demeurent grand fête et joie. Ceux qui sont grevés de la noire lie du sang sont toujours mélancoliques, et se feignent certains songes, lesquels en présence les épouvantent, et les font craindre pour l'avenir. Et procèdent ces trois espèces de folie de défaut de cervelle. Car quand les humeurs se retiennent au cœur, elles produisent angoisse et lâcheté, non pas proprement folie. Mais elles engendrent proprement la folie quand elles montent au cerveau. Et pourtant on dit que ces espèces de folie procèdent [338] de défaut de cervelle. Mais nous disons que par défaut de cœur vient proprement la folie, de laquelle ceux sont affligés, lesquels se voient en l'Amour perdus. À ceux-ci faussement est attribué le sacré saint nom d'Amour. Mais d'autant qu'il ne semble pas que nous voulions restreindre le vocable commun, encore en ceux-ci usons nous du nom d'Amour.

Ibid., chap. 4, p. 341-343.

[341] Et la lumière de l'esprit, plus abondamment resplendit par les yeux ; car les yeux sur tous les autres membres sont transparents et nets. Or qu'aux yeux, et au cerveau y ait quelque lumière, bien que petite, plusieurs animaux que nous voyons de nuit en donnent témoignage et nous en font ample foi, desquels les yeux éclairent en ténèbres. Il advient aussi que si quelqu'un en certaine manière presse avec le doigt le coin, c'est-à-dire, l'angle larmeux de la prunelle de l'œil, le contournant tant soit peu, il semble que dedans l'œil il voit un cercle de lumière. On dit encore qu'Octavia César[1] avait les yeux si clairs et resplendissants, que quand fermement et [342] véhémentement il en tenait la lumière fichée sur quelqu'un, il le contraignait de regarder ailleurs, comme s'il se fût ébloui au Soleil. Tibère[2] aussi avait les yeux grands, et quelquefois éveillé du sommeil, par bref espace de temps au milieu des ténèbres nuitalles il voyait clairement. Mais que le rayon qui se transmet dehors par les yeux tire quant et soi la spirituelle vapeur, et que cette vapeur tire avec soi le sang, d'ici nous le pouvons entendre, à savoir, que ceux qui regardent fermement les yeux d'autrui infirmes et rouges, tombent facilement au mal des yeux, à cause des rais qui procèdent des yeux infirmes. Dont il apparaît que le rai s'étend jusqu'à celui qui regarde ; et ensemble avec le rai court la vapeur du sang corrompu, par la contagion de laquelle devient [343] infirme l'œil de qui le voit.

Ibid., p. 345-346.

[345] De là vient l'ensorcellement, c'est-à-dire le mal de l'œil en deux manières. Le regard d'un puant vieillard, ou d'une femme ayant ses malles semaines[3], cause le mal des yeux, et presque ensorcelle un petit enfant. Le regard d'un adolescent fait le mal de l'œil à un plus vieux. Et d'autant que l'humeur du vieillard est plus froide et tardive, à peine elle touche en l'enfant le dos et surface du cœur ; et par [346] ce qu'elle n'est pas fort propre et idoine à passer outre, bien peu elle émeut le

1 Avant de prendre le nom d'Auguste, le fils adoptif de César se nommait Octave. Voir la note correspondante p. 117.

2 Voir la note correspondante p. 117.

3 Les règles.

cœur, voire si à cause de l'enfance il n'est fort tendre. Et pourtant c'est un mal d'œil et ensorcellement léger. Mais celui est un ensorcellement et mal d'œil très grief auquel la personne plus jeune périt et blesse le cœur de la plus vieille. C'est, ô mes amis, ce dont le Platonique Apulée[4] se plaignait amèrement disant « toute l'occasion et origine de cette mienne douleur, voire ma médecine et ma santé seul tu la sais. Car ces yeux tiens passant par mes yeux jusqu'au centre de mon cœur émeut une âpre inflammation au-dedans de mes moelles ». Aie donc pitié de celui, lequel périt à ton occasion.

4 Apulée, orateur et philosophe platonicien du IIe siècle.

GIOVANNI
PICO DELLA MIRANDOLA
(1463-1494)

De la dignité de l'homme [1486], éd. et trad. Yves Hersant, Paris, Éditions de l'éclat, 1993, p. 11-13.

[11] Car ce n'est pas l'écorce qui fait la plante, mais sa nature stupide et insensible ; ce n'est pas le cuir qui fait les bêtes de somme, mais leur âme bestiale et sensible ; ce n'est pas son corps arrondi qui fait le ciel, mais la rectitude d'un plan ; et ce n'est pas la séparation du corps, mais l'intelligence spirituelle qui fait l'ange. Si donc vous voyez ramper sur le sol un homme livré à son ventre, ce n'est pas un homme que vous avez sous les yeux, mais une bûche ; si vous voyez un homme qui, la vue troublée par les vaines fantasmagories de son imagination, comme par Calypso, et séduit par un charme [13] sournois, est l'esclave de ses sens, c'est une bête que vous avez sous les yeux et non un homme.

Discours des parties et offices d'un bon et entier juge [s. d.], éd. et trad. Jean de Coras, Lyon, Barthélémy Vincent, 1605, *Arrêt du parlement de Toulouse*, annotat. V, p. 15-16.

[15] Mais les forces de la nature, ni des races, ne peuvent pas tant que nous ne voyons quelquefois la postérité dégénérer, et dissemblable à ses progéniteurs : comme des beaux naître des laids et difformes ; des robustes et forts, issus des impuissants et faibles ; des bons et vertueux, procéder des vicieux, et méchants[...]. Autrement, si parfois, cela n'advenait ainsi, faudrait pour le bien public défendre par loi générale et inviolable, aux laids, débiles, et méchants, le mariage et compagnie charnelle des femmes : afin que tous infailliblement naquissent beaux, puissants, et

robustes. Sur quoi Alexandre Aphrodisée[1] se travaille fort à fonder, et montrer la cause, pour laquelle on voit advenir souvent, qu'un homme stupide, grossier et sot, voire un niais, produira des enfants accorts, prudents, sages, et discrets. Et conclut la raison être, pour autant qu'un badaud en l'acte vénérien, se laisse tellement surmonter et vaincre à la volupté présente, qu'il ne pense lors à autre chose ; ayant volontairement plongé l'esprit, et l'âme dans le corps, dont la semence est puisée et tirée de ce corps parmi lequel l'esprit se trouve participer grandement de la vertu raisonnable ; et fait que les enfants, qui en descendent, sont plus prudents et spirituels que le père. Comme au contraire, ceux qui sont ingénieux, décrets ou savants, par ce que leur esprit incessamment travaille, et s'occupe ailleurs qu'au plaisir de la chair ; voire même, sur l'instant de l'acte, auquel du tout ne se laisse vaincre, [16] fait que la semence, qui vient à découler après, n'ayant rien que du corps (car l'esprit vaquait ailleurs) n'a pas aussi beaucoup de vertu raisonnable, et naturelle[...] qui fut (au jugement de plusieurs) la cause, qu'Aristarchus Alexandrin[2] homme de singulière, et recommandable érudition, procréa néanmoins Aristagoras, et Aristarchus, ses enfants hébétés, stolides, et presque niais.

Ibid., p. 16-17.

[16] Mais pour revenir à nos brisées, et rechercher curieusement la cause des similitudes, je ne trouve pas mauvaise l'opinion d'Empédocle, et des Physiciens, qui pensent cela procéder de l'imagination que la femme peut avoir conçue sur l'heure qu'elle engendre ; laquelle a tant de puissance sur le fruit qui se vient à former, que le caractère de l'image en demeure perpétuellement gravé sur lui[...]. Donc on a vu jadis plusieurs fois les enfants être nés semblables aux portraits, que les mères tenaient pour délices en leurs chambres et cabinets[...], témoin celle, qui ayant attentivement [17] regardé, sur l'instant qu'elle engrossissait, une peinture de maure, étant autour de son lit, fit l'enfant noir comme un Éthiopien. Saint Jérôme en quelque lieu récite qu'une laide femme mariée

1 Alexandre d'Aphrodise ou d'Aphrodisias (vers 150-vers 215), philosophe grec commentateur d'Aristote.

2 Aristarque de Samothrace (vers 217-144 av. J.-C.), grammairien et philologue, fonda une école à Alexandrie et dirigea la bibliothèque de la ville.

à un hideux et difforme mari, ayant enfanté un beau garçon, fut à cette occasion grandement soupçonnée et accusée d'adultère ; et néanmoins sauvée par conseil et prudence de ce souverain médecin Hippocrate, lequel fit aviser si en la chambre de la femme y avait quelque belle peinture, semblable à l'enfant ; ce que fut trouvé, et ainsi la femme délivrée du crime et soupçon[...]. Les livres de Philosophes en sont pleins, que les choses vues par la femme sur le point de la conception, ont grande vertu pour donner forme et imprimer caractères à la créature qui s'engendre. Où prendront enseignement tous les mariés, qui se plaisent aux peintures, de n'en tenir point en leurs chambres de laides, monstrueuses, ou difformes, pour obvier à tels scandales.

Ibid., annot. VI, p. 20-21.

[20] Et ne faut douter que le souverain désir d'un qui aime, ne soit de voir et contempler la chose aimée pour le grand et incroyable plaisir qu'il prétend en la voyant, dont l'amour en Grec est appelé *ἔρως*[3] : car du regard naît, et se cause l'amour, de laquelle les yeux, comme dit Properce[4], sont les guides, chefs et conducteurs.

[21] *Si nescis, oculi sunt in amore duces*[...][5].

Et voilà pourquoi Juvénal[6] estime une chose prodigieuse et trop étrange, qu'un aveugle soit amoureux. Et Martial[7] se moque de Codrus[8], lequel privé de la vue, néanmoins depuis devint extrêmement passionné pour l'amour d'une femme.

Plus credit nemo, quàm tota Codrus in urbe,
Cum fit tam pauper, quomodo ! caecus amat[9].[...]

3 « Érôs ».
4 Properce, poète latin du Ier siècle avant notre ère.
5 « Si tu l'ignores, les yeux sont les guides de l'amour ».
6 Juvénal, poète satirique romain, fin du Ier siècle, début du IIe siècle de notre ère.
7 Martial, poète contemporain de Juvénal.
8 Codrus, Ier siècle de notre ère, avait pour réputation d'être un mauvais poète.
9 « Personne dans toute la ville n'est plus confiant que Codrus. Si pauvre, comment fait-il ? Il est aveugle, et il aime ».

[illegible] hideux et [illegible] soupçonnée [illegible] et neantmoins [illegible] conseil et prudence [illegible] belle peinture, semblable [illegible] en son [illegible] choses veues par [illegible] pour donner [illegible] Où prendrons-nous ensemblement tous les maris, qui se plaisent aux peintures. Il n'en faut point en leurs chambres de [illegible] ou [illegible], pour éviter tels scandales.

[illegible] VI, p. 20-21.

[illegible] ne faut donner que le souverain désir d'un [illegible] de voir et contempler la chose aimée pour le grand [illegible] qu'en voyant [illegible] l'amour en Grec [illegible] de laquelle les yeux [illegible] sont [illegible] clers et [illegible]

[illegible]

[illegible] chose [illegible] qu'un [illegible] Cœurs [illegible] pas [illegible] pour l'amour d'une femme.

[illegible]

[illegible]

DIDIER ÉRASME
(1466/67/69-1536)

Éloge de la folie [1509], trad. Gustave Lejeal, Paris, Librairie de la Bibliothèque nationale, 1899, p. 62-63.

[62] Par les dieux immortels ! connaissez-vous rien de plus heureux que ceux-là, justement, à qui le vulgaire jette comme autant d'injures, les beaux noms de fou, d'extravagant, d'insensé, d'idiot. De prime abord, je l'avoue, ma proposition peut sembler tant soit peu absurde ; elle peut pourtant parfaitement se justifier, comme vous allez voir. Et d'abord, tous ces gens-là ne craignent pas la mort, ce qui n'est pas selon moi un mince avantage ; puis, le remords ne trouble pas leur conscience ; la peur de l'enfer, des spectres et des revenants n'a pas prise sur eux ; et les craintes comme les espérances de l'avenir les laissent insensibles. Ce n'est pas tout, ils ne connaissent aucun de ces mille maux qui torturent la vie humaine, ils n'ont ni honte, ni timidité, ni ambition, ni jalousie, ni amour ; et même s'ils réussissent à atteindre à l'entière stupidité des brutes, ils ont l'avantage, au dire des théologiens, d'être impeccables. Ô sage trois fois fou ! récapitule, s'il te plaît, les inquiétudes qui déchirent jour et nuit ton âme ; rassemble en un seul monceau les tourments de ta vie, et dis-moi si je ne suis pas une vraie providence pour mes fidèles ! Ils n'ont pas seulement le mérite d'être toujours joyeux, toujours s'ébaudissant, chantant ou riant ; ils répandent [63] encore la joie autour d'eux, comme s'ils avaient reçu des immortels la mission d'égayer les tristesses de la vie. Aussi, tandis que les hommes montrent pour leurs semblables des dispositions si différentes, ils sont unanimes pour accueillir mes fous à bras ouverts ; on les recherche, on les aime, on les choie, on leur vient en aide au besoin, sans compter qu'on leur passe tout ce qu'ils peuvent dire ou faire. Personne ne songe à leur nuire, les bêtes elles-mêmes les respectent comme si elles avaient naturellement

conscience de leur innocuité. Les fous sont sous la sauvegarde des dieux, et avant tout sous la mienne ; c'est là un privilège que personne n'ose leur contester.

Ibid., p. 65-68.

[65] Revenons au bonheur des fous et récapitulons : ils passent leur vie au milieu des plaisirs ; sans crainte comme sans pressentiment de la mort, ils s'envolent droit aux Champs-Élysées, où ils amusent encore la sainte oisiveté des âmes pieuses. Rapprochons de cette destinée celle de tel sage qu'il vous plaira. Prenons ce philosophe qui a flétri son enfance et sa jeunesse par l'étude de toutes sciences ; qui a usé la plus belle partie de sa vie à veiller, réfléchir et travailler. Le plaisir, il n'y a jamais goûté ; toujours sobre, toujours pauvre, jamais gai, jamais affable, dur et inflexible pour lui-même, sévère et sans indulgence pour les autres ; pâle, maigre, valétudinaire, presque aveugle, il sent la vieillesse et ses infirmités s'avancer avant l'heure prescrite, et avant l'heure aussi, il sort de la vie, bien qu'à vrai dire la mort doit assez peu importer à qui n'a jamais vécu. Voilà pourtant la biographie d'un sage !

Mais j'entends coasser les grenouilles du Portique. Rien au monde, objectent-elles, n'est [66] plus triste que la démence ; or, de la folie à la démence, il n'y a pas un doigt ou plutôt c'est la même chose. Car la démence n'est, comme la folie, qu'une aberration perpétuelle de l'esprit. – Grenouilles, mes amies, vous battez la campagne, et sans plus tarder, avec l'aide des Muses, je vais pulvériser votre syllogisme. – Socrate, dans Platon[1], nous montre comment, à l'aide d'une distinction, on peut trouver deux Vénus dans une Vénus, et deux Cupidons dans un seul ; nos dialecticiens auraient dû faire la même distinction dans la démence, si au moins ils voulaient en paraître indemnes. Toute démence n'est pas funeste ; sans cela, Horace n'aurait pas dit : « Mon esprit est frappé d'une aimable démence[2]. » Platon n'aurait pas placé parmi les meilleures choses de ce monde l'exaltation des poètes, des prophètes et des amants, et la Sibylle dans Virgile n'aurait

1 Voir *Le Banquet*, 180e-185e.
2 Voir *Odes*, I, 34.

pas qualifié d'insensés les travaux du pieux Énée. Donc, il y a deux espèces de démence : l'une, que les Furies, en agitant leurs serpents, répandent sur la terre ; celle-ci allume les fureurs de la guerre, attise la soif insatiable de l'or ou l'amour honteux et criminel : c'est elle qui pousse au parricide, à l'inceste, au sacrilège et aux autres crimes, et qui allume de ses torches vengeresses les remords dans les âmes coupables. Mais il en est une autre qui en diffère essentiellement. C'est une émanation de ma bienveillance pour l'espèce humaine. Elle se manifeste par une illusion agréable de l'âme, qui en efface les soucis, et la plonge dans un torrent de voluptés. C'est cette illusion que, dans une lettre à [67] Atticus[3], Cicéron demandait aux dieux bienfaisants, pour devenir insensible aux malheurs qui l'accablaient ; c'était elle que regrettait ce Grec[4] lorsqu'on l'eut guéri ; lui qui, auparavant, assis tout seul au théâtre des journées entières, riait, applaudissait, trépignait, parce qu'il s'imaginait voir jouer devant lui les plus belles pièces du monde, bien qu'il n'en fût rien en réalité. Au demeurant notre homme se comportait sagement aux choses de la vie ; bon ami, bon époux, bon maître, il n'entrait pas en fureur pour une bouteille décachetée. Lorsque sa famille, à force de remèdes, l'eut rendu à la raison : « Ô mes amis, dit-il, en m'arrachant à mon rêve heureux vous m'avez fait mourir ! Vous ne m'avez pas guéri, vous m'avez enlevé la plus douce des illusions ! » Et cet homme avait raison ; ceux-là seuls étaient dans l'erreur et méritaient de boire l'ellébore[5], qui avaient considéré comme un mal justiciable de la médecine son heureuse et paisible folie.

Remarquez que je n'ai jamais prétendu qu'il fallait donner indistinctement le nom de démence à toutes les aberrations des sens et de l'esprit. Qu'un homme ait la berlue, qu'il prenne un mulet pour un âne, et admire comme un chef-d'œuvre une méchante rapsodie ; on ne peut dire qu'il est en démence. Au lieu qu'on pourra l'affirmer sans scrupule d'un homme qui, trompé non-seulement par ses sens mais encore par son jugement, vit dans une sphère d'illusions qui lui est

3 Lettre 68.

4 Un habitant d'Argos dont l'histoire est rapportée par Horace dans son épître à Julius Florus.

5 Plante aux propriétés purgatives et vomitives, que l'on croyait alors susceptible de guérir la folie.

particulière ; tel serait, par exemple, l'individu qui, aux braiments d'un âne, affirmerait entendre [68] des accords ravissants, ou encore celui qui, né pauvre et dans un rang infime, se prendrait pour Crésus, roi des Lydiens. Ce genre de folie, quand il est tourné à la gaieté, comme cela arrive le plus ordinairement, fait tout à la fois les délices de ceux qui en sont atteints et de ceux qui en sont témoins, bien que fous eux-mêmes à un moindre degré. Il est, au reste, bien plus commun qu'on ne le pense ; le fou rit du fou et chacun procure du plaisir à son voisin ; et il n'est pas rare de voir un maître fou s'amuser aux dépens de qui l'est moins que lui.

Je vous en donne ma parole, le suprême bonheur est de réunir en soi toutes les nuances de la Folie ; pourvu cependant qu'on ne s'écarte pas trop de l'espèce de Démence qui est de mon essence même. Celle-là, vous le savez, est si répandue, que je doute fort qu'il y ait de par le monde un homme d'une sagesse si continue, qu'il ne ressente de temps à autre quelques petits accès. La différence entre les deux genres de démence dont nous parlons consiste en ceci : l'un prend une citrouille pour une femme et reçoit sans conteste le nom d'insensé ; l'autre, bien qu'il partage sa femme avec ses amis, ne l'en regarde pas moins comme une Pénélope et ne cesse de vanter son bonheur ; dans le monde, cette erreur ne le fera pas baptiser fou ; son cas est trop fréquent ; il a tant de confrères parmi les maris !

Les Colloques d'Érasme [1522], t. II, éd. et trad. Nicolas Gueudeville, Leide, P. et B. J. Vander Aa, 1720, dial. X, p. 182-183.

[182] *Beat.* En certains genres, la plupart préfèrent la chose au nom, j'en conviens ; mais il y a d'autres cas où c'est le contraire ; on quitte le réel pour s'attacher au mot.

Boniface. Je ne comprends pas bien votre pensée.

Beat. Je n'irai pas loin pour l'éclaircir : prenons nous nous-mêmes pour exemple. On vous appelle Boniface ; et vous ne remplissez pas mal votre nom. Mais si vous aviez à être dépouillé de l'un ou de l'autre ; s'il vous fallait nécessairement perdre ou le réel, ou le terme ; et que la chose fût à votre choix ; lequel aimeriez-vous le mieux, d'avoir un visage difforme, et être *Maliface*, que de recevoir le nom de Corneille ?

Boniface. Si j'ai la face bonne ou mauvaise, c'est ce que je ne sais point ; mais franchement, j'aimerais mieux qu'on m'appelât Thersite[6], que d'avoir une mine Monstrueuse, et qui, par sa laideur, aurait la vertu de faire accoucher les femmes avant terme.

[183] *Beat.* Moi tout de même ; si j'étais riche ; et que je fusse contraint de renoncer à mon bien, ou à mon nom, je souffrirais plutôt qu'on m'appelât Irus[7] que de tomber dans la pauvreté.

Boniface. Ce que vous dites est trop vrai pour pouvoir vous contredire.

Beat. Ce sera je crois la même chose chez tous ceux qui jouissent d'une bonne et pleine santé ; ou qui ont reçu de la Nature tous les avantages du corps.

Ibid., t. VI, dial. IV, p. 32-33.

[32] *Barbarie.* [...] Où as-tu péché que je suis fille de Chiron[8] ?

Thalie. Ma conjecture est appuyée sur des témoignages démonstratifs.

Barbarie. Cela est bien tôt dit ; mais il faut prouver. Quels sont, je te prie, ces prétendus témoignages ?

Thalie. Cette longue queue qui te pend jusque sur les talons ; ce dos hérissé ; ces petites oreilles blanchissantes autour des tempes, tout cela ne crie-t-il pas que tu es la digne progéniture de Chiron ? Tu es le fruit de ses amours avec quelque jolie Ânesse ; illustre, et noble naissance pour t'en glorifier. Visage capable de faire honneur à une Divinité.

Barbarie. À ce que je vois tu combats pour la figure ; et tes armes sont la Calomnie. Mais venons au pouvoir. Dispute-le-moi [33] sur cet article-là. Attaque-moi, si tu peux ou si tu oses, sur la réputation, sur la gloire, sur la protection. Que diras-tu du Corps ?

Thalie. Rien ; sinon qu'ordinairement la laideur de l'Esprit suit celle de la Matière ; et que le plus souvent, un Corps difforme est l'Hôte d'une Âme de travers.

6 Dans la mythologie grecque, Thersite est un guerrier achéen qui participe à la guerre de Troie. Dans l'*Iliade* (II, 212-277), Homère le décrit comme particulièrement hideux.

7 Irus (ou Iros), personnage de l'*Odyssée* (XVIII, 1-116), mendiant d'Ithaque.

8 Chiron, centaure dans la mythologie grecque.

Les Entretiens familiers d'Érasme [1526], *Première décade*, éd. et trad. Samuel Chappuzeau, Paris, Louis Billaine, 1662, Entretien III, § XIII-XV, p. 53-54.

[53] HÉDON. La luxure est le plus souvent accompagnée de l'indigence, fardeau le plus pesant et le plus fâcheux de tous. La paillardise a pour suite ordinaire contraction de nerfs, faiblesse de vue et paralysie. Que ne vous nommerais-je point encore ? À votre avis n'est-ce pas là un très beau commerce, et n'y a-t-il pas un grand avantage à changer une volupté qui n'en a que le nom, qui est ensemble et courte et trompeuse, avec des maux d'autant plus cuisants et d'une longueur d'autant plus cruelle ?

SPOVDE. Quand il ne s'agirait d'aucune douleur, celui-là me semblerait très mauvais marchand qui changerait des diamants pour du verre.

HÉDON. Vous l'entendez de celui qui laisse en arrière les vrais biens de l'âme, pour s'attacher aux plaisirs du corps ?

SPOVDE. C'est ma pensée.

XIV. HÉDON. Rentrons maintenant en une supputation plus exacte. Ni la maladie, ni l'indigence n'accompagnent pas toujours le luxe ; non plus que la vérole n'est pas toujours [54] jours en queue de la paillardise ; mais on doit m'avouer que le remords de la conscience, dont nous sommes tombés d'accord qu'il n'y a rien de plus misérable, est perpétuellement à la suite de ces faux plaisirs.

SPOVDE. Il les devance même souvent, et dans la chaleur de la volupté vous perce le cœur de traits bien sensibles ; encore qu'il s'en trouve que vous diriez dépourvus alors de tout sentiment.

XV. HÉDON. Et de-là je les juge plus malheureux ; vu qu'il n'est personne qui n'aime mieux sentir la douleur, que d'être stupide et perclus de ses membres.

THOMAS MORE
(1478-1535)

L'Utopie [1516], éd. et trad. Victor Stouvenel, Paris, Paulin, 1842, liv. II, p. 214-217.

[214] Au reste, les Utopiens ne se marient pas en aveugles ; et pour se mieux choisir, ils suivent un usage qui nous parut d'abord éminemment ridicule et absurde ; mais qu'ils pratiquent avec un sang-froid et un sérieux vraiment remarquables :

Une dame honnête et grave fait voir au futur sa fiancée, fille ou veuve, à l'état de nudité complète ; et réciproquement, un homme d'une probité éprouvée montre à la jeune fille son fiancé nu.

Cette coutume singulière nous fit beaucoup rire, et même nous la trouvions passablement stupide ; mais, à toutes nos épigrammes, les Utopiens répondaient qu'ils ne pouvaient se lasser d'admirer la folie des gens des autres pays.

« Lorsque, nous disaient-ils, vous achetez un bidet[1], affaire de quelques écus, vous prenez des précautions infinies. L'animal est presque nu, cependant vous lui ôtez la [215] selle et le harnais, de peur que ces faibles enveloppes ne cachent quelque ulcère. Et quand il s'agit de choisir une femme, choix qui influe sur tout le reste de la vie, et qui en fait un délice ou un tourment, vous y mettez la plus profonde incurie ! Comment ! vous vous liez d'union indissoluble à un corps tout enveloppé de vêtements qui le cachent, vous jugez de la femme entière par une portion de sa personne large comme la main, puisque son visage seul est à découvert ! Et, vous ne craignez pas de rencontrer après cela quelque difformité secrète, qui vous force à maudire cette union aventureuse ! »

Les Utopiens avaient quelque raison de parler ainsi ; car tous les hommes ne sont pas assez philosophes pour n'estimer dans une femme

1 Petit cheval.

que l'esprit et le cœur ; et les philosophes eux-mêmes ne sont pas fâchés de trouver réunie la beauté du corps aux qualités de l'âme. Il est certain que la plus brillante parure peut couvrir la plus dégoûtante difformité ; alors [216] le cœur et les sens de l'infortuné mari repousseront bien loin la femme dont il ne pourra plus se séparer de corps ; puisque, si la mystification n'a lieu qu'après la consommation du mariage, elle n'en détruit pas l'indissolubilité ; et qu'il ne reste plus qu'à ronger son frein.

Il faut donc que les lois fournissent un moyen infaillible de ne pas tomber dans le piège ; surtout en Utopie, où la polygamie est sévèrement proscrite, et où le mariage ne se dissout le plus souvent que par la mort, excepté le cas d'adultère et celui de mœurs absolument insupportables.

Dans ces deux cas, le sénat donne à l'époux offensé le droit de se remarier ; l'autre est condamné à vivre perpétuellement dans l'infamie et le célibat.

Il n'est permis sous aucun prétexte de répudier, malgré elle, une femme de conduite irréprochable, parce qu'il lui sera survenu quelque infirmité corporelle. Abandonner ainsi une épouse au moment où elle a le plus [217] grand besoin de secours, c'est aux yeux de nos insulaires une lâche cruauté ; c'est encore enlever à la vieillesse tout espoir dans l'avenir et toute confiance dans la foi jurée. Car la vieillesse n'est-elle pas la mère de la maladie ; n'est-elle pas elle-même une maladie ?

Ibid., p. 220-221.

[220] Les bouffons, en Utopie, font les délices des habitants ; les maltraiter c'est chose honteuse. Ainsi le plaisir que l'on prend à la folie d'autrui n'est pas défendu. Les Utopiens, dans l'intérêt de leurs bouffons, ne les confient pas à ces hommes tristes et sévères que les paroles ou les actions les plus comiques ne sauraient dérider. Ils craignent que d'aussi sérieux personnages n'aient pas assez d'indulgence et de soin pour un fou qui ne leur servirait à rien, qui ne pourrait pas même les [221] faire rire, seul talent que la nature lui ait départi.

Il est également honteux d'insulter à la laideur et à la mutilation ; celui qui reproche à un malheureux les défauts du corps qu'il n'était pas en son pouvoir d'éviter est méprisé comme un insensé.

JUAN LUIS VIVES
(1492-1540)

L'Institution de la femme chrétienne [1523], trad. Louis Vivès, Anvers, Christophe Plantin, 1579, liv. II, chap. III, p. 224.

Il se trouve aussi quelques maris qui sont fous et privés d'entendement ; à la prude femme conviendra traiter tels rossignols industrieusement, sans les enasprir[1], ou faire colérer ; aussi ne le défraudera elle point de l'honneur dû au mari, mais lui ayant promis de faire du tout selon son vouloir, et comme il lui sera bien expédient et convenable, elle le gouvernera facilement par sa prudence, ni plus ni moins qu'une bête apprivoisée. La femme se portera envers tels hommes, tout ainsi que les mères à l'endroit de leurs enfants, lesquelles sont touchées d'une très grande et véhémente pitié de la misère de ceux-ci ; et de cette pitié s'accroît l'amour et charité envers eux ; de manière que bien souvent ils [elles] aiment plus ceux qui sont débiles, manchots, sots, laids, langoureux, que ceux qui sont bien dispos, rassis, sains, et drus. Je ne veux point ici discourir sur toutes les manières d'infortunes des hommes en particulier, et suffit bien de les toucher seulement en général. Tu es sa femme épousée qui qu'il soit.

Ibid., chap. X, p. 330-331.

[330] Que dirai-je de cette forcenerie[2] d'aucunes mères, qui bien souvent aiment mieux les enfants qui sont difformes, contrefaits, tortus[3], ignorants, lourds, idiots, ivrognes, insolents, badins, que ceux-là qui sont beaux, droits, bien appris, subtils, industrieux, sobres, modestes, rassis

1 Exciter, énerver.
2 État de l'individu qui est forcené, c'est-à-dire qui a perdu la raison.
3 Voir la note correspondante p. 155.

et sages ? Que peut être cela ? est-ce une erreur des pensées humaines, ou bien un châtiment qu'avons mérité pour nos péchés, d'aimer ce que ne devons aimer ? Les animaux muets et sans raison font fête à ceux de leurs faons et petits qui sont les plus beaux ; en quoi elles [ils] montrent un signe de la bonté et générosité de ceux qu'elles [ils] le chérissent le plus. Les vendeurs savent que ce chien-là sera très bon à la chasse duquel la mère prend plus de cure, duquel elle se montre [331] plus soigneuse, et lequel elle reporte premier en son gîte. Mais en la race des hommes, sachez que celui que la mère aimera fort tendrement, sera souvent le plus piètre et le plus vil.

L'Introduction à la sagesse ou la petite morale de Jean Louis Vives de Valence [1524], trad. Louis Vivès, Paris, Jean Baptiste Coignard, Paris, 1670, chap. III, p. 43-45.

[43] C'est pourquoi gardez-vous bien de régler vos sentiments par ceux du commun des hommes, et de croire ainsi qu'ils font que ce soit un fort grand mal que la pauvreté, ou la bassesse de la naissance, ou la perte de la liberté, ou la nudité, ou l'ignominie, [45] ou la difformité du corps, ou les maladies, ou la langueur et la faiblesse, mais donnez ce titre de mal, au vice, et aux choses qui en approchent, comme l'ignorance, la stupidité, la folie.

Au contraire tenez pour un grand bien, la vertu et ce qui peut être utile pour l'acquérir, comme la science, la vivacité de l'esprit, la solidité du jugement.

Quant à ce qui regarde les choses extérieures, ou les qualités avantageuses du corps, si vous les avez, et que vous vous en prévaliez pour pratiquer la vertu, elles vous seront utiles et profitables, mais si vous ne les employez qu'au vice et à la débauche, elles vous seront nuisibles et pernicieuses. Que si vous ne les avez pas, ne soyez pas si malheureux que de les vouloir acquérir par la moindre perte de votre vertu, et en violant tant soit peu les lois de la pureté et de la justice.

De subventione pauperum sive De humanis necessitatibus [1526], éd. et trad. Constant Matheeussen et Charles Fantazzi avec Jeannine de Landtsheer, Brill, Laiden-Boston, 2002, liv. II, chap. 3, § 10-12, p. 104-106. Trad. Smaranda Marculescu.

[104] 10. Je ne permettrais pas aux aveugles de rester assis ou de tourner en rond sans occupation. Nombreuses sont les activités auxquelles ils pourraient s'adonner : certains sont doués pour les lettres, qu'ils étudient (nous remarquons chez certains d'entre eux des progrès considérables dans l'étude) ; d'autres pour la musique, qu'ils chantent, qu'ils fassent vibrer les lyres, qu'ils soufflent dans les flûtes ; certains peuvent faire tourner les moulins à bras, d'autres travailler dans les pressoirs, d'autres manipuler les soufflets dans les forges ; nous savons que les aveugles peuvent fabriquer des boîtes, des paniers, des corbeilles, des cages. Que les femmes aveugles filent et dévident. Qu'ils veuillent seulement ne pas chômer ni fuir le travail, ils trouveront facilement de quoi s'occuper. Ce sont la paresse et la mollesse les raisons pour lesquelles ils disent ne pas pouvoir faire quelque chose, et non le défaut du corps. Aux infirmes et aux vieillards aussi qu'on donne des tâches plus faciles, en fonction de leur âge et de leur état de santé. Personne n'est infirme au point de manquer entièrement de forces pour s'acquitter d'une tâche. Le résultat c'est que lorsqu'ils sont occupés et pris par leur travail, les mauvaises pensées et états d'âme, qui naîtraient en eux s'ils étaient inactifs, sont refoulés.

11. Une fois qu'on aura ainsi purgé les hôpitaux de sangsues et qu'on en aura estimé les dépenses et les revenus annuels, les recettes actuelles ainsi que l'argent comptant, il faudra déterminer les ressources de chaque hôpital. Qu'on se débarrasse des offrandes et des équipements superflus, qui sont plus agréables aux enfants et aux avares qu'utiles aux gens pieux. Qu'on confie ensuite à chacun de ces hôpitaux autant de mendiants malades qu'il semble raisonnable [d'y envoyer], de manière à ce que les rations alimentaires puissent ne pas être réduites au point de ne combler qu'à moitié leur faim ; c'est la première chose à procurer aux malades de corps ou d'esprit, car leurs maladies s'aggravent s'ils manquent de nourriture. Mais qu'on laisse de côté les délicatesses, car ils pourraient vite prendre de mauvaises habitudes.

12. Et puisque notre discussion a fait mention de ceux qui sont privés de l'usage de la raison, comme il n'y a au monde rien de plus précieux que

l'homme et chez l'homme rien de plus précieux que l'esprit, maintenir ce dernier en bonne santé doit être au cœur des préoccupations. Il faut considérer comme le meilleur des bienfaits [106] que de faire recouvrer la santé aux esprits des autres, ou bien d'en préserver la bonne santé et l'équilibre. Donc, lorsqu'on amène à l'hôpital une personne qui présente des troubles mentaux, il faut déterminer si son trouble est congénital ou s'il est accidentel, s'il y a un certain espoir de guérison ou si le cas est complètement désespéré. Nous devons ressentir de l'affliction devant un si grand malheur qui accable la plus noble partie de l'âme humaine et par-dessus tout il faut veiller à ne pas augmenter ou nourrir sa folie, ce qui arrive à ceux qui sont dérangés quand on les tourne en dérision, qu'on les provoque ou qu'on les irrite, lorsqu'on approuve leurs folies ou qu'on donne son assentiment à ce qu'ils disent ou à ce qu'ils font de manière insensée, quand on les incite pour qu'ils divaguent plus ridiculement encore, comme pour entretenir la sottise et la folie. Qu'est-ce qui peut être plus inhumain que de rendre quelqu'un fou pour en rire et se faire un jeu d'un mal aussi grand chez l'homme ? Qu'on administre à chacun des remèdes appropriés : certains ont besoin de réconfort et d'alimentation spéciale ; d'autres d'un traitement doux et affable, pour qu'ils s'apprivoisent peu à peu comme les fauves ; d'autres ont besoin d'instruction ; il y en aura qui nécessiteront des châtiments et des chaînes, mais il faut en user de façon à ne pas les rendre plus féroces encore ; en général, autant que possible, il faut introduire en leurs âmes l'apaisement qui ramène facilement à l'esprit le jugement et la santé.

GEROLAMO CARDANO
(1501-1576)

Et Cardan était si persuadé de la vérité de ce raisonnement[1], qu'il assure en plusieurs lieux[2], qu'encore que naturellement il eût un corps très imbécile, il lui avait acquis une santé forte et vigoureuse, par le moyen des méditations agréables où il s'entretenait ordinairement.

LA MOTHE LE VAYER, *Œuvres de François de la Mothe Le Vayer*, t. II[3].

Les Livres de Hierosme Cardanus intitulés de la Subtilité, et subtiles inventions, ensemble les causes occultes, et raisons d'icelles [1547], éd. et trad. Richard le Blanc, Rouen, La Veuve du Bosc, 1642, liv. XII, p. 324b.

J'ai donc rendu la cause de la forme de nature humaine, et de la fin. Il reste que nous contemplons les choses défaillantes à Nature. Nous avons coutume d'appeler les mutilés, qui sont aveugles, sourds, borgnes, ayant six doigts, et tels monstres de nature, qui sont de mauvaises mœurs. Les Astrologiens facilement absolvent nature de ce fait, disant qu'elle domine sur les fortunes, desquelles l'amas des vices prend son origine. Quant à moi, je dirai que nature a erré en choses plus faciles, et pour ce vraiment elle a défailli aux très difficiles ; pourtant comme tous mutilés sont mauvais, ainsi tous qui ne sont viciés de corps, ne sont de mœurs irrépréhensibles ; car il est plus requis à former une âme sans coulpe et péché, qu'un corps. Pourtant les pires de tous sont les bossus, entendu que la faute est alentour du cœur, principe de tout le corps ; après les

1 Celui selon laquelle « le courage qu'elle [*sc.* la philosophie] inspire dans l'âme, sert merveilleusement à rétablir les forces du corps » (*ibid.*)

2 [NdE] *De libris propriis.* et *De vita propria.*

3 La Mothe Le Vayer, *Œuvres de François de la Mothe Le Vayer*, t. II, part. II, Dresde, Michel Groell, 1756, *Opuscules ou Petits traités*, 1re part., IV, *De la santé et de la maladie* [1644], p. 205.

aveugles et borgnes, pour ce que nature a failli alentour du cerveau ; puis les muets et les sourds, parce que nature a erré en la partie du cerveau la moins noble ; conséquemment les boiteux, qui ensuivent ceux qui sont viciés en quelque grand membre, après lesquels sont ceux qui ont six doigts, et ceux qui les ont joints, ou nature a failli aux choses les moins nécessaires. Le dernier lieu est aux verrues et vestiges qui ensuivent les cicatrices.

Ibid., p. 326a-328b.

[326a] Les monstres ont plusieurs genres, car ils ne sont référés aux espèces, pour ce qu'ils sont d'espèces infinies. On [326b] récite qu'en Cracovia[4] un enfant est né avec un museau, dit *promuscis*, au lieu du nez, ayant les yeux ronds avec ailes, les oreilles d'âne, deux autres yeux sur le nombril, la queue de rat, mais fourchée, et tant longue, qu'elle excédait la tête ; les pieds et les mains de quatre doigts ; les doigts semblables aux griffes et pinces de l'esprenier[5], mais trois étaient ainsi que ceux d'oison liés ensemble par une membrane. Sous les aisselles, et au coude, et sur les genoux têtes de chien étaient éminentes, en sorte qu'on en voyait six. Ils réfèrent que ce monstre tant horrible vécut trois heures ; ainsi il ne faut s'émerveiller de ce que Pausanias[6] dit, savoir est, que de son temps les femmes ont enfanté monstres plus horribles, que le Minotaure. Et ceci est merveilleux, qu'il a fait mention de ces monstres, comme s'ils devaient vivre longtemps ; car le Minotaure, si ce n'est fable, ce que je crois, a vécu comment on dit, jusqu'à l'âge complet. Mêmement Sebastian Monsterus[7] récite être advenu de notre temps en Magence[8] que deux femmes desquelles l'une était grosse d'enfant, parlaient ensemble ; une autre est survenue courant, qui fit frapper les têtes ensemble des femmes qui devisaient : la grosse, lorsqu'elle enfantait, donna un signe de crainte aux petits enfants ; certes elle enfanta deux filles jointes de face, depuis le sommet du front jusqu'au nez, en sorte qu'elles n'eussent pu voir sinon obliquement. Et ce

4 Cracovie, ville de Pologne.
5 Il s'agit de l'épervier.
6 Pausanias, dit le Périégète, géographe et voyageur grec qui vécut au IIe siècle de notre ère.
7 Sebastian Münster (1488-1552) savant et cartographe d'origine du sud de l'Allemagne.
8 Mayence, en Allemagne.

monstre vécut dix ans, une de ces filles morte et séparée de la survivante, celle qui vivait, mourut soudain; si elle mourut ou par crainte, ou par honte, ou par fâcherie d'esprit qu'elle prit, tandis que l'autre languissait, il est incertain. Ceci est plus certain que les affections des femmes prégnantes peuvent corrompre les enfants qui sont encore en la matrice; dont adviennent tant de macules aux enfants, comme de vin, de peau de pourceau, de pommes de grenade, et de telles choses plusieurs. Car quand la mère de ces filles prédites émue de crainte, retenait l'appréhension de la tête frappée contre celle de sa compagne, les têtes des filles s'assemblèrent en une. Si est-ce que je ne crois ceci être advenu par la seule collision et frappement des têtes, quoi que ceci y peut servir grandement, pour ce [327a] que souvent par cas fortuit les femmes frappent plus leur ventre contre quelque chose, que cette-là ne frappa lors sa tête, et toutefois les gémeaux ne s'assemblent en un. Car si la concussion fût seulement cause de ceci, ce n'était lors la concussion de la tête, mais cependant que la tête est frappée, c'était la concussion du dos ou du ventre de la femme, où étaient les enfants. J'ai vu ce seul monstre survivre qui avait la partie inférieure depuis le nombril de petit enfant, et pissait coutumièrement comme par la verge virile d'un petit enfant. Ce monstre allait çà et là; il montrait l'âge de vingt-cinq ans, comme jeune homme; la partie inférieure montrait l'âge telle qu'est d'un enfant de dix ans, fût en regardant les cuisses ou les pieds. Pour ces causes il me convient ici expliquer plusieurs doutes et questions : la première, pourquoi plusieurs monstres vivent en la matrice, et tantôt qu'ils sont nés, ils meurent; la seconde, quels monstres peuvent survivre, ou non; la tierce question à savoir si nature observe quelque fin en la génération des monstres, ou si c'est totalement une erreur, et faut de l'ordre et puissance d'icelle; la quatrième, à savoir si les monstres sont dits de ce verbe gérondif *monstrando*[9], et s'ils dénoncent toujours quelque chose future; finalement, pourquoi plus grande fécondité, et plus vive vertu des hommes est en Égypte, et meilleur air qu'en autre lieu, toutefois les monstres y sont plus fréquents; conséquemment quelles régions et quelles causes ont les hommes d'engendrer les monstres. Certes les monstres facilement vivent en la matrice, et y sont accomplis, parce qu'ils y sont engendrés; et les choses qui sont engendrées, nécessairement sont conservées par les mêmes causes, dont elles sont faites; mais quand ces monstres sont mis hors de leur propre nature, et sont imbéciles, et

9 De *monstrare*, montrer.

non sains, incontinent qu'ils sont nés, ils périssent. Ce qui est né avec, vit ensemble ; pour ce que ceux qui sont nés ensemble, participent de la vie de ceux avec lesquels ils ont été engendrés car il est plus difficile de vivre, que vivre ensemble ; pour ce incontinent que les monstres sont nés, ils meurent, qui vivaient en la matrice. Une autre raison est, quand ils commencent d'être engendrés, ils diffèrent [327b] peu de la génération des animaux parfaits, ainsi que le chou et le chêne, quand ils commencent à pulluler, à peine peut-on bien distinguer l'un de l'autre : lorsqu'ils sont grands, ils diffèrent tant qu'il n'est aucun qui ne puisse bien les connaître l'un de l'autre. Et les lignes, lorsqu'elles sortent d'un même point, ne sont loin l'une de l'autre ; et tant plus procédé loin, tant plus s'éloignent l'une de l'autre. Ainsi quand les monstres sont encore en la matrice, pour ce qu'ils ne sont loin de leur principe, ils dégénèrent moins de leur forme et composition naturelle ; par quoi tant plus les monstres sont augmentés de soi-mêmes, tant plus sont imbéciles et proches à la mort. Quand ils sont nés, ils rencontrent l'air qui est froid ; pour ce les monstres vivent plus aux régions chaudes, comme en Égypte ; pour ces causes ils vivent moins en Italie, et encore moins en Germanie.

Les monstres vivent qui sont moins éloignés de leur condition naturelle aux membres principaux ; pourtant le monstre qui a deux têtes ne peut vivre longtemps, et vit plus facilement en l'air chaud, qu'au froid, comme il est dit. Et les monstres qui survivent, tant plus sont de forme commode, tant plus vivent longuement ; aussi quand la magnitude ne s'éloigne par nature de la situation des membres, ne la situation de la forme, ne la forme du nombre. Et quand les monstres s'éloignent de la forme humaine, tant plus approchent à la forme des brutes, des bêtes sauvages, des poissons, et couleuvres, tant moins vivent. Mais pourquoi rarement les monstres sont avortés ? Pour ce que l'avortement est rare, les monstres sont rares : les avortements donc des monstres sont très rares. Or à savoir si un monstre est l'erreur simple de nature, ou si nature prétend à quelque fin, comme de faire un bélier d'un homme, il contient le montrer. Car si totalement nature n'a quelque fin, ce qui naîtrait serait informe, mais ce n'est toujours informe. Aucun, comme Aristote, ont estimé que nature a sa fin au prochain genre, quand elle erre ; comme ainsi soit, une femelle au lieu du mâle, une bête de deux pieds pour un homme, ou si elle ne peut ce faire, des plus humains animaux elle fait les quadrupèdes, par cet argument, que rarement elle engendre des [328a] poissons, et jamais des arbres. Et s'il est ainsi, nature devrait engendrer plutôt les oiseaux, que les béliers. Et quand nature prétend faire un genre, nécessairement elle prétendra faire quelque espèce de ce genre. Il semble que quand nature ne peut parvenir à quelque propre fin, elle fait du genre une certaine fin qui est proche au propre quand la matière ne répugne point. Pour cette cause lorsque la matière est de diverses parties, un monstre de diverses formes sera engendré, et quand la matière est inutile, le monstre sera du tout sans forme. Pour ces causes les monstres qui sont sans forme vivent de vie meilleure que les plantes, et meurent incontinent. Mais quand une portion de la matière s'éloigne un peu du tempérament, une petite erreur de nature est commise en cette portion ; comme une vierge noble au cabinet du prince de Luxembourg a eu deux bouches au lieu des dents, et ce monstre n'avait rien plus excellent, sinon l'excellente gravité de ses mœurs.

Pour cette cause on doute coutumièrement, si les monstres nous signifient quelque chose future, comme dits à *monstrando*. Melanthon[10], homme docte, au second livre des *Preexercitations de Physique*, en Grec *Progymnasmata*, récite qu'avant la guerre que l'Empereur fit contre ceux de Germanie, un enfant naquit en un village des Français, et qu'incontinent un couteau apparut éminent hors de la matrice de la femme qui naguère avait enfanté, lequel ne peut jamais être tiré hors, premier que la matrice fut apostumée[11] ; et que ce monstre signifiait la guerre civile de Germanie être future pour tant que ce glaive procédait hors de la matrice et des entrailles. Mais comment un glaive ? L'estime que c'était une matière dure, et semblable au fer en couleur ; car ce ne pouvait être fer. Or si les monstres signifient chose future, ceci appartient aux livres des secrets de l'éternité. Cette prononciation des choses futures serait fréquente en Égypte, vu que les monstres y sont fréquents. Elles sont deux causes de ceci : la première, que les femmes enfantent d'une portée plusieurs enfants ; pour ce par l'imbécillité et par la concussion que s'entrefont les enfants qui sont au ventre, ils dégénèrent de leur propre nature, et se convertissent en monstres. Outre les [328b] monstres vivent en Égypte facilement, tant en la matrice que dehors, pour la salubrité de l'air ; pourtant ici les enfants naissent en huit mois ; et mêmement plusieurs monstres naissent ici tant des femmes que des autres animaux.

10 Philipp Melanchton (1497-1560) philosophe et réformateur protestant allemand.

11 Ce dit de ce qui est touché par un apostume, à savoir un abcès, une tumeur purulente.

La cause de la génération des monstres est la facilité d'engendrer ; pourtant les monstres sont faits souvent aux plantes, aux plus viles bêtes, puis aux plus nobles et fécondes, enfin aux parfaites et peu fécondes, comme en l'homme et Éléphant, qui sont fort rares. Les attouchements monstrueux leur sont donnés, les imaginations absurdes, et la parité du tempérament. Et pour ce tels enfantements quoi que ce ne soit à droit, sont référés à l'ire de Dieu. Les hommes sont monstrueux en noblesse et perfection, comme prophètes, ou les sages, ou pour cause de l'excellente nature de leurs parents, ou par les comètes et constellations, ou par le cours précédent des astres, ou pour ce que nature a transféré la vertu de plusieurs membres en un seulement.

Ibid., liv. XVII, p. 416b.

Entendu qu'il n'est rien difficile à celui qui traite les matières subtilement (et ceci est outre l'art) aucuns ont proposé d'instruire un aveugle à l'écriture. Un tableau d'airain est engravé de lettres cavées, selon l'ordre de l'alphabet : en ce tableau l'aveugle déduit son toucher par chacune lettre, en retenant par cœur l'ordre d'icelles, jusqu'à ce qu'instruit par coutume il sache faire ces lettres d'une plume. Érasme récite aucuns avoir ainsi appris à bien écrire, quoi que ce fissent à grande peine et labeur. Et ceci requiert d'être admonesté assidûment, et de continuer longtemps. Et tant plus le toucher est aigu, et que la note est menue, tant plus facilement et mieux ils apprennent. La chose est admirable, mais peu utile. À propos de ceci, j'ai souvenance avoir vu un homme sans bras, lequel jetait au loin de son pied dextre une lance, il limait, il cousait habits, il mangeait, il écrivait, et enfilait de ses pieds une aiguille. Et s'il était besoin de prouver ce miracle, on produirait plusieurs témoins, entendu qu'il faisait ce qui est prédit publiquement.

La science du monde ou La sagesse civile de Cardan [1544], Paris, Antoine de Sommaville, 1652, chap. xv, p. 185.

Ce choix ne peut se faire plus judicieusement, que de ceux qui ont demeuré longtemps chez un Maître, qui sait l'art de se conduire dans la réputation d'homme aisé, qui soit difficile à servir ; et pour son couronnement, il le faut faire de ceux qui sont de belle taille, et bien proportionnés. Les beautés, et les difformités des corps sont ordinairement l'argument de celle de l'esprit. Ceux qui ont de petites têtes sont hargneux, ou peu sensés. Ceux qui sont trapus, sont malins ; les bossus sont sales, et malpropres ; et les boiteux sont inutiles à beaucoup de services. Considérez les apparences de leur santé ; sachez s'ils ont de la modération dans leur boire et leur manger ; s'ils ont des mœurs qui soient supportables ; et s'ils ne sont point joueurs, larrons, ivrognes, paresseux, fainéants, et répliquant à leur Maître.

TERESA DE ÁVILA
(1515-1582)

[91] Nous pouvons aussi imiter les Saints dans leur amour pour la solitude, dans leur silence, et dans plusieurs autres vertus qui ne tueraient pas ce misérable corps qui ne craint pas de dérégler l'âme par le soin qu'il prend de se [92] conserver avec tant de délicatesse. Le démon de son côté contribue beaucoup à l'entretenir dans un état si périlleux ; car pour peu qu'il le voie appréhender pour sa santé, cela lui suffit pour lui faire croire que les moindres austérités seraient capables de la ruiner, et qu'il ne pourrait continuer à beaucoup pleurer sans courir fortune de devenir aveugle. J'en puis parler comme l'ayant éprouvé, et je ne comprends pas comment la vue et la santé nous peuvent paraître plus précieuses que l'avantage que ne nous serait de les perdre pour un tel sujet. Étant aussi infirme que je suis je n'ai jamais pu rien faire, et je ne fais guère encore, jusqu'à ce que je me sois résolue à ne tenir aucun compte de mon corps et de ma santé.
Les Œuvres de sainte Thérèse, t. I[1].

Ibid., chap. XXVI, p. 220-221.

[220] Que si je dis comme il est vrai, que je ne le vois ni des yeux du corps ni de ceux de l'âme, parce que cette sorte de vision n'est pas sensible, on me demandera sans doute comment je puis donc assurer que je connais plus clairement [221] que Jésus-Christ est près de moi que si je le voyais de mes propres yeux. Je réponds que c'est comme quand une personne qui est aveugle ou dans une très grande obscurité n'en peut voir une autre qui est auprès d'elle, quoiqu'elle ne laisse pas de savoir assurément qu'elle y est. Mais encore que cette comparaison ait du rapport au sujet dont il s'agit, j'avoue qu'il y en a peu, parce que cette personne aveugle ou qui est

---

1 *Les Œuvres de sainte Thérèse*, t. I, trad. Arnauld D'Andilly, Anvers, Henry van Dunewaldt, 1688, *La vie de Sainte Thérèse* [1565], chap. XIII, p. 91-92.

dans une extrême obscurité peut entendre cette autre personne parler, ou se remuer, ou la toucher ; au lieu qu'ici il n'y a rien de tout cela. Il ne s'y rencontre aucune obscurité et l'âme est assurée de ce qu'elle voit et de ce qu'elle sent par une connaissance plus claire que n'est la lumière du soleil. Il n'y a néanmoins ni soleil ni clarté ; mais seulement une certaine lumière sans lumière qui illumine l'entendement pour rendre l'âme capable de jouir d'un si grand bien et qui est suivi de tant d'autres.

Ibid., *Fondation de Médine du Champ* [1573-1576], chap. VII, p. 455.

Les inventions que cette humeur mélancolique trouve pour porter les personnes à faire leur volonté sont en si grand nombre, qu'il faut les observer avec un extrême soin de peur qu'elles ne nuisent aux autres.

On doit remarquer que ces personnes mélancoliques ne donnent pas toutes de la peine. Celles qui sont naturellement humbles, de douce humeur, et qui ont bon esprit renferment en elles-mêmes ce qu'elles souffrent, sans nuire aux autres. Et il se trouve aussi du plus et du moins dans celles qui n'ont pas ces conditions. Je ne doute point que le diable ne fasse tous ses efforts pour les gagner, afin d'en gagner d'autres par leur moyen ; et si elles ne se tiennent sur leurs gardes il pourra y réussir, parce que l'effet de la mélancolie étant d'obscurcir et de troubler la raison, à quoi ne peut-elle point porter nos passions ? et quelle différence y a-t-il entre perdre la raison et tomber dans la folie ? Quant aux personnes dont je parle elles ne vont pas jusque-là ; et il vaudrait mieux qu'elles y allassent, n'y ayant rien plus fâcheux que de se voir obligé de traiter comme des créatures raisonnables celles qui ne le sont pas. Il est vrai que ceux qui ont entièrement perdu l'esprit sont dignes d'une grande compassion ; mais au moins ne nuisent-ils point aux autres ; et le meilleur moyen pour en venir à bout est de les tenir dans la crainte.

Ibid., p. 456-457.

[456] Ce que j'ai vu plusieurs personnes travaillées de ce mal[2] [457] me fait encore redire que je n'y sais point d'autre remède que de ne négliger aucun moyen pour le dompter. Si les paroles ne suffisent, il

2 La mélancolie.

faut employer les châtiments ; et si les petits châtiments sont inutiles, en venir aux grands, et au lieu de les tenir un mois en prison les y tenir quatre, puisqu'on ne saurait leur faire une plus grande charité que d'user envers elles de cette rigueur. Cet avis est si important que je ne saurais trop le répéter. Car bien que quelquefois ces personnes ne soient pas maîtresses d'elles-mêmes, néanmoins parce qu'elles n'ont pas toujours de telle sorte perdu la raison qu'elles ne puissent pécher, elles sont en grand péril, rien ne pouvant les en préserver lorsqu'elles se trouvent étouffées par la folie. Ainsi c'est une grande miséricorde que Dieu fait à celles qui tombent par sa permission dans cette dangereuse maladie, de se soumettre à ceux qui les gouvernent, puisque c'est le seul moyen de les garantir du péril où elles sont. Que si quelqu'une d'elles vient à lire ceci, je la conjure au nom de Dieu de considérer qu'il lui importe peut-être de son salut de profiter de cet avis.

Ibid., p. 458-459.

[458] Que si la mélancolique résiste à ce qui lui sera ordonné, la Supérieure ne lui pardonnera rien, et sans avoir aucun égard à son infirmité elle sera de la même rigueur si elle dit quelque mauvaise parole à ses sœurs, et ainsi en tout le reste.

Il pourra sembler à quelques-uns qu'il y a de l'injustice de traiter aussi rudement une personne malade que si elle était saine. Mais si cela était véritable il y en aurait donc à lier les fous et à les fouetter, et il faudrait leur permettre de battre et d'assommer tout le monde. On me doit croire en ceci, puisque j'en ai fait l'épreuve, et qu'après avoir employé à mon avis toutes sortes de remèdes je n'y en ai point trouvé d'autres.

Que si la Supérieure par une dangereuse compassion n'use d'abord de cette rigueur envers ces personnes mélancoliques, elles deviendront bientôt insupportables, et auront déjà beaucoup nui aux autres lorsqu'elle voudra y remédier. Mais si comme je l'ai dit, il y a de la charité et non pas de la cruauté à lier et à châtier les fous pour empêcher les effets de leur fureur, n'y en a-t-il pas encore davantage à prévenir le mal que ces personnes causeraient aux âmes si l'on n'usait envers elles de sévérité ? [...] Et pourquoi ne le seraient-elles donc pas par crainte de déplaire à Dieu ? En vérité j'appréhende fort que le démon pour gagner plusieurs âmes ne se serve du prétexte de cette humeur. Car je vois qu'on l'allègue plus que l'on ne faisait, et que l'on nomme mélancolie, [459] qui n'est en effet que le désir de faire sa propre volonté. Ainsi je crois que l'on ne doit plus souffrir ni dans nos monastères ni dans tous les autres que l'on y nomme seulement ce nom de mélancolie, qui entraîne avec lui une certaine liberté si contraire à la soumission et à l'obéissance que demande la vie Religieuse. Il faut donner à cette fâcheuse humeur le nom de maladie, et d'une maladie très dangereuse puisqu'elle l'est en effet, et la traiter comme telle.

Ibid., p. 460-461.

[460] Que si l'on s'étonne de me voir donner tant d'avis sur ce sujet, et que je ne parle point des autres, quoiqu'il se rencontre un si grand nombre de maux en cette misérable vie, principalement dans un sexe aussi fragile qu'est le nôtre, je le fais pour deux raisons. La première parce que les personnes frappées de cette maladie de la mélancolie si contraire à la perfection et plus dangereuse que celles où il y va de la vie, ne voulant pas en demeurer d'accord lorsqu'on les oblige de garder le lit bien qu'elles n'aient point de fièvre, il faut au défaut du médecin que l'on n'oserait appeler, que la Supérieure y supplée. La seconde raison est, que les autres maladies finissent ou par la santé, ou par la mort ; mais il est très rare que l'on guérisse, ou que l'on meure de celle-ci, si ce n'est que l'on perde entièrement l'esprit, ce qui est une espèce de mort, puisque l'on meurt par ce moyen à toutes les choses du monde. Ne peut-on pas dire que ces âmes éprouvent aussi une autre espèce de mort par les peines que leur causent leurs imaginations et leurs scrupules à qui ils donnent le nom de tentations, et dont elles peuvent tirer beaucoup de mérite si elles les supportent avec patience ? Que si elles pouvaient connaître que cela ne procède que de cette humeur mélancolique, et qu'ainsi elles ne s'en missent pas trop en peine, elles se trouveraient bientôt fort soulagées. J'avoue qu'elles me font beaucoup de compassion et chacune de nous considérant que la même chose lui peut arriver n'en [461] doit pas seulement avoir pitié, mais les supporter dans leur infirmité sans néanmoins le leur témoigner. Dieu veuille que j'aie bien rencontré dans ces avis que j'ai donnés pour remédier à une si étrange maladie.

Ibid., t. II, *Le Chemin de la perfection* [1566], chap. XIV, p. 122-123.

[122] Or comme je vous l'ai déjà dit, l'on ne peut parler en même temps à Dieu et au monde, ainsi que font ceux qui en priant d'un côté écoutent de l'autre ceux qui parlent, ou s'arrêtent à tout ce qui leur vient dans l'esprit, sans tâcher d'en retirer leur pensée.

Il faut en excepter certaines indispositions et certains temps, principalement quand ce sont des personnes mélancoliques ou sujettes à des maux de tête, puisque quelques efforts qu'elles fassent elles ne s'en peuvent empêcher ; ou bien lorsque Dieu permet pour l'avantage de ceux qui le servent, que ces nuages se forment dans leur esprit, et que quelques peines qu'ils se donnent et quelque soin qu'ils prennent de les dissiper, ils ne le sauraient, ni avoir attention à ce qu'ils disent, ni arrêter leur pensée à quoi que ce soit ; mais l'ont si errante et si vagabonde, que si l'on voyait ce qui se passe en eux on les prendrait pour des frénétiques.

Lors dis-je que Dieu permet que cela arrive, le déplaisir qu'ils en auront leur fera connaître qu'il n'y a point de leur faute. Et il ne faut pas qu'ils se tourmentent [123] et qu'ils se lassent en s'efforçant de ranger leur entendement à la raison dans un temps où il n'en est pas capable, parce que ce serait encore pire. Mais ils doivent prier comme ils pourront, et même ne point prier dans ce temps où leur âme est comme un malade à qui il faut donner un peu de repos, et il faut qu'ils se contentent de s'employer à d'autres actions de vertu. C'est la manière dont en doivent user ceux qui ont soin de leur salut, et qui savent qu'il ne faut pas parler tout ensemble à Dieu et au monde.

MICHEL DE MONTAIGNE
(1533-1592)

> Je suis aux prises avec la pire de toutes les maladies, la plus soudaine, la plus douloureuse, la plus mortelle, et la plus irrémédiable[1] ; j'en ai déjà essayé cinq ou six bien longs accès et pénibles ; toutefois, ou je me flatte, ou encore y a-t-il en cet état de quoi se soutenir, à qui a l'âme déchargée de la crainte de la mort, et déchargée des menaces, conclusions et conséquences dont la médecine nous entête [...].
> *Essais de Michel de Montaigne*, liv. II, chap. XXXVII, p. 480[2].

> [...] les accès me reprennent si souvent que je ne sens quasi plus d'entière santé. Je maintiens toutefois, jusqu'à cette heure, mon esprit en telle assiette, que, pourvu que j'y puisse apporter de la constance, je me trouve en assez meilleure condition de vie que mille autres, qui n'ont ni fièvre ni mal que celui qu'ils se donnent eux-mêmes par la faute de leur discours.
> *Ibid.*, p. 481.

Ibid., chap. XII, p. 280.

En certain aboiement du chien, le cheval connaît qu'il y a de la colère ; de certaine autre sienne voix, il ne s'effraie point. Aux bêtes mêmes qui n'ont pas de voix, par la société d'offices que nous voyons entre elles, nous argumentons aisément quelque autre moyen de communication ; leurs mouvements discourent et traitent :

> *Non alia longe ratione, atque ipsa videtur*
> *Protrahere ad gestum pueros infantia linguæ*[3]

---

1 La gravelle (calculs rénaux).

2 *Essais de Michel de Montaigne* [1580], éd. Christian Pitois, Paris, Victor Lecou, 1850, liv. II, chap. XXXVII, p. 480.

3 « C'est à peu près de la même manière que l'on voit les enfants conduits au langage des gestes par l'impuissance de leur langue » (Lucrèce, *De natura rerum*, liv. V, v. 1029).

Pourquoi non ? tout aussi bien que nos muets disputent, argumentent, et content des histoires par signes : j'en ai vu de si souples et formés à cela, qu'à la vérité il ne leur manquait rien à la perfection de se savoir faire entendre.

Ibid., p. 283-284.

[283] Mais cela est à savoir, quel langage parlerait cet enfant[4] ; et ce qui s'en dit par divination n'a pas beaucoup d'apparence. Si on m'allègue, contre cette opinion, que les sourds naturels ne parlent point, je réponds que ce n'est pas seulement pour n'avoir pu recevoir l'instruction de la parole par les oreilles, mais plutôt pour ce que le sens de l'ouïe, duquel ils sont privés, se rapporte à celui du parler, et se tiennent ensemble d'une couture naturelle, en façon que [284] ce que nous parlons, il faut que nous le parlions premièrement à nous, et que nous le fassions sonner au-dedans à nos oreilles, avant que de l'envoyer aux étrangères.

Ibid., p. 287.

Si ne sont pas les bêtes incapables d'être encore instruites à notre mode : les merles, les corbeaux, les pies, les perroquets, nous leur apprenons à parler ; et cette facilité que nous leur reconnaissons à nous fournir leur voix et haleine si souple et si maniable, pour la former et l'astreindre à un certain nombre de lettres et de syllabes, témoigne qu'ils ont un discours au-dedans qui les rend ainsi disciplinables et volontaires à apprendre. Chacun est saoul, ce crois-je, de voir tant de sortes de singeries que les bateleurs apprennent à leurs chiens, les danses où ils ne faillent une seule cadence du son qu'ils oient ; plusieurs divers mouvements et sauts qu'ils leur font faire par le commandement de leur parole. Mais je remarque avec plus d'admiration cet effet, qui est toutefois assez vulgaire, des chiens de quoi se servent les aveugles, et aux champs et aux villes. J'ai bien regardé comme ils s'arrêtent à certaines portes d'où ils ont accoutumé de tirer aumône, comme ils évitent le choc des coches et des charrettes, lors même que, pour leur regard, ils ont assez de place pour leur passage ; j'en ai vu, le long d'un fossé de

4 « Un enfant qu'on aurait "nourri en pleine solitude, éloigné de tout commerce" » (*ibid.*).

ville, laisser un sentier plein et uni et en prendre un pire pour éloigner son maître du fossé. Comment pouvait-on avoir fait concevoir à ce chien que c'était sa charge de regarder seulement à la sûreté de son maître et mépriser ses propres commodités pour le servir ? Et comment avait-il la connaissance que tel chemin lui était bien assez large, qui ne le serait pas pour un aveugle ? Tout cela se peut-il comprendre sans ratiocination ?

Ibid., p. 306-307.

[306] De quoi fait la plus subtile folie, que de la plus subtile sagesse ? Comme des grandes amitiés naissent des grandes inimitiés, des santés vigoureuses, les mortelles maladies, ainsi des rares et vives agitations de nos âmes, les plus excellentes manies et plus détraquées ; il n'y a qu'un demi-tour de cheville à passer de l'un à l'autre. Aux actions des hommes insensés, nous voyons combien proprement la folie convient avec les plus vigoureuses opérations de notre âme. Qui ne sait combien est imperceptible le voisinage d'entre la folie avec les gaillardes élévations d'un esprit libre, et les effets d'une vertu suprême et extraordinaire ? Platon dit les mélancoliques plus disciplinables et excellents ; aussi n'en est-il point qui aient tant de propension à la folie. Infinis esprits se trouvent ruinés par leur propre force et souplesse ; quel saut vient de prendre, de sa propre agitation et allégresse, l'un des plus judicieux, ingénieux, et plus formés à l'air de cette antique et pure poésie, qu'autre poète italien ait jamais été[5] ? N'a-t-il pas de quoi savoir gré à cette sienne vivacité meurtrière ? à cette clarté qui l'a aveuglé, à cette exacte et tendue appréhension de la raison, qui l'a mis sans raison ? à la curieuse et laborieuse quête des sciences qui l'a conduit à la bêtise ? à cette rare aptitude aux exercices de l'âme, qui l'a rendu sans exercice et sans âme ? J'eus plus de dépit encore que de compassion, de le voir [307] à Ferrare en si piteux état, survivant à soi-même, méconnaissant et soi et ses ouvrages, lesquels, sans son su, et toutefois à sa vue, on a mis en lumière incorrigés et informes.

Voulez-vous un homme sain, le voulez-vous réglé, et en ferme et sûre posture ? Affublez-le de ténèbres, d'oisiveté et de pesanteur : il nous faut abêtir pour nous assagir, et nous éblouir pour nous guider.

5 Il s'agit de Torquato Tasso, dit « Le Tasse » en français (1544-1595).

Ibid., p. 372-373.

[372] Il est impossible de faire concevoir à un homme naturellement aveugle, qu'il n'y voit pas ; impossible de lui faire désirer la vue, et regretter son défaut ; par quoi, nous ne devons prendre aucune assurance de ce que notre âme est contente et satisfaite de ceux que nous avons, vu qu'elle n'a pas de quoi sentir en cela sa maladie et son imperfection, si elle y est. Il est impossible de dire chose à cet aveugle, par discours, argument, ni similitude, qui loge en son imagination aucune appréhension de lumière, de couleur, et de vue : il n'y a rien plus arrière qui puisse pousser le sens en évidence. Les aveugles nés qu'on voit désirer à voir, ce n'est pas pour entendre ce qu'ils demandent : ils ont appris de nous qu'ils ont à dire quelque chose, qu'ils ont quelque chose à désirer qui est en nous, laquelle ils nomment bien, et ses effets et conséquences ; mais ils ne savent pourtant pas que c'est, ni ne l'appréhendent ni près ni loin.

J'ai vu un gentilhomme de bonne maison, aveugle né, au moins aveugle de tel âge qu'il ne sait ce que c'est que la vue ; il entend si peu ce qui lui manque, qu'il use et se sert comme nous des mots propres au voir, et les applique d'une mode toute sienne et particulière. On lui présentait un enfant, duquel il était le parrain ; l'ayant pris entre ses bras : « Mon Dieu, dit-il, le bel enfant ! qu'il le fait beau voir ! qu'il a le visage gai ! » Il dira comme l'un d'entre nous : « Cette salle a une belle vue ; il fait clair, il fait beau soleil. » Il y a plus : car, parce que ce sont nos exercices que la chasse, la paume, la bute, et qu'il l'a ouï dire, il s'y affectionne, s'y empêche, et croit y avoir la même part que nous y avons : il s'y pique et s'y plaît, et ne les reçoit pourtant que par les oreilles. On lui crie que voilà un lièvre, quand on est en quelque belle esplanade où il puisse piquer, et puis on lui dit encore que voilà un lièvre pris : le voilà aussi fier de sa prise, comme il oit dire aux autres qu'ils le sont. L'esteuf[6], il la prend à la main gauche, et le pousse à tout sa raquette : de l'arquebuse, il en tire à l'aventure, et se paye de ce que ses gens lui disent qu'il est ou haut ou à côté.

Que sait-on si le genre humain fait pas une sottise pareille, à faute de quelque sens, et que par ce défaut, la plupart du visage des choses nous soit caché ? Que sait-on si les difficultés que nous trouvons en plusieurs ouvrages de nature viennent de là ? et si plusieurs effets des animaux,

6 Petite balle utilisée au jeu de paume.

qui excèdent notre capacité, sont produits par la faculté de quelque sens que nous ayons à dire ? Et si aucun d'entre eux ont [373] une vie plus pleine par ce moyen et plus entière que la nôtre !

Ibid., chap. XXV, p. 434-435.

[434] Mais allongeons ce chapitre, et le bigarrons d'une autre pièce, à propos de la cécité. Pline dit d'un homme qui, songeant être aveugle en [435] dormant, se le trouva le lendemain, sans aucune maladie précédente. La force de l'imagination peut bien aider à cela, comme j'ai dit ailleurs, et semble que Pline soit de cet avis ; mais il est plus vraisemblable que les mouvements que le corps sentait au-dedans, desquels les médecins trouveront, s'ils veulent, la cause qui lui ôtait la vue, furent occasion du songe.

Ajoutons encore une histoire voisine de ce propos que Sénèque récite en l'une de ses lettres : « Tu sais, dit-il écrivant à Lucilius, que Harpasté, la folle de ma femme, est demeurée chez moi pour charge héréditaire, car de mon goût, je suis ennemi de ces monstres, et si j'ai envie de rire d'un fou, il ne me le faut chercher guère loin : je ris de moi-même. Cette folle a subitement perdu la vue. Je te récite chose étrange mais véritable : elle ne sent point qu'elle soit aveugle, et presse incessamment son gouverneur de l'emmener parce qu'elle dit que ma maison est obscure. Ce que nous rions en elle, je te prie croire qu'il advient à chacun de nous ; nul ne connaît être avare, nul convoiteux ; encore les aveugles demandent un guide ; nous nous fourvoyons de nous-mêmes. Je ne suis pas ambitieux, disons-nous, mais à Rome on ne peut vivre autrement ; je ne suis pas somptueux, mais la ville requiert une grande dépense ; ce n'est pas ma faute, si je suis colère, si je n'ai encore établi aucun train assuré de vie, c'est la faute de la jeunesse. Ne cherchons pas hors de nous notre mal, il est chez nous, il est planté dans nos entrailles ; et cela même, que nous ne sentons pas être malades, nous rend la guérison plus malaisée. Si nous ne commençons de bonne heure à nous panser, quand aurons-nous pourvu à tant de plaies et à tant de maux ? Si avons nous une très douce médecine, que la philosophie, car des autres, on n'en sent le plaisir qu'après la guérison, celle-ci plaît et guérit ensemble. » Voilà ce que dit Sénèque qui m'a emporté hors de mon propos, mais il y a du profit au change.

Ibid., chap. XXX, p. 448-449.

[448] Ce conte s'en ira tout simple, car je laisse aux médecins d'en discourir. Je vis avant-hier un enfant que deux hommes et une nourrice, qui se disaient en être le père, l'oncle et la tante, conduisaient pour tirer quelque sou de le montrer à cause de son étrangeté. Il était, en tout le reste, d'une forme commune et se soutenait sur ses pieds, marchait et gazouillait environ comme les autres de même âge. Il n'avait encore voulu prendre autre nourriture que du tétin de sa nourrice, et ce qu'on essaya en ma présence de lui mettre en la bouche, il le mâchait un peu et le rendait sans avaler. Ses cris semblaient bien avoir quelque chose de particulier. Il était âgé de quatorze mois justement. Au-dessous de ses tétins, il était pris et collé à un autre enfant sans tête et qui avait le conduit du dos étoupé, le reste entier, car il avait bien l'un bras plus court, mais il lui avait été rompu par accident à leur naissance, ils étaient joints face à face et comme si un petit enfant en voulait accoler un plus grandelet. La jointure et l'espace par où ils se tenaient n'étaient que de quatre doigts ou environ, en manière que si vous retroussiez cet enfant imparfait, vous voyiez au-dessous le nombril de l'autre, ainsi la couture se faisait entre les tétins et son nombril. Le nombril de l'imparfait ne se pouvait voir mais oui bien [449] tout le reste de son ventre ; voilà comme ce qui n'était pas attaché comme bras, fessier, cuisses et jambes de cet imparfait demeuraient pendants et branlants sur l'autre, et lui pouvait aller sa longueur jusqu'à mi-jambe. La nourrice nous ajoutait qu'il urinait par tous les deux endroits, aussi étaient les membres de cet autre nourris et vivants et en même point que les siens, sauf qu'ils étaient plus petits et menus. Ce double corps, et ces membres divers se rapportant à une seule tête, pourraient bien fournir de favorable pronostic au roi, de maintenir sous l'union de ses lois ces parts et ces pièces diverses de notre État ; mais de peur que l'événement ne le démente, il vaut mieux le laisser passer devant, car il n'est que de deviner en choses faites, *ut quum facta sunt, tam ad coniecturam aliqua interpretatione revocentur*[7] : comme on dit d'Épiménide[8], qu'il devinait à reculons.

Je viens de voir un pâtre en Médoc, de trente ans ou environ, qui n'a aucune montre des parties génitales. Il a trois trous par où il rend son

7 Citation de Cicéron à propos des prodiges : « on donne après l'événement telle interprétation qu'on veut » (*Traité de la divination*, liv. II, § 31).

8 Épiménide est un poète crétois qui vécut au VIe siècle avant notre ère.

eau sans discontinuer ; il est barbu, a désir, et recherche l'attouchement des femmes.

Ce que nous appelons monstres ne le sont pas à Dieu, qui voit en l'immensité de son ouvrage l'infinité des formes qu'il y a comprises ; et est à croire que cette figure qui nous étonne se rapporte et tient à quelque autre figure de même genre inconnue à l'homme. De sa toute sagesse il ne part rien que bon, commun et réglé, mais nous n'en voyons pas l'assortiment et la relation. *Quod crebro videt, non miratur, etiamsi, cur fiat, nescit. Quod ante non vidit, id, si evenerit, ostentum esse censet*[9]. Nous appelons contre nature, ce qui advient contre la coutume : rien n'est que selon elle, quel qu'il soit. Que cette raison universelle et naturelle chasse de nous l'erreur et l'étonnement que la nouvelleté nous apporte.

Ibid., liv. III, chap. VIII, p. 588.

Il est impossible de traiter de bonne foi avec un sot ; mon jugement ne se corrompt pas seulement à la main d'un maître si impétueux, mais aussi ma conscience.

Nos disputes devraient être défendues et punies comme d'autres crimes verbaux : quel vice n'éveillent-elles et n'amoncellent, toujours régies et commandées par la colère ? Nous entrons en inimitié, premièrement contre les raisons, et puis contre les hommes. Nous n'apprenons à disputer que pour contredire, et chacun contredisant et étant contredit, il en advient que le fruit du disputer, c'est perdre et anéantir la vérité. Ainsi Platon, en sa *République*, prohibe cet exercice aux esprits ineptes et mal nés. À quoi faire vous mettez-vous en voie de quêter ce qui est, avec celui qui n'a ni pas ni allure qui vaille ? On ne fait point tort au sujet quand on le quitte pour voir du moyen de le traiter ; je ne dis pas moyen scolastique et artiste, je dis moyen naturel, d'un sain entendement. Que sera-ce enfin ? l'un va en Orient, l'autre en Occident ; ils perdent le principal, et l'écartent dans la presse des incidents. Au bout d'une heure de tempête, ils ne savent ce qu'ils cherchent : l'un est bas, l'autre haut, l'autre côtier, qui se prend à un mot et une similitude, qui ne sent plus ce qu'on lui oppose tant il est engagé en sa course, et pense à se

9 « Ce qu'il [*sc.* l'homme] voit fréquemment ne l'étonne pas, même s'il en ignore la cause. Mais s'il arrive quelque chose qu'il n'a jamais vue, il la regarde comme un prodige » (Cicéron, *ibid.*).

suivre, non pas à vous, qui se trouvant faible de reins craint tout, refuse tout, mêle dès l'entrée et confond le propos, ou, sur l'effort du débat, se mutine à se taire tout plat, par une ignorance dépitée, affectant un orgueilleux mépris, ou une sottement modeste fuite de contention [...].

Ibid., chap. XI, p. 657-658.

[657] À propos, ou hors de propos, il n'importe ; on dit en Italie, en commun proverbe, que celui-là ne connaît pas Vénus en sa parfaite douceur, qui n'a couché avec la boiteuse. La fortune ou quelque particulier accident ont mis, il y a longtemps, ce mot en la bouche du peuple, et se dit des mâles comme des femelles, car la reine des Amazones répondit au Scythe qui la conviait à l'amour : *ἄριστα χωλὸς οἰφεῖ*, Le boiteux le fait le mieux. En cette république féminine, pour fuir la domination des mâles, elles les estropiaient dès l'enfance, bras, jambes et autres membres qui leur [658] donnaient avantage sur elles, et se servaient d'eux à ce seulement à quoi nous nous servons d'elles par deçà. J'eusse dit que le mouvement détraqué de la boiteuse apportât quelque nouveau plaisir à la besogne, et quelque pointe de douceur à ceux qui l'essayent ; mais je viens d'apprendre que même la philosophie ancienne en a décidé : elle dit que les jambes et cuisses des boiteuses ne recevant, à cause de leur imperfection, l'aliment qui leur est dû, il en advient que les parties génitales qui sont au-dessus sont plus pleines, plus nourries et vigoureuses ; ou bien que ce défaut empêchant l'exercice, ceux qui en sont entachés dissipent moins leurs forces, et en viennent plus entiers aux jeux de Vénus ; qui est aussi la raison pourquoi les Grecs décrivaient les tisserandes, d'être plus chaudes que les autres femmes, à cause du métier sédentaire qu'elles font, sans grand exercice du corps. De quoi ne pouvons-nous raisonner à ce prix-là ? De celles ici je pourrais aussi dire que ce trémoussement que leur ouvrage leur donne ainsi assises, les éveille et sollicite, comme fait les dames le croulement et tremblement de leurs coches.

Ces exemples servent-ils pas à ce que je disais au commencement : que nos raisons anticipent souvent l'effet, et ont l'étendue de leur juridiction si infinie, qu'elles jugent et s'exercent en l'inanité même, et au non être ? Outre la flexibilité de notre invention à forger des raisons à toutes sortes de songes, notre imagination se trouve pareillement facile à recevoir des impressions de la fausseté, par bien frivoles apparences ; car, par la seule autorité de l'usage ancien et public de ce mot, je me suis autrefois fait accroire avoir reçu plus de plaisir d'une femme, de ce qu'elle n'était pas droite, et mis cela au compte de ses grâces.

Ibid., chap. XII, p. 673.

Socrate a été un exemplaire parfait en toutes grandes qualités. J'ai dépit qu'il eût rencontré un corps et un visage si disgraciés, comme ils disent, et si disconvenable à la beauté de son âme ; lui si amoureux et si affolé de la beauté : nature lui fit injustice. Il n'est rien plus vraisemblable que la conformité et relation du corps à l'esprit. *Ipsi animi, magni refert, quali in corpore locati sint : multa enim e corpore existunt, quæ acuant mentem ; multa, quæ obtundant*[10] : celui-ci parle d'une laideur dénaturée, et difformité de membres ; mais nous appelons laideur aussi, une mesadvenance[11] au premier regard, qui loge principalement au visage, et nous dégoûte par bien légères causes, par le teint, une tâche, une rude contenance, par quelque cause souvent inexplicable, en des membres pourtant bien ordonnés et entiers. La laideur, qui revêtait une âme très belle en La Boétie, était de ce prédicament : cette laideur superficielle, qui est toutefois la plus impérieuse, est de moindre préjudice à l'état de l'esprit, et a peu de certitude en l'opinion des hommes. L'autre, qui d'un plus propre nom s'appelle difformité, plus substantielle porte plus volontiers coup jusqu'au dedans ; non pas tout soulier de cuir bien lissé, mais tout soulier bien formé montre l'intérieure forme du pied ; comme Socrate disait de la sienne, qu'elle en accusait justement autant en son âme, s'il ne l'eût corrigée par institution. Mais, en le disant, je tiens qu'il se moquait, suivant son usage, et jamais âme si excellente ne se fait elle-même.

10 « [I]l n'est pas indifférent aux âmes d'être logées dans tel ou tel corps. Beaucoup d'aspects du corps les rendent plus vives, et beaucoup les rendent plus lourdes » (Cicéron, *Tusculanes*, liv. I, § XXIII).

11 Disgrâce.

PIERRE CHARRON
(1541-1603)

Toutes les œuvres de Pierre Charron, Paris, Jacques Villery, 1635, *De la sagesse* [1601], liv. I, chap. X, p. 35.

C'est un axiome entre nous, qu'il n'y a que cinq sens de nature, pour ce que nous n'en remarquons que cinq en nous, mais il y en peut bien avoir davantage, et y a grand doute et apparence qu'il y en a ; mais il est impossible à nous de le savoir, l'affirmer ou nier. Car l'on ne saurait jamais connaître le défaut d'un sens que l'on n'a jamais eu. Il y a plusieurs bêtes qui vivent une vie pleine et entière, à qui manque quelqu'un de nos cinq sens, et peut l'animal vivre sans les cinq sens, sauf l'attouchement, qui seul est nécessaire à la vie. Nous vivons très commodément avec cinq et peut-être qu'ils nous en manque encore un, ou deux, ou trois. Mais cela ne se peut savoir : un sens ne peut découvrir l'autre, et s'il en manque un par nature, l'on ne saurait trouver à dire. L'homme né aveugle, ne saurait jamais concevoir qu'il ne voit pas, ni désirer de voir ou regretter la vue, il dira bien peut-être qu'il voudrait voir, mais cela vient, qu'il a ouï dire ou appris d'autrui, qu'il y a à dire quelque chose : la raison est que les sens sont les premières portes et entrées à la connaissance[1]. Ainsi l'homme ne pouvant imaginer plus que les cinq, qu'il a, il ne saurait deviner s'il y en a davantage en nature, mais il y en peut avoir.

Ibid., chap. XI, p. 40.

L'ouïe est un sens spirituel, c'est l'entremetteur et l'agent de l'entendement, l'outil des savants et spirituels, capable non seulement des secrets et intérieurs des individus, à quoi la vue n'arrive pas, mais

1 Ces lignes proviennent de Montaigne (*Essai*, liv. II, chap. XII). Voir p. 206.

encore des espèces et de toutes choses spirituelles et divines, auxquelles la vue sert plutôt de destourbier[2] que d'aide, dont y a eu non seulement plusieurs aveugles grands et savants mais d'autres encore qui se sont privés de vues à escient pour mieux philosopher, et nul jamais de sourd. C'est par où l'on entre en la forteresse, et s'en rend-on maître, l'on ploie l'esprit en bien ou en mal, témoin la femme du Roi Agamemnon[3] qui fut contenue au devoir de chasteté au son de la harpe, et David[4] qui par même moyen chassait le mauvais esprit de Saül[5], et le remettait en santé, et le joueur de flûtes qui amollissait et raidissait la voix de ce grand Orateur Gracchus[6]. Bref, la science, la vérité et la vertu n'ont point encore d'autre entremise, ni d'entrée en l'âme que l'ouïe, voire la Chrétienté enseigne que la foi et le salut est par l'ouïe, et que la vue y nuit plus qu'elle n'y aide, que la foi est la créance des choses qui ne se voient, laquelle est acquise par l'ouïe : et elle appelle ses apprentis et novices, auditeurs *κατηχουμένοις*[7], Encore ajouterai-je ce mot que l'ouïe apporte un grand secours aux ténèbres et aux endormis, afin que par le son ils pourvoient à leur conservation. Pour toutes ces raisons, les Sages recommandent toute l'ouïe, la garde vierge et nette de toute corruption, pour le salut du dedans, comme pour la sûreté de la ville l'on fait garde aux portes et murs afin que l'ennemi n'y entre.

Ibid., p. 42.

Or ces deux, l'ouïe et la parole se répondent et rapportent l'un à l'autre, ont un grand cousinage ensemble, l'un n'est rien sans l'autre, comme aussi par nature, en un même sujet, l'un n'est pas sans l'autre. Ce sont les deux grandes portes, par lesquelles l'âme fait tout son trafic, et a intelligence partout par ces deux, les âmes se versent les unes dedans les

2 Empêchement, obstacle.
3 Clytemnestre.
4 D'après la *Bible*, David fut le troisième roi d'Israël et régna au Xe siècle avant notre ère.
5 Premier roi d'Israël, Saül accueillit David pour qu'il apaise son esprit troublé au moyen de sa harpe.
6 Caïus Gracchus (154-121 av. J.-C.), homme politique et orateur romain. Plutarque (*Vies parallèles*, « Vies de Tibérius et Caïus Gracchus ») raconte qu'il était accompagné, lors de ses discours publics, d'un joueur de flûte qui se mettait à jouer dès qu'il s'emportait et révélait son caractère irascible.
7 « Katêchoumenoïs », littéralement « instruits de vive voix ».

autres comme les vaisseaux en appliquant la bouche de l'un à l'entrée de l'autre, que si ces deux portes sont closes, comme aux sourds et muets, l'esprit demeure solitaire et misérable ; l'ouïe est la porte pour entrer, par celle-ci l'esprit reçoit toutes choses de dehors, et conçoit comme la femelle ; la parole est la porte pour sortir, par celle-ci l'esprit agit et produit comme mâle. Par la communication de ces deux, comme par le choc et heurt raide des pierres et fers, sort et saille le feu sacré de vérité, car se frottant et limant l'un contre l'autre, ils se défrouillent[8], se purifient et s'éclaircissent, et toute connaissance vient à perfection. Mais l'ouïe est la première, car il ne peut rien sortir de l'âme qu'il ne soit entré devant, donc tout sourd de nature est aussi muet : il faut premièrement que l'esprit se meuble et se garnisse par l'ouïe, pour puis distribuer par la parole, dont le bien et le mal de la parole, et presque de tout l'homme dépend de l'ouïe qui bien ouï, bien parle, et qui mal ouï, mal parle de l'usage et de la parole ci-après.

Ibid., chap. XXIV, p. 99.

Pour conclure ce premier point, il faut dire, que les bêtes ratiocinent, usent de discours et jugement, mais plus faiblement et imparfaitement que l'homme. Elles sont inférieures en cela à l'homme, et non pas qu'elles n'y aient du tout point de part. Elles sont inférieures à l'homme, comme entre les hommes, les uns sont inférieurs aux autres, et aussi entre les bêtes s'y trouve telle différence ; mais encore y a t-il plus grande différence entre les hommes : car comme se dira après, il y a plus grande distance d'homme à homme, que d'homme à bête[9]. Mais pour cela l'on ne peut pas inférer une égalité ou pariage de la bête avec l'homme, combien que comme Aristote dit, il y a des hommes si faibles et hébétés qu'ils ne diffèrent de la bête que par la seule figure et que l'âme brutale soit immortelle comme l'humaine, ou l'humaine mortelle comme la brutale : ce sont des illations[10] malicieuses. Car outre qu'en cette faculté de raisonner, l'homme a un très grand avantage par-dessus elles, encore y a-t-il d'autres facultés plus hautes et toutes spirituelles, par lesquelles

8 Défrouiller : éclaircir les bois en retranchant les branches inutiles.
9 Là encore, Charron reprend Montaigne (*Essais*, liv. II, chap. XII).
10 Conclusions.

l'homme est dit l'image et ressemblance de Dieu, et est capable de l'immortalité ; esquelles la bête n'a point de part, et sont signifiées par l'intellect, qui est plus que la ratiocination simple.

Ibid., chap. XLIII, p. 153.

Cette seconde distinction[11], qui regarde l'esprit et la suffisance, n'est si apparente et perceptible comme les autres, et vient tant du naturel que de l'acquis, selon laquelle y a trois sortes de gens au monde, comme trois classes et degrés d'esprits. En l'un et le plus bas sont les esprits faibles et plats, de basse et petite capacité, nés pour obéir, servir, et être menés, qui en effet sont simplement hommes.

Ibid., liv. III, chap. XIV, p. 104.

Bref, la science nous peut rendre plus humains et courtois, mais non plus gens de bien. Ne sert de rien aussi à nous adoucir, ou nous délivrer des maux qui nous pressent en ce monde ; au rebours, elle les aigrit, les enfle et grossit, témoins les enfants, idiots, simples, ignorants qui mesurant les choses au seul goût présent, ont beaucoup meilleur marché des maux, et les supportent plus doucement que les savants et habiles ; et se laissent plus facilement tailler, inciser. La science nous anticipe les maux, tellement que le mal est plutôt en l'âme par la science, qu'en nature. Le sage a dit, que qui acquiert science, s'acquiert du travail et du tourment : l'ignorance est un bien plus propre remède contre tous maux, *iners malorum remedium ignorantia est*[12] ; d'où viennent ces conseils de nos amis, n'y pensez plus, ôtez cela de votre tête et de votre mémoire ; est-ce pas nous renvoyer et remettre entre les bras de l'ignorance, comme au meilleur abri et couvert qui soit ? C'est bien une moquerie, car le souvenir et l'oubli n'est pas en notre puissance. Mais ils veulent faire comme les chirurgiens, qui ne pouvant guérir la plaie la pallient et l'endorment.

11 La première « distinction » entre les hommes, développée au chapitre précédent, est celle des corps et des esprits relative aux différentes régions du monde.

12 « L'ignorance est un remède impuissant contre les maux » (Sénèque, *Œdipe*, act. III, sc. 1, v. 7). Ici, Charron entend signifier le contraire. Il a peut-être fait porter l'adjectif « *iners* » sur « *ignorantia* » – ce qui donnerait alors : « Une pesante ignorance est un remède contre les maux ».

Ceux qui conseillent se tuer aux maux extrêmes et irrémédiables, ne renvoient-ils pas bien à l'ignorance, stupidité, insensibilité ? La sagesse est un bien nécessaire et universellement utile à toutes choses : elle gouverne et règle tout, il n'y a rien qui se puisse cacher ou dérober de sa juridiction et connaissance.

FRANCIS BACON
(1561-1626)

Œuvres de Bacon, t. II, éd. et trad. Francis-Marie Riaux, Paris, Charpentier, 1843, *Essais de morale et de politique* [1597], chap. IX, p. 256.

Les personnes très laides ou très difformes, les eunuques, les vieillards et les bâtards sont ordinairement envieux ; car tout homme affligé d'une disgrâce qu'il croit sans remède, et qui désespère d'améliorer sa condition, s'efforce de détériorer celle des autres, à moins que ces disgrâces, naturelles ou accidentelles, ne se trouvent jointes à une âme généreuse et héroïque dans un homme qui veuille, en les tournant à son avantage, passer pour une sorte de prodige et faire dire de lui : « C'est pourtant un eunuque ou un boiteux qui a fait de si grandes choses ! » De ce caractère fut l'eunuque Narsès[1], ainsi qu'Agésilas[2] et Tamerlan[3], qui étaient boiteux.

Il en est de même de ceux qui, après de longues disgrâces, parviennent à se relever. Mécontents de tous leurs contemporains, ils regardent les disgrâces des autres comme une sorte de compensation et d'indemnité pour celles qu'ils ont eux-mêmes essuyées.

Ibid., chap. XLIII, p. 351-352.

[351] Les personnes laides ou difformes sont ordinairement au pair avec la nature ; elle les a maltraitées, elles la maltraitent à leur tour et lui rendent le change ; car assez ordinairement, comme le dit

1 Narsès était en effet un eunuque, mais également un général byzantin du Ve siècle de notre ère.

2 Agésilas (444-360 av. J.-C.), chef militaire et roi de Sparte de 398 à 360, réputé pour son courage et sa bravoure.

3 Tamerlan (1336-1405), dont le nom signifie, en perse, « Timour le Boiteux », fut un grand chef de guerre turco-mongol.

l'Écriture même, elles n'ont point de naturel. Il est certain qu'il y a une corrélation naturelle entre le corps et l'âme ; et lorsque la nature a erré dans l'un, il est à craindre qu'elle n'ait aussi erré dans [352] l'autre. Mais l'homme ayant la liberté du choix par rapport à la forme de son âme, quoiqu'il soit nécessité relativement à celle de son corps, les inclinations naturelles peuvent être effacées par la vive lumière de la science et de la vertu, comme la faible lueur des étoiles l'est par l'éclat du soleil. On ne doit donc pas regarder la laideur ou la difformité comme un signe assuré d'un mauvais naturel, mais seulement comme une cause qui manque rarement son effet. Quiconque se connaît un défaut personnel qu'il ne peut s'ôter, et qui l'expose sans cesse au mépris, a par cela même un aiguillon qui l'excite continuellement à faire des efforts pour se garantir de ce mépris. Aussi les personnes laides sont-elles ordinairement très hardies, d'abord pour leur propre défense, puis par habitude, cette même cause les rendant aussi plus intelligentes et leur donnant surtout une vue perçante pour découvrir les défauts des autres, afin d'avoir autant de prises sur eux et de prendre leur revanche. De plus leur difformité même les garantit de la jalousie des personnes qui ont sur elle un avantage naturel à cet égard, et qui s'imaginent qu'elles seront toujours à même de les mépriser quand elles le voudront. Leur désavantage naturel endort leurs rivaux et leurs émules, qui les croient dans l'impossibilité de s'élever jusqu'à un certain point, et qui ne sont bien persuadés du contraire qu'au moment où ils les voient en possession d'un poste élevé. Ainsi la difformité est dans un génie supérieur un moyen pour s'élever et un avantage réel. Les rois avaient autrefois et ont encore aujourd'hui, dans certains pays, beaucoup de confiance aux eunuques, parce que les individus souvent exposés au mépris général ont ordinairement plus de fidélité pour celui qui est leur unique défense ; mais cette confiance qu'on a pour eux ne se rapporte qu'à de viles fonctions, on les regarde plutôt comme de bons espions et d'adroits rapporteurs que comme des ministres d'une grande capacité ou de bons officiers. Il en est de même des personnes laides, et, par la même raison, dis-je, que nous avons déjà exposée, parce que, lorsqu'elles ont de l'âme et du ressort, elles n'épargnent aucun soin pour se délivrer du mépris, soit par la vertu, soit par le crime. Ainsi il n'est pas étonnant que ces personnes disgraciées par la nature deviennent quelquefois de grands hommes, comme Agésilas[4], Zongir (Zéhangir)[5], fils de Soliman, Ésope[6], Guasca[7], président du Pérou ; personnages auxquels on pourrait peut-être ajouter Socrate ainsi que beaucoup d'autres.

---

4 Voir la note correspondante p. 219.

5 Calligraphe et poète, Şehzade Cihangir (1531-1553) était l'enfant le plus jeune de Soliman le Magnifique et de Roxelane. De santé fragile, il développa une déformation de la colonne vertébrale.

6 L'écrivain grec Ésope (VIIe-VIe siècle av. J.-C.) est considéré comme ayant été difforme.

7 Pedro de la Gasca (1485-1567) évêque et diplomate espagnol, second Vice-roi du Pérou de 1546 à 1549.

FRANÇOIS
DE LA MOTHE LE VAYER
(1588-1672)

Œuvres de François de la Mothe Le Vayer, t. II, part. I, Dresde, Michel Groell, 1756, *De la physique du prince* [1658], chap. XXIV, p. 133-135.

[133] Or la vue est le sens de l'invention, et c'est pour cela qu'encore qu'Aristote ait nommé l'ouïe le sens des disciplines, il ne laisse pas de reconnaître que la vue est celui de tous qui nous est le plus cher, et dont la privation nous afflige davantage. En effet, la surdité n'a garde d'être si incommode que la cécité ou aveuglement. C'est [134] ce qui a fait prononcer oratoirement à Quintilien, que la perte de la vue n'était pas moins l'aveuglement de l'âme que du corps, et que l'homme souffrait également par elle en toutes les deux parties. *Falitur quisquis hanc calamitatem non animorum putat esse, sed corporum ; totius hominis debilitas est oculos perdidisse*[1]. Et de vérité l'âme étant renfermée dans le corps, je ne dirai pas comme dans une prison, mais comme dans un sépulcre, d'où vient l'allusion Grecque entre *σῶμα* et *σῆμα*[2], quel plus grand désastre peut-elle souffrir que d'être privée de ce peu de lumière qui lui vient par cette agréable fenêtre de l'œil ? Car la vérité dont elle fait sa plus douce pâture, ne pénètre jusqu'à elle par nul endroit si sûrement, ni si commodément, que par celui-là, *veritas est certa rei notitia, habita maxime per visum*[3] ; d'où vient la préférence du témoin oculaire à tout autre. Enfin Pline soutient que c'est dans les yeux que l'âme fait sa principale demeure, *profecto in oculis animus*

---

1 « Quiconque pense que cette calamité [*sc.* la cécité] n'est pas des âmes, mais des corps, se trompe ; perdre ses yeux fait la faiblesse de l'homme tout entier ». Quintilien ou Pseudo-Quintilien, *Déclamations majeures*, II, 9.

2 « Sôma », le corps, et « sêma », le tombeau. Chez Platon : *Gorgias*, 493a, *Cratyle*, 400c, *Phèdre*, 250c.

3 La vérité est la connaissance certaine d'une chose, détenue principalement par la vue.

inhabitat[4] ; et que ceux qui les baisent s'approchent d'elle le plus près que faire se peut, *hos cum osculamur, animum ipsum videmur attingere*[5]. Il est constant que dans la passion où cela se pratique, rien n'est plus puissant [135] que la vue. Il n'y a point d'expression verbale qui approche de celle des yeux ; ce sont des truchements qui se servent du langage des Anges ; et ils sont si prompts, si fidèles, et si pathétiques, qu'un clin d'œil dit souvent plus de choses, soit en bien, soit en mal, que cent périodes n'en pourraient exprimer.

Ibid., chap. XXV, p. 136-137.

[136] La grande recommandation de l'ouïe vient d'être le sens qui fait les savants, y en ayant peu qui le deviennent d'eux-mêmes, et qui doivent à leur invention seule et à leur raisonnement les sciences dont ils ont quelque connaissance. Elles sont presque toutes « acroamatiques[6] » aussi bien que la *Physique* d'Aristote, qui voulait être interprétée de vive voix, et leurs principales parties n'arrivent guère jusqu'à l'âme, que par le canal de [137] l'oreille, nommée pour cela l'organe des disciplines. C'est ce qui a fait aussi appeler la voix en Grec *Φωνή*[7], comme qui dirait *Φῶς νοῦ*[8], la lumière de l'entendement, qui en effet demeurerait dans de grandes ténèbres s'il n'était éclairé par la parole de ceux qui l'instruisent en lui disant le mot en l'oreille. Mais notre Théologie a envié de beaucoup en cela par-dessus la Philosophie, quand elle a prononcé que la Foi était de l'ouïe, *Fides ex auditu*[9] ; de sorte que ce dernier éloge rend encore ce Sens bien plus considérable. Enfin toutes les voix articulées, et tous les discours raisonnables qui nous distinguent du reste des animaux ne sont rien sans l'ouïe, non plus que toutes les mélodies de la musique, qui n'ont été inventées que pour lui plaire. Cela montre dans la doctrine des choses contraires les plus grandes disgrâces qui accompagnent nécessairement la surdité, quoiqu'on puisse dire qu'elle exempte en

4 « C'est en effet dans les yeux que l'âme habite ». Pline l'Ancien, *Histoire naturelle*, liv. XI, § LIV. Nous reproduisons le passage où figure cette phrase p. 118.

5 « Quand nous les [*sc.* les yeux] embrassons, nous semblons toucher l'âme elle-même » (*ibid.*).

6 Transmises oralement.

7 « Phonê ».

8 « Phôs noû ».

9 Saint Paul, *Épître aux Romains*, 10, 17.

récompense du déplaisir de mille bruits importuns, et d'une infinité de fâcheux propos dont nous avons tous les jours les oreilles battues et persécutées. La surdité du Lièvre le rend plus gras si nous en croyons Pline, peut-être à cause que le bruit ne l'effraie pas.

Ibid., t. II, part. II, *Opuscules ou Petits traités*, 1re part., IV, *De la santé et de la maladie* [1644], p. 204-205.

[204] On pense que la liaison de l'âme et du corps étant si étroite, celui-ci ne saurait être sain que l'autre n'ait ses fonctions beaucoup meilleures. Et néanmoins Saint Grégoire de Nazianze[10] et Saint Basile[11] croient que l'infirmité nous rend plus propres aux contemplations Philosophiques ; ce qu'ils prouvent par l'élection que fit Platon du lieu d'Athènes le plus malsain, pour y établir son École Académique[12]. Aussi peut-on voir dans le troisième livre de la *République* de ce Philosophe, comme il soutient que ce n'est pas le parfait tempérament du corps, qui a le pouvoir de rendre l'esprit meilleur ; mais qu'au contraire la bonne constitution de celui-ci est souvent capable de redresser l'autre [205], et de lui donner une meilleure trempe. Sénèque dit conformément à cela dans une de ses *Épîtres*[13], que rien n'avait tant contribué à le tirer d'une grande maladie, que l'entretien de la Philosophie, parce que le courage qu'elle inspire dans l'âme, sert merveilleusement à rétablir les forces du corps, *quidquid animum erexit, etiam corpori prodest*[14].

Ibid., p. 206.

Nous méprisons avec cela les travaux de la guerre, la fatigue des voyages, les suites dangereuses de la débauche ; et dans une confiance que tout nous est possible, il se trouve que rien n'avance tant la fin de nos jours, que cet excellent principe de vie dont les transports sont trop violents. Les valétudinaires ne font pas moins voir de leur côté la vérité

10 Grégoire de Nazianze (329-390) théologien et Docteur de l'Église né en Cappadoce.

11 Basile de Césarée (329-379), un des principaux Pères de l'Église, vécut en Cappadoce.

12 L'Académie était située au nord-ouest d'Athènes, le long d'une route comportant des mausolées de héros, dont Académos.

13 [NdE] Épître 75.

14 « Tout ce qui édifie l'esprit profite aussi au corps ». Sénèque, *Lettres à Lucilius*, IX, 78.

de notre proposition. Par le moyen du soin qu'ils apportent à conserver ce peu qu'ils ont de santé, à ne rien entreprendre au-dessus de leurs forces, et à rechercher tout ce qui leur est avantageux, ils arrivent souvent jusqu'au plus grand âge que l'on puisse souhaiter. C'est ainsi qu'un demi flambeau tenu à l'abri, dure souvent plus qu'un entier que les vents agitent. Et c'est ce qui fait soutenir à Platon dans le cinquième livre de ses *Lois*, que les corps les plus sains, de même que les plus grands, ou encore les plus beaux, ne sont pas ceux qu'on doit désirer davantage.

Ibid., t. III, part. I, *De la grandeur et petitesse des corps* [1647], p. 99-101.

[99] Et bien que nous ne doutions point que la Nature ne produise ordinairement les hommes un peu plus hauts ou plus petits dans quelques contrées, et sous de certains climats, qu'elle ne fait autre part ; comme [100] elle engendre aussi partout de ces hommelets nains, qui sont les *Homunciones* des Latins, les *Piccolhuomini* des Italiens, et les *Manequins* des Flamands, lorsqu'il se trouve du vice dans la forme, ou du défaut dans la matière ; ce n'est pas à dire pourtant qu'il y ait des Nations entières de Pygmées, et des personnes de l'un et de l'autre sexe tellement au-dessous de notre stature qu'on les représente. Les Égyptiens qui divisaient le corps humain en trente-six, et quelquefois en plus de parties, attribuant à chacune un Démon particulier, selon la doctrine de Celsus[15], dont Origène[16] se moque, n'eussent jamais trouvé le moyen de faire tant de dissections différentes sur de si petits sujets. J'ai bien encore de la peine à croire qu'il se rencontre en quelque partie de la Terre que ce soit, des gens, qui n'ayant qu'un pied et demi de haut, ne vivent que trois ans, *in trimatu implentes vitæ cursum*[17], ce sont les propres termes de Pline. Et je mets au même rang ces Pygmées de Tacchara, dont parle Beato Odorico[18], qui se marient à cinq ans, et ne passent jamais la hauteur de trois palmes. Mais je trouve très digne de considération ce que Sigismond de Herberstein[19] rapporte dans sa *Moscovie*, et après lui

15 Celse, philosophe du IIe siècle, auteur du *Discours véritable*, réfuté par Origène.
16 Origène (vers 185-vers 253), théologien, auteur du *Contre Celse*.
17 « Au bout de trois ans le terme de leur vie est atteint ». Pline, *Histoire naturelle*, VII, XVI.
18 Odoric de Pordenone (vers 1286-1331), missionnaire franciscain italien.
19 Sigismond de Herberstein (1486-1566), diplomate et écrivain de langue allemande et latine. Il publia en 1549 les *Rerum Moscoviticarum Commentarii* (*Notes sur les affaires moscovites*).

(sans le nommer) Scaliger[20] dans sa [101] deux-cent-soixante-troisième exercitation[21] contre Cardan[22], qu'encore que les Samogitiens[23] soient des hommes très grands, ils ont quelquefois des enfants nains, et puis d'autres de belle et riche taille, la nature procédant presque toujours ainsi successivement dans leurs générations.

Ibid., p. 101-103.

[101] Or quoique la plupart du monde souhaite plutôt d'être grand que petit, à cause de quelques avantages que peuvent prendre les hommes de haute corpulence sur les autres ; si est-ce que toutes les Nations semblent avoir voulu donner dans leurs façons de parler ordinaires de mauvais préjugés des premiers. Les Grecs ont dit : *ἄνες ὁ μακρὸς*[24], les Romains : *homo longus raro sapiens*[25], et nos Français ont une infinité de brocards qui témoignent du mépris des grandes personnes. Les Poètes donnent bien du courage aux Ajax et aux Rodomonts[26] qui sont leurs plus grands Colosses, mais ils ne les recommandent jamais du côté de la raison. Et je ne vois dans toute l'Antiquité, que [102] le seul Milon Crotoniate[27], ce fameux Athlète qui fut six fois victorieux aux jeux Olympiques, de qui l'on ait dit qu'il eût la grandeur de l'esprit proportionnée à celle de son corps. Aussi est-ce une maxime des plus reçues dans la Philosophie[28], qu'où il y a beaucoup de matière, il ne s'y rencontre ordinairement que fort peu de forme ou de connaissance. Le bœuf comparé au Renard en fournit de preuve dans la Fable[29], aussi bien que dans la Physique. Que sert-il au Crocodile, qu'à se faire craindre et haïr, d'être le seul de toutes

20 Jules César Scaliger (1484-1558), érudit italien. Il publie en 1557 *De subtilitate, ad Cardanum.*

21 Exercice, mise à l'épreuve, critique.

22 Jérôme Cardan, ou Gerolamo Cardano. Voir le chapitre consacré aux textes de ce philosophe, p. 189-195.

23 Les Samogitiens ou Samogètes vivaient dans l'ouest de la Lituanie.

24 « L'homme grand est irréfléchi ».

25 « Un homme grand est rarement sage ».

26 Roi d'Alger courageux mais insolent, personnage de l'*Orlando innamorato* de Boiardo, poème épique du XVe siècle, et de de l'*Orlando furioso* de l'Arioste (début du XVIe siècle).

27 Milon de Crotone vécut au VIe siècle avant notre ère.

28 [NdE] Diodore de Sicile, *Bibliothèque historique*, Livre XII ; Aristote, *Métaphysique*, Livre IV (Γ), dernier chapitre.

29 Le thème ressemble à celui de la fable de Phèdre (fabuliste latin du Ier siècle) « Le Renard et le Bouc ».

les bêtes qui croît tous les jours de sa vie ? Que profite à l'Ours cette lourde masse de chair qui le compose, qu'à le rendre plus endormi, plus contemptible, et plus propre à être mené par le nez ?

Quid nisi pondus iners, stolidæque ferocia mentis[30] ?

Comme en parle le Poète Latin[...][31]. Aristote a reconnu au quatrième livre des *Parties des animaux*[...], qu'à l'égard de l'homme le poids du corps, s'il est grand, peut retarder et ralentir les opérations de son âme jusqu'à celles du sens commun. Et la comparaison du Pilote qui conduit mieux un vaisseau médiocre qu'une ramberge[32], est merveilleusement juste là-dessus.

N'en doit-il pas être tout au rebours, par [103] la Doctrine des contraires[33], de ceux qui ont le corps petit ? Ils ont en cela plus de ressemblance que les autres à la Divinité ; l'on attribue aux corps glorieux le don de subtilité, ou d'occuper peu de lieu ; et c'est pourquoi Anacréon[34] compare sa Cicade[35] aux Dieux immortels, à cause du peu d'empêchement qu'elle reçoit du côté de la matière. La Mouche à miel, dit l'Ecclésiastique, pour être la moindre des volatiles, ne laisse pas d'être des plus considérables, *Brevis in volatilibus est Apis*[36], *et initium dulcoris habet fructus illius*[37]. La petitesse est souvent le symbole des choses précieuses ; le Royaume des Cieux est comparé à un grain de moutarde ; et Dieu défendant à Samuel[38] de regarder à la taille des enfants d'Isaï[39], il lui fit choisir David[40], qui était le plus petit de tous, pour l'élever à la Royauté d'Israël.

30 « Qu'est-ce autre chose qu'une masse inerte, stupide et féroce ? ».
31 Ovide, *Halieutiques*.
32 Ancien navire anglais à rames, de forme effilée.
33 Allusion à la philosophie pythagoricienne et à sa thèse selon laquelle les opposés ou contraires ont eux-mêmes des qualités contraires.
34 Poète grec qui vécut aux VIe et Ve siècles avant notre ère.
35 Sa bien-aimée.
36 [NdE] *Cap. II.*
37 « L'abeille est petite parmi les volatiles, et néanmoins son fruit est ce qu'il y a de plus doux ».
38 Dans la *Bible*, Samuel est qualifié de prophète. C'est lui qui désigne les deux premiers rois d'Israël, Saül et David.
39 Isaï ou Jessé est, selon la *Bible*, le père du roi David.
40 Voir la note correspondante p. 214.

Ibid., p. 106-108.

[106] Ne vous imaginez pas sur tout ce que je vous viens de représenter, que je prétende donner de l'avantage aux uns au préjudice des autres. Il y a longtemps que j'ai ouï dire qu'il est de toutes tailles de bons Lévriers ; et vous savez bien d'ailleurs que je ne suis nullement intéressé dans un des partis. Mon dessein n'a été autre que de fortifier un peu le côté qui semble le plus disgracié de Nature. Que si vous voulez que je parle plus sérieusement, [107] je vous dirai que les tailles médiocres me semblent beaucoup plus souhaitables que celles qui sont dans les extrémités de hauteur ou de bassesse. Platon a bien soutenu au cinquième livre de ses *Lois*, que les plus beaux corps, non plus que les plus sains, ni les plus robustes, n'étaient pas tant à priser que ceux que nous voyons dans un degré plus modéré, soit de beauté, soit de force, ou de santé. À plus forte raison pouvons-nous maintenir, que ni les grandes ni les petites statures n'ont rien de recommandable, comme celles qui possèdent ce riche milieu, où les Philosophes ont toujours placé la perfection de toutes choses. Mais s'il fallait tomber dans l'une ou dans l'autre extrémité, et que le choix des deux me fût donné, je vous assure que je ne serais pas de l'avis de Balthasar Castiglione[41], qui trouve moins d'inconvénient pour son parfait Courtisan, qu'il soit un peu plus petit, qu'un peu plus grand que l'ordinaire. Pour moi je crois que ce peu de différence serait plus tolérable dans une grandeur qui se ferait considérer avec quelque sorte d'étonnement, que dans une bassesse qui causerait du mépris. Par où vous pouvez juger que je ne suis pas si grand partisan des hommes de la moindre taille, que [108] quelques-unes de mes rêveries vous l'auraient pu faire croire.

Ibid., *Des monstres* [1647], p. 166-168.

[166] Je dis ceci à cause de la grande difficulté qu'il y a de rendre raison de tant d'événements merveilleux, et particulièrement de la production des Monstres, que j'ai bien de la peine à rapporter au seul dessein du Tout-puissant, de nous recommander ses autres ouvrages, les rendant plus beaux par cette opposition, comme si d'eux-mêmes ils ne l'étaient

41 Baldassare Castiglione (1478-1529) écrivain et diplomate italien, publia son *Livre du courtisan* en 1528.

pas suffisamment. Quoi qu'il en soit, Aristote nomme les Monstres, des péchés de la Nature[42] ; et ils s'étendent si loin [167] dans sa doctrine, que la femme y passe pour le premier de tous, comme des enfants qui naissent dissemblables à ceux qui les ont engendrés, constituent une autre espèce de Monstruosité, à cause que le dessein de cette même Nature était de produire un mâle, et non pas une fille, visant toujours à ce qui est le plus parfait ; et que dans son cours ordinaire les enfants sont des images vivantes qui représentent leurs parents. Les corps qui viennent au monde défectueux ou avec quelque membre superflu, s'appellent encore monstrueux par la même raison, et ce Philosophe ordonne dans sa *Politique*[43], qu'ils soient supprimés, ou exposés, aussi bien que Platon dans le cinquième livre de ses *Lois*. À la vérité les vices corporels empêchaient autrefois les Lévites de sacrifier, et même de s'approcher de l'Autel, bien qu'ils vécussent des pains qu'on y mettait ; et nous savons que la Loi de Perse a exclu de la Couronne toute sorte d'estropiats. Mais cela ne va pas jusqu'à la rigueur des Philosophes dont nous venons de parler, pratiquée néanmoins autrefois à Rome, si nous en croyons Denys d'Halicarnasse[44], et que nous voyons dans Diodore Sicilien[45], avoir été en usage au Royaume de ce Sophiste Indien[46], qui se soumit si librement aux[...] [168] volontés d'Alexandre le Grand. Je pense que la sévérité exercée contre ceux à qui la Nature semble avoir été marâtre dans une naissance pleine de disgrâces, a son fondement sur le mauvais préjugé qu'on fait d'eux. L'on croit qu'ils tâchent de lui rendre la pareille, et que pour se venger d'elle en lui faisant injure à leur tour, ils prennent des appétits qui l'offensent, et se portent à une infinité d'inclinaisons qu'elle désavoue. C'est ce qui a fait dire, et peut-être à grand tort, qu'ils sont exprès marqués de sa main, afin que chacun s'en prenne garde : *Cave a signatis, neque enim frustra eos signativit Natura*[47] [...]. Ainsi le mal que l'on en craint a donné lieu à cette grande aversion que tant de personnes ont d'eux ; et l'appréhension peut-être, que les plus maltraités de tous, qui sont les Monstres, ne nuisent au reste du monde, est cause qu'on les en chasse souvent devant qu'ils aient pu jouir de son agréable lumière.

42 [NdE] *Physique*, liv. 2, chap. 8 et *De la génération des animaux*, liv. A., chap. 3 et 4.
43 [NdE] Liv. 7, chap. 16.
44 Denys d'Halicarnasse, rhéteur et historien grec du Ier siècle avant notre ère.
45 Diodore de Sicile, historien grec du Ier siècle avant notre ère. [NdE] Liv. 2 et 17.
46 Poros, roi des Paurava, fut vaincu par Alexandre le Grand en 326 avant notre ère.
47 « Méfiez-vous de ceux qui sont marqués, car la nature ne les a pas marqués en vain ».

Ibid., p. 179-180.

[179] Et l'on assure parmi nous que les garçons de la Maison de Beins en Arles sont sourds et muets de nature, n'y ayant chez eux que les femmes qui aient conservé leur privilège de parler. Pourquoi n'y aurait-il pas de même des races de Cyclopes, d'Arimaspes[48], ou de Monocules[49], et par conséquent des Nations semblables, venues par filiation en quelque partie de la terre, où des [180] personnes disgraciées de la sorte se seraient retirées, pour n'être plus regardées avec horreur comme le sont toujours entre nous ceux que nous tenons pour des Monstres ? Or toutes ces différences corporelles dont nous venons de parler, ne regardant que la matière, et nullement la forme, l'on ne peut pas prétendre qu'elles fassent de différentes espèces d'hommes, puisqu'il n'y a que la forme seule qui soit capable d'établir des différences spécifiques. Le mâle et la femelle n'étant contraires qu'en la matière, ne diffèrent point d'espèce par cette même règle de Physique. Et par conséquent les Sauvages de Dauphiné pour être chèvre-pieds[50], ou de quelque autre structure corporelle aussi extraordinaire, ne laissent pas d'être hommes s'ils ont l'usage de la raison, d'où dépend la forme humaine.

Ibid., *De la diversité* [1648], p. 390-392.

[390] Mais considérons l'avantage de ceux qui sont privés de ce sens de la vue, qui ne manque guère dans la doctrine de Platon, qu'au profit de la vue spirituelle, *tum mentis oculis perspicacius videre incipiunt, cum corporis oculi deflorescun*[51]. L'amour même des choses qui méritent d'être affectionnées croît, quand on en perd la vue, *flagrantiora sunt armorum desideria, cum oculorum solatia perdiderunt*[52], dit Nazarius[53] dans son Panégyrique à Constantin[54]. Ces Chinois ne sont pas à blâmer si

48 Peuple légendaire de Scythie, les Arimaspes sont décrits comme ayant un seul œil.

49 Qui n'ont qu'un seul œil.

50 Qui ont des pieds de chèvre.

51 « C'est au moment où les yeux du corps [commencent à baisser] que les yeux de l'esprit commencent à voir plus clairement ». Platon, *Le Banquet*, 219a.

52 « Le désir des armes est plus ardent, quand il a perdu le confort de la vue ».

53 Nazarius, orateur d'origine gauloise du IVe siècle de notre ère.

54 [NdE] Jean Nieuhoff, *L'Ambassade de la Compagnie Orientale des Provinces Unies, vers l'Empereur de la Chine,* Leyde, 1665, chap. 31.

fort qu'on pourrait le penser, quand aussi bien que Démocrite[55] ils s'aveuglent, pour fermer, disent-ils, deux portes à l'amour qui tyrannise, et en ouvrir mille à la sagesse. Que perdent, à le bien prendre, ceux qui ne voient goutte ? que le discernement de quelques couleurs, dont la plus gaie et la plus récréative est le vert, qu'ont pris aussi pour eux les descendants de Mahomet, par un choix qui a fait [391] dire, à cause que cette couleur est aussi celle des fous, que fort à propos ils portaient la marque de la folie de leur faux Prophète. Certes Quintilien use d'un puissant réconfort pour les aveugles[56], quand il fait cette réflexion, que la nuit, les ténèbres et l'obscurité témoignent, que la Nature même est aveugle une grande partie du temps, *Ex parte sui quodammodo cæca Natura est*[57]. Un aveugle-né de la ville de Poitiers m'a autrefois fait traiter assez amplement ce sujet ; trouvez bon, que je couche encore ici ce qu'a écrit Anne Comnène[58] dans le neuvième livre de son *Alexiade.* Elle y rapporte, comme Nicephorus Diogenes[59] de sang impérial, étudia, nonobstant la perte de ses yeux, avec succès aux sciences ; et particulièrement combien il devint habile dans la Géométrie, son maître lui faisant comprendre par les doigts, et avec des instruments solides, toutes les figures, dont il lui faisait leçon. Cette admirable princesse ajoute cet éloge de lui, qu'il égala un Didymus aveugle[60] dont l'on a tant parlé : *haud scio, an multŭm hac in parte inferior illo Didymo, quem ferunt oculis captum, perspicacia quadam inusitata mentis, Musicam et Geometriam ad perfectum didicisse*[61]. [...] [392]. Or tout ce discours n'étant en fait que pour montrer que la Nature ne peut-être trop admirée dans la variété de ses œuvres, il serait aisé de le rendre bien plus long, puisque de la tête, dont nous venons de parler, jusqu'à l'extrémité des pieds l'on y voit comme elle se plaît à la diversité.

55 Voir ici l'annexe consacrée à la question de la cécité, ou prétendue telle, de Démocrite, p. 943-947.

56 [NdE] *Déclamation* 6 [apocryphe].

57 « La nature est en quelque sorte elle-même aveugle ».

58 Anne Comnène (1083-vers 1153), historienne et princesse byzantine.

59 Nikephoros Diogenes, latinisé en Nicephorus Diogene, empereur bizantin de 1070 à 1071.

60 Didyme (313-398), théologien de l'École d'Alexandrie, surnommé « Didyme l'aveugle » du fait de sa cécité.

61 « Je ne sais s'il fut inférieur à Didyme, qui, aveugle, ne laissa pas d'arriver par la vivacité de son esprit à la perfection de la géométrie et de la musique ».

Ibid., t. IV, part. I, *La Promenade* [1662], dial. IV, p. 125-127.

[125] À la vérité, le même Lucrèce, dont je viens de parler, tient pour assuré, que rien n'est plus capable d'amortir l'ardeur d'un Amant, que de prendre connaissance s'il y a moyen des défauts cachés de sa maîtresse, et de certaines infirmités, qu'il appelle *vitæ postscenia*, dont les femmes évitent soigneusement qu'on s'aperçoive ;

> *Nec Veneres nostras hoc fallit, quo magis ipsæ*
> *Omnia summopere hos vitæ postscenia celant,*
> *Quos retinere volunt, adstrictosque esse in amore*[62].

Suidas[63] conte sur cela, que la savante Hippatia[64] fille de Théon le Géomètre, et femme du Philosophe Isidore, guérit un Écolier amoureux d'elle à toute outrance, en exposant [126] à sa vue ses infirmités, lui reprochant, qu'il avait mal placé ses affections d'aimer un corps si méprisable, et que si elle avait quelque chose digne d'estime qui le dût toucher, ce devait être du côté de l'esprit, exempt de toute corruption. Et je me souviens que Boèce[65] entre en cette considération dans sa *Consolation de la Philosophie*[66], que si nous avions des yeux de Lynx selon le mot d'Aristote, pour pénétrer de la vue jusqu'au dedans des corps, remplis de tant de choses hideuses et infectes, les plus belles personnes nous paraîtraient sans doute fort laides. En effet une seule bande de la peau enlevée du plus agréable visage qui soit, le rend si difforme, qu'on peut conclure, que toute la beauté n'est attachée qu'à l'épiderme ou première pellicule, et que tout le reste du sujet n'y a que très peu de part. C'est ce qui a porté Cardan[67] à pousser cette pensée[68] jusqu'à soutenir que la plus aimable créature du monde

62 « Aussi les prêtresses de l'amour ne s'abusent point : aux amants qu'elles veulent attirer dans leurs chaînes, elles cachent avec art les arrières-scènes de la vie » (*De natura rerum*, IV, 87).

63 Auteur présumé du recueil du même nom, appelé encore la Souda, encyclopédie grecque de la fin du Xe siècle.

64 Hypatie (entre 355 et 370-415), philosophe, astronome et mathématicienne grecque.

65 Boèce (vers 480-524), philosophe et homme politique latin, écrivit la *Consolation de philosophie* vers l'an 524.

66 [NdE] Liv. 3., 8.

67 Jérôme Cardan, ou Gerolamo Cardano. Voir le chapitre consacré aux textes de ce philosophe, p. 189-195.

68 [NdA] *De prudentia civili*, liv. 6.

en apparence, était à le bien prendre plus odieuse et plus digne de mépris qu'autrement, puisque sous ce petit extérieur qui trompe, il n'y en a point, *quæ non sarcinam magnam stercoris atque vermium secum deferat*[69]. Mais que ces Philosophes me pardonnent, si je les trouve si excessivement austères ici, qu'ils m'en paraissent [127] ridicules. Car à prendre les choses à la rigueur, comme ils font, ne serions-nous pas tous obligés d'avoir une extrême aversion de nous-mêmes, qui nous connaissons mieux, que tous autres, remplis d'excréments et de pourriture. Les ouvrages de Dieu et de la Nature doivent être respectés, ce me semble, et méritent qu'on les estime davantage de quelque côté qu'on les envisage.

Ibid., dial. V, p. 151-155.

[151] Et parce que nous convenons des merveilles, qui paraissent dans la moindre partie du tout qui nous compose, disons un mot des défectuosités, qui s'y trouvent quelques fois, et qui sont [152] plus remarquables en l'homme qu'en tout autre animal. Néanmoins comme vous avez vu mon petit *Traité des Monstres*, que l'excès ou la défectuosité de la matière fait ainsi nommer, je vous rapporterai seulement, en achevant un tour ou deux de cette allée, quelques petites railleries, qui se sont faites de ces personnes, que nous appelons ordinairement contrefaites. Vous vous souvenez bien, je crois, de ce qu'on proféra autrefois de l'un d'eux, *in dorso Nemesin gestat*[70] ; et j'ai vu une grande querelle fondée sur ce qu'on avait dit d'un autre son semblable, et qui était tombé en quelque disgrâce, qu'il y avait longtemps que la Fortune lui avait tourné le dos. Un Prince de nos voisins, de grand esprit, et d'un secret presque impénétrable dans ses desseins, qu'il avait toujours très vastes, fit prononcer à ceux de son temps, que son cœur n'était pas moins couvert de montagnes, que les pays de sa domination. La plupart de ces traits de moquerie dont on use en ceci, sont fondés sur la maxime générale, que la Nature semble avoir marqué ceux, de qui l'on doit se défier, et sur tous autres les bossus, parce que leur défaut est plus proche du cœur, qu'il ne serait en quelque membre plus éloigné : *Omnes mutili pravi, gibbosi vero præcipue, aberravit*

69 « Qui ne porte en lui une grande charge de fumier et de vers ».

70 « Il porte Némésis sur son dos ». Dans la mythologie grecque, Némésis est la déesse de la vengeance et des châtiments célestes.

[153] *enim natura circa cor*[71] ; Cependant Ésope[72] et assez d'autres ont fait reconnaître dans tous les siècles la fausseté de cet axiome, et nous voyons en nos jours des hommes d'esprit très élevé, et de mœurs très louables, qui ont eu en partage des corps fort mal conditionnés. Il est bien difficile pourtant, qu'ils s'empêchent d'être raillés par ceux même qui devraient le moins en user de la sorte. Un Juge Espagnol pressé par un bossu de lui faire droit sur ses demandes, lui répondit en se moquant, *No puedo hazelle derecho*, il m'est impossible de vous faire droit. Or comme l'on voit souvent ceux, qui sont si mal partagés de corps, l'être en récompense très avantageusement de l'esprit, il en paraît ordinairement beaucoup dans leurs réparties. En voici un exemple pris de deux autres Espagnols, dont l'un était borgne, et l'autre bossu. Je vous le rapporterai pour vous égayer. Le premier s'étant levé de fort bonne heure, et ayant rencontré un de ces petits Atlas qui semblent porter le Ciel sur leurs épaules, « Vous avez, lui dit-il, chargé aujourd'hui de grand matin » ; L'autre lui répondit brusquement, « Parce que le jour n'entre chez vous que par une fenêtre, vous croyez sans doute, qu'il soit plus matin qu'il n'est. » Cela me remet encore [154] en la mémoire le mot d'un malheureux petit Miphibozet[73], qui avait le pied extraordinairement tordu. L'on se moquait de lui sur ce qu'il s'était laissé dérober ses souliers au bord d'une rivière : « Je prie Dieu, repartit-il, qu'ils soient bons à celui qui les a pris, *Plega a Dios que le vengan*[74]. » Un Soldat boiteux dit aussi fort bien à celui qui le raillait de son indisposition : « La guerre n'a que faire de gens qui sachent fuir. » Et un autre qu'on raillait d'avoir une femme qui clochait : « Je ne l'ai pas choisie, dit-il, pour m'en servir à la chasse. »

Ce fût une comme elle qui répliqua à son mari sur ces termes ordinaires, dont il lui usait en colère, qu'il la ferait bien cheminer droit : « Vous me menacez du plus grand plaisir que vous me puissiez faire. » Ne voyez-vous pas bien que c'est pour m'accommoder à votre gaie humeur ordinaire, que je vous fais tous ces petits contes ? Si vous voulez je vous ajouterai à l'avantage des boiteux, que ce ne fut pas sans sujet,

---

71 « Tous les mutilés sont mauvais, mais surtout les bossus, car la nature s'est égarée aux alentours du cœur ». Gerolamo Cardano, *De subtilitate*. Voir le premier texte du chapitre consacré aux textes de ce philosophe, p. 189-190.

72 Voir la note correspondante p. 221.

73 Dans la *Bible*, Mephibosheth est le fils de Jonathan et le petit-fils de Saül, qui devint boiteux quand sa nourrice le laissa choir à l'annonce de la mort de ces derniers.

74 « Plaise à Dieu qu'ils viennent à lui ».

que Vénus en choisit un pour son époux, sur quoi je vous renvoie au vingt-sixième problème d'Aristote dans sa dixième section. Et quant aux premiers dont nous avons parlé, et que la Nature a dès leur vivant élevés en bosse, je vous dirai en leur faveur, que les arbres tortus, selon [155] les observations de l'Agriculture, sont de plus de durée que les autres ; et que la Vigne toute contrefaite et tortue qu'elle se voit, ne laisse pas d'être la première plante de toutes pour le rapport.

Xilinus. Je crois que comme l'on dit ordinairement qu'il est de toutes tailles de bons Lévriers ; l'on peut prononcer de même, qu'il se trouve des hommes d'esprit et de mérite, de quelque corps que la Nature les ait pourvus, grand ou petit, droit ou courbé, gras ou maigre, faible ou robuste. En effet, l'on voit de petits hommes plus à estimer que ceux, qui sont de très haute stature.

Ibid., dial. VI, p. 186-188.

[186] Son [*sc.* de la folie] nom Latin, examiné par Cicéron au troisième livre de ses *Tusculanes*, marque une maladie d'autant plus dangereuse, qu'elle est de la partie, qui nous doit être la plus chère, *nomen insaniæ significat mentis ægrotationem et morbum, id est insanitatem et ægritudinem animi*[75]. Cependant, c'est une chose assez étrange que ceux qui en sont affligés ressentent si peu leur infirmité, qu'ils en font gloire, et ne voudraient pas en être délivrés ; *stultitia gaudium stulto*[76], dit Salomon[77] dans un de ses adages[78], ou plutôt dans ceux de sa Nation ; et dans un autre, *sapientior sibi stultus videtur septem viris loquentibus sententias*[79]. Or quoi qu'il n'y ait point de maladies [187] à craindre, selon Hippocrate, soit du corps, soit de l'esprit, que celles qui paraissent sans douleur, si est-ce qu'on peut maintenir, que les personnes, dont nous parlons, sont en quelque façon ce que le Poète[80] a prononcé des hommes rustiques, *felices errore suo*[81] ; et cela est cause, que Sextus Empiricus les compare aux

75 « Le mot folie, qui signifie l'état d'un esprit malade, un état contraire à la santé de l'esprit ».

76 « La folie est la joie du fou ».

77 Dans la *Bible*, Salomon succède à son père, David, en tant que roi d'Israël.

78 [NdE] *Proverbes*, chap. 15 et 26.

79 « Il se croit plus sage que sept hommes qui répondent avec bon sens ».

80 Lucain (39-65), poète latin.

81 « Heureux de leurs erreurs » (*Pharsale*, I, 459).

sourds et aux aveugles-nés, qui ne forment aucune notion, les premiers des sons, ni les seconds des couleurs. Les fous, dit-il, leur ressemblent, en ce qu'ils ne connaissent point non plus, dans l'état où ils sont, de plus grande sagesse, que la leur, ni de vie plus heureuse, que celle qu'ils mènent. Ils sont persuadés que tout le monde leur ressemble,

> *Insanus omnis furere credit caeteros*[82] ;

et quelqu'un a rendu cette raison de leur indolence, que quand la Folie est entrée dans une cervelle propre à la recevoir, elle ne travaille point son sujet, ni n'est nullement ressentie, ressemblant aux Éléments, qui n'ont nul poids dans leur lieu naturel, *in proprio Elemento non gravitant*[83], pour user des termes de la Physique. Il y a longtemps que Sophocle avait remarqué cette impassibilité, qui accompagne une telle maladie, lorsqu'il écrivit ces vers dans son *Ajax*, [188]

> *Τὸ μὴ φρονεῖν γὰρ, κάρτ' ἀνώδυνον κακὸν,*
> *Desipere enim malum est non dolens*[84]

Sans mentir je trouve bien étrange la pensée de Chrysippe[85] là-dessus, lorsqu'il soutenait dans son troisième livre de la Nature, qu'il était utile et expédient de vivre fou et insensé, plutôt que de ne point vivre, encore que l'on n'eût aucune espérance de devenir jamais sage. Pour moi je ne sais point d'opinion moins soutenable, que celle-là, ni de mort plus souhaitable autant que la Religion le peut souffrir, que celle, qui délivre d'une si calamiteuse infirmité, qu'est la démence, qui nous fait tenir ce discours. Mais d'où vient, qu'un sage tire plus de profit d'un fou, comme disait Caton[86], qu'un fou ne saurait retirer d'un homme sage ? C'est sans doute, que ce dernier observe et évite les fautes, qu'il voit faire à l'autre, et qu'il condamne comme mauvaises ; au lieu que le fou est incapable de rien imiter, ni de tirer profit de ce qu'il voit exécuter raisonnablement.

---

82 « Chaque fou croit que les autres sont fous ». [NdE] Laberius.
83 « Dans leur élément propre, ils ne sont pas pesants ».
84 « Avoir perdu l'esprit est assurément un mal sans douleur ».
85 [NdE] Plutarque, *Contradictions des Stoïciens* et *Des notions communes*.
86 Caton l'Ancien (234-149 av. J.-C.), homme politique et écrivain romain. Voir Plutarque, *Vie de Caton*, XIII.

Ibid., p. 188-189.

[188] Le sage Locman[87], à ce qu'assurent les Philosophes d'Orient, interrogé, qui l'avait si bien instruit qu'il était ? répondit, que les aveugles avaient été ses principaux maîtres, ayant pris garde, qu'ils ne mettaient jamais le pied nulle part, qu'ils n'eussent essayé le lieu, où ils voulaient le poser. [189] Je ne rapporte pas cet apophthegme[88] en faveur de la prévoyance qu'il enseigne, mais seulement pour justifier que les aveugles, tant du corps que de l'esprit, peuvent instruire les plus clairvoyants de l'une et de l'autre partie, si ceux-ci étudient les premiers, ce que ne peuvent pas faire, à l'égard des éclairés, ceux qui sont dans une déplorable cécité. Ô le merveilleux avantage des personnes, qui savent, à l'imitation de Locman, se prévaloir de tout ce qui est exposé à leur vue, dont ils recueillent d'importantes leçons. Comme il n'y a rien, qui enrichisse si tôt un bon ménager de campagne, que de faire en sorte, qu'il ne possède point de terre, qui ne lui soit utile, et qui ne lui rapporte quelque fruit ; rien aussi ne contribue tant à rendre un homme sage, que de s'instruire sur tout ce qui se passe dans le Monde, où les moindres rencontres et les plus petites choses peuvent servir à le perfectionner, et à lui acquérir cette sagesse, où il aspire.

Ibid., t. VI, part. II, 1758, Lettre LXV, *D'un aveugle-né* [1651], p. 128-134.

[128] Pour revenir donc à l'Aveugle, dont je me suis proposé de vous entretenir, et avec qui je suis entré en quelque conversation, son nom est Dreux de la Vallée[89]. Il est honnête homme, d'une des bonnes familles de Poitiers, et qui, nonobstant sa disgrâce, n'a pas laissé d'aller, étant jeune aux Collèges, et d'y faire des études telles, qu'il a disputé publiquement sur des Thèses de Philosophie. D'abord il me dit n'être pas assuré, s'il était né dans une totale privation de la vue, parce qu'il avait appris de ses parents, qu'on ne s'était aperçu de sa « cécité » qu'à

87 Locman (ou Luqman), sage pré-islamique mentionné dans la XXXIe sourate du Coran. Il aurait vécu au XIe siècle avant notre ère.

88 Propos remarquable d'une personne illustre.

89 Il s'agit de Jacques Dreux, seigneur de La Vallée. Voir Kate E. Tunstall, « Pré-histoire d'un emblème des Lumières : l'aveugle-né de Montaigne à Diderot », dans *Les Lumières en mouvement. La circulation des idées au XVIIIe siècle*, I. Moreau (dir.), Lyon, ENS Éditions, 2009, p. 173-197.

l'âge de neuf ou de dix mois, mais qu'il n'avait nul souvenir d'avoir jamais rien vu. Je considérai sa vue assez nette, et lui demandai, s'il ne discernait pas étant au grand jour, et surtout au [129] Soleil, un air plus lumineux, que dans la chambre, ou lorsqu'il était nuit. Au commencement il me fit entendre que non, mais l'ayant amené à la fenêtre, et tourné tantôt du côté du jour, tantôt de l'autre, il reconnut, qu'il s'apercevait de quelque différence qu'il avait cru jusqu'à l'heure procéder plutôt de l'épaississement de l'air, quand il s'approchait d'une muraille, ou de quelque autre corps solide, que de la lumière. Car vous remarquerez, qu'il se promène dans sa chambre sans se heurter, ce que nous ne saurions faire, lorsque nous ne voyons goutte, et qu'il irait sans guide par la ville, à ce qu'il se promet, s'il n'y avait à craindre pour lui que de choquer les murailles. Or parce qu'il proteste, que c'est sans rien voir, il attribue cela à une espèce d'instinct, comme il l'appelle, et à une prénotion que lui donne la Nature, par le moyen de la condensation de l'air, qui lui est sensible sans savoir comment, lorsqu'il s'approche d'un corps massif, qui en fait la répercussion. Pour moi, je crois que c'est un pur effet de la lumière, qui agit sur ses yeux, quelque vice qu'il y ait, comme sur les nôtres, lorsque nous les couvrons parfaitement de nos paupières ; ce qui n'empêche pas, que nous ne [130] discernions le jour des ténèbres, et la vue d'une chandelle, la nuit, quoique nous tenions nos yeux étroitement fermés. Sa cécité n'est pas telle non plus, qu'il ne s'aperçoive de l'obscurité d'un corps solide, qui lui rend l'air moins lumineux, et qui l'avertit presque insensiblement, qu'il trouverait là de l'obstacle, s'il passait outre.

Quant à ce qui concerne les couleurs, il ne les connaît que par ce qu'on lui en a appris dans les classes de Physique. Il sait qu'il y en a de vraies, comme d'autres qui ne sont qu'apparentes ; et qu'entre le blanc et le noir il s'en trouve cinq moyennes, avec une infinité d'autres qui se forment selon qu'elles participent plus ou moins des premières. Si c'est en discourir autrement que les aveugles n'ont accoutumé de parler des couleurs, il assure pourtant non seulement qu'il n'en discerne aucune, mais même, qu'il lui est impossible de s'imaginer ce qu'elles peuvent être en effet.

Je lui demandai s'il ne se figurait point quelque idée du Soleil ou de la Lune, et de cette grande multitude d'Étoiles qui roulent sur nos têtes avec le firmament. Il me répartit qu'il avait quelque connaissance du mouvement des Cieux, par le maniement de [131] la Sphère que lui faisaient toucher ceux qui lui ont donné quelques leçons d'Astronomie. En effet, il n'ignore pas la suite des maisons[90] du Soleil dans l'obliquité du Zodiaque[91] ; et il conçoit assez, que la distance des cercles polaires au Pôle, est égale à celle des Tropiques à l'Équinoctial[92]. Mais avec tout cela il nous pria de croire, qu'il ne lui était pas possible de former dans son esprit la moindre conjecture de la beauté de ce grand Astre, dont il entendait dire tant de merveilles, ni de tout ce qu'on l'assurait paraître dans les Cieux à quiconque pouvait les contempler.

Vous voyez en tout cela clairement la preuve de l'Axiome Philosophique, qu'il n'entre rien dans notre esprit que par la porte des sens ; et par conséquent, que si l'on manque de quelqu'un, notre âme est nécessairement privée de beaucoup de connaissances. Pour en prendre plus d'éclaircissement je l'interrogeai, s'il n'avait jamais songé en dormant, qu'il conversât avec ses amis, et en ce cas-là, comment ils lui avaient semblé vêtus, vu que quand même son imagination les lui aurait représentés tout nus, il fallait, que leur corps lui parût couvert de quelque couleur. Il reconnut, que sa fantaisie lui avait souvent donné de telles illusions, mais [132] que l'entretien avec ses amis se passait toujours sans les voir, en propos et en divertissements où il n'intervenait nulle sorte de couleurs, non plus qu'à l'heure, que nous parlions à lui, il n'en voyait aucune, ni nos personnes, quoiqu'il fût en discours avec nous, et que nous communiquassions les uns avec les autres. Je lui ai fait cette question, parce que la faculté intérieure, que nous appelons fantaisie, étant, selon l'étymologie de son nom grec[...], une autre lumière, qui éclaire au-dedans, et qui peut-être faisait voir la nuit pour quelque temps Tibère[93] et Cardan[94] à leur réveil[...], je voulais m'informer si elle pouvait produire, dans ce défaut de Nature où il est, quelque fantôme indépendant. Mais je me confirmai dans la doctrine commune, que cette seconde lumière dépend absolument en ceci de la première, que c'est *lumen de lumine*, et qu'elle n'éclaire,

90 Secteurs résultant de la tripartition des arcs diurnes et nocturnes du Soleil, de la Lune et des planètes.

91 Zone circulaire de la sphère céleste qui contient les douze constellations.

92 Ou équateur.

93 Voir la note correspondante p. 117 ainsi que le texte associé.

94 Jérôme Cardan, ou Gerolamo Cardano. Voir le chapitre consacré aux textes de ce philosophe, p. 189-195.

pour faire voir les couleurs, qu'autant qu'elles lui ont été révélées par les fenêtres de l'âme, qui sont les yeux.

L'on m'a montré ici un autre aveugle, dont le père était Horloger, et qui réussit en plusieurs ouvrages, faits à la main, avec assez d'artifice. Quelqu'un donna au Cardinal de Richelieu, comme une pièce rare, un [133] Carrosse en petit, qu'il avait fait dans une cave fort obscure, ou pour y être moins distrait qu'ailleurs, ou pour avoir cela de commun avec les taupes, aussi bien que la cécité, de se plaire sous terre. Mais outre, que je n'ai rien remarqué de beaucoup plus notable dans son industrie, qu'en celle de l'aveugle des Quinze-Vingt de Paris[95], qui fait et polit si parfaitement des formes de souliers ; il est encore moins considérable que le premier, en ce qu'il n'est pas aveugle-né, se souvenant bien d'avoir vu des étoiles au Ciel, parce qu'il ne perdit la vue qu'à quatre ans. Car si le mot, « aveugle », vient du latin *aboculatus*, il lui convient véritablement, puisqu'il a été privé de la vue, dont il jouissait autrefois ; mais il n'est pas aveugle-né, ou, *cœcus ab ortu* ; comme il semblerait, qu'à parler exactement, l'aveugle-né ne pourrait pas être nommé *aboculatus*, ni simplement aveugle, d'autant qu'il n'a pas perdu ce qu'il n'a jamais possédé. L'usage néanmoins l'emportera toujours ici et ailleurs sur les raisons grammaticales. Il est bien certain, que tous les aveugles-nés ne le sont pas pour toujours, s'il est constant, que les petits Tartares viennent au monde les yeux fermés, aussi bien que les chiens, et qu'ils [134] ne voient clair qu'au bout de cinq jours, selon que plusieurs l'écrivent.

Ibid., p. 134-137.

[134] Mais certes il y a des raisons bien plus fortes, dont on peut adoucir ce que leur [*sc.* à ceux qui ont perdu la vue] désastre semble avoir de plus fâcheux. De combien de pénibles désirs [135] sont-ils exempts par cette maxime générale de la Morale, qu'on ne souhaite jamais une chose inconnue ? *ignoti nulla cupido*[96]. La privation des plus grandes satisfactions, que nous donnent les yeux, ne peut pas rendre malheureux les Aveugles-nés, comme plusieurs se l'imaginent, si la même règle

95 Hôpital fondé vers 1260 par Saint Louis (Louis IX) et destiné à accueillir, au sein d'une congrégation laïque, sous autorité royale, des personnes aveugles, hommes et femmes, en échange d'une obligation à mendier dans les rues de Paris.

96 « On ne désire pas ce qu'on ne connaît pas ». Ovide, *L'Art d'aimer*, III, 397.

est aussi certaine, qu'on la tient. Supposons néanmoins qu'ils soient à plaindre dans la perte de beaucoup de contentements, que leur donnerait la vue ; de combien de fâcheux objets sont-ils délivrés en récompense ? Et ne serons-nous pas toujours contraints d'avouer, à bien examiner ce point, qu'il y a de l'avantage pour eux, puisqu'ils gagnent plus qu'ils ne perdent dans leur aveuglement ? Car on ne peut pas dire, qu'il soit un mal de lui-même, et considéré séparément ; si nous ne voulons demeurer d'accord, que nous soyons misérables la moitié, ou peu s'en faut, de notre vie, que nous avons les yeux fermés. Certes il en est tout autrement, et si nous y prenons garde, nous trouverons, que nous les fermons souvent pour mieux goûter les plaisirs des autres sens, et pour y rendre notre âme plus attentive, comme elle est toujours, lorsqu'elle reçoit moins de distraction. En effet, quand le [136] poète[97] a voulu représenter Didon[98] dans son plus grand contentement, il lui a fait perdre la lumière, et l'a mise dans l'obscurité d'une profonde caverne. [...] Pour bien juger d'une mélodie, ou pour discerner exactement le goût d'une liqueur, la Nature nous porte d'elle-même à clore les paupières. Et notre satisfaction se trouve tellement parfois dans les ténèbres, que nous les recherchons aux choses même les plus saintes, l'air sombre des Temples augmentant notre dévotion, et le Ciel ne se découvrant jamais plus lumineux à nos âmes qu'aux heures et aux lieux, où nous ne voyons goutte ici-bas.

Combien toutes les Histoires nous font-elles remarquer d'aveugles tels qu'Appius Clodius[99], qui ont eu meilleure vue aux affaires d'importance, que les plus clairvoyants de leur temps ? [...][100] [137] L'aveuglement d'Homère ne l'a pas empêché, de nous faire voir des choses si belles, que depuis plus de deux mille ans elles sont en admiration à tout le monde. Et Tirésias, qui perçoit si avant et si certainement dans l'avenir, qu'il a passé pour le plus grand Prophète des Gentils, n'avait pas la vue meilleure qu'Homère ; quoique, selon l'observation de Cicéron, ils ne l'aient jamais représenté dans toutes leurs Poésies déplorant son infortune, comme ils ont fait un Polyphème, qui dans sa brutalité croyait avoir tout perdu en perdant la vue. En vérité, ils eussent eu grand tort de donner les sentiments d'un homme si grossier, à celui qu'ils croyaient

97 Virgile, *Énéide*, IV, 165-169.

98 Didon, fondatrice légendaire et première reine de Carthage.

99 Voir la note correspondante p. 104.

100 Voir les quelques lignes que nous coupons ici dans l'annexe du présent volume consacrée à la question de la cécité, ou prétendue telle, de Démocrite, p. 945.

avoir reçu tant de grâces de leur Jupiter ; vu principalement, qu'il n'est pas des aveugles, comme des sourds, et des muets, qui ne peuvent jamais devenir, dit Aristote[101], judicieux ni sages comme les premiers. La Prudence est si voisine de la « cécité », que plusieurs, pour s'attribuer celle-là en apparence, affectent de témoigner, qu'ils ont la vue courte, ce qu'on reproche ordinairement aux Espagnols, qui prennent pour cela leurs *antojos*[102] de meilleure heure que les autres, ou du moins *por gravedad*[103], comme ils disent, qui est un second avantage qu'ils y cherchent.

Ibid., p. 138-139.

[138] En vérité l'on ne saurait nier, que le défaut de la vue ne puisse être quelquefois préjudiciable : c'est par lui, qu'on a souvent [139] rendu incapables de porter Couronne, ceux à qui l'on n'eût pu autrement la disputer. Manlius Torquatus[104] est loué d'avoir lui-même refusé le Consulat sur l'infirmité de ses yeux, protestant que celui qui ne voit que par ceux d'autrui, ne peut accepter sans impudence une charge, qui lui met entre les mains, et laisse à sa conduite la vie et les biens d'une infinité de personnes. Bref, à moins que de tomber dans un aveuglement d'esprit, on ne doutera jamais des désavantages que cause souvent celui du corps. Mais tournez la médaille, vous verrez qu'on n'en évite pas d'autres encore plus grands, pour avoir bonne vue, et si vous serez d'ailleurs contraints de confesser que la cécité a ses biens et ses privilèges encore plus grands encore que nous ne les avons remarqués, ne fût-ce que quand nous cédons le haut du pavé aux aveugles comme aux plus grands Seigneurs. Pour conclusion permettez-moi cette petite raillerie en faveur des premiers, que si le texte d'Aristote[105] est véritable, qu'aux pourceaux la perte d'un œil est la perte de la vie, on peut dire que c'est tenir plus du pourceau que de l'homme raisonnable, de ne pouvoir vivre sans yeux.

---

101 [NdE] *Histoire des animaux*, liv. 6, chap. 18.

102 « Lunettes » (littéralement, « devant les yeux »).

103 « Par gravité ».

104 T. Manlius Torquatus (ca 279-ca 202), proposé pour le consulat en 210, le refuse (Tite-Live, XXVI-22).

105 [NdE] *Histoire des animaux*, liv. 6, chap. 18.

THOMAS HOBBES
(1588-1679)

Léviathan ou la Matière, la Forme et la Puissance d'un État ecclésiastique et civil [1651], t. I, trad. Raoul Anthony, Paris, Marcel Giard et Cie, 1921, part. I, chap. IV, p. 36-37.

[36] En imposant ainsi des Noms les uns de plus vaste, les autres de plus étroite signification, nous transformons le calcul[...] des conséquences des choses imaginées dans l'esprit en un calcul des conséquences des Appellations. Par exemple, si quelqu'un qui n'a pas l'usage de la Parole (tel un sourd-muet de naissance {et qui l'est resté complètement}) a devant les yeux un triangle, et, à côté de ce triangle deux angles droits (comme sont les coins d'un carré), il peut[...], par méditation[...], et, en comparant, trouver que les trois angles de ce triangle sont égaux aux deux angles droits qui sont placés à côté. {Mais, si on lui montre un autre triangle différent par la forme du premier, il ne peut pas savoir sans un nouveau travail si les trois angles de ce nouveau triangle sont aussi égaux à deux angles droits.} Au contraire, celui qui a des mots à sa disposition, quand il observe que cette égalité n'était la conséquence ni de la longueur des côtés, ni de quelqu'autre particularité inhérente à son triangle, mais seulement de ce fait que les côtés de ce triangle étaient [37] des lignes droites et ses angles au nombre de trois, et que c'était seulement pour cela qu'il l'avait appelé un triangle, n'hésitera pas à conclure universellement {qu'une telle égalité des angles se trouve dans tous les triangles quels qu'ils soient, et, enregistrera sa découverte dans ces termes généraux} : *tout triangle a ses trois angles égaux à deux angles droits.* Et, ainsi, la conséquence trouvée dans un cas particulier arrive à se graver dans la mémoire comme règle universelle, ce qui élimine du calcul mental les considérations de temps et de lieu et dispense de tout travail de l'esprit sauf du premier : il en résulte que ce qui fut trouvé vrai *ici et maintenant est vrai en tous temps et en tous lieux.*

Ibid., chap. VIII, p. 109-113.

[109] La Folie. – Enfin, avoir des passions[...] plus fortes et plus violentes que cela ne se voit d'ordinaire est ce que l'on appelle Folie.

Il y a presque autant de sortes de folies que de sortes de passions. Parfois, la passion extraordinaire et extravagante[...] procède de la mauvaise constitution ou d'une lésion des organes {du corps}, parfois aussi, le mauvais état et le dérangement des organes dérivent de la longue continuité d'une violente passion[...]. Mais, dans un cas comme dans l'autre, la folie est de {seule et} même nature.

La passion dont la violence ou la continuité engendre la folie est ou une *vaine gloire* très accusée[...], {ce} qu'on appelle communément[...] l'*orgueil* {et la *suffisance*}, ou un grand *découragement*.

La Rage. L'orgueil conduit[...] à la colère dont l'excès est la[...] folie qu'on appelle rage et fureur[...]. Et c'est ainsi qu'un désir excessif de vengeance, quand il devient habituel, affecte les organes et devient de la rage[...] ; qu'un excessif amour accompagné de jalousie[...] devient aussi de la rage ; qu'une [110] excessive opinion de soi-même, en ce qui concerne l'inspiration divine, la sagesse, le savoir, la beauté et autres choses semblables devient de la distraction et de l'étourderie[...]. {Si l'envie s'y ajoute, elle devient de la rage ; une opinion violente et contredite par les autres de la vérité de quelque chose le devient également.}

La Mélancolie. Le découragement rend sujet à des craintes sans causes, et, cette folie est communément appelée mélancolie ; elle se manifeste {aussi} de diverses manières : la fréquentation des endroits solitaires {et des tombeaux}, le fait d'être superstitieux, la crainte de ceci ou de cela[...]. En somme, toutes les passions d'où résulte une conduite étrange et inhabituelle sont appelées du nom {général} de folie. {Mais celui qui voudrait prendre la peine de passer en revue les différentes sortes de folies pourrait en dénombrer une légion.} Et, si les excès de passion sont folie, il n'est pas douteux que les passions elles-mêmes, quand elles tendent au mal, en sont des degrés.

(Par exemple,) bien que l'effet de la folie qui existe chez les gens possédés de l'opinion d'être inspirés ne se manifeste pas toujours chez un individu pris en particulier par quelque action extravagante procédant de cette passion, cependant, quand beaucoup de ces gens réunis agissent de concert, la rage de toute cette [111] multitude devient suffisamment visible[...]. Peut-on donner en effet une plus grande preuve de folie, que conspuer, frapper, lapider ses {meilleurs} amis ? C'est cependant le moins que puisse faire une semblable multitude[...]. Elle conspuera, frappera et mettra à mort ceux qui pendant toute leur vie l'avaient protégée et mise à l'abri de l'injure[...]. Et si cela est folie dans la multitude, cela est folie aussi dans chaque homme pris en particulier. Car, de même qu'au milieu de la mer, bien que nous ne percevions aucun son provenant de la partie de l'eau qui nous environne, il est cependant bien certain que cette partie de l'eau contribue tout autant au mugissement de la mer qu'aucune autre partie d'égale grandeur[...], de même, aussi, bien que nous ne percevions pas de grande agitation en un ou deux[...] hommes, nous pouvons cependant être bien assurés que leurs passions singulières[...] sont parties du mugissement séditieux d'une nation troublée. Et, lors même que rien autre ne trahirait [112] leur folie[...], le fait seul de prétendre ainsi à l'inspiration divine en est[...] un signe suffisant. Si, à Bedlam[1], quelqu'un, après vous avoir entretenu en termes posés, vous disait, au moment où vous désirez, en prenant congé de lui, savoir qui il est, afin de pouvoir à un autre moment lui rendre sa politesse, qu'il est Dieu le Père, je pense que vous n'auriez pas besoin d'attendre qu'il se livre à une action extravagante pour avoir une preuve de sa folie[...].

[...]

[113] Que la Folie n'est autre chose qu'un excès des manifestations d'une passion[...] peut se comprendre en observant les effets du vin qui sont les mêmes que ceux de la mauvaise disposition des organes[...]. Les façons de se conduire des ivrognes sont les mêmes que celles[...] des fous : les uns sont furieux, les autres amoureux, d'autres rient ; tous le font avec extravagance, mais chacun suivant ses passions {dominantes. Car le vin a pour seul effet d'écarter toute dissimulation et de faire ressortir chez les gens ivres la difformité de leurs passions}. Je crois en effet que les hommes {les plus} sobres ne désireraient pas que la futilité et l'Extravagance des pensées qu'ils peuvent avoir, quand ils se promènent seuls, sans souci et l'esprit libre, éclatassent publiquement ; et ceci est reconnaître[...] que les passions non guidées[...] sont le plus souvent pure folie.

1 Bedlam est le nom populaire du Bethlem Royal Hospital, hôpital pour personnes que l'on qualifie aujourd'hui de « handicapées mentales », fondé à Londres en 1400.

Ibid., chap. XI, p. 164-165.

[164] Ainsi, il est impossible de faire une profonde enquête sur les causes naturelles[...] sans incliner par cela même à croire qu'il y a un Dieu Éternel[...], et, cela, bien que l'on ne puisse en avoir dans son esprit [165] aucune Idée répondant à sa nature[...]. En effet, de même qu'un aveugle-né qui entend les autres parler de se chauffer au feu et que l'on amène près du feu pour s'y chauffer aussi peut aisément concevoir et s'assurer personnellement[...] qu'il y a là quelque chose que l'on appelle *feu* et que cela est la cause de la chaleur qu'il sent[...], sans pouvoir imaginer cependant à quoi cela ressemble[...], ni en avoir {dans l'esprit} une idée semblable à celle qu'en ont ceux qui le voient ; de même, d'après les choses visibles de ce monde et leur ordre admirable, on peut concevoir qu'il est[...] une cause de ces choses que l'on appelle Dieu, mais on ne peut avoir dans l'esprit aucune idée, ni aucune image[...] de Dieu.

PIERRE GASSENDI
(1592-1655)

Disquisitio metaphysica [1644], éd. et trad. Bernard Rochot, Paris, Vrin, 1962, *Contre la méditation III de Descartes*, p. 224-226.

[224] C'est ainsi que vous considérez comme une raison d'admettre que les Idées proviennent des choses le fait que la nature semble nous l'enseigner et que nous éprouvons qu'elles ne dépendent pas de nous ni de notre volonté[...]. Mais, sans rien dire de ces raisons ni de leurs solutions, il fallait aussi formuler et résoudre, entre autres objections, celle de savoir pourquoi, chez un aveugle-né, il n'y a aucune idée de la couleur, ou chez un sourd, aucune idée de la voix ; sinon parce que ces choses extérieures n'ont pu envoyer d'elles-mêmes aucune de leurs espèces dans l'esprit de cet infortuné, car dès sa naissance les accès en ont été interdits, et des obstacles n'ont cessé d'être opposés à leur passage.

[...]

[226] Et voulez-vous voir comment la nature n'a rien mis en nous d'une pareille idée [*sc.* l'idée du soleil] ? cherchez à la découvrir chez un aveugle-né. Vous verrez d'abord que dans son esprit elle n'est point colorée ou lumineuse ; vous verrez ensuite qu'elle n'est point ronde, si quelqu'un ne l'en a averti et s'il n'a lui-même auparavant manié quelque objet rond ; vous verrez enfin qu'elle n'est point si grande, si la raison ou l'autorité ne lui a fait amplifier celle qu'il avait d'abord reçue.

Ibid., Réponse de Descartes, p. 226-228.

[226] Et lorsqu'aux raisons que je me suis objectées à moi-même et dont j'ai donné la réfutation vous avez voulu en ajouter une autre :

pourquoi chez un aveugle-né n'y a-t-il aucune idée de la couleur, ni de la voix chez un sourd, vous faites bien voir que vous n'en avez pas une {qui soit} de conséquence ; car comment savez-vous qu'il n'y a aucune idée de couleur chez un aveugle-né ? alors que parfois chez nous, bien que nous fermions les yeux, [228] des sensations de lumière et de couleurs se trouvent néanmoins excitées ; et quand bien même on accorderait ce que vous dites, celui qui nierait l'existence des choses matérielles n'aurait-il pas aussi bien le droit de dire qu'un aveugle-né n'a point d'idées des couleurs parce que son esprit est dépourvu de la faculté de les produire, que vous de dire qu'il ne les a pas parce qu'il est privé d'yeux ?

Ibid., Instance de Gassendi, p. 228-230.

[228] Comme il y a en effet en nous une idée de la couleur qui n'est pas chez l'aveugle, et une idée de la voix qui n'est pas chez le sourd, j'en ai cherché la cause dans le fait que, grâce à Dieu, nous avons les yeux ouverts par où nous recevons les couleurs, des oreilles ouvertes par où nous viennent les sons ; et qu'eux n'ont ni des yeux, ni des oreilles ouvertes par où ils aient jamais reçu ni pu recevoir quelque chose. Comme il vous fallait alors réfuter cela, et dire enfin pour quelle autre cause il y a en nous des idées de couleurs et de voix, tandis que chez les aveugles et les sourds il n'y en a point, en admettant qu'il soit possible que nous les ayons empruntées d'ailleurs que des choses elles-mêmes ; voilà que vous [230] vous dérobez, en demandant comment saurais-je que chez un aveugle-né il n'y a aucune idée de couleur ? Mais était-il cependant possible pour vous de poser une question avec plus d'adresse ? Et, pensez-vous, je ne pouvais répondre comme autrefois Aristote, à quelqu'un qui lui demandait pourquoi les choses belles nous plaisent : Cette question est celle d'un aveugle, dit-il. Mais parfois, dites-vous, chez nous autres, bien que nous fermions les yeux, des sensations de lumière et de couleur sont néanmoins excitées. Il est exact que dans ces conditions surgit parfois quelque vague sensation de lumière ou des couleurs les plus vives ; mais c'est, bien entendu, parce que nous sommes des voyants, et que nous avons des paupières transparentes, telles qu'elles jouent pour nous le rôle de voiles non entièrement opaques. Et cette excitation a-t-elle lieu de la sorte chez ceux auxquels les yeux ont été crevés ou arrachés,

et auxquels les aveugles de naissance doivent être considérés comme comparables (quant à ce qui touche à la privation de la faculté de voir) ? J'ai connu autrefois un aveugle de naissance qui travaillait la philosophie sous le même professeur que moi. Je me souviens d'avoir plus d'une fois placé devant lui, tant en plein soleil qu'à l'ombre, diverses couleurs, et de lui avoir dit de se rendre compte s'il y avait quelque différence ; or jamais il n'en reconnut aucune[1]. Si vous ne le croyez pas, faites l'expérience, et quand bien même vous concéderiez à l'aveugle quelque discernement des couleurs, vous reconnaîtrez du moins, je pense, que si, avec la faculté de voir dont vous êtes doué, vous étiez resté jusqu'à maintenant les yeux fermés, vous ne seriez pas arrivé à avoir autant d'idées des couleurs et d'images des choses que vous en avez maintenant, après que tant de fois et pendant si longtemps vous avez eu les yeux ouverts et attentifs. J'ajoute, même en accordant que chez l'aveugle il se produise un sentiment de clarté et de couleur comme celui qui parfois est excité en nous quand nous avons les yeux fermés, que la même difficulté demeure encore à lever : d'où donc cet homme recevrait-il cette vague impression de lumière et cette idée des couleurs, à moins qu'il ne la reçoive des objets extérieurs ? et d'où viendrait que {l'impression} claire et distincte que nous avons, lui ne l'a pas, si nous ne la recevions pas de ces mêmes choses, dans la mesure où leurs espèces, s'écoulant vers nous, sont reçues dans des ouvertures libres, tandis qu'eux n'en ont pas de libres ? C'est une subtilité d'un autre genre qui vous fait dire que celui qui nie l'existence des choses matérielles pourrait aussi bien dire qu'un aveugle-né n'a point d'idées des couleurs parce que son esprit est dépourvu de la faculté de les produire, que moi de dire qu'il n'en a pas parce qu'il est privé d'yeux, comme s'il fallait seulement écouter celui qui nie l'existence des choses matérielles, et nie par conséquent qu'il soit homme ; ou comme si ce personnage pouvait pénétrer dans l'esprit de l'aveugle pour savoir quelles facultés lui font défaut ou non de la même façon que moi, je regarde son visage et discerne sur lui

1 [NdE] Rappelons que le mystérieux *Hyperaspistes* a aussi parlé des couleurs avec un aveugle-né, philosophe par surcroît : voir A. M., V, 24, et A.T., III, 409, qui pense à l'un des trois cents aveugles des Quinze-Vingts. Les deux adversaires de Descartes ont dû confronter leurs observations ! On sait que le XVIIIe s. invoquera le témoignage des aveugles dans la querelle de l'innéisme.

quels organes y sont présents ou non ; ou enfin comme si le même pouvait dire en toute probabilité[2] : cet aveugle ne voit pas clair pour la raison que son esprit manque de la faculté de voir, et non pas parce qu'il n'a pas d'yeux ; s'il en avait, même en très bon état, il n'y verrait quand même rien ; et cela, comme moi je puis dire : cet aveugle ne voit pas clair parce qu'il n'a pas d'yeux, et non parce qu'il manque de la faculté de voir, laquelle, même s'il l'avait à un haut degré de perfection, n'empêcherait pas que, manquant d'yeux, il ne verrait rien.

Ibid., Contre la méditation VI de Descartes, p. 584-586. © Librairie Philosophique J. Vrin. www.vrin.fr.

[584] En second lieu, pour ce qui regarde l'idée de vous-même, il n'y a rien à ajouter à ce que j'ai déjà dit, particulièrement sur la seconde Méditation. Car cela fait clairement voir que bien loin d'avoir de vous-même une idée claire et distincte, vous n'en avez au contraire absolument aucune. Car encore que vous sachiez que vous pensez, vous ne savez cependant pas quelle sorte de chose vous êtes, vous qui pensez ; si bien que tant que cette seule opération vous est connue, vous ignorez cependant ce qui reste le principal, savoir la substance qui accomplit cette opération. D'où une comparaison par laquelle on pourrait vous considérer comme un aveugle qui, sentant de la chaleur, et averti qu'elle vient du soleil, penserait [586] avoir une idée claire et distincte du soleil en ce que, si l'on venait à lui demander ce qu'est le soleil, il pourrait répondre que c'est une chose qui réchauffe.

Ibid., Réponse de Descartes, p. 590-592. © Librairie Philosophique J. Vrin. www.vrin.fr.

[590] Ce que vous dites de l'idée du soleil que se forme un aveugle uniquement d'après sa chaleur se peut aisément réfuter. Cet aveugle peut en effet avoir une idée claire et distincte du soleil comme d'une chose qui échauffe, bien qu'il n'en ait pas l'idée comme d'une chose qui

2 [NdE] Gassendi déplace et fausse la question. Il ne s'agit pas de savoir si l'aveugle voit clair ou non, mais s'il a l'idée de couleur, ou non. Il est vrai qu'en « toute probabilité » l'on a cette idée si l'on voit clair, et non si l'on est aveugle.

illumine. Et c'est à tort que vous me comparez à cet aveugle, d'abord parce que la connaissance d'une chose qui pense s'étend beaucoup plus loin que celle d'une chose qui échauffe, voire plus loin encore que tout ce que nous connaissions sur aucune autre chose, comme je l'ai montré en son lieu ; et ensuite parce que nul ne peut prouver que cette idée du soleil formée par l'aveugle ne contient pas tout ce que l'on peut concevoir du soleil, sinon celui qui, étant doué de la vue, connaît outre cela sa lumière et sa forme, [592] tandis que non seulement vous ne connaissez sur l'esprit rien de plus que moi, mais pas même encore ce que j'en sais ; de sorte que dans ce cas c'est plutôt vous qui êtes aveugle, et moi qui pourrais tout au plus être appelé myope avec tout le genre humain.

Ibid., Instance de Gassendi, p. 596-604. © Librairie Philosophique J. Vrin. www.vrin.fr.

[596] Art. 2. La comparaison de celui qui dit qu'il connaît clairement la nature de l'esprit parce qu'il peut dire qu'il est une chose qui pense, avec l'aveugle qui dit qu'il connaît clairement la nature du soleil parce qu'il peut dire que c'est une chose qui échauffe, n'a pas été affaiblie.

[...] [598] Or la question ne portait pas sur l'Idée de l'Esprit en tant qu'il est pensant, ni sur celle du Soleil en tant qu'il est échauffant ; car tout le monde sait que l'Esprit pense ; et que le Soleil chauffe, l'aveugle même ne l'ignore pas ; mais {elle portait sur l'idée} de ces deux choses en tant qu'elle suppose une nature qui est contenue d'une manière obscure et confuse sous ce nom de chose. Et sur la Chose, vous n'avez rien répondu, mais avez seulement abordé un point qui était hors de la discussion. Mais néanmoins je l'admets, et du fait que vous avez accordé d'une façon limitative qu'il y a chez l'aveugle une idée du soleil en tant que chose qui échauffe, mais non pas en tant que chose qui éclaire (et j'ajoute aussi en tant que chose ayant telle couleur, telle figure, telle grandeur, position, mouvement, distance, substance, et encore, en vertu de sa nature intime, d'autres qualités qui échappent aux yeux les plus perçants), je conclus que de la même manière vous devez accorder qu'il y a en vous, d'une façon limitative, une idée de l'Esprit en tant qu'il est une chose qui pense, mais non pas en tant qu'il est une chose qui a telle substance, telle nature, et autres propriétés trop souvent citées ; en effet, dire précisément que toutes ces choses que l'entendement peut concevoir sont contenues sous le nom de Chose, ce n'est rien dire de concevable ; et de même que quand l'aveugle dit : le Soleil est une chose qui échauffe, c'est comme s'il disait : le Soleil est je ne sais quoi qui échauffe ; car je n'apprends sur lui rien d'autre que ce fait qu'il a de la chaleur ; de même quand vous dites : l'Esprit est une chose pensante, c'est comme si vous disiez : c'est un je ne sais quoi qui pense, et je n'en connais effectivement pas autre chose que la pensée.

[…] [600] Ainsi, lorsque vous ne connaissez l'Esprit que comme une chose qui pense, vous êtes exactement dans le même cas que l'aveugle qui ne connaît le soleil que comme une chose qui échauffe.

[…]

[Art. 3] Voilà qui est fort bien, ô grand homme ; car très volontiers je reconnais cette différence, et j'admets qu'en ce qui touche à la nature de l'esprit je suis complètement aveugle. Examinons cependant ce qu'il y a dans tout cela. Il semble bien que vous vouliez en arriver à ceci : tandis que je m'avoue incapable de dire ce que possède l'esprit en dehors de la pensée, vous posez en principe que vous, vous connaissez tout ce qu'il y a en lui ; et que vous en avez donc une connaissance claire et distincte. Vous faites ainsi la même chose que l'aveugle qui, parlant avec un autre aveugle, dirait qu'il connaît tout ce qu'il y a dans le Soleil parce qu'il en sentirait la chaleur, et que l'autre ne pourrait <lui> dire ce qui s'y trouve outre cela. Mais en dehors de cet autre aveugle il y a des gens qui voient clair et qui en savent plus que lui ; tandis qu'en dehors de moi il n'y a pas d'hommes qui en sachent sur l'esprit plus que vous, qui avez avec vous tout le genre humain. Pour moi je ne dis rien des autres, et je me garde d'avoir une si pauvre opinion de la sagacité et de l'application de l'espèce entière, ou de la totalité du genre humain dans le passé, le présent et l'avenir, qu'il leur soit impossible d'avoir jamais pu ou de pouvoir jamais remarquer dans l'Esprit quelque chose qui pour le présent vous serait caché. Je me borne à éprouver la force de votre raisonnement, et tout d'abord je me demande, au cas où nous serions nés parmi les Andabates[3], ou bien si Dieu avait voulu que tous les hommes naissent aveugles comme toutes les taupes sont privées de la vue, et sentissent pourtant la chaleur du soleil, de quel droit un Andabate ou un autre de [602] ces hommes pourrait-il affirmer qu'il n'y a rien dans le soleil d'autre que sa chaleur, puisque dans ce cas il n'y

3 Pendant l'Antiquité romaine, les Andabates étaient des gladiateurs qui combattaient à cheval les yeux bandés.

aurait personne de voyant qui pourrait le lui prouver ? [...] Or comme vous témoignez de ne connaître rien d'autre que cela sur l'Esprit, je ne vois pas comment vous pouvez dire que je n'en sais pas même autant que vous là-dessus, ni pourquoi c'est moi qui suis aveugle plutôt que vous, et vous qui êtes myope tout au plus, c'est-à-dire qui voyez bien clair, mais parlez de myopie par modestie ; et cela en compagnie de tout le genre humain, qui verrait tout aussi clair ou serait tout au plus aussi myope. J'ai [604] pourtant, quant à moi, rencontré dans l'humanité des hommes pleins de franchise qui sincèrement refusent de passer pour ce qu'ils ne sont pas ; qui sur la nature de l'Esprit et autres questions abstruses ne nient pas leur aveuglement ; si bien que dans l'obscurité où nous sommes peut-être tous plongés, on pourrait établir une différenciation du fait que quelques-uns avouent bien qu'ils sont aveugles, ainsi qu'ils le sont, tandis que les autres imitent cette Harpaste de Sénèque, en ne voulant pas se reconnaître pour ce qu'ils sont[4].

François Bernier, *Abrégé de la philosophie de Gassendi* [1674-1678], t. V, Lyon, Anisson et Posuel, 1678, *De la génération des animaux*, liv. VII, chap. II, p. 520-521.

[520] Je dis seulement que de même qu'il y a une semence générale pour engendrer tout le corps, il y en doit aussi avoir une particulière pour engendrer chaque partie, d'autant plus qu'entre l'animal qui engendre, et celui qui est engendré il y a une ressemblance selon le tout, et selon chacune des parties ; joint que les Animaux auxquels il manque quelque membre, engendrent leurs petits avec le même défaut, ce qui ne se peut attribuer qu'à ce qu'il ne se fait alors aucun écoulement des parties qui manquent, et qui est une marque que la conformation se fait ordinairement par la jonction des parties semblables à leurs semblables.

Il est vrai que de pères ou de mères estropiés il en naît quelquefois des enfants avec tous leurs membres ; mais soit que cela vienne de ce qu'il ne manque aucun membre ou au père, ou à la mère, soit que la force des esprits supplée, ou qu'il y ait quelque autre cause ; au moins peut-on dire que lorsque les enfants naissent estropiés la cause en est manifeste.

4 [NdE] Voir Sénèque, *Lettres à Lucilius*, L, § 2 : devenue aveugle, l'esclave Harpaste croit que c'est la maison qui est devenue obscure.

[521] Et l'on ne peut pas dire que cela dépende de l'imagination de la mère ; car pour ne citer point une femme de notre connaissance qui fit un enfant estropié des mêmes doigts de la main que l'était le père, nous avons vu une chienne qui après avoir eu une cuisse rompue d'un coup de pierre, fit tous ses petits boiteux, ce qu'on n'attribuera pas à l'imagination de la chienne, puisque dans l'accouplement elle ne songeait apparemment pas qu'elle fut boiteuse.

Ibid., t. VII, 1684, *La Morale*, liv. II, chap. IV, p. 352-353.

[352] [M]ais pour ne nous arrêter pas à ceci davantage, disons un mot de deux grands procès qu'on fait ici à Épicure.

Le Premier regarde ce qu'il dit, *que le Sage ne doit point se marier, ni point élever d'Enfants*, ce qui semble renverser le fondement non seulement de la Famille, mais aussi de la République. Le Second est sur ce que l'on prétend qu'il a dit, *qu'il n'y a aucune communication naturelle entre les hommes, et que ce grand amour des père et mère envers leurs enfants n'est pas naturel.*

À l'égard du Premier, il est constant qu'il n'a pas voulu persuader cela à tout le monde, mais seulement à quelques peu de gens sages, et qu'il n'a pas même prétendu que les Sages ne pussent, et ne dussent se marier, si le [353] bien de la République, ou quelque autre circonstance importante le requérait ; or je vous prie est-ce cela renverser les fondements de la République, et cela n'est-il pas beaucoup plus saint, et plus religieux, que d'en user comme Aristote, quand il établit une Loi portant que l'on n'élèvera point les Enfants qui seront défectueux de leurs membres, que le nombre de ceux qui seront élevés sera déterminé, et que ceux qui viendront au-dessus de ce nombre seront exposés, ou que s'il y a par hasard quelque Constitution du Pays qui le défende, on fera périr le fruit avant qu'il ait sentiment et vie ; car l'excuse qu'il prend de la privation de sentiment, et de vie dans le fœtus est une moquerie ; puisqu'il ne saurait montrer que lorsque l'on fait avorter une Femme, le Fœtus n'ait ni sentiment, ni vie, et il ne saurait prouver que détruire un Embryon, qui doit être vivant dans très peu de temps, s'il ne l'est déjà, soit la même chose que si l'on détruisait un cadavre, ou un corps absolument incapable de vie.

RENÉ DESCARTES
(1596-1650)

Œuvres de Descartes, t. I, éd. Victor Cousin, Paris, F. G. Levrault, 1824, *Discours de la méthode* [1637], V^e^ partie, p. 185-188.

[185] Et je m'étais ici particulièrement arrêté à faire voir que s'il y avait de telles machines qui eussent les organes et la figure extérieure d'un singe ou de quelque autre animal sans raison, nous [186] n'aurions aucun moyen pour reconnaître qu'elles ne seraient pas en tout de même nature que ces animaux ; au lieu que s'il y en avait qui eussent la ressemblance de nos corps, et imitassent autant nos actions que moralement il serait possible, nous aurions toujours deux moyens très certains pour reconnaître qu'elles ne seraient point pour cela de vrais hommes ; dont le premier est que jamais elles ne pourraient user de paroles ni d'autres signes en les composant, comme nous faisons pour déclarer aux autres nos pensées ; car on peut bien concevoir qu'une machine soit tellement faite qu'elle profère des paroles, et même qu'elle en profère quelques-unes à propos des actions corporelles qui causeront quelque changement en ses organes, comme, si on la touche en quelque endroit, qu'elle demande ce qu'on lui veut dire ; si en un autre, qu'elle crie qu'on lui fait mal, et choses semblables ; mais non pas qu'elle les arrange diversement pour répondre au sens de tout ce qui se dira en sa présence, ainsi que les hommes les plus hébétés peuvent faire. Et le second est que, bien qu'elles fissent plusieurs choses aussi bien ou peut-être mieux qu'aucun de nous, elles manqueraient infailliblement en quelques autres, par lesquelles on découvrirait qu'elles n'agiraient pas par connaissance, mais seulement par la disposition de leurs organes ; car, au lieu que la raison est un instrument universel qui peut servir en toutes sortes [187] de rencontres, ces organes ont besoin de quelque particulière disposition pour chaque action particulière ; d'où vient qu'il est moralement impossible qu'il y en ait assez de divers en une machine pour la faire agir en toutes les occurrences de la vie de même façon que notre raison

nous fait agir. Or, par ces deux mêmes moyens, on peut aussi connaître la différence qui est entre les hommes et les bêtes. Car c'est une chose bien remarquable qu'il n'y a point d'hommes si hébétés et si stupides, sans en excepter même les insensés, qu'ils ne soient capables d'arranger ensemble diverses paroles, et d'en composer un discours par lequel ils fassent entendre leurs pensées ; et qu'au contraire il n'y a point d'autre animal, tant parfait et tant heureusement né qu'il puisse être, qui fasse le semblable. Ce qui n'arrive pas de ce qu'ils ont faute d'organes ; car on voit que les pies et les perroquets peuvent proférer des paroles ainsi que nous, et toutefois ne peuvent parler ainsi que nous, c'est-à-dire en témoignant qu'ils pensent ce qu'ils disent ; au lieu que les hommes qui étant nés sourds et muets sont privés des organes qui servent aux autres pour parler, autant ou plus que les bêtes, ont coutume d'inventer d'eux-mêmes quelques signes, par lesquels ils se font entendre à ceux qui étant ordinairement avec eux ont loisir d'apprendre leur langue. Et ceci ne témoigne pas [188] seulement que les bêtes ont moins de raison que les hommes, mais qu'elles n'en ont point du tout ; car on voit qu'il n'en faut que fort peu pour savoir parler ; et d'autant qu'on remarque de l'inégalité entre les animaux d'une même espèce, aussi bien qu'entre les hommes, et que les uns sont plus aisés à dresser que les autres, il n'est pas croyable qu'un singe ou un perroquet qui serait des plus parfaits de son espèce n'égalât en cela un enfant des plus stupides, ou du moins un enfant qui aurait le cerveau troublé, si leur âme n'était d'une nature toute différente de la nôtre.

Ibid., *Méditations touchant la philosophie première* [1641], 1re méditation, p. 237.

Mais peut-être qu'encore que les sens nous trompent quelquefois touchant des choses fort peu sensibles et fort éloignées, il s'en rencontre néanmoins beaucoup d'autres desquelles on ne peut pas raisonnablement douter, quoique nous les connaissions par leur moyen ; par exemple, que je suis ici, assis auprès du feu, vêtu d'une robe de chambre, ayant ce papier entre les mains, et autres choses de cette nature. Et comment est-ce que je pourrais nier que ces mains et ce corps soient à moi ? si ce n'est peut-être que je me compare à certains insensés, de qui le cerveau est tellement troublé et offusqué par les noires vapeurs de la bile, qu'ils assurent constamment qu'ils sont des rois, lorsqu'ils sont très pauvres ; qu'ils sont vêtus d'or et de pourpre, lorsqu'ils sont tout nus ; ou qui s'imaginent être des cruches ou avoir un corps de verre. Mais quoi ! ce sont des fous, et je ne serais pas moins extravagant si je me réglais sur leurs exemples.

Ibid., méditation sixième, p. 329-330.

[329] Mais par après, plusieurs expériences ont peu à peu ruiné toute la créance que j'avais ajoutée à mes sens ; car j'ai observé plusieurs fois que des tours, qui de loin m'avaient semblé rondes, me paraissaient de près être carrées, et que des colosses élevés sur les plus hauts sommets de ces tours me paraissaient de petites statues à les regarder d'en bas ; et ainsi, dans une infinité d'autres rencontres, j'ai trouvé de l'erreur dans les jugements fondés sur les sens extérieurs ; et non pas seulement sur les sens extérieurs, mais même sur les intérieurs ; car y a-t-il chose plus intime ou [330] plus intérieure que la douleur ? et cependant j'ai autrefois appris de quelques personnes qui avaient les bras et les jambes coupées, qu'il leur semblait encore quelquefois sentir de la douleur dans la partie qu'ils [elles] n'avaient plus ; ce qui me donnait sujet de penser que je ne pouvais aussi être entièrement assuré d'avoir mal à quelqu'un de mes membres, quoique je sentisse en lui de la douleur.

Ibid., t. IV, *Les Passions de l'âme* [1649], 3e partie, art. CLXXIX, p. 187.

Et on voit que ceux qui ont des défauts fort apparents, par exemple, qui sont boiteux, borgnes, bossus, ou qui ont reçu quelque affront en public, sont particulièrement enclins à la moquerie ; car, désirant voir tous les autres aussi disgraciés qu'eux, ils sont bien aises des maux qui leur arrivent, et ils les en estiment dignes.

Ibid., t. V, *La Dioptrique* [1637], discours premier, p. 6-9.

[6] Il vous est bien sans doute arrivé quelquefois, en marchant de nuit sans flambeau, par des lieux un peu difficiles, qu'il fallait vous aider d'un bâton pour vous conduire, et vous avez pour lors pu remarquer que vous sentiez, par l'entremise de ce bâton, les divers objets qui se rencontraient autour de vous, et même que vous pouviez distinguer s'il

y avait des arbres, ou des pierres, ou du sable, ou de l'eau, ou de l'herbe, ou de la boue, ou quelque autre chose de semblable. Il est vrai que cette sorte de sentiment est un peu confuse et obscure, en ceux qui n'en ont pas un long usage ; mais considérez-la en ceux qui, étant nés aveugles, s'en sont servis toute leur vie, et vous l'y trouverez si parfaite et si exacte, qu'on pourrait quasi dire qu'ils voient des mains, ou que leur bâton est l'organe de quelque sixième sens, qui leur a été donné au défaut de la vue. Et pour tirer une comparaison de ceci, je désire que vous pensiez que la lumière n'est autre chose, dans les corps qu'on nomme lumineux, qu'un certain mouvement, ou une action fort prompte et tort vive, qui passe vers nos yeux [7], par l'entremise de l'air et des autres corps transparents, en même façon que le mouvement ou la résistance des corps, que rencontre cet aveugle, passe vers sa main, par l'entremise de son bâton. Ce qui vous empêchera d'abord de trouver étrange que cette lumière puisse étendre ses rayons en un instant depuis le soleil jusqu'à nous ; car vous savez que l'action, dont on meut l'un des bouts d'un bâton, doit ainsi passer en un instant jusqu'à l'autre, et qu'elle y devrait passer en même sorte, encore qu'il y aurait plus de distance qu'il n'y en a, depuis la terre jusqu'aux cieux. Vous ne trouverez pas étrange non plus que, par son moyen, nous puissions voir toutes sortes de couleurs ; et même vous croirez peut-être que ces couleurs ne sont autre chose, dans les corps qu'on nomme colorés, que les diverses façons dont ces corps la reçoivent et la renvoient contre nos yeux ; si vous considérez que les différences, qu'un aveugle remarque entre des arbres, des pierres, de l'eau, et choses semblables, par l'entremise de son bâton, ne lui semblent pas moindres que nous font celles qui sont entre le rouge, le jaune, le vert, et toutes les autres couleurs ; et toutefois que ces différences ne sont autre chose, en tous ces corps, que les diverses façons de mouvoir, ou de résister aux mouvements de ce bâton. En suite de quoi vous aurez occasion de juger, qu'il n'est pas besoin de supposer [8] qu'il passe quelque chose de matériel depuis les objets jusqu'à nos yeux pour nous faire voir les couleurs et la lumière, ni même qu'il y ait rien en ces objets, qui soit semblable aux idées ou aux sentiments que nous en avons ; tout de même qu'il ne sort rien des corps que sent un aveugle qui doive passer le long de son bâton jusqu'à sa main, et que la résistance ou le mouvement de ces corps, qui est la seule cause des sentiments qu'il en a, n'est rien de semblable aux idées qu'il en conçoit. Et par ce moyen votre esprit sera délivré de toutes ces petites images voltigeantes par l'air, nommées des *espèces intentionnelles*, qui travaillent tant l'imagination des philosophes. Même vous pourrez aisément décider la question, qui est entre eux, touchant le lieu d'où vient l'action qui cause le sentiment de la vue. Car, comme notre aveugle peut sentir les corps qui sont autour de lui, non seulement par l'action de ces corps lorsqu'ils se meuvent contre son bâton, mais aussi par celle de sa main lorsqu'ils ne font que lui résister ; ainsi faut-il avouer que les objets de la vue peuvent être sentis non seulement par le moyen de l'action qui, étant en eux, tend vers les yeux, mais aussi par le moyen de celle qui, étant dans les yeux, tend vers eux. Toutefois, pour ce que cette action n'est autre chose que la lumière, il faut remarquer qu'il n'y a que ceux qui peuvent voir [9] pendant les ténèbres de la nuit, comme les chats, dans les yeux desquels elle se trouve ; et que, pour l'ordinaire des hommes, ils ne voient que par l'action qui vient des objets, car l'expérience nous montre que ces objets doivent être lumineux ou illuminés pour être vus, et non point nos yeux pour les voir. Mais, parce qu'il y a grande différence entre le bâton de cet aveugle et l'air ou les autres corps transparents, par l'entremise desquels nous voyons, il faut que je me serve encore ici d'une autre comparaison.

Ibid., discours quatrième, p. 39-40.

[39] Comme, lorsque l'aveugle, dont nous avons parlé ci-dessus, touche quelques corps de son bâton, il est certain que ces corps [40] n'envoient autre chose jusqu'à lui, sinon que, faisant mouvoir diversement son bâton selon les diverses qualités qui sont en eux, ils meuvent par même moyen les nerfs de sa main, et ensuite les endroits de son cerveau d'où viennent ces nerfs ; ce qui donne occasion à son âme de sentir tout autant de diverses qualités en ces corps, qu'il se trouve de variétés dans les mouvements qui sont causés par eux en son cerveau.

Ibid., discours sixième, p. 59-62.

[59] Comme, lorsque l'aveugle, dont nous avons déjà tant parlé ci-dessus, tourne sa main A vers E, ou C[...] aussi [60] vers E, les nerfs insérés en cette main causent un certain changement en son cerveau qui donne

moyen à son âme de connaître, non seulement le lieu A ou C, mais aussi tous les autres qui sont en la ligne droite AE ou CE, en sorte qu'elle peut porter son attention jusqu'aux objets B et D, et déterminer les lieux où ils sont, sans connaître pour cela ni penser aucunement à ceux où sont ses deux mains. Et ainsi, lorsque notre œil ou notre tête se tournent vers quelque côté, notre âme en est avertie par le changement que les nerfs insérés dans les muscles, qui servent à ces mouvements, causent en notre cerveau. Comme ici, en l'œil RST[…], il faut penser que la situation du petit filet du nerf optique, qui est au point R, ou S, ou T, est suivie d'une autre certaine situation de la partie du cerveau 7, ou 8, ou 9, qui fait que l'âme peut connaître tous les lieux qui sont en la ligne RV, ou SX, ou TY ; de façon que vous ne devez pas trouver étrange que les objets puissent être vus en leur vraie situation, nonobstant que la peinture qu'ils impriment dans l'œil en ait une toute contraire ; ainsi que notre aveugle peut sentir en même temps l'objet B, qui est à droite, par l'entremise de sa main gauche ; et D, qui est à gauche, par l'entremise de sa main droite. Et comme cet aveugle ne juge point qu'un corps soit double, encore [61] qu'il le touche de ses deux mains, ainsi, lorsque nos yeux sont tous deux disposés en la façon qui est requise pour porter notre attention vers un même lieu, ils ne nous y doivent faire voir qu'un seul objet, nonobstant qu'il s'en forme en chacun d'eux une peinture.

La vision de la distance ne dépend, non plus que celle de la situation, d'aucunes images envoyées des objets, mais, premièrement, de la figure du corps de l'œil ; car, comme nous avons dit, cette figure doit être un peu autre, pour nous faire voir ce qui est proche de nos yeux, que pour nous faire voir ce qui en est plus éloigné, et à mesure que nous la changeons pour la proportionner à la distance des objets, nous changeons aussi certaine partie de notre cerveau, d'une façon qui est instituée de la nature pour faire apercevoir à notre âme cette distance. Et ceci nous arrive ordinairement sans que nous y fassions de réflexions ; tout de même que, lorsque nous serrons quelque corps de notre main, nous la conformons à la grosseur et à la figure de ce corps, et le sentons par son moyen, sans qu'il soit besoin pour cela que nous pensions à ses mouvements. Nous connaissons, en second lieu, la distance par le rapport qu'ont les deux yeux l'un à l'autre ; car, comme notre aveugle, tenant les deux bâtons AE, CE, dont je suppose qu'il ignore la longueur, et sachant seulement l'intervalle [62] qui est entre ses deux mains A et C, et la grandeur des angles ACE,

CAE, peut de là, comme par une géométrie naturelle, connaître où est le point E ; ainsi, quand nos deux yeux, RST[...] et *rst*, sont tournés vers X, la grandeur de la ligne S*s*, et celle des deux angles XS*s* et X*s*S, nous font savoir où est le point X. Nous pouvons aussi le même par l'aide d'un œil seul, en lui faisant changer de place ; comme si, le tenant tourné vers X, nous le mettons premièrement au point S et incontinent après au point *s*, cela suffira pour faire que la grandeur de la ligne S*s* et des deux angles XS*s* et X*s*S se trouvent ensemble en notre fantaisie, et nous fassent apercevoir la distance du point X ; et ce, par une action de la pensée, qui, n'étant qu'une imagination toute simple, ne laisse point d'envelopper en soi un raisonnement tout semblable à celui que font les arpenteurs, lorsque, par le moyen de deux différentes stations, ils mesurent les lieux inaccessibles.

Ibid., t. VI, Lettre à I. Beeckman du 17 octobre 1630, p. 152-153.

[152] Le troisième genre d'inventions est celui des choses qui n'étant que de très petite valeur, ou même nullement considérables, ne laissent pas d'être estimées par leurs inventeurs, comme des choses de très grand prix ; mais tant s'en faut que ces choses-là soient dignes de quelque louange, qu'au contraire plus leurs possesseurs les estiment et plus ils prennent de soin à se les conserver, plus aussi s'exposent-ils à la risée, et attirent-ils la commisération de tout le monde. Représentez-vous devant les yeux un aveugle que l'avarice aurait rendu si fou qu'il s'amusât à passer les jours entiers à chercher des pierres précieuses dans les ordures de la maison de son voisin, et que toutes les fois qu'il rencontrait [153] sous sa main quelque pierrette ou quelque petit morceau de verre, il crût aussitôt avoir trouvé une pierre précieuse, et qu'après en avoir ainsi trouvé beaucoup de semblables, et en avoir rempli sa cassette, il se vantât d'être fort riche, fit parade de cette cassette, et méprisât toutes les autres ; ne diriez-vous pas d'abord que cet homme serait dans une agréable folie ? Que si après cela vous le voyiez continuellement attaché à cette cassette, appréhendez les voleurs, et être en souci et chagrin de peur de perdre ces richesses qui lui sont inutiles ; pour lors, mettant la raillerie à part, ne le jugeriez-vous pas tout-à-fait digne de compassion ? Ce n'est pas pourtant que je veuille comparer votre manuscrit à cette cassette, mais j'ai bien de la peine à croire qu'il puisse rien contenir de plus solide que le sont ces pierrettes et ces petits morceaux de verre.

Ibid., t. IX, 1825, Lettre au marquis de Newcastle du 23 novembre 1646, p. 424-426.

[424] Pour les mouvements de nos passions, bien qu'ils soient accompagnés en nous de pensée, à cause que nous avons la faculté de penser, il est néanmoins très évident qu'ils ne dépendent pas d'elle, pour ce qu'ils se font souvent malgré nous, et que par conséquent ils peuvent être dans les bêtes et même plus violents qu'ils ne sont dans les hommes, sans qu'on puisse pour cela conclure qu'elles aient des pensées ; enfin il n'y a aucune de nos actions extérieures qui puisse assurer ceux qui les examinent que notre corps n'est pas seulement une machine qui se remue de soi-même, mais qu'il y a aussi en lui une âme qui a des pensées, excepté les paroles, ou autres signes faits à propos de sujets qui se présentent, sans se rapporter à aucune passion. Je dis les paroles, ou autres signes, pour ce que les muets se servent de signes en même façon que nous de la voix, et que ces signes soient à propos, pour exclure le parler des perroquets, sans exclure celui des fous, qui ne laisse pas d'être à propos des sujets qui se présentent, bien qu'il [425] ne suive pas la raison ; et j'ajoute que ces paroles ou signes ne se doivent rapporter à aucune passion, pour exclure non seulement les cris de joie ou de tristesse, et semblables, mais aussi tout ce qui peut être enseigné par artifice aux animaux ; car si on apprend à une pie à dire bonjour à sa maîtresse lorsqu'elle la voit arriver, ce ne peut être qu'en faisant que la prolation de cette parole devienne le mouvement de quelqu'une de ses passions ; à savoir, ce sera un mouvement de l'espérance qu'elle a de manger, si l'on a toujours accoutumé de lui donner quelque friandise lorsqu'elle l'a dit ; et ainsi toutes les choses qu'on fait faire aux chiens, aux chevaux et aux singes, ne sont que des mouvements de leur crainte, de leur espérance ou de leur joie, en sorte qu'ils les peuvent faire sans aucune pensée. Or il est, ce me semble, fort remarquable que la parole étant ainsi définie ne convient qu'à l'homme seul ; car bien que Montagne et Charron aient dit qu'il y a plus de différence d'homme à homme que d'homme à bête, il ne s'est toutefois jamais trouvé aucune bête si parfaite, qu'elle ait usé de quelque signe pour faire entendre à d'autres animaux quelque chose qui n'eût point de rapport à ses passions ; et il n'y a point d'homme si imparfait qu'il n'en use ; en sorte que ceux qui sont sourds et muets inventent des signes particuliers par lesquels ils expriment [426] leurs

pensées ; ce qui me semble un très fort argument pour prouver que ce qui fait que les bêtes ne parlent point comme nous, est qu'elles n'ont aucune pensée et non point que les organes leur manquent.

Ibid., t. XI, 1826, *Premières pensées sur la génération des animaux* [s. d.], p. 395-396.

[395] Il est certain que le mouvement du cœur produit la sympathie dans le corps entier ; en sorte que s'il envoie quelque chose à un pied, il envoie autre chose proportionnellement à l'autre jambe ; si à la tête, il envoie de même autre chose aux parties génitales ; car les testicules répondant au cerveau, le pénis ou la vulve aux méninges, la queue dans les animaux qui en ont une… et aux chairs, et enfin le scrotum à la peau ; mais jamais [396] aussi le mouvement du cœur de la mère ne gouverne celui du fœtus par les artères ombilicales, et cependant c'est elle qui détermine la forme de toutes les parties extérieures ; de là vient que si l'imagination de la mère est blessée par quelque impression, les membres de l'enfant sont monstrueux.

BLAISE PASCAL
(1623-1662)

> […] que M. Rousseau consulte l'expérience ; il verra que les maladifs, les délicats, et les bossus, ont autant d'esprit que les droits et les biens portants. Pascal, Pope, Boileau, Scarron, en sont la preuve.
> HELVÉTIUS, *Œuvres complètes d'Helvétius*, t. VIII[1].

Œuvres de Blaise Pascal, t. II, La Haye, Detune, 1779, *Pensées* [1670], 1re partie, art. IV, § IV, p. 62-63.

[62] Qui se trouve malheureux de n'être pas Roi, sinon un Roi dépossédé ? Trouvait-on Paul Émile[2] malheureux de n'être plus Consul ? Au contraire, tout le monde trouvait qu'il était heureux de l'avoir été ; parce que sa condition n'était pas de l'être toujours. Mais on trouvait Persée[3] si malheureux de n'être plus Roi, parce que sa condition [63] était de l'être toujours, qu'on trouvait étrange qu'il pût supporter la vie. Qui se trouve malheureux de n'avoir qu'une bouche ? et qui se trouve malheureux de n'avoir qu'un œil ? On ne s'est peut-être jamais avisé de s'affliger de n'avoir pas trois yeux, mais on est inconsolable de n'en avoir qu'un.

---

1 Helvétius, *Œuvres complètes d'Helvétius*, t. VIII, Paris, P. Didot l'Aîné, 1795, *De l'homme* [1773], sect. II, chap. XII, p. 22, note. L'intensité des troubles physiques et psychiques de Pascal a cependant été fortement nuancée. Voir Tony Gheeraert, « "Les accidents de la vie". Maladie, traumatisme et création chez Blaise Pascal », *Dix-septième siècle*, vol. 255, n° 2, 2012, p. 285-308, en ligne : https://www.cairn.info/revue-dix-septieme-siecle-2012-2-page-285.htm (consulté le 17/04/2023).

2 Lucius Aemilius Paullus (250-216 av. J.-C.), dit « Paul-Émile », général et homme d'État romain, consul en 219 et 216 avant notre ère.

3 Voir la note correspondante p. 106.

Ibid., art. VIII, § X-XI, p. 111-112.

[111] Montaigne a vu qu'on s'offense d'un esprit boiteux, et que la coutume fait tout ; mais il n'a pas vu la raison de cet effet. Ceux qui ne voient que les effets, et qui ne voient pas les causes, sont, à l'égard de ceux qui découvrent les causes, comme ceux qui n'ont que des yeux à l'égard de ceux qui ont de l'esprit. Car les effets sont comme sensibles, et les raisons sont visibles seulement à l'esprit. Et quoique ce soit par l'esprit que ces effets-là se voient, cet esprit est, à l'égard de l'esprit qui voit les choses, comme les sens corporels sont à l'égard de l'esprit.

XI

D'où vient qu'un boiteux ne nous irrite pas, et qu'un esprit boiteux nous irrite ? C'est à cause qu'un boiteux reconnaît que nous allons droit, et qu'un esprit boiteux dit que c'est nous qui boitons ; sans cela nous en aurions plus de pitié que de colère.

Épictète demande aussi pourquoi nous ne nous fâchons point, si on dit que nous avons mal à la tête, et que nous nous fâchons de ce qu'on dit que nous raisonnons mal, ou que nous choisissons mal ? [112] Ce qui cause cela, c'est que nous sommes bien certains que nous n'avons pas mal à la tête, et que nous ne sommes pas boiteux. Mais nous ne sommes pas aussi assurés que nous choisissions le vrai. De sorte que n'en ayant d'assurance, qu'à cause que nous le voyons de toute notre vue ; quand un autre voit de toute sa vue le contraire, cela nous met en suspens, et nous étonne, et encore plus quand mille autres se moquent de notre choix ; car il faut préférer nos lumières à celles de tant d'autres, et cela est hardi et difficile. Il n'y a jamais cette contradiction dans les sens touchant un boiteux.

JACQUES-BÉNIGNE BOSSUET
(1627-1704)

Œuvres philosophiques de Bossuet, éd. Jules Simon, Paris, G. Charpentier, 1881, *De la connaissance de Dieu et de soi-même* [1741], p. 189-190.

[189] Car, en considérant le pouvoir de l'âme sur le corps, il faut observer soigneusement que ses forces sont bornées et restreintes : de sorte qu'elle ne peut pas faire tout ce qu'elle veut des bras et des mains, et encore moins du cerveau.

C'est pourquoi nous venons de voir qu'elle le perdrait en le poussant trop, et qu'elle est obligée à le ménager.

Par la même raison, il s'y fait souvent des agitations si violentes que l'âme n'en est plus maîtresse, non plus qu'un cocher de chevaux fougueux qui ont pris le frein aux dents.

Quand cette disposition est fixe et perpétuelle, c'est ce qui [190] s'appelle folie : quand elle a une cause qui finit avec le temps, comme un mouvement de fièvre, cela s'appelle délire et rêverie.

Dans la folie et dans le délire, il arrive de deux choses l'une : ou le cerveau est agité tout entier avec un égal dérèglement ; alors il s'est fait une parfaite extravagance, et il ne paraît aucune suite dans les pensées ni dans les paroles : ou le cerveau n'est blessé que dans un endroit, alors la folie ne s'attache aussi qu'à un objet déterminé. Tels sont ceux qui s'imaginent être toujours à la comédie et à la chasse, et tant d'autres qui, frappés d'un certain objet, parlent raisonnablement de tous les autres, et assez conséquemment de celui-là même qui fait leur erreur.

La raison est que, n'y ayant qu'un seul endroit du cerveau marqué d'une impression invisible à l'âme, elle demeure maîtresse de tout le reste, et peut exercer ses fonctions sur tout autre objet.

Et l'agitation du cerveau, dans la folie, est si violente qu'elle paraît même au-dehors par le trouble qui paraît dans tout le visage, et principalement par l'égarement des yeux.

De là s'ensuit que toutes les passions violentes sont une espèce de folie, parce qu'elles causent des agitations dans le cerveau, dont l'âme n'est pas maîtresse. Aussi n'y a-t-il point de cause plus ordinaire de la folie que les passions portées à un certain excès.

LOUIS DE LA FORGE
(1632-1666)

Traité de l'esprit de l'homme, de ses facultés et fonctions, et de son union avec le corps, suivant les principes de René Descartes [1664], Amsterdam, Abraham Wolfgang, 1666, chap. XVIII, p. 327-329.

[327] Pour ce qui concerne la troisième espèce d'erreur, savoir les actions des fous, lesquelles se disent et se font hors de propos, il me semble qu'elles ne nous paraissent telles, que parce que nous ignorons ce qui se passe alors dans leur cerveau, et que nous nous persuadons qu'ils doivent agir et parler conformément à ce que nous leur disons ; ce qui leur est impossible, ou parce qu'ils ne nous entendent pas, leur imagination étant trop occupée d'une autre espèce, pour pouvoir recevoir celles de nos paroles ; ou parce que s'ils nous entendent, le trouble qui est dans leurs esprits animaux, ne permet pas que l'impression de nos paroles reste plus d'un mouvement sur la glande, sur laquelle la première espèce qui l'occupait retournant aussitôt que nous cessons de parler, ils ne peuvent pas répondre conformément à ce que nous leur avons dit, parce qu'ils ne l'aperçoivent plus ; mais seulement conformément à l'idée qui est pour lors présente à leur esprit. Je crois que ceux de cette catégorie ne sont fous, que parce que le mouvement de la glande n'est pas soumis à leur âme, soit à cause de la violence et de l'inégalité du cours des esprits, qui l'emporte sans règle et sans mesure, et y trace une infinité d'espèces qui n'y durent qu'un moment ; ou bien à cause que ce cours l'attache opiniâtrement à quelques-uns des vestiges de la mémoire, et excite toujours la même espèce, dont l'âme ne se saurait débarrasser. L'on peut [328] dire dans l'un et dans l'autre cas, que cette pauvre âme juge selon ce que les Idées qui sont jointes à ces espèces lui représentent, et qu'elle agit selon ce qu'elle juge, sans qu'elle puisse s'en empêcher ; car elle ne peut pas s'abstenir de juger et d'agir conformément à ce qui lui paraît, quand elle ne

voit aucune raison de douter. Et elle n'en peut avoir aucune dans cet état, n'étant pas alors maîtresse de ses pensées, mais étant contrainte d'être attentive aux espèces du corps.

La quatrième et la plus grande des tromperies de l'imagination, est lorsque nous nous prenons pour quelque autre chose que nous ne sommes ; ce n'est quasi qu'un excès de la troisième ; car si par quelque disposition opiniâtre des esprits et de la mémoire, la glande vient à être tournée du côté du cerveau où se trouvent les pores par l'ouverture desquels l'espèce d'un coq, par exemple, peut être retracée, et qu'elle le soit sans interruption, l'âme vient à la fin à se considérer comme étant unie, non pas à l'espèce d'un coq (car les espèces ne se représentent pas elles-mêmes), mais à un coq, et comme ne faisant qu'un tout avec lui, de la même façon qu'elle est unie et ne fait qu'un tout avec son corps ; ensuite de quoi la volonté est portée à imiter autant qu'elle peut le chant et toutes les autres actions d'un coq. Ce qu'il y a de plus admirable en tout ceci, c'est que ces misérables [329] sont quelquefois fort sages en toute autre chose qu'en ce qui regarde le sujet de leur folie ; mais quand cela arrive, et qu'ils raisonnent juste, l'on peut dire que c'est que le cours des esprits qui entraînait auparavant leur glande a cessé pour lors dans le cerveau ; et que quand on ne leur dit rien qui le puisse exciter de nouveau, ils doivent être fort sages, jusqu'à ce que leur paroxysme et accès revienne, à la manière de celui des fièvres.

Ibid., chap. XXIV, p. 404.

La volupté et la douleur, comme la plupart des autres pensées de l'âme, sont de deux sortes ; l'une sensuelle, qui dépend du corps, et qui en fait son principal objet ; et l'autre intellectuelle. J'appelle volupté et douleur intellectuelle, cette émotion triste ou agréable de l'âme qui naît d'une connaissance claire et distincte du bien ou du mal que l'on ressent, soit qu'il soit corporel ou spirituel. La raison de cette distinction paraîtra manifestement, si l'on considère que la volupté ou la douleur sensuelle peut être sans l'intellectuelle ; car non seulement on a de la douleur quand on nous coupe quelque membre ; mais encore on ressent de la tristesse quand on se voit privé de quelque organe nécessaire à la vie ; et bien que la douleur cesse souvent après l'action du couteau qui nous a emporté un membre, la tristesse ne laisse pas de persévérer ; ce qui fait voir que ce sont deux choses différentes. Comme aussi quelque fois la douleur se peut rencontrer sans la tristesse, et même avec la joie, quand on considère la perte de ce membre comme un moyen assuré pour acquérir un plus grand bien.

BARUCH SPINOZA
(1632-1677)

Œuvres de Spinoza, t. IV, éd. et trad. Charles Appuhn, Paris, Garnier-Flammarion, 1966, *Traité politique* [1677], chap. VI, § 11, p. 44.

Les habitants de toutes les villes et les agriculteurs, c'est-à-dire tous les citoyens, doivent être répartis en clans se distinguant les uns des autres par le nom et par quelque insigne ; tous ceux qui viendront à naître dans ces groupes seront reçus au nombre des citoyens et auront leurs noms inscrits sur la liste du groupe dès qu'ils seront en âge de porter les armes et de connaître leurs obligations, à l'exception toutefois de ceux qui se seront fait noter d'infamie à cause de quelque crime, des muets, des déments et des domestiques vivant de quelque office servile.

Ibid., Lettre XXI, Au très savant Guillaume de Blyenbergh, 28 janvier 1665, p. 205-206.

[205] Je dirai donc en premier lieu que la privation n'est pas l'acte de priver, mais purement et simplement l'absence ou le manque d'une certaine chose, autrement dit, elle n'est rien par elle-même ; ce n'est qu'un être de raison, [206] une manière de penser que nous formons quand nous comparons les choses entre elles. Nous disons, par exemple, qu'un aveugle est privé de la vue, parce que nous l'imaginons facilement clairvoyant, soit par comparaison avec d'autres hommes, clairvoyants, soit que nous comparions l'état présent de cet homme avec son état passé, du temps qu'il voyait. Quand donc nous considérons cet homme de la sorte, comparant sa nature avec celle d'autres individus ou avec sa nature antérieure, nous affirmons que la vision appartient à sa nature et, pour cette raison, nous disons qu'il en est privé. Mais, si l'on a égard au décret de Dieu et à la nature de ce décret, l'on ne peut pas plus dire que

cet aveugle est privé de la vue qu'on ne peut le dire d'une pierre, car, à ce moment-là, il serait aussi contradictoire que la vision lui appartint qu'il le serait qu'elle appartint à la pierre, « puisque rien n'appartient à cet homme et ne peut être dit sien que ce que l'entendement et la volonté de Dieu lui a accordé ». Et ainsi Dieu n'est pas cause du non-voir de cet homme plus que du non-voir de la pierre ; c'est en quoi consiste une négation pure et simple. « De même quand nous considérons la nature d'un homme qui est dominé par un appétit bassement sensuel, et que nous comparons cet appétit présent en lui à celui qui se trouve dans les hommes de bien, ou à celui qui, à un autre moment, s'est trouvé en lui-même, nous affirmons que cet homme est privé d'un appétit meilleur parce que nous croyons que mieux vaudrait pour lui l'appétit de la vertu. Nous ne pouvons juger ainsi quand nous avons égard à la nature du décret et de l'entendement divins ; car, relativement à elle, cet appétit meilleur n'appartient pas plus, à l'instant considéré, à la nature de cet homme qu'à celle du diable ou de la pierre. » Et en ce sens par suite, il y a non point privation d'un désir meilleur mais seulement négation. On peut dire en somme qu'il y a privation quand un attribut, que nous croyons appartenir à la nature de quelque objet, est nié de cet objet même, négation quand on nie d'un objet ce qui n'appartient pas à sa nature.

GABRIELLE SUCHON
(1632-1703)

Traité de la morale et de la politique[1], Lyon, B. Vignieu, 1693, part. I, chap. XXXI, p. 161-162.

[161] Qu'il y ait une tristesse naturelle, Hippocrate nous l'enseigne, quand il dit, qu'aux maladies mélancoliques l'endroit où l'humeur s'arrêtera, est très dangereux, parce que c'est un signe d'apoplexie[2], de convulsion et même d'aveuglement, à cause que cette humeur empêche et occupe les chambres du cerveau, principalement dans un âge avancé. Un ancien auteur traitant de la mélancolie nous assure[3], que c'est une suspension de l'âme qui nous est causée par des peurs et des craintes excessives, quelquefois par trop d'étude et d'application et même par la corruption de l'air, ou par celle des humeurs du corps. Selon tous les médecins, la tristesse ou mélancolie naturelle est un mal très dangereux au corps, parce qu'il épuise les esprits vitaux, dessèche l'humidité radicale, qui entretient la vie de l'animal ; la rate qui est le siège de la mélancolie attirant la greffe du corps humain, le mine et le détruit insensiblement. Cela se doit entendre d'une mélancolie déréglée, qui passe les bornes d'un bon tempérament ; mais lorsque cette humeur est dans la modération et dans la justesse d'une disposition qui s'éloigne de tout excès, l'on peut dire que ces personnes sont du nombre de celles dont parle Aristote[4] quand il nous apprend que tous les grands

---

1 Publié sous le pseudonyme d'Aristophile.

2 L'apoplexie désignait l'arrêt subit des fonctions cérébrales provoquant la perte de la connaissance. Au début du XXIe siècle, l'expression d'accident vasculaire cérébral (AVC) se substitue à ce qui était alors désigné comme « apoplexie cérébrale ».

3 [NdE] Constantin.

4 Voir Aristote, *Problèmes*, XXX, I. Voir Gwenaëlle Le Person, « Le portrait du mélancolique dans les *Problèmes* du Pseudo-Aristote et les traités aristotéliciens », dans *Langages et métaphores du corps dans le monde antique*, J. Wilgaux et V. Dasen (dir.), Rennes, PUR, 2015, p. 4, note 2 : « Certains considèrent que ce traité est l'extrait d'une œuvre perdue de Théophraste » (*Cf.* W. Müri, « Melancholia und schwarze Galle », *Mus. Helv.*, 10, 1953,

Hommes sont ordinairement sujets à la mélancolie, comme ont été Socrate, Platon, Hercule et autres personnages illustres pour leur esprit, leur science et leur vertu. Plutarque nous en donne la raison, quand il dit, qu'elle rend les personnes capables des belles connaissances, sérieuses dans l'entretien, raisonnables et judicieuses en toutes choses ; que ce juste tempérament les rend prudentes, et les fait paraître naturellement sages, la discrétion qui est un ouvrage de longues années leur étant comme naturelle.

S'il est vrai que la mélancolie bien réglée produit tant de bons effets dans les personnes qui sont de ce tempérament modéré, il ne faut pas s'étonner si la sainte tristesse opère tant de merveilles dans les âmes, qu'elle leur donne un dégoût et une aversion sensible des plaisirs et divertissements du monde. [162] C'est ce qui obligeait le grand Apôtre[5] de se réjouir avec les Corinthiens de ce qu'ils avaient été attristés : parce que cette tristesse les avait portés à la pénitence ; et qu'ainsi elle opère le salut et la vie de l'âme, pendant que celle du monde donne la mort. Cette amertume intérieure n'est jamais sans douceur, c'est un charme divin qui cause la vie abstraite, et qui sait trouver du plaisir dans les plus fâcheuses douleurs.

Ibid., part. II, chap. XXII, p. 145.

Saint Augustin nous apprend qu'il n'y a aucune nature du mal[6] ; mais que la perte du bien en a pris le nom, que les ténèbres ne sont autre chose que l'air sans lumière, et que pareillement l'âme devient ténébreuse, étant privée des clartés de la science. L'aveuglement qui est un défaut de l'œil nous fait bien[...] connaître qu'il a été créé pour recevoir la lumière ; et personne ne doute qu'entre toutes les privations celle de la vue ne soit la plus sensible et la plus insupportable, à cause que par ce moyen l'imagination et le bon sens sont bien souvent trompés et prennent une chose pour une autre. La puissance délibérative est encore séduite parce qu'elle se propose de suivre un chemin dans le temps qu'on la conduit

---

p. 21-38), d'autres l'attribuent à Aristote (*Cf.* Jeanne Croissant, *Aristote et les mystères*, Liège, Paris, Faculté de philosophie et Lettres de l'université de Liège, 1932, p. 87 ; Robert Flacelière, « Héraclès ou Héraclite », in *Hommage à Marie Delcourt*, Bruxelles, 1970, coll. « Latomus 114 », p. 207-210). Rappelons que, dans l'Antiquité, l'auteur de ce traité a toujours été identifié à Aristote (*Cf.* Cicéron, *Tusculanes*, I, 80 ; Plutarque, *Vie de Lysandre*, 2,5 ; Aulu-Gelle, *Nuits Attiques*, XIX, 4 ; XX, 4).

5 Saint Paul, *Lettres aux Corinthiens*, II.

6 [NdE] *Cité de Dieu*, liv. II, chap. 9.

dans un autre. L'élection est aussi pervertie dit un grave Auteur, à cause que quand on croit faire le choix[...] d'une chose de valeur, l'on se trouve pourvu d'une moindre d'autant que l'on ne voit pas pour en faire le discernement. Celui qui est frappé d'aveuglement est contraint d'être mené par les autres, il quitte souvent le bon chemin pour se mettre dans un mauvais passage, selon le caprice de celui qui le mène, il n'a point de peur dans un lieu de péril et il marche hardiment dans les pas dangereux, où il trébuche et se laisse souvent tomber.

Cette description de l'aveuglement du corps en est une très naïve de celui de l'esprit, qui n'est autre que l'ignorance que nous pouvons appeler les ténèbres et l'obscurité de la raison, à cause que par le manquement de connaissance l'homme se trouve souvent déçu et trompé dans le jugement et dans le choix qu'il fait des choses.

Ibid., chap. XXXI, p. 205.

Platon a voulu persuader, que de même que les beaux et riches palais sont destinés pour les grands princes ; pareillement les beaux corps servent de retraite aux belles âmes. Néanmoins si nous voulons établir notre jugement sur l'expérience ordinaire et journalière, nous y trouverons bien de la diversité et beaucoup de mélange, parce que nous voyons assez souvent des corps fort disgraciés de la nature, qui ne laissent pas de renfermer de très bons esprits et des âmes pleines de vertu et de sagesse ; comme au contraire il s'en trouve de très vicieuses et mal conditionnées qui font leur séjour dans des corps pleins de charmes et de beauté. *Difformité si grande*, que le sage compare *les attraits d'une femme folle et vicieuse, à un diamant enchâssé dans la tête du plus sale et du plus infâme de tous les animaux*[7].

Ibid., chap. XXXIX, p. 260-261.

[260] La troisième difficulté qui rend l'étude non seulement pénible, mais en quelque manière impossible, ce sont les défauts et incapacités des sujets qui s'y veulent adonner, parce que pour y bien réussir, il faut avoir l'intelligence prompte, l'imagination vive, le jugement solide, la mémoire heureuse, le langage poli et l'expression facile, et toutes ces qualités se

7 [NdE] *Livre des Proverbes*, chap. 11.

trouvent très rarement dans une même personne. C'est aussi ce qui fait que les hommes savants et accomplis de tous points sont très rares. Parce [261] que les uns sont inhabiles aux études, à cause de la stupidité de leur esprit, ou de la faiblesse de leur mémoire, les autres parce qu'ils sont d'une complexion infirme et délicate, qui ne peut supporter le travail d'une longue et forte application. Il s'en trouve encore d'autres qui ne manquent ni de capacité d'esprit ni de force corporelle, et néanmoins ne veulent pas s'en donner la peine parce qu'ils sont amateurs de leur plaisir, ou parce que les occupations et les affaires du monde emportent tout leur temps. Plutarque a eu raison de dire que l'étude des belles lettres demande une âme bien composée et bien réglée dans un corps sain et vigoureux. Il nous apprend encore qu'il y a des imperfections naturelles qui sont presque invincibles, ou du moins que l'on ne peut surmonter qu'avec beaucoup de peine[8], comme il le rapporte de Cicéron, et de Démosthène, dont l'un et l'autre avaient de grands défauts tant aux gestes, qu'en la voix et en la manière de s'énoncer, qui était confuse et enveloppée ; mais par une grande et continuelle assiduité se rendirent les plus habiles orateurs de leur siècle.

Ibid., *Traité qui montre clairement, que c'est mal à propos, qu'on attribue la faiblesse, la légèreté et l'inconstance aux personnes du sexe*, chap. I, p. 7.

C'était le sentiment d'Hippocrate[9], que ceux qui sont accoutumés de s'exercer au travail, encore qu'ils soient faibles, vieux, ou infirmes, porteront mieux la peine et les travaux que les autres qui ne sont pas fortifiés par l'exercice ; encore qu'ils soient jeunes et robustes. Et Galien dans ses *Commentaires* dit que les parties longuement exercées et accoutumées au travail sont rendues plus fortes et plus vigoureuses que les autres. La Doctrine de ces deux grands Hommes est confirmée par l'expérience qui nous montre tous les jours que la pratique surmonte en peu de temps la faiblesse et corrige les naturels les plus infirmes : aussi voyons-nous que le côté droit de nos corps a plus de force que le gauche, parce qu'il est le plus exercé ; ce qui est tellement véritable, que si l'on fait coutume de se servir plutôt de la main gauche que de la droite, l'on s'aperçoit avec le temps qu'elle est la plus propre pour agir.

8 [NdA] En « La vie de Cicéron », etc.
9 [NdE] *Aphorismes*, 49, 2.

JOHN LOCKE
(1632-1704)

Essai philosophique concernant l'entendement humain [1689], trad. Pierre Coste, Amsterdam, P. Mortier, 1735, liv. I, chap. III, § 20, p. 54.

Lorsqu'une idée n'est pas actuellement présente à l'esprit, ou en réserve, pour ainsi dire, dans la mémoire, elle n'est point du tout dans l'esprit, et c'est comme si elle n'y avait jamais été. Supposons un enfant qui ait l'usage de ses yeux jusqu'à ce qu'il connaisse et distingue les couleurs, mais qu'alors les cataractes venant à fermer l'entrée à la lumière, il soit quarante ou cinquante ans, sans rien voir absolument, et que pendant tout ce temps-là il perde entièrement le souvenir des idées des couleurs qu'il avait eues auparavant. C'était là justement le cas où se trouvait un aveugle auquel j'ai parlé une fois, qui dès l'enfance avait été privé de la vue par la petite vérole, et n'avait aucune idée des couleurs, non plus qu'un aveugle-né. Je demande si un homme dans cet état-là, a dans l'esprit quelque idée des couleurs, plutôt qu'un aveugle-né ? Je ne crois pas que personne dise que l'un ou l'autre en aient absolument aucune. Mais qu'on lève les cataractes de celui qui est devenu aveugle, il aura de nouveau des idées des couleurs, qu'il ne se souvient nullement d'avoir eues ; idées que la vue qu'il vient de recouvrer, fera passer dans son esprit, sans qu'il soit convaincu en lui-même de les avoir connues auparavant ; après quoi il pourra les rappeler et se les rendre comme présentes à l'esprit au milieu des ténèbres. Et c'est à l'égard de toutes ces idées des couleurs qu'on peut rappeler dans l'esprit, quoi qu'elles ne soient pas présentes aux yeux, qu'on dit, qu'étant dans la mémoire elles sont aussi dans l'esprit. D'où je conclus, que toute idée qui est dans l'esprit sans être actuellement présente à l'esprit, n'y est qu'en tant qu'elle est dans la mémoire ; que si elle n'est pas dans la mémoire, elle n'est point dans l'esprit ; et que si elle est dans la mémoire, elle ne peut devenir actuellement présente à l'esprit, sans une perception qui fasse connaître que cette idée procède de la mémoire, c'est-à-dire qu'on l'a auparavant connue, et qu'on s'en ressouvient présentement.

Ibid., liv. II, chap. IX, § 8, p. 99-100.

[99] À cette occasion, j'insérerai ici un problème du savant Mr. *Molyneux*[1] qui emploie si utilement son beau génie à l'avancement des sciences. Le voici tel qu'il me l'a communiqué lui-même dans une lettre qu'il m'a fait l'honneur de m'écrire depuis quelque temps : « Supposez un aveugle de naissance, qui soit présentement homme fait, auquel on ait appris à distinguer par l'attouchement un cube et un globe, du même métal, et à peu près de la même grosseur, en sorte que lorsqu'il touche l'un et l'autre, il puisse dire quel est le cube, et quel est le globe. Supposez que le cube et le globe étant posés sur une table, cet aveugle vienne à jouir de la vue. On demande si en les voyant sans les toucher, il pourrait les discerner, et dire quel est le globe et quel est le cube. » Le pénétrant et judicieux auteur de cette question, répond en même temps ; que « non » : car, ajoute-t-il, « bien que cet aveugle [100] ait appris par expérience de quelle manière le globe et le cube affectent son attouchement, il ne sait pourtant pas encore, que ce qui affecte son attouchement de telle ou de telle manière, doive frapper ses yeux de telle ou de telle manière, ni que l'angle avancé d'un cube qui presse la main d'une manière inégale, doivent paraître à ses yeux tel qu'il paraît dans le cube. » Je suis tout-à-fait du sentiment de cet habile homme, que j'ai pris la liberté d'appeler mon ami, quoi que je n'aie pas eu encore le bonheur de le voir. Je crois, dis-je, que cet aveugle ne serait point capable, à la première vue, de dire avec certitude, quel serait le globe et quel serait le cube, s'il se contentait de les regarder, quoi qu'en les touchant, il pût les nommer et les distinguer sûrement par la différence de leurs figures qu'il apercevrait par l'attouchement. J'ai voulu proposer ceci à mon lecteur, pour lui fournir une occasion d'examiner combien il est redevable à l'expérience, de quantité d'idées acquises, dans le temps qu'il ne croit pas en faire aucun usage, ni en tirer aucun

1 William Molyneux (1656-1698), philosophe et physicien irlandais, formula pour la première fois son fameux problème dans une lettre adressée à Locke le 7 juillet 1688.

secours, d'autant plus que Mr. Molyneux ajoute dans la lettre où il me communique ce problème, « qu'ayant proposé, à l'occasion de mon livre, cette question à diverses personnes d'un esprit fort pénétrant, à peine en a-t-il trouvé une qui d'abord lui ait répondu sur cela comme il croit qu'il faut répondre, quoi qu'ils aient été convaincus de leur méprise après avoir ouï ses raisons ».

Ibid., chap. XI, § 12-13, p. 113-114.

[113] Si l'on examinait avec soin les divers égarements des imbéciles, on découvrirait sans doute jusqu'à quel point leur imbécillité procède de l'absence ou de la faiblesse de quelqu'une des facultés dont nous venons de parler, ou de ces deux choses ensemble. Car ceux qui n'aperçoivent qu'avec peine, qui ne retiennent qu'imparfaitement les idées qui leur viennent dans l'esprit, et qui ne sauraient les rappeler ou assembler promptement, n'ont que très peu de pensées. Ceux qui ne peuvent distinguer, comparer et *abstraire* des idées, ne sauraient être fort capables de comprendre les choses, de faire usage des termes, ou de juger et de raisonner passablement bien. [114] Leurs raisonnements qui sont rares et très imparfaits ne roulent que sur des choses présentes, et fort familières à leurs sens. Et en effet, si aucune des facultés dont j'ai parlé ci-dessus, vient à manquer ou à se dérégler, l'entendement de l'homme a constamment les défauts que doit produire l'absence ou le dérèglement de cette faculté.

§ 13. Enfin, il me semble que le défaut des imbéciles vient de manque de vivacité, d'activité et de mouvement dans les facultés intellectuelles, par où ils se trouvent privés de l'usage de la raison. Les fous, au contraire, semblent être dans l'extrémité opposée. Car il ne me paraît pas que ces derniers aient perdu la faculté de raisonner ; mais ayant joint mal à propos certaines idées, ils les prennent pour des vérités, et se trompent de la même manière que ceux qui raisonnent juste sur de faux principes. Après avoir converti leurs propres fantaisies en réalité par la force de leur imagination, ils en tirent des conclusions fort raisonnables. Ainsi, vous verrez un fou qui s'imaginant être roi, prétend, par une juste conséquence, être servi, honoré, et obéi selon sa dignité. D'autres qui ont crû être de verre, ont pris toutes les précautions nécessaires pour empêcher leur corps de se casser. De là vient qu'un homme fort sage et de très bon sens en toute autre chose, peut être aussi fou sur un certain article qu'aucun de ceux qu'on renferme dans les Petites-Maisons, si par quelque violente impression qui se soit faite subitement dans son esprit, ou par une longue application à une espèce particulière de pensées, il arrive que des idées incompatibles soient jointes si fortement ensemble dans son esprit, qu'elles y demeurent unies. Mais il y a des degrés de folie aussi bien que d'imbécillité, cette union déréglée d'idées étant plus ou moins forte dans les uns que dans les autres. En un mot, il me semble que ce qui fait la différence des imbéciles d'avec les fous, c'est que *les fous* joignent ensemble des idées mal assorties, et forment ainsi des propositions extravagantes, sur lesquelles néanmoins ils raisonnent juste ; au lieu que *les imbéciles* ne forment que très peu, ou point de propositions, et ne raisonnent presque point.

Ibid., liv. III, chap. IV, § 10, p. 340.

Ceux qui disent que la *lumière* est un grand nombre de petits globules qui frappent vivement le fond de l'œil, parlent plus intelligiblement qu'on ne parle sur ce sujet dans les écoles ; mais que ces mots soient entendus avec la dernière évidence, ils ne sauraient pourtant jamais faire que l'idée signifiée par le mot de *lumière* soit plus connue à un homme qui ne l'entend pas auparavant, que si on lui disait que la lumière n'est autre chose qu'un amas de petites balles que des *fées* poussent tout le jour avec des raquettes contre le front de certains hommes, pendant qu'elles négligent de rendre le même service à d'autres. Car supposé que l'explication de la chose soit véritable, cette idée de la cause de la lumière aurait beau nous être connue avec toute l'exactitude possible, elle ne servirait non plus à nous donner l'idée de la lumière même, en tant que c'est une perception particulière qui est en nous, que l'idée de la figure et du mouvement d'une épingle nous pourrait donner l'idée de la douleur qu'une épingle est capable de produire en nous. Car dans toutes les idées simples qui nous viennent par un seul sens, la cause de la sensation, et la sensation elle-même sont deux idées, et qui sont si différentes et si éloignées l'une de l'autre, que deux idées ne sauraient l'être davantage. C'est pourquoi les globules de Descartes auraient beau frapper la rétine d'un homme que la maladie nommée *Gutta serena*[2]

2 La goutte sereine désignait une paralysie du nerf optique entraînant une cécité partielle ou totale.

aurait rendu aveugle, jamais il n'aurait, par ce moyen, aucune idée de lumière ni de quoi que ce soit d'approchant, encore qu'il comprît à merveille ce que sont ces petits globules, et ce que c'est que frapper un autre corps.

Ibid., § 11-12, p. 341-342.

[341] Soit donc conclu que quiconque n'a pas déjà reçu dans son esprit par la porte naturelle, l'idée simple qui est signifiée par un certain mot, ne saurait jamais venir à connaître la signification de ce mot par le moyen d'autres mots ou sons, quels qu'ils puissent être, de quelque manière qu'ils soient joints ensemble par aucune règle de définition qu'on puisse jamais imaginer. Le seul moyen de la lui faire connaître, c'est de frapper ses sens par l'objet qui leur est propre, et de produire ainsi en lui l'idée dont il a déjà appris le nom. Un homme aveugle qui aimait l'étude, s'étant fort tourmenté la tête sur le sujet des objets visibles, et ayant consulté les livres et ses amis pour pouvoir comprendre les mots de « lumière » et de « couleur » qu'il rencontrait souvent dans son chemin, dit un jour avec une extrême confiance, qu'il comprenait enfin ce que signifiait l'« écarlate ». Sur quoi son ami lui ayant demandé ce que c'était l'écarlate, « C'est, répondit-il, quelque chose de semblable au son de la trompette ». Quiconque prétendra découvrir ce qu'emporte le nom de quelque autre idée simple par le seul moyen d'une définition, ou par d'autres termes qu'on peut employer pour l'expliquer, se trouvera justement dans le cas de cet aveugle.

§. 12. Il en est tout autrement à l'égard des « idées complexes ». Comme elles sont composées de plusieurs idées simples, les mots qui signifient les différentes idées qui entrent dans cette composition, peuvent imprimer dans l'esprit des idées complexes qui n'y avaient jamais été, et en rendre par-là les noms intelligibles. C'est dans de telles collections d'idées, désignées par un seul nom qu'a lieu la définition ou l'explication d'un mot par plusieurs autres, et qu'elle peut nous faire entendre les noms de certaines choses qui n'étaient jamais tombées sous nos sens, et nous engager à former des idées conformes à celles que les autres hommes ont dans l'esprit, lorsqu'ils se servent de ces noms-là ; pourvu que nul des termes de la définition ne signifie aucune idée simple, que celui à qui on la propose, n'ait encore jamais eu dans l'esprit. Ainsi, le mot de « statue » [342] peut bien être expliqué à un aveugle par d'autres mots, mais non pas celui de « peinture », ses sens lui ayant fourni l'idée de la figure, et non celle des couleurs, qu'on ne saurait pour cet effet exciter en lui par le secours des mots.

C'est ce qui fit gagner le prix au peintre sur le statuaire. Étant venus à disputer de l'excellence de leur art, le statuaire prétendit que la sculpture devait être préférée à cause qu'elle s'étendait plus loin, et que ceux-là même qui étaient privés de la vue, pouvaient encore s'apercevoir de son excellence. Le peintre convint de s'en rapporter au jugement d'un aveugle. Celui-ci étant conduit où était la statue du sculpteur et le tableau du peintre, on lui présenta premièrement la statue, dont il parcourut avec ses mains tous les traits du visage et la forme du corps, et plein d'admiration il exalta l'adresse de l'ouvrier. Mais étant conduit auprès du tableau, on lui dit, à mesure qu'il étendait la main dessus, que tantôt il touchait la tête, tantôt le front, les yeux, le nez, etc. à mesure que sa main se mouvait sur les différentes parties de la peinture qui avait été tirée sur la toile, sans qu'il y trouvât la moindre distinction ; sur quoi il s'écria que ce devait être sans contredit un ouvrage tout à fait admirable et divin, puisqu'il pouvait leur représenter toutes ces parties où il n'en pouvait ni sentir ni apercevoir la moindre trace.

Ibid., chap. VI, § 26-27, p. 365-366.

[365] Puis donc qu'il est évident que nous rangeons les substances sous différentes espèces et sous diverses dénominations selon leurs « essences nominales », et non selon leurs « essences réelles » ; ce qu'il faut considérer ensuite, c'est comment, et par qui ces essences viennent à être faites. Pour ce qui est de ce dernier point, il est visible que c'est l'esprit qui est auteur de ces essences, et non la nature ; parce que si c'était un ouvrage de la nature, elles ne pourraient point être si différentes en différentes personnes, comme il est visible qu'elles sont. Car si nous prenons la peine de l'examiner, nous ne trouverons point que l'essence nominale d'aucune espèce de substances soit la même dans tous les hommes, non pas même celle qu'ils connaissent de la manière la plus intime. Il ne serait peut-être pas possible que l'idée abstraite à laquelle on a donné le nom d'« homme » fût différente en différents hommes, si elle était

formée par la nature ; et qu'à l'un elle fût un « animal raisonnable », et à l'autre un « animal sans plume, à deux pieds avec de larges ongles ». Celui qui attache le nom d'« homme » à une idée complexe, composée de sentiment et de motion volontaire, jointe à un corps d'une telle forme, a par ce moyen une certaine essence de l'espèce qu'il appelle « homme », et celui qui après un plus profond examen, y ajoute la « raisonnabilité », a une autre essence de l'espèce à laquelle il donne le même nom d'« homme », de sorte qu'à l'égard de l'un d'eux le même individu sera par-là un véritable homme, qui ne l'est point à l'égard de l'autre. Je ne pense pas qu'il se trouve à peine une seule personne qui convienne, que cette stature droite, si connue, soit la différence essentielle de l'espèce qu'il désigne par le nom d'homme. Cependant il est visible qu'il y a bien des gens qui déterminent [366] plutôt les espèces des animaux par leur forme extérieure que par leur naissance, puisqu'on a mis en question plus d'une fois si certains « fœtus » humains devaient être admis au baptême ou non, par la seule raison que leur configuration extérieure différait de la forme ordinaire des enfants, sans qu'on sût s'ils n'étaient point aussi capables de raison que des enfants jetés dans un autre moule, dont il s'en trouve quelques-uns, qui, quoique d'une forme approuvée, ne sont jamais capables de faire voir, durant toute leur vie, autant de raison qu'il en paraît dans un singe ou un éléphant, et qui ne donnent jamais aucune marque d'être conduits par une âme raisonnable. D'où il paraît évidemment, que la forme extérieure qu'on a seulement trouvé à dire, et non la faculté de raisonner, dont personne ne peut savoir si elle devait manquer dans son temps, a été rendue essentielle à l'espèce humaine. Et dans ces occasions les théologiens et les jurisconsultes les plus habiles, sont obligés de renoncer à leur sacrée définition d'« animal raisonnable », et de mettre à la place quelque autre essence de l'espèce humaine. *Mr. Ménage*[3] nous fournit l'exemple d'un certain *Abbé de St. Martin* qui mérite d'être rapporté ici[4] ; « Quand cet Abbé de St. Martin, dit-il, vint au monde, il avait si peu la figure d'un homme qu'il ressemblait plutôt à un monstre. On fut quelque temps à délibérer si on le baptiserait. Cependant il fut baptisé, et on le déclara homme par provision, c'est-à-dire, jusqu'à ce que le temps eût fait connaître ce qu'il

3 Gilles Ménage (1613-1692) grammairien et historien français. Ses pensées sont recueillies et publiées en 1693 sous le titre de *Menagiana*.

4 [NdA] *Menagiana*, t. 1, p. 273 de l'édition de Hollande, 1694.

était. Il était si disgracié de la nature, qu'on l'a appelé toute sa vie l'Abbé Malotru. Il était de Caen. » Voilà un enfant qui fut fort près d'être exclu de l'espèce humaine simplement à cause de sa forme. Il échappa à toute peine tel qu'il était ; et il est certain qu'une figure un peu plus contrefaite, l'en aurait privé pour jamais, et l'aurait fait périr comme un être qui ne devait point passer pour un homme. Cependant on ne saurait donner aucune raison, pourquoi une âme raisonnable n'aurait pu loger en lui si les traits de son visage eussent été un peu plus altérés, pourquoi un visage un peu plus long, ou un nez plus plat, ou une bouche plus fendue n'auraient pu subsister, aussi bien que le reste de sa figure irrégulière, avec une âme et des qualités qui le rendirent capable, tout contrefait qu'il était, d'avoir une dignité dans l'Église.

§ 27. Pour cet effet, je serais bien aise de savoir en quoi consistent les bornes précises et invariables de cette espèce. Il est évident à quiconque prend la peine de l'examiner, que la nature n'a fait, ni établi rien de semblable parmi les hommes.

Ibid., liv. IV, chap. III, § 23, p. 455.

Il ne nous appartient pas de déterminer quelles autres idées simples peuvent avoir d'autres créatures dans d'autres parties de l'univers, par d'autres sens et d'autres facultés plus parfaites et en plus grand nombre que celles que nous avons, ou différentes de celle que nous avons. Mais de dire ou de penser qu'il n'y a point de telles facultés parce que nous n'en avons aucune idée, c'est raisonner aussi juste qu'un aveugle qui soutiendrait qu'il n'y a ni vue ni couleurs, parce qu'il n'a absolument point d'idée d'aucune telle chose, et qu'il ne saurait se représenter en aucune manière ce que c'est que voir.

Ibid., chap. IV, § 13-16, p. 468-471.

[468] Si nous considérions bien cela, et que nous ne bornassions pas nos pensées et nos idées abstraites à des noms, comme s'il n'y avait, ou ne pouvait y avoir d'autres espèces de choses que celles que les noms connus ont déjà déterminées, et pour ainsi dire, produites, nous penserions aux choses mêmes d'une manière beaucoup plus libre et moins confuse que

nous ne faisons. Si je disais de certains « imbéciles » qui ont vécu quarante ans sans donner le moindre signe de raison, que c'est quelque chose qui tient le milieu entre l'homme et la bête, cela passerait peut-être pour un paradoxe bien hardi, ou même pour une fausseté d'une très dangereuse conséquence ; et cela en vertu d'un préjugé, qui n'est fondé sur autre chose que sur cette fausse supposition, que ces deux noms, « homme » et « bête », signifient des espèces distinctes, si bien marquées par des essences réelles que nulle autre espèce ne peut intervenir entre elles ; au lieu que si nous voulons faire abstraction de ces noms, et renoncer à la supposition de ces essences spécifiques, établies par la nature, auxquelles toutes les choses de la même dénomination participent exactement et avec une entière égalité, si, dis-je, nous ne voulons pas nous figurer qu'il y ait un certain nombre précis de ces essences sur lesquelles toutes les choses aient été formées et comme jetées au moule, nous trouverons que l'idée de la figure, du mouvement et de la [469] vie d'un homme destitué de raison, est aussi bien une idée distincte, et constitue aussi bien une espèce de choses distinctes de l'homme et de la bête, que l'idée de la figure d'un âne accompagnée de raison serait différente de celle de l'homme ou de la bête, et constituerait une espèce d'animal qui tiendrait le milieu entre l'homme et la bête, ou qui serait distinct de l'un et de l'autre.

§. 14. Ici chacun sera d'abord tenté de me dire, « si l'on peut supposer que des imbéciles sont quelque chose entre l'homme et la bête, que sont-ils donc, je vous prie ? » Je réponds, ce sont des « imbéciles » ; ce qui est un aussi bon mot pour quelque chose de différent de la signification du mot « homme » ou « bête », que les noms d'« homme » et de « bête » sont propres à marquer des significations distinctes l'une de l'autre. Cela bien considéré pourrait résoudre cette question, et faire voir ma pensée sans qu'il fût besoin de plus longs discours. Mais je ne connais pas si peu le zèle de certaines gens, toujours prêts à tirer des conséquences, et à se figurer la religion en danger, dès que quelqu'un se hasarde de quitter leurs façons de parler, pour ne pas prévoir quelles odieuses épithètes on peut donner à une telle proposition ; et d'abord on me demandera sans doute, si les « imbéciles » sont quelque chose entre l'homme et la bête, que deviendront-ils dans l'autre monde ? À cela je réponds, premièrement, qu'il ne m'importe point de le savoir ni de le rechercher : « Qu'ils tombent ou qu'ils se soutiennent, cela regarde leur maître[5] ». Et soit

5 [NdA] *Épître aux Romains*, XIV, 4.

que nous déterminions quelque chose ou que nous ne déterminions rien sur leur condition, elle n'en sera ni meilleure ni pire pour cela. Ils sont entre les mains d'un Créateur fidèle, et d'un Père plein de bonté qui ne dispose pas de ses créatures suivant les bornes étroites de nos pensées ou de nos opinions particulières, et qui ne les distingue point conformément aux noms et aux espèces qu'il nous plaît d'imaginer. Du reste, comme nous connaissons si peu de choses de ce monde, où nous vivons actuellement, nous pouvons bien, ce me semble, nous résoudre sans peine à nous abstenir de prononcer définitivement sur les différents états par où doivent passer les créatures en quittant ce monde. Il nous peut suffire que Dieu ait fait connaître à tous ceux qui sont capables d'instruction, de discours et de raisonnement, qu'ils seront appelés à rendre compte de leur conduite, et qu'ils recevront « selon ce qu'ils auront fait dans ce Corps[6]. »

§. 15. Mais je réponds, en second lieu, que tout le fort de cette question, « si je veux priver les imbéciles d'un état à venir », roule sur une de ces deux suppositions qui sont également fausses. La première est que toutes les choses qui ont la forme et l'apparence extérieure d'homme, doivent être nécessairement destinées à un état d'immortalité après cette vie ; ou en second lieu, que tout ce qui a une naissance humaine doit jouir de ce privilège. Ôtez ces imaginations ; et vous verrez que ces sortes de questions sont ridicules et sans aucun fondement. Je supplie donc ceux qui se figurent qu'il n'y a qu'une différence accidentelle entre eux et des « imbéciles », (l'essence étant exactement la même dans l'un et dans l'autre) de considérer s'ils peuvent imaginer que l'immortalité soit attachée à aucune forme extérieure du corps. Il suffit, je pense, de leur proposer la chose, pour la leur [470] faire désavouer. Car je ne crois pas qu'on ait encore vu personne dont l'esprit soit assez enfoncé dans la matière pour élever aucune figure composée de parties grossières, sensibles, et extérieures, jusqu'à ce point d'excellence que d'affirmer que la vie éternelle lui soit due, ou en soit une suite nécessaire ; ou qu'aucune masse de matière une fois dissoute ici-bas doive ensuite être rétablie dans un état où elle aura éternellement du sentiment, de la perception et de la connaissance, dès là seulement qu'elle a été moulée sur une telle figure, et que ses parties extérieures ont eu une telle configuration particulière. Si l'on admet une fois ce sentiment, qui attache l'immortalité

6 [NdA] *Deuxième épître aux Corinthiens*, V, 10.

à une certaine configuration extérieure, il ne faut plus parler d'âme ou d'esprit, ce qui a été jusqu'ici le seul fondement sur lequel on a conclu que certains êtres corporels étaient immortels, et que d'autres ne l'étaient pas. C'est donner davantage à l'extérieur qu'à l'intérieur des choses. C'est faire consister l'excellence d'un homme dans la figure extérieure de son corps plutôt que dans les perfections intérieures de son âme ; ce qui n'est guère mieux que d'attacher cette grande et inestimable prérogative d'un état immortel et d'une vie éternelle dont l'homme jouit préférablement aux autres êtres matériels, que de l'attacher, dis-je, à la manière dont sa barbe est faite, ou dont son habit est taillé ; car une telle ou une telle forme extérieure de nos corps n'emporte pas plutôt avec soi des espérances d'une durée éternelle, que la façon dont est fait l'habit d'un homme lui donne un sujet raisonnable de penser que cet habit ne s'usera jamais, ou qu'il rendra sa personne immortelle. On dira peut-être, que personne ne s'imagine que la figure rende quoi que ce soit immortel, mais que c'est la figure qui est le signe de la résidence d'une âme raisonnable qui est immortelle. J'admire qui l'a rendue signe d'une telle chose ; car pour faire que cela soit, il ne suffit pas de le dire simplement. Il faudrait avoir des preuves pour en convaincre une autre personne. Je ne sache pas qu'aucune figure parle un tel langage, c'est-à-dire, qu'elle désigne rien de tel par elle-même. Car on peut conclure aussi raisonnablement que le corps mort d'un homme, en qui l'on ne peut trouver non plus d'apparence de vie ou de mouvement que dans une statue, renferme une âme vivante à cause de sa figure, que de dire qu'il y a une âme raisonnable dans un « imbécile », parce qu'il a l'extérieur d'une créature raisonnable, quoi que durant tout le cours de sa vie, il ne paraisse dans ses actions aucune marque de raison si expresse que celles qu'on peut observer en plusieurs bêtes.

§. 16. Mais un « imbécile » vient de parents raisonnables ; et par conséquent il faut qu'il ait une âme raisonnable. Je ne vois pas par quelle règle de logique vous pouvez tirer une telle conséquence ; qui certainement n'est reconnue en aucun endroit de la Terre ; car si elle l'était, comment les hommes oseraient-ils détruire, comme ils font partout, des productions mal formées et contrefaites ? Oh, direz-vous, mais ces productions sont des monstres. Eh bien, soit. Mais que seront ces « imbéciles », toujours couverts de bave, sans intelligence, et tout à fait intraitables ? Un défaut dans le corps fera-t-il un monstre, et non un défaut dans l'esprit, qui est la plus noble, et comme on parle communément, la plus essentielle partie de [471] l'homme ? Est-ce le manque d'un nez ou d'un cou qui doit faire un monstre, et exclure du rang des hommes ces sortes de productions ; et non le manque de raison et d'entendement ? C'est réduire toute la question à ce qui vient d'être réfuté tout à l'heure ; c'est faire tout consister dans la figure, et ne juger de l'homme que par son extérieur. Mais pour faire voir qu'en effet de la manière dont on raisonne sur ce sujet, les gens se fondent entièrement sur la figure, et réduisent toute l'« essence » de l'espèce humaine (suivant l'idée qu'ils s'en forment) à la forme extérieure, quelque déraisonnable que cela soit, et malgré tout ce qu'ils disent pour le désavouer, nous n'avons qu'à suivre leurs pensées et leur pratique un peu plus avant, et la chose paraîtra avec la dernière évidence. Un « imbécile » bien formé est un homme, il a une âme raisonnable quoi qu'on n'en voit aucun signe ; il n'y a point de doute à cela, dites-vous. Faites les oreilles un peu plus longues et plus pointues, le nez un peu plus plat qu'à l'ordinaire ; et vous commencez à hésiter. Faites le visage plus étroit, plus plat et plus long ; vous voilà tout-à-fait indéterminé. Donnez-lui encore plus de ressemblance à une bête brute, jusqu'à ce que la tête soit parfaitement celle de quelque autre animal, dès lors c'est un « monstre » ; et ce vous est une démonstration qu'il n'a point d'âme, et qu'il doit être détruit. Je vous demande présentement, où trouver la juste mesure et les dernières bornes de la figure qui emporte avec elle une âme raisonnable ? Car puisqu'il y a eu des « fœtus » humains, moitié bête et moitié homme, et d'autres dont les trois parties participent de l'un, et l'autre partie de l'autre, et qu'il peut arriver qu'ils approchent de l'une ou de l'autre forme selon toute la variété imaginable, et qu'ils ressemblent à un homme ou à une bête par différents degrés mêlés ensemble ; je serais bien aise de savoir quels sont au juste les linéaments auxquels une âme raisonnable peut ou ne peut pas être unie, selon cette hypothèse, quelle sorte d'extérieur est une marque assurée qu'une âme habite ou n'habite pas dans le corps. Car jusqu'à ce qu'on en soit venu là, nous parlons de l'homme au hasard ; et nous en parlerons, je crois, toujours ainsi, tandis que nous nous fixerons à certains sons, et que nous nous figurerons certaines espèces déterminées dans la nature, sans savoir ce que c'est. Mais après tout, je souhaiterais qu'on considérât que ceux qui croient avoir satisfait à la difficulté, en nous disant qu'un « fœtus » contrefait est un monstre, tombent dans la même faute qu'ils veulent reprendre, c'est qu'ils établissent par-là une espèce moyenne entre l'homme et la bête ; car je vous prie, qu'est-ce que leur monstre en ce cas-là, (si le mot de « monstre » signifie quoi que ce soit) sinon une chose qui n'est ni homme ni bête, mais qui participe de l'un et de l'autre ? Or tel est justement l'« imbécile » dont on vient de parler. Tant il est nécessaire de renoncer à la notion commune des espèces et des essences, si nous voulons pénétrer véritablement dans la nature des choses mêmes, et les examiner par ce que nos facultés nous y peuvent faire découvrir, à les considérer telles qu'elles existent, et non pas, par de vaines fantaisies dont on s'est entêté sur leur sujet sans aucun fondement.

Quelques pensées sur l'éducation [1693], éd. et trad. Gabriel Compayré, Paris, Hachette et Cie, 1882, sect. I, chap. IV, § 12, p. 15-16.

[15] On sait généralement que les Chinois, qui voient [16] en cela je ne sais quel idéal de beauté, parviennent à se rendre le pied très petit en le couvrant dès leur enfance de liens fortement serrés. J'ai vu récemment une paire de souliers chinois, qui, disait-on, étaient faits pour une femme d'un âge avancé ; ils étaient à tel point disproportionnés avec le pied d'une femme de notre pays qui serait du même âge, qu'ils auraient pu à peine convenir pour chausser une petite fille. On a remarqué en outre que les Chinoises sont très petites de taille et qu'elles vivent peu ; tandis que les Chinois ont la même stature que les autres hommes et vivent le même nombre d'années. Les infirmités propres aux femmes de ces contrées ont été quelquefois attribuées à leur absurde coutume de comprimer leurs pieds : par-là, en effet, la libre circulation du sang est gênée, et le corps entier en souffre dans sa croissance et sa santé. Combien de fois ne voyons-nous pas, lorsque le pied, en quelque endroit, a souffert d'un effort ou d'une blessure, que toute la jambe ou la cuisse s'en ressent, perd ses forces et s'amaigrit ! À quels inconvénients plus graves ne doit-on pas s'attendre quand la poitrine, où est placé le cœur, le siège de la vie, est comprimée d'une façon anormale et gênée dans sa libre expansion !

PIERRE-SYLVAIN RÉGIS
(1632-1707)

Système de philosophie [1690], t. V, Lyon, Anisson, Posuel et Rigaud, 1691, *De la physique*, liv. VIII, part. I, chap. XI, p. 218-222.

[218] De plus, si le fœtus est tellement serré dans la matrice que toutes ses parties ne puissent croître proportionnellement, soit parce que la matrice est trop petite, soit parce que les parties du fœtus sont diversement détournées par quelque cause extérieure, il est nécessaire que l'enfant soit contrefait, c'est-à-dire, qu'il ait quelque membre plus grand ou plus petit, ou autrement situé que la construction naturelle du corps ne demande ; c'est ce qui fait qu'il y a des enfants « boiteux, bossus », etc.

Le défaut de la matrice n'est pas la seule cause de cette imperfection du fœtus, les passions qu'il souffre dans le sein de la mère contribuent encore beaucoup à la produire. En effet, quand le sang et les esprits sont dans un grand mouvement, comme ils y peuvent être, soit à raison de la matière dont ils sont faits, soit à raison de la matrice dont ils s'engendrent, soit enfin par des causes extérieures, qui font qu'ils sortent du cerveau plus vite ou plus lentement qu'il ne faut, s'ils coulent [219] en cet état dans le cœur et dans les viscères, ils les serrent ou les dilatent de telle forte que la distribution des aliments par tout le corps en est empêchée, d'où vient qu'il y a des parties moins nourries que d'autres, ce qui fait que la constitution naturelle du corps est défectueuse.

Il peut arriver même que la passion d'un enfant qui est encore dans le sein de sa mère, sera si grande qu'elle changera[...] la figure du fœtus en celle d'une autre espèce, par exemple, en celle d'un singe ; car qui ne voit que si l'enfant est longtemps possédé d'une passion semblable à quelque autre passion qui soit familière à cette sorte d'animal, son cerveau, son cœur, ses nerfs et ses viscères se disposeront en sorte que les esprits animaux y couleront facilement pour pousser, ou pour retenir les sucs qui sont nécessaires pour entretenir cette passion. Qui ne voit encore que les muscles du visage du fœtus le composeront, selon que cette passion les fait composer dans le singe, et qu'ils se confirmeront dans cet état, selon que la passion sera plus longue, ce qui sera cause que l'enfant venant à naître, ressemblera et par les [220] traits de son visage, et par la conformation de ses membres au singe, dont il a éprouvé les passions dans le sein de sa mère.

Nous ne parlerons point ici des causes qui produisent dans le fœtus ces passions extraordinaires, comme ces causes sont le plus souvent dans l'imagination de la mère, et que nous ne connaissons pas encore la nature, ni la force de cette faculté ; nous différerons de les examiner jusqu'à la troisième partie de ce livre, où il sera traité exprès de l'imagination et des causes physiques de ses fonctions.

Ce sera alors que nous ferons voir que s'il arrive quelquefois que de parents mutilés[...] il naisse des enfants avec les mêmes imperfections, il n'est pas difficile de concevoir que cela peut venir de la mère dont l'imagination qui a la force de remuer les humeurs, et par conséquent de les faire couler vers des parties plutôt que vers d'autres, a manqué de déterminer leur mouvement vers les parties dont l'enfant est privé, ce qui fait qu'elles ne se peuvent développer.

Que si au contraire il arrive que des parties supernuméraires soient ajoutées, [221] comme un second bras, une seconde tête, et toutes les autres choses qui forment des monstres ; il est encore facile de concevoir que cette composition de parties ajoutées[...] a pu être faite par la rencontre de deux œufs qui se sont attachés ensemble, et dont les parties ont été diversement développées, détournées, entremêlées et jointes, soit par le défaut de la matrice qui a été trop petite, soit par les mouvements des humeurs diversement agitées par l'imagination de la mère ; c'est ainsi qu'on voit des jumeaux qui naissent joints ensemble, ou des enfants qui ont deux têtes ou trois bras.

Il faut ajouter que rien ne nous empêche de croire que les germes des monstres ont été produits au commencement[...] comme ceux des animaux parfaits, et que la génération ne fait autre chose à leur égard que de les rendre plus propres à croître d'une manière sensible, sans qu'il importe de dire que Dieu ne peut être l'auteur des monstres, et qu'il le serait néanmoins si les germes des monstres étaient depuis le commencement ; car il est aisé de répondre qu'il n'y a rien [222] dans le monde hormis le mal moral, dont Dieu ne soit l'auteur, et qu'il ne produise lui-même très positivement, quoique librement. Il ne servirait encore rien de dire que Dieu produit à la vérité des monstres, quoi qu'il voudrait bien qu'il n'y en eût pas, mais qu'il est obligé d'en produire pour satisfaire à la simplicité des lois de la nature ; car nous répondrons que les lois de la nature ne sont point différentes de la volonté de Dieu, et si l'on dit que Dieu fait des choses en suivant les lois de la nature qu'il voudrait ne pas faire, nous répondrons encore que c'est proprement assurer que la volonté de Dieu est contraire à elle-même, ce qui répugne.

Ibid., t. VI, liv. VIII, part. IV, chap. VI, p. 358-359.

[358] L'*ingratitude*[...] n'est pas une passion, parce que la nature n'a mis aucun mouvement dans le sang, ni dans les esprits pour l'exciter, mais c'est seulement un vice directement opposé à la reconnaissance, en tant que celle-ci est toujours vertueuse, et l'un des principaux liens de la société humaine, [359] comme il sera prouvé dans la morale. Le vice de l'ingratitude appartient proprement aux hommes brutaux, aux stupides et aux faibles ; aux brutaux, parce qu'ils pensent que toutes choses leur sont dues ; aux stupides, parce qu'ils ne font aucune réflexion sur les bienfaits qu'ils reçoivent ; et enfin, aux faibles, parce que sentant leur infirmité et leur besoin, ils recherchent bassement le secours des autres, et après qu'ils l'ont reçu, ils les haïssent, parce que n'ayant pas la volonté de leur rendre la pareille, ou désespérant de le pouvoir faire, et s'imaginant que tout le monde est mercenaire comme eux, et qu'on ne fait aucun bien que dans l'espérance d'en être récompensé par celui à qui on l'a fait, ils pensent avoir trompé leurs bienfaiteurs.

NICOLAS MALEBRANCHE
(1638-1715)

De la Recherche de la Vérité où l'on traite de la nature de l'esprit de l'homme, et de l'usage qu'il en doit faire pour éviter l'erreur dans les sciences [1674], t. I, Paris, Michel-Étienne David, 1721, liv. II, part. I, chap. VII, p. 316-319.

[316] Il y a environ sept ou huit ans que l'on voyait aux Incurables[1] un jeune homme, qui était né fou, et dont le corps était rompu dans les mêmes endroits, dans lesquels on rompt les criminels. Il a vécu près de vingt ans en cet état ; plusieurs personnes l'ont vu, la feue reine mère allant visiter cet hôpital eut la curiosité de le voir, et même de toucher les bras et les jambes de ce jeune homme aux endroits où ils étaient rompus.

Selon les principes que je viens d'établir, la cause de ce funeste accident [317] fut que sa mère ayant su qu'on allait rompre un criminel, l'alla voir exécuter. Tous les coups que l'on donna à ce misérable, frappèrent avec force l'imagination de cette mère, et par une espèce de contrecoup[...] le cerveau tendre et délicat de son enfant. Les fibres du cerveau de cette femme furent étrangement ébranlées, et peut-être rompues en quelques endroits par le cours violent des esprits produits à la vue d'une action si terrible, mais elles eurent assez de consistance pour empêcher leur bouleversement entier. Les fibres au contraire du cerveau de l'enfant ne pouvant résister au torrent de ces esprits furent entièrement dissipées, et le ravage fut assez grand pour lui faire perdre l'esprit pour toujours. C'est là la raison pour laquelle il vint au monde privé de sens. Voici celle pour laquelle il était rompu aux mêmes parties du corps que le criminel, que sa mère avait vu mettre à mort.

À la vue de cette exécution si capable d'effrayer une femme, le cours violent des esprits animaux de la mère, alla avec force de son cerveau

1 L'hôpital de Incurables est construit entre 1634 et 1639 à Paris, rue de Sèvres.

[318] vers tous les endroits de son corps, qui répondaient à ceux du criminel[...], et la même chose se passa dans l'enfant. Mais, parce que les os de la mère étaient capables de résister à la violence de ces esprits, ils n'en furent point blessés. Peut-être même qu'elle ne ressentit pas la moindre douleur, ni le moindre frémissement dans les bras ni dans les jambes, lorsqu'on les rompait au criminel. Mais ce cours rapide des esprits fut capable d'entraîner les parties molles et tendres des os de l'enfant. Car les os sont les dernières parties du corps qui se forment, et ils ont très peu de consistance dans les enfants qui sont encore dans le sein de leur mère. Et il faut remarquer, que si cette mère eût déterminé le mouvement de ces esprits vers quelqu'autres parties de son corps en se chatouillant avec force, son enfant n'aurait point eu les os rompus ; mais la partie, qui eut répondu à celle vers laquelle la mère aurait déterminé ces esprits, eût été fort blessée, selon ce que j'ai déjà dit.

Les raisons de cet accident sont [319] générales pour expliquer comment les femmes qui voient durant leur grossesse des personnes marquées en certaines parties du visage, impriment à leurs enfants les mêmes marques, et dans les mêmes parties du corps ; et l'on peut juger de là, que c'est avec raison qu'on leur dit qu'elles se frottent à quelque partie cachée du corps, lorsqu'elles aperçoivent quelque chose qui les surprend, et qu'elles sont agitées de quelque passion violente ; car cela peut faire que les marques se tracent plutôt sur ces parties cachées que sur le visage de leurs enfants.

Entretiens sur la métaphysique, sur la religion et sur la mort [1688], t. I, Paris, Christophe David, 1732, entret. IX, § XI, p. 370-372.

[370] XI. ARISTE. Je tiens bien, Théodore, votre principe. Dieu n'agit que selon ce qu'il est, que d'une manière qui porte le caractère de ses attributs, que pour la gloire qu'il trouve uniquement dans le rapport que son ouvrage et ses voies jointes ensemble, ont avec les perfections qu'il possède, et qu'il se glorifie de posséder. C'est la grandeur de ce rapport que Dieu considère dans la formation de ses desseins. Car voilà le principe, Dieu ne peut agir que selon ce qu'il est, ni vouloir absolument et directement que sa gloire. Si les défauts de [371] l'univers que nous habitons diminuent ce rapport, la simplicité, la fécondité, la sagesse des voies ou des lois que Dieu suit, l'augmentent avec avantage. Un monde

plus parfait, mais produit par des voies moins fécondes et moins simples, ne porterait pas tant que le nôtre le caractère des attributs divins. Voilà pourquoi le monde est rempli d'impies, de monstres, de désordres de toutes façons. Dieu pourrait convertir tous les hommes, empêcher tous les désordres ; mais il ne doit pas pour cela troubler la simplicité et l'uniformité de sa conduite, car il doit s'honorer par la sagesse de ses voies, aussi bien que par la perfection de ses créatures. Il ne permet point les monstres ; c'est lui qui les fait. Mais il ne les fait que pour ne rien changer dans sa conduite, que par respect pour la généralité de ses voies, que pour suivre exactement les lois naturelles qu'il a établies, et qu'il n'a pas néanmoins établies à cause des effets monstrueux qu'elles devaient produire, mais pour des effets plus dignes de sa sagesse et de sa bonté. Voilà pourquoi on peut dire qu'il les permet, quoiqu'il n'y ait que lui qui les fasse. C'est [372] qu'il ne les veut qu'indirectement, qu'à cause qu'ils sont une suite naturelle de ses lois.

Ibid., § XIII, p. 380-383.

[380] THÉODORE. Assurément, Théotime, c'est tout renverser que de prétendre que Dieu soit au-dessus de la [381] raison, et qu'il n'ait point d'autre règle dans ses desseins que sa pure volonté. Ce faux principe répand des ténèbres si épaisses, qu'il confond le bien avec le mal, le vrai avec le faux, et fait de toutes choses un chaos où l'esprit ne connaît plus rien. Saint Augustin a prouvé invinciblement le péché originel par les désordres que nous éprouvons en nous. L'homme souffre : donc il n'est point innocent. L'esprit dépend du corps : donc l'homme est corrompu, il n'est point tel que Dieu l'a fait. Dieu ne peut soumettre le plus noble au moins noble, car l'Ordre ne le permet pas. Quelles conséquences pour ceux qui ne craignent point de dire que la volonté de Dieu est la seule règle de ses actions ! Ils n'ont qu'à répondre que Dieu l'a ainsi voulu, que c'est notre amour propre qui nous fait trouver injuste la douleur que nous souffrons, que c'est notre orgueil qui s'offense que l'esprit soit soumis au corps, que Dieu ayant voulu ces désordres prétendus, c'est une impiété que d'en appeler à la raison, puisque la volonté de Dieu ne la reconnaît point pour la règle de sa conduite. Selon ce [382] principe, l'univers est parfait, parce que Dieu l'a voulu. Les monstres sont des ouvrages aussi achevés que les autres selon les desseins de Dieu. Il est bon d'avoir les yeux au

haut de la tête, mais ils eussent été aussi sagement placés partout ailleurs, si Dieu les y avait mis. Qu'on renverse donc le monde, qu'on en fasse un chaos, il sera toujours également admirable, puisque toute sa beauté consiste dans sa conformité avec la volonté divine, qui n'est point obligée de se conformer à l'ordre. Mais quoi ! cette volonté nous est inconnue. Il faut donc que toute la beauté de l'univers disparaisse à la vue de ce grand principe, que Dieu est supérieur à la raison qui éclaire tous les esprits, et que sa volonté toute pure est l'unique règle de ses actions.

ARISTE. Ah ! Théodore, que tous vos principes sont bien liés ! Je comprends encore, par ce que vous me dites là, que c'est en Dieu et dans une nature immuable que nous voyons la beauté, la vérité, la justice, puisque nous ne craignons point de critiquer son ouvrage, d'y remarquer des défauts, et de conclure même de là qu'il est corrompu. Il [383] faut bien que l'ordre immuable que nous voyons en partie soit la loi de Dieu même, écrite dans sa substance en caractères éternels et divins, puisque nous ne craignons point de juger de sa conduite, par la connaissance que nous avons de cette loi. Nous assurons hardiment que l'homme n'est point tel que Dieu l'a fait ; que sa nature est corrompue ; que Dieu n'a pu, en le créant, assujettir l'esprit au corps. Sommes-nous des impies ou des téméraires, de juger ainsi de ce que Dieu doit faire ou ne faire pas ? Nullement. Nous serions plutôt, ou des impies, ou des aveugles, si nous suspendions sur cela notre jugement. C'est, Théodore, que nous ne jugeons point de Dieu par notre autorité, mais par l'autorité souveraine de la Loi divine.

THÉODORE. Voilà, mon cher Ariste, une réflexion digne de vous. N'oubliez donc pas d'étudier cette loi, puisque c'est dans ce code sacré de l'ordre immuable, qu'on trouve de si importantes décisions.

Ibid., t. II, *Entretiens sur la mort* [1696], entret. II, p. 359-364.

[359] THÉOTIME. Supposons, Ariste, qu'on vous eût coupé ce bras-ci et cet autre-là (cette supposition ne vous fera point de mal), et que ces deux bras fussent pourris ou brûlés ; il est certain, par l'expérience de ceux à qui cet accident est arrivé, que vous sentirez de la douleur dans deux bras, et une douleur bien plus vive que celle dont vous venez de vous plaindre. Or ce ne seraient pas les deux bras ou pourris, ou brûlés, qui vous feraient encore mal ; cela n'a pas besoin de preuve. Votre âme est [360] donc unie à deux autres bras ; et ces deux bras sont véritablement

à vous, s'il est permis de conclure qu'un bras est à nous, de ce que nous sentons qu'il nous fait mal.

ARISTE. Assurément, Théotime, un homme à qui on a coupé deux bras n'en a plus.

THÉOTIME. Assurément, Ariste, un homme à qui on a coupé deux bras, en possède encore deux autres. Et ces deux bras que vous avez, et que voici, ne seraient point vos deux bras, ou ne vous feraient ni bien ni mal, si vous n'aviez les deux autres dont je parle, ces deux bras auxquels vous ne pensez point, et qui, cependant, sont les seuls qui peuvent vous faire mal. Or nous ne perdrons, à la mort, que ces deux bras-ci, car les deux autres sont incorruptibles. La mort ne corrompra que ce corps qui ne peut jamais nous faire ni bien ni mal. Vous avez donc tort de craindre la mort par cette méchante raison qu'elle vous séparera de votre corps, s'il est vrai que votre corps c'est celui qui vous fait mal.

ARISTE. Je ne comprends pas trop bien ce que vous me voulez dire.

[361] THÉOTIME. Convenez-vous qu'un homme à qui on a coupé un bras ne laisse pas, même longtemps après, de sentir de la douleur dans son bras ?

ARISTE. J'en conviens ; j'ai vu trop de gens m'assurer de ce fait pour en douter.

THÉOTIME. Quel est donc le bras qui fait mal à un manchot ? car ce n'est pas le bras qui n'est plus.

ARISTE. Il sent de la douleur, parce qu'il se fait dans son cerveau le même ébranlement que s'il avait son bras. Car si le nerf qui répond au pouce…

THÉOTIME. Ce n'est pas là ce que je vous demande. Répondez : quel est le bras qui lui fait mal ?

ARISTE. Mais ce n'est point le bras, qui lui fait mal, c'est Dieu, en conséquence des lois de l'union de l'âme et du corps. Le cerveau du manchot étant ébranlé comme si son doigt était blessé, il est nécessaire qu'il sente de la douleur dans le doigt.

THÉOTIME. Tout cela est vrai ; mais dans quel doigt la sent-il, cette douleur, ou quel est le doigt qui la lui fait sentir ?

[362] ARISTE. La douleur n'est point dans le doigt ; elle n'est que dans l'âme. Comment voulez-vous donc que nous la sentions dans le doigt ? Et ce n'est point aussi notre doigt qui nous la fait sentir ; c'est l'efficace des volontés divines qui agit en nous en conséquence de ses lois. Voilà, Théotime, tout ce que j'ai à vous dire.

THÉOTIME. Vous ne répondez pas, Ariste ; c'est peut-être que je vous interroge mal. La douleur qu'un manchot souffre dans son doigt est certainement une perception. Je vous demande de quoi est cette perception ; n'est-ce pas d'un doigt ?

ARISTE. Oui, sans doute.

THÉOTIME. Eh bien, dites-moi donc ce que c'est que ce doigt aperçu. Prenez garde ; ce doigt n'est pas rien ; car le manchot aurait une perception de rien, et par conséquent, il ne sentirait ou n'apercevrait point. Cependant, il sent ou aperçoit un doigt qu'il distingue de toute autre chose, et ce doigt n'est pas le doigt coupé, car il n'est plus, il est pourri il y a longtemps. On ne peut pas dire non plus que ce doigt aperçu soit l'efficace du décret ou de [363] la volonté de Dieu ; car ce manchot n'aperçoit point cette efficace, il n'aperçoit qu'un doigt. Je vous demande donc, encore un coup, ce que c'est que ce doigt aperçu, ce doigt qui afflige le manchot et qui le rend malheureux, ce doigt, en un mot, qui est l'objet immédiat et efficace de sa perception désagréable.

ARISTE. Je sens présentement la difficulté, obligez-moi de la résoudre.

THÉOTIME. Je le veux bien, mais à condition que vous vous rendrez extrêmement attentif à tout ce que je vais vous dire.

Je pense que vous êtes aujourd'hui bien convaincu que l'idée de l'étendue, ou l'étendue intelligible, n'est point une modification de l'âme, et qu'elle ne se trouve qu'en Dieu, parce que cette étendue est infinie, et que notre esprit est fini, qu'elle est immuable, nécessaire, éternelle, commune à toutes les intelligences ; qualités, assurément, qui ne peuvent convenir aux modifications d'une créature. Or cette étendue est efficace ; elle peut agir dans l'esprit, elle peut l'éclairer, le toucher, le modifier en mille manières. Car cette [364] étendue, qui est l'archétype de la matière, n'est que la substance de Dieu en tant que représentative des corps, et il n'y a en Dieu rien d'impuissant. La substance divine renferme dans sa simplicité, d'une manière qui nous passe, toutes les perfections des créatures, mais sans limitation et sans impuissance. Telle est la propriété de l'être infini, incompréhensible à tout esprit fini. Et ces perfections, en tant que relatives aux créatures, sont les archétypes des mêmes créatures ; et elles sont les idées des esprits, lorsqu'elles agissent en eux et qu'elles les éclairent. En un mot, je crois que vous demeurez d'accord de ce que Théodore vous a prouvé si souvent, que l'étendue intelligible n'est qu'en Dieu, et que cette étendue agit sans cesse dans les esprits.

JEAN DE LA BRUYÈRE
(1645-1696)

Œuvres complètes de J. de la Bruyère, t. I, éd. Alexis Chassang, Paris, Garnier Frères, 1876, *Les Caractères ou les mœurs de ce siècle* [1688], « De l'homme », § 142, p. 413.

L'homme du meilleur esprit est inégal ; il souffre des accroissements et des diminutions ; il entre en verve, mais il en sort : alors, s'il est sage, il parle peu, il n'écrit point, il ne cherche point à imaginer ni à plaire. Chante-t-on avec un rhume ? ne faut-il pas attendre que la voix revienne ?

Le sot est *automate*[...], il est machine, il est ressort ; le poids l'emporte, le fait mouvoir, le fait tourner, et toujours, et dans le même sens, et avec la même égalité ; il est uniforme, il ne se dément point : qui l'a vu une fois l'a vu dans tous les instants et dans toutes les périodes de sa vie ; c'est tout au plus le bœuf qui meugle, ou le merle qui siffle, il est fixé et déterminé par sa nature, et j'ose dire par son espèce. Ce qui paraît le moins en lui, c'est son âme ; elle n'agit point, elle ne s'exerce point, elle se repose[...].

Ibid., § 143, p. 413-414.

[413] Le sot ne meurt point : ou si cela lui arrive selon notre manière de parler, il est vrai de dire qu'il gagne à mourir, et que dans ce moment où les autres meurent, il commence à vivre. Son âme alors pense, raisonne, infère, conclut, juge, prévoit, fait précisément tout ce qu'elle ne faisait point ; elle se trouve dégagée d'une masse de chair où elle était comme ensevelie sans fonction, sans mouvement, sans aucun du moins qui fût digne d'elle : je dirais presque qu'elle rougit de son propre corps et de ses organes bruts[...] et imparfaits auxquels elle [414] s'est vue attachée si longtemps, et dont elle n'a pu faire qu'un sot ou qu'un stupide ; elle

va d'égal avec les grandes âmes, avec celles qui font les bonnes têtes ou les hommes d'esprit. L'âme d'*Alain*[1] ne se démêle plus d'avec celles du grand Condé[2], de Richelieu, de Pascal et de Lingendes[3].

1 [NdE] Alain, nom de paysan niais, de valet imbécile, comme celui de *L'École des Femmes.*
2 Louis II de Bourbon-Condé (1621-1686), dit le Grand Condé, cousin de Louis XIV.
3 Jean de Lingendes (vers 1580-vers 1615) poète français.

GOTTFRIED WILHELM LEIBNIZ
(1646-1716)

Nouveaux Essais sur l'entendement humain [1703-1705], Paris, Flammarion, 1921, liv. I, chap. 3, § 20, p. 66-67.

[66] THÉOPHILE. Pour que les connaissances, idées ou vérités soient dans notre esprit, il n'est point nécessaire que nous y ayons jamais pensé actuellement ; ce ne sont que des habitudes naturelles, c'est-à-dire des dispositions et aptitudes actives et passives et plus que *tabula rasa*. Il est vrai cependant que les platoniciens croyaient que nous avions déjà pensé actuellement à ce que nous retrouvons en nous ; et pour les réfuter, il ne suffit pas de dire que nous ne nous en souvenons point, car il est sûr qu'une infinité de pensées nous revient que nous avons oublié d'avoir eues. Il est arrivé qu'un homme a cru faire un [67] vers nouveau qu'il s'est trouvé avoir lu mot pour mot longtemps auparavant dans quelque ancien poète. Et souvent nous avons une facilité non commune de concevoir certaines choses, parce que nous les avons conçues autrefois sans que nous nous en souvenions. Il se peut qu'un enfant, devenu aveugle, oublie d'avoir jamais vu la lumière et les couleurs, comme il arriva à l'âge de deux ans et demi par la petite vérole au célèbre Ulric Schonberg, natif de Weide au Haut-Palatinat, qui mourut à Koenigsberg en Prusse en 1649, où il avait enseigné la philosophie et les mathématiques avec l'admiration de tout le monde. Il se peut aussi qu'il reste à un tel homme des effets des anciennes impressions, sans qu'il s'en souvienne. Je crois que les songes nous renouvellent souvent ainsi d'anciennes pensées.

Ibid., liv. II, chap. IX, § 8, p. 93-96.

[93] THÉOPHILE. Peut-être que M. Molyneux et l'auteur de l'*Essai* ne sont pas si éloignés de mon opinion qu'il paraît d'abord, et que les

raisons de leur sentiment contenues apparemment dans la lettre du premier, qui s'en est servi avec succès pour convaincre les gens de leur méprise, ont été supprimées exprès par le second pour donner plus d'exercice à l'esprit des lecteurs. Si vous voulez peser ma réponse, vous trouverez, Monsieur, que j'y ai mis une condition qu'on peut considérer comme comprise dans la question, c'est qu'il ne s'agisse que de discerner seulement, et que l'aveugle sache que les deux corps figurés qu'il doit discerner y sont, et qu'ainsi chacune des apparences qu'il voit est celle du cube ou celle du globe. En ce cas il me paraît indubitable que l'aveugle qui vient à cesser de l'être les peut discerner par les principes de la [94] raison, joints à ce que l'attouchement lui a fourni auparavant de connaissance sensuelle. Car je ne parle pas de ce qu'il fera peut-être en effet et sur-le-champ, étant ébloui et confondu par la nouveauté ou d'ailleurs peu accoutumé à tirer des conséquences. Le fondement de mon sentiment est que dans le globe il n'y a pas de points distingués du côté du globe même, tout y étant uni et sans angles, au lieu que dans le cube il y a huit points distingués de tous les autres. S'il n'y avait pas ce moyen de discerner les figures, un aveugle ne pourrait pas apprendre les rudiments de la géométrie par l'attouchement. Cependant nous voyons que les aveugles-nés sont capables d'apprendre la géométrie, et ont même toujours quelques rudiments d'une géométrie naturelle, et que le plus souvent on apprend la géométrie par la seule vue, sans se servir de l'attouchement, comme pourrait et devrait même faire un paralytique ou une autre personne à qui l'attouchement fût presque interdit. Et il faut que ces deux géométries, celle de l'aveugle et celle du paralytique, se rencontrent et s'accordent et même reviennent aux mêmes idées, quoiqu'il n'y ait point d'images communes. Ce qui fait encore voir combien il faut distinguer les « images » des « idées exactes », qui consistent dans les définitions. Effectivement ce serait quelque chose de fort curieux et même d'instructif de bien examiner les idées d'un aveugle-né, d'entendre les descriptions qu'il fait des figures. Car il peut y arriver, et il peut même entendre la doctrine optique, en tant qu'elle est dépendante des idées distinctes et mathématiques, quoiqu'il ne puisse pas parvenir à concevoir ce qu'il y a de « clair-confus », c'est-à-dire l'image de la lumière et des couleurs. C'est pourquoi un certain aveugle-né, après avoir écouté des leçons d'optique, qu'il paraissait comprendre assez, répondit à quelqu'un qui lui demandait ce qu'il croyait de la lumière, qu'il s'imaginait que ce devait être quelque chose agréable comme le sucre. Il serait de même fort important d'examiner les idées qu'un homme né sourd et muet peut avoir des choses non figurées, dont nous avons ordinairement la description en paroles, et qu'il doit avoir d'une manière tout à fait différente, quoiqu'elle puisse être équivalente à la nôtre, comme l'écriture des Chinois fait un effet équivalent à celui de notre alphabet, quoiqu'elle en soit infiniment différente et pourrait paraître inventée par un sourd. J'apprends par la faveur d'un grand prince qu'un homme né sourd et muet à Paris est enfin parvenu à l'usage de l'ouïe, qu'il a maintenant appris la langue française (car c'est de la cour française qu'on le mandait [95] il n'y a pas longtemps) et qu'il pourra dire des choses bien curieuses sur les conceptions qu'il avait dans son état précédent, et sur le changement de ses idées lorsque le sens de l'ouïe a commencé à être exercé. Ces gens nés sourds et muets peuvent aller plus loin qu'on ne pense. Il y en avait un à Oldembourg[1], du temps du dernier comte, qui était devenu bon peintre, et se montrait très raisonnable d'ailleurs. Un fort savant homme, Breton de nation, m'a raconté qu'à Blainville, à dix lieues de Nantes, appartenant au duc de Rohan, il y avait environ en 1690 un pauvre, qui demeurait dans une hutte, proche du château, hors de la ville, qui était né sourd et muet, et qui portait des lettres et autres choses à la ville et trouvait les maisons, suivant quelques signes que des personnes accoutumées à l'employer lui faisaient. Enfin le pauvre devint encore aveugle, et ne laissa pas de rendre quelque service et de porter des lettres en ville sur ce qu'on lui marquait par l'attouchement. Il avait une planche dans sa hutte, laquelle allant depuis la porte jusqu'à l'endroit où il avait les pieds, lui faisait connaître par le mouvement qu'elle recevait si quelqu'un entrait chez lui. Les hommes sont bien négligents de ne prendre pas une exacte connaissance des manières de penser de telles personnes. S'il ne vit plus, il y a apparence que quelqu'un sur les lieux en pourrait encore donner quelque information et nous faire entendre comment on lui marquait les choses qu'il devait exécuter. Mais pour revenir à ce que l'aveugle-né, qui commence à voir, jugerait d'un globe et d'un cube en les voyant sans les toucher, je réponds qu'il les discernera, comme je viens de dire, si quelqu'un l'avertit que l'une ou l'autre des apparences ou perceptions qu'il en aura appartient au cube et au globe ; mais sans cette instruction

1 Ville d'Allemagne située en Basse-Saxe.

préalable, j'avoue qu'il ne s'avisera pas d'abord de penser que ces espèces de peintures qu'il s'en fera dans le fond de ses yeux, et qui pourraient venir d'une plate peinture sur la table, représentent des corps, jusqu'à ce que l'attouchement l'en aura convaincu, ou qu'à force de raisonner sur les rayons suivant l'optique, il aura compris par les lumières et les ombres qu'il y a une chose qui arrête ces rayons, et que ce doit être justement ce qui lui résiste dans l'attouchement : à quoi il parviendra enfin quand il verra rouler ce globe et ce cube, et changer d'ombres et d'apparences suivant le mouvement, ou même quand, ces deux corps demeurant en repos, la lumière qui les éclaire changera de place, ou que ses yeux changeront de situation. Car ce sont à peu près les moyens que nous avons de discerner de loin un tableau ou une perspective, [96] qui représente un corps, d'avec le corps véritable.

Ibid., chap. XI, § 13, p. 100-101.

[100] THÉOPHILE. Les *imbéciles* n'exercent point la raison et ils diffèrent de quelques *stupides* qui ont le jugement bon, mais n'ayant point la conception prompte, ils sont méprisés et incommodes, comme serait celui qui voudrait jouer à l'hombre[2] avec des personnes considérables, et penserait trop longtemps et trop souvent au parti qu'il doit prendre. Je me souviens qu'un habile homme, ayant perdu la mémoire par l'usage de quelques drogues, fut réduit à cet état, mais son jugement paraissait toujours. Un fou universel manque de jugement presque en toute occasion. Cependant la vivacité de son imagination le peut rendre agréable. Mais il y a des fous particuliers, qui se forment une fausse supposition sur un point important de leur vie et raisonnent juste là-dessus, comme vous l'avez fort bien remarqué. Tel est un homme assez connu dans une certaine cour[3], qui se croit destiné à redresser les affaires des protestants et à mettre la France à la raison, et que pour cela Dieu a fait passer les plus grands personnages par son corps pour l'anoblir ; il prétend épouser toutes les princesses qu'il voit à marier, mais après les avoir rendues saintes, afin d'avoir une sainte lignée qui doit gouverner

2 Jeu de cartes venu d'Espagne.

3 Les spécialistes de Leibniz n'ont pas identifié formellement cet homme. Sur les différentes hypothèses que l'on peut émettre, voir Arnaud Pelletier, « Leibniz et la folie », *Philosophie*, 2009/4 (n° 103), p. 40.

la terre ; il attribue tous les malheurs de la guerre au peu de déférence qu'on a eu pour ses avis. En parlant avec quelque souverain, il prend toutes les mesures nécessaires pour ne point ravaler sa dignité. Enfin quand on entre en raisonnement avec lui, il se défend si bien que j'ai douté plus d'une fois si sa folie n'était pas une feinte, car [101] il ne s'en trouve pas mal. Cependant ceux qui le connaissent plus particulièrement m'assurent que c'est tout de bon.

Ibid., liv. III, chap. VI, § 26-27, p. 268-269.

[268] THÉOPHILE. Jusqu'ici on n'a point trouvé d'animal raisonnable d'une figure extérieure fort différente de la nôtre, c'est pourquoi, quand il s'agissait de baptiser un enfant, la race et la figure n'ont jamais été considérées que comme des indices pour juger si c'était un animal raisonnable ou non. Ainsi les théologiens et jurisconsultes n'ont point eu besoin de renoncer pour cela à leur définition consacrée.

§ 27. PHILALÈTHE. Mais si ce monstre, dont parle Licetus[4], liv. 1, chap. 3, qui avait la tête d'un homme et le corps d'un pourceau, ou d'autres monstres qui, sur des corps d'hommes, avaient des têtes de chiens et de chevaux, etc., eussent été conservés en vie, et eussent pu parler, la difficulté serait plus grande.

THÉOPHILE. Je l'avoue, et si cela arrivait et si quelqu'un était fait comme un certain écrivain, moine du vieux temps, nommé *Hans Kalb* (Jean le Veau)[5] qui se peignit avec une tête de veau la plume à la main, dans un livre qu'il avait écrit, ce qui fit croire ridiculement à quelques-uns, que cet écrivain avait eu véritablement une tête de veau, si, dis-je, cela arrivait, on serait dorénavant plus retenu à se défaire des monstres. Car il y a de l'apparence que la raison l'emporterait chez les théologiens et chez les jurisconsultes malgré la figure et même malgré les différences que l'anatomie pourrait y fournir aux médecins, qui nuiraient aussi peu à la qualité d'homme que ce renversement de viscères dans cet homme

4 [NdA] Licetus (1518-1599), médecin italien sur la *Noblesse des parties maîtresses du corps humain, c'est-à-dire des organes de la génération*, Bologne, 1599.

5 Peut-être Leibniz tire-t-il cette information de cet ouvrage : Philipp Melanchthon et Martin Luther, *De deux monstres prodigieux, à savoir d'un asne-pape qui fut trouvé à Rome en la rivière du Tibre l'an 1496, et d'un veau-moine nay à Friberg en Misne l'an 1528*, Genève, Jean Crespin, 1557, p. 31 *sq.*

dont des personnes de ma connaissance ont vu l'anatomie à Paris, qui a fait du bruit, où la nature

> Peu sage et sans doute en débauche
> Plaça le foie au côté gauche
> Et de même *vice versa*
> Le cœur à la droite plaça ;

si je me souviens bien de quelques-uns des vers que feu M. Alliot le père[6] (médecin fameux parce qu'il passait pour habile à traiter des cancers) me montra de sa façon sur ce prodige. Cela s'entend pourvu que la variété de conformation n'aille pas trop loin dans les animaux raisonnables, et qu'on ne retourne point au temps où les bêtes parlaient, car alors nous perdrions notre privilège de la raison en préciput[7] et on serait désormais plus attentif à la naissance et à l'extérieur, afin de pouvoir [269] discerner ceux de la race d'Adam de ceux qui pourraient descendre d'un roi ou patriarche de quelque canton des singes de l'Afrique ; et notre habile auteur[8] a eu raison de remarquer (§ 29) que, si l'ânesse de Balaam[9] eût discouru toute sa vie aussi raisonnablement qu'elle fit une fois avec son maître (supposé que ce n'ait pas été une vision prophétique), elle aurait toujours eu de la peine à obtenir rang et séance parmi les femmes.

PHILALÈTHE. Vous riez, à ce que je vois, et peut-être l'auteur riait aussi ; mais, pour parler sérieusement, vous voyez qu'on ne saurait toujours assigner des bornes fixes des espèces.

THÉOPHILE. Je vous l'ai déjà accordé ; car quand il s'agit des fictions et de la possibilité des choses, les passages d'espèce en espèce peuvent être insensibles, et pour les discerner ce serait quelquefois à peu près comme on ne saurait décider combien il faut laisser de poils à un homme pour qu'il ne soit point chauve. Cette indétermination serait vraie quand même nous connaîtrions parfaitement l'intérieur des créatures dont il s'agit. Mais je ne vois point qu'elle puisse empêcher les choses d'avoir des essences réelles indépendamment de l'entendement, et nous de les connaître ; il est vrai que les noms et les bornes des espèces seraient

6 Pierre Alliot (1610-1685), médecin, est connu pour avoir soigné Anne d'Autriche qui était atteinte d'un cancer du sein.

7 En droit, le préciput est la part de l'héritage qui échappe au partage successoral.

8 Locke.

9 Dans la *Bible*, Balaam est un devin, appelé par le roi de Moab, Balak, pour qu'il maudisse Israël. Son ânesse se mit alors à parler et l'en empêcha.

quelquefois comme les noms des mesures et des poids, où il faut choisir pour avoir des bornes fixes. Cependant, pour l'ordinaire, il n'y a rien de tel à craindre, les espèces trop approchantes ne se trouvent guère ensemble.

Ibid., liv. IV, chap. IV, § 14, p. 343-344.

[343] THÉOPHILE. Je m'étonne que vous retourniez à cette question, que nous avons assez examinée, et cela plus d'une fois, et que vous n'ayez pas mieux catéchisé vos amis. Si nous distinguons l'homme de la bête par la faculté de raisonner, il n'y a point de milieu, il faut que l'animal dont il s'agit l'ait ou ne l'ait pas ; mais comme cette faculté ne paraît pas quelquefois, on en juge par des indices qui ne sont pas démonstratifs à la vérité, jusqu'à ce que cette raison se montre ; car l'on sait, par l'expérience de ceux qui l'ont perdue ou qui enfin en ont obtenu l'exercice, que sa fonction peut être suspendue. La naissance et la figure donnent des présomptions de ce qui est caché. Mais la présomption de la naissance est effacée (*eliditur*) par une figure extrêmement différente de l'humaine, telle qu'était celle de l'animal né d'une femme de Zélande, chez Levinus Lemnius[10] (livre I, ch. 8), qui avait un bec crochu, un cou long et rond, des yeux étincelants, une queue pointue, une grande agilité à courir d'abord par la chambre. Mais on dira qu'il y a des monstres ou des « frères des Lombards » (comme les médecins les appelaient autrefois, à cause qu'on disait que les femmes de Lombardie étaient sujettes à ces sortes d'enfantements) qui approchent davantage de la figure humaine. Eh bien, soit. Comment donc, direz-vous, peut-on déterminer les justes limites de la figure qui doit passer pour humaine ? Je réponds que dans une matière conjecturale on n'a rien de précis. Et voilà l'affaire finie. On objecte que l'innocent ne montre point de raison, et cependant il passe pour homme ; mais s'il avait une figure monstrueuse, il ne le serait point, et qu'ainsi on a plus d'égard à la figure qu'à la raison ? Mais ce monstre montre-t-il de la raison ? non, sans doute. Vous voyez donc qu'il lui manque plus qu'à l'innocent. Le défaut de l'exercice de la raison est souvent temporel, mais il ne cesse pas dans ceux où il est accompagné d'une tête de chien. Au reste, si cet animal de figure humaine n'est pas un homme, il n'y a pas grand mal à le garder pendant l'incertitude de

10 [NdA] Livin Lemnens (1505-1568), auteur du : *De miraculis occultis naturae*, Francfort, 1628.

son sort. Et soit qu'il ait une âme raisonnable, ou qu'il en ait une qui ne [344] le soit pas, Dieu ne l'aura point faite pour rien, et l'on dira de celles des hommes qui demeurent dans un état toujours semblable à celui de la première enfance, que leur sort pourra être le même que celui des âmes de ces enfants qui meurent dans le berceau.

FRANÇOIS POULLAIN DE LA BARRE (1647-1723)

De l'égalité des deux sexes, Discours physique et moral où l'on voit l'importance de se défaire des préjugés [1673], Paris, Jean du Puis, 1676, part. II, p. 182-185.

[182] Concevant qu'il y a un Dieu, je conçois facilement que toutes [183] choses dépendent de lui ; et si[...] après avoir considéré l'état naturel et intérieur des Créatures qui consiste, si ce sont des corps, dans la disposition de leurs parties à l'égard les unes des autres, et leur état extérieur qui est le rapport qu'ils ont pour agir ou pour souffrir avec ceux qui les environnent ; si, dis-je, je cherche la raison de ces deux états, je n'en trouve point d'autre que la volonté de celui qui en est l'auteur. J'observe ensuite que ces corps ont d'ordinaire une certaine disposition qui les rend capables de produire et de recevoir certains effets ; par exemple, que l'homme peut entendre par les oreilles les pensées de ses semblables, et leur faire entendre les siennes par les organes de la voix. Et je remarque que les corps sont incapables de ces [184] effets, lorsqu'ils sont autrement disposés, d'où je me forme deux idées, dont l'une me représente le premier état des choses avec toutes ses suites nécessaires, et je l'appelle état de perfection ; et l'autre idée me représente l'état contraire que je nomme imperfection.

Ainsi un homme est parfait à mon égard, lorsqu'il a tout ce qu'il lui faut selon l'institution divine pour produire et pour recevoir les effets auxquels il est destiné ; et il est imparfait, lorsqu'il a plus ou moins de parties, qu'il n'est nécessaire, ou quelque indisposition qui l'éloigne de sa fin. C'est pourquoi ayant été formé de sorte qu'il a besoin d'aliments pour subsister, je ne conçois pas ce besoin, comme une imperfection, non plus que la nécessité attachée à l'usage [185] des aliments, que le superflu sorte du corps. Je trouve ainsi que toutes les créatures sont également parfaites, lorsqu'elles sont dans leur état naturel et ordinaire.

ANNE-THÉRÈSE DE MARGUENAT DE COURCELLES MARQUISE DE LAMBERT (1647-1733)

Œuvres complètes de Madame la Marquise de Lambert, Paris, Léopold Collin, 1808, *Traité de la vieillesse* [1732], p. 154-155.

[154] On a dit, « qu'il n'y avait point de spectacle plus digne d'un Dieu, qu'un homme vertueux en prise avec la fortune » : on en doit dire autant d'un homme seul avec lui-même, et aux [155] prises avec la vieillesse, l'infirmité et la mort. Dans la retraite, qui est l'asile de la vieillesse, on jouit d'un calme sans interruption ; des jours innocents vous donnent des nuits tranquilles ; et en société avec les morts, ils vous instruisent, vous guident et vous consolent : ce sont des amis sûrs et constants, sans légèreté et sans jalousie ; enfin on a dit, « que ce qu'il y avait de plus délicieux dans la vie de l'homme était dans sa fin ».

En avançant, on apprend aussi à se soumettre aux lois de la nécessité ; cette volonté libre, forte et indomptable s'émousse et s'éteint insensiblement : nous avons trop éprouvé que la résistance est inutile, et ne nous laisse que la honte de la révolte ; nous voulons quelquefois ce qui nous est contraire, et souvent ce que nous avons cru contraire a tourné à notre profit. Nous ne savons plus ce que nous devons vouloir ; nous n'avons plus la force de désirer, on a bien plutôt fait de se soumettre, que de changer l'ordre du monde.

La paix intérieure réside, non dans les sens, mais dans la volonté : on la conserve au milieu de la douleur, tant que la volonté demeure ferme et soumise. La paix ne consiste pas à ne pas souffrir, mais à se soumettre doucement à ces mêmes souffrances.

Ibid., *Portrait de M. de la Motte* [1775], p. 292-293.

[292] C'est un spectacle bien digne d'attention, disaient les stoïciens, qu'un homme seul aux mains avec les privations et la douleur. Quelle privation que la perte de la vue, pour un homme de lettres ! Ce sont les yeux qui sont les organes de sa jouissance ; c'est par les yeux qu'il est en société avec les Muses : elles unissent deux plaisirs qui ne se trouvent que chez elles, le désir et la jouissance. Vous n'essuyez avec elles ni chagrin, ni infidélité : elles sont toujours [293] prêtes à servir tous vos goûts, et nous offrent toujours des grâces nouvelles ; mais nous ne jouissons de la douceur de leur commerce, que quand l'esprit est tranquille, et que le cœur et les mœurs sont purs. Non seulement M. de la Motte[1] soutient de si grandes privations, mais s'il est livré à la plus vive douleur, il la souffre avec patience, il est doux avec elle ; il fait sentir qu'il n'a point usé dans les plaisirs ce fond de gaîté que la nature lui a donné, puisqu'il sait la retrouver dans ses peines. Dans la douleur, il faut que l'âme soit toujours sous les armes, qu'à tout moment elle rappelle son courage, et qu'elle soit ferme contre elle-même.

1 Antoine Houdar (ou Houdart) de La Motte (1672-1731) écrivain français. Il devint aveugle peu de temps après avoir été élu à l'Académie française en 1710.

PIERRE BAYLE
(1647-1706)

Dictionnaire historique et critique [1697], éd. Jean-Quentin Beuchot, t. VI, Paris, Desoer, 1820, « FRANÇOIS », p. 545b-546a.

[545b] On a bien raison de dire que l'esprit humain ne laisse rien en repos : les retraites les plus sombres, les plus ténébreuses ne lui sont pas inaccessibles ; il tâche d'y porter le flambeau malgré les lois de la bienséance. Je remarquerai en passant qu'un des plus célèbres commentateurs d'Aristote[1] aurait tout autrement répondu à la question de l'impératrice[2], que ne fit Pierre de Damien[3]. Il aurait soutenu que le bien public demande qu'en cette action-là, autant et plus qu'en aucune autre, on se souvienne du *hoc age*[4], évitant toute distraction ; car il prétend que la raison pour laquelle les enfants des hommes d'esprit et d'étude sont pour l'ordinaire des sots et des hébétés, est que leurs pères, n'y pensant pas assez quand ils les font, laissent courir leurs pensées après d'autres choses. Au contraire, dit-il, vous voyez de gros lourdauds qui engendrent des enfants dont l'esprit et l'industrie sont admirables ; c'est parce qu'on s'applique tout entier à les produire, et non pas par manière d'acquit ; on songe bien à ce que l'on fait, et on ne songe qu'à cela ; on s'y affectionne, on s'y passionne[5]. [...]

[546a] Au reste, Cicéron se fût bien moqué de la prétendue cause de la sottise de certains enfants, car il dit que l'âme est tellement absorbée qu'elle est incapable de toute fonction raisonnable.

---

1 Voir la note correspondante p. 174.

2 Agnès d'Aquitaine (vers 1025-1077) épousa Henri III et assura la régence du Saint-Empire romain germanique à la mort de celui-ci en 1056. D'après La Mothe le Vayer, elle demanda à Pierre Damien s'il était permis à l'homme de prier Dieu pendant l'acte sexuel. Damien aurait répondu par l'affirmative.

3 Pierre Damien (vers. 1007-1072) moine italien. Il devint évêque puis cardinal.

4 « Fais attention ».

5 Alexandre d'Aphrodise, *Problèmes éthiques*, liv. XXIX.

Ibid., t. XIV, « TIRÉSIAS », p. 220b-221a.

[220b] *Il* [*sc.* Tirésias] *fut dédommagé par le don de prophétie.*] Il acquiesça à cet échange ; il ne paraît point qu'il ait eu regret à ses deux yeux ; on ne l'a point introduit déplorant sa destinée : cela n'eût pas été de la bienséance, après les grandes lumières que l'on supposait que son âme avait reçues. *Augurem Tiresiam quem sapientem fingunt poëte nunquaam inducunt deplorantem cæcitatem suam. At vero Polyphemum Homerus cũm immanem ferumque finxisset, cum ariete etiam colloquentem facit, ejusque laudare fortunas quod quo vellet ingredi posset, et quŏ vellet attingeret. Recte hic quidem, nihilo enim erat ipse cyclops quam aries ille prudentior*[6]. C'est aux cyclopes, c'est aux ignorants, à croire qu'en perdant la vue du corps on perd la joie de ce monde. Il est vrai que tous les esprits grossiers ne demeurent pas d'accord de ce principe ; témoin ces deux bélîtres[7] dont il est parlé dans la XIXe sérée de Bouchet[8]. Ils étaient à la porte d'une église, « et ne se pouvaient accorder de la joie de ce monde ; car l'aveugle disait, “Baillez l'aumône à ce pauvre homme qui a perdu la joie de ce monde” ; l'autre coquin, qui avait perdu, par un coup de faucon, ce qui devait être en sa braguette, le démentait, et soutenait que c'était lui qui avait perdu la joie de ce monde[9] ». [221a] On parle d'une princesse

6 [NdA] Cicéron, *Tusculanes*, V, vers la fin. « Aussi les poètes, qui accordent la sagesse au devin Tirésias, ne le représentent jamais comme se plaignant d'être aveugle ; Homère, au contraire, nous ayant donné Polyphème pour un homme féroce et barbare, nous le dépeint s'entretenant avec un bélier, auquel il envie le bonheur d'aller où il veut, et de toucher ce qu'il lui plaît. On ne saurait blâmer le poète ; car le cyclope n'était pas plus raisonnable que le bélier ». [Cité ici p. 105.]

7 Mendiants.

8 Guillaume Bouchet (vers 1513-1594) écrivain français. Ses *Sérées* furent publiées entre 1584 et 1598.

9 [NdE] Les aveugles et les châtrés sont également privés des joies de ce monde. L'une et l'autre de ces expressions proverbiales est fondée. On dit d'un aveugle, qu'il a perdu les joies de ce monde et ce proverbe fait allusion à ces paroles de la *Vulgate*, Tobie 5. *Ingressus itaque (Raphaël) salutavit eum (Tobiam) et dixit : Gaudium tibi sit semper. Et ait Tobias : Quale gaudium mihi erit, qui in tenebris sedeo et lumen caeli non video.* [« Étant donc entré, il (Raphaël) salua Tobie, et dit : Que la joie soit toujours avec vous. Tobie répondit : Quelle joie puis-je avoir, moi qui suis assis dans les ténèbres, et qui ne vois point la lumière du ciel ? »] On en dit autant d'un eunuque, par plusieurs manières de proverbes, touchées par Verville, chap. 23 de son *Moyen de parvenir* : et cela, parce que ce qu'en terme d'anatomie nous nommons *les bourses*, anciennement s'appelait par excellence *les biens*, comme pour insinuer que sans la possession, et peut-être même, suivant l'apologue de Rabelais, I. 5, chap. 7, sans l'usage légitime de cette partie du corps humain, tous les biens de la vie ne sont rien. [...]

qui aurait vidé la question en condamnant le premier. Voici le conte : « Une princesse de grande vertu, et qui était demeurée fille toute sa vie, continue le duc, perdit la vue sur le retour de son âge. Comme elle était en cet état, un pauvre aveugle fut conduit à la portière de son carrosse, et lui dit "Ma bonne dame ayez pitié d'un pauvre homme qui a perdu les joies de ce monde" ; la princesse, qui l'entendit, demanda à une de ses femmes, "Qu'a donc cet homme ? est-ce qu'il est eunuque ?", "Non, ma princesse, lui répondit cette femme, c'est qu'il est aveugle" ; "Hélas, le pauvre homme ! Il a raison, répliqua-t-elle, et je n'y songeais pas." La naïveté de la demande de cette bonne princesse fait connaître assez plaisamment l'opinion qu'elle avait touchant les joies de ce monde[10]. »

10 [NdA] François de Caillère, de l'académie française, *Recueil des bons Contes et des bons Mots*, édition de Hollande, 1693, p. 132.

BERNARD LE BOUYER DE FONTENELLE (1657-1757)

> On fut aussi obligé de baptiser Fontenelle dans la maison paternelle, parce qu'on désespérait de la vie d'un enfant si débile. Il est assez singulier que les deux hommes célèbres de ce siècle[1], dont la carrière a été la plus longue, et dont l'esprit s'est conservé tout entier le plus longtemps, soient nés tous deux dans un état de faiblesse et de langueur.
> CONDORCET, *Œuvres de Condorcet*, t. IV[2].

Œuvres de Fontenelle, t. I, Paris, Jean-François Bastien, 1790, *Dialogues des morts anciens et modernes* [1683], « Guillaume de Cabestan, Albert Frédéric de Brandebourg », p. 277-279.

[277] G. DE CABESTAN[3].

Quand on est fou, il faut l'être entièrement, et ne cesser jamais de l'être. Ces alternatives de raison et de folie n'appartiennent qu'à ces petits fous qui ne le sont que par accident, et dont le nombre n'est nullement considérable. Mais voyez ceux que la nature produit tous les jours dans son cours ordinaire, et dont le monde est peuplé ; ils sont toujours également fous, et ils ne se guérissent jamais.

---

1 Le second est Voltaire. Voir les lignes de Condorcet en exergue du chapitre qui lui est consacré, p. 353.

2 Condorcet, *Œuvres de Condorcet*, t. IV, éd. Arthur Condorcet O'Connor et François Arago, Paris, Firmin Didot Frères, 1847, *Vie de Voltaire*, p. 4.

3 Guillem de Cabestany ou en français Guillaume de Cabestan (ou Cabestaing) troubadour du Roussillon qui vécut aux XIIe et XIIIe siècles.

[278] A. F. DE BRANDEBOURG[4].

Pour moi, je me serais figuré que le moins qu'on pouvait être fou, c'était toujours le mieux.

G. DE CABESTAN.

Ah ! vous ne savez donc pas à quoi sert la folie ? Elle sert à empêcher qu'on ne se connaisse ; car la vue de soi-même est bien triste ; et comme il n'est jamais temps de se connaître, il ne faut pas que la folie abandonne les hommes un seul moment.

A. F. DE BRANDEBOURG.

Vous avez beau dire, vous ne me persuaderez point qu'il y ait d'autres fous, que ceux qui le sont comme nous l'avons été tous deux. Tout le reste des hommes a de la raison ; autrement ce ne serait rien perdre que de perdre l'esprit, et on ne distinguerait point les frénétiques d'avec les gens de bon sens.

G. DE CABESTAN.

Les frénétiques sont seulement des fous d'un autre genre. Les folies de tous les hommes étant de même nature, elles se sont si aisément ajustées ensemble, qu'elles ont servi à faire les plus forts liens de la société humaine ; témoin ce désir d'immortalité, cette fausse gloire, et beaucoup d'autres principes, sur quoi roule tout ce qui se fait dans le [279] monde ; et l'on n'appelle plus fous, que de certains fous qui sont, pour ainsi dire, hors d'œuvre, et dont la folie n'a pu s'accorder avec celles de tous les autres, ni entrer dans le commerce ordinaire de la vie.

Ibid., « Sénèque, Scarron », p. 325-326.

[325] SÉNÈQUE[5].

Vous me comblez de joie, en m'apprenant que les stoïciens subsistent encore, et que dans ces derniers temps, vous avez fait profession de cette secte.

---

4 Albert Frédéric de Brandebourg-Schwedt (1672-1731) prince de la maison de Hohenzollern.

5 Voir le chapitre consacré aux textes du philosophe, p. 111-115.

SCARRON[6].

J'ai été, sans vanité, plus stoïcien que vous, plus que Chrysippe, et plus que Zénon votre fondateur. Vous étiez tous en état de philosopher [326] à votre aise ; vous, en votre particulier, vous aviez des richesses immenses. Pour les autres, ou ils ne manquaient pas de bien, ou ils jouissaient d'une assez bonne santé, ou enfin ils avaient tous leurs membres ; ils allaient, ils venaient à la manière ordinaire des hommes. Mais moi, j'étais dans une très mauvaise fortune, tout contrefait, presque sans figure humaine, immobile, attaché à un lieu comme un tronc d'arbre, souffrant continuellement ; et j'ai fait voir que tous ces maux s'arrêtaient au corps, et ne pouvaient passer jusqu'à l'âme du sage ; le chagrin a toujours eu la honte de ne pouvoir entrer chez moi par tous les chemins qu'il s'était faits.

SÉNÈQUE.

Je suis ravi de vous entendre parler ainsi. À votre langage seul, je vous reconnaîtrais pour un grand stoïcien. Et n'étiez-vous pas l'admiration de votre siècle ?

SCARRON.

Oui, je l'étais. Je ne me contentais pas de souffrir mes maux avec patience, je leur insultais par les railleries. La fermeté eût fait honneur à un autre, mais j'allais jusqu'à la gaieté.

Histoire de l'Académie royale des sciences, Paris, Imprimerie royale, 1703, p. 18-19.

[18] V. M. Félibien[7], de l'Académie des Inscriptions, fit savoir à l'Académie des Sciences un événement singulier, qui venait d'arriver de Chartres. Un jeune Homme de 23 à 24 ans, fils d'un Artisan, sourd et muet de naissance, commença tout d'un coup à parler, au grand étonnement de toute la Ville. On sut de lui que quelques trois ou quatre mois auparavant il avait entendu des cloches, et avait été extrêmement

6 Paul Scarron (1610-1660) écrivain français. En 1638, il attrapa une maladie, peut-être la spondylarthrite ankylosante, qui le paralysa et le rendit difforme.

7 Jean-François Félibien (1658-1733) architecte et historiographe. Trésorier de l'Académie des inscriptions et belles-lettres.

surpris de cette sensation nouvelle et inconnue. Ensuite il lui était sorti une espèce d'eau de l'oreille gauche, et il avait entendu parfaitement des deux oreilles. Il fut ces trois ou quatre mois à écouter sans rien dire, s'accoutumant à répéter tout bas les paroles qu'il entendait, et s'affermissant dans la prononciation et dans les idées attachées à ces mots. Enfin il se crut en état de rompre le silence, et il déclara qu'il parlait, quoique ce ne fut encore qu'imparfaitement. Aussitôt des théologiens habiles l'interrogèrent sur son état passé, et leurs principales questions roulèrent sur Dieu, sur l'âme, sur la bonté ou la malice morale des actions. Il ne parut pas avoir poussé ses pensées jusque-là. Quoiqu'il fut né instruit à faire le signe de la Croix, et à se mettre à genoux dans la contenance d'un homme qui prie, il n'avait jamais joint à tout cela aucune intention, ni compris celle que les [19] autres y joignaient. Il ne savait pas bien distinctement ce que c'était que la mort, et il n'y pensait jamais. Il menait une vie purement animale, tout occupé des objets sensibles et présents, et du peu d'idées qu'il recevait par les yeux. Il ne tirait pas même de la comparaison de ces idées tout ce qu'il semble qu'il aurait pu en tirer. Ce n'est pas qu'il n'eût naturellement de l'esprit ; mais l'esprit d'un homme privé du commerce des autres est si peu exercé, et si peu cultivé, qu'il ne pense qu'autant qu'il y est indispensablement forcé par les objets extérieurs. Le plus grand fond des idées des hommes est dans leur commerce réciproque.

JEAN MESLIER
(1664-1729)

Le Testament de Jean Meslier [1762], t. I, Amsterdam, éd. Rudolph Charles, R. C. Meijer, 1864, chap. XXI, p. 183-185.

[183] Il n'est pas croyable qu'un Dieu tout-puissant, infiniment bon et infiniment sage, en aurait jamais voulu user ainsi à l'égard des hommes, qu'il aurait tant aimés, que d'avoir voulu donner son sang et sa vie pour eux ; il n'est pas croyable qu'il aurait jamais voulu négliger le principal de son dessein, pour s'attacher seulement à quelques légers accessoires, comme sont les prétendues guérisons miraculeuses de quelques infirmités corporelles, ou autres semblables prétendus miracles, qui ne sont que de très légère conséquence. Serait-il descendu du ciel et serait-il venu sur la terre, seulement ou principalement pour guérir quelques malades des infirmités du corps ? Serait-il venu seulement et principalement pour rendre la vue du corps à quelques aveugles ? pour rendre seulement l'ouïe à quelques sourds ? pour rendre seulement la parole à quelques muets ? la faculté de marcher à quelques boiteux et à quelques paralytiques ? Serait-il venu seulement et principalement pour rendre la santé du corps à quelques malades et pour ressusciter quelques morts ? Serait-il venu seulement ou principalement pour préserver quelques corps morts de la corruption et pour faire miraculeusement sonner des cloches d'elles-mêmes ? Et enfin, serait-il venu seulement et principalement pour empêcher miraculeusement des habits, des poils et des cheveux de ses saints de brûler dans les flammes ardentes ? Et ainsi de tous ces [184] autres vains et ridicules miracles dont on fait néanmoins tant de cas ? Serait-il venu seulement pour cela ? N'aurait-ce pas été plutôt pour guérir tous les hommes de toutes les maladies et de toutes les infirmités de leurs âmes, aussi bien que de leurs corps ? N'aurait-ce pas été plutôt pour les retirer tous de l'esclavage du vice et du péché ? Pour les rendre tous sages et vertueux et pour les sanctifier tous ? puisqu'il serait venu pour les racheter tous et

pour les sauver tous. [...] Cela n'est nullement croyable, cela se détruit [185] de soi-même, et il est tout à fait indigne d'avoir cette pensée-là d'un Être qui serait infiniment bon et infiniment sage.

Ibid., t. III, p. 220-221.

[220] Et ce qui confirme d'autant plus cette vérité[1], ce sont, comme j'ai déjà marqué, les imperfections, les défectuosités et les difformités qui se trouvent si souvent dans les ouvrages de la nature, et particulièrement les vices et les méchancetés qui se trouvent si souvent dans les hommes et dans les bêtes ; et la multitude d'infirmités, de douleurs et de maux qui les affligent et qui les tourmentent si souvent dans la vie, et enfin la mort douloureuse et languissante qui leur est inévitable. Car il n'est nullement croyable qu'un si excellent ouvrier, que serait un Dieu tout-puissant, infiniment bon, infiniment sage et infiniment parfait, aurait jamais voulu faire, ni laisser dans ses ouvrages aucune imperfection, aucune défectuosité, ni aucune difformité. Cela serait trop contraire et trop opposé à sa nature bienfaisante. Pareillement il n'est nullement à croire, qu'il aurait voulu laisser ou souffrir qu'il y ait aucun vice, ni aucune méchanceté dans les hommes, ni dans les bêtes, ni qu'il aurait voulu les assujettir à tant de maux et à tant d'infirmités, qui les rendent si misérables dans la vie, parce que cela serait pareillement trop contraire et trop opposé à son infinie bonté et à sa souveraine sagesse, qui ne pourrait se démentir en souffrant aucun mal, ni aucun vice dans ses ouvrages.

Puis donc que l'on voit manifestement et très souvent des imperfections, des défectuosités et des difformités dans les ouvrages de la nature, et que l'on [221] voit manifestement et très souvent quantité de vices et de méchancetés dans les hommes et dans les bêtes, et que l'on voit manifestement encore, qu'ils sont les uns et les autres assujettis à une infinité de maux et d'infirmités, qui les rendent misérables dans la vie, c'est encore une démonstration claire et évidente, qu'ils ne sont point les ouvrages d'un Être infiniment parfait, mais seulement les ouvrages de quelques causes aveugles et défectueuses, comme sont les diverses parties de la matière, dont ils sont composés, leurs diverses figures, leurs divers mouvements, leurs diverses combinaisons, leurs divers assemblages et leurs diverses modifications.

1 Il s'agit de la vérité selon laquelle rien dans le monde ne porte la marque de l'existence de Dieu.

GIAMBATTISTA VICO
(1668-1744)

La Science nouvelle [1725], trad. Cristina Belgioioso, Paris, Jules Renouard et Cie et Charpentier, 1844, liv. II, p. 150-151.

[150] Les hommes ont commencé par être *muets* ; ils ne prononçaient dans cet état que des *voyelles* en chantant, comme font les *muets*, lorsqu'ils s'essaient à prononcer quelques mots ; de *muets*, les hommes devinrent *bègues*, et ils accouplèrent des *consonnes* avec des *voyelles*, sans quitter encore le *chant*. Nous avons un témoignage de ce *premier chant* des *peuples* dans les *diphtongues* dont toutes les langues sont plus ou moins fournies et qui étaient d'abord beaucoup plus nombreuses qu'elles ne le sont aujourd'hui, puisque les Grecs et les Français, subitement passés de l'âge poétique à l'âge vulgaire, en conservent un *très grand nombre*. Les voyelles sont dans leurs langues d'une *émission* bien plus *facile* que les *consonnes*. Ainsi les premiers hommes grossiers et lourds, sans cesse poussés par la *violence de leurs passions* à proférer quelques *sons*, pouvaient s'exprimer suffisamment par de *bruyants éclats de voix*, et se trouvèrent à leur insu proférer des *diphtongues* et moduler une espèce de *chant*. C'est pourquoi le premier *vers spondaïque*, tel que les Grecs l'ont composé, contenait des *diphtongues* telles que *αῖ*, formées de deux voyelles et d'une consonne. Ce premier *chant* des *peuples* provenait aussi de la *difficulté* qu'ils éprouvaient à prononcer les mots ; difficulté dont nous allons indiquer les causes et les effets. Et d'abord, les *organes* de ces premiers hommes étaient au commencement des plus *grossiers*, puisque ceux même de nos enfants, quoique bien plus souples et plus exercés que ceux-là, parviennent difficilement à prononcer des *consonnes* et émettent de préférence les *voyelles*. Les Chinois, dont les *trois cents mots articulés* correspondent, dans leur langue vulgaire et moyennant *certaines modifications* du *son* et de l'*accent*, à leurs *cent vingt-cinq mille hiéroglyphes*, les Chinois, disons-nous, *parlent* en *chantant*. Les abréviations, que l'on rencontre en foule dans la *poésie italienne*, sont l'effet de cette difficulté dont nous parlons.

Nous avons indiqué dans la poésie latine un grand nombre de mots qui, brefs sans doute au commencement, se *sont développés* dans la suite. Les *redondances* nous aideront maintenant à leur [151] tour à prouver le premier chant des peuples ; car nous voyons les *bègues*, et tous ceux en général qui éprouvent quelque embarras à articuler les syllabes, parvenir plus aisément à vaincre cet obstacle en chantant, qu'en employant les modulations ordinaires de la voix. Je me souviens d'avoir connu un chanteur, atteint de cette infirmité, qui ne pouvant parfois prononcer une parole, se tirait d'affaire en déployant sa voix mélodieuse et en chantant ce qu'il ne pouvait dire. C'est pour cela que les *Arabes* commencent chacune de leurs paroles par la particule « al » ; et les *Huns* par celle de « un », d'où leur est venu, dit-on, leur nom.

Ibid., p. 205.

L'*idée* de la *beauté civile* fut probablement éveillée dans l'esprit des poètes théologiens, par le spectacle de ces *hommes impies se réfugiant sur leurs terres, à l'aspect hideux et repoussant, aux mœurs brutales et désordonnées.* Les Spartiates n'apprécièrent que cette *seule beauté*, et c'est pour lui rendre hommage *qu'ils précipitaient du mont Taygète les enfants laids et difformes, c'est-à-dire les enfants nés d'une femme noble, mais en dehors du mariage.* Ces enfants étaient sans doute les *monstres* condamnés par la *loi des XII Tables à périr dans le Tibre.* Car il est peu probable qu'à une époque où les lois étaient peu nombreuses, les duumvirs[1] eussent rendu un décret spécial pour statuer sur le sort des « monstres naturels », qui ne pouvaient former que d'assez rares exceptions, tandis qu'aujourd'hui encore, et malgré la multitude de lois dont nous jouissons, les législateurs abandonnent souvent la décision des causes exceptionnelles à l'« arbitrage des juges ». Ce sont donc les « monstres civils » qu'il faut considérer dans la loi si exactement rédigée des XII Tables, et c'était vraisemblablement l'un d'eux que Pamphile avait en vue lorsque, soupçonnant la grossesse de la jeune Philomène, il disait :

Aliquid monstri alunt[2].

---

1 Dans la Rome antique, un *duumvir* était le magistrat d'un collège constitué de deux membres.

2 « Ils nourrissent une espèce de monstre » (Térence, *L'Andrienne*, I, 5).

BERNARD DE MANDEVILLE
(1670-1733)

La Fable des abeilles ou les fripons devenus honnêtes gens [1714-1729], trad. Jean Bertrand, Londres, Aux dépends de la Compagnie, 1740, t. III, dial. IV, p. 227-228.

[227] Les Personnes les moins attentives ont pu se convaincre mille fois par leurs propres yeux, des effets frappants que les idées de l'esprit produisent sur les yeux et sur les muscles du visage. [...] Lorsque nous laissons tomber notre mâchoire inférieure, nous ouvrons un peu la bouche. Si dans cette attitude nous regardons droit devant nous, sans fixer les yeux sur quoi que ce soit, nous pouvons parfaitement avoir l'air d'un imbécile ; parce qu'alors les traits de notre visage sont, pour ainsi dire, effacés, et que les muscles en sont relâchés. Avant [228] que les enfants aient appris à avaler leur salive, ils tiennent ordinairement la bouche ouverte, et bavent continuellement : pendant qu'ils ont encore des idées fort confuses, les muscles de leur visage ne sont, pour ainsi dire, point tendus, la mâchoire inférieure tombe, et les fibres des lèvres sont déliées ; du moins nous observons plus souvent ces phénomènes pendant l'enfance, que nous ne les remarquons dans la suite. Dans l'âge décrépit, où l'on commence à radoter, on voit reparaître ces symptômes ; mais les plus idiots ne les quittent point durant toute leur vie ; c'est pourquoi nous disons qu'une personne a besoin d'une bavette lorsqu'elle se conduit en sot, ou qu'elle parle comme un enfant. Si d'un côté nous réfléchissons sur tous ces exemples, et que de l'autre nous considérions que les idiots sont de toutes les créatures, et les moins colères, et les moins vaines, je demande s'il n'y a pas une certaine portion d'« Estime de soi-même » qui influe mécaniquement, et qui aide à donner à notre visage un air décent.

Ibid., p. 273.

Les hommes deviennent sociables, en vivant en société. L'affection naturelle porte toutes les mères à avoir soin des enfants qu'elles osent avouer leur appartenir. Elles les nourrissent, et empêchent qu'il ne leur arrive aucun mal, tant qu'ils ne peuvent pas s'aider eux-mêmes. Mais lorsque les gens sont pauvres, et que les femmes n'ont pas le temps de suivre l'inclination qu'elles ont d'exprimer à leurs enfants leur tendresse, qui va toujours en augmentant, souvent elles les négligent, et ne se donnent pas la peine de les soigner, et de les amuser. Plus même ces innocentes créatures sont robustes et paisibles, moins on en prend de soin. Ces enfants devenus grands, sont quelquefois d'une stupidité et d'une ignorance invincible. La cause principale de ces défauts, vient souvent de ce que dans leur enfance on n'a pas babillé avec eux, ni réveillé leur esprit. Ainsi nous attribuons souvent à une incapacité naturelle, ce qui est entièrement dû au peu de soin que l'on a pris de les instruire dans cet âge tendre.

CHRISTIAN WOLFF
(1679-1754)

Logique ou réflexions sur les forces de l'entendement humain et sur leur légitime usage dans la connaissance de la vérité [1728], Lausanne et Genève, Marc-Michel Bousquet et Compagnie, 1744, Préface, p. xiii.

L'ÊTRE suprême n'a point fait à l'homme de don plus excellent, ni plus considérable, que celui de l'entendement. Le moindre dérangement qui s'y produise, nous fait tomber ou dans l'enfance, ou dans un état pire que celui des brutes, et nous rend incapables d'honorer Dieu, et d'être utiles à la société. On peut donc dire avec raison, que plus un homme sait faire usage des forces de son entendement, et plus il mérite de porter le nom d'homme.

JOHANN GUSTAV REINBECK
(1683-1741)

Réflexions philosophiques sur l'immortalité de l'âme raisonnable [1739], éd. et trad. Jean Henri Samuel Formey, Amsterdam et Leipzig, Arkstee et Merkus, 1744, chap. XCVI, § 1-2, p. 123-125.

[123] On ne saurait nier, que ce sourd[1] n'ait eu une âme raisonnable, c'est-à-dire, une âme qui renfermait les principes universels, d'où découlent toutes les pensées raisonnables, et les conséquences ; qui de plus avait la faculté de se former des idées distinctes et qui enfin était en état d'acquérir les idées de ces choses qui ne tombent pas sous les sens, et dont nous avons parlé §§. XIII, XV et LXIV ; car, sans cela, il n'aurait pas pu apprendre à parler raisonnablement.

[124] Mr. *de Fontenelle* nous apprend lui-même, que ce sourd et muet, après avoir acquis l'usage de l'ouïe, ne se mit pas d'abord à un jargon informe, mais qu'il écoutait attentivement ce que disaient les autres, et le répétait tout doucement pour lui-même, jusqu'à ce qu'à la fin, au bout de trois ou quatre mois, il commença à parler, quoique d'une manière encore fort imparfaite. Nous faisons là-dessus une double remarque. La première, c'est que ce sourd, avant que d'avoir eu l'ouïe et la parole, devait faire une attention fort exacte à lui-même et à son propre état, aussi bien qu'à la conduite des autres, quoi que Mr. *de Fontenelle* soit d'une opinion toute contraire. Car s'il avait vécu au jour la journée, sans aucune attention particulière, dès qu'il aurait entendu parler, il se serait servi de la langue, qui n'avait aucun défaut naturel, pour former toutes sortes de tons informes, parmi lesquels il aurait mêlé quelques mots au hasard. Mais comme il n'en fit rien, et qu'il s'abstint de parler, jusqu'à ce qu'après avoir entendu les autres trois ou [125] quatre mois, il se crut

1 Il s'agit du « sourd de Chartres », dont l'histoire a été rapportée par Fontenelle. Voir ici p. 325-326.

en état de parler de manière à être compris ; c'est une marque assurée, que tout sourd qu'il était, il avait fort bien remarqué qu'il se trouvait chez les autres une faculté dont il était destitué ; et par conséquent qu'il avait comparé son état avec celui du reste des hommes, et avait donné de l'attention à l'un et à l'autre. Ma seconde remarque, c'est que notre sourd ayant appris à parler, sans que personne lui expliquât les mots qu'il entendait, il avait d'avance en soi toutes les idées requises pour parler raisonnablement, de sorte qu'après avoir acquis l'ouïe, il n'eut besoin que de faire attention aux mots dont il fallait revêtir ses idées. Car les mots étant des signes arbitraires, qui n'ont aucune liaison naturelle et nécessaire avec la chose signifiée, il aurait été tout à fait impossible que de pareils mots produisissent dans l'âme des idées toutes nouvelles, dont il n'y eût eu aucune trace antérieure.

Ibid., § 6, p. 129-131.

[129] Il est aisé de comprendre, pourquoi un homme sourd et muet de naissance, qui n'apprend à parler qu'à un certain âge, ne saurait bien exprimer ses idées précédentes. Car il [130] faut concevoir que pensant sans le secours des mots, il avait en un instant plusieurs idées, pour lesquelles il nous faut un certain temps avant que nous puissions les mettre au jour par ordre à la faveur des mots. Il y a des gens, qui bien qu'ils aient appris à parler, ne sauraient ranger sur le champ leurs idées d'une manière convenable, les revêtir des mots qui les expriment, et les produire ainsi par ordre. Nous pouvons alléguer ici notre propre exemple. Nous apercevons souvent d'un coup d'œil plusieurs choses qui demandent de la peine et du temps, avant que nous leur ayons adapté les mots convenables, et que nous puissions les proposer aux autres d'une manière intelligible. Plus les idées se suivent rapidement, plus elles comprennent de choses à la fois, et moins on est en état de les exprimer par des termes, quoiqu'on ait appris à parler dès l'enfance. Ainsi faut-il s'étonner, qu'un Sourd, qui par-là-même qu'il pensait sans l'aide des mots, avait pensé de tout temps beaucoup plus vite que nous ; que ce Sourd, dis-je, après avoir appris une [131] langue, n'ait pas pu bien décrire son état précédent, ni exprimer ses anciennes idées ? Mais qui pourrait en conclure à bon droit, qu'il n'avait eu auparavant aucune idée raisonnable ? D'où vient donc que nous ne pouvons nous rappeler

que très peu ou point du tout, les idées que nous avons eues à l'âge de deux ou trois ans, quoique dès lors nous ayons commencé à parler, et qu'on puisse juger par les actions des Enfants de cet âge, qu'ils pensent même raisonnablement. Qu'on en cherche quelle raison on voudra, elle servira toujours à faire comprendre aisément qu'il n'est pas surprenant, qu'un Sourd, qui après avoir passé les années de l'enfance, acquiert l'ouïe, et par son moyen l'usage intelligible de la parole, ne sache pas décrire distinctement tout son état précédent.

Ibid., chap. XCVIII, p. 135-137.

[135] Il est notoire qu'on ne saurait s'entretenir qu'à l'aide des gestes et des signes avec ceux qui sont nés sourds et muets. Cela étant, il faut supposer l'une ou l'autre de ces deux choses. Ou le sourd, qui cherche à se rendre intelligible, lie ses pensées avec certains signes, qu'il choisit arbitrairement, et qu'il répète si souvent [136], qu'à la fin nous entendons ce qu'il veut dire par-là, et à notre tour nous lui découvrons nos pensées par l'imitation des mêmes gestes. Ou bien nous choisissons nous-mêmes à notre gré des signes, que nous récitons jusqu'à ce que le sourd comprenne notre pensée, et nous fasse connaître par d'autres signes qu'il nous entend. Lequel des deux qui arrive, ni l'un ni l'autre n'est possible, à moins que ce sourd n'ait tout comme nous les idées distinctes requises pour penser raisonnablement. Si le sourd est l'auteur et l'inventeur des signes par lesquels il se fait entendre, c'est autant que s'il découvrait une nouvelle langue ; car les signes tiennent chez lui la place des mots. Or comment serait-il possible d'inventer un nouveau langage, si l'on n'avait point d'idées distinctes, et si l'on ne pouvait penser raisonnablement ? Si c'est nous qui par des signes arbitraires, auxquels le sourd n'est pas accoutumé, nous faisons entendre à lui, comme l'expérience enseigne que cela arrive en plusieurs manières, on sera également obligé de [137] supposer les mêmes choses dans le sourd.

Ibid., chap. CXVI, p. 189.

Ayant fait voir §. XCIV & suiv. que des gens nés sourds et muets ont pensé raisonnablement, et ont eu des idées de choses incorporelles, quoiqu'il soit certain en même temps qu'ils ne pensaient à aucun mot, puisqu'ils n'avaient point appris de langue ; de plus, les signes extérieurs par lesquels ils ont cherché à se faire entendre, et ceux par lesquels on est venu à bout de se faire entendre d'eux, supposant déjà des pensées raisonnables en eux, il s'ensuit de là, que la faculté de l'entendement pur s'est manifestée en eux d'une manière très remarquable.

GEORGE BERKELEY
(1685-1753)

Œuvres choisies de Berkeley, t. I, trad. Georges Beaulavon et Dominique Parodi, Paris, Félix Alcan, 1895, *Essai d'une nouvelle théorie de la vision* [1709], § 89-99, p. 60-67.

[60] [S]upposez un aveugle, qui, tenant à la main deux baguettes placées en croix, toucherait avec elles les [61] extrémités d'un objet, placé perpendiculairement. Il est certain que cet homme jugera que la partie supérieure de l'objet est celle qu'il touche avec la baguette qu'il tient de la main la plus basse, et que la partie inférieure de l'objet est celle qu'il touche avec la baguette tenue de la main la plus élevée. – Telle est l'explication ordinaire de la représentation droite des objets, et elle est généralement reçue et adoptée, « tout le monde, comme nous le dit M. Molyneux[1] (*Diopt.*, 2e part., ch. VII, p. 289), la tenant pour satisfaisante ». [...]

[62] Pour arriver à délivrer nos esprits de tous les préjugés dont nous pouvons être imbus sur le sujet en question[2], rien ne me semble plus utile que de considérer le cas d'un aveugle de naissance qui, plus tard, et quand il est déjà grand, recouvre la vue. Et, bien que sans [63] doute ce ne soit pas pour nous un travail bien facile et bien ordinaire que de nous dépouiller entièrement de l'expérience qui nous est fournie par la vue, de manière à pouvoir adapter exactement nos pensées à la situation d'un tel individu, essayons néanmoins, dans la mesure du possible, de nous faire une juste idée de ce qui peut vraisemblablement se passer dans son esprit.

Il est certain qu'un homme actuellement aveugle, et qui le serait depuis sa naissance, arriverait, par les sensations de tact, à avoir les

1 Voir la note correspondante p. 282.
2 C'est-à-dire la distinction des idées de la vue et des idées du toucher.

idées de haut et de bas. Par le mouvement de la main, il pourrait distinguer la position de tout objet tangible placé à sa portée. La partie par laquelle il se sent lui-même supporté ou vers laquelle il sent que le poids de son corps l'attire, il l'appellera le « bas », et la partie opposée, le « haut » ; et, par analogie, il appliquera ces termes à tous les objets qu'il a touchés.

94. – Mais, à ce moment, tous les jugements qu'il porte sur la position des objets se bornent à ce qui est perceptible par le seul toucher. Quant à toutes les choses qui sont intangibles, ou de nature spirituelle, – ses pensées et ses désirs, ses passions, et, en général, toutes les modifications de son âme, – il ne leur appliquera jamais les termes de haut et de bas, si ce n'est dans un sens métaphorique. Il pourra peut-être, par une sorte de comparaison, parler de pensées hautes ou basses ; mais ces termes, dans leur signification propre, ne sauraient jamais s'appliquer à des choses dont l'existence ne peut être conçue en dehors de l'esprit. Car un aveugle de naissance, qui a vécu toujours dans cet état, ne pourrait rien entendre de plus, par les mots de haut et bas, qu'une plus [64] ou moins grande distance de l'objet au sol, – distance qu'il pourrait mesurer en y promenant ou en y appliquant sa main ou quelque autre partie de son corps. Il est donc évident que toute chose qui sera considérée par lui comme plus haute ou plus basse par rapport à quelque autre, doit être de celles dont on conçoit l'existence en dehors de l'esprit, dans l'espace environnant.

95. – D'où il résulte manifestement que, si nous supposons que notre homme recouvre la vue, il ne considérera pas, dès ses premiers regards, les choses qu'il voit comme hautes ou basses, droites ou renversées. Car, on l'a déjà démontré au paragraphe 41, il ne considérera pas les choses qu'il perçoit par la vue comme situées à une certaine distance de lui, ni comme en dehors de son esprit. Les objets auxquels jusque-là il a été habitué à appliquer ces termes de haut et bas, élevé et inférieur, ne méritaient ces noms que par la manière dont ils affectaient ses organes tactiles, ou dont ils étaient perçus par eux. Mais les objets propres de la vision forment un nouveau groupe d'idées, parfaitement distinctes et différentes des précédentes, et qui ne peuvent d'aucune façon se laisser percevoir par le toucher. Il n'y a donc absolument rien qui puisse lui donner l'idée que ces termes leur sont aussi applicables. Il n'arrivera à le croire qu'après avoir observé leur connexion avec les objets tangibles ; et

alors commencera à s'insinuer dans son entendement ce même préjugé qui, dans l'entendement des autres hommes, s'est enraciné depuis l'enfance.

96. – Pour mieux éclaircir ce point, je prendrai un exemple. Supposons que notre aveugle perçoive, par le toucher, qu'un homme se tient droit devant lui. Analysons [65] ce qui se passe. Par l'application de la main sur les diverses parties du corps d'un homme, il a perçu différentes idées tangibles, qui, s'unissant en différents groupes complexes, ont reçu des noms différents. Ainsi, l'association d'une certaine forme, d'une certaine grosseur et d'un certain agencement tangible de parties est appelée la tête ; une autre la main ; une troisième le pied, et ainsi du reste ; – toutes ces idées complexes ne pouvant être constituées dans son esprit que par des idées simples perceptibles par le toucher. L'aveugle s'est fait ainsi, par le toucher, une idée de la terre ou du sol, vers lequel il sent que les diverses parties de son corps sont attirées par une tendance naturelle. Maintenant, le mot « droit » ne signifiant pas autre chose que cette position perpendiculaire de l'homme dans laquelle ses pieds sont le plus près du sol, si notre aveugle, en touchant de la main les divers membres de l'homme qui se tient devant lui, perçoit que les idées tangibles dont se compose la tête sont plus éloignées, et celles dont se compose le pied plus rapprochées de cette combinaison d'idées tangibles qu'il appelle la terre, il dira que cet homme se tient droit. Mais si nous supposons que subitement il recouvre la vue, et qu'il voie un homme debout devant lui, il est évident qu'alors il ne jugera l'homme qu'il aperçoit ni droit ni renversé ; car, n'ayant jamais connu ces termes que dans leur application à des idées tangibles, qui existent dans l'espace en dehors de lui, et ce qu'il voit n'étant ni tangible, ni perçu comme existant hors de lui, il ne pourra pas savoir que ces termes, tout en conservant leur sens propre, sont applicables ici.

97. – Plus tard, quand il observera que, selon qu'on [66] tourne la tête et les yeux vers le haut ou vers le bas, la droite ou la gauche, les objets visibles changent, et quand il aura appris aussi qu'il sont appelés des mêmes noms que les objets perçus par le toucher et qu'ils sont en connexion avec ceux-ci, alors, il est vrai, il en viendra à parler de ces objets et de leur position avec les mêmes termes qu'il avait eu l'habitude d'appliquer aux choses tangibles : des objets qu'il perçoit en levant les yeux, il dira qu'ils sont plus hauts, et de ceux qu'il perçoit en baissant les yeux, il dira qu'ils sont plus bas. [...]

[67] 99. – De plus, une fois que, par expérience, notre aveugle aura appris à connaître la connexion qui existe entre les diverses idées de la vue et du toucher, il lui deviendra possible, d'après la perception qu'il a de la position des choses visibles les unes par rapport aux autres, d'estimer tout de suite et sans se tromper la position des choses extérieures tangibles qui y correspondent. Et c'est de cette manière que l'esprit percevra par la vue la position des objets extérieurs, bien qu'elle ne tombe pas proprement sous ce sens.

Dialogues entre Hylas et Philonous, dont le but est de démontrer clairement la réalité et la perfection de l'entendement humain, la nature incorporelle de l'âme et la providence immédiate de la divinité, contre les sceptiques et les athées, et d'ouvrir une méthode pour rendre les sciences plus aisées, plus utiles, et plus abrégées [1713], trad. Jean-Paul de Gua de Malves, Amsterdam, 1750, dial. I, p. 94-96.

[94] *Phil.* Or n'est-il pas clair que si nous [95] supposons qu'un aveugle-né vînt tout à coup à être doué de la vue, il n'aurait aucune expérience des idées auxquelles celles qu'il recevrait par la vue devraient le conduire ?

Hyl. Cela est indubitable.

Phil. Il n'attacherait donc selon vous aucune notion de distance aux choses qu'il verrait ; mais il les prendrait pour un nouvel ordre de sensations qui ne pourraient exister autre part que dans son esprit.

Hyl. On ne saurait le contester.

Phil. Pour vous rendre la chose encore plus claire, dites-moi un peu si toute distance n'est pas une droite qui se termine à l'œil ?

Hyl. Sans contredit.

Phil. Et pensez-vous qu'une ligne située de la sorte puisse être aperçue par l'organe de la vue ?

Hyl. Nullement.

Phil. Et par conséquent ne s'ensuit-il pas de là que la distance n'est point aperçue [96] proprement et immédiatement par la vue ?

Hyl. Cela me paraîtrait ainsi.

Alciphron, ou le Petit Philosophe, en sept dialogues, contenant une apologie de la religion chrétienne contre ceux qu'on nomme esprits-forts [1732], t. I, La Haye, Benjamin Gibert, 1734, dial. IV, p. 255-256.

[255] EUPHR[3]. Supposons une nation d'aveugles-nés, parmi laquelle se trouverait un étranger, le seul homme qui pût voir dans tout le pays. Supposons que cet étranger voyage avec quelques-uns des habitants, et qu'en chemin faisant il leur prédit, qu'en cas qu'ils continuent leur route, dans l'espace d'une demi-heure, ils rencontreront un troupeau, ou arriveront à une maison : que s'ils tournent à droite, ils se trouveront peu de minutes après, en continuant leur chemin, en danger de tomber dans un précipice ; mais que, s'ils prennent à gauche, ils se rendront en tel temps au pied d'une montagne ou au bord d'une rivière. Ne devront-ils pas être infiniment surpris, qu'un homme, qui [256] n'a jamais été auparavant dans leur pays, le connaisse mieux qu'eux-mêmes ? Et de pareilles prédictions ne devront-elles pas leur paraître aussi incroyables, qu'une prophétie peut l'être aux yeux d'un petit philosophe ? ALC. J'en demeure d'accord. EUPHR. Il semble qu'il faille avoir cultivé le talent de penser et de réfléchir, pour être en état de déraciner un préjugé qui s'est formé en nous depuis si longtemps, et de distinguer entre les objets de la vue et de l'attouchement[4] ; comme aussi pour être capables de nous supposer nous-mêmes exactement dans l'état où serait un des hommes, dont nous venons de parler, s'il recouvrait la vue. Et, cependant, je crois l'entreprise possible ; et elle me paraît en valoir la peine, principalement pour des hommes dont la profession est de penser, de déraciner des préjugés, et de réfuter des erreurs.

3 Euphranor, l'hôte d'Alciphron.

4 [NdA] Voyez le *Traité* ci-joint, dans lequel toute la *Théorie de la Vision* est plus amplement expliquée. Les paradoxes de cette théorie, quoique tournés d'abord en ridicule par de certaines gens, ont été confirmés quelques années après par l'exemple d'une personne qui eut le bonheur de recouvrer la vue, après avoir été aveugle depuis la naissance. Voir *Philosophical Transactions*, n° 402.

ALEXANDER POPE
(1688-1744)

> [...] mon pauvre Pope, mon pauvre bossu, que j'ai connu, que j'ai aimé, qui t'a dit que Dieu ne pouvait te former sans bosse ?
> VOLTAIRE, *Œuvres complètes de Voltaire*, t. XXXVIII-VI[1].

Essai sur l'homme. Poème philosophique [1732-1734], t. II, trad. Mr l'abbé du Resnel, Strasbourg, Amand König, 1762, Épître II, p. 185-186.

[185] Mais jusqu'à ce moment l'erreur dans tous nos maux
Au défaut des vrais biens nous en donne de faux.
Tant que nous respirions, l'opinion flatteuse
À charmer nos ennuis toujours ingénieuse,
Dore par ses rayons les nuages charmants,
Qui versent sur nos jours de trompeurs agréments.
[186] Satisfait de ses goûts, content de sa science,
Chacun a pour soi-même un œil de complaisance,
Feuilletant nuit et jour des Volumes poudreux,
L'Ignorant affranchi d'un travail si pénible,
Dans un lâche repos trouve un plaisir sensible.
Regardant l'avenir avec tranquillité,
Le Riche de son bien fait sa félicité,
Rassuré par les soins, que prend la Providence,
Le Pauvre vit content malgré son indigence.
Voie l'Aveugle danser ; se plaint-il que ses yeux
Soient pour jamais fermés à la clarté des Cieux ?

1 Voltaire, *Œuvres complètes de Voltaire*, t. XXXVIII-VI, éd. Condorcet, Paris, Garnier Frères, 1880, À M. Bertrand, 28 février 1756, p. 556.

Quoique former des pas son pied soit moins agile ?
Dans les vapeurs du vin le Mendiant est Roi,
Et le Sot en tout temps vit satisfait de soi.

Maximes de réflexions morales [1737], Londres, G. Smith, 1739, I, p. 5.

Les défauts naturels ne deviennent jamais honteux que lorsqu'avec trop d'art on s'efforce de les cacher ou de les faire passer pour des perfections. Nous avons pitié d'un boiteux, parce qu'il ne dépend pas de lui de marcher droit ; mais nous nous en moquons, quand forcé de boiter tout bas, il se pique de savoir danser.

MONTESQUIEU
(1689-1755)

Je ne suis pas surpris de voir que vous aimiez Rome ; et si j'avais des yeux, j'aimerais autant habiter Rome que Paris. Mais comme Rome est toute extérieure, on sent continuellement des privations, lorsqu'on n'a pas des yeux.
Œuvres complètes de Montesquieu, t. VII, Lettre LXII[1].

Je suis fâché de ne pas savoir quelle espèce de maladie des yeux vous avez, parce que peut être je vous aurais proposé une eau dont je me sers tous les jours depuis trente ans, tirée des simples, et qui m'a empêché d'être aveugle depuis trente ans. Avant ce temps-là j'avais essayé une multitude innombrable de remèdes ; tout m'avait été entièrement contraire. Je ne suis pas en état non plus que vous de lire ; il y a dix ans que j'en suis privé à cause d'une cataracte qui m'est survenue sur un œil [...].
Ibid., Lettre CXXXIX[2].

Ibid., t. I, 1875, *Les Lettres persanes* [1721], Lettre XXXII, Rica à***, p. 131-132.

[131] J'allai, l'autre jour, voir une maison où l'on entretient environ trois cents personnes assez pauvrement[...]. J'eus bientôt fait ; car l'église et les bâtiments[...] ne méritent pas d'être regardés. Ceux qui sont dans cette maison étaient assez gais ; plusieurs d'entre eux jouaient aux cartes,

1 *Œuvres complètes de Montesquieu, avec les variantes des premières éditions, un choix des meilleurs commentaires et des notes nouvelles*, t. VII, éd. Édouard Laboulaye, Paris, Garnier Frères, 1879, Lettre LXII, à M. Le grand prieur Solar, ambassadeur de Malte à Rome, 7 mars 1749, p. 317.

2 *Ibid.*, Lettre CXXXIX, à M. Charles Bonnet, membre de la Société royale à Genève, 20 février 1754, p. 425. Sur ce qu'on nommerait aujourd'hui la « déficience visuelle » de Montesquieu, et la critique de la thèse selon laquelle celui-ci aurait été totalement aveugle, voir C. Volpilhac-Auger, « La cécité supposée de Montesquieu », Montesquieu (UMR 5317), en ligne : http://montesquieu.ens-lyon.fr/spip.php?article2377#nb1 (consulté le 17/12/2022).

ou à d'autres jeux que je ne connais point. Comme je sortais, un de ces hommes sortait aussi et, m'ayant entendu demander le chemin du Marais, qui est le quartier le plus éloigné de Paris : J'y vais, me dit-il, et je vous y conduirai ; suivez-moi. Il me mena à merveille, me tira de tous les embarras, et me sauva adroitement des carrosses et des voitures. Nous étions près d'arriver, quand la curiosité me prit : Mon bon ami, lui dis-je, ne pourrais-je point savoir qui vous êtes ? Je suis aveugle, monsieur, me répondit-il. Comment ! lui dis-je, vous êtes aveugle ? Et que ne priiez-vous cet honnête homme qui jouait aux cartes avec vous, de nous conduire ? Il est aveugle aussi, me répondit-il : il y a quatre cents ans que nous sommes trois cents aveugles dans cette maison où vous m'avez trouvé. [132] Mais il faut que je vous quitte : voilà la rue que vous demandiez, je vais me mettre dans la foule ; j'entre dans cette église, où, je vous jure, j'embrasserai plus les gens qu'ils ne m'embrasseront[3].

Ibid., Lettre LXXVIII, Rica à Usbek, p. 262-263.

[262] Je ne serais pas fâché, Usbek, de voir une lettre [263] écrite à Madrid par un Espagnol qui voyagerait en France ; je crois qu'il y vengerait bien sa nation. Quel vaste champ pour un homme flegmatique et pensif ! Je m'imagine qu'il commencerait ainsi la description de Paris :

Il y a ici une maison où l'on met les fous : on croirait d'abord qu'elle est la plus grande de la ville ; non : le remède est bien petit pour le mal. Sans doute que les Français, extrêmement décriés chez leurs voisins, enferment quelques fous dans une maison, pour persuader que ceux qui sont dehors ne le sont pas.

Je laisse là mon Espagnol. Adieu, mon cher Usbek[4].

Ibid., Lettre LXXXII, Rica à***, p. 276-277.

[276] Je fus hier aux Invalides : j'aimerais autant avoir fait cet établissement, si j'étais prince, que d'avoir gagné trois batailles. On y trouve

3 Voir les annotations portant sur ce texte dans Montesquieu. Bibliothèque et éditions, en ligne : http://montesquieu.huma-num.fr/editions/fictions-poesies/lettres-persanes/lire/lettre/30?recherche=aveugle (consulté le 17/12/2022).

4 *Ibid.*, en ligne : http://montesquieu.huma-num.fr/editions/fictions-poesies/lettres-persanes/lire/lettre/75?recherche=Madrid (consulté le 17/12/2022).

partout la main d'un grand monarque. Je crois que c'est le lieu le plus respectable de la terre.

Quel spectacle que de voir dans un même lieu rassemblées toutes ces victimes de la patrie, qui ne respirent que pour la défendre ; et qui se sentant le même cœur, et non pas la même force, ne se plaignent que de l'impuissance où elles sont, de se sacrifier encore pour elle !

Quoi de plus admirable que de voir ces guerriers débiles dans cette retraite, observer une discipline aussi exacte, que s'ils y étaient contraints par la présence d'un ennemi ; chercher leur dernière satisfaction dans cette image de la guerre ; et partager leur cœur et leur esprit entre les devoirs de la religion, et ceux de l'art militaire.

Je voudrais que les noms de ceux qui meurent pour la [277] patrie, fussent écrits et conservés dans les temples dans des registres, qui fussent comme la source de la gloire et de la noblesse[...][5].

Ibid., t. V, 1877, *De l'esprit des lois* [1748], liv. XXIII, chap. XXII, p. 102-103.

[102] Les premiers Romains eurent une assez bonne police[...] sur l'exposition des enfants. Romulus, dit Denys d'Halicarnasse[6], imposa à tous les citoyens la nécessité d'élever tous les enfants mâles et les aînées des filles. Si les enfants étaient difformes et monstrueux, il permettait de les exposer, après les avoir montrés à cinq des plus proches voisins.

Romulus ne permit[7] de tuer aucun enfant qui eût moins de trois ans : par là il conciliait la loi qui donnait aux pères le droit de vie et de mort sur leurs enfants, et celle qui défendait de les exposer.

On trouve encore dans Denys d'Halicarnasse[8], que la loi qui ordonnait aux citoyens de se marier et d'élever tous leurs enfants, était en vigueur l'an 227 de Rome : on voit que l'usage avait restreint la loi de Romulus, qui permettait d'exposer les filles cadettes.

Nous n'avons de connaissance de ce que la loi des Douze Tables, donnée l'an de Rome 301, statua sur l'exposition des enfants, que par

---

5 *Ibid.*, en ligne : http://montesquieu.huma-num.fr/editions/fictions-poesies/lettres-persanes/lire/lettre/82?recherche=Invalides (consulté le 17/12/2022).

6 [NdA] *Antiquités romaines*, liv. II, 1877.

7 [NdA] *Ibid.*

8 [NdA] Liv. IX.

un passage de Cicéron[9], qui, [103] parlant du tribunat du peuple, dit que d'abord après sa naissance, tel que l'enfant monstrueux de la loi des Douze Tables, il fut étouffé : les enfants qui n'étaient pas monstrueux étaient donc conservés, et la loi des Douze Tables ne changea rien aux institutions précédentes.

« Les Germains, dit Tacite[10], n'exposent point leurs enfants ; et, chez eux, les bonnes mœurs ont plus de force que n'ont ailleurs les bonnes lois. » Il y avait donc, chez les Romains, des lois contre cet usage, et on ne les suivait plus. On ne trouve aucune loi[11] romaine qui permette d'exposer les enfants : ce fut sans doute un abus introduit dans les derniers temps, lorsque le luxe ôta l'aisance, lorsque les richesses partagées furent appelées pauvreté, lorsque le père crut avoir perdu ce qu'il donna à sa famille, et qu'il distingua cette famille de sa propriété.

Ibid., t. VII, 1879, *Essai sur le goût dans les choses de la nature et de l'art* [1757], chap. III, p. 117-118.

[117] Notre manière d'être est entièrement arbitraire ; nous pouvions avoir été faits comme nous sommes, ou autrement. Mais si nous avions été faits autrement, nous aurions senti autrement[...] ; un organe de plus ou de moins dans notre machine nous aurait fait une autre éloquence, une autre poésie ; une contexture différente des mêmes organes aurait fait encore une autre poésie : par exemple, si la constitution de nos organes nous avait rendus capables [118] d'une plus longue attention, toutes les règles qui proportionnent la disposition du sujet à la mesure de notre attention ne seraient plus ; si nous avions été rendus capables de plus de pénétration, toutes les règles qui sont fondées sur la mesure de notre pénétration, tomberaient de même ; enfin toutes les lois établies sur ce que notre machine est d'une certaine façon, seraient différentes si notre machine n'était pas de cette façon.

Si notre vue avait été plus faible et plus confuse, il aurait fallu moins de moulures et plus d'uniformité dans les membres de l'architecture ; si notre vue avait été plus distincte, et notre âme capable d'embrasser plus

9 [NdA] *De legibus*, liv III, chap. XIX.

10 [NdA] *La Germanie*, chap. XIX.

11 [NdA] Il n'y a point de titre là-dessus dans le digeste : le titre du code n'en dit rien, non plus que les novelles.

de choses à la fois, il aurait fallu dans l'architecture plus d'ornements ; si nos oreilles avaient été faites comme celles de certains animaux, il aurait fallu réformer bien de nos instruments de musique. Je sais bien que les rapports que les choses ont entre elles auraient subsisté ; mais le rapport qu'elles ont avec nous ayant changé, les choses qui dans l'état présent font un certain effet sur nous, ne le feraient plus ; et comme la perfection des arts est de nous présenter les choses telles qu'elles nous fassent le plus de plaisir qu'il est possible, il faudrait qu'il y eût du changement dans les arts, puisqu'il y en aurait dans la manière la plus propre à nous donner du plaisir[12].

---

12 Voir les annotations portant sur ce texte dans Montesquieu. Bibliothèque et éditions, en ligne : http://montesquieu.huma-num.fr/editions/genres-divers/essai-sur-le-gout/lire/article/1?recherche=enti%C3%A8rement%20arbitraire (consulté le 17/12/ 2022).

VOLTAIRE
(1694-1778)

François-Marie Arouet, qui a rendu le nom de Voltaire si célèbre, naquit à Chatenay le 20 de février 1694, et fut baptisé à Paris, dans l'église de Saint-André-des-Arcs, le 22 de novembre de la même année. Son excessive faiblesse fut la cause de ce retard, qui pendant sa vie a répandu des nuages sur le lieu et sur l'époque de sa naissance. [...] Il est assez singulier que les deux hommes célèbres de ce siècle[1], dont la carrière a été la plus longue, et dont l'esprit s'est conservé tout entier le plus longtemps, soient nés tous deux dans un état de faiblesse et de langueur.
CONDORCET, *Œuvres de Condorcet*, t. IV[2].

[275] Je n'ai d'intérêt dans tout ce que je dis que le bien public et le vôtre. Je suis bientôt dans ma soixante et cinquième année, [276] je suis né infirme je n'ai qu'un moment à vivre ; j'ai été bien malheureux, vous le savez ; mais je mourrais heureux, si je vous laissais sur la terre mettant en pratique ce que vous avez si souvent écrit.
VOLTAIRE, *Œuvres complètes de Voltaire*, t. XXXIX-VII[3].

Mon espèce d'aveuglement est tout à fait drôle : une ophtalmie abominable m'ôte entièrement la vue quand il y a de la neige sur la terre, et je recommence quelquefois de voir honnêtement quand le temps se met au beau.
Ibid., t. XLIII-XI[4].

J'ai des fluxions sur les yeux qui m'ont ôté l'usage de la vue des mois entiers ; elles se promènent quelquefois dans les oreilles, et alors je vois, mais je suis sourd ; elles tombent sur la gorge, et je deviens muet.
Ibid.[5]

---

1 Le second est Fontenelle. Voir le passage de Condorcet mis en exergue du chapitre sur Fontenelle, p. 323.

2 Condorcet, *Œuvres de Condorcet*, t. IV, éd. Arthur Condorcet O'Connor et François Arago, Paris, Firmin Didot Frères, 1847, *Vie de Voltaire*, p. 4.

3 Voltaire, *Œuvres complètes de Voltaire*, t. XXXIX-VII, éd. Condorcet, Paris, Garnier Frères, 1880, À Frédéric II roi de Prusse, octobre 1757, p. 275-276.

4 *Ibid.*, t. XLIII-XI, 1881, À M. le Président Hénault, le 4 décembre 1763, p. 40.

5 *Ibid.*, À Madame la Marquise du Deffant, le 1er juillet 1664, p. 263.

Ibid., t. XVII-I, 1778, *Dictionnaire philosophique* [1764], « ADULTÈRE », p. 67.

Le plus grand tort, le plus grand mal est de donner à un pauvre homme des enfants qui ne sont pas à lui, et de le charger d'un fardeau qu'il ne doit pas porter. On a vu par là des races de héros entièrement abâtardies. Les femmes des Astolphes[6] et des Jocondes[7], par un goût dépravé, par la faiblesse du moment, ont fait des enfants avec un nain contrefait, avec un petit valet sans cœur et sans esprit. Les corps et les âmes s'en sont ressentis. De petits singes ont été les héritiers des plus grands noms dans quelques pays de l'Europe. Ils ont dans leur première salle les portraits de leurs prétendus aïeux, hauts de six pieds, beaux, bien faits, armés d'un estramaçon[8] que la race d'aujourd'hui pourrait à peine soulever. Un emploi important est possédé par un homme qui n'y a nul droit, et dont le cœur, la tête et le bras, n'en peuvent soutenir le faix.

Ibid., « ÂME », sect. IV, p. 142-143.

[142] L'homme est un être agissant, sentant et pensant : voilà tout ce que nous en savons ; il ne nous est donné de connaître ni ce qui nous rend sentants et pensants, ni ce qui nous fait agir, ni ce qui nous fait être. La faculté agissante est aussi incompréhensible pour nous que la faculté pensante. La difficulté est moins de concevoir comment ce corps de fange a des sentiments et des idées que de concevoir comment un être, quel qu'il soit, a des idées et des sentiments.

Voilà d'un côté l'âme d'Archimède, de l'autre celle d'un imbécile : sont-elles de même nature ? Si leur essence est de penser, elles pensent toujours, et indépendamment du corps, qui ne peut agir sans elles. Si elles pensent par leur propre nature, l'espèce d'une âme qui ne peut faire une règle d'arithmétique sera-t-elle la même que celle qui a mesuré les cieux ? Si ce sont les organes du corps qui ont fait penser Archimède, pourquoi mon idiot, mieux constitué qu'Archimède, plus vigoureux, digérant mieux, faisant mieux toutes ses fonctions, ne pense-t-il point ?

---

6 Astolphe, personnage de la poésie épique française et italienne, présent notamment dans le *Roland amoureux* de Boiardo et le *Roland furieux* de l'Arioste.

7 Joconde, personnage du *Roland furieux* de l'Arioste, repris par Jean de La Fontaine.

8 Longue et lourde épée.

C'est, dites-vous, [143] que sa cervelle n'est pas si bonne. Mais vous le supposez ; vous n'en savez rien. On n'a jamais trouvé de différences entre les cervelles saines qu'on a disséquées ; il est même très vraisemblable que le cervelet d'un sot sera en meilleur état que celui d'Archimède, qui a fatigué prodigieusement, et qui pourrait être usé et raccourci.

Ibid., sect. VII, p. 147-148.

[147] Un enfant mal conformé naît absolument imbécile, n'a point d'idées, vit sans idées ; et on en a vu de cette espèce. Comment définira-t-on cet animal ? des docteurs ont dit que c'est quelque chose entre l'homme et la bête ; d'autres ont dit qu'il avait une âme sensitive, mais non pas une âme intellectuelle. Il mange, il boit, il dort, il veille, il a des sensations, mais il ne pense pas.

Y a-t-il pour lui une autre vie, n'y en a-t-il point ? le cas a été proposé, et n'a pas été encore entièrement résolu.

Quelques-uns ont dit que cette créature devait avoir une âme, parce que son père et sa mère en avaient une. Mais par ce raisonnement on prouverait que si elle était venue au monde sans nez, elle serait réputée en avoir un, parce que son père et sa mère en avaient.

Une femme accouche, son enfant n'a point de menton, son front est écrasé et un peu noir, son nez est effilé et pointu, ses yeux sont ronds, sa mine ne ressemble pas mal à celle d'une hirondelle ; cependant il a le reste du corps fait comme nous. Les parents le font baptiser à la pluralité des voix. Il est décidé homme et possesseur d'une âme immortelle. Mais si cette petite figure ridicule a des ongles pointus, la bouche faite en bec, il est déclaré monstre, il n'a point d'âme, on ne le baptise pas.

On sait qu'il y eut à Londres, en 1726, une femme qui accouchait tous les huit jours d'un lapereau[9]. On ne faisait nulle difficulté de refuser le baptême à cet enfant, malgré la folie épidémique qu'on eut pendant trois semaines à Londres de croire qu'en effet cette pauvre friponne faisait des lapins de garenne. Le chirurgien qui l'accouchait, nommé Saint-André, jurait que rien n'était plus vrai, et on le croyait. Mais quelle raison avaient les crédules pour refuser une âme aux enfants de cette femme ? elle avait une âme, ses enfants devaient en être pourvus aussi ;

9 [NdA] Voir le chapitre XXI des *Singularités de la nature* (*Mélanges*, année 1768).

soit qu'ils eussent des mains, soit qu'ils eussent des pattes, soit qu'ils fussent nés avec un petit museau ou avec un visage : l'Être suprême ne peut-il pas accorder le don de la pensée et de la sensation à [148] un petit je ne sais quoi, né d'une femme, figuré en lapin, aussi bien qu'à un petit je ne sais quoi, figuré en homme ? L'âme qui était prête à se loger dans le fœtus de cette femme s'en retournera-t-elle à vide ?

Locke observe très bien, à l'égard des monstres, qu'il ne faut pas attribuer l'immortalité à l'extérieur d'un corps ; que la figure n'y fait rien. Cette immortalité, dit-il, n'est pas plus attachée à la forme de son visage ou de sa poitrine qu'à la manière dont sa barbe est faite ou dont son habit est taillé.

Il demande quelle est la juste mesure de difformité à laquelle vous pouvez reconnaître qu'un enfant a une âme ou n'en a point ? quel est le degré précis auquel il doit être déclaré monstre et privé d'âme ?

On demande encore ce que serait une âme qui n'aurait jamais que des idées chimériques ? il y en a quelques-unes qui ne s'en éloignent pas. Méritent-elles ? déméritent-elles ? que faire de leur esprit pur ?

Que penser d'un enfant à deux têtes, d'ailleurs très bien conformé ? Les uns disent qu'il a deux âmes puisqu'il est muni de deux glandes pinéales, de deux corps calleux, de deux *sensorium commune*. Les autres répondent qu'on ne peut avoir deux âmes quand on n'a qu'une poitrine et un nombril[10].

Ibid., t. XVIII-II, 1878, « DIEU, DIEUX », sect. IV, p. 369-370.

[369] L'auteur du *Système de la nature*[11] a eu l'avantage de se faire lire des savants, des ignorants, des femmes ; il a donc dans le style [370] des mérites que n'avait pas Spinoza : souvent de la clarté, quelquefois de l'éloquence, quoiqu'on puisse lui reprocher de répéter, de déclamer, et de se contredire comme tous les autres. Pour le fond des choses, il faut s'en défier très souvent en physique et en morale. Il s'agit ici de l'intérêt

10 [NdA] M. le chevalier d'Angos, savant astronome, a observé avec soin pendant plusieurs jours un lézard à deux têtes ; et il s'est assuré que le lézard avait deux *volontés indépendantes*, dont chacune avait un pouvoir presque égal sur le corps, qui était unique. Quand on présentait au lézard un morceau de pain, de manière qu'il ne pût le voir que d'une tête, cette tête voulait aller chercher le pain, et l'autre voulait que le corps restât en repos.

11 Il s'agit de D'Holbach. Son *Système de la nature* est paru en 1770. Voir le chapitre consacré à ses textes, p. 529-531.

du genre humain. Examinons donc si sa doctrine est vraie et utile, et soyons courts si nous pouvons.

« L'ordre et le désordre n'existent point, etc.[12] »

Quoi ! en physique un enfant né aveugle, ou privé de ses jambes, un monstre n'est pas contraire à la nature de l'espèce ? N'est-ce pas la régularité ordinaire de la nature qui fait l'ordre, et l'irrégularité qui est le désordre ? N'est-ce pas un très grand dérangement, un désordre funeste, qu'un enfant à qui la nature a donné la faim, et a bouché l'œsophage ? Les évacuations de toute espèce sont nécessaires, et souvent les conduits manquent d'orifices ; on est obligé d'y remédier ; ce désordre a sa cause, sans doute. Point d'effet sans cause ; mais c'est un effet très désordonné.

Ibid., t. XIX-III, 1879, « FOLIE », p. 159-161.

[159] Qu'est-ce que la folie ? c'est d'avoir des pensées incohérentes et la conduite de même. Le plus sage des hommes veut-il connaître la folie ? qu'il réfléchisse sur la marche de ses idées pendant ses rêves. S'il a une digestion laborieuse dans la nuit, mille idées incohérentes l'agitent ; il semble que la nature nous punisse d'avoir pris trop d'aliments, ou d'en avoir fait un mauvais choix, en nous donnant des pensées : car on ne pense guère en dormant que dans une mauvaise digestion. Les rêves inquiets sont réellement une folie passagère.

La folie pendant la veille est de même une maladie qui empêche un homme nécessairement de penser et d'agir comme les autres. Ne pouvant gérer son bien, on l'interdit ; ne pouvant avoir des idées convenables à la société, on l'en exclut ; s'il est dangereux, on l'enferme ; s'il est furieux, on le lie. Quelquefois on le guérit par les bains, par la saignée, par le régime. Cet homme n'est point privé d'idées ; il en a comme tous les autres hommes pendant la veille, et souvent quand il dort. On peut demander comment son âme spirituelle, immortelle, logée dans son cerveau, recevant toutes les idées par les sens très nettes [160] et très distinctes, n'en porte cependant jamais un jugement sain. Elle voit les objets comme l'âme d'Aristote et de Platon, de Locke et de Newton, les voyait ; elle entend les mêmes sons, elle a le même sens du toucher : comment donc, recevant les perceptions que les plus

12 [NdA] Part. I, p. 60.

sages éprouvent, en fait-elle un assemblage extravagant sans pouvoir s'en dispenser ?

Si cette substance simple et éternelle a pour ses actions les mêmes instruments qu'ont les âmes des cerveaux les plus sages, elle doit raisonner comme eux. Qui peut l'en empêcher ? Je conçois bien à toute force que si mon fou voit du rouge, et les sages du bleu ; si, quand les sages entendent de la musique, mon fou entend le braiement d'un âne ; si, quand ils sont au sermon, mon fou croit être à la comédie ; si, quand ils entendent oui, il entend non : alors son âme doit penser au rebours des autres. Mais mon fou a les mêmes perceptions qu'eux : il n'y a nulle raison apparente pour laquelle son âme, ayant reçu par ses sens tous ses outils, ne peut en faire d'usage. Elle est pure, dit-on ; elle n'est sujette par elle-même à aucune infirmité ; la voilà pourvue de tous les secours nécessaires : quelque chose qui se passe dans son corps, rien ne peut changer son essence ; cependant on la mène dans son étui aux petites-maisons.

Cette réflexion peut faire soupçonner que la faculté de penser, donnée de Dieu à l'homme, est sujette au dérangement comme les autres sens. Un fou est un malade dont le cerveau pâtit, comme le goutteux est un malade qui souffre aux pieds et aux mains ; il pensait par le cerveau, comme il marchait avec les pieds, sans rien connaître ni de son pouvoir incompréhensible de marcher, ni de son pouvoir non moins incompréhensible de penser. On a la goutte au cerveau comme aux pieds. Enfin après mille raisonnements, il n'y a peut-être que la foi seule qui puisse nous convaincre qu'une substance simple et immatérielle puisse être malade.

Les doctes ou les docteurs diront au fou : « Mon ami, quoique tu aies perdu le sens commun, ton âme est aussi spirituelle, aussi pure, aussi immortelle que la nôtre ; mais notre âme est bien logée, et la tienne l'est mal ; les fenêtres de la maison sont bouchées pour elle : l'air lui manque, elle étouffe. » Le fou, dans ses bons moments, leur répondrait : « Mes amis, vous supposez à votre ordinaire ce qui est en question. Mes fenêtres sont aussi bien ouvertes que les vôtres, puisque je vois les mêmes objets, et que j'entends les mêmes paroles : il faut donc nécessairement que mon âme fasse un mauvais usage de ses sens, ou que mon âme ne soit elle-même [161] qu'un sens vicié, une qualité dépravée. En un mot, ou mon âme est folle par elle-même, ou je n'ai point d'âme. »

Un des docteurs pourra répondre « Mon confrère, Dieu a créé peut-être des âmes folles, comme il a créé des âmes sages. » Le fou répliquera : « Si je croyais ce que vous me dites, je serais encore plus fou que je ne le suis. De grâce, vous qui en savez tant, dites-moi pourquoi je suis fou. »

Si les docteurs ont encore un peu de sens, ils lui répondront : « Je n'en sais rien. » Ils ne comprendront pas pourquoi une cervelle a des idées incohérentes ; ils ne comprendront pas mieux pourquoi une autre cervelle a des idées régulières et suivies. Ils se croiront sages, et ils seront aussi fous que lui.

Si le fou a un bon moment, il leur dira : « Pauvres mortels qui ne pouvez ni connaître la cause de mon mal, ni le guérir, tremblez de devenir entièrement semblables à moi, et même de me surpasser. Vous n'êtes pas de meilleure maison que le roi de France Charles VI, le roi d'Angleterre Henri VI, et l'empereur Venceslas, qui perdirent la faculté de raisonner dans le même siècle. Vous n'avez pas plus d'esprit que Blaise Pascal, Jacques Abbadie[13], et Jonathan Swift, qui sont tous trois morts fous. Du moins le dernier fonda pour nous un hôpital : voulez-vous que j'aille vous y retenir une place ? »

Ibid., « IMAGINATION », sect. I, p. 429.

Le célèbre Addison[14], dans ses *onze essais sur l'imagination*, dont il a enrichi les feuilles du *Spectateur*, dit d'abord que « le sens de la vue est celui qui fournit seul les idées à l'imagination ». Cependant il faut avouer que les autres sens y contribuent aussi. Un aveugle-né entend dans son imagination l'harmonie qui ne frappe plus son oreille ; il est à table en songe ; les objets qui ont résisté ou cédé à ses mains font encore le même effet dans sa tête. Il est vrai que le sens de la vue fournit seul les images et, comme c'est une espèce de toucher qui s'étend jusqu'aux étoiles, son immense étendue enrichit plus l'imagination que tous les autres sens ensemble.

13 Jean-Jacques Abbadie, dit Jacques Abbadie (1654-1727) écrivain et théologien protestant.

14 Joseph Addison (1672-1719) écrivain et homme d'État anglais. Avec Richard Steele, il fonda la revue *The Spectator* en 1711.

Ibid., t. XXI, 1879, *Les Aveugles juges des couleurs* [1766], p. 245-246.

[245] Dans les commencements de la fondation des Quinze-Vingts[15], on sait qu'ils étaient tous égaux, et que leurs petites affaires se décidaient à la pluralité des voix. Ils distinguaient parfaitement au toucher la monnaie de cuivre de celle d'argent ; aucun d'eux ne prit jamais du vin de Brie pour du vin de Bourgogne. Leur odorat était plus fin que celui de leurs voisins qui avaient deux yeux. Ils raisonnèrent parfaitement sur les quatre sens, c'est-à-dire qu'ils en connurent tout ce qu'il est permis d'en savoir ; et ils vécurent paisibles et fortunés autant que des Quinze-Vingts peuvent l'être. Malheureusement un de leurs professeurs prétendit avoir des notions claires sur le sens de la vue ; il se fit écouter, il intrigua, il forma des enthousiastes : enfin on le reconnut pour le chef de la communauté. Il se mit à juger souverainement des couleurs, et tout fut perdu.

Ce premier dictateur des Quinze-Vingts se forma d'abord un petit conseil, avec lequel il se rendit le maître de toutes les aumônes. Par ce moyen personne n'osa lui résister. Il décida que tous les habits des Quinze-Vingts étaient blancs : les aveugles le crurent ; ils ne parlaient que de leurs beaux habits blancs, quoiqu'il n'y en eût pas un seul de cette couleur. Tout le monde se moqua d'eux, ils allèrent se plaindre au dictateur, qui les reçut fort mal ; il les traita de novateurs, d'esprits forts, de rebelles, qui se laissaient séduire par les opinions erronées de ceux qui avaient des yeux, et qui osaient douter de l'infaillibilité de leur maître. Cette querelle forma deux partis. Le dictateur, pour les apaiser, rendit un arrêt par lequel tous leurs habits étaient rouges. Il n'y avait pas un habit rouge aux Quinze-Vingts. On se moqua d'eux plus que jamais : nouvelles plaintes de la part de la communauté. [246] Le dictateur entra en fureur, les autres aveugles aussi : on se battit longtemps, et la concorde ne fut rétablie que lorsqu'il fut permis à tous les Quinze-Vingts de suspendre leur jugement sur la couleur de leurs habits.

Un sourd, en lisant cette petite histoire, avoua que les aveugles avaient eu tort de juger les couleurs ; mais il resta ferme dans l'opinion qu'il n'appartient qu'aux sourds de juger de la musique.

---

15 Voir la note correspondante p. 241.

Ibid., t. XXII-I, 1879, *Traité de métaphysique* [1734], chap. IV, p. 207-208.

[207] La première fois que je sens une odeur sans voir l'objet dont elle vient, mon esprit ne trouve aucune relation entre un corps et cette odeur ; mais l'attouchement proprement dit, l'approche de mon corps à un autre, indépendamment de mes autres sens, me donne l'idée de la matière : car, lorsque je touche un rocher, je sens bien que je ne puis me mettre à sa place, et que par conséquent il y a là quelque chose d'étendu et d'impénétrable. Ainsi, supposé (car que ne suppose-t-on pas ?) qu'un homme eût tous les sens, hors celui du toucher proprement dit, cet homme pourrait fort bien douter de l'existence des objets extérieurs, et peut-être même serait-il longtemps sans en avoir d'idée ; mais celui qui serait sourd et aveugle, et qui aurait le [208] toucher, ne pourrait douter de l'existence des choses qui lui feraient éprouver de la dureté, et cela parce qu'il n'est point de l'essence de la matière qu'un corps soit coloré ou sonore, mais qu'il soit étendu et impénétrable.

Ibid., *Éléments de la philosophie de Newton* [1738], part. II, chap. VII, p. 469-470.

[469] Tout cela ne pouvait être éclairci, et mis hors de toute contestation, que par quelque aveugle-né à qui on aurait donné le sens de la vue. Car si cet aveugle, au moment qu'il eut ouvert les yeux, eût jugé des distances, des grandeurs et des situations, il eût été vrai que les angles optiques, formés tout d'un coup dans sa rétine, eussent été les causes immédiates de ses sentiments. Aussi le docteur Berkeley assurait après M. Locke (et allant même en cela plus loin que Locke) que ni situation, ni grandeur, ni distance, ni figure ne serait aucunement discernée par cet aveugle dont les yeux recevraient tout d'un coup la lumière.

Mais où trouver l'aveugle dont dépendait la décision indubitable de cette question ? Enfin, en 1729[16], M. Cheselden[17], un de ces fameux chirurgiens qui joignent l'adresse de la main aux plus grandes lumières

16 En réalité 1728.

17 William Cheselden (1688-1752), chirurgien anglais, que l'opération rapportée ici par Voltaire rendit célèbre en France aussi. Pour plus de détails, voir la note correspondante p. 560.

de l'esprit, ayant imaginé qu'on pouvait donner la vue à un aveugle-né en lui abaissant ce qu'on appelle des cataractes, qu'il soupçonnait formées dans ses yeux presque au moment de sa naissance, il proposa l'opération. L'aveugle eut de la peine à y consentir. Il ne concevait pas trop que le sens de la vue pût beaucoup augmenter ses plaisirs. Sans l'envie qu'on lui inspira d'apprendre à lire et à écrire, il n'eût point désiré de voir. Il vérifiait par cette indifférence qu'*il est impossible d'être malheureux par la privation des biens dont on n'a pas d'idée :* vérité bien importante. Quoi qu'il en soit, l'opération fut faite, et réussit. Ce jeune homme d'environ quatorze ans vit la lumière pour la première fois. Son expérience confirma tout ce que Locke et Berkeley avaient si bien prévu. Il ne distingua de longtemps ni grandeur, ni situation, ni même figure. Un objet d'un pouce, mis devant son œil, et qui lui cachait une maison, lui paraissait aussi grand que la maison. Tout ce qu'il voyait lui semblait [470] d'abord être sur ses yeux, et les toucher comme les objets du tact touchent la peau. Il ne pouvait distinguer d'abord ce qu'il avait jugé rond à l'aide de ses mains, d'avec ce qu'il avait jugé angulaire, ni discerner avec ses yeux si ce que ses mains avaient senti être en haut ou en bas était en effet en haut ou en bas. Il était si loin de connaître les grandeurs qu'après avoir enfin conçu par la vue que sa maison était plus grande que sa chambre, il ne concevait pas comment la vue pouvait donner cette idée. Ce ne fut qu'au bout de deux mois d'expérience qu'il put apercevoir que les tableaux représentaient des corps solides ; et, lorsqu'après ce long tâtonnement d'un sens nouveau en lui il eut senti que des corps, et non des surfaces seules, étaient peints dans les tableaux, il y porta la main, et fut étonné de ne point trouver avec ses mains ces corps solides, dont il commençait à apercevoir les représentations. Il demandait quel était le trompeur, du sens du toucher ou du sens de la vue.

Ce fut donc une décision irrévocable que la manière dont nous voyons les choses n'est point du tout la suite immédiate des angles formés dans nos yeux : car ces angles mathématiques étaient dans les yeux de cet homme comme dans les nôtres, et ne lui servaient de rien sans le secours de l'expérience et des autres sens.

Ibid., t. XXVI-V, 1879, *Lettre de M. de Voltaire au docteur Jean-Jacques Pansophe* [1766], p. 21.

Vous parlez, docteur Pansophe[18], de la vertu des sauvages : il me semble pourtant qu'ils sont *magis extra vitia quam cum virtutibus*[19]. Leur vertu est négative, elle consiste à n'avoir ni bons cuisiniers, ni bons musiciens, ni beaux meubles, ni luxe, etc. La vertu, voyez-vous, suppose des lumières, des réflexions, de la philosophie, quoique, selon vous, « tout homme qui réfléchit soit un animal dépravé »[20] ; d'où il s'ensuivrait en bonne logique que la vertu est impossible. Un ignorant, un sot complet n'est pas plus susceptible de vertu qu'un cheval ou qu'un singe ; vous n'avez certes jamais vu cheval vertueux, ni singe vertueux. Quoique maître Aliboron[21] tienne que votre prose est une prose *brûlante*, le public se plaint que vous n'avez jamais fait un bon syllogisme. Écoutez, docteur Pansophe : la bonne Xantippe[22] grondait sans cesse, et vigoureusement, contre la philosophie et la raison de Socrate ; mais la bonne Xantippe était une folle, comme tout le monde sait. Corrigez-vous ».

Ibid., t. XXXIV-II, 1880, À Frédéric, prince royal de Prusse, octobre 1737, p. 329.

Les différences des choses déterminent, dit-on, notre entendement. Mais on ne considère pas que la liberté d'indifférence, avant le *dictamen*[...] de l'entendement[23], est une véritable contradiction dans les choses qui ont des différences réelles entre elles : car, selon cette belle définition de la *liberté*, les idiots, les imbéciles, les animaux même, seraient plus libres que nous ; et nous le serions d'autant plus que nous aurions moins d'idées, que nous apercevrions moins les différences des choses, c'est-à-dire à proportion que nous serions plus imbéciles ; ce qui est absurde. Si c'est

18 Jean-Jacques Rousseau.

19 « Exempts de vices plutôt que doués de vertus ». Tacite, *Histoires*, I, 49.

20 La phrase exacte de Rousseau est : « [...] l'homme qui médite est un animal dépravé » (*Discours sur l'origine et les fondements de l'inégalité parmi les hommes*, part. I).

21 Expression qui signifie « sot ». Dans la fable « Les voleurs et l'âne », La Fontaine nomme celui-ci « Maître Aliboron ».

22 Xanthippe, épouse de Socrate.

23 Ce que dicte l'entendement.

cette liberté qui nous manque, je ne vois pas que nous ayons beaucoup à nous plaindre. La liberté d'indifférence, dans les choses discernables, n'est donc pas réellement une liberté.

Ibid., t. XXXVII-V, 1880, À M. Diderot, juin 1749, p. 22-23.

[22] Je vous remercie, monsieur, du livre[24] ingénieux et profond que vous avez eu la bonté de m'envoyer ; je vous en présente [23] un[25] qui n'est ni l'un ni l'autre, mais dans lequel vous verrez l'aventure de l'aveugle-né plus détaillée dans cette nouvelle édition que dans les précédentes. Je suis entièrement de votre avis sur ce que vous dites des jugements que formeraient, en pareil cas, des hommes ordinaires qui n'auraient que du bon sens, et des philosophes. Je suis fâché que, dans les exemples que vous citez, vous ayez oublié l'aveugle-né qui en recevant le don de la vue, voyait les hommes comme des arbres[26].

J'ai lu avec un extrême plaisir votre livre, qui dit beaucoup, et qui fait entendre davantage. Il y a longtemps que je vous estime autant que je méprise les barbares stupides qui condamnent ce qu'ils n'entendent point, et les méchants qui se joignent aux imbéciles pour proscrire ce qui les éclaire.

Mais je vous avoue que je ne suis point du tout de l'avis de Saunderson[27], qui nie un Dieu parce qu'il est né aveugle. Je me trompe peut-être, mais j'aurais, à sa place, reconnu un être très intelligent qui m'aurait donné tant de suppléments de la vue, et, en apercevant par la pensée des rapports infinis dans toutes les choses, j'aurais soupçonné un ouvrier infiniment habile. Il est fort impertinent de prétendre deviner ce qu'il est, et pourquoi il a fait tout ce qui existe, mais il me paraît bien hardi de nier qu'il est[28].

---

24 [NdE] *Lettre sur les aveugles, à l'usage de ceux qui voient*, 1749, in-12. Cet ouvrage fit mettre son auteur au donjon de Vincennes, le 24 juillet suivant.

25 [NdE] Les *Éléments de la philosophie de Newton* (1738).

26 *Évangile selon Marc*, 8, 23.

27 Nicholas Saunderson (1682-1739), mathématicien anglais, aveugle depuis sa prime enfance. Cependant, Voltaire fait ici référence au Saunderson mis en scène en matérialiste athée dans la *Lettre* de Diderot.

28 [NdE] La conviction constante et profonde de l'existence d'un Dieu est le motif pour lequel Voltaire fut appelé *cagot* par Diderot.

Ibid., réponse de Diderot, le 11 juin 1749, p. 24-25.

[24] Le sentiment de Saunderson n'est pas plus mon sentiment que le vôtre ; mais ce pourrait bien être parce que je *vois*. Ces rapports qui nous frappent si vivement n'ont pas le même éclat pour un aveugle : il vit dans une obscurité perpétuelle, et cette obscurité doit ajouter beaucoup de force pour lui à ses raisons métaphysiques. C'est ordinairement pendant la nuit que s'élèvent les vapeurs qui obscurcissent en moi l'existence de Dieu ; le lever du soleil les dissipe toujours ; mais les ténèbres durent pour un aveugle, et le soleil ne se lève que pour ceux qui voient. Il ne faut pas que vous imaginiez que Saunderson dût apercevoir ce que vous eussiez aperçu à sa place : vous ne pouvez vous substituer à personne sans changer totalement l'état de la question.

[...]

[25] Ah ! monsieur, qu'il est facile à un aveugle de se perdre dans un labyrinthe de raisonnements semblables, et de mourir athée, ce qui toutefois n'arriva point à Saunderson ! Il se recommanda, en mourant, au dieu de Clarke, de Leibnitz et de Newton, comme les Israélites se recommandaient au dieu d'Abraham, d'Isaac et de Jacob, parce qu'il est à peu près dans une position semblable ; je lui laisse ce qui reste aux sceptiques les plus déterminés, toujours quelque espérance qu'ils se trompent ; mais que cela soit ou non, je ne suis point de leur avis. Je crois en Dieu, quoique je vive très bien avec les athées.

Ibid., t. XXXVIII-VI, 1880, À M. Bertrand[29], 28 février 1756, p. 556-557.

[556] J'avais, mon cher philosophe, un cruel redoublement de colique quand j'ai reçu votre lettre, ma consolation est donc que je n'aurai pas la colique dans l'autre monde, vraiment je l'espère bien, et j'en dis un petit mot dans mon sermon ; la question ne roule pas sur cet objet d'espérance, elle tombe uniquement sur cet axiome, ou plutôt sur cette plaisanterie : « Tout est bien à présent, tout est comme devait être, et le bonheur général présent résulte des maux présents de chaque être. » Or en vérité cela est aussi ridicule que ce beau mot

29 Élie Bertrand (1713-1797) pasteur et naturaliste suisse.

de Posidonius[30], qui disait à la goutte : « Tu ne me feras pas avouer que tu es un mal. »

Les hommes de tous les temps et de toutes les religions ont si vivement senti le malheur de la nature humaine qu'ils ont tous dit que l'œuvre de Dieu avait été altérée.

Égyptiens, Grecs, Perses, Romains, tous ont imaginé quelque chose d'approchant de la chute du premier homme. Il faut avouer que l'ouvrage de Pope[31] détruit cette vérité, et que mon petit discours y ramène, car si tout est bien, si tout a été comme il devait être, il n'y a donc point de nature déchue ; mais au contraire, s'il y a du mal dans le monde, le mal indique la corruption passée et la réparation à venir. Voilà la conséquence toute naturelle. Vous me direz que je ne tire pas cette conséquence, que je laisse le lecteur dans la tristesse et dans le doute. Eh bien ! il n'y a qu'à ajouter le mot d'espérer à celui d'adorer, et mettre :

> Mortels, il faut souffrir,
> Se soumettre, adorer, espérer, et mourir.

Mais le fond de l'ouvrage reste malheureusement d'une vérité incontestable. Le mal est sur la terre, et c'est se moquer de moi que de dire que mille infortunes composent le bonheur. Oui, il y a du mal, et peu d'hommes voudraient recommencer leur carrière, peut-être pas un sur cent mille, et quand on me dit que cela ne pouvait être autrement, on outrage la raison et mes douleurs. Un ouvrier qui a de mauvais matériaux et de mauvais instruments est bien reçu à dire : Je n'ai pu faire autrement [557] ; mais mon pauvre Pope, mon pauvre bossu, que j'ai connu, que j'ai aimé, qui t'a dit que Dieu ne pouvait te former sans bosse ? Tu te moques de l'histoire de la pomme ! Elle est encore (humainement parlant, et faisant toujours abstraction du sacré), elle est plus raisonnable que l'optimisme de Leibnitz, elle rend raison pourquoi tu es bossu, malade, et un peu malin.

30 Posidonios d'Apamée (135-51 av. J.-C.) philosophe stoïcien, mais aussi géographe, historien et savant grec.

31 Probablement l'*Essai sur l'homme*, publié en 1734 et traduit par Diderot en 1739. Voir le chapitre consacré à Alexander Pope, p. 345-346.

Ibid., t. XLIII-XI, À Madame la Marquise du Deffant, le 27 janvier 1764, p. 104-105.

[104] Oui, je perds les deux yeux : vous les avez perdus,
O sage du Deffant ! est-ce une grande perte ?
Du moins nous ne reverrons plus
Les sots dont la terre est couverte.
Et puis tout est aveugle en cet humain séjour ;
On ne va qu'à tâtons sur la machine ronde.
On a les yeux bouchés à la ville, à la cour ;
Plutus, la Fortune, et l'Amour,
Sont trois aveugles-nés qui gouvernent le monde.
Si d'un de nos cinq sens nous sommes dégarnis,
Nous en possédons quatre ; et c'est un avantage
Que la nature laisse à peu de ses amis,
Lorsqu'ils parviennent à notre âge.
Nous avons vu mourir les papes et les rois ;
Nous vivons, nous pensons ; et notre âme nous reste.
[105] Épicure et les siens prétendaient autrefois
Que ce sixième sens était un don céleste
Qui les valait tous à la fois.
Mais quand notre âme aurait des lumières parfaites,
Peut-être il serait encor mieux
Que nous eussions gardé nos yeux,
Dussions-nous porter des lunettes.

MARIE DE VICHY-CHAMROND MARQUISE DU DEFFAND (1696/7-1780)

> Je vous surprendrais, si je vous avouais que de toutes mes peines mon aveuglement et ma vieillesse sont les moindres.
> *Correspondance complète de de la Marquise du Deffand*, t. I[1].

Ibid., Lettre 155, De l'aveugle Voltaire à l'aveugle Marquise du Deffand, le 19 août 1763, p. 277.

Les gens de notre espèce, madame, devraient se parler au lieu de s'écrire, et nous devrions nous donner rendez-vous aux *Quinze-Vingts*[2], d'autant plus qu'ils sont dans le voisinage de M. le président Hénault. [...]

Êtes-vous de l'avis de Mécène[3], qui disait : « Que je sois goutteux, sourd et aveugle, pourvu que je vive, tout va bien[4]. » Pour moi, je ne suis pas tout à fait de son opinion, et j'estime qu'il vaut mieux n'être pas que d'être si horriblement mal. Mais quand on n'a que deux yeux et une oreille de moins, on peut encore soutenir son existence tout doucement.

---

1 *Correspondance complète de de la Marquise du Deffand*, t. I, éd. Adolphe Mathurin de Lescure, Paris, Henri Plon, 1865, Lettre 168, Madame la Marquise du Deffand à M. de Voltaire, le 16 mai 1764, p. 295.

2 Voir la note correspondante p. 241.

3 Voir la note correspondante p. 114.

4 [NdE] Sept vers de Mécène, à ce sujet, ont été conservés par Sénèque (épître CI), et imités par la Fontaine, liv. I, fable XV.

Ibid., Lettre 167, M. de Voltaire à Madame la Marquise du Deffand, le 9 mai 1764, p. 291-292.

[291] Je conviens avec vous que la vie est très courte et assez malheureuse ; mais il faut que je vous dise que j'ai chez moi un parent de vingt-trois ans, beau, bien fait, vigoureux ; et voici ce qui lui est arrivé. Il tombe un jour de cheval à la chasse et se meurtrit un peu la cuisse, on lui fait une petite incision et le voilà paralytique pour le reste de ses jours, non pas paralytique d'une partie de son corps, mais paralytique à ne pouvoir se servir d'aucun de ses membres, à ne pouvoir soulever sa tête, [292] avec la certitude entière de ne pouvoir jamais avoir le moindre soulagement ; il s'est accoutumé à son état, et il aime la vie comme un fou.

Ibid., Lettre 168, Madame la Marquise du Deffand à M. de Voltaire, le 16 mai 1764, p. 294-295.

[294] Un autre article[5] de ma lettre que vous avez encore mal entendu, c'est que je vous disais que le plus grand de tous les malheurs était d'être né. Je suis persuadée de cette vérité, et qu'elle n'est pas particulière à Judas, Job et moi ; mais à vous, mais à feu madame de Pompadour, à tout ce qui a été, à tout ce qui est, et à tout ce qui sera. Vivre sans aimer la vie ne fait pas désirer sa fin, et même ne diminue guère la crainte de la perdre. Ceux de qui la vie est heureuse, ont un point de vue bien triste ; ils ont la certitude qu'elle finira. Tout cela sont des réflexions bien oiseuses, mais il est certain que si nous n'avions pas de plaisir il y a cent ans, nous n'avions ni peines ni chagrins ; et des vingt-quatre heures de la journée, celles où l'on dort me paraissent les plus heureuses. Vous ne savez point, et vous ne pouvez savoir par vous-même, quel est l'état de ceux qui pensent, qui réfléchissent, qui ont quelque activité, et qui sont en même temps sans talent, sans passion, sans occupation, sans dissipation ; qui ont eu des amis, qui les ont perdus sans pouvoir les remplacer ; joignez à cela de la délicatesse dans le goût, un [295] peu de discernement, beaucoup d'amour pour la vérité ; crevez les yeux à ces

---

5 Quelques lignes auparavant, Madame du Deffand écrit ceci : « Vous avez bien mal lu ma dernière lettre, puisque vous avez compris que j'étais en liaison avec madame de Pompadour ».

gens-là, et placez-les au milieu de Paris, de Pékin, enfin où vous voudrez, et je vous soutiendrai qu'il serait heureux pour eux de n'être pas nés. L'exemple que vous me donnez de votre jeune homme est singulier ; mais tous les maux physiques, quelque grands qu'ils soient (excepté les douleurs), attristent et abattent moins l'âme que le chagrin que nous causent le commerce et la société des hommes. Votre jeune homme est avec vous, sans doute qu'il vous aime ; vous lui rendez des soins, vous lui marquez de l'intérêt, il n'est point abandonné à lui-même, je comprends qu'il peut être heureux. Je vous surprendrais, si je vous avouais que de toutes mes peines mon aveuglement et ma vieillesse sont les moindres. Vous conclurez peut-être de là que je n'ai pas une bonne tête, mais ne me dites point que c'est ma faute, si vous ne voulez pas vous contredire vous-même. Vous m'avez écrit, dans une de vos dernières lettres, que nous n'étions pas plus maîtres de nos affections, de nos sentiments, de nos actions, de notre maintien, de notre marche, que de nos rêves. Vous avez bien raison et rien n'est si vrai. Que conclure de tout cela ? Rien, et mille fois rien ; il faut finir sa carrière en végétant le plus qu'il est possible.

Ibid., Lettre 170, Madame la Marquise du Deffand à M. de Voltaire, le 29 mai 1764, p. 297-298.

[297] Non, monsieur, je ne préférerais pas la pensée à la lumière, les yeux de l'âme à ceux du corps. Je consentirais bien plutôt à un aveuglement total. Toutes mes observations me font juger que moins on pense, moins on réfléchit, plus on est heureux ; je le sais même par expérience. Quand on a eu une grande maladie, qu'on a souffert de grandes douleurs, l'état où l'on se trouve dans la convalescence est un état très heureux ; on ne désire rien, on n'a nulle activité, le repos seul est nécessaire. Je me suis trouvée dans cette situation, j'en sentais tout le prix, et j'aurais voulu y rester toute ma vie. Tous les raisonnements que vous me faites sont excellents, il n'y a pas un mot qui ne soit de la plus grande vérité. Il faut se résigner à suivre notre destination dans l'ordre général, et songer, comme vous dites, que le rôle que nous y jouons ne dure que quelques minutes. Si l'on n'avait qu'à se défendre de la superstition pour [298] se mettre au-dessus de tout, on serait bien heureux. Mais il faut vivre avec les hommes ; on en veut être considéré ; on désire de trouver

en eux du bon sens, de la justice, de la bienveillance, de la franchise, et l'on ne trouve que tous les défauts et les vices contraires. Vous ne pouvez jamais connaître le malheur, et, comme je vous l'ai déjà dit, quand on a beaucoup d'esprit et de talent, on doit trouver en soi de grandes ressources. Il faut être Voltaire, ou végéter. Quel plaisir pourrais-je trouver à mettre mes pensées par écrit ? Elles ne servent qu'à me tourmenter, et cela satisferait peu ma vanité. Allez, monsieur, croyez-moi, je suis abandonnée de Dieu et des médecins, mais cependant ne m'abandonnez pas. Vos lettres me font un plaisir infini, vous avez une âme sensible, vous ne dites point des choses vagues ; le moment où je reçois vos lettres, celui où j'y réponds, me consolent, m'occupent, et même m'encouragent ! Si j'étais plus jeune, je chercherais peut-être à me rapprocher de vous ; rien ne m'attache dans ce pays-ci, et la société où je me trouve engagée me ferait dire ce que M. de la Rochefoucauld dit de la cour : « Elle ne rend pas heureux, mais elle empêche qu'on le soit ailleurs[6]. »

Je n'attribue pas mes peines et mes chagrins à tout ce qui m'environne, je sais que c'est presque toujours notre caractère qui contribue le plus à notre bonheur ; mais, comme vous savez, nous l'avons reçu de la nature. Que conclure de tout cela ? c'est qu'il faut se soumettre. Il n'y aurait qu'un remède, ce serait d'avoir un ami à qui l'on pourrait dire :

Change en bien tous les maux où le ciel m'a soumis.

Je n'en suis pas là, mais bien à dire sans cesse :

Sans toi tout homme est seul.

Œuvres complètes de Voltaire, *op. cit.*, t. XLIII-XI, À Madame la Marquise du Deffand, le 26 juillet 1764, p. 286.

Il me semble, madame, qu'au milieu de toutes vos privations, vous pensez précisément comme Mme de Maintenon lorsqu'à votre âge elle était reine de France : elle était dégoûtée de tout ; c'est qu'elle voyait les choses comme elles sont, et qu'elle n'avait plus d'illusions. Vous souvient-il d'une de ses lettres dans laquelle elle peint si bien l'ennui et

6 C'est La Bruyère, qui a écrit, dans ses *Caractères* (VIII, 8, VII) : « La cour ne rend pas content ; elle empêche qu'on ne le soit ailleurs. »

l'insipidité des courtisans ? Si vous jouissiez de vos deux yeux, je vous tiendrais bien plus heureuse que les reines, et surtout que leurs suivantes. Maîtresse de vous-même, de votre temps, de vos occupations, avec du goût, de l'imagination, de l'esprit, de la philosophie, et des amis, je ne vois pas quel sort pourrait être au-dessus du vôtre ; mais il faut deux yeux, ou du moins un, pour jouir de la vie.

Correspondance complète de la Marquise du Deffand, *op. cit.*, t. II, Lettre 343, Madame la Marquise du Deffand à M. de Voltaire, le 22 août 1770, p. 90-91.

[90] Grand-papa, grand'maman, petite-fille, secrétaire, amis, connaissances, tous, sont charmés de vos vers[7], mais on ne vous quitte point de la prose. J'entends parler d'une réfutation d'un certain livre ; je voudrais l'avoir. Je m'en tiens à connaître ce livre par vous[8]. Toutes réfutations de systèmes doivent être bonnes, surtout quand c'est vous qui les faites. Mais, mon cher Voltaire, ne vous ennuyez-vous pas de tous les raisonnements [91] métaphysiques sur les matières inintelligibles ? Ils sont, à mon avis, ce que le clavecin du père Castel[9] était pour les sourds. Peut-on donner des idées et peut-on en admettre d'autres que celles que nous recevons par nos sens ? Un sourd, un aveugle de naissance, peuvent regretter de ne pas voir, de ne pas entendre ; mais cependant ils ne savent ce que c'est que voir et qu'entendre, ce que c'est que ces facultés qui leur manquent ; ils ne nient pas ce qu'on leur en dit, mais ils s'ennuient de tout ce qu'on leur dit pour leur en donner la connaissance.

---

7 [NdE] *Épîtres à madame la duchesse de Choiseul.* Voir *Œuvres de Voltaire*, t. XIII, p. 216.

8 [NdE] *Système de la nature ou les Lois du monde physique et du monde moral.*

9 Louis Bertrand Castel (1688-1757) savant jésuite. Auteur de la théorie d'un « clavecin oculaire », destiné à rendre les notes de musique au moyen des couleurs qu'il jugeait leur correspondre.

PIERRE LOUIS MOREAU DE MAUPERTUIS (1698-1759)

Œuvres de Mr de Maupertuis, t. II, Lyon, Jean-Marie Bruyset, 1756, *La Vénus physique* [1745], part. I, chap. xv, p. 75-79.

[75] Un phénomène plus difficile encore, ce me semble, à expliquer que les monstres dont nous venons de parler, ce serait cette espèce de monstres causés par l'imagination des mères, ces enfants auxquels les mères auraient imprimé la figure de l'objet de leur frayeur, de leur admiration, ou de leur désir. On craint d'ordinaire qu'un nègre, qu'un singe, ou tout autre animal dont la vue peut surprendre ou effrayer, ne se présente aux yeux d'une femme enceinte. On craint qu'une femme en cet état désire de manger quelque fruit, ou qu'elle ait quelqu'appétit qu'elle ne puisse pas satisfaire. On raconte mille histoires d'enfants qui portent les marques de tels accidents.

Il me semble que ceux qui ont raisonné sur ces phénomènes en ont confondu [76] deux sortes absolument différentes.

Qu'une femme troublée par quelque passion violente, qui se trouve dans un grand péril, qui a été épouvantée par un animal affreux, accouche d'un enfant contrefait ; il n'y a rien que de très facile à comprendre. Il y a certainement entre le fœtus et sa mère une communication assez intime pour qu'une violente agitation dans les esprits ou dans le sang de la mère se transmette dans le fœtus, et y cause des désordres auxquels les parties de la mère pouvaient résister, mais auxquels les parties trop délicates du fœtus succombent.

[...]

[77] Si donc ce fait tant rapporté est vrai, qu'une femme soit accouchée d'un enfant dont les membres étaient rompus aux mêmes endroits où elle les avait vu rompre à un criminel ; il n'y a rien, ce me semble, qui doive beaucoup surprendre, non plus que dans tous les autres faits de cette espèce.

Mais il ne faut pas confondre ces faits avec ceux où l'on prétend que l'imagination de la mère imprime au fœtus la figure de l'objet qui l'a épouvantée, ou du fruit qu'elle a désiré de manger. La frayeur peut causer de grands désordres dans les parties molles [78] du fœtus : mais elle ne ressemble point à l'objet qui l'a causée. Je croirais plutôt que la peur qu'une femme a d'un tigre fera périr entièrement son enfant, ou le fera naître avec les plus grandes difformités, qu'on ne me fera croire que l'enfant puisse naître moucheté, ou avec des griffes, à moins que ce ne soit un effet du hasard qui n'ait rien de commun avec la frayeur du tigre. De même l'enfant qui naquit roué[1] est bien moins prodige que ne le serait celui qui naîtrait avec l'empreinte de la cerise qu'aurait voulu manger sa mère ; parce que le sentiment qu'une femme éprouve par le désir ou par la vue d'un fruit ne ressemble en rien à l'objet qui excite ce sentiment.

Cependant rien n'est si fréquent que de rencontrer de ces signes qu'on prétend formés par les envies des mères : tantôt c'est une cerise, tantôt c'est un raisin, tantôt c'est un poisson. J'en ai observé un grand nombre : mais j'avoue que je n'en ai jamais vu qui ne pût être facilement réduit à quelqu'excroissance [79] ou quelque tache accidentelle.

Ibid., chap. XVII, p. 89-93.

[89] On ne doit pas croire qu'il n'y ait dans les deux semences que précisément les parties qui doivent former un fœtus, ou le nombre de fœtus que la femelle doit porter : chacun des deux sexes y en fournit sans doute beaucoup plus qu'il n'est nécessaire. Mais les deux parties qui doivent se toucher étant [90] une fois unies, une troisième, qui aurait pu faire la même union, ne trouve plus sa place, et demeure inutile. C'est ainsi, c'est par ces opérations répétées, que l'enfant est formé des parties du père et de la mère, et porte souvent des marques visibles qu'il participe de l'un et de l'autre.

Si chaque partie est unie à celles qui doivent être ses voisines, et ne l'est qu'à celles-là, l'enfant naît dans sa perfection. Si quelques parties se trouvent trop éloignées, ou d'une forme trop peu convenable, ou trop faibles de rapport d'union pour s'unir à celles auxquelles elles doivent être unies, il naît « un monstre par défaut ». Mais s'il arrive que des

---

1 Ici : portant les marques rappelant le supplice de la roue.

parties superflues trouvent encore leur place, et s'unissent aux parties dont l'union était déjà suffisante, voilà « un monstre par excès ».

Une remarque sur cette dernière espèce de monstres est si favorable à notre système, qu'il semble qu'elle en fait une démonstration : c'est que les parties superflues se trouvent toujours aux mêmes endroits que les parties [91] nécessaires. Si un monstre a deux têtes, elles sont l'une et l'autre placées sur un même cou, ou sur l'union de deux vertèbres ; s'il a deux corps, ils sont joints de la même manière. Il y a plusieurs exemples d'hommes qui naissent avec des doigts surnuméraires : mais c'est toujours à la main ou au pied qu'ils se trouvent. Or si l'on veut que ces monstres soient le produit de l'union de deux œufs, ou de deux fœtus, croira-t-on que cette union se fasse de telle manière que les seules parties de l'un des deux qui se conservent se trouvent toujours situées aux mêmes lieux que les parties semblables de celui qui n'a souffert aucune destruction ?

J'ai vu une merveille plus décisive encore sur cette matière : c'est le squelette d'une espèce de géant, qui n'a d'autre difformité qu'une vertèbre de trop, placée dans la suite des autres vertèbres, et formant avec elles une même épine[2]. Croira-t-on, pourra-t-on [92] penser que cette vertèbre soit le reste d'un fœtus ?

Si l'on veut que les monstres naissent de germes originairement monstrueux, la difficulté sera-t-elle moindre ? Pourquoi les germes monstrueux observeront-ils cet ordre dans la situation de leurs parties ? pourquoi des oreilles ne se trouveront-elles jamais aux pieds, ni des doigts à la tête ?

Quant aux monstres humains à tête de chat, de chien, de cheval, etc. j'attendrai à en avoir vu pour expliquer [93] comment ils peuvent être produits.

Ibid., part. II, chap. III, p. 111-112.

[111] Si nous ne voyons pas se former parmi nous de ces espèces nouvelles de beautés[3], nous ne voyons que trop souvent des productions qui pour le Physicien sont du même genre ; des races de louches, de boiteux, de goutteux, de phtisiques : et malheureusement il ne faut pas

2 [NdE] Ce squelette singulier est à Berlin dans la salle anatomique de l'Académie royale des sciences et belles-lettres.

3 Telles que celles que Maupertuis imagine pouvoir être produites dans les sérails, au moyen de « femmes de toutes les espèces connues » (*ibid.*, p. 110).

pour leur établissement une longue suite de générations. Mais la sage Nature, par le dégoût qu'elle a inspiré pour ces défauts, n'a pas voulu qu'ils se perpétuassent ; chaque père, chaque mère fait de son mieux pour les éteindre ; les beautés sont plus sûrement héréditaires ; la taille et la jambe, que nous admirons, sont l'ouvrage de plusieurs [112] générations, où l'on s'est appliqué à les former.

Ibid., chap. VII, p. 129-130.

[129] On voit encore naître, et même parmi nous, d'autres monstres qui vraisemblablement ne sont que des combinaisons fortuites des parties des semences, ou des effets d'affinités trop puissantes ou trop faibles entre ces parties. Des hommes d'une grandeur excessive, et d'autres d'une petitesse extrême, sont des espèces de monstres ; mais qui feraient des peuples, si l'on s'appliquait à les multiplier.

Si ce que nous rapportent les voyageurs, des terres magellaniques[4], et des extrémités septentrionales du Monde, est vrai ; ces races de Géants et de Nains s'y seraient établies, ou par la convenance des climats, ou plutôt parce que, dans les temps où elles commençaient à paraître, elles auraient été [130] chassées dans ces régions par les autres hommes, qui auraient craint des Colosses, ou méprisé des Pygmées.

Que des Géants, que des Nains, que des Noirs, soient nés parmi les autres hommes, l'orgueil ou la crainte auront armé contre eux la plus grande partie du genre humain ; et l'espèce la plus nombreuse aura relégué ces races difformes dans les climats de la Terre les moins habitables. Les Nains se seront retirés vers le pôle arctique ; les Géants auront été habiter les terres de Magellan ; les Noirs auront peuplé la zone torride.

Ibid., *Lettres* [1749], III, p. 194-196.

[194] S'il est permis de comparer une substance spirituelle avec les corps, je dirais que comme pour les machines en mouvement il y a un certain état auquel elles reviennent toujours, quel que soit l'effet des mouvements étrangers [195] qu'on peut leur avoir imprimés, ce que les

4 Relatif à l'explorateur portugais Fernand de Magellan (vers 1480-1521).

Mathématiciens appellent *statum permanentem*[5] ; de même l'âme, quelles que soient les secousses extraordinaires qui l'aient agitée, revient bientôt à un certain état de contentement ou de détresse, qui est proprement son état permanent.

J'excepte ici certains cas extraordinaires, où l'âme reçoit de si violentes secousses que l'impression en dure quelquefois fort longtemps. Il en est même qui peuvent altérer pour toujours ses fonctions. Ces malheurs dépendent de la force du coup, ou de la faiblesse de celui qui le reçoit. Ils sont de différents genres, et portent des noms différents. Quelquefois la secousse a ébranlé l'âme de telle manière qu'elle a mis toutes ses idées dans un désordre irréparable ; et l'homme est fou. D'autres fois il semble qu'elle ait détruit toutes les idées pour en conserver une seule dans la plus grande force ; et l'homme est mélancolique. Mais ce sont ici des accidents singuliers ; et pour lesquels il y a une remarque affligeante [196] à faire ; c'est que, comme ce n'est jamais le plaisir qui les cause, mais la douleur, ils portent toujours le caractère de la cause qui les a produits. Tous les fous sont malheureux ; tous les mélancoliques le sont encore davantage.

Ibid., XVI, p. 289-293.

[289] Quelques Auteurs, par un goût peu sensé du paradoxe, ou pour faire briller mal à propos leur esprit, se sont avisés de faire l'éloge de la goutte, de la fièvre et de la pierre : je ne les imiterai point ici. Je n'entreprendrai point de faire l'éloge d'un état que tout le monde regarde comme très malheureux ; je veux seulement examiner s'il n'y a pas dans la maladie des avantages réels capables [290] de nous consoler, capables même de nous y procurer des plaisirs. Je parle ici d'après ma propre expérience, je rapporte quelques réflexions qu'une maladie de poitrine longue et désespérée m'a fait faire.

Le véritable mal indépendant des circonstances, des troubles, de la crainte, des inquiétudes, et de l'espérance, c'est la douleur. Il n'y a point de maladie qui ne la fasse ressentir : vouloir donc faire l'éloge de la fièvre ou de la goutte, est quelque chose d'aussi ridicule que de soutenir avec quelques Stoïciens que la douleur n'est pas un mal.

---

5 « État permanent ».

[…]

[291] Dans les longues maladies on souffre peu, ou même quelquefois on ne souffre point du tout : c'est de cet état que je dis qu'il y a des avantages à retirer pour quelqu'un qui n'appréhende pas la mort.

[292] Si le malade se trouve dans l'aisance, avec un nombre suffisant de domestiques, entouré d'amis qui ne soient ni trop attendris ni trop peu sensibles à son état, il sera délivré de bien des gênes auxquelles il est rare que les gens en santé ne soient pas assujettis ; pour peu de plaisirs qu'il aura perdus, il aura trouvé beaucoup de repos. Une infinité d'objets qui troublaient son âme ne l'effleureront plus ; tous ses désirs se réduiront à un petit nombre de besoins, qu'il peut chaque jour satisfaire. Il lui fallait des palais, des jardins, et des parcs : il borne bientôt ses domaines à sa chambre ; et quelques petits arrangements qu'il y fait lui causent autant de plaisir que de grands bâtiments que dans d'autres temps il aurait fait élever. J'ai connu un homme respectable qu'une maladie semblable à la mienne avait conduit à ce point. J'ai vu cet homme qui occupait une vaste maison, trop petite auparavant pour lui, réduit dans la plus petite de ses chambres, se faire une occupation agréable de l'arrangement [293] de quelques estampes ; et cet esprit, auparavant rempli des plus grands objets qui occupassent l'Europe, trouver de véritables amusements dans des jeux à peine capables d'amuser des enfants qui se portent bien.

Tels sont les premiers avantages : il en est d'autres plus grands, qu'une longue maladie procure. Elle fait perdre aux objets cette réalité qu'ils ne tiennent que d'une imagination trop vigoureuse ; elle tient toutes les passions dans le silence. L'amour n'excite plus de tumulte dans un cœur dont le mouvement se ralentit. La haine est détruite lorsque les bras ont perdu leur force. L'amour propre, la plus difficile à satisfaire de toutes nos passions, s'éteint, ou se contente de l'espérance d'une épitaphe.

Dans cette disposition le Ciel offre ses biens au malade ; il trouve ici des plaisirs qu'il n'avait point encore connus : ses forces diminuent, l'âme se retire peu à peu de tout ce qui lui devient inutile ; et la mort vient faire cesser toutes les illusions et toutes les peines.

JEAN-HENRI LE MAÎTRE
(1700-1781)

« Relation d'un peintre sourd et muet de naissance », dans *Bibliothèque germanique*, t. XXIII, Amsterdam, Pierre Humbert, 1732, p. 130-135.

[130] *Bayle*, dans ses *Réponses aux Questions d'un Provincial* (t. IV, ch. XVI, p. 228. et suiv.), oppose l'expérience de ce muet de Chartres[1] à la supposition de ceux qui croient, qu'un enfant qu'on élèverait exprès sans lui enseigner aucune chose, ou qui ayant été exposé dans un lieu désert, y serait nourri par une bête jusqu'à ce qu'il fût en état de chercher ses aliments, parviendrait de lui-même à connaître Dieu lorsque la Raison se serait développée. M. de *Fontenelle*[2] lui-même semble aussi vouloir combattre par son Histoire la possibilité de l'instruction raisonnable d'un homme privé du secours de la parole et des Livres. J'ai deux remarques à faire sur ce sujet.

Premièrement je voudrais bien savoir comment les Théologiens de Chartres s'y sont pris, lorsqu'ils ont examiné le muet dont il s'agit. On peut bien être habile Théologien sans être capable de bien établir l'état de chaque question que l'on doit proposer à une personne de ce Caractère.

[...]

[131] Je suis très persuadé que le muet de Chartres n'aurait pas paru si ignorant qu'il l'a paru, si on l'avait interrogé d'une manière proportionnée à sa capacité. Il n'aurait pas cru que ce fût bien fait de maltraiter un bienfaiteur, de mentir, de trahir un Ami, de nier un dépôt, de ne penser qu'à boire et à manger et à vivre en bête. Il n'aurait pas borné ses vues à plaire aux hommes ; il aurait bien reconnu une Loi antérieure gravée dans [132] sa conscience, et un Législateur qui en est l'Auteur. Il n'est pas extraordinaire que des personnes qui ont les mêmes sentiments, ne les expriment pas de

1 Voir p. 225-226.
2 *Ibid.*

la même manière. À plus forte raison ne doit-on pas exiger d'un homme sourd et muet de naissance qu'il s'exprime comme ceux qui ont été dressés dès leur enfance à un même langage ; si ses réponses ne se sont pas accordées avec les demandes des Théologiens, ce n'est pas une preuve infaillible qu'il n'ait point eu d'idée des choses sur lesquelles il fut questionné.

Je trouve encore à redire à l'Histoire du muet de Chartres, que l'éducation qu'il a reçue, bien loin de lui pouvoir ouvrir l'Esprit, ne pouvait que le boucher davantage. S'il avait été moins bon « Catholique à la mode de son pays », il n'en aurait été que meilleur « Chrétien » peut-être. Une Religion, dont on fait consister le Caractère essentiel dans le signe de la Croix et dans l'assiduité avec laquelle on assiste à la Messe, n'est assurément guère propre à éveiller la conscience ni à développer les idées que nous avons naturellement de la Divinité et des hommages qui lui sont dus. Mon Peintre muet aurait mieux instruit l'homme de M. de Fontenelle, que n'ont fait ceux qui ont eu soin de ce fidèle Catholique. L'exemple que nous voyons en M. Brendel[3], nous doit porter à avoir meilleure opinion des muets, et plus de confiance en celui qui a fait [133] la bouche de l'homme, et qui a formé le muet et le sourd. Il a soin de tous, il sait se faire connaître et aimer de tous ceux qui écoutent sa voix dans leurs cœurs.

On peut accorder à M. de Fontenelle, que « l'esprit d'un homme privé du commerce des autres hommes est si peu cultivé, qu'il ne pense qu'autant qu'il y est indispensablement forcé par les objets extérieurs[4] ». Mais je réduis cette décision à bien peu de chose. J'entends qu'un homme sourd et muet de naissance, dont personne n'a le soin qu'il en faudrait avoir pour le bien élever en s'accommodant adroitement à sa faiblesse, n'est pas naturellement disposé à penser à d'autres objets que ceux qui le frappent directement. C'est toujours quelque chose qu'on ne dispute pas aux pauvres muets la faculté de penser. Feu M. *Thomasius*[5] n'a pas été si libéral envers eux. Persuadé d'un côté, que penser n'est autre chose que se parler à soi-même, et ne doutant pas d'un autre côté que les enfants et les muets ne soient incapables de parler[...], il a conclu de-là que les uns les autres sont [134] aussi incapables de penser. Si cet illustre Jurisconsulte avait

3 Le Maître donne la biographie de Jean-André Brendel, peintre, dans ce même texte, p. 121-123.

4 Voir p. 326.

5 Christian Thomasius (1655-1728) philosophe et juriste allemand.

connu un homme tel que M. *Brendel*, il n'aurait eu garde de dire ce qu'il dit des muets et des enfants. Mais que contesterons-nous à M. *Thomasius* ? Nous inscrirons-nous en faux contre le fait qu'il suppose de l'impuissance dans laquelle les enfants et les muets sont de parler ? Ou bien attaquerons-nous la définition de la pensée qui en fait un discours qu'on se tient à soi-même ? Non, je ne suis pas si hargneux que l'on pourrait se l'imaginer. Ne contestons rien. Tâchons seulement de développer un peu l'idée que l'on doit se former des Langues dont nous nous servons pour entretenir et pour exprimer nos pensées. *Premièrement* je pose en fait, de l'aveu de tous les Maîtres dans l'art de penser, que nos paroles n'ont point de liaison naturelle et nécessaire avec les objets qu'elles désignent ; étant seulement des signes arbitraires, qui varient jusqu'à l'infini. Il s'ensuit de-là en *second lieu*, que les paroles par lesquelles nous apprenons dans le commerce des autres hommes à exprimer nos idées d'une manière uniforme, ne nous pourraient pas donner des idées que nous n'aurions pas eues auparavant. Or comme toutes sortes de signes arbitraires par lesquels on peut exprimer ses pensées, tiennent lieu de langue à ceux qui s'en servent, j'infère de là en *troisième lieu*, que les petits enfants et ceux qui [135] sont sourds de naissance sont naturellement portés à se faire des signes arbitraires ou une Langue à leur façon.

Ibid., p. 138.

Il serait à souhaiter, que l'on conservât avec soin toutes les observations que l'on peut faire sur des gens sourds et muets dès leur naissance. On verrait par-là d'un côté, que ces gens disgraciés de la nature, ne le sont pas à un tel point qu'ils ne soient absolument pas susceptibles d'une Éducation raisonnable et même Chrétienne, pourvu que l'on réprime de bonne heure en eux les passions déréglées, qui sont le seul obstacle du bon usage de la Raison. D'un autre côté il paraîtrait par ces exemples, que, si nos sourds et muets deviennent de méchantes bêtes, ce n'est pas tant l'effet de leur défaut naturel, que celui d'une éducation mal entendue qu'on leur donne faute de savoir s'accommoder à leur infirmité. Je les regarde comme des preuves de la vérité de la Religion. Elle ne consiste pas en paroles, mais en sentiments ; et elle n'a pas besoin d'être soutenue par nos paroles, quand les effets sensibles de l'esprit et de la vertu de Dieu parlent pour elle.

LOUIS DE JAUCOURT
(1704-1780)

« CŒCITÉ », *Encyclopédie ou Dictionnaire raisonné des sciences, des arts et des métiers*, Paris, Briasson, David, Lebreton, Durand, vol. III, 1753, p. 587b.

CŒCITÉ, sub. f. (*Physiol.*) privation de la vue, soit par défaut de naissance, soit par l'âge, par accident ou par maladie : perte du sens qui est le plus fécond en merveilles, et dont l'organe est le miroir de l'âme :

[…]

« Les saisons et les années reviennent, mais le jour ne revient pas pour moi ; les riantes couleurs du soir et du matin ne me consolent point : je ne vois plus les boutons du printemps, ni les roses de l'été ; la beauté du visage de l'homme où le Créateur a imprimé les traits divins de sa ressemblance, ne frappe plus ma vue ; je suis entouré d'épais nuages, une nuit sans fin m'environne. »

Telles sont les tristes réflexions que fait Milton sur la perte de sa vue. Il n'était pas dans le cas des aveugles-nés ; il regrettait des biens qu'il connaissait, et qui ne touchent point les autres. Combien d'accidents différents peuvent nous jeter dans le même malheur pendant le cours de la vie ?

« COSMÉTIQUE », *ibid.*, vol. IV, 1754, p. 291a.

COSMÉTIQUE, (*Médecine.*) C'est la partie de la médecine qui a pour objet l'entretien de la beauté naturelle. Ce nom vient du grec κόσμειν, orner. La Cosmétique est non seulement l'art de l'embellissement du corps, mais encore celui de combattre la laideur, de diminuer les défauts qui peuvent occasionner un objet de dégoût ; de cacher les imperfections, les infirmités qui viennent de naissance, par maladie, ou par quelqu'autre cause que ce soit, et même de prévenir ces infirmités. On a eu de tout temps pour but, et avec raison, de rendre la nature la moins désagréable et la plus attrayante qu'il serait possible.

« FOLIE[1] », *ibid.*, vol. VII, 1757, p. 42b-44a.

[42b] FOLIE, s. f. (*Morale.*) S'écarter de la raison, sans le savoir, parce qu'on est privé d'idées, c'est être imbécile ; s'écarter de la raison le sachant, mais à regret, parce qu'on est esclave d'une passion violente, [43a] c'est être faible ; mais s'en écarter avec confiance, et dans la ferme persuasion qu'on la suit, voilà, ce me semble, ce qu'on appelle être fou. Tels sont du moins ces malheureux qu'on enferme, et qui peut-être ne diffèrent du reste des hommes, que parce que leurs folies sont d'une espèce moins commune, et qu'elles n'entrent pas dans l'ordre de la société.

Mais puisque la *folie* n'est qu'une privation, pour en acquérir des idées plus distinctes, tâchons de connaître son contraire. Qu'est-ce que la raison ? Ce qu'on appelle ainsi, au moins dans un sens contraire à la *folie*, n'est autre chose en général que la connaissance du vrai ; non de ce vrai que l'auteur de la nature a réservé pour lui seul, qu'il a mis loin de la portée de notre esprit, ou dont la connaissance exige des combinaisons multipliées ; mais de ce vrai sensible, de ce vrai qui est à la portée de tous les hommes, et qu'ils ont la faculté de connaître, parce qu'il leur est nécessaire, soit pour la conservation de leur être, soit pour leur bonheur particulier, soit pour le bien général de la société.

Le vrai est physique ou moral : le vrai physique consiste dans le juste rapport de nos sensations avec les objets physiques, ce qui arrive quand ces objets nous affectent de la même manière que le reste des hommes ; par exemple, c'est une « folie » que d'entendre les concerts des anges comme certains enthousiastes, ou de voir, comme don Quichotte, des géants au lieu de moulins à vent, et l'armée d'Alifanfaron[2], au lieu d'un troupeau de moutons.

Le vrai moral consiste dans la justesse des rapports que nous voyons, soit entre les objets moraux, soit entre ces objets et nous. Il résulte de là que toute erreur qui nous entraîne est « folie ». Ce sont donc de véritables

1 Article anonyme, le seul de ce chapitre à ne pas être de Jaucourt.

2 Dans le roman de Cervantès, Don Quichotte nomme ainsi le capitaine de l'une des deux armées imaginaires, du fait qu'il suit la loi de Mohammed (Ali) et lui apparaît comme un fanfaron.

« folies » que tous les travers de notre esprit, toutes les illusions de l'amour propre, et toutes nos passions, quand elles sont portées jusqu'à l'aveuglement ; car l'aveuglement est le caractère distinctif de la « folie ». Qu'un homme commette une action criminelle, avec connaissance de cause, c'est un scélérat ; qu'il la commette, persuadé qu'elle est juste, c'est un « fou ». Ce qu'on appelle dans la société « dire » ou « faire des folies », ce n'est pas être « fou », car on les donne pour ce qu'elles sont. C'est peut-être sagesse, si l'on veut faire attention à la faiblesse de notre nature. Quelque haut que nous fassions sonner les avantages de notre raison, il est aisé de voir qu'elle est pour nous un fardeau pénible, et que, pour en soulager notre âme, nous avons besoin de temps en temps au moins de l'apparence de la « folie ».

La « folie » paraît venir quelquefois de l'altération de l'âme qui se communique aux organes du corps, quelquefois du dérangement des organes du corps qui influe sur les opérations de l'âme ; c'est ce qu'il est fort difficile de démêler. Quelle qu'en soit la cause, les effets sont les mêmes.

Suivant la définition que j'ai donnée de la « folie » physique et morale, il y a mille gens dans le monde, dont les « folies » sont vraiment physiques, et beaucoup dans les maisons de force qui n'ont que des « folies » morales. N'est-ce pas, par exemple, une « folie » physique que celle du malade imaginaire ?

[...]

[43b] Il est enfin des « folies » auxquelles on serait tenté de porter envie. De cette espèce est celle d'un petit bourgeois, qui, par son travail et par son économie, s'étant acquis une aisance au-dessus de son état, en a conçu pour lui-même la plus sincère vénération. Ce sentiment éclate en lui dans son air, dans ses manières, dans ses discours. Au milieu de ses amis il aime à faire le dénombrement de ce qu'il possède. Il leur raconte cent fois, mais avec une satisfaction toujours nouvelle, les détails les moins intéressants de sa vie et de sa fortune. Dans l'intérieur de sa maison il ne parle que par sentences ; il se regarde comme un oracle, et est regardé comme tel par sa femme, par ses enfants, et par les gens qui le servent. Cet homme-là assurément est « fou », car ni sa petite fortune, ni le petit mérite qui la lui a procurée, ne sont dignes de l'admiration et du respect qu'ils lui inspirent ; mais cette folie ne fait tort à personne, elle amuse le philosophe qui en est spectateur ; et pour celui qui la possède, elle est un vrai trésor, puisqu'elle fait son bonheur.

Que si quelques-uns de ces « fous » paraissaient pour la première fois chez une nation qui n'eût jamais connu que la raison, il est vraisemblable qu'on les [44a] ferait enfermer. Mais parmi nous l'habitude de les voir les fait supporter ; quelques-unes de leurs folies nous sont nécessaires, d'autres nous sont utiles, presque toutes entrent dans l'ordre de la société, puisque cet ordre n'est autre chose que la combinaison des folies humaines. Que s'il en est quelques-unes qui y paraissent inutiles ou même contraires, elles sont le partage d'un si grand nombre d'individus, qu'il n'est pas possible de les en exclure. Mais elles ne changent pas de nature pour cela : chacun reconnaît pour folie celle qui n'est pas la sienne, et souvent la sienne propre, quand il la voit dans un autre.

« HERMAPHRODITE », *ibid.*, vol. VIII, 1765, p. 165b.

Mais y a-t-il de véritables *hermaphrodites* ? On pouvait agiter cette question dans les temps d'ignorance ; on ne devrait plus la proposer dans des siècles éclairés. Si la nature s'égare quelquefois dans la production de l'homme, elle ne va jamais jusqu'à faire des métamorphoses, des confusions de substances, et des assemblages parfaits des deux sexes. Celui qu'elle a donné à la naissance, et même peut-être à la conception, ne se change point dans un autre ; il n'y a personne en qui les deux sexes soient parfaits, c'est-à-dire qui puisse engendrer en soi comme femme, et hors de soi comme homme, *tanquam mas generare ex alio, et tanquam fœmina generare in se ipso*, disait un canoniste. La nature ne confond jamais pour toujours ni ses véritables marques, ni ses véritables sceaux ; elle montre à la fin le caractère qui distingue le sexe ; et si de temps à autre, elle le voile à quelques égards dans l'enfance, elle le décèle indubitablement dans l'âge de puberté.

« IMAGINATION *des femmes enceintes sur le fœtus, pouvoir de l'* », *ibid.*, p. 563a-563b.

[563a] Quoique le fœtus ne tienne pas immédiatement à la matrice ; qu'il n'y soit attaché que par de petits mamelons extérieurs à ses enveloppes ; qu'il n'y ait aucune communication du cerveau de la mère avec le sien ; on a prétendu que tout ce qui affectait la mère, affectait aussi le fœtus ; que les impressions de l'une portaient leurs effets sur le cerveau

de l'autre ; et on a attribué à cette influence les ressemblances, les monstruosités, soit par addition, soit par retranchement, ou par conformation contre nature, que l'on observe souvent dans différentes parties du corps des enfants nouveau-nés, et surtout par les taches qu'on voit sur leur peau, tous effets, qui, s'ils dépendent de l'*imagination*, doivent bien plus raisonnablement être attribués à celle des personnes qui croient les apercevoir, qu'à celle de la mère, qui n'a réellement, ni n'est susceptible d'avoir aucun pouvoir de cette espèce.

[...]

Comme nos sensations ne ressemblent point aux objets qui les causent, il est impossible que les fantaisies, les craintes, l'aversion, la frayeur, qu'aucune passion en un mot, aucune émotion intérieure puissent produire aucune représentation réelle de ces mêmes objets ; encore moins créer en conséquence [563b] de ces représentations, ou retrancher des parties organisées ; faculté, qui pouvant s'étendre au tout, serait malheureusement presqu'aussi souvent employée pour détruire l'individu dans le sein de la mère, pour en faire un sacrifice à l'honneur, c'est-à-dire au préjugé, que pour empêcher toutes conformations défectueuses qu'il pourrait avoir, ou pour lui en procurer de parfaites. D'ailleurs, il ne se ferait presque que des enfants mâles ; toutes les femmes, pour la plupart, sont affectées des idées, des désirs, des objets qui ont rapport à ce sexe.

Mais l'expérience prouvant que l'enfant dans la matrice, est à cet égard aussi indépendant de la mère qui le porte, que l'œuf l'est de la poule qui le couve, on peut croire tout aussi volontiers, ou tout aussi peu, que l'*imagination* d'une poule qui voit tordre le cou à un coq, produira dans les œufs qu'elle ne fait qu'échauffer, des poulets qui auront le cou tordu ; que l'on peut croire la force de l'*imagination* de cette femme, qui ayant vu rompre les membres à un criminel, mit au monde un enfant, dont par hasard les membres se trouvèrent conformés de manière qu'ils paraissaient rompus.

Cet exemple qui en a tant imposé au P. Malebranche, prouve très peu en faveur du pouvoir de l'*imagination*, dans le cas dont il s'agit ; 1°. parce que le fait est équivoque ; 2°. parce qu'on ne peut comprendre raisonnablement qu'il y ait aucune manière, dont le principe prétendu ait pu produire un pareil phénomène. Soit qu'on veuille l'attribuer à des influences physiques, soit qu'on ait recours à des moyens mécaniques ; il est impossible de s'en rendre raison d'une manière satisfaisante. Puisque le cours des esprits dans le cerveau de la mère, n'a point de communication immédiate qui puisse en conserver la modification jusqu'au cerveau de l'enfant ; et quand même on conviendrait de cette communication, pourrait-on bien expliquer comment elle serait propre à produire sur les membres du fœtus les effets dont il s'agit ? L'action des muscles de la mère mis en convulsion par la frayeur, l'horreur, ou toute autre cause, peut-elle aussi jamais produire sur le corps de l'enfant renfermé dans la matrice, des effets assez déterminés, pour opérer des solutions de continuité, plus précisément dans certaines parties des os que dans d'autres, et dans des os qui sont de nature alors à plier, à se courber, plutôt qu'à se rompre ? Peut-on concevoir que de pareils efforts mécaniques, qui portent sur le fœtus, puissent produire aucune autre sorte d'altération, qui puissent changer la structure de certains organes, préférablement à tous autres ?

« NAINS », *ibid.*, vol. XI, 1765, p. 8a.

NAINS, s. m. pl. (*Hist. mod.*) ces sortes de pygmées dans la race humaine sont recherchés pour les amusements du grand seigneur ; ils tâchent de le divertir par leurs singeries, et ce prince les honore souvent de quelques coups de pied. Lorsqu'il se trouve un « nain » qui est né sourd, et par conséquent muet, il est regardé comme le phénix du palais ; on l'admire plus qu'on ne ferait le plus bel homme du monde, surtout si ce magot[3] est eunuque ; cependant ces trois défauts qui devraient rendre un homme méprisable, forment, à ce que dit M. Tournefort[4], la plus parfaite de toutes les créatures, aux yeux et au jugement des Turcs.

« SENS INTERNES », *ibid.*, vol. XV, 1765, p. 33b.

D'où vient que l'attention, l'imagination suspendent l'action des *sens* externes et les mouvements du corps ? Parce qu'alors rien ne distrayant les *sens* externes, l'imagination en est plus vive et la mémoire plus heureuse. Ceux qui sont devenus aveugles, sont fort propres à combiner à la fois un grand nombre d'idées.

3 Singe qui vit en Afrique du Nord et à Gibraltar.
4 Joseph Pitton de Tournefort (1656-1708) botaniste français.

« STUPIDITÉ, DÉMENCE », *ibid.*, p. 551a-551b.

[551a] STUPIDITÉ, DÉMENCE, s. f. (*Médec.*) c'est une maladie que la plupart des gens regardent comme incurable, quoique les médecins les plus fameux assurent qu'on peut la guérir parfaitement, ou du moins en partie, au moyen de remèdes convenables.

Cette maladie provient de la mauvaise conformation du cerveau, ou du mauvais état des esprits animaux, ou de ces deux causes ensemble.

Les causes générales de la « stupidité » sont la langueur des esprits animaux, l'obstruction des nerfs, leur humidité ou relâchement, la compression de leur origine ; c'est pour cela que l'engorgement de sang dans le cerveau, les concrétions polypeuses, l'hydrocéphale[5], l'apoplexie, la paralysie sont suivis de la « stupidité ».

Les causes plus éloignées sont la mollesse des fibres, leur laxité trop grande, leur défaut de ressort, et enfin l'épaississement des humeurs, l'aquosité et l'humidité, la froideur du sang et des sucs qui servent aux fonctions animales.

De là vient que les gens qui habitent les montagnes, les lieux marécageux et aqueux, ceux qui sont endurcis au travail, qui transpirent plus des extrémités que de la tête, sont fort sujets à la « stupidité ».

De là vient aussi que ceux qui ont reçu une éducation honnête, qui ont été instruits dans les belles-lettres, accoutumés à la réflexion, sont moins sujets à la « stupidité » que les gens rustiques, en qui l'habitude de la réflexion ne s'étant pas formée, l'incapacité de la réflexion actuelle et du jugement paraît plus sensible. D'ailleurs le travail déterminant les esprits dans les muscles, les détourne des fibres du cerveau, qui étant moins vibratiles et moins actives, deviennent calleuses et insensibles aux trémoussements que ces mêmes fibres produisent dans ceux qui ne sont pas affectés de même.

Les remèdes indiqués dans la démence sont tous [551b] ceux qui peuvent réveiller les esprits, rétablir le ton des fibres, et rendre au cerveau ses oscillations ; mais ces moyens ont peu d'effet dans la démence innée, et dans la démence accidentelle produite par l'apoplexie, la léthargie et la paralysie.

---

5 Aujourd'hui nommée « hydrocéphalie », cette pathologie désigne l'accroissement de la quantité du liquide céphalo-rachidien.

« VUE, s. f. (*Physiolog.*) », *ibid.*, vol. XVII, 1765, p. 567b-568a.

[567b] On demande, pourquoi on voit les objets droits, quoiqu'ils soient peints renversés dans les yeux ?

L'habitude et le sentiment du toucher rectifient promptement cette erreur de la *vue.* Mais pourquoi, me dira-t-on, ces aveugles nés auxquels on a donné la « vue », n'ont-ils pas vu d'abord les objets renversés ? [568a] Ces aveugles avaient toute leur vie tâté les objets, et jugé sûrement de leur situation ; leur âme pouvait donc bien moins s'y méprendre qu'une autre. Au reste, peut-être que la sensation renversée aura fait une partie de l'étonnement dont ils furent saisis à l'aspect de la lumière, et que dans la foule ils n'auront pas distingué cette singularité ; mais ce renversement n'aura rien renversé dans leurs idées bien établies par les longues leçons de leur vrai maître, le sentiment du toucher. L'aveugle accoutumé à se conduire avec ses deux bâtons, et à juger par eux de la situation des corps, ne s'y trompe point, il sait fort bien que son chien qu'il touche du bâton droit est à gauche, et que l'arbre qu'il touche du bâton gauche est à droite ; quand on lui donnerait dans l'instant deux bons yeux, au fonds desquels le chien serait à droite, et l'arbre à gauche, il n'en croirait rien, et s'en rapporterait à la démonstration de ses bâtons qu'il sait être infaillible. L'âme en fait autant, au moins pour tous les objets sur lesquels l'expérience du toucher a pu répandre ses lumières, ou immédiatement, ou par comparaison.

GEORGES-LOUIS LECLERC DE BUFFON (1707-1788)

> [...] j'ai le défaut d'avoir la vue fort courte et les yeux un peu inégaux, mon œil droit étant un peu plus faible que le gauche ; pour lire de petits caractères ou une mauvaise écriture, et même pour voir bien distinctement les petits objets à une lumière faible, je ne me sers que d'un œil [...].
> *Œuvres complètes*, t. II[1].

Ibid., t. I, *Histoire des animaux*, chap. XI, p. 645-647.

[645] Comme nos sensations ne ressemblent point aux objets qui les causent, il est impossible que le désir, la frayeur, l'horreur, qu'aucune passion en un mot, aucune émotion intérieure, puissent produire des représentations réelles de ces mêmes objets ; et l'enfant étant à cet égard aussi indépendant de la mère qui le porte, que l'œuf l'est de la poule qui le couve, je croirai tout aussi volontiers, ou tout aussi peu, que l'imagination d'une poule qui voit tordre le cou à un coq, produira dans les œufs qu'elle ne fait qu'échauffer, des poulets qui auront le cou tordu, que je croirais l'histoire de la force de l'imagination de cette femme qui, ayant vu rompre les membres à un criminel, mit au monde un enfant dont les membres étaient rompus.

Mais supposons pour un instant que ce fait fut avéré, je soutiendrais toujours que l'imagination de la mère n'a pu produire cet effet ; car quel est l'effet du saisissement et de l'horreur ? un mouvement intérieur, une convulsion, si l'on veut, dans le corps de la mère, qui aura secoué, ébranlé, comprimé, resserré, relâché, agité la matrice ; que peut-il résulter de cette

1 *Œuvres complètes*, t. II, éd. Pierre Flourens, Paris, Garnier Frères, 1853, *Histoire naturelle, générale et particulière* [1749-1804], *Du sens de la vue, sur la cause du strabisme ou des yeux louches*, p. 243.

commotion ? rien de semblable à la cause, car si cette commotion est très violente, on conçoit que le fœtus peut recevoir un coup qui le tuera, qui le blessera, ou qui rendra difformes quelques-unes (les parties qui auront été frappées avec plus de force que les autres) ; mais comment concevra-t-on que ce mouvement, cette commotion communiquée à la matrice, puisse produire dans le fœtus quelque chose de semblable à la pensée de la mère, [646] à moins que de dire, comme Harvey[2], que la matrice a la faculté de concevoir des idoles, et de les réaliser sur le fœtus ?

Mais, me dira-t-on, comment donc expliquer le fait ? Si ce n'est pas l'imagination de la mère qui a agi sur le fœtus, pourquoi est-il venu au monde avec les membres rompus ? À cela je réponds que quelque témérité qu'il y ait à vouloir expliquer un fait lorsqu'il est en même temps extraordinaire et incertain, quelque désavantage qu'on ait à vouloir rendre raison de ce même fait supposé comme vrai, lorsqu'on en ignore les circonstances, il me paraît cependant qu'on peut répondre d'une manière satisfaisante à cette espèce de question, de laquelle on n'est pas en droit d'exiger une solution directe. Les choses les plus extraordinaires, et qui arrivent le plus rarement, arrivent cependant aussi nécessairement que les choses ordinaires et qui arrivent très souvent ; dans le nombre infini de combinaisons que peut prendre la matière, les arrangements les plus extraordinaires doivent se trouver, et se trouvent en effet, mais beaucoup plus rarement que les autres ; dès lors on peut parier, et peut-être avec avantage, que sur un million, ou, si l'on veut, mille millions d'enfants qui viennent au monde, il en naîtra un avec deux têtes, ou avec quatre jambes, ou avec des membres rompus, ou avec telle difformité ou monstruosité particulière qu'on voudra supposer. Il se peut donc naturellement, et sans que l'imagination de la mère y ait eu part, qu'il soit né un enfant dont les membres étaient rompus ; il se peut même que cela soit arrivé plus d'une fois, et il se peut enfin encore plus naturellement qu'une femme qui devait accoucher de cet enfant ait été au spectacle de la roue, et qu'on ait attribué à ce qu'elle y avait vu, et à son imagination frappée, le défaut de conformation de son enfant. Mais indépendamment de cette réponse générale qui ne satisfera guère que certaines gens, ne peut-on pas en donner une particulière, et qui aille plus directement à l'explication de ce fait ? Le fœtus n'a, comme nous l'avons dit, rien de commun avec la mère ; ses fonctions en sont

2 William Harvey (1578-1657) médecin anglais.

indépendantes, il a ses organes, son sang, ses mouvements, et tout cela lui est propre et particulier ; la seule chose qu'il tire de sa mère est cette liqueur ou lymphe nourricière que filtre la matrice ; si cette lymphe est altérée, si elle est envenimée du virus vénérien, l'enfant devient malade de la même maladie, et on peut penser que toutes les maladies qui viennent du vice ou de l'altération des humeurs peuvent se communiquer de la mère au fœtus ; on sait en particulier que la vérole se communique, et l'on n'a que trop d'exemples d'enfants qui sont, même en naissant, les victimes de la débauche de leurs parents. Le virus vénérien attaque les parties les plus solides des os, et il paraît même agir avec plus de force, et se déterminer plus abondamment vers ces parties les plus solides qui sont toujours celles du milieu de la longueur des os, car on sait que l'ossification commence par cette partie du milieu, qui se durcit la première et s'ossifie longtemps avant les extrémités [647] de l'os. Je conçois donc que si l'enfant dont il est question a été, comme il est très possible, attaqué de cette maladie dans le sein de sa mère, il a pu se faire très naturellement qu'il soit venu au monde avec les os rompus dans leur milieu, parce qu'ils l'auront en effet été dans cette partie par le virus vénérien.

Le rachitisme[3] peut aussi produire le même effet ; il y a au Cabinet du Roi un squelette d'enfant rachitique, dont les os des bras et des jambes ont tous des calus dans le milieu de leur longueur ; à l'inspection de ce squelette on ne peut guère douter que cet enfant n'ait eu les os des quatre membres rompus dans le temps que la mère le portait, ensuite les os se sont réunis et ont formé ces calus.

Mais c'est assez nous arrêter sur un fait que la seule crédulité a rendu merveilleux ; malgré toutes nos raisons et malgré la philosophie, ce fait, comme beaucoup d'autres, restera vrai pour bien des gens ; le préjugé, surtout celui qui est fondé sur le merveilleux, triomphera toujours de la raison, et l'on serait bien peu philosophe si l'on s'en étonnait. Comme il est souvent question dans le monde de ces marques des enfants, et que dans le monde les raisons générales et philosophiques font moins d'effet qu'une historiette, il ne faut pas compter qu'on puisse jamais persuader aux femmes que les marques de leurs enfants n'ont aucun rapport avec les envies qu'elles n'ont pu satisfaire ; cependant ne pourrait-on pas

3 Aujourd'hui nous savons que le rachitisme, maladie de la petite enfance caractérisée par une calcification défectueuse du squelette, provient d'une carence en vitamine D.

leur demander, avant la naissance de l'enfant, quelles ont été les envies qu'elles n'ont pu satisfaire, et quelles seront par conséquent les marques que leur enfant portera ? J'ai fait quelquefois cette question, et j'ai fâché les gens sans les avoir convaincus.

Ibid., t. II, *Description de l'homme*, p. 49.

C'est surtout dans les yeux qu'elles [*sc.* « les images de nos secrètes agitations »] se peignent et qu'on peut les reconnaître ; l'œil appartient à l'âme plus qu'aucun autre organe, il semble y toucher et participer à tous ses mouvements, il en exprime les passions les plus vives et les émotions les plus tumultueuses, comme les mouvements les plus doux et les sentiments les plus délicats ; il les rend dans toute leur force, dans toute leur pureté, tels qu'ils viennent de naître, il les transmet par des traits rapides qui portent dans une autre âme le feu, l'action, l'image de celle dont ils parlent, l'œil reçoit et réfléchit en même temps la lumière de la pensée et la chaleur du sentiment : c'est le sens de l'esprit et la langue de l'intelligence.

Les personnes qui ont la vue courte, ou qui sont louches, ont beaucoup moins de cette âme extérieure qui réside principalement dans les yeux ; ces défauts détruisent la physionomie et rendent désagréables ou difformes les plus beaux visages ; comme l'on n'y peut reconnaître que les passions fortes et qui mettent en jeu les autres parties, et comme l'expression de l'esprit et de la finesse du sentiment ne peut s'y montrer, on juge ces personnes défavorablement lorsqu'on ne les connaît pas, et quand on les connaît, quelque spirituelles qu'elles puissent être, on a encore de la peine à revenir du premier jugement qu'on a porté contre elles.

Nous sommes si fort accoutumés à ne voir les choses que par l'extérieur, que nous ne pouvons plus reconnaître combien cet extérieur influe sur nos jugements, même les plus graves et les plus réfléchis ; nous prenons l'idée d'un homme, et nous la prenons par sa physionomie qui ne dit rien, nous jugeons dès lors qu'il ne pense rien ; il n'y a pas jusqu'aux habits et à la coiffure qui n'influent sur notre jugement ; un homme sensé doit regarder ses vêtements comme faisant partie de lui-même, puisqu'ils en font en effet partie aux yeux des autres, et qu'ils entrent pour quelque chose dans l'idée totale qu'on se forme de celui qui les porte.

Ibid., *Des sens*, p. 107.

Avant qu'on lui [*sc.* le jeune homme opéré par Cheselden[4]] eût fait l'opération, il n'espérait pas un grand plaisir du nouveau sens qu'on lui promettait, et il n'était touché que par l'avantage qu'il aurait de pouvoir apprendre à lire et à écrire ; il disait, par exemple, qu'il ne pouvait pas avoir plus de plaisir à se promener dans le jardin, lorsqu'il aurait ce sens, qu'il en avait, parce qu'il s'y promenait librement et aisément, et qu'il en connaissait tous les différents endroits ; il avait même très bien remarqué que son état de cécité lui avait donné un avantage sur les autres hommes, avantage qu'il conserva longtemps après avoir obtenu le sens de la vue, qui était d'aller la nuit plus aisément et plus sûrement que ceux qui voient. Mais lorsqu'il eut commencé à se servir de ce nouveau sens, il était transporté de joie, il disait que chaque nouvel objet était un délice nouveau, et que son plaisir était si grand qu'il ne pouvait l'exprimer. Un an après on le mena à Epsom[5], où la vue est très belle et très étendue ; il parut enchanté de ce spectacle, et il appelait ce paysage une nouvelle façon de voir.

Ibid., p. 113-114.

[113] Il y a plusieurs raisons qui pourraient faire penser que les personnes qui ont la vue courte voient les objets plus grands que les autres hommes ne les voient ; cependant c'est tout le contraire : ils les voient certainement plus petits. J'ai la vue courte et l'œil gauche plus fort que l'œil droit ; j'ai mille [114] fois éprouvé qu'en regardant le même objet, comme les lettres d'un livre, à la même distance, successivement avec l'un et ensuite avec l'autre œil, celui dont je vois le mieux et le plus loin est aussi celui avec lequel les objets me paraissent les plus grands, et en tournant l'un des yeux pour voir le même objet double, l'image de l'œil droit est plus petite que celle de l'œil gauche ; ainsi je ne puis pas douter que plus on a la vue courte, et plus les objets paraissent être petits. J'ai interrogé plusieurs personnes dont la force ou la portée de chacun de leurs yeux était fort inégale ; elles m'ont toutes assuré qu'elles voyaient

4 Voir la note correspondante p. 560.
5 Ville d'Angleterre, située au sud-ouest de Londres.

les objets bien plus grands avec le bon qu'avec le mauvais œil. Je crois que, comme les gens qui ont la vue courte sont obligés de regarder de très près et qu'ils ne peuvent voir distinctement qu'un petit espace ou un petit objet à la fois, ils se font une unité de grandeur plus petite que les autres hommes dont les yeux peuvent embrasser distinctement un plus grand espace à la fois, et que par conséquent ils jugent relativement à cette unité tous les objets plus petits que les autres hommes ne les jugent.

Ibid., p. 124-126.

[124] L'ouïe est bien plus nécessaire à l'homme qu'aux animaux ; ce sens n'est dans ceux-ci qu'une propriété passive capable seulement de leur transmettre les impressions étrangères. Dans l'homme c'est non seulement une propriété passive, mais une faculté qui devient active par l'organe de la parole ; c'est en effet par ce sens que nous vivons en société, que nous recevons la pensée des autres, et que nous pouvons leur communiquer la nôtre ; les organes de la voix seraient des instruments inutiles s'ils n'étaient mis en mouvement par ce sens ; un sourd de naissance est nécessairement muet, il ne doit avoir aucune connaissance des choses abstraites et générales. Je dois rapporter ici l'histoire abrégée d'un sourd de cette espèce, qui entendit tout à coup pour la première fois à l'âge de vingt-quatre ans, telle qu'on la trouve dans le volume de l'Académie, année 1703, page 18[6].

[…]

[125] Il serait cependant très possible de communiquer aux sourds ces idées qui leur manquent, et même de leur donner des notions exactes et précises des choses abstraites et générales par des signes et par l'écriture ; un sourd de naissance pourrait avec le temps et des secours assidus lire et comprendre tout ce qui serait écrit, et par conséquent écrire lui-même et se faire entendre sur les choses même les plus compliquées ; il y en a, dit-on, dont on a suivi l'éducation avec assez de soin pour les amener à un point plus difficile encore, qui est de comprendre le sens des paroles par le mouvement des lèvres de ceux qui les prononcent ; rien ne prouverait mieux combien les sens se ressemblent au fond, et jusqu'à quel

6 Il s'agit de l'histoire du sourd de Chartres telle qu'elle est rapportée par Fontenelle. Voir ici le texte de ce dernier, p. 325-326.

point ils peuvent se suppléer ; cependant il me paraît que comme la plus grande partie des sons se forment et s'articulent au-dedans de la bouche par des mouvements de la langue qu'on n'aperçoit pas dans un homme qui parle à la manière ordinaire, un sourd et muet ne pourrait connaître de cette façon que le petit nombre des syllabes qui sont en effet articulées par le mouvement des lèvres.

Nous pouvons citer à ce sujet un fait tout nouveau, duquel nous venons d'être témoins. M. Rodrigue Pereire[7], portugais, ayant cherché les moyens les plus faciles pour faire parler les sourds et muets de naissance, s'est exercé assez longtemps dans cet art singulier pour le porter à un grand point de perfection ; il m'amena il y a environ quinze jours son élève M. d'Azy d'Etavigny ; ce jeune homme, sourd et muet de naissance, est âgé d'environ 19 ans ; M. Pereire entreprit de lui apprendre à parler, à lire, etc., au mois de juillet 1746 ; au bout de quatre mois, il prononçait déjà des syllabes et des mots, et après dix mois il avait l'intelligence d'environ treize cents mots, et il les prononçait tous assez distinctement. Cette éducation si heureusement commencée fut interrompue pendant neuf mois par l'absence du maître, et il ne reprit son élève qu'au mois de février 1748 ; il le retrouva bien moins instruit qu'il ne l'avait laissé ; sa prononciation était devenue très vicieuse, et la plupart des mots qu'il avait appris étaient déjà sortis de sa mémoire, parce qu'il ne s'en était pas servi pendant un assez long temps pour qu'ils eussent fait des impressions durables et permanentes. M. Pereire commença donc à l'instruire, pour ainsi dire, de nouveau au mois de février 1748, et depuis ce temps-là il ne l'a pas quitté jusqu'à ce jour (au mois de juin 1749). Nous avons vu ce jeune sourd et muet à l'une de nos assemblées de l'Académie, on lui a fait plusieurs questions par écrit, il y [126] a très bien répondu, tant par l'écriture que par la parole ; il a à la vérité la prononciation lente et le son de la voix rude, mais cela ne peut guère être autrement, puisque ce n'est que par l'imitation que nous amenons peu à peu nos organes à former des sons précis, doux et bien articulés, et comme ce jeune sourd et muet n'a pas même l'idée d'un son, et qu'il n'a par conséquent jamais tiré aucun secours de l'imitation, sa voix ne peut manquer d'avoir une certaine rudesse que l'art de son maître pourra bien corriger peu à peu jusqu'à un certain point. Le peu de temps que le maître a employé à

7 Jacob Rodrigue Pereire (1715-1780) savant originaire d'une famille juive espagnole convertie au christianisme. Il vécut la plus grande partie de sa vie en France.

cette éducation, et les progrès de l'élève qui, à la vérité, paraît avoir de la vivacité et de l'esprit, sont plus que suffisants pour démontrer qu'on peut avec de l'art amener tous les sourds et muets de naissance au point de commercer avec les autres hommes, car je suis persuadé que si l'on eût commencé à instruire ce jeune sourd dès l'âge de sept ou huit ans, il serait actuellement au même point où sont les sourds qui ont autrefois parlé, et qu'il aurait un aussi grand nombre d'idées que les autres hommes en ont communément.

Ibid., *Variétés dans l'espèce humaine*, p. 177.

Une autre [*sc.* cause] qui ne laisse pas de produire son effet sont les mœurs ou la manière de vivre ; un peuple policé qui vit dans une certaine aisance, qui est accoutumé à une vie réglée, douce et tranquille, qui par les soins d'un bon gouvernement est à l'abri d'une certaine misère et ne peut manquer des choses de première nécessité, sera par cette seule raison composé d'hommes plus forts, plus beaux et mieux faits qu'une nation sauvage et indépendante, où chaque individu, ne tirant aucun secours de la société, est obligé de pourvoir à sa subsistance, de souffrir alternativement la faim ou les excès d'une nourriture souvent mauvaise, de s'épuiser de travaux ou de lassitude, d'éprouver les rigueurs du climat sans pouvoir s'en garantir, d'agir en un mot plus souvent comme animal que comme homme. En supposant ces deux différents peuples sous un même climat, on peut croire que les hommes de la nation sauvage seraient plus basanés, plus laids, plus petits, plus ridés que ceux de la nation policée. S'ils avaient quelque avantage sur ceux-ci, ce serait par la force ou plutôt par la dureté de leur corps ; il pourrait se faire aussi qu'il y eût dans cette nation sauvage beaucoup moins de bossus, de boiteux, de sourds, de louches, etc. Ces hommes défectueux vivent et même se multiplient dans une nation policée où l'on se supporte les uns les autres, ou le fort ne peut rien contre le faible, où les qualités du corps font beaucoup moins que celles de l'esprit ; mais dans un peuple sauvage, comme chaque individu ne subsiste, ne vit, ne se défend que par ses qualités corporelles, son adresse et sa force, ceux qui sont malheureusement nés faibles, défectueux, ou qui deviennent incommodés, cessent bientôt de faire partie de la nation.

Ibid., *Additions à l'Histoire naturelle de l'homme. Description de l'homme*, chap. III, p. 233-234.

[233] Dans tout ordre de productions, la nature nous offre les mêmes rapports en plus et en moins ; les nains doivent avoir avec l'homme ordinaire les mêmes proportions en diminution que les géants en augmentation. Un homme de quatre pieds et demi de hauteur ne doit peser que quatre-vingt-dix ou quatre-vingt-quinze livres ; un homme de quatre pieds, soixante-cinq ou tout au plus soixante-dix livres ; un nain de trois pieds et demi, quarante-cinq livres : un de trois pieds, vingt-huit ou trente livres, si leur corps et leurs membres sont bien proportionnés, ce qui est tout aussi rare en petit qu'en grand ; car il arrive presque toujours que les géants sont trop minces et les nains trop épais : ils ont surtout la tête beaucoup trop grosse, les cuisses et les jambes trop courtes, au lieu que les géants ont communément la tête petite, les cuisses et les jambes trop longues. Le géant disséqué en Prusse avait une vertèbre de plus que les autres hommes, et il y a quelque apparence que dans les géants bien faits le nombre des vertèbres est plus grand que dans les autres hommes. Il serait à désirer qu'on fît la même recherche sur les nains, qui peut-être ont quelques vertèbres de moins.

En prenant cinq pieds pour la mesure commune de la taille des hommes, sept pieds pour celle des géants, et trois pieds pour celle des nains, on trouvera encore des géants plus grands et des nains plus petits. J'ai vu moi-même des géants de sept pieds et demi et de sept pieds huit pouces ; j'ai vu des nains qui n'avaient que vingt-huit et trente pouces de haut ; il paraît donc qu'on doit fixer les limites de la nature actuelle, pour [234] la grandeur du corps humain, depuis deux pieds et demi jusqu'à huit pieds de hauteur ; et quoique cet intervalle soit bien considérable, et que la différence paraisse énorme, elle est cependant encore plus grande dans quelques espèces d'animaux, tels que les chiens ; un enfant qui vient de naître est plus grand, relativement à un géant, qu'un bichon de Malte adulte ne l'est en comparaison du chien d'Albanie ou d'Irlande.

Ibid., *Du sens de la vue, sur la cause du strabisme ou des yeux louches*, p. 243-244.

[243] La seconde objection demande un peu plus de discussion : je conviens que de quelque côté qu'on tourne le mauvais œil, il ne laisse pas d'admettre des images qui doivent un peu troubler la netteté de

l'image reçue par le bon œil ; mais ces images étant absolument différentes, et n'ayant rien de commun ni par la grandeur ni par la figure avec l'objet sur lequel est fixé le bon œil, la sensation qui en résulte est, pour ainsi dire, beaucoup plus sourde que ne serait celle d'une image semblable. Pour le faire voir bien clairement, je vais rapporter un exemple qui ne m'est que trop familier : j'ai le défaut d'avoir la vue fort courte et les yeux un peu inégaux, mon œil droit étant un peu plus faible que le gauche ; pour lire de petits caractères ou une mauvaise écriture, et même pour voir bien distinctement les petits objets à une lumière faible, je ne me sers que d'un œil ; j'ai observé mille et mille fois qu'en me servant de mes deux yeux pour lire un petit caractère, je vois toutes les lettres mal terminées, et en tournant l'œil droit pour ne me servir que du gauche, je vois l'image de ces lettres tourner aussi et se séparer de l'image de l'œil gauche, en sorte que ces deux images me paraissent dans différents plans : celle de l'œil droit n'est pas plus tôt séparée de celle de l'œil gauche, que celle-ci reste très nette et très distincte ; et si l'œil droit reste dirigé sur un autre [244] endroit du livre, cet endroit étant différent du premier, il me paraît dans un différent plan, et n'ayant rien de commun il ne m'affecte point du tout, et ne trouble en aucune façon la vision distincte de l'œil gauche. Cette sensation de l'œil droit est encore plus insensible si mon œil, comme cela m'arrive ordinairement en lisant, se porte au-delà de la justification du livre et tombe sur la marge, car dans ce cas l'objet de la marge étant d'un blanc uniforme, à peine puis-je m'apercevoir, en y réfléchissant, que mon œil droit voit quelque chose. Il paraît ici qu'en écartant l'œil faible, l'objet prend plus de netteté ; mais ce qui va directement contre l'objection, c'est que les images qui sont différentes de celle de l'objet ne troublent point du tout la sensation, tandis que les images semblables à l'objet la troublent beaucoup, lorsqu'elles ne peuvent pas se réunir entièrement. Au reste, cette impossibilité de réunion parfaite des images des deux yeux dans les vues courtes comme la mienne vient souvent moins de l'inégalité de force dans les yeux que d'une autre cause : c'est la trop grande proximité des deux prunelles, ou, ce qui revient au même, l'angle trop ouvert des deux axes optiques, qui produit en partie ce défaut de réunion. On sent bien que plus on approche un petit objet des yeux, plus aussi l'intervalle des deux prunelles diminue ; mais comme il y a des bornes à cette diminution, et que les yeux sont posés de façon qu'ils ne peuvent faire un angle plus grand que de soixante degrés tout au plus par les deux rayons visuels, il suit que toutes les fois qu'on regarde de fort près avec les deux yeux, la vue est fatiguée et moins distincte qu'en ne regardant que d'un seul œil ; mais cela n'empêche pas que l'inégalité de force dans les yeux ne produise le même effet, et que par conséquent il n'y ait beaucoup d'avantage à écarter l'œil faible, et l'écarter de façon qu'il reçoive une image différente de celle dont l'œil le plus fort est occupé.

Ibid., p. 245.

Mais quand les yeux, quoique de force inégale, n'ont pas cependant le degré d'inégalité que nous avons déterminé par la formule ci-dessus, on peut trouver un remède au strabisme ; il me paraît que le plus simple, le plus naturel et peut-être le plus efficace de tous les moyens, est de couvrir le bon œil pendant un temps ; l'œil difforme serait obligé d'agir et de se tourner directement vers les objets, et prendrait en peu de temps ce mouvement habituel. J'ai ouï dire que quelques oculistes s'étaient servis assez heureusement de cette pratique ; mais avant que d'en faire usage sur une personne, il faut s'assurer du degré d'inégalité des yeux, parce qu'elle ne réussira jamais que sur des yeux peu inégaux. Ayant communiqué cette idée à plusieurs personnes, et entre autres à M. Bernard de Jussieu[8], à qui j'ai lu cette partie de mon mémoire, j'ai eu le plaisir de voir mon opinion confirmée par une expérience qu'il m'indiqua, et qui est rapportée par M. Allen[9], médecin anglais, dans son *Synopsis universæ Medicinæ.*

Il suit de tout ce que nous venons de dire que, pour avoir la vue parfaitement bonne, il faut avoir les yeux absolument égaux en force ; que, de plus, il faut que l'intervalle absolu soit fort grand, en sorte qu'on puisse voir aussi bien de fort près que de fort loin, ce qui dépend de la facilité avec laquelle les yeux se contractent ou se dilatent, et changent de figure selon le besoin ; car si les yeux étaient solides, on ne pourrait avoir qu'un très petit intervalle de vue distincte. Il suit aussi de nos observations qu'un borgne, à qui il reste un bon œil, voit mieux et plus

8 Bernard de Jussieu (1699-1777) botaniste français.

9 John Allen (vers 1660-1741) ou John Alleyn publia son *Synopsis universæ Medicinæ practicæ* en 1719.

distinctement que le commun des hommes, parce qu'il voit mieux que tous ceux qui ont les yeux un peu inégaux, et défaut pour défaut, il vaudrait mieux être borgne que louche, si ce premier défaut n'était pas accompagné et d'une plus grande difformité et d'autres incommodités. Il suit encore évidemment de tout ce que nous avons dit que les louches ne voient jamais que d'un œil, et qu'ils doivent ordinairement tourner le mauvais œil tout près de leur nez, parce que dans cette situation la direction de ce mauvais œil est aussi écartée qu'elle peut l'être de la direction du bon œil ; à la vérité, en écartant ce mauvais œil du côté de l'angle externe, la direction serait aussi éloignée que dans le premier cas ; mais il y a un avantage de tourner l'œil du côté du nez, parce que le nez fait un gros objet qui, à cette très petite distance de l'œil, paraît uniforme et cache la plus grande partie des objets qui pourraient être aperçus du mauvais œil, et par conséquent cette situation du mauvais œil est la moins désavantageuse de toutes.

Ibid., *Histoire naturelle des animaux. Discours sur la nature des animaux*, p. 334-335.

[334] Une passion sans intervalles est démence[...], et l'état de démence est pour l'âme un état de mort. De violentes passions avec des intervalles sont des accès de folie, des maladies de l'âme d'autant plus dangereuses qu'elles sont plus longues et plus fréquentes. La sagesse n'est que la somme des intervalles de santé que ces accès nous laissent ; cette somme n'est point celle de notre bonheur, car nous sentons alors que notre âme a été malade, nous blâmons nos passions, nous condamnons nos actions. La folie est le germe du malheur, et c'est la sagesse qui le développe ; la plupart de ceux qui se disent malheureux sont des hommes passionnés, c'est-à-dire des fous, auxquels il reste quelques intervalles de raison, pendant lesquels ils connaissent leur folie, et sentent par conséquent leur malheur ; et comme il y a dans les conditions élevées plus de faux désirs, plus de vaines prétentions, plus de passions désordonnées, plus d'abus de son âme, que dans les états inférieurs, les grands sont sans doute de tous les hommes les moins heureux. [...]
[335] Les animaux sentent bien mieux que nous ce qui convient à leur nature, ils ne se trompent pas dans le choix de leurs aliments, ils ne s'excèdent pas dans leurs plaisirs ; guidés par le seul sentiment de leurs

besoins actuels, ils se satisfont sans chercher à en faire naître de nouveaux. Nous, indépendamment de ce que nous voulons tout à l'excès, indépendamment de cette espèce de fureur avec laquelle nous cherchons à nous détruire en cherchant à forcer la nature, nous ne savons pas trop ce qui nous convient ou ce qui nous est nuisible, nous ne distinguons pas bien les effets de telle ou telle nourriture, nous dédaignons les aliments simples, et nous leur préférons des mets composés, parce que nous avons corrompu notre goût, et que d'un sens de plaisir nous en avons fait un organe de débauche, qui n'est flatté que de ce qui l'irrite.

Il n'est donc pas étonnant que nous soyons, plus que les animaux, sujets à des infirmités, puisque nous ne sentons pas aussi bien qu'eux ce qui nous est bon ou mauvais, ce qui peut contribuer à conserver ou à détruire notre santé ; que notre expérience est à cet égard bien moins sûre que leur sentiment ; que d'ailleurs nous abusons infiniment plus qu'eux de ces mêmes sens de l'appétit qu'ils ont meilleurs et plus parfaits que nous, puisque ces sens ne sont pour eux que des moyens de conservation et de santé, et qu'ils deviennent pour nous des causes de destruction et de maladies. L'intempérance détruit et fait languir plus d'hommes, elle seule, que tous les autres fléaux de la nature humaine réunis.

Ibid., p. 340-341.

[340] Un imbécile, dont les sens et les organes corporels nous paraissent sains et bien disposés, a comme nous des sensations de toute espèce ; il les aura aussi dans le même ordre, s'il vit en société et qu'on l'oblige à faire ce que font les autres hommes ; cependant, comme ces sensations ne lui font point naître d'idées, qu'il n'y a point de correspondance entre son âme et son corps, et qu'il ne peut réfléchir sur rien, il est en conséquence privé de la mémoire et de la connaissance de soi-même. Cet homme ne diffère en rien de l'animal quant aux facultés extérieures, car, quoiqu'il ait une âme, et que par conséquent il possède en lui le principe de la raison, comme ce principe demeure dans l'inaction et qu'il ne reçoit rien des organes corporels avec lesquels il n'a aucune correspondance, il ne peut influer sur les actions de cet homme, qui dès lors ne peut agir que comme un animal uniquement déterminé par ses sensations et par le sentiment de son existence actuelle et de ses besoins présents. Ainsi l'homme imbécile et l'animal sont des êtres dont les

résultats et les opérations sont les mêmes à tous égards, parce que l'un n'a point d'âme et que l'autre ne s'en sert point ; tous deux manquent de la puissance de réfléchir, et n'ont par conséquent ni entendement, ni esprit, ni mémoire, mais tous deux ont des sensations, du sentiment et du mouvement.

Cependant, me répétera-t-on toujours, l'homme imbécile et l'animal n'agissent-ils pas souvent comme s'ils étaient déterminés par la connaissance [341] des choses passées ? ne reconnaissent-ils pas les personnes avec lesquelles ils ont vécu, les lieux qu'ils ont habités, etc. ? ces actions ne supposent-elles pas nécessairement la mémoire ? et cela ne prouverait-il pas, au contraire, qu'elle n'émane point de la puissance de réfléchir ? Si l'on a donné quelque attention à ce que je viens de dire, on aura déjà senti que je distingue deux espèces de mémoires infiniment différentes l'une de l'autre par leur cause, et qui peuvent cependant se ressembler en quelque sorte par leurs effets ; la première est la trace de nos idées, et la seconde, que j'appellerais volontiers réminiscence plutôt que mémoire, n'est que le renouvellement de nos sensations, ou plutôt des ébranlements qui les ont causées ; la première émane de l'âme, et, comme je l'ai prouvé, elle est pour nous bien plus parfaite que la seconde ; cette dernière, au contraire, n'est produite que par le renouvellement des ébranlements du sens intérieur matériel, et elle est la seule qu'on puisse accorder à l'animal ou à l'homme imbécile ; leurs sensations antérieures sont renouvelées par les sensations actuelles ; elles se réveillent avec toutes les circonstances qui les accompagnaient, l'image principale et présente appelle les images anciennes et accessoires ; ils sentent comme ils ont senti ; ils agissent donc comme ils ont agi, ils voient ensemble le présent et le passé, mais sans les distinguer, sans les comparer, et par conséquent sans les connaître.

Ibid., p. 355.

C'est par les rapports de mouvement que le chien prend les habitudes de son maître, c'est par les rapports de figure que le singe contrefait les gestes humains, c'est par les rapports d'organisation que le serin répète des airs de musique, et que le perroquet imite le signe le moins équivoque de la pensée, la parole, qui met à l'extérieur autant de différence entre l'homme et l'homme qu'entre l'homme et la bête, puisqu'elle exprime dans les uns la lumière et la supériorité de l'esprit, qu'elle ne laisse apercevoir dans les autres qu'une confusion d'idées obscures ou empruntées, et que dans l'imbécile ou le perroquet elle marque le dernier degré de la stupidité, c'est-à-dire l'impossibilité où ils sont tous deux de produire intérieurement la pensée, quoiqu'il ne leur manque aucun des organes nécessaires pour la rendre au-dehors.

Ibid., *Les animaux domestiques*, p. 416-417.

[416] Mais, pour en revenir à la dégénération des êtres, et particulièrement à celle des animaux, observons et examinons encore de plus près les mouvements de la nature dans les variétés qu'elle nous offre ; et comme l'espèce humaine nous est la mieux connue, voyons jusqu'où s'étendent ces mouvements de variation. Les hommes diffèrent du blanc au noir par la couleur, du double au simple par la hauteur de la taille, la grosseur, la légèreté, la force, etc., et du tout au rien pour l'esprit ; mais cette dernière qualité n'appartenant point à la matière, ne doit point être ici considérée ; les autres sont les variations ordinaires de la nature, qui viennent de l'influence du climat et de la nourriture ; mais ces différences de couleur et de dimension [417] dans la taille n'empêchent pas que le nègre et le blanc, le Lapon et le Patagon, le géant et le nain, ne produisent ensemble des individus qui peuvent eux-mêmes se reproduire, et que par conséquent ces hommes, si différents en apparence, ne soient tous d'une seule et même espèce, puisque cette reproduction constante est ce qui constitue l'espèce[10]. Après ces variations générales, il y en a d'autres qui sont plus particulières, et qui ne laissent pas de se perpétuer, comme les énormes jambes des hommes qu'on appelle de « la race de Saint-Thomas », dans l'île de Ceylan, les yeux rouges et les cheveux blancs des dariens[11] et des chacrelas[12], les six[13] doigts aux mains et aux pieds dans certaines familles, etc. Ces variétés singulières sont des défauts ou des excès accidentels qui, s'étant d'abord trouvés dans quelques individus, se sont ensuite propagés de race en race,

10 [NdA] Voir [...], l'article *Variétés dans l'espèce humaine*.

11 Habitants du Darien, isthme du Panama.

12 Habitants de Java, île du sud-ouest de l'Indonésie.

13 [NdA] Voyez cette observation curieuse dans les lettres de M. de Maupertuis, où vous trouverez aussi plusieurs idées philosophiques très élevées sur la génération et sur différents autres sujets.

comme les autres vices et maladies héréditaires ; mais ces différences, quoique constantes, ne doivent être regardées que comme des variétés individuelles qui ne séparent pas ces individus de leur espèce, puisque les races extraordinaires de ces hommes à grosses jambes ou à six doigts peuvent se mêler avec la race ordinaire, et produire des individus qui se reproduisent eux-mêmes. On doit dire la même chose de toutes les autres difformités ou monstruosités qui se communiquent des pères et mères aux enfants : voilà jusqu'où s'étendent les erreurs de la nature, voilà les plus grandes limites de ses variétés dans l'homme ; et s'il y a des individus qui dégénèrent encore davantage, ces individus, ne reproduisant rien, n'altèrent ni la constance ni l'unité de l'espèce ; ainsi il n'y a dans l'homme qu'une seule et même espèce, et quoique cette espèce soit peut-être la plus nombreuse et la plus abondante en individus, et en même temps la plus inconséquente et la plus irrégulière dans toutes ses actions, on ne voit pas que cette prodigieuse diversité de mouvements, de nourriture, de climat et de tant d'autres combinaisons que l'on peut supposer, ait produit des êtres assez différents des autres pour faire de nouvelles souches, et en même temps assez semblables à nous pour ne pouvoir nier de leur avoir appartenu.

BONNE-CHARLOTTE HUE DE LANGRUNE MARQUISE DE BÉNOUVILLE (VERS 1709-17..)

Les Pensées errantes; avec quelques lettres d'un Indien, par Madame de ***, Londres, Paris, Hardy, 1758, Pensée Y 3, p. 182-184.

[182] *On prend facilement son parti sur les malheurs des autres, et l'on trouve toujours qu'ils sont plus heureux qu'ils ne croient...*

En voici un exemple. H*** est un homme aimable, mais toujours accablé de revers auxquels il n'oppose que du courage et de la patience. Un jour cependant qu'il montrait un peu de lassitude des persécutions de la Fortune, j'entendis une conversation dont je me souviendrai toujours. Un être dur et opulent lui disait : De quoi vous affligez-vous ? le Ciel vous a refusé certains avantages du côté du bien, il est vrai ; mais il vous en a donné mille qui [183] doivent vous dédommager amplement ; n'est-ce rien, je vous prie, que d'être né comme vous, avec des talents, du goût et un beau génie ? de savoir par votre mérite vous attirer l'estime et la considération de tout le monde ? cela ne doit-il pas vous consoler ? non, répondait H***, je trouverais bien plus de ressource à être sot et riche. Il est vrai que l'on rendrait des devoirs à mon opulence, et non pas à moi ; ce qui n'est certainement pas flatteur quand on le sent ; mais un sot ne voit pas si clair, il prend tout pour lui, et se croit fort digne des hommages de l'Univers : ainsi il n'y a rien à perdre par ce côté-là, et j'y vois à gagner infiniment [184] d'un autre ; car si je désire quelque chose, je suis comme sûr de l'avoir, dès que je pourrais le payer à beaux deniers comptants : et comme c'est mon opinion qui peut me rendre heureux, et non pas celle des autres, j'ai sujet de me plaindre de ma destinée, dès qu'elle m'éloigne de tout ce que je souhaite.

JULIEN OFFRAY DE LA METTRIE
(1709-1751)

Œuvres philosophiques de Mr de La Mettrie, t. I, Berlin, 1775, *Traité de l'âme* [1750], chap. x, § x, p. 113-114.

[113] Les aveugles ont assez communément beaucoup de mémoire ; tous les corps qui les environnent ont perdu les moyens de les distraire ; l'attention, la réflexion leur coûte peu ; de là on peut envisager longtemps et fixement chaque face d'un objet, la présence des idées est plus fiable et moins fugitive. M. de la Motte[1], de l'Académie Française, dicta tout de suite sa Tragédie d'*Inès de Castro.* Quelle étendue de mémoire d'avoir 2000 vers présents, et qui défilent tous avec ordre devant l'Âme, au [114] gré de la volonté ! Comment se peut-il faire qu'il n'y ait rien d'embrouillé dans cette espèce de chaos ! On a dit bien plus de Pascal ; on raconte qu'il n'avait jamais oublié ce qu'il avait appris. On pense au reste, et avec assez de raison, puisque c'est un fait, que ceux qui ont beaucoup de mémoire, ne sont pas ordinairement plus suspects de jugement, que les Médecins de religion, parce que la moelle du cerveau est si pleine d'anciennes idées, que les nouvelles ont peine à y trouver une place distincte ; j'entends ces idées « mères », si on me permet cette expression, qui peuvent juger les autres, en les comparant, et en déduisant avec justesse une troisième idée de la combinaison des deux premières. Mais qui eut plus de jugement, d'esprit et de mémoire, que les deux hommes illustres que je viens de nommer ?

1 Voir la note correspondante p. 318.

Ibid., chap. xv, hist. III, p. 184-186.

[184] M. de Voltaire, *éléments de la philosophie de Newton, chap. 6*[2] rapporte que l'aveugle-né âgé de 14 ans auquel Cheselden[3] abattit la cataracte, ne vit immédiatement après cette opération, qu'une lumière colorée, sans qu'il pût *distinguer* [185] *un globe d'un cube*, et qu'il n'eut aucune idée d'étendue, de distance, de figure, etc. Je crois 1°. que faute d'une juste position dans les parties de l'œil, la vision devait se faire mal ; (pour qu'elle se rétablisse, il faut que le cristallin détrôné ait eu le temps de se fondre, car il n'est pas nécessaire à la vue.) 2°. S'il voit de la lumière et des couleurs, il voit par conséquent de l'étendue. 3°. Les aveugles ont le tact fin, un sens profite toujours du défaut d'un autre sens : les houppes nerveuses, non perpendiculaires, comme partout le corps, mais parallèles et longitudinalement étendues jusqu'à la pointe des doigts, comme pour mieux examiner un objet, ces houppes, dis-je, qui font l'organe du tact, ont un sentiment exquis dans les aveugles, qui par conséquent acquièrent facilement par le toucher les idées des figures, des distances, etc. Or un globe attentivement considéré par le toucher, clairement imaginé et conçu, n'a qu'à se montrer aux yeux ouverts ; il sera conforme à l'image ou à l'idée gravée dans le cerveau ; et conséquemment il ne sera pas possible à l'âme de ne pas distinguer cette figure de toute autre – si l'organe dioptrique a l'arrangement interne nécessaire à la vision. C'est ainsi qu'il est aussi impossible aux doigts d'un très habile anatomiste de ne pas reconnaître les yeux fermés, tous les os du corps humain, de les emboîter tous ensemble, et d'en faire un squelette, qu'à un parfait musicien de ne pas resserrer sa glotte, [186] au point précis pour prendre le vrai ton qu'on lui demande. Les idées reçues par les yeux se retrouvent en touchant, et celles du tact, en voyant.

D'ailleurs on était prévenu pour ce qui avait été décidé avant cette opération, par Locke, pag. 97-98 sur le problème du savant Molyneux[4] ; c'est pourquoi j'ose mettre en fait de deux choses l'une ; ou on n'a pas donné le temps à l'organe dioptrique ébranlé, de se remettre dans son assiette naturelle ; ou à force de tourmenter le nouveau voyant, on lui a fait dire ce qu'on était bien aise qu'il dît. Car on a pour appuyer l'erreur,

2 Voir ici le texte en question p. 361-362.
3 Voir la note correspondante p. 560.
4 Voir la note correspondante p. 282.

plus d'adresse, que pour découvrir la vérité. Ces « habiles théologiens » qui interrogèrent le sourd de Chartres[5], s'attendaient à trouver dans la nature de l'homme des jugements antérieurs à la première sensation. Mais Dieu qui ne fait rien d'inutile, ne nous a donné aucune idée primitive, même, comme on l'a dit tant de fois, de ses propres attributs ; et pour revenir à l'aveugle de Cheselden, ces jugements lui eussent été inutiles pour distinguer à la vue le globe d'un cube : il n'y avait qu'à lui donner le temps d'ouvrir les yeux, et de regarder le tableau composé de l'univers. Lorsque j'ouvre ma fenêtre, puis-je au premier instant distinguer les objets ? De même le « pouce » peut paraître « grand comme une maison », lorsque c'est la première fois qu'on aperçoit la lumière. Ce qu'il y aurait là d'étonnant, c'est qu'un homme qui voit les choses si fort en grand, n'eût aucune perception de grandeur, comme on le dit contradictoirement.

Ibid., hist. IV, p. 188-190.

[188] Les sourds ne parlent pas, comme on le croit, dès qu'ils entendent ; autrement nous parlerions tous facilement une langue étrangère, qui ne s'apprend que par l'habitude des organes à la prononcer ; ils ont cependant plus de facilité à parler ; c'est pourquoi l'ouïe qu'Amman[6] donne aux sourds, est le grand mystère et la base de son art. Sans doute à force d'agiter le fond de leur gorge, comme ils voient faire, ils sentent à la saveur du canal d'Eustache un tremblement, une titillation, qui leur fait distinguer l'air sonore de celui qui ne l'est pas, et leur apprend qu'ils parlent, quoique d'une voix rude et grossière, qui ne s'adoucit que par l'exercice et la répétition des mêmes sons. Voilà l'origine d'une sensation qui leur était inconnue ; voilà le modèle de la fabrique de toutes nos idées. Nous n'apprenons nous-mêmes à parler, qu'à force d'imiter les sons d'autrui, de les comparer avec les nôtres, et de les trouver enfin ressemblants. Les oiseaux, comme on l'a dit ailleurs, ont la même faculté que nous, le même rapport entre les deux organes, celui de la parole, et celui de l'ouïe.

---

5 Voir le texte de Fontenelle à ce propos, p. 325-326.

6 Johann Conrad Amman (1669-1724) savant suisse. Il fit des recherches sur la physiologie de la phonation et l'oralisation des sourds. En 1692, il publia son *Surdus loquens seu Methodus qua qui surdus natus est loqui discere possit* (Le sourd qui parle, ou Méthode par laquelle celui qui est né sourd peut apprendre à parler), complété et publié en 1700 sous le titre *Dissertatio de loquela* (Dissertation sur la parole), ouvrage traduit en français en 1779.

Un sourd donne de la voix, quelle qu'elle soit, dès la première leçon d'Amman. Alors tandis que la voix se forme dans le larynx, on lui apprend à tenir la bouche ouverte, autant, et non plus qu'il faut pour prononcer telle ou telle voyelle. Mais comme ces lettres ont toutes beaucoup d'affinité entre elles, et n'exigent pas des mouvements fort différents, les sourds, et même ceux qui ne le sont pas, ne tiennent [189] pas la bouche précisément ouverte au point nécessaire ; c'est pourquoi ils se trompent dans la prononciation ; mais il faut applaudir cette méprise, loin de la relever, parce qu'en tâchant de répéter la même faute (qu'ils ne connaissent pas), ils en font une plus heureuse et donnent enfin le son qu'on demande.

Une physionomie spirituelle, un âge tendre[7], les organes de la parole bien conditionnés, voilà ce qu'Amman exige de son disciple, et il préfère l'hiver aux autres saisons, parce que l'air, condensé par le froid, rend la parole des sourds beaucoup plus sensible à eux-mêmes. Notre cerveau est originairement une masse informe, sans nulle idée ; il a seulement la faculté d'en avoir, il les obtient de l'éducation, avec la puissance de les lier, et de les combiner ensemble. Cette éducation consiste dans un pur mécanisme, dans l'action de la parole de l'un, sur l'ouïe de l'autre, qui rend les mêmes sons, et apprend les idées arbitraires qu'on a attachées à ces sons ; ou pour ne pas quitter nos sourds, dans l'impression de l'air et des sons qu'on leur fait rendre à eux-mêmes machinalement, comme je l'ai dit, sur leur propre nerf acoustique, qui est une des cordes, si l'on me permet de m'exprimer ainsi, à la faveur desquelles les sons et les idées vont se graver [190] dans la substance médullaire du cerveau, et jettent ainsi les premières semences de l'esprit et de la raison.

Ibid., t. III, *L'homme machine* [1748][8], p. 23-24.

[23] Autant de tempéraments, autant d'esprits, de caractères et de mœurs différentes. Galien même a connu cette vérité, que Descartes, et non Hippocrate, comme le dit l'auteur de l'histoire de l'âme, a poussée loin, jusqu'à dire que la médecine seule pouvait changer les esprits et les mœurs avec le corps. Il est vrai que la mélancolie, la bile, le phlegme,

7 [NdA] Depuis huit ans jusqu'à quinze. Plus jeunes, ils sont trop hardis, et ne sentent pas l'utilité de ces leçons ; plus vieux, leurs organes sont engourdis. Tome I.

8 Il s'agit d'une publication anonyme.

le sang, etc. suivant la nature, l'abondance et la diverse combinaison de ces humeurs, de chaque homme font un homme différent.

Dans les maladies, tantôt l'âme s'éclipse et ne montre aucun signe d'elle-même ; tantôt on dirait qu'elle est double, tant la fureur la transporte ; tantôt l'imbécillité se dissipe : et la convalescence, d'un sot fait un homme d'esprit. Tantôt le plus beau génie devenu stupide, ne se reconnaît plus. Adieu toutes ces belles connaissances acquises à si grands frais, et avec tant de peine !

Ici c'est un paralytique, qui demande si sa jambe est dans son lit. Là c'est un soldat qui croit avoir le bras qu'on lui a coupé. La mémoire de ses anciennes sensations, et du lieu, où son âme les rapportait, fait son illusion, et son espèce de délire. Il suffit de lui parler de cette partie qui lui manque, pour lui en rappeler et faire sentir tous les mouvements ; ce qui se fait avec je ne sais quel déplaisir d'imagination qu'on ne peut exprimer.

[24] Celui-ci pleure, comme un enfant, aux approches de la mort, que celui-là badine. Que fallait-il à Canus Julius[9], à Sénèque, à Pétrone[10], pour changer leur intrépidité, en pusillanimité, ou en poltronnerie ? Une obstruction dans la rate, dans le foie, un embarras dans la veine porte. Pourquoi ? Parce que l'imagination se bouche avec les viscères ; et de là naissent tous ces singuliers phénomènes de l'affection hystérique et hypocondriaque.

Que dirais-je de nouveau sur ceux qui s'imaginent être transformés en « loups-garous », en « coqs », en « vampires », qui croient que les morts les sucent ? Pourquoi m'arrêterais-je à ceux qui voient leur nez, ou autres membres de verre, et à qui il faut conseiller de coucher sur la paille, de peur qu'ils ne se cassent ; afin qu'ils en retrouvent l'usage et la véritable chair, lorsque mettant le feu à la paille, on leur fait craindre d'être brûlés : frayeur qui a quelquefois guéri la paralysie ? Je dois légèrement passer sur des choses connues de tout le monde.

Ibid., p. 36-39.

[36] Vous savez par le livre d'Amman[11], et par tous ceux[12] qui ont traduit sa méthode, tous les prodiges qu'il a su opérer sur les sourds de naissance,

9 Canus Julius, philosophe stoïcien du Ier siècle de notre ère.
10 Pétrone, écrivain latin du Ier siècle de notre ère.
11 Voir la note correspondante p. 413.
12 [NdA] L'auteur de l'*Histoire naturelle de l'âme* [*sc.* La Mettrie lui-même] etc.

dans les yeux desquels il a, comme il le fait entendre lui-même, trouvé des oreilles, et en combien peu de temps enfin il leur a appris à entendre, parler, lire, et écrire. Je veux que les yeux d'un sourd voient plus clair et soient plus intelligents que s'il ne l'était pas, par la raison que la perte d'un membre, ou d'un sens, peut augmenter la force, ou la pénétration d'un autre ; mais le singe voit et entend ; il comprend ce qu'il entend et ce qu'il voit. Il conçoit si parfaitement les signes qu'on lui fait, qu'à tout autre jeu, ou tout autre [37] exercice, je ne doute point qu'il ne l'emportât sur les disciples d'Amman. Pourquoi donc l'éducation des singes serait-elle impossible ? Pourquoi ne pourrait-il enfin, à force de soins, imiter, à l'exemple des sourds, les mouvements nécessaires pour prononcer ? Je n'ose décider si les organes de la parole du singe ne peuvent, quoi qu'on fasse, rien articuler ; mais cette impossibilité absolue me surprendrait, à cause de la grande analogie du singe et de l'homme, et qu'il n'est point d'animal connu jusqu'à présent, dont le dedans et le dehors lui ressemblent d'une manière si frappante. Mr. Locke, qui certainement n'a jamais été suspect de crédulité, n'a pas fait difficulté de croire l'histoire que le chevalier Temple[13] fait dans ses mémoires, d'un perroquet, qui répondait à propos et avait appris, comme nous, à avoir une espèce de conversation suivie[14]. Je sais qu'on s'est moqué[15] de ce grand métaphysicien ; mais qui aurait annoncé à l'univers qu'il y a des générations qui se font sans œufs et sans femmes, aurait-il trouvé beaucoup de partisans ? Cependant Mr. Trembley[16] en a découvert, qui se font sans accouplement, et par la seule section. Amman n'eût-il pas aussi passé pour un fou, s'il se fût vanté, avant que d'en faire l'heureuse expérience, d'instruire, et en aussi peu de temps, des écoliers, tels que les siens ? Cependant ses succès ont étonné l'univers, et comme l'auteur de l'histoire des polypes, [38] il a passé de plein vol à l'immortalité. Qui doit à son génie les miracles qu'il opère, l'emporte à mon gré, sur qui doit les siens au hasard. Qui a trouvé l'art d'embellir le plus beau des règnes, et de lui donner des perfections qu'il n'avait pas, doit être mis au-dessus d'un faiseur oisif de systèmes frivoles,

13 William Temple (1628-1699) diplomate et écrivain anglais. Ses *Observations upon the United Provinces of the Netherlands* sont publiées en 1673 et traduites en français en 1692 sous le titre *Remarques sur l'estat des Provinces Unies des Païs-Bas*.

14 Voir Locke, *Essai sur l'entendement humain*, liv. II, chap. XXVII, § 8.

15 [NdA] L'auteur de l'*Histoire naturelle de l'âme*.

16 Abraham Trembley (1710-1784) naturaliste genevois, auteur de *Mémoires pour servir à l'histoire d'un genre de polypes d'eau douce, à bras en forme de cornes* (1744).

ou d'un auteur laborieux de stériles découvertes. Celles d'Amman sont bien d'un autre prix ; il a tiré les hommes, de l'instinct auquel ils semblaient condamnés ; il leur a donné des idées, de l'esprit, une âme en un mot, qu'ils n'eussent jamais eue. Quel plus grand pouvoir !

Ne bornons point les ressources de la nature ; elles sont infinies, surtout aidées d'un grand art.

La même mécanique, qui ouvre le canal d'eustache dans les sourds, ne pourrait-elle le déboucher dans les singes ? Une heureuse envie d'imiter la prononciation du maître ne pourrait-elle mettre en liberté les organes de la parole, dans des animaux, qui imitent tant d'autres signes, avec tant d'adresse et d'intelligence ? Non seulement je défie qu'on me cite aucune expérience vraiment concluante, qui décide mon projet impossible et ridicule ; mais la similitude de la structure et des opérations du singe est telle, que je ne doute presque point, si on exerçait parfaitement cet animal, qu'on ne vînt à bout de lui apprendre à prononcer, et par conséquent à savoir une langue. Alors ce ne serait plus ni un homme sauvage, ni [39] un homme manqué : ce serait un homme parfait, un petit homme de ville, avec autant d'étoffe ou de muscles que nous-mêmes, pour penser et profiter de son éducation.

Des animaux à l'homme, la transition n'est pas violente ; les vrais philosophes en conviendront.

Ibid., p. 93.

Brisez la chaîne de vos préjugés ; armez-vous du flambeau de l'expérience, et vous ferez à la nature l'honneur qu'elle mérite ; au lieu de rien conclure à son désavantage, de l'ignorance où elle vous a laissés. Ouvrez les yeux seulement, et laissez-là ce que vous ne pouvez comprendre ; et vous verrez que ce laboureur dont l'esprit et les lumières ne s'étendent pas plus loin que les bords de son sillon, ne diffère point essentiellement du plus grand génie, comme l'eût prouvé la dissection des cerveaux de Descartes et de Newton : vous serez persuadé que l'imbécile, ou le stupide, sont des bêtes à figure humaine, comme le singe plein d'esprit, est un petit homme sous une autre forme ; et qu'enfin tout dépendant absolument de la diversité de l'organisation, un animal bien construit, à qui on a appris l'astronomie, peut prédire une éclipse, comme la guérison, ou la mort, lorsqu'il a porté quelque temps du génie et de bons yeux à l'école d'Hippocrate et au lit des malades.

L'École de la volupté [1747], Genève, 1783[17], p. 59-60.

[59] Le plus beau spectacle du monde, c'est une belle femme, un beau visage ? À quoi servirait mon imagination, sans mes yeux ? Les aveugles de naissance n'imaginent rien. Les yeux seuls pouvaient faire passer l'image de la beauté dans [60] mon âme, et l'empreinte en reste vivement gravée dans mon cœur.

L'esprit, tous les charmes de la conversation, qui ne sont pas sans volupté, la douceur de la voix, qui marque assez communément celle du caractère, la musique, le goût du chant, sans l'ouïe, que d'attraits perdus pour moi ! [...] aurais-je, sans l'odorat, le plaisir de sentir l'odeur que j'aime dans ma maîtresse ?

17 Il s'agit d'une publication anonyme.

THOMAS REID
(1710-1796)

Œuvres complètes de Thomas Reid, t. II, éd. Théodore Jouffroy, Paris, A. Sautelet et Cie, Alexandre Mesnier, 1828, *Recherches sur l'entendement humain d'après les principes du sens commun* [1764], chap. IV, sect. II, p. 90-92.

[90] Le genre humain ayant donc reçu de la nature un langage commun, pauvre il est vrai, et circonscrit aux besoins les plus indispensables, mais intelligible, il ne fallait pas un si grand génie pour lui donner de la perfection, en y ajoutant des signes artificiels qui suppléassent à son insuffisance. Ces signes ont dû se multiplier à mesure que les arts nécessaires à la vie et les connaissances ont fait [91] des progrès. Entre tous ceux dont on pouvait se servir, il n'en est point de plus propres à la formation du langage artificiel que les articulations de la voix, et comme le genre humain les a toujours employées à cet usage, nous avons lieu de croire que c'est à ce dessein qu'elles nous ont été données par la nature. Mais son intention n'était probablement pas que nous laissassions à l'écart les signes naturels ; c'était assez que nous sussions suppléer à leur insuffisance par le moyen des signes artificiels. Un homme qui va toujours en voiture perd peu à peu l'usage de ses jambes ; de même, celui qui n'emploie jamais que les signes artificiels, perd à la fois et la connaissance et l'usage des signes naturels. Les sourds et muets de naissance retiennent beaucoup plus la connaissance et l'usage des signes naturels, que les autres hommes, parce que la nécessité les y oblige ; et c'est par la même raison, que les sauvages les emploient bien plus habituellement que les peuples civilisés. C'est surtout de ces signes naturels, que le langage emprunte sa force et son énergie ; moins il puise à cette source, moins il est persuasif, moins il a d'expression. Voilà pourquoi l'écriture est moins expressive que la lecture, et la lecture moins expressive que la conversation. La conversation devient elle-même froide

et languissante, si elle n'est accompagnée de ces inflexions propres et naturelles, de cet accent et de ces modulations de la voix, qui la rendent si vive et si intéressante. La conversation devient encore plus expressive quand à la vérité des intonations nous ajoutons le langage des yeux et de la physionomie ; et toutefois elle ne s'élève à toute l'énergie et à toute la perfection dont elle est susceptible que lorsque, à tous ces moyens d'expression, vient se joindre le langage des gestes et de l'action.

Lorsque nous parlons naturellement, non seulement la [92] voix et les poumons, mais encore tous les muscles du corps sont en mouvement ; notre manière de parler se rapproche alors de celle des muets et des sauvages, dont le langage, plus voisin de la nature, est aussi plus expressif et s'apprend plus aisément.

N'est-il pas déplorable, que les raffinements de la vie civilisée, au lieu de pourvoir simplement à l'insuffisance du langage naturel, le déracinent entièrement, et mettent à sa place des articulations plates et languissantes de sons qui ne présentent rien à l'esprit, ou des lettres mortes et inanimées. On fait ordinairement consister la perfection du langage à exprimer les sentiments et les pensées humaines par ces signes insignifiants ; mais, si c'est là la perfection du langage artificiel, c'est à coup sûr la corruption de celui de la nature.

Ibid., chap. V, sect. VI, p. 116-119.

[116] Pour présenter la question sous un nouveau point de vue, peut-être n'est-il pas inutile de rechercher si la sensation seule peut nous donner quelque notion de l'étendue, de la figure, du mouvement et de l'espace.

Je commence par prendre pour accordé qu'un aveugle a les mêmes notions de l'étendue, de la figure et du mouvement, qu'un homme qui a les yeux sains ; et que Saunderson[1] avait les mêmes idées d'un cône, d'un cylindre, d'une sphère, des mouvements et des distances des corps célestes que Newton.

La vue n'étant donc pas nécessaire pour acquérir ces notions, nous la laisserons entièrement de côté dans la recherche de leur origine, et nous supposerons un aveugle qui, à la suite d'une grande maladie, aurait perdu toute l'expérience, toutes les habitudes, et toutes les notions qu'il avait acquises

1 Voir la note correspondante p. 364.

par le toucher ; qui n'aurait plus la moindre conception de l'existence, de la figure, des dimensions, de l'étendue ni de son propre corps, ni d'aucun autre ; qui aurait ainsi à acquérir de nouveau toute la connaissance des choses extérieures que nous possédons ; mais qui aurait conservé intacts et les sens et toutes les facultés intellectuelles qui nous la donnent.

Supposons, premièrement, que le corps de cet homme soit fixé immuablement dans un lieu, de manière à ce qu'il ne puisse éprouver la sensation du toucher que lorsqu'on mettra quelque autre corps en contact avec le sien, et [117] commençons par piquer cet homme avec une épingle. Il éprouvera sans aucun doute une sensation très vive, une douleur très aiguë ; mais qu'en peut-il conclure ? rien sûrement touchant l'existence ou la figure de l'épingle. Il ne peut rien inférer de la douleur qu'il endure, qu'il ne puisse également inférer de la goutte ou de la sciatique. Le sens commun peut le conduire à penser que cette souffrance a une cause ; mais de savoir si cette cause est un corps ou un esprit, si elle est étendue ou inétendue, si elle a une figure ou si elle n'en a pas, c'est sur quoi il ne lui est pas possible de former la plus légère conjecture, en vertu des seuls principes que nous lui supposons. S'il n'avait auparavant aucune notion ni de la matière ni de l'étendue, la piqûre d'une épingle ne peut lui en donner.

Supposons, en second lieu, qu'on mette en contact avec son corps un objet arrondi par son extrémité, et qu'on augmente peu à peu la pression jusqu'à ce qu'elle produise une contusion ; qu'en résultera-t-il ? une autre sensation, il est vrai, et même une succession ou une série de sensations ; mais dont il ne pourra rien inférer de plus que dans le cas précédent. Car une tumeur squirrheuse[2] dans quelque partie intérieure du corps, par la pression qu'elle exercerait sur les parties adjacentes, lui ferait éprouver le même genre de sensations, sans que ces sensations lui inspirassent d'autre notion que celle de la douleur, laquelle n'a sûrement aucune ressemblance avec l'idée de l'étendue.

Supposons, troisièmement, que l'objet mis en contact touche une partie plus ou moins grande de son corps ; cela lui donnera-t-il la notion de l'étendue ou des dimensions de cet objet ? Quant à moi, cela me paraît impossible, à moins qu'on ne suppose qu'il ait quelque notion préalable des dimensions et de la figure [118] de son propre corps, qui lui serve de mesure. [...]

2 Qui a une consistance dure.

Supposons, quatrièmement, que les mains ou le visage de l'homme que nous supposons, demeurant immobiles, on passe légèrement un corps sur l'une ou l'autre de ces parties ; cela lui donnera-t-il quelque notion de l'espace et du mouvement ? À la vérité il éprouvera une sensation nouvelle ; mais qu'une pareille sensation donne l'idée de l'espace ou du mouvement à un homme qui ne l'a jamais eue, c'est ce que je ne puis admettre. Le sang circule dans les veines et dans les artères, et ce mouvement, lorsqu'il est violent, est très distinctement senti ; mais je n'imagine pas qu'un homme pût trouver dans cette sensation l'idée de l'espace et du mouvement, s'il ne l'avait pas auparavant. Ce mouvement du sang peut, comme la colique, procurer une certaine succession de sensations ; mais il n'y a point de sensation ni de combinaison de sensations qui puisse ressembler à l'espace ou au mouvement.

Supposons, en cinquième lieu, qu'il fasse quelque effort instinctif pour remuer la tête ou les mains, mais qu'il ne s'ensuive aucun mouvement réel, soit à cause d'une résistance [119] extérieure qu'on peut supposer y mettre obstacle, soit à cause d'une paralysie ; peut-on croire que cet effort donnât la notion de l'espace et du mouvement à un homme qui ne l'aurait jamais eue auparavant ? Certainement pas davantage.

Supposons, enfin, que par un autre effort instinctif il remue une jambe, mais toujours sans avoir eu aucune notion antérieure de l'espace ou du mouvement. Ici se produit une nouvelle sensation, qui accompagne la flexion des jointures et la tension des muscles ; mais de savoir comment cette sensation peut introduire dans son esprit l'idée de l'espace et du mouvement, c'est encore une énigme inintelligible. Tous les mouvements du cœur et des poumons sont produits par la contraction des muscles, et cependant ils ne donnent aucune idée de l'espace ni du mouvement ; le fœtus dans le sein de sa mère éprouve les mêmes mouvements, et probablement avec eux les sensations qui les accompagnent, sans aucune idée de l'espace ni du mouvement.

Il paraît donc en définitive que les philosophes se sont abusés et nous ont induits en erreur, lorsqu'ils ont prétendu découvrir dans la sensation la première origine des idées que nous avons des existences extérieures, de l'espace, du mouvement, de l'étendue et de toutes les qualités premières des corps, c'est-à-dire des qualités dont nous avons la conception la plus claire et la plus distincte.

Ibid., chap. VI, sect. I, p. 140-142.

[140] Supposons une espèce d'êtres doués de toutes les facultés humaines, celle de la vue seule exceptée, et accoutumés à ne recevoir leurs connaissances que par la voie du toucher, quelle ne serait pas leur surprise si on leur disait qu'en ajoutant à leur constitution un seul organe composé d'un petit corps sphérique enfermé dans une enveloppe d'un pouce de diamètre, ils pourraient devenir capables d'apercevoir, en un instant et sans changer de place, la disposition de toute une armée, l'ordre entier d'une bataille, la façade d'un palais magnifique, ou la riche variété d'un vaste paysage ? Je suis persuadé que, si un homme était obligé de déterminer par l'organe seul du toucher, ou la hauteur du pic de Ténériffe, ou la [141] forme de l'église de Saint-Pierre de Rome, il n'aurait pas assez de toute la vie pour accomplir ce travail.

L'étonnement des êtres que nous venons de supposer, deviendrait bien plus grand, s'ils apprenaient les découvertes qu'on peut faire avec ce petit organe dans des choses qui sont bien au-dessus de la portée des autres sens ; si, par exemple, ils savaient que par son moyen nous pouvons reconnaître notre route à travers l'Océan, faire le tour du globe entier de la terre, déterminer sa figure et ses dimensions, dessiner la forme et la position respective des diverses contrées qu'elle renferme, mesurer même les orbites planétaires, et faire des découvertes jusque dans la sphère des étoiles fixes.

Que serait-ce donc, et de quel étonnement ne seraient-ils pas frappés, si on leur disait encore que, par le moyen de ce petit organe, nous sondons le caractère, les passions et les affections des autres hommes, dans le temps même qu'ils s'appliquent avec le plus de soin à nous en dérober la connaissance ; que lorsque leur langue sait mentir et dissimuler avec art, l'œil reconnaît l'hypocrisie dans leur contenance ; enfin que par cet organe nous apercevons ce qui est droit et ce qui ne l'est pas, aussi bien dans l'esprit que dans les corps ? À combien de mystères un aveugle n'est-il point obligé d'ajouter foi s'il veut s'en rapporter aux relations de ceux qui voient ? assurément la foi d'un bon chrétien n'est pas soumise à de plus fortes épreuves.

Ce n'est donc pas sans raison que la faculté de la vue est regardée non seulement comme la plus noble de toutes celles que nous devons à nos sens, mais encore comme ayant en elle quelque chose de supérieur à la sensation. Aussi nous appelons l'évidence de la raison une « vue », une « intuition », [142] et non point un « toucher », une « odeur », un « goût » ; il y a plus, nous avons coutume d'exprimer par le même mot la manière dont Dieu connaît, choisissant ainsi ce qu'il y a de plus parfait dans nous-mêmes pour nous représenter la divinité.

Ibid., sect. II, p. 142-146.

[142] Malgré ce que nous venons de dire de la supériorité et de l'excellence de cette faculté, il est pourtant digne de remarque que de toutes les connaissances qu'elle nous donne il y en a bien peu que l'on ne puisse communiquer à un aveugle-né. Un homme qui n'a jamais vu la lumière, peut devenir habile dans toutes les sciences, même dans l'optique, et faire des découvertes dans toutes les parties de la philosophie naturelle. Il peut concevoir aussi bien qu'un autre non seulement l'ordre, les distances et les mouvements des corps célestes, mais encore la nature de la lumière, ses propriétés, et les lois de la réflexion et de la réfraction de ses rayons. Il peut également comprendre très distinctement les phénomènes de l'arc-en-ciel, du prisme, de la chambre obscure, de la lanterne magique, et toutes les merveilles du télescope et du microscope. Ce que nous disons ici ne doit point exciter de défiance ; c'est un fait suffisamment attesté par l'expérience.

On en sentira bientôt la raison, si l'on prend la peine de distinguer l'apparence que les objets présentent à l'œil, des choses désignées par cette apparence ; et dans cette [143] apparence même, l'apparence de la couleur, de celle de l'étendue, de la figure, et du mouvement.

Quant à ce qui regarde d'abord l'apparence visible de la figure, du mouvement et de l'étendue des corps, je conçois qu'un homme né aveugle peut avoir une notion très distincte, sinon de cette apparence même, au moins de quelque chose qui lui est extrêmement semblable. Est-il impossible de faire concevoir à un aveugle-né qu'un corps qui s'approche ou qui s'éloigne de l'œil en ligne droite peut paraître en repos, et que le mouvement peut paraître à l'œil plus ou moins rapide, plus ou moins lent, suivant qu'il a lieu plus près ou plus loin de lui, dans une direction plus perpendiculaire ou plus oblique relativement à lui ? Ne peut-on pas lui faire comprendre également, qu'une surface plane dans une certaine position peut paraître à l'œil une simple ligne, et que sa figure visible peut varier, selon que sa position par rapport à l'œil ou celle de l'œil par rapport à elle variera elle-même ? et aussi qu'un cercle vu obliquement paraîtra une ellipse ; qu'un carré vu de la même façon ressemblera à un rhombe[3] ou à un rectangle oblong ? Le docteur Saunderson, né aveugle comme chacun sait, entendait très bien la projection de la sphère et les règles ordinaires de la perspective ; il devait donc très bien entendre aussi tout ce dont je viens de parler. Si quelqu'un doutait que Saunderson entendît toutes ces choses, je pourrais lui rapporter ce qu'il me dit un jour en conversation. Il m'avoua qu'il avait trouvé une grande difficulté à concevoir la démonstration que le docteur Halley[4] a donnée de cette proposition : Que les angles faits par les cercles de la sphère sont égaux aux angles faits par les cercles qui les représentent dans une projection stéréographique. Mais, dit-il, lorsque je mis de côté cette démonstration, et que je [144] considérai la proposition à ma manière, je vis clairement qu'elle devait être vraie. Un de mes amis, d'une autorité non suspecte et juge compétent en cette matière, était présent à cette conversation, et se souvient très bien, encore aujourd'hui, de cette particularité.

Pour ce qui regarde l'apparence des couleurs, un homme né aveugle doit y être plus embarrassé, parce qu'il n'a point de perception qui ressemble à celle-là. Cependant par une sorte d'analogie il peut en partie suppléer à ce défaut. Pour ceux qui voient, la « couleur écarlate » signifie une qualité inconnue dans les corps, qui présente à l'œil une apparence qu'ils ont souvent observée et qu'ils connaissent parfaitement. Pour un homme né aveugle cette couleur signifie une qualité inconnue qui offre à l'œil une apparence qu'il ne connaît point. Mais il peut concevoir que l'œil est affecté par des couleurs différentes, comme le nez l'est par des odeurs différentes et l'oreille par des sons différents. Il peut donc concevoir que l'écarlate diffère du bleu, comme le son d'une trompette[5] diffère de celui d'un tambour, ou comme l'odeur d'une orange diffère de celle d'une pomme. Il est impossible de savoir si l'écarlate offre à mon œil la même apparence qu'à celui d'un autre homme ; et si les apparences qu'elles présentent à différentes personnes

3 Losange.
4 Edmond Halley (1656-1742) astronome britannique, qui donna son nom à la fameuse comète.
5 Voir ici le texte de Locke p. 285.

étaient aussi dissemblables que la couleur l'est du son, aucune ne serait jamais en état de découvrir cette différence. Il suit de là évidemment qu'un aveugle de naissance peut parler assez pertinemment des couleurs, et répondre d'une manière assez satisfaisante à toutes les questions qu'on pourrait lui faire touchant leur nature, leur composition, leurs nuances, leur éclat, pour faire oublier qu'il manque de l'organe qui donne aux autres toutes ces connaissances.

[145] Nous avons vu jusqu'où un aveugle peut aller dans la connaissance des apparences visibles des objets extérieurs. Quant aux choses que ces apparences suggèrent ou que nous en inférons, quoiqu'il ne puisse pas les découvrir de lui-même, il peut néanmoins les concevoir parfaitement sur le rapport qu'on lui en fera ; et toutes les choses de cette espèce dont la connaissance entre dans notre esprit par la vue, peuvent entrer dans le sien par l'ouïe. Ainsi, par exemple, abandonné à lui-même et à ses propres facultés, il n'aurait jamais pu imaginer rien de semblable à la lumière ; et cependant on peut lui apprendre sur la lumière tout ce que nous en savons nous-mêmes. Il peut concevoir aussi distinctement que nous la ténuité et la vitesse des rayons lumineux, leurs différents degrés de réfrangibilité et de réflexibilité, et toutes les autres vertus et propriétés magiques de ce merveilleux élément. Jamais il n'aurait trouvé de lui-même qu'il existe des corps tels que le soleil, la lune et les étoiles, mais on pourra lui apprendre et lui faire comprendre toutes les magnifiques découvertes des astronomes sur leurs mouvements et les lois auxquelles la nature les a assujettis. Il paraît donc qu'on peut communiquer à un aveugle intelligent, par le moyen du langage, presque toutes les connaissances que nous devons au sens de la vue.

Supposons pour un moment qu'il fût aussi rare, parmi les hommes, de naître avec une vue saine, qu'il l'est de naître aveugle ; le petit nombre d'hommes qui auraient reçu le don rare et merveilleux de la vue, ne paraîtraient-ils pas alors à la multitude comme autant de prophètes, d'hommes divins et inspirés pour instruire les autres ? Nous savons que l'inspiration ne donne à l'homme aucune nouvelle faculté ; elle lui communique seulement d'une manière particulière et par des voies extraordinaires, [146] ce que les facultés communes au genre humain peuvent comprendre, et ce qu'il peut communiquer aux autres par les moyens ordinaires. En admettant la supposition que nous avons faite, le don de la vue paraîtrait aux hommes nés aveugles ce que le don de l'inspiration nous paraît à nous-mêmes ; car le petit nombre de ceux qui l'auraient reçu pourraient communiquer les connaissances qu'ils lui devraient, à ceux qui n'en jouiraient pas. À la vérité, ils ne pourraient leur donner une idée bien distincte de la manière dont ils reçoivent eux-mêmes ces connaissances ; un petit corps sphérique revêtu de son enveloppe, leur paraîtrait un instrument aussi peu propre à donner une science si étendue, qu'un songe ou une vision. La manière dont un homme qui voit, discerne tant de choses par l'organe de la vue, est aussi inintelligible, aussi mystérieuse pour un aveugle, que peut l'être pour nous la manière dont un prophète apprend l'avenir dans l'inspiration. L'aveugle-né doit-il pour cela, et sans examen, traiter d'imposture toute prétention au don de la vue ? Ne peut-il pas, s'il a de la candeur et de la droiture, trouver de bonnes raisons de croire à la réalité de ce don dans les autres, et en tirer pour lui-même de grands avantages ?

Ibid., sect. VII, p. 175-176.

[175] Quoique ces raisonnements me paraissent suffisants pour prouver qu'un aveugle de naissance peut concevoir l'étendue et la figure visibles des corps, cependant, afin d'écarter quelques préjugés qui combattent cette vérité, il ne sera pas hors de propos de comparer les notions qu'un mathématicien aveugle pourrait se former de la figure visible, avec les apparences qui frappent l'œil dans la vision, et d'examiner en quoi diffèrent ces deux choses.

Premièrement, la figure visible n'apparaît jamais à l'œil qu'elle ne soit jointe à la couleur ; et quoiqu'il n'y ait point entre elles de connexion fondée sur la nature des choses, elles ont pourtant contracté une union si étroite, qu'il nous est pour ainsi dire impossible de les séparer, même dans notre imagination. Ce qui augmente considérablement la difficulté, c'est que nous n'avons point l'habitude de faire attention à la figure visible ; elle n'est pour nous qu'un simple signe ; dès qu'elle a rempli son office, elle s'évanouit sans laisser de traces après elle. [...] [176] La notion que notre aveugle aura de la figure visible, ne sera point associée à la couleur dont il n'a aucune idée ; mais elle le sera peut-être avec l'âpreté ou le poli que le tact lui a fait connaître. Ces associations différentes peuvent nous tromper, et nous faire supposer de la différence entre des choses qui sont réellement les mêmes.

En second lieu, l'aveugle de naissance se forme la notion de la figure visible par la pensée et par des raisonnements mathématiques dérivés de principes abstraits ; au lieu qu'elle frappe les yeux de l'homme qui voit, et se révèle à lui, sans travail, sans raisonnement, et comme par une sorte d'inspiration. Un homme peut se former l'idée d'une parabole ou d'une cycloïde[6], par la simple définition mathématique de ces figures, sans les avoir jamais vues dessinées ou en relief ; et un autre qui ignore les définitions mathématiques de ces figures, peut les voir dessinées sur le papier ou les sentir sculptées sur une planche : tous deux peuvent en avoir une conception distincte, l'un par le raisonnement mathématique, l'autre par les sens. L'aveugle se forme une notion de la figure visible, de la même manière que le premier de ces deux hommes s'en forme une de la parabole et de la cycloïde, qu'il n'a jamais vues.

Troisièmement, la figure visible fait aussitôt concevoir à celui qui voit, la réalité dont elle est le signe ; mais les pensées de l'aveugle procèdent dans un ordre contraire ; il commence par connaître la figure, la distance et la situation réelles du corps, et à l'aide du raisonnement mathématique il en infère la figure visible ; pour lui la figure visible n'est pas un signe, c'est une création de sa raison et de son imagination.

Ibid., sect. XI, p. 213-215.

[213] Si je ne me trompe, l'ingénieux évêque de Cloyne[7] est tombé dans la même erreur ; ayant trouvé que plusieurs phénomènes de la vision s'expliquaient par l'association des [214] idées de la vue et du toucher, il a généralisé ce principe, et l'a poussé au-delà de ses limites légitimes.

Afin de vérifier du mieux qu'il nous sera possible la justesse de cette présomption, supposons pour un moment qu'on donnât soudainement la vue à un homme comme le docteur Saunderson, né aveugle, mais qui possédât toutes les connaissances et toute l'habileté dont un homme est capable dans cet état. Ôtons à cet homme toutes les occasions de lier les idées de la vue avec celles du toucher, jusqu'à ce que les premières lui soient devenues un peu familières ; admettons, en un mot, qu'après la première surprise occasionnée par des notions si nouvelles pour lui, il

6 La cycloïde est la courbe décrite par un point d'un cercle qui roule sur une droite.
7 George Berkeley. Voir ici le chapitre qui lui est consacré, p. 339-343.

ait le temps de les étudier, de les examiner, et de les comparer dans son esprit avec les notions qu'il avait préalablement acquises par le toucher ; et particulièrement qu'il ait le loisir de comparer en lui-même cette étendue visible que ses yeux lui présentent, avec cette autre étendue dont le toucher lui avait auparavant donné la connaissance

Nous avons tâché de prouver précédemment qu'un aveugle pouvait se former une idée de l'étendue et de la figure visibles des corps, par la relation qu'elles ont avec l'étendue et la figure tactiles. À plus forte raison, lorsque cette étendue et cette figure visibles lui seront présentées à l'œil, sera-t-il en état de les comparer avec l'étendue et la figure tactiles, et de percevoir que les premières ont de la longueur et de la largeur comme les secondes, et qu'elles peuvent être terminées comme elles par des lignes droites et courbes. Il percevra donc aussi qu'il peut y avoir des cercles, des triangles et d'autres figures visibles, comme il y en a de tactiles : car, quoi que la figure visible soit colorée, et que la tangible ne le soit pas, elles peuvent cependant avoir la même figure, [215] comme deux objets du toucher peuvent avoir la même forme, quoique l'un soit froid et l'autre chaud. [...]

Il suit de là que les figures visibles, qui sont assez petites pour être embrassées aisément et distinctement d'une seule vue, ne ressemblent pas seulement aux figures tactiles planes qui ont le même nom, mais qu'elles sont encore les mêmes, absolument parlant. Si donc l'on avait donné la vue au docteur Saunderson, et qu'il eût regardé attentivement les figures du premier livre d'Euclide, il aurait pu, par la seule pensée et sans les toucher, reconnaître que ces figures visibles étaient les mêmes que celles qui lui avaient été révélées auparavant par le toucher.

Ibid., t. III, *Essais sur les facultés de l'esprit humain* [1785], II, chap. XVIII, p. 291-292.

[291] Je réponds en second lieu, que si l'on considère la sensation en elle-même, abstraction faite de sa cause, il est impropre de dire que le pied soit le lieu ou le sujet de la douleur. Mais il faut se rappeler que quand on parle d'une douleur au pied, la sensation s'identifie avec sa cause, qui est réellement dans le pied ; une même notion enveloppe la cause et l'effet ; un seul mot l'énonce ; le philosophe résout cette notion ; il assigne des noms différents à chacun de ses éléments ; il appelle la

sensation *douleur*, et la cause inconnue de la sensation *maladie* ; il est évident que celle-ci est dans le pied, et que ce serait une erreur d'y placer aussi la douleur ; mais cette erreur, le vulgaire ne la commet point, puisqu'il ne distingue pas la sensation de sa cause, et qu'il enveloppe les deux éléments sous un même terme.

Il y a un phénomène qui fait sentir au vulgaire même la justesse de cette distinction. Une jambe coupée n'empêche pas de ressentir quelquefois de la douleur au pied ; [292] l'homme qui l'éprouve n'a pas de peine à reconnaître que le pied qui n'existe plus, n'en peut être ni le siège, ni le sujet ; cependant la sensation est la même qu'il éprouvait avant l'amputation ; et sans le témoignage de ses yeux, elle lui donnerait la même conviction.

Ce phénomène met dans le plus grand jour la distinction de la sensation et de la perception. On a coutume de dire que l'amputé éprouve une sensation trompeuse, et l'on a raison dans un sens général ; mais à parler exactement, nos sensations ne sauraient être trompeuses ; elles sont et ne peuvent être que ce que nous les sentons. L'erreur n'est point dans la sensation qui est réelle, mais dans la perception d'une maladie dans une partie du corps qui n'existe plus : ce n'est point la sensation, c'est la perception que la nature lui avait associée, qui nous abuse.

Toutes les illusions des sens s'expliquent de la même manière. La jaunisse nous fait voir jaune ce qui est blanc ; nous voyons double quand nos deux yeux ne sont pas dirigés simultanément sur l'objet ; dans tous les cas de cette espèce, nos sensations sont réelles ; l'erreur est dans la perception.

Ibid., t. IV, II, chap. XXI, p. 32-33.

[32] Outre ce perfectionnement que la nature donne à nos facultés perceptives sans notre participation, nous avons des moyens à nous de les améliorer et de corriger leurs défauts. Nous indiquerons les suivants.

1 ° Veiller à la conservation des organes par lesquels ces facultés s'exercent, et faire qu'ils se maintiennent dans un état sain et naturel : ceci est du ressort de l'hygiène.

2 ° Appliquer fortement son attention aux objets de la perception. – Il n'est point d'art qui ne témoigne de l'efficacité de ce moyen : l'artiste, en donnant une attention plus grande aux objets dont il s'occupe, parvient

à percevoir une foule de choses qui échappent au commun des hommes ; les personnes qui sont privées d'un sens suppléent d'une manière étonnante aux facultés qu'ils [elles] n'ont plus, en donnant plus d'attention aux objets de celles qui leur restent ; les aveugles acquièrent une finesse de tact et d'oreille extraordinaire ; les sourds lisent admirablement la pensée dans les expressions de la physionomie.

3 ° Les instruments, inventés par l'art, étendent le champ de nos facultés perceptives. Celui de la vision a [33] été merveilleusement agrandi par la découverte des verres optiques, et l'on peut dire que cette invention a doublé la puissance naturelle de l'œil. Les porte-voix et les cornets acoustiques ont également reculé les bornes des perceptions de l'ouïe. Peut-être ne serait-il pas impossible d'étendre la portée naturelle des autres sens par des inventions semblables.

Ibid., III, chap. IV, p. 66-67.

[66] Il est moins aisé peut-être de déterminer avec précision la notion de personnalité. Heureusement cette précision n'est pas nécessaire pour notre objet présent. Je me [67] contenterai d'observer, que tous les hommes placent leur personnalité dans quelque chose qui ne peut être ni composé ni divisé : une partie d'une personne est une absurdité manifeste.

Quand un homme perd son bien, sa santé, sa force, il est encore la même personne ; sa personnalité n'est point entamée. Qu'on lui coupe un bras ou une jambe, elle ne l'est pas davantage. Le membre amputé n'était pas une partie de sa personne ; autrement ce membre aurait droit à une partie de ses biens, et serait tenu d'observer une partie de ses engagements ; il serait pour quelque chose dans son honneur et son déshonneur ; suppositions manifestement absurdes. Une personne est une chose indivisible ; elle est ce que Leibnitz appelle une « monade ».

Ibid., t. V, 1829, VI, chap. V, p. 124-125.

[124] *Onzième principe.* Beaucoup d'événements qui dépendent de la volonté libre de nos semblables, ne laissent pas de pouvoir être prévus avec une probabilité plus ou moins grande.

Il n'y a que les fous et les frénétiques dont les actions ne puissent être prévues en aucune manière ; aussi, juge-t-on convenable de les enfermer, afin de prévenir le mal qu'ils pourraient se faire à eux-mêmes ainsi qu'aux autres. On ne les considère point comme des créatures raisonnables, [125] ni comme des membres de la société. Mais quant aux hommes dont les facultés sont saines, nous attendons d'eux une certaine régularité de conduite ; et dans des milliers de cas nous pourrions hasarder de parier dix contre un, qu'ils agiront de telle manière, et non de la manière contraire.

Ibid., t. VI, 1829, IV, chap. VI, p. 242-243.

[242] Mais un fait digne de remarque, c'est que tous les actes qui dépendent de la volonté ne nous paraissent point, par cela seul, au pouvoir de celui qui les fait. La règle admet ici une foule d'exceptions. J'exposerai les plus saillantes [243] ; la règle en sera mieux comprise, et les limites de la liberté humaine plus nettement posées.

Dans les accès de folie, les hommes sont privés de tout empire sur eux-mêmes ; ils agissent volontairement, mais leur volonté est entraînée comme par une tempête, à laquelle ils prennent la résolution de résister de toutes leurs forces dans les intervalles de raison, mais par laquelle ils sont de nouveau vaincus au retour du délire.

Les idiots ressemblent à des hommes qui marchent dans les ténèbres, et qui n'ont pas le pouvoir de choisir leur chemin parce qu'ils ne peuvent distinguer la bonne route de la mauvaise. Leur intelligence étant privée du flambeau qui nous dirige, il faut de deux choses l'une, ou qu'ils demeurent inactifs, ou que leur activité soit déterminée par une aveugle impulsion.

Ibid., V, chap. VI, p. 389.

Un renard, dit-on, use de stratagèmes, mais il ne peut mentir, parce qu'il ne peut donner son témoignage, ni engager sa véracité. On dit qu'un chien est fidèle à son maître ; mais cela signifie simplement qu'il lui est attaché, car il n'a jamais pris d'engagement envers lui. Rien ne me semble indiquer dans l'animal la capacité de témoigner ou de promettre.

Le muet ne parle pas plus que le renard ou le chien ; mais il donne son témoignage par signes, et d'aussi bonne heure que nous le faisons par la parole. Il sait en quoi consiste le mensonge aussitôt que les autres hommes, et il le hait tout autant. Il peut engager sa foi, et il comprend l'obligation qui s'attache à une promesse ou à un contrat.

Le pouvoir de témoigner et de s'engager est donc une prérogative de l'homme ; Dieu nous a donné ces facultés en jetant dans notre constitution un élément qui la distingue de celle des animaux. Que ces facultés soient originelles, comme je le pense, ou qu'on puisse les résoudre dans d'autres, ce qui est évident du moins c'est qu'elles se manifestent de très bonne heure dans l'esprit humain, et se retrouvent chez tous les individus civilisés ou sauvages de l'espèce.

DAVID HUME
(1711-1776)

Essais philosophiques sur l'entendement humain [1748], trad. Charles Renouvier et François Pillon, Paris, Au Bureau de la critique philosophique, 1878, II, p. 402-403.

[402] En second lieu, lorsqu'il arrive, par un défaut de l'organe, qu'un homme n'est pas susceptible d'une certaine espèce de sensation, nous le trouvons toujours également privé des idées qui en naissent. C'est ainsi qu'un aveugle-né n'a point la notion des couleurs, ni un sourd celle des sons. Rendez à l'un ou à l'autre le sens qui lui manque; ce nouveau canal, ouvert aux sensations, servira en même temps de passage aux idées, et il concevra sans difficulté des choses qui jusque-là lui étaient entièrement inconnues. Le cas est le même lorsque les objets, propres à exciter une certaine sensation, n'ont jamais été appliqués à l'organe; ainsi un lapon, ou un nègre, n'a point d'idée de la saveur du vin. Enfin, quoiqu'il [403] n'y ait guère d'exemples d'un défaut de l'esprit, qui ferait qu'un homme n'aurait jamais eu, ni même pu avoir quelqu'un des sentiments, ou quelqu'une des passions qui sont le partage de l'espèce humaine, notre observation ne laisse pas de se trouver ici, encore que d'une manière moins frappante. Un homme de mœurs douces n'aura point d'idée de la cruauté, ni d'une haine implacable; une âme intéressée ne concevra pas aisément le sublime de l'amitié, ou de la générosité. Enfin on convient que d'autres êtres peuvent avoir plusieurs sens que nous n'imaginons pas, parce que les idées qui devraient nous les faire connaître n'ont jamais été introduites en nous par le sentiment, par la sensation actuelle, qui est le seul moyen propre à faire naître une idée dans l'esprit.

Ibid., VII, p. 456-457.

[456] Secondement, nous n'avons pas le même empire sur tous nos organes, et l'expérience est la seule raison que nous puissions alléguer d'une différence aussi remarquable. Pourquoi la volonté influe-t-elle sur la langue et [457] sur les doigts ? et pourquoi n'influe-t-elle ni sur le cœur ni sur le foie ? Cette question n'aurait rien d'embarrassant, si, dans le premier de ces cas, nous avions le sentiment d'un pouvoir qui nous manque dans le second : nous apercevrions alors, indépendamment de l'expérience, pourquoi l'empire de la volonté a telles bornes ; et étant pleinement au fait de sa force agissante, nous pourrions nous rendre raison des limites dont nous la voyons environnée.

Un homme vient d'être frappé de paralysie au bras ou à la jambe, ou vient de perdre tout récemment un de ces membres ; il fait, dans le commencement, des efforts réitérés pour le mouvoir et pour l'employer comme autrefois aux fonctions de la vie. Il a la même conscience du pouvoir de commander à ses membres, qu'un homme en pleine santé, qui les conserve dans leur état naturel. Or la conscience ne trompe jamais. Concluons donc que ni l'un ni l'autre n'ont vraiment une telle conscience ; l'expérience seule nous apprend que la volonté exerce une influence ; or tous les enseignements de l'expérience se réduisent à nous montrer des événements qui succèdent constamment les uns aux autres ; pour ce qui est de ce lien secret qui les rend inséparables, c'est de quoi elle ne nous instruit pas.

Dissertation sur les passions, sur la tragédie et sur la règle du goût, Amsterdam, J. H. Schneider, 1759, *Réflexions sur les passions* [1757], II, II, p. 38-39.

[38] Nous flottons tous entre la maladie et la santé : il n'y a personne qui se porte toujours bien, ou qui soit toujours malade ; ce sont là des biens et des maux accidentels, que nous regardons, en quelque manière, comme détachés de nous-mêmes, et qui ne peuvent ni nous enorgueillir, ni nous humilier. Cependant, lorsqu'une maladie est tellement enracinée dans notre tempérament que nous n'espérons pas d'en revenir, elle mortifie notre amour-propre : on le voit dans les vieillards ; rien ne les rend si chagrins que de penser à leur âge et à leurs infirmités ; ils cachent, aussi longtemps qu'il leur est possible, la faiblesse de leur

vue et de leur ouïe, leur goutte, et leurs fluxions[1], et n'en conviennent jamais sans répugnance : et quoique les jeunes gens ne se lassent point de peine d'avouer un mal de tête ou un catarrhe[2], il est pourtant sûr qu'en général on ne saurait penser aux faiblesses où la vie humaine est exposée à chaque moment, [39] sans prendre mauvaise opinion de la nature de l'homme, et sans rabattre de son Orgueil. Cela suffit pour prouver que les douleurs et les maux du corps sont des causes propres à produire l'Humilité ; mais comme pour l'ordinaire nous jugeons moins des choses par ce qu'elles sont en elles-mêmes que par ce qu'elles sont comparativement, nous négligeons, dans l'estimation de notre caractère et de notre mérite, de tenir compte de ces calamités communes.

Nous avons honte des maladies, qui étant ou fort dangereuses ou fort dégoûtantes, frappent fortement ceux qui nous voient, du haut mal[3], par exemple, parce que la vue d'un Épileptique cause de l'horreur ; de la gale, parce qu'elle est contagieuse, des écrouelles[4], parce que souvent elles sont héréditaires. L'homme ne juge jamais de lui-même, sans avoir égard au sentiment des autres hommes.

---

1 Gonflement inflammatoire (fluxion dentaire, fluxion de poitrine).

2 Inflammation des muqueuses, particulièrement des voies respiratoires.

3 Ancien nom de l'épilepsie.

4 Les écrouelles sont des abcès purulents situés au niveau des ganglions lymphatiques du cou. Aujourd'hui, on désigne cette maladie par le nom d'adénopathie cervicale chronique.

SAMUEL FORMEY
(1711-1797)

[9] Avant que d'avoir accompli ma vingt-quatrième année, un rhumatisme universel m'avait accablé, et comme anéanti. Il n'y [10] a point eu de rétablissement proprement dit pour moi.
Consolations pour les personnes valétudinaires, p. 9-10[1].

[58] Je crois fermement avoir goûté mille fois plus de plaisirs, et des plaisirs plus [59] réels, et plus dignes de l'homme, comme valétudinaire, et dans un état qui ôterait tout courage aux trois quarts de ceux qui y seraient réduits [...].
Ibid., p. 58-59.

Lettre de M. Gervaise Holmes à l'auteur de la Lettre sur les aveugles[2], *contenant le véritable récit des dernières heures de Saounderson*[3], Cambridge, 1750, p. 32-34.

[32] C'est aussi dans cette confiance, reprit Saunderson[4], que je vous parle. Privé pendant tout le cours de ma carrière de la lumière des yeux, je n'en ai été que plus attentif à perfectionner celle de l'esprit ; on a prétendu que j'y avais réussi ; mes efforts, fruits de l'industrieuse nécessité, ont passé pour des prodiges ; mais, je n'ai eu garde d'en tirer [33] vanité, je sentais trop bien au-dedans de moi combien il y avait de choses, dont l'accès m'était interdit, et sur lesquelles j'entendais raisonner les autres, sans pouvoir me faire d'idées de leurs raisonnements ; ou, du moins, sans pouvoir employer qu'une Analogie, tirée des sens dont j'ai joui, à laquelle, on trouvait beaucoup de génie et de subtilité, mais que

1 *Consolations pour les personnes valétudinaires*, Berlin, Gottlieb Auguste Lange, 1758, p. 9-10.
2 Ouvrage de Diderot paru anonymement en 1749. Voir les textes p. 463-480.
3 Ouvrage paru sans nom d'auteur.
4 Voir la note correspondante p. 364.

j'ai toujours jugée, telle qu'elle était, fort ténébreuse, et insuffisante pour me guider. Mon âme logée au bout de mes doigts en tirait tout le parti dont ils étaient susceptibles ; et si j'avais vécu dans une société d'aveugles, non seulement j'y aurais peut-être paru l'un des plus habiles, mais je ne me serais assurément pas douté qu'on pût l'être davantage. Il en était bien autrement, toutes les fois que j'entendais dire autour de moi, Quelle beauté ! quel éclat ! Quelles ravissantes couleurs ! quelle perspective ! Je souffrais véritablement ; et, quoique j'ai toujours gardé assez bonne contenance, je me suis souvent retiré à l'écart, pour donner carrière à des plaintes, qui, dans certains temps, allaient jusqu'à la désolation. Rien surtout ne me navrait davantage, que d'entendre vanter le spectacle de la nature, la brillante décoration du firmament, la [34] force et la majesté de l'astre du jour. Je flottais entre deux idées également décourageantes ; l'une, de l'espèce d'injustice que je trouvais dans la sentence, qui m'avait condamné pour toute ma vie aux ténèbres ; l'autre, du soupçon que les hommes exagéraient ces prodiges que je n'entendais point, et qu'ils ne prouvaient point tout ce qu'ils voulaient en conclure. Je vous ai déjà dit, que ces doutes n'ont jamais pris le dessus ; mais, ils m'ont inquiété, et je ne saurais les bannir tout à fait dans ces derniers moments, où mon âme cherche un point fixe d'acquiescement, qu'un nouvel état et de nouvelles connaissances ne manqueront pas de lui procurer.

Ibid., p. 36-39.

[36] Je[5] vous prends pour exemple, mon cher Saunderson. Votre état d'aveuglement était quelquefois une pierre d'achoppement pour vous ; mais, dans ces moments de murmure, qu'eussiez-vous exigé de Dieu ? De deux choses l'une ; ou qu'en formant son Plan, les mesures eussent été prises de telle sorte que vous eussiez eu deux bons yeux en partage ; ou que sur le champ il eut opéré un miracle en votre faveur. Mais, des principes fort simples, et qui vous étaient suffisamment connus par l'usage quoiqu'incomplet de vos sens, devaient vous démontrer le peu de droit de ces demandes. Si vous admettez, comme vous l'avez toujours fait, une Divinité bonne et sage, souverainement parfaite [37], quel Plan a-t-elle suivi ? Ce ne peut être incontestablement que le meilleur ; car,

5 C'est le révérend Gervaise Holmes qui s'exprime.

il ne lui a manqué, ni intelligence pour le connaître, ni bonté pour le choisir, ni puissance pour l'exécuter. Vous faites partie de ce meilleur Plan ; et, en vertu des Lois qui le gouvernent, et des exceptions inévitables qui naissent de la collision de ces Lois, il a fallu que vous perdiez l'usage des yeux, avant que de naître, et que vous viviez dans cette privation, comme vous l'avez fait. Voulez-vous résoudre tout le Plan, et, par conséquent, lui en substituer un moindre, pour ravoir ces yeux ? Ou bien aimez-vous mieux vous en fier à un Être qui sait ce qu'il fait, et qui, bien loin de vous maltraiter sans nécessité, n'a jamais cessé de vous aimer, et d'être votre tendre Père ?

Mais, en attendant, direz-vous, je suis la partie lésée, et je souffre à pure perte, sans aucun dédommagement. Ce Plan, le meilleur en soi, si vous voulez, et dans sa généralité, ne laisse pas d'être mauvais et accablant pour moi, qui en fais partie, et qui aimerais mieux y avoir une toute autre place. Je vous demande premièrement si vous aimeriez mieux en avoir été exclus, et n'avoir pas existé, que d'avoir eu l'existence onéreuse, dont vous vous plaignez ? Je [38] suis persuadé du contraire ; vous avez paru aimer raisonnablement la vie, et en sentir les avantages. Or, toute Personne, qui est dans un état qu'elle perd à regret, ne peut pas être censée souffrir lésion. Je ne vous parlerai point avec quelques Théologiens du droit absolu de Dieu sur ses Créatures, en vertu duquel il en dispose à son gré, et s'en joue, pour ainsi dire, comme d'une menue poussière. Ce ne sont pas là mes idées ; et je ne fermerai jamais la bouche à personne par cette réponse. Si vous vous trouviez dans un Plan, qui vous entraînât inévitablement dans une éternité de malheur, je croirais avoir fort mauvaise grâce de vous dire : Ce Plan est l'Ouvrage des perfections divines ; son Auteur est votre Maître ; vous n'avez à prendre que le parti de la soumission. Mais, le point de vue, que je vous présente, est bien différent. Vous avez eu un mal à endurer, je l'avoue ; mais, vous avez déjà obtenu des dédommagements, que vous ne pourriez méconnaître sans ingratitude. Vous avez joui de mille biens, qui ont été jusqu'à rendre votre situation préférable à celle de quantité d'autres mortels. Mais, ce motif de consolation n'est rien au prix de ceux qui s'offrent à votre esprit, si vous daignez les considérer. Combien [39] avez-vous vécu ? Les deux tiers environ d'un Siècle. Combien comptez-vous d'exister encore ? Pendant la durée immense de l'Éternité. Pouvez-vous bien vous plaindre après cela d'avoir été condamné aux Ténèbres ? J'aimerais autant qu'un

Homme, qui dans tout le cours de sa vie n'aurait eu d'autre mal qu'une heure ou deux de fièvre, se plaignît de ses infirmités. Quoi ! vous allez entrer dans un séjour tout rayonnant de lumière, pour en rassasier à jamais vos yeux ; et vous pensez encore à ce moment d'obscurité, par lequel vous avez passé !

Consolations pour les personnes valétudinaires, *op. cit.*, p. 8-10.

[8] Une des causes qui engagent le plus fréquemment les hommes à se plaindre de leur état, c'est le désordre de la santé, ce sont ces infirmités qui troublent la vie, qui en empoisonnent même quelquefois le cours entier, qui semblent priver ceux qui y sont exposés de toutes les douceurs qu'on peut goûter sous le Soleil. À quoi bon naître pour ne faire que souffrir ? Quelle chaîne funeste que celle qui ne sert qu'à lier des jours douloureux, ou du moins désagréables ? Comment se laisser aller à la tranquillité ; comment ouvrir son cœur à la joie ; comment s'attacher à ses devoirs ; comment remplir sa vocation ; tant qu'on est traversé de la sorte ? J'avoue que cet état est incommode, et qu'il vaudrait peut-être mieux ne s'y pas trouver. Je dis simplement *peut-être* ; et j'espère que la suite de ce Discours justifiera cette restriction. En attendant je supplie ceux qui gémissent ainsi, de ne pas se livrer à des impressions purement machinales, mais de se souvenir, qu'étant hommes, et par conséquent raisonnables, ils doivent faire usage de la Raison dans toutes les situations de la vie, et soumettre à son Tribunal [9] banal ce que les sens et les passions nous offrent d'une manière trop confuse pour que nous puissions y fonder aucun jugement certain.

Avant que d'aller plus loin, je justifierai le droit que j'ai {de} traiter cette matière. Il est aisé de prêcher la patience, quand on n'a jamais eu occasion de la réduire en pratique. C'est ainsi qu'on a reproché à Sénèque d'avoir merveilleusement moralisé sur le mépris des richesses, tandis qu'il avait des Trésors, et vivait au sein de l'abondance. Un corps de la trempe de ceux qu'on appelle corps de fer, qui n'a jamais senti le plus léger ébranlement douloureux, la moindre atteinte d'incommodité, un tel corps endurcit pour l'ordinaire l'âme de ceux qui le possèdent ; ils ne s'imaginent pas qu'on puisse jamais souffrir ; ils prennent les cris même, pour de simples simagrées, ou tout au plus pour des marques de l'extrême faiblesse de ceux qui donnent ces signes de douleur. Il n'en est pas ainsi de ceux qui ont passé par les souffrances, et qui en connaissent l'amertume. Ils sont compatissants et secourables[6]. Personne ne saurait être dans ce cas plus que moi. Né délicat, élevé délicatement, j'ai vu défaillir à l'entrée de ma carrière ce principe de vigueur, qui soutient ordinairement l'âge viril, et s'étend quelquefois assez avant dans la vieillesse. Avant que d'avoir accompli ma vingt-quatrième année, un rhumatisme universel m'avait accablé, et comme anéanti. Il n'y [10] a point eu de rétablissement proprement dit pour moi. J'ai eu des lueurs de santé, des intervalles assez favorables, pendant les vingt-trois ans qui se sont écoulés depuis ; mais, toutes les fois que j'ai cru avoir regagné le terme d'une santé ordinaire, quelque rechute, quelque nouvelle attaque, est survenue, et m'a remis plus bas que je n'avais encore été. À la fin ces alternatives ont tourné en habitude ; je les regarde comme un état consistant et décidé ; je ne suis jamais passablement bien que je ne pense, mais sans aucune inquiétude, au nouveau choc qui se prépare ; et quand ce choc existe, je me tranquillise dans l'attente d'un état plus supportable qui y succèdera, jusqu'à ce qu'à force de tomber et de me relever, je reste gisant. Mais, tandis que je suis encore debout, je crois de voir adresser quelques propos de consolation à mes compagnons de souffrance, et leur faire voir surtout que le parti du dépit et de la désolation est le moins sensé de tous, puisqu'il ne fait qu'aggraver nos maux à pure perte.

Ibid., p. 17-20.

[17] Mais n'avons-nous point décidé trop légèrement au désavantage de la bonté et de la vigueur de notre corps ? Est-il aussi faible, aussi chancelant, qu'on voudrait l'insinuer ? N'est-ce pas au contraire une nacelle qui, bien gouvernée, suffit ordinairement pour le trajet que nous avons à faire ? Pouvons-nous prétendre qu'elle soit destinée à aller sans cesse se heurter contre tous les écueils auxquels il nous plaît de l'exposer ? Ici j'en appelle à ceux qui murmurent de leurs infirmités, et je les prie de repasser attentivement toute l'histoire de leur vie, pour voir, sans se faire aucune illusion, s'ils n'ont point altéré eux-mêmes les ressorts de cette Machine, qui est à la vérité détraquée aujourd'hui, mais qui ne le serait pas, si elle avait été mieux ménagée.

6 [NdA] *Non ignara mali, miseris succurrere disco.* [Connaissant le malheur, j'ai appris à secourir les malheureux.] Virgile, *Énéide*, I, 930.

[...]

[19] La jeunesse est un état critique ; quand on en a sauvé les risques, le reste va, pour ainsi dire, de soi-même. Le défaut général des jeunes gens est de présumer trop de leurs forces, et de croire qu'ils n'en trouveront jamais le bout. Sans donner dans des excès déshonorants, ils se fatiguent et s'épuisent, souvent avec de bonnes vues, et par un principe louable d'application. L'attachement à l'étude, dès qu'il est poussé trop loin, devient dangereux pour ceux qui s'y livrent. Des yeux toujours appliqués [20] à la lecture et à l'écriture s'usent bientôt ; une tête dont tous les ressorts sont en quelque sorte bandés, s'échauffe, ou s'appesantit ; l'application, les veilles allument le sang ; la vie sédentaire interrompt la sécrétion et la circulation des humeurs ; et en continuant de la sorte, ou il survient quelque violente maladie, dont on ne se remet jamais parfaitement, ou bien l'on se trouve vieux et cassé dès l'entrée de sa carrière. Il en est de même dans les professions, les arts et les métiers ; les mêmes risques y sont attachés à toutes les occupations qui excèdent nos forces, et qui répugnent à notre tempérament. Ainsi, quand on veut recueillir le fruit de ses efforts, il faut en modérer l'activité, et ne point se piquer de la frivole distinction d'arriver un peu plus tôt à un certain point, soit de lumières, soit d'avancement dans les emplois, puisqu'on y arrive déjà rendu, et hors d'état de faire des progrès ultérieurs. Il y a des sujets qu'il faut aiguillonner, mais il y en a qu'il faut modérer, et comme enrayer dans la rapidité de leur course.

Ibid., p. 54-63.

[54] Mais bornons-nous dans ce moment au sujet principal de ce petit Ouvrage, en considérant les avantages qui reviennent d'une santé affaiblie, et d'un état valétudinaire. C'est peut-être un des plus grands biens dont on puisse jouir, malgré toutes les amertumes qui paraissent y être attachées, malgré toutes les répugnances de la chair et du sang.

[...]

[55] Je maintiens donc qu'il est infiniment plus avantageux d'être ramené, et comme forcé à la réflexion, par quelques dérangements dans cette santé, dont les uns abusent, et les autres ne font aucun usage. Au moins ai-je ici pour garant ma propre expérience, et une expérience qui ne saurait être plus frappante. Je suis entièrement convaincu, que si je n'avais

été arrêté de bonne heure, et avec autant de force que je l'ai été, dans ces années de la vie où le feu d'une jeunesse bouillante est à son plus haut période, ma vie aurait pris un tour tout différent de celui qui en a réglé le cours et l'emploi d'une manière infiniment supérieure aux espérances que j'aurais pu fonder sur la santé la plus vigoureuse. Sans donner dans tels excès pour lesquels je n'ai jamais eu de penchant, en me livrant même à des devoirs que j'avais embrassés par un goût des plus déterminés, je n'aurais pourtant fait autre chose, au moins tant qu'une extrême vivacité [56] que je tenais du tempérament aurait duré, que voltiger sur la surface des objets sans en approfondir aucun ; et j'aurais couru avec cela les risques d'être plus ou moins en proie à diverses passions qui résident en quelque sorte dans le sang, et qu'une imagination véhémente rend bientôt dangereuses. Un vrai coup de massue est venu prévenir tous ces dangers et qu'il a été salutaire ! Si dans les commencements, qui étaient en effet terrassants, j'ai souvent déploré la perte de ce qu'on appelle la fleur de l'âge, j'ai bien changé depuis, et de sentiment, et de langage ; j'ai bien senti que cette fleur en apparence perdue avait été infiniment mieux employée, qu'elle ne l'aurait été en demeurant à ma disposition. D'abord j'ai acquis des dispositions à réfléchir sérieusement, à rentrer fréquemment en moi-même, à me faire de justes idées du Monde, et de la vanité des objets qu'il renferme, sans avoir besoin qu'une longue expérience toujours accompagnée de mille désagréments, m'instruisît et me rendit sage à mes propres dépens. Ensuite, conservant dans un corps faible un esprit actif, j'ai tourné mes vues vers des connaissances, et des études, auxquelles je n'aurais probablement jamais pensé ; et malgré la médiocrité des succès auxquels mon application m'a conduit, je les ai vus couronnés d'une manière qui a rendu et rend encore ma vie aussi gracieuse que peut l'être celle d'un Homme de Lettres, dont [57] l'ambition est renfermée dans de justes bornes. Il est à peu près incontestable que si je n'avais pas été malade, et dans un état habituel d'infirmité, je n'aurais pas passé dans mon Cabinet à l'étude les heures qu'une retraite d'abord involontaire m'y a fait passer ; bientôt l'habitude s'est formée, elle a produit comme elle le fait toujours, et la facilité, et le goût, ou le plaisir ; de sorte que je rejetais à présent bien loin l'offre d'une parfaite santé, si l'on y attachait le sacrifice de mes occupations ordinaires. Il a résulté de là une chose dont sont également surpris, et ceux qui me connaissent, et ceux qui ne me connaissent pas ; c'est la multitude et la variété des occupations auxquelles je me suis trouvé en état de suffire. Ceux qui ne me connaissent pas, ont crû que je passais les jours et les nuits au travail et n'ont pu concilier cela avec l'idée d'une santé ruinée. Ceux qui me connaissent, savent que je ne consacre, ni ne puis consacrer, à mes études proprement dites que trois heures de la matinée au plus, et que j'emploie les autres à vaquer à d'autres affaires ou à jouir des plaisirs innocents de la société. Ils s'étonnent donc quelquefois lorsqu'ils voient combien de choses j'embrasse, et la facilité avec laquelle je m'en tire. Mais, si l'on veut bien réfléchir d'un côté sur l'efficace de l'habitude, et sur le produit incroyable d'un travail quotidien, et de l'autre sur le fonds de forces qui se trouve [58] dans tous les hommes, sur le parti qu'ils pourraient tirer de leurs facultés, et sur cette négligence impardonnable, qui est la cause presque unique de l'indigence, et si j'ose ainsi dire, de la nudité à laquelle sont réduits la plupart des membres de la Société ; on verra que je n'ai fait que puiser dans une source ouverte à tout le monde, et que mon plus grand avantage a consisté dans la longueur opiniâtre de mes infirmités, par laquelle j'ai été préservé de toute distraction, de tout écart, dans la route où j'étais une fois entré. Je sais bien qu'il faut des conjonctures pour recueillir le fruit de ses peines ; et je rends les actions de grâce les plus vives au suprême Dispensateur des événements de celles où il a bien voulu me placer. Mais, s'il y a peut-être du plus ou du moins, (et il y en a sans doute,) dans ces circonstances qu'on regarde ordinairement comme fortuites, nous pouvons cependant y influer beaucoup par notre prudence et par notre activité.

Je ne fais point d'excuse de ce que je me suis arrêté à parler ici de moi-même ; j'ai cru non seulement le pouvoir, mais même le devoir faire. La voie des exemples est la plus instructive et la plus persuasive : et ces exemples ont une double force, quand on peut les tirer de son propre fonds, de sa propre expérience. Je crois fermement avoir goûté mille fois plus de plaisirs, et des plaisirs plus [59] réels, et plus dignes de l'homme, comme valétudinaire, et dans un état qui ôterait tout courage aux trois quarts de ceux qui y seraient réduits, et au milieu même d'attaques très douloureuses, qui de temps en temps ont rempli plusieurs mois consécutifs ; je crois, dis-je, dans cet état avoir été beaucoup plus heureux que je n'aurais pu l'être en jouissant d'une santé, ou non interrompue, ou qui ne l'aurait été que par ces maladies ordinaires, auxquelles succède une convalescence parfaite. [...]

J'indiquerai encore trois avantages qu'on peut retirer de la perte de la santé, et qui achèvent de réduire les choses à un état, qu'on doit regarder tout au moins comme de compensation, tant est que ce ne soit pas un état d'amélioration et de gain.

Premièrement, et c'est le cas de tous les malheureux, les moindres intervalles favorables, une lueur de santé, un peu de relâche, sont un plaisir très vif, inconnu à ceux qui n'ont jamais souffert. Ce ne serait peut-être [60] pas la peine de souffrir dans l'unique vue de jouir de ce plaisir ; mais il est au moins bien satisfaisant d'avoir cette ressource en souffrant. Tel malade qui était immobile dans son lit, sera plus content, lorsqu'il pourra s'y tourner ; qu'il ne l'aurait été en santé à un festin, ou à quelque partie de plaisir. Quand on passe de la maladie formelle à un état plus supportable, chaque pas est marqué par quelque agrément. Aujourd'hui vous pourrez être à votre séant dans le lit, demain vous passerez la journée dans un fauteuil, après demain vous ferez quelque tour de chambre et de là parcourant peu à peu vos appartements, descendant votre escalier, prenant l'air de votre Jardin, vous trouverez dans cette gradation ce que vous n'auriez point trouvé dans l'insipidité ordinaire d'un état consistant. [...]

Un second avantage qui est souvent l'effet d'une santé affaiblie, quoiqu'il paraisse d'abord se trouver en contradiction avec elle, excitera peut-être plus d'attention ; il intéressera davantage le plus grand nombre de mes lecteurs. [61] C'est qu'à tout prendre on est plus fort de vivre longtemps avec un corps chancelant qu'avec un corps extraordinairement vigoureux. Ceux de ce dernier ordre courent le risque d'attaques dont la violence est proportionnée à la vigueur. Une fièvre qui s'allume au milieu d'une grande abondance d'humeurs, dans une masse sanguine et replète, y devient bientôt un feu dévorant et destructeur. Au lieu que dans un « corpuscule[7] », si j'ose m'exprimer ainsi, le mal ne prend point racine, faute d'aliment, il ne saurait tendre excessivement des parties qui n'ont guère de ressort, gonfler outre mesure des vaisseaux qui ne sont guère remplis, causer en un mot un grand incendie là où il n'y a presque point de matières combustibles. Mais l'essentiel sur ce point, c'est que ceux dont le corps est faible le ménagent mieux, et par là le font durer beaucoup plus longtemps, que ceux qui bravent les saisons et les fatigues, ou violent les lois de la tempérance, en croyant pouvoir le

7 Ici, corps humain petit et chétif.

faire impunément. Un vaisseau fêlé, comme on le dit proverbialement, peut durer plus longtemps qu'un neuf. Il n'y a rien de plus commun que les exemples de personnes qui, bien qu'elles ne paraissent avoir que le souffle, et que tous leurs pas soient chancelants, ne laissent pas d'accumuler les années sur leurs têtes, de tromper l'attente que d'autres fondaient sur leur mort, et d'enterrer journellement la plupart [62] de ceux qui comptaient de faire leur épitaphe.

Mais, un dernier avantage dont je fais beaucoup plus de cas, c'est que des infirmités toujours renaissantes, quoiqu'elles ne conduisent qu'à pas lents vers le tombeau, ne laissent d'inspirer le détachement de la vie et de familiariser entièrement avec l'idée de la mort. Il faudrait être bien aveugle, en sentant tous les jours l'action de ces causes qui ne cessent d'ébranler notre machine, pour ne pas penser à sa fin, et pour ne pas la regarder comme un terme heureux, comme une délivrance désirable. Distinguons ici le dégoût, du détachement. Quiconque voudra suivre la route que j'ai tracée, et profiter de tous les dédommagements que j'ai indiqués, ne sentira point de répugnance à vivre, tant qu'il plaira à Dieu ; il sera exempt de ces inquiétudes, de ces impatiences qui ne sont rien moins qu'un vrai détachement ; presque tous ceux qui s'y livrent étant dans le cas de Bucheron, qui, lorsque la mort paraît, la prie de l'aider à recharger son fardeau[8]. Mais il y a un état calme et serein qui naît des réflexions perpétuelles qu'un homme de bon sens, que ses infirmités ont empêché d'être emporté par le tourbillon de la mondanité, fait sur sa destination, sur la fragilité de la vie, sur ce que la mort nous fait perdre, et sur ce qu'elle nous fait gagner. On sait que je m'abstiens dans ce traité des considérations [63] et des motifs que la Religion nous fournit : quand on les connaît, et qu'on s'en sert, la mort est un gain. Mais la Raison seule nous dit au moins, qu'elle ne nous cause pas une perte digne de nos regrets, et que nous ne devons pas la craindre.

Ibid., p. 66-68.

[66] Je l'ai dit mille fois, parce que je l'ai éprouvé pour le moins autant ; dans des jours où l'on n'apercevait de moi aucun signe extérieur de maladie, et où je montrais la plus grande gaité parmi les Sociétés que

8 Allusion à la fable « La mort et le bûcheron » de Jean de la Fontaine.

je fréquente, si quelqu'un de ceux qui me voyaient alors sans se douter de mon état, avait été subitement affecté de tous les symptômes que je sentais actuellement, il aurait quitté la compagnie au plus vite, pour se jeter dans un lit, fermement persuadé que sa vie était en danger. S'il n'en était pas de même de moi, c'est que, depuis bien des années, me levant, me couchant, et vaquant à toutes mes occupations en cet état, j'en avais détourné à la fin mon attention, ou du moins je ne l'accordais qu'aux moments de douleur les plus vifs. Voilà qui vaut mieux que toute l'affectation du Stoïcisme, que cette prodigieuse contention par laquelle on prétend venir à bout de ne rien sentir, au fort même des tourments les plus insupportables. Cela n'est pas dans la nature ; et l'on ne fait qu'irriter le mal par cette voie. Tout ce que l'on vient à bout de celer et de déguiser extérieurement, s'aggrave, s'envenime en quelque [67] sorte au-dedans, et augmente notre martyre. Mais ce qui est dans la nature, c'est de fléchir doucement et raisonnablement, sous le poids des maux, et de leur associer peu à peu toutes les distractions qui peuvent en diminuer l'impression. Alors on est tout surpris ; quand un certain temps est écoulé, de se trouver à peu près aussi content dans la maladie qu'on l'était dans la santé, et d'avancer dans la carrière d'une vie infirme avec des agréments qui n'en cèdent guère à ceux d'une vie exempte d'infirmités. C'est par un effet du même principe, de la force de l'habitude, que le Lapon se trouve aussi bien au milieu de ses neiges, et l'Africain dans ses déserts brûlants, que ceux qui habitent les régions les plus tempérées et les plus riantes. On assure qu'il y a eu des prisonniers, qui, après avoir obtenu leur élargissement au bout de plusieurs années de prison, n'ont pas voulu en sortir ; demandant comme une grâce qu'on les y laissât achever leur vie. Il serait peut-être plus difficile de trouver un homme qui refuse de recouvrer la santé et la vigueur ; mais je ne crois pas la chose impossible. Au moins ai-je déjà insinué qu'à certaines conditions je n'accepterais pas l'offre, comme serait celle de renoncer à toute étude, ou même la seule interdiction de l'encre et du papier. Peut-être qu'à la vérité de nouvelles habitudes me formeraient [68] au désœuvrement, et m'apprendraient à me contenter de ces riens dont tant de gens remplissent leurs journées. Mais de la façon dont je pense actuellement, j'aimerais beaucoup mieux déloger du monde, que d'y vivre oisif.

Ibid., p. 73-74.

[73] Malgré la brièveté de ce Traité, je crois n'y avoir omis aucune des considérations essentielles qui peuvent servir à rendre l'homme, non seulement moins malheureux dans ses disgrâces, mais même réellement heureux, lorsqu'il croit [74] le moins pouvoir l'être. Il ne faut pour cela que la condition exprimée dans l'épigraphe que j'ai placée au titre de ces *Consolations*. Vous êtes heureux, à moins qu'une chose ne vous manque, l'esprit[9] ; c'est-à-dire, le courage, la force d'esprit, qui malheureusement est la plus rare de toutes les dispositions.

« MONSTRE », *Encyclopédie ou Dictionnaire raisonné des sciences, des arts et des métiers*, Paris, Briasson, David, Lebreton, Durand, vol. X, 1765, p. 671a-671b.

[671a] MONSTRE, s. m. (*Zoolog.*) animal qui naît avec une conformation contraire à l'ordre de la nature, c'est-à-dire avec une structure de parties très différentes de celles qui caractérisent l'espèce des animaux dont il sort. Il y a bien de sortes de monstres par rapport à leurs structures, et on se sert de deux hypothèses pour expliquer la production des *monstres* : la première suppose des œufs originairement et essentiellement monstrueux ; la seconde cherche dans les seules causes accidentelles la raison de toutes ces conformations.

S'il n'y avait qu'une différence légère et superficielle, si l'objet ne frappait pas avec étonnement, on ne donnerait pas le nom de *monstre* à l'animal où elle se trouverait.

Les uns ont trop ou n'ont pas assez de certaines parties ; tels sont les *monstres* à deux têtes, ceux qui sont sans bras, sans pieds ; d'autres pèchent par la conformation extraordinaire, et bizarre par la grandeur disproportionnée, par le dérangement considérable [671b] d'une ou de plusieurs de leurs parties, et par la place singulière que ce dérangement leur fait souvent occuper ; d'autres enfin ou par l'union de quelques parties qui, suivant l'ordre de la nature et pour l'exécution de leurs fonctions, doivent toujours être séparées, ou par la désunion de quelques autres parties qui, suivant le même ordre et pour les mêmes raisons, ne doivent jamais cesser d'être unies. M. Formey[10].

---

9 *Beatus ni unum desit, animus*. Térence, *Phormion*, I, 3.

10 La suite du texte n'est pas de Formey mais d'un auteur anonyme.

On trouve dans les mémoires de l'académie des Sciences une longue dispute entre deux hommes célèbres[11], qui à la manière dont on combattait, n'aurait jamais été terminée sans la mort d'un des combattants ; la question était sur les *monstres*. Dans toutes les espèces on voit souvent naître des animaux contrefaits, des animaux à qui il manque quelques parties ou qui ont quelques parties de trop. Les deux anatomistes convenaient du système des œufs, mais l'un voulait que les *monstres* ne fussent jamais que l'effet de quelqu'accident arrivé aux œufs[12] ; l'autre prétendait qu'il y avait des œufs originairement monstrueux, qui contenaient des *monstres* aussi bien formés que les autres œufs contenaient des animaux parfaits[13].

L'un expliquait assez clairement comment les désordres arrivés dans les œufs faisaient naître des *monstres* ; il suffisait que quelques parties dans le temps de leur mollesse eussent été détruites dans l'œuf par quelqu'accident, pour qu'il naquît un *monstre* par défaut à un enfant mutilé ; l'union ou la confusion des deux œufs ou de deux germes d'un même œuf produisait les *monstres* par excès, les enfants qui naissent avec des parties superflues. Le premier degré des *monstres* serait deux gémeaux simplement adhérents l'un à l'autre, comme on a vu quelquefois. Dans ceux-là aucune partie principale des œufs n'aurait été détruite. Quelques parties superficielles des fœtus déchirées dans quelques endroits et reprises l'une avec l'autre, auraient causé l'adhérence des deux corps. Les *monstres* à deux têtes sur un seul corps ou à deux corps sous une seule tête ne différeraient des premiers que parce que plus de parties dans l'un des œufs auraient été détruites : dans l'un, toutes celles qui formaient un des corps, dans l'autre, celles qui formaient une des têtes. Enfin un enfant qui a un doigt de trop est un *monstre* composé de deux œufs, dans l'un desquels toutes les parties excepté ce doigt ont été détruites. L'adversaire, plus anatomiste que raisonneur, sans se laisser éblouir d'une espèce de lumière que ce système répand, n'objectait à cela que des *monstres* dont il avait lui-même disséqué la plupart, et dans lesquels il avait trouvé des monstruosités qui lui paraissaient inexplicables par aucun désordre accidentel.

11 Louis Lemery (1677-1743) médecin, chimiste et botaniste français, et Jacques-Bénigne Winslow (1669-1760) médecin et anatomiste français d'origine danoise.

12 Lemery.

13 Winslow.

Les raisonnements de l'un tentèrent d'expliquer ces désordres ; les *monstres* de l'autre se multiplièrent. À chaque raison que M. Lemery alléguait, c'était toujours quelque nouveau monstre à combattre que lui produisait M. Winslow.

Enfin on en vint aux raisons métaphysiques. L'un trouvait du scandale, à penser que Dieu eût créé des germes originairement monstrueux : l'autre croyait que c'était limiter la puissance de Dieu, que de la restreindre à une régularité et une uniformité très grande.

Ceux qui voudraient voir ce qui a été dit sur cette dispute, le trouveraient dans les mémoires de l'académie, *Mém. de l'acad. royale des Sciences, années 1724, 1733, 1734, 1738 et 1740.*

JEAN-JACQUES ROUSSEAU
(1712-1778)

> [...] je naquis infirme et malade ; je coûtai la vie à ma mère et ma naissance fut le premier de mes malheurs.
> *Collection complète des œuvres de Jean Jacques Rousseau, citoyen de Genève*, t. X[1].

> [330] Cependant ma santé ne se rétablissait point. Je dépérissais au contraire à vue d'œil. J'étais pâle comme un mort et maigre comme un squelette. Mes battements d'artères étaient terribles, mes palpitations plus fréquentes ; j'étais continuellement oppressé et ma faiblesse enfin devint telle que j'avais peine à me mouvoir ; je ne pouvais presser le pas sans étouffer, je ne pouvais me baisser sans avoir des vertiges, je ne pouvais soulever le plus léger fardeau ; j'étais réduit à l'inaction la plus tourmentante pour un homme aussi remuant que moi. [...] [331] Quand j'aurais pu jouir délicieusement de la vie, ma machine en décadence m'en empêchait, sans qu'on pût dire où la cause du mal avait son vrai siège. Dans la suite, malgré le déclin des ans et des maux très réels et très graves, mon corps semble avoir repris des forces pour mieux sentir mes malheurs, et maintenant que j'écris ceci, infirme et presque sexagénaire, accablé de douleurs de toute espèce, je me sens pour souffrir plus de vigueur et de vie que je n'en eus pour jouir à la fleur de mon âge et dans le sein du plus vrai bonheur.
> *Ibid.*, liv. VII[2].

Ibid., t. I, *Discours sur l'origine et les fondements de l'inégalité parmi les hommes* [1755], part. I, p. 48-49.

[48] Accoutumés dès l'enfance aux intempéries de l'air, et à la rigueur des saisons, exercés à la fatigue, et forcés de défendre nus et sans armes

1 *Collection complète des œuvres de Jean Jacques Rousseau, citoyen de Genève*, t. X, Genève, 1782, *Les Confessions* [1770], liv. I, p. 4.
2 *Ibid.*, liv. VII, p. 330-331.

leur vie et leur proie contre les autres bêtes féroces, ou de leur échapper à la course, les hommes se forment un tempérament robuste et presque [49] inaltérable ; les enfants, apportant au monde l'excellente constitution de leurs pères, et la fortifiant par les mêmes exercices qui l'ont produite, acquièrent ainsi toute la vigueur dont l'espèce humaine est capable. La nature en use précisément avec eux comme la loi de Sparte avec les enfants des citoyens ; elle rend forts et robustes ceux qui sont bien constitués, et fait périr tous les autres[3] ; différente en cela de nos sociétés, où l'État, en rendant les enfants onéreux aux pères, les tue indistinctement avant leur naissance.

Ibid., t. II, *Julie ou la nouvelle Héloïse* [1761], part. III, Lettre XXI, de l'amant de Julie à Milord Edouard, p. 515-516.

[515] Sans doute il y a du courage à souffrir avec constance les maux qu'on ne peut éviter ; mais il n'y a qu'un insensé qui souffre volontairement ceux dont il peut s'exempter sans mal faire, et c'est souvent un très grand mal d'endurer un mal sans nécessité. Celui qui ne sait pas se délivrer d'une vie douloureuse par une prompte mort, ressemble à celui qui aime mieux laisser envenimer une plaie que de la livrer au fer salutaire d'un chirurgien. Viens, respectable Parisot[4], coupe-moi cette jambe qui me ferait périr ; je te verrai faire sans sourciller, et me laisserai traiter de lâche par le brave qui voit tomber la sienne en pourriture faute d'oser soutenir la même opération.

J'avoue qu'il est des devoirs envers autrui qui ne permettent pas à tout homme de disposer de lui-même ; mais en [516] revanche combien en est-il qui l'ordonnent ! Qu'un magistrat à qui tient le salut de la patrie, qu'un père de famille qui doit la subsistance à ses enfants, qu'un débiteur insolvable qui ruinerait ses créanciers, se dévouent à leur devoir, quoi qu'il arrive ; que mille autres relations civiles, et domestiques forcent un honnête homme infortuné de supporter le malheur de vivre pour éviter le malheur plus grand d'être injuste ; est-il permis pour cela, dans des cas tout différents, de conserver aux dépens d'une foule de misérables une vie qui n'est utile qu'à celui qui n'ose mourir ? « Tue-moi, mon enfant, dit le sauvage décrépit à son fils qui le porte, et fléchit sous le poids ; les ennemis

3 Voir la note correspondante p. 89.

4 [NdA] Chirurgien de Lyon, homme d'honneur, bon citoyen, ami tendre, et généreux, négligé, mais non pas oublié de tel qui fut honoré de ses bienfaits.

sont là ; va combattre avec tes frères, va sauver tes enfants, et n'expose pas ton père à tomber vif entre les mains de ceux dont il mangea les parents. » Quand la faim, les maux, la misère, ennemis domestiques pires que les sauvages, permettraient à un malheureux estropié de consommer dans son lit le pain d'une famille qui peut à peine en gagner pour elle ; celui qui ne tient à rien, celui que le Ciel réduit à vivre seul sur la terre, celui dont la malheureuse existence ne peut produire aucun bien, pourquoi n'aurait-il pas au moins le droit de quitter un séjour où ses plaintes sont importunes, et ses maux sans utilité ?

Ibid., t. IV, *Émile ou de l'éducation*, liv. I, p. 35-37.

[35] Ce traité fait d'avance suppose un accouchement heureux, un enfant bien formé, vigoureux et sain. Un père n'a point de choix et ne doit point avoir de préférence dans la famille que Dieu lui donne : tous ses enfants sont également ses enfants ; il leur doit à tous les mêmes soins et la même tendresse. Qu'ils soient estropiés ou non, qu'ils soient languissants ou robustes, chacun d'eux est un dépôt dont il doit compte à la main dont il le tient, et le [36] mariage est un contrat fait avec la nature aussi bien qu'entre les conjoints.

Mais quiconque s'impose un devoir que la nature ne lui a point imposé, doit s'assurer auparavant des moyens de le remplir ; autrement il se rend comptable même de ce qu'il n'aura pu faire. Celui qui se charge d'un élève infirme et valétudinaire change sa fonction de gouverneur en celle de garde-malade ; il perd à soigner une vie inutile le temps qu'il destinait à en augmenter le prix ; il s'expose à voir une mère éplorée lui reprocher un jour la mort d'un fils qu'il lui aura longtemps conservé.

Je ne me chargerais pas d'un enfant maladif et cacochyme[5], dût-il vivre quatre-vingts ans. Je ne veux point d'un élève toujours inutile à lui-même et aux autres, qui s'occupe uniquement à se conserver, et dont le corps nuise à l'éducation de l'âme. Que ferais-je en lui prodiguant vainement mes soins, sinon doubler la perte de la société et lui ôter deux hommes pour un ? Qu'un autre à mon défaut se charge de cet infirme, j'y consens, et j'approuve sa charité ; mais mon talent à moi n'est pas celui-là ; je ne sais point apprendre à vivre à qui ne songe qu'à s'empêcher de mourir.

---

5 Qui est d'une santé fragile.

Il faut que le corps ait de la vigueur pour obéir à l'âme ; un bon serviteur doit être robuste. Je sais que l'intempérance excite les passions ; elle exténue aussi le corps à la longue ; les macérations[6], les jeûnes, produisent souvent le même effet par une cause opposée. Plus le corps est faible, plus il commande ; plus il est fort, plus [37] il obéit. Toutes les passions sensuelles logent dans des corps efféminés ; ils s'en irritent d'autant plus qu'ils peuvent moins les satisfaire.

Un corps débile affaiblit l'âme.

Ibid., liv. II, p. 200-201.

[200] Nous ne sommes pas également maîtres de l'usage de tous nos sens. Il y en a un, savoir, le toucher, dont l'action n'est jamais suspendue durant la veille ; il a été répandu sur la surface entière de notre corps, comme une garde continuelle pour nous avertir de tout ce qui peut l'offenser. C'est aussi celui dont, bon gré, mal gré, nous acquérons le plus tôt l'expérience par cet exercice continuel, et auquel, par conséquent, nous avons moins besoin de donner une culture particulière. Cependant nous observons que les aveugles ont le tact plus sûr et plus fin que nous, parce que, n'étant pas guidés par la vue, ils sont forcés d'apprendre à tirer uniquement du premier sens les jugements que nous fournit l'autre. Pourquoi donc ne nous exerce-t-on pas à marcher comme eux dans l'obscurité, à connaître les corps que nous pouvons atteindre, à juger des objets qui nous environnent, à faire, en un mot, de nuit et sans lumière, tout ce qu'ils font de jour et sans yeux ? Tant que le soleil luit, nous avons sur eux l'avantage ; dans les ténèbres, ils sont nos guides à leur tour. Nous sommes aveugles la moitié de la vie ; avec la différence que les [201] vrais aveugles savent toujours se conduire, et que nous n'osons faire un pas au cœur de la nuit. On a de la lumière, me dira-t-on. Eh quoi ! toujours des machines ! Qui vous répond qu'elles vous suivront partout au besoin ? Pour moi, j'aime mieux qu'Émile ait des yeux au bout de ses doigts que dans la boutique d'un chandelier.

Êtes-vous enfermé dans un édifice au milieu de la nuit, frappez des mains ; vous apercevrez, au raisonnement du lieu, si l'espace est grand ou petit, si vous êtes au milieu ou dans un coin. À demi-pied d'un

6 Privations, mortifications que l'on s'inflige dans un esprit de pénitence.

mur, l'air moins ambiant et plus réfléchi vous porte une autre sensation au visage. Restez en place, et tournez-vous successivement de tous les côtés ; s'il y a une porte ouverte, un léger courant d'air vous l'indiquera. Êtes-vous dans un bateau, vous connaîtrez, à la manière dont l'air vous frappera le visage, non seulement en quel sens vous allez, mais si le fil de la rivière vous entraîne lentement ou vite. Ces observations, et mille autres semblables, ne peuvent bien se faire que de nuit ; quelque attention que nous voulions leur donner en plein jour, nous serons aidés ou distraits par la vue, elles nous échapperont. Cependant il n'y a encore ici ni mains ni bâton. Que de connaissances oculaires on peut acquérir par le toucher, même sans rien toucher du tout !

Ibid., p. 211-212.

[211] Comme le toucher exercé supplée à la vue, pourquoi ne pourrait-il pas aussi suppléer à l'ouïe jusqu'à certain point, puisque les sons excitent dans les corps sonores des ébranlements sensibles au tact ? En posant une main sur le corps [212] d'un violoncelle, on peut, sans le secours des yeux ni des oreilles, distinguer, à la seule manière dont le bois vibre et frémit, si le son qu'il rend est grave ou aigu, s'il est tiré de la chanterelle[7] ou du bourdon[8]. Qu'on exerce le sens à ces différences, je ne doute pas qu'avec le temps on n'y pût devenir sensible au point d'entendre un air entier par les doigts. Or, ceci supposé, il est clair qu'on pourrait aisément parler aux sourds en musique ; car les sons et les temps, n'étant pas moins susceptibles de combinaisons régulières que les articulations et les voix, peuvent être pris de même pour les éléments du discours.

Ibid., liv. IV, p. 387.

Il y a, disent encore nos sages, même dose de bonheur et de peine dans tous les états ; maxime aussi funeste qu'insoutenable ; car, si tous sont également heureux, qu'ai-je besoin de m'incommoder pour personne ? Que chacun reste comme il est : que l'esclave soit maltraité, que

7 Corde la plus fine et la plus aiguë.

8 Une ou plusieurs cordes qui vibrent toujours sur la même note ou forment un accord continu.

l'infirme souffre, que le gueux périsse ; il n'y a rien à gagner pour eux à changer d'état. Ils font l'énumération des peines du riche, et montrent l'inanité de ses vains plaisirs : quel grossier sophisme ! les peines du riche ne lui viennent point de son état, mais de lui seul, qui en abuse. Fût-il plus malheureux que le pauvre même, il n'est point à plaindre, parce que ses maux sont tous son ouvrage, et qu'il ne tient qu'à lui d'être heureux. Mais la peine du misérable lui vient des choses, de la rigueur du sort qui s'appesantit sur lui. Il n'y a point d'habitude qui lui puisse ôter le sentiment physique de la fatigue, de l'épuisement, de la faim ; le bon esprit ni la sagesse ne servent de rien pour l'exempter des maux de son état. Que gagne Épictète de prévoir que son maître va lui casser la jambe ? la lui casse-t-il moins pour cela ? il a par-dessus son mal, le mal de la prévoyance.

Ibid., t. V, p. 38-40.

[38] Supposons un sourd qui nie l'existence des sons, parce qu'ils n'ont jamais frappé son oreille. Je mets sous ses yeux un instrument à corde, dont je fais sonner l'unisson par un [39] autre instrument caché : le sourd voit frémir la corde ; je lui dis : C'est le son qui fait cela. Point du tout, répond-il ; la cause du frémissement de la corde est en elle-même ; c'est une qualité commune à tous les corps de frémir ainsi. Montrez-moi donc, reprends-je, ce frémissement dans les autres Corps, ou du moins sa cause dans cette corde. Je ne puis, réplique le sourd ; mais, parce que je ne conçois pas comment frémit cette corde, pourquoi faut-il que j'aille expliquer cela par vos sons, dont je n'ai pas la moindre idée ? C'est expliquer un fait obscur par une cause encore plus obscure. Ou rendez-moi vos sons sensibles, ou je dis qu'ils n'existent pas.

Plus je réfléchis sur la pensée et sur la nature de l'esprit humain, plus je trouve que le raisonnement des matérialistes ressemble à celui de ce sourd. Ils sont sourds, en effet, à la voix intérieure qui leur crie d'un ton difficile à méconnaître : Une machine ne pense point, il n'y a ni mouvement, [40] ni figure qui produise la réflexion ; quelque chose en toi cherche à briser les liens qui le compriment ; l'espace n'est pas ta mesure, l'univers entier n'est pas assez grand pour toi ; tes sentiments, tes désirs, ton inquiétude, ton orgueil même, ont un autre principe que ce corps étroit dans lequel tu te sens enchaîné.

Ibid., t. VI, *Lettres écrites de la montagne* [1764], Lettre I, p. 197-199.

[197] Je ne sais si l'art de guérir est trouvé, ni s'il se trouvera jamais ; ce que je sais, c'est qu'il n'est pas hors de la nature. Il est tout aussi naturel qu'un homme guérisse, qu'il l'est qu'il tombe malade ; il peut tout aussi bien guérir subitement que mourir subitement. Tout ce qu'on pourra dire de certaines guérisons, c'est qu'elles sont surprenantes, mais non pas qu'elles sont impossibles ; comment prouverez-vous donc que ce sont des miracles ? Il y a pourtant, je l'avoue, des choses qui m'étonneraient fort, si j'en étais le témoin : ce ne serait pas tant de voir marcher un boiteux, qu'un homme qui n'avait point de jambes ; ni de voir un paralytique mouvoir son bras, qu'un homme qui n'en a qu'un reprendre les deux. Cela me frapperait encore plus, je l'avoue, que de [198] voir ressusciter un mort ; car enfin un mort peut n'être pas mort[...]. Voyez le Livre de M. Bruhier[9].

Au reste, quelque frappant que pût me paraître un pareil spectacle, je ne voudrais pour rien au monde en être témoin ; car que sais-je ce qu'il en pourrait arriver ? Au lieu de me rendre crédule, j'aurais grand'peur qu'il ne me rendit que fou ; mais ce n'est pas de moi qu'il s'agit ; revenons.

On vient de trouver le secret de ressusciter des noyés ; on a déjà cherché celui de ressusciter les pendus ; qui sait si dans d'autres genres de mort, on ne parviendra pas à rendre la vie à des corps qu'on en avait crus privés ? On ne savait jadis ce que c'était que d'abattre la cataracte ; c'est un jeu maintenant pour nos Chirurgiens. Qui sait s'il n'y a pas quelque secret trouvable pour la faire tomber tout d'un coup ? Qui sait si le Possesseur d'un pareil secret ne peut pas faire avec simplicité ce qu'un Spectateur ignorant va prendre pour un miracle, et ce qu'un Auteur prévenu peut donner pour [199] tel[10] ?

---

9 Jacques-Jean Bruhier d'Ablaincourt (1685-1756) médecin français. En 1749, publia une *Dissertation sur l'incertitude des signes de la mort et l'abus des enterrements et embaumements précipités.*

10 [NdA] On voit quelquefois dans le détail des faits rapportés, une gradation qui ne convient point à une opération surnaturelle. On présente à Jésus un aveugle. Au lieu de le guérir à l'instant, il l'emmène hors de la bourgade. Là il oint ses yeux de salive, il pose ses mains sur lui ; après quoi il lui demande s'il voit quelque chose. L'aveugle répond qu'il voit marcher des hommes qui lui paraissent comme des arbres ; sur quoi, jugeant que la première opération n'est pas suffisante, Jésus la recommence, et enfin l'homme guérit. Une autre fois, au lieu d'employer la salive pure, il la délaye avec de la terre. Or je demande, à quoi bon tout cela pour un miracle ?

Ibid., t. VIII, *Essai sur l'origine des langues* [1781], chap. I, p. 361-363.

[361] Ceci[11] me fait penser que si nous n'avions jamais eu que des besoins physiques, nous aurions fort bien pu ne parler jamais et nous entendre parfaitement, par la seule langue du geste. [362] Nous aurions pu établir des sociétés peu différentes de ce qu'elles sont aujourd'hui, ou qui même auraient marché mieux à leur but ; nous aurions pu instituer des lois, choisir des chefs, inventer des arts, établir le commerce, et faire en un mot, presque autant de choses que nous en faisons par le secours de la parole. La langue épistolaire des Salams[12] transmet, sans crainte des jaloux, les secrets de la galanterie orientale à travers les harems les mieux gardés. Les muets du Grand-Seigneur[13] s'entendent entre eux, et entendent tout ce qu'on leur dit par signes, tout aussi bien qu'on peut le dire par le discours. Le sieur Pereire[14], et ceux qui, comme lui, apprennent aux muets, non seulement à parler, mais à savoir ce qu'ils disent, sont bien forcés de leur apprendre auparavant une autre langue non moins compliquée, à l'aide de laquelle ils puissent leur faire entendre celle-là.

Chardin[15] dit qu'aux Indes les Facteurs se prenant la main l'un à l'autre, et modifiant leurs attouchements d'une manière que personne ne peut apercevoir, traitent ainsi publiquement, mais en secret, toutes leurs affaires sans s'être dit un seul mot. Supposez ces Facteurs aveugles, sourds et muets, ils ne s'entendront pas moins entre eux. Ce qui montre que des deux sens par lesquels nous sommes actifs, un seul suffirait pour nous former un langage.

Il paraît encore par les mêmes observations, que l'invention de l'art de communiquer nos idées, dépend moins des [363] organes qui nous servent à cette communication, que d'une faculté propre à l'homme, qui lui fait employer les organes à cet usage, et qui, si ceux-là lui manquaient, lui en ferait employer d'autres à la même fin. Donnez à

11 À savoir « que les signes visibles rendent l'imitation plus exacte, mais que l'intérêt s'excite mieux par les sons » (*ibid.*).

12 [NdA] Les Salams font des multitudes de choses les plus communes, comme une orange, un ruban, du charbon, etc. dont l'envoi forme un sens connu de tous les Amans dans les pays où cette Langue est en usage.

13 Du sultan.

14 Voir la note correspondante p. 399 et le texte de Buffon auquel cette note est associée.

15 Jean Chardin (1643-1713) écrivain et voyageur français. En 1686, il publia le *Journal du voyage du chevalier Chardin en Perse et aux Indes orientales*.

l'homme une organisation tout aussi grossière qu'il vous plaira ; sans doute il acquerra moins d'idées ; mais pourvu seulement qu'il y ait entre lui et ses semblables quelque moyen de communication par lequel l'un puisse agir, et l'autre sentir, ils parviendront à se communiquer enfin tout autant d'idées qu'ils en auront.

DENIS DIDEROT
(1713-1784)

Il me paraît par votre dernier billet que vous avez appris la cruelle maladie que j'ai faite. Cela a commencé par une attaque de goutte au pied gauche. Je plaisantais autrefois des goutteux. J'ai appris à les plaindre. La leçon a été forte… Cette goutte maudite s'est mise à voyager à petites journées, car elle a employé près de trois mois entiers à faire le tour de ma machine. Son dernier gîte a été dans la tête ; elle m'avait laissé, en déménageant de là, une surdité très bizarre. J'entendais les autres à merveille, mais je ne m'entendais pas moi-même, et c'était, quand je parlais, un retentissement qui m'étourdissait et qui me faisait parler si bas que je n'étais point entendu. Tout s'est dissipé sans remèdes, sans médecins, et je me porte aussi bien que jamais.
Œuvres complètes de Diderot, t. XVIII[1].

Ibid., t. I, 1875, *Lettre sur les aveugles à l'usage de ceux qui voient* [1749], p. 275.

Possunt, nec posse videntur[2].
Virg. *Æneid.*, Lib. V, vers. 231[3].

Ibid., p. 280-281.

[280] Nous arrivâmes chez notre aveugle [*sc.* l'aveugle du Puisaux[4]] sur les cinq heures du soir, et nous le trouvâmes occupé à faire lire son

1 *Œuvres complètes de Diderot*, t. XVIII, éd. Jules Assézat et Maurice Tourneux, Paris, Garnier Frères, 1876, Lettre à Falconet, XV, mai 1768, p. 252.

2 Au sujet des aveugles : « Ils peuvent, alors qu'ils paraissent ne pas pouvoir ».

3 Virgile écrit quant à lui, au sujet d'Énée et de ses compagnons : « *Possunt quia posse videntur* » (ils peuvent parce qu'ils croient pouvoir).

4 Sur les éléments biographiques de ce personnage mi-réel mi-fictif, voir Kate E. Tunstall, « "Des circonstances assez peu philosophiques" : Diderot's "aveugle-né du Puiseaux" », *French Studies Bulletin*, t. LX, n° 99, 2006, p. 33-36.

fils avec des caractères en relief ; il n'y avait pas plus d'une heure qu'il était levé ; car vous saurez que la journée commence pour lui, quand elle finit pour nous. Sa coutume est de vaquer à ses affaires domestiques, et de travailler pendant que les autres reposent. À minuit, rien ne le gêne ; et il n'est incommode à personne. Son premier soin est de mettre en place tout ce qu'on a déplacé pendant le jour ; et quand sa femme s'éveille, elle trouve ordinairement la maison rangée. La difficulté qu'ont les aveugles à recouvrer les choses égarées les rend amis de l'ordre ; je me suis aperçu que ceux qui les approchaient familièrement partageaient cette qualité, soit par un effet du bon exemple qu'ils donnent, soit par un sentiment d'humanité qu'on a pour eux. Que les aveugles seraient malheureux sans les petites attentions de ceux qui les environnent ! Nous-mêmes, que nous [281] serions à plaindre sans elles ! Les grands services sont comme de grosses pièces d'or ou d'argent qu'on a rarement occasion d'employer ; mais les petites attentions sont une monnaie courante qu'on a toujours à la main.

Notre aveugle juge fort bien des symétries. La symétrie, qui est peut-être une affaire de pure convention entre nous, est certainement telle, à beaucoup d'égards, entre un aveugle et ceux qui voient. À force d'étudier par le tact la disposition que nous exigeons entre les parties qui composent un tout, pour l'appeler beau, un aveugle parvient à faire une juste application de ce terme. Mais quand il dit : cela est beau, il ne juge pas ; il rapporte seulement le jugement de ceux qui voient ; et que font autre chose les trois quarts de ceux qui décident d'une pièce de théâtre, après l'avoir entendue, ou d'un livre, après l'avoir lu ? La beauté, pour un aveugle, n'est qu'un mot, quand elle est séparée de l'utilité ; et avec un organe de moins, combien de choses dont l'utilité lui échappe ! Les aveugles ne sont-ils pas bien à plaindre de n'estimer beau que ce qui est bon ? combien de choses admirables perdues pour eux ! Le seul bien qui les dédommage de cette perte, c'est d'avoir des idées du beau, à la vérité moins étendues, mais plus nettes que des philosophes clairvoyants qui en ont traité fort au long.

Ibid., p. 281-284.

[281] Je lui demandai ce qu'il entendait par un miroir : « Une machine, me répondit-il, qui met les choses en relief loin d'elles-mêmes, si elles se trouvent placées convenablement par rapport à elle. C'est comme ma

main, qu'il ne faut pas que je pose à côté d'un objet pour le sentir. » Descartes, aveugle-né, aurait dû, ce me semble, s'applaudir d'une pareille définition. [282] En effet, considérez, je vous prie, la finesse avec laquelle il a fallu combiner certaines idées pour y parvenir. Notre aveugle n'a de connaissance des objets que par le toucher. Il sait, sur le rapport des autres hommes, que par le moyen de la vue on connaît les objets, comme ils lui sont connus par le toucher ; du moins, c'est la seule notion qu'il s'en puisse former. Il sait, de plus, qu'on ne peut voir son propre visage, quoiqu'on puisse le toucher. La vue, doit-il conclure, est donc une espèce de toucher qui ne s'étend que sur les objets différents de notre visage, et éloignés de nous. D'ailleurs, le toucher ne lui donne l'idée que du relief. Donc, ajoute-t-il, un miroir est une machine qui nous met en relief hors de nous-mêmes. Combien de philosophes renommés ont employé moins de subtilité, pour arriver à des notions aussi fausses ! mais combien un miroir doit-il être surprenant pour notre aveugle ? Combien son étonnement dut-il augmenter, quand nous lui apprîmes qu'il y a de ces sortes de machines qui agrandissent les objets ; qu'il y en a d'autres qui, sans les doubler, les déplacent, les rapprochent, les éloignent, les font apercevoir, en dévoilent les plus petites parties aux yeux des naturalistes ; qu'il y en a qui les multiplient par milliers, qu'il y en a enfin qui paraissent les défigurer totalement ? Il nous fit cent questions bizarres sur ces phénomènes. Il nous demanda, par exemple, s'il n'y avait que ceux qu'on appelle naturalistes qui vissent avec le microscope et si les astronomes étaient les seuls qui vissent avec le télescope ; si la machine qui grossit les objets était plus grosse que celle qui les rapetisse ; si celle qui les rapproche était plus courte que celle qui les éloigne ; et ne comprenant point comment cet autre nous-même que, selon lui, le miroir répète en relief, échappe au sens du toucher : « Voilà, disait-il, deux sens qu'une petite machine met en contradiction ; une machine plus parfaite les mettrait peut-être plus d'accord, sans que, pour cela, les objets en fussent plus réels ; peut-être une troisième plus parfaite encore, et moins perfide, les ferait disparaître, et nous avertirait de l'erreur. »

Et qu'est-ce, à votre avis, que des yeux ? lui dit M. de… « C'est, lui répondit l'aveugle, un organe, sur lequel l'air fait l'effet de mon bâton sur ma main. » Cette réponse nous fit tomber des nues ; et tandis que nous nous entreregardions avec [283] admiration : « Cela est si vrai, continua-t-il, que quand je place ma main entre vos yeux et un objet, ma main vous est présente, mais l'objet vous est absent. La même chose m'arrive, quand je cherche une chose avec mon bâton, et que j'en rencontre une autre. »

Madame, ouvrez la *Dioptrique* de Descartes[5], et vous y verrez les phénomènes de la vue rapportés à ceux du toucher, et des [284] planches d'optique pleines de figures d'hommes occupés à voir avec des bâtons. Descartes, et tous ceux qui sont venus depuis, n'ont pu nous donner d'idées plus nettes de la vision ; et ce grand philosophe n'a point eu à cet égard plus d'avantage sur notre aveugle que le peuple qui a des yeux.

Ibid., p. 285-288.

[285] Notre aveugle nous dit, à ce sujet, qu'il se trouverait fort à plaindre d'être privé des mêmes avantages que nous, et qu'il aurait été tenté de nous regarder comme des intelligences supérieures, s'il n'avait éprouvé cent fois combien nous lui cédions à d'autres égards. [...]

Quelqu'un de nous s'avisa de demander à notre aveugle s'il serait content d'avoir des yeux : « Si la curiosité ne me dominait pas, dit-il, j'aimerais bien autant avoir de longs bras ; il me semble que mes mains m'instruiraient mieux de ce qui se passe dans la lune que vos yeux ou vos télescopes ; et puis les yeux cessent plus tôt de voir que les mains de toucher. Il vaudrait donc bien autant qu'on perfectionnât en moi l'organe que j'ai, que de m'accorder celui qui me manque. »

Notre aveugle adresse au bruit ou à la voix si sûrement, que je ne doute pas qu'un tel exercice ne rendît les aveugles très adroits et très dangereux. Je vais vous en raconter un trait qui vous persuadera combien on aurait tort d'attendre un coup [286] de pierre, ou à s'exposer à un coup de pistolet de sa main, pour peu qu'il eût l'habitude de se servir de cette arme. Il eut dans sa jeunesse une querelle avec un de ses frères, qui s'en trouva fort mal. Impatienté des propos désagréables qu'il en essuyait, il saisit le premier objet qui lui tomba sous la main, le lui lança, l'atteignit au milieu du front, et l'étendit par terre.

Cette aventure et quelques autres le firent appeler à la police. Les signes extérieurs de la puissance qui nous affectent si vivement, n'en imposent point aux aveugles. Le nôtre comparut devant le magistrat

5 Voir les textes de Descartes p. 259-263.

comme devant son semblable. Les menaces ne l'intimidèrent point. « Que me ferez-vous ? dit-il à M. Hérault[6]. – Je vous jetterai dans un cul de basse-fosse, lui répondit le magistrat. – Eh ! monsieur, lui répliqua l'aveugle, il y a vingt-cinq ans que j'y suis[…]. » Quelle réponse, madame ! et quel texte pour un homme qui aime autant à moraliser que moi ! Nous sortons de la vie comme d'un spectacle enchanteur ; l'aveugle en sort ainsi que d'un cachot ; si nous avons à vivre plus de plaisir que lui, convenez qu'il a bien moins de regret à mourir.

L'aveugle du Puisaux estime la proximité du feu aux degrés de la chaleur ; la plénitude des vaisseaux, au bruit que font en tombant les liqueurs qu'il transvase, et le voisinage des corps, à l'action de l'air sur son visage. Il est si sensible aux moindres vicissitudes qui arrivent dans l'atmosphère, qu'il peut distinguer une rue d'un cul-de-sac. Il apprécie à merveille les poids des corps et les capacités des vaisseaux ; et il s'est fait de ses bras des balances si justes, et de ses doigts des compas si expérimentés, que dans les occasions où cette espèce de statique a lieu, je gagerai toujours pour notre aveugle contre vingt personnes qui voient. Le poli des corps n'a guère moins de nuances pour lui que le son de la voix, et il n'y aurait pas à craindre qu'il prît sa femme pour une autre, à moins qu'il ne gagnât au change. Il y a cependant bien de l'apparence que les femmes seraient communes, chez un peuple d'aveugles, ou que
[287] leurs lois contre l'adultère seraient bien rigoureuses. Il serait si facile aux femmes de tromper leurs maris, en convenant d'un signe avec leurs amants !

Il juge de la beauté par le toucher ; cela se comprend ; mais ce qui n'est pas si facile à saisir, c'est qu'il fait entrer dans ce jugement la prononciation et le son de la voix. C'est aux anatomistes à nous apprendre s'il y a quelque rapport entre les parties de la bouche et du palais, et la forme extérieure du visage. Il fait de petits ouvrages au tour et à l'aiguille ; il nivelle à l'équerre ; il monte et démonte les machines ordinaires ; il sait assez de musique pour exécuter un morceau dont on lui dit les notes et leurs valeurs. Il estime avec beaucoup plus de précision que nous la durée du temps, par la succession des actions et des pensées. La beauté de la peau, l'embonpoint, la fermeté des chairs, les avantages de la conformation, la douceur de l'haleine, les charmes de la voix, ceux de la prononciation sont des qualités dont il fait grand cas dans les autres.

6 [NdE] Lieutenant de police.

Il s'est marié pour avoir des yeux qui lui appartinssent. Auparavant, il avait eu dessein de s'associer un sourd qui lui prêterait des yeux, et à qui il apporterait en échange des oreilles. Rien ne m'a tant étonné que son aptitude singulière à un grand nombre de choses ; et lorsque nous lui en témoignâmes notre surprise : « Je m'aperçois bien, messieurs, nous dit-il, que vous n'êtes pas aveugles : vous êtes surpris de ce que je fais ; et pourquoi ne vous étonnez-vous pas aussi de ce que je parle ? » Il y a, je crois, plus de philosophie dans cette réponse qu'il ne prétendait y en mettre lui-même. C'est une chose assez surprenante que la facilité avec laquelle on apprend à parler. Nous ne parvenons à attacher une idée à quantité de termes qui ne peuvent être représentés par des objets sensibles, et qui, pour ainsi dire, n'ont point de corps, que par une suite de combinaisons fines et profondes des analogies que nous remarquons entre ces objets non sensibles et les idées qu'ils excitent ; et il faut avouer conséquemment qu'un aveugle-né doit apprendre à parler plus difficilement qu'un autre, puisque le nombre des objets non sensibles étant beaucoup plus grand pour lui, il a bien moins de champ que nous pour comparer et pour combiner. Comment veut-on, par exemple, que le mot physionomie se [288] fixe dans sa mémoire ? C'est une espèce d'agrément qui consiste en des objets si peu sensibles pour un aveugle, que, faute de l'être assez pour nous-mêmes qui voyons, nous serions fort embarrassés de dire bien précisément ce que c'est que d'avoir de la physionomie. Si c'est principalement dans les yeux qu'elle réside, le toucher n'y peut rien ; et puis, qu'est-ce pour un aveugle que des yeux morts, des yeux vifs, des yeux d'esprit, etc.

Ibid., p. 288-289.

[288] Comme je n'ai jamais douté que l'état de nos organes et de nos sens n'ait beaucoup d'influence sur notre métaphysique et sur notre morale, et que nos idées les plus purement intellectuelles, si je puis parler ainsi, ne tiennent de fort près à la conformation de notre corps, je me mis à questionner notre aveugle sur les vices et sur les vertus. Je m'aperçus d'abord qu'il avait une aversion prodigieuse pour le vol ; elle naissait en lui de deux causes : de la facilité qu'on avait de le voler sans qu'il s'en aperçût ; et plus encore, peut-être, de celle qu'on avait de l'apercevoir quand il volait. Ce n'est pas qu'il ne sache très bien se

mettre en garde contre le sens qu'il nous connaît de plus qu'à lui et qu'il ignore la manière de bien cacher un vol. Il ne fait pas grand cas de la pudeur ; sans les injures de l'air, dont les vêtements le garantissent, il n'en comprendrait guère l'usage ; et il avoue franchement qu'il ne devine pas pourquoi l'on couvre plutôt une partie du corps qu'une autre, et moins encore par quelle bizarrerie on donne entre ces parties la préférence à certaines, que leur usage et les indispositions auxquelles elles sont sujettes demanderaient que l'on tînt libres. Quoique nous soyons dans un siècle où l'esprit philosophique nous a débarrassés d'un grand nombre de préjugés, je ne crois pas que nous en venions jamais jusqu'à méconnaître les prérogatives de la pudeur aussi parfaitement que mon aveugle. Diogène n'aurait point été pour lui un philosophe.

[289] Comme de toutes les démonstrations extérieures qui réveillent en nous la commisération et les idées de la douleur, les aveugles ne sont affectés que par la plainte, je les soupçonne, en général, d'inhumanité. Quelle différence y a-t-il pour un aveugle, entre un homme qui urine et un homme qui, sans se plaindre, verse son sang ? Nous-mêmes, ne cessons-nous pas de compatir lorsque la distance ou la petitesse des objets produit le même effet sur nous que la privation de la vue sur les aveugles ? tant nos vertus dépendent de notre manière de sentir et du degré auquel les choses extérieures nous affectent ! Aussi je ne doute point que, sans la crainte du châtiment, bien des gens n'eussent moins de peine à tuer un homme à une distance où ils ne le verraient gros que comme une hirondelle, qu'à égorger un bœuf de leurs mains. Si nous avons de la compassion pour un cheval qui souffre, et si nous écrasons une fourmi sans aucun scrupule, n'est-ce pas le même principe qui nous détermine ? Ah, madame ! que la morale des aveugles est différente de la nôtre ! que celle d'un sourd différerait encore de celle d'un aveugle, et qu'un être qui aurait un sens de plus que nous trouverait notre morale imparfaite, pour ne rien dire de pis !

Ibid., p. 290-291.

[290] Première question. Comment un aveugle-né se forme-t-il des idées des figures ? Je crois que les mouvements de son corps, l'existence successive de sa main en plusieurs lieux, la sensation non interrompue d'un corps qui passe entre ses doigts, lui donnent la notion de direction.

S'il les glisse le long d'un fil bien tendu, il prend l'idée d'une ligne droite ; s'il suit la courbe d'un fil lâche, il prend celle d'une ligne courbe. Plus généralement, il a, par des expériences réitérées du toucher, la mémoire de sensations éprouvées en différents points ; il est maître de combiner ces sensations ou points, d'en former des figures. Une ligne droite, pour un aveugle qui n'est point géomètre, n'est autre chose que la mémoire d'une suite de sensations du toucher, placées dans la direction d'un fil tendu ; une ligne courbe, la mémoire d'une suite de sensations du toucher, rapportées à la surface de quelque corps solide, concave ou convexe. L'étude rectifie dans le géomètre la notion de ces lignes par les propriétés qu'il leur découvre. Mais, géomètre ou non, l'aveugle-né rapporte tout à l'extrémité de ses doigts. Nous combinons des points colorés ; il ne combine, lui, que des points palpables, [291] ou, pour parler plus exactement, que des sensations du toucher dont il a mémoire. Il ne se passe rien dans sa tête d'analogue à ce qui se passe dans la nôtre : il n'imagine point ; car, pour imaginer, il faut colorer un fond et détacher de ce fond des points, en leur supposant une couleur différente de celle du fond.

Ibid., p. 292-293.

[292] Si jamais un philosophe aveugle et sourd de naissance fait un homme à l'imitation de celui de Descartes, j'ose vous assurer, madame, qu'il placera l'âme au bout des doigts ; car c'est de là que lui viennent ses principales sensations, et toutes ses connaissances. Et qui l'avertirait que sa tête est le siège de ses [293] pensées ? Si les travaux de l'imagination épuisent la nôtre, c'est que l'effort que nous faisons pour imaginer est assez semblable à celui que nous faisons pour apercevoir des objets très proches ou très petits. Mais il n'en sera pas de même de l'aveugle et sourd de naissance ; les sensations qu'il aura prises par le toucher seront, pour ainsi dire, le moule de toutes ses idées ; et je ne serais pas surpris qu'après une profonde méditation, il eût les doigts aussi fatigués que nous avons la tête. Je ne craindrais point qu'un philosophe lui objectât que les nerfs sont les causes de nos sensations, et qu'ils partent tous du cerveau ; quand ces deux propositions seraient aussi démontrées qu'elles le sont peu, surtout la première, il lui suffirait de se faire expliquer tout ce que les physiciens ont rêvé là-dessus, pour persister dans son sentiment.

Mais si l'imagination d'un aveugle n'est autre chose que la faculté de se rappeler et de combiner des sensations de points palpables, et celle d'un homme qui voit, la faculté de se rappeler et de combiner des points visibles ou colorés, il s'ensuit que l'aveugle-né aperçoit les choses d'une manière beaucoup plus abstraite que nous ; et que dans les questions de pure spéculation, il est peut-être moins sujet à se tromper ; car l'abstraction ne consiste qu'à séparer par la pensée les qualités sensibles des corps, ou les unes des autres, ou du corps même qui leur sert de base ; et l'erreur naît de cette séparation mal faite, ou faite mal à propos ; mal faite, dans les questions métaphysiques et faite mal à propos dans les questions physico-mathématiques.

Ibid., p. 294-295.

[294] L'unité pure et simple est un symbole trop vague et trop général pour nous. Nos sens nous ramènent à des signes plus analogues à l'étendue de notre esprit et à la conformation de nos organes. Nous avons même fait en sorte que ces signes pussent être communs entre nous, et qu'ils servissent, pour ainsi dire, d'entrepôt au commerce mutuel de nos idées. Nous en avons institué pour les yeux, ce sont les caractères ; pour l'oreille, ce sont les sons articulés ; mais nous n'en avons aucun pour le toucher, quoiqu'il y ait une manière propre de parler à ce sens, et d'en obtenir des réponses. Faute de cette langue, la communication est entièrement rompue entre nous et ceux qui naissent sourds, aveugles et muets. Ils croissent ; mais ils restent dans un état d'imbécillité. Peut-être acquerraient-ils des idées, si l'on se faisait entendre à eux dès l'enfance d'une manière fixe, déterminée, constante et uniforme ; en un mot, si on leur traçait sur la main les mêmes caractères que nous traçons sur le papier, et que la même signification leur demeurât invariablement attachée.

Ce langage, madame, ne vous paraît-il pas aussi commode qu'un autre ? n'est-il pas même tout inventé ? et oseriez-vous nous assurer qu'on ne vous a jamais rien fait entendre de cette manière ? Il ne s'agit donc que de le fixer et d'en faire une grammaire et des dictionnaires, si l'on trouve que l'expression, par les caractères ordinaires de l'écriture, soit trop lente pour ce sens.

Les connaissances ont trois portes pour entrer dans notre âme, et nous en tenons une barricadée par le défaut de signes. Si l'on eût négligé les deux autres, nous en serions réduits à la condition des animaux. De même que nous n'avons que le serré pour nous faire entendre au sens du toucher, nous n'aurions [295] que le cri pour parler à l'oreille. Madame, il faut manquer d'un sens pour connaître les avantages des symboles destinés à ceux qui restent ; et des gens qui auraient le malheur d'être sourds, aveugles et muets, ou qui viendraient à perdre ces trois sens par quelque accident, seraient bien charmés qu'il y eût une langue nette et précise pour le toucher.

Ibid., p. 302.

Saunderson[7] professa les mathématiques dans l'université de Cambridge avec un succès étonnant. Il donna des leçons d'optique ; il prononça des discours sur la nature de la lumière et des couleurs ; il expliqua la théorie de la vision ; il traita des effets des verres, des phénomènes de l'arc-en-ciel et de plusieurs autres matières relatives à la vue et à son organe.

Ces faits perdront beaucoup de leur merveilleux, si vous considérez, madame, qu'il y a trois choses à distinguer dans toute question mêlée de physique et de géométrie : le phénomène à expliquer, les suppositions du géomètre et le calcul qui résulte des suppositions. Or, il est évident que, quelle que soit la pénétration d'un aveugle, les phénomènes de la lumière et des couleurs lui sont inconnus. Il entendra les suppositions, parce qu'elles sont toutes relatives à des causes palpables, mais nullement la raison que le géomètre avait de les préférer à d'autres ; car il faudrait qu'il pût comparer les suppositions mêmes avec les phénomènes. L'aveugle prend donc les suppositions pour ce qu'on les lui donne ; un rayon de lumière pour un fil élastique et mince, ou pour une suite de petits corps qui viennent frapper nos yeux avec une vitesse incroyable ; et il calcule en conséquence. Le passage de la physique à la géométrie est franchi, et la question devient purement mathématique.

Ibid., p. 305-311.

[305] L'exemple de cet illustre aveugle prouve que le tact peut devenir plus délicat que la vue lorsqu'il est perfectionné par l'exercice ; car,

7 Voir la note correspondante p. 364.

en parcourant des mains une suite de médailles, il discernait les vraies d'avec les fausses[8], quoique celles-ci fussent assez bien contrefaites pour tromper un connaisseur qui aurait eu de bons yeux ; et il jugeait de l'exactitude d'un instrument de mathématiques, en faisant passer l'extrémité de [306] ses doigts sur ses divisions. Voilà certainement des choses plus difficiles à faire, que d'estimer par le tact la ressemblance d'un buste avec la personne représentée ; d'où l'on voit qu'un peuple d'aveugles pourrait avoir des statuaires, et tirer des statues le même avantage que nous, celui de perpétuer la mémoire des belles actions et des personnes qui leur seraient chères. Je ne doute pas même que le sentiment qu'ils éprouveraient à toucher les statues ne fût beaucoup plus vif que celui que nous avons à les voir. Quelle douceur pour un amant qui aurait bien tendrement aimé, de promener ses mains sur des charmes qu'il reconnaîtrait, lorsque l'illusion qui doit agir plus fortement dans les aveugles qu'en ceux qui voient, viendrait à les ranimer ! Mais peut-être aussi que, plus il aurait de plaisir dans ce souvenir, moins il aurait de regrets.

Saunderson avait de commun avec l'aveugle du Puisaux d'être affecté de la moindre vicissitude qui survenait dans l'atmosphère, et de s'apercevoir, surtout dans les temps calmes, de la présence des objets dont il n'était éloigné que de quelques pas. On raconte qu'un jour qu'il assistait à des observations astronomiques, qui se faisaient dans un jardin, les nuages qui dérobaient de temps en temps aux observateurs le disque du soleil occasionnaient une altération assez sensible dans l'action des rayons sur son visage, pour lui marquer les moments favorables ou contraires aux observations. Vous croirez peut-être qu'il se faisait dans ses yeux quelque ébranlement capable de l'avertir de la présence de la lumière, mais non de celle des objets ; et je l'aurais cru comme vous, s'il n'était certain que Saunderson était privé non seulement de la vue, mais de l'organe.

Saunderson voyait donc par la peau ; cette enveloppe était donc en lui d'une sensibilité si exquise, qu'on peut assurer qu'avec un peu d'habitude il serait parvenu à reconnaître un de ses amis dont un dessinateur lui aurait tracé le portrait sur la main, et qu'il aurait prononcé sur la succession des sensations excitées par le crayon : « C'est monsieur

8 [NdA] Ce fut lui qui, dans le médaillier de l'Université de Cambridge, distingua les médailles romaines véritablement anciennes.

un tel ». Il y a donc aussi une peinture pour les aveugles, celle à qui leur propre peau servirait de toile. Ces idées sont si peu chimériques, que je ne doute point que, si quelqu'un vous traçait sur la main la petite bouche de M…, vous ne la reconnussiez sur-le-champ. [307] Convenez cependant que cela serait plus facile encore à un aveugle-né qu'à vous, malgré l'habitude que vous avez de la voir et de la trouver charmante, car il entre dans votre jugement deux ou trois choses : la comparaison de la peinture qui s'en ferait sur votre main avec celle qui s'en est faite dans le fond de votre œil ; la mémoire de la manière dont on est affecté des choses que l'on sent, et de celle dont on est affecté par les choses qu'on s'est contenté de voir et d'admirer ; enfin, l'application de ces données à la question qui vous est proposée par un dessinateur qui vous demande, en traçant une bouche sur la peau de votre main avec la pointe de son crayon « À qui appartient la bouche que je dessine ? » au lieu que la somme des sensations excitées par une bouche sur la main d'un aveugle est la même que la somme des sensations successives réveillées par le crayon du dessinateur qui la lui représente.

Je pourrais ajouter à l'histoire de l'aveugle du Puisaux et de Saunderson celle de Didyme d'Alexandrie[9], d'Eusèbe l'Asiatique[10], de Nicaise de Méchlin[11], et quelques autres qui ont paru si fort élevés au-dessus du reste des hommes, avec un sens de moins, que les poètes auraient pu feindre, sans exagération, que les dieux jaloux les en privèrent de peur d'avoir des égaux parmi les mortels. Car qu'était-ce que ce Tirésias, qui avait lu dans les secrets des dieux, et qui possédait le don de prédire l'avenir, qu'un philosophe aveugle dont la Fable nous a conservé la mémoire ? Mais ne nous éloignons plus de Saunderson, et suivons cet homme extraordinaire jusqu'au tombeau[12].

Lorsqu'il fut sur le point de mourir, on appela auprès de lui un ministre fort habile, M. Gervaise Holmes[13] ; ils eurent ensemble un

---

9 Voir la note correspondante p. 232.

10 Probablement Eusèbe de Césarée (vers 265-339) évêque de Palestine, considéré comme le père de l'histoire ecclésiastique.

11 Probablement Nicaise de Voerda (1440-1492) juriste et prêtre belge qui devint aveugle à l'âge de trois ans.

12 Au sujet de ce texte, voir ici la lettre de Voltaire, p. 364, ainsi que la réponse de Diderot, p. 365.

13 Personnage fictif, qui sera repris par Formey dans sa *Lettre de M. Gervaise Holmes à l'auteur de la* Lettre sur les aveugles. Voir ici p. 439-442.

entretien sur l'existence de Dieu, dont il nous reste quelques fragments que je vous traduirai de mon mieux car ils en valent bien la peine. Le ministre commença par lui objecter les merveilles de la nature : « Eh, monsieur ! lui disait le philosophe aveugle, laissez là tout ce beau spectacle qui n'a jamais été fait pour moi ! J'ai été condamné à passer ma vie dans les ténèbres ; et vous me citez des prodiges que je n'entends point, et qui ne prouvent que pour vous et que pour ceux qui voient comme vous. Si vous voulez que je croie en Dieu, il faut que vous me le fassiez toucher.

– Monsieur, reprit habilement le ministre, portez les mains [308] sur vous-même, et vous rencontrerez la divinité dans le mécanisme admirable de vos organes.

– Monsieur Holmes, reprit Saunderson, je vous le répète, tout cela n'est pas aussi beau pour moi que pour vous. Mais le mécanisme animal fût-il aussi parfait que vous le prétendez, et que je veux bien le croire, car vous êtes un honnête homme très incapable de m'en imposer, qu'a-t-il de commun avec un être souverainement intelligent ? S'il vous étonne, c'est peut-être parce que vous êtes dans l'habitude de traiter de prodige tout ce qui vous paraît au-dessus de vos forces. J'ai été si souvent un objet d'admiration pour vous, que j'ai bien mauvaise opinion de ce qui vous surprend. J'ai attiré du fond de l'Angleterre des gens qui ne pouvaient concevoir comment je faisais de la géométrie ; il faut que vous conveniez que ces gens-là n'avaient pas de notions bien exactes de la possibilité des choses. Un phénomène est-il, à notre avis, au-dessus de l'homme ? nous disons aussitôt : « c'est l'ouvrage d'un Dieu » ; notre vanité ne se contente pas à moins. Ne pourrions-nous pas mettre dans nos discours un peu moins d'orgueil, et un peu plus de philosophie ? Si la nature nous offre un nœud difficile à délier, laissons-le pour ce qu'il est ; et n'employons pas à le couper la main d'un être qui devient ensuite pour nous un nouveau nœud plus indissoluble que le premier. Demandez à un Indien pourquoi le monde reste suspendu dans les airs, il vous répondra qu'il est porté sur le dos d'un éléphant ; et l'éléphant sur quoi l'appuiera-t-il ? sur une tortue ; et la tortue, qui la soutiendra ?... Cet Indien vous fait pitié et l'on pourrait vous dire comme à lui : Monsieur Holmes mon ami, confessez d'abord votre ignorance, et faites-moi grâce de l'éléphant et de la tortue[...]. »

Saunderson s'arrêta un moment ; il attendait apparemment que le ministre lui répondît ; mais par où attaquer un aveugle ? M. Holmes se prévalut de la bonne opinion que Saunderson avait conçue de sa probité, et des lumières de Newton, de Leibniz, de Clarke et de quelques-uns de ses compatriotes, les premiers génies du monde, qui tous avaient été frappés des merveilles de la nature, et reconnaissaient un être intelligent pour son auteur. C'était, sans contredit, ce que le ministre pouvait [309] objecter de plus fort à Saunderson. Aussi le bon aveugle convint-il qu'il y aurait de la témérité à nier ce qu'un homme, tel que Newton, n'avait pas dédaigné d'admettre ; il représenta toutefois au ministre que le témoignage de Newton n'était pas aussi fort pour lui que celui de la nature entière pour Newton ; et que Newton croyait sur la parole de Dieu, au lieu que lui il en était réduit à croire sur la parole de Newton.

« Considérez, monsieur Holmes, ajouta-t-il, combien il faut que j'aie de confiance en votre parole et dans celle de Newton. Je ne vois rien, cependant j'admets en tout un ordre admirable ; mais je compte que vous n'en exigerez pas davantage. Je vous le cède sur l'état actuel de l'univers, pour obtenir de vous en revanche la liberté de penser ce qu'il me plaira de son ancien et premier état, sur lequel vous n'êtes pas moins aveugle que moi. Vous n'avez point ici de témoins à m'opposer ; et vos yeux ne vous sont d'aucune ressource. Imaginez donc, si vous voulez, que l'ordre qui vous frappe a toujours subsisté ; mais laissez-moi croire qu'il n'en est rien ; et que si nous remontions à la naissance des choses et des temps, et que nous sentissions la matière se mouvoir et le chaos se débrouiller, nous rencontrerions une multitude d'êtres informes pour quelques êtres bien organisés. Si je n'ai rien à vous objecter sur la condition présente des choses, je puis du moins vous interroger sur leur condition passée. Je puis vous demander, par exemple, qui vous a dit à vous, à Leibniz, à Clarke et à Newton, que dans les premiers instants de la formation des animaux, les uns n'étaient pas sans tête et les autres sans pieds ? Je puis vous soutenir que ceux-ci n'avaient point d'estomac, et ceux-là point d'intestins ; que tels à qui un estomac, un palais et des dents semblaient promettre de la durée, ont cessé par quelque vice du cœur ou des poumons ; que les monstres se sont anéantis successivement ; que toutes les combinaisons vicieuses de la matière ont disparu, et qu'il n'est resté que celles où le mécanisme n'impliquait aucune contradiction importante, et qui pouvaient subsister par elles-mêmes et se perpétuer[...].

Cela supposé, si le premier homme eût eu le larynx fermé, eût manqué d'aliments convenables, eût péché par les parties [310] de la génération, n'eût point rencontré sa compagne, ou se fût répandu dans une autre espèce, monsieur Holmes, que devenait le genre humain ? il eût été enveloppé dans la dépuration générale de l'univers ; et cet être orgueilleux qui s'appelle homme, dissous et dispersé entre les molécules de la matière, serait resté, peut-être pour toujours, au nombre des possibles.

S'il n'y avait jamais eu d'êtres informes, vous ne manqueriez pas de prétendre qu'il n'y en aura jamais, et que je me jette dans des hypothèses chimériques ; mais l'ordre n'est pas si parfait, continua Saunderson, qu'il ne paraisse encore de temps en temps des productions monstrueuses. » Puis, se tournant en face du ministre, il ajouta : « Voyez-moi bien, monsieur Holmes, je n'ai point d'yeux. Qu'avions-nous fait à Dieu, vous et moi, un pour avoir cet organe, l'autre pour en être privé ? »

Saunderson avait l'air si vrai et si pénétré en prononçant ces mots, que le ministre et le reste de l'assemblée ne purent s'empêcher de partager sa douleur, et se mirent à pleurer amèrement sur lui. L'aveugle s'en aperçut. « Monsieur Holmes, dit-il au ministre, la bonté de votre cœur m'était bien connue, et je suis très sensible à la preuve que vous m'en donnez dans ces derniers moments ; mais si je vous suis cher, ne m'enviez pas en mourant la consolation de n'avoir jamais affligé personne. » [...]

[311] Saunderson s'agita dans cet entretien un peu plus que son état ne le permettait ; il lui survint un accès de délire qui dura quelques heures, et dont il ne sortit que pour s'écrier « Ô Dieu de Clarke et de Newton, prends pitié de moi ! » et mourir.

Ainsi finit Saunderson. Vous voyez, madame, que tous les raisonnements qu'il venait d'objecter au ministre n'étaient pas même capables de rassurer un aveugle. Quelle honte pour des gens qui n'ont pas de meilleures raisons que lui, qui voient, et à qui le spectacle étonnant de la nature annonce, depuis le lever du soleil jusqu'au coucher des moindres étoiles, l'existence et la gloire de son auteur ! Ils ont des yeux, dont Saunderson était privé ; mais Saunderson avait une pureté de mœurs et une ingénuité de caractère qui leur manquent. Aussi ils vivent en aveugles, et Saunderson meurt comme s'il eût vu. La voix de la nature se fait entendre suffisamment à lui à travers les organes qui lui restent, et son témoignage n'en sera que plus fort contre ceux qui se ferment opiniâtrement les oreilles et les yeux. Je demanderais volontiers si le vrai Dieu n'était pas encore mieux voilé pour Socrate par les ténèbres du paganisme, que pour Saunderson par la privation de la vue et du spectacle de la nature.

Ibid., p. 313.

On cherche à restituer la vue à des aveugles-nés ; mais si l'on y regardait de plus près, on trouverait, je crois, qu'il y a bien autant à profiter pour la philosophie en questionnant un aveugle de bon sens. On en apprendrait comment les choses se passent en lui, on les comparerait avec la manière dont elles se passent en nous, et l'on tirerait peut-être de cette comparaison la solution des difficultés qui rendent la théorie de la vision et des sens si embarrassée et si incertaine ; mais je ne conçois pas, je l'avoue, ce que l'on espère d'un homme à qui l'on vient de faire une opération douloureuse sur un organe très délicat que le plus léger accident dérange, et qui trompe souvent ceux en qui il est sain et qui jouissent depuis longtemps de ses avantages. Pour moi, j'écouterais avec plus de satisfaction sur la théorie des sens un métaphysicien à qui les principes de la métaphysique, les éléments des mathématiques et la conformation des parties seraient familiers, qu'un homme sans éducation et sans connaissances, à qui l'on a restitué la vue par l'opération de la cataracte. J'aurais moins de confiance dans les réponses d'une personne qui voit pour la première fois, que dans les découvertes d'un philosophe qui aurait bien médité son sujet dans l'obscurité ; ou, pour vous parler le langage des poètes, qui se serait crevé les yeux pour connaître plus aisément comment se fait la vision.

Ibid., p. 323-324.

[323] Encore une fois, que peut-on attendre de précis de celui qui n'a aucune habitude de réfléchir et de revenir sur lui-même ; et qui, comme l'aveugle de Cheselden[14], ignore les avantages de la vue, au point d'être insensible à sa disgrâce, et de ne point imaginer que la perte de ce sens nuise beaucoup à ses plaisirs ? Saunderson, à qui l'on ne refusera pas le titre de philosophe, n'avait certainement pas la même indifférence ; et je doute fort qu'il eût été de l'avis de l'auteur de l'excellent *Traité sur les Systèmes*[15]. Je soupçonnerais volontiers le dernier de ces philosophes d'avoir donné lui-même dans un petit système, lorsqu'il a prétendu

14 Voir la note correspondante p. 560.

15 Il s'agit de Condillac, qui publia ce traité en 1749, juste avant la *Lettre sur les aveugles* de Diderot.

« que, si la vie de l'homme n'avait été qu'une sensation non interrompue de plaisir ou de douleur, heureux dans un cas sans aucune idée de malheur, malheureux dans l'autre sans aucune idée de bonheur, il eût joui [324] ou souffert ; et que, comme si telle eût été sa nature, il n'eût point regardé autour de lui pour découvrir si quelque être veillait à sa conservation, ou travaillait à lui nuire ; que c'est le passage alternatif de l'un à l'autre de ces états, qui l'a fait réfléchir, etc… »

Croyez-vous, madame, qu'en descendant de perceptions claires en perceptions claires (car c'est la manière de philosopher de l'auteur, et la bonne), il fût jamais parvenu à cette conclusion ? Il n'en est pas du bonheur et du malheur ainsi que des ténèbres et de la lumière : l'un ne consiste pas dans une privation pure et simple de l'autre. Peut-être eussions-nous assuré que le bonheur ne nous était pas moins essentiel que l'existence et la pensée, si nous en eussions joui sans aucune altération ; mais je n'en peux pas dire autant du malheur. Il eût été très naturel de le regarder comme un état forcé, de se sentir innocent, de se croire pourtant coupable, et d'accuser ou d'excuser la nature, tout comme on fait.

Ibid., p. 326-327.

[326] Si nous substituons un géomètre au métaphysicien, Saunderson à Locke, il dira comme lui que, s'il en croit ses yeux, des deux figures qu'il voit, c'est celle-là qu'il appelait carré, et celle-ci qu'il appelait cercle : « car je m'aperçois, ajouterait-il, qu'il n'y a que la première où je puisse arranger les fils et placer les épingles à grosse tête, qui marquaient les points angulaires du carré ; et qu'il n'y a que la seconde à laquelle je puisse inscrire ou circonscrire les fils qui m'étaient nécessaires pour démontrer les propriétés du cercle. Voilà donc un cercle ! voilà donc un carré ! Mais, aurait-il continué avec Locke, peut-être que, quand j'appliquerai mes mains sur ces figures, elles se transformeront l'une en l'autre, de manière que la même figure pourrait me servir à démontrer aux aveugles les propriétés du cercle, et à ceux qui voient, les propriétés du carré. Peut-être que je verrais un carré, et qu'en même temps je sentirais un cercle. Non, aurait-il repris ; je me trompe. Ceux à qui je démontrais les propriétés du cercle et du carré n'avaient pas les mains sur mon abaque et ne touchaient pas les fils que j'avais tendus

et qui limitaient mes figures ; cependant ils me [327] comprenaient. Ils ne voyaient donc pas un carré quand je sentais un cercle ; sans quoi nous ne nous fussions jamais entendus ; je leur eusse tracé une figure, et démontré les propriétés d'une autre ; je leur eusse donné une ligne droite pour un arc de cercle, et un arc de cercle pour une ligne droite. Mais puisqu'ils m'entendaient tous, tous les hommes voient donc les uns comme les autres : je vois donc carré ce qu'ils voyaient carré, et circulaire ce qu'ils voyaient circulaire. Ainsi voilà ce que j'ai toujours nommé carré, et voilà ce que j'ai toujours nommé cercle. »

Ibid., p. 328.

En pesant mûrement les choses, on avouera que la différence qu'il y a entre une personne qui a toujours vu, mais à qui l'usage d'un objet est inconnu, et celle qui connaît l'usage d'un objet, mais qui n'a jamais vu, n'est pas à l'avantage de celle-ci ; cependant, croyez-vous, madame, que si l'on vous montrait aujourd'hui, pour la première fois, une garniture, vous parvinssiez jamais à deviner que c'est un ajustement, et que c'est un ajustement de tête ? Mais, s'il est d'autant plus difficile à un aveugle-né, qui voit pour la première fois, de bien juger des objets selon qu'ils ont un plus grand nombre de formes, qui l'empêcherait de prendre un observateur tout habillé et immobile dans un fauteuil placé devant lui pour un meuble ou pour une machine, et un arbre dont l'air agiterait les feuilles et les branches, pour un être se mouvant, animé et pensant ? Madame, combien nos sens nous suggèrent de choses ; et que nous aurions de peine, sans nos yeux, à supposer qu'un bloc de marbre ne pense ni ne sent !

Ibid., *Addition à la* Lettre sur les aveugles [1782], p. 332-334.

[332] II. On m'a parlé d'un aveugle qui connaissait au toucher quelle était la couleur des étoffes.

III. J'en pourrais citer un qui nuance des bouquets avec cette délicatesse dont J.-J. Rousseau se piquait lorsqu'il confiait à ses amis, sérieusement ou par plaisanterie, le dessein d'ouvrir une école où il donnerait leçons aux bouquetières de Paris.

IV. La ville d'Amiens a vu un appareilleur aveugle conduire un atelier nombreux avec autant d'intelligence que s'il avait joui de ses yeux.

V. L'usage des yeux ôtait à un clairvoyant la sûreté de la main ; pour se raser la tête, il écartait le miroir et se plaçait devant une muraille nue. L'aveugle qui n'aperçoit pas le danger en devient d'autant plus intrépide, et je ne doute point qu'il ne marchât d'un pas plus ferme sur des planches étroites et élastiques qui formeraient un pont sur un précipice. Il y a peu de personnes dont l'aspect des grandes profondeurs n'obscurcisse la vue.

VI. Qui est-ce qui n'a pas connu ou entendu parler du [333] fameux Daviel[16] ? J'ai assisté plusieurs fois à ses opérations. Il avait abattu la cataracte à un forgeron qui avait contracté cette maladie au feu continuel de son fourneau ; et pendant les vingt-cinq années qu'il avait cessé de voir, il avait pris une telle habitude de s'en rapporter au toucher, qu'il fallait le maltraiter pour l'engager à se servir du sens qui lui avait été restitué ; Daviel lui disait en le frappant : Veux-tu regarder, bourreau !... Il marchait, il agissait ; tout ce que nous faisons les yeux ouverts, il le faisait, lui, les yeux fermés.

On pourrait en conclure que l'œil n'est pas aussi utile à nos besoins ni aussi essentiel à notre bonheur qu'on serait tenté de le croire. Quelle est la chose du monde dont une longue privation qui n'est suivie d'aucune douleur ne nous rendît la perte indifférente, si le spectacle de la nature n'avait plus de charme pour l'aveugle de Daviel ? La vue d'une femme qui nous serait chère ? je n'en crois rien, quelle que soit la conséquence du fait que je vais raconter. On s'imagine que si l'on avait passé un long temps sans voir, on ne se lasserait point de regarder ; cela n'est pas vrai. Quelle différence entre la cécité momentanée et cécité habituelle !

VII. La bienfaisance de Daviel conduisait, de toutes les provinces du royaume dans son laboratoire, des malades indigents qui venaient implorer son secours, et sa réputation y appelait une assemblée curieuse, instruite et nombreuse. Je crois que nous en faisions partie le même jour, M. Marmontel et moi. Le malade était assis ; voilà sa cataracte enlevée ; Daviel pose sa main sur des yeux qu'il venait de rouvrir à la

16 [NdE] Jacques Daviel, chirurgien, né en 1696. En 1728, se fit une spécialité des maladies des yeux et obtint une telle réputation par son habileté, que dans le seul mois de novembre 1752 il fit deux cent vingt-six opérations de la cataracte dont cent quatre-vingt-deux réussirent. Il mourut en 1762.

lumière. Une femme âgée, debout à côté de lui, montrait le plus vif intérêt au succès de l'opération ; elle tremblait de tous ses membres à chaque mouvement de l'opérateur. Celui-ci lui fait signe d'approcher, et la place à genoux en face de l'opéré ; il éloigne ses mains, le malade ouvre les yeux, il voit, il s'écrie : Ah ! c'est ma mère !... Je n'ai jamais entendu un cri plus pathétique ; il me semble que je l'entends encore. La vieille femme [334] s'évanouit, les larmes coulent des yeux des assistants, et les aumônes tombent de leurs bourses.

Ibid., p. 334-335.

[334] VIII. De toutes les personnes qui ont été privées de la vue presque en naissant, la plus surprenante qui ait existé et qui existera, c'est Mlle Mélanie de Salignac, parente de M. de La Fargue, lieutenant général des armées du roi, vieillard qui vient de mourir âgé de quatre-vingt-onze ans, couvert de blessures et comblé d'honneurs ; elle est fille de Mme de Blacy[17], qui vit encore et qui ne passe pas un jour sans regretter un enfant qui faisait le bonheur de sa vie et l'admiration de toutes ses connaissances. Mme de Blacy est une femme distinguée par l'éminence de ses qualités morales, et qu'on peut interroger sur la vérité de mon récit. C'est sous sa dictée que je recueille de la vie de Mlle de Salignac les particularités qui ont pu m'échapper à moi-même pendant un commerce d'intimité qui a commencé avec elle et avec sa famille en 1760, et qui a duré jusqu'en 1763, l'année de sa mort.

Elle avait un grand fonds de raison, une douceur charmante, une finesse peu commune dans les idées, et de la naïveté. Une de ses tantes invitait sa mère à venir l'aider à plaire à dix-neuf ostrogoths qu'elle avait à dîner, et sa nièce disait : « Je ne conçois rien à ma chère tante ; pourquoi plaire à dix-neuf ostrogoths ? Pour moi, je ne veux plaire qu'à ceux que j'aime. »

Le son de la voix avait pour elle la même séduction ou la même répugnance que la physionomie pour celui qui voit. Un de ses parents, receveur général des finances, eut avec la famille un mauvais procédé auquel elle ne s'attendait pas, et elle disait avec surprise : « Qui l'aurait cru d'une voix aussi douce ? » Quand elle entendait chanter, elle distinguait des voix « brunes » et des voix « blondes ».

---

17 Marie Jeanne Élisabeth Volland (1715-1786).

Quand on lui parlait, elle jugeait de la taille par la direction du son qui la frappait de haut en bas si la personne était grande, ou de bas en haut si la personne était petite.

Elle ne se souciait pas de voir ; et un jour que je lui en demandais la raison : « C'est, me répondit-elle, que je n'aurais que mes yeux, au lieu que je jouis des yeux de tous ; c'est que, par cette privation, je deviens un objet continuel d'intérêt et de commisération ; à tout moment on m'oblige, et à tout [335] moment je suis reconnaissante ; hélas ! si je voyais, bientôt on ne s'occuperait plus de moi. »

Les erreurs de la vue en avaient diminué le prix pour elle. « Je suis, disait-elle, à l'entrée d'une longue allée ; il y a à son extrémité quelque objet : l'un de vous le voit en mouvement ; l'autre le voit en repos ; l'un dit que c'est un animal, l'autre que c'est un homme, et il se trouve, en approchant, que c'est une souche. Tous ignorent si la tour qu'ils aperçoivent au loin est ronde ou carrée. Je brave les tourbillons de la poussière, tandis que ceux qui m'entourent ferment les yeux et deviennent malheureux, quelquefois pendant une journée entière, pour ne les avoir pas assez tôt fermés. Il ne faut qu'un atome imperceptible pour les tourmenter cruellement… ». À l'approche de la nuit, elle disait que « notre règne allait finir, et que le sien allait commencer ». On conçoit que, vivant dans les ténèbres avec l'habitude d'agir et de penser pendant une nuit éternelle, l'insomnie qui nous est si fâcheuse ne lui était pas même importune.

Elle ne me pardonnait pas d'avoir écrit que les aveugles, privés des symptômes de la souffrance, devaient être cruels. « Et vous croyez, me disait-elle, que vous entendez la plainte comme moi ? Il y a des malheureux qui savent souffrir sans se plaindre. – Je crois, ajoutait-elle, que je les aurais bientôt devinés, et que je ne les plaindrais que davantage. »

Ibid., p. 336-338.

[336] « C'est surtout dans le silence de la nuit que la musique est expressive et délicieuse[18].

Je me persuade que, distraits par leurs yeux, ceux qui voient ne peuvent ni l'écouter ni l'entendre comme je l'écoute et je l'entends.

18 C'est Mélanie de Salignac qui s'exprime. Voir le texte précédent.

Pourquoi l'éloge qu'on m'en fait me paraît-il pauvre et faible ? pourquoi n'en ai-je jamais pu parler comme je sens ? pourquoi m'arrêtai-je au milieu de mon discours, cherchant des mots qui peignent ma sensation sans les trouver ? Est-ce qu'ils ne seraient pas encore inventés ? Je ne saurais comparer l'effet de la musique qu'à l'ivresse que j'éprouve lorsque, après une longue absence, je me précipite entre les bras de ma mère, que la voix me manque, que les membres me tremblent, que les larmes coulent, que les genoux se dérobent sous moi ; je suis comme si j'allais mourir de plaisir. »

Elle avait le sentiment le plus délicat de la pudeur ; et quand je lui en demandai la raison : « C'est, me disait-elle, l'effet des discours de ma mère ; elle m'a répété tant de fois que la vue de certaines parties du corps invitait au vice : et je vous avouerais, si j'osais, qu'il y a peu de temps que je l'ai comprise, et que peut-être il a fallu que je cessasse d'être innocente. »

Elle est morte d'une tumeur aux parties naturelles intérieures, qu'elle n'eut jamais le courage de déclarer.

Elle était, dans ses vêtements, dans son linge, sur sa personne, d'une netteté d'autant plus recherchée que, ne voyant point, elle n'était jamais assez sûre d'avoir fait ce qu'il fallait pour épargner à ceux qui voient le dégoût du vice opposé.

Si on lui versait à boire, elle connaissait, au bruit de la liqueur en tombant, lorsque son verre était assez plein. Elle [337] prenait les aliments avec une circonspection et une adresse surprenantes.

Elle faisait quelquefois la plaisanterie de se placer devant un miroir pour se parer, et d'imiter toutes les mines d'une coquette qui se met sous les armes. Cette petite singerie était d'une vérité à faire éclater de rire.

On s'était étudié, dès sa plus tendre jeunesse, à perfectionner les sens qui lui restaient, et il est incroyable jusqu'où l'on y avait réussi. Le tact lui avait appris, sur les formes des corps, des singularités souvent ignorées de ceux qui avaient les meilleurs yeux.

Elle avait l'ouïe et l'odorat exquis ; elle jugeait, à l'impression de l'air, de l'état de l'atmosphère, si le temps était nébuleux ou serein, si elle marchait dans une place ou dans une rue, dans une rue ou dans un cul-de-sac, dans un lieu ouvert ou dans un lieu fermé, dans un vaste appartement ou dans une chambre étroite.

Elle mesurait l'espace circonscrit par le bruit de ses pieds ou le retentissement de sa voix. Lorsqu'elle avait parcouru une maison, la topographie lui en restait dans la tête, au point de prévenir les autres sur les petits dangers auxquels ils s'exposaient : « Prenez garde, disait-elle, ici la porte est trop basse, là vous trouverez une marche. »

Elle remarquait dans les voix une variété qui nous est inconnue, et lorsqu'elle avait entendu parler une personne quelquefois, c'était pour toujours.

Elle était peu sensible aux charmes de la jeunesse et peu choquée des rides de la vieillesse. Elle disait qu'il n'y avait que les qualités du cœur et de l'esprit qui fussent à redouter pour elle. C'était encore un des avantages de la privation de la vue, surtout pour les femmes. « Jamais, disait-elle, un bel homme ne me fera tourner la tête. »

Elle était confiante. Il était si facile, et il eût été si honteux de la tromper ! C'était une perfidie inexcusable de lui laisser croire qu'elle était seule dans un appartement.

Elle n'avait aucune sorte de terreur panique ; elle ressentait rarement de l'ennui ; la solitude lui avait appris à se suffire à elle-même. Elle avait observé que dans les voitures publiques, en voyage, à la chute du jour, on devenait silencieux. « Pour moi, [338] disait-elle, je n'ai pas besoin de voir ceux avec qui j'aime à m'entretenir. »

De toutes les qualités, c'étaient le jugement sain, la douceur et la gaîté qu'elle prisait le plus.

Elle parlait peu et écoutait beaucoup : « Je ressemble aux oiseaux, disait-elle, j'apprends à chanter dans les ténèbres. »

En rapprochant ce qu'elle avait entendu d'un jour à l'autre, elle était révoltée de la contradiction de nos jugements : il lui paraissait presque indifférent d'être louée, ou blâmée par des êtres si inconséquents.

On lui avait appris à lire avec des caractères découpés. Elle avait la voix agréable ; elle chantait avec goût ; elle aurait volontiers passé sa vie au concert ou à l'Opéra ; il n'y avait guère que la musique bruyante qui l'ennuyât. Elle dansait à ravir ; elle jouait très bien du par-dessus de viole, et elle avait tiré de ce talent un moyen de se faire rechercher des jeunes personnes de son âge en apprenant les danses et les contredanses à la mode.

C'était la plus aimée de ses frères et de ses sœurs. « Et voilà, disait-elle, ce que je dois encore à mes infirmités : on s'attache à moi par les soins qu'on m'a rendus et par les efforts que j'ai faits pour les reconnaître et pour les mériter. Ajoutez que mes frères et mes sœurs n'en sont point jaloux. Si j'avais des yeux, ce serait aux dépens de mon esprit et de mon cœur. J'ai tant de raisons pour être bonne ! que deviendrais-je si je perdais l'intérêt que j'inspire ? »

Ibid., p. 338-339.

[338] On lui avait appris la musique par des caractères en relief qu'on plaçait sur des lignes éminentes à la surface d'une grande table. Elle lisait ces caractères avec la main ; elle les exécutait sur son instrument, et en très peu de temps d'étude elle avait appris à jouer en partie la pièce la plus longue et la plus compliquée.

Elle possédait des éléments d'astronomie, d'algèbre et de [339] géométrie. Sa mère, qui lui lisait le livre de l'abbé de La Caille[19], lui demandait quelquefois si elle entendait cela : « Tout courant », lui répondait-elle.

Elle prétendait que la géométrie était la vraie science des aveugles, parce qu'elle appliquait fortement, et qu'on n'avait besoin d'aucun secours pour se perfectionner. « Le géomètre, ajoutait-elle, passe presque toute sa vie les yeux fermés. »

J'ai vu les cartes sur lesquelles elle avait étudié la géographie. Les parallèles et les méridiens sont des fils de laiton ; les limites des royaumes et des provinces sont distinguées par de la broderie en fil, en soie et en laine plus ou moins forte ; les fleuves, les rivières et les montagnes, par des têtes d'épingles plus ou moins grosses ; et les villes plus ou moins considérables, par des gouttes de cire inégales.

Je lui disais un jour : « Mademoiselle, figurez-vous un cube. – Je le vois. – Imaginez au centre du cube un point. – C'est fait. – De ce point tirez des lignes droites aux angles ; eh bien, vous aurez divisé le cube. – En six pyramides égales, ajouta-t-elle d'elle-même, ayant chacune les mêmes faces, la base du cube et la moitié de sa hauteur. – Cela est vrai ; mais où voyez-vous cela ? – Dans ma tête, comme vous. »

J'avoue que je n'ai jamais conçu nettement comment elle figurait dans sa tête sans colorer. Ce cube s'était-il formé par la mémoire des sensations du toucher ? Son cerveau était-il devenu une espèce de main

19 L'abbé Nicolas-Louis de La Caille (1713-1762), aussi écrit Lacaille, astronome français.

sous laquelle les substances se réalisaient ? S'était-il établi à la longue une sorte de correspondance entre deux sens divers ? Pourquoi ce commerce n'existe-t-il pas en moi, et ne vois-je rien dans ma tête si je ne colore pas ? Qu'est-ce que l'imagination d'un aveugle ? Ce phénomène n'est pas si facile à expliquer qu'on le croirait.

Elle écrivait avec une épingle dont elle piquait sa feuille de papier tendue sur un cadre traversé de deux lames parallèles et mobiles, qui ne laissaient entre elles d'espace vide que l'intervalle d'une ligne à une autre. La même écriture servait pour la réponse, qu'elle lisait en promenant le bout de son doigt sur les petites inégalités que l'épingle ou l'aiguille avait pratiquées au verso du papier.

Elle lisait un livre qu'on n'avait tiré que d'un côté. Prault[20] en avait imprimé de cette manière à son usage.

Ibid., p. 340-342.

[340] Il ne me reste plus qu'à vous exposer ses idées sur l'écriture, le dessin, la gravure, la peinture ; je ne crois pas qu'on en puisse avoir de plus voisines de la vérité ; c'est ainsi, j'espère, [341] qu'on en jugera par l'entretien qui suit, et dont je suis un interlocuteur. Ce fut elle qui parla la première.

« Si vous aviez tracé sur ma main, avec un stylet, un nez, une bouche, un homme, une femme, un arbre, certainement je ne m'y tromperais pas ; je ne désespérerais pas même, si le trait était exact, de reconnaître la personne dont vous m'auriez fait l'image : ma main deviendrait pour moi un miroir sensible ; mais grande est la différence de sensibilité entre cette toile et l'organe de la vue.

Je suppose donc que l'œil soit une toile vivante d'une délicatesse infinie ; l'air frappe l'objet, de cet objet il est réfléchi vers l'œil, qui en reçoit une infinité d'impressions diverses selon la nature, la forme, la couleur de l'objet et peut-être les qualités de l'air qui me sont inconnues et que vous ne connaissez pas plus que moi ; et c'est par la variété de ces sensations qu'il vous est peint.

Si la peau de ma main égalait la délicatesse de vos yeux, je verrais par ma main comme vous voyez par vos yeux, et je me figure quelquefois

20 Laurent-François Prault (1712-1780) imprimeur-libraire.

qu'il y a des animaux qui sont aveugles, et qui n'en sont pas moins clairvoyants.

– Et le miroir ?

– Si tous les corps ne sont pas autant de miroirs, c'est par quelque défaut dans leur contexture, qui éteint la réflexion de l'air. Je tiens d'autant plus à cette idée, que l'or, l'argent, le fer, le cuivre polis, deviennent propres à réfléchir l'air, et que l'eau trouble et la glace rayée perdent cette propriété.

C'est la variété de la sensation, et par conséquent de la propriété de réfléchir l'air dans les matières que vous employez, qui distingue l'écriture du dessin, le dessin de l'estampe, et l'estampe du tableau.

L'écriture, le dessin, l'estampe, le tableau d'une seule couleur, sont autant de camaïeux.

– Mais lorsqu'il n'y a qu'une couleur, on ne devrait discerner que cette couleur.

– C'est apparemment le fond de la toile, l'épaisseur de la couleur et la manière de l'employer qui introduisent dans la réflexion de l'air une variété correspondante à celle des formes. Au reste, ne m'en demandez plus rien, je ne suis pas plus savante que cela.

[342] – Et je me donnerais bien de la peine inutile pour vous en apprendre davantage. »

Je ne vous ai pas dit, sur cette jeune aveugle, tout ce que j'en aurais pu observer en la fréquentant davantage et en l'interrogeant avec du génie ; mais je vous donne ma parole d'honneur que je ne vous en ai rien dit que d'après mon expérience.

Elle mourut, âgée de vingt-deux ans. Avec une mémoire immense et une pénétration égale à sa mémoire, quel chemin n'aurait-elle pas fait dans les sciences, si des jours plus longs lui avaient été accordés ! Sa mère lui lisait l'histoire, et c'était une fonction également utile et agréable pour l'une et l'autre.

Ibid., *Lettre sur les sourds et muets à l'usage de ceux qui entendent et qui parlent* [1751], p. 354-359.

[354] Il vous paraîtra singulier, sans doute, qu'on vous renvoie à celui que la nature a privé de la faculté d'entendre et de parler, pour en obtenir les véritables notions de la formation du langage. Mais considérez, je

vous prie, que l'ignorance est moins éloignée de la vérité que le préjugé ; et qu'un sourd et muet de naissance est sans préjugé sur la manière de communiquer la pensée ; que les inversions n'ont point passé d'une autre langue dans la sienne ; que s'il en emploie, c'est la nature seule qui les lui suggère ; et qu'il est une image très approchée de ces hommes fictifs qui, n'ayant aucun signe d'institution, peu de perceptions, presque point de mémoire, pourraient passer aisément pour des animaux à deux pieds ou à quatre.

[...]

[356] J'en connais un dont on pourrait se servir d'autant plus utilement, qu'il ne manque pas d'esprit, et qu'il a le geste expressif, comme vous allez voir.

Je jouais un jour aux échecs, et le muet me regardait jouer ; mon adversaire me réduisit dans une position embarrassante ; le muet s'en aperçut à merveille ; et, croyant la partie perdue, il ferma les yeux, inclina la tête, et laissa tomber ses bras ; signes par lesquels il m'annonçait qu'il me tenait pour mat ou mort. Remarquez, en passant, combien la langue des gestes est métaphorique ! Je crus d'abord qu'il avait raison : cependant, comme le coup était composé, et que je n'avais pas épuisé les combinaisons, je ne me pressai pas de céder, et je me mis à chercher une ressource. L'avis du muet était toujours qu'il n'y en avait point, ce qu'il disait très clairement en secouant la tête et en remettant les pièces perdues sur l'échiquier. Son exemple invita les autres spectateurs à parler sur le coup ; on l'examina ; et à force d'essayer de mauvais expédients on en découvrit un bon. Je ne manquai pas de m'en servir, et de faire entendre au muet qu'il s'était trompé, et que je sortirais d'embarras malgré son avis. Mais lui, me montrant du doigt tous les spectateurs les uns après les autres, et faisant en même temps un petit mouvement des lèvres, qu'il accompagna d'un grand mouvement de ses deux bras qui allaient et venaient dans la direction de la porte et des tables, me répondit qu'il y avait peu de mérite à être sorti du mauvais pas où j'étais, avec les conseils *du tiers, du quart et des passants* ; ce que ces gestes signifiaient si clairement, que personne ne s'y trompa, et que l'expression populaire *consulter le tiers, le quart et les passants* vint à plusieurs en même temps ; ainsi, bonne ou mauvaise, notre muet rencontra cette expression en gestes.

Vous connaissez, au moins de réputation, une machine singulière, sur laquelle l'inventeur se proposait d'exécuter des sonates de couleurs[21]. J'imaginai que s'il y avait un être au monde qui dût prendre quelque plaisir à de la musique oculaire, et qui pût en juger sans prévention, c'était un sourd et [357] muet de naissance. Je conduisis donc le mien rue Saint-Jacques, dans la maison où l'on montre l'homme et la machine aux couleurs. Ah ! Monsieur, vous ne devinerez jamais l'impression que ces deux êtres firent sur lui, et moins encore les pensées qui lui vinrent.

Vous concevez d'abord qu'il n'était pas possible de lui rien communiquer sur la nature et les propriétés merveilleuses du clavecin ; que n'ayant aucune idée du son, celles qu'il prenait de l'instrument oculaire n'étaient assurément pas relatives à la musique, et que la destination de cette machine lui était tout aussi incompréhensible que l'usage que nous faisons des organes de la parole. Que pensait-il donc ? et quel était le fondement de l'admiration dans laquelle il tomba, à l'aspect des éventails du Père Castel ? Cherchez, monsieur ; devinez ce qu'il conjectura de cette machine ingénieuse, que peu de gens ont vue, dont plusieurs ont parlé, et dont l'invention ferait bien de l'honneur à la plupart de ceux qui en ont parlé avec dédain[...] ; ou plutôt, écoutez, le voici.

Mon sourd s'imagina que ce génie inventeur était sourd et muet aussi ; que son clavecin lui servait à converser avec les autres hommes ; que chaque nuance avait sur le clavier la valeur d'une des lettres de l'alphabet ; et qu'à l'aide des touches et de l'agilité des doigts, il combinait ces lettres, en formait des mots, des phrases ; enfin, tout un discours en couleurs.

Après cet effort de pénétration, convenez qu'un sourd et muet pouvait être assez content de lui-même ; mais le mien ne s'en tint pas là ; il crut tout d'un coup qu'il avait saisi ce que c'était que la musique et tous les instruments de musique. Il crut que la musique était une façon particulière de communiquer la pensée, et que les instruments, les vielles, les violons, les trompettes étaient, entre nos mains, d'autres organes de la parole. C'était bien là, direz-vous, le système d'un homme qui n'avait jamais entendu ni instrument ni musique. Mais considérez, je vous prie, que ce système, qui est évidemment faux [358] pour vous,

21 Sur le Père Castel et son « clavecin oculaire », voir la note correspondante p. 373.

est presque démontré pour un sourd et muet. Lorsque ce sourd se rappelle l'attention que nous donnons à la musique et à ceux qui jouent d'un instrument, les signes de joie ou de tristesse qui se peignent sur nos visages et dans nos gestes, quand nous sommes frappés d'une belle harmonie, et qu'il compare ces effets avec ceux du discours et des autres objets extérieurs, comment peut-il imaginer qu'il n'y a pas de bon sens dans les sons, quelque chose que ce puisse être, et que ni les voix ni les instruments ne réveillent en nous aucune perception distincte ?

N'est-ce pas là, monsieur, une fidèle image de nos pensées, de nos raisonnements, de nos systèmes, en un mot, de ces concepts qui ont fait de la réputation à tant de philosophes ? Toutes les fois qu'ils ont jugé de choses qui, pour être bien comprises, semblaient demander un organe qui leur manquait, ce qui leur est souvent arrivé, ils ont montré moins de sagacité, et se sont trouvés plus loin de la vérité que le sourd et muet dont je vous entretiens ; car, après tout, si on ne parle pas aussi distinctement avec un instrument qu'avec la bouche, et si les sons ne peignent pas aussi nettement la pensée que le discours, encore disent-ils quelque chose.

L'aveugle dont il est question dans la *Lettre à l'usage de ceux qui voient*, marqua assurément de la pénétration dans le jugement qu'il porta du télescope et des lunettes ; sa définition du miroir est surprenante. Mais je trouve plus de profondeur et de vérité dans ce que mon sourd imagina du clavecin oculaire du Père Castel, de nos instruments et de notre musique. S'il ne rencontra pas exactement ce que c'était, il rencontra presque ce que ce devrait être.

Cette sagacité vous surprendra moins, peut-être, si vous considérez que celui qui se promène dans une galerie de peintures, fait, sans y penser, le rôle d'un sourd qui s'amuserait à examiner des muets qui s'entretiennent sur des sujets qui lui sont connus. Ce point de vue est un de ceux sous lesquels j'ai toujours regardé les tableaux qui m'ont été présentés ; et j'ai trouvé que c'était un moyen sûr d'en connaître les actions amphibologiques et les mouvements équivoques ; d'être promptement affecté de la froideur ou du tumulte d'un fait mal ordonné, ou d'une conversation mal instituée, et de saisir, dans une scène [359] mise en couleurs, tous les vices d'un jeu languissant ou forcé.

Ibid., p. 360-361.

[360] Je suis à table avec un sourd et muet de naissance. Il veut commander à son laquais de me verser à boire. Il avertit d'abord son laquais. Il me regarde ensuite ; puis il imite du bras et de la main droite les mouvements d'un homme qui verse à boire. Il est presque indifférent, dans cette phrase, lequel des deux derniers signes suive ou précède l'autre. Le muet peut, après avoir averti le laquais, ou placer le signe qui désigne la chose ordonnée, ou celui qui dénote la personne à qui le message s'adresse ; mais le lieu du premier geste est fixé. Il n'y a qu'un muet sans logique qui puisse le déplacer. Cette transposition serait presque aussi ridicule, que l'inadvertance d'un homme qui parlerait sans qu'on sût bien à qui son discours s'adresse. Quant à l'arrangement des deux autres gestes, c'est peut-être moins une affaire de justesse que de goût, de fantaisie, de convenance, d'harmonie, d'agrément et de style. En général, plus une phrase renfermera d'idées, et plus il y aura d'arrangements possibles de gestes ou d'autres signes ; plus il y aura de [361] danger de tomber dans des contre-sens, dans des amphibologies, et dans les autres vices de construction.

Ibid., p. 362.

On éprouve, en s'entretenant avec un sourd et un muet de naissance, une difficulté presque insurmontable à lui désigner les parties indéterminées de la quantité, soit en nombre, soit en étendue, soit en durée, et à lui transmettre toute abstraction en général. On n'est jamais sûr de lui avoir fait entendre la différence des temps, *je fis*, *j'ai fait*, *je faisais*, *j'aurais fait*. Il en est de même des propositions conditionnelles. Donc, si j'avais raison de dire, qu'à l'origine du langage, les hommes ont commencé par donner des noms aux principaux objets des sens, aux fruits, à l'eau, aux arbres, aux animaux, aux serpents, etc. ; aux passions, aux lieux, aux personnes, etc. ; aux qualités, aux quantités, aux temps, etc. ; je peux encore ajouter que les signes des *temps* ou des portions de la durée ont été les derniers inventés. J'ai pensé que, pendant des siècles entiers, les hommes n'ont eu d'autres temps que le présent de l'indicatif ou de l'infinitif, que les circonstances déterminaient à être tantôt un futur, tantôt un parfait.

Ibid., t. II, 1875, *Le Rêve de D'Alembert* [1769], p. 137-138.

[137] BORDEU.

Il [*sc.* D'Alembert] a raison ; les organes produisent les besoins, et réciproquement les besoins produisent les organes.

MADEMOISELLE DE L'ESPINASSE.

Docteur, délirez-vous aussi ?

BORDEU.

Pourquoi non ? J'ai vu deux moignons devenir à la longue deux bras.

[138] MADEMOISELLE DE L'ESPINASSE.

Vous mentez.

BORDEU.

Il est vrai ; mais au défaut de deux bras qui manquaient, j'ai vu deux omoplates s'allonger, se mouvoir en pince, et devenir deux moignons.

MADEMOISELLE DE L'ESPINASSE.

Quelle folie !

BORDEU.

C'est un fait. Supposez une longue suite de générations manchotes, supposez des efforts continus, et vous verrez les deux côtés de cette pincette s'étendre, s'étendre de plus en plus, se croiser sur le dos, revenir par devant, peut-être se digiter[22] à leurs extrémités, et refaire des bras et des mains. La conformation originelle s'altère ou se perfectionne par la nécessité et les fonctions habituelles. Nous marchons si peu, nous travaillons si peu et nous pensons tant, que je ne désespère pas que l'homme ne finisse par n'être qu'une tête[23].

---

22 Néologisme qui est peut-être de Diderot lui-même, et paraît signifier « se doter de doigts ».

23 [NdE] M. le professeur Broca, d'après des crânes parisiens, M. Prichard, d'après des crânes anglais, ont avancé que le volume des cerveaux actuels dépassait notablement celui des cerveaux antérieurs de même provenance. M. Broca a prouvé que l'accroissement portrait sur la partie antérieure, siège des facultés intellectuelles.

MADEMOISELLE DE L'ESPINASSE.

Une tête ! une tête ! c'est bien peu de chose ; j'espère que la galanterie effrénée… Vous me faites venir des idées bien ridicules.

BORDEU.

Paix.

D'ALEMBERT.

Je suis donc tel, parce qu'il a fallu que je fusse tel. Changez le tout, vous me changez nécessairement ; mais le tout change sans cesse… L'homme n'est qu'un effet commun, le monstre qu'un effet rare ; tous les deux également naturels, également nécessaires, également dans l'ordre universel et général… Et qu'est-ce qu'il y a d'étonnant à cela ?… Tous les êtres circulent les uns dans les autres, par conséquent toutes les espèces… tout est en un flux perpétuel…

Ibid., p. 147-150.

[147] MADEMOISELLE DE L'ESPINASSE.

Si c'était l'usage d'aller toute nue dans les rues, je ne serais ni la première ni la dernière à m'y conformer. Ainsi faites de moi tout ce qu'il vous plaira, pourvu que je m'instruise. Vous m'avez dit que chaque brin du faisceau formait un organe particulier ; et quelle preuve que cela est ainsi ?

BORDEU.

Faites par la pensée ce que nature fait quelquefois ; mutilez le faisceau d'un de ses brins ; par exemple, du brin qui formera les yeux ; que croyez-vous qu'il en arrive ?

MADEMOISELLE DE L'ESPINASSE.

Que l'animal n'aura point d'yeux peut-être.

[148] BORDEU.

Ou n'en aura qu'un placé au milieu du front.

MADEMOISELLE DE L'ESPINASSE.

Ce sera un Cyclope.

BORDEU.

Un Cyclope.

MADEMOISELLE DE L'ESPINASSE.

Le Cyclope pourrait donc bien ne pas être un être fabuleux.

BORDEU.

Si peu, que je vous en ferai voir un quand vous voudrez[...].

MADEMOISELLE DE L'ESPINASSE.

Et qui sait la cause de cette diversité ?

BORDEU.

Celui qui a disséqué ce monstre et qui ne lui a trouvé qu'un filet optique. Faites par la pensée ce que nature fait quelquefois. Supprimez un autre brin du faisceau, le brin qui doit former le nez, l'animal sera sans nez. Supprimez le brin qui doit former l'oreille, l'animal sera sans oreilles, ou n'en aura qu'une, et l'anatomiste ne trouvera dans la dissection ni les filets olfactifs, ni les filets auditifs, ou ne trouvera qu'un de ceux-ci. Continuez la suppression des brins, et l'animal sera sans tête, sans pieds, sans mains ; sa durée sera courte, mais il aura vécu.

MADEMOISELLE DE L'ESPINASSE.

Et il y a des exemples de cela ?

BORDEU.

Assurément. Ce n'est pas tout. Doublez quelques-uns des brins du faisceau, et l'animal aura deux têtes, quatre yeux, quatre oreilles, trois testicules, trois pieds, quatre bras, six doigts à chaque main. Dérangez les brins du faisceau, et les organes seront déplacés : la tête occupera le milieu de la poitrine, les poumons seront à gauche, le cœur à droite. Collez ensemble deux brins, et les organes se confondront ; les bras s'attacheront au corps ; les cuisses, les jambes et les pieds se réuniront, et vous aurez toutes les sortes de monstres imaginables.

[149] MADEMOISELLE DE L'ESPINASSE.

Mais il me semble qu'une machine aussi composée qu'un animal, une machine qui naît d'un point, d'un fluide agité, peut-être de deux fluides brouillés au hasard, car on ne sait guère alors ce qu'on fait ; une machine qui s'avance à sa perfection par une infinité de développements successifs ; une machine dont la formation régulière ou irrégulière dépend d'un paquet de fils minces, déliés et flexibles, d'une espèce d'écheveau où le moindre brin ne peut être cassé, rompu, déplacé, manquant, sans conséquence, fâcheuse pour le tout, devrait se nouer, s'embarrasser encore plus souvent dans le lieu de sa formation que mes soies sur ma tournette.

BORDEU.

Aussi en souffre-t-elle beaucoup plus qu'on ne pense. On ne dissèque pas assez, et les idées sur sa formation sont bien éloignées de la vérité.

MADEMOISELLE DE L'ESPINASSE.

A-t-on des exemples remarquables de ces difformités originelles, autres que les bossus et les boiteux, dont on pourrait attribuer l'état maléficié à quelque vice héréditaire ?

BORDEU.

Il y en a sans nombre, et tout nouvellement vient de mourir à la Charité de Paris[24], à l'âge de vingt-cinq ans, des suites d'une fluxion de poitrine, un charpentier né à Troyes, appelé Jean-Baptiste Macé[...], qui avait les viscères intérieurs de la poitrine et de l'abdomen dans une situation renversée, le cœur à droite précisément comme vous l'avez à gauche ; le foie à gauche ; l'estomac, la rate, le pancréas à l'hypocondre droit ; la veine-porte au foie du côté gauche ce qu'elle est au foie du côté droit ; même transposition au long canal des intestins ; les reins, adossés l'un à l'autre sur les vertèbres des lombes, imitaient la figure d'un fer à cheval. Et qu'on vienne après cela nous parler de causes finales !

MADEMOISELLE DE L'ESPINASSE.

Cela est singulier.

---

24 L'hôpital de la Charité de Paris, ou hôpital des Frères-de-Saint-Jean-de-Dieu, fut fondé au début du XVIIe siècle.

[150] BORDEU.

Si Jean-Baptiste Macé a été marié et qu'il ait eu des enfants…

MADEMOISELLE DE L'ESPINASSE.

Eh bien, docteur, ces enfants…

BORDEU.

Suivront la conformation générale ; mais quelqu'un des enfants de leurs enfants, au bout d'une centaine d'années, car ces irrégularités ont des sauts, reviendra à la conformation bizarre de son aïeul.

MADEMOISELLE DE L'ESPINASSE.

Et d'où viennent ces sauts ?

BORDEU.

Qui le sait ? Pour faire un enfant on est deux, comme vous savez. Peut-être qu'un des agents répare le vice de l'autre, et que le réseau défectueux ne renaît que dans le moment où le descendant de la race monstrueuse prédomine et donne la loi à la formation du réseau. Le faisceau de fils constitue la différence originelle et première de toutes les espèces d'animaux. Les variétés du faisceau d'une espèce font toutes les variétés monstrueuses de cette espèce.

Ibid., p. 157-159.

[157] BORDEU.

Lisez-vous quelquefois la *Gazette de France*[25] ?

MADEMOISELLE DE L'ESPINASSE

Jamais, quoique ce soit le chef-d'œuvre de deux hommes d'esprit.

BORDEU.

Faites-vous prêter la feuille du 4 de ce mois de septembre, et vous verrez qu'à Rabastens, diocèse d'Albi, deux filles naquirent dos à dos,

25 Il s'agit d'un des plus anciens périodiques français. *La Gazette* fut créée en 1631 avec l'appui de Richelieu par Théophraste Renaudot, médecin de Louis XIII.

unies par leurs dernières vertèbres lombaires, leurs fesses et la région hypogastrique[26]. L'on ne pouvait tenir l'une debout que l'autre n'eût la tête en bas. Couchées, elles se regardaient ; leurs cuisses étaient fléchies entre leurs troncs, et leurs jambes élevées ; sur le milieu de la ligne circulaire commune qui les attachait par leurs hypogastres on discernait leur sexe, et entre la cuisse droite de l'une qui correspondait à la cuisse gauche de sa sœur, dans une cavité il y avait un petit anus par lequel s'écoulait le méconium.

MADEMOISELLE DE L'ESPINASSE.

Voilà une espèce assez bizarre.

[158] BORDEU.

Elles prirent du lait qu'on leur donna dans une cuiller. Elles vécurent douze heures comme je vous l'ai dit, l'une tombant en défaillance lorsque l'autre en sortait, l'autre morte tandis que l'autre vivait. La première défaillance de l'une et la première vie de l'autre fut de quatre heures ; les défaillances et les retours alternatifs à la vie qui succédèrent furent moins longs ; elles expirèrent dans le même instant. On remarqua que leurs nombrils avaient aussi un mouvement alternatif de sortie et de rentrée ; il rentrait à celle qui défaillait, et sortait à celle qui revenait à la vie.

MADEMOISELLE DE L'ESPINASSE.

Et que dites-vous de ces alternatives de vie et de mort ?

BORDEU.

Peut-être rien qui vaille ; mais comme on voit tout à travers la lunette de son système, et que je ne veux pas faire exception à la règle, je dis que c'est le phénomène du trépané de La Peyronie[27] doublé en deux êtres

---

26 Qui concerne la région médiane inférieure de l'abdomen (hypogastre).

27 François La Peyronie (1678-1747) chirurgien français. Il fut le premier chirurgien de Louis XV. Dans le *Rêve de D'Alembert*, quelques pages avant ce texte, Diderot a décrit la trépanation dont il est question ici : « La Peyronie, que vous pouvez avoir connu, fut appelé auprès d'un malade qui avait reçu un coup violent à la tête. Ce malade y sentait de la pulsation. Le chirurgien ne doutait pas que l'abcès au cerveau ne fût formé, et qu'il n'y avait pas un moment à perdre. Il rase le malade et le trépane. La pointe de l'instrument tombe précisément au centre de l'abcès. Le pus était fait ; il vide le pus ; il nettoie l'abcès avec une seringue. Lorsqu'il pousse l'injection dans l'abcès, le malade ferme les yeux ; ses membres restent sans action, sans mouvement, sans le moindre signe de vie ; lorsqu'il

conjoints ; que les réseaux de ces deux enfants s'étaient si bien mêlés qu'ils agissaient et réagissaient l'un sur l'autre ; lorsque l'origine du réseau de l'une prévalait, il entraînait le réseau de l'autre qui défaillait à l'instant ; c'était le contraire, si c'était le réseau de celle-ci qui dominât le système commun. Dans le trépané de La Peyronie, la pression se faisait de haut en bas par le poids d'un fluide ; dans les deux jumelles de Rabastens, elle se faisait de bas en haut par la traction d'un certain nombre des fils du réseau ; conjecture appuyée par la rentrée et la sortie alternative des nombrils, sortie dans celle qui revenait à la vie, rentrée dans celle qui mourait.

MADEMOISELLE DE L'ESPINASSE.

Et voilà deux âmes liées.

BORDEU.

Un animal avec le principe de deux sens et de deux consciences.

MADEMOISELLE DE L'ESPINASSE.

N'ayant cependant dans le même moment que la jouissance d'une seule ; mais qui sait ce qui serait arrivé si cet animal-là eût vécu ?

[159] BORDEU.

Quelle sorte de correspondance l'expérience de tous les moments de la vie, la plus forte des habitudes qu'on puisse imaginer, aurait établie entre ces deux cerveaux ?

MADEMOISELLE DE L'ESPINASSE.

Des sens doubles, une mémoire double, une imagination double, une double application, la moitié d'un être qui observe, lit, médite, tandis que son autre moitié repose ; cette moitié-ci reprenant les mêmes fonctions, quand sa compagne est lasse ; la vie doublée d'un être doublé.

BORDEU.

Cela est possible ? et la nature amenant avec le temps tout ce qui est possible, elle formera quelque étrange composé.

---

repompe l'injection et qu'il soulage l'origine du faisceau du poids et de la pression du fluide injecté, le malade rouvre les yeux, se meut, parle, sent, renaît, et vit » (p. 153).

MADEMOISELLE DE L'ESPINASSE.

Que nous serions pauvres en comparaison d'un pareil être[28] !

BORDEU.

Et pourquoi ? Il y a déjà tant d'incertitudes, de contradictions, de folies dans un entendement simple, que je ne sais plus ce que cela deviendrait avec un entendement double… Mais il est dix heures et demie, et j'entends du faubourg jusqu'ici un malade qui m'appelle.

Ibid., *Réfutation de l'ouvrage d'Helvétius intitulé* l'Homme [1774], p. 430.

De toutes les réflexions qui se présentent sur cette page et sur la suivante, je n'en ferai qu'une, c'est qu'il y a beaucoup d'états dans la société qui excèdent de fatigue, qui épuisent promptement les forces et qui abrègent la vie, et quel que soit le salaire que vous attachiez au travail, vous n'empêcherez ni la fréquence ni la justice de la plainte de l'ouvrier.

Avez-vous jamais pensé à combien de malheureux l'exploitation des mines, la préparation de la chaux de céruse, le transport du bois flotté, la cure des fosses causent des infirmités effroyables et donnent la mort ?

Il n'y a que les horreurs de la misère et l'abrutissement qui puissent réduire l'homme à ces travaux.

« IMPARFAIT », *Encyclopédie ou Dictionnaire raisonné des sciences, des arts et des métiers*, Briasson, David, Lebreton, Durand, Paris, vol. VIII, 1765, p. 584a.

En Botanique, des plantes « imparfaites », et très improprement appelées ainsi, car il n'y a rien d'« imparfait » dans la nature, pas même les monstres. Tout y est enchaîné, et le monstre y est un effet aussi nécessaire que l'animal parfait. Les causes qui ont concouru à sa production tiennent à une infinité d'autres, et celles-ci à une infinité d'autres, et ainsi

28 [NdE] Nous avons déjà signalé (t. I, p. 402, note) ce qu'il y a d'erroné dans cette supposition. Malgré les rapports des deux corps, les deux cerveaux sont indépendants, et la vie dans ces conditions n'est pas le doublement des facultés d'un seul être, mais la gêne dans l'exercice de ces facultés chez deux êtres malencontreusement associés.

de suite en remontant jusqu'à l'éternité des choses. Il n'y a d'« imperfection » que dans l'art, parce que l'art a un modèle subsistant dans la nature, auquel on peut comparer ses productions. Nous ne sommes pas dignes de louer ni de blâmer l'ensemble général des choses, dont nous ne connaissons ni l'harmonie ni la fin ; et « bien » et « mal » sont des mots vides de sens, lorsque le tout excède l'étendue de nos facultés et de nos connaissances.

CLAUDE-ADRIEN HELVÉTIUS
(1715-1771)

Œuvres complètes d'Helvétius, t. VIII, Paris, P. Didot l'Aîné, 1795, *De l'homme* [1773], sect. II, chap. XII, p. 20-21.

[20] Les chiens et les chevaux sont, dit-on, d'autant plus estimés qu'ils sortent de telle ou telle race. Avant d'employer un homme il faudrait donc encore demander s'il est fils [21] d'un père spirituel ou stupide. On ne fait aucune de ces questions ; pourquoi ? C'est que les pères les plus spirituels n'engendrent souvent que de sots enfants ; c'est que les hommes les mieux organisés n'ont souvent que peu d'esprit, et qu'enfin l'expérience prouve l'inutilité de pareilles questions. Ce qu'elle nous apprend, c'est qu'il est des hommes de génie de toute espèce de taille et de tempérament ; qu'il en est des sanguins, de bilieux, de flegmatiques, de grands, de petits, de gras, de maigres, de robustes, de délicats, de mélancoliques[1], et que les

1 [NdA] Les plus spirituels et les plus méditatifs sont quelquefois mélancoliques, je le sais ; mais ils ne sont pas spirituels et méditatifs parce qu'ils sont mélancoliques, mais mélancoliques parce qu'ils sont méditatifs. Ce n'est point en effet à sa mélancolie, c'est à ses besoins que l'homme doit son esprit : le besoin seul l'arrache à son inertie naturelle. Si je pense, ce n'est point parce que je suis fort ou faible, mais parce que j'ai plus ou moins d'intérêt de penser. Lorsqu'on dit du malheur « Ce grand maître de l'homme », on ne dit rien autre chose sinon que le malheur et le désir de s'y soustraire nous forcent à penser. Pourquoi le désir de la gloire produit-il souvent le même effet ? C'est que la gloire est le besoin de quelques-uns. Au reste, ni les Rabelais, ni les Fontenelle, ni les Scarron, n'ont passé pour tristes, et cependant personne ne nie la supériorité plus ou moins grande de leur esprit. Quelques médecins, entre autres M. Lansel de Magny, ont dit que les tempéraments les plus forts et les plus courageux étaient les plus spirituels. Cependant on n'a jamais cité Racine, Boileau, Pascal, Hobbes, Toland, Fontenelle, etc., comme des hommes forts et courageux. D'autres ont prétendu que les bilieux et les sanguins étaient à la fois et les plus ingénieux et les moins capables d'une attention constante. Mais peut-on être en même temps incapable d'attention, et doué de grands talents ? Croit-on que sans application Locke et Newton fussent parvenus à leurs sublimes découvertes ? Plusieurs enfin ont fait dépendre l'esprit de la mobilité des nerfs. Mais les femmes sont très vivement affectées : la mobilité de leurs nerfs devrait donc leur assurer

hommes les plus forts et les plus vigoureux ne sont pas toujours les plus spirituels[2].

Ibid., t. IX, sect. IV, chap. XXII, p. 67-69.

[67] Le sentiment de l'amour de soi, différemment modifié dans les différents hommes, est essentiellement le même dans tous. Ce sentiment est indépendant de la finesse plus ou [68] moins grande des organes. On peut être sourd, aveugle, bossu, boiteux, et avoir le même désir de sa conservation, la même haine pour la douleur, et le même amour pour le plaisir.

Ni la force, ni la faiblesse, ni la perfection des organes, n'augmentent ou ne diminuent en nous la force du sentiment de l'amour de soi. Les femmes n'ont pas moins d'amour pour elles que les hommes, et n'ont cependant pas la même organisation. S'il était un moyen de mesurer la force de ce sentiment, ce serait par sa *constance*, son *unité*, et, si j'ose dire, par sa présence habituelle. À tous ces égards le sentiment de l'amour de soi est le même dans tous les hommes.

C'est ce sentiment qui tantôt les arme d'un courage opiniâtre comme [69] d'une épée pour triompher des plus grands obstacles, et qui tantôt les dote d'une crainte prudente comme d'un bouclier pour échapper au danger. C'est ce sentiment enfin qui, toujours occupé du bonheur de chaque individu, veille sans cesse à sa conservation. Si l'amour de soi est le même dans tous, tous sont donc susceptibles du même degré de passion, par conséquent du degré propre à mettre en action l'égale aptitude qu'ils ont à l'esprit.

---

une grande supériorité sur les hommes. Ont-elles en conséquence plus d'esprit ? Non. Quelle idée nette d'ailleurs se former de cette mobilité plus ou moins grande de nerfs ?

2 [NdA] M. Rousseau, pages 300 et 323 de son *Émile*, dit : « Plus un enfant est robuste, plus il devient sensé et judicieux. Pour tirer parti des instruments de notre intelligence il faut que le corps soit robuste et sain ». La bonne constitution du corps rend les opérations de l'esprit faciles et sûres. Mais que M. Rousseau consulte l'expérience ; il verra que les maladifs, les délicats, et les bossus, ont autant d'esprit que les droits et les biens portants. Pascal, Pope, Boileau, Scarron, en sont la preuve.

JEAN LE ROND D'ALEMBERT
(1717-1783)

> [379] [...] mes amis me croient quelquefois soulagé et presque consolé ; mais, quand je ne les ai plus autour de moi, [380] quand après les avoir quittés je me trouve seul dans l'univers, privé pour jamais d'un premier objet d'attachement et de préférence, mon âme affaissée retombe douloureusement sur elle-même, et ne voit plus que le vide qui l'environne et qui la flétrit ; je suis comme les aveugles, profondément tristes quand ils sont seuls, mais que la société croit gais, parce que le moment où ils conversent avec les hommes est le seul supportable pour eux.
> *Œuvres complètes de D'Alembert*, t. V[1].

Discours préliminaire des éditeurs (avec D. Diderot), dans *Encyclopédie ou Dictionnaire raisonné des sciences, des arts et des métiers*, Paris, Briasson, David, Lebreton, Durand, vol. I, 1751, p. x.

Mais, autant qu'il est permis d'en juger, les langues dans cette première origine, destinée à l'usage le plus pressant, ont dû être fort imparfaites, peu abondantes, et assujetties à bien peu de principes certains ; et les Arts ou les Sciences absolument nécessaires pouvaient avoir fait beaucoup de progrès, lorsque les règles de la diction et du style étaient encore à naître. La communication des idées ne souffrait pourtant guère de ce défaut de règles, et même de la disette de mots ; ou plutôt elle n'en souffrait qu'autant qu'il était nécessaire pour obliger chacun des hommes à augmenter ses propres connaissances par un travail opiniâtre, sans trop se reposer sur les autres. Une communication trop facile peut tenir quelquefois l'âme engourdie, et nuire aux efforts dont elle serait capable. Qu'on jette les yeux sur les prodiges des aveugles nés,

1 *Œuvres complètes de D'Alembert*, t. V, part. II, Paris, A. Belin et Bossange, 1822, À Frédéric II Roi de Prusse, le 14 novembre 1776, p. 379-380.

et des sourds et muets de naissance ; on verra ce que peuvent produire les ressorts de l'esprit, pour peu qu'ils soient vifs et mis en action par des difficultés à vaincre.

« AVEUGLE », *ibid.*, p. 870b-872a.

[870b] AVEUGLE, adj. pris subst. se dit d'une personne privée de la vue. Cette privation devrait, suivant l'analogie, s'appeler « aveuglement » ; mais ce mot n'est usité que dans un sens moral et figuré, et ce n'est pas le seul de notre langue qui ne se prenne que dans un sens métaphorique ; « bassesse » est de ce nombre. La privation de la vue est appelée par quelques écrivains « cécité », du mot Latin *cæcitas*, qui vient de *cæcus*, aveugle ; et ce mot, qui est commode, nous paraît mériter d'être adopté.

On peut être *aveugle* de naissance, ou le devenir soit par accident, soit par maladie. Notre dessein n'est point ici de traiter des maladies ou des causes qui occasionnent la perte de la vue, et qu'on trouvera dans ce Dictionnaire à leurs articles : nous nous contenterons de faire des réflexions philosophiques sur la cécité, sur les idées dont elle nous prive, sur l'avantage que les autres sens peuvent en retirer, etc.

Il est d'abord évident que le sens de la vue étant fort propre à nous distraire par la quantité d'objets qu'il nous présente à la fois, ceux qui sont privés de ce sens doivent naturellement, et en général, avoir plus d'attention aux objets qui tombent sous leurs autres sens. C'est principalement à cette cause qu'on doit attribuer la finesse du toucher et de l'ouïe, qu'on observe dans certains *aveugles*, plutôt qu'à une supériorité réelle de ces sens par laquelle la nature ait voulu les dédommager de la privation de la vue. Cela est si vrai, qu'une personne devenue *aveugle* par accident, trouve souvent dans le secours des sens qui lui restent, des ressources dont elle ne se doutait pas auparavant. Ce qui vient uniquement de ce que cette personne étant moins distraite, est devenue plus capable d'attention ; mais c'est principalement dans les *aveugles* nés qu'on peut remarquer, s'il est permis de s'exprimer ainsi, les miracles de la cécité.

Un auteur anonyme[2] a publié sur ce sujet, en 1749, un petit ouvrage très philosophique et très bien écrit, intitulé *Lettre sur les aveugles, à*

2 Il s'agit de Denis Diderot.

l'usage de ceux qui voient ; avec cette épigraphe, *possunt, nec posse videntur*[3], qui fait allusion aux prodiges des *aveugles* nés. Nous allons donner dans cet article l'extrait de cette lettre, dont la métaphysique est partout très fine et très vraie, si on en excepte quelques endroits qui n'ont pas un rapport immédiat au sujet, et qui peuvent blesser les oreilles pieuses.

L'auteur fait d'abord mention d'un *aveugle* né qu'il a connu[4], et qui vraisemblablement vit encore. Cet aveugle qui demeure au Puisaux en Gâtinais, est chimiste et musicien. Il fait lire son fils avec des caractères en relief. Il juge fort exactement des symétries ; mais on se doute bien que l'idée de symétrie qui pour nous est de pure convention à beaucoup d'égards, l'est encore davantage pour lui.

Sa définition du miroir est singulière ; « c'est, dit-il, une machine par laquelle les choses sont mises en relief hors d'elles-mêmes ». Cette définition peut être absurde pour un sot qui a des yeux ; mais un philosophe, même clairvoyant, doit la trouver bien subtile et bien surprenante. « Descartes, aveugle né, dit notre auteur, aurait dû, ce me semble, s'en applaudir. En effet quelle finesse d'idées n'a-t-il pas fallu pour y parvenir ? Notre aveugle n'a de connaissance que par le toucher ; il sait sur le rapport des autres hommes, que par le moyen de la vue on connaît les objets, comme ils lui sont connus par le toucher, du moins c'est la seule notion qu'il puisse s'en former ; il sait de plus qu'on ne peut voir son propre visage, quoiqu'on puisse le toucher. La vue, doit-il conclure, est donc une espèce de toucher qui [871a] ne s'étend que sur les objets différents de notre visage et éloignés de nous. D'ailleurs le toucher ne lui donne l'idée que du relief. Donc, ajoute-t-il, un miroir est une machine qui nous met en relief hors de nous-mêmes. » Remarquez bien que ces mots en « relief » ne sont pas de trop. Si l'aveugle avait dit simplement, « nous met hors de nous-mêmes », il aurait dit une absurdité de plus ; car comment concevoir une machine qui puisse doubler un objet ? le mot de « relief » ne s'applique qu'à la surface ; ainsi « nous mettre en relief hors de nous-mêmes », c'est mettre seulement la représentation de la surface de notre corps hors de nous. L'*aveugle* a dû sentir par le raisonnement que le toucher ne lui représente que la surface des corps ; et qu'ainsi cette espèce de toucher qu'on appelle « vue », ne donne l'idée que du « relief » ou de la surface des corps, sans donner celle de leur

3 Voir la note correspondante p. 463.
4 *Ibid.*

solidité, le mot de « relief » ne désignant ici que la surface. J'avoue que la définition de l'*aveugle*, même avec cette restriction, est encore une énigme pour lui ; mais du moins on voit qu'il a cherché à diminuer l'énigme le plus qu'il était possible.

[...]

[872a] Je dois avertir ici que la prétendue histoire des derniers moments de Saunderson[5], imprimée en anglais selon l'auteur, est absolument supposée. Cette supposition que bien des érudits regardent comme un crime de lèse-érudition, ne serait qu'une plaisanterie, si l'objet n'en était pas aussi sérieux.

L'auteur fait ensuite mention en peu de mots, de plusieurs autres illustres *aveugles*[6] qui, avec un sens de moins, étaient parvenus à des connaissances surprenantes ; et il observe, ce qui est fort vraisemblable, que ce Tiresie[7], qui était devenu *aveugle* pour avoir lu dans les secrets des dieux, et qui prédisait l'avenir, était, selon toutes les apparences, un grand philosophe aveugle, dont la fable nous a conservé la mémoire. Ne serait-ce point peut-être un astronome très fameux, qui prédisait les éclipses (ce qui devait paraître très singulier à des peuples ignorants) et qui devint aveugle sur la fin de ses jours, pour avoir trop fatigué ses yeux à des observations subtiles et nombreuses, comme Galilée[8] et Cassini[9] ?

« CRÉTINS », *ibid.*, vol. IV, 1754, p. 459a.

CRÉTINS, s. m. plur. (*Hist. mod.*) on donne ce nom à une espèce d'hommes qui naissent dans le Valais en assez grande quantité, et surtout à Sion leur capitale. Ils sont sourds, muets, imbéciles, presque insensibles aux coups, et portent des goitres[10] pendants jusqu'à la ceinture ; assez bonnes gens d'ailleurs, ils sont incapables d'idées, et n'ont qu'une sorte d'attrait assez violent pour leurs besoins. Ils s'abandonnent aux plaisirs

5 Voir ici le texte de Diderot p. 474-477.

6 Voir p. 474.

7 Le devin Tirésias.

8 Le mathématicien, physicien et astronome Galilée (1564-1642) était affecté de troubles de la vision ; il serait devenu totalement aveugle six ans avant sa mort.

9 Giovanni Domenico Cassini (1625-1712), astronome d'origine italienne, naturalisé français en 1673. Il devint aveugle en 1710.

10 Tumeur spongieuse située au niveau de la partie antérieure du cou.

des sens de toute espèce, et leur imbécillité les empêche d'y voir aucun crime. La simplicité des peuples du Valais leur fait regarder les « crétins » comme les anges tutélaires des familles, et ceux qui n'en ont pas se croient assez mal avec le ciel. Il est difficile d'expliquer la cause et l'effet du *crétinage*. La malpropreté, l'éducation, la chaleur excessive de ces vallées, les eaux, les goitres même, sont communs à tous les enfants de ces peuples. Ils ne naissent pas cependant tous *crétins*.

Avertissement des éditeurs (avec D. Diderot), *ibid.*, vol. VI, 1756, p. ij.

On nous en a fait un autre [*sc.* reproche] auquel nous sommes beaucoup plus sensibles. Les habitants du Valais, suivant ce qu'on nous écrit, se plaignent de l'article *Crétins*, imprimé dans le IVe Volume, et assurent que cet article est absolument faux. La promesse que nous avons faite de rendre une prompte et exacte justice à toutes les personnes qui auraient quelque sujet de se plaindre, nous oblige à plus forte raison envers une nation estimable, que nous n'avons jamais eu intention d'offenser. Néanmoins, quand l'article *Crétins* serait aussi fondé que nous croyons aujourd'hui qu'il l'est peu, il ne serait nullement injurieux aux peuples du Valais ; le *Crétinage* serait une pure bizarrerie de la nature, qui n'aurait lieu, comme nous l'avons dit, que dans une petite partie de la nation, sans influer en aucune manière sur le reste, et qui par-là n'en serait que plus remarquable. Quoi qu'il en soit, nous prions nos lecteurs de regarder absolument cet article comme non avenu, jusqu'à ce qu'on nous fournisse les moyens de nous rétracter plus en détail. Plusieurs raisons doivent faire excuser la faute où nous sommes tombés à ce sujet. L'article dont il s'agit a été tiré d'un mémoire dont l'extrait original nous a été communiqué par un de nos savants les plus respectables, trompé le premier ainsi que nous, par ceux qui le lui ont envoyé. Le mémoire avait été lu à la Société de Lyon[...], qui en a publié l'analyse il y a quelques années dans un de nos ouvrages périodiques, et nous n'avons pas ouï dire que cette analyse imprimée ait excité alors aucunes plaintes. Tout semblait donc concourir à nous induire en erreur. Comment pouvions-nous penser qu'une compagnie de gens de Lettres, très à portée par le peu de distance des lieux de vérifier aisément les faits, n'eût pas pris cette précaution si naturelle, avant que de les publier ? Il nous paraît difficile de croire, comme on nous l'assure, que l'auteur du mémoire[11], en le lisant à ses confrères de Lyon, se soit uniquement proposé de tendre un piège à leur négligence ; mais s'il a formé ce projet, il n'a par malheur que trop bien réussi. Nous pouvons du moins assurer que cet événement imprévu nous rendra désormais très circonspects sur tout ce qui nous viendra de pareilles sources. Peut-être ne devons-nous point faire servir à notre justification le silence que la nation intéressée a cru devoir garder jusqu'au moment où l'article *Crétins* a paru dans l'*Encyclopédie* ; nous sentons, avec autant de reconnaissance que de regret, tout ce qu'il y a de flatteur pour nous dans la sensibilité que les habitants du Valais nous témoignent.

Œuvres complètes de D'Alembert, *op. cit.*, t. I, part. I, 1821, *Essai sur les éléments de philosophie* [1759], chap. IV, § II, p. 145-146.

[145] Il est inutile de pousser ce détail plus loin, et c'en est assez pour faire sentir combien les expressions figurées abondent dans le langage le plus ordinaire.

Elles y abondent à tel point, qu'il y a dans la langue française (pour ne parler ici que d'une langue) un grand nombre d'expressions qui n'ont d'usage qu'au sens figuré, comme « aveuglement, bassesse, tendresse », et une infinité d'autres ; on parlerait assez mal en disant de quelqu'un qui a perdu la vue, qu'il est à plaindre par son « aveuglement » ; on dirait plus mal encore la [146] « bassesse des eaux », la « tendresse » d'une viande ; mais on dit très bien l'« aveuglement » de l'esprit et du cœur, la « bassesse » des sentiments, la « tendresse » de l'amour.

Qu'une langue emploie des mots tout à la fois dans leur sens propre, et dans celui qui ne l'est pas, c'est déjà une imperfection, peut-être indispensable, par la difficulté d'exprimer les idées purement intellectuelles ; mais qu'une langue n'emploie des mots que dans un sens figuré, et ne les emploie pas dans leur sens propre, c'est, ce me semble, un défaut inexcusable.

11 Il s'agit de Timoléon-Guy-François de Maugiron (1722-1667), comte de Montléan, dit le marquis de Maugiron, militaire, et ami des philosophes. Son mémoire intitulé *Voyage en Suisse* a été lu à l'Académie de Lyon le 22 juillet 1750. Voir Paul Cranefield, « L'origine probable de l'introduction du mot "Crétin" dans la langue écrite. Un manuscrit de 1750 par le Comte de Maugiron », *Gesnerus : Swiss Journal of the history of medicine and sciences*, 19 (1962), p. 89-92.

Quoi qu'il en soit, cette indigence et cette imperfection des langues, qui ne permet presque jamais d'employer l'expression propre à chaque chose, est la source d'une infinité de faux jugements. Nous ressemblons bien plus souvent que nous ne le croyons à cet aveugle-né, qui disait que la couleur « rouge » lui paraissait devoir tenir quelque chose du son de la « trompette[12] ». Il est facile, ce me semble, de trouver la raison de ce jugement si bizarre et si absurde ; l'aveugle avait entendu dire souvent du son de la trompette (qu'il connaissait), que c'était un son « éclatant » ; il avait entendu dire aussi que la couleur rouge (qu'il ne connaissait pas) était une couleur « éclatante » ; ce même mot employé à exprimer deux choses si différentes, lui avait fait croire qu'elles avaient ensemble de l'analogie. Voilà l'image de nos jugements en mille occasions, et un exemple bien sensible de l'influence des langues sur les opinions des hommes.

Ibid., chap. XVIII, p. 330.

Quiconque réfléchira sur la manière dont on démontre en optique ces différentes propriétés de la lumière, ne sera pas surpris que l'illustre aveugle Saunderson[13] ait donné des leçons publiques de cette science, sans avoir aucune idée de la manière dont les rayons de lumière produisent la vision. Il lui suffisait de regarder ces rayons comme des faisceaux de lignes droites, qui en agissant sur les yeux produisaient à peu près l'effet du toucher ; avec cette différence que le toucher s'exerce par le contact immédiat, et la vue par l'action d'une matière placée entre l'œil et le corps lumineux ; à peu près comme un aveugle reconnaît au moyen de son bâton les corps éloignés de lui. Ces suppositions faites, les propositions d'optique étaient pour Saunderson des théorèmes de géométrie pure, qu'il démontrait comme il eût fait ceux d'Euclide ; et où se trouve en effet la même évidence mathématique.

12 Voir ici le texte de Locke p. 285.
13 Voir la note correspondante p. 364.

ÉTIENNE BONNOT DE CONDILLAC
(1715-1780)

Œuvres de Condillac. Essai sur l'origine des connaissances humaines [1746], t. I, Paris, Ch. Houel, 1798, part. I, sect. II, chap. I, § 3, p. 38-39.

[38] Mais, puisque la perception ne vient qu'à la suite des impressions qui se font sur les sens, il est certain que ce premier degré de connaissance doit avoir plus ou moins d'étendue, selon qu'on est organisé pour recevoir plus ou moins de [39] sensations différentes. Prenez des créatures qui soient privées de la vue, d'autres qui le soient de la vue et de l'ouïe, et ainsi successivement ; vous aurez bientôt des créatures qui, étant privées de tous les sens, ne recevront aucune connaissance. Supposez au contraire, s'il est possible, de nouveaux sens dans des animaux plus parfaits que l'homme. Que de perceptions nouvelles ! Par conséquent, combien de connaissances à leur portée, auxquelles nous ne saurions atteindre, et sur lesquelles nous ne saurions même former de conjectures !

Ibid., chap. III, § 34, p. 72-74.

[72] Le pouvoir de lier nos idées a ses inconvénients, comme ses avantages. Pour les faire apercevoir sensiblement, je suppose deux hommes ; l'un, chez qui les idées n'ont jamais pu se lier ; l'autre, chez qui elles se lient avec tant de facilité et tant de force, qu'il n'est plus le maître de les séparer. Le premier serait sans imagination et sans mémoire, et n'aurait, par conséquent, l'exercice d'aucune des opérations que celles-ci doivent produire. Il [73] serait absolument incapable de réflexion ; ce serait un imbécile. Le second aurait trop de mémoire et trop d'imagination, et cet excès produirait presque le même effet qu'une entière privation de l'une et de l'autre. Il aurait à peine l'exercice de sa réflexion, ce serait un fou. Les idées les plus disparates étant fortement liées dans son esprit,

par la seule raison qu'elles se sont présentées ensemble, il les jugerait naturellement liées entre elles, et les mettrait les unes à la suite des autres comme de justes conséquences.

Entre ces deux excès on pourrait supposer un milieu, où le trop d'imagination et de mémoire ne nuirait pas à la solidité de l'esprit, et où le trop peu ne nuirait pas à ses agréments. Peut-être ce milieu est-il si difficile que les plus grands génies ne s'y sont encore trouvés qu'à peu près. Selon que différents esprits s'en écartent, et tendent vers les extrémités opposées, ils ont des qualités plus ou moins incompatibles, puisqu'elles doivent plus ou moins participer aux extrémités qui s'excluent tout-à-fait. Ainsi ceux qui se rapprochent de l'extrémité [74] où l'imagination et la mémoire dominent, perdent à proportion des qualités qui rendent un esprit juste, conséquent et méthodique ; et ceux qui se rapprochent de l'autre extrémité, perdent dans la même proportion des qualités qui concourent à l'agrément. Les premiers écrivent avec plus de grâce, les autres avec plus de suite et plus de profondeur.

Ibid., sect. IV, chap. I, § 11, p. 185.

Refusez à un esprit supérieur l'usage des caractères : combien de connaissances lui sont interdites, auxquelles un esprit médiocre atteindrait facilement ? Ôtez-lui encore l'usage de la parole : le sort des muets vous apprend dans quelles bornes étroites vous le renfermez. Enfin, enlevez-lui l'usage de toutes sortes de signes, qu'il ne sache pas faire à propos le moindre geste, pour exprimer les pensées les plus ordinaires : vous aurez en lui un imbécile.

Ibid., chap. II, § 14-22, p. 190-197.

[190] Ce fait[1] est rapporté dans les mémoires de l'académie des sciences[2]. Il eût été à souhaiter qu'on eût interrogé ce jeune homme sur le peu d'idées qu'il avait quand il était sans l'usage de la parole, sur les premières qu'il acquit depuis que l'ouïe lui fut rendue ; sur les secours

1 C'est-à-dire le recouvrement de l'audition par le « sourd de Chartres ». Voir ici le texte de Fontenelle p. 325-326.

2 [NdA] Année 1703, p. 18.

qu'il reçut, soit des objets extérieurs, soit de ce qu'il entendait dire, soit de sa propre réflexion, pour en faire de nouvelles ; en un mot, sur tout ce qui peut être à son esprit une occasion de se former. L'expérience agit en nous de si bonne heure, qu'il n'est pas étonnant qu'elle se donne quelquefois pour la nature même. Ici au contraire elle agit si tard, qu'il eût été aisé de ne pas s'y méprendre. Mais les théologiens y voulaient reconnaître la nature, et, tout [191] habiles qu'ils étaient, ils ne reconnurent ni l'une ni l'autre. Nous n'y pouvons suppléer que par des conjectures.

§. 15. J'imagine que, pendant vingt-trois ans, ce jeune homme était à peu près dans l'état où j'ai représenté l'âme, quand, ne disposant point encore de son attention, elle la donne aux objets, non pas à son choix, mais selon qu'elle est entraînée par la force avec laquelle ils agissent sur elle. Il est vrai qu'élevé parmi des hommes, il en recevait des secours qui lui faisaient lier quelques-unes de ses idées à des signes. Il n'est pas douteux qu'il ne sût faire connaître, par des gestes, ses principaux besoins, et les choses qui les pouvaient soulager. Mais comme il manquait de noms pour désigner celles qui n'avaient pas un si grand rapport à lui ; qu'il était peu intéressé à y suppléer par quelque autre moyen et qu'il ne retirait de dehors aucun secours, il n'y pensait jamais que quand il en avait une perception actuelle. Son attention uniquement attirée par des sensations vives, cessait avec ces sensations. Pour lors [192] la contemplation n'avait aucun exercice, à plus forte raison la mémoire.

§. 16. Quelquefois notre conscience, partagée entre un grand nombre de perceptions qui agissent sur nous avec une force à peu près égale, est si faible qu'il ne nous reste aucun souvenir de ce que nous avons éprouvé. À peine sentons-nous pour lors que nous existons : des jours s'écouleraient comme des moments, sans que nous en fissions la différence ; et nous éprouverions des milliers de fois la même perception, sans remarquer que nous l'avons déjà eue. Un homme qui, par l'usage des signes, a acquis beaucoup d'idées, et se les est rendues familières, ne peut pas demeurer longtemps dans cette espèce de léthargie. Plus la provision de ses idées est grande, plus il y a lieu de croire que quelqu'une aura occasion de se réveiller, d'exercer son attention, et de le retirer de cet assoupissement. Par conséquent moins on a d'idées, plus cette léthargie doit être ordinaire. Qu'on juge donc si, pendant vingt-trois ans que ce jeune [193] homme de Chartres fut sourd et muet, son âme put faire souvent usage de son attention, de sa réminiscence et de sa réflexion.

§. 17. Si l'exercice de ces premières opérations était si borné, combien celui des autres l'était-il davantage ? Incapable de fixer et de déterminer exactement les idées qu'il recevait par les sens, il ne pouvait, ni en les composant, ni en les décomposant, se faire des notions à son choix. N'ayant pas des signes assez commodes pour comparer ses idées les plus familières, il était rare qu'il formât des jugements. Il est même vraisemblable que, pendant le cours des vingt-trois premières années de sa vie, il n'a pas fait un seul raisonnement. Raisonner, c'est former des jugements, et les lier en observant la dépendance où ils sont les uns des autres. Or ce jeune homme n'a pu le faire, tant qu'il n'a pas eu l'usage des conjonctions ou des particules qui expriment les rapports des différentes parties du discours. Il était donc naturel « qu'il ne tirât pas de la comparaison de ses idées tout ce qu'il semble qu'il en aurait pu tirer[3]. » Sa réflexion, qui n'avait pour objet que des [194] sensations vives ou nouvelles, n'influait point dans la plupart de ses actions, et que fort peu dans les autres. Il ne se conduisit que par habitude et par imitation, surtout dans les choses qui avaient moins de rapport à ses besoins. C'est ainsi que, faisant ce que la dévotion de ses parents exigeait de lui, il n'avait jamais songé au motif qu'on pouvait avoir, et ignorait qu'il y dût joindre une intention. Peut-être même l'imitation était-elle d'autant plus exacte, que la réflexion ne l'accompagnait point ; car les distractions doivent être moins fréquentes dans un homme qui sait peu réfléchir.

§. 18. Il semble que, pour savoir ce que c'est que la vie, ce soit assez d'être et de se sentir. Cependant, au hasard d'avancer un paradoxe, je dirai que ce jeune homme en avait à peine une idée. Pour un être qui ne réfléchit pas, pour nous-mêmes, dans ces moments où, quoique éveillés, nous ne faisons, pour ainsi dire, que végéter, les sensations ne sont que des sensations, et elles ne deviennent des idées que lorsque la réflexion nous les fait considérer comme [195] images de quelque chose. Il est vrai qu'elles guidaient ce jeune homme dans la recherche de ce qui était utile à sa conservation, et l'éloignement de ce qui pouvait lui nuire ; mais il en suivait l'impression sans réfléchir sur ce que c'était que se conserver, ou se laisser détruire. Une preuve de la vérité de ce que j'avance, c'est qu'il ne savait pas bien distinctement ce que c'était que la mort. S'il

3 Citation approximative de Fontenelle tirée de son texte sur le « sourd de Chartres ». Voir p. 326.

avait su ce que c'était que la vie, n'aurait-il pas vu aussi distinctement que nous, que la mort n'en est que la privation[4] ?

§. 19. Nous voyons dans ce jeune homme quelques faibles traces des opérations de l'âme ; mais si l'on excepte la perception, la conscience, l'attention, la réminiscence et l'imagination, quand elle n'est point encore en notre pouvoir, on ne trouvera aucun [196] vestige des autres dans quelqu'un qui aurait été privé de tout commerce avec les hommes, et qui, avec des organes sains et bien constitués, aurait, par exemple, été élevé parmi des ours. Presque sans réminiscence, il passerait souvent par le même état sans reconnaître qu'il y eût été. Sans mémoire, il n'aurait aucun signe pour suppléer à l'absence des choses. N'ayant qu'une imagination dont il ne pourrait disposer, ses perceptions ne se réveilleraient qu'autant que le hasard lui présenterait un objet avec lequel quelques circonstances les auraient liées ; enfin, sans réflexion, il recevrait les impressions que les choses feraient sur ses sens, et ne leur obéirait que par instinct. Il imiterait les ours en tout, aurait un cri à peu près semblable au leur, et se traînerait sur les pieds et sur les mains. Nous sommes si fort portés à l'imitation, que peut-être un Descartes à sa place n'essaierait pas seulement de marcher sur ses pieds.

§. 20. Mais quoi ! me dira-t-on, la nécessité de pourvoir à ses besoins et de satisfaire à ses passions ne suffira-t-elle pas pour développer toutes les opérations de son âme ?

[197] Je réponds que non ; parce que tant qu'il vivra sans aucun commerce avec le reste des hommes, il n'aura point occasion de lier ses idées à des signes arbitraires. Il sera sans mémoire ; par conséquent son imagination ne sera point à son pouvoir ; d'où il résulte qu'il sera entièrement incapable de réflexion.

§. 21. Son imagination aura cependant un avantage sur la nôtre ; c'est qu'elle lui retracera les choses d'une manière bien plus vive. Il nous est si commode de nous rappeler nos idées avec le secours de la mémoire, que notre imagination est rarement exercée. Chez lui, au contraire, cette opération tenant lieu de toutes les autres, l'exercice en sera aussi fréquent que ses besoins, et elle réveillera les perceptions avec plus de force. Cela

4 [NdA] La mort peut se prendre encore pour le passage de cette vie dans une autre ; mais ce n'est pas là le sens dans lequel il faut ici l'entendre. M. de Fontenelle ayant dit que ce jeune homme n'avait point d'idée de Dieu, ni de l'âme, il est évident qu'il n'en avait pas davantage de la mort, prise pour le passage de cette vie dans une autre.

peut se confirmer par l'exemple des aveugles qui ont communément le tact plus fin que nous ; car on en peut apporter la même raison.

Ibid., sect. VI, § 14-16, p. 247-256.

[247] Examinons à notre tour ce qui arriverait à un aveugle-né, à qui on donnerait le sens de la vue[5].

Cet aveugle s'est formé des idées de l'étendue, des grandeurs etc., en réfléchissant sur les différentes sensations qu'il éprouve, quand il touche des corps. Il prend un bâton dont il sent que toutes les parties ont une même détermination ; voilà d'où il tire l'idée d'une ligne droite. Il en touche un autre, dont les parties ont différentes déterminations, en sorte que si elles étaient continuées, elles aboutiraient à différents points ; voilà d'où il tire l'idée d'une ligne courbe. De là il passe à celles d'angle, de cube, de [248] globe et de toutes sortes de figures. Telle est l'origine des idées qu'il a sur l'étendue. Mais il ne faut pas croire qu'au moment qu'il ouvre les yeux, il jouisse déjà du spectacle que produit dans toute la nature ce mélange admirable de lumière et de couleur. C'est un trésor qui est renfermé dans les nouvelles sensations qu'il éprouve ; la réflexion peut seule le lui découvrir et lui en donner la vraie jouissance. Lorsque nous fixons nous-mêmes les yeux sur un tableau fort composé, que nous le voyons tout entier, nous ne nous en formons encore aucune idée déterminée. Pour le voir comme il faut, nous sommes obligés d'en considérer toutes les parties les unes après les autres. Quel tableau que l'univers, à des yeux qui s'ouvrent à la lumière pour la première fois !

Je passe au moment où cet homme est en état de réfléchir sur ce qui lui frappe la vue. Certainement tout n'est pas devant lui comme un point. Il aperçoit donc une étendue en longueur, largeur et profondeur. Qu'il analyse cette étendue, il se fera les idées de surface, de ligne, de point et de [249] toutes sortes de figures ; idées qui seront semblables à celles qu'il a acquises par le toucher ; car, de quelque sens que l'étendue vienne à notre connaissance, elle ne peut être représentée de deux manières différentes. Que je voie ou que je touche un cercle et une règle, l'idée de l'un ne peut jamais offrir qu'une ligne courbe, et

5 Ici, Condillac répond à son tour au problème de Molyneux. Voir ici le texte de Locke qui contient son énoncé p. 282.

celle de l'autre qu'une ligne droite. Cet aveugle-né distinguera donc à la vue le globe du cube, puisqu'il y reconnaîtra les mêmes idées qu'il s'en était faites par le toucher.

On pourrait cependant l'engager à suspendre son jugement, en lui faisant la difficulté suivante. Ce corps, lui dirait-on, vous paraît à la vue un globe ; cet autre vous paraît un cube, mais sur quel fondement assureriez-vous que le premier est le même qui vous a donné au toucher l'idée du globe, et le second le même qui vous a donné celle du cube ? Qui vous a dit que ces corps doivent avoir au toucher la même figure qu'ils ont à la vue ? Que savez-vous si celui qui paraît un globe à vos yeux, ne sera pas le cube, quand vous y porterez la main ? Qui peut même vous répondre qu'il [250] y ait là quelque chose de semblable au corps que vous reconnaîtrez à l'attouchement pour un cube et pour un globe ? L'argument serait embarrassant, et je ne vois que l'expérience qui pût y fournir une réponse ; mais ce n'est pas là la thèse de Locke, ni du docteur Berkeley.

§. 15. J'avoue qu'il me reste à résoudre une difficulté qui n'est pas petite : c'est une expérience qui paraît, en tous points, contraire au sentiment que je viens d'établir. La voici telle qu'elle est rapportée par M. de Voltaire, elle perdrait à être rendue en d'autres termes[6].

[...]

[252] §. 16. Quelques réflexions sur ce qui se passe dans l'œil à la présence de la lumière pourront expliquer cette expérience.

Quoique nous soyons encore bien éloignés de connaître tout le mécanisme de l'œil, nous savons cependant que la cornée est plus ou moins convexe ; qu'à proportion que les objets réfléchissent une plus grande ou une moindre quantité de lumière, la prunelle se resserre ou s'agrandit, pour donner passage à moins de rayons, ou pour en recevoir davantage ; on soupçonne le réservoir [253] de l'humeur aqueuse de prendre successivement différentes formes. Il est certain que le cristallin s'avance ou se recule, afin que les rayons de lumière viennent précisément se réunir sur la rétine[7] ; que les fibres délicates de la rétine sont agitées et ébranlées dans une variété étonnante ; que cet ébranlement se communique dans le cerveau à d'autres parties plus déliées, et dont

6 Se reporter au texte de Voltaire p. 361-362.

7 [NdA] Ou sur la choroïde : car on ne sait pas exactement si c'est par les fibres de la rétine ou par celles de la choroïde que l'impression de la lumière se transmet à l'âme.

le ressort doit être encore plus admirable. Enfin les muscles qui servent à faire tourner les yeux vers les objets qu'on veut fixer, compriment encore tout le globe de l'œil, et par cette pression en changent plus ou moins la forme.

Non seulement l'œil et toutes ses parties doivent se prêter à tous ces mouvements, à toutes ces formes et à mille changements que nous ne connaissons pas, avec une promptitude qu'il n'est pas possible d'imaginer ; mais il faut encore que toutes ces [254] révolutions se fassent dans une harmonie parfaite, afin que tout concoure à produire le même effet. Si, par exemple, la cornée était trop ou trop peu convexe, par rapport à la situation et à la forme des autres parties de l'œil, tous les objets nous paraîtraient confus, renversés, et nous ne discernerions pas si « ce que nos mains auraient senti être en haut ou en bas, serait en effet en haut ou en bas[8] ». On peut s'en convaincre en se servant d'une lunette dont la forme ne s'accorderait pas avec celle de l'œil.

Si, pour obéir à l'action de la lumière, les parties de l'œil se modifient sans cesse avec une si grande variété et une si grande vivacité, ce ne peut être qu'autant qu'un long exercice en a rendu les ressorts plus liants et plus faciles. Ce n'était pas là le cas du jeune homme à qui on abaissa les cataractes. Ses yeux, depuis quatorze ans, accrus et nourris, sans qu'il en eût fait usage, résistaient à l'action des objets. La cornée était trop ou trop peu convexe, par rapport à la situation des autres parties. Le cristallin devenu comme immobile réunissait toujours les rayons en deçà ou [255] au-delà de la rétine ; ou s'il changeait de situation, ce n'était jamais pour se mettre au point où il aurait dû se trouver. Il fallut un exercice de plusieurs jours pour faire jouer ensemble des ressorts si raidis par le temps. Voilà pourquoi ce jeune homme tâtonna pendant deux mois. S'il dut quelque chose au secours du toucher, c'est que les efforts qu'il faisait pour voir dans les objets les idées qu'il s'en formait, en les maniant, lui donnaient occasion d'exercer davantage le sens de la vue. En supposant qu'il eût cessé de se servir de ses mains, toutes les fois qu'il ouvrait les yeux à la lumière, il n'est pas douteux qu'il n'eût acquis par la vue les mêmes idées, quoiqu'à la vérité avec plus de lenteur.

Ceux qui observaient cet aveugle-né au moment qu'on lui abaissait les cataractes, espéraient de voir confirmer un sentiment pour lequel

8 Il s'agit d'une citation approximative de Voltaire. Voir ici p. 362.

ils étaient prévenus. Quand ils apprirent qu'il apercevait les objets d'une manière aussi imparfaite, ils ne soupçonnèrent pas qu'on en pût apporter d'autres raisons que celles que Locke et Berkeley avaient imaginées. Ce fut donc [256] une décision irrévocable pour eux, que les yeux, sans le secours des autres sens, seraient peu propres à nous fournir les idées d'étendue, de figures, de situations, etc. Ce qui a donné lieu à cette opinion, qui, sans doute, aura paru extraordinaire à bien des lecteurs, c'est d'un côté l'envie que nous avons de rendre raison de tout, et de l'autre l'insuffisance des règles de l'optique. On a beau mesurer les angles que les rayons de lumière forment au fond de l'œil, on ne trouve point qu'ils soient en proportion avec la manière dont nous voyons les objets. Mais je n'ai pas cru que cela pût m'autoriser à avoir recours à des jugements dont personne ne peut avoir conscience. J'ai pensé que, dans un ouvrage où je me propose d'exposer les matériaux de nos connaissances, je devais me faire une loi de ne rien établir qui ne fût incontestable, et que chacun ne pût, avec la moindre réflexion, apercevoir en lui-même.

Ibid., t. II, *Traité des systèmes* [1749], chap. IV, p. 48-50.

[48] Un aveugle-né, après bien des questions et bien des méditations sur les couleurs, crut enfin apercevoir dans le son de la trompette l'idée de l'écarlate[9]. Sans doute il ne fallait que lui donner des yeux, pour lui faire connaître combien sa confiance était mal fondée.

Si nous voulons rechercher la manière dont il avait raisonné, nous y reconnaîtrons celle des philosophes. J'imagine que quelqu'un lui avait dit que l'écarlate est une couleur brillante et éclatante ; et il fit ce raisonnement. J'ai l'idée d'une chose brillante et éclatante dans le son de la trompette ; l'écarlate est une chose brillante et éclatante : donc, j'ai l'idée de l'écarlate dans le son de la trompette.

Sur ce principe, cet aveugle aurait également [49] pu se former des idées de toutes les autres couleurs, et établir les fondements d'un système, dans lequel il aurait démontré, 1°. qu'on peut exécuter des airs avec des couleurs, comme avec des sons ; 2°. qu'on peut faire un concert avec des corps différemment colorés, comme avec des instruments ; 3°.

9 Voir ici le texte de Locke qui rapporte ce fait, p. 285.

qu'on peut voir des airs comme on les peut entendre ; 4°. qu'un sourd peut danser parfaitement en mesure ; et peut-être encore mille choses, toutes plus neuves et plus curieuses les unes que les autres.

Il ne manquerait pas de faire valoir son système, par les avantages qu'on en pourrait retirer ; il exagérerait l'inconvénient du défaut d'oreille dans ceux qui font profession de danser et de chanter ; il n'oublierait, à ce sujet, aucun lieu commun, et il nous apprendrait comment nous pourrions faire suppléer les yeux aux oreilles. Que ne dirait-il pas sur la manière de mêler ces deux harmonies, sur l'art d'apprécier le rapport des couleurs aux sons, et sur les effets merveilleux que devrait produire une musique qui irait tout à la fois à l'âme par deux sens ? Avec quelle sagacité ne conjecturerait-il [50] pas qu'on en trouvera vraisemblablement une qui arrivera encore à elle par un plus grand nombre ? et avec quelle modestie ne laisserait-il pas à de plus habiles que lui le succès de cette découverte ? Il admirerait, sans doute, qu'il n'eût été donné qu'à lui de découvrir des choses échappées à tous ceux qui voient. Il se confirmerait dans ses principes, en considérant les conséquences qu'il en aurait tirées, et il ne manquerait pas d'être regardé comme un génie par ceux qui, comme lui, seraient privés de la vue ; mais son triomphe ne serait que parmi des aveugles.

Ibid., t. III, *Traité des sensations* [1754], part. III, chap. v, § 4-5, p. 318-319.

[318] Mais il [*sc.* le jeune homme aveugle opéré par Cheselden[10]] prouva la vérité des observations que nous avons faites : car tout ce qu'il voyait lui paraissait d'une grandeur étonnante. Son œil n'ayant point encore comparé grandeur à grandeur, il ne pouvait avoir à ce sujet des idées relatives. Il ne savait donc point encore démêler les limites des objets, et la surface, qui le touchait, devait, comme à la statue[11], lui paraître [319] immense. Aussi nous assure-t-on qu'il fut quelque temps avant de concevoir qu'il y eût quelque chose au-delà de ce qu'il voyait.

10 Voir la note correspondante p. 560, ainsi que le texte de Voltaire p. 361-362, qui rapporte l'opération en question de William Cheselden.

11 Celle que met en scène Condillac dans le *Traité des sensations*, et à laquelle il octroie successivement les cinq sens.

§. 5. Il apercevait tous les objets pêle-mêle et dans la plus grande confusion, et il ne les distinguait point, quelque différentes qu'en fussent la forme et la grandeur. C'est qu'il n'avait point encore appris à saisir à la vue plusieurs ensembles. Comment l'aurait-il appris ? Ses yeux, qui n'avaient jamais rien analysé, ne savaient pas regarder, ni par conséquent remarquer différents objets, et se faire de chacun des idées distinctes. Mais à mesure qu'il s'accoutuma à donner de la profondeur à la lumière, et à créer pour ainsi dire, un espace au-devant de ses yeux, il plaça chaque objet à différentes distances, assigna à chacun le lieu qu'il devait occuper, et commença à juger à l'œil de leur forme et de leur grandeur relative.

Ibid., § 12-13, p. 323.

Plus il exerçait sa vue, plus il se félicitait d'avoir consenti à se laisser abaisser la cataracte ; et il disait que chaque nouvel objet était pour lui un délice nouveau. Il parut surtout enchanté, lorsqu'on le conduisit à Epsom[12], où la vue est très belle et très étendue. Il appelait ce spectacle, une manière de voir. Il n'avait pas tort ; car il y a en effet autant de manières de voir, qu'il entre de jugements différents dans la vision : et combien n'y en doit-il pas entrer, à la vue d'une campagne fort vaste et fort variée ! Il le sentait mieux que nous, parce qu'il les formait avec peu de facilité.

§ 13 On remarque que le noir lui était désagréable, et que même il se sentit saisi d'horreur la première fois qu'il vit un nègre. C'est peut-être parce que cette couleur lui rappelait son premier état.

Ibid., chap. VI, § 3, p. 327-328.

[327] Un moyen presque sûr pour faire des expériences capables de dissiper tous les doutes, ce serait d'enfermer dans une loge de glace, l'aveugle à qui on viendrait d'abattre les cataractes. Car ou il verra les objets qui sont au-delà, et jugera de leur forme et de leur grandeur ; ou il n'apercevra que l'espace borné par les côtés de sa loge, et ne prendra

12 Ville d'Angleterre dans la région de Londres.

tous ces objets que pour des surfaces différemment colorées, [328] qui lui paraîtront s'étendre, à mesure qu'il y portera la main.

Dans le premier cas, ce sera une preuve que l'œil juge, sans avoir tiré aucun secours du tact ; et dans le second, qu'il ne juge qu'après l'avoir consulté.

Si, comme je le présume, cet homme ne voit point au-delà de sa loge, il s'ensuit que l'espace qu'il découvre à l'œil, sera moins considérable, à mesure que sa loge sera moins grande : il sera d'un pied, d'un demi-pied, ou plus petit encore. Par-là on sera convaincu qu'il n'aurait pas pu voir les couleurs hors de ses yeux, si le toucher ne lui avait pas appris à les voir sur les côtés de sa loge.

Ibid., *Traité des animaux* [1755], part. II, chap. VI, p. 573-574[13].

[573] Un aveugle-né niait la possibilité de la lumière, parce qu'il ne la pouvait pas comprendre, et il soutenait que pour nous conduire, nous ne pouvons avoir que des secours à peu près semblables aux siens. Vous m'assurez, disait-il, que les ténèbres où je suis ne sont qu'une privation de ce [574] que vous appelez lumière ; vous convenez qu'il n'y a personne qui ne puisse se trouver dans les mêmes ténèbres ; supposons donc, ajoutait-il, que tout le monde y fût actuellement, il ne sera pas possible que la lumière se reproduise jamais ; car l'être ne saurait provenir de sa privation, ou ne saurait tirer quelque chose du néant.

Les athées sont dans le cas de cet aveugle. Ils voient les effets ; mais n'ayant point d'idée d'une action créatrice, ils la nient pour substituer des systèmes ridicules. Ils pourraient également soutenir qu'il est impossible que nous ayons des sensations ; car conçoit-on comment un être, qui ne se sentait point, commence à se sentir ?

Au reste, il n'est pas étonnant que nous ne concevions pas la création, puisque nous n'apercevons rien en nous qui puisse nous servir de modèle pour nous en faire une idée. Conclure de là qu'elle est impossible, c'est dire que la première cause ne peut pas créer parce que nous ne le pouvons pas nous-mêmes : c'est encore un coup le cas de l'aveugle, qui nie l'existence de la lumière.

13 Un texte très proche de celui-ci se trouve dans : Étienne Bonnot de Condillac, *Les Monades* [1748], éd. Laurence L. Bongie, Grenoble, Éditions Jérôme Millon, 1994, p. 240.

Cours d'étude pour l'instruction du prince de Parme, t. I, Parme, Imprimerie Royale, 1775, *Grammaire*, part. I, chap. I, note, p. 11-12.

[11] Mr. l'Abbé de l'Épée[14], qui instruit les sourds et muets avec une sagacité singulière, a fait du langage d'action[15] un art méthodique aussi simple que facile, avec lequel il donne à ses élèves des idées de toute espèce, et j'ose dire des idées plus exactes et plus précises que celles qu'on acquiert communément avec le secours de l'ouïe. Comme, dans notre enfance, nous sommes réduits à juger de la signification des mots par les circonstances où nous les entendons prononcer, il nous arrive souvent de ne la saisir qu'à peu près, et nous nous contentons de cet *à peu près* toute notre vie. Il n'en est pas de même des sourds et muets qu'instruit Mr. l'Abbé de l'Épée. Il n'a qu'un moyen pour leur donner les idées qui ne tombent pas sous les sens ; c'est d'analyser et de les faire analyser avec lui. Il les conduit donc, des idées sensibles aux idées abstraites, par des analyses simples et méthodiques [12] ; et on peut juger combien son langage d'action a d'avantages sur les sons articulés de nos gouvernantes et de nos précepteurs.

Mr. l'Abbé de l'Épée enseigne à ses élèves le français, le latin, l'italien et l'espagnol, et il leur dicte, dans ces quatre langues, avec le même langage d'action. Mais pourquoi tant de langues ? c'est afin de mettre les étrangers en état de juger de sa méthode, et il se flatte que peut-être il se trouvera une puissance qui formera un établissement pour l'instruction des sourds et muets. Il en a formé un lui-même, auquel il sacrifie une partie de sa fortune. J'ai cru devoir saisir l'occasion de rendre justice aux talents de ce citoyen généreux, dont je ne crois pas être connu, quoique j'aie été chez lui, que j'aie vu ses élèves, et qu'il m'ait mis au fait de sa méthode.

Ibid., t. IV, 1782, *L'art de penser*, part. I, chap. VII, p. 73-74.

[73] Le jeune homme de Chartres[16] avait contracté l'habitude de veiller à ses besoins ; c'est-à-dire, de juger si les choses lui étaient contraires

14 Charles-Michel de L'Épée (1712-1789) prêtre et pédagogue français. Avec l'aide de ses élèves sourds, il forgea une langue gestuelle nommée « signes méthodiques », calquée sur la syntaxe du français.

15 Selon Condillac, le « langage d'action », constitué de gestes et de cris (qui passent du statut de signes naturels à celui de signes institués dans l'intersubjectivité), est le premier langage de l'humanité. Le langage vocal en constitue un dérivé.

16 Voir ici p. 325-326 le texte de Fontenelle consacré à ce jeune homme sourd qui recouvra l'audition.

ou favorables, de conclure s'il devait les fuir ou les éviter, et d'agir en conséquence. Il ne distinguait pas successivement ces opérations : elles étaient toutes en lui au même instant. Mais la forme qu'elles prennent dans le discours est tout à fait étrangère à l'essence du raisonnement ; et c'est pour avoir confondu ces deux choses que la logique est devenue un art si frivole.

Il est vrai que le raisonnement de ce jeune homme était fort borné : il ne raisonnait [74] point dans ces occasions où l'esprit ne pouvant tout saisir à la fois, est obligé de procéder par ces développements qu'on ne peut faire sans le secours des signes. Il était donc naturel « qu'il ne tirât pas de la comparaison de ses idées tout ce qu'il semble qu'il en aurait pu tirer[17] » ; et il ne nous paraîtrait pas même qu'il en eût pu tirer davantage, si l'habitude où nous sommes de nous aider des signes, nous permettait de remarquer tout ce que nous leur devons. Nous n'aurions qu'à nous mettre à sa place, pour comprendre combien il devait acquérir peu de connaissances ; mais nous jugeons toujours d'après notre situation.

17 Citation de Fontenelle tirée du texte signalé dans la note précédente.

MARIE GENEVIÈVE CHARLOTTE DARLUS (THIROUX D'ARCONVILLE) (1720-1805)

Mélanges de littérature, de morale et de physique, t. I, Amsterdam, Aux dépens de la compagnie, 1775, *Avis d'un père à sa fille* [1756], p. 209-211.

[209] La dernière supposition qu'on peut faire, est que votre mari ait l'esprit faible, et soit incapable par conséquent de gouverner ses affaires par lui-même. Je conviens que ce cas entraîne après lui des inconvénients sans nombre ; mais la Providence envoie rarement des maux sans remède, ou elle les mitige de manière que l'infortune en est moins pesante. Vous devez d'abord observer qu'une femme joue très souvent un plus beau rôle dans le monde, lorsque son époux n'en joue pas un grand ; et le même motif qui la détermine à choisir de préférence une femme de chambre laide, doit la faire vivre sans répugnance, si ce n'est pas avec plaisir, avec un mari qui manque d'esprit : l'une et l'autre comparaison lui devient également avantageuse. Si vous rougissez quelquefois d'avoir un tel époux, vous serez aussi moins esclave que vous ne [210] le seriez peut-être s'il était moins borné : son peu d'aptitude aux affaires vous affligera dans plusieurs circonstances ; mais songez que vous acquerrez par ce moyen le droit de gouverner, si vous en faites un bon usage ; car votre état sera presque celui d'une veuve, et c'est à vous qu'appartiendra l'administration de la fortune et le gouvernement de la maison. Soyez donc certaine que si vous avez un imbécile pour mari vous seule profiterez de son ineptie, si vous voulez vous en donner la peine. Mais comme un sot est toujours dangereux lorsqu'on le laisse conduire par d'autres, vous devez employer toute votre adresse à le subjuguer. Pour en venir à bout, il faut mettre en usage toute l'habileté et la finesse possible ; et sur toutes choses prendre garde de laisser apercevoir au Public son incapacité. Le peu de cas que vous en ferez intérieurement ne doit pas empêcher que

vous n'ayez pour lui à l'extérieur toute la considération que vous lui devez [211] comme sa femme : le mépris que vous témoigneriez pour lui dans le monde, donnerait à des spectateurs judicieux des motifs pour en faire la première application sur vous-même ; et d'ailleurs c'est une voie si indécente, qu'elle peut à la fois irriter la patience d'un sot, et lui faire rompre ses fers, pour reprendre un empire qu'il vous avait cédé sans regret, dans l'espérance de vivre plus tranquillement. En un mot, la méthode la plus sûre et la plus approuvée est de se conduire comme un Ministre prudent envers un Monarque imbécile, en lui donnant en particulier les ordres que vous devez recevoir de lui publiquement.

D'HOLBACH
(1723-1789)

Lettres à Eugénie ou Préservatif contre les préjugés[1], t. II, Londres, 1768, Lettre XII, p. 136-137.

[136] Quand le corps est languissant et abattu, l'âme n'a communément ni vigueur ni gaieté. La débilité des nerfs anéantit communément toute l'énergie de l'âme, que l'on a si gratuitement distinguée du corps ; les personnes d'un tempérament bilieux ou mélancoliques ne peuvent point se prêter à la joie ; la dissipation les importune ; la gaieté des autres les fatigue. Concentrées en elles-mêmes, elles aiment à se nourrir d'idées sombres que la religion est très propre à leur fournir. La dévotion pourrait se traiter comme les vapeurs ; la superstition est une maladie invétérée que l'on pourrait guérir par des remèdes physiques. Il est vrai qu'il est difficile de garantir des rechutes, des hommes d'un tempérament assez mal constitué pour reproduire promptement les humeurs nuisibles qui les ramènent à leurs anciens préjugés. Il n'est point aisé d'inspirer du courage à un lâche ; il est presque impossible de guérir de la superstition un homme que le tempérament et l'habitude forcent continuellement à trembler. On a pris tant de peines pour éterniser les erreurs humaines et tant de précautions pour nous empêcher de nous en défaire, qu'il est [137] très rare de trouver des personnes dont la raison ne se démente quelquefois. C'est l'éducation seule qui pourrait opérer la cure radicale de l'esprit humain.

1 Ouvrage publié anonymement.

Système de la nature ou des lois du monde physique et du monde moral par M. Mirabaud[2], t. I, Londres, 1770, part. I, chap. v, p. 59-60.

[59] L'ordre et le désordre de la nature n'existent [60] point ; nous trouvons de *l'ordre* dans tout ce qui est conforme à notre être, et du *désordre* dans tout ce qui lui est opposé. Cependant tout est dans l'ordre dans une nature dont toutes les parties ne peuvent jamais s'écarter des règles certaines et nécessaires qui découlent de l'essence qu'elles ont reçue ; il n'y a point de désordre dans un tout au maintien duquel le désordre est nécessaire, dont la marche générale ne peut jamais se déranger, où tous les effets sont des suites de causes naturelles qui agissent comme elles doivent infailliblement agir.

Il suit encore qu'il ne peut y avoir ni monstres, ni prodiges, ni merveilles, ni miracles dans la nature. Ce que nous appelons des monstres sont des combinaisons avec lesquelles nos yeux ne sont point familiarisés, et qui n'en sont pas moins des effets nécessaires. Ce que nous nommons des *prodiges*, des *merveilles*, des effets *surnaturels* sont des phénomènes de la nature dont notre ignorance ne connaît point les principes ni la façon d'agir, et que faute d'en connaître les causes véritables nous attribuons follement à des causes fictives, qui, ainsi que l'idée de l'ordre, n'existent que dans nous-mêmes, tandis que nous les plaçons hors d'une nature, au-delà de laquelle il ne peut rien y avoir.

Ibid., t. II, part. II, chap. vii, p. 204-206.

[204] Un homme d'un tempérament mélancolique, aigri par des malheurs ou des infirmités, ne peut voir la nature et son auteur du même œil que l'homme sain, d'une humeur enjouée, content de tout. Privé de bonheur, l'homme chagrin ne peut y trouver que désordre, que difformité, que des sujets de s'affliger ; il ne voit l'univers que comme le théâtre de la malice ou des vengeances d'un tyran courroucé ; il ne peut aimer sincèrement cet être malfaisant, [205] il le hait au fond du cœur, même en lui rendant les hommages les plus serviles ; il adore en frémissant un monarque haïssable, dont l'idée ne produit dans son âme que les sentiments de la défiance, de la crainte, de la pusillanimité ; en

2 Il s'agit de l'un des pseudonymes du baron d'Holbach.

un mot, il devient superstitieux, crédule et très souvent cruel à l'exemple du maître qu'il se croit obligé de servir et d'imiter.

En conséquence de ces idées qui naissent d'un tempérament malheureux et d'une humeur fâcheuse, les superstitieux sont continuellement infectés de terreurs, de défiances et d'alarmes. La nature ne peut avoir des charmes pour eux ; ils ne prennent aucune part à ses scènes riantes ; ils ne regardent ce monde, si merveilleux et si beau pour l'enthousiaste content, que comme une *vallée de larmes*, dans laquelle un dieu vindicatif et jaloux ne les a placés que pour expier des crimes commis par eux-mêmes ou leurs pères, pour être ici-bas les victimes et les jouets de son despotisme, pour y subir des épreuves continuelles afin d'arriver ensuite pour toujours à une existence nouvelle, dans laquelle ils seront heureux ou malheureux, suivant la conduite qu'ils auront tenue à l'égard du dieu fantasque qui tient leur sort dans ses mains.

Ce sont ces idées sombres qui ont fait éclore sur la terre tous les cultes, toutes les superstitions les plus folles et les plus cruelles, toutes les pratiques insensées, tous les systèmes absurdes, toutes les notions et les opinions extravagantes, tous les mystères, les dogmes, les cérémonies, les rites, en un mot toutes les religions ; elles ont été, et seront toujours des sources éternelles d'alarmes, de discorde et de délire pour des rêveurs nourris de bile ou enivrés de la fureur divine que leur humeur atrabilaire dispose à la méchanceté, que leur imagination égarée dispose au fanatisme, que [206] leur ignorance prépare à la crédulité et soumet aveuglément à leurs prêtres : ceux-ci pour leurs propres intérêts se serviront souvent de leur dieu farouche pour les exciter aux crimes et les porter à ravir aux autres le repos dont ils sont privés eux-mêmes.

ADAM SMITH
(1723-1790)

Théorie des sentiments moraux [1759], trad. Sophie de Grouchy, éd. Henri Baudrillart, Paris, Guillaumin et Cie, 1860, part. I, sect. I, chap. I, p. 2-3.

[2] Il est donc évident que la source de notre sensibilité pour les souffrances des autres, est dans la faculté que nous avons [3] de nous mettre, par l'imagination, à leur place, faculté qui nous rend capables de concevoir ce qu'ils sentent et d'en être affectés. Quand nous voyons un coup dirigé contre quelqu'un et près d'atteindre son bras ou sa jambe, nous retirons naturellement notre bras ou notre jambe ; et lorsque le coup porte, nous le sentons en quelque manière, et nous recevons une impression en même temps que celui qui est frappé. Lorsque les gens du peuple contemplent un danseur de corde, ils tournent et balancent leur corps comme ils voient que fait le danseur, et comme ils sentent qu'ils devraient faire eux-mêmes s'ils étaient sur la corde. Les personnes dont la constitution est faible et les nerfs délicats, lorsqu'elles voient dans les rues les ulcères que certains mendiants exposent aux regards, se plaignent d'éprouver une sensation douloureuse dans la partie de leur corps correspondante à celle qui est affectée dans ces infortunés. Leur compassion se déclare par cette sympathie locale, et cette compassion naît en elles parce qu'elles conçoivent à l'instant ce qu'elles souffriraient elles-mêmes si elles étaient le malheureux qu'elles voient, et si telle partie était affectée en elles de la même manière qu'elle l'est dans celui-ci. La force de cette impression sur leurs organes délicats suffit pour produire cette pénible sensation dont elles se plaignent. Les hommes les plus robustes ont observé qu'ils éprouvaient une douleur très sensible dans les yeux en voyant des yeux malades, et c'est par une raison semblable, cet organe étant plus délicat, chez les hommes les plus forts, que ne l'est l'organe le plus fort chez les individus de la constitution la plus débile.

Ibid., part. III, chap. I, p. 128-129.

[128] Nos premières idées de beauté et de difformité sont tirées de la vue des formes des autres hommes, et non de la connaissance des nôtres. Nous sentons bientôt qu'à cet égard, les autres nous jugent comme nous les jugeons. Nous aimons qu'ils approuvent notre figure, et nous sommes peinés lorsqu'elle les repousse. Nous sommes inquiets de savoir jusqu'à quel point notre extérieur est loué ou blâmé par eux. Nous nous examinons, pour ainsi dire, trait pour trait ; et nous plaçant devant un miroir, nous cherchons à nous voir à la même distance à laquelle les autres nous voient. Si cet examen nous satisfait, nous supportons plus aisément les jugements défavorables qu'ils portent de nous. Si nous sentons, au contraire, que nous sommes naturellement pour eux un objet de dégoût, les moindres signes de leur désapprobation nous mortifient [129] au-delà de toute expression. Un homme dont la figure est agréable, nous permettra de nous moquer d'un léger défaut qui s'y rencontre ; mais les plaisanteries de ce genre sont insupportables aux personnes véritablement difformes. Il est donc évident que notre inquiétude sur nos avantages, ou sur nos désavantages extérieurs, vient uniquement de leurs effets sur les autres, et qu'ils nous seraient absolument indifférents, si nous n'avions aucun rapport avec la société.

Ibid., part. VI, sect. III, p. 304-305.

[304] Les personnes assez malheureuses pour avoir été placées par la nature beaucoup au-dessous du niveau ordinaire, s'évaluent souvent encore moins que ce qu'elles valent réellement : et cette espèce d'humilité paraît les plonger dans l'idiotisme. Ceux qui ont pris la peine d'observer ce que l'on appelle un [305] *idiot*, trouveront que, dans la plupart des gens qui méritent ce nom, les facultés intellectuelles ne sont pas plus faibles que chez beaucoup d'autres qui, quoique reconnus pour être stupides et sans esprit, ne sont pas appelés *idiots*. Un *idiot* élevé d'une manière ordinaire parvient à savoir lire, écrire et compter passablement bien ; et beaucoup de personnes que l'on ne trouve point *idiotes*, n'ont jamais pu acquérir une seule de ces connaissances premières, quoiqu'elles aient été élevées avec soin, et qu'elles aient eu le courage, étant plus avancées en âge, d'essayer d'apprendre ce que leur éducation ne leur avait point appris.

Cependant, par un certain instinct d'orgueil, elles se mettent au niveau des personnes du même âge et de la même situation qu'elles, et par leur courage et leur fermeté elles gardent dans la société la place qui leur appartient. Un instinct opposé fait que les *idiots* se sentent au-dessous de tout le monde, quelque part qu'ils soient. Ils sont capables, lorsqu'on les traite mal (ce qui arrive assez souvent), de s'abandonner aux derniers excès de la fureur et de la rage ; et néanmoins, ni les bonnes manières, ni l'indulgence, ni l'affection ne sauraient les amener à s'entretenir avec vous, comme si vous étiez leur égal ; cependant, si vous pouvez les déterminer à entrer en conversation, vous trouverez souvent leurs réponses justes et raisonnables ; mais le sentiment de leur infériorité y percera toujours. Ils semblent vouloir se rapetisser à vos yeux, fuir vos regards et vos paroles, et sentir qu'en se mettant à votre place, vous ne pouvez vous empêcher, malgré votre apparente indulgence, de les envisager comme vous étant extrêmement inférieurs. Quelques idiots, la plupart même d'entre eux, sont ou complètement, ou jusqu'à un certain point, tels que je viens de les peindre, par une espèce d'engourdissement et de torpeur de leurs facultés intellectuelles. Il y en a d'autres aussi chez lesquels ces facultés ne paraissent pas plus inactives et plus engourdies, qu'elles ne le sont chez beaucoup de gens que l'on ne regarde point comme idiots. Mais cette espèce d'instinct d'orgueil, nécessaire pour se maintenir dans une sorte d'égalité à l'égard des autres, manque aux premiers, et ne manque point aux seconds.

Recherches sur la nature et les causes de la richesse des nations [1776], t. I, trad. Jean-Antoine Roucher, Paris, Buisson, 1790, liv. I, chap. VIII, p. 171-174.

[171] Mais si la récompense libérale du travail encourage la propagation, elle accroît aussi l'industrie : celle-ci, semblable à toutes les autres qualités humaines, se [172] perfectionne à proportion de l'encouragement qu'elle reçoit. Une nourriture abondante ajoute à la force du corps, et l'ouvrier qui anime la douce espérance d'améliorer sa condition, et peut-être de finir ses jours au sein de l'aisance, s'excite de lui-même à faire le plus grand usage possible de cette même force. En effet, partout où la main d'œuvre est bien payée, ne la trouvons-nous pas et plus active et plus diligente ? Elle l'est plus en Angleterre qu'en Écosse, et dans le

voisinage des grandes villes que dans des campagnes éloignées. Il est des ouvriers, à la vérité, qui pouvant en quatre jours gagner leur subsistance pour la semaine entière passent les trois autres dans l'oisiveté ; mais le plus grand nombre ne se conduit pas ainsi. On voit au contraire ceux dont l'ouvrage à la pièce est libéralement payé, s'excéder de travail, et miner en peu d'années une constitution robuste. À Londres, dit-on, et dans plusieurs autres endroits, un charpentier ne peut conserver toute sa vigueur au-delà du terme de huit années. La même chose arrive en beaucoup d'autres métiers, où les ouvriers payés à la pièce, comme ils le sont ordinairement dans les manufactures et même [173] dans les travaux de la campagne, obtiennent un salaire supérieur au prix commun. Presque tous les artisans sont livrés à quelque infirmité particulière, née d'un excès d'application à leur métier. Rammuzzini[1], médecin italien célèbre, est l'auteur d'un livre où il traite de ces différentes maladies. Nos soldats ne sont pas les hommes les plus industrieux ; cependant, lorsqu'on les applique à un ouvrage particulier et qu'on les paie à la pièce, leurs officiers sont obligés souvent de stipuler avec l'entrepreneur qu'ils ne pourront gagner journellement au-delà d'une certaine somme réglée, suivant le taux convenu pour chaque pièce. Avant cette sage prévoyance, une émulation réciproque et le désir du gain engageaient les soldats à s'excéder d'ouvrage, et à s'épuiser par un travail immodéré. Un excès d'application pendant quatre jours de la semaine produit souvent l'oisiveté des trois autres, oisiveté dont on se plaint tant de fois et si hautement. Tout travail ou d'esprit ou de corps, continué sans interruption durant plusieurs jours, amène naturellement dans la plupart des hommes un grand désir, qui n'est autre qu'un grand besoin de repos ; et si la contrainte ou [174] quelque autre nécessité puissante ne vient pas la combattre, il est presque impossible de lui résister. C'est le cri de la nature, qui demande tantôt un peu de complaisance, tantôt un peu de relâche, et quelquefois aussi de la dissipation. Refuse-t-on de l'écouter ? Le danger n'est pas loin ; la faiblesse arrive, la langueur la suit, et tôt ou tard naîtra la maladie particulière aux différents métiers.

Si les maîtres prêtaient l'oreille à la voix de la raison et de l'humanité, ils s'appliqueraient souvent à modérer plutôt qu'à exciter l'ardeur d'une partie de leurs ouvriers. Il est prouvé, je crois, par l'expérience que dans

---

1 Bernardino Ramazzini (1633-1714) médecin italien. Il publia en 1700 son *De morbis artificum diatriba* (Traité des maladies des artisans).

tous les genres d'occupation, l'homme qui travaille assez modérément pour être en état de travailler de même tous les jours, non seulement conserve sa santé le plus longtemps possible, mais produit encore dans le cours de l'année une plus grande somme d'ouvrage.

Ibid., t. IV, 1791, liv. V, chap. I, part. III, p. 200-201.

[200] Or, celui qui n'a ni le courage, ni la force de se défendre ou de se venger, manque évidemment des conditions les plus essentielles au caractère de l'homme. Il est aussi mutilé dans son âme que serait difforme dans son corps celui qui serait, ou qui aurait perdu l'usage de l'un de ses membres principaux. De ces deux êtres, c'est le premier qui est évidemment le plus infortuné, par la raison que le bonheur et le malheur, dont le siège est en nous-mêmes, dépendent bien plus de l'état, sain ou malsain, entier ou mutilé de l'âme que du corps. Quand même l'esprit martial d'un peuple ne contribuerait en rien à la défense de la société, il serait digne encore de l'attention la plus sérieuse du gouvernement, le soin d'empêcher que le grand corps du peuple n'arrivât à cette espèce de mutilation, de difformité et de misère morale qui suit nécessairement la lâcheté, comme ce serait un devoir rigoureux pour lui de s'opposer au progrès d'une lèpre ou de toute autre maladie, qui, sans être ni mortelle ni dangereuse, répugnerait aux yeux et aurait [201] un aspect dégoûtant ; ne dût-il résulter peut-être de cette attention, d'autre bien pour le public que de se voir délivré d'un mal commun et rebutant.

On peut dire la même chose de la profonde ignorance et de la stupidité, qui, dans une société civilisée, engourdissent si souvent l'intelligence de toutes les classes inférieures du peuple. Quiconque ne fait pas usage des facultés intellectuelles de l'homme est plus vil, s'il est possible, plus digne de mépris qu'un lâche même ; puisqu'il est mutilé et défiguré dans une partie encore plus essentielle au caractère de l'homme.

JOHANN BERNHARD MERIAN
(1723-1807)

Sur l'identité numérique, dans *Histoire de l'Académie Royale des Sciences et des Belles Lettres de Berlin, année 1755*, Berlin, chez Haude et Spener, 1757, p. 474-475.

[474] Il n'y a qu'un être pensant et libre qui puisse mériter et démériter; mais un imbécile peut être puni pour des actions commises avant son imbécilité. Cela se peut, et souvent cela se doit. Cela se peut parce qu'il demeure sensible à la douleur. Cela se doit, en supposant une proportion nécessaire entre le péché et la peine, et en supposant de plus [475] que cette proportion n'a pas été observée avant ce temps. En disant que ce n'est plus la même personne, on ne ferait qu'une misérable chicane sur un mot : *Caïus* en délire, et *Caïus* dans son bon sens ne sont que deux façons d'être du même *Caïus*, comme *Caïus* éveillé et *Caïus* faisant des rêves ; il est puni comme être sensible, pour une action qu'il a commise comme être libre ; sa personnalité est inaltérable aussi longtemps qu'il sent son existence.

Sur le problème de Molyneux, dans *Nouveaux mémoires de l'Académie royale des sciences et belles-lettres, année 1780, avec l'histoire pour la même année*, Berlin, George Jacques Decker, 1782, p. 406-411.

[406] Enfin, il reste un inconvénient à l'expérience même de Cheselden, comme à toutes celles que l'on peut faire sur des aveugles-nés opérés de la cataracte. C'est que la cataracte ne produit guère une cécité totale, et que la cécité totale ne se guérit point. De là ces aveugles, ayant déjà combiné, quoiqu'imparfaitement, avec l'étendue tangible la faible lumière dont ils jouissaient, ne sauraient plus, en ouvrant les yeux, avoir les perceptions visuelles pures et sans alliage. Les couleurs et la lumière

qu'ils voient, sont déjà hors d'eux, et répandues dans l'espace, ou du moins elles sont hors de leurs yeux. De sorte qu'ils ne seraient plus propres à nous satisfaire sur l'article de l'étendue purement visible, ni sur ceux qui y tiennent, ni peut-être sur d'autres articles que jusqu'ici nous ne prévoyons pas.

Quel serait le remède à tous ces inconvénients, le moyen sûr d'avoir des sujets préparés de longue main, et façonnés à loisir, qui remplissent toutes les conditions requises pour faire nos expériences avec succès? Laissons ici un libre cours à notre imagination.

Pour éclaircir la question sur l'origine du langage, et sur celle des différents idiomes que nous parlons, on a souvent proposé d'élever ensemble, dès le bas âge, deux ou trois enfants séparés de tout commerce avec les autres [407] hommes, et dans des lieux où aucun son de voix humaine ne frappât leurs oreilles, afin de voir s'ils parviendraient à se faire une langue, et quelle serait cette langue.

Ce que j'imagine est peut-être aussi hardi. Mais en Philosophie il faut tout examiner, tout combiner, faire toutes les suppositions, et ne s'effrayer de rien.

Ce projet serait de prendre des enfants au berceau, et de les élever dans de profondes ténèbres jusqu'à l'âge de la raison.

[...]

[409] Mais, sans parler des ressources que nous offriraient ces maisons où l'on recueille les enfants trouvés, lesquels n'appartenant à personne, devraient appartenir au bien public, promenez vos regards dans les rues d'une grande ville. Voyez tous ces objets de dégoût et de pitié, ces enfants à demi-nus, à peine couverts de misérables haillons, en proie à la vermine, élevés dans la fainéantise et dans la crapule, ces enfants maléficiés, estropiés, souvent même rendus aveugles sans retour par des monstres qui se disent leurs parents. Où serait le mal d'arracher ces tendres victimes à leurs bourreaux pour les faire servir à nos expériences, et pour les mettre en état de devenir un jour des citoyens utiles, peut-être même des citoyens illustres?

[...]

[410] Cependant, ou je me trompe fort, ou l'on obtiendrait une partie de ces avantages dans notre Séminaire d'aveugles artificiels.

D'abord, celui de nos sens qui nous est le plus nécessaire, et qui est le principal instrument de nos connaissances, pourrait y être cultivé comme nous le désirions, ou peu s'en faut. Débarrassé de la Vue, qui lui cause le plus de distractions, et livré à lui-même, le Toucher acquerrait en eux la finesse la plus exquise. Leurs mains adroites deviendraient capables de manier les objets les plus minces, et d'en distinguer les nuances les plus subtiles : leurs doigts seraient des espèces de microscopes. Quelle école pour former des mécaniciens, des sculpteurs, des artistes en tout genre ! Mais j'y vois encore se former des physiciens, des naturalistes, des géomètres du premier ordre, et surtout des philosophes exempts de mille préjugés [411] que nous suçons dès notre naissance, que l'éducation ne fait qu'enraciner au lieu de les détruire, que dans la suite nous avons tant de peine à vaincre, que malgré nos efforts nous ne surmontons jamais entièrement, et que la plupart des hommes emportent au tombeau.

IMMANUEL KANT
(1724-1804)

Critique de la raison pure [1781], t. I, trad. Joseph Tissot, Paris, Ladrange, 1864, « Théorie élémentaire transcendantale », part. II, liv. II, Introduction, note 1, p. 178.

L'absence de jugement est proprement ce qu'on appelle stupidité. Il n'y a pas de remède à un tel vice. Une tête obtuse et bornée, qui ne manque d'entendement et de concepts intellectuels qu'à un certain degré, est très susceptible de s'orner par l'instruction, même jusqu'à l'érudition. Mais, comme le plus souvent l'entendement même [...] fait aussi défaut, il n'est pas rare de trouver des hommes très instruits qui laissent apercevoir dans l'emploi de leur science ce vice irrémédiable.

Anthropologie [1798], trad. Joseph Tissot, Paris, Ladrange, 1863, part. I, liv. I, § XVIII, p. 58.

La forme de l'objet n'est pas donnée par l'ouïe, et les sons de la parole ne conduisent pas immédiatement à sa représentation ; par cette raison, et parce qu'ils ne signifient rien par eux-mêmes, parce qu'ils n'expriment pas du moins un objet, mais seulement des sentiments intérieurs, ils sont les moyens les plus propres à désigner les notions, et les sourds de naissance, qui doivent aussi être muets par cette raison, ne peuvent jamais parvenir qu'à quelque chose d'« analogue » à la raison.

Ibid., § XXII, p. 64-66.

[64] Y a-t-il un vicariat des sens, c'est-à-dire un sens peut-il en remplacer un autre ? On peut obtenir du sourd le langage habituel, à l'aide

du geste, pourvu seulement qu'il ait entendu autrefois, par conséquent au moyen des yeux, qui lui servent à saisir ces signes démonstratifs. L'observation du mouvement de ses lèvres conduit au même but. Le sentiment du toucher, excité par des lèvres en mouvement dans l'obscurité, peut aboutir encore au même résultat. Mais si le sourd est né tel, alors le sens de la *vue* doit convertir la parole qu'on en a obtenue par l'éducation, en transformant [65] le mouvement des organes vocaux en un *sentiment* des mouvements propres aux muscles mis en jeu dans l'acte du langage, si bien que par là il n'arrive jamais à des notions réelles, parce que les signes qui lui sont nécessaires ne sont susceptibles d'aucune généralité. – Le défaut d'oreille musicale, malgré l'état physiquement sain de l'organe (puisque l'oreille peut percevoir les sons, mais sans percevoir les tons, l'homme pouvant alors parler sans pouvoir chanter), est une anomalie difficile à expliquer. Il y a de même des gens qui *voient* très bien, mais qui ne peuvent distinguer aucune couleur et auxquels tous les objets apparaissent comme dans une gravure.

Quel est, des deux sens de l'ouïe ou de la vue, celui dont le défaut ou la perte est le plus sensible ? – Le sens de l'ouïe, dans l'hypothèse où il n'aurait jamais existé, est de tous le plus difficile à remplacer ; mais si l'usage en a été perdu, et qu'il ait été remplacé par l'usage des yeux, par l'observation du langage et du geste, par la lecture, une telle perte, surtout chez une personne aisée, peut encore être bien difficilement réparée au moyen de la vue. Mais un vieillard devenu sourd regrette amèrement ce moyen de communication ; et si l'on voit nombre d'aveugles qui sont causants, sociables et pleins de gaîté dans un repas, on trouverait difficilement une personne ayant perdu l'ouïe qui ne fût d'humeur fâcheuse, ombrageuse et mécontente dans une réunion. Elle voit dans les figures des convives toutes sortes d'expressions passionnées, ou du moins toutes sortes d'intérêts, et s'efforce [66] vainement d'en découvrir le sens, se trouvant ainsi condamnée à l'isolement au milieu même de la société.

Ibid., § XXXVIII, p. 120.

Penser c'est *parler* avec soi-même (les Indiens d'Otahïti[1] appellent la pensée : la parole dans le ventre) ; c'est donc aussi une manière d'entendre

1 Nom ancien donné à l'île de Tahiti.

intérieurement (par l'imagination reproductive). Le muet de naissance a pour langage une sensation du jeu de ses lèvres, de sa langue et de sa mâchoire, et l'on conçoit à peine que sa parole soit autre chose qu'un jeu de sensations corporelles, sans idées ni pensées proprement dites. – Mais aussi ceux qui peuvent parler et entendre ne s'entendent cependant pas toujours eux-mêmes ou les autres ; et grâce au défaut de la faculté de signifier, ou à l'usage vicieux qui en est fait (puisqu'on prend des signes pour des choses, et réciproquement), surtout en matière de raison pure, des hommes qui sont d'accord sur les mots diffèrent totalement sur les notions ; ce qui ne s'aperçoit qu'occasionnellement, lorsque chacun agit d'après les siennes propres.

Ibid., § XLIV, p. 135-137.

[135] Les vices de l'intelligence sont ou des *faiblesses* ou des *maladies* de l'esprit. Les maladies intellectuelles de l'âme forment deux principaux genres : l'un consiste dans une *affection triste* (hypocondrie), l'autre dans un *trouble de l'esprit* (manie). Dans la *première* sorte de maladie, le patient n'ignore pas que le cours de ses pensées a quelque chose d'irrégulier, puisque sa raison n'est pas assez forte pour en régler le cours, pour la contenir ou l'accélérer. Des joies et des tristesses intempestives, des caprices par conséquent, se succèdent comme le temps, qu'il faut prendre en lui comme on le trouve. – Dans la seconde sorte de maladie, on remarque un cours arbitraire de pensées qui a sa propre règle (subjective) ; mais cette règle est en opposition avec les lois (objectives) de l'expérience d'accord entre elles.

[136] En ce qui regarde la représentation sensible, le désordre de l'âme est ou *démence* (*Unsinnigkeit*), ou *hallucination* (*Wahnsinn*). Comme perturbation du jugement et de la raison, il prend le nom d'*aliénation* (*Wahnwitz*), ou de *délire* (*Aberwitz*). Celui qui, dans ses imaginations, se met habituellement en dehors des lois de l'expérience (qui rêve éveillé), est un *visionnaire* (*Phantast*, rêveur). Si sa rêverie est accompagnée d'*exaltation* (*Affect*), c'est un *enthousiaste*. Les accès imprévus du visionnaire prennent le nom de *ravissements* (*Ueberfalle, raptus*).

Le simplard[2] (*Einfaltige*), l'insensé (*Unkluge*), le bête (*Dumme*), le sot (*Geck*), l'imbécile (*Thor*) ou le fat (*Narr*) se distinguent du maniaque

2 Homme simple, crédule.

(*Gestorten*) non seulement en degrés, mais encore par la nature de l'affection morbide ; on n'est pas encore dans la nécessité de renfermer les premiers, pour cause de leurs méfaits, dans un hospice d'aliénés, c'est-à-dire dans un lieu où des hommes, malgré la maturité et la force de leur âge, doivent cependant être contenus dans l'ordre par une raison étrangère, par rapport aux moindres intérêts de la vie. Le délire avec exaltation est *fureur* (*Tollheit*) ; laquelle souvent peut être originale, mais involontaire dans son invasion, et servant alors de limite au *génie*, comme l'inspiration poétique (*furor poeticus*). Un pareil accès, s'il provient du flux facile, quoique désordonné d'idées surabondantes, et lorsqu'il intéresse la raison, prend le nom d'*enthousiasme* (*Schwaermerei*). L'*absorption* (*das Hinbrüten*) dans une seule et même idée qui n'aboutit [137] cependant à rien, par exemple sur la perte d'un époux, qui ne reviendra pas à la vie pour autant, afin de trouver du soulagement dans la douleur même, est un dérangement d'esprit (*Verrücktheit*) silencieux ou tranquille. – La superstition (*Aberglaube*) est plutôt comparable à l'aliénation, et l'enthousiasme à l'égarement. Cette dernière affection mentale est souvent appelée aussi (par euphémisme) une *exaltation* cérébrale, ou bien encore une excentricité.

Les paroles délirantes du fiévreux, ou l'accès d'une rage voisine de l'épilepsie, qui est quelquefois excité sympathiquement par une imagination puissante à la vue fixe d'un furieux (ce qui fait qu'on devrait dissuader les personnes d'une mobilité nerveuse de renoncer à la curiosité de voir ces infortunés jusque dans leurs cellules), ne doivent pas encore être réputées, comme les perturbations précédentes, un dérangement de l'esprit.

Ibid., § XLVIII, p. 149-150.

[149] Le *simplard* (*hebes*), pareil à une hache ou à un couteau émoussé, est celui auquel on ne peut rien insinuer, qui est incapable d'*apprendre*. Celui qui n'est propre qu'à imiter est un *nigaud* ; au contraire, celui qui est capable d'inventer en matière d'art ou de science est un *génie*. La *simplicité* (par opposition au *raffinement* ou à l'affectation, dont on dit que : « l'art parfait revient à la nature », et à laquelle simplicité on n'arrive que tard) est fort différente de la *niaiserie* ; c'est une faculté d'atteindre le même but par une économie de moyens, c'est-à-dire sans détours. Celui qui en est doué (le sage), est loin d'être niais dans sa simplicité.

Est *stupide* (*dumm*) celui-là surtout qui ne peut être employé à rien, parce qu'il est sans jugement.

Est *insensé* (*Thor*) celui qui sacrifie une valeur à des fins qui n'ont aucun prix, par exemple la félicité domestique à l'éclat hors de chez soi. Cette folie, lorsqu'elle est choquante, s'appelle sottise (*Narrheit*). On peut traiter chacun d'insensé sans l'offenser ; on peut même avouer qu'on l'est ; mais personne ne peut s'entendre dire *sot*, l'instrument des fripons (suivant [150] Pope)[...].

Ibid., § L, p. 154-159.

[154] Quand donc une personne a causé à dessein un malheur, et qu'il s'agit de savoir si quelque faute et quelle faute lui est en [155] conséquence imputable, cette question, la question de l'état sanitaire de son esprit, au moment de l'action, doit être résolue d'abord, et renvoyée par le tribunal (qui est incompétent en ces matières) non pas à un jury médical, mais à un jury philosophique. La question est en effet celle-ci : l'accusé, au moment de l'action, était-il en possession de son entendement et de son jugement naturel ? Question toute psychologique. Et bien qu'un désordre corporel des organes de la pensée ait pu être pour quelque chose dans la transgression contre nature de la loi du devoir (qui réside dans chaque homme), les médecins et les physiologistes en général ne sont cependant pas placés à une telle distance qu'ils puissent voir assez profondément la nature mécanique de l'homme pour pouvoir expliquer par ce moyen l'accès qui porte à ces mauvaises actions, ou qu'ils puissent le voir à l'avance (sans passer par l'anatomie du corps). En sorte qu'une *médecine légale* (*medicina forensis*), lorsqu'il est question de savoir si l'état de l'âme de l'agent était maladif ou s'il était sain au moment de la détermination, est une branche de connaissances étrangères à celles qui sont l'objet des études ordinaires du juge, et auxquelles il n'entend rien. Du moins, ces sortes de questions doivent être renvoyées à une autre faculté, puisqu'elles ne sont pas du ressort du juge[3].

3 [NdA] Voici le raisonnement que faisait un juge pour ne pas prononcer la peine de mort contre une personne qui avait été condamnée à la peine de la détention et qui, de désespoir, avait tué ensuite un enfant. Il la tenait pour un esprit faux. Car, disait-il, celui qui tire une conclusion vraie de prémisses fausses est un esprit mal fait. Or cette personne part du principe que la détention est une tache indélébile, pire que la mort (ce qui est faux),

[156] § LI

Il est difficile de soumettre à une division systématique ce qui est essentiellement désordonné et incurable. Il est peu utile également de s'en occuper, parce que les facultés du sujet ne concourant pas à la guérison (comme il arrive dans les maladies corporelles), et cette fin ne pouvant néanmoins être atteinte que par l'usage intellectuel propre, tous les procédés curatifs doivent, à cet égard, rester sans effet. Toutefois, l'anthropologie veut, bien qu'elle ne puisse être ici qu'indirectement pratique, qu'on ne prescrive que des abstentions (*Unterlassungen*), pour essayer du moins une esquisse générale de cet abaissement si profond, mais cependant naturel, de l'humanité. On peut diviser l'aberration en général, en aberration *désordonnée* (tumultuaire), en *méthodique* et en *systématique*.

1° L'*absence* (*Unsinnigkeit, amentia*) est l'impuissance d'ordonner suffisamment ses représentations pour qu'il y ait seulement expérience. Dans les Petites-Maisons[4] [157], les femmes, grâce à leur loquacité, sont particulièrement sujettes à l'infirmité d'entremêler à ce qu'elles racontent tant de parenthèses fournies par leur vive imagination, que personne ne comprend précisément ce qu'elles veulent dire. Cette première espèce d'aberration est *tumultuaire*[5].

2° La *démence* (*Wahnsinn, dementia*) est ce renversement de l'esprit qui fait que tout ce que raconte l'aliéné, quoique assez d'accord avec les lois de la pensée pour qu'il y ait expérience possible, est cependant faussé par une imagination poétique qui en impose au point que le narrateur prend pour des perceptions véritables des représentations toutes spontanées. Tels sont ceux qui se croient toujours environnés d'ennemis, qui épient les démarches, les paroles ou les actions les plus indifférentes comme si tout cela se rapportait à eux, et en font autant de pièges qui leur sont tendus. – Ces infortunés sont si ingénieux dans l'art d'interpréter dans leur sens tout ce que font les autres sans aucun mauvais dessein, que si les données seulement étaient véritables,

d'où elle conclut à la résolution de mériter la mort. – Elle n'était donc pas dans son bon sens et, partant, elle devait échapper à la peine capitale. À ce compte, il serait facile de faire passer tous les crimes pour des aberrations de l'esprit, qu'il faudrait déplorer et guérir, mais pas punir.

4 « Petites Maisons » fut le nom donné à un « asile d'aliénés » créé à Paris en 1557. Il est ensuite devenu un terme générique pour désigner ces établissements.

5 Relatif au tumulte : agité, désordonné.

il faudrait rendre hommage à leur entendement. – Je n'ai jamais vu personne guérir de cette maladie (car c'est une disposition particulière à délirer avec raison). Mais ces sortes d'aliénés ne sont cependant pas à renfermer, parce que, tout préoccupés d'eux-mêmes, ils n'usent de leur prétendue subtilité que pour leur propre conservation, sans exposer les autres, et n'ont pas besoin d'être renfermés par mesure de précaution. Cette seconde espèce d'aberration est *méthodique*.

[158] La *manie* (*Wahnwitz, insania*) est un jugement troublé, dans lequel l'esprit est comme enlacé par des analogies qui sont confondues avec des notions de choses semblables entre elles, en sorte que l'imagination présente à l'entendement un jeu où des choses disparates sont unies comme si ces dernières représentations étaient soumises à une loi générale. Les malades de cette espèce sont le plus souvent très satisfaits ; ils poétisent d'une manière absurde, et se complaisent dans la richesse d'une liaison si étendue d'idées concordantes suivant eux. – L'insensé de cette espèce est inguérissable, parce que, comme la poésie en général, il est créateur, et qu'il est alimenté par la diversité. – Cette troisième espèce d'aberration est méthodique, il est vrai, mais seulement d'une manière partielle ou *fragmentaire*.

4° La *vésanie* (*Aberwitz, vesania*), où aberration proprement dite, est la maladie d'une raison troublée. – Celui qui est atteint de cette affection échappe à toute direction de l'expérience, poursuit des principes que l'expérience ne peut absolument point contrôler, et s'imagine comprendre l'incompréhensible. – L'invention de la quadrature du cercle, du mouvement perpétuel, la découverte des forces hyperphysiques de la nature, l'intelligence du mystère de la Trinité sont en sa puissance. Il est le plus tranquille de tous les habitants des Petites-Maisons, et, en vertu même de sa spéculation dont l'objet est tout intérieur, fort éloigné de la fureur, parce qu'il détourne ses regards, avec une parfaite présomption, de toutes les difficultés [159] de sa recherche. – Cette quatrième espèce d'aberration pourrait être appelée *systématique*.

En effet, dans la dernière sorte de perturbation de l'esprit, il n'y a pas purement désordre et déviation des règles de l'usage de la raison, il y a encore *déraison positive*, c'est-à-dire une *autre* règle, un point de vue entièrement différent, où l'âme est pour ainsi dire transportée, et d'où elle aperçoit tous les objets différemment, et se trouve comme dans un lieu éloigné du *sensorium commune*, lequel est cependant nécessaire à l'unité de la *vie* (de l'animal). De là le mot *aberration*.

Ibid., part. II, A, 3, p. 288.

Il y aurait quelque chose de plus méchant et de plus bête, si un homme dont on doit attendre des mœurs reprochait à un malade, comme fait le peuple, jusqu'à des vices corporels, qui ne servent souvent qu'à relever les avantages de l'esprit. Ces reproches s'adressant à de jeunes infortunés (comme : « Tu es un aveugle », « un chien d'estropié ») finissent par les rendre méchants et les aigrissent insensiblement contre ceux qui, n'ayant pas ces infirmités, croient en mieux valoir.

D'ailleurs les figures indigènes des étrangers, mais auxquelles ne sont pas habitués des peuples qui ne sont jamais sortis de leur pays, sont ordinairement pour ceux-ci un objet de raillerie. C'est ainsi que les petits Japonais courent après les marchands hollandais qui vont dans ce pays-là, en criant : « Oh quels yeux ! quels gros yeux ! » et que les Chinois trouvent risibles les cheveux roux d'un grand nombre d'Européens qui fréquentent leur pays, mais non pas leurs yeux bleus.

Ibid., Appendice II, p. 365-367.

[365] Le second degré du trouble de l'esprit[6], par rapport à la faculté supérieure de connaître, est proprement le désordre de la raison, en tant qu'elle fait entrer l'absurde dans des jugements subtilement chimériques sur des notions universelles, et peut être appelé *manie*. Dans le degré plus élevé de cette espèce d'aliénation, toutes sortes d'idées prétendues supérieures tourbillonnent [366] dans un cerveau brûlé : l'étendue des mers découverte, les prophéties interprétées, et je ne sais quel galimatias de tête fêlée. Si l'infortuné méconnaît en outre les jugements de l'expérience, c'est un *aliéné*. Dans le cas cependant où il se fonde sur un grand nombre de jugements d'expérience légitime, mais où sa sensation est tellement troublée par la nouveauté et la multitude des conséquences que lui offre son esprit, qu'il ne donne plus d'attention à la justesse de la liaison, il en résulte souvent une apparence très frappante d'une manie qui peut se concilier avec un grand *génie*, en ce sens qu'une raison lente ne peut plus accompagner l'esprit ainsi exalté. L'état d'une tête désordonnée, qui va jusqu'à ne pas éprouver les sensations extérieures, est de

6 Le premier est le délire.

la *fureur* ; si la colère y domine, c'est de la rage. Le désespoir est la fureur passagère d'une âme sans espoir. La violence bruyante d'un esprit en désordre est en général la *fureur*. Le furieux, s'il est délirant, est *aliéné*.

L'homme, dans l'état de nature, ne peut être exposé qu'à un petit nombre de folies, et donnera difficilement dans l'extravagance. Ses besoins le retiennent toujours dans le voisinage de l'expérience, et fournissent à son entendement sain une si facile occupation, que c'est à peine s'il remarque qu'il a besoin d'intelligence pour ses actions. La paresse donne à ses désirs grossiers et communs une modération qui laisse au peu de jugement dont il a besoin assez de puissance pour les dominer à son plus grand avantage. Où pourrait-il prendre une matière à extravagance, puisque, insouciant du jugement d'autrui, il ne peut être ni vain ni gonflé ? N'ayant absolument aucune représentation de la valeur de biens dont il ne jouit pas, il est garanti de l'absurdité de la cupidité sordide, et comme un certain esprit ne peut jamais entrer dans sa tête, il n'a pas à craindre non plus la *manie*. De même, le trouble de l'âme dans cet état de simplicité doit être rare. Si le cerveau du sauvage avait souffert quelque choc, je ne sais pas où la fantasterie pourrait pénétrer pour supplanter les sensations habituelles qui seules l'occupent sans rémission. À quel délire peut-il être sujet, puisqu'il [367] n'a jamais de raison de s'exalter ? La manie est tout à fait au-dessus de ses capacités. S'il est jamais malade du cerveau, il sera imbécile ou frénétique. Encore cet accident doit-il être extrêmement rare, car il est généralement sain, parce qu'il est libre et se meut. C'est dans l'état social que se rencontrent proprement les ferments de toute cette corruption, qui, tout en ne la produisant pas, servent néanmoins à l'entretenir et à l'aggraver. L'entendement, considéré dans la mesure des nécessités et de la satisfaction des besoins simples de la vie, est un *entendement sain* ; mais envisagé par rapport au luxe artificiel, en matière de jouissances ou de sciences, c'est un *entendement délicat*. L'entendement sain du bourgeois serait donc un entendement déjà très délicat pour des hommes naturels, et les notions qui, dans certains états, supposent un entendement fin, ne conviennent plus aux hommes rapprochés de la simplicité de la nature, au moins dans les vues, et font ordinairement des fous quand elles prennent cette forme.

GEORG CHRISTOPH LICHTENBERG (1742-1799)

Son corps est ainsi conformé que même un piètre artiste dans la noirceur, le dessinerait mieux, et s'il était en son pouvoir de le retoucher, il donnerait moins de relief à quelques parties. De sa santé qui, du reste, n'est pas la meilleure, notre homme n'est point trop mécontent, puisqu'il reçut le don de jouir pleinement des jours valides[1].
Le Miroir de l'âme, Cahier B 1768-1771, aphorisme 81[2].

On se plaint souvent pour chaque douleur que l'on éprouve et on se réjouit rarement de n'en ressentir aucune. Je n'appartiens pas à cette dernière classe d'hommes. Lorsque je ne connais aucune douleur, ce qui parfois est le cas quand je me mets au lit, je goûte alors si profondément cette félicité que je verse des larmes de joie et ce remerciement silencieux à mon bon créateur m'apaise encore plus. Oh ! que ne peut-on mourir ainsi !
Ibid., Cahier K 1793-1796, aphorisme 34[3].

Ibid., Cahier F 1776-1779, aphorisme 901, p. 314. © Éditions Corti.

Les infirmes souventefois possèdent des habiletés qu'un homme d'une constitution normale, sans être incapable de les faire, n'est pas assez décidé à apprendre.

1 Dans ce texte, Lichtenberg parle de lui à la troisième personne.
2 *Le Miroir de l'âme*, éd. et trad. Charles Le Blanc, Paris, José Corti, 1997, Cahier B 1768-1771, aphorisme 81, p. 133. © Éditions Corti.
3 *Ibid.*, Cahier K 1793-1796, aphorisme 34, p. 476. © Éditions Corti.

Le Couteau sans lame et autres textes satiriques, éd. et trad. Charles Le Blanc, Paris, José Corti, 1999, *De la physiognomonie : contre les physiognomonistes* [1778], p. 214-215. © Éditions Corti.

[214] Mais quoi !, s'exclame alors le physiognomoniste[4], l'âme de Newton aurait pu se loger dans la tête d'un nègre ? Une âme angélique eût pu se loger dans un corps horrible ? Est-ce donc ainsi que le Créateur doit dessiner la vertu et le mérite ? Non point ! Ce flux insipide et puéril de déclamations ne peut-il être toujours endigué par un simple : « Et pourquoi pas ? ». Tu es donc, misérable, le juge des œuvres divines ? Dis-moi d'abord pourquoi souvent l'homme vertueux souffre sa vie durant dans un corps malade ? À moins que le fait d'être toujours dolent soit plus supportable qu'une saine laideur ? Te revient-il de décider si un corps difforme ou malade (et qu'est-ce donc que la maladie sinon qu'une déformation intérieure ?) appartient, ou non, à ces sortes de souffrances que la raison seule ne peut expliquer et auxquelles même l'homme juste est exposé ? Dis-moi pourquoi des milliers d'hommes naissent infirmes, pâtissent quelques années et meurent ? Pourquoi l'enfant plein d'espérance, joie de ses parents, se rompt justement [215] quand ils commencent d'avoir besoin d'un bâton de vieillesse ? Pourquoi d'autres, à peine entrés dans le monde, doivent déjà se congédier et ne sont nés que pour le trépas ? Décide de ces questions et je déciderai des tiennes[5]. Lorsqu'un jour tu créeras ou peindras un monde, tu créeras ou tu peindras alors le vice sous des traits de laideur, et tu feras en sorte que tous les animaux venimeux soient épouvantables, de manière que l'on reconnaisse facilement le vice et la vertu ; mais ne juge pas le monde de Dieu à partir du tien. Taille ton arbuste comme tu le souhaites, et plante tes fleurs selon les teintes que tu perçois davantage, mais ne juge point le jardin de la Nature d'après ta petite serre.

---

4 Lichtenberg a particulièrement en vue Johann Caspar Lavater (1741-1801), théologien et écrivain suisse de langue allemande, qui publia son *Essai sur la physiognomonie* entre 1775 et 1778. La physiognomonie est l'étude du caractère à partir des traits et de la forme du visage.

5 [NdE] Tout ce passage prend une couleur particulière quand on songe que Lichtenberg était lui-même infirme, chétif et valétudinaire. Il a porté sur ses épaules le lourd fardeau des préjugés, que la physiognomonie augmentait encore.

CONDORCET
(1743-1794)

Œuvres de Condorcet, t. VIII, éd. Arthur Condorcet O'Connor et François Arago, Paris, Firmin Didot Frères, 1847, *Essai sur la constitution et les fonctions des assemblées provinciales* [1788], part. II, art. IV, p. 461-464.

[461] Il suit de ce qu'on vient d'exposer que, dans un pays où le nombre des hommes qui ne peuvent subsister est très grand, où il faut venir à leur secours, on ne doit y pourvoir ni par une taxe en faveur des pauvres, ni par de nouveaux établissements, ni, en un mot, par tous ces moyens qui pallient le mal et en augmentent sourdement le progrès, qui soulagent la misère, mais produisent l'insouciance et la paresse.

C'est dans sa source qu'il faut attaquer la pauvreté, en réformant les lois qui la font naître : c'est en ouvrant des caisses, au moyen desquelles de petites épargnes puissent assurer des secours à l'infirmité, à la vieillesse, qu'on préviendra la misère, et qu'on favorisera en même temps l'économie et la bonne conduite.

Alors on pourra laisser à la bienfaisance volontaire le soin de suppléer aux établissements déjà formés, qui bientôt deviendront plus que suffisants.

Pour les rendre véritablement utiles, il faudrait les borner à trois objets : le soin des personnes attaquées de maladies cruelles et incurables ; l'instruction des enfants aveugles et muets, que l'éducation commune des campagnes ne peut tirer de l'état d'une dépendance absolue, et qui trouvent aujourd'hui des secours dans les méthodes ingénieuses et simples que deux hommes bienfaisants, et d'un véritable [462] talent (M. l'abbé de l'Épée[1] et M. l'abbé Haüy[2]), ont découvertes dans ces derniers

---

1 Voir la note correspondante p. 525.

2 Valentin Haüy (1745-1822) pédagogue, traducteur et interprète français. Il fonda en 1785 la première école française pour les enfants aveugles, devenue l'Institut national des jeunes aveugles.

temps ; enfin, l'établissement d'asiles absolument libres pour ceux qui, étant incapables d'un travail ordinaire, peuvent cependant gagner au moins une partie de leur subsistance. On peut, par des machines, par des moyens particuliers, rendre vraiment profitable le travail de cette classe de malheureux, et on trouvera ces moyens, du moment où l'on aura tourné vers cet objet, négligé jusqu'ici, l'attention des hommes doués du talent de la mécanique. L'instruction des aveugles et des muets serait peu coûteuse, parce que ceux qui appartiennent à des parents aisés, et à qui ces mêmes établissements seraient nécessaires, payeraient une portion de la dépense, et que l'établissement profiterait du travail d'une partie de ceux qui y seraient élevés.

Les soins donnés aux malades pauvres sont plus importants que les secours accordés à ceux qui sont dans l'impossibilité de subsister ; non seulement ces soins soulagent, mais ils conservent. Dans les campagnes, dans les endroits où les pauvres ont un domicile, il suffirait de distribuer des secours aux malades qu'on laisserait au milieu de leurs familles ; mais indépendamment de ces secours, les hôpitaux sont nécessaires dans les villes, où la plupart des pauvres, trop étroitement logés, souvent séparés de leur famille, ne peuvent être secourus que dans les hospices publics ; non seulement il faut leur procurer les soins d'un médecin, des remèdes, une nourriture plus saine, mais il faut leur donner un [463] espace où ils puissent souffrir en paix, un lit qui les reçoive, une main charitable qui veille sur leurs besoins. Il vaut mieux multiplier les établissements que d'en former de trop étendus. On ne doit rassembler dans chacun que le nombre de malades qu'un seul médecin peut traiter ; on ne doit pas aller au-delà du point où un seul chef peut embrasser et inspecter tous les détails d'un établissement. Des maisons particulières placées hors des villes serviraient pour les convalescents, attention importante négligée jusqu'ici.

Les grands établissements frappent l'imagination, mais produisent presque toujours de grands abus, et les grands abus trouvent toujours des protecteurs puissants. L'avantage de pouvoir séparer les diverses maladies peut conserver tout ce qu'il a de réel, sans avoir recours à de vastes hôpitaux. S'agit-il de distinctions qui ne laissent aucun doute, on peut avoir des maisons particulières pour les blessés, les femmes en couches, ceux qui doivent essuyer des opérations. S'agit-il de distinctions plus difficiles, comme celle des maladies qui se communiquent, ou dont le voisinage est dangereux, on trouvera le moyen de faire, même pour de très petits hospices, les séparations nécessaires ; et les subdivisions plus nombreuses qu'on ne pourrait y pratiquer ne produiraient pas un avantage comparable aux inconvénients inévitables de tout grand établissement.

On reproche beaucoup d'abus à ceux de ces établissements qui existent aujourd'hui ; les uns tiennent au respect pour la fantaisie des fondateurs, d'autres [464] aux idées monacales ; quelques-uns à l'esprit de corps, à des préjugés qui se perpétuent dans ces maisons, à des routines dont on a oublié l'origine et les motifs. Tous les établissements ont besoin d'une réforme qui y porte plus de lumières, qui les rende plus utiles, et le soin de cette réforme ne peut être mieux confié qu'à des assemblées formées par les représentants des citoyens[...].

JOHANN GOTTFRIED VON HERDER (1744-1803)

Traité sur l'origine des langues [1772], trad. Lionel Duvoy, Paris, Allia, 2010, part. I, sect. I, p. 30-31.

[30] *Que nos sons naturels soient destinés à exprimer les passions, voilà qui est aussi naturel que le fait qu'ils deviennent les éléments de toute émotion !* Qui n'aurait le cœur vibrant en entendant le *Ach* du martyr frémissant et gémissant, du mourant qui geint, et même d'une bête qui râle quand toute sa machine souffre ? Quel barbare insensible ? Plus la façon de jouer sur les cordes sensibles est harmonieuse, même quand un animal fait vibrer celles d'autres animaux, plus ils l'éprouvent jusqu'à l'unisson ; leurs nerfs atteignent une tension égale, leur âme résonne d'une même note, ils souffrent vraiment avec lui, mécaniquement. Et quelle dureté de ses fibres ! Quelle force agit ici pour obstruer ainsi tous les pores de ses sensations, qu'un homme, face à cela, devienne sourd et insensible ! – Diderot[1] estime qu'un aveugle-né devrait [31] être plus insensible qu'un voyant aux plaintes d'un animal souffrant[2] ; je pense pour ma part que, dans certains cas, c'est le contraire. Bien sûr, tout le spectacle émouvant de cette créature misérable et tremblante lui est caché, cependant que tous les exemples disent également qu'en vertu de cette occultation, l'oreille est moins distraite, qu'elle entend mieux et qu'elle est beaucoup plus pénétrante. Ainsi écoute-t-il attentivement dans les ténèbres, dans le calme de sa nuit éternelle, et chaque bruit, comme une flèche, se fiche d'autant plus profondément et fermement dans son cœur ! Maintenant, qu'il s'aide encore de l'impression tâtonnante qui embrasse lentement, qu'il palpe les soubresauts, qu'il s'enquiert de sentir jusqu'au bout la plaie de la machine qui souffre – alors l'horreur et la souffrance lui

1 [NdA] *Lettre sur les aveugles à l'usage de ceux qui voient*, Londres, 1749.
2 Voir ici le texte de Diderot p. 469.

parcourent les membres : son système nerveux interne compatit à la blessure et à la destruction : le chant de la mort retentit. C'est là *le lien d'une telle langue naturelle !*

Ibid., sect. III, § 1, p. 71-73. © Éditions Allia.

[71] L'AVEUGLE de Cheselden[3] prouve combien la vision se développe lentement, comme il est difficile à l'âme humaine de parvenir aux concepts d'espace, de forme et de couleur, et combien de tentatives durent être faites et de technique d'étalonnage acquise, pour que de tels signes puissent être utilisés clairement : ce n'était donc pas le sens de la vue qui était le plus approprié au langage. En outre, ses manifestations étaient si froides, si muettes, et, à l'inverse, les émotions du sens vulgaire si troubles et si enchevêtrées, que, tout naturellement, l'*oreille ne fut rien d'autre que le premier maître d'enseignement du langage.* Prenez par exemple la brebis. Elle flotte comme une image devant le regard [72] avec tous ses attributs, images et couleurs peints sur le grand tableau de la nature – que de peines pour les distinguer ! Tous les signaux sont subtilement entrelacés, rien n'est encore exprimable ! Qui peut prononcer la forme ? Faire sonner la couleur ? Il caresse la brebis – la sensation est sûre et complète, mais à la fois si pleine, si obscure. Qui peut dire ce qu'il ressent au toucher ? Mais écoutez ! La brebis *bêle* ! Un signe distinctif se dégage de lui-même de cette toile bariolée où l'on pouvait si peu discerner. Il a retenti profondément et clairement au sein de l'âme. « Ah ! » s'exclame alors le jeune garçon, à la manière de tous les aveugles de Cheselden, « désormais, je te reconnaîtrai – tu bêles ! » La tourterelle roucoule ! Le chien aboie ! Trois mots distincts, pour trois idées expérimentées, celles-ci dans sa logique, ceux-là dans son dictionnaire ! Raison et langage ont fait un petit pas commun, et la nature leur a prêté main-forte pour la moitié du chemin – grâce à

3 [NdA] *Philosophical Transactions* – Abridgment – aussi dans l'*Anatomy* de Cheselden, dans l'*Optique* de Smith-Kästner, dans l'*Histoire naturelle* de Buffon, dans l'*Encyclopédie* et dans une dizaine de petits dictionnaires français au mot « aveugle ». [NdT] William Cheselden (1688-1752), ami d'Isaac Newton, était l'un des plus éminents chirurgiens et professeur d'anatomie du XVIIIe siècle et publia en 1713 une encyclopédie d'anatomie qui connut un vif succès. Outre une opération de la taille qui fit grand bruit, il réalisa, en 1727, la première iridectomie qui rendit la vue à un jeune homme de 14 ans. Ce procédé fut rendu public dans les annales de la Royal Society, les *Philosophical Transactions* de 1728.

l'ouïe. Elle ne fit pas seulement résonner le signe mais le lui imprima profondément dans l'âme ! Cela résonne ! L'âme avait saisi – elle avait là *un mot qui résonnait !*

L'homme est donc une créature d'ouïe et de mémoire formée pour le langage, et même un aveugle-muet, on l'a vu, devra s'inventer un langage, si tant est qu'il ne soit ni insensible, ni sourd. Mettez-le sur une île déserte, paisible et agréable : [73] la nature se manifestera à lui par les oreilles. Mille créatures qu'il ne peut voir sembleront pourtant s'entretenir avec lui, et quand sa bouche et ses yeux resteraient constamment fermés, son âme, elle, n'en serait pas moins habitée par le langage. Si les feuilles d'arbres bruissent tout autour du pauvre solitaire, si le ruisseau qui passe en murmurant le berce dans son sommeil et que le vent d'Ouest frappe ses joues en sifflant – si la brebis bêlante lui donne du lait, la source ruisselante, de l'eau, l'arbre bruissant, des fruits – l'intérêt suffit pour *connaître* les êtres bienfaisants, les sons lui suffisent à les *nommer* dans son for intérieur sans utiliser ses yeux ni son palais. L'arbre sera nommé le bruissant, le vent, le sifflant, la source, la ruisselante. Ici se tient un petit dictionnaire prêt à l'emploi, qui attend de recevoir l'empreinte de l'organe vocal. Comme elles doivent être pauvres, malgré tout, ces représentations que les infirmes lient à des sons[4] !

À présent, libérons tous les sens de l'homme ; il voit, touche et sent également tous les êtres qui parlent à son oreille – Ciel ! Quel espace d'enseignement pour les idées et le langage !

Du connaître et du sentir de l'âme humaine ; *observations et rêves*, éd. et trad. Claire Pagès, Paris, Allia, 2013, *Du connaître et du sentir relativement à leur origine humaine et aux lois de leur action* [1774-1778], chap. II, p. 34-35. © Éditions Allia.

[34] La vue et l'ouïe, qui fournissent au penser la plus grande part de son matériau, sont rarement présentes à un degré semblable de formation et de force naturelle chez un être humain. La clarté de l'œil souvent déteste la profonde intimité de l'oreille (pour le dire en termes métaphoriques), les deux coursiers qui, les premiers, tirent l'attelage

4 [NdA] Diderot, tout au long de sa *Lettre sur les sourds et les muets*, est près d'aborder ce sujet crucial, mais s'arrête aux inversions et à cent autres détails.

de la psyché sont inégaux. Les trois plus grands poètes épiques de tout l'univers, *Homère, Ossian*[5] *et Milton* étaient aveugles, comme si cette obscurité silencieuse était nécessaire à ce que toutes les images qu'ils avaient vues et perçues *aient pu* devenir à présent *son*, *mot*, *douce mélodie.* Un poète aveugle de naissance et un philosophe sourd de naissance devraient apporter d'étranges particularités, tout comme le *Saunderson* aveugle aimait, grâce à l'ouïe, l'odeur et le sentiment[...]. Si un jour, une langue philosophique [35] universelle devait être inventée, ce serait peut-être par un sourd ou un muet de naissance, qui sentirait à la fois de façon complètement visuelle et complètement abstraite.

La Plastique. Quelques perceptions relatives à la forme et à la figure, tirées du rêve plastique de Pygmalion [1778], trad. Pierre Pénisson, Paris, Le Cerf, 2010, chap. I, § 2, p. 18. © Éditions du Cerf.

C'est une vérité avérée que l'aveugle né qui tâte sans être distrait rassemble des notions plus complètes des qualités corporelles que celui qui voit et qui glisse sur tout cela comme un rayon de soleil. Avec son touché borné[...], obscur, mais infiniment plus exercé, et avec sa méthode pour appréhender une notion de manière lente, fidèle et certaine, il pourra juger bien plus finement de la forme et de la présence vivante des choses que celui pour qui tout ne fait que passer comme une ombre. Il s'est trouvé des sculpteurs sur cire aveugles qui surpassaient les voyants et je n'ai encore ouï parler d'aucun exemple d'un sens absent qui ne fût remplacé par un autre, la *vue* par le *toucher*, le manque de couleurs lumineuses par des *figures* profondément marquées et durables. Il reste donc vrai que « le corps que voit l'œil n'est que surface, la surface que tâte la main est corps[6] ».

Ibid., chap. IV, p. 89. © Éditions du Cerf.

Dans ce qui précède, mon ambition n'était pas de faire l'éloge de la beauté, ni de décrire l'Antiquité, et moins encore de présenter une

5 Ossian, barde écossais du IIIe siècle de notre ère, dont les œuvres sont publiées – ou inventées – en 1760 par le poète James Macpherson.

6 Phrase qui semble être de Herder lui-même.

physiognomonic[7], car je ne suis ni artiste, ni antiquaire[8], ni versé dans la physiognomonie ; les généralités et les propositions vagues ne sauraient apporter de contribution dans ces trois domaines. Mon dessein était de présenter cette proposition simple : « *Toute forme du sublime et de la beauté, dans le corps humain, n'est jamais que la forme de la santé, de la vie, de la force, du bien-être dans tous les membres de cette créature construite avec tant d'art* ; de même, à l'inverse, la *laideur* n'est que l'*infirmité*, l'oppression de l'esprit, l'imperfection de la forme par rapport à sa finalité ultime. » La belle figure humaine n'est donc pas une abstraction tombée du ciel, ni une composition de règles savantes ou de conventions arbitraires : chacun peut la *saisir* et la *toucher*, dès lors qu'il ressent *en soi* et *chez autrui* ce qu'est la forme de la vie, l'expression de la force dans le réceptacle de l'humanité. La beauté n'est que la *signification d'une perfection interne.*

Ibid., chap. V, p. 109-110. © Éditions du Cerf.

[109] Je demandai à une aveugle de naissance quelle table elle préférait, quel récipient, rectangulaire ou rond. Elle répondit : « Le rond, car il est doux et facile à saisir : contre une table ronde, on ne risque pas de se heurter ». Voilà peut-être tout ce qu'on peut dire avec une parfaite simplicité sur la *ligne de beauté.* « Pourquoi un bras rond, une taille fine lui plaisait-il ? » : parce qu'ils étaient sains, mobiles et légers. Elle se représentait les fantômes comme des souffles froids qui la poursuivaient et elle recherchait l'agrément dans une belle voix assurée, dans l'aménité, dans un parfum plaisant et une douce chaleur : exactement comme Saunderson[9] et d'autres cas. Je lui fis toucher une statue ; elle reconnaissait chaque partie et l'appelait par son nom, et la trouvait *bonne* ; lorsqu'elle arriva au vêtement, elle s'arrêta, interdite, ne sachant pas de quoi il s'agissait : car c'était la première statue qu'elle avait entre les mains. – Ma condition l'intimidait beaucoup, et elle habitait trop loin pour que je puisse poursuivre mes recherches. Dans sa langue, [110] elle possédait toutes les expressions du sens qui lui faisait défaut, mais elle ne les comprenait pas ; ce n'était que des mots happés au passage et répétés mécaniquement, comme une grande partie de la langue pour nous

7 Voir la note correspondante p. 554.
8 Le terme désignait alors un savant qui étudie l'Antiquité.
9 Voir la note correspondante p. 364.

qui sommes dotés de cinq sens. Au reste, je tiens les manques de cette sorte pour la seule source certaine permettant de faire le départ entre les mots de la langue et les notions de la sensibilité, tellement mêlées aux précédents, et de rendre ainsi à chaque sens ce qui lui revient. Si l'on devait écrire une *doctrine pratique de la raison*, un dictionnaire philosophique de la *langue*, des *sens* et des *beaux-arts*, qui indiquait l'origine de chaque mot et chaque notion et explorait les voies de leur transmission d'un sens à l'autre et du sens à l'âme, il faudrait, ce me semble, que des essais de cette sorte en soient le fil conducteur, sans quoi tout resterait labyrinthique et spécieux, comme c'est le cas aujourd'hui.

Le présent livre, qui ne porte que sur un seul sens, un seul art et une seule classe de notions, représente une petite tentative préliminaire.

Idées sur la philosophie de l'histoire de l'humanité [1784-1791], t. I, trad. Edgar Quinet, F. G. Levrault, Paris, 1827, liv. IV, chap. III, p. 198.

Destiné à marcher droit, l'homme a les mains libres ; instruments adroits des opérations les plus délicates, elles sont toujours prêtes à recevoir des impressions nouvelles et distinctes ; et ce ne fut pas sans raison qu'Helvétius prétendit qu'elles sont d'un grand secours à la raison de l'homme ; car combien d'idées l'éléphant n'acquiert-il pas par le moyen de sa trompe ? D'ailleurs, ce tact délicat est répandu sur tout le corps, et des hommes privés de leurs bras ont fait avec les doigts des pieds des ouvrages d'art auxquels les mains ne suffiraient pas toujours.

Ibid., p. 201-202.

[201] Toutefois, ces instruments de l'art, le cerveau, les sens et les mains, seraient inutiles, même avec l'attitude droite, si le Créateur ne nous eût pas accordé, pour les mettre en œuvre, *le don céleste de la parole.* C'est par elle que s'éveille la raison endormie, ou plutôt, la capacité pure de la raison, qui d'elle-même condamnée à une éternelle oisiveté, acquiert par la parole une puissance et une efficacité vitales. Ce n'est que par la parole que l'oreille, en un mot, que les impressions de tous les sens sont réunis en un seul et même foyer dans la pensée souveraine, dont les mains et les autres membres ne sont que les instruments serviles. L'exemple des sourds

et muets de naissance prouve combien il est difficile à l'homme privé de la parole, d'atteindre à des idées raisonnables, même en vivant au milieu d'autres hommes, et jusqu'à quel point l'état animal domine avec tous ses instincts les plus dégradants. Sans s'inquiéter en rien de la valeur morale de leurs actes, ils imitent tout ce que leur œil aperçoit, mais avec moins de perfection que le singe, parce qu'ils n'ont pas de *sensorium* interne pour distinguer les objets, ni même de sympathie pour leur propre espèce. On a des exemples de sourds et muets de naissance qui ont [202] égorgé leur frère, parce qu'ils avaient vu égorger un porc, et qui sans frémir leur ont arraché les entrailles, pour mieux imiter ce qui s'était passé sous leurs yeux[10] ; preuve effroyable de ce que peuvent faire d'eux-mêmes l'intelligence si frêle de l'homme et les sentiments de l'espèce. Il faut donc considérer les organes délicats de la parole comme les instruments qui ont servi à l'éducation de notre raison, et le langage comme l'étincelle céleste qui enflamme par degrés notre pensée et nos sens.

Ibid., chap. VI, p. 232-233.

[232] Mais la voix de celui qui souffre ne se fait pas plutôt entendre, que la stupeur cesse et qu'il [*sc.* l'homme] accourt vers lui ; il est atteint jusqu'au cœur ; serait-ce que le son change le tableau en un être vivant, et qu'il concentre en un seul point le souvenir de nos sentiments individuels et toutes les puissances qui sont réveillées en nous par les affections d'autrui ? ou, comme j'incline à le croire, faut-il rapporter ce phénomène à une cause qui repose dans les lois les plus secrètes et les plus profondes de l'organisme ? Il suffit que le fait soit [233] vrai, et qu'il démontre que le son et le langage sont les sources principales de la compassion de l'homme. Nous sympathisons moins avec une créature qui ne peut soupirer, et qui, n'ayant pas de poumons, est plus imparfaite et se rapproche moins de notre propre organisation. Quelques sourds et muets de naissance ont montré par des exemples de la cruauté la plus monstrueuse qu'ils ne sentaient ni pitié ni sympathie pour les hommes et les animaux ; et il est facile de trouver un grand nombre de faits pareils dans la vie des peuples sauvages ; cependant, même parmi ces derniers, la loi naturelle n'est pas entièrement effacée.

10 [NdA] Je me rappelle que l'on en cite un exemple dans Sack's *vertheidigtem Glauben der Christen :* Défense de la foi chrétienne, par Sack, et j'en ai vu plusieurs dans d'autres ouvrages.

Ibid., t. II, liv. VII, chap. II, p. 5-8.

[5] Cependant comme l'intelligence humaine cherche partout l'unité dans la variété, et que la pensée divine dont elle est l'image a marqué la multiplicité la plus abondante du caractère de l'unité, nous pouvons essayer de revenir du sein même de la diversité et du changement à ce simple théorème : il n'y a sur la terre qu'une seule et même espèce d'hommes.

Combien d'anciennes fables représentant à l'imagination des monstres humains n'ont pas déjà disparu devant la lumière de l'histoire ! et partout où la tradition en perpétue le souvenir, je suis pleinement convaincu qu'un examen plus attentif achèvera d'en montrer la fausseté à tous les yeux. Nous connaissons maintenant ce qu'est l'orang-outang ; nous savons que la parole lui est refusée, et que rien n'autorise à voir en lui un membre de la famille de l'homme. Et quand nous aurons des renseignements plus exacts sur l'orang-kubub[11], sur l'orang-gouhou[12], les hommes des bois de Bornéo, de Sumatra et des îles Nicobar[13] ne tarderont pas à disparaître[14]. Les [6] hommes à pieds recourbés de Malacca[15], les peuples rachitiques de Madagascar, les hommes moitié femmes qui habitent les Florides, et quelques autres, méritent qu'on les observe avec autant d'attention que les Albinos, les Dondons[16], les Patagons et les Hottentots[17]. Gloire aux

11 Peut-être s'agit-il des êtres humains qui encore aujourd'hui vivent dans l'est de l'île de Sumatra, et forment un peuple nomade se désignant lui-même comme « Orang Darat », c'est-à-dire « peuple de la terre », nommé « Kubu » par leurs voisins. Il s'agit aussi peut-être en réalité du même animal que l'orang-outang mentionné quelques lignes plus haut et qui, à la fin du XVIIIe siècle, semble être largement rangé parmi les animaux, en dépit de la grande proximité qui lui est reconnue avec l'homme (voir Nicolas Tulp, *Observations médicales*, dans R. Andrault, S. Buchenau, C. Crignon et A.-L. Rey (dir.), *Médecine et philosophie de la nature humaine, de l'âge classique aux Lumières*, Paris, Classiques Garnier, 2014, p. 96 *sq.*).

12 Nous n'avons rien trouvé à son sujet, si ce n'est que Gouhou est une localité guinéenne.

13 Les îles Nicobar sont situées dans le nord-est de l'océan Indien.

14 [NdA] Marsden en parle dans son *Histoire de Sumatra*, mais seulement en passant. Monboddo, dans son ouvrage *Sur l'origine et les progrès du langage*, vol. I, p. 219 *sq.*, a rassemblé toutes les traditions qu'il a pu recueillir sur les hommes à queues. Blumenbach (*De generis humani varietate*) a montré de quelles sources sont venues ces images d'hommes des bois.

15 [NdA] Sonnerat, dans son *Voyage aux Indes*, tom. II, p. 103, en fait mention, mais seulement d'après ce qu'il a entendu dire. Commerson a fait revivre, après Flaucourt, l'histoire des nains de Madagascar ; mais les derniers voyageurs ont rejeté cette opinion. Voir sur les hermaphrodites des Florides, l'essai critique de Heyne [...].

16 Habitants de Dondon en Haïti.

17 [NdA] Voir le *Voyage* de Sparmann, p. 177.

hommes qui réussissent à faire disparaître du spectacle de la création les fantômes qui en troublent l'harmonie, et de notre mémoire les erreurs qu'on y a introduites ! Ils sont pour le royaume de la vérité ce que sont les héros de la mythologie pour le monde primitif ; ils diminuent sur la terre le nombre des monstres.

Je voudrais que l'on n'eût jamais poussé la comparaison de l'homme et du singe jusqu'à méconnaître dans l'échelle animale que l'on cherchait à établir, les degrés et les intervalles déterminés sans lesquels il ne peut en exister aucune. De quel secours, par exemple, l'orang-outang rachitique, le Pygmée ou le Pongo[18] peuvent-ils être pour expliquer [7] la figure du Kamtschadale[19], la taille du Groënlandais ou celle du Patagon ? car toutes ces formes étaient une conséquence de la nature même de l'homme, et elles auraient existé quand même il n'y eût point eu de singes sur la terre. Et si l'on va plus loin encore, si l'on fait résulter certaines difformités de notre espèce d'un commerce monstrueux avec ces animaux, cette conjecture, selon moi, n'est pas moins invraisemblable que dégradante. Les pays où l'on trouve le plus de ces prétendues ressemblances avec les singes, sont précisément ceux où il n'existe pas de singes ; comme cela se voit par la dépression des crânes des Calmouks[20] et des habitants de Malacca[21] ; par les oreilles saillantes des Pevans[22] et des Amicuans[23] ; par les mains raccourcies de quelques sauvages de la Caroline, et d'autres exemples. D'ailleurs, dès que l'on est revenu de la première surprise des sens, ces premières apparences sont tellement trompeuses, que le Calmouk et le Nègre ne cessent pas de paraître des hommes, même par la forme de la tête, et que les habitants de Malacca se distinguent par des capacités que beaucoup d'autres nations ne possèdent pas au même degré. En effet, jamais le singe et l'homme n'ont appartenu à un seul et même genre, et tout ce que je désire serait d'abolir à jamais cette ancienne fable dont le sens est qu'ils ont vécu ensemble dans diverses contrées, et entretenu un [8] commerce qui n'aurait point été stérile[24].

18 Grand singe d'Afrique.

19 Habitant du Kamtchatka, péninsule située à l'extrême est de la Russie.

20 Les Calmuks ou Kalmuks sont des descendants de Mongols occidentaux qui, au XVIIe siècle, s'établirent en Russie, dans le bassin de la Volga.

21 Malacca est une région de la Malaisie.

22 Il s'agit des Pevas, peuple indien décrit par La Condamine.

23 Peuple de l'actuelle Guyane française.

24 [NdA] Ceci est assuré tout récemment, mais seulement d'après des rapports incertains, dans les extraits du *Journal d'un voyageur en Asie*, Leipsic, 1784, p. 256. En allemand.

La nature a fait assez pour chaque genre, en donnant à chacun d'eux la progéniture qui lui est propre. Elle a divisé le genre du singe en une foule d'espèces et de variétés qu'elle a multipliées autant que possible : mais toi, homme, respecte-toi, dans tes semblables. Tu n'as pour frères ni le Pongo, ni le gibbon[25], mais le Nègre et l'Américain. Tu ne devrais donc ni les opprimer, ni les ruiner, ni les égorger ; car ils sont hommes aussi bien que toi ; mais entre le singe et toi il ne peut y avoir aucune fraternité.

---

25 Singe d'Asie.

JEREMY BENTHAM
(1748-1832)

Œuvres de Jérémie Bentham, t. II, trad. Étienne Dumont, Bruxelles, Société belge de Librairie, 1840, *Théorie des peines et des récompenses* [1811], liv. II, chap. II, sect. III, p. 33a-35a.

[33a] J'entends par « mutilation » l'extirpation de quelque partie externe du corps humain, douée d'un mouvement distinct ou d'une fonction spécifique, dont la perte n'entraîne pas celle de la vie : les yeux, la langue, les mains, etc.

Quant à l'extirpation du nez et des oreilles, ce n'est pas mutilation proprement dite. Pourquoi ? Parce que ce n'est ni la partie externe du nez, ni la partie externe des oreilles, qui exercent les fonctions de ces deux sens : elles les protègent, les aident, mais elles ne les constituent pas. Il y a donc une différence entre la mutilation qui entraîne la privation totale d'un organe, et celle qui ne détruit que son enveloppe. Ce n'est qu'une espèce de défiguration ; l'art peut réparer en partie cette perte.

Chacun sait combien la mutilation a été fréquente autrefois dans la plupart des systèmes pénaux. Il n'en est aucune espèce qui n'ait été pratiquée en Angleterre, jusque dans un temps assez moderne. La peine de mort pouvait être commuée en mutilation, d'après la loi commune. Par un statut passé sous Henri VIII, on devait avoir la main droite coupée pour avoir tiré du sang malicieusement dans toute maison où le roi réside. Par un statut du temps d'Élisabeth, l'exportation d'une brebis était punie par l'amputation de la main gauche. Depuis, toutes ces peines sont tombées en désuétude, et l'on peut considérer la mutilation comme étrangère, dans le fait, au code pénal de la Grande-Bretagne.

Examen des peines afflictives[1] complexes.

Les peines afflictives simples sont assez faciles à évaluer, parce que leurs conséquences pénales sont toutes du même genre, et qu'elles ont un effet immédiat ; toutes les autres offrent de plus grandes [33b] difficultés dans leur estimation, parce que leurs conséquences pénales sont très diverses, plus ou moins certaines, plus ou moins rapprochées.

[...]

Une de ces peines qui a plus d'effet au moral qu'au physique, c'est une marque qui ne produit qu'un changement de couleur et l'impression d'un caractère sur la peau ; mais cette marque est une attestation que l'individu s'est rendu coupable de quelque acte auquel on attache du mépris, et l'effet du mépris est de diminuer la bienveillance, principe de tous les services libres et gratuits que les hommes se rendent entre eux ; or, dans cette dépendance continuelle où nous sommes de ceux qui nous entourent, ce qui tend à diminuer la bienveillance renferme en soi la chance d'une multitude indéfinie de privations[...].

[34a] Quand cette marque est infligée à raison d'un délit, il est essentiel de lui donner un caractère qui annonce clairement l'intention du fait, et qui ne puisse pas se confondre avec des cicatrices et des marques accidentelles. Il faut donc que la marque pénale ait une figure déterminée ; et la plus convenable, comme la plus commune, est la lettre initiale du délit. Chez les Romains on imprimait au front des calomniateurs la lettre K[2]. – En Angleterre, pour homicide commis d'après une provocation, les délinquants sont marqués dans la main de la lettre M (abrégé de *manslaughter*[3]), et les voleurs, de la lettre T (abrégé de *theft*[4]). En France la marque des galériens était composée des trois lettres initiales G. A. L. En Pologne l'usage était d'ajouter une expression symbolique : la lettre initiale du crime était renfermée dans la figure d'une potence. Dans l'Indostan[5],

1 Peines qui frappent physiquement la personne condamnée, par différence avec les peines infamantes. Les mutilations, comme les travaux forcés, sont des peines à la fois afflictives et infamantes.

2 Du mot « *calumniator* », écrit avec un « K » dans la graphie archaïque.

3 Homicide.

4 Vol.

5 L'Indostan, aujourd'hui « Hindustan », désigne la partie nord et nord-ouest du sous-continent indien.

parmi les Gentous[6], on emploie dans les stigmates un grand nombre de figures symboliques bizarres.

Un moyen beaucoup plus doux, qui se rapporte au même chef, est la pratique trop peu usitée de donner aux délinquants un costume particulier, qui serve de livrée au crime. À Hanau, en Allemagne, les gens condamnés aux travaux publics étaient distingués par une manche noire sur un habit blanc. C'est un expédient qui a pour objet de prévenir l'évasion ; comme note d'infamie, c'est une addition à la peine.

Une marque qui ne défigure pas n'inspire le mépris que par son rapport avec la conduite morale de l'individu ; mais la marque qui défigure au point de produire un dégoût physique peut par elle-même, et sans rapport au moral, altérer la bienveillance à son égard. C'est une disposition qu'on peut blâmer, mais elle n'en existe pas moins ; et si cela n'était pas, pourquoi regarderait-on comme un malheur (mal de blessure à part) d'avoir le visage couvert de cicatrices ?

Si ces préventions défavorables agissent sur nous contre des personnes de notre sexe, à plus forte raison leurs effets sont beaucoup plus sensibles d'un sexe à l'autre.

Il y a des exceptions sans doute : les blessures de la guerre peuvent produire en honneur plus qu'un équivalent pour la beauté perdue ; mais, même dans ce cas, le triomphe du respect moral sur le dégoût physique dépend de la force de ce sentiment ; et dans ce combat entre une répugnance naturelle et une bienveillance raisonnée, l'avantage n'est pas toujours du côté de la raison. [...]

[34b] Ces peines sont assez « variables », quand vous les considérez ensemble ; il y a un choix et une gradation du plus au moins : la perte d'un doigt est moins pénale que la perte de deux ou que celle de la main ; la perte de la main, moins que celle du bras. Mais quand vous venez à considérer chacune de ces peines séparément, la gradation disparaît. La mutilation particulière ordonnée par la loi n'est pas susceptible de plus et de moins, pour se prêter aux diverses circonstances du délit ou du délinquant. Cette objection rentre dans celle de l'inégalité : la même peine nominale ne sera pas la même peine réelle.

Sous le rapport de l'« exemple », ces peines ont l'avantage sur les simples punitions afflictives : tout l'effet de celles-ci est comme rassemblé dans un point et se montre tout à la fois aux yeux du spectateur, tandis que

6 Terme par lesquels les Européens désignaient les habitants du sous-continent indien.

les autres ont des conséquences permanentes, qui renouvellent sans cesse, aux yeux de ceux qui en sont les témoins, l'idée de la loi et de la sanction dont elle est munie. Mais il faut pour cela que les défigurations et les mutilations légales aient un caractère particulier qui ne [35a] permette pas de les confondre avec les accidents naturels du même genre ; il faut une marque légale, qui signale le criminel et serve de sauvegarde au malheur.

Il nous reste à examiner ces peines sous un autre point de vue essentiel, « leur tendance à la réformation des coupables ».

L'infamie, quand elle est portée à un haut degré, loin de servir à la correction de l'individu, le force, pour ainsi dire, à persévérer dans la carrière du crime. C'est un effet presque naturel de la manière dont il est envisagé par la société. Sa réputation est perdue ; il ne trouve plus de confiance ni de bienveillance ; il n'a rien à espérer des hommes, et par la même raison rien à en craindre : son état ne saurait empirer. S'il ne peut subsister que de son travail, et que la défiance ou le mépris général lui ôtent cette ressource, il n'en a pas d'autre que de se faire mendiant ou voleur.

Il résulte de là que les mutilations sont des peines qu'on ne doit jamais employer que dans les crimes les plus graves, dans les cas d'un emprisonnement perpétuel.

Ibid., liv. III, chap. II, p. 81a.

Dans un âge tendre, le sentiment de la honte n'a pas encore atteint toute sa force ; dans la vieillesse, on observe assez souvent qu'il s'affaiblit beaucoup. La passion de l'avarice, la seule qui se fortifie par l'âge, domine alors le sentiment de l'honneur.

Un état débile de santé, une irritabilité morbide, quelque défectuosité dans les organes, quelque infirmité naturelle ou acquise, sont des circonstances qui aggravent les peines de la honte, comme de toute autre calamité.

La richesse, à la considérer en elle-même, indépendamment du rang et de l'éducation, tend à émousser la force des impressions de ce genre. Il est plus facile à un homme riche de se déplacer, de changer le cercle de ses liaisons, et de se procurer, à prix d'or, des plaisirs indépendants de l'estime et de la bienveillance. Malheureusement encore, il existe une disposition naturelle à respecter l'opulence pour elle-même, à lui accorder des services gratuits, surtout les témoignages extérieurs de la politesse et de la considération.

Ibid., t. III, *Déontologie ou science de la morale* [1834], part. II, chap. IV, p. 501a-501b.

[501a] Abstenez-vous de relever dans un individu des imperfections qu'il n'est pas en son pouvoir de corriger ou de faire disparaître. Plus votre position sera supérieure à la sienne, plus cette abstinence de votre part aura de mérite. Si vous êtes tellement indépendant de lui, que son mauvais vouloir ne [501b] puisse vous faire de mal, la bienveillance effective exige que vous ne lui causiez pas de souffrance inutile.

Cette abstinence est un devoir ; que l'infirmité soit intellectuelle, morale ou corporelle, elle est un devoir, même en l'absence de témoins ; à plus forte raison en leur présence.

Le résultat infaillible de ce genre de malveillance, est une peine d'humiliation.

Cette peine sera plus ou moins grande, selon la nature des relations qui existent entre la personne ainsi molestée et les autres personnes présentes ; et quelles que soient ces relations, plus les témoins seront nombreux, plus la peine sera grande.

Et si l'on recherche les conséquences de cette malveillance, on verra que toutes les parties ont à en souffrir. Il en résulte : 1° un mal pour la personne ainsi molestée, par l'humiliation qu'on lui fait subir ; 2° un mal pour la personne présente, par l'infliction de la peine de sympathie que produit dans son esprit l'idée de la souffrance de cet individu ; 3° un mal par la peine d'antipathie, de l'antipathie produite par cette sympathie, et dont vous êtes l'objet ; 4° un mal pour vous-même, par le danger des représailles de la part de la personne molestée par vous ; ou de la part de ceux en qui votre conduite aura soulevé des sentiments d'antipathie : à ces maux, quelle qu'en soit la somme, il ne peut y avoir de compensation, sous quelque forme et en quelque quantité que ce soit. Oui, peut-être, s'il y avait possibilité de corriger les imperfections ainsi signalées ; mais nous avons supposé le contraire.

Si les lois de la bienveillance défendent ainsi toute allusion à des infirmités irrémédiables, à plus forte raison cette prohibition est-elle décisive et de rigueur quand l'allusion revêt la forme du ridicule. La dérision appliquée aux défauts naturels est une des formes les plus cruelles que puisse revêtir la malveillance. Des imperfections peuvent être ou ne pas être remédiables ; mais quand c'est dans la constitution même de l'individu que l'infirmité réside, la bienfaisance fait un devoir rigoureux de s'abstenir.

À cette classe de maux appartiennent un grand nombre de ces actes de malveillance qu'on appelle tours d'écoliers. Quelque difformité, quelque infirmité physique, sert fréquemment de prétexte et de but à l'infliction de peines journalières. Que cette tendance malfaisante soit réprimée dès ses premières manifestations. Il faut surtout apprendre aux enfants que le plaisir qui trouve son aliment dans la peine d'autrui, dans la peine inutile et sans compensation, contient le germe de toute immoralité.

Ibid., p. 505b-506a.

[505b] Nous avons déjà dit que la dureté d'expression à l'égard des infirmités d'autrui est une violation du principe de la maximisation du bonheur. Les actes de dureté en sont encore une violation plus palpable [506a] et plus décisive. Quand vous vous trouvez avec une personne affligée de défectuosités corporelles ou mentales, que votre attention soit aussitôt éveillée d'une manière toute spéciale. Ayez grand soin de ne rien dire et de ne rien faire qui puisse blesser la personne ainsi affligée. Si l'infirmité réside dans le caractère, ne vous croyez pas autorisé à manifester votre désapprobation par des paroles ou des actions désobligeantes. Beaucoup de défauts de caractère tiennent à la constitution de l'individu, et ne sont pas susceptibles de réforme. Il est extrêmement rare qu'on puisse dans ce cas produire le plus léger bien par une manifestation d'hostilité ou même de censure. Ayez l'air de ne pas vous apercevoir du défaut, ou, si vous en parlez, que ce soit de manière à causer le moins de peine possible.

Quant aux défauts corporels, qu'il n'en soit jamais question. Il y a danger à en parler, même pour les plaindre ou les soulager, car votre sympathie aura pour effet de mettre le défaut sous les yeux de la personne affligée ; et il est possible que la peine que votre attention aura ainsi éveillée dépasse le plaisir conféré par votre sympathie, si toutefois elle en confère, ce qui n'a pas toujours lieu.

Il en est autrement quand le défaut est remédiable ; quand votre bonté peut le guérir, ou votre sympathie l'alléger. Cette hypothèse réclame l'une et l'autre.

EMMANUEL-JOSEPH SIEYÈS
(1748-1836)

Qu'est-ce que le tiers État ?, [s. l. ; s. n.] 1789, chap. I, p. 12-13.

[12] D'abord, il n'est pas possible dans le nombre de toutes les parties élémentaires d'une Nation, de trouver où placer la « Caste »[…] des Nobles. Je sais qu'il est des individus, en trop grand nombre, que les infirmités, l'incapacité, une paresse incurable, ou le torrent des mauvaises mœurs rendent étrangers aux travaux de la Société. L'exception et l'abus sont partout à côté de la règle, et surtout dans un [13] vaste Empire. Mais l'on conviendra que moins il y a de ces abus, mieux l'État passe pour être ordonné. Le plus mal ordonné de tous serait celui où non seulement des particuliers isolés, mais une classe entière de Citoyens mettrait sa gloire à rester immobile au milieu du mouvement général, et saurait consumer la meilleure part du produit, sans avoir concouru en rien à le faire naître. Une telle classe est assurément étrangère à la Nation par sa « fainéantise ».

L'Ordre Noble n'est pas moins étranger au milieu de nous, par ses prérogatives « civiles et politiques ».

ANTOINE DESTUTT DE TRACY
(1754-1836)

Éléments d'idéologie. Première partie. Idéologie proprement dite, Paris, Courcier, 1804, chap. XV, p. 318-320.

[318] Enfin il est vrai que si les premiers pas de l'intelligence humaine sont lents et pénibles, du moins ils sont sûrs, tandis que bientôt après elle est continuellement en danger de s'égarer ; 1°. parce que quand ses opérations sont devenues faciles et rapides, un grand nombre d'entre elles [319] demeurent inaperçues, et nous avons vu ce qui en résulte ; 2°. parce que les signes par lesquels nous représentons nos idées, et par le moyen desquels nous les combinons, malgré leur prodigieuse utilité sont souvent une cause d'erreur, comme nous le verrons bientôt ; 3°. parce que, quand la multitude des combinaisons qui s'opèrent en nous et des mouvements internes qu'elles nécessitent, est devenue vraiment innombrable, il est bien difficile que ces combinaisons ne se nuisent pas tout en s'entraidant, et qu'il ne s'établisse pas entre elles des liaisons vicieuses. Je suis convaincu même que cette dernière circonstance est une des causes qui fait qu'en général c'est chez les nations les plus éclairées, dans l'âge où l'on combine le plus d'idées, et dans la classe des hommes qui ont le plus exercé leur esprit, que l'on trouve les exemples les plus fréquents de démence ; et que l'on observe que les hommes les plus sujets à ce malheur sont ceux qui se livrent le plus avidement aux impressions qu'ils reçoivent, tandis que ceux dont l'occupation habituelle est de se rendre un compte [320] soigneux de leurs pensées en sont presque entièrement exempts[1].

---

1 [NdA] Cette réflexion m'est suggérée par la lecture du Traité de l'*Aliénation mentale*, que vient de publier le citoyen Pinel : on ne saurait trop en recommander la lecture. En expliquant comment les fous déraisonnent, il apprend aux sages comment ils pensent. Il prouve que l'art de guérir les hommes en démence n'est autre chose que celui de manier les passions et de diriger les opinions des hommes ordinaires ; il consiste à former leurs

Ibid., chap. XVI, p. 329-331.

[329] Nous l'avons déjà dit, les mots dont nous nous servons sont les signes de nos idées ; leur réunion forme une langue ; et toutes les nations connues ont un langage de ce genre, c'est-à-dire une langue parlée. Cela prouve que les hommes ont senti unanimement que de tous leurs moyens de communication avec leurs semblables, l'organe de la voix est celui qui leur fournit le plus de ressources pour exprimer ce qui se passe en eux, et que dans les autres l'organe de l'ouïe est celui qui leur [330] offre le plus d'avantages pour leur faire éprouver des impressions variées et distinctes. C'est notre organisation elle-même qui détermine cette juste préférence ; mais cela ne veut pas dire que nous ne puissions pas avoir des signes d'une autre espèce ; au contraire il est manifeste que par nos gestes, par des figures tracées quelconques, par des mouvements produits, quels qu'ils soient, nous pouvons affecter le sens de la vue de nos semblables ; par des attouchements nous pouvons nous adresser à leur tact. Il n'y a que les sens du goût et de l'odorat sur lesquels nous ne puissions guère produire des impressions utiles pour cet objet ; encore si nous étions convenus d'attacher certaines idées à telle odeur ou telle saveur bien distinctes, elles pourraient en devenir les signes jusqu'à un certain point. Tout ce qui représente nos idées est donc un signe ; et tout système de signes est une langue ou un langage, et peut être nommé ainsi en prenant ces mots dans le sens générique et non dans le sens spécifique, et en faisant abstraction de la particularité qu'ils ont de dériver du nom d'un des organes de la [331] parole ; c'est ainsi qu'il est reçu de dire la langue *hiéroglyphique*, le langage d'action[2] ou celui des gestes, et même le langage des sourds et muets.

Nous devons donc regarder comme de vraies langues les assemblages de gestes par lesquels les pantomimes, les muets parviennent à exprimer non seulement des sentiments très fins, mais même des idées très abstraites.

---

habitudes. Ce sont les physiologistes philosophes, comme le citoyen Pinel, qui avanceront l'idéologie. Mais il n'a pas seulement la gloire d'avoir fait un livre utile, il a encore celle d'en avoir recueilli les matériaux par une longue suite de bonnes actions. Au reste j'ai vu avec satisfaction que les phénomènes qu'il décrit dans une grande perfection confirment la manière dont j'ai envisagé la pensée, et se trouvent mieux expliqués sous le rapport idéologique, par notre façon de considérer nos facultés intellectuelles, que par celles en usage jusqu'à présent. Tous les hommes commencent par l'idiotisme enfantin, finissent par la démence sénile, et ont dans l'intervalle plus ou moins de manie délirante, suivant le degré de perturbation de leurs opérations intellectuelles les plus profondément habituelles.

2 Voir la note correspondante p. 525.

Éléments d'idéologie. IVe et Ve Parties. Traité de la volonté et de ses effets, Paris, Courcier, 1815, Introduction, § VI, p. 116-118.

[116] Les idées de « droits » et de « devoirs » sont, dit-on, correspondantes et corrélatives. Je ne nie point que cela ne soit ainsi dans nos relations sociales ; mais cette vérité, si c'en est une, demande beaucoup d'explication. Examinons des cas divers.

[117] Faisons d'abord une supposition absolument idéale. Imaginons un être sentant et voulant, mais incapable de toute action, une simple monade douée de la faculté de vouloir, mais dépourvue de corps et de tout organe sur lesquels sa volonté puisse réagir, et par lesquels elle puisse produire aucun effet, et influer sur aucun être. Il est manifeste qu'un tel être n'a aucun droit dans le sens que l'on donne souvent à ce mot, c'est-à-dire aucun de ces droits qui renferment l'idée d'un devoir correspondant dans un autre être sensible ; puisqu'il n'est en contact avec aucun être quelconque. Cependant aux yeux de la raison et de la justice universelle, telles que l'esprit humain peut les concevoir (car nous ne pouvons jamais parler d'autre chose), cette monade a bien le droit de satisfaire ses désirs, et d'apaiser ses besoins ; car c'est là ne blesser aucune loi naturelle, ni artificielle ; c'est au contraire suivre les lois de sa nature, et obéir aux conditions de son existence.

En même temps, cette monade n'ayant aucun pouvoir d'action, aucun moyen de travailler à la satisfaction de ses besoins, [118] n'a aucun devoir ; car elle ne saurait avoir le devoir d'employer d'une manière plutôt que d'une autre, ces moyens qu'elle n'a pas, de faire plutôt une action qu'une autre, puisqu'elle ne peut faire aucune action.

Cette supposition nous montre donc deux choses : premièrement, comme nous l'avons déjà dit, que tous les droits naissent des besoins, et tous les devoirs, des moyens ; secondement, qu'il peut exister des droits, dans le sens le plus général de ce mot, sans devoirs correspondants de la part d'autres êtres, ni même de la part de l'être possesseur de ces droits ; par conséquent ces deux idées ne sont pas aussi essentiellement et aussi nécessairement correspondantes et corrélatives qu'on le croit communément, car elles ne le sont pas à leur origine.

PIERRE LAROMIGUIÈRE
(1756-1837)

Leçons de philosophie, ou Essai sur les facultés de l'âme [1815-1817], t. II, Paris, Brunot-Labbé, 1823, Leçon X, p. 294-296.

[294] La « langue universelle » devrait donc être, ou une langue écrite d'une manière quelconque, ou une langue gesticulée ; mais, dans cette dernière supposition, on serait encore obligé d'écrire les gestes, comme nous le verrons dans un moment.

Or, il y a deux sortes d'écritures, et deux sortes de gestes ; l'écriture et les gestes qui ne sont pas alphabétiques, et l'écriture et les gestes qui sont alphabétiques.

L'écriture qui n'est pas alphabétique représente immédiatement les « objets » ou leurs « idées ». Un arc, par exemple, représente un guerrier ; un œil, l'intelligence ; un serpent, l'univers, etc. Telle est, à peu près, l'écriture des Chinois et de quelques autres peuples de l'Asie ; telle était l'écriture des anciens Égyptiens ; on l'appelle [295] « hiéroglyphique ». Les gestes que font les sourds-muets pour se faire comprendre, lorsqu'ils n'ont encore reçu les leçons d'aucun maître, représentent aussi immédiatement les objets.

L'écriture alphabétique représente immédiatement les « sons » de la voix, excepté, sans qu'on le dise, pour ceux qui seraient privés de l'ouïe. Elle fut trouvée, dit-on, par les Phéniciens, qui la transmirent aux Grecs et aux Romains, et par eux à toute l'Europe. Les gestes alphabétiques représentent immédiatement la figure des lettres de l'alphabet ; tel est l'« alphabet manuel » qu'on enseigne aux sourds-muets, dans les écoles destinées à leur instruction.

Il est aisé de concevoir que, ni l'écriture alphabétique, ni les gestes alphabétiques, ne peuvent être la langue que nous cherchons. Les sons de la voix et la figure des lettres sont des choses trop variées et trop variables pour atteindre ce but. Il faudrait donc, pour établir une langue universelle, employer des caractères ou des gestes qui représentassent les objets immédiatement.

Tous ceux qui se sont occupés du projet d'une langue universelle, ont bien senti que ce n'était qu'au moyen de signes de cette dernière espèce qu'ils pourraient le réaliser. Mais ils n'ont guère pensé aux gestes. Leurs efforts se sont dirigés [296] vers une écriture hiéroglyphique, indépendante du langage d'action[1] ; et ils se sont donné beaucoup de peine pour trouver les caractères élémentaires de cette écriture.

Ibid., p. 302-303.

[302] Il ne s'agit donc pas d'inventer une langue universelle, de la faire : elle existe ; c'est la nature qui l'a faite.

Cette langue, vous le voyez, c'est la langue des gestes, la langue d'action ; et si vous dites qu'une pareille langue est bien pauvre, qu'elle ne peut suffire à tous les besoins de la pensée, je réponds qu'il ne tient qu'à nous de l'enrichir. Elle est pauvre, parce qu'on la dédaigne et qu'on la délaisse ; nous l'avons jugée inutile, et elle l'est devenue. Cependant elle pourrait, aussi bien qu'aucune langue parlée, recevoir et rendre tous les sentiments qui sont dans le cœur de l'homme, toutes les idées qui sont dans son esprit. Ce qu'on raconte des pantomimes qui jouaient sur les théâtres de Rome ; l'assurance avec laquelle Roscius[2] s'engageait à traduire, par des gestes, les éloquentes périodes de Cicéron, et à les traduire avec la plus grande fidélité, alors même qu'il plairait à l'orateur d'en changer le caractère en variant le tour, ou en transportant les mots ; enfin, ce que [303] font, sous nos yeux, une foule de sourds-muets : tout nous dit ce qu'il est permis d'attendre d'une pareille langue. Que les grammairiens, les philosophes, les académies, se réunissent pour en favoriser les développements ; les promesses de Descartes et de Leibnitz seront bientôt réalisées.

Mais il faut rendre cette langue à elle-même, et la ramener à sa première simplicité, à son unité primitive. On n'aura pas d'universalité avec des « alphabets manuels ». Le sourd-muet de Paris parle français avec ses doigts ; celui de Vienne parle allemand ; celui de Pétersbourg parle russe.

---

1 Voir la note correspondante p. 525.
2 Quintus Roscius (126-62 av. J.-C.) acteur romain.

Il s'agit donc d'améliorer et de perfectionner, non la partie du langage d'action qui représente immédiatement la figure des lettres, et qui ne peut être qu'une langue locale, mais celle qui représente immédiatement les idées ou les objets, afin de lui faire exprimer tout, à elle seule.

Ibid., p. 305.

Et quand on aurait surmonté toutes ces difficultés[3], il en resterait une encore, et la plus grande de toutes. Il faudra écrire cette langue, sans quoi l'on ne pourra pas se communiquer d'un lieu à un autre ; et nos savants seront obligés, ou de revenir aux langues ordinaires qu'on parle et qu'on écrit, ou de passer leur vie en voyages, comme les philosophes de l'antiquité. Or, comment écrire le langage d'action ? Quels caractères peindront la finesse, ou la stupidité ? l'orgueil du regard, ou sa modestie ? le doux sourire, ou les convulsions des lèvres, etc. ? Ne faut-il pas renvoyer aussi l'exécution de ce projet dans le « pays des romans » ?

Je conviens que ces difficultés sont effrayantes ; mais que diriez-vous, si l'on vous répondait, comme il fut répondu à celui qui niait la possibilité du mouvement ? on marcha devant lui. Espérons qu'un jour, son livre à la main, quelque disciple de l'abbé de l'Épée[4], ou de son digne successeur[5], nous dira : ouvrez et lisez ; voilà l'écriture que vous avez jugée impossible.

3 C'est-à-dire « de faire le recensement de toutes les idées simples, de les caractériser par des signes bien choisis, de les ordonner d'après les divers besoins de l'esprit, de les combiner suivant les lois d'une bonne logique » (*ibid.*, p. 304).

4 Voir la note correspondante p. 525.

5 Il s'agit de Roch-Ambroise Cucurron Sicard (1742-1822), dit « l'abbé Sicard », qui succéda à l'abbé de l'Épée à la direction de l'école des enfants sourds créée par ce dernier à Paris vers 1760.

PIERRE JEAN GEORGES CABANIS (1757-1808)

Œuvres complètes de Cabanis, t. I, éd. François Thurot, Paris, Bossange Frères et Firmin Didot, 1823, *Révolutions et réforme de la médecine* [1804], chap. IV, § V, p. 301-302.

[301] Les passions, la tournure des idées, le caractère des travaux intellectuels, l'habitude de certaines séries de pensées et de sentiments, ou leur subite introduction dans une tête qu'ils agitent, pourraient-ils ne pas avoir à leur tour la plus grande influence sur l'état physique ? N'avons-nous point chaque jour, sous les yeux, les exemples les plus frappants de l'empire que le moral exerce sur le physique ? empire qui ne paraît incompréhensible que lorsqu'on cherche hors des organes, mis en jeu par les impressions, et susceptibles d'agir et de réagir les uns sur les autres, le lien de ces intimes rapports. Combien d'hommes tués, ou guéris par l'imagination ! Combien de constitutions altérées, ruinées, ou rétablies et rajeunies, en quelque sorte, par des affections particulières, par des directions inaccoutumées d'idées et de [302] sentiments ! Bacon[1] prétend que former tous les jours de nouveaux projets est un moyen de prolonger la vie ; qu'à la vérité, la sagesse invite l'homme aux habitudes constantes et paisibles ; mais que les fous auraient vraisemblablement, à cause de la disposition contraire, des probabilités plus fortes de longévité, si leurs extravagances ne les précipitaient d'ailleurs dans une foule de dangers directs.

Ce qu'il y a de plus sûr, c'est que l'abandon des travaux habituels dérange l'ordre des mouvements vitaux, précipite la vieillesse, avance la mort ; et souvent on a guéri des maladies chroniques invétérées, en arrachant le malade aux langueurs du repos ou de la monotonie, en lui imposant de nouveaux devoirs, en changeant la nature de ses travaux.

1 [NdA] Voir notamment Francis Bacon, *Historia vitæ et mortis*.

Tous les faits relatifs à ces différentes vues générales doivent être recueillis, discutés, comparés avec soin. On peut en tirer dès aujourd'hui d'utiles règles d'hygiène, également applicables à tous les systèmes d'éducation particulière ou publique ; et cette partie, presque neuve encore, de la physique et de la morale, offre un champ vaste et fertile à moissonner.

Ibid., t. II, *Note sur le supplice de la guillotine* [1795], p. 168-169.

[168] Il est évident que MM. Œlsner[2] et Sœmmering[3] n'ont pas insisté sur ces faits[4], parce que, suivant leur manière de voir, l'âme n'existe et ne doit souffrir que dans la tête ; et cependant s'il est vrai que les mouvements réguliers prouvent « sensation », et les mouvements convulsifs « douleur », la sensation et la douleur doivent nécessairement se trouver dans toutes les portions du corps morcelé qui palpitent. À cet égard le citoyen Sue[5] me paraît plus conséquent.

Mais un peu de réflexion sur les lois de l'économie animale suffit pour faire voir qu'il est parti d'un faux principe. Les mouvements d'une partie ne supposent point des sensations, ni la faculté de produire ces mouvements, celle de sentir[6]. Dans certaines maladies paralytiques, les forces motrices sont encore entières, quoique [169] les forces sensitives se trouvent abolies ; c'est-à-dire qu'un organe peut être insensible, et cependant se mouvoir. Ce cas se présente tous les jours aux praticiens. J'ai vu un homme qui marchait à merveille, remuait avec facilité toutes les articulations de la jambe, du pied et de ses phalanges, et qui n'éprouvait pas la moindre douleur lorsqu'on lui plongeait dans les chairs de longues épingles de tête. Dans les maladies convulsives, au contraire, dans celles même où il n'y a pas la moindre lésion de la sensibilité, souvent un membre, ou tout le corps, éprouve l'agitation la plus violente, sans que le malade reçoive la plus légère sensation qui s'y rapporte ; ou, s'il ressent des douleurs, elles résultent de la violence

2 Conrad Engelbert Oelsner (1764-1828) homme politique et journaliste franco-allemand.

3 Samuel Thomas von Soemmering (1755-1830) médecin et savant prussien.

4 À savoir les mouvements post-mortem de plusieurs animaux.

5 Jean-Joseph Sue (1760-1830) anatomiste et chirurgien français.

6 [NdA] Nous parlons ici des sensations relatives au moi de l'individu ; ce sont les seules qui nous occupent ; or elles n'existent que lorsqu'il est averti des impressions reçues par les organes.

même des mouvements ou des coups qu'il se donne, lesquelles sont alors la cause, mais non l'effet et le signe des douleurs. Ces maladies privent souvent, par intervalles, de toute connaissance ; et c'est pour l'ordinaire dans ce cas que les convulsions sont le plus affreuses. Mais on peut alors pincer, piquer, tirailler, cautériser le malade, sans qu'il donne le moindre signe de sensibilité. Lorsqu'il revient à lui, il ne se souvient de rien de ce qui s'est passé pendant son accès, où la conscience du « moi » était entièrement suspendue ; et c'est au moment de la perte de connaissance qu'il se reporte pour renouer le fil de ses sensations et de son existence.

Ibid., *Quelques principes et quelques vues sur les secours publics* [1792], chap. VII, p. 275-276.

[275] La forme d'admission des pauvres dans les différents hôpitaux, particulièrement dans ceux de la commune de Paris[7], est une des causes directes de l'engorgement que ces établissements éprouvent ; elle est la cause éloignée de leur défaut de police ; elle est l'occasion ou le prétexte de beaucoup de gaspillages. Pour pouvoir porter l'ordre dans les maisons de bienfaisance, il faut d'abord que la pauvreté véritable, la pauvreté sans ressources, sans moyen de subsistance, soit le seul titre pour y être admis. En recevant presque au hasard les individus qui se présentent, on se met hors d'état de secourir tous ceux qui sont dans un besoin réel. L'examen de ces maisons prouve que le salut même des personnes qu'on y reçoit, indépendamment de toute vue [276] économique, exige des règlements propres à limiter leur nombre, et qu'une humanité plus éclairée ordonne d'écarter, pour leur propre intérêt, la plupart de ceux qui viennent y solliciter un asile et du pain.

Ce principe, applicable à toutes les maisons d'indigents et d'infirmes délaissés, semble acquérir une nouvelle force, quand on l'applique aux établissements charitables pour le traitement des fous. Les formes de réception, si peu sévères en général, se relâchent encore d'une manière étonnante à l'égard de cette classe d'infortunés. Les portes des hôpitaux s'ouvrent pour eux, en quelque sorte, à la première réquisition des parents, des amis, des voisins. On ne s'avise presque jamais de prendre

7 [NdA] Je n'ignore pas que quelques-unes des observations consignées dans cet écrit ne sont plus applicables aux hôpitaux du département de la Seine ; et c'est un témoignage que j'ai besoin de rendre à l'administration qui les régit maintenant.

des renseignements un peu circonstanciés sur les familles, qui souvent sont en état de fournir du moins à leur subsistance. Or, rien n'est plus absurde et plus odieux que de priver la classe évidemment pauvre d'une portion des secours qui lui appartiennent, pour la transporter à la classe qui vit dans l'aisance, et pour laquelle certainement ils n'ont jamais été destinés.

Ibid., p. 278-281.

[278] Quand les hommes ont atteint l'âge où leurs facultés suffisent à leur conservation, la nature a voulu qu'ils ne fussent plus soumis à aucune autorité coercitive : la société doit respecter et remplir cette sage disposition. Quand les hommes jouissent de leurs facultés rationnelles, c'est-à-dire, tant qu'elles ne sont pas altérées au point de compromettre la sûreté et la tranquillité d'autrui, ou de les exposer eux-mêmes à des dangers véritables, nul n'a le droit, pas même la société tout entière, de porter la moindre atteinte à leur indépendance ; et ses forces doivent, au contraire, si les circonstances l'exigent, se déployer avec appareil pour en protéger l'exercice.

Mais sitôt qu'un homme est dans un état de démence qui le rend, non seulement impropre aux offices de la vie, mais capable de porter le désordre ou l'alarme autour de lui, il n'y a pas [279] de doute que la famille, les amis, les voisins, sont en droit de requérir l'autorisation de la puissance publique pour s'assurer de sa personne, et le mettre dans l'impossibilité de nuire ; ou les secours de la même puissance, pour le faire admettre dans les lieux entretenus pour cet objet, aux frais de la nation. Que cet homme reste entre les mains de sa famille, ou qu'il soit remis en d'autres mains particulières pour être soigné, surveillé, traité ; dans les deux cas, on ne peut le priver de son indépendance qu'en suivant certaines formes légales : il est du devoir du magistrat de ne pas le perdre un instant de vue, et de se tenir toujours prêt à révoquer cette suspension de l'état civil et politique, au moment où les médecins, seuls juges compétents en ce cas, ne la trouvent plus nécessaire. Voilà pourquoi les lieux où les fous sont retenus doivent être sans cesse soumis à l'inspection des différentes magistratures, et à la surveillance spéciale de la police ; car, sans cela, des cachots pourraient s'ouvrir encore au gré des vengeances domestiques, remplacer, sous une forme plus révoltante, les donjons du pouvoir arbitraire, ou prolonger des détentions, peut-être originairement motivées, au gré du despotisme et de l'avidité des familles.

Mais les fous n'appartiennent pas toujours à des personnes assez riches pour qu'elles puissent les soigner convenablement sous leurs yeux ; [280] et, parmi nous, les établissements particuliers, pour la garde et le traitement de cette espèce de malades, sont encore assez rares. Pauvres, on les envoie sur-le-champ dans les hôpitaux qui leur sont affectés ; plus riches, après quelques essais infructueux, c'est aussi presque toujours là, qu'en définitive, on les dérobe aux regards. Moyennant une modique pension, les familles s'imaginent être quittes envers l'humanité ; elles croient avoir rempli les obligations qu'imposent les liens du sang ; et souvent leur dure vanité s'empresse d'ensevelir dans ces abîmes de pénibles souvenirs, et d'y cacher des spectacles importuns et douloureux.

Ici commencent les devoirs des administrateurs d'hôpital. Celui des tribunaux est de faire constater l'état de démence, avant d'accorder, sur la réquisition des familles, le moindre de ces actes judiciaires qui la supposent, et qui lui donnent une existence légale. Lorsqu'aux interdictions qui sont les premiers de ces actes se trouvent joints des ordres de détention, ces ordres ne peuvent être considérés que comme des mesures provisoires, exigées pour la conservation d'un individu, pour la paix d'une maison, pour la sûreté publique. Ils sont essentiellement révocables de leur nature ; ils le sont, pour ainsi dire, à chaque instant, parce qu'à chaque instant la raison qui les motive peut cesser. En général, la folie n'est pas plus une maladie à termes fixes, qu'une maladie [281] incurable ; en conséquence, ces ordres ne peuvent pas plus avoir leur effet pour des intervalles de temps déterminés, qu'un effet perpétuel.

Ibid., p. 283-286.

[283] Maintenant on pourrait demander si le droit de retenir de force un insensé dans une maison de traitement ou de détention ne suppose pas toujours un ordre du magistrat, et tous les préliminaires sur lesquels cet ordre doit être fondé.

On peut se demander encore si, ayant été reçu suivant des formes légales, les portes peuvent se rouvrir pour lui autrement qu'en vertu d'un jugement régulier ? En un mot, la loi, ou celui qui l'applique, n'est-il pas la seule autorité compétente, soit pour enlever, soit pour restituer à un individu la portion la plus précieuse de ses droits d'homme et de son existence civile, la liberté ?

Mais en y réfléchissant, on trouve, 1° qu'il y a de grands inconvénients à transformer en prisons judiciaires les hôpitaux de fous, qui, dans le [284] fait, doivent être de simples infirmeries. Les moyens coercitifs y sont absolument du même genre, et ont uniquement le même objet que les liens, les menaces, ou les bras des serviteurs employés à contenir les malades pendant le cours des fièvres avec délire furieux. À l'égard d'un frénétique, c'est au médecin qui le traite, c'est à l'infirmier qui le surveille, d'estimer la nécessité de ces moyens, la durée de leur emploi, le moment précis où le malade peut être renvoyé sans crainte. 2° Les interdictions juridiques sont des actes conservatoires des propriétés, et ne peuvent être rien de plus : la détention des fous n'est point une exécution de sentence, mais une pure précaution de police ; et les administrations départementales étant chargées à la fois et de la haute police, et de la grande administration des hôpitaux, c'est bien véritablement à elles, ou aux administrations particulières qui les remplacent pour cet objet, de prononcer sur tout ce qui est relatif au régime de ces maisons. 3° Il pourrait quelquefois résulter d'assez grands abus d'un conflit de juridiction établi entre des tribunaux, souvent prêts à empiéter sur les droits de toute autorité publique quelconque[8], et une administration qu'ils fatigueraient de leurs entreprises, [285] qui serait forcée de se défendre contre eux, qui, dans cette lutte, se laisserait détourner ou désintéresser de ses travaux. D'ailleurs, ce serait confondre, sans le moindre avantage réel, des fonctions absolument distinctes, et séparer d'autres fonctions qui, par leur essence, doivent rester réunies dans les mêmes mains. 4° La folie n'étant, comme nous l'avons déjà dit, nullement permanente de sa nature, elle ne peut être constatée que pour l'instant même où se fait l'examen du malade. Un insensé, d'un moment à l'autre, recouvre souvent l'usage de sa raison ; et il doit rentrer, dès lors, dans toute la plénitude de son existence civile. Si les personnes auxquelles il est confié ne croient pas devoir le rendre sur-le-champ à lui-même, ce ne peut être que par un reste de crainte qu'une longue expérience a trop motivée. Mais il arrive un instant où son désir, formellement prononcé, et l'opinion réfléchie des gens de l'art, joints au jugement unanime des

8 [NdA] On sent que je parle ici en général ; car assurément une pareille assertion serait bien peu applicable au moment actuel.

personnes qui l'approchent, ne permettent plus de le retenir de force. On sent bien qu'alors les lenteurs des formalités judiciaires pourraient prolonger des détentions arbitraires[9].

Ainsi donc, aucun tribunal, aucun juge ne peut avoir d'influence durable sur la détention [286] des fous dans les hôpitaux ; l'administration de ces établissements doit pouvoir prononcer dans cette matière, et déterminer les formalités qu'exigent, pour ses décisions, la justice et l'utilité. Elle doit pouvoir admettre, retenir, renvoyer, qui, et comment il lui semble juste, nécessaire et convenable. Mais comme, en recevant un individu à titre d'insensé, elle n'exerce, par cet acte, aucune juridiction sur son droit de propriété, lequel est uniquement du ressort des tribunaux ; de même, en lui rouvrant les portes de l'hôpital, elle n'annule point par-là les interdictions juridiques qui peuvent avoir été prononcées : c'est à lui de recourir, pour les faire révoquer, aux moyens ordinaires prescrits par la loi.

Ibid., p. 288-291.

[288] Les formes relatives à l'admission des fous dans les établissements publics sont donc d'une grande importance, et les questions qui y sont relatives méritent d'être discutées très sérieusement. Le point le plus essentiel est de savoir, non pas quelles mesures générales seront tracées et prescrites pour s'assurer de l'existence de la folie, car là-dessus il ne peut y avoir beaucoup de doutes ; mais à quel pouvoir ou à quel genre [289] de fonctionnaires sera confié le soin d'exécuter ces mesures, de constater cette existence, et surtout de donner les ordres en vertu desquels un individu pourra momentanément être privé, sur ce motif, de sa liberté et de l'exercice de tous ses droits. Les imputations de folie ont plus d'une fois servi de prétexte à de cruelles vexations ; nous en avons trouvé quelques exemples aux loges de la Salpêtrière[10]. L'administration nouvelle fit promptement réparer ces injustices ; mais d'infortunées victimes avaient longtemps gémi dans la plus désolante captivité.

9 [NdA] Un fou doit être considéré sous trois rapports : comme malade, comme capable de nuire, et comme interdit. Les deux premiers rapports sont, relativement aux soins et aux précautions qu'ils indiquent, du ressort de la médecine, ou de la police ; c'est le dernier seulement qui est du ressort des tribunaux.

10 [NdA] En 1791 : c'étaient, à la vérité, des restes du système royal.

Voici un autre abus moins grave, mais qui tient encore au despotisme et à l'avarice des familles. Parmi les folles que ce même hôpital renferme, plusieurs tiennent à des parents riches, ou qui du moins vivent dans l'aisance ; quelques-unes leur ont laissé même des biens auxquels, dans cet état déplorable, leurs droits ne restent pas moins étendus ni moins sacrés. Il s'en manque beaucoup que toutes paient une pension proportionnée à leur fortune ; il en est même peu pour qui les parents se soient engagés à payer une pension quelconque ; enfin, et c'est une chose plus odieuse encore, il en est très peu qui reçoivent pour elles-mêmes quelques faibles secours.

[290] À cela je vois une double injustice. D'abord, il est injuste qu'un accident qui rend des soins assidus plus nécessaires, serve de motif pour dépouiller un individu des moyens de se les procurer. Il est, en second lieu, bien injuste encore, bien scandaleux, bien contraire à toute bonne administration, de souffrir que les revenus affectés à l'entretien des pauvres soient employés à celui des riches, et qu'un grand nombre des premiers reste dans l'abandon, parce qu'un grand nombre des autres, par l'impudeur des parents, vient partager leur patrimoine. L'administration des hôpitaux, en 1791 et 1792, a fait de vains efforts pour réformer ces abus[11] ; ils paraissent même ne pouvoir être attaqués d'une manière efficace que par une administration générale revêtue d'une grande autorité.

Jusqu'ici nous n'avons parlé que des vexations auxquelles les détentions forcées, dans les maisons de fous, peuvent donner lieu ; c'était l'objet le plus important ; il fallait d'abord faire sentir combien il mérite d'attention.

Mais si, d'un côté, l'indigent et l'infirme se trouvent souvent, par une inique distribution, privés [291] des secours que la munificence publique leur assigne ; si, plus souvent encore, par l'effet même de ces secours, ils se trouvent accablés de nouvelles calamités ; d'un autre côté, l'on ne voit pas moins fréquemment la bassesse et la fainéantise feindre l'indigence ou la maladie. Combien de faux pauvres dans les infirmeries de charité !

---

11 [NdA] Les fous enfermés dans les hôpitaux de Paris appartiennent, ou peuvent appartenir à tous les départements de la République ; il faut donc, pour la réforme dont nous parlons ici, une autorité qui puisse atteindre partout également ces familles dénaturées.

Ibid., p. 293-296.

[293] Mais ce qui remédie à presque tous ces inconvénients ou prévient toutes ces erreurs[12], c'est le travail. Un travail[13] convenable bien dirigé, bien approprié aux forces et aux dispositions présumées de chaque individu, non seulement diminuera sur-le-champ et d'une manière directe la dépense des hôpitaux, mais, de plus, les délivrera par degrés, d'une manière paisible, de ce surcroît de faux pauvres qui les surcharge. À l'égard des fous, le travail offre même des avantages particuliers : il fera partie de leur traitement. Pour les guérir de leur maladie, il faut souvent commencer par les guérir de leur oisiveté ; c'est-à-dire ceux qui sont capables d'une occupation quelconque[14].

[294] En effet, tant que des fous peuvent travailler, il faut leur fournir du travail. Toutes les bizarreries de l'imagination prennent une force singulière dans l'oisiveté ; et même, par cette seule circonstance, elles peuvent se transformer en véritable folie. Une occupation soutenue, en fournissant une pâture à l'activité de tous les organes, de ceux de l'esprit, autant que de tous les autres, maintient les facultés dans un état d'équilibre [295] ; or, cet état constitue la santé du cerveau, comme celle des autres parties du système vivant. Ainsi donc, on occupera les fous dans tous les lieux publics destinés à les traiter ou à les garder ; on

---

12 Voir les textes immédiatement ci-dessus.

13 [NdA] L'observation faite ci-dessus, relativement aux prisonniers, s'applique également aux fous : on ne doit mettre, entre les mains des uns et des autres, que des instruments dont ils ne puissent abuser en aucune manière.

14 [NdA] En France, il n'existe point encore de véritables maisons de traitement pour la folie chronique. Dans plusieurs hôpitaux, tels que l'Hôtel-Dieu de Paris, on traite les fous par les moyens généraux, par les bains tièdes ou froids, par les saignées, les purgatifs drastiques ; mais au bout de quelque temps, si ces moyens n'ont produit aucun effet utile, les malades sont abandonnés à leur destinée malheureuse ; on les enferme dans des hôpitaux de fous ; ou, quand les parents consentent à les garder chez eux, on les remet entre leurs mains. La commission des hôpitaux de Paris, voulant réparer la négligence de l'ancien gouvernement sur cet important objet, avait formé le plan d'une grande infirmerie d'insensés des deux sexes. Mais il fallait des essais pour juger de ce qui était possible ; il fallait, surtout, faire sur-le-champ ce que les circonstances permettaient, et ne pas remettre à des époques éloignées les petites améliorations dont cette branche de la charité nationale était susceptible. Les premiers essais ont été commencés à la Salpêtrière, sur les femmes qu'elle renferme ; les désordres révolutionnaires empêchèrent d'y mettre la suite convenable. C'est une belle partie de la médecine que l'histoire et le traitement de la folie ; des faits bien choisis sur cette matière éclaireraient singulièrement l'étude de l'homme.

emploiera même, s'il est nécessaire, un certain degré de terreur pour forcer au travail ceux qui s'y refuseraient, et qu'on en jugerait capables.

Parmi les personnes tombées en démence, toutes ne le sont pas au même degré. Il en est qui sont très paisibles et qu'on peut, sans inconvénient, laisser libres au sein de la société, ou du moins dans l'intérieur de leurs familles ; plusieurs même sont en état de remplir certains offices de la vie. L'humanité, la justice et les vues de la bonne médecine, ordonnent de ne renfermer que les fous qui peuvent nuire véritablement à autrui ; de ne resserrer dans des liens que ceux qui, sans cela, se nuiraient à eux-mêmes. Les violences inutiles aggravent singulièrement la folie ; la difficulté de la guérison augmente singulièrement quand les malades sont enfermés à part et garrottés.

En Angleterre, toutes les fois qu'on est forcé d'employer la force pour les contenir, on le fait, non par le moyen des cordes qui meurtrissent toujours les parties qu'elles pressent, encore moins par celui des chaînes avec lesquelles ces malheureux se frappent d'une manière effrayante, se blessent, se disloquent, et souvent se cassent [296] les os des bras et des jambes[15] ; on se contente de les enfermer dans un gilet étroit de coutil[16] ou de toile forte, qui serre et contient les bras. L'expérience a prouvé que nul moyen coercitif n'est plus efficace. Après s'être débattus en vain pendant quelque temps, ces malades restent bientôt calmes. Cette pratique prévient tous les inconvénients, tous les dangers ; et l'administration des autres remèdes en devient à la fois plus commode et plus utile[17].

Dans nos hôpitaux, et même dans les hôpitaux anglais beaucoup mieux tenus, les fous sont placés trop près les uns des autres. Il y en a toujours plusieurs qui ne dorment pas, et qui, troublant le sommeil de leurs voisins, mettent le plus grand obstacle à la guérison de ces derniers.

---

15 [NdA] Dans les loges de Bicêtre, on a vu souvent les fous furieux s'arracher les testicules ; et, ce qui est digne de remarque, on a vu qu'il ne survenait ni hémorragie, ni aucun autre accident grave. Au bout de quelques jours, cette plaie violente est guérie ; il n'y paraît plus. Cette circonstance n'influe d'ailleurs en rien sur la marche de la maladie. Ainsi donc, on peut assurer, d'une part, que la castration, quand les testicules et le cordon spermatique sont sains, est en soi peu dangereuse pour l'ordinaire ; et de l'autre, que certains praticiens, en la conseillant comme un moyen curatif dans le traitement de la folie, ne se sont appuyés que sur de vaines hypothèses.

16 Toile de lin, de coton ou de chanvre, d'un tissage croisé et très serré.

17 [NdA] La commission des hôpitaux a fait introduire cet usage dans ceux de Paris.

Ibid., t. III, 1824, *Rapports du physique et du moral de l'homme* [1802], Second mémoire, § VII, p. 156-158.

[156] Pour qu'il y ait intégrité dans toutes les fonctions, il faut qu'elle existe dans tous les organes ; il faut notamment que le système cérébral et toutes ses dépendances n'aient éprouvé aucune lésion, ni dans leur formation primitive elle-même, ni postérieurement et par l'effet des maladies. Par exemple, pour penser, il faut que le cerveau soit sain. Les hydrocéphales[18], chez lesquels sa substance se détruit et s'efface par degrés, deviennent stupides. Cependant l'influence de la moelle épinière suffit encore alors pour faire vivre les viscères de la poitrine et de l'abdomen, [157] et même, quand cette moelle a subi le sort du cerveau, les gros troncs nerveux entretiennent assez longtemps un reste de vie. Quelques enfants naissent sans tête[19] ; ceux-là meurent aussitôt après leur naissance, parce que la nutrition qui se faisait par le cordon ombilical ne peut plus avoir lieu de cette manière, ni d'aucune autre qui suffise au maintien de la vie. Mais ils sont d'ailleurs souvent gros et gras ; leurs membres sont bien conformés ; ils ont tous les signes de la force.

Chez d'autres enfants, l'état du cerveau empêche entièrement la pensée. Ils n'en vivent pas moins sains et vigoureux ; ils digèrent bien ; tous leurs autres organes se développent, et les déterminations instinctives qui tiennent à la nature humaine générale se manifestent chez eux, à peu près aux époques et suivant les lois ordinaires. Il n'y a pas longtemps que j'eus l'occasion d'observer un de ces automates. Sa stupidité tenait à la petitesse extrême et à la mauvaise conformation de la tête, qui n'avait jamais eu de sutures. Il était sourd de naissance. Quoiqu'il eût les yeux en assez bon état, et qu'il parût recevoir quelques impressions de la lumière, il n'avait aucune idée des distances. Cependant il était d'ailleurs très sain et très fort ; il mangeait avec avidité. [158] Quand on ne lui donnait pas bien vite un morceau après l'autre, il entrait dans de violentes agitations. Il aimait à empoigner ce qui lui tombait sous la main, particulièrement les corps animés, dont la douce chaleur, et, je crois, aussi les émanations, paraissaient lui être agréables. Les organes de la génération étaient chez lui dans une activité précoce, et l'on avait des preuves fréquentes qu'ils excitaient fortement son attention.

---

18 Voir la note correspondante p. 391.

19 [NdA] C'est-à-dire, sans cerveau ; et très souvent alors la bouche n'existe point, ou son ouverture est oblitérée.

Ibid., Cinquième mémoire, § x, p. 342-343.

[342] C'est une remarque singulière, et qui revient parfaitement à notre sujet, que la folie ne se montre presque jamais dans la première époque de la vie. On rencontre, avant l'âge de puberté, des imbéciles, des épileptiques ; j'ai même observé dès lors quelques vaporeux ; mais on ne rencontre point encore avant cette époque, du moins que je sache, de fous proprement dits. Pour rendre le cerveau capable des excitations internes vicieuses qui caractérisent la manie, il semble que les nerfs aient besoin d'avoir reçu l'influence des liqueurs séminales, ou les impressions particulières dont la présence de ces liqueurs est accompagnée. Aussi, quelques médecins ont-ils conseillé la castration, comme un remède extrême, dans le traitement de cette maladie cruelle, où les remèdes ordinaires échouent si fréquemment [343] ; et si l'on peut s'en rapporter aux observations dont ils appuient ce conseil, il n'a pas été quelquefois sans efficacité. Quoi qu'il en soit, au reste, de leur exactitude, nous sommes bien sûrs que ce moyen n'aurait pas toujours un effet utile ; car dans les grandes maisons publiques de fous, on voit assez souvent ces malheureux s'arracher les testicules au milieu de leurs accès de fureur, sans qu'il résulte de là le moindre changement dans l'état du cerveau ; et, de plus, l'expérience journalière prouve que la folie peut se prolonger jusque dans la décrépitude[20] ; c'est-à-dire, bien longtemps après que les organes de la génération ont perdu leur activité. Il est vrai que la nature prépare encore, même dans ces derniers temps, quelques faibles quantités de liqueurs séminales ; mais leur action sur le système peut être regardée comme réduite à celle des plus faibles stimulants généraux, puisque les désirs, et les déterminations organiques auxquelles ils sont liés, se trouvent alors pour l'ordinaire entièrement abolis.

Ibid., Septième mémoire, § iv, p. 454-456.

[454] On peut établir en général que, dans toutes les affections dites *nerveuses*, il y a des irrégularités plus ou moins fortes, et relativement à

20 [NdA] En 1791, la commission des hôpitaux de Paris, dont j'avais l'honneur d'être membre, trouva à la Salpetrière une folle furieuse, âgée de quatre-vingt-deux ans. On était obligé de la tenir enchaînée, l'usage des corselets n'étant pas encore alors établi dans nos hôpitaux des fous ; et l'on nous raconta qu'elle avait passé l'hiver rigoureux de 1788 à 1789 sous un hangar, sans se ressentir en aucune manière du froid, quoi qu'elle n'eût qu'une simple couverture, et que même elle la jetât souvent pour se mettre absolument nue.

la manière dont les impressions ont lieu, et relativement à celle dont se forment les déterminations, soit automatiques, soit volontaires. D'une part, les sensations varient alors sans cesse, de moment en moment, quant à leur vivacité, à leur énergie, et même quant à leur nombre ; de l'autre, la force, la promptitude et l'aisance de la réaction sont extrêmement inégales. De là, des alternatives continuelles de grande excitation et de langueur, d'exaltation et d'abattement ; une tournure d'esprit et des passions singulièrement mobiles. Dans cet état l'âme est toujours disposée à se laisser pousser aux extrêmes : ou l'on a beaucoup d'idées, beaucoup d'activité d'esprit ; ou l'on est, en quelque sorte, incapable de penser. Robert Whitt[21] a très bien observé que les hypocondriaques sont, tour à tour, craintifs et courageux ; et comme les [455] impressions pêchent habituellement en plus, ou en moins, relativement à presque tous les objets, il est extrêmement rare que les images répondent à la réalité des choses, que les penchants et les volontés restent dans un juste milieu.

Si maintenant, à ces inégalités générales que présentent, dans ce cas, les fonctions du système nerveux, vient se joindre la faiblesse des organes musculaires, ou celle de quelque viscère important, tel, par exemple, que l'estomac, les phénomènes, analogues quant au fond, se distingueront par des particularités remarquables. Dans les temps de langueur, l'impuissance des muscles rendra plus complet, plus décourageant ce sentiment de faiblesse et de défaillance ; la vie semblera près d'échapper à chaque instant. De là, des passions tristes, minutieuses et personnelles ; des idées petites, étroites, et portant sur les objets des plus légères sensations. Dans les temps d'excitation, qui surviennent d'autant plus brusquement que la faiblesse est plus grande, les déterminations musculaires ne répondent à l'impulsion du cerveau que par quelques secousses sans énergie et sans persistance. Cette impulsion ne fait que mieux avertir l'individu de son impuissance réelle ; elle ne lui donne qu'un sentiment d'impatience, de mécontentement, d'anxiété. Des penchants quelquefois assez vifs, mais, pour la plupart, réprimés par la conscience habituelle de la faiblesse, en aggravent encore la décourageante [456] impression. Comme l'organe spécial de la pensée ne peut agir sans le concours de plusieurs autres, comme il partage dans ce moment, jusqu'à un certain point, l'état de débilité des organes du mouvement, les idées

21 Robert Whytt (1714-1766) médecin écossais auteur d'un *Traité des maladies nerveuses, hypocondriaques et hystériques* (1764).

se présentent en foule ; elles naissent, mais ne se développent pas ; la force d'attention nécessaire manque ; il arrive, enfin, que cette activité de l'imagination, qui semblerait devoir être le dédommagement des facultés dont on ne jouit plus, devient une nouvelle source d'abattement et de désespoir.

Ibid., § x, p. 492-493.

[492] Nous ne parlerons point de ces cas où l'engorgement est si général et si complet, qu'il étouffe la sensibilité de tous les organes, et produit la [493] stupidité la plus absolue. Dans certains pays montueux[22], où les goitres[23] sont endémiques, on remarque cette espèce d'engorgement chez un certain nombre de sujets, désignés sous le nom de « crétins ». Nous passerons encore sous silence cet endurcissement de tout le tissu cellulaire, qui forme un genre de maladie analogue, dans lequel j'ai reconnu l'état le plus marqué de gêne, d'embarras et d'inertie de toutes les facultés morales. J'observerai seulement que chez les vrais crétins, le cerveau n'ayant presque aucune action comme organe de la pensée, le foyer inférieur prend avec l'âge une prédominance remarquable, et que les organes de la génération, par une espèce de compensation naturelle, deviennent extrêmement actifs et volumineux ; d'où s'ensuivent, chez ces êtres dégradés, les plus dégoûtantes habitudes de la masturbation.

Ibid., t. IV, Neuvième mémoire, § x, p. 189-190.

[189] C'est dans les pays où les eaux sont dures et crues, l'air âpre, les aliments grossiers, que tantôt le système lymphatique, tantôt le tissu cellulaire s'engorge et s'endurcit profondément, de manière à produire une suffocation graduelle de la vie, ou de plusieurs de ses plus importantes fonctions. Nous avons vu, dans un des Mémoires précédents[24], un exemple de la suffocation générale de la vie, causée par l'endurcissement du tissu cellulaire ; je l'ai cité comme l'extrême d'un état qui s'offre souvent à l'observation dans certains pays, mais que le célèbre Lorry

---

22 Qui présente d'importantes dénivellations.
23 Voir la note correspondante p. 508.
24 Voir le Septième mémoire, *ibid.*, t. II, p. 492 *sq.*

note comme rare parmi nous. Or, les altérations qu'éprouvent alors les fonctions du cerveau sont ordinairement proportionnées au degré de la maladie ; et même elles peuvent à peine être distinctement aperçues tant que la maladie est encore dans sa première période, ou qu'elle reste à son premier degré. L'imbécillité des crétins ne dépend pas d'une autre cause ; elle est évidemment l'effet d'un engorgement général du système lymphatique, et de l'altération des sympathies qui lient les fonctions de certains viscères du bas-ventre à celles de tout le système cérébral. Mais quand les engorgements lymphatiques se trouvent joints à des vices dans les matériaux mêmes ou dans le travail de l'ossification, quelquefois la compression que le volume augmenté des viscères du bas-ventre et de la poitrine exerce sur les gros vaisseaux, faisant porter une plus grande quantité de sang [190] vers la tête, les os qui forment sa cavité cèdent à cette nouvelle impulsion, le cerveau prend plus de volume et d'activité, et toutes les facultés morales se développent de la manière la plus étonnante. Ce phénomène doit alors être regardé comme un symptôme, ou plutôt comme un résultat de la maladie. Cependant il faut convenir qu'il n'a pas toujours lieu ; assez souvent, comme je l'ai dit ailleurs, les enfants rachitiques sont, ou deviennent imbéciles par l'effet même de l'état où se trouvent chez eux la lymphe et tous les principes que la nature emploie à la formation des os ; et, pour avoir de l'esprit, il ne suffit pas toujours que les membres soient contournés et l'épine du dos de travers.

Ibid., Dixième mémoire, sect. II, § X, p. 298-299.

[298] Beaucoup de faits physiologiques et pathologiques démontrent que l'action de la lumière extérieure n'est point indispensable pour que le centre cérébral et même l'organe immédiat de la vue reçoivent des impressions lumineuses. L'expérience nous apprend aussi que certaines pressions exercées sur les yeux entièrement clos leur font apercevoir des faisceaux enflammés, ou des étincelles nombreuses, dont l'éclat peut devenir fatigant. Les coups reçus sur la voûte du crâne peuvent produire le même effet ; et, dans plusieurs maladies des nerfs et du cerveau, dans l'hypocondriasie[25], dans la manie, en un mot, dans différents délires

25 Forme de dépression qui était attribuée à un mauvais fonctionnement des hypocondres, parties latérales de l'abdomen.

aigus ou chroniques, le malade, au sein de l'obscurité la plus profonde, voit souvent des clartés vives, des feux permanents ou fugitifs, des objets fortement éclairés et peints de riches couleurs. Ces impressions ont même quelquefois lieu dans les cas de goutte sereine[26], où l'œil est incapable de recevoir directement aucune sensation de lumière. Ainsi, peut-être va-t-on plus loin que la vérité, quand on établit, sans modification, que l'aveugle de naissance ne peut recevoir et n'a jamais reçu d'impression lumineuse ; l'assertion [299] est plus hasardée encore quand elle s'applique au fœtus pourvu de deux yeux sains, et dont les nerfs optiques jouissent du genre et du degré de sensibilité qu'exigent leurs fonctions. Mais il ne s'ensuit pas que l'aveugle-né ni même le fœtus puissent avoir aucune idée de la lumière du jour, et des couleurs que ses rayons et son action simultanée sur l'œil et sur les objets externes apprennent seuls à comparer et à distinguer ; cela, sans doute, est absolument impossible.

Ibid., Du sommeil et du délire, § I, p. 355-358.

[355] Ce fut Cullen[27] qui le premier reconnut des rapports constants et déterminés entre les songes et le délire ; ce fut surtout lui qui, le premier, fit voir qu'au début, et pendant toute la durée du sommeil [356], les divers organes peuvent ne s'assoupir que successivement, ou d'une manière très inégale, et que l'excitation partielle des points du cerveau qui leur correspondent, en troublant l'harmonie de ses fonctions, doit alors produire des images irrégulières et confuses, qui n'ont aucun fondement dans la réalité des objets. Or, tel est, sans doute, le caractère du délire, proprement dit. Mais, faute d'un examen plus détaillé des sensations, ou de la manière dont elles se forment, et de l'influence qu'ont les diverses impressions internes sur celles qui nous arrivent du dehors, l'idée de Cullen est restée extrêmement incomplète ; quoique juste au fond, elle ne pourrait être défendue contre une longue suite de faits qui prouvent que souvent le délire et les songes tiennent à des causes très différentes de celles qu'il assigne ; en un mot, cette idée n'est qu'un simple aperçu. Nos recherches nous ont mis en état d'aller plus loin ; et nous pouvons, j'ose le dire, non seulement exposer avec plus

26 Voir la note correspondante p. 284.
27 William Cullen (1710-1790) chimiste et médecin britannique.

d'exactitude ce qu'elle renferme de vrai, mais surtout la ramener à des vues plus générales, seules capables de lui donner un solide appui.

En effet, nous connaissons les différentes sources de nos idées et de nos affections morales ; nous avons déterminé les diverses circonstances qui concourent à leur formation. La sensibilité ne s'exerce pas uniquement par les extrémités externes du système nerveux ; les impressions reçues [357] par les sens proprement dits ne sont pas les seules qui mettent en jeu l'organe pensant ; et l'on ne peut rapporter exclusivement à l'action des objets placés hors de nous ni la production des jugements, ni celle des désirs. On a vu dans le second et le troisième Mémoire que la sensibilité s'exerce concurremment avec les organes des sens par les extrémités nerveuses internes qui tapissent les diverses parties, et que les impressions qu'elles reçoivent dans les différents états de la machine vivante lient étroitement toutes les opérations des organes principaux avec celles du centre cérébral. On a vu de plus dans ces deux Mémoires que le système nerveux, pris dans son ensemble, et le centre pensant, en particulier, sont susceptibles d'agir en vertu d'impressions plus intérieures encore, dont les causes s'exercent au sein même de la pulpe médullaire[28]. Enfin, l'on vient de voir ici que les déterminations instinctives, et les penchants directs qui en découlent, se combinent avec les perceptions arrivées par la route des sens ; qu'elles les modifient, en sont modifiées, tantôt les dominent, et tantôt se trouvent subjuguées par elles. Ainsi donc, l'on n'a plus besoin de recourir à deux principes d'action dans l'homme pour concevoir la formation des mouvements affectifs, pour expliquer cet état de balancement, ou de prépondérance alternative, qui souvent les confond avec les opérations du jugement, qui souvent aussi les en distingue, et quelquefois [358] les met en parfaite opposition avec elles. Et même, dans notre manière de voir, le phénomène ne présentera plus rien d'extraordinaire, si l'on veut bien se souvenir que les diverses impressions internes fournissent, en quelque sorte, presque tous les matériaux des combinaisons de l'instinct, et qu'elles exercent sur ses opérations une influence bien plus étendue que sur celles de la pensée.

Toutes les circonstances ci-dessus peuvent donc concourir, et concourent en effet, pour l'ordinaire, à la production des jugements et des désirs réfléchis. Ainsi, pour embrasser dans une analyse complète toutes les causes capables d'altérer les opérations du jugement et de la volonté,

28 C'est-à-dire la moelle épinière ou osseuse.

il faut tenir compte de chacune de ces circonstances ; et, quoique leur puissance, à cet égard, ne soit pas égale, sans doute, il n'en est aucune dont les effets ne méritent d'être appréciés avec attention.

Je me résume en peu de mots.

Les désordres du jugement et de la volonté peuvent tenir à ceux,

1° Des sensations proprement dites ;

2° Des impressions dont la cause agit dans le sein même du système nerveux ;

3° De celles qui sont reçues par les extrémités sentantes internes ;

4° Des déterminations instinctives et des désirs, ou des appétits qui s'y rapportent immédiatement.

Ibid., § IV, p. 365-367.

[365] Toutes les causes inhérentes au système nerveux, dont dépendent souvent le délire et la folie, se rapportent à deux chefs généraux : 1° aux maladies propres de ce système ; 2° aux habitudes vicieuses qu'il est susceptible de contracter.

Dans un écrit dicté par le véritable génie de la médecine, Pinel[29] dit avoir observé plusieurs fois chez les imbéciles une dépression notable de la voûte du crâne. Il y a peu de praticiens qui n'aient pu faire la même observation. Mais Pinel l'a ramenée à des lois géométriques ; et, par elles, il détermine les formes les plus convenables à l'action, comme au libre développement de l'organe cérébral, et celles qui gênent son accroissement et troublent ses fonctions. J'ai vu plusieurs fois aussi l'imbécillité produite par cette cause. J'ai cru pouvoir, dans d'autres cas, la rapporter à l'extrême petitesse de la tête, à sa rondeur presque absolument sphérique, surtout à l'aplatissement de l'occipital[30] et des parties postérieures des pariétaux[31]. Ces vices de conformation, quoique toujours étrangers au cerveau lui-même par leur siège, et presque toujours aussi par leur cause, influent [366] cependant d'une manière si directement organique sur son état habituel, qu'on peut les placer au nombre des

29 Philippe Pinel (1745-1826) médecin aliéniste français. L'ouvrage auquel Cabanis fait référence est peut-être son *Traité médico-philosophique sur l'aliénation mentale ou La manie* (1801, VII, III).

30 Ou « occiput », partie postérieure et inférieure de la tête.

31 Os situés de chaque côté de la tête, entre les régions frontales et occipitales.

maladies qui lui sont propres. Je range encore dans la même classe les ossifications ou les pétrifications des méninges (particulièrement celles de la dure-mère[32]), leurs dégénérations squirrheuses[33], leur inflammation violente. Toutes ces maladies peuvent porter un grand désordre dans les opérations intellectuelles, et c'est, pour l'ordinaire, en occasionnant des accès convulsifs, accompagnés de délire, qu'elles troublent l'action du système sensitif.

Les dissections anatomiques ont montré, chez un nombre considérable de sujets morts en état de démence, différentes altérations dans la couleur, dans la consistance et dans toutes les apparences sensibles du cerveau. Pinel affirme n'avoir rien découvert de semblable dans les cadavres de ceux qu'il a disséqués ; et l'on peut compter entièrement sur les assertions d'un observateur si sagace et si scrupuleusement exact ; mais il est impossible aussi de rejeter celles de plusieurs savants anatomistes non moins dignes de foi. Outre les vices de conformation de la boîte osseuse, et les altérations des méninges dont nous venons de parler, Ghisi[34], Bonnet[35], Littré[36], Morgagni[37] et plusieurs autres, ont reconnu dans les cadavres des fous différentes dégénérations bien plus intimes de la substance même du cerveau. On y a trouvé des squirrhes, des amas de phosphate calcaire, [367] plusieurs espèces de vrais calculs, des concrétions osseuses, des épanchements d'humeurs corrosives ; on a vu les vaisseaux des ventricules tantôt gonflés d'un sang vif et vermeil, tantôt farcis de matières noirâtres, poisseuses et délétères ; et, comme à de plus faibles degrés, ces désordres organiques ont été plusieurs fois accompagnés de désordres correspondants et proportionnels des facultés mentales, quand on les retrouve dans la folie maniaque et furieuse il est difficile de ne pas la leur attribuer.

Mais l'observation la plus remarquable est celle de Morgagni[38], qui, dans ses nombreuses dissections de cerveaux de fous, avait vu presque toujours augmentation, diminution, ou, plus souvent, grande inégalité

32 Membrane fibreuse qui entoure le cerveau.

33 Voir la note correspondante p. 421.

34 Martino Ghisi (1715-1794) médecin de Crémone.

35 Charles Bonnet (1720-1793) philosophe et naturaliste genevois.

36 Alexis Littré (1654-1725) anatomiste et médecin français.

37 Giovanni Battista Morgagni (1682-1771) médecin italien.

38 [NdA] J'en ai parlé dans le premier Mémoire ; son importance n'avait pas échappé à Cullen.

de consistance dans le cerveau ; de sorte que la moelle n'en était pas toujours trop ferme ou trop molle, mais que, pour l'ordinaire, la mollesse de certaines parties était en contradiction avec la fermeté des autres ; ce qui semblerait expliquer directement le défaut d'harmonie des fonctions, par celui des forces toniques propres aux diverses parties de leur organe immédiat.

Ibid., § v, p. 369-372.

[369] Mais il faut convenir que souvent la folie ne saurait être rapportée à des causes organiques sensibles ; que l'observation se borne souvent à saisir ses phénomènes extérieurs, et que les altérations nerveuses dont elle dépend échappent à toutes les recherches du scalpel et du microscope. Quoique vraisemblablement, dans la plupart des cas de ce genre, il y ait de véritables lésions organiques, cependant, tant qu'il est impossible d'en reconnaître les traces, ils doivent tous être rangés dans la même classe que ceux qui tiennent purement aux habitudes vicieuses du système cérébral ; habitudes que nous voyons résulter presque toujours des impressions extérieures, et des idées ou des penchants dont ces mêmes impressions sont évidemment la principale source.

Les anciens médecins, qui donnaient une si grande attention aux effets physiques des affections morales, connaissaient fort bien ces folies, pour ainsi dire, plus intellectuelles, dont le traitement se réduit à changer toutes les habitudes du malade, quelquefois à lui causer de vives commotions capables d'intervertir la série des mouvements [370] du système nerveux, et de lui en imprimer de nouveaux.

Arétée[39] distingue soigneusement les délires causés par les obstructions viscérales atrabilaires, de ceux qui se manifestent directement dans les fonctions du cerveau. Selon lui, les premiers sont caractérisés par la mélancolie, ou par la fureur ; les seconds, par le désordre des sensations et de toutes les opérations mentales. Il observe que, dans certaines circonstances, les malades acquièrent une finesse singulière de vue ou de tact ; qu'ils peuvent voir, ou sentir par le toucher, des objets qui se dérobent aux sens dans un état plus naturel. Il dit ailleurs : « On en voit

39 Arétée de Cappadoce, médecin de l'Antiquité romaine qui vécut au Ier ou au IIe siècle de notre ère.

qui sont ingénieux, et doués d'une aptitude singulière à concevoir ; ils apprennent ou devinent l'astronomie sans maître ; ils savent la philosophie sans l'avoir apprise ; et il semble que les Muses leur aient révélé tous les secrets de la poésie par une soudaine inspiration ». Ces manies, qu'on a guéries dans tous les temps par des voyages, par des pèlerinages vers les temples, par les réponses des oracles, par les neuvaines[40], par diverses pratiques religieuses, par l'application topique de différents objets de culte, par les sortilèges et les paroles enchantées, n'ont jamais, sans doute, dépendu de véritables et profondes lésions organiques ; et, sans doute aussi, les délires qui cèdent à l'immersion subite dans l'eau froide, et les folies plus lentes dont plusieurs médecins ont triomphé [371] tantôt par la terreur, tantôt les caresses, et plus souvent, peut-être, par un mélange de douceur et de sévérité, de mauvais et de bons traitements, sont, en général, bien plutôt du domaine de l'hygiène morale que de la médecine proprement dite. Suivant Pinel, cette classe de folies est beaucoup plus étendue qu'on ne pense. Il ne paraît pas éloigné d'y comprendre le plus grand nombre de celles dont il a suivi la marche dans les deux hospices de Bicêtre et de la Salpêtrière. Il y rattache même celles dont la solution s'opère par une suite d'accès critiques, et dans lesquelles le délire, périodiquement augmenté, devient son propre remède ; de la même manière qu'on voit souvent la cause des fièvres intermittentes se détruire elle-même par un nombre d'accès déterminé[41] ; et c'est sur le traitement moral, ou sur le régime des habitudes, qu'il paraît compter le plus pour leur guérison.

Nous croyons qu'il a raison pour un assez grand nombre de cas ; mais cet excellent esprit n'ignore point que tout ce qui porte le nom de « moral » réveille des idées bien vagues et même bien fausses. La puissante influence des idées et des passions sur toutes les fonctions des organes en général, [372] ou sur quelques-unes en particulier, est encore au nombre de ces vertus occultes qui, par les ténèbres mystérieuses dont elles sont environnées, font les délices des visionnaires et des ignorants ; et la manière dont cette influence peut changer l'ordre des mouvements dans l'économie animale, tout à fait inexplicable d'après l'opinion qui

40 Exercices de piété répétés pendant neuf jours consécutifs.

41 [NdA] Ce genre de folie, observé d'abord par l'ingénieux et respectable Pussin, surveillant des fous de Bicêtre, a été considéré sous de nouveaux points de vue, et décrit, pour la première fois, par Pinel.

suppose différents principes distincts dans l'homme, n'en est devenue que plus facilement l'objet ou la cause de nouvelles rêveries. Il serait sans doute à désirer que Pinel, à qui l'idéologie devra presque autant que la médecine, eût dirigé ses recherches vers cet important problème. Puisqu'il ne l'a pas fait, je tâcherai, dans le Mémoire suivant, de poser la question en termes plus précis ; et du simple rapprochement des phénomènes dont les psychologistes ont tiré l'idée abstraite du *moral*, il résultera que, loin d'offrir rien de surnaturel, son influence sur le *physique*, ou sur l'état et sur les facultés des organes, rentre dans les lois communes de l'organisation vivante et du système de ses fonctions.

Ibid., Du sommeil en particulier, § IV, p. 387-388.

[387] On sait, d'un autre côté, que la folie consiste, en général, dans la prédominance invincible d'un certain ordre d'idées, et dans leur peu de rapport avec les objets externes réels. Si l'on remonte à l'état physique qui produit ce désordre, on n'aura pas de peine à reconnaître une discordance notable entre les diverses impressions, un trouble direct, ou un affaiblissement de celles que les organes des sens sont destinés à recevoir ; et l'on trouvera même souvent, dans l'extrême manie, que ces dernières ne sont presque plus aperçues par l'organe pensant, tandis que toute la sensibilité [388] semble concentrée dans les viscères ou dans le système nerveux.

Je ne parle point ici de l'imbécillité qui tient au défaut de sensations distinctement perçues, et qui, par-là, soumet presque tous les actes de l'individu aux simples lois de l'instinct. Je passe également sous silence cette faiblesse et cette mobilité d'esprit qui le forcent quelquefois à courir d'idées en idées, et l'empêchent de se fixer sur aucune ; état qui résulte du défaut d'harmonie entre l'organe cérébral et les autres systèmes, tant internes qu'externes, et où l'action tumultueuse du premier ne trouve point dans les autres la résistance nécessaire pour lui fournir un solide point d'appui. Je ne crois pas même devoir m'arrêter à ces fausses associations d'idées, qui ne constituent point toujours une folie véritable, mais qui sont la cause immédiate d'une foule de mauvais raisonnements et d'écarts d'imagination. Elles se rapportent bien plus évidemment encore, en effet, à cette discordance dont nous parlons ; car, sans doute, elles viennent de ce que le cerveau ne considérant les idées que sous une face, les lie entre elles par des ressemblances ou des dissemblances incomplètes. Or, il ne les considère ainsi, que parce que certaines impressions prédominantes subjuguent et font taire presque entièrement toutes les autres.

Ibid., Douzième mémoire, § II, p. 436-439.

[436] Ordinairement les maladies hâtent ou préparent les développements de la sensibilité ; le moral des enfants maladifs est généralement précoce. Quoique cet effet puisse quelquefois résulter d'impressions étrangères à l'état accidentel des organes, il est certain qu'en général l'affaiblissement ou le désordre des mouvements vitaux, en multipliant ou diversifiant les impressions reçues, communique au système nerveux un surcroît d'action ; et même, dans certains cas, les altérations directes, produites par l'état morbifique, augmentent immédiatement les forces ou l'activité de l'organe pensant. Les affections de l'estomac et des entrailles, les engorgements des viscères hypocondriaques, les maladies des organes de la génération, augmentent presque toujours la mobilité du système, et rendent ses extrémités sentantes [437] plus susceptibles de toutes les impressions. Quand la marche chronique des mêmes affections permet que cet état devienne une véritable habitude, il se perpétue le plus souvent encore après que ses causes elles-mêmes ont entièrement disparu. Certaines affections mélancoliques ou vaporeuses développent tout à coup des facultés intellectuelles extraordinaires ; elles font éclore des sentiments ignorés jusqu'alors de l'individu ; et quoique leurs effets s'affaiblissent communément après la cessation finale des accès, communément aussi l'organe cérébral conserve des traces durables de ce mouvement singulier, que de grands désordres physiques peuvent seuls imprimer à toutes ses fonctions. Les fièvres aiguës ont fait disparaître quelquefois des causes d'imbécillité qui duraient depuis la naissance, ou qui s'étaient formées dans le premier âge ; et d'un idiot on les a vues quelquefois faire un homme d'esprit, et même un homme distingué. On sait que le rachitis[42] hâte, pour l'ordinaire, le développement moral des enfants ; mais ses effets ne se renferment pas dans la première époque de la vie ; ils s'étendent à toute sa durée ; et les observateurs les plus

42 Ou « rachitisme ». Voir la note correspondante p. 395.

superficiels n'ignorent pas que les personnes chez lesquelles il a laissé des empreintes visibles, sont en général remarquables par la finesse et la vivacité de leur esprit. Or, ces diverses maladies ne peuvent produire de semblables [438] résultats, sans accroître l'activité du système nerveux, sans étendre ou rendre plus vive la faculté de sentir.

Telle est l'influence la plus ordinaire des maladies. Cependant toutes n'augmentent pas ainsi la sensibilité ; quelques-unes, au contraire, la débilitent et l'émoussent. La plupart des affections du système absorbant et de l'organe cellulaire, et même une classe entière de celles des nerfs et du cerveau, frappent immédiatement, ou médiatement, de stupeur les facultés sentantes, sans rabaisser au même degré les forces musculaires et motrices. Bien plus, il en est dont l'effet direct est d'accroître ces dernières forces au-delà de toute proportion. Les maladies épileptiques, par exemple, offrent presque toujours les mouvements convulsifs les plus puissants, joints à l'hébétation profonde du système sensitif. À la suite de ces fièvres aiguës qui remplissent les fonctions de *crises* à l'égard d'autres maladies antérieures, les rapports mutuels de puissance et d'action entre les deux systèmes sentant et moteur changent ordinairement en faveur du dernier ; et quoi que la sensibilité ne diminue pas alors jusqu'au point de détruire l'équilibre, les organes musculaires acquièrent toujours l'exercice le sentiment d'une plus grande vigueur.

Mais, malgré ces faits très constants, et beaucoup d'autres analogues, dont on pourrait encore les fortifier, il est infiniment rare que les changements [439] occasionnés par les maladies, dans les habitudes des organes, développent le tempérament particulier qui caractérise la prédominance du système moteur sur le système sentant.

Ibid., t. V, 1825, *Lettre à M. F*** sur les causes premières* [1824], p. 72-75.

[72] Tout se réunit donc pour nous convaincre que la vie générale des animaux est concentrée dans un foyer, d'où elle rayonne, par sa force expansive, sur tous les organes, sur toutes les parties ; et que la vie particulière de ces derniers, bien loin d'être la source de celle qui anime tout le système, n'en est elle-même qu'une émanation.

Si l'opinion contraire était fondée en réalité, l'affaiblissement et surtout la destruction d'un organe devrait toujours entraîner une diminution proportionnelle à la gravité de la lésion, dans la force totale de la vie, et par conséquent dans toutes les autres parties du système. Bien loin que les choses se passent ainsi, il arrive très souvent que l'affaiblissement de certains organes produit un surcroît d'action dans tous les autres ; que la destruction même de quelques-uns, qui paraissent très importants, ne fait que déterminer dans l'influence nerveuse générale une énergie nouvelle, ou dans quelques parties, liées sympathiquement avec celles qui n'existent plus, un effort régulier et symétrique, bien qu'inaccoutumé [73], pour les suppléer dans leurs fonctions. Chez les personnes frappées d'hémiplégie, on observe le plus souvent, dans la moitié saine, une augmentation sensible d'action vitale, plus d'énergie de circulation, une élévation remarquable de chaleur, un redoublement d'activité des organes de la digestion et de la nutrition. Après des lésions notables, dans lesquelles les nerfs principaux se trouvent séparés du centre commun, les plus petits filets nerveux, presque inaperçus jusqu'alors, peuvent devenir capables de ranimer, par degrés, une partie demeurée insensible ; et, après les opérations des anévrismes[43], les artérioles voisines de l'artère, où s'est fait la double ligature, acquièrent assez de calibre, et surtout d'activité, pour rendre la vie et la chaleur à la partie située au-dessous du lieu de l'opération.

[...]

[74] Toutes les considérations ci-dessus réunies nous conduisent naturellement à regarder le principe vital, ou l'ensemble systématique de toute la sensibilité dont est animé le corps vivant, non comme le résultat de l'action des parties, ou comme une propriété particulière attachée à la combinaison animale, mais comme une substance, un être réel, qui, par sa présence, imprime aux [75] organes tous les mouvements dont se composent leurs fonctions ; qui retient liés entre eux les divers éléments employés par la nature dans leur composition régulière, et les laisse livrés à la décomposition, du moment qu'il s'en est séparé définitivement et sans retour.

43 Dilatations localisées généralement d'une artère, parfois d'une veine, formant des poches de sang.

MAXIMILIEN ROBESPIERRE
(1758-1794)

Œuvres de Maximilien Robespierre, t. III, éd. Albert Laponneraye et Armand Carrel, Paris, Chez l'éditeur, 1840, *Rapport fait par Robespierre au nom du Comité de salut public sur les principes du gouvernement révolutionnaire*, Convention nationale, Séance du 25 décembre 1793, p. 524-525.

[524] Il nous a paru aussi que les soldats estropiés, les veuves et les enfants de ceux qui sont morts pour la patrie, trouvaient dans les formalités exigées par la loi, dans la multiplicité des demandes, quelquefois même dans la froideur ou dans la malveillance de quelques administrateurs subalternes, des difficultés qui retardaient la jouissance des avantages que la loi leur assure. Nous avons cru que le remède à cet inconvénient était de leur donner des défenseurs [525] officieux établis par elle, pour leur faciliter les moyens de faire valoir leurs droits.

D'après tous ces motifs, nous vous proposons les décrets suivants :

La Convention nationale décrète ce qui suit :

Art. [...]

III. – Les secours et récompenses accordés par les décrets précédents aux défenseurs de la patrie, blessés en combattant pour elle, ou à leurs veuves et à leurs enfants sont augmentés d'un tiers.

IV. – Il sera créé une commission chargée de leur faciliter les moyens de jouir des avantages que la loi leur accorde.

V. – Les membres de cette commission seront nommés par la Convention nationale, sur la présentation du comité de salut public.

MARY WOLLSTONECRAFT GODWIN
(1759-1797)

Marie et Caroline ; ou Entretiens d'une institutrice avec ses élèves [1788], trad. Antoine-Jean-Noël Lallemant, Paris, Dentu, 1798, chap. III, p. 89-91.

[89] À la suite de cette rencontre, mistriss Mason et ses deux pupilles firent celle d'une pauvre femme toute contrefaite. Caroline et Marie surtout, la fixèrent jusqu'à la déconcerter ; mais mistriss Mason, détournant les yeux, regarda d'un autre côté ; et lorsque la malheureuse femme fut assez éloignée pour ne pas entendre, elle dit à Marie : – Je m'étais proposée de vous parler, ce matin, d'une faute que je vous ai vu commettre souvent, et notamment l'autre soir et tout à l'heure même. Quand cette pauvre femme a passé près de nous, j'ai détourné aussitôt la tête, afin qu'elle ne s'aperçût pas de l'effet désagréable que sa difformité pouvait me causer. Habituée à me mettre à la place des autres, je sentais tout ce que la vue de cette impression aurait eu de mortifiant [90] pour elle. Cette répugnance naturelle en moi à offenser qui que ce soit, fait que je n'ai pas même besoin de réfléchir pour éviter d'accroître les peines d'autrui. Qu'ai-je donc dû penser de vous, Marie, en vous voyant regarder avec tant d'affectation cette pauvre femme qui, outre les considérations dues à son grand âge, a été principalement polie pour vous ? J'ai toujours remarqué que ceux qui rient des défauts et des difformités de leurs semblables, sont des personnes de peu d'esprit et de sensibilité. Elles n'attachent de prix qu'à cette beauté extérieure ; et leur cœur, étranger à tout autre sentiment que celui de la vanité, peut à peine contenir la joie qu'elles éprouvent, lorsqu'en se comparant aux autres, elles se croient plus belles, et conséquemment plus [91] recommandables ; comme si les vertus et les talents ne formaient pas le vrai mérite, et ne donnaient seuls droit à la prééminence. Avec tant soit peu de discernement, vous vous seriez moins occupée l'autre jour de la prononciation de cette dame

âgée, que de toutes les choses de bon sens qu'elle disait. En effet, il ne faut pas beaucoup d'esprit pour concevoir que la perte des dents doit nécessairement empêcher que l'on ne s'énonce avec facilité. Le défaut que je vous reproche provient de votre peu d'expérience, et dès lors je dois vous excuser ; mais si, dans quelques années d'ici, je vous retrouvais avec lui dans la société, je ne pourrais m'empêcher de vous croire un mauvais cœur et un esprit borné.

GRACCHUS BABEUF
(1760-1797)

Le Manifeste des Plébéiens [1795], éd. André Bellon, Paris, Mille et une nuits, 2010, p. 96-97.

[96] Enfin, Fouché de Nantes[1] est digne de notre plus grande admiration, dans le moment où nous le voyons consacrer, en quelques mots, dans son arrêté pris à Nevers, le 24 septembre l'an II, notre sainte et sublime doctrine :

« Considérant (nous y dit-il) que le premier devoir des mandataires du Peuple doit être de tendre à rétablir promptement ses droits, à faire respecter sa souveraineté et à manifester sa toute-puissance ;

Considérant que l'« égalité » que le Peuple réclame, et pour laquelle il verse son sang, depuis la Révolution, « ne doit pas être pour lui une illusion trompeuse » ;

Considérant que « tous les citoyens ont un droit égal aux avantages de la société » ; que leurs jouissances doivent être en proportion de leurs travaux, de leur industrie et de l'ardeur avec laquelle ils se dévouent au service de la patrie ;

Considérant que LÀ OÙ IL Y A DES HOMMES QUI SOUFFRENT, IL Y A DES OPPRESSEURS, il y a des ennemis de l'humanité ;

[97] Considérant que la surface de la République offre encore le spectacle de la misère et de l'opulence, de l'oppression et du malheur, des privilèges et de la souffrance, que les droits du Peuple y sont foulés aux pieds ;

Considérant qu'il est instant de prendre des mesures de justice et d'humanité ;

Arrête :

Tous les citoyens infirmes, les vieillards, les orphelins indigents, seront logés, nourris et vêtus aux dépens des riches de leurs cantons respectifs ;

---

1 Joseph Fouché (1759-1820), dit Fouché de Nantes, homme politique français.

« les signes de la misère seront anéantis ». – La mendicité et l'oisiveté sont également proscrites. Il sera fourni du travail aux citoyens valides, etc. »

Ah ! qu'il était beau alors, le rôle de Fouché… Qu'il y revienne, et soyons amis !

Qu'il n'y revienne pas, cela ne devra point empêcher le triomphe du système d'institutions qu'il a soutenu, et il faut que ce système finisse par avoir aussi son pouvoir exécutif[…].

La Doctrine des égaux, extraits des œuvres complètes [1796], éd. Albert Thomas, Paris, Édouard Cornély et Cie, 1906, chap. II, § 4, p. 46-47.

[46] Je dis que (dût cette opinion paraître ressembler au système de Robespierre), soit que l'on combatte ou non, le sol d'un État doit assurer l'existence à tous les membres de cet État ; je dis que, quand dans un État la minorité des sociétaires est parvenue à accaparer de ses mains les richesses foncières et industrielles, et qu'à ce moment elle tient sous sa verge, et use du pouvoir qu'elle a de faire languir dans le besoin, la majorité, on doit reconnaître que cet envahissement n'a pu se faire qu'à l'abri des mauvaises institutions du gouvernement ; et alors, ce que l'administration ancienne n'a pas fait dans le temps pour prévenir l'abus ou pour le réprimer à sa naissance, l'administration actuelle doit le faire pour rétablir l'équilibre qui n'eût jamais dû se perdre ; et l'autorité des [47] lois doit opérer un revirement, qui tourne vers la dernière raison du gouvernement perfectionné du contrat social : *Que tous aient assez, et qu'aucun n'ait trop.* Si c'est là ce que Robespierre a vu, il a vu à cet égard en législateur. Tous ceux-là ne le seront pas qui ne tendront point par des raisons qu'il soit impossible d'enfreindre, à poser des bornes sûres à la cupidité et à l'ambition, à *affecter tous les bras au travail*, mais à garantir, moyennant ce travail, le nécessaire à tous, l'éducation égale et l'indépendance de tout citoyen d'un autre ; à garantir de même le nécessaire sans travail à l'enfance, à la faiblesse, à l'infirmité et à la vieillesse. Sans cette certitude du nécessaire, sans cette éducation, sans cette indépendance réciproque, jamais vous ne parviendrez à rendre la liberté aimable, jamais vous ne ferez de vrais républicains.

JOHANN GOTTLIEB FICHTE
(1762-1814)

Méthode pour arriver à la vie bienheureuse [1806], trad. Francisque Bouillier, Paris, Ladrange, 1845, Deuxième leçon, p. 93-94.

[93] Je sais qu'il y a des natures intellectuelles maladives, qui, aussitôt qu'elles sortent de leurs comptes de ménage ou de toute autre réalité vulgaire qui les absorbe, tombent dans la folie ; eh bien ! qu'elles restent à leurs comptes de ménage. Je désire seulement qu'on ne prenne pas sur ces natures, qui ne sont, je l'espère [94], qu'en petit nombre, et d'une espèce inférieure, la règle générale : je désire que, parce qu'il y a quelques hommes faibles et malades, on ne traite pas le genre humain tout entier comme faible et malade. On s'est occupé des sourds-muets et des aveugles-nés, on a inventé une méthode pour leur donner l'instruction ; cela mérite toute la reconnaissance des sourds-muets et des aveugles-nés. Mais si de cette méthode particulière on voulait faire une méthode générale, même pour ceux qui sont nés bien constitués sous prétexte qu'au milieu d'eux il pourrait y avoir quelques aveugles et quelques sourds-muets, si quelqu'un voulait apprendre à parler et à lire les paroles sur les lèvres, à celui qui entend comme à celui qui n'entend pas, sans tenir compte du sens de l'ouïe dont il est doué ; ou bien encore faire lire avec les doigts celui qui a des yeux, sans tenir compte de ses yeux, assurément il n'aurait pas droit à la reconnaissance de ceux qui ne sont ni aveugles ni sourds. Cependant telle serait la méthode suivie, si l'instruction publique dépendait des aveugles et des sourds-muets.

Introductions berlinoises à la philosophie, éd. Max Marcuzzi, trad. Max Marcuzzi, Ives Radrizzani, Alexandre Schnell, Paris, Flammarion, 2014, *Sur l'essence de la philosophie* [1811], chap. I, p. 118-119.

[118] Je dois faire remarquer à ce propos que toute originalité n'est pas génie mais souvent folie. Les deux dévient de la situation habituelle de l'homme : le génie, ou la poésie, est divin et s'élève loin au-dessus de cette situation ; la folie est bestiale et se trouve en dessous. D'aucun, qui sent de l'originalité en [119] soi, tient celle-ci pour de la poésie, et lui-même pour un génie, alors qu'il est un insensé. Le critère grâce auquel chaque original peut vérifier à laquelle des deux formes d'originalité il appartient est que le génie, avant de se manifester comme tel, doit d'abord avoir été un homme, un homme raisonnable et convenable ; que chacun devienne d'abord cela, et ensuite nous parlerons de génie et de poésie.

GERMAINE DE STAËL
(1766-1817)

Œuvres complètes de Mme La Baronne de Staël, publiées par son fils, t. XV, éd. Albertine-Adrienne Necker de Saussure, Paris, Treuttel et Würtz, 1821, *Dix années d'exil*, part. II, chap. III, p. 167-168.

[167] J'étais curieuse de voir dans le Valais les crétins dont on m'avait souvent parlé. Cette triste dégradation de l'homme est un grand sujet de réflexion, mais il en coûte excessivement de voir la figure humaine ainsi devenue un objet de répugnance et d'horreur. J'observais cependant une sorte de vivacité dans quelques-uns de ces imbéciles qui tient à l'étonnement que leur font éprouver les objets extérieurs. Comme ils ne reconnaissent jamais ce qu'ils ont déjà vu, ils sont surpris chaque fois et le spectacle du monde dans tous ses détails est tous les jours nouveau pour eux ; c'est peut-être la compensation de leur triste état, car sûrement il y en a une. Il y a quelques années, un crétin ayant commis un assassinat, fut condamné à mort : comme on le conduisait au supplice, il crut, se voyant entouré [168] de beaucoup de peuple, qu'on l'accompagnait ainsi pour lui faire honneur et il se tenait droit et nettoyait son habit en riant pour se rendre digne de la fête. Était-il permis de punir un tel être du forfait que son bras avait commis ?

PIERRE MAINE DE BIRAN (1766-1824)

Lorsque je commençai ce Mémoire, je ne pensais pas qu'il fût destiné à voir le jour ; sans viser à la gloire littéraire, je voulais seulement occuper les loisirs de ma retraite, et employer à étudier mon intérieur, le temps que les circonstances particulières où je me trouvais, jointes à une santé débile, ne me permettaient pas d'utiliser d'une autre manière.
Œuvres philosophiques de Maine de Biran, t. I[1].

Ibid., sect. I, chap. II, § 3, p. 109-111.

[109] On sent, en un mot, que les habitudes de l'imagination doivent concourir avec celles des sens, qu'elles rentrent sans cesse les unes dans les autres, et qu'on ne peut isoler leurs effets. Occupons-nous donc maintenant de ce concours simultané, qui a une influence si marquée sur les progrès et l'extension de notre faculté perceptive.

1° Supposons un aveugle, appliquant sa main, déjà exercée, à un solide nouveau qui aurait un certain nombre d'angles et de faces ; il est certain que cet aveugle ne saurait d'abord embrasser ou percevoir simultanément plus de parties que sa main n'en recouvre, et que le solide, pour peu qu'il eût d'étendue et que sa forme fût compliquée, ne serait parcouru et connu que par succession de mouvements[2] ; or, l'habitude peut bien rendre ces mouvements plus prompts et plus précis,

1 *Œuvres philosophiques de Maine de Biran*, t. I, éd. Victor Cousin, Paris, Ladrange, 1841, *Influence de l'habitude sur la faculté de penser* [1802], Préface, p. 3.

2 [NdA] Comme nous sommes habitués à percevoir les formes par la vue, et que l'œil embrasse à la fois un assez grand espace, nous ne pouvons juger de la difficulté première qu'il doit y avoir pour un aveugle, à saisir et à se représenter simultanément les parties de l'étendue ou de la quantité continue, avec un module aussi borné que la main qui ne peut agir que par succession de mouvements. Cependant ses représentations sont

mais comment [110] parviendra-t-elle à changer la manière de procéder de l'organe, et à transformer la succession en simultanéité ? D'un autre côté, comment un aveugle tel que le géomètre Saunderson[3] eût-il pu démontrer « synthétiquement » les propriétés nombreuses des différents corps géométriques, si pendant qu'il touchait successivement chacune des faces d'un solide, sa pensée n'en avait pas embrassé simultanément l'ordre symétrique, ou si les parties ne s'étaient pas développées et arrangées dans son cerveau sous une sorte de « perspective tangible » ?

Pour que des impressions qui se succèdent et qui sont les unes hors des autres, comme le sont celles du tact, puissent se combiner et se comparer, il faut que les termes qui composent cette suite d'impressions soient tellement rapprochés (sans néanmoins se confondre) que la trace ou l'idée du premier terme persiste encore dans toute sa force lorsque le dernier s'accomplit ; mais l'impression actuelle et la trace de celle qui est passée, ne sauraient persister ensemble dans le sens, car l'une éclipserait l'autre, et il n'y aurait point de comparaison d'association possible entre les termes. C'est donc l'organe intérieur et central qui, recueillant à mesure les produits successifs de l'action externe, peut seul les fixer, les conserver, et réunir, pour ainsi dire, dans un seul et même cadre, les impressions qui frappent actuellement le sens, et celles qui viennent de lui échapper dans sa course.

[111] Cela posé, on conçoit que l'habitude peut faciliter de deux manières, pour un aveugle, la perception distincte et presque simultanée du composé tangible ; car, d'abord les mouvements du tact devenant plus précis, plus détaillés et plus rapides, les impressions individuelles et successives de la résistance et de ses modes seront mieux circonscrites et surtout plus rapprochées, plus étroitement serrées dans la chaîne qui doit les unir ; en second lieu, les déterminations motrices, correspondantes de l'organe central, acquérant par la répétition plus de profondeur et de force, tendront à s'effectuer concurremment avec les impressions du sens, avec une promptitude et une facilité supérieures ; mais dès lors la perception sera presque toute intérieure, et l'aveugle touchera plus, pour ainsi dire, par son cerveau que par sa main ; il suffira que le sens externe donne le premier avertissement ; le plus léger contact, la plus

tout aussi claires que les nôtres, et il est, sans doute, bien plus rapproché que nous des abstractions géométriques.

3 Voir la note correspondante p. 364.

simple « appréhension » de l'objet familier, mettront en jeu l'imagination, disposée à réagir, et le tableau complet, la perspective solide s'y déroulera instantanément et sans effort.

Ibid., sect. II, chap. II, § I, note 1, p. 194.

Comme plusieurs mouvements organiques, tels que ceux du pouls, de la respiration, sont assujettis à une certaine régularité « rythmique », peut-être n'aimons-nous tant, au-dehors, la mesure et la périodicité, que parce que nous en portons, pour ainsi dire, le type constant au-dedans de nous-mêmes ; et ne serait-ce pas en vertu d'une loi particulière de notre vitalité, que les organes sensibles et moteurs (et celui de la pensée, qui les représente tous et en est l'abrégé) admettent si aisément des habitudes périodiques ?

Il y a un exemple singulier (rapporté par Plot[4], *Natural history of Stafordshire*) qui prouve la force de ces habitudes : un idiot qui demeurait dans le voisinage d'une horloge, s'amusait à en compter les coups, chaque fois qu'elle sonnait. L'horloge étant venue un jour à se déranger, cet idiot ne continua pas moins à en remplir les fonctions, et à compter également les heures, en même nombre et dans les mêmes intervalles. Cet exemple est peut-être moins extraordinaire par la circonstance de l'« idiotisme ». Il est certain que la force de l'habitude est proportionnée à la limitation des facultés, ou au petit nombre d'impressions et d'idées que nous recevons par les sens, ou par l'action de la pensée ; et cela nous explique la ténacité des habitudes, dans les idiots, les vieillards, comme chez les hommes qui sont privés du bienfait de l'instruction et condamnés à des travaux purement mécaniques. J'observerai sur ce dernier sujet, que le principe de la division du travail qui active tant l'industrie et devient la source des richesses générales d'une nation, comme l'a prouvé Smith, nuit aussi peut-être, dans les mêmes rapports, au développement des facultés intellectuelles et morales des classes ouvrières, qui deviennent entre les mains de l'art, et par l'effet d'habitudes promptement acquises, des automates aveugles, et de véritables machines.

---

4 Robert Plot (1640-1696) chimiste et naturaliste anglais. Il publia son *Histoire naturelle de Staffordshire* en 1686.

Ibid., p. 197.

La plupart des mots que nous avons appris dans notre enfance n'ont été d'abord que de simples habitudes de l'oreille et de la voix. La mémoire mécanique a formé presque toute seule notre premier vocabulaire (j'entends celui qui s'étendait au-delà de nos besoins et des objets qui frappaient immédiatement nos sens) ; une éducation mal entendue s'est emparée de ces matériaux informes, tels que le hasard ou les circonstances les avaient présentés, et a construit avec eux. Nous savions déjà articuler assez de mots vides de sens, et notre éducation secondaire a-t-elle eu souvent d'autre objet que de grossir et d'étendre ce premier magasin ? n'est-ce pas presque toujours avec des mots insignifiants qu'on apprend à lire, écrire, traduire, réciter, etc. ? Quel aliment pour la jeune intelligence ! Sans doute il eût été heureux pour nous, presque tous tant que nous sommes, d'avoir été *sourds-muets* jusqu'à l'âge de raison, et d'avoir eu des *Sicard*[5] pour instituteurs ; nous n'aurions pas connu le joug des habitudes mécaniques de la mémoire, ni cette triple enceinte de termes vides de sens qu'il nous a été ensuite si pénible de franchir.

Ibid., t. II, *De la décomposition de la pensée* [1802], part. II, chap. I, § V, III, p. 167-171.

[167] Quelle que soit la cause qui suspende la fonction perceptive dans ses conditions, ou son mobile propre, les impressions peuvent être reçues, l'animal peut être affecté et se mouvoir en conséquence ; mais le « moi » n'y est pas, la conscience est « enveloppée [168] », et tant qu'un pareil état dure, il est impossible d'y signaler aucun de ces caractères qui constituent pour nous l'être intelligent, doué d'aperception, de volonté, de pensée.

L'état d'« idiotisme », par exemple, correspond à celui où le « moi » sommeille, pendant que les organes impressionnables ou affectibles sont éveillés, et prennent même ainsi quelquefois, par la concentration de leur vie propre, un degré supérieur d'énergie[...]. L'état de « démence » correspond encore à celui où le cerveau produit spontanément des images tantôt liées, plus souvent décousues, pendant que la pensée sommeille ou jette de temps en temps quelques éclairs passagers.

5 Voir la note correspondante p. 583.

L'« idiot » vit et sent ; sa vie se compose d'impressions nombreuses qu'il reçoit du dedans et du dehors, et des mouvements qui se « proportionnent » à [169] la nature de ces impressions ; il parcourt, en un mot, le cercle entier de l'existence sensitive ; mais au-delà de ce cercle, il n'y a plus rien ; cet être dégénéré « devient » toutes ses modifications plutôt qu'il ne les « perçoit » ; il n'y a pas de temps pour lui ; la « matière » de la pensée existe, la « forme » manque.

Dans le maniaque avec délire, l'instrument principal des opérations intellectuelles se trouve complètement soustrait à cette force agissante et réflexive qui fait la « personne ». Les images y prennent d'elles-mêmes les divers caractères de persistance, de vivacité, de profondeur, que prennent les affections immédiates dans leurs sièges particuliers, par le seul effet des dispositions organiques. C'est là qu'on peut signaler les effets d'une correspondance sympathique entre les organes internes et le cerveau, considéré comme siège de l'imagination passive ; correspondance si clairement démontrée, et si bien décrite dans ses « signes » par de grands observateurs.

Mais irons-nous chercher les signes et les caractères propres d'une division des phénomènes intellectuels, dans un état qui exclut précisément la condition première et fondamentale de l'intelligence ; je veux dire l'aperception, le *conscium*[6], et *compos sui*[7] ? Peut-on supposer l'exercice des facultés d'« attention », de « mémoire », de « comparaison », [170] de « méditation », etc., dans un être qui s'ignore actuellement lui-même, et qui est privé de la puissance réelle d'« entendre » des idées, comme de « vouloir » des actes ? Je sais bien qu'on peut transporter à l'état complet même d'aliénation mentale, certaines « facultés » définies et caractérisées (en « dedans » de la sensation), sous les titres conventionnels d'« attention », « jugement », etc., comme l'a fait Condillac dans le fantôme hypothétique[8], qu'il a pris pour terme de ses analyses ; mais il resterait à savoir si ce sont là les opérations dont nous retrouvons le « modèle » intérieur, ou dont nous obtenons les idées singulières en réfléchissant sur nous-mêmes. Ne seraient-ce pas plutôt des « idées » très différentes sous les mêmes titres conventionnels ?

Je crois qu'au lieu de chercher dans les divers cas d'aliénation mentale, les signes d'une division de « siège » des facultés intellectuelles,

6 Le conscient.
7 La maîtrise de soi. [NdA] Voir le *Traité sur l'aliénation mentale*, par M. Pinel.
8 Référence à la statue du *Traité des sensations*. Voir la note correspondante p. 522.

qui n'existent que « nominalement », ou par supposition dans la plupart de ces cas, il serait plus utile de bien observer toutes les circonstances de l'invasion, des intervalles et de la terminaison des paroxysmes de démence, pour y bien distinguer les produits aveugles de l'organisme, les saillies passagères d'un cerveau déréglé, de ce qui peut partir réellement d'une volonté, d'une intelligence. Les deux éléments qui constituent l'« homme double » sont si intimement unis dans son état naturel, que la réflexion a bien de la peine à les concevoir séparés ; mais dans les cas dont nous [171] parlons, on peut les surprendre, les signaler à part. On les voit se succéder, s'exclure, se joindre, prédominer tour à tour, et former, sous la même enveloppe, deux êtres qui n'ont presque point de correspondance, ou sont aussi étrangers l'un à l'autre, que l'est l'homme éveillé aux actes qu'il a faits dans le somnambulisme.

Ibid., *Nouvelles considérations sur le sommeil, les songes et le somnambulisme* [1809], part. I, p. 224-226.

[224] Le principe de l'effort constitutif de l'état de veille, quoiqu'il ne puisse être conçu que comme hyperorganique ou supérieur aux organes dans sa libre détermination, n'en est pas moins pourtant enchaîné jusqu'à un certain point aux lois et aux dispositions de ces organes sur lesquels il agit. Pour que la volonté puisse continuer, ou peut-être même commencer à s'exercer sur les organes du mouvement, placés dans sa sphère d'activité, il faut : 1° que les liens de communication directe qui unissent ceux-ci au centre, d'où part la détermination motrice initiale, subsistent dans leur intégrité, afin que cette [225] détermination soit transmise ou effectuée aussitôt que conçue ou voulue par le « moi » ; 2° que, suivant une loi générale de la nature, qui persiste dans tous les ordres de phénomènes, la réaction de la partie mobile corresponde à l'action de la force motrice et lui soit proportionnée. Sans cette réaction, d'où dépend le sentiment de la résistance et de l'inertie du corps, l'effort de la volonté ou du moi ne saurait commencer à naître. Comment en effet y aurait-il originellement volonté de mouvoir telle partie du corps, s'il n'existait en même temps quelque sentiment ou idée confuse de l'existence de cette partie ? et comment un tel sentiment aurait-il lieu si la partie mobile ne réagissait pas sur le centre du mouvement ? Cette vue théorique me paraît bien confirmée par des exemples d'hémiplégie,

où l'on voit que les parties du corps paralysées, ayant perdu avec leur force ou disposition contractile la capacité de réagir sur le centre moteur et de résister à l'effort, sortent par là même du domaine de la volonté, et n'avertissent plus l'âme de leur existence. Quoiqu'elles puissent entretenir une sorte de vie de relation avec les objets, par la conservation de leur sensibilité extérieure, elles n'en ont pas moins perdu toute relation intérieure avec le moi en perdant toute leur motilité. Ne pourrait-on pas considérer un tel état comme un véritable sommeil des parties paralysées ; et n'est-ce pas bien là ce qui se passe dans cette fonction naturelle, qui n'a lieu réellement que par [226] les organes soumis à la volonté pendant la veille, lorsque ceux-ci, cessant de réagir sur le centre de l'effort, ne répondent plus à l'impulsion de la force motrice, qui n'a plus lieu de s'exercer, et demeure elle-même dans l'inaction ?

Ibid., *Notes sur le deuxième volume de l'*Indifférence en matière de religion *par l'abbé de Lamennais*[9], p. 400-402.

[400] « Tout homme qui ne reconnaît point d'autorité ayant droit de commander à son esprit, est "fou", soit "involontairement", si sa folie a une cause physique, soit "volontairement", si elle n'en a pas, etc.[10] »

Il faudrait bien s'entendre sur ce qu'on appelle l'« autorité ». Chacune de nos facultés porte avec elle son « autorité » propre ou la preuve évidente de son témoignage. Les sens de la perception témoignent la présence de leur objet. La mémoire témoigne la présence et l'existence antérieure de l'objet qu'elle rappelle. Le jugement témoigne la vérité des rapports qu'il apprécie, et la raison témoigne l'existence et l'ordre régulier des fonctions de tous les sens ou facultés sur qui elle plane.

Mais pour que ce témoignage ait lieu, les témoins ne suffisent pas ; il faut de plus qu'il y ait un sujet qui recueille et vérifie ces témoignages, savoir le « moi », la personne identique.

Dans la folie, quoique toutes les facultés hors la raison puissent s'exercer, il n'y a point de sujet qui [401] reçoive et apprécie les témoignages de ces facultés, et c'est précisément cette absence du sujet moi ou de la personne qui caractérise l'aliénation.

---

9 Félicité de La Mennais (1782-1854), ou Lammenais, prêtre, homme politique et philosophe français. Il publia son *Essai sur l'indifférence en matière de religion* entre 1817 et 1823.

10 [NdA] Félicité de Lammenais, *Essai sur l'indifférence en matière de religion*, Préface.

On n'est pas fou parce qu'on ne reconnaît point d'« autorité » ayant droit de commander à son esprit. Les pyrrhoniens ou sceptiques, qui affectent de méconnaître ou de nier l'autorité même de toutes nos facultés, ne sont pas fous ; car, dès qu'ils raisonnent, ils croient à cette autorité comme les autres hommes, quoiqu'ils prétendent la détruire par le raisonnement, qui y est tout à fait incompétent.

Un homme aliéné n'est pas fou parce qu'il ne reconnaît aucune autorité externe ou interne capable de commander à son esprit ; mais il ne reconnaît aucune autorité parce qu'il est fou. M. de Lamennais prend ici l'effet pour la cause, une circonstance pour un caractère essentiel.

Un homme rêve qu'il est roi de France, ou il se frappe l'imagination d'un château en Espagne qui prend assez de force et de consistance pour prévaloir sur tous les témoignages contraires. En cela, il est fou, non parce qu'il est le seul qui adopte cette fausse croyance ; car quand il parviendrait à la persuader aux autres hommes, il n'en serait pas moins fou. Cet exemple est puéril ; il prouve précisément contre le système de l'auteur, qui veut attribuer exclusivement le caractère de vérité au témoignage universel ou à l'autorité.

Il peut arriver qu'on trouve plus de fous dans les [402] pays où le principe d'autorité étant affaibli, les esprits sont moins défendus contre eux-mêmes ; parce que dans ces pays les passions sont plus libres, moins gênées dans leur essor ; que les esprits n'ont pas de point d'arrêt, et sont plus accessibles aux fantômes ; qu'il y a moins de simplicité et plus d'agitations ou de renouvellements désordonnés. Mais le mépris ou l'oubli de l'autorité n'est encore dans ce cas qu'un effet ou une circonstance de la folie, et non point une cause, un principe, etc.

Ibid., t. III, *De l'aperception immédiate* [1807], p. 74-78.

[74] Un habile observateur[11] nous a décrit l'expérience qu'il eut occasion de faire sur un hémiplégique qui sentait vivement les impressions faites sur des parties paralysées, mais sans les rapporter à leur siège, ni à aucun lieu déterminé du corps, quoi qu'il les [75] sentît généralement dans ce corps en masse comme nous sentons nous-mêmes les impressions

11 Il pourrait s'agir de Jean-Joseph Rey Régis, médecin français qui publia en 1789 une *Histoire naturelle et raisonnée de l'âme.*

qui, par leur nature ou l'intensité de leur force excitative, affectent la sensibilité générale sans absorber le moi tout entier.

Dans cette expérience, dont l'auteur rapporte les curieux détails, le malade ressentait de vives douleurs, et le témoignait par des plaintes, quand on lui contournait les doigts de la main paralysée ; mais lorsqu'il ne voyait pas cette main ni l'action extérieure à laquelle elle était soumise, le paralytique ne pouvait assigner le siège de la douleur, et ne la ressentait que comme une impression générale de souffrance ou de malaise du corps, dont il est impossible d'assigner la cause ni le lieu.

Il faut bien remarquer, ici, toute la différence qui existe entre cette espèce de localisation immédiate, intérieure, des sensations ou des intuitions que nous prétendons rattacher uniquement au sens de l'effort, comme l'expérience ci-dessus semble propre à le démontrer, et cette autre localisation externe et médiate, par laquelle nous rapportons les différentes impressions du dehors aux parties de notre corps connues extérieurement par la vue comme peuvent l'être les objets ou corps étrangers.

Le paralytique cité jugeait, en voyant contourner sa main, qu'elle était le siège où agissait la cause de sa douleur ; mais il ne sentait ou n'apercevait pas [76] immédiatement l'impression douloureuse dans la partie organique qu'elle affectait ; il ne s'appropriait pas cette partie ; il ne la sentait pas sienne tant qu'il n'agissait pas sur elle ; il aurait pu dire plus naturellement qu'aucun autre : « Vous casserez cette main. »

[...] [77] Or, l'expérience du paralytique cité fait connaître clairement la part essentielle que prend le sens de l'effort, ou de l'activité, à cette localisation interne, qui ouvre le cercle de la connaissance, en révélant l'homme intérieur tout entier sans le secours même de l'objet. Il suffit qu'il y ait coordination des existences, sous forme d'étendue, pour que l'idée de cause disparaisse. Les uns admettent cette idée, les autres l'excluent.

L'action ou l'effort commence, de la part de l'âme, dans les racines cérébrales des nerfs moteurs, sans que la force motrice produise tout son effet sur le corps, et par là, se manifeste à elle-même comme force tout agissante.

Pour que l'action volontaire soit complète, et que la causalité du moi se manifeste comme le fait de conscience, une condition est requise de la part de l'organe : c'est, comme nous le disions tout à l'heure, que cet organe soit disposé à recevoir l'influence propre du moteur, ou que le ton de vie ou de sensibilité spéciale soit en rapport avec la force qui tend à le mettre en jeu. Si cette condition n'a pas lieu, s'il y a quelque oblitération accidentelle, soit dans les fibres musculaires, soit dans la partie interne des nerfs destinée à transmettre au centre l'effet sensible de la contraction ou du mouvement opéré, le [78] sens de l'effort ne s'exerce plus dans l'organe dont il s'agit, qui cesse ainsi d'appartenir à la volonté ou de se manifester immédiatement à la conscience du moi.

L'expérience précédente montre bien qu'un organe, paralysé pour le mouvement, peut recevoir et transmettre des impressions qui affectent l'animal sans être localisées ou rapportées à un siège déterminé, en raison de sa passivité même. D'où nous induisons la nécessité de l'intervention du sens de l'effort pour que les sensations soient localisées ou rapportées à un lieu du corps, le même où l'effort s'exerce.

Ibid., p. 107-108.

[107] Supposez, par exemple, les deux mains privées de la sensibilité extérieure, la motilité[12] volontaire ou le sens de l'effort restent les mêmes ; l'une de ces mains étant appliquée à l'autre, elle opposerait une résistance, et il n'y aurait qu'un seul effort moteur et un seul vouloir pour deux résistances opposées l'une à l'autre et qui pourraient fort bien être dites se répliquer, se redoubler dans l'unité de conscience.

S'il n'y avait qu'une main paralysée, l'individu pourrait ne l'apercevoir, au premier contact, que comme un corps étranger ; mais, dès que l'effort s'appliquerait aux deux, l'étrangeté disparaîtrait et l'homme reconnaîtrait les deux parties du corps comme siennes.

Si l'homme pouvait n'éprouver jamais de résistance invincible, ou si les termes d'application de sa force motrice obéissaient constamment au degré d'effort proportionné à leur inertie, le toucher actif ou la locomotion volontaire, à part de tout autre organe d'intuition externe, ne lui apprendrait point [108] à distinguer les corps étrangers du sien propre ; sa force motrice serait en lui comme l'âme de la nature ; aussi ce système de l'âme du monde sort-il de la même source où le stoïcisme a puisé l'idée d'une force motrice supérieure à toutes les résistances et à toutes les passions de l'organisation.

12 Faculté de se mouvoir.

Le toucher, isolé de la vue, se rapproche bien davantage (même dans son exercice naturel) du véritable objet mathématique qui n'existe pour nous qu'en abstraction. La géométrie de l'aveugle est une sorte d'arithmétique sensible, une combinaison de véritables unités ou points solides. Elle est plus près aussi du fondement de la source commune de toute science, de ce point commun où toute analyse aboutit et d'où toute synthèse repart, où le physicien est conduit, en quelque sorte, à intellectualiser la matière, où le géomètre aussi rencontre le métaphysicien, où leurs conceptions d'unités de forces tendent à se modeler sur le même type.

Ibid., *Considérations sur les principes d'une division des faits psychologiques et physiologiques* [1823], p. 251-253.

[251] Le sens de l'ouïe, aidé de l'organe de la parole ou de la voix, tient sans doute un des premiers rangs parmi ceux de l'intelligence ; mais il faut encore en abstraire, pour ainsi dire, une partie purement affective très notable qui, confondue dans l'état ordinaire avec la perception claire des sons successifs et coordonnés, peut néanmoins s'en distinguer et ressortir [252] à part, dans certains modes d'audition très particuliers.

On ne peut s'empêcher, par exemple, de reconnaître les effets immédiats d'une partie matérielle et vraiment imperceptible de l'impression sonore, ou mieux « sonifère[13] », qui du sens externe primitivement ébranlé, ou même sans le concours de ce sens, vont remuer toute la sensibilité intérieure dans ses principaux foyers ; c'est ainsi qu'on a vu des individus complètement sourds éprouver des affections particulières dans diverses régions du corps, et surtout à l'épigastre[14], lorsqu'on tirait près d'eux des sons d'un certain timbre, et surtout lorsqu'ils appliquaient la main sur l'instrument d'où partaient ces sons. Il n'est point douteux qu'alors les nerfs mêmes du tact ne fussent les véritables conducteurs des impressions affectives, produits immédiats de l'ébranlement ou d'une espèce d'ondulation sonore. Dans l'état d'audition parfaite, il y a également telle qualité de sons, tels timbres de voix ou d'instruments qui excitent par eux-mêmes et indépendamment de tout effet attaché au sens de la perception auditive, des impressions éminemment affectives, propres

13 De nature sonore.
14 Partie supérieure de l'abdomen.

tantôt à faire naître, tantôt à calmer diverses passions ; quelquefois à guérir, d'autres fois à produire certaines maladies nerveuses. J'ai été témoin moi-même des effets extraordinaires produits par les sons doux et mélancoliques d'un « harmonica ». [253] J'ai vu des personnes, trop sensibles pour pouvoir y résister, frémir dans toutes les parties de leur corps à la première impression de ces sons, s'attendrir, verser des larmes et finir par tomber en syncope.

Encore un coup, des affections semblables, qui tiennent à l'impression immédiate du son, doivent être bien distinguées et peuvent être séparées même de la partie perceptive ou de ce jugement rapide qui rend appréciables à l'oreille les accords harmoniques, ou les suites mélodieuses ; et lors même que ces affections prédominent, la perception s'obscurcit ; plus l'être sensible est affecté, moins l'être intelligent apprécie et juge.

Remarquez que c'est à ce qu'on appelle timbre dans les sons et accent dans les voix que s'attache cette partie proprement affective des phénomènes auditifs, et c'est par là aussi que l'ouïe est un des principaux organes de cette sympathie qui rapproche et lie intimement tous les êtres doués de la faculté de sentir et de manifester ce qu'ils sentent, par les diverses modifications de la voix, à chaque passion ou émotion de l'être sensitif.

Ibid., t. IV, *Nouvelles considérations sur les rapports du physique et du moral de l'homme* [1834], part. I, § IV, p. 57-61.

[57] De nos jours, le docteur Gall[15] a prétendu établir une liaison ou correspondance certaine entre chacune de nos facultés intellectuelles, et même entre telles passions, tels vices, telles vertus ou dispositions morales, et certaines protubérances du crâne qui les signalent aux yeux de l'observateur.

Sans vouloir entrer dans les détails de ce système, je me bornerai à demander à M. le docteur Gall, s'il croit que la nature a dû proportionner le nombre des organes à celui des distinctions qu'il a plu à l'homme d'établir dans des langues arbitraires et conventionnelles, en considérant quelquefois, par exemple, une seule et même faculté sous différents

15 Franz Joseph Gall (1758-1828) ou François-Joseph Gall, médecin allemand naturalisé français. Il est considéré comme le père de la phrénologie, dont le principe est ici clairement résumé par Maine de Biran.

points de vue abstraits, par rapport à telles circonstances sociales, tels résultats accidentels ou fortuits, etc.

M. Pinel[16], dans son *Traité sur l'aliénation mentale*, admet aussi, quoique avec beaucoup plus de réserve, l'hypothèse d'une diversité de sièges [58] cérébraux à chacun desquels viendrait se rattacher une faculté particulière de l'esprit.

Cet auteur induit deux divisions psychologiques et physiologiques parallèles et correspondantes de certains cas de manie ou d'aliénation mentale où il dit avoir observé que tel aliéné exerce tour à tour et isolément une faculté intellectuelle particulière, comme l'attention, le jugement, la méditation, etc., pendant que d'autres facultés, comme la perception, la mémoire, etc., paraissent tout à fait oblitérées ; ce qui prouverait, suivant cet auteur, la multiplicité de cet être abstrait et complexe, appelé l'entendement humain, et sa divisibilité réelle en autant de facultés élémentaires qu'il y a ou qu'il doit y avoir d'instruments ou de sièges cérébraux.

Je crois qu'on peut contester à la fois et le fondement de cette analyse psychologique, et les inductions que le physiologiste prétend en tirer.

Quand on dit qu'un aliéné exerce telle faculté active de l'intelligence proprement dite, comme le jugement, la réflexion, etc., c'est qu'on part de certaines définitions nominales de ces facultés, ou qu'on les considère à la manière de Condillac, en dedans de la sensation, en faisant abstraction de leur caractère le plus essentiel.

Ce n'est en effet qu'autant qu'on a préalablement défini, caractérisé et classé les facultés [59] de l'entendement, en laissant à l'écart le *moi*, la conscience, l'activité libre de la personne, sans laquelle nulle intelligence n'existe, que l'on peut dire, conséquemment à telle définition abstraite, qu'un aliéné qui n'a pas actuellement le *conscium*[17], le *compos sui*[18], pense, donne son attention, juge, médite, réfléchit, etc.

Cette hypothèse tout à fait contradictoire, à mon sens, est un nouvel exemple très frappant des illusions et des abus qui se lient d'une part à l'emploi d'une méthode, ou logique ou physique, dans la science des faits intérieurs, ou de la confusion de langage et d'idées introduite, comme nous l'avons remarqué, entre deux sciences diverses qu'on tente vainement de réduire à une seule.

---

16 Voir la note correspondante p. 602.

17 Voir la note correspondante p. 625.

18 *Ibid.*

Au vrai, l'aliéné, tant qu'il n'a pas le sentiment du « moi », et qu'il ne se connaît pas, se trouve rayé de la liste des êtres intelligents, des personnes morales ; il ne perçoit pas, car percevoir s'est se distinguer soi-même de tous objets de représentation ou d'intuition externe ; par suite, il ne juge pas ; car le jugement consiste précisément à distinguer l'attribut du sujet ; or, l'individu qui ne fait pas cette distinction en lui-même, qui ne sépare pas ce qui est « lui » de ce qui ne l'est pas, s'identifiant (selon l'expression de Condillac) avec toutes ses modifications successives, sent, et ne juge pas.

[60] Il n'est pas plus vrai de dire que l'aliéné donne son attention ; car, l'attention étant un acte volontaire de l'esprit, là où il n'y a pas de libre activité, de *compos sui*, il ne saurait y avoir d'attention, ni, par suite, de réminiscence ou de souvenir, etc.

Un maniaque qui exerce actuellement une seule des facultés actives dont on parle, cesse, par là même, d'être aliéné ; par cela seul qu'il rentre en possession de « lui-même », l'intelligence, la pensée, se trouve rétablie dans son empire entier et sans nulle division.

Sans doute la sensibilité, proprement dite, externe ou interne, l'imagination, les passions, toutes les facultés passives, peuvent s'exercer et prendre même un surcroît d'énergie dans l'état d'aliénation, quoique la conscience du « moi », et avec elle toutes les facultés actives de l'intelligence, soient suspendues ou oblitérées ; et au contraire, les facultés de l'entendement peuvent être dans l'état le plus sain, quoique la sensibilité physique et toutes les facultés passives qui en dépendent, la sensibilité, l'imagination, la mémoire mécanique, soient altérées et soumises à des aberrations telles qu'on en trouve divers exemples, dont un des plus frappants est celui qu'on peut lire dans l'*Essai analytique sur l'âme*, par Charles Bonnet[19], relativement à un vieillard, Charles Lullin, sujet [61] à des aliénations extraordinaires qui ne troublaient nullement l'exercice de ses facultés mentales.

De cet exemple et d'une foule d'autres, on déduit très bien, non comme dit l'auteur dont nous parlions[20], la divisibilité de cet être abstrait et nulliforme, appelé l'entendement, mais une division ou séparation réelle de deux classes de facultés, les unes, animales ou passives, les autres, intellectuelles et actives ; distinction essentielle prouvée par les observations physiologiques, éclairées par une vraie psychologie.

---

19 Voir la note correspondante p. 603.

20 Philippe Pinel. Voir la note correspondante p. 602.

Ibid., part. II, § I, p. 82-83.

[82] Si les animaux ne pensent pas, c'est qu'en effet ce ne sont pas des personnes, c'est-à-dire des agents libres ; et, par suite, qu'ils sont incapables de savoir ce qu'ils font, ou de se connaître eux-mêmes.

Toujours mus ou entraînés par quelque affection ou passion instinctive, les animaux sont toujours ce que nous sommes nous-mêmes dans une partie de notre existence, dans les rêves, le somnambulisme, les accès des passions violentes, dans certaines maladies nerveuses qui altèrent ou pervertissent la perceptibilité et la motilité[21] volontaire dans leurs principes ; enfin, dans tout état de l'organisation qui absorbe le sentiment du « moi » et va jusqu'à réduire l'homme à une espèce d'« aliénation » passagère ou durable, totale ou partielle.

Dans de tels états, ce qui peut être attribué à l'homme comme à l'animal n'est certainement pas la pensée, la liberté, le « moi ».

Ainsi, la sensibilité prise dans toute son étendue avec l'ensemble des facultés qui sont sous sa dépendance (et que Condillac a pu très bien appeler « sensations transformées[22] »), la locomotion spontanée, l'imagination, les reproductions ou associations fortuites d'images et de signes ; enfin, [83] tout ce qui se fait nécessairement ou passivement en nous, est vraiment hors du domaine de l'âme pensante.

Ibid., § V, p. 139-140.

[139] L'auteur de ce Mémoire, d'une constitution faible, et sujet à une multitude de variations organiques et sensitives, porte en lui-même un exemple vivant de l'influence médiate que la volonté peut avoir sur les dispositions affectives du corps par un effort direct qu'elle exerce sur les opérations de l'esprit ou sur les idées qu'elle tend à ramener à un certain type régulier. Combien de fois n'a-t-il pas eu à observer sur lui-même qu'un travail intellectuel, entrepris en faisant violence à l'inertie la plus marquée des organes ou à un état affecté de trouble, de malaise, de souffrance, amenait, après des efforts opiniâtres et prolongés, un état d'activité, de sérénité, de calme et de bien-être intérieur ? Combien n'éprouve-t-il pas chaque jour que les fonctions même de

21 Voir la note correspondante p. 630.

22 [NdA] Dans le *Traité des sensations*.

l'organisme le plus grossier s'accommodent à l'exercice de la pensée en suivant les mêmes périodes de langueur ou d'activité ; par exemple, la digestion, l'ordre des sécrétions ou excrétions organiques qui ne se font pas ou se font mal, si le travail de l'esprit ne peut avoir lieu aux heures accoutumées, etc. ? Ces exemples dans lesquels se reconnaîtra chaque homme doué du tempérament dont nous parlons ci-dessus, habitué à s'observer, surtout à prendre et à conserver l'empire sur ses affections, attestent la réalité [140] de cette influence indirecte de la volonté ou de l'activité libre sur les mouvements ou les tendances de la vie organique et animale.

Ibid., *Réponses aux arguments contre l'aperception immédiate d'une liaison causale entre le vouloir primitif et la motion, et contre la dérivation d'un principe universel et nécessaire de causalité de cette source* [1818], Cinquième objection, p. 385-387.

[385] « On peut imaginer des cas où la chance de se tromper est pour le moins aussi grande sur le théâtre de notre activité personnelle que sur celui des changements extérieurs. Un homme frappé de paralysie, etc.[23] ».

J'ai répondu ailleurs[24] à cet argument dont Hume a cherché à tirer parti, et j'y renvoie pour le fond.

J'ajouterai que l'expérience du paralytique dont il s'agit est délicate et difficile à faire. Jusqu'à [386] quel point un homme qui s'éveillerait paralysé dans quelque partie de son corps apercevrait-il immédiatement, et sans l'intervention de la mémoire, le pouvoir de remuer ses membres paralysés ? Ce qui ferait croire que cette apperception immédiate de pouvoir ou d'énergie ne serait pas la même que dans l'état sain ordinaire, c'est que si la paralysie pour le mouvement était générale, la faculté de sentir étant entière, il n'y aurait point d'effort voulu, par cela que l'apperception d'énergie ou de force radicale manquerait entièrement. Toutes les sensations seraient en ce cas purement affectives ou animales ; l'individu ne les localiserait pas, il n'en jugerait pas, il ne serait pas une personne. Il y a une expérience remarquable, rapportée par M. Rey-Regis[25], médecin, dans un ouvrage intitulé : *Histoire naturelle de l'âme*,

23 Voir ici le texte de Hume p. 436.

24 [NdA] Voir le premier appendice : opinion de Hume, etc.

25 Voir la note correspondante p. 628.

qui confirme ce résultat[26]. Mais admettons que le paralytique dont il s'agit, comme l'homme amputé dont parle Hume, se figure avoir encore le pouvoir de remuer le membre paralysé, ou qui n'existe plus, et qu'il tende à le mouvoir comme auparavant. Que faudra-t-il en conclure ? Que l'apperception immédiate de son pouvoir efficace le trompait en premier lieu, comme la croyance fondée uniquement sur le [387] souvenir de la motion passée et non sur le sentiment actuel et immédiat du pouvoir moteur, le trompe à présent ? Non sans doute ; on convient que nulle expérience interne immédiate ne saurait tromper ; mais de cela même on induit que le paralytique et l'amputé n'ont jamais éprouvé rien de pareil au sentiment d'un pouvoir efficace. On induirait au contraire qu'une croyance de souvenir qui trompe actuellement concourt à justifier la réalité du sentiment immédiat ou du fait primitif dont ce souvenir est la représentation, et sans lequel la croyance ne serait pas née, de même que la représentation vive des personnes ou des choses qui nous ont frappés et que nous croyons voir encore, ne prouve rien contre la réalité de ces objets de nos perceptions directes, mais plutôt la justifierait au besoin.

Œuvres inédites de Maine de Biran, t. II, éd. Ernest Naville, Paris, Dezobry, E. Magdeleine et Cie, 1859, *Essai sur les fondements de la psychologie* [1812], part. II, sect. III, chap. IV, § 1, p. 144-145.

[144] Dans la vision la plus active, si l'attention pointe, pour ainsi dire, une partie de l'objet et tend à le faire ressortir de l'ensemble du tableau composé donné au sens, elle ne peut anéantir ce tableau, toujours [145] présent malgré elle à la vision passive ; il en est de même dans la perspective imaginaire. Mais, dans l'exercice du toucher actif, le sens peut être tout entier aux ordres de l'attention, ne se diriger que d'après elle, et ne percevoir que ce qu'elle lui découvre par une succession de mouvements bien coordonnés, dont la volonté ralentit ou précipite à son gré le cours.

Les premières associations, dans le toucher, ne sont plus passives et fortuites, comme elles le sont toujours plus ou moins dans le sens de la vue, malgré l'attention même. La faculté par laquelle un aveugle exercé, tel que le géomètre Saunderson[27], se représente les différentes formes

26 [NdA] Voir page 96.
27 Voir la note correspondante p. 364.

multiples et composées des corps solides, ne doit avoir presque rien de commun avec notre imagination si mobile, si légère, si capricieuse et toujours si spontanée dans son exercice. Si cet aveugle n'embrasse pas simultanément comme nous des perspectives très étendues, il se fait des idées plus exactes et des notions plus réfléchies de chaque objet en particulier. Si l'étendue figurée n'est point revêtue pour lui de ces couleurs brillantes qui attirent, séduisent et distraient le regard, elle se dessine plus exactement comme le squelette de l'arbre et le détail des rameaux dépouillés de feuilles se développent mieux au regard. Enfin, comme l'aveugle n'imagine pas les figures visuelles, en recevant les intuitions toutes composées, il juge et rappelle mieux les formes tangibles en les composant lui-même.

Ibid., p. 147-148.

[147] En écartant donc maintenant l'objet tangible, nous pouvons concevoir comment les traces qu'il a laissées pourront revivre dans le sens interne, par l'exercice de la même activité qui concourut à les former en premier lieu. Et d'abord, le module ou l'instrument qui servit à déterminer les formes, est toujours présent ; tous les mouvements exécutés par la main, toutes les positions qu'elle a prises en parcourant le solide, peuvent être répétés volontairement en l'absence de ce solide. Ces mouvements sont les signes des diverses perceptions élémentaires, relatives aux qualités premières inséparables de la résistance ; ils pourront donc servir à en rappeler les idées, et ce rappel, exécuté par le moyen de signes disponibles, constitue la mémoire proprement dite ; il y aura donc une véritable mémoire des formes tangibles.

L'origine que nous donnons ici à cette faculté peut se justifier en partie par l'exemple des aveugles-nés, dont l'intelligence est développée jusqu'à un certain point, et chez lesquels cette mémoire nette des formes a pris un développement proportionné à l'exercice [148] plus habituel d'un sens éminemment actif, isolé du sens souvent passif des images. Dans la représentation, où nous imaginons des figures colorées, l'aveugle rappelle les formes simples de la résistance. Là aussi où notre vue extérieure sujette à se troubler, au sein de cette multiplicité et de cette variété d'éléments, a besoin d'appeler des signes à son secours, et de substituer de purs symboles aux idées représentatives, la mémoire de l'aveugle porte très bien le double fardeau des signes et des idées; il répète sur celles-ci les mêmes opérations synthétiques qu'il exécuta sur l'objet présent, avec le sentiment de cette libre répétition, qui seule constitue la mémoire active et réfléchie.

La vue ne sert qu'à enrayer cette activité réflexive en paraissant lui donner des ailes[28].

Ibid., § 2, p. 154-156.

[154] Si, au même instant où l'attention cesse d'agir, ses résultats sensibles s'évanouissaient sans qu'il en restât de traces, il n'y aurait aucune comparaison possible entre les modes successifs de notre activité, aucune perception distinguée de toute autre.

Prenons, par exemple, l'exercice d'un toucher actif, tel que le toucher dont nous avons analysé les conditions et les circonstances. Toucher, pour l'aveugle, c'est mesurer, et mesurer, c'est comparer. La main, qui est aux ordres de la volonté, est ici l'unité de mesure ou le terme fixe de comparaison. Cet instrument mobile et sensible étant appliqué à un objet solide, figuré, chaud ou froid, poli ou rude, etc., la première sensation pourra envelopper, comme dit Condillac[29], plusieurs éléments différents, parmi lesquels nous en distinguerons trois qui constituent le phénomène complet de la perception : effort et résistance simple unis dans le même rapport fondamental; affections de tact rapportées à l'organe; qualités tactiles non affectives attribuées à l'objet résistant.

Un seul acte d'attention embrassera au premier instant ces éléments intimement unis dans la même perception; mais ce n'est pas cette faculté qui pourra voir, pour ainsi dire, dans l'intérieur d'un groupe tout ce qui y est compris. Au second instant, la main se trouve sur une partie du solide contiguë à la première, mais différente d'elle. Les sensations ou les [155] qualités tactiles peuvent varier dans ce passage, mais c'est toujours la même résistance continue (*resistentis continuatio*). De même, dans un troisième et un quatrième instant, jusqu'à ce que tout le solide étant parcouru, par la succession des mouvements volontaires, il y ait à la fin perception totale ou idée complète, une, de l'objet tangible.

28 [NdA] *Non ala sed plumbum addendum est.* [Ce n'est pas une aile mais du plomb qui doit être ajouté] Bacon.

29 Voir le *Traité des sensations*, par exemple II, VIII.

Comme la même main ne peut se trouver à la fois sur deux parties du solide, le même acte d'attention présente n'a pu évidemment embrasser en un seul instant les impressions qui correspondent à des mouvements successifs. Cependant, l'individu sent ou aperçoit qu'il y a dans chaque sensation partielle quelque chose qui varie de l'une à l'autre et quelque chose qui reste le même dans toutes. Donc, il les compare, mais il ne sent pas deux perceptions actuelles qu'il peut comparer, puisqu'au même instant qu'il éprouve l'une, l'autre n'est déjà plus. Donc c'est la trace de la perception antérieure qui seule peut être comparée avec la perception que l'attention actuelle rend présente. Ainsi, une corde de harpe vibre encore lorsqu'elle n'est plus pincée, et ses ondulations sonores rentrent dans celles que le doigt tire de la corde à laquelle il s'applique.

Cet exemple nous retrace ce qui doit arriver dans tout exercice de l'attention, accompagné ou suivi d'actes de comparaison, quels que soient d'ailleurs les termes comparés, ces termes étant toujours deux, présents à la même conscience, l'un comme acte de l'attention toujours unique, l'autre comme résultat ou trace que cet acte, toujours un, vient de laisser [156] après lui.

Ibid., sect. IV, chap. III, p. 247-248.

[247] Dans l'exaltation spontanée de l'imagination, dans ces sortes de visions extatiques où l'individu perd le *conscium sui*, tout paraît bien se passer dans le sein de l'âme même ou de son instrument, mais alors rien ne reste dans la mémoire parce que rien n'a été dans l'aperception ou la réflexion. Pour que l'individu pense, en ayant la conscience de ses opérations, il faut qu'il rappelle nécessairement quelques signes volontaires. [248] C'est toujours un organe mobile externe qui les lui fournit. C'est de là, comme d'un point d'appui, que ses idées et opérations se réfléchissent vers leur source et prennent pour ainsi dire un corps. Ainsi, l'ouïe et la voix sont toujours en action dans nos opérations intellectuelles les plus secrètes, qui sont comme des discours que nous adressons tout bas à nous-mêmes, car il faut toujours que nous entendions nos idées pour les concevoir. Dans le sourd-muet qui ne pense que par images, c'est sur l'organe de la vue que l'attention se porte sans pouvoir alors se réfléchir elle-même ; ou, si la mémoire s'exerce, c'est en combinant des

mouvements, ou des résultats de mouvements volontaires, qui lui sont bien autrement utiles que les signes de la vue dont il ne dispose pas.

Ibid., chap. IV, § 5, p. 360-361.

[360] Nous aurions pu multiplier les exemples propres à faire reconnaître la nature des sciences de vérité absolue, nécessaire, ou de raison, et la nature des sciences de vérité relative, contingente. Nous aurions pu montrer comment une même science physique, telle par exemple que l'optique, l'acoustique, peuvent admettre ces deux sortes de vérités. La vérité de raison est fondée sur les relations fixes de l'objet, dépouillé de toutes ces qualités hétérogènes qui le mettent en rapport avec les sens, pour n'être considéré que dans ce qu'il peut être en lui-même, ou par rapport à l'entendement. C'est ainsi que l'aveugle Saunderson démontre les propriétés de la lumière, et tous les résultats purement mathématiques de la direction des rayons en ligne droite, de l'égalité des angles d'incidence et de réflexion, des rapports des [361] « sinus » de réfraction, etc. Ainsi un sourd pourrait déduire toute la théorie acoustique des propriétés de la corde vibrante, des rapports numériques des vibrations avec la longueur, l'épaisseur des cordes, tandis que ces mêmes hommes ne peuvent absolument imaginer aucun des effets sensibles de la lumière ou du son, ni concevoir aucune des hypothèses explicatives imaginées par ceux qui voient et entendent pour expliquer le « comment » de ces effets.

GEORG WILHELM FRIEDRICH HEGEL
(1770-1831)

Philosophie de la nature [1804-1805], t. I, trad. Augusto Vera, Paris, Ladrange, 1863, part. II, Introduction, § 250, p. 202.

C'est dans cette impuissance de la nature à réaliser d'une manière parfaite la notion que réside la difficulté, et, dans plusieurs cas, l'impossibilité, en partant de l'observation extérieure, de distribuer les êtres en classes et en genres suivant des différences invariables. Partout la nature confond les limites essentielles des êtres par des produits intermédiaires et irréguliers qui fournissent des exemples contre la détermination invariable de leur différence ; ce qui a même lieu dans la circonscription d'un genre, du genre homme, par exemple, où les avortons peuvent être considérés, d'une part, comme appartenant à ce genre, et, d'autre part, comme ne possédant pas la détermination essentielle qui constitue le genre.

Mais, pour que l'on puisse considérer ces produits comme imparfaits, bizarres et monstrueux, il faut supposer un type invariable qui n'est pas le résultat de l'expérience, car c'est à l'aide de ce type que nous reconnaissons ces avortons, ces monstres et ces produits mixtes de la nature ; ce qui suppose l'invariabilité et la puissance de la notion et de ses déterminations.

JOSEPH-MARIE DE GÉRANDO
(1772-1842)

Des Signes et de l'Art de penser considérés dans leurs rapports mutuels, t. I, Paris, Goujon fils, Fuchs et Henrichs, 1799-1800, part. I, sect. I, chap. X, p. 251.

On conçoit que les idées abstraites doivent être moins propres, que les idées sensibles, à recevoir un langage d'imitation. Car outre que leurs analogies sont difficiles à apprécier, par la même raison que leur nature est difficile à connaître, les sons de la voix, les gestes du corps, les traits de la peinture, offrent ordinairement peu de moyens capables de les bien reproduire. Aussi admirons-nous souvent le talent que la nécessité a donné aux sourds, pour rendre par des gestes, certaines idées que nous chercherions en vain à leur transmettre par un procédé semblable.

Ibid., t. II, sect. II, chap. XIII, p. 333-334.

[333] De plus, le langage d'action[1] a encore cela de particulier, qu'il réunit souvent plusieurs signes pour décrire un seul objet ; un signe unique serait rarement assez expressif, parce qu'il ne retracerait qu'une idée trop générale. On peut s'en assurer, en observant les sourds-muets, lorsqu'ils veulent nous faire quelque récit. Ce ne serait point assez, par exemple, de nous avoir désigné la forme d'un animal, s'ils ne nous indiquaient en même temps son mode de station, sa taille ou sa démarche. Dans un langage où tout est peinture, chaque signe doit être un tableau.

Il résulte de là, qu'en agissant sur l'imagination, le langage d'action doit surtout lui donner ce caractère d'énergie, qui multiplie et renforce toutes les associations d'idées ; car chaque signe nous rappelle la liaison

---

1 Voir la note correspondante p. 525.

que nous avons établie entre plusieurs circonstances, et nous fait répéter encore la même opération dont cette liaison fut l'effet. De plus, comme, pour saisir la valeur d'un signe dans le [334] langage d'action, il faut que l'esprit combine à la fois tous les détails dont ce signe est formé, comme il ne peut recevoir de lumière que de leur ensemble, il est visible que les effets particuliers de chaque signe élémentaire doivent se réunir dans un centre unique, et cette simplicité de la fin à laquelle se termine une description, doit établir un lien plus étroit entre tous les détails dont elle se compose.

Ibid., t. III, part. II, sect. I, chap. III, p. 78-79.

[78] On sait que les aveugles-nés acquièrent par l'exercice une telle délicatesse dans le toucher, qu'ils peuvent avec les doigts distinguer les couleurs, et suivre même les caractères de l'écriture.

Les sourds-muets ont dans le coup d'œil [79] une telle rapidité et une telle pénétration, qu'il leur suffit très souvent d'observer le mouvement de nos lèvres, pour comprendre ce que nous disons. Dans la saveur d'un mets, qui me paraît très simple, et m'affecte peu sensiblement, un gourmet distinguera peut-être une foule d'impressions très remarquables.

La perfection de nos observations dépend sans doute, en premier lieu, de l'application et de l'assiduité que nous portons dans ces observations elles-mêmes. Le premier instrument de l'esprit, c'est l'attention.

Ibid., chap. X, p. 358.

C'est à la faculté de réflexion qu'il appartient d'exécuter ces grandes expériences qui servent de bases aux sciences les plus importantes pour l'homme, puisqu'elles se rapportent à l'homme lui-même, et qu'elles ne sont que la recherche de son bonheur. Or, la faculté de réflexion ne se perfectionne point dans le même rapport, ni par les mêmes occasions que les sens. Au contraire, les sens ne se perfectionnent qu'en agissant, et la réflexion a besoin que les sens soient en repos, pour qu'elle puisse elle-même se déployer en liberté. Un aveugle, un sourd réfléchissent ordinairement avec plus de succès que les individus pourvus d'yeux et d'oreilles.

Ibid., t. IV, sect. II, chap. XII, p. 452-456.

[452] Depuis que la science de l'entendement humain, rappelée à son véritable esprit, éprouve le besoin de puiser ses notions fondamentales dans les instructions de l'expérience, il ne pouvait guère s'offrir aux regards du métaphysicien un spectacle plus curieux que celui des sourds-muets de naissance, soit dans l'état où ils se trouvent avant qu'on commence leur éducation, soit dans le développement qu'ils éprouvent sous la direction de leurs instituteurs.

Ce n'est pas que le sens de l'ouïe soit par lui-même aussi important que celui du toucher et de la vue, et qu'il se lie par des rapports aussi directs et aussi étroits aux besoins de l'individu ; mais c'est que la privation de l'ouïe entraîne celle de la parole, et par conséquent celle de toutes [453] les communications dont la parole est le moyen. Et comme, dans l'éducation ordinaire, c'est encore avec la parole qu'on enseigne l'écriture, les sourds-muets, qui demeurent entre les mains de leurs parents, n'apprennent pas non plus l'usage de l'écriture ; ils ne sont donc point admis à la participation de nos signes institués ; nos langues n'existent pas pour eux ; placés au sein de la société, ils lui sont en quelque sorte étrangers ; ne recevant rien de nous, ils ne sont que ce qu'ils deviennent par eux-mêmes : ils nous offrent donc un terme de comparaison très favorable pour juger de ce que l'homme doit à l'usage des langues, pour saisir dans ses principes la génération de nos idées, pour apprécier avec exactitude l'influence des signes. Leur histoire toute entière est comme un grand phénomène dont la méditation, étroitement liée au sujet de notre étude, doit confirmer les faits que nous avons tracés, s'ils étaient exacts, et fournir de nouvelles données au problème que nous cherchons à résoudre.

Quoique les sourds-muets de naissance [454] qui n'ont point encore éprouvé le bienfait des méthodes d'institution, soient entièrement privés des moyens de communication qui appartiennent à nos langues, il ne faut point croire qu'ils soient dénués de signes, qu'ils soient même réduits au simple secours des signes naturels, et qu'ils puissent ainsi nous représenter l'état de l'homme antérieurement à toute espèce de langage. Le sourd-muet possède un langage, un langage dont la nature lui fournit les premiers éléments, mais qu'il étend, qu'il développe, et qui devient, pour lui, un art véritable ; un langage avec lequel il ne sait pas rendre, sans doute, toutes les idées, mais avec lequel il peut cependant manifester ses principaux besoins, se faire entendre de nous et de ceux qui partagent sa disgrâce. Voici en quoi consiste précisément la différence qui le distingue de l'homme doué de tous ses sens. Ce dernier, admis à recevoir tous les secours de l'éducation ordinaire, hérite d'un système de signes créé depuis très longtemps, perfectionné par le concours simultané d'un grand nombre d'hommes, et par les travaux [455] successifs de plusieurs générations ; le sourd-muet n'a d'autres maîtres que la nature, ses besoins personnels et sa propre industrie. Celui-là trouve une langue déjà faite, et s'en empare ; celui-ci commence et fait lui-même sa langue. Le premier est initié à une foule de conventions existantes, avant d'en prévoir les effets et les usages ; le second n'invente les signes qu'à mesure qu'ils lui sont nécessaires. Le premier recueille les fruits d'un travail auquel la société entière a contribué ; le second est réduit à ses ressources individuelles, et nous représente assez bien le premier âge des générations humaines. Ces deux êtres sont contemporains ; mais leurs esprits sont séparés l'un de l'autre par un grand nombre de siècles.

S'il est encore quelques philosophes qui veuillent douter que le langage ait pu être institué d'après les seules indications de la nature, l'exemple du sourd-muet doit suffire pour les désabuser de leur opinion : car nous le voyons se former successivement, par ses seuls efforts, le langage qui lui appartient ; et quoique ce langage soit [456] aussi borné que doit l'être la suite des réflexions qu'il a le loisir de faire, il renferme cependant tous les éléments d'un système complet, et n'exigerait, pour devenir aussi étendu que nos langues, qu'une plus longue continuation des opérations que nous lui voyons commencer. La proportion de son langage au nôtre n'est que celle qui subsiste nécessairement entre les efforts d'un seul individu, et ceux d'une société entière pendant plusieurs générations. Le sourd-muet établit même avec ceux qui l'entourent, avec les compagnons de son malheur, certaines conventions simples. Il franchit sous nos yeux cette limite qui paraissait au philosophe de Genève ne pouvoir jamais être dépassée[2]. Et pourquoi ce qu'un seul homme fait encore aujourd'hui, n'aurait-il pas pu être exécuté dès l'origine par d'autres hommes, forts de leur réunion, et mieux partagés par la nature ?

---

2 Il s'agit peut-être d'une allusion au *Discours sur l'origine et les fondements de l'inégalité* (1754) de Rousseau, dans la première partie duquel il juge difficile, voire impossible, de rendre compte de l'origine du langage, dans la mesure où un moyen de communication déjà établi entre les hommes semble requis pour que ceux-ci instituent collectivement les mots qui formeront leur langue.

Ibid., p. 457-470.

[457] L'étude de la génération de nos idées ne doit pas à l'observation du sourd-muet des lumières moins abondantes, ni moins sûres. Comme ses idées sont en petit nombre, comme il les acquiert lentement, comme il les décrit avec fidélité dans son [458] langage imitatif, nous pouvons mieux remarquer ce qui se passe dans son esprit, que ce qui a lieu dans l'esprit de l'enfant auquel on apprend si vite une foule de mots, qui peut les répéter sans les comprendre, et chez lequel les effets de la débilité des organes peuvent se confondre quelquefois avec l'action des autres causes. Tous les rapports que nous avons assignés entre la génération des idées et le progrès des signes se trouvent justifiés par l'histoire du sourd-muet. Tant qu'il est laissé à lui-même, et qu'il ne jouit encore que des premiers éléments du langage, il demeure à peu près renfermé dans le cercle des idées sensibles et des notions individuelles. Il forme bien quelques compositions ; mais ces compositions se rapportent toujours à quelque modèle donné ; elles sont toujours très limitées ; il commence bien quelques abstractions, mais elles sont toujours réduites au premier degré ; c'est-à-dire, elles ne détachent des objets que ce que les sens peuvent en détacher. Les idées archétypes, les compositions du second ordre, les abstractions du second degré, les vraies abstractions [459] métaphysiques semblent lui être interdites. Il s'arrête donc sur cette limite qui sépare le monde matériel et sensible du monde philosophique, sur cette limite que les enfants traversent en quelque sorte à notre insu, grâce au désordre avec lequel on leur enseigne nos langues. Lorsqu'on veut ensuite instruire le sourd-muet, et élever son esprit au niveau de l'éducation ordinaire, il faut reprendre avec lui ces premiers éléments ; il faut combiner avec lui ces signes qu'il s'est formés, ou répéter avec lui une suite de comparaisons méthodiques sur les objets qui renferment pour nous le germe des notions abstraites et générales. S'il était besoin d'une nouvelle preuve pour confondre le système des idées innées, en pourrait-on demander une plus sensible que celle qui résulte de cette expérience ? car ces idées, qu'on prétendait être placées en nous par la nature et n'être point le produit de l'art, sont précisément celles qui manquent au sourd-muet ; comme nous l'annoncent, et l'impuissance où il est de les exprimer par des signes, et l'étonnement [460] qu'il nous témoigne en les recevant de son instituteur, et les aveux qu'il nous fait lui-même lorsque son éducation est terminée.

L'observation des sourds-muets de naissance confirme encore les maximes que nous avons établies (1re. partie, Sect. 2e. chap. 10), à l'égard de l'influence que le langage de convention exerce sur le développement des facultés intellectuelles. Avec un langage seulement commencé, les sourds-muets ne possèdent que des facultés très imparfaites. Le sourd-muet donne une attention sérieuse à tout ce qui se lie immédiatement à ses besoins ; mais, concentré dans les effets, il ne suit point la chaîne des causes ; son attention, quelquefois très fixe, n'est jamais méthodique ; il n'exerce aucune domination sur elle ; il ne met point en ordre ses expériences ; il ne songe point à transformer leurs résultats ; il se borne à recevoir, d'une manière passive, les impressions qui lui parviennent ; il obéit toujours, et semble ignorer le pouvoir qu'il a de se diriger lui-même. Ses jugements, livrés aux [461] lois d'une aveugle habitude, ne se forment point par de régulières déductions, ne reçoivent point les modifications de la probabilité ; il est à l'abri des subtilités de la métaphysique ; son imagination ne connaît pas la brillante et dangereuse région des systèmes ; mais se bornant à répéter mécaniquement ce qu'il a fait ou vu faire, il ignore l'art de faire servir le connu à la découverte de l'inconnu. Il a sans doute un commencement de réflexion ; car il faut qu'il analyse sa pensée pour la peindre, et il ne peut l'analyser sans réfléchir sur lui-même ; mais cette réflexion s'arrête en quelque sorte aux formes les plus extérieures de sa pensée ; elle ne pénètre ni les opérations de son esprit, ni les modifications les plus intimes de son être ; sa propre existence semble être pour lui un profond mystère, et pendant qu'il nous dévoile, par des expressions si naïves, les impressions qu'il éprouve, seul il paraît n'être pas témoin de ce qui se passe en lui-même.

Cependant, le sens du toucher et de la vue est chez lui bien plus actif, bien [462] plus perfectionné que chez les autres hommes, et les idées philosophiques que nous puisons immédiatement dans les sons dont il est privé, sont extrêmement limitées. Nouvelle preuve que le perfectionnement de notre esprit ne dépend pas exclusivement du perfectionnement de nos sens ; nouvelle preuve que le développement de nos facultés est surtout dû à la présence de cette réflexion qui met l'entendement en liberté, parce qu'elle lui révèle le secret de ses propres forces.

Enfin, l'observation du sourd-muet nous apprend combien est étendue l'influence que nos idées exercent sur la nature de nos besoins et le caractère de nos passions. Limité à la sphère des idées sensibles, le sourd-muet ne connaît guère que le bien-être ou le mal physique ; ne méditant pas sur sa propre destination et sur les rapports réciproques de l'homme à l'homme, l'obligation du devoir n'est presque à ses yeux que l'appréhension des peines ; le seul sentiment moral qu'il paraisse éprouver dans une haute énergie, est celui de sa propre indépendance, et [463] peut-être est-ce encore l'effet de ce qu'il réfléchit très peu sur le besoin qu'il a de ses semblables. Je laisse à d'autres le soin de comparer le bonheur de son état avec celui de l'homme de la société, et de décider à quel point l'affranchissement de nos besoins factices compense en lui la privation des nobles jouissances de la sensibilité ; mais il est certain, du moins, que le spectacle des individus mieux favorisés que lui de la nature, excite en lui une vive jalousie ; il tend sans cesse à entrer en participation de nos plaisirs et de nos idées, à s'élever à notre niveau ; il gémit des obstacles qui s'y opposent, peut-être par un secret instinct qui l'avertit de notre supériorité, peut-être seulement de cette impulsion naturelle, qui porte toujours si vivement le désir de l'homme vers les objets qu'il ignore.

L'homme de la nature, ce personnage vrai ou imaginaire, a été, pour les philosophes, l'objet de plusieurs hypothèses, probablement très arbitraires, et qui manquent toujours de l'appui de l'observation. Le sourd-muet, sans nous le représenter [464] exactement, nous retrace cependant un spectacle curieux, celui de la société humaine à son berceau, celui des premières communications que nos ancêtres purent établir entre eux, celui de l'homme qui, livré à la seule impulsion de son instinct, n'a été modifié que d'une manière très peu sensible par nos institutions, et par les effets de nos éducations systématiques. Ses jugements, au moins, sont à l'abri de l'influence de l'imitation, cette cause puissante qui fait acheter à l'individu, par une si grande altération de son caractère primitif, le rapide développement qu'elle donne à ses habitudes. Sous ce rapport, le phénomène que présente le sourd-muet nous fournit des instructions plus positives encore que celles qu'on retire du spectacle des peuples sauvages ; car l'état moral du sauvage résulte à la fois du climat, de l'organisation, du genre de vie, des habitudes de société, de certaines institutions, de plusieurs causes, en un mot, dont il est difficile de démêler l'action distincte et précise. Mais chez le sourd-muet, tout se [465] rattache à une cause unique, la privation de la parole. Chez le sauvage, l'imperfection de la langue n'est qu'un effet ;

chez le sourd-muet, au contraire, c'est à l'imperfection du langage que tout commence. Le sauvage a un véritable langage de convention qu'il tient de ses pères, et qu'il ne cultive pas, quoiqu'il pût le développer, si les circonstances extérieures lui étaient plus favorables ; le sourd-muet a formé le sien d'après l'analogie ; il le complète à chaque instant. Le premier est toujours stationnaire ; le second, en peu de temps, et par ses seuls efforts, franchit une route immense.

[...]

Comme c'est toujours par le secours de la parole que l'homme commence à exprimer ses idées, un préjugé naturel devait persuader que les idées ne peuvent en effet se communiquer que par la parole [466] et que les sons doivent être l'instrument nécessaire des communications humaines. Aussi les premiers instituteurs[3] qui voulurent essayer de rendre le sourd-muet à la société, crurent-ils devoir s'attacher seulement à lui faire articuler quelques sons semblables à ceux qui composent nos langues, et à lui faire distinguer, d'après les mouvements de nos lèvres, les sons que nous prononçons nous-mêmes. Ils s'étudièrent donc à découvrir quelle est la disposition de l'organe vocal, qui prépare et détermine l'émission des intonations, ou la formation des articulations appelées « consonnes » ; ils firent remarquer au sourd-muet cette disposition organique ; à force de travail et de patience ils l'accoutumèrent à l'imiter ; ils lui firent observer aussi que ce mécanisme intérieur était ordinairement accompagné d'une certaine révolution dans les parties extérieures de la bouche, et ils l'exercèrent à lier le spectacle de ces révolutions externes aux mouvements organiques que leur œil ne pouvait pénétrer. Ils croyaient ainsi lui avoir donné le langage : « Prononcer des mots, disaient-ils, [467] c'est bien parler ; distinguer les mots qu'on prononce, c'est bien entendre. » Ils n'apercevaient pas que la pratique même qu'ils avaient adoptée suffisait pour renverser l'opinion fondamentale de leur système ; car, malgré tous leurs efforts, il n'existait point de son pour le sourd ; les signes qu'ils lui prêtaient étaient seulement puisés dans les sensations du toucher et de la vue, et puisqu'ils voulaient lui

3 Tandis que de Gérando, parmi les pédagogues qui ont instruit les enfants sourds au moyen du « langage gestuel », cite l'abbé de l'Épée et l'abbé Sicard, il passe sous silence le nom des instituteurs qui seront plus tard qualifiés d'« oralistes », dont les plus connus sont les Espagnols Pedro Ponce de León (1520-1584) et Juan de Pablo Bonet (1573-1633), l'Anglais John Wallis (1616-1703), le Suisse Johann Conrad Amman (1669-1724) et l'Espagnol (d'origine portugaise) installé en France Jacob Rodrigue Pereire (1715-1780).

faire lier les idées à certaines impressions de la vue et du toucher, ne valait-il pas bien mieux en choisir qui fussent moins subtiles, moins fugitives, et plus faciles tout à la fois à remarquer et à produire ?

[...]

[469] J'observerai, en passant, que ce préjugé vulgaire sur la nécessité de la parole est encore aujourd'hui beaucoup plus général qu'on le pense, et qu'il produit souvent chez ceux qui assistent aux instructions des sourds-muets un étonnement tout à fait absurde, pendant qu'il les empêche de remarquer ce qu'il y a dans cet art de vraiment admirable. « Rendre la parole aux muets et l'ouïe aux sourds, (disent quelquefois même des gens d'esprit) n'est-ce pas une sorte de prodige ? » Ce prétendu prodige n'est que l'effet d'une équivoque des termes, jointe à une habitude de l'esprit. On ne rend aux sourds-muets ni la parole, ni l'ouïe, on ne fait que leur apprendre à user de l'écriture, comme nous usons de la parole ; et puisque les figures sont aussi propres par elles-mêmes que les sons à représenter les idées, il n'y a rien de très étonnant qu'on use des unes comme des autres, et que des deux systèmes de signes qui appartiennent à l'homme de la société, on enseigne du moins au sourd-muet celui qui [470] s'accommode avec l'état de ses organes. Il n'y a pas plus de prodige à voir un sourd écrire qu'à entendre un autre homme parler ; tous deux passent immédiatement de l'état de nature aux conventions de nos langues artificielles. L'un use de ses yeux comme l'autre de ses oreilles. Ce qu'il faudrait admirer, ce n'est donc pas qu'ils parviennent à écrire, mais c'est l'ordre qu'on suit en le leur enseignant, c'est la supériorité que les méthodes de leurs maîtres ont sur celles qu'on emploie ordinairement pour nous apprendre le langage.

Ibid., p. 477-479.

[477] D'abord, trois circonstances principales rendent les gestes ou signes méthodiques[4] des sourds-muets, impropres à tenir lieu d'une langue philosophique. Ils sont pleins de métaphores, et ils doivent l'être, puisqu'ils n'ont que des figures et des mouvements pour représenter toute

4 Il s'agit de la langue gestuelle forgée par l'abbé de l'Épée et ses élèves. Voir la note correspondante p. 525.

sorte d'idées. Ils ne sont pas assez simples, soit parce que les analogies ne sont pas soumises à des règles fixes et uniformes, soit parce qu'il faut souvent un assez grand appareil de signes pour exprimer une seule idée. Enfin, ils n'analysent pas assez exactement la pensée ; car, alors même qu'ils sont le plus imitatifs, ils ne décrivent encore que les circonstances principales d'un objet, et laissent à l'esprit le soin d'achever la description qu'ils ont ébauchée. Surtout, tendant plus à réveiller une [478] idée qu'à la définir, ils s'attachent plutôt aux modifications sensibles, aux rapports extérieurs de cette idée, qu'à ses propriétés intimes.

Deux autres circonstances mettent obstacle à ce que les signes méthodiques des sourds-muets deviennent une langue universelle. D'abord, ces signes ne sont que des gestes, et les gestes ne s'adressent qu'aux regards de ceux qui en sont témoins ; ils ne serviraient donc point à la correspondance des personnes éloignées les unes des autres, à moins qu'on ne voulût dessiner ces gestes sur le papier, ce qui serait trop long et trop difficile à exécuter. D'ailleurs, le geste qu'un sourd-muet emploie à exprimer un objet, lui est souvent inspiré par les circonstances qui entourent cet objet, et ces circonstances ne sont pas les mêmes dans tous les pays ni pour tous les hommes. La valeur des signes méthodiques qu'emploie le sourd-muet, est fondée sur ses liaisons d'idées ; mais la nature des liaisons d'idées dépend à la fois des habitudes et de la direction que l'attention a prise ; or, ces habitudes [479] varient dans le sein de chaque société ; la direction de l'attention n'est pas la même chez tous les individus. Ainsi de deux choses l'une : ou les signes méthodiques seraient inventés à la fois en divers pays, et alors les mêmes signes ne se rencontreraient pas toujours pour les mêmes idées ; ou bien, une nation voudrait donner ses signes méthodiques aux autres, et alors ces signes ne produisant pas les mêmes effets sur tous les esprits, seraient diversement interprétés ; il faudrait recourir à des conventions pour les expliquer, et ce serait retomber dans l'inconvénient auquel on voulait se soustraire[5].

5 [NdA] J'observerai cependant que la connaissance des signes méthodiques des sourds-muets serait très utile aux voyageurs qui sont dans le cas d'avoir quelque commerce avec les Sauvages, pourvu qu'ils eussent soin de ne pas confondre les habitudes particulières au sourd-muet, avec celles que le Sauvage doit à son genre de vie et aux circonstances qui l'entourent.

Ibid., p. 482-485.

[482] J'observerai cependant, que si le sourd-muet est heureux d'avoir trouvé de tels instituteurs[6], leurs instituteurs doivent aussi se féliciter d'avoir de tels disciples. La surdité est une privation sans doute, mais c'est aussi une grande distraction de moins. Réduit à un plus petit nombre de sensations, le sourd-muet les remarque mieux et les analyse plus librement. D'ailleurs, celui qui enseigne la langue à un enfant ordinaire, n'est jamais son seul guide ; tous ceux qui abordent cet enfant lui donnent des leçons sans le vouloir ; ainsi, la [483] méthode de l'instituteur est sans cesse troublée, contrariée par les circonstances. Celui qui instruit le sourd-muet n'a pas cet obstacle à craindre ; l'élève ne parle que dans ses leçons, et n'apprend rien que par sa méthode ; chaque mot ne s'offre à lui que dans l'ordre fixé, et après une préparation convenable. D'ailleurs, chaque instruction porte ici son épreuve avec elle ; le sourd-muet avertit lui-même le maître qui s'explique mal ; une réponse différente de celle qu'on attendait, annonce que la question était mal posée, ou que les définitions étaient vicieuses.

Aussi devons-nous croire que les seules leçons de l'expérience conduiront chaque jour à une plus grande perfection l'art d'instruire les sourds-muets. On ajoutera encore à la précision des définitions, à l'exactitude des analyses ; on établira entre les idées un enchaînement plus régulier, on portera une plus saine philosophie dans la manière d'exposer les notions métaphysiques, enfin on simplifiera la méthode, et on la rendra peut-être assez facile, pour qu'une mère de famille puisse apprendre [484] à lire à son enfant sourd-muet, comme elle apprend aux autres à parler[7].

Au reste, ceux mêmes qui instruisent des enfants doués de tous leurs sens, puiseront, dans la méditation des méthodes employées à l'institution des sourds-muets, de précieuses idées sur l'éducation. Ils apprendront à mieux se conformer, dans l'enseignement, à l'ordre tracé par la génération des idées. Ils apprendront à donner des définitions plus rigoureuses, à les soutenir par d'ingénieuses explications ; et de même que les signes méthodiques des sourds-muets présentent d'heureux

6 Des instituteurs qui, tels que l'abbé de l'Épée et ses élèves (qui devenaient maîtres à leur tour), enseignent aux enfants sourds non à parler, mais à s'exprimer par gestes.

7 [NdA] Pendant que cet ouvrage était sous presse, le citoyen Sicard a publié, dans ces vues, un *Cours d'instructions pour les sourds-muets*. La générosité avec laquelle il publie les secrets de son art, était bien digne de l'esprit qui en a inspiré la découverte.

modèles pour la réforme de nos langues, la manière dont on traduit ces premiers signes fournira de précieux exemples pour mieux enseigner nos langues dans l'état où elles sont.

[485] Honneur aux hommes de bien qui ont réparé si dignement à l'égard de ces infortunés, les erreurs de la nature ! Honneur aux Philosophes qui ont su rendre à la société, à la raison, des êtres intelligents et des citoyens utiles !

Le Visiteur du pauvre [1824], Paris, Jules Renouard, 1826, chap. II, p. 20-22.

[20] Il y a trois causes de l'indigence réelle :

L'impuissance au travail ;

L'insuffisance du produit du travail ;

Le manque de travail.

I° L'impuissance au travail est momentanée, ou durable : momentanée chez le malade, le blessé, la femme en couches ; durable chez le vieillard et l'incurable.

Elle est partielle ou absolue : absolue chez le malade alité, le paralytique et dans la décrépitude ; partielle dans tous les autres, même pour l'aveugle.

Ici, vous ne pouvez rien constater sans voir, sans voir par vous-même ; voir, auprès du lit ou du grabat ; voir, non un seul jour, mais à divers jours, à des heures diverses ; voir, ce n'est pas assez ! Vous interrogerez les voisins ; vous amènerez un médecin. Et remarquez, avant tout, que la misère sans ressources est précisément par là même celle qui est hors d'état de se produire.

[...] [21] 2° L'insuffisance du travail a lieu d'abord chez ceux auxquels l'âge ou les infirmités, en leur laissant encore le moyen de se livrer à quelque [22] occupation, comme il vient d'être dit, ne permet pas l'entier développement de leurs forces.

Souvent aussi elle a lieu chez les femmes, quand elles sont isolées ; quand elles n'ont pas appris à exercer l'un de ces arts où les talents qui leur sont propres ont pu se développer. Alors, réduites au plus simple travail mécanique, leur faiblesse, leurs fréquentes infirmités, l'organisation de la société, qui ne leur laisse sous ce rapport qu'un emploi subalterne, mixte et peu productif, les expose à ne recueillir qu'avec peine l'absolu nécessaire ; il est vrai que la sphère de leurs besoins est aussi plus restreinte.

Ibid., chap. VII, p. 240-245.

[240] Pour l'ouvrier qui vit de son travail, la santé est tout, puisqu'elle est la condition de ce travail ; une simple altération de la santé, qui, sans le condamner à se mettre au lit, diminue cependant ses forces ; un accident, une simple indisposition passagère, mais qui le forcent de suspendre son occupation accoutumée, lui causent un préjudice très sensible et commencent à lui faire sentir le besoin. Que sera-ce si la maladie est grave, et l'arrache pour quelque temps à toute espèce de labeur, si elle dégénère en une infirmité chronique ; si une infirmité vient à affecter l'un de ses organes, l'un de ses membres, ceux dont sa profession exigeait un emploi [241] habituel et exercé, s'il perd ainsi l'aptitude au genre de travail pour lequel il avait acquis de l'habileté ? d'un côté, la source de ses modiques revenus est momentanément tarie ; de l'autre, de nouveaux besoins se font sentir, et il ne peut plus se suffire à lui-même. Je le suppose père de famille : il faudra que sa famille continue à subsister ; s'il n'a pas quelques petites épargnes en réserve, il faudra mettre en gage ou vendre successivement ses effets, ses instruments, son métier ; il finira par se dépouiller de tout ; il s'endettera et se trouvera arriéré du moins pour son loyer. C'est une ruine complète. Ce n'est pas tout : pendant qu'il est malade, souvent il perd sa place, s'il est occupé par un maître ; ses pratiques, s'il travaille pour son compte ; ses ressources à venir sont elles-mêmes atteintes et frappées de stérilité. Voilà le tableau dont nous sommes témoins chaque jour ; voilà l'une des causes les plus fréquentes de l'indigence, et certainement l'une des plus dignes de notre juste commisération.

Peut-être il succombe ; il laisse alors une veuve et des enfants en bas âge ; le travail de la veuve ne peut suffire à l'entretien de cette petite famille. Peut-être il demeure infirme pour [242] le reste de ses jours, et alors il accroîtra lui-même les charges de cette famille infortunée dont il devait être, dont il avait été le soutien.

Il échappera peut-être à ces derniers malheurs ; mais il est menacé de les subir ; cette image terrible s'offre à sa pensée, épouvante son épouse ; elle nous effraie pour lui. Combien ces cruelles inquiétudes ne peuvent-elles pas encore aggraver ses maux ! Il lui faudrait des consolations, de bonnes paroles, des témoignages d'intérêt, des soins de détail, des soins assidus. Qui les lui portera ? ses camarades, ses amis, absorbés eux-mêmes par leurs occupations obligées, n'ont pas le loisir de venir s'asseoir à côté de son lit de douleur.

[...]

[243] Malheureusement, un grand nombre de professions laborieuses exposent ceux qui les exercent, à des maladies, à des accidents, à des infirmités prématurées ; quelques-unes même les occasionnent d'une manière presque inévitable : il en est qui condamnent à respirer habituellement des vapeurs délétères, qui mettent en danger de faire des chutes et de recevoir des blessures, qui forcent de subir les intempéries des saisons ou des degrés de température mal en harmonie avec les dispositions de notre corps, qui fatiguent certains organes, qui [244] contraignent à des habitudes trop sédentaires. Le travail d'ailleurs a aussi ses excès dont les suites, pour être d'abord insensibles, n'en sont quelquefois que plus durables. Enfin, l'ouvrier, lorsque sa santé commence à s'altérer, néglige ordinairement de prendre les précautions convenables ; il laisse enraciner, invétérer le mal ; il ne consent à interrompre ses occupations habituelles, que lorsque les forces viennent à lui manquer. Tout conspire donc pour lui ravir son premier, son plus nécessaire trésor. De combien de soins, de précautions le riche ne s'entoure-t-il pas, pour prévenir des maux dont il est cependant bien moins menacé ! Puisse l'art de la médecine réunir tout ce qu'il a de lumières, pour arrêter, dans leurs causes, ces funestes maladies qui s'attachent comme autant de fléaux aux diverses conditions laborieuses, pour indiquer par une hygiène spéciale, les pratiques, le régime, la disposition des lieux ou celle des appareils les plus propres à garantir l'ouvrier des périls qui l'attendent ! Ce serait là certainement l'une des plus importantes applications de ses savantes recherches ; c'est aussi l'une de celles à l'égard desquelles il reste le plus à faire[8]. En [245] Angleterre, il s'est formé des associations philanthropiques qui ont pour objet essentiel de provoquer ces bienfaisantes applications pour certaines professions déterminées, les encourager, les récompenser, en répandre la connaissance. Mais, après avoir tracé à l'ouvrier les

8 [NdA] Rappelons cependant, *les Maladies du pauvre*, par Helvétius ; *le Traité des Maladies des artisans, d'après Romazzi*, par M. le docteur Patissier, Paris, 1822 ; les rapports annuels du conseil de salubrité, établi près de la préfecture de police ; ceux des médecins chargés du service des dispensaires. Ici encore nous rencontrons et nous bénissons le nom du généreux Montyon, dont la prévoyante sollicitude a aussi compris cet important sujet dans le nombre de ceux pour lesquels il a fondé des concours annuels.

précautions dont il doit s'environner, il faudrait obtenir de lui qu'il se prêtât à les observer, et c'est une chose moins facile qu'on ne pense ; son imprévoyance, son obstination, déconcerteront peut-être notre sollicitude[9].

Ibid., chap. XIII, p. 290-292.

[290] Ce que nous disons des vieillards s'applique également aux indigents atteints d'infirmités incurables. Toutes les infirmités n'entraînent pas une égale incapacité pour le travail. Celui qui est privé d'un bras, peut encore faire quelques commissions ; celui qui ne peut plus marcher sera en état d'agir encore avec ses mains ; dans la vie de famille, on tire encore parti de ce reste de forces ; la famille est une société naturelle où chacun met sa part de contributions, où l'un supplée à l'autre. N'ouvrez la porte de l'hospice que lorsqu'il n'existe absolument aucune autre ressource ; dans tous les autres cas, les secours à domicile offriront toujours plus d'avantage. Prenons pour exemple une infirmité qu'on ne peut ni feindre, ni exagérer, et qui emporte à la fois bien des privations : la cécité. La plupart des aveugles reçus dans les hospices, ne s'y livrent à aucune espèce de travail ; il reste cependant à un aveugle bien des manières de s'occuper utilement, et cet emploi de son temps lui deviendra plus facile s'il demeure [291] au milieu des siens[10]. L'expérience a même prouvé que les aveugles pouvaient acquérir dans certains métiers une assez grande capacité, pour gagner leur vie aussi bien que les voyants, au moyen d'un apprentissage convenable. La belle institution des Jeunes Aveugles de Paris[11] a résolu ce problème si intéressant pour l'humanité, et même

---

9 [NdA] On a indiqué des précautions simples pour éviter que les ouvriers qui pilent la céruse, n'en respirent la poussière ; on a prescrit ces précautions par des règlements ; on n'a pu parvenir à y faire obéir les malheureux ouvriers que cette négligence condamne à des maladies cruelles et inévitables. Il a fallu recourir alors à une ordonnance royale, qui interdise la fabrication et la vente de la céruse en poudre.

10 [NdA] L'hôpital royal des Quinze-Vingts ne donne que 250 fr. par an à ses membres externes qui se retirent dans leurs familles ; les membres résidant dans l'hôpital reçoivent 1 fr. par jour outre diverses fournitures, 50 c. pour leur femme, 25 c. par enfant. Eh bien ! on voit souvent les membres internes demander à devenir pensionnaires externes, et non l'inverse : ils sont donc pour le moins aussi bien chez eux avec une dépense inférieure des deux tiers.

11 Fondée par Valentin Haüy en 1785, la première école française pour enfants aveugles devient, en 1786, l'Institution des enfants aveugles, puis, en 1791, par un décret de

pour l'économie publique[12]. Si un exemple aussi remarquable n'a [292] point encore porté tous les fruits qu'on en devait attendre, on peut cependant, suivant les localités, exercer les aveugles à divers genres de travaux utiles, surtout si l'on est en mesure de donner des indemnités à ceux qui consentiraient à les instruire. C'est encore au visiteur du pauvre[13] qu'il appartient de triompher, à cet égard, de l'incurie des parents, de celle des aveugles eux-mêmes, de les exciter, de les éclairer sur les moyens auxquels ils peuvent recourir, et de les aider, s'il est nécessaire, à en faire usage. Un aveugle d'ailleurs a besoin de mille soins qui lui seront mieux rendus par ses proches ; il est assiégé par la tristesse, par l'inquiétude, par la défiance, triste et trop ordinaire conséquence de son infirmité ; séparé de tous ceux qui lui sont chers, n'en souffrira-t-il pas davantage encore ? la tendresse des siens ne sera-t-elle pas le meilleur remède pour lui rendre la sérénité ?

Ibid., chap. XIV, p. 329-330.

[329] Alors même que, par impossible, le pauvre ne pourrait tirer aucun profit du travail dont il est encore capable, il faudrait encore lui procurer cette occupation, comme un remède moral, comme un [330] préservatif contre de funestes habitudes. Les aveugles, par exemple, sont naturellement disposés à la défiance, à l'inquiétude ; dans les conditions inférieures, ils ne sont guère distraits par le charme des entretiens ;

---

l'Assemblée constituante, l'Institution nationale des jeunes aveugles. Lorsque de Gérando publie, sous la Restauration, Le *Visiteur du pauvre*, l'école se nomme « Institution royale des jeunes aveugles ».

12 [NdA] Ce problème avait été le sujet d'un concours ouvert en 1823, par la société d'Encouragement, pour l'industrie nationale. Le prix a été remporté par l'Institution royale des Jeunes Aveugles, établie dans la rue St.-Victor. Il serait à désirer que chaque département du royaume envoyât dans cette maison quelques jeunes aveugles qui, après y être instruits dans les divers partis qu'on y enseigne, viendraient ensuite à leur tour enseigner la même industrie à leurs camarades d'infortune, dans les départements qui les auraient envoyés. On s'étonne qu'une vue aussi simple, aussi féconde, n'ait pas encore été exécutée.

13 De Gérando est considéré comme le premier théoricien d'une nouvelle profession, celle de « visiteur du pauvre », qui a donné son titre à son ouvrage. Cette personne, expérimentée, a pour fonction de rendre visite aux pauvres et de conditionner l'aide qui leur est apportée à l'appréciation fine de leur situation, afin d'en accroître l'efficacité et d'endiguer ainsi la pauvreté. Il s'agit ainsi de mettre en œuvre, dirions-nous aujourd'hui, une gouvernance des pauvres, indissociable d'une science de la pauvreté.

l'oisiveté leur est extrêmement funeste, elle ajoute beaucoup à leur malheur et le leur fait plus vivement sentir. Mais, qu'on leur trouve une occupation par laquelle leur attention soit captivée, tout est changé pour eux ; ils retrouvent la sérénité ; ils se sentent aussi moins dépendants des autres. C'est au visiteur du pauvre à convaincre l'indigent, pour qu'il emploie encore le peu de forces qui lui restent, à lui en offrir l'occasion, à le guider du moins par ses conseils, à faire, dans son indigence, la part exacte des besoins auxquels il pourra satisfaire lui-même par le contingent que lui fournira le produit de son travail. En aucun cas, les secours accordés ne doivent excéder la part à laquelle l'indigent ne peut réellement subvenir par lui-même.

ARTHUR SCHOPENHAUER
(1788-1860)

> [1054] Il y a 33 ans, suite à une maladie, je suis devenu presque entièrement sourd de l'oreille droite, mais l'oreille gauche est restée intacte ; or maintenant, depuis environ 4 ans, cette dernière, peu à peu, baisse également. Cela ne gêne pas la conversation, du moment que les gens se trouvent à ma gauche et à proximité, et que leur voix n'est pas particulièrement basse, mais au théâtre, cela m'irrite beaucoup, [1055] même si je suis assis tout devant dans le parquet : je ne vais plus voir que des comédies, où l'on parle à voix haute ; bientôt je devrais me limiter à l'opéra. Quel dommage !
> *Lettres*, t. II, Lettre 382[1].

Le Monde comme volonté et comme représentation [1818], t. I, trad. Auguste Burdeau, Paris, Félix Alcan, 1912, liv. III, § 36, p. 198-199.

[198] On n'est pas encore parvenu, que je sache, à un aperçu clair et complet sur la nature de la folie ; on n'a pas encore la notion exacte et précise de ce qui distingue, à vrai dire, le fou de l'homme sensé. – On ne peut refuser aux fous ni la raison ni l'entendement ; ils parlent et ils comprennent ; ils raisonnent souvent fort juste ; d'ordinaire même, ils ont une vue très exacte de ce qui se passe devant eux et ils saisissent l'enchaînement des causes et des effets. Les visions pas plus que les fantômes de la fièvre ne sont un symptôme ordinaire de la folie ; le délire fausse la perception, la folie fausse la pensée. En effet, le plus souvent, les fous ne se trompent point dans la connaissance de ce qui est immédiatement présent ; leurs divagations se rapportent toujours à ce qui est absent ou passé, et par suite elles ne concernent que le rapport de ce qui

1 *Lettres*, t. II, éd. Arthur Hübscher, trad. Christian Sommer révisée par Natacha Boulet, Paris, Gallimard, 2017, Lettre 382, À Julius Frauenstädt, le 1er mars 1856, p. 1054-1055.

est absent ou passé avec le présent. En conséquence, leur maladie me paraît atteindre surtout la mémoire ; elle ne la supprime pourtant pas tout à fait (car beaucoup de fous savent un grand nombre de choses par cœur et ils reconnaissent parfois des personnes qu'ils n'ont point vues depuis longtemps) ; elle rompt plutôt le fil de la mémoire ; elle en brise l'enchaînement continu et rend impossible tout souvenir régulièrement coordonné du passé. Je suppose qu'un fou évoque une scène du passé et lui donne toute la vivacité d'une scène vraiment présente ; il y a dans un pareil souvenir des lacunes ; le fou les remplit avec des fictions ; ces fictions peuvent être toujours les mêmes et devenir des idées fixes ou bien se modifier à chaque fois comme des accidents éphémères ; dans le premier cas, c'est de la monomanie, de la mélancolie ; dans le second cas, de la démence, *fatuitas*. C'est pour cela qu'il est si difficile, lorsqu'un fou entre dans une maison d'aliénés, de l'interroger sur sa vie précédente. Le vrai et le faux se confondent de plus en plus dans sa mémoire. Le présent immédiat a beau être sainement connu, il n'en est pas moins faussé par le rapport que le fou lui attribue avec un passé chimérique : les fous se prennent eux-mêmes et prennent les autres pour des personnes qui n'existent que dans leur passé de fantaisie ; ils ne reconnaissent point des amis ; bref, en dépit de leur perception exacte du présent, ils lui attribuent des relations fausses avec le passé. Si la folie devient intense, la mémoire se désorganise complètement ; le fou est incapable de se souvenir de tout ce qui est ou absent ou passé ; il est entièrement et exclusivement [199] gouverné par le caprice du moment, lié aux chimères qui constituent pour lui le passé ; aussi, lorsqu'on se trouve auprès de lui, est-on sans cesse exposé à être maltraité ou mis à mort, à moins de lui faire continuellement sentir qu'on est le plus fort.

Ibid., p. 199-200.

[199] La connaissance du fou et celle de l'animal se confondent en ce qu'elles sont toutes deux restreintes au présent ; mais voici ce qui les distingue : l'animal n'a à proprement parler aucune représentation du passé considéré comme tel ; sans doute il subit l'effet de cette représentation par l'intermédiaire de l'habitude, lorsque, par exemple, il reconnaît après plusieurs années son ancien maître, c'est-à-dire celui dont le regard a produit sur lui une impression habituelle, persistante ;

toujours est-il qu'il n'a aucun souvenir du temps qui s'est depuis écoulé ; le fou au contraire conserve toujours dans sa raison le passé *in abstracto* ; mais c'est un faux passé qui n'existe que pour lui et qui est un objet de créance constante ou seulement momentanée ; l'influence de ce faux passé l'empêche, bien qu'il connaisse exactement le présent, d'en tirer aucun parti, alors que l'animal lui-même est capable de l'utiliser. Voici comment j'explique que de violentes douleurs morales, que des événements terribles et inattendus occasionnent fréquemment la folie. Une douleur de ce genre est toujours, à titre d'événement réel, limitée au présent ; c'est dire qu'elle est passagère et que comme telle elle ne dépasse point nos forces : elle ne devient excessive que si elle est permanente ; mais comme telle elle se réduit à une simple pensée et c'est la mémoire qui en reçoit le dépôt ; si cette douleur, si le chagrin causé par cette pensée ou par ce souvenir est assez cruel pour devenir absolument insupportable et dépasser les forces de l'individu, alors la nature, prise d'angoisse, recourt à la folie comme à sa dernière ressource ; l'esprit torturé rompt pour ainsi dire le fil de sa mémoire, il remplit les lacunes avec des fictions ; il cherche un refuge au sein de la démence contre la douleur morale qui dépasse ses forces : c'est comme lorsqu'on ampute un membre gangrené et qu'on le remplace par un membre artificiel. – Prenons comme exemples Ajax furieux, le roi Lear, Ophélie, car les créations du véritable génie sont les seules auxquelles nous puissions recourir ici, parce qu'elles sont universellement connues, et elles peuvent d'ailleurs, grâce à leur vérité, être considérées comme des personnes réelles : aussi bien l'expérience réelle et journalière nous donne sur cette question des résultats absolument semblables. Ce passage de la douleur à la folie n'est pas tout à fait sans analogue ; lorsqu'une pensée pénible nous surprend à l'improviste, il nous arrive souvent de vouloir la chasser, d'une manière en quelque sorte mécanique, par une exclamation, par un geste ; nous prétendons ainsi nous distraire, nous arracher violemment à notre souvenir.

[200] L'aliéné, nous venons de le voir, a une connaissance exacte du présent isolé et aussi de plusieurs faits particuliers du passé ; mais il méconnaît la liaison et les rapports des faits : telle est la raison de ses erreurs et de ses divagations ; tel est également son point de contact avec l'homme de génie, car l'homme de génie aussi néglige la connaissance des relations qui repose sur le principe de raison ; il ne voit et il ne

cherche dans les choses que leurs Idées ; il saisit leur essence propre, cette essence qui se manifeste au contemplatif ; il la saisit sous un tel point de vue qu'une seule chose ainsi considérée représente toute son espèce, et il peut dire avec Goethe qu'un seul cas vaut pour mille ; il dédaigne lui aussi la connaissance de l'enchaînement des choses ; l'objet unique qu'il contemple, le présent qu'il conçoit avec une surprenante intensité, lui apparaissent en si pleine lumière, que les autres anneaux de la chaîne dont ils font partie rentrent par là même dans l'ombre ; ceci donne justement lieu à des phénomènes qu'on a depuis longtemps comparés à ceux de la folie.

Ibid., t. II, 1913, Suppléments aux quatre livres du premier volume, chap. III, p. 164.

La vue est le sens de l'entendement, qui est intuitif, et l'ouïe est le sens de la raison, qui pense et qui conçoit. Les mots ne sont représentés qu'imparfaitement par des signes visuels. Aussi je doute qu'un sourd-muet, qui peut lire, mais qui n'a aucune représentation du son des mots, puisse exécuter toutes les opérations de la pensée, avec de simples signes visuels, aussi promptement que nous autres avec des mots réels, c'est-à-dire que nous pouvons entendre. Quand il ne peut pas lire, c'est un fait d'expérience qu'il ressemble presque à une brute sans raison, au lieu que l'aveugle-né est, dès le début, un être tout à fait raisonnable.

La vue est un sens actif, tandis que l'ouïe est passive. C'est pourquoi les sons agissent avec violence et pour ainsi dire d'une façon hostile sur notre esprit, et cela d'autant plus que l'esprit est plus actif et plus développé ; ils bouleversent nos pensées, et troublent momentanément la réflexion. Au contraire, il n'existe pas pour l'œil de trouble analogue, il n'y a pas une action immédiate de la chose vue, en tant que telle, sur les opérations de l'esprit (naturellement il n'est pas question ici de l'influence des objets vus sur la volonté) ; mais la complexité infinie des choses qui sont sous nos yeux, n'arrête en rien le jeu de la pensée, elle la laisse parfaitement tranquille. Il résulte de tout ceci que l'œil est perpétuellement en paix avec l'esprit qui réfléchit, tandis que c'est le contraire pour l'oreille. Cette opposition des deux sens se vérifie encore par ce fait que les sourds-muets, guéris par le galvanisme, s'effrayent et pâlissent au premier son qu'ils entendent (Gilbert[2], *Annales de Physique*, vol. X, p. 382), tandis que les aveugles opérés reçoivent avec joie le premier rayon de lumière, et ne se laissent poser qu'à regret un bandeau sur les yeux.

Ibid., t. III, 1913, Supplément au troisième livre, chap. XXXII, p. 212-213.

[212] Je n'ai du reste considéré jusqu'ici que l'origine psychique de la folie, c'est-à-dire celle qui est provoquée par des circonstances extérieures et objectives. Mais elle est due plus souvent à des causes purement somatiques, à une mauvaise conformation ou à une désorganisation partielle du cerveau ou de ses enveloppes ou encore à l'influence exercée sur le cerveau par d'autres parties malades. C'est surtout dans ce second genre de folie que peuvent se produire de fausses perceptions sensibles, des hallucinations. Cependant les deux genres de causes participent le plus souvent l'une de l'autre, la cause psychique surtout de la cause somatique. Il en est de la folie comme du suicide : le suicide est rarement dû aux seules causes extérieures, mais il suppose un certain malaise corporel, et du degré de ce malaise dépendra l'importance du [213] motif extérieur nécessaire ; sauf au plus haut degré, où il n'y a plus besoin de cause extérieure. Aussi aucun malheur n'est-il assez grand pour pousser un homme au suicide, ni assez petit pour n'y avoir pas déjà conduit. J'ai montré la folie d'origine psychique, telle qu'un grand malheur par exemple peut, selon toute apparence du moins, la provoquer chez un homme bien portant. Chez l'homme qui y est physiquement disposé, la moindre contrariété suffira à lui donner naissance : je me rappelle par exemple avoir vu dans une maison d'aliénés un ancien soldat qui était devenu fou pour s'être entendu dire « il » (« *Er* ») au lieu de « tu » par son officier. La disposition physique est-elle bien marquée, il n'y a besoin d'aucune cause extérieure dès qu'elle a mûri. La folie due à des causes purement physiques peut aussi, à la suite du bouleversement violent dans le cours des pensées d'où elle est sortie, amener une sorte de paralysie ou une autre dépravation de quelque partie du cerveau, destinée à durer, à moins de remède immédiat ; aussi la folie n'est-elle guérissable qu'à son début, plus tard elle devient incurable.

---

2 Ludwig Wilhelm Gilbert (1762-1824) physicien prussien. Il publia ses *Annales de physique* entre 1799 et 1819.

Ibid., Supplément au quatrième livre, chap. XLIV, Appendice, p. 353-354.

[353] La seconde considération[3] est celle de la santé : les maladies aiguës n'apportent qu'un trouble momentané, mais les maladies chroniques ou les cachexies[4] [354] sont des motifs d'éloignement, car elles peuvent se transmettre à l'enfant. – La troisième considération est celle de la charpente osseuse qui est la base du type de l'espèce. Après l'âge et la maladie, rien n'est si repoussant qu'un corps contrefait ; le plus joli visage ne saurait compenser cette difformité, et l'on préférera sans conteste un visage laid si le corps est heureusement conformé. Nous sommes choqués en outre d'un manque de proportion de la charpente osseuse, par exemple, quand le corps est rabougri, ramassé sur lui-même, bas sur jambes, ou bien quand la démarche est boiteuse, si ce n'est pas à la suite d'un accident extérieur. Une heureuse conformation du corps peut au contraire compenser toutes les imperfections ; nous ne résistons pas à son charme enchanteur.

Ibid., p. 374-376.

[374] Pour point de départ je prends un passage d'Aristote, dans la *Polit.*, VII, 16. – Il y expose, en premier lieu, que des hommes trop jeunes engendrent des enfants mal constitués, faibles, défectueux, et destinés à rester petits ; il poursuit en appliquant la même remarque à la progéniture des hommes trop vieux : *τα γαρ των πρεσβυτερων εκγονα, καθαπερ τα των νεωτερων, ατελη γιγνεται, και τοις σωμασι, και ταις διανοιαις, τα δε των γεγηρακοτων ασθενη.* (« Car les enfants d'hommes trop âgés, comme ceux d'hommes trop jeunes, ont des imperfections du corps et de l'esprit, et ceux des vieillards sont chétifs. ») La règle qu'Aristote pose pour l'individu, Stobée[5] l'institue en loi pour la société, dans la conclusion de son exposé de la philosophie péripatéticienne (*Ecl. eth.*, liv. II, c. VII in fine) : *Προς την ρωμην των σωματων και τελειοτητα δειν μητε νεωτερων αγαν, μητε πρεσβυτερων τους γαμους ποιεισθαι, ατελη γαρ γιγνεσθαι, κατ αμφοτερας τας ηλικιας, και τελειως ασθενη*

3 La première considération qui règle « notre choix et notre inclination » (*ibid.*) en matière de partenaire sexuel, d'après Schopenhauer, est l'âge de la personne.

4 État caractérisé par une très grande maigreur et une faiblesse prononcée de tout l'organisme.

5 Jean Stobée, doxographe grec du Ve siècle de notre ère.

τα εκγονα. (« Pour obtenir des corps robustes et parfaits, il ne doit y avoir de mariages ni d'hommes trop jeunes, ni d'hommes trop vieux, car les enfants engendrés de ces deux âges de la vie laissent à désirer et sont, en fin de compte, débiles. ») Aristote prescrit donc à l'homme de ne plus mettre d'enfants au monde après cinquante-quatre ans ; il peut continuer cependant à entretenir commerce avec sa femme, pour raison de santé ou pour tout autre motif. Quant au moyen d'exécuter le précepte, il n'en parle pas ; mais son opinion tend manifestement à indiquer l'avortement [375] pour éliminer les enfants engendrés à cet âge, puisque, quelques lignes plus haut, il vient de recommander ce moyen. – De son côté, la nature ne peut pas contester le fait qui sert de fondement aux prescriptions d'Aristote, mais elle ne peut pas non plus le supprimer. Car, selon son propre principe, *natura non facit saltus*[6], elle ne pouvait pas suspendre tout d'un coup la sécrétion séminale de l'homme ; mais dans ce cas encore, comme dans celui de tout dépérissement, une détérioration successive devait précéder. Or, pendant toute cette période la génération ne donnerait le jour qu'à des êtres faibles, incomplets, malingres, chétifs et à la vie courte. Oui, le cas n'est que trop fréquent. Les enfants engendrés dans un âge avancé meurent presque toujours de bonne heure, n'atteignent en tout cas jamais la vieillesse, restent, plus ou moins, infirmes, maladifs, sans forces, et ceux qu'ils procréent à leur tour ont même constitution. Ce que nous disons ici de la procréation sur le déclin de l'âge vaut ici pour la génération pratiquée avant l'âge mûr. Mais maintenant rien ne tient tant à cœur à la nature que la conservation de l'espèce et de son vrai type ; à cet effet, elle a besoin d'individus bien constitués, solides et vigoureux : ce sont les seuls qu'elle veuille. Oui, elle ne considère et ne traite au fond les individus (nous l'avons montré au ch. XLI) que comme des moyens ; l'espèce seule est sa fin. Aussi voyons-nous ici la nature, par une suite de ses propres lois et des fins qu'elle poursuit, tomber dans une situation critique et véritablement placée dans l'embarras. Les expédients violents et subordonnés à la volonté d'autrui lui étaient interdits par son essence même ; elle ne pouvait pas plus se flatter que les hommes, instruits par l'expérience, reconnaîtraient les désavantages d'une génération trop prématurée et trop tardive et réfrèneraient alors leurs appétits, sur de sages réflexions faites de sang-froid. Dans une affaire aussi importante, la nature ne

6 « La nature ne fait pas de saut ».

pouvait donc s'en rapporter à ces deux moyens. Il ne lui restait donc plus rien qu'à choisir de deux maux le moindre. Dans cette intention elle devait s'adresser à son instrument favori, à l'instinct. Comme nous l'avons montré dans le précédent chapitre, l'instinct conduit partout l'opération importante de la génération et sait y produire les illusions les plus étranges ; ici encore la nature devait l'attirer dans ses intérêts, et pour y parvenir il n'y avait qu'un moyen, c'était de l'égarer, de lui « donner le change ». La nature en effet ne connaît que le côté physique des choses, elle n'en connaît pas le côté moral : entre elle et la morale, il y a même un antagonisme décidé. La conservation de l'individu, et surtout de l'espèce, dans l'état de perfection le plus grand possible, est son seul but. Sans doute, même au point de vue physique, la pédérastie est préjudiciable aux jeunes gens qui s'y laissent entraîner [376] mais non pas tellement que des deux maux ce ne soit encore le moindre. C'est donc celui-ci que choisit la nature, pour éviter dès l'origine et de loin le mal bien plus grand de la dépravation de l'espèce, et prévenir ainsi un malheur durable et qui ne ferait qu'aller en grandissant.

Fondement de la morale [1840], trad. Auguste Burdeau, Paris, Germer Baillière, 1879, chap. III, § 17, p. 132-133.

[132] Il n'existe à ma connaissance qu'une seule obligation qui ne s'impose pas par suite d'une convention, mais bien par le simple effet d'un certain acte ; et la raison en est que celui envers qui on la prend n'existait pas encore [133] au moment où on l'a prise ; c'est à savoir celle qu'ont les parents envers leurs enfants. Celui qui appelle un enfant à la vie a le *devoir* de l'entretenir, jusqu'au moment où l'enfant peut se suffire à lui-même ; et si ce moment ne doit arriver *jamais*, comme c'est le cas pour les aveugles, les infirmes, les crétins, etc., alors le devoir non plus ne s'éteint jamais. Car en s'abstenant de porter secours à l'enfant, par cette seule omission, celui qui l'a créé lui ferait tort, bien plus, le perdrait.

VICTOR COUSIN
(1792-1867)

Œuvres de Victor Cousin, t. I, Bruxelles, Hauman et Cie, 1840, *Cours de l'histoire de la philosophie* [1828], XXVe leçon, p. 338a-338b.

[338a] Quand le monde entier manquerait à la volonté, si l'organisation et le système musculaire subsistaient, la volonté pourrait produire encore l'effort musculaire, et par conséquent un fait sensible, alors même que ce fait ne dépasserait pas les limites de l'organisation ; c'est ce qu'a parfaitement établi M. de Biran[1], qui, dans le phénomène de l'effort musculaire, a vu le type de la causalité, de la volonté et de la liberté. Mais tout en reconnaissant très volontiers avec lui dans l'effort musculaire, dans la conscience de cet effort et de la sensation qui l'accompagne, le type plus éminent [338b] et le plus facilement appréciable de notre puissance causatrice, volontaire et libre, je dis que ce n'en est là encore qu'un type extérieur et dérivé, et non pas le type primitif et essentiel ; ou M. de Biran aurait dû conduire sa théorie jusqu'à cette extrémité, que, là où il y aurait absence ou paralysie des muscles, il n'y aurait jamais causation, volition, phénomène actif et libre. Or je soutiens le contraire ; je soutiens que si on ôtait le monde extérieur et le système musculaire et locomoteur, et, s'il restait à l'homme, avec une organisation purement nerveuse, une intelligence capable de concevoir des motifs, de délibérer, de préférer et de choisir, il lui resterait la puissance de vouloir, qui s'exercerait encore par des actes spéciaux, par des volitions dans lesquelles éclaterait déjà la causalité propre et la liberté de la volonté, alors même que ces effets, ces volitions libres ne sortiraient pas du monde intérieur de la volonté, qu'elles n'auraient point de contre-coup dans l'organisation par le système musculaire, et ne produiraient point le phénomène de l'effort musculaire, phénomène interne sans doute par rapport au monde extérieur,

1 [NdA] Voir leçon 19e.

mais externe lui-même par rapport à la volonté. Ainsi, je suppose que je veuille mouvoir mon bras sans le pouvoir, faute de muscles, il y aura là encore : 1° l'acte de vouloir mouvoir mon bras, une volition spéciale ; 2° la puissance générale de vouloir, qui est la cause directe de cette volition ; il y aura donc là effet et cause ; il y aura conscience de cet effet et de cette cause, d'une action causale, d'une force causatrice interne, souveraine dans son monde, dans le monde du vouloir, alors même qu'elle serait dans l'impuissance absolue de passer à l'acte extérieur, parce que le système musculaire et locomoteur lui manquerait.

Ibid., t. II, 1841, *Cours de l'histoire de la philosophie morale* [1819-1920], Ire leçon, p. 388a-388b.

[388a] Voilà des droits[2] de l'homme tels que la raison les reconnaît et les exprime. Ces droits n'ont pas pour principe la position sociale de l'individu, les circonstances [388b] au milieu desquelles il vit, ni même la supériorité de son esprit et de son caractère. Ils ont leur racine dans la nature même de l'homme ; le premier venu les possède, par cela seul qu'il est homme. Aux yeux de la raison, ni la pauvreté, ni l'incapacité ne lui enlèvent ces droits ; la folie ou l'idiotisme, à moins qu'ils ne soient complets, ne l'en dépouillent pas entièrement. Pour perdre ces droits, il faudrait qu'il eût perdu sa liberté, c'est-à-dire sa nature d'homme.

Ibid., t. IV, 1845, *Introduction générale à l'histoire de la philosophie morale au XVIIIe siècle* [1819-1920], V^e^ leçon, p. 161a-161b.

[161a] Je suppose que la sensibilité n'est affectée que de plaisir par [161b] les causes qui l'entourent ; que la mémoire est pleine de doux souvenirs, et l'imagination de charmantes images ; qu'enfin toutes les voies de la sensibilité sont ouvertes au bien-être ; si dans cette hypothèse l'activité personnelle est endormie ou suspendue, ou seulement affaiblie, je dis que le plaisir, tout en restant ce qu'il est, serait mêlé d'une affection pénible. C'est un fait d'expérience intime que toutes les fois que l'activité personnelle est gênée dans ses développements par quelque cause que ce soit, il survient un malaise profond. Ainsi l'âme souffrira,

2 La liberté et la propriété.

si une maladie paralyse les organes qui sont les agents immédiats de l'activité volontaire. Changez l'expérience, tout en rétablissant l'exercice des organes physiques de l'activité interne ; supposez cette activité même suspendue ou détruite par des causes qui aient prise jusque sur l'âme ; imaginez une volonté qui n'agisse plus, condamnée qu'elle serait à ne pouvoir agir efficacement, le même phénomène se reproduira. En vain plongerez-vous dans toutes les voluptés des sens l'homme dont vous aurez paralysé l'activité, vous le verrez souffrir et périr de langueur et d'ennui. C'est que l'homme porte partout et toujours le besoin d'agir et d'agir librement, et que dans le bien-être comme dans la misère il veut être traité en être actif et libre, en personne et non en chose ; il sent combien le dégrade l'esclavage, et ce sentiment est la plus cruelle souffrance qu'il puisse éprouver.

AUGUSTE COMTE
(1798-1857)

L'essor initial de cette opération orale[1] fut douloureusement interrompu, au printemps de 1826, par une crise cérébrale, résultée du fatal concours de grandes peines morales avec de violents excès de travail. Sagement livrée à son cours spontané, cette crise eût sans doute bientôt rétabli l'état normal, comme la suite le montra clairement. Mais une sollicitude trop timide et trop irréfléchie, d'ailleurs si naturelle en de tels cas, détermina malheureusement la désastreuse intervention d'une médication empirique, dans l'établissement particulier du fameux Esquirol[2], où le plus absurde traitement me conduisit rapidement à une aliénation très caractérisée. Après que la médecine m'eut enfin heureusement déclaré incurable, la puissance intrinsèque de mon organisation, assistée d'affectueux soins domestiques, triompha naturellement, en quelques semaines, au commencement de l'hiver suivant, de la maladie, et surtout des remèdes. Ce succès essentiellement spontané se trouvait, dix-huit mois après, tellement consolidé que, en août 1828, appréciant, dans un journal, le célèbre ouvrage de Broussais[3] sur l'irritation et la folie, j'utilisais déjà philosophiquement les lumières personnelles que cette triste expérience venait de me procurer si chèrement envers ce grand sujet. Le lecteur sait assez d'ailleurs comment je constatai irrécusablement, l'année suivante, que ce terrible épisode n'avait nullement altéré la parfaite continuité de mon essor mental, en accomplissant jusqu'au bout l'élaboration orale ainsi interrompue trois ans auparavant, et qui a ensuite fait naître le Traité que j'achève aujourd'hui.
Cours de philosophie positive, t. VI, Préface[4].

---

1 C'est-à-dire l'élaboration orale de sa « philosophie positive ».

2 Jean-Étienne Dominique Esquirol (1772-1840) aliéniste français. Il créa une maison de santé privée rue Buffon à Paris.

3 François Joseph Victor Broussais (1772-1838) médecin et chirurgien français. Il publia en 1828 son *Traité sur l'irritation et sur la folie*.

4 *Cours de philosophie positive* [1830-1842], t. VI, Paris, Bachelier, Paris, 1842, Préface, p. x, n. 1.

Ibid., t. III, 1838, XLVe leçon, p. 828-831.

[828] Sous le premier point de vue[5], on n'a point jusqu'ici convenablement appliqué aux phénomènes intellectuels et [829] moraux le lumineux aphorisme fondamental de philosophie médicale, dont l'esprit humain est redevable à M. Broussais, et qui consiste, ainsi que je l'ai indiqué dans la quarantième leçon, à concevoir tous les phénomènes quelconques de l'état pathologique comme ne pouvant constituer jamais qu'un simple prolongement des phénomènes de l'état normal, exagérés ou atténués au-delà de leurs limites ordinaires de variation. Il est néanmoins impossible de rien comprendre aux différents genres de folie, si leur examen scientifique n'est continuellement dirigé par ce grand principe. Or, d'après cette même assimilation nécessaire entre les cas pathologiques et les cas purement physiologiques, rien ne serait plus propre que l'étude judicieuse de l'état de folie à dévoiler ou à confirmer les véritables facultés fondamentales de la nature humaine, que cette triste situation tend à faire si énergiquement ressortir, en manifestant successivement chacune d'elles dans une exaltation prépondérante, qui la sépare nettement de toutes les autres[6]. Les médecins, [830] spécialement occupés d'un tel ordre de maladies, et qui, presque toujours, sont, encore moins que la plupart des autres, sous le rapport intellectuel, ou même sous le rapport moral, au niveau de leur importante mission, tendent néanmoins, depuis Pinel[7], dans l'étude de ce qu'ils ont nommé les « monomanies[8] », à donner cette direction aux explorations qu'ils se sont trop exclusivement réservées. Mais une appréciation préalable beaucoup trop imparfaite du véritable état normal, et un sentiment trop vague et trop incomplet de son indispensable similitude avec l'état pathologique, ont rendu jusqu'à présent ces travaux à peu près stériles pour l'amélioration de la physiologie cérébrale. Quoique

5 Celui de l'analyse pathologique.

6 [NdA] Il faut signaler, à cet égard, une remarque générale, éminemment judicieuse, faite récemment par M. Broussais, et qui peut éclairer beaucoup le diagnostic de la folie, aussi bien que les vraies indications physiologiques que l'on doit induire d'un tel genre d'observations pathologiques. Elle consiste en ce que, quand l'altération principale porte directement sur les organes intellectuels, ordinairement destinés, dans l'état normal, à régler l'équilibre des diverses facultés affectives, la suppression de cette influence régulatrice peut laisser un trop libre développement au penchant ou au sentiment le plus prononcé, ce qui déguise souvent à l'observateur vulgaire le véritable siège de l'aliénation, et pourrait ainsi donner à l'ensemble du traitement une fausse direction.

7 Voir la note correspondante p. 602.

8 Ce terme désignait autrefois un délire marqué par une fixation de l'esprit sur un unique objet.

les maladies mentales ne soient plus, sans doute, « sacrées », comme elles l'étaient pour Hippocrate, leurs monographies n'en consistent pas moins encore, le plus souvent, dans l'inintelligible accumulation de prétendues merveilles, qui éloignent toute idée de rapprochement positif avec l'état normal : ce sont habituellement des travaux plutôt littéraires que vraiment scientifiques. L'extrême difficulté d'un tel genre d'explorations [831] excuse, jusqu'à un certain point, cette imperfection plus prononcée, qui tient néanmoins surtout à l'insuffisance plus profonde des observateurs, plus occupés, d'ordinaire, à régenter grossièrement leurs malades qu'à en analyser judicieusement les phénomènes. Aussi les divers successeurs de Pinel n'ont-ils réellement ajouté jusqu'ici rien d'essentiel aux améliorations introduites, il y a quarante ans, par cet illustre médecin, soit dans la théorie ou dans le traitement de l'aliénation mentale.

Ibid., t. V, 1841, LIIe leçon, p. 34-35.

[34] On voit, en effet, que, d'après cette hypothèse, les besoins purement intellectuels n'auraient pas toujours existé, sous une forme quelconque, dans l'humanité, et qu'il faudrait y admettre une époque où ils auraient absolument pris naissance, sans aucune autre manifestation antérieure ; ce qui serait directement contraire à ce grand principe, fourni à la sociologie par la biologie, que, toujours et partout, l'organisme humain a dû présenter, à tous égards, les mêmes besoins essentiels, qui n'ont pu successivement différer, en aucun cas, que par leur degré de développement et leur mode correspondant de satisfaction. Une telle position de la question suffit certainement pour la résoudre, et montre aussitôt que cette opinion doit nécessairement résulter d'une fausse appréciation des faits. [35] Dans l'état même d'idiotisme et de démence, où l'homme paraît rabaissé au-dessous d'un grand nombre d'animaux supérieurs, on pourrait encore constater, avec les précautions convenables, l'existence d'un certain degré d'activité purement spéculative, qui se satisfait alors par un fétichisme très grossier. Combien serait-il donc irrationnel, à plus forte raison, de penser que, à aucun âge de l'enfance sociale, l'homme normal, et doué, au moins implicitement, de toutes ses facultés, ait pu jamais être livré, d'une manière rigoureusement exclusive, à une vie purement matérielle de guerre ou de chasse, sans aucune manifestation quelconque des besoins intellectuels, quelque oppressive qu'on veuille alors supposer la puissance d'un milieu défavorable.

ANTOINE-AUGUSTIN COURNOT
(1801-1877)

Essai sur les fondements de nos connaissances et sur les caractères de la critique philosophique, t. II, Paris, Hachette et Cie, 1851, chap. XIV, § 205-206, p. 2-4.

[2] Mais, d'un autre côté, il est clair que tous ces signes[1] qui forment l'accessoire du langage oral, et dont l'emploi habilement ménagé est l'objet de cet art que l'on nomme l'action oratoire, demeurent, pour le commun des hommes, bornés à la traduction des affections les plus simples de la sensibilité. Ils sont restés ce qu'ont dû être dans l'origine les premiers rudiments du langage [3], ce que sont encore les onomatopées des grammairiens. À la vérité, l'art des gestes a été perfectionné et systématisé pour l'usage des sourds-muets ; mais la systématisation étant l'œuvre de personnes dont toute l'éducation s'était faite sous l'influence du langage ordinaire, cela seul indiquerait que le langage figuré et conventionnel dont ils sont les auteurs n'a dû être qu'une traduction du langage oral ; qu'il a pu en conserver en bonne partie les avantages, mais aussi qu'il a dû en retenir les imperfections.

206. – Le langage s'est tellement incorporé avec les produits de notre intelligence, que les Grecs employaient le même mot pour désigner le langage et la raison, et qu'il doit paraître de prime abord impossible de discerner ce qui tient à la nature de nos facultés intellectuelles d'avec ce qui tient à la forme de l'instrument qu'elles manient. Comment juger du développement que nos facultés intellectuelles auraient pris avec des instruments ou des signes d'une autre nature, dont nous ne nous formons aucune idée précise ? La privation du langage aurait-elle eu pour résultat le perfectionnement d'autres moyens de communication, d'autres

1 C'est-à-dire « l'accent, l'intonation, le geste, le mouvement des yeux et de la physionomie, l'accélération et le ralentissement du débit » (*ibid.*).

systèmes de signes représentatifs, comme il arrive que la privation des yeux amène ordinairement le perfectionnement des sens de l'ouïe et du toucher ? L'exemple de ce qui arrive aux sourds-muets abandonnés à eux-mêmes n'est pas concluant, car ils vivent au milieu d'hommes habitués à la parole, dont les efforts ne peuvent correspondre aux leurs ; et surtout il n'y a pas, pour ces êtres placés dans une situation anormale, cette transmission d'efforts d'une génération à l'autre, condition essentielle de tous les progrès [4] de l'humanité.

Matérialisme, vitalisme, rationalisme. Étude sur l'emploi des données de la science en philosophie, Paris, Hachette et Cie, 1875, sect. I, § 5, p. 49-52.

[49] Chez l'homme le sens de l'ouïe sert au développement des fonctions intellectuelles, grâce à l'artifice des signes dont nous n'avons pas à traiter ici, autant que les sens de l'odorat et du goût y servent peu ; et de plus (ce qui rentre dans la discussion actuelle) une branche importante de la physique, l'acoustique, semblerait de prime abord devoir être supprimée par suite de l'abolition du sens de l'ouïe. Mais, quand on y regarde de plus près, on reconnaît qu'effectivement le sens de l'ouïe ou, pour employer une expression plus précise, le sens de la « tonalité » n'est pour le physicien, comme le flair ou la dégustation pour le chimiste, qu'un réactif [50] susceptible à la rigueur d'être remplacé par des appareils ingénieux de mesure et de comptage ; et qu'enfin dans les théories du physicien il n'est jamais question que d'ondulations ou de mouvements vibratoires très petits et très rapides, toute abstraction faite du caractère organoleptique, ou de la propriété qu'ont ces mouvements vibratoires d'affecter d'une certaine façon le nerf auditif et de donner notamment la perception d'une tonalité plus ou moins grave ou aiguë. Rien n'empêche absolument un sourd-muet, sinon d'expérimenter en acoustique avec l'adresse d'un Chladni[2] ou d'un Savart[3], au moins de savoir en acoustique tout ce qu'ont su ces grands physiciens, tout ce que l'on peut savoir ; et s'il les surpasse en sagacité mathématique, de lire dans les équations des ondes sonores ce qu'ils n'y ont pas su lire. Y a-t-il un fait empirique comme le « cri de l'étain », ou telle autre

2 Ernst Florens Friedrich Chladni (1756-1827) physicien allemand.
3 Félix Savart (1791-1841) physicien et chirurgien français.

modification de « timbre » dont la théorie des vibrations ne rende point compte, et qu'on ne puisse lire dans les équations ? Ce fait ne nous apprendra absolument rien sur la constitution moléculaire de l'étain ; il n'aura d'utilité pratique qu'à titre de réactif comme l'odeur ou la saveur, pour discerner promptement une lame d'étain d'une autre lame métallique de même apparence. Y a-t-il dans les effets sensibles de la musique, dans la théorie musicale des accords, des intervalles, des gammes et des modes, bien des choses dont la théorie toute sèche des mouvements vibratoires ne suffise pas à rendre compte ? Réciproquement on pourra affirmer que toutes ces parties de l'art ou de la science du musicien, susceptibles peut-être de figurer un jour utilement dans un traité de physiologie, voire même de psychologie, ne contribueront [51] pas à l'avancement de nos connaissances en physique.

On sait que, dans l'état de l'optique, il y a pour le physicien une grande analogie entre la tonalité acoustique et la couleur, tellement que l'on peut dire de la sensation de couleur à peu près tout ce que nous disions tout à l'heure de la sensation de tonalité. Quoique la polarisation des rayons de lumière, bien plus que leur coloration, soit propre à nous renseigner sur la nature de la lumière aussi bien que sur la structure moléculaire et chimique des corps qu'elle traverse, il n'a pas plu à la Nature de rendre le nerf optique capable d'impressions sensorielles distinctes, selon que le rayon qui l'affecte est ou non polarisé ; or, l'industrie du physicien a très bien suppléé à cet oubli de la Nature (si c'est un oubli) par l'invention d'appareils ingénieux, de manière que les progrès de la physique n'en soient point entravés. De même, à défaut de la sensation de couleur qui le fait reconnaître sans qu'on ait besoin de recourir à aucun instrument, à aucune mesure, chaque rayon de lumière colorée serait encore défini, caractérisé physiquement par son indice de réfraction, comme le sont les rayons invisibles dont l'on reconnaît l'existence en dehors des limites du spectre visible ; et par exemple tout ce que les récentes analyses des spectres lumineux nous ont appris concernant la nature chimique des sources de lumière les plus lointaines, nous le saurions également, quand même les raies brillantes ne seraient plus différenciées par la couleur, mais seulement par l'indice de réfraction ou par le lieu qu'elles occupent dans l'étendue du spectre. Les expériences faites sur ce sujet devant [52] un auditoire mondain en auraient moins d'agrément ; et voilà tout. Certains yeux distinguent mal ou même ne distinguent pas les couleurs ; tout tableau n'est pour eux qu'une peinture en grisaille ; ils sont privés ainsi de bien des jouissances, sans être nécessairement privés d'aucune source de connaissances, et surtout sans qu'il y ait dans les théories d'optique une ligne à changer pour les personnes atteintes de cette désagréable infirmité.

On n'en pourrait sans doute dire autant s'il y avait abolition complète de la sensibilité générale de la rétine à l'égard de l'effluve lumineux. Il n'est pas besoin d'insister sur les tristes restrictions que cela apporterait à nos connaissances comme à nos jouissances : mais nous remarquons encore que, si l'aveugle-né est dans des conditions exceptionnellement malheureuses, le système fondamental de ses idées est si peu changé, qu'il reste capable d'apprendre et au besoin d'enseigner à son tour tout ce que savent les autres hommes, en optique, en astronomie, comme dans tout le reste. Il peut acquérir et il acquiert effectivement la même « idée » du monde extérieur, quoiqu'il ne puisse pas s'en faire la même « image ».

LUDWIG FEUERBACH
(1804-1872)

La Religion. Mort, immortalité, religion, trad. Joseph Roy, Bruxelles, A. Lacroix Verboeckhoven et Cie, 1864, *L'Essence de la religion* [1845], § XLII, p. 137-138.

[137] Pourquoi la nature produit-elle des monstres ? parce que le résultat des choses qu'elle forme n'est pas pour elle un but conçu d'avance. Pourquoi chez quelques animaux des membres trop nombreux ? parce qu'elle ne compte pas. Pourquoi ce qui doit être à droite se trouve-t-il quelquefois à gauche et réciproquement ? parce qu'elle ne connaît ni côté gauche ni côté droit. C'est pourquoi les anciens athées, et même quelques déistes qui ont affranchi la science de la tutelle de la théologie, ont donné les monstres comme preuve que les productions de la nature ne sont ni prévues, ni voulues, ni conçues d'avance. En effet, toutes les raisons alléguées pour les expliquer, même celles des nouveaux naturalistes d'après lesquels ils ne sont qu'une conséquence des maladies du fœtus, toutes ces raisons disparaîtraient si la puissance qui a créé ou formé la nature était douée de conscience, d'intelligence et capable de prévoir. Mais si la nature ne voit pas, elle n'est pas pour cela « aveugle » ; si elle ne vit pas, – dans le sens de la vie humaine, subjective, sensible, – elle n'est cependant pas « morte », et bien que ses productions ne soient pas voulues, elles ne proviennent pourtant point du hasard. Quand l'homme juge la nature comme morte et aveugle, il la juge d'après la mesure de son propre être, d'après ce qui la distingue de [138] lui ; il la trouve défectueuse parce qu'elle n'a pas ce qu'il a. La nature agit, produit, crée, et ses créations sont partout et toujours en rapport les unes avec les autres sans qu'il puisse en être autrement, et ces rapports, cette harmonie sont pour l'homme « raison », car partout où il trouve des rapports, là il trouve aussi sens, matière à penser, « raison suffisante », système ; elle crée et ne peut créer que par et avec nécessité.

JOHN STUART MILL
(1806-1873)

La philosophie de Hamilton [1865], trad. Émile Cazelles, Paris, Germer Baillière, 1869, chap. XIII, p. 269-272.

[269] En fait, notre conception actuelle de l'Étendue ou de l'Espace est une peinture oculaire, et comprend un grand nombre de parties d'étendue apparaissant à la fois, ou se succédant si rapidement, que notre conscience les prend pour des parties simultanées.

Comment donc (demande-t-on naturellement) l'esprit peut-il produire cette vaste collection d'aperceptions sensiblement simultanées avec les matériaux fournis par la conscience qu'il a d'une succession, – de la succession des sensations musculaires ? On conçoit une expérience qui jetterait une grande lumière sur ce sujet, mais qui par malheur est plus facile à imaginer qu'à faire. Il y a eu des aveugles-nés mathématiciens[1], je crois même naturalistes[2] ; et il n'est pas impossible qu'un aveugle-né soit métaphysicien[3]. Le premier qui sera métaphysicien pourra nous éclairer sur ce point. Il fournira un *experimentum crucis*[4] de la façon d'arriver à la conception et à la connaissance de l'étendue sans le secours de l'œil. Privée de l'aide de ce secours, une personne aveugle dès la naissance doit nécessairement percevoir les parties d'étendue – les parties d'une ligne, d'une surface ou d'un solide, en une succession dont elle a conscience. Elle les perçoit en passant la main sur elles, si elles sont petites, et en marchant sur elles, si elles sont grandes. Les parties d'étendue qu'il lui est possible de percevoir simultanément ne sont que de très petites parties,

1 Nous pouvons citer Diodote (voir la note correspondante p. 104) et Nicholas Saunderson (note correspondante p. 364).

2 Nous songeons à François Huber (1757-1831), naturaliste suisse, mais il ne devint aveugle qu'à l'adolescence.

3 Tel que Saunderson est mis en scène par Diderot dans sa *Lettre sur les aveugles*. Voir p. 472-480.

4 « Expérience cruciale », c'est-à-dire susceptible de trancher entre deux ou plusieurs hypothèses ou théories en présence.

presque le minimum d'étendue. Donc si la théorie psychologique de l'idée d'étendue est vraie, le métaphysicien aveugle n'éprouverait guère les mêmes difficultés que les métaphysiciens qui voient à admettre que l'idée d'espace est au fond une idée de temps, et que la notion d'étendue ou de distance est celle d'un mouvement de muscles continué pendant une durée plus ou moins longue. Si le métaphysicien aveugle-né trouvait, comme Hamilton[5], cette analyse de l'étendue paradoxale, ce serait un fort argument contre la théorie psychologique. Mais si, au contraire, il ne s'en effrayait pas, elle en serait considérablement fortifiée.

Nous n'avons pas d'expérience directe sur cette matière. Mais nous avons une expérience qui s'en rapproche beaucoup. Nous n'avons pas les perceptions et les sensations d'un métaphysicien [270] aveugle-né racontées et interprétées par lui-même, mais nous avons celles d'un aveugle-né vulgaire interprétées par un métaphysicien ; et c'est Hamilton qui les a fait connaître aux lecteurs anglais. « Platner[6], non moins célèbre comme philosophe que comme médecin instruit, et littérateur élégant », a essayé de constater par l'observation la notion d'étendue que possédait un aveugle-né, et en a fait connaître le résultat en des termes que Hamilton a traduits dans son langage clair[7]. « Quant à ce qui regarde la représentation de l'espace ou de l'étendue sans le secours de la vision, l'observation attentive d'un aveugle-né, que j'avais d'abord instituée en 1785, et qu'ensuite j'ai continuée pendant trois semaines entières, cette observation, dis-je, m'a convaincu que le sens du toucher, par lui-même, est absolument incompétent pour nous donner la notion de l'étendue ou de l'espace, et qu'il ne prend même pas connaissance de l'extériorité locale ; en un mot, qu'un homme privé de la vue n'a absolument aucune perception d'un monde extérieur ; qu'il ne perçoit que l'existence de quelque chose d'actif, différent de ses propres sentiments de passivité, et qu'en général, il ne perçoit que la différence numérique – dirais-je des impressions, ou des choses ? En fait, pour les aveugles-nés, "le temps tient lieu d'espace". Le voisinage et la distance ne signifient pour eux rien de plus qu'un temps plus court ou plus long, un nombre plus petit ou plus grand de sensations, qui leur sont

5 William Hamilton (1788-1856) philosophe écossais.

6 Ernst Platner (1744-1818) philosophe et médecin allemand. Il publia ses observations sur un aveugle-né en 1793 dans ses *Philosophische Aphorismen*, § 765.

7 [NdA] *Lectures*, II, 174.

nécessaires pour passer d'une sensation à une autre. Ce qui peut faire tomber dans une erreur grave, c'est d'entendre un aveugle-né employer le langage emprunté à la vision, et même au commencement de mes observations cela me fit tromper ; mais en réalité il ne sait pas que les choses existent les unes en dehors des autres ; et (je l'ai remarqué d'une façon toute particulière) si des objets et des parties de son corps touchées par lui ne produisaient pas sur ses nerfs sensitifs différentes "espèces" d'impression, il prendrait toutes les choses extérieures pour une seule et même chose. Dans son propre corps, il ne distinguait pas du tout la tête et le pied par leur distance, mais simplement par la différence [271] des sensations (il percevait ces différences avec une finesse incroyable) qu'il éprouvait de l'un et de l'autre ; et surtout au moyen du temps. De même dans les corps extérieurs, il ne distinguait la figure que par la variété des sensations ; parce que, par exemple, le cube avec ses angles l'affectait autrement que la sphère. »

L'exposition très instructive que Platner nous fait de l'état mental de cette personne ressemble exactement à celle que nous venons de lire dans M. Bain[8], et que ce philosophe considère comme la conception primitive de l'étendue que nous nous faisons tous, avant que la vue et les associations qu'elle crée soient entrées en scène avec leur merveilleuse puissance d'abréger les opérations de l'esprit. Ainsi que nous l'avons vu, Platner en conclut que nous n'arrivons à l'idée d'étendue que par la vue ; et Hamilton lui-même sent ébranlée sa croyance à l'opinion contraire. Mais Platner, sans le vouloir, interprète mal son observation quand il dit que son sujet n'avait pas de perception d'étendue. Il employait les mots qui expriment l'étendue avec tant d'à-propos et de discernement, que Platner, de son propre aveu, ne soupçonna pas d'abord qu'il ne voulait pas désigner par ces mots tout ce que désignent les personnes qui peuvent voir. Il voulait donc dire quelque chose ; il avait les impressions que les mots exprimaient pour son esprit ; il avait des conceptions de l'étendue, à sa manière. Mais son idée des degrés d'étendue n'était que l'idée d'un plus grand ou d'un plus petit nombre de sensations éprouvées successivement pour aller d'une certaine sensation à une autre, c'est-à-dire ce qu'elle devait être d'après la théorie de Brown[9]

---

8 Alexander Bain (1818-1903) philosophe écossais.

9 Thomas Brown (1778-1820) philosophe écossais. Ses *Lectures on the Philosophy of the Human Mind* (Leçons sur la philosophie de l'esprit humain) furent publiées en 1820.

ou celle de M. Bain : et le sens du toucher et celui des muscles n'étant pas aidé par la vue, l'aveugle continuait à ne concevoir les sensations que comme successives ; sa représentation mentale des sensations restait une conception d'une série et non d'un groupe coexistant. Sans doute il devait avoir l'expérience de la simultanéité, car tout être qui a plusieurs sens ne peut en être dépourvu, mais il semble qu'il n'avait pu se faire une idée complète de la simultanéité des parties de l'espace. Comme ce qui manquait à l'aveugle, c'était ce qui fait le caractère principal de la conception telle qu'elle est en nous, il semblait à Platner, qu'il n'avait aucune notion d'étendue. Mais Platner, heureusement, était [272] un homme capable d'observer et de raconter ses observations avec précision, et il a pu nous faire comprendre la conception que le sujet de ses observations avait réellement de l'étendue ; c'est la même que la nôtre, moins l'élément que le sens de la vue devrait y ajouter, si la théorie psychologique est vraie.

Ibid., suite de la note (1) de la p. 272, p. 273.

Le docteur M'Cosh[10] dit que l'expérience d'autres observateurs (p. 143) (et en particulier celle de M. Kinghan, directeur de l'Institut des aveugles de Belfast) et ses propres recherches expérimentales sur de jeunes enfants aveugles-nés, ne confirment pas l'opinion de Platner, mais qu'elles prouvent, au contraire, que ces aveugles-nés ont « une notion très nette de la figure et de la distance, acquise directement par le sens du toucher ». C'est précisément le résultat qu'on devait attendre, car je suis loin de croire avec Platner que les notions de figure et de distance proviennent originellement de la vue. Le sens de la vue n'est pas nécessaire pour donner la perception de la simultanéité ; mais il donne un nombre prodigieux de sensations d'un seul coup, et par là accélère beaucoup les opérations qui dépendent de l'observation de la simultanéité. Un aveugle-né peut acquérir peu à peu tout ce que renferme notre notion d'espace, excepté la peinture visible : mais il met plus de temps à la compléter, et même il semble que le sujet de Platner n'y soit pas parvenu.

10 James McCosh (1811-1894) philosophe écossais.

SØREN KIERKEGAARD
(1813-1855)

> Je suis, au sens le plus intime, une individualité malheureuse qui, dès mon premier âge, a été clouée à quelque souffrance confinant à la folie, laquelle doit avoir sa cause plus profonde dans une disproportion chez moi entre l'âme et le corps ; car (et c'est là l'étrange en même temps que mon infini réconfort) cette souffrance n'a nul rapport à mon esprit qui, au contraire, a reçu une élasticité peu commune.
> *Journal (extraits). 1846-1849*, VII A 126[1].

> Elle [*sc.* ma vie] a commencé sans immédiateté, avec une affreuse mélancolie, dès la première enfance déjà troublée dans son tréfonds, une mélancolie qui pour un temps m'a jeté dans le péché et le désordre, qui humainement parlant tenait cependant plus de la démence que de la faute.
> *Ibid.*, VIII A 650[2].

Le Concept de l'angoisse [1844], trad. Knud Ferlov et Jean J. Gateau, Paris, Gallimard, 1935, chap. IV, § 2, p. 185-186. © Éditions GALLIMARD.

[185] Ce que cache l'hermétique sous son hermétisme est parfois si affreux qu'il n'ose l'énoncer, pas même pour lui-même, parce qu'il lui semblerait en l'énonçant commettre un nouveau péché ou être tenté de nouveau. Pour que le cas se produise, il [186] faut qu'il y ait dans l'individu un mélange de pureté et d'impureté d'une rencontre assez rare. Aussi cela se passe-t-il plutôt quand l'individu en accomplissant son acte épouvantable n'était pas maître de lui. Ainsi quelqu'un en état d'ivresse peut avoir fait ce qu'il ne se rappelle qu'obscurément, tout en

1 *Journal (extraits). 1846-1849*, trad. Knud Ferlov et Jean J. Gateau, Paris, Gallimard, 1954, VII A 126, p. 30. © Éditions GALLIMARD.

2 *Ibid.*, VIII A 650, p. 226. © Éditions GALLIMARD.

sachant que la chose a été si violente qu'il lui serait impossible presque de se l'attribuer. On peut trouver le même cas chez un ex-aliéné ayant gardé un souvenir de son état passé. Le critère ici du démoniaque, c'est l'attitude de l'individu devant l'ouverture : veut-il imprégner de liberté ce fait ancien, l'assumer dans la liberté ? Dès qu'il ne le veut, le phénomène est démoniaque. C'est une démarcation qu'il faut maintenir ferme ; car même celui qui veut s'ouvrir est cependant, au fond de son être, démoniaque. Il a en effet deux volontés, l'une subordonnée, impuissante, celle qui veut l'ouverture, et l'autre, la plus forte, qui veut l'hermétisme ; mais la simple supériorité de celle-ci montre qu'il reste au fond démoniaque.

Étapes sur le chemin de la vie, Copenhague, Reitzel, 1845, « *Coupable ?* ». « *Non coupable ?* », *un martyrologe, expérience psychologique, par Frater Taciturnus*[3], chap. VI, le 3 juillet. Minuit, p. 315-316.

[315] Mais l'éternité parle-t-elle donc si frivolement de la faute ? Le temps, au moins, ne le fait pas ; il apprendra sûrement, aussi à l'avenir, ce qu'il m'a appris, qu'une vie est un peu plus qu'hier soir. Mais l'éternité guérira bien aussi toute maladie, elle [316] rendra l'ouïe au sourd, la vue à l'aveugle et la beauté du corps à l'être difforme, et ainsi, elle me guérira aussi. Quelle est ma maladie ? La mélancolie. Où a-t-elle son siège ? Dans l'imagination, et elle est nourrie par les possibilités. Cette maladie n'était-elle pas assez lourde dans le temps puisque non seulement elle me faisait souffrir mais aussi me rendait coupable ? L'être difforme n'a pourtant qu'à porter la douleur d'être difforme, mais que ce serait terrible si sa difformité le rendait aussi coupable ! Ainsi, quand mon temps viendra, que le dernier soupir que je t'adresse, oh ! Dieu, soit pour le salut de mon âme, que l'avant-dernier soupir soit pour elle, ou que, pour la première fois, je sois à nouveau réuni avec elle dans le même dernier soupir.

3 L'un des pseudonymes de Kierkegaard.

KARL MARX
(1818-1883)

Le Capital [1867], trad. Joseph Roy révisée par l'auteur, Paris, Maurice Lachatre et Cie, 1872, liv. I, sect. IV, chap. XIV, p. 157a-157b.

[157a] La division manufacturière leur [*sc.* aux ouvriers] oppose les puissances intellectuelles de la production comme la propriété d'autrui et comme pouvoir qui les domine. Cette scission commence à poindre dans la coopération simple où le capitaliste représente vis-à-vis du travailleur isolé l'unité et la volonté du travailleur collectif; elle se développe dans la manufacture qui mutile le travailleur au point de le réduire à une parcelle de lui-même; elle s'achève enfin dans la grande industrie qui fait de la science une force productive indépendante du travail et l'enrôle au service du capital.

Dans la manufacture l'enrichissement du travailleur collectif, et par suite du capital, en forces productives sociales a pour condition l'appauvrissement du travailleur en forces productives individuelles.

« L'ignorance est la mère de l'industrie aussi bien que de la superstition. La réflexion et l'imagination sont sujettes à s'égarer; mais l'habitude de mouvoir le pied ou la main ne dépend ni de l'une, ni de l'autre. Aussi pourrait-on dire, que la perfection, à l'égard des manufactures, consiste à pouvoir se passer de l'esprit, de manière que, sans effort de tête, l'atelier puisse être considéré comme une machine dont les parties sont des hommes[1]. » Aussi un certain nombre de manufactures, vers le milieu du dix-huitième siècle, employaient de préférence pour certaines opérations formant des secrets de fabrique, des ouvriers à moitié idiots[2].

« L'intelligence de la plupart des hommes », dit A. Smith, « se forme nécessairement par leurs occupations ordinaires. Un homme dont toute

1 [NdA] Adam Ferguson, *Essai sur l'histoire de la société civile*, p. 134, 135.

2 [NdA] John Debell Tuckett, *A History of the Past and Present State of the Labouring Population*, Londres, 1846, p. 149.

la vie se passe à exécuter un petit nombre d'opérations simples... n'a aucune occasion de développer son intelligence ni d'exercer son imagination... Il devient en général aussi ignorant et aussi stupide qu'il soit possible à une créature humaine de le devenir. » Après avoir dépeint l'engourdissement de l'ouvrier parcellaire, A. Smith continue ainsi : « L'uniformité de sa vie stationnaire corrompt naturellement [157b] la vaillance de son esprit... elle dégrade même l'activité de son corps et le rend incapable de déployer sa force avec quelque vigueur et quelque persévérance, dans tout autre emploi que celui auquel il a été élevé. Ainsi sa dextérité dans son métier est une qualité qu'il semble avoir acquise aux dépens de ses vertus intellectuelles, sociales et guerrières. Or, dans toute société industrielle et civilisée tel est l'état où doit tomber nécessairement l'ouvrier pauvre (*the labouring poor*), c'est-à-dire la grande masse du peuple[3]. » Pour porter remède à cette détérioration complète, qui résulte de la division du travail, A. Smith recommande l'instruction populaire obligatoire, tout en conseillant de l'administrer avec prudence et à doses homéopathiques. [...]

Un certain rabougrissement de corps et d'esprit est inséparable de la division du travail dans la société. Mais comme la période manufacturière pousse beaucoup plus loin cette division sociale en même temps que par la division qui lui est propre elle attaque l'individu à la racine même de sa vie, c'est elle qui la première fournit l'idée et la matière d'une pathologie industrielle[...].

Ibid., sect. VII, chap. XXV, p. 284b.

Enfin, le dernier résidu de la surpopulation relative habite l'enfer du paupérisme. Abstraction faite des vagabonds, des criminels, des prostituées, des mendiants, et de tout ce monde qu'on appelle les classes dangereuses, cette couche sociale se compose de trois catégories.

La première comprend des ouvriers capables de travailler. Il suffit de jeter un coup d'œil sur les listes statistiques du paupérisme anglais pour s'apercevoir que sa masse, grossissant à chaque crise et dans la phase de stagnation, diminue à chaque reprise des affaires. La seconde catégorie comprend les enfants des pauvres assistés et des orphelins.

3 [NdA] Adam Smith, *Wealth of Nations*, liv. V, chap. I, art. 11 [...].

Ce sont autant de candidats de la réserve industrielle qui, aux époques de haute prospérité, entrent en masse dans le service actif, comme, par exemple, en 1860. La troisième catégorie embrasse les Misérables, d'abord les ouvriers et ouvrières que le développement social a, pour ainsi dire, démonétisés, en supprimant l'œuvre de détail dont la division du travail avait fait leur seule ressource ; puis ceux qui par malheur ont dépassé l'âge normal du salarié ; enfin les victimes directes de l'industrie – malades, estropiés, veuves, etc., dont le nombre s'accroît avec celui des machines dangereuses, des mines, des manufactures chimiques, etc.

Le paupérisme est l'hôtel des invalides de l'armée active du travail et le poids mort de sa réserve. Sa production est comprise dans celle de la surpopulation relative, sa nécessité dans la nécessité de celle-ci, il forme avec elle une condition d'existence de la richesse capitaliste. Il entre dans les faux frais de la production capitaliste, frais dont le capital sait fort bien, d'ailleurs, rejeter la plus grande partie sur les épaules de la classe ouvrière et de la petite classe moyenne.

La réserve industrielle est d'autant plus nombreuse que la richesse sociale, le capital en fonction, l'étendue et l'énergie de son accumulation, partant aussi le nombre absolu de la classe ouvrière et la puissance productive de son travail, sont plus considérables. Les mêmes causes qui développent la force expansive du capital amenant la mise en disponibilité de la force ouvrière, la réserve industrielle doit augmenter avec les ressorts de la richesse. Mais plus la réserve grossit, comparativement à l'armée active du travail, plus grossit aussi la surpopulation consolidée dont la misère est en raison directe du labeur imposé. Plus s'accroît enfin cette couche des Lazare de la classe salariée, plus s'accroît aussi le paupérisme officiel. Voilà la loi générale, absolue, de l'accumulation capitaliste.

FRIEDRICH ENGELS
(1820-1895)

Herrn Eugen Dührings Umwälzung der Wissenschaft ("Anti-Dühring") [1878-1880], Stuttgart, J. R. W. Diek, 1894, part. III, p. 272. Trad. Marie Mühleck.

Quand on divise le travail, on divise aussi l'homme. Se perfectionner dans une seule activité a pour effet de sacrifier toutes ses autres facultés physiques et intellectuelles. Cet étiolement de l'homme croît au même rythme que la division du travail, qui atteint son plus haut niveau de développement dans la manufacture. La manufacture décompose le métier en opérations partielles distinctes et attribue chacune d'elles à un ouvrier singulier ; cette opération devient ainsi sa profession à vie, la manufacture l'enchaîne de cette façon pour toute sa vie à une fonction partielle déterminée et à un outil déterminé. « Elle estropie le travailleur, le rend anormal, en suscitant le développement factice de sa dextérité de détail par la suppression de tout un monde de dispositions et d'instincts producteurs… L'individu lui-même est morcelé et subit une métamorphose en ressort automatique d'une seule et unique opération » (Marx)[1] – un tel ressort n'atteint souvent la perfection qu'au travers d'une véritable mutilation physique et intellectuelle de l'ouvrier. Le machinisme de la grande industrie abaisse le travailleur, du statut de machine à celui de simple accessoire d'une machine. « La spécialité de manipuler un outil parcellaire pendant toute une vie devient la spécialité de servir pendant toute une vie une machine parcellaire. Le machinisme est utilisé abusivement pour transformer l'ouvrier, depuis qu'il est enfant, en pièce d'une machine elle-même parcellaire » (Marx)[2]. Et ce ne sont pas seulement les ouvriers, mais également les

1 *Le Capital*, Paris, Éditions sociales, 1969, liv. I, t. II, p. 49-50.
2 *Ibid.*, p. 104.

classes qui les exploitent directement ou indirectement, qui sont soumis à l'instrument de leur activité par la division du travail ; le bourgeois à l'esprit inculte est assujetti à son propre capital et à sa propre avidité de profit ; le juriste à ses conceptions ossifiées du droit, qui exercent sur lui une domination, à la manière d'une puissance indépendante ; les « classes cultivées » de manière générale à une multitude de préjugés locaux et de mesquineries, à leur propre myopie physique et intellectuelle, à leur mutilation résultant d'une éducation adaptée à une spécialité et par leur enchaînement pendant toute une vie à cette spécialité même, celle-ci fût-elle la pure oisiveté.

FRANZ BRENTANO
(1838-1917)

Psychologie descriptive [1887-1901], trad. Arnaud Dewalque, Paris, Gallimard, 2017, part. I, chap. III, § B, p. 105-107.

[105] (d) Par contre, il y a tout de même d'autres cas où le fait [106] que certains phénomènes fassent défaut rend en fait les connaissances psychognostiques[1] incomplètes. Il en va ainsi de l'absence d'odorat, de l'absence d'ouïe, de l'absence de vue, et même d'une absence partielle, comme dans le cas de celui qui est daltonien ou de ceux qui ne voient pas de différences entre les couleurs au sens étroit, mais qui voient le monde comme une gravure sur cuivre.

4. Pour le psychognoste, le risque de ne pouvoir accomplir sa tâche en raison du manque de matériau empirique suffisant se limite donc essentiellement à des cas de vie mentale rudimentaire de ce genre.

5. Ils ne sont pas rares {pour autant}. On signale que, sur douze personnes, {il y en aurait} en moyenne une qui ne voit pas toutes les couleurs. {Cette proportion est} pourtant inexacte ; cela varie d'un peuple à l'autre. Pour beaucoup, ce nombre {est} trop élevé, pour d'autres (les Nordiques) il est naturellement encore trop faible.

6. Cela dit, en tout cas, {il n'y a} pas de risque généralisé. Et chaque individu peut aisément dissiper le doute concernant la question de savoir, notamment, s'il n'appartient pas lui aussi à ce {groupe}, pour ensuite se consacrer vaillamment à l'étude de la psychognosie.

7. Et j'ajoute que, si quelqu'un devait se rendre compte qu'il souffre effectivement d'une telle limitation élémentaire, il ne devrait pas se décourager et abandonner l'étude de la psychognosie. Il aura toujours en

1 Des connaissances relatives à la « psychognosie », c'est-à-dire, pour Brentano, la psychologie descriptive.

commun avec l'ensemble de l'humanité un champ extrêmement vaste {de matériaux empiriques} ; et si, dans ses connaissances psychognostiques, il ne lui reste pas d'autre lacune que celle qui résulte nécessairement de la source indiquée, alors il pourrait légitimement se considérer lui-même comme quelqu'un qui, parmi tous les hommes qui ont vécu et – si je puis dire – qui vivront un jour, est encore un psychognoste extrêmement riche en connaissances.

[107]

8. Des cas comme celui de Laura Bridgman[2] {sont}, par bonheur, rares. {Il est} encore plus rare qu'ensuite, malgré l'obstacle, un développement mental plus riche {ne} survienne {pas}. Dans ce cas, on ne peut toutefois pas songer à une psychognosie. Mais si, comme dans le cas de Laura, un développement mental a lieu, alors on disposera encore toujours d'un champ extrêmement vaste et fécond pour mener des études psychognostiques.

2 [NdE] Par suite d'une maladie, Laura Bridgman (1829-1889) avait perdu la plupart de ses capacités sensorielles à l'âge de deux ans, en particulier le sens de la vue et le sens de l'ouïe. Elle a pu recevoir une éducation spécialisée dans la première école pour aveugles des États-Unis, la Perkins School.

WILLIAM JAMES
(1842-1910)

L'Expérience religieuse. Essai de psychologie descriptive [1902], trad. Frank Abauzit, préf. Émile Boutroux, Paris, Félix Alcan, Genève, Henry Küding, 1906, Introduction, chap. I, p. 23.

Aucun organisme ne peut procurer à son possesseur la vérité totale. Nous souffrons presque tous de quelque infirmité, sinon de quelque maladie ; et nos infirmités même nous peuvent être d'un secours inattendu. Dans le tempérament de névropathe, nous trouvons la facilité aux émotions, qui est la condition nécessaire de la perception morale ; nous trouvons l'intensité de sentiment et la tendance à prendre tout au sérieux, qui sont l'essence même de l'énergie morale et de l'activité pratique ; nous trouvons enfin l'amour des idées métaphysiques et des intuitions mystiques, qui emportent l'âme bien loin du monde sensible et de ses intérêts vulgaires. N'est-il pas tout naturel que, grâce à ce tempérament, nous puissions pénétrer dans ces recoins mystérieux de l'univers, dans ces régions de vérité religieuse, où ne parviendra certes jamais l'épais bourgeois au système nerveux robuste, qui vous fait sans cesse tâter ses biceps, et, bombant fièrement sa poitrine, se glorifie d'avoir une santé à toute épreuve ?

Ibid., chap. II, p. 39-40.

[39] La vie morale est vraiment une guerre ; au service des idéals les plus élevés, le soldat du devoir est poussé par un patriotisme qui englobe tout l'univers et qui, comme tout patriotisme, réclame des « volontaires ». Cette guerre morale est à la portée de tous, [40] même des invalides. Un malade peut volontairement détourner son attention de son avenir, en ce monde ou dans l'autre. Il peut s'habituer à regarder ses misères d'un œil

indifférent, se tenir au courant des événements publics, et s'intéresser à ce qui arrive aux autres. Il peut s'appliquer à montrer toujours un visage serein, à ne jamais parler de ses malaises. II peut méditer sur ce que sa conception de la vie et du monde lui offre d'idéal, il peut pratiquer les vertus que prescrit sa morale, la patience, la résignation, la confiance. Un tel homme, malgré ses infirmités, atteindrait le plus haut degré d'épanouissement moral.

Ibid., part. I, chap. III, p. 53.

J'ai déjà cité ailleurs un cas bien curieux de cette hallucination chez un aveugle[1]. Il sentait fréquemment la présence d'un personnage à barbe grisonnante, habillé d'un costume « poivre et sel », qui se glissait par l'étroite fente sous la porte, en s'aplatissant pour passer ; puis, reprenant forme humaine, et marchant à quatre pattes sur le tapis, la tête renversée en arrière, il se dirigeait vers le canapé, où il s'étendait ; au bout de quelques instants il disparaissait. Le sujet de cette quasi hallucination, entièrement aveugle, est d'une intelligence exceptionnelle. On peut se fier à son témoignage. Il est complètement dépourvu de toute imagination visuelle : il ne peut se représenter ni lumière ni couleurs. Il affirme d'une façon très positive que ni l'ouïe ni aucun autre de ses sens n'était impliqué dans cette fausse perception[2]. Il semble plutôt que ce fut une conception abstraite, à laquelle se rattachait directement un sentiment de réalité objective : en d'autres termes, c'était une idée pleinement extériorisée.

Il me serait facile de citer d'autres exemples ; ceux que je viens de donner me paraissent suffisants pour établir l'existence, dans notre organisation mentale, d'un sens de la réalité présente plus étendu et plus général que nos sens spéciaux.

---

1 [NdA] William James, *The Principles of Psychology*, vol. II, p. 323.

2 [NdA] L'apparition ne s'approchait jamais de lui. Interrogé sur la manière dont il percevait des détails qui semblent ne pouvoir être que visuels – cheveux et barbe grisonnants, habit « poivre et sel », – il répondait que ces détails lui apparaissaient distinctement et toujours identiques. Comment il les percevait, il ne pouvait se l'expliquer, mais il en avait, disait-il, une connaissance certaine et inébranlable. (Voy. *Principles*, II, p. 324.).

FRIEDRICH NIETZSCHE
(1844-1900)

[20] [...] à trente-six ans je parvins au point inférieur de ma vitalité. Je vivais encore, mais sans être capable de voir à trois pas devant moi. À ce moment – c'était en 1879 – j'abandonnai mon professorat à Bâle, je vécus comme une ombre à Saint-Moritz et l'hiver suivant, l'hiver le plus pauvre en soleil de ma vie tout entière, à Naumbourg. J'étais alors devenu *véritablement* une ombre. Ce fut là mon minimum. J'écrivis le *Voyageur et son ombre*, et, sans conteste, je m'entendais alors à parler d'ombres... L'hiver qui vint ensuite, mon premier hiver à Gênes, cette espèce d'adoucissement et de spiritualisation, qui est presque la conséquence d'une extrême pauvreté de sang et de muscles, donna naissance à *Aurore*. La complète clarté, la disposition sereine, je dirai même l'exubérance de l'esprit que reflète cet ouvrage, s'accorde chez moi, non seulement avec la plus profonde faiblesse physiologique, mais encore avec un excès de souffrance. Au milieu des tortures provoquées par des maux de tête de trois jours, accompagnés de vomissements laborieux, je possédais une lucidité de dialecticien par excellence et je réfléchissais très froidement à des choses qui, si ma santé eût été meilleure, m'auraient trouvé dépourvu de raffinement et de froideur, sans l'indispensable audace du grimpeur de rochers.

Mes lecteurs savent peut-être jusqu'à quel point [21] je considère la dialectique comme un symptôme de décadence, par exemple dans le cas le plus célèbre, le cas de Socrate. [...] Il y a décidément chez moi, sans qu'elle puisse être démontrée, quelque dégénérescence locale ; je n'ai pas de maladie d'estomac qui affecte mon organisme, bien que je souffre, par suite d'épuisement général, d'une extrême faiblesse du système gastrique. Mes maux d'yeux, qui risquent parfois de me mener jusqu'à la cécité, ne sont qu'un effet et non point une cause, en sorte que, chaque fois que ma force vitale a augmenté, mes facultés visuelles me sont revenues jusqu'à un certain point.

Ecce Homo suivi des Poésies, chap. 1[1].

1 *Ecce Homo suivi des Poésies*, trad. Henri Albert, Paris, Société du Mercure de France, 1909, *Ecce Homo* [1908], chap. 1, p. 20-21.

Menschliches, allzumenschliches. Ein Buch für freie Geister (Erster Band) [1878], Leipzig, E. W. Fritzsch, 1886, chap. v, § 224, p. 208-209. Trad. Marie Mühleck.

[208] Les natures dégénérescentes sont d'une importance cruciale partout où un progrès doit s'accomplir. Tout progrès global doit être précédé d'un affaiblissement partiel. Les natures les plus fortes conservent le type fixe, les plus faibles contribuent à le développer. Une chose similaire se produit pour les individus pris à part ; rarement une décadence, une lésion, même une faute, et en général une perte physique ou morale, ne survient sans bénéfice d'un autre côté. Celui qui est maladif par exemple aura peut-être, au sein d'une race guerrière et turbulente, davantage l'occasion de se retrouver seul, devenant ainsi plus calme et plus sage, le borgne aura un œil plus fort, l'aveugle sera capable de voir plus profondément dans l'être intime et percevra en tout cas mieux les sons. Il me semble, par conséquent, que le fameux combat pour l'existence n'est pas le seul aspect par lequel peut être expliqué le progrès ou l'accroissement de force d'un homme, d'une race. Il y a plutôt deux éléments divers qui doivent être réunis : tout d'abord, l'accroissement de la force stable par l'union des esprits dans une communauté de croyance et de sentiment ; ensuite, la possibilité d'atteindre des fins plus élevées du fait de l'existence de natures dégénérescentes, et par conséquent d'affaiblissements et de lésions partielles dans cette force stable ; c'est justement la nature plus faible, celle qui est plus délicate et plus fine, qui fait que tout progrès, généralement, est possible. Un peuple qui développe une faiblesse ou une vulnérabilité sur un aspect particulier, mais qui demeure globalement robuste et sain, a la capacité de recevoir l'élément neuf et de se l'incorporer à son avantage. Si l'on prend l'individu en tant que tel, [209] la tâche de l'éducation est la suivante : lui fournir des fondations si solides et si sûres qu'il ne puisse plus du tout, dans l'ensemble, être détourné de sa route. Mais l'éducateur se doit ensuite de lui infliger des blessures ou de tirer profit de celles que le destin lui a fait subir, parce qu'une fois que la douleur et le besoin sont nés, il est possible d'inoculer quelque chose de neuf et de noble dans les zones blessées. Son organisme entier l'accueillera en lui-même et plus tard laissera paraître son ennoblissement à ses fruits.

Aurore. Réflexions sur les préjugés moraux [1881], trad. Henri Albert, Paris, Société du Mercure de France, 1901, liv. I, chap. 14, p. 24-25.

[24] Si, malgré ce formidable joug de la moralité des mœurs, sous lequel toutes les sociétés humaines ont vécu, si – durant des milliers d'années avant notre ère, et encore au cours de celle-ci jusqu'à nos jours (nous habitons nous-mêmes, dans un petit monde d'exception et en quelque sorte dans la zone mauvaise) – les idées nouvelles et divergentes, les appréciations et les instincts contraires [25] ont surgi toujours de nouveau, ce ne fut cependant que parce qu'elles étaient sous l'égide d'un sauf-conduit terrible : presque partout, c'est la folie qui aplanit le chemin de l'idée nouvelle, qui rompt le ban d'une coutume, d'une superstition vénérée. Comprenez-vous pourquoi il fallut l'assistance de la folie ? De quelque chose qui fût aussi terrifiant et aussi incalculable, dans la voix et dans l'attitude, que les caprices démoniaques de la tempête et de la mer, et, par conséquent, de quelque chose qui fût, au même titre, digne de la crainte et du respect ? De quelque chose qui portât, autant que les convulsions et l'écume de l'épileptique, le signe visible d'une manifestation absolument involontaire ? De quelque chose qui parût imprimer à l'aliéné le sceau de quelque divinité dont il semblait être le masque et le porte-parole ? De quelque chose qui inspirât, même au promoteur d'une idée nouvelle, la vénération et la crainte de lui-même, et non plus des remords, et qui le poussât à être le prophète et le martyr de cette idée ? – Tandis que de nos jours on nous donne sans cesse à entendre que le génie possède au lieu d'un grain de bon sens un grain de folie, les hommes d'autrefois étaient bien plus près de l'idée que là où il y a de la folie il y a aussi un grain de génie et de sagesse, – quelque chose de « divin », comme on se murmurait à l'oreille. Ou plutôt, on s'exprimait plus nettement : « Par la folie, les plus grands bienfaits ont été répandus sur la Grèce, » disait Platon[2] avec toute l'humanité antique.

Ainsi parlait Zarathoustra [1885], trad. Henri Albert, Paris, Société du Mercure de France, 1898, part. II, « De la rédemption », p. 194-196.

[194] Un jour que Zarathoustra passait sur le grand pont, les infirmes et les mendiants l'entourèrent et un bossu lui parla et lui dit :

2 Voir ici le texte du *Phèdre* p. 84-86.

« Vois, Zarathoustra ! Le peuple lui aussi profite de tes enseignements et commence à croire en ta doctrine : mais afin qu'il te croie entièrement, il manque encore une chose – il te faut nous convaincre aussi, nous autres infirmes ! Tu en as là un beau choix et, en vérité, c'est une belle occasion de t'essayer plus d'une tête ! Tu peux guérir des aveugles, faire courir des boiteux et tu peux alléger un peu celui qui a une trop lourde charge derrière lui : ce serait, je crois, la bonne façon de faire que les infirmes croient en Zarathoustra ! ».

Mais Zarathoustra répondit ainsi à celui qui avait parlé : « Si l'on enlève au bossu sa bosse, on lui prend en même temps son esprit – c'est ainsi qu'enseigne le peuple. Et si l'on rend ses yeux à l'aveugle, il voit sur terre trop de choses mauvaises : en sorte qu'il maudit celui qui l'a guéri. Celui cependant qui fait courir le boiteux lui fait le plus grand tort : car à peine sait-il courir que ses vices l'emportent. – Voilà ce que le peuple enseigne sur les infirmes. Et pourquoi Zarathoustra n'apprendrait-il pas du peuple ce que le peuple a appris de Zarathoustra ?

[195] Mais, depuis que j'habite parmi les hommes, c'est pour moi la moindre des choses de voir qu'à celui-ci manque un œil, celui-là une oreille, un troisième n'a plus de jambes, et il y en a d'autres qui ont perdu la langue, ou bien le nez, ou bien la tête.

Je vois et j'ai vu de pires choses et il y en a de si épouvantables que je ne voudrais pas parler de chacune et pas même me taire sur plusieurs : c'est-à-dire des hommes qui manquent de tout, sauf qu'ils ont quelque chose de trop – des hommes qui ne sont rien d'autre qu'un grand œil ou une grande bouche ou un gros ventre, ou n'importe quoi de grand, – je les appelle des infirmes à rebours.

Et lorsqu'en venant de ma solitude je passais pour la première fois sur ce pont, je n'en crus pas mes yeux, je ne cessai de regarder et je finis par dire : « Ceci est une oreille ! Une oreille aussi grande qu'un homme ! » Je regardais de plus près et, en vérité, derrière l'oreille se mouvait encore quelque chose qui était petit à faire pitié, pauvre et débile. Et, en vérité, l'oreille énorme se trouvait sur une petite tige mince, – et cette tige était un homme ! En regardant à travers une lunette on pouvait même reconnaître une petite figure envieuse ; et aussi une petite âme boursouflée qui tremblait au bout de la tige. Le peuple cependant me dit que la grande oreille était non seulement un homme, mais un grand homme, un génie. Mais je n'ai jamais cru le peuple, lorsqu'il parlait de grands hommes – et j'ai gardé mon idée que c'était un infirme à rebours qui avait de tout trop peu et trop d'une chose ».

Lorsque Zarathoustra eut ainsi parlé au bossu et à ceux dont il était l'interprète et le mandataire, il se tourna du côté de ses disciples avec un profond mécontentement et leur dit :

[196] « En vérité, mes amis, je marche parmi les hommes comme parmi des fragments et des membres d'homme !

Ceci est pour mon œil la chose la plus épouvantable de voir les hommes brisés et dispersés comme s'ils étaient couchés sur un champ de carnage.

Et si mon œil fuit du présent au passé, il trouve toujours la même chose : des fragments, des membres et des hasards épouvantables – mais point d'hommes !

Le présent et le passé sur la terre – hélas ! mes amis – voilà pour *moi* la chose la plus insupportable ; et je ne saurais point vivre si je n'étais pas un visionnaire de ce qui doit fatalement venir.

Visionnaire, volontaire, créateur, avenir lui-même et pont vers l'avenir – hélas ! en quelque sorte aussi un infirme, debout sur ce pont : Zarathoustra est tout cela.

Par-delà le bien et le mal [1886], trad. Henri Albert, Paris, Société du Mercure de France, 1913, chap. III, § 62, p. 110-111.

[110] Enfin, – pour montrer aussi la fâcheuse contrepartie de ces religions[3] et le danger inquiétant qu'elles font courir – cela se paye toujours terriblement cher quand on ne garde pas les religions comme moyen de discipline et d'éducation dans la main des philosophes, mais quand on les laisse agir par elles-mêmes, « souveraines », leur laissant la latitude de s'ériger en fins dernières, au lieu de rester des moyens, à côté d'autres moyens. Chez l'homme, comme chez toutes les autres espèces animales, se trouve un excédent d'individus manqués, malades, dégénérés, infirmes, qui souffrent nécessairement. Les cas de réussite sont toujours des exceptions, même chez l'homme, et surtout des exceptions rares, si l'on considère que l'homme est un animal « dont les qualités ne sont pas encore fixées ». Mais [111] il y a pis encore. Plus

3 Le christianisme et le bouddhisme.

un homme représente un type d'espèce supérieure, plus ses chances de réussite deviennent minimes. Le hasard, la loi du non-sens dans l'économie humaine, apparaît le plus odieusement dans les ravages qu'il exerce sur les hommes supérieurs, dont les conditions vitales subtiles et multiples sont difficiles à évaluer. Or, quelle est l'attitude des deux religions, les plus grandes de toutes, à l'égard de ces déchets composés de cas manqués ? Toutes deux cherchent à conserver, à maintenir dans la vie ce qui s'y laisse maintenir. Mieux encore, elles prennent même parti, par principe, pour les cas manqués, étant les religions de ceux qui « souffrent », elles donnent raison à tous ceux qui pâtissent de la vie comme d'une maladie, et voudraient obtenir que tout autre sentiment de la vie fût considéré comme faux et devînt impossible. Quelle que soit l'importance accordée à ce souci de ménagement et de conservation qui s'applique et s'appliquait encore au type supérieur de l'homme, jusqu'à présent presque toujours le type le plus souffrant, tout compte fait, ces deux religions, restées souveraines, sont une des principales causes qui ont maintenu le type « homme » à un niveau inférieur. Elles renfermaient en germe trop de choses « qui devaient périr ».

La Généalogie de la morale [1887], trad. Henri Albert, Paris, Société du Mercure de France, 1900, Première dissertation, chap. 7, p. 43-45.

[43] L'histoire de l'humanité serait à vrai dire une chose bien [44] inepte sans l'esprit dont les impuissants l'ont animée. Allons droit à l'exemple le plus saillant. Tout ce qui sur terre a été entrepris contre les « nobles », les « puissants », les « maîtres », le « pouvoir », n'entre pas en ligne de compte, si on le compare à ce que les « Juifs » ont fait : les Juifs, ce peuple sacerdotal qui a fini par ne pouvoir trouver satisfaction contre ses ennemis et ses dominateurs que par une radicale transmutation de toutes les valeurs, c'est-à-dire par un acte de « vindicte essentiellement spirituel ». Seul un peuple de prêtres pouvait agir ainsi, ce peuple qui vengeait d'une façon sacerdotale sa haine rentrée. Ce sont des Juifs, qui, avec une formidable logique, ont osé le renversement de l'aristocratique équation des valeurs (bon, noble, puissant, beau, heureux, aimé de Dieu). Ils ont maintenu ce renversement avec l'acharnement d'une haine sans borne (la haine de l'impuissance) et ils ont affirmé : « Les misérables seuls sont les bons ; les pauvres, les impuissants, les petits seuls sont

les bons ; ceux qui souffrent, les nécessiteux, les malades, les difformes sont aussi les seuls pieux, les seuls bénis de Dieu ; c'est à eux seuls qu'appartiendra la béatitude – par contre, vous autres, vous qui êtes nobles et puissants, vous êtes de [45] toute éternité les mauvais, les cruels, les avides, les insatiables, les impies, et, éternellement, vous demeurerez aussi les réprouvés, les maudits, les damnés ! » ... On sait « qui » a recueilli l'héritage de cette dépréciation judaïque... Je rappelle, à propos de l'initiative monstrueuse et néfaste au-delà de toute expression que les Juifs ont prise par cette déclaration de guerre radicale entre toutes, la conclusion à laquelle je suis arrivé en un autre endroit (*Par-delà le bien et le mal*, aph. 195). – Je veux dire que c'est avec les Juifs que commence « le soulèvement des esclaves dans la morale » : ce soulèvement qui traîne à sa suite une histoire longue de vingt siècles et que nous ne perdons aujourd'hui de vue que – parce qu'il a été victorieux...

Le Crépuscule des idoles [1888], trad. Henri Albert, Paris, Société du Mercure de France, 1908, chap. II, § 3, p. 118.

Socrate appartenait, de par son origine, au plus bas peuple : Socrate était de la populace. On sait, on voit même encore combien il était laid. Mais la laideur, objection en soi, est presque une réfutation chez les Grecs. En fin de compte, Socrate était-il un Grec ? La laideur est assez souvent l'expression d'une évolution croisée, *entravée* par le croisement. Autrement elle apparaît comme le signe d'une évolution descendante. Les anthropologistes qui s'occupent de criminologie nous disent que le criminel type est laid : *monstrum in fronte, monstrum in animo*[4]. Mais le criminel est un décadent. Socrate était-il un criminel type ? – Du moins cela ne serait pas contredit par ce fameux jugement physionomique qui choquait tous les amis de Socrate. En passant par Athènes, un étranger qui se connaissait en physionomie dit, en pleine figure, à Socrate qu'il était un monstre, qu'il cachait en lui tous les mauvais vices et désirs. Et Socrate répondit simplement : « Vous me connaissez, monsieur ! ».

4 « Ce qui est monstrueux à l'extérieur est monstrueux dans l'âme » (maxime antique).

EDMUND HUSSERL
(1859-1938)

Idées directrices pour une phénoménologie et une philosophie phénoménologique pures [1913], trad. Éliane Escoubas, Paris, Presses Universitaires de France, 1982, liv. II, sect. I, chap. III, § 18, c, p. 107-108. © Presses Universitaires de France.

[107] Mais qu'en serait-il[1] si le sens du toucher faisait complètement défaut ou encore s'il subissait une « totale » altération pathologique ? Ou bien si les deux yeux étaient malades et donnaient des images affectées d'une altération essentielle, dans lesquelles la chose apparaîtrait altérée, éventuellement dotée de qualités sensibles altérées ? Ce n'est pourtant pas avec mes autres organes que je vois et, avec eux, je ne saisis pas de couleurs, qualités spécifiquement visuelles.

Mais, dans ce cas, c'est dans le sens du toucher que persiste l'identité de la chose et que persiste aussi le rapport des « images » visuelles avec cette même chose ; la coordination des sens demeure, quoique sur un mode altéré (sinon je pourrais avoir peut-être des taches de couleur dans le champ des sensations, mais aucune apparence chosique) : c'est bien toujours la même chose que je touche et que je vois. Que les formes spatiales ne se soient pas altérées et que l'imprécision soit une modification simplement subjective des apparences, de manière analogue à une vision normale avec une accommodation altérée, c'est ce qui résulte du sens du toucher, ainsi que des séquences antérieures de la perception visuelle avant l'altération pathologique. Non pas que le sens du toucher comme tel ait une priorité. Mais la chose possède sa teneur constitutive « optimale », à laquelle renvoient, quant à l'intentionnalité, toutes les autres [108] données ; et si le sens de la vue ne fournissait de prime abord que des contours imprécis et le sens du toucher, par contre, des

1 À savoir de la « constitution de la chose » (*ibid.*).

différences nettes et plus fines, la forme vue et la forme touchée certes « coïncideraient », mais c'est à la forme du toucher que reviendrait la priorité. Pour parler plus justement : la chose elle-même n'a pas deux formes qui coïncident, mais « une seule » forme (et également une seule surface) qui peut être et touchée et vue. Selon l'idée, chaque sens pourrait fournir la même chose et tout aussi bien, mais *de facto* il arrive que l'un des sens l'offre souvent mieux que l'autre et de bonnes lunettes peuvent transformer ma vue, toujours et habituellement floue, en une vue si bonne que c'est le sens de la vue qui obtient la priorité.

À vrai dire, la qualité qu'est la couleur ne saurait être donnée par plusieurs sens comme étant la même qualité au sein de différents modes d'apparition. Si les circonstances normales d'éclairage (la lumière du jour, etc.) font défaut et si je suis complètement aveugle, il fait nuit pour moi, je ne vois rien, je ne dispose que de mon champ de vision sombre. De même, si je ferme les yeux ou si je les couvre de ma main. On dit alors : les objets ont bien leur couleur, mais je ne les vois pas. Je ne les aperçois pas et cependant ils ne cessent pas d'être et je peux effectivement les percevoir par le toucher. Par la perception tactile, je suis toujours percevant dans le monde, je sais m'orienter en lui et je peux saisir et connaître ce que je veux. Je peux alors aussi voir (ce n'est pas par la vue que le monde est sans cesse donné, mais il y a bien plutôt une priorité de la sensibilité tactile) et ce sont bien les mêmes choses qui possèdent la couleur – bien que je ne les vois justement pas – puisque je peux aller vers elles, si je ne suis pas empêché, jusqu'à ce que je les vois, ou encore je peux soulever les paupières, tourner la tête, fixer du regard, etc. En cela, le sens du toucher joue toujours son rôle, tout comme il a manifestement la priorité parmi tout ce qui contribue à la constitution de chose.

Ibid., p. 111-113. © Presses Universitaires de France.

[111] Il ne peut se présenter d'anomalies comme telles que sous la forme dans laquelle le monde normal demeure, quant à la constitution, c'est-à-dire qu'il reste ce dont les autres organes de perception font l'expérience, à savoir les organes qui, fonctionnant comme de tels organes réciproquement les uns pour les autres, subsistent dans une capacité d'expérience normale ; d'autre part, la partie du corps anormale et la

cause qui a provoqué son altération appartiennent ensemble au monde donné de façon normale grâce à de tels sens restés normaux ; mais elle perd avec sa forme normale sa conditionalité psycho-physique normale et c'est une nouvelle conditionalité qui intervient. Toutes les choses, perçues au moyen de telles parties du corps, apparaissent sous d'autres aspects qui ne sont pas des aspects normaux. L'organe « lésé », malade, conditionne, par son fonctionnement au sein de la perception, des changements affectant les apparences des choses. Ou, bien plutôt : les choses ne sont pas telles qu'elles apparaissent dans ce cas, elles peuvent apparaître éventuellement comme des choses ayant subi un changement apparaîtraient d'une manière normale, mais c'est là « un pur et simple semblant » ; et ce « semblant » est une conséquence réglée, relevant de la conditionalité psycho-physique, de la lésion de l'organe. Quel gain y-a-t-il donc pour le monde dans de telles expériences ? Le monde matériel reste un [112] monde soumis à l'expérience. Il se donne tel qu'il est quand la corporéité charnelle est normale ; par contre, quand la corporéité charnelle est anormale, il se donne dans des apparences anormales (mais ce sont là des *sensualia*[2] normaux ou, pour parler plus clairement, des fantômes). Il en est donc ainsi quand le sujet de l'expérience rencontre, au sein de la persistance du système d'expériences normales ou, ce qui revient au même, d'expériences qui constituent le monde d'une manière continue, une partie de son corps comme étant anormale, et que, ce faisant, il découvre son « incapacité », son « inaptitude » ou son aptitude diminuée, pour des fonctions d'expérience « légitimes », ou encore qu'il y fait l'expérience d'une sorte anormale de conditionalités psychophysiques qui lui est propre. Il peut alors faire également l'expérience du « retour à la santé », du caractère passager de l'état anormal (comme lorsqu'on a reçu un coup violent, etc.). Si la fonction de l'organe est perturbée, ou encore s'il subit alors lui-même une altération anormale, nous dirons « pathologique », sans que le sujet en sache rien, un tel sujet, lors de « l'expérience au moyen de cet organe », fera l'expérience de choséités ayant subi une altération naturelle, si les nouveaux *data*[3] de sensation peuvent être appréhendés et, par suite, le sont effectivement en tant que *sensualia* tout à fait analogues à des *sensualia* motivés de façon normale. Les organes des sens sains fournissent alors des « énoncés »

2 « Sensibles ».

3 Les nouvelles « données » de sensation.

contradictoires. Les sens entrent en conflit les uns avec les autres : un tel conflit pourra être résolu du fait précisément qu'après coup il faudra répudier une partie du corps comme anormale ; tous les autres sens donnent ensemble un monde qui persiste dans la concordance, alors que le sens répudié ne manifeste aucun accord avec le cours de l'expérience antérieure, qu'il exige un changement général et immotivé du monde, changement qui est évité dans le cas des énoncés des autres sens, s'ils sont normaux. Naturellement, le conflit aussi, dans ce cas, peut rester complètement irrésolu ; il est possible que l'expérience ne se prononce de façon privilégiée pour aucun parti. [113] (N.B. – aussi longtemps que nous considérons le sujet comme un sujet solipsiste).

Ibid., p. 113-114. © Presses Universitaires de France.

[113] Il y a « le monde constitué normalement comme le monde vrai », comme « norme » de la vérité, et il y a une « multiplicité de "semblants" », d'aberrations du mode de donné qui trouvent leur « explication » dans l'expérience de la conditionalité psycho-physique. Nous voyons par-là que les anomalies ne peuvent contribuer en rien à la constitution de chose et, par conséquent, que les conditionalités psycho-physiques ne peuvent en rien y contribuer. Leur seule contribution consiste dans la règle de ma subjectivité, laquelle réside en ce que les choses sont des choses dont les sujets peuvent faire l'expérience et en ce que les règles conditionnelles des séries de sensations etc., sont en connexion avec les causalités qui relèvent du corps propre-comme-chose.

Il en ressort que les activités de perception, considérées purement comme des rapports physiques de causalité (l'aspect purement physique de l'acte de toucher, de sentir une odeur, de voir, etc.) [114] ne sont pas des rapports de causalité « quelconques » entre le corps propre et les choses à percevoir ; il s'agit bien plutôt de causalités d'une espèce « typique ». Le corps propre, en tant qu'une chose comme une autre, admet encore, outre celles-ci, un nombre infini de causalités, à savoir toute espèce de causalités qui appartiennent en général aux choses qui ont une complexion physique donnée. Si donc l'on franchit le type, les conséquences « psycho-physiques » qui s'en écartent restent possibles. Mais le type est ici la connexion de groupes réglés de sensations qui peuvent être appréhendés et le sont effectivement comme des apparences chosiques normales, mais telles qu'elles interrompent la concordance de l'expérience de la nature. Mais il est également possible que se produise un changement des parties du corps concernées tel qu'absolument aucune sensation ne se présente, ou bien seulement des sensations qui ne peuvent plus être appréhendées en tant qu'apparences chosiques. Tous les groupes d'apparences et de sensations de cette sorte se détachent, comme autant de ruptures, du système des perceptions « ortho-esthésiques »[4] dans lequel une seule et même réalité est éprouvée dans la concordance. On dit que le corps propre fonctionne de manière entièrement orthœsthésique ou bien « normale », aussi longtemps que les perceptions, et par conséquent les apparences qui ont une dépendance psycho-physique, sont orthœsthésiques. Il n'y a de sens à parler, pour un sujet solipsiste, d'une corporéité pathologique, c'est-à-dire fonctionnant d'une façon anormale, que s'il possède son système d'expériences orthœsthésiques et s'il a par-là constamment en face de lui la seule et unique nature avec sa causalité spatio-temporelle. Cela présuppose derechef que son corps a sa constitution dans des systèmes de perceptions orthœsthésiques : il ne peut pas être complètement pathologique, mais il faut qu'il soit normal au moins dans la mesure où une partie de ses organes fonctionne normalement, grâce auxquels les membres et les parties pathologiques du corps peuvent être donnés dans leur réalité objective.

Ibid., sect. III, chap. III, § 36, p. 209-210. © Presses Universitaires de France.

[209] La même sensation de pression de la main qui repose sur la table est appréhendée tantôt en tant que perception de la surface de la table (à proprement parler d'une petite partie de celle-ci) et, au cours d'« une autre orientation de l'attention », elle produit, dans l'actualisation d'une autre couche d'appréhension, des sensations de pression du doigt. Il en va de même pour le froid de la surface de la chose et pour la sensation de froid dans le doigt. Et il en va de même, mais de façon plus complexe, pour le contact d'une main avec l'autre main : nous avons alors deux sensations et chacune peut faire l'objet d'une double appréhension et par conséquent d'une double expérience.

4 C'est-à-dire droites, régulières du point de vue du sensible.

À la perception tactile de la table (à cette appréhension perceptive) est nécessairement liée une perception du corps propre avec la sensation de contact y afférente. Cette connexion est une connexion de nécessité entre deux appréhensions possibles : mais une connexion de deux choséités en cours de constitution lui est inhérente par corrélation. La possibilité d'une représentation du monde chez des aveugles de naissance témoigne empiriquement que tout peut se [210] jouer dans la sphère extra-visuelle et qu'il faut ordonner les aperceptions de telle sorte que de telles corrélations puissent se constituer.

Sur l'intersubjectivité, t. I, trad. Natalie Depraz, Paris, Presses Universitaires de France, 2001, sect. I, Troisième période : 1929-1935, Appendice XXXIX, p. 241. © Presses Universitaires de France.

Si, comme il en va pour nous, le monde est constitué en tant que monde normal – comme ce que l'humanité nomma précisément monde, cela revient à l'homme normal que de posséder ce monde. Mais la possibilité ne nous est-elle pas également donnée, à nous qui sommes normaux, de découvrir un être humain ou un groupe d'êtres humains vivant et continuant à vivre de façon anormale dans une boîte, donc dans une humanité anormalement modifiée, qui n'aurait pas « le monde » en commun avec nous, mais un étrange monde de boîtes ?

Naturellement, toutes les anormalités qui sont imaginables, nous les imaginons sur le sol de notre monde, comme les hommes que nous sommes, sujets normaux de ce monde. Dans notre monde surviennent aussi des anormaux de fait, par exemple des fous. Les fous ne sont pas de façon primaire des sujets pour le monde, pas plus que ne le sont les animaux.

HENRI BERGSON
(1859-1941)

Essai sur les données immédiates de la conscience, Paris, Félix Alcan, 1889, chap. I, p. 15-17.

[15] S'il est un phénomène qui paraisse se présenter immédiatement à la conscience sous forme de quantité ou tout au moins de grandeur, c'est sans contredit l'effort musculaire. Il nous semble que la force psychique, emprisonnée dans l'âme comme les vents dans l'antre d'Éole, y attende seulement une occasion de s'élancer dehors ; la volonté surveillerait cette force, et, de temps à autre, lui ouvrirait une issue, proportionnant l'écoulement à l'effet désiré. Même, [16] en y réfléchissant bien, on verra que cette conception assez grossière de l'effort entre pour une large part dans notre croyance à des grandeurs intensives. Comme la force musculaire qui se déploie dans l'espace et se manifeste par des phénomènes mesurables nous fait l'effet d'avoir préexisté à ses manifestations, mais sous un moindre volume et à l'état comprimé, pour ainsi dire, nous n'hésitons pas à resserrer ce volume de plus en plus, et finalement nous croyons comprendre qu'un état purement psychique, n'occupant plus d'espace, ait néanmoins une grandeur. La science incline d'ailleurs à fortifier l'illusion du sens commun sur ce point. M. Bain[1] nous dit par exemple que la sensibilité concomitante du mouvement musculaire coïncide avec le courant centrifuge de la force nerveuse : c'est donc l'émission même de la force nerveuse que la conscience apercevrait. M. Wundt[2] parle également d'une sensation d'origine centrale, accompagnant l'innervation volontaire des muscles, et cite l'exemple du paralytique, qui a la sensation très nette de la force qu'il déploie à vouloir soulever

1 Voir la note correspondante p. 687.
2 Wilhelm Maximilian Wundt (1832-1920) psychologue et philosophe allemand. Il publia ses *Principes de psychologie physiologique* en 1874.

sa jambe, quoiqu'elle reste inerte[3]. La plupart des auteurs se rangent à cette opinion, qui ferait loi dans la science positive, si, il y a quelques années, M. William James n'avait attiré l'attention des physiologistes sur certains phénomènes assez peu remarqués, et pourtant bien remarquables.

Quand un paralytique fait effort pour soulever le membre inerte, il n'exécute pas ce mouvement, sans doute, mais, bon gré, mal gré, il en exécute un autre. Quelque mouvement s'effectue quelque part : sinon, point de sensation d'effort[4]. Déjà Vulpian[5] avait fait remarquer que si l'on demande à un hémiplégique de fermer son poing paralysé, il accomplit inconsciemment cette action avec le poing qui [17] n'est pas malade.

Le Rire. Essai sur la signification du comique, Paris, Félix Alcan, 1900, chap. I, § II, p. 18-19.

[18] Ce que la vie et la société exigent de chacun de nous, c'est une attention constamment en éveil, qui discerne les contours de la situation présente, c'est aussi une certaine élasticité du corps et de l'esprit, qui nous mette à même de nous y adapter. « Tension et élasticité », voilà deux forces complémentaires l'une de l'autre que la vie [19] met en jeu. Font-elles gravement défaut au corps ? ce sont les accidents de tout genre, les infirmités, la maladie. À l'esprit ? ce sont tous les degrés de la pauvreté psychologique, toutes les variétés de la folie. Au caractère enfin ? vous avez les inadaptations profondes à la vie sociale, sources de misère, parfois occasions de crime. Une fois écartées ces infériorités qui intéressent le sérieux de l'existence (et elles tendent à s'éliminer elles-mêmes dans ce qu'on a appelé la lutte pour la vie), la personne peut vivre, et vivre en commun avec d'autres personnes.

Ibid., § III, p. 22-24.

[22] Commençons par le plus simple. Qu'est-ce qu'une physionomie comique ? D'où vient une [23] expression ridicule du visage ? Et qu'est-ce qui distingue ici le comique du laid ? Ainsi posée, la question n'a guère pu être résolue qu'arbitrairement. Si simple qu'elle paraisse, elle est déjà

3 [NdA] *Psychologie physiologique*, trad. Rouvier, tome I, page 423.

4 [NdA] William James, *Le Sentiment de l'effort* (*Critique philosophique*, 1880, t. II).

5 Edmé Félix Alfred Vulpian (1826-1887) physiologiste et médecin français.

trop subtile pour se laisser aborder de front. Il faudrait commencer par définir la laideur, puis chercher ce que le comique y ajoute : or, la laideur n'est pas beaucoup plus facile à analyser que la beauté. Mais nous allons essayer d'un artifice qui nous servira souvent. Nous allons épaissir le problème, pour ainsi dire, en grossissant l'effet jusqu'à rendre visible la cause. Aggravons donc la laideur, poussons-la jusqu'à la difformité, et voyons comment on passera du difforme au ridicule.

Il est incontestable que certaines difformités ont sur les autres le triste privilège de pouvoir, dans certains cas, provoquer le rire. Inutile d'entrer dans le détail. Demandons seulement au lecteur de passer en revue les difformités diverses, puis de les diviser en deux groupes, d'un côté celles que la nature a orientées vers le risible, de l'autre celles qui s'en écartent [24] absolument. Nous croyons qu'il aboutira à dégager la loi suivante : « Peut devenir comique toute difformité qu'une personne bien conformée arriverait à contrefaire. »

Ne serait-ce pas alors que le bossu fait l'effet d'un homme qui se tient mal ? Son dos aurait contracté un mauvais pli. Par obstination matérielle, par raideur, il persisterait dans l'habitude contractée. Tâchez de voir avec vos yeux seulement. Ne réfléchissez pas et surtout ne raisonnez pas. Effacez l'acquis ; allez à la recherche de l'impression naïve, immédiate, originelle. C'est bien une vision de ce genre que vous ressaisirez. Vous aurez devant vous un homme qui a voulu se raidir dans une certaine attitude, et si l'on pouvait parler ainsi, faire grimacer son corps.

L'Énergie spirituelle. Essais et conférences, Paris, Félix Alcan, 1919, chap. v, p. 132-134.

[132] Mais nous voudrions présenter d'abord une remarque générale au sujet des faits psychologiques morbides ou anormaux. Parmi ces faits, il en est qui tiennent évidemment à un appauvrissement de la vie normale. Telles sont les anesthésies, les amnésies, les aphasies[6], les paralysies, tous les états enfin qui sont caractérisés par l'abolition de certaines sensations, de certains souvenirs ou de certains mouvements. Pour définir ces états, on indiquera purement et simplement ce qui a

6 Altération plus ou moins intense de la fonction du langage, sans paralysie des organes de l'articulation, chez une personne atteinte de lésion cérébrale.

disparu de la conscience. Ils consistent en une absence. Tout le monde y verra un déficit psychologique.

Au contraire, il y a des états morbides ou anormaux qui paraissent se surajouter à la vie normale, et l'enrichir au lieu de la diminuer. Un délire, une hallucination, [133] une idée fixe sont des faits positifs. Ils consistent dans la présence, et non plus dans l'absence, de quelque chose. Ils semblent introduire dans l'esprit certaines manières nouvelles de sentir et de penser. Pour les définir, il faut les considérer dans ce qu'ils sont et dans ce qu'ils apportent, au lieu de s'en tenir à ce qu'ils ne sont pas et à ce qu'ils enlèvent. Si la plupart des symptômes de l'aliénation mentale appartiennent à cette seconde catégorie, on en dirait autant de beaucoup d'anomalies et de singularités psychologiques. La fausse reconnaissance[7] est du nombre. Comme nous le verrons plus loin, elle présente un aspect *sui generis*[8], qui n'est pas celui de la reconnaissance vraie.

Toutefois, le philosophe peut se demander si, dans le domaine de l'esprit, la maladie et la dégénérescence sont réellement capables de créer quelque chose, et si les caractères positifs en apparence, qui donnent ici au phénomène anormal un aspect de nouveauté, ne se réduiraient pas, quand on en approfondit la nature, à un vide intérieur, à un déficit du phénomène normal. On s'accorde à dire que la maladie est une « diminution ». Il est vrai que c'est là une manière vague de s'exprimer, et qu'il faudrait indiquer avec précision, dans des cas où rien de visible n'a disparu de la conscience, en quoi la conscience est diminuée. Nous avons esquissé autrefois une tentative de ce genre, comme nous le rappelions un peu plus haut. Nous disions qu'à côté de la diminution qui porte sur le « nombre » des états de conscience, il en est une autre qui intéresse leur solidité ou leur « poids ». Dans le premier cas, la maladie élimine purement et simplement certains états sans toucher aux autres. Dans le second, aucun état psychologique ne disparaît, mais tous sont atteints, tous [134] perdent de leur lest, c'est-à-dire de leur puissance d'insertion et de pénétration dans la réalité[9]. C'est l'« attention à la vie » qui est diminuée, et les phénomènes nouveaux qui apparaissent ne sont que l'aspect extérieur de ce détachement.

---

7 Identification erronée de personnes, de lieux, d'objets ou de situations.

8 « De son propre genre » : un aspect propre, singulier.

9 [NdA] Voir *Matière et Mémoire*, Paris, 1896, chap. III., en particulier p. 192-193.

JOHN DEWEY
(1859-1952)

Démocratie et éducation [1916], éd. Denis Meuret, Joëlle Zask et Gérard Deledalle, trad. Gérard Deledalle, Paris, Armand Colin, 2011, chap. VI, § 2, p. 156-157.

[156] L'éducation doit prendre l'être comme il est ; qu'un individu particulier possède tel ou tel assortiment d'activités naturelles est un fait de base. La façon dont ces activités ont été produites, le fait qu'elles proviennent d'une ascendance donnée (détails importants pour le biologiste) comptent moins, pour l'éducateur, que le fait que ces activités existent maintenant. Supposons que l'on ait à conseiller ou à diriger une personne concernant une propriété qu'elle vient d'hériter. L'erreur qui consisterait à supposer que l'utilisation future de cette propriété est prédéterminée par le fait qu'elle est un héritage, est évidente. Le conseiller doit indiquer le meilleur usage qu'il est possible de faire de ce qui existe, en le faisant fructifier dans les conditions les plus favorables. Il est évident qu'on ne peut utiliser ce qui n'existe pas ; l'éducateur ne le peut pas non plus. En ce sens, l'hérédité restreint la portée de l'éducation. Reconnaître ce fait évite le gaspillage des énergies et l'agacement qui découle de l'habitude trop fréquente qui consiste à essayer au moyen de l'enseignement, de faire d'un individu ce qu'il n'est pas naturellement apte à devenir. Mais cette doctrine ne détermine pas l'usage qu'il faut faire des capacités existantes. Sauf dans le cas des idiots, la diversité et les potentialités qu'offrent ces capacités innées, même dans le cas des plus stupides, dépassent largement les possibilités d'utilisation que nous connaissons actuellement. En conséquence, bien qu'il soit indispensable de procéder au préalable à une étude minutieuse des aptitudes et des déficiences naturelles d'un individu, la deuxième mesure à prendre, d'une grande importance, consiste à fournir un environnement qui conviendra quelles que soient les activités présentes.

La relation de l'hérédité et de l'environnement apparaît fort bien dans le cas du langage. Si un être n'avait pas d'organe vocal pour émettre [157] des sons articulés, s'il n'avait pas de récepteur auditif ou sensoriel et s'il n'existait pas de lien entre les deux organes, ce serait une pure perte de temps que d'essayer de lui enseigner à parler. Il serait né déficient sur ce point et l'éducation devrait accepter cette carence. Mais, s'il est doté du bagage naturel voulu, le fait qu'il le possède ne garantit en aucune façon qu'il parlera jamais une langue ni le type de langue qu'il parlera. C'est l'environnement dans lequel ces activités se produisent, et par lequel elles s'accomplissent, qui y pourvoit. S'il vit dans un environnement asocial muet, où les hommes refusent de se parler et utilisent seulement le minimum de gestes indispensables à la vie, il n'acquerra pas plus de langage vocal que s'il était dépourvu des organes nécessaires. S'il émet des sons dans un milieu où les gens parlent chinois, ce sont les activités se rapportant à des sons semblables qui seront choisies et coordonnées. Cet exemple peut s'appliquer à tout le champ de l'éducabilité de n'importe quel individu. Il situe l'héritage du passé dans sa relation exacte avec les besoins et les occasions du présent.

ALAIN
(1867-1951)

« L'idée d'objet », *Revue de Métaphysique et de Morale*, t. X, n° 4, juillet 1902, p. 409-413.

[409] Sans doute il est commode, et il est peut-être nécessaire lorsque l'on enseigne les premières notions de la science de l'esprit, de séparer les unes des autres les cinq images d'un objet, et de s'efforcer de décrire exactement chacune d'elles en n'y mettant rien de plus que ce que la structure et la fonction d'un sens isolé permettent d'expliquer. Il sera ensuite facile de montrer que la structure et les fonctions des sens ne suffisent pas à expliquer la liaison ou plutôt la réunion de ces cinq images en un seul objet. Platon sera ici un bon guide. Chacun de nos sens ne connaissant jamais ce que connaissent les autres sens, jamais ce qui est commun à tous les sens, comme l'égal ou l'inégal, l'un et le plusieurs, et, en bref, le monde unique que nous croyons connaître par leur moyen, jamais rien de tout cela ne sera connu par un des sens, ni par aucune autre partie du corps, [410] aucune partie ne pouvant être ce que sont les autres. Par ce moyen le disciple viendra à comprendre qu'il faut quelque principe qui unisse réellement toutes ces parties distinctes et fasse des cinq images un objet. Pour mieux expliquer ce point, il serait à propos aussi de développer le beau problème de Molyneux[1], de façon à bien faire comprendre qu'aucune analogie naturelle n'existe entre les images tactile et visuelle, qui puisse conduire un aveugle-né à reconnaître dans le cube qu'il voit l'image du cube qu'il a touché. Et en un mot on pourra montrer que l'unité de l'objet n'est pas un fait ; que ce qui est un fait c'est tout au plus la liaison des images les unes aux autres, et que liaison n'est pas identité. Que, par suite, l'unité de

1 Sur William Molyneux, voir la note correspondante p. 282. Sur l'énoncé de son problème, voir le texte p. 282.

l'objet ne peut être que supposée ou posée en vertu de quelque exigence théorique, analogue à celles qui nous guident dans la construction des sciences ; car pour les besoins de la pratique, ou de l'action, une liaison empirique suffirait. [...]

[413] En réalité, il est impossible de dire ce que c'est que voir, tant que la notion d'une chose unique, qui est en même temps touchée et vue, ou qui est conçue comme pouvant l'être, n'est pas présupposée. Et il n'est même pas permis de dire que les images sont connues primitivement comme étant en contact avec l'œil même ; l'aveugle-né opéré de la cataracte, qui voulait écarter les images visuelles avec sa main, montrait bien par-là qu'il les considérait déjà comme des objets tangibles[2]. Et, même s'il s'était borné à éprouver des sensations dans son œil, de telles sensations auraient enfermé déjà la perception d'une région de son corps, d'une chose tangible, de son œil. Disons donc que, lorsque nous disons que nous voyons un plan, nous voulons dire que nous jugeons, d'après certaines sensations visuelles, que notre toucher serait assujetti, si nous faisions certains mouvements, à une certaine loi. Ce que nous voyons, ce sont des résistances, et la notion visuelle de surface n'est autre chose que la notion d'une relation entre des heurts et des mouvements, figurée d'avance par des juxtapositions de couleurs. Ainsi de même que sans la vue nous n'aurions pas l'intuition de la profondeur, sans le toucher nous n'aurions pas l'intuition de la surface.

Esquisses d'Alain. 1. Pédagogie enfantine. Cours dispensé au Collège Sévigny, 1924-1925, Paris, Presses Universitaires de France, 1963, leçon X, 22 décembre 1924, p. 42.

Problème de première importance. La plus haute valeur intellectuelle, et même une des valeurs morales, est le pouvoir de faire attention. Notons tout de suite que l'attention est volontaire ; c'est la volonté dans l'intelligence. Au rebours le signe le plus marquant des arriérés est l'inattention, l'impuissance à fixer la pensée. L'inattention doit être décrite, car elle a plusieurs visages.

2 Allusion au jeune homme opéré par le chirurgien anglais William Cheselden. Sur les résultats de cette opération, voir ici le texte p. 361-362.

Il y a l'inattention totale ou indifférence, qui est la marque de la dernière stupidité. Il n'y a alors que les impressions fortes et soudaines ou les appétits animaux qui provoquent une réaction quelconque. Ce genre d'inattention se rencontre aussi dans le profond désespoir (abattement) et déjà à quelque degré dans tout chagrin. L'objet même, les causes de la peine, finissent par ne plus intéresser. Rien n'intéresse.

Esquisses de l'homme [1927], Paris, Gallimard, 1938, chap. LXXIX, 2 juillet 1921, p. 235.

Revenant donc aux fous, quoique ce propos ne soit pas agréable à suivre, je dirais que le cours mécanique des pensées n'est point très différent en eux de ce qu'il est en chacun ; seulement en eux le mécanisme règne, par l'absence du souverain. Ils ne peuvent vouloir. Dont les causes sont assurément dans un mauvais état du corps, dans un empoisonnement ou peut-être une décomposition de certains appareils nerveux. Là-dessus les médecins en savent plus que moi ; mais cela ne les mène pas loin. Au contraire, si je considère le régime du vouloir en chacun, d'après une expérience qui nous est familière à tous, je puis comprendre une partie de la folie, celle qui nous ressemble ; et j'aperçois même des moyens de la soigner. Dans tous ces états de débilité mentale, certainement l'imagination va au-devant du mal ; comme on voit chez les timides qui craignent leur propre timidité, et ainsi la redoublent.

Quelles que soient les causes de l'impuissance mentale, certainement l'idée que l'on s'en fait devient aussitôt le principal de la maladie. Toute maladie est guettée par le malade. Mais rien n'est aussi terrible que le trouble de l'esprit, car il répond toujours à l'attente. Le cours normal de l'intelligence est tout naïf, et les rêveurs sont des gens heureux. Ils rient de l'incohérence ; ils s'amusent de l'absurde. L'idée dangereuse, c'est l'idée qu'on ne peut rien changer à cette comédie intérieure. On croit alors saisir la menace de l'absurde ; on fuit devant ses pensées. Le malade n'ose plus vouloir ; il n'a plus confiance en lui-même ; il s'abandonne ; il assiste comme un spectateur au déroulement mécanique de ses pensées.

Éléments de philosophie [1916], Paris, Gallimard, 1941, liv. I, chap. IV, p. 33-35.

[33] L'observation de certains aveugles guéris de la cataracte congénitale a appelé l'attention des philosophes[3] sur ce que les plus grands ont toujours su deviner, c'est qu'on apprend à voir, c'est-à-dire à interpréter les apparences fournies par les lumières, les ombres et les couleurs. Certes les observations médicales de ce genre sont toujours bonnes à connaître ; mais il est plus conforme à la méthode philosophique d'analyser notre vision elle-même, et d'y distinguer ce qui nous est présenté de ce que nous devinons. Il est assez évident, pour cet horizon de forêts, que la vue nous le présente non pas éloigné, mais bleuâtre, par l'interposition des couches d'air ; seulement nous savons tous ce que cela signifie. De même nous savons interpréter la perspective, qui est particulièrement instructive lorsque des objets de même grandeur, comme des colonnes, des fenêtres, les arbres d'une avenue, sont situés à des distances différentes de nous et paraissent ainsi d'autant plus petits qu'ils sont plus éloignés. Ces remarques sont très aisées à faire, dès que l'attention est attirée de ce côté-là. Mais quelquefois l'entendement naïf s'élève, au nom de ce qu'il sait être vrai, contre les apparences que l'on veut lui décrire. [...]

[34] Le plus difficile est sans doute d'apercevoir que le [35] sens du toucher, éducateur des autres, a dû lui-même s'instruire. Il est connu qu'un homme qui devient aveugle apprend à interpréter beaucoup d'impressions tactiles qu'il ne remarquait même pas auparavant. Par exemple, en touchant la main de son ami, il devinera mille choses que nous lisons d'ordinaire sur le visage. Partant de là, et en remontant, on peut se faire une idée des expériences de l'enfant sur le mou et sur le dur, sur le poli et le rugueux, et tout ce qu'on en peut conclure concernant les saveurs, odeurs et couleurs des choses. Il est clair aussi que, parmi ces connaissances, il faut considérer avec attention la connaissance de notre propre corps. Qu'elle ne puisse être immédiate, cela résulte de la notion même de lieu ou de distance, qui enferme des rapports, et par

3 Notamment Berkeley, Voltaire, Condillac, Buffon, Diderot, Reid et Smith. Locke et Leibniz, dont nous reproduisons aussi les textes portant sur le recouvrement de la vue par un aveugle (p. 282-283 et p. 307-310), ont quant à eux fondé leurs réflexions non sur des observations, mais sur une situation hypothétique, à savoir le problème formulé par Molyneux à la fin du XVIIe siècle.

conséquent ne peut être donnée dans aucune impression immédiate. Ainsi, dans cette connaissance de notre corps et des choses qui nous semble toute donnée, en réalité tout est appris.

Sentiments, passions et signes [1926], Paris, Gallimard, 1935, chap. XXXII, p. 109-111.

[109] Un bègue c'est un homme qui va se heurter contre certaines consonnes, et ne parvient à les franchir qu'après une lutte violente. Cette gaucherie de la langue et du gosier, ce retour constant d'un petit malheur ont souvent de grandes conséquences pour l'esprit. Le bègue est presque toujours un homme qui veut parler, qui veut être écouté, et qui ne sait point écouter. Bien mieux, par cette lutte corps à corps avec les syllabes ennemies, il se maintient dans un état violent ; sa pensée est en guerre comme sa parole ; n'essayez pas de discuter avec un bègue. Et enfin, comme toute l'attention du bègue se porte sur l'expression, exactement sur le mécanisme de l'expression, tout son effort se limite là ; c'est à cela qu'il réfléchit, si l'on peut dire, à ces passages perfides, à ces pièges de l'articulation, à ces pénibles victoires après lesquelles tout est toujours remis en question ; sa pensée est au manège, et retrouve les mêmes obstacles.

[110] Ainsi il n'a aucune espérance d'éclaircir ses pensées ni même de les changer ; la peine qu'il prend pour les dire, pour les porter et jeter devant lui, est une sorte de preuve renouvelée. De même qu'on ne discute pas un tour de force, car il faut y applaudir, et c'est comme une délivrance d'applaudir pour le spectateur, après l'anxieuse attente, ainsi il faut que l'on approuve le bègue, en ses énergiques travaux de langue et de gosier. En lui se trouve la force persuasive, au plus haut degré peut-être. Voilà un orateur.

Ce portrait semble un peu trop appuyé, et fait caricature. Je ne voudrais pas offenser ceux qui poussent difficilement les labiales et les gutturales. Il y a des bègues à tous degrés, et plus ou moins dogmatiques. [...]

[111] Puissance de la colère nouée. Il y a sans doute des esprits bègues. Sans aucune déformation grave à ce que je crois ; mais par une timidité farouche qui d'elle-même crée tout l'obstacle ; car ils aperçoivent l'obstacle, et se lancent pour le franchir, assurés d'avance qu'ils tomberont ; irrités et blessés d'avance ; et par cela seul ils tombent ; et recommencent, et

entraînent dans leur cercle de pensées nouées tous ceux qui cherchent leurs opinions hors d'eux-mêmes. Semblables à ce bègue, qui prenait pour preuves sa propre peine, sa propre timidité, et sa propre colère.

Ce bègue, comme tous les bègues, était délivré par la musique. Dès qu'il chantait, et il chantait fort bien, il oubliait de bégayer, sans doute parce qu'il portait alors son attention sur autre chose que sur ces funestes consonnes qui le faisaient trébucher en espoir, si l'on peut dire. Délivré alors, assoupli, souriant, humain. Les Muses seraient secourables aussi à l'esprit bègue. Car la beauté, de quelque genre qu'elle soit, dispose le corps selon la grâce et la retenue, effaçant cette laide colère qui s'irrite d'elle-même, qui s'entrave elle-même, qui se ferme à elle-même tous les chemins pour penser. Encore plus lorsque l'on considère le hideux visage de la guerre, qui fait grimacer par imitation. D'où l'on comprend ce conseil de l'oracle, au penseur jeune : « Socrate, apprends la musique[4] ».

Ibid., chap. XXXIII, p. 112-115.

[112] Le bègue et le sourd se disputeront les suffrages. Lequel des deux aura l'honneur de parler au monde en notre nom, je ne sais. Les dons naturels en l'un et en l'autre se balancent à peu près. L'art de persuader, de rallier, d'entraîner est le même dans les deux, par des causes bien différentes, mais qui vont aux mêmes effets.

Le sourd a pour lui cet appétit de parler sans arrêt qui est naturel aux sourds. Être long est une force méprisable, mais qui finit par donner la victoire à l'orateur, comme le nombre la donne aux armées. N'importe quel exposé peut être court. Celui qui n'a pas l'habitude des débats politiques s'étonne d'un discours de trois heures ; c'est pourtant le moins. Cet art de n'en pas finir, et ce courage surtout de n'en pas finir, sont de métier pour l'orateur ; il n'est donc pas besoin d'être sourd pour être long. Mais encore la faiblesse d'un homme de gouvernement c'est de [113] saisir quelquefois dans les paroles d'un contradicteur une idée neuve et non encore examinée car la bonne foi est fort commune ; et elle a perdu les empires. L'homme qui entend, c'est de là que vient entendement, est sujet à penser comme l'autre et à changer de parti dans le temps d'une phrase ; Socrate le savait bien ; Socrate tendait le beau

4 Voir Platon, *Phédon*, 60-61.

piège du discours, excellant à faire entendre en de vieilles paroles un son tout neuf, un son à réveiller les morts. Il fallait être Gorgias, et, de plus, vieux, pour jouer ce jeu sans trouble, et pousser une pièce contre une autre. Les jeunes s'animaient, s'élançaient, rompaient leurs propres phalanges d'idées. Les effets de cette victoire se font sentir encore ; mais Socrate ne pouvait rien devant un sourd. C'est beaucoup de mépriser le contradicteur, mais c'est encore mieux de l'ignorer. Le sourd est comme ces seigneurs à la forte armure, qui ne sentaient même pas les coups. À la fin de ces discussions tournoyantes, au moment où personne ne trouve plus sa pensée, le sourd est tout frais ; il arrive à la fin de la bataille avec des troupes intactes ; il répète ce qu'il a toujours dit, et même il tire gloire de n'avoir point changé et de ne jamais changer. Cela fait impression. Ses propositions sont comme des bouées qui surnagent ; tous les esprits naufragés s'y accrochent.

Le contradicteur est naïf ; nous le sommes tous. Un bon argument, ou jugé tel, n'a pas seulement pour fin de toucher la foule des spectateurs ; il veut toucher l'adversaire ; il veut en obtenir un commencement d'aveu, ou au moins [114] un mouvement de surprise ; et le spectateur regarde aussi à ce visage, qui peut-être va marquer l'hésitation et la fuite ; de même qu'aux combats de boxe on ne cherche pas si un coup est habile, mais on observe les effets. Le sourd est de fer ; il ne marque jamais le coup. Il peut toujours sourire comme celui qui signifie : « Je sais d'avance ce que vous allez dire ; croyez-vous que je n'y aie pas pensé ? » Cela est de métier pour le sourd. Heureux les sourds d'oreille ! Mais qui ne sait qu'il y a des sourds d'esprit. [...]

Voici le bègue. Celui-là est encore une sorte de sourd, mais par l'attention forcenée qu'il porte aux mots qu'il va dire, et qui sont ses ennemis. Il se ramasse, il se prépare, il tremble tout. Cela fait une belle émotion ; comme devant un tour de force ; et quand le mauvais passage est franchi, quel applaudissement ! Les mains, d'abord écartées en attente, frappent d'elles-mêmes, célébrant la volonté à l'épreuve et enfin triomphante. Car le courage plaît ; et l'on sait que le bègue ne manque pas de courage. Or je ne suis point double, et quand j'applaudis, il faut bien que j'approuve ; et c'est à moi de m'arranger comme je pourrai de cette opinion du bègue, qui m'est lancée comme une balle. [115] Mais applaudir ce n'est guère ; ce n'est que la fin et la récompense d'un travail. La contagion de l'homme à l'homme est si puissante qu'il faut que j'aide l'orateur bègue et que je tire sur son discours comme sur un câble ; ainsi je m'applique à deviner et à former la pensée du bègue ; et si nous sommes trois mille tirant et haletant, quel merveilleux concert des corps et des pensées ! J'ai surpris quelque chose du bègue dans plus d'un orateur ; et peut-être par ruse ; mais tout le monde n'est pas doué pour se jeter dans la folle entreprise d'une phrase à corps perdu. Heureux les bègues, car ils emportent la contradiction comme un fétu. Mais comptons aussi les esprits bègues, toujours en emportement devant la difficulté de penser. Ils y vont comme des taureaux. Cette colère des bègues exprime naturellement des sentiments guerriers ; et, comme de juste, nous serons chargés d'exécuter l'offensive bègue, à travers des fils de fer qui ne seront pas imaginaires. Il faut payer le spectacle. Toute la question est de savoir si nous aurons une politique bègue ou une politique sourde.

ROSA LUXEMBURG
(1871-1919)

« Femme, juive, polonaise et boiteuse »
Pascal Priestley[1].

Introduction à l'économie politique [1925], trad. Jacqueline Bois, dans *Œuvres complètes*, t. I, Marseille-Toulouse, Agone-Smolny, 2021, chap. v, § iv, p. 273-274. © Éditions Agone-Smolny.

[273] Pour finir, la quatrième couche de l'armée de réserve prolétarienne, ce sont les véritables « pauvres », qui sont en partie aptes au travail et que l'industrie ou le commerce emploient partiellement en périodes de bonnes affaires ; en partie inaptes au travail : vieux travailleurs que l'industrie ne peut plus employer, veuves de prolétaires, [274] orphelins de prolétaires, victimes estropiées et invalides de la grande industrie, de la mine, etc., enfin ceux qui ont perdu l'habitude de travailler, les vagabonds, etc. Cette couche débouche directement sur le sous-prolétariat : criminels, prostituées. Le paupérisme, dit Marx, constitue l'hôtel des invalides de la classe ouvrière et le poids mort de son armée de réserve. Son existence découle aussi inévitablement de l'armée de réserve que l'armée de réserve découle du développement de l'industrie. La pauvreté et le sous-prolétariat font partie des conditions d'existence du capitalisme et augmentent avec lui : plus la richesse sociale, le capital en fonction et la masse d'ouvriers employés par lui sont grands, et plus est grande la couche de chômeurs en réserve, l'armée de réserve. Plus l'armée de

1 Pascal Priestley, « 100 ans après l'assassinat de Rosa Luxemburg : la mémoire disputée d'une femme libre », TV5 Monde, le 24 janvier 2019, en ligne : https://information.tv5monde.com/terriennes/100-ans-apres-l-assassinat-de-rosa-luxemburg-la-memoire-disputee-d-une-femme-libre-281515 (consulté le 02/03/2023).

réserve est grande par rapport à la masse des ouvriers occupés, plus est grande la couche inférieure de pauvreté, de paupérisme, de crime. La masse des travailleurs inemployés et donc non rémunérés, et avec elle la couche des Lazare[2] de la classe ouvrière – la pauvreté officielle – augmentent en même temps que le capital et la richesse. « Voilà, dit Marx, la loi générale, absolue, de l'accumulation capitaliste[3]. »

La formation d'une couche permanente et croissante de chômeurs était inconnue de toutes les formes antérieures de société. Dans la communauté communiste primitive, il va de soi que tout le monde travaille, autant qu'il faut, pour subvenir à son entretien, en partie par besoin immédiat, en partie sous la pression et l'autorité morales et sociales de la tribu, de la communauté. Tous les membres de la société sont pourvus en moyens de subsistance.

Ibid., § VI, p. 286-287. © Éditions Agone-Smolny.

[286] Quand on examine le niveau des salaires en régime capitaliste, il est faux de ne tenir compte que des salaires effectivement payés aux ouvriers d'industrie ayant un emploi, comme c'est l'habitude, même chez les ouvriers, habitude empruntée à la bourgeoisie et aux auteurs à sa solde. L'armée de réserve des chômeurs, depuis les travailleurs qualifiés provisoirement sans travail jusqu'à la plus profonde pauvreté et au paupérisme officiel, doit entrer en ligne de compte quand on détermine le niveau des salaires. Les couches les plus basses de miséreux et de réprouvés qui ne sont que faiblement ou même pas du tout employés ne sont pas un rebut qui ne compterait pas dans la « société officielle », comme bien entendu la bourgeoisie les présente, elles sont liées par des liens intimes à la couche supérieure des ouvriers d'industrie les mieux situés, au travers de tous les membres intermédiaires de l'armée de réserve. Ce lien interne se manifeste dans les chiffres, par l'augmentation soudaine de l'armée de réserve toutes les fois que la conjoncture se détériore et par sa diminution quand elle s'améliore ; il se manifeste par la diminution relative de ceux qui se [287] réfugient dans l'assistance publique, au fur et

2 [NdT] L'expression est de Karl Marx (*Le Capital, Œuvres I*, Gallimard, « Bibliothèque de la Pléiade », 1963, p. 1162).

3 [NdT] Karl Marx et Friedrich Engels, *Werke*, t. 23, Dietz Verlag, Berlin, 1968, p. 674 (notre traduction) ; Karl Marx, *Le Capital, Œuvres I, op. cit.*, p. 1162.

à mesure que la lutte de classes se développe, augmentant la conscience du prolétariat. Tout travailleur que son travail a transformé en invalide ou qui a le malheur d'avoir soixante ans a cinquante chances sur cent de sombrer dans la couche inférieure de l'amère pauvreté, dans la « couche des Lazare » du prolétariat. L'existence des couches les plus basses du prolétariat est régie par les mêmes lois de la production capitaliste qui la gonflent ou la réduisent et le prolétariat ne forme un tout organique, une classe sociale dont les degrés de misère et d'oppression permettent de saisir la loi capitaliste des salaires dans son ensemble, que si on y englobe les ouvriers ruraux et l'armée de réserve de chômeurs avec toutes ses couches, depuis la plus haute jusqu'aux plus basses.

BERTRAND RUSSELL
(1872-1970)

Problèmes de philosophie [1912], éd. et trad. François Rivenc, Paris, Payot, 1989, chap. III, p. 50. © Éditions Payot & Rivages.

On dit parfois : « la lumière est un certain type d'onde en mouvement », mais cette expression est trompeuse. Car la lumière que nous percevons immédiatement et que nos sens nous font directement connaître, « n'est pas » une onde en mouvement ; c'est quelque chose de bien différent, quelque chose que nous connaissons tous si nous ne sommes pas aveugles, bien que nous ne puissions la décrire à un aveugle pour lui transmettre cette connaissance. Alors qu'on peut très bien décrire ce qu'est une onde à un aveugle, puise le sens du toucher lui a permis de se constituer une connaissance de l'espace ; et par ailleurs un voyage en mer peut lui procurer une expérience de déplacement ondulatoire à peu près comme à nous. Mais cela, qui est compréhensible pour un aveugle, ce n'est pas ce que nous entendons par « lumière » : car nous entendons par « lumière » cela même qu'un aveugle ne pourra jamais comprendre et que nous ne pourrons jamais lui décrire.

Essais sceptiques [1928], préf. M. Leboeuf, trad. André Bernard, Paris, Les Belles Lettres, 2011, chap. I, p. 23. © Éditions Les Belles Lettres.

Quel serait l'effet d'une extension du scepticisme rationnel ? Les événements humains naissent des passions, qui engendrent les systèmes de mythes qui les accompagnent. Les psycho-analystes ont étudié les manifestations individuelles de ce processus chez les fous, reconnus ou non reconnus comme tels. Un homme qui a souffert quelque humiliation invente une théorie selon laquelle il est roi d'Angleterre et il trouve toutes sortes d'explications ingénieuses pour justifier le fait qu'il n'est pas traité avec tous les égards dus à sa haute situation. Dans ce cas particulier, son illusion ne provoque pas de sympathie de la part de ses voisins, et c'est pourquoi ils l'enferment. Mais si, au lieu d'affirmer sa propre grandeur, il affirme la grandeur de sa nation ou de sa classe ou de sa foi, il gagne des armées d'adhérents et devient un chef politique ou religieux, même si, pour un observateur impartial, son opinion semble aussi absurde que celles qu'on trouve dans les asiles de fous.

Ibid., chap. IV, p. 56-57. © Éditions Les Belles Lettres.

[56] Certains croient que la psychanalyse a démontré l'impossibilité d'être raisonnables dans nos croyances, en révélant l'origine étrange et presque malsaine des idées très chères à bien des gens. [57] Je respecte hautement la psychanalyse et je crois qu'elle peut être énormément utile. Mais l'esprit populaire a perdu quelque peu de vue le but principal poursuivi par Freud et ses disciples. Leur méthode est tout d'abord une méthode thérapeutique, une manière de guérir l'hystérie et diverses espèces de folies. Pendant la guerre, la psychanalyse s'est affirmée comme le traitement de loin le plus efficace des névroses de guerre. *L'Instinct et l'Inconscient* de Rivers[1] qui s'appuie largement sur l'expérience des commotionnés par des obus donne une belle analyse des effets morbides de la peur quand elle ne peut pas se manifester naturellement. Ces effets sont, bien entendu, loin d'être intellectuels ; ils comprennent plusieurs variétés de paralysies et toutes sortes d'affections de caractère physique. Celles-ci ne nous intéressent pas ici ; notre sujet ce sont les troubles intellectuels. On découvre que beaucoup d'illusions des fous ont leur source dans un refoulement instinctif, et qu'on peut les guérir par des moyens purement intellectuels, en faisant remonter à l'esprit des malades des faits dont il a refoulé le souvenir. Cette espèce de traitement, et l'attitude intellectuelle qui l'inspire impliquent un idéal de bonne santé morale dont le patient s'est éloigné et auquel on le ramène en le rendant conscient de tous faits utiles, y compris ceux qu'il désire oublier le plus. Cela est l'opposé exact de ce consentement paresseux à l'irrationnel qui est parfois préconisé par ceux qui savent seulement que la psychanalyse a révélé l'influence des croyances irrationnelles et qui oublient ou ignorent que son but est de diminuer cette influence par une méthode déterminée

1 William Halse Rivers Rivers (1864-1922) médecin, savant, et pasteur britannique. Il publia *L'Instinct et l'Inconscient* en 1920.

de traitement médical. Une méthode étroitement apparentée à celle-ci peut guérir les croyances déraisonnables de ceux qui ne sont pas considérés comme aliénés, à condition qu'ils se soumettent au traitement d'un médecin qui ne partage pas leurs illusions. Des présidents, des ministres, et d'autres personnes éminentes ne remplissent que rarement cette condition, et c'est pourquoi ils ne sont jamais guéris.

Science et Religion [1935], trad. Philippe-Roger Mantoux, Paris, Gallimard, 1971, chap. IV, p. 66-68.

[66] Non seulement les méthodes superstitieuses de lutte contre la maladie étaient[2] universellement considérées comme efficaces, mais l'étude scientifique de la médecine était rigoureusement proscrite. Les principaux médecins étaient des Juifs, qui tenaient leurs connaissances des Arabes ; ils étaient soupçonnés de magie, soupçon auquel ils donnaient peut-être leur assentiment, car il leur permettait d'élever leurs tarifs. L'anatomie était [67] réprouvée, à la fois parce qu'elle risquait de gêner la résurrection du corps et parce que l'Église avait horreur du sang versé. La dissection était pratiquement interdite, par suite de l'interprétation erronée d'une bulle du pape Boniface VIII[3]. Le pape Pie V[4], dans la seconde moitié du XVIe siècle, renouvela les décrets précédents en ordonnant aux médecins d'appeler d'abord le prêtre, étant donné que « les infirmités du corps sont souvent dues au péché », et de refuser leurs soins au malade s'il ne se confessait pas dans les trois jours. Peut-être agissait-il sagement, étant donné l'état arriéré de la médecine à cette époque.

Le traitement des maladies mentales, comme on peut l'imaginer, était particulièrement entaché de superstition, et le resta plus longtemps qu'aucune autre branche de la médecine. On pensait que la démence était due à la possession par le diable, opinion qui pouvait être appuyée par l'autorité du *Nouveau Testament*. Le malade pouvait être guéri par exorcisme, ou par le contact d'une relique, ou par la parole d'un saint homme ordonnant au démon de sortir de son corps. Des éléments de magie étaient parfois mêlés à la religion. Par exemple : « Quand un démon possède un homme, ou règne sur lui de l'intérieur par la

---

2 Durant le Moyen Âge.
3 Benedetto Caetani (vers1235-1303) devint le pape Boniface VIII en 1294.
4 Antonio Ghislieri (1504-1572) devint le pape Pie V en 1566.

maladie, faire un émétique[5] avec du lupin[6], de la barbe-de-capucin[7], de la jusquiame[8] et de l'ail. Broyer ces plantes ensemble, ajouter de la bière et de l'eau bénite. »

De telles méthodes ne pouvaient pas faire grand mal, mais on vint à penser que la meilleure manière de chasser l'esprit malin était de le torturer, ou d'humilier son orgueil, puisque l'orgueil avait causé la chute de Satan. On se mit à employer des odeurs infectes et des matières écœurantes. La formule de l'exorcisme devint de plus en plus longue, et se remplit de termes orduriers. Par des moyens de ce [68] genre, les Jésuites de Vienne, en 1583, exorcisèrent 12 652 démons.

Mais, quand ces méthodes échouaient, on fouettait le malade ; si le démon refusait toujours de le quitter, on le torturait. Pendant des siècles, d'innombrables fous sans défense furent ainsi livrés à la barbarie de geôliers cruels. Même alors qu'on ne croyait plus aux superstitions qui avaient donné naissance à ces cruautés, la tradition de traiter durement les fous survécut. La privation de sommeil était un traitement courant, ainsi que la flagellation. On battait Georges III d'Angleterre[9] dans ses crises de folie, alors que personne ne le supposait plus possédé du démon que quand il était sain d'esprit.

La croyance à la sorcellerie était étroitement liée au traitement médiéval de la démence. La *Bible* dit : « Tu ne laisseras point vivre la magicienne » (Exode XXII, 18). En se basant sur ce texte et sur d'autres, Wesley[10] soutenait que « ne plus croire à la sorcellerie, c'est ne plus croire à la *Bible* ». Je pense qu'il avait raison[11]. Tant que les hommes ont cru à la *Bible*, ils ont fait de leur mieux pour mettre en pratique ses ordres au sujet des sorcières. Les chrétiens libéraux de notre temps, qui continuent à soutenir que la *Bible* a une grande valeur morale, ont tendance à oublier de tels textes, et les millions de victimes innocentes qui sont mortes dans les supplices parce que les hommes de jadis réglaient effectivement leur comportement d'après la *Bible*.

---

5 Médicament à propriétés vomitives.

6 Plante herbacée dont les fleurs forment de longs épis coniques.

7 Nom usuel pour désigner plusieurs plantes, dont la chicorée sauvage.

8 Voir la note correspondante p. 120.

9 George William Frederick (1738-1820) devint roi en 1760.

10 John Wesley (1703-1791) théologien et religieux anglais, fondateur du méthodisme.

11 [NdA] À moins d'admettre, comme on l'a fait pour lutter contre la croyance à la sorcellerie à son déclin, que le mot de l'Exode traduit par « magicienne » signifie en réalité « empoisonneuse ». Même alors, cela n'explique pas la magicienne d'Endor.

GASTON BACHELARD
(1884-1962)

L'Air et les Songes. Essai sur l'Imagination en mouvement [1943], Paris, José Corti, 1990, chap. XI, § V, p. 268.

Une étude qui pourrait entrer dans tous les détails sur les impressions dynamiques qui fondent les images des poètes devrait donner une grande attention à la psychologie du front. On remarquerait que le front est sensible au moindre souffle, qu'il connaît le vent d'une impression première. Pierre Villey[1] en fait le « sens des obstacles » chez l'aveugle. Les aveugles « localisent, en général, sur le front ou sur les tempes les sensations » renvoyées dans l'air par les « objets qui se trouvent à la hauteur du visage... Tous ceux qui ont étudié les aveugles ont signalé ce fait. Il est mentionné déjà dans la *Lettre de Diderot sur les aveugles*[2] ». Il suffit de jouer avec un éventail pour reconnaître l'extrême délicatesse de ce sens frontal que la vie usuelle néglige.

Les poètes qui chantent les brises et les souffles printaniers en disent parfois cette séduction[3] :

> Nous étions seul à seule et marchions en rêvant
> Elle et moi, les cheveux et la pensée au vent.

La Terre et les rêveries de la volonté : essai sur l'imagination de la matière [1948], Paris, José Corti, 2004, part. I, chap. IV, § IX, p. 101-102.

[101] Comme nous le disions plus haut, il faudrait, pour achever une psychologie de la pâte, porter l'enquête chez l'artiste modeleur.

---

1 Pierre Louis Joseph Villey-Desmeserets (1879-1933), aveugle depuis l'âge de 4 ans, universitaire français, spécialiste et éditeur de Montaigne, et auteur de plusieurs livres sur la cécité, dont *Le Monde des aveugles. Essai de psychologie*, publié en 1914.

2 [NdA] Pierre Villey, *Le Monde des aveugles*, p. 84.

3 [NdA] Paul Verlaine, *Nevermore*.

Il faudrait susciter des confidences des sculpteurs. Mais les sculpteurs écrivent si peu. Les pages d'un Rodin sont si pauvres. Pour apporter cependant un peu de lumière sur le rêve purement manuel, il serait intéressant, croyons-nous, de poursuivre les belles études que Viktor Löwenfeld[4] a entreprises sur la sculpture et le modelage faits par des aveugles. Les sujets simplement déficients du point de vue visuel – que cette déficience soit organique ou psychique – procèdent d'ailleurs comme les aveugles-nés : les uns et les autres modèlent en quelque manière de l'intérieur. Par exemple, ils font les yeux et mettent ensuite, au-dessus, les paupières, – ils font la bouche, ils y placent ensuite les dents et ajoutent enfin les lèvres. Parfois les dents sont modelées même quand les lèvres sont closes (*cf.* Viktor Löwenfeld, *The Nature of creative Activity*, London, 1939, p. 116). Le travail de la pâte, hors le contrôle des yeux, se trouve ainsi travaillé en quelque manière de l'intérieur, comme la vie. Le modeleur, quand on le suit dans son rêve même, donne l'impression d'avoir dépassé la région des signes pour épouser une volonté de signifier. Il ne reproduit pas, au sens imitatif du terme, il produit. Il manifeste un pouvoir créant.

Un modelage aussi intimiste présente des caractères dynamiques frappants comme on le verra au simple examen d'une des reproductions du livre de Löwenfeld (p. 232). L'œuvre [102] est celle d'un aveugle-né. Elle a pour titre *Jeune homme implorant* et représente un jeune homme au corps nu, droit sur ses jambes repliées, élevant vers le ciel deux mains implorantes. Les mains sont plus grandes que l'avant-bras, qui lui-même est plus grand que le bras. « Nous sentons, dit Löwenfeld, la vigueur des forces élémentaires incorporées dans cette forme quand nous suivons du regard l'accroissement graduel dans les proportions de ses parties. La forme part de la base mince de jambes délicates et s'élève comme un hymne vers le ciel, hymne qui trouve sa puissante résonance dans les grandes mains. La base a été pour ainsi dire dématérialisée : l'être n'est pas lié à la terre, et nous sommes seulement devant le sentiment : "J'implore !" »

Devant ces ruptures d'échelle que la « surveillance » des yeux interdirait, on a bien l'impression que le « rêveur qui modèle » suit mieux les intérêts de la rêverie intime que le « rêveur qui contemple ». C'est

4 Viktor Löwenfeld (1903-1960) professeur d'art autrichien. Émigré après l'Anschluss, il poursuivit sa carrière aux États-Unis.

vraiment ici la main qui implore, c'est parce qu'elle se tend qu'elle grandit. Et ce qu'il faut souligner c'est qu'on a tout de suite le sentiment qu'il ne s'agit point ici d'un procédé, d'une idée réfléchie. C'est vraiment une forme vécue par un aveugle, vécue du dedans, elle vit en animant réellement « les muscles de l'imploration ». Et l'exemple que nous avons évoqué représente une loi générale du modelage des aveugles-nés. On trouvera dans le livre de Münz[5] et Löwenfeld : *Plastische Arbeiten Blinder*, bien d'autres exemples de modelage où les émotions coulent en quelque manière dans la pâte modelée et donnent des croissances que le contrôle des formes par la vue réduirait. La monstruosité formelle peut être une grande vérité dynamique. Si le rêve fait des monstres, c'est parce qu'il traduit des forces.

Ibid., part. II, chap. VIII, § II, p. 203-204. © Éditions Corti.

[203] Bien souvent dans nos libres conférences de la Sorbonne sur les Cosmos imaginés, nous avons proposé, comme exercices, des Cosmos spécifiés par des maladies mentales ou même par des maladies organiques. Il nous semblait en effet qu'une maladie, en dérangeant quelque axiome de l'organisation normale, pouvait révéler des types nouveaux d'organisation, au point de devenir une occasion d'originalité. Avec Huysmans, voici des pages fulgurantes où s'expose un Cosmos imaginaire. Toute une série d'images s'organisent autour de cette syphilis universelle, haute en couleur. C'est vraiment la vision d'une « terre malade, d'une pierre lépreuse, de métaux maladivement oxydés », frémissant dans les ulcères de leurs scories. Chez Huysmans, les images de la maladie n'ont de sens que si elles appellent les métaphores métalliques. Les images métalliques n'ont de vie que si elles appellent les métaphores de la maladie.

[204] Léonard de Vinci recommandait au peintre, pour soutenir et à la fois pour libérer son imagination, de rêver en regardant les lézardes d'une muraille. Voici, sur ce thème, le rêve de Huysmans. Un vieux mur étale (*En Rade*, p. 54) « les infirmités d'une vieillesse horrible, l'expuition[6] catarrhale[7] des eaux, les couperoses du plâtre, la chas-

5 Ludwig Münz (1889-1957) historien de l'art autrichien.
6 Expulsion hors de la cavité buccale des substances qui s'y trouvent, crachement.
7 Voir la note correspondante p. 437.

sie[8] des fenêtres, les fistules[9] de la pierre, la lèpre des briques, toute une hémorragie d'ordures[10] ».

Cette tératologie des substances, ce pessimisme matériel, est une des caractéristiques les plus nettes du rêve et du style de Huysmans. Une telle unité par la dureté de l'objet et du vocable nous montre précisément que les véritables sources du style sont des sources oniriques. Un style personnel, c'est le rêve même de l'être. Il est frappant que par une adhésion totale à un type d'images matérielles, un style puisse recevoir à la fois tant de forces et tant de continuité. Tout est violent, mais rien n'explose. Les forces sont diverses, mais elles travaillent dans une ligne. Nous avons ainsi une nouvelle preuve que l'analyse par les images *matérielles* peut spécifier une imagination littéraire, révéler un déterminisme imaginaire. Ces gangrènes métalliques et ces plaies pétrifiées ne sont pas de simples excès de pittoresque, elles impliquent un doute profond sur toutes les substances. La substance est une trahison. Huysmans est un réaliste trahi.

8 Voir la note correspondante p. 155.

9 Canal étroit d'origine congénitale ou accidentelle qui émet continument une matière corporelle éventuellement purulente.

10 [NdA] Voir Émile Verhaeren, *Les Usines* : « Et les squares, où s'ouvre, en des caries / De plâtras blanc et de scories, / Une flore pâle et pourrie ». Ces vers sont un vrai test. Ils me semblent jouer sur une animalisation square-squale, et rejoindre ainsi le poncif « faubourg lépreux ».

GEORGES BATAILLE
(1897-1962)

Œuvres complètes, t. I, *Premiers écrits. 1922-1940*, Paris, Gallimard, 1970, *Articles*, « Les écarts de la nature », p. 228-229. © Éditions GALLIMARD.

[228] Le plaisir d'aller voir les « phénomènes » est aujourd'hui regardé comme un plaisir forain et donne à celui qui va au-devant la qualification de badaud. Au XVIe siècle, une sorte de curiosité religieuse, due en partie à l'habitude de vivre à la merci des plus fantastiques fléaux, se mêlait encore à la niaiserie curieuse. Les livres consacrés aux frères siamois et aux veaux à deux têtes du temps étaient fort nombreux et leurs auteurs n'hésitaient pas à hausser le ton. Au XVIe siècle l'intérêt pour les monstres pouvait relever d'une affectation de curiosité scientifique. Le luxueux album de planches gravées et coloriées des Regnault[1], qui fut publié en 1775[...] [229] et dont quelques reproductions figurent ici (*cf.* pl. XIX), témoigne d'un souci d'information assez superficiel[2]. Il témoigne surtout du fait que, d'une façon ou de l'autre, à une époque ou à l'autre, l'espèce humaine ne peut pas rester froide devant ses monstres.

Je ne reprendrai pas ici la classification anatomique, reproduite dans tous les dictionnaires, des traités de tératologie de Geoffroy-Saint-Hilaire[3] ou de Guinard[4]. Peu importe, en effet, que les biologues[5] en

---

1 Geneviève Regnault (1746-1802) et son époux Nicolas-François Regnault (1738-1810) graveurs français.

2 [NdA] *Les Écarts de la nature ou Recueil des principales monstruosités que la nature produit dans le monde animal, peints d'après nature et mis au jour par les Sr et Dr Regnault*, Paris, 1775, in-fol., 40 planches gravées.

3 Isidore Geoffroy Saint-Hilaire (1805-1861) zoologiste français. Il publia son *Histoire générale et particulière des anomalies de l'organisation chez l'homme et les animaux* entre 1832 et 1837.

4 Louis Guinard (1864-1939) médecin français. Il publia son *Précis de tératologie : anomalies et monstruosités chez l'homme et chez les animaux* en 1893.

5 Synonyme désuet de « biologiste ».

arrivent à faire entrer les monstres dans des catégories, au même titre que les espèces. Ils n'en restent pas moins positivement des anomalies et des contradictions.

Un « phénomène » de foire quelconque provoque une impression positive d'incongruité agressive, quelque peu comique, mais beaucoup plus génératrice de malaise. Ce malaise est obscurément lié à une séduction profonde. Et, s'il peut être question de « dialectique des formes », il est évident qu'il faut tenir compte au premier chef de tels écarts dont la nature, bien qu'ils soient le plus souvent déterminés comme contre nature, est incontestablement responsable.

Pratiquement cette impression d'incongruité est élémentaire et constante : il est possible d'affirmer qu'elle se manifeste à quelque degré en présence de n'importe quel individu humain. Mais elle est peu sensible. C'est pourquoi il est préférable de se référer aux monstres pour la déterminer.

Ibid., « La mutilation sacrificielle et l'oreille coupée de Vincent Van Gogh », p. 262-264.

[262] Les rapports entre ce peintre[6] (s'identifiant successivement à de fragiles chandelles, à des tournesols tantôt frais et tantôt flétris) et un idéal dont le soleil est la forme la plus fulgurante apparaîtraient ainsi analogues à ceux que les hommes entretenaient [263] autrefois avec les dieux, du moins tant que ceux-ci les frappaient encore de stupeur ; la mutilation interviendrait normalement dans ces rapports ainsi qu'un sacrifice : elle représenterait l'intention de ressembler parfaitement à un terme idéal caractérisé assez généralement, dans la mythologie, comme dieu solaire, par le déchirement et l'arrachement de ses propres parties.

Le thème se rapproche de cette façon de celui de la mutilation de Gaston F…, et sa signification peut être accusée à l'aide d'un troisième exemple dans lequel un « homme de feu » ordonne à une femme de s'arracher les oreilles pour les lui offrir : « Une fille de trente-quatre ans séduite et rendue enceinte par son maître avait donné le jour à un enfant qui mourut quelques jours après sa naissance. Cette malheureuse

6 Vincent van Gogh.

était depuis lors atteinte du délire de la persécution avec agitation et hallucinations religieuses. On l'interna dans un asile. Un matin, une gardienne la trouve occupée à s'arracher l'œil droit : le globe oculaire gauche avait disparu et l'orbite vide laissait voir des lambeaux de conjonctive[7] et de tissu cellulaire, ainsi que des pelotons adipeux ; à droite existait une exophtalmie[8] très prononcée... Interrogée sur le mobile de son acte, l'aliénée déclara avoir entendu la voix de Dieu et quelque temps après avoir vu un homme de feu : "Donne-moi tes oreilles, fends-toi la tête, lui disait le fantôme". Après s'être frappé la tête contre les murs, elle tente de s'arracher les oreilles puis décide de s'extirper les yeux. La douleur est vive dès les premiers essais qu'elle fait ; mais la voix l'exhorte à surmonter la souffrance et la malheureuse n'abandonne pas son projet. Elle prétend avoir alors perdu connaissance et ne peut expliquer comment elle a réussi à arracher complètement son œil gauche[9]. »

Ce dernier exemple est d'autant plus expressif que la substitution, faute d'un instrument tranchant, des yeux aux oreilles permet d'accéder à partir de mutilations de parties peu essentielles (telles qu'un doigt ou une oreille) jusqu'à l'énucléation œdipéenne, c'est-à-dire jusqu'à [264] la forme la plus horrifiante du sacrifice.

Mais comment est-il possible que des gestes incontestablement liés à l'aliénation, même si en aucun cas ils ne peuvent être regardés comme symptômes d'une maladie mentale déterminée[10], puissent être spontanément désignés comme l'expression adéquate d'une véritable fonction sociale, d'une institution aussi définie, aussi généralement humaine que le sacrifice ? L'interprétation n'est cependant pas contestable en tant qu'association immédiate, entièrement dépourvue de toute élaboration scientifique. Même dans l'antiquité, des fous ont pu désigner ainsi leurs

---

7 Muqueuse transparente qui tapisse la face externe du globe oculaire et la paroi interne de la paupière, leur permettant ainsi de glisser l'un sur l'autre.

8 Saillie des globes oculaires hors des orbites.

9 [NdA] D'après Karl Wilhelm Ideler (*Allgemeine Zeitschrift für. Psychiatrie*, t. 27), cité par Marie-Michel-Edmond-Joseph Lorthiois, *De l'automutilation. Mutilations et suicides étranges*, Paris, 1909, p. 94, entre 11 autres cas d'énucléation volontaire chez des malades. L'ouvrage de Lorthiois donne dans l'ensemble un tableau des automutilations frappant par la fréquence des cas. Beaucoup de malades lient leur mutilation à un délire religieux ou à des sentiments de culpabilité.

10 [NdA] C'est l'opinion émise très nettement par Charles Blondel, dans *les Automutilateurs*, Paris, 1906. Je ne crois pas qu'il soit possible d'y contrevenir.

mutilations : Arétée[11] parle de malades qu'il a vus déchirer leurs propres membres par esprit de religion et pour en faire un hommage aux dieux qui leur demandent ce sacrifice. Mais le moins frappant n'est pas que de nos jours, où la coutume du sacrifice est en pleine décadence, la signification du mot, dans la mesure où elle exprime encore une impulsion révélée par une expérience intérieure[12], est encore aussi étroitement liée qu'il est possible à la notion d'esprit de sacrifice, dont l'automutilation des aliénés n'est que l'exemple le plus absurde mais le plus terrible.

11 [NdA] Célèbre médecin grec du Ier siècle de notre ère auteur du *De morborum diuturnorum et acutorum causis, signis et curatione.* Le vocabulaire sacrificiel est encore employé spontanément par Montaigne rapportant un cas d'automutilation au chapitre IV des *Essais* : mortifié d'une aventure dans laquelle il s'était montré peu brillant, un gentilhomme « se mutila en arrivant chez lui et envoya à sa maîtresse les parties qui lui avaient désobéi dans ses désirs comme une *victime sanglante* capable *d'expier* l'offense qu'il croyait lui avoir faite ».

12 [NdA] Il ne s'agit pas ici du sens vulgaire du mot pris au figuré mais des faits auxquels il est resté inconsciemment associé.

THEODOR W. ADORNO
(1903-1969)

[Avec Max Horkheimer] *La Dialectique de la raison : fragments philosophiques* [1944], trad. Éliane Kaufholz, Paris, Gallimard, 1974, chap. III, § 6, p. 198-199. © Éditions GALLIMARD.

[198] Du fait que le paranoïaque ne perçoit le monde extérieur que dans la mesure où il correspond à ses objectifs aveugles, il ne peut que répéter son propre moi qui s'est dénaturé pour devenir manie abstraite. Le schéma du pouvoir en tant que tel, qui domine tout autour aussi bien qu'il domine le moi divisé, saisit ce qui s'offre à lui et l'incorpore dans sa propre mythologie, sans tenir compte de sa spécificité. Le cycle clos [199] constitué par ce qui est éternellement identique devient un substitut de la toute-puissance. C'est comme si la promesse du serpent qui dit aux premiers hommes : vous serez les égaux de Dieu, s'était accomplie dans le paranoïaque. Il crée tout à sa propre image. Il ne semble avoir besoin d'aucun être vivant et cependant il exige que tous soient à son service. Sa volonté pénètre l'univers, tout doit se rapporter à lui. Ses systèmes sont sans faille. En tant qu'astrologue, il dote les étoiles de forces qui provoquent la ruine de celui qui n'y prend pas garde, que ce soit au stade préclinique des relations avec le moi d'autrui, ou au stade clinique de son propre moi. En tant que philosophe, il fait de l'histoire universelle l'exécutrice des catastrophes et des déclins inévitables. En tant que fou accompli ou individu absolument rationnel, il anéantit la victime prédestinée par un acte de terrorisme individuel ou par la stratégie soigneusement conçue de l'extermination. C'est ainsi qu'il réussit. De même que les femmes adorent le paranoïaque impassible, de même les peuples tombent à genoux devant le fascisme totalitaire. Dans cette humanité qui s'abandonne, l'élément paranoïaque s'adresse à l'individu paranoïaque comme au démon, les scrupules de la conscience à tout ce qui est dépourvu de conscience et à quoi s'adresse leur gratitude. Ils

suivent un homme qui ne les regarde même pas, qui ne les considère pas comme des sujets mais comme du matériel utilisable à des fins multiples.

Ibid., p. 202-203. © Éditions GALLIMARD.

[202] La véritable folie réside dans l'immuabilité, dans l'incapacité où se trouve la pensée de participer à la négativité en laquelle consiste vraiment le penser en tant que processus dynamique. L'excès de cohérence paranoïaque, ce méchant infini qu'est un jugement toujours semblable, révèle un manque de cohérence du penser ; au lieu de penser jusqu'au [203] bout les insuffisances de l'exigence absolue et de continuer à préciser ainsi son jugement, le paranoïaque s'acharne sur l'élément immuable qui est cause de l'échec de son jugement. Au lieu de poursuivre en pénétrant au cœur de la matière, le processus tout entier de la pensée se met au service du jugement particulier qui ne mène à rien. Son caractère d'irrésistibilité fait bloc avec sa positivité intacte et la faiblesse du paranoïaque est la faiblesse de la pensée elle-même. Car la réflexion qui, chez l'individu sain d'esprit, brise le pouvoir de l'immédiateté n'est jamais aussi contraignante que l'illusion qu'elle dissipe. En tant que mouvement négatif, sur lequel il est fait réflexion et qui n'est pas rectiligne, elle n'a pas la brutalité inhérente au mouvement positif. Si l'énergie psychique de la paranoïa dérive de la dynamique libidineuse que dévoile la psychanalyse, son immunité objective est fondée sur l'ambiguïté inséparable de l'acte d'objectivation ; il est probable qu'à l'origine sa violence hallucinatoire a été décisive. Dans le langage de la théorie de la sélection on pourrait dire pour être plus clair que, durant la période de formation de l'appareil sensoriel humain ont survécu les individus chez lesquels la force des mécanismes de projection avait pénétré le plus profondément dans les facultés logiques rudimentaires, ou chez lesquels cette force avait été le moins diminuée par un processus de réflexion précoce. De même qu'aujourd'hui des entreprises scientifiques qui veulent être pratiques et fécondes requièrent une faculté intacte de définition, la faculté d'immobiliser la pensée à un point déterminé par les besoins de la société, de délimiter un champ qui sera ensuite étudié jusque dans le moindre détail sans qu'on le dépasse jamais, de même le paranoïaque est incapable de dépasser un ensemble d'intérêts délimités par son destin psychologique. Son discernement dans le cercle magique

de l'idée fixe, tout comme l'ingéniosité de l'humanité s'anéantit elle-même dans la fascination qu'exerce sur elle la civilisation technique. La paranoïa est l'ombre de la connaissance.

Ibid., p. 204-205.

[204] Mais aujourd'hui, à un moment où la culture est en train de s'éteindre pour des raisons économiques, il se crée de nouvelles conditions pour la paranoïa des masses et nul ne peut dire jusqu'où cela ira. Les systèmes religieux du passé qui furent adoptés par les populations comme des formes closes de paranoïa avaient des mailles plus larges. C'est justement parce qu'ils furent élaborés et précisés rationnellement qu'ils laissèrent de la place – vers le haut – à la culture et à l'esprit dont le concept leur servait d'intermédiaire. Ils ont même en un certain sens opposé une résistance à la paranoïa. Freud qualifie à juste titre les névroses de « formations asociales » ; « elles tentent de réaliser avec des moyens privés ce qui, dans la société, s'est développé à travers un travail collectif[1] ». De cette collectivité, les systèmes [205] religieux retiennent quelque chose qui protège les individus de la maladie. Celle-ci est socialisée : dans l'ivresse de l'extase commune, voire comme communauté en général, la cécité devient un moyen d'établir des rapports et le mécanisme paranoïaque est devenu contrôlable sans qu'il perde ses possibilités de susciter la terreur. C'est peut-être ainsi que la religion contribua pour une part importante à la conservation de l'espèce. Les formes de conscience paranoïdes tendent vers la formation d'alliances de frondes et de « rackets ». Leurs adeptes craignent d'être isolés dans leur folie. Projetant leurs obsessions sur tout ce qui les entoure, ils voient partout des conspirations et du prosélytisme. Envers les autres, le groupe établi a toujours eu un comportement paranoïaque ; de ce point de vue, les grands empires, voire l'humanité organisée comme telle, ne sont en rien en avance sur les chasseurs de têtes. Ceux qui furent exclus de la collectivité humaine contre leur propre volonté savaient aussi bien que ceux qui se sont exclus eux-mêmes par amour de l'humanité que leur persécution renforçait cette solidarité pathologique. Mais un membre normal de la société dissipe sa propre paranoïa en participant à la paranoïa

1 [NdA] Sigmund Freud, *Totem und Tabu*, in *Gesammelte Werke*, vol. IX.

collective, et s'accroche passionnément aux formes objectivées, collectives et consacrées de la folie. L'horreur du vide qui les fait s'engager dans leurs alliances les soude les uns aux autres et leur confère une violence presque irrésistible.

Ibid., chap. IV, § 13, p. 244. © Éditions GALLIMARD.

Les pénitenciers sont l'image du monde bourgeois du travail pensé jusqu'à ses ultimes conséquences : cette image est placée dans le monde comme un emblème de la haine des hommes envers ce en quoi ils sont contraints de se transformer. L'individu faible, retardé et abruti doit subir, sous une forme parfaitement mise au point, une organisation de la vie à laquelle on se résigne même sans amour, la violence introvertie se perpétue avec acharnement sur lui. Le délinquant qui, au moment d'accomplir son acte, a fait passer la conservation de soi avant tout le reste a en fait le moi le plus faible et le plus instable, le délinquant récidiviste est un individu débile.

Les prisonniers sont des malades. Leur faiblesse les a entraînés dans une situation qui a déjà affecté le corps et l'esprit et qui continue à les affecter. La plupart d'entre eux étaient déjà malades quand ils ont commis l'acte qui les a amenés en prison : ils étaient malades dans leur constitution et à cause des circonstances de leur vie. D'autres ont agi comme aurait agi un individu bien portant dans la même constellation d'incitations et de motivations, mais eux n'ont pas eu de chance. D'autres encore étaient plus mauvais et plus cruels que la plupart des individus libres, aussi mauvais et cruels par nature que les maîtres fascistes du monde le sont devenus par la position qu'ils occupent. L'acte des délinquants courants est la preuve d'un esprit borné, il est individuel, immédiatement destructeur. Il est probable que la substance vivante qui est la même en chacun exerce des pressions identiques sur tous les individus, de sorte que lorsque nous considérons les circonstances dans lesquelles des actes extrêmes ont été commis, nous savons que nous aurions, vous ou moi, agi de la même manière que l'assassin si nous n'avions eu la grâce du discernement qui nous fut accordée par un heureux enchaînement de circonstances. Mais ceux qui sont prisonniers sont des individus malheureux subissant un châtiment aveugle, un événement auquel ils ne peuvent rien, un malheur comme le cancer ou l'écroulement d'une maison. La prison est comme une maladie incurable. Cela se voit dans l'expression des prisonniers, leur démarche prudente, leur manière de penser compliquée. Comme les malades, ils ne peuvent parler que de leur maladie.

Ibid., § 24, p. 280-281. © Éditions GALLIMARD.

[280] Dans chaque regard d'animal empreint de curiosité point une forme de vie nouvelle qui pourrait émerger de l'espèce déterminée dont fait partie la créature individuelle. Ce n'est pas seulement son caractère déterminé qui retient cette créature à l'abri de son ancienne nature, la force que rencontre son regard est une [281] force très ancienne, qui remonte à des millions d'années : c'est elle qui l'a reléguée à une étape de son évolution et qui bloque, par sa résistance toujours renouvelée, chaque tentative visant à dépasser cette étape. Ce premier regard tâtonnant est toujours facile à briser, il a derrière lui la bonne volonté, l'espoir fragile, mais aucune énergie durable. Lorsque l'animal prend la direction d'où il a été chassé, il devient craintif et bête.

La bêtise est une cicatrice. Elle peut être en relation avec une activité parmi beaucoup d'autres ou avec toutes, qu'elles soient physiques ou mentales. Chez l'homme chaque manifestation de bêtise partielle désigne un lieu où le jeu des muscles au lieu d'être encouragé a été entravé au moment de leur éveil. C'est en présence d'obstacles que commença, à l'origine, la vaine répétition de tâtonnements désordonnés et maladroits. Les innombrables questions que pose l'enfant sont déjà des symptômes d'une douleur secrète, d'une première question à laquelle il n'obtint pas de réponse et qu'il ne sait pas formuler correctement[2]. Ses réitérations ont quelque chose de l'obstination enjouée du chien qui bondit continuellement devant la porte qu'il ne sait pourtant pas ouvrir, pour y renoncer finalement si la poignée est hors de sa portée ; elle a quelque chose du désespoir du lion qui va et vient dans sa cage, ou du geste de défense que réitère le névrosé, alors que ce geste une fois déjà avait été vain. Si le rythme des tentatives se ralentit chez l'enfant ou si le blocage est trop brutal, l'attention peut suivre une autre direction, l'enfant a plus

2 [NdA] Voir Karl Landauer, *Intelligenz und Dummheit*, in *Das Psychoanalytische Volksbuch*, Bern, 1939, p. 172.

d'expérience, comme on dit, mais il arrive qu'il subsiste une imperceptible cicatrice à l'endroit où le désir a été étouffé, une petite zone endurcie dont la surface est insensible. De telles cicatrices constituent des déformations. Elles peuvent créer des caractères durs et solides, elles peuvent rendre bête – dans le sens d'une déficience pathologique, d'une cécité ou d'une impuissance, quand elles se contentent de stagner –, dans le sens de la méchanceté, de l'entêtement et du fanatisme, si elles développent un cancer à l'intérieur de l'individu. La violence subie transforme la bonne volonté en mauvaise volonté. Non seulement la question interdite, mais aussi l'interdiction de l'imitation, des larmes, du jeu téméraire peuvent laisser de telles cicatrices. Comme les espèces de la série animale, les niveaux mentaux du genre humain, voire les parties aveugles d'un individu désignent des moments où l'espoir fut stoppé – témoignage pétrifié de la contrainte (*Bann*) pesant sur tout ce qui vit.

Société, intégration, désintégration : écrits sociologiques [1972], trad. Pierre Arnoux, Julia Christ, Georges Felten, Florian Nicodème, Paris, Payot, 2011, chap. v, § 2, p. 328-329.

[328] La psychologie, considérée comme une intériorité relativement autonome par rapport à l'extérieur, est en fait devenue, pour une société qui ne cesse de la solliciter, une maladie : c'est la raison pour laquelle la psychothérapie en a recueilli l'héritage. Le sujet dans lequel prédominait la psychologie en tant qu'élément échappant à la rationalité sociale était depuis toujours considéré comme une anomalie, comme un drôle d'oiseau : à l'époque totalitaire, sa place est le camp de concentration ou le camp de travail, où on l'« achève », où on l'intègre avec succès. Le résidu de la psychologie toutefois – l'Homme – qui, seul, compte, se tire en direction du sommet des hiérarchies totalitaires ; c'est là un endroit qu'atteignent facilement les débiles et les atrophiés du cerveau, parce que leur handicap, le psychologique à proprement parler, précisément, s'harmonise parfaitement avec l'irrationalité des fins, c'est-à-dire avec l'irrationalité des décisions suprêmes ; [329] pour justifier celles-ci on déploie alors le grand jeu en recourant comme à un moyen, à toute la rationalité de ces systèmes qui ne se distinguent plus entre eux que par des déclamations vides.

Minima Moralia. Réflexions sur la vie mutilée [1980], trad. Éliane Kaufholz et Jean-René Ladmiral, Paris, Payot, 2003, part. I, chap. 45, p. 98-99.

[98] Il suffit d'avoir entendu un représentant endurci de la clique dominante dire : « Ce n'est pas si grave que ça », il suffit d'observer quand les bourgeois parlent d'exagération, d'hystérie et de folie pour savoir que c'est immanquablement une apologie de la déraison qui est en jeu au moment même où, systématiquement, ils se réclament de la raison. Hegel a insisté sur le sain esprit de contradiction, avec l'énergie têtue du paysan qui, taillable et corvéable pendant des siècles, a appris à surmonter la domination féodale. La vocation de la dialectique, c'est de bousculer les saines opinions que nourrissent ceux qui ont le pouvoir maintenant, pour qui le cours du monde est intangible, et de déchiffrer en le ramenant à de justes « proportions » le [99] reflet fidèle qui nous est donné en réduction d'une situation qui s'est entre temps démesurément détériorée. La raison dialectique est déraison, par rapport à la raison dominante : c'est en démasquant cette dernière et en la dépassant qu'elle devient raisonnable. Quel entêtement et quelles subtilités de talmudiste n'y avait-il pas déjà à insister, en plein fonctionnement de l'économie de marché, sur la différence à établir entre le temps de travail fourni par un ouvrier et le temps nécessaire à la reproduction de sa force de travail ! Nietzsche n'a-t-il pas mis la charrue avant les bœufs dans toutes les batailles qu'il a menées ! Karl Kraus[3], Kafka et Proust lui-même n'ont-ils pas, chacun à sa façon, faussé consciemment l'image de la réalité pour en faire tomber le voile de fausseté et de prévention ! La dialectique ne saurait accepter tels quels des concepts comme « sain » et « malade », ni même les concepts de rationnel et d'irrationnel qui leur sont apparentés. Une fois qu'elle sait que l'Universel dominant et les proportions qui sont les siennes, sont malades – à proprement parler : atteints de paranoïa et de « projection pathologique » – alors ce qui se présente précisément comme malade, aberrant, paranoïde et même complètement « fou », au regard des critères de cet ordre dominant, c'est pour elle le seul germe de guérison. Maintenant comme, au Moyen Âge, le bouffon à son seigneur, seul le « fou » dit à la domination sa vérité. Dans

3 Karl Kraus (1874-1936) écrivain autrichien.

cette perspective, la tâche du dialecticien serait alors d'amener cette vérité du fou à la conscience de la raison qui est en elle, faute de quoi elle risquerait de sombrer dans l'abîme de la maladie où, sans pitié, l'enferme la santé du bon sens des autres.

Beethoven. Philosophie de la Musique [1993], trad. Sacha Zilberfarb, Paris, Éditions Rue d'Ulm, 2020, chap. III, p. 43-44.

[43] Après tout, il n'est pas inconcevable que Beethoven « voulût » être sourd – car il percevait déjà la dimension sensible de la musique telle qu'on l'éprouve aujourd'hui crachée par les haut-parleurs. « Le monde est une prison où il est préférable de choisir une cellule individuelle. » Karl Kraus[4].

{75} (1940)

[44] Sur la théorie de la surdité de Beethoven, voir J. Bahle[5], *Eingebung und Tat im musikalischen Schaffen*, p. 164 : « On ne saurait écarter d'un revers de main le lien que Romain Rolland établit entre la perte d'audition de Beethoven et son immense concentration intérieure, cette recherche et cette fixation permanentes par l'écoute. Un tel lien lui fut d'ailleurs confirmé par le docteur Marage[6], en référence au diagnostic du rapport d'autopsie. Marage écrit à Rolland : "La cause de la surdité de Beethoven [...] me semble être la congestion de l'oreille interne et des centres auditifs – congestion due au surmenage de l'organe par la concentration forcenée, la fixité terrible de l'idée, comme vous le dites si bien. Votre comparaison avec le yoga de l'Inde me paraît très exacte..." (R. Rolland, *Beethovens Meisterjahre*, Leipzig, 1930, p. 226) Tout entier au service de son art, Beethoven, par ce travail surhumain, se serait ainsi sacrifié lui-même à l'autel de la surdité, pour "s'approcher [plus que les autres hommes] de la divinité, et [...] en répandre les rayons sur la race humaine". »

{76} (1941)

« Ô vous médecins, chercheurs et sages » poursuivit-il en extase, « ne le voyez-vous donc pas, que l'esprit crée pour soi la forme, que le

4 [NdA] Voir Karl Kraus, *Beim Wort genommen*, p. 68 ; trad. fr. *Aphorismes*, p. 86.

5 Julius Bahle (1903-1986) musicologue et psychologue allemand.

6 René Marage (1859-1930) médecin et biologiste français.

Dieu intérieur fit devenir Héphaïstos boiteux, pour le rendre répugnant à Aphrodite et le garder ainsi à la forge ; que Beethoven était sourd pour qu'il n'entende rien que le *daimon*[7] chanteur au-dedans [...] ? » (G. Groddeck[8], *Der Seelensucher*, p. 194 ; trad. fr. *Le Chercheur d'âme*, p. 154).

7 Depuis Socrate, on entend généralement par le mot grec « *daïmon* », qui a donné « démon », une sorte de divinité intérieure inspirante.

8 Georg Walter Groddeck (1866-1934) médecin et psychothérapeute allemand.

VLADIMIR JANKÉLÉVITCH
(1903-1985)

La Mauvaise conscience [1966], Paris, Flammarion, 2019, chap. II, § 4, p. 133-135.

[133] Chez certains êtres, qu'on pourrait bien dire immortels, il n'y a pas à proprement parler de traumatismes irrémédiables ; l'animal, mutilé d'un de ses segments, reproduit sans difficulté un segment identique, comme certains cristaux « réparent » leurs blessures ; [134] ce sont des individualités banales, anonymes et interchangeables, qui s'effacent à l'intérieur de l'espèce. La personne humaine, au contraire, est beaucoup plus « irremplaçable » que ces individus en série ; de la tendance à se réparer il ne subsiste chez elle que quelques restaurations très simples, superficielles et pour ainsi dire elliptiques. C'est qu'ici l'organisme n'est plus une individualité de confection et qui accepte de se répéter à un nombre indéfini d'exemplaires, en sorte que l'un puisse être pris pour l'autre ; il est fait, au contraire, d'une chair délicate et particulièrement sensible où les moindres blessures restent longtemps ouvertes. On dira que ce refus de guérir est précisément la marque de la matière inorganique qui ne possède le pouvoir ni de se régénérer ni de cicatriser spontanément. Mais indifférence n'est point échec. L'organisme, lui, voudrait bien redevenir total, mais il ne peut pas ; de là cette espèce de désespoir physiologique qui s'appelle douleur. Intacte ou blessée, la matière ne veut rien du tout, car elle est pure extériorité : autant ses blessures sont définitives si l'on s'attend à une guérison naturelle, autant elles sont réparables si la main du fabricant refait en sens inverse ce qui a été défait ; l'organisme au contraire se sent vraiment mutilé et lutte contre l'irréparable, c'est-à-dire contre une blessure qu'il ne peut fermer quoiqu'il ne s'y résigne pas. C'est un vrai remords biologique. L'organisme amputé ne peut renoncer à sa forme naturelle ; il n'est pas, comme une chaise boiteuse, incomplet

seulement par [135] rapport à l'usage artificiel que nous en faisons ; il travaillera donc, par le jeu de l'adaptation, des compensations et des suppléances, à se totaliser quand même, il inventera un modus vivendi avec son infirmité, il trouvera, s'il sait se rétrécir, une manière d'équilibre inférieur. Le blessé survivra donc, mais d'une vie amoindrie. Car il est bien rare qu'on ne doive pas abandonner quelque chose, que le mal soit intégralement compensé ; il laisse presque toujours dans notre corps affaibli quelque trace minuscule, ne fût-ce qu'une prédisposition à succomber encore. La cicatrice, hélas ! demeurera comme la signature de l'irréversibilité dans notre chair.

La souffrance est donc une sorte de désespoir de l'organisation tout entière, qui se débat vainement contre l'irréversible.

La Mort [1966], Paris, Flammarion, 2017, part. II, chap. 2, p. 358.

D'autre part l'accumulation des petites retouches de détail diffère de la mort, et en diffère à l'infini. La mort est incommensurable au retranchement d'un membre, à l'extraction d'une molaire, à l'ablation d'un rein prélevé sur le tout dont il faisait partie : car le tout reste capable, après amputation, de se réadapter à une situation amoindrie, d'adopter un modus vivendi avec l'infirmité et de régénérer sa forme organique ; l'ablation d'une partie, le déchirement d'une totalité ne nous donnent pas la moindre idée de la mort ; les termes, quels qu'ils soient, dont nous pourrions nous servir désignent toujours des partitions finies et empiriques. La philosophie de la grosse molaire est tentée de dire que la mort est l'arrachement de l'être entier à son être-propre, mais c'est encore par manière de parler ! Prétendre que dans la mort l'être total sort de ses gonds, c'est reconnaître la survivance et la subsistance d'un être plus fondamental d'où la personne est extraite ; c'est faire de la mort je ne sais quelle mutilation maximale qui amputerait le vivant de son existence même… On en revient toujours au même point : la mort est l'anéantissement pur et simple, et elle est métempirique en cela !

Le Paradoxe de la morale, Paris, Points, 1981, chap. III, sect. 6, p. 115.

Mais la tare invisible et insensible se fait parfois douloureuse ; c'est le cas lorsque l'organe-obstacle commence à grincer et à boiter par l'effet de la douleur et de la maladie. La maladie est le dérèglement de l'organe-obstacle. Normalement, la vision est la chose la plus simple du monde ; simple comme bonjour ; il suffit de soulever les paupières... et, avant qu'on ait eu le temps de prononcer les deux monosyllabes *Fiat Lux*[1], la lumière éclaire déjà toutes choses autour de nous. Mais quand une escarbille[2] minuscule se loge dans la cornée, la chose la plus simple du monde et la plus facile devient la plus difficile ; en un instant tout devient obstacle, en un instant l'exercice de la fonction la plus naturelle fait problème ; la contradiction qui était latente dans l'organe-obstacle est devenue une gêne insupportable et un empêchement de vivre. La maladie et la douleur problématisent ce qui n'était pas fait pour poser un problème. Adieu, l'adaptation ! Le « cela-va-de-soi » de l'existence végétative ne va plus de soi ! La continuation de l'être, de l'être pur et simple, n'exigeait aucun effort particulier, n'était assujettie à aucune condition technique, n'impliquait aucun souci concret d'aucune sorte ; mais la difficulté de vivre peut exiger un effort – et quel effort ! – et impliquer d'innombrables soucis ; et, plus encore, dans certains cas pathologiques, la difficulté de respirer est cause d'angoisse et d'oppression et appelle une intervention urgente. Les fonctions d'un corps bien portant s'accomplissent en général dans l'insensibilité la plus complète, et Schopenhauer a sans doute raison de considérer le sentir comme le degré infinitésimal du souffrir. Si le bonheur parfait n'a pas d'histoire, il est encore plus vrai que l'heureuse santé est bienheureuse surtout dans l'anesthésie et dans l'analgésie[3] générales.

---

1 « Que la lumière soit ».
2 Petit morceau de charbon qui s'échappe du feu ou se mêle aux cendres.
3 Perte partielle ou totale de la sensibilité à la douleur.

GEORGES CANGUILHEM
(1904-1995)

« La monstruosité et le monstrueux », *Diogène*, n° 40, octobre-décembre 1962, p. 29-43.

[29] L'existence des monstres met en question la vie quant au pouvoir qu'elle a de nous enseigner l'ordre. Cette mise en question est immédiate, si longue qu'ait été notre confiance antérieure, si solide qu'ait été notre habitude de voir les églantines fleurir sur l'églantier, les têtards se changer en grenouilles, les juments allaiter les poulains, et d'une façon générale, de voir le même engendrer le même. Il suffit d'une déception de cette confiance, d'un écart morphologique, d'une apparence d'équivocité spécifique, pour qu'une crainte radicale s'empare de nous. Soit pour la crainte, dira-t-on. Mais pourquoi radicale ? Parce que nous sommes des vivants, effets réels des lois de la vie, causes éventuelles de vie à notre tour. Un échec de la vie nous concerne deux fois, car un échec aurait pu nous atteindre et un échec pourrait venir par nous. C'est seulement parce que, hommes, nous sommes des vivants qu'un raté morphologique est, à nos yeux vivants, un monstre. Supposons-nous pure raison, pure machine intellectuelle à constater, à calculer et à rendre des comptes, donc inertes et indifférents à nos occasions de penser : le monstre ce serait seulement l'autre que le même, un ordre autre que l'ordre le plus probable.

Il faut réserver aux seuls êtres organiques la qualification de monstres. Il n'y a pas de monstre minéral. Il n'y a pas de monstre mécanique. Ce qui n'a pas de règle de cohésion interne, ce dont la forme et les dimensions ne présentent pas d'écarts oscillant de part et d'autre d'un module qu'on peut traduire par mesure, moule ou modèle – cela ne peut être dit monstrueux. On dira d'un rocher qu'il est énorme, mais non d'une montagne qu'elle est monstrueuse [30], sauf dans un univers du discours fabuleux où il arrive qu'elle accouche d'une souris. Il y aurait un éclaircissement à tenter sur les rapports de l'énorme et du monstrueux. L'un et l'autre sont bien ce qui est hors de la norme. La norme à laquelle échappe l'énorme veut n'être que métrique. En ce cas pourquoi l'énorme n'est-il accusé que du côté de l'agrandissement ? Sans doute parce qu'à un certain degré de croissance la quantité met en question la qualité. L'énormité tend vers la monstruosité. Ambiguïté du gigantisme : un géant est-il énorme ou monstre ? Le géant mythologique est prodige, c'est-à-dire que sa grandeur « annihile la fin qui en constitue le concept[1] ». Si l'homme se définit par une certaine limitation des forces, des fonctions, l'homme qui échappe par sa grandeur aux limitations de l'homme n'est plus un homme. Dire qu'il ne l'est plus c'est d'ailleurs dire qu'il l'est encore. Au contraire, la petitesse semble enfermer la qualité de la chose dans l'intimité, dans le secret. La qualité est d'autant mieux préservée qu'elle est moins exposée.

Nous devons donc comprendre dans la définition du monstre sa nature de vivant. Le monstre c'est le vivant de valeur négative. On peut ici emprunter à M. Eugène Dupréel[2] quelques-uns des concepts fondamentaux de sa théorie des valeurs, si originale et si profonde. Ce qui fait la valeur des êtres vivants, ou plus exactement ce qui fait des vivants des êtres valorisés par rapport au mode d'être de leur milieu physique, c'est leur consistance spécifique, tranchant sur les vicissitudes de l'environnement matériel, consistance qui s'exprime par la résistance à la déformation, par la lutte pour l'intégrité de la forme : régénération des mutilations chez certaines espèces, reproduction chez toutes. Or le monstre n'est pas seulement un vivant de valeur diminuée, c'est un vivant dont la valeur est de repoussoir. En révélant précaire la stabilité à laquelle la vie nous avait habitués – oui, seulement habitués, mais nous lui avions fait une loi de son habitude – le monstre confère à la répétition spécifique, à la régularité morphologique, à la réussite de la structuration, une valeur d'autant plus éminente qu'on en saisit maintenant la contingence. C'est la monstruosité et non [31] pas la mort qui est la contre-valeur vitale. La mort c'est la menace permanente et inconditionnelle de décomposition de l'organisme, c'est la limitation par l'extérieur, la négation du vivant par le non-vivant. Mais la monstruosité c'est la menace accidentelle et conditionnelle d'inachèvement ou de

1 [NdA] Emmanuel Kant, *Critique du jugement*, § 26.

2 Eugène Dupréel (1879-1967) sociologue et philosophe belge. Il publia en 1939 *Esquisse d'une philosophie des valeurs*.

distorsion dans la formation de la forme, c'est la limitation par l'intérieur, la négation du vivant par le non-viable.

[...]

[42] Nous avons dit : la vie est pauvre en monstres alors que le fantastique est un monde.

On peut comprendre maintenant pourquoi la vie est relativement pauvre en monstres. C'est que les organismes ne sont capables d'excentricités de structure qu'à un court moment du début de leur développement. Mais pourquoi avoir dit du fantastique qu'il est un monde, s'il est vrai qu'un monde, un *cosmos*, c'est un ordre ? Est-ce parce qu'il y a des types – certains même disent : des archétypes – du fantastique ? En fait, nous avons voulu dire que le fantastique est capable de peupler un monde. La [43] puissance de l'imagination est inépuisable, infatigable. Comment ne le serait-elle pas ? L'imagination est une fonction sans organe. Elle n'est pas de ces fonctions qui cessent de fonctionner pour récupérer leur pouvoir fonctionnel. Elle ne s'alimente que de son activité. Comme l'enseigne M. Gaston Bachelard, elle déforme ou réforme incessamment les vieilles images pour en former de nouvelles. On voit ainsi que le monstrueux, en tant qu'imaginaire, est proliférant. Pauvreté d'un côté, prodigalité de l'autre, telle est la première raison de maintenir la dualité de la monstruosité et du monstrueux.

La deuxième raison est au principe de la première. La vie ne transgresse ni ses lois, ni ses plans de structure. Les accidents n'y sont pas des exceptions, et il n'y a rien de monstrueux dans les monstruosités. « Il n'y a pas d'exceptions dans la nature », dit le tératologiste, à l'âge positif de la tératologie. Mais cette formule positiviste qui définit un monde comme un système des lois ignore que sa signification concrète lui est donnée par sa relation à la signification d'une maxime opposée, que la science exclut, mais que l'imagination applique. Cette maxime donne naissance à l'anticosmos, au chaos des exceptions sans lois. Cet antimonde, quand il est vu du côté de ceux qui le hantent après l'avoir créé, y croyant tout exceptionnellement possible – oubliant de leur côté que seules les lois permettent les exceptions – cet antimonde, c'est le monde imaginaire, trouble et vertigineux du monstrueux[3].

3 [NdA] Cet article reproduit, avec quelques modifications, une conférence donnée à Bruxelles, le 9 février 1962, à l'Institut des hautes études de Belgique.

Le Normal et le Pathologique, Paris, Presses Universitaires de France, 1966, *Essai sur quelques problèmes concernant le normal et le pathologique* [1943], part. II, chap. I, p. 72-74.

[72] Redevenir normal, pour un homme dont l'avenir est presque toujours imaginé à partir de l'expérience passée, c'est reprendre une activité [73] interrompue, ou du moins une activité jugée équivalente d'après les goûts individuels ou les valeurs sociales du milieu. Même si cette activité est réduite, même si les comportements possibles sont moins variés, moins souples qu'ils n'étaient auparavant, l'individu n'y regarde pas toujours de si près. L'essentiel est d'être remonté d'un abîme d'impotence ou de souffrance où le malade « a failli » rester ; l'essentiel est de « l'avoir échappé belle ». Soit l'exemple d'un jeune homme, récemment examiné, qui était tombé sur une scie circulaire en action, dont le bras avait été sectionné transversalement aux trois quarts, le paquet vasculo-nerveux interne étant resté indemne. Une intervention rapide et intelligente avait permis la conservation du bras. Le bras présente une atrophie de tous les muscles, de même l'avant-bras. Tout le membre est refroidi, la main cyanosée[4]. Le groupe des muscles extenseurs présente à l'examen électrique une réaction de dégénérescence nette. Les mouvements de flexion, d'extension, de supination[5] de l'avant-bras sont limités (flexion limitée à 45°, extension à 170° environ), la pronation[6] est à peu près normale. Ce malade est heureux de savoir qu'il récupérera une très large possibilité d'usage de son membre. Il est certain que, relativement à l'autre bras, le bras lésé et restauré chirurgicalement ne sera pas normal du point de vue trophique[7] et fonctionnel. Mais en gros l'homme reprendra son métier qu'il avait choisi ou que les circonstances lui avaient proposé sinon imposé, dans lequel en tout cas il plaçait une raison, même médiocre, de vivre. Même si cet homme obtient désormais des résultats techniques équivalents par des procédés différents de gesticulation complexe, il continuera à être socialement apprécié selon les normes d'autrefois, il sera toujours charron[8] ou chauffeur et non ancien

4 De couleur bleuâtre, en raison d'un défaut d'oxygénation du sang.
5 Mouvement de rotation de l'avant-bras qui amène la paume de la main en avant.
6 Mouvement de rotation de la main de dehors en dedans.
7 Relatif à la nutrition des tissus.
8 Artisan qui construit et répare les roues.

charron ou ancien chauffeur. Le malade perd de vue que, du fait de sa blessure, il lui manquera désormais une large marge d'adaptation et d'improvisation neuro-musculaires, c'est-à-dire la capacité dont il n'avait peut-être jamais fait usage, mais seulement faute d'occasions, d'améliorer son rendement et de se dépasser. Le malade retient qu'il n'est pas « manifestement » invalide. Cette notion « d'invalidité » mériterait une étude de la part d'un médecin-expert qui ne verrait pas seulement dans l'organisme une machine dont le rendement doit être chiffré, d'un expert assez psychologue pour apprécier des lésions comme des déchéances plus que comme des pourcentages[...]. Mais les experts ne font de psychologie, en [74] général, que pour dépister les psychoses de revendication chez les sujets qui leur sont présentés, et pour parler de pithiatisme[9]. Quoi qu'il en soit, le médecin praticien se contente assez souvent de s'accorder avec ses malades pour définir selon leurs normes individuelles le normal et l'anormal, sauf bien entendu méconnaissance grossière de leur part des conditions anatomo-physiologiques minimales de la vie végétative ou de la vie animale. Nous nous souvenons d'avoir vu dans un service de chirurgie un simple d'esprit, valet agricole, dont une roue de charrette avait fracturé les deux tibias, que son patron n'avait pas fait traiter, de peur d'on ne sait quelles responsabilités, et dont les tibias s'étaient soudés d'eux-mêmes à angle obtus. Cet homme avait été envoyé à l'hôpital sur dénonciation de voisins. Il fallut lui recasser et lui immobiliser proprement les tibias. Il est clair que le chef de service qui prit cette décision se faisait de la jambe humaine une autre image que ce pauvre hère et son patron.

Ibid., *Nouvelles réflexions concernant le normal et le pathologique* [1963-1966], chap. III, p. 213-214. © Presses Universitaires de France.

[213] Tout en reconnaissant que certaines erreurs biochimiques innées reçoivent leur valeur pathologique éventuelle d'un rapport de l'organisme et du milieu, comme certains lapsus ou actes-méprises reçoivent, selon Freud, leur valeur de symptôme d'un rapport à une situation, nous nous gardons de définir le normal et le pathologique par

9 Troubles fonctionnels causés par la suggestion ou un traumatisme affectif.

leur simple relation au phénomène de l'adaptation. Ce concept, depuis un quart de siècle, a reçu une telle extension, souvent intempestive, en psychologie et en sociologie, qu'il ne peut être utilisé, en biologie même, que dans l'esprit le plus critique. La définition psycho-sociale du normal par l'adapté implique une conception de la société qui l'assimile subrepticement et abusivement à un milieu, c'est-à-dire à un système de déterminismes, alors qu'elle est un système de [214] contraintes contenant, déjà et avant tous rapports entre l'individu et elle, des normes collectives d'appréciation de la qualité de ces rapports. Définir l'anormalité par l'inadaptation sociale, c'est accepter plus ou moins l'idée que l'individu doit souscrire au fait de telle société, donc s'accommoder à elle comme à une réalité qui est en même temps un bien. En raison des conclusions de notre premier chapitre, il nous paraît légitime de pouvoir refuser cette sorte de définition, sans être taxé d'anarchisme. Si les sociétés sont des ensembles mal unifiés de moyens, on peut leur dénier le droit de définir la normalité par l'attitude de subordination instrumentale qu'elles valorisent sous le nom d'adaptation. Au fond, transporté sur le terrain de la psychologie et de la sociologie, ce concept d'adaptation retourne à son acception d'origine. C'est un concept populaire de description de l'activité technique. L'homme adapte ses outils et indirectement ses organes et son comportement à telle matière, à telle situation. Au moment de son introduction en biologie, au XIXe siècle, le concept a conservé de son domaine d'importation la signification d'un rapport d'extériorité, d'affrontement entre une forme organique et un environnement à elle opposé. Ce concept a été ensuite théorisé à partir de deux principes inverses, téléologique et mécaniste. Selon l'un, le vivant s'adapte conformément à la recherche de satisfactions fonctionnelles ; selon l'autre, le vivant est adapté sous l'effet de nécessités d'ordre mécanique, physico-chimique, ou biologique (les autres vivants dans la biosphère). Dans la première interprétation, l'adaptation est la solution d'un problème d'optimum composant les données de fait du milieu et les exigences du vivant ; dans la deuxième, l'adaptation exprime un état d'équilibre, dont la limite inférieure définit pour l'organisme le pire, qui est le risque de mort. Mais dans l'une et l'autre théorie, le milieu est tenu pour un fait physique et non pour un fait biologique, pour un fait constitué et non pour un fait à constituer. Tandis que si l'on considère la relation organisme-milieu comme l'effet d'une activité proprement biologique, comme la recherche d'une situation dans laquelle le vivant recueille, au lieu de les subir, les influences et les qualités qui répondent à ses exigences, alors les milieux dans lesquels les vivants se trouvent placés sont découpés par eux, centrés sur eux. En ce sens l'organisme n'est pas jeté dans un milieu auquel il lui faut se plier, mais il structure son milieu en même temps qu'il développe ses capacités d'organisme[10].

10 [NdA] Voir notre étude « Le vivant et son milieu », dans *La Connaissance de la vie.*

JEAN-PAUL SARTRE
(1905-1980)

Cahier pour une morale, éd. revue par Arlette Elkaïm-Sartre, Paris, Gallimard, 1983, cahier I, chap. III, p. 328-329.

[328] Je suis l'être par qui naît le « risque ». Mais le changement de l'extérieur ne peut jamais s'adresser qu'à mon corps « comme passivité » et il est lui-même conçu et vécu dans un monde que je transcende vers l'avenir. En aucun cas, sauf le cas limite de la mort, il ne peut être « reçu » par le Pour-soi, parce que le Pour-soi est existence pure et liberté. Comme la luciole réagit à toute excitation par la lumière, le Pour-soi réagit à toute modification du corps-passivité en se jetant librement à travers cet instrument modifié vers ses fins. Ou si l'on préfère le corps même est esquisse perpétuelle de fins par-delà les modifications qu'on lui impose. En aucun cas on ne peut agir directement sur l'existence. Seulement, en modifiant l'instrumentalité, [329] on transforme le « dépassé » par cette indomptable conscience et, du coup, elle dépasse vers ailleurs et autrement. Pendant tout un temps le dépassement choisi survit à la transformation progressive du corps (l'aphasique « dit » ce qu'il veut dire en inventant des tournures avec les mots qu'il a, le cortex supplée à l'ablation du cervelet, l'homme qui porte des lunettes qui renversent de 45 degrés « rétablit » ; etc.). Au-delà, de même qu'une essence se rompt si on en altère certains éléments, le projet change. Mais ce n'est pas le corps qui l'a fait changer, c'est seulement que la « situation intime » est autre ; c'est au contraire l'acharnement à maintenir le projet ou à poser un projet qui fait certains fous ; c'est lui qui donne l'illusion des amputés, etc. Il n'est pas de maladies, d'amputations, d'intoxications, de lésions qui vues du dehors par le médecin ne soient altération d'une substance passive, il n'est pas de maladie, de délire, d'amputation, de lésion, d'intoxication

qui ne soient existés du dedans comme « projet ». Il est absurde de dire que la fièvre donne le délire. Le délire est la manière dont le malade vit sa fièvre en se projetant hors d'elle vers le monde. Pareillement le rêve n'est pas produit par le sommeil, il est l'entreprise du dormeur, la manière dont le dormeur existe son sommeil ; le corps faute d'être existé comme instrument dépassé vers l'avenir réel – parce qu'il est devenu bloc inutilisable – est dépassé vers l'imaginaire comme pur analogon. Et l'imaginaire projeté ainsi c'est mon « projet total » (d'où la psychanalyse) mais ayant subi la modification de la non-positionnalité. Une lésion ne donne ni n'ôte des pensées ; elle transforme mon instrumentalité, donc à la fois ce corps que j'existe et mon rapport avec les choses : perte des mouvements fins (donc des impressions fines, donc des émotions fines, donc de la pudeur dans la paralysie générale, ce qui aboutit à me faire projeter mes entreprises dans un monde sans pudeur), perte de l'équilibre, du langage ou de la possibilité de construire des mécanismes (donc projet dans un monde plus sourd, moins délié, etc.).

Critique de la raison dialectique. Théorie des ensembles pratiques, Paris, Gallimard, 1985, t. II, part. A, § 6, p. 391-392. © Éditions GALLIMARD.

[391] Le développement de cette forme d'action (dépassement positif du négatif de la praxis antérieure) ne doit pas se voir « d'abord » comme la possibilité de faire assimiler les matières inertes par les organismes vivants – et, de toute manière, cela ne voudrait pas dire, dans cette perspective de négation de négation, qu'on rendrait l'inerte assimilable mais qu'on agirait « par l'inerte » sur les fonctions organiques de manière à donner aux organismes humains certaines fonctions des végétaux. Que cette limite purement formelle puisse ou non être atteinte, ce qui compte aujourd'hui c'est que sans « nourrir » l'organisme « par l'inerte », on agit par celui-ci sur les fonctions de celui-là, on les conditionne, on les régularise, on en ralentit certaines et l'on en accélère d'autres, on élève pour un temps défini les capacités pratiques et la résistance de l'individu, on commence même à remplacer certains organes par des systèmes inorganiques (ce qui prouve « non pas » que la vie organique et la machine soient ontologiquement équivalentes mais « au contraire » que la Raison dialectique, en dirigeant la Raison d'analyse, connaît

mieux la marge des variations internes et externes dans laquelle un organisme peut se conserver en tant que tel).

Il est remarquable d'ailleurs que le remplacement progressif, à l'extérieur, de l'organisme pratique par la machine spécialisée (qui appartient au type de praxis n° 1) soit contemporain des premières tentatives « sérieuses » pour remplacer à l'intérieur un organe « dans ses fonctions » par une machine que l'organisme entier contrôle et gouverne. Jusqu'ici le remplacement du vivant par l'inerte se soldait par un déficit net (jambe de bois des invalides, crochet fixé au bras d'un amputé pour remplacer sa main, anus artificiel des cancéreux qui, à la différence du sphincter anal, laissait passer toutes les matières excrétées par l'intestin) ; aujourd'hui – dans un nombre de cas restreint – l'objet inerte, en tant que l'organisme subsiste comme son soutien, sa source d'énergie et son unité, peut remplacer l'organe en assurant – plus ou moins grossièrement – certaines de ses fonctions. Dans ce cas, le type d'action n° 2 se fonde nécessairement sur les progrès de la praxis n° 1 ; il y a plus : l'objet inerte introduit dans l'organisme est le produit du travail humain ; il a fait l'objet de recherches et de découvertes ; il a été réalisé par des machines, elles-mêmes construites par le travail. La circularité de l'action se manifeste en ceci que cette machine introduite en nous est un produit du travail humain et, dans la perspective de l'équivalence absolue des moyens, qu'elle effectue un travail sous contrôle (l'organisme exerce un premier contrôle mais c'est la praxis médicale qui, en fait, réalise ce contrôle par l'organisme et pour des fins déjà définies dans le futur). Autrement dit, cette machine est « action » de [392] l'homme au cœur de l'organisme ; dans de certaines conditions et pour certaines fonctions, on peut remplacer l'organe par un produit de l'action et la fonction par l'action de ce produit. L'action, comme extériorisation de l'inerte par l'organisme, boucle la boucle en se réintériorisant : pour restituer l'intégrité organique ou pour la sauvegarder, elle s'avise, en certains secteurs déterminés, de remplacer la vie par l'acte. C'est dans la perspective de cette circularité gouvernée (mais qui ne fait qu'utiliser une des formes de la circularité déviante) que tout devient acte dans le champ pratique, justement parce que ce champ se définit par les reconditionnements circulaires de l'inerte par lui-même sous le contrôle de la praxis, dont le champ pratique devient finalement le « corps réel » (en tant que facticité et qu'efficacité) et dont les corps organiques restent le fondement négatif comme facticité singularisée et « besoin à combler ».

L'Imaginaire. Psychologie phénoménologique de l'imagination [1940], éd. revue par Arlette Elkaïm-Sartre, Paris, Gallimard, 1986, part. IV, chap. II, p. 282-285. © Éditions GALLIMARD.

[282] Dès lors nous pouvons bien penser qu'on devra ranger les individus en deux grandes catégories, suivant qu'ils préféreront mener une vie imaginaire ou une vie réelle. Mais il faut bien comprendre ce que signifie la préférence de l'imaginaire. Il ne s'agit nullement de préférer seulement des objets à d'autres. Il ne faudrait pas croire, par exemple, que le schizophrène et, d'une façon générale, les rêveurs morbides tentent de substituer au contenu réel de leur vie un contenu irréel plus séduisant, plus brillant, et qu'ils cherchent à oublier le caractère irréel de leurs images en se conduisant vis-à-vis d'elles comme s'il s'agissait d'objets actuellement et réellement présents. Préférer l'imaginaire ce n'est pas seulement préférer une richesse, une beauté, un luxe en image à la médiocrité présente « malgré » leur caractère irréel. C'est adopter aussi des sentiments et une conduite « imaginaires », « à cause » de leur caractère imaginaire. On ne choisit pas seulement telle ou telle image, on choisit « l'état » imaginaire avec tout ce qu'il comporte, on ne fuit pas uniquement le contenu du réel (pauvreté, amour déçu, échec de nos entreprises, etc.), on fuit la forme même du réel, son caractère « de présence », le genre de réaction qu'il demande de nous, la subordination de nos conduites à l'objet, l'inépuisabilité des perceptions, leur indépendance, la façon même que nos sentiments ont de se développer. Cette vie factice, figée, ralentie, scolastique qui, pour la plupart des gens n'est qu'un pis-aller, c'est elle précisément qu'un schizophrène désire. Le rêveur morbide qui s'imagine [283] être roi ne s'accommoderait pas d'une royauté effective ; même pas d'une tyrannie où tous ses désirs seraient exaucés. C'est que, en effet, jamais un désir n'est à la lettre exaucé du fait précisément de l'abîme qui sépare le réel de l'imaginaire. L'objet que je désirais, on peut bien me le donner mais c'est sur un autre plan d'existence auquel je devrai m'adapter. Le voici maintenant en face de moi : si je n'étais pressé par l'action, je devrais longtemps hésiter, surpris, ne reconnaissant pas cette réalité pleine et riche en conséquences : je devrais me demander : « Est-ce bien *cela* que j'ai voulu ? » Le rêveur morbide, lui, n'hésitera pas : ce n'est pas *cela* qu'il voulait. D'abord le présent exige une adaptation qu'il n'est plus capable de fournir ; il y faut même une

sorte d'indétermination de nos sentiments, une réelle plasticité : c'est que le réel est toujours nouveau, toujours « imprévisible[1] ». Je désirais la venue d'Annie : mais Annie que je désirais n'était que le corrélatif de mon désir. La voici mais elle déborde mon désir de toute part, il faut tout un réapprentissage. Au contraire les sentiments du rêveur morbide sont solennels et figés ; ils reviennent toujours avec la même forme et la même étiquette ; le malade a eu tout le temps de les construire ; rien n'est laissé en eux au hasard, ils ne s'accommoderaient pas de la plus légère dérogation. Corrélativement les traits des objets irréels qui leur correspondent sont arrêtés pour toujours. Ainsi le rêveur peut choisir au [284] magasin des accessoires les sentiments qu'il veut revêtir et les objets qui leur correspondent, comme l'acteur choisit ses costumes : aujourd'hui ce sera l'ambition, demain le désir amoureux. Seule la « pauvreté essentielle » des objets en image peut satisfaire docilement le sentiment, sans jamais le surprendre, le décevoir ni le guider. Seuls les objets irréels peuvent s'anéantir quand le caprice du rêveur cesse, puisqu'ils ne sont que son reflet ; seuls, ils n'ont d'autres conséquences que celles qu'on veut bien en tirer. On aurait donc tort de prendre le monde du schizophrène pour un torrent d'images d'une richesse et d'un éclat qui compenseraient la monotonie du réel : c'est un monde pauvre et méticuleux, où les mêmes scènes se répètent inlassablement, jusqu'au moindre détail, accompagnées du même cérémonial où tout est réglé à l'avance, prévu ; où, surtout, rien ne peut échapper, résister ni surprendre[...]. En un mot, si le schizophrène imagine tant de scènes amoureuses ce n'est pas seulement parce que son amour [285] réel a été déçu : mais avant tout, c'est qu'il n'est plus capable d'aimer.

Ibid., part. IV, chap. III, p. 378-380. © Éditions GALLIMARD.

[378] Si nous passons aux hallucinés, nous retrouvons d'abord ces spasmes de la conscience qui, brusquement, font paraître une conscience imageante « auditive » ou « visuelle ». Sans aucun doute ces consciences sont bien spontanées : il ne saurait exister d'autres consciences. Sans doute

1 [NdA] Non pas tant parce que, comme on a coutume de dire, on prévoit le futur avec du passé : cet argument ne valait guère que contre l'ancienne conception des images. Mais plutôt parce qu'on prévoit le réel avec l'irréel, c'est-à-dire ce dont la richesse est infinie, par le moyen de schèmes d'une pauvreté essentielle.

s'agit-il aussi d'une stéréotypie[2] qui a pour cause un vertige obsessif. En effet l'hallucination obéit au principe de quasi-observation. Le malade qui présente des hallucinations motrices verbales « sait » qui parle par sa bouche, sans que la voix ait varié[3]. Il est donc envahi par ce savoir ; il n'apprend pas le contenu de ses hallucinations, mais brusquement son attitude globale se transforme : ce n'est plus lui qui parle, c'est X ou Y. Naturellement il en est de même pour les hallucinations auditives et visuelles, à plus forte raison pour les hallucinations psychiques, dans lesquelles le malade, n'étant pas dérouté par la quasi-sensorialité des apparitions, insiste lui-même sur ce caractère. Il y a donc chez le malade une « intention » vers l'image qui peut être antérieure à la constitution de l'objet imagé, un passage du savoir intentionnel à la conscience imageante. Le malade n'est pas surpris par son [379] hallucination, il ne la contemple pas : il la réalise. Et sans doute il la réalise, comme l'obsédé, précisément parce qu'il veut y échapper. On peut même se demander si, bien souvent, le malade ne sait pas à l'avance à quel moment de la journée se produira l'hallucination : il doit l'attendre et elle vient parce qu'il l'attend. L'hallucination supporte donc jusqu'à un certain point la comparaison avec l'obsession : ici comme là, la conscience est attirée par l'idée qu'elle pourrait produire un certain objet. Seulement, dans le cas de l'halluciné, une modification très importante est survenue : la désintégration.

Sans doute l'unité de la conscience est restée, c'est-à-dire la liaison synthétique des moments psychiques successifs. Cette unité de la conscience est la condition des troubles mentaux comme du fonctionnement normal de la pensée. Mais elle forme le fond indifférent sur lequel se détache, dans le cas d'une psychose d'hallucination, la rébellion des spontanéités. Les formes supérieures d'intégration psychique ont disparu. Cela signifie qu'il n'y a plus de développement harmonieux et continu de la pensée, réalisé par la synthèse personnelle et au cours duquel d'autres pensées pourraient être posées comme possibles, c'est-à-dire envisagées un instant sans être « réalisées ». Mais le cours de la [380] pensée, bien qu'il prétende encore à un développement cohérent, est rompu à chaque instant par des pensées latérales, adventices qui ne peuvent plus être suspendues à l'état de possibles, mais qui se réalisent à contre-courant. Il s'agit bien

2 Répétition incontrôlée, généralement de gestes, d'attitudes, de paroles – ici, de perceptions envahissantes.

3 [NdA] Elle peut varier, passer de l'aigu au grave par exemple, mais ce n'est pas indispensable.

toujours de vertiges mais ce n'est plus toute une personnalité qui entre en lutte avec elle-même : ce sont des systèmes partiels qui ne peuvent plus demeurer à l'état de simples possibles mais qui, à peine conçus, entraînent la conscience à les réaliser. Ici, plus encore que partout ailleurs, il faut se garder d'une interprétation mécanique : la conscience morbide reste une conscience, c'est-à-dire une spontanéité inconditionnelle.

Ibid., p. 383-388. © Éditions GALLIMARD.

[383] Lorsque nous passons aux véritables hallucinations (voix entendues, apparitions, etc.) la désintégration est beaucoup plus poussée. Sans doute l'unité de la conscience demeure intacte comme ce qui rend possibles les coq-à-l'âne, [384] contradictions, etc[4]. Mais ces nouvelles formes de liaison synthétique sont incompatibles avec l'existence d'une synthèse personnelle et d'une pensée orientée. La condition première de l'hallucination nous paraît être une sorte de vacillation de la conscience personnelle. Le malade est seul, ses pensées s'embarrassent soudain, s'éparpillent ; à la liaison synthétique par concentration, se substitue une liaison diffuse et dégradée par participation ; cette chute de potentiel amène dans la conscience une sorte de nivellation ; en même temps et corrélativement la perception s'obscurcit et se brouille : l'objet et le sujet disparaissent ensemble. On peut concevoir que cette vie crépusculaire, incompatible avec l'attention ou la conception de possibles en tant que tels, se prolonge un moment sans autre modification. On peut admettre aussi l'apparition de phénomènes de fascination ou d'auto-suggestion. Mais dans le cas qui nous occupe il y a simplement formation brusque d'un système psychique partiel et absurde. Ce système est nécessairement partiel parce qu'il ne peut être l'objet d'aucune concentration de la conscience. Il n'y a plus de centre conscientiel ni d'unité thématique et c'est précisément « pour cela » qu'il apparaît. Il se donne dans sa structure même comme anti-thématique, [385] c'est-à-dire comme quelque chose qui ne peut pas fournir le thème d'une concentration de conscience. Expliquons-nous : toute perception se donne comme pouvant être « observée » ; toute pensée se donne comme pouvant être « méditée », c'est-à-dire tenue à distance et considérée. Ces systèmes,

4 [NdA] La contradiction étant une synthèse suppose une forme générale d'unification.

au contraire, « ne peuvent en aucune façon être observés » car ils sont les corrélatifs d'une nivellation de la conscience ; ils n'apparaissent que dans une conscience sans structure, puisque précisément ils sont la négation de toute structure. Aussi se donnent-ils toujours avec un caractère de « furtivité » qui est constitutif de leur être : leur essence est d'être insaisissables, c'est-à-dire de ne jamais se poser « en face » d'une conscience personnelle. Ce sont des mots qu'on entend mais qu'on ne peut écouter, des visages qu'on voit mais qu'on ne peut regarder. De là ces caractéristiques fréquentes que donnent les malades eux-mêmes : « C'était une voix chuchotante, on me parle par téléphone, etc. »

La seconde caractéristique de ces systèmes, avions-nous dit, c'est l'absurdité. Ils se présentent comme des coq-à-l'âne, des jeux de mots et calembours, des insultes brusques, etc. C'est cette absurdité même qui nous donne la clé de leur formation. Pour nous, en effet, toute existence, dans la conscience, doit s'exprimer en termes de [386] conscience et nous ne saurions admettre une spontanéité qui, même quand les superstructures sont atteintes, jaillisse d'une zone d'ombre sans être consciente de soi. [...]

[387] Tel est ce que nous pourrions appeler « l'événement » pur de l'hallucination. Mais cet événement ne coïncide pas avec l'expérience pure de l'hallucination : en effet une expérience implique l'existence d'une conscience thématique à unité personnelle ; au contraire ce type de conscience est nié par l'événement hallucinatoire, qui se produit toujours en l'absence du sujet. En un mot « l'hallucination se présente comme un phénomène dont l'expérience ne peut être faite que par la mémoire ». Il s'agit d'ailleurs de la mémoire immédiate, c'est-à-dire qu'il n'y aura pas hallucination si ces systèmes partiels continuent à se développer dans une conscience neutralisée : nous serions plus près du rêve, en ce cas. L'hallucination implique une réaction brusque de la conscience au système partiel par une brusque concentration avec brusque réapparition de l'unité thématique. À l'apparition inattendue et absurde de l'objet irréel, une onde de surprise ou d'horreur doit parcourir la conscience, il se fait un éveil, un regroupement des forces, un peu comme lorsqu'un craquement soudain réveille brusquement le dormeur. La conscience est en armes, elle s'oriente, elle est prête à [388] observer, mais, naturellement, l'objet irréel a disparu, elle ne trouve « en face d'elle » qu'un souvenir.

L'Être et le Néant. Essai d'ontologie phénoménologique [1943], Paris, Gallimard, 1980, part. III, chap. II, § I, p. 376-377.

[376] Or, précisément, je suis « de fait » en tant que j'ai un passé et ce passé immédiat me renvoie à l'en-soi premier sur néantisation de quoi je surgis par la « naissance ». Ainsi le corps comme facticité est le passé en tant qu'il renvoie originellement à une « naissance », c'est-à-dire à la néantisation première qui me fait surgir de l'en-soi que je suis de fait sans avoir à l'être. Naissance, passé, contingence, nécessité d'un point de vue, condition de fait de toute action possible sur le monde : tel est le « corps », tel il est « pour moi ». Il n'est donc nullement une addition contingente à mon âme, mais au contraire une structure permanente de mon être et la condition permanente de possibilité de ma conscience comme conscience « du » monde et comme projet transcendant vers mon futur. De ce point de vue nous devrons reconnaître à la fois qu'il est tout à fait contingent et absurde que je sois infirme, fils de fonctionnaire ou d'ouvrier, irascible et paresseux et qu'il est pourtant « nécessaire » que je sois « *cela* » ou autre chose, Français ou Allemand ou Anglais, etc., prolétaire ou bourgeois, ou aristocrate, etc., infirme et chétif ou vigoureux, irascible ou de caractère conciliant, précisément parce que je ne puis « survoler » le monde sans que le monde s'évanouisse. « Ma naissance », en tant qu'elle conditionne la façon dont les objets se dévoilent à moi (les objets de luxe ou de première nécessité sont plus ou moins « accessibles », certaines réalités sociales m'apparaissent comme « interdites », il y a des barrages et des obstacles dans mon espace hodologique[5]), « ma race » en tant qu'elle est indiquée par l'attitude d'autrui vis-à-vis de moi (ils se révèlent comme méprisants ou admiratifs, comme en confiance ou en défiance), « ma classe » en tant qu'elle se révèle par le dévoilement de la communauté sociale à laquelle j'appartiens, en tant que les lieux que je fréquente s'y réfèrent ; ma « nationalité », ma « structure physiologique », en tant que les instruments l'impliquent par la façon même dont ils se révèlent résistants ou dociles et par leur coefficient même d'« adversité », mon « caractère », mon passé, en tant que tout ce que j'ai vécu est indiqué comme mon point de vue sur le monde par le monde lui-même : tout cela, en tant que je le dépasse dans l'unité synthétique de mon

5 L'espace hodologique, subjectif, représente la voie optimale pour exécuter telle ou telle action.

être-dans-le-monde, c'est « mon corps », comme condition nécessaire de l'existence d'un monde et comme réalisation contingente de cette condition. Nous saisissons à présent dans toute sa clarté la définition que nous donnions plus haut du corps dans [377] son être-pour-nous : le corps est la forme contingente que prend la nécessité de ma contingence. Cette contingence, nous ne pouvons jamais la saisir comme telle, en tant que notre corps est « pour nous » ; car nous sommes choix et être c'est, pour nous, nous choisir. Même cette infirmité dont je souffre, du fait même que je vis, je l'ai assumée, je la dépasse vers mes propres projets, j'en fais l'obstacle nécessaire pour mon être et je ne puis être infirme sans me choisir infirme, c'est-à-dire choisir la façon dont je constitue mon infirmité (comme « intolérable », « humiliante », « à dissimuler », « à révéler à tous », « objet d'orgueil », « justification de mes échecs », etc.). Mais cet insaisissable corps, c'est précisément la nécessité qu'il « y ait un choix », c'est-à-dire que je ne sois pas « tout à la fois ». En ce sens ma finitude est condition de ma liberté, car il n'y a pas de liberté sans choix et, de même que le corps conditionne la conscience comme pure conscience du monde, il la rend possible jusque dans sa liberté même.

EMMANUEL LEVINAS
(1905-1995)

Entre nous. Essais sur le penser-à-l'autre, Paris, Grasset, 1991, part. VIII, chap. I, p. 109-110.

[109] Que dans son phénomène propre, intrinsèquement, la souffrance soit inutile, qu'elle soit « pour rien », est donc le moins qu'on puisse en dire. Sans doute, ce fond insensé que l'analyse paraît suggérer est-il confirmé par des situations empiriques de la douleur, en quelque façon sans mélange et qui s'isole dans la conscience ou absorbe le reste de la conscience. Il suffirait par exemple d'extraire de la chronique médicale certains cas de douleurs tenaces ou rebelles, les névralgies[1] et les lombalgies[2] intolérables résultant des lésions des nerfs périphériques et les tortures que peuvent éprouver certains patients atteints de tumeurs malignes[3]. La douleur peut devenir le phénomène central de l'état morbide : ce sont des « douleurs-maladies » auxquelles l'intégration aux autres états psychologiques n'apporte aucun soulagement, mais où, au contraire, l'angoisse et la détresse ajoutent à la cruauté du mal. Mais on peut aller plus loin – et sans doute arrive-t-on ainsi aux faits essentiels de la douleur pure – en évoquant les « douleurs-maladies » des êtres psychiquement déshérités, arriérés, diminués dans leur vie de relations et dans leurs rapports à autrui, rapports où la souffrance, sans rien perdre de sa malignité sauvage, ne couvre plus la totalité du mental et tombe sous de nouvelles lumières dans de nouveaux horizons. Ces horizons restent cependant fermés aux déficients mentaux, sauf que, dans leur « douleur pure », ils y sont projetés pour s'y exposer à moi en

---

1 Douleurs provoquées par des lésions nerveuses.

2 Douleur dont le siège est la région lombaire, dans le bas du dos.

3 [NdA] Voir la chronique du Dr Escoffier-Lambiotte dans *Le Monde* du 4 avril 1981 intitulée : « Le premier centre français de traitement de la douleur a été inauguré à l'hôpital Cochin ».

soulevant le problème éthique fondamental que pose la douleur « pour rien » : le problème éthique inévitable et prioritaire de la médication qui est « mon devoir ». Le mal de la souffrance – passivité extrême, impuissance, abandon et solitude – n'est-il pas aussi l'inassumable et, ainsi, de par sa non-intégration dans l'unité d'un ordre et d'un sens, la possibilité d'une couverture et, plus précisément, de celle où passe une plainte, un cri, un gémissement ou un soupir, appel originel [110] à l'aide, au secours curatif, au secours de l'autre[4] moi dont l'altérité, dont l'extériorité promettent le salut ? Ouverture originelle vers le secourable où vient s'imposer – à travers une demande d'analgésie[5] plus impérieuse, plus urgente dans le gémissement qu'une demande de consolation ou d'ajournement de la mort – la catégorie anthropologique du médical, primordiale, irréductible, éthique. Pour la souffrance pure, intrinsèquement insensée et condamnée, sans issue, à elle-même, se dessine un au-delà dans l'inter-humain[6].

---

4 [NdA] Nous renvoyons sur ce point au beau livre de Philippe Nemo, *Job et l'Excès du Mal* (Grasset, 1977) : la résistance même de la souffrance à la synthèse et à l'ordre est interprétée comme la rupture et la pure immanence où, essentiellement, le psychisme s'enferme et comme événement de la transcendance et même comme une interpellation de Dieu. Voir aussi notre analyse de ce livre dans le *Nouveau Commerce*, n° 41.

5 Voir la note correspondante p. 757.

6 [NdA] Voici un dialogue ou un apologue talmudique (« Traité Berakhot » du *Talmud* babylonien, p. 5b) où se reflète la conception du mal radical de la souffrance, de son désespoir intrinsèque et incompensable, de son enfermement et de son recours à l'autre homme, à la médication, extérieure à la structure immanente du mal : « Rav Hiya bar Abba tomba malade et Rav Yohanan alla lui rendre visite. Il lui demanda : Tes souffrances te conviennent-elles ? – Ni elles, ni les récompenses qu'elles promettent. – Donne-moi ta main, dit alors le visiteur au malade. Et le visiteur relève le malade de sa couche. Mais voici que Rav Yohanan lui-même tombe malade et est visité par Rav Hanina. Même question : Tes souffrances te conviennent-elles ? Même réponse : – Ni elles, ni les récompenses qu'elles promettent. – Donne-moi la main, dit Rav Hanina, et il relève Rav Yohanan de sa couche. Question : Rav Yohanan ne pouvait-il pas se lever tout seul ? Réponse : Le prisonnier ne saurait seul se dégager de son enfermement. »

RAYMOND ARON
(1905-1983)

Paix et guerre entre les nations [1962], Paris, Calmann-Lévy, 2004, chap. XX, § 1, p. 603.

« J'ai, un jour, mentionné dans une conférence publique qu'il était facile de concevoir une guerre où le survivant moyen recevrait environ 250 rœntgens[1]. C'est là 25 fois plus que les 10 rœntgens considérés par le rapport de l'Académie des Sciences comme le seuil de danger. Selon les calculs auxquels nous nous sommes livrés, 10 rœntgens provoquent environ 0,04 % de déficients. Selon la théorie largement acceptée admettant une proportion linéaire entre la dose et le dommage, 250 rœntgens produiraient 25 fois plus de dommages que 10 rœntgens. Cela signifierait qu'environ 1 % des enfants qui auraient pu être sains seraient déficients ; bref, le nombre des enfants nés sérieusement déficients s'élèverait, à cause de la guerre, de 25 % au-dessus de la proportion actuelle. Ce serait là un prix considérable à payer pour la guerre. Ce qui est encore plus horrible, c'est que nous pourrions devoir continuer à payer un prix du même ordre, encore que plus réduit, pendant 20, 30 ou 40 générations. Mais, même en ce cas, il y a loin de là à l'anéantissement. Il pourrait bien se faire, par exemple, que les dirigeants américains soient disposés, entre autres, à accepter le risque considérable que 1 % de plus de nos enfants naissent avec des malformations, si cela permettait d'éviter d'abandonner l'Europe à la Russie soviétique. Ou il se pourrait que, dans certaines circonstances, les Russes soient disposés à accepter des risques encore plus grands si par là ils pouvaient éliminer les États-Unis.

À cet endroit de la conférence une dame de l'auditoire se leva et dit d'une voix très accusatrice : « Je ne veux pas vivre dans votre monde

1 Ancienne unité de radiologie mesurant l'ionisation d'une quantité d'air exposée à des rayons gamma ou à des rayons X.

où 1 % des enfants naissent déficients. » Ma réponse, j'en ai peur, fut plutôt brutale : « Ce n'est pas *mon* monde », fis-je observer, et je remarquai ensuite que si elle ne voulait pas vivre dans un monde où 1 % des enfants naissaient déficients, elle se trouvait dans une situation bien ennuyeuse puisque 4 % des enfants naissent déficients « actuellement ». Cette histoire illustre le fait que la paix a ses tragédies, et que nous tendons dans notre vie quotidienne à ignorer ce risque permanent. Sauf si notre propre famille, des parents ou des amis proches en ont souffert, la plupart des gens ignorent tout simplement l'existence de ce genre de risques dans l'environnement où nous vivons et élevons des familles.

J'imagine fort bien que si nous vivions dans un monde où aucun enfant ne serait jamais né déficient et si on nous disait qu'à la suite de quelque événement nouveau 4 % des enfants naîtraient avec des anomalies sérieuses, nous considérerions un tel monde comme intolérable. Nous ne pourrions sans doute pas croire que des gens seraient disposés à engendrer et élever des enfants si le risque existait qu'un sur 25 de ces enfants ait un défaut congénital sérieux. C'est pourtant dans ce monde que nous vivons actuellement. Non seulement nous supportons ce taux de tragédie relativement élevé, nous ne sommes pas loin de l'ignorer. »

HANNAH ARENDT
(1906-1975)

Humanité et terreur [1994], trad. Françoise Bouillot, Paris, Payot, 2017, chap. XVII, p. 257-258.

[257] Les idéologies portées par les gouvernements totalitaires avec une cohérence sans faille et sans précédent ne sont pas totalitaires de façon inhérente et sont bien plus anciennes que les systèmes dans lesquels elles ont trouvé leur pleine expression. Au sein de leur propre camp, Hitler et Staline ont souvent été accusés de médiocrité, parce qu'aucun des deux n'a enrichi son idéologie d'un iota de nouvelle absurdité. Mais c'est négliger le fait que ces politiciens, en suivant les prescriptions de leur idéologie, n'ont pu s'empêcher de découvrir la véritable essence des lois du mouvement dans la nature et dans l'histoire, mouvement qu'ils avaient pour tâche d'accélérer. Si c'est la loi de la nature d'éliminer ce qui est nuisible et inapte à la vie, une politique raciale logique et cohérente ne peut pas être bien servie par une unique éradication terroriste de certaines races, car s'il se révélait impossible de trouver une nouvelle catégorie de parasites et d'inaptes à la vie, cela signifierait [258] la fin de la nature tout entière – ou du moins la fin d'une politique raciale qui cherche à servir une pareille loi de mouvement dans la nature. Ou, si c'est la loi du mouvement de l'histoire que dans une guerre de classes, certaines classes doivent « s'éteindre », ce serait la fin de l'histoire humaine si le gouvernement totalitaire ne parvenait pas à découvrir une nouvelle classe à amener à son point d'extinction. En d'autres termes, la loi du massacre, la loi par laquelle les mouvements totalitaires arrivent au pouvoir, demeure effective en tant que loi des mouvements eux-mêmes ; et il en irait de même si l'extrêmement improbable venait à se [304] produire, c'est-à-dire s'ils atteignaient leur but d'amener toute l'humanité sous leur emprise.

MAURICE BLANCHOT
(1907-2003)

Le Pas Au-Delà, Paris, Gallimard, 1973, p. 65-66. © Éditions GALLIMARD.

[65] Folie : supposons un langage d'où ce mot serait exclu, un autre où il serait, oublié, en rapport avec tous les mots, un autre où la recherche effrayée, interdite, de ce seul mot perdu et constamment redoutable, constamment interrogateur, suffirait, orientant toutes les possibilités de parole, à soumettre le langage au seul mot qui l'aurait déserté. Supposition (folle, il est vrai), mais, aussi, facile ; à condition que nous disposions d'une langue ou la folie serait donnée par un nom. En général, nous nous demandons, par l'entremise de praticiens expérimentés, si tel ou tel d'entre les hommes tombe sous la sentence que porte un tel mot. À la rigueur, nous maintenons ce mot en position interrogative : Hölderlin était fou, mais l'était-il ? Ou bien nous hésitons à le spécialiser, non seulement par doute scientifique, mais pour ne pas, en le précisant, l'immobiliser dans un savoir certain ; même la schizophrénie, tout en évoquant la folie des extrêmes, l'écart qui par avance nous éloigne de nous en nous séparant de tout pouvoir d'identité, en dit toujours trop ou fait semblant d'en dire trop. La folie serait ainsi un [66] mot en perpétuelle disconvenance avec lui-même et interrogatif de part en part, tel qu'il mettrait en question sa possibilité et, par lui, la possibilité du langage qui le comporterait, donc l'interrogation, elle aussi, en tant qu'elle appartient au jeu du langage. Dire : Hölderlin est fou, c'est dire : est-il fou ? Mais, à partir de là, c'est rendre la folie à ce point étrangère à toute affirmation qu'elle ne saurait trouver un langage sans le mettre sous la menace de la folie : le langage, comme tel, devenu fou. Le « langage fou » serait, en toute parole, non seulement la possibilité qui la ferait parler au risque de la rendre non-parlante (risque sans lequel elle ne parlerait pas), mais la limite qui détient toute langue et qui, jamais fixée à l'avance, ni théoriquement déterminable, encore moins telle qu'on pourrait écrire : « il

y a une limite », donc hors de tout « il y a », ne saurait s'inscrire qu'à partir de son franchissement – le franchissement de l'infranchissable – et, à partir de là, interdite. D'où (peut-être) l'étonnement qui nous saisit, lorsque nous apprenons, l'apprenant après Hölderlin et après Nietzsche, que les Grecs reconnaissaient en Dionysos le « dieu fou » ; expression que nous nous rendons plus familière en l'interprétant : le dieu qui rendrait fou ou la folie qui rend divin. Mais le « dieu fou » ? Comment accueillir ce qui survient par la force d'une telle irrégularité ? Un dieu, non pas lointain, responsable de quelque déraison générale, mais présent, la présence même, dans sa soudaineté révélatrice : la présence du dieu fou ? Le dieu fou : la présence du dehors qui a toujours déjà suspendu, interdit la présence. Soit l'énigme de l'Éternel Retour.

MAURICE MERLEAU-PONTY
(1908-1961)

Phénoménologie de la perception [1945], Paris, Gallimard, 1976, Introduction, chap. II, p. 31. © Éditions GALLIMARD.

[...] la réflexion est un système de pensées aussi fermé que la folie, avec cette différence qu'elle se comprend elle-même et le fou, tandis que le fou ne la comprend pas.

Ibid., part. I, chap. I, p. 90-95. © Éditions GALLIMARD.

[90] Ainsi l'extéroceptivité[1] exige une mise en forme des *stimuli*, la conscience du corps envahit le corps, l'âme se répand sur toutes ses parties, le comportement déborde son secteur central. Mais on pourrait répondre que cette « expérience du corps » est elle-même une « représentation », un « fait psychique », qu'à ce titre elle est au bout d'une chaîne d'événements physiques et physiologiques qui peuvent seuls être mis au compte du « corps réel ». Mon corps n'est-il pas, exactement comme les corps extérieurs, un objet qui agit sur des récepteurs et donne lieu finalement à la conscience du corps ? N'y a-t-il pas une « intéroceptivité[2] » comme il y a une « extéroceptivité » ? Ne puis-je pas trouver dans le corps des fils que les organes internes envoient au cerveau et qui sont institués de la nature pour donner à l'âme l'occasion de sentir son corps ? La conscience du corps et l'âme se trouvent ainsi refoulées, le corps redevient cette machine bien nettoyée que la notion ambiguë du comportement a failli nous faire oublier. Si, par exemple, chez un amputé, quelque stimulation se substitue à celle de la jambe sur le trajet qui va du moignon au cerveau, le sujet

1 Réception de stimuli extérieurs.
2 Réception de stimuli internes au corps (viscères, muscles, tendons, etc.).

sentira une jambe fantôme, parce que l'âme est unie immédiatement au cerveau et à lui seul.

Que dit là-dessus la physiologie moderne ? L'anesthésie par la cocaïne ne supprime pas le membre fantôme, il y a des membres fantômes sans aucune amputation et à la suite de lésions cérébrales[3]. Enfin le membre fantôme garde souvent la position même que le bras réel occupait au moment de la blessure : un blessé de guerre sent encore dans son bras fantôme les éclats d'obus qui ont lacéré son bras réel[4]. Faut-il donc remplacer la « théorie périphérique » par une « théorie centrale » ? Mais une théorie centrale ne [91] nous ferait rien gagner si elle n'ajoutait aux conditions périphériques du membre fantôme que des traces cérébrales. Car un ensemble de traces cérébrales ne saurait figurer les rapports de conscience qui interviennent dans le phénomène. Il dépend en effet de déterminants « psychiques ». Une émotion, une circonstance qui rappelle celles de la blessure font apparaître un membre fantôme chez des sujets qui n'en avaient pas[5]. Il arrive que le bras fantôme, énorme après l'opération, se rétrécisse ensuite pour s'engloutir enfin dans le moignon « avec le consentement du malade à accepter sa mutilation[6] ». Le phénomène du membre fantôme s'éclaire ici par le phénomène d'anosognosie[7], qui exige visiblement une explication psychologique. Les sujets qui ignorent systématiquement leur main droite paralysée et tendent la gauche quand on leur demande la droite parlent cependant de leur bras paralysé comme d'un « serpent long et froid », ce qui exclut l'hypothèse d'une véritable anesthésie et suggère celle d'un refus de la déficience[8]. Faut-il donc dire que le membre fantôme est un souvenir, une volonté ou une croyance, et, à défaut d'une explication physiologique, en donner une explication psychologique ? Pourtant aucune explication psychologique ne peut ignorer que la section des conducteurs sensitifs qui vont vers l'encéphale supprime le membre fantôme[9]. Il faut donc comprendre comment les déterminants psychiques et les conditions

3 [NdA] Jean Lhermitte, *L'Image de notre Corps*, p. 47.
4 [NdA] *Ibid.*, p. 129 *sq.*
5 [NdA] *Ibid.*, p. 57.
6 [NdA] *Ibid.*, p. 73. Jean Lhermitte signale que l'illusion des amputés est en rapport avec la constitution psychique du sujet : elle est plus fréquente chez les hommes cultivés.
7 Méconnaissance de son état par une personne malade ou handicapée.
8 [NdA] *Ibid.*, p. 129 *sq.*
9 [NdA] *Ibid.*, p. 129 *sq.*

physiologiques s'engrènent les uns sur les autres : on ne conçoit pas comment le membre fantôme, s'il dépend de conditions physiologiques et s'il est à ce titre l'effet d'une causalité en troisième personne, peut « pour une autre part » relever de l'histoire personnelle du malade, de ses souvenirs, de ses émotions ou de ses volontés. Car pour que les deux séries de conditions puissent déterminer ensemble le phénomène, comme deux composantes déterminent une résultante, il leur faudrait un même point d'application ou un terrain commun, et l'on ne voit pas quel pourrait être le terrain commun à des « faits physiologiques » qui sont dans l'espace et à des « faits psychiques » qui ne sont nulle part, ou même à des processus objectifs comme les influx nerveux, qui appartiennent [92] à l'ordre de l'en soi, et à des *cogitationes*[10] telles que l'acceptation et le refus, la conscience du passé et l'émotion, qui sont de l'ordre du pour soi. Une théorie mixte du membre fantôme, qui admettrait les deux séries de conditions[11] peut donc être valable comme énoncé des faits connus : mais elle est foncièrement obscure. Le membre fantôme n'est pas le simple effet d'une causalité objective, pas davantage une *cogitatio*. Il ne pourrait être un mélange des deux que si nous trouvions le moyen d'articuler l'un sur l'autre, le « psychique » et le « physiologique », le « pour soi » et l'« en soi », et de ménager entre eux une rencontre, si les processus en troisième personne et les actes personnels pouvaient être intégrés dans un milieu qui leur soit commun.

Pour décrire la croyance au membre fantôme et le refus de la mutilation, les auteurs parlent d'une « répression » ou d'un « refoulement organique[12] ». Ces termes peu cartésiens nous obligent à former l'idée d'une pensée organique par laquelle le rapport du « psychique » et du « physiologique » deviendrait concevable. [...]

[95] En deçà des *stimuli* et des contenus sensibles, il faut reconnaître une sorte de diaphragme intérieur qui, beaucoup plus qu'eux, détermine ce que nos réflexes et nos perceptions pourront viser dans le monde, la zone de nos opérations possibles, l'ampleur de notre vie. Certains sujets peuvent approcher de la cécité sans avoir changé de « monde » :

10 « Pensées ».

11 [NdA] Le membre fantôme ne se prête ni à une explication physiologique pure, ni à une explication psychologique pure, c'est la conclusion de J. Lhermitte, *L'Image de notre Corps*, p. 126.

12 [NdA] Paul Schilder, *Das Körperschema* ; Menninger-Lerchenthal, *Das Truggebilde der eigenen Gestalt*, p. 174 ; Jean Lhermitte, *L'Image de notre Corps*, p. 143.

on les voit se heurter partout aux objets, mais ils n'ont pas conscience de ne plus avoir de qualités visuelles et la structure de leur conduite ne s'altère pas. D'autres malades, au contraire, perdent leur monde dès que les contenus se dérobent, ils renoncent à leur vie coutumière avant même qu'elle soit devenue impossible, ils se font infirmes avant la lettre et rompent le contact vital avec le monde avant d'avoir perdu le contact sensoriel. Il y a donc une certaine consistance de notre « monde », relativement indépendante des *stimuli*, qui interdit de traiter l'être au monde comme une somme de réflexes, – une certaine énergie de la pulsation d'existence, relativement indépendante de nos pensées volontaires qui interdit de le traiter comme un *acte* de conscience.

Ibid., p. 96-97. © Éditions GALLIMARD.

[96] De même l'anosognosique[13] met hors de jeu son bras paralysé pour n'avoir pas à éprouver sa déchéance, mais c'est dire qu'il en a un savoir préconscient. Il est vrai que dans le cas du membre fantôme, le sujet semble ignorer la mutilation et compter sur son fantôme comme sur un membre réel, puisqu'il essaye de marcher avec sa jambe fantôme et ne se laisse même pas décourager par une chute. Mais il décrit très bien par ailleurs les particularités de la jambe fantôme, par exemple sa motricité singulière, et s'il la traite pratiquement comme un membre réel, c'est que, comme le sujet normal, il n'a pas besoin pour se mettre en route d'une perception nette et articulée de son corps : il lui suffit de l'avoir « à sa disposition » comme une puissance indivise, et de deviner la jambe fantôme vaguement impliquée en lui. La conscience de la jambe fantôme reste donc, elle aussi, équivoque. L'amputé sent sa jambe comme je peux sentir vivement l'existence d'un ami qui n'est pourtant pas sous mes yeux, il ne l'a pas perdue parce qu'il continue de compter avec elle, comme Proust peut bien constater la mort de sa grand'mère sans la perdre encore tant qu'il la garde à l'horizon de sa vie. Le bras fantôme n'est pas une représentation du bras, mais la présence ambivalente d'un bras. Le refus de la mutilation dans le cas du membre fantôme ou le refus de la déficience dans l'anosognosie ne sont pas des décisions délibérées, ne se passent pas au niveau de la conscience thétique qui prend position

13 Voir la note correspondante p. 786.

explicitement après avoir considéré différents possibles. La volonté d'avoir un corps sain ou le refus du corps malade ne sont pas formulés pour eux-mêmes, l'expérience du bras amputé comme présent ou du bras malade comme absent ne sont pas de l'ordre du « je pense que… ».

Ce phénomène, que défigurent également les explications [97] physiologiques et psychologiques, se comprend au contraire dans la perspective de l'être au monde. Ce qui en nous refuse la mutilation et la déficience, c'est un Je engagé dans un certain monde physique et interhumain, qui continue de se tendre vers son monde en dépit des déficiences ou des amputations, et qui, dans cette mesure, ne les reconnaît pas *de jure*. Le refus de la déficience n'est que l'envers de notre inhérence à un monde, la négation implicite de ce qui s'oppose au mouvement naturel qui nous jette à nos tâches, à nos soucis, à notre situation, à nos horizons familiers. Avoir un bras fantôme, c'est rester ouvert à toutes les actions dont le bras seul est capable, c'est garder le champ pratique que l'on avait avant la mutilation. Le corps est le véhicule de l'être au monde, et avoir un corps c'est pour un vivant se joindre à un milieu défini, se confondre avec certains projets et s'y engager continuellement. Dans l'évidence de ce monde complet où figurent encore des objets maniables, dans la force du mouvement qui va vers lui et où figurent encore le projet d'écrire ou de jouer du piano, le malade trouve la certitude de son intégrité. Mais au moment même où il lui masque sa déficience, le monde ne peut manquer de la lui révéler : car s'il est vrai que j'ai conscience de mon corps à travers le monde, qu'il est, au centre du monde, le terme inaperçu vers lequel tous les objets tournent leur face, il est vrai pour la même raison que mon corps est le pivot du monde : je sais que les objets ont plusieurs faces parce que je pourrais en faire le tour, et en ce sens j'ai conscience du monde par le moyen de mon corps.

Ibid., chap. IV, p. 177-178.

[177] Comme plus haut l'habitude motrice éclairait la nature particulière de l'espace corporel, de même ici l'habitude en général fait comprendre la synthèse générale du corps propre. Et, de même que l'analyse de la spatialité corporelle anticipait celle de l'unité du corps propre, de même nous pouvons étendre à toutes les habitudes ce que nous avons dit des habitudes motrices. À vrai dire, toute habitude est

à la fois motrice et perceptive parce qu'elle réside, comme nous l'avons dit, entre la perception explicite et le mouvement effectif, dans cette fonction fondamentale qui délimite à la fois notre champ de vision et notre champ d'action. L'exploration des objets avec un bâton, que nous donnions tout à l'heure comme un exemple d'habitude motrice, est aussi bien un exemple d'habitude perceptive. Quand le bâton devient un instrument familier, le monde des objets tactiles recule, il ne commence plus à l'épiderme de la main, mais au bout du bâton. On est tenté de dire qu'à travers les sensations produites par la pression du bâton sur la main, l'aveugle construit le bâton et ses différentes positions, puis que celles-ci, à leur tour, médiatisent un objet à la seconde puissance, l'objet externe. La perception serait toujours une lecture des mêmes données sensibles, elle se ferait [178] seulement de plus en plus vite, sur des signes de plus en plus ténus. Mais l'habitude ne *consiste* pas à interpréter les pressions du bâton sur la main comme des signes de certaines positions du bâton, et celles-ci comme des signes d'un objet extérieur, puisqu'elle nous *dispense* de le faire. Les pressions sur la main et le bâton ne sont plus données, le bâton n'est plus un objet que l'aveugle percevrait, mais un instrument « avec » lequel il perçoit. C'est un appendice du corps, une extension de la synthèse corporelle. Corrélativement, l'objet extérieur n'est pas le géométral ou l'invariant d'une série de perspectives, mais une chose vers laquelle le bâton nous conduit et dont, selon l'évidence perceptive, les perspectives ne sont pas des indices, mais des aspects. L'intellectualisme ne peut concevoir le passage de la perspective à la chose même, du signe à la signification que comme une interprétation, une aperception, une intention de connaissance. Les données sensibles et les perspectives à chaque niveau seraient des contenus saisis comme *(aufgefasst als)* des manifestations d'un même noyau intelligible[...]. Mais cette analyse déforme à la fois le signe et la signification, elle sépare l'un de l'autre en les objectivant le contenu sensible, qui est déjà « prégnant » d'un sens, et le noyau invariant, qui n'est pas une loi, mais une chose : elle masque le rapport organique du sujet et du monde, la transcendance active de la conscience, le mouvement par lequel elle se jette dans une chose et dans un monde par le moyen de ses organes et de ses instruments. L'analyse de l'habitude motrice comme extension de l'existence se prolonge donc en une analyse de l'habitude perceptive comme acquisition d'un monde.

Ibid., chap. VI, p. 226-229. © Éditions GALLIMARD.

[226] Quand les auteurs cherchent à conclure l'analyse de l'aphasie[14] par une conception générale du langage[15] on les voit plus clairement encore abandonner le langage intellectualiste [227] qu'ils avaient adopté à la suite de Pierre Marie[16] et en réaction contre les conceptions de Broca[17]. On ne peut dire de la parole ni qu'elle est une « opération de l'intelligence » ni qu'elle est un « phénomène moteur » : elle est tout entière motricité et tout entière intelligence. Ce qui atteste son inhérence au corps, c'est que les affections du langage ne peuvent être réduites à l'unité et que le trouble primaire concerne tantôt le corps du mot, l'instrument matériel de l'expression verbale, – tantôt la physionomie du mot, l'intention verbale, cette sorte de plan d'ensemble à partir duquel nous réussissons à dire ou à écrire exactement un mot, – tantôt le sens immédiat du mot, ce que les auteurs allemands appellent le concept verbal, – tantôt enfin la structure de l'expérience tout entière, et non pas seulement l'expérience linguistique, comme dans le cas d'aphasie amnésique que nous avons analysé plus haut. La parole repose donc sur une stratification de pouvoirs relativement isolables. Mais en même temps il est impossible de trouver nulle part un trouble du langage qui soit « purement moteur » et qui n'intéresse en quelque mesure le sens du langage. Dans l'alexie[18] pure, si le sujet ne peut plus reconnaître les lettres d'un mot, c'est faute de pouvoir mettre en forme les données visuelles, constituer la structure du mot, en appréhender la signification visuelle. Dans l'aphasie motrice, la liste des mots perdus et conservés ne correspond pas à leurs caractères objectifs (longueur ou complexité), mais à leur valeur pour le sujet : le malade est incapable de prononcer isolément une lettre ou un mot à l'intérieur d'une série motrice familière faute de pouvoir différencier « figure » et « fond » et conférer librement à tel mot ou à telle lettre la valeur de figure. La correction articulaire et la correction syntaxique sont toujours en raison inverse l'une de l'autre, ce qui montre que l'articulation d'un mot n'est pas un phénomène simplement moteur et fait appel aux mêmes énergies qui organisent l'ordre syntaxique. À plus forte raison quand il s'agit de

14 Voir la note correspondante p. 717.
15 [NdA] Voir Kurt Goldstein, *L'Analyse de l'aphasie et l'essence du langage.*
16 Pierre Marie (1853-1940) neurologue français.
17 Paul Broca (1840-1880) anatomiste, médecin et anthropologue français.
18 Incapacité de reconnaître le sens des mots à la lecture en raison d'une lésion cérébrale.

troubles de l'intention verbale, comme dans la paraphasie littérale[19], où des lettres sont omises, déplacées ou ajoutées, et où le rythme du mot est altéré, ne s'agit-il visiblement pas d'une destruction des engrammes[20], mais d'un nivellement de la figure et du fond, d'une impuissance à structurer le mot et à en saisir la physionomie articulaire[21]. Si l'on veut résumer ces deux séries de remarques, il faudra dire que toute [228] opération linguistique suppose l'appréhension d'un sens, mais que le sens ici et là est comme spécialisé ; il y a différentes couches de signification, depuis la signification visuelle du mot jusqu'à sa signification conceptuelle en passant par le concept verbal. On ne comprendra jamais ces deux idées à la fois si l'on continue d'osciller entre la notion de « motricité » et celle d'« intelligence », et si l'on ne découvre pas une troisième notion qui permette de les intégrer, une fonction, la même à tous les niveaux, qui soit à l'œuvre aussi bien dans les préparations cachées de la parole que dans les phénomènes articulaires, qui porte tout l'édifice du langage, et qui cependant se stabilise en processus relativement autonomes. Cette puissance essentielle à la parole, nous aurons chance de l'apercevoir dans les cas où ni la pensée ni la « motricité » ne sont sensiblement atteintes et où cependant la « vie » du langage est altérée. Il arrive que le vocabulaire, la syntaxe, le corps du langage paraissent intacts, à ceci près que les propositions principales y prédominent. Mais le malade n'use pas de ces matériaux comme le sujet normal. Il ne parle guère que si on le questionne, ou, s'il prend lui-même l'initiative d'une question, il ne s'agit jamais que de questions stéréotypées, comme celles qu'il pose chaque jour à ses enfants quand ils reviennent de classe. Jamais il n'use du langage pour exprimer une situation seulement possible, et les propositions fausses (le ciel est noir) sont pour lui dépourvues de sens. Il ne peut parler que s'il a préparé ses phrases[22]. On ne peut pas dire que le langage chez lui soit devenu

19 La paraphasie littérale, ou jargonaphasie, ou encore cacolalie, est une pathologie qui se traduit par le remplacement et l'altération de mots par d'autres mots, ainsi que par des anomalies de syntaxe.

20 Traces cérébrales susceptibles de réminiscence.

21 [NdA] Kurt Goldstein, *op. cit.*, p. 460. Goldstein est ici d'accord avec Grünbaum (*Aphasie und Motorik*), pour dépasser l'alternative de la conception classique (Broca) et des travaux modernes (Head). Ce que Grünbaum reproche aux modernes, c'est de « ne pas mettre au premier plan l'extériorisation motrice et les structures psycho-physiques sur lesquelles elle repose comme un domaine fondamental qui domine le tableau de l'aphasie » (p. 386).

22 [NdA] Benary, *Analyse eines Seelenblinden von der Sprache aus*. [En réalité *Studien zur Untersuchung der lntelligenz bei einem Fall von Seelenblindheit*.]

automatique, il n'y a aucun signe d'un affaiblissement de l'intelligence générale et c'est bien par leur sens que les mots sont organisés. Mais ce sens est comme figé. Jamais Schn. n'éprouve le besoin de parler, jamais son expérience ne tend vers la parole, jamais elle ne suscite en lui une question, elle ne cesse pas d'avoir cette sorte d'évidence et de suffisance du réel qui étouffe toute interrogation, toute référence au possible, tout étonnement, toute improvisation. On [229] aperçoit par contraste l'essence du langage normal : l'intention de parler ne peut se trouver que dans une expérience ouverte, elle apparaît, comme l'ébullition dans un liquide, lorsque, dans l'épaisseur de l'être, des zones de vide se constituent et se déplacent vers le dehors.

Ibid., part. II, chap. I, p. 257-260. © Éditions GALLIMARD.

[257] L'expérience des aveugles-nés opérés de la cataracte n'a jamais prouvé et ne saurait jamais prouver que l'espace commence pour eux avec la vision. Mais le malade ne cesse de s'émerveiller de cet espace visuel auquel il vient d'accéder, et en regard duquel l'expérience tactile lui paraît si pauvre qu'il avouerait volontiers n'avoir jamais eu l'expérience de l'espace avant l'opération[23]. L'étonnement du malade, ses hésitations dans le nouveau monde visuel où il entre montrent que le toucher n'est pas spatial *comme* la vision. « Après l'opération, dit-on[24], la forme telle qu'elle est donnée par la vue est pour les malades quelque chose d'absolument neuf qu'ils ne mettent pas en rapport avec leur expérience tactile », « le malade affirme qu'il voit mais ne sait pas ce qu'il voit [...]. Jamais il ne reconnaît sa main comme telle, il ne parle que d'une tache blanche en mouvement »[25]. Pour distinguer un rond d'un rectangle par la vue, il lui faut suivre des yeux le bord de la figure, comme il le ferait

23 [NdA] Un sujet déclare que les notions spatiales *qu'il croyait avoir* avant l'opération ne lui donnaient pas une véritable représentation de l'espace et n'étaient qu'un « savoir acquis par le travail de la pensée » (Marius von Senden, *Raum- und Gestaltauffassung bei operierten Blindgeborenen vor und nach der Operation*, p. 23). L'acquisition de la vue entraîne une réorganisation générale de l'existence qui intéresse le toucher lui aussi. Le centre du monde se déplace, le schéma tactile s'oublie, la reconnaissance par le toucher est moins sûre, le courant existentiel passe désormais par la vision et c'est de ce toucher affaibli que le malade parle.

24 [NdA] *Ibid.*, p. 36.

25 [NdA] *Ibid.*, p. 93.

avec la main[26] et il tend toujours à saisir les objets que l'on présente à son regard[27]. Que conclure de là ? que l'expérience tactile ne prépare pas à la perception de l'espace ? [258] Mais si elle n'était pas du tout spatiale, le sujet tendrait-il la main vers l'objet qu'on lui montre ? Ce geste suppose que le toucher s'ouvre sur un milieu au moins analogue à celui des données visuelles. Les faits montrent surtout que la vision n'est rien sans un certain usage du regard. Les malades « voient d'abord les couleurs comme nous sentons une odeur : elle nous baigne, elle agit sur nous, sans cependant remplir une forme déterminée d'une étendue déterminée[28] ». Tout est d'abord mêlé et tout paraît en mouvement. La ségrégation des surfaces colorées, l'appréhension correcte du mouvement ne viennent que plus tard, quand le sujet a compris « ce que c'est que voir[29] », c'est-à-dire quand il dirige et promène son regard comme un regard, et non plus comme une main. Cela prouve que chaque organe des sens interroge l'objet à sa manière, qu'il est l'agent d'un certain type de synthèse, mais, à moins de réserver par définition nominale le mot d'espace pour désigner la synthèse visuelle, on ne peut pas refuser au toucher la spatialité au sens de saisie des coexistences. Le fait même que la vision véritable se prépare au cours d'une phase de transition et par une sorte de toucher avec les yeux ne se comprendrait pas s'il n'y avait un champ tactile quasi spatial, où les premières perceptions visuelles puissent s'insérer. La vue ne communiquerait jamais directement avec le toucher comme elle le fait chez l'adulte normal si le toucher, même artificiellement isolé, n'était organisé de manière à rendre possibles les coexistences. Loin d'exclure l'idée d'un espace tactile, les faits prouvent au contraire qu'il y a un espace si strictement tactile que les articulations n'en sont pas d'abord et n'en seront même jamais avec celles de l'espace visuel dans un rapport de synonymie. Les analyses empiristes posent confusément un problème véritable. Que par exemple le toucher ne puisse embrasser simultanément qu'une faible étendue – celle du corps et de ses instruments – ce fait ne concerne pas seulement la présentation de l'espace tactile, il en modifie le sens. Pour l'intelligence, – ou du moins pour une certaine intelligence qui est celle de la physique classique, – la

26 [NdA] *Ibid.*, p. 102-104.
27 [NdA] *Ibid.*, p. 124.
28 [NdA] *Ibid.*, p. 113.
29 [NdA] *Ibid.*, p. 123.

simultanéité est la même, qu'elle ait lieu entre deux points contigus ou entre deux points éloignés, et en tout cas on peut construire de proche en proche avec des simultanéités à courte distance une simultanéité [259] à grande distance. Mais pour l'expérience, l'épaisseur de temps qui s'introduit ainsi dans l'opération en modifie le résultat, il en résulte un certain « bougé » dans la simultanéité des points extrêmes et dans cette mesure l'ampleur des perspectives visuelles sera pour l'aveugle opéré une véritable révélation, parce qu'elle procurera pour la première fois l'exhibition de la simultanéité lointaine « elle-même ». Les opérés déclarent que les objets tactiles ne sont pas de véritables tous spatiaux, que l'appréhension de l'objet est ici un simple « savoir de la relation réciproque des parties », que le rond et le carré ne sont pas vraiment perçus par le toucher mais reconnus d'après certains « signes » – présence ou absence de « pointes[30] ». Entendons que jamais le champ tactile n'a l'ampleur du champ visuel, jamais l'objet tactile n'est tout entier présent à chacune de ses parties comme l'objet visuel, et en somme que toucher n'est pas voir. Sans doute entre l'aveugle et le normal la conversation s'engage et il est peut-être impossible de trouver un seul mot, même dans le vocabulaire des couleurs, auquel l'aveugle ne réussisse à donner un sens au moins schématique. Un aveugle de douze ans définit très bien les dimensions de la vision : « Ceux qui y voient, dit-il, sont en relation avec moi par un sens inconnu qui m'enveloppe entièrement à distance, me suit, me traverse et depuis mon lever jusqu'à mon coucher me tient pour ainsi dire sous sa domination » (*mich gewissermassen beherrscht*)[31]. Mais ces indications restent pour l'aveugle notionnelles et problématiques. Elles posent une question à laquelle la vision seule pourrait répondre. Et c'est pourquoi l'aveugle opéré trouve le monde différent de ce qu'il attendait[32], comme nous trouvons toujours un homme différent de ce que nous savions sur lui. Le monde de l'aveugle et celui du normal diffèrent non seulement par la quantité des matériaux dont ils disposent, mais encore par la *structure* de l'ensemble. Un aveugle sait très exactement par le toucher ce que sont des branches et des feuilles, un bras et les doigts de la main. Après l'opération il s'étonne de trouver « tant de

30 [NdA] *Ibid.*, p. 29.
31 [NdA] *Ibid.*, p. 45.
32 [NdA] *Ibid.*

différence » entre un arbre et un corps humain[33]. Il est évident que la vue n'a pas seulement ajouté de nouveaux détails à la connaissance de l'arbre. Il s'agit d'un mode de présentation et d'un type de synthèse [260] nouveaux qui transfigurent l'objet. Par exemple, la structure éclairage-objet éclairé ne trouve dans le domaine tactile que des analogies assez vagues. C'est pourquoi un malade opéré après dix-huit ans de cécité essaye de toucher un rayon de soleil[34]. La signification totale de notre vie – dont la signification notionnelle n'est jamais qu'un extrait – serait différente si nous étions privés de la vision. Il y a une fonction générale de substitution et de remplacement qui nous permet d'accéder à la signification abstraite des expériences que nous n'avons pas vécues et par exemple de parler de ce que nous n'avons pas vu. Mais comme dans l'organisme les fonctions de remplacement ne sont jamais l'équivalent exact des fonctions lésées et ne donnent que l'apparence de l'intégrité, l'intelligence n'assure entre des expériences différentes qu'une communication apparente, et la synthèse du monde visuel et du monde tactile chez l'aveugle-né opéré, la constitution d'un monde intersensoriel doit se faire sur le terrain sensoriel lui-même, la communauté de signification entre les deux expériences ne suffit pas à assurer leur soudure en une expérience unique. Les sens sont distincts les uns des autres et distincts de l'intellection en tant que chacun d'eux apporte avec lui une structure d'être qui n'est jamais exactement transposable. Nous pouvons le reconnaître parce que nous avons rejeté le formalisme de la conscience, et fait du corps le sujet de la perception.

Ibid., chap. III, p. 385-395. © Éditions GALLIMARD.

[385] L'hallucination désintègre le réel sous nos yeux, elle lui substitue une quasi réalité, des deux façons le phénomène hallucinatoire nous ramène aux fondements prélogiques de notre connaissance et confirme ce que l'on vient de dire sur la chose et sur le monde. Le fait capital est que les malades distinguent la plupart du temps leurs hallucinations et leurs perceptions. Des schizophrènes qui ont des hallucinations tactiles

33 [NdA] *Ibid.*, p. 50 *sq.*
34 [NdA] *Ibid.*, p. 186.

de piqûres ou de « courant électrique » sursautent quand on leur applique un jet de chlorure d'éthyle[35] ou un véritable courant électrique : « Cette fois-ci, disent-ils au médecin, ça vient de vous, c'est pour m'opérer... » Un autre schizophrène qui disait voir dans le jardin un homme arrêté sous sa fenêtre et indiquait l'endroit, le vêtement, l'attitude, est stupéfait quand on place effectivement quelqu'un dans le jardin à l'endroit indiqué, dans le même costume et dans la même posture. Il regarde attentivement : « C'est vrai, il y a quelqu'un, c'est un autre. » Il refuse de compter deux hommes dans le jardin. Une malade qui n'a jamais douté de ses voix, quand on lui fait entendre au gramophone des voix analogues aux siennes, interrompt son travail, lève la tête sans se retourner, voit paraître un ange blanc, comme il arrive chaque fois qu'elle entend ses voix, mais elle ne compte pas cette expérience au nombre des « voix » de la journée : cette fois ce n'est pas la même chose, c'est une voix « directe », peut-être celle du médecin. Une démente sénile qui se plaint de trouver de la poudre dans son lit sursaute quand elle y trouve vraiment une mince couche de poudre de riz : « Qu'est-ce que c'est ? Cette poudre est humide, l'autre est sèche. » Dans un délire alcoolique, le sujet qui voit la main du médecin comme un cochon d'Inde remarque aussitôt que l'on a placé un véritable cochon d'Inde dans l'autre main[36]. Si les malades disent si souvent qu'on leur parle par téléphone ou par la radio, c'est justement pour exprimer que le monde morbide est factice et [386] qu'il lui manque quelque chose pour être une « réalité ». Les voix sont des voix de malotrus ou « de gens qui font semblant d'être des malotrus », c'est un jeune homme qui simule la voix d'un vieillard, c'est « comme si un Allemand essayait de parler yiddish[37] ». « C'est comme quand une personne dit quelque chose à quelqu'un, mais ça ne va pas jusqu'au son[38]. » Ces aveux ne terminent-ils pas tout débat sur l'hallucination ? Puisque l'hallucination n'est pas un contenu sensoriel, il ne reste plus qu'à la considérer comme un jugement, comme une interprétation ou comme une croyance. Mais si les malades ne croient pas à l'hallucination dans le même sens où l'on croit aux objets perçus, une théorie intellectualiste de l'hallucination est impossible elle aussi. Alain cite le mot de Montaigne sur les fous « qui

35 Gaz volatile très inflammable.

36 [NdA] Konrad Zucker, *Experimentelles über Sinnestäuschungen*, p. 706-764.

37 [NdA] Eugène Minkowski, *Le Problème des hallucinations et le problème de l'espace*, p. 66.

38 [NdA] Peter Schröder, *Das Halluzinieren*, p. 606.

croient voir ce qu'ils ne voient pas en effet[39] ». Mais justement les fous ne *croient* pas *voir* ou, pour peu qu'on les interroge, ils rectifient sur ce point leurs déclarations. L'hallucination n'est pas un jugement ou une croyance téméraire pour les mêmes raisons qui l'empêchent d'être un contenu sensoriel : le jugement ou la croyance ne pourraient consister qu'à poser l'hallucination comme vraie, et c'est justement ce que les malades ne font pas. Sur le plan du jugement ils distinguent l'hallucination et la perception, en tout cas ils argumentent contre leurs hallucinations : des rats ne peuvent pas sortir de la bouche et rentrer dans l'estomac[40], un médecin qui entend des voix monte en barque et rame vers la haute mer pour bien se persuader que personne ne lui parle vraiment[41]. Quand la crise hallucinatoire survient, le rat et les voix *sont encore là.*

Pourquoi l'empirisme et l'intellectualisme échouent-ils à comprendre l'hallucination et par quelle autre méthode aurons-nous chance d'y réussir ? L'empirisme essaye d'*expliquer* l'hallucination comme la perception : par l'effet de certaines causes physiologiques, par exemple l'irritation des centres nerveux, des données sensibles apparaîtraient comme elles apparaissent dans la perception par l'action des stimuli physiques sur les mêmes centres nerveux. À première [387] vue, il n'y a rien de commun entre ces hypothèses physiologiques et la conception intellectualiste. En réalité il y a, comme on va voir, ceci de commun que les deux doctrines supposent la priorité de la pensée objective, ne disposent que d'un seul mode d'être, l'être objectif, et cherchent à y introduire de force le phénomène hallucinatoire. Par-là elles le faussent, elles en manquent le mode propre de certitude et le sens immanent, puisque, selon le malade lui-même, l'hallucination n'a pas de place dans l'être objectif. Pour l'empirisme, l'hallucination est un événement dans la chaîne d'événements qui va du *stimulus* à l'état de conscience. Dans l'intellectualisme on cherche à se débarrasser de l'hallucination, à la construire, à déduire ce qu'elle peut être à partir d'une certaine idée de la conscience. Le *cogito*[42] nous enseigne que l'existence de la conscience se confond avec la conscience d'exister, que donc il ne peut rien y avoir en

39 [NdA] *Système des Beaux-Arts*, p. 15.

40 [NdA] Wilhelm Specht, *Zur Phänomenologie und Morphologie der pathologischen Wahrnehmungstäuschungen*, p. 15.

41 [NdA] Karl Jaspers, *Ueber Trugwahrnehmungen*, p. 471.

42 Le *cogito* (« je pense ») est ici, en référence à Descartes, la pensée qui se pense elle-même, la conscience d'exister.

elle sans qu'elle le sache, que réciproquement, tout ce qu'elle sait avec certitude, elle le trouve en elle-même, qu'en conséquence la vérité ou la fausseté d'une expérience ne doivent pas consister dans son rapport à un réel extérieur, mais être lisibles en elle à titre de dénominations intrinsèques, sans quoi elles ne pourraient jamais être reconnues. Ainsi les perceptions fausses ne sont pas de vraies perceptions. L'halluciné ne peut pas entendre ou voir au sens fort de ces mots. Il juge, il croit voir ou entendre, mais il ne voit pas, il n'entend pas en effet. Cette conclusion ne sauve pas même le *cogito* : il resterait en effet à savoir comment un sujet peut croire qu'il entend alors qu'il n'entend pas effectivement. Si l'on dit que cette croyance est simplement asséritive[43], que c'est une connaissance du premier genre, une de ces apparences flottantes auxquelles on ne croit pas dans le sens plein du mot et qui ne subsistent que faute de critique, en un mot un simple état de fait de notre connaissance, la question sera alors de savoir comment une conscience peut être sans le savoir dans cet état d'incomplétude ou, si elle le sait, comment elle peut y adhérer[44]. Le *cogito* intellectualiste ne laisse en face de lui qu'un *cogitatum*[45] tout pur qu'il [388] possède et constitue de part en part. C'est une difficulté sans espoir de comprendre comment il peut se tromper sur un objet qu'il constitue. C'est donc bien la réduction de notre expérience à des objets, la priorité de la pensée objective qui, ici aussi, détourne le regard du phénomène hallucinatoire. Entre l'explication empiriste et la réflexion intellectualiste il y a une parenté profonde qui est leur commune ignorance des phénomènes. L'une et l'autre construisent le phénomène hallucinatoire au lieu de le vivre. Même ce qu'il y a de neuf et de valable dans l'intellectualisme – la différence de nature qu'il établit entre perception et hallucination – est compromis par la priorité de la pensée objective : si le sujet halluciné connaît objectivement ou pense son hallucination comme telle, comment l'imposture hallucinatoire est-elle possible ? Tout vient de ce que la pensée objective, la réduction des choses vécues en objets,

43 Qui est affirmé en dehors de l'expérience effective.

44 [NdA] De là les hésitations d'Alain : si la conscience se connaît toujours, il faut qu'elle distingue immédiatement le perçu de l'imaginaire, et l'on dira que l'imaginaire n'est pas visible (*Système des Beaux-Arts*, p. 15 *sq*.). Mais s'il y a une imposture hallucinatoire, il faut que l'imaginaire puisse passer pour perçu, et l'on dira que le jugement emporte vision (*Quatre-vingt-un chapitres sur l'esprit et les passions*, p. 18).

45 « Objet de pensée ».

de la subjectivité à la *cogitatio*[46], ne laisse aucune place pour l'adhésion équivoque du sujet à des phénomènes pré-objectifs. La conséquence est donc claire. Il ne faut plus construire l'hallucination, ni en général construire la conscience d'après une certaine essence ou idée d'elle-même qui oblige à la définir par une adéquation absolue et rend impensables ses arrêts de développement. On apprend à connaître la conscience comme toute autre chose. Quand l'halluciné dit qu'il voit et qu'il entend, il ne faut pas le croire[47], puisqu'il dit aussi le contraire, mais il faut le comprendre. Nous ne devons pas nous en tenir aux opinions de la conscience saine sur la conscience hallucinée et nous considérer comme seuls juges du sens propre de l'hallucination. À quoi on répondra sans doute que je ne peux pas atteindre l'hallucination telle qu'elle est pour elle-même. Celui qui pense l'hallucination ou autrui ou son propre passé ne coïncide jamais avec l'hallucination, avec autrui, avec son passé tel qu'il a été. La connaissance ne peut jamais passer cette limite de la facticité. C'est vrai, mais cela ne doit pas servir à justifier les constructions arbitraires. [...]

[390] « Vous n'entendez pas mes voix ? » dit le malade, « je suis donc seul à les entendre[48]. » Les hallucinations se jouent sur une autre scène que celle du monde perçu, elles sont comme en surimpression : « Tenez, dit un malade, pendant que nous sommes en train de parler, on me dit ceci et cela, et d'où est-ce que cela pourrait [391] venir[49] ? » Si l'hallucination ne prend pas place dans le monde stable et intersubjectif, c'est qu'il lui manque la plénitude, l'articulation interne qui font que la chose vraie repose « en soi », agit et existe par elle-même. La chose hallucinatoire n'est pas comme la chose vraie bourrée de petites perceptions qui la portent dans l'existence. C'est une signification implicite et inarticulée. En face de la chose vraie, notre comportement se sent motivé par des *stimuli* qui en remplissent et en justifient l'intention. S'il s'agit d'un fantasme, c'est de nous que vient l'initiative, rien n'y répond au-dehors[50]. La chose hallucinatoire n'est pas comme la chose vraie un être profond qui contracte

46 « La pensée ».

47 [NdA] Comme Alain reproche aux psychologues de le faire.

48 [NdA] E. Minkowski, *op. cit.*, p. 64.

49 [NdA] *Ibid.*, p. 66.

50 [NdA] C'est pourquoi Palagyi pouvait dire que la perception est un « fantasme direct », l'hallucination un « fantasme inverse ». Gerhard Schorsch, *Zur Theorie der Halluzinationen*, p. 64.

en lui-même une épaisseur de durée et l'hallucination n'est pas, comme la perception, ma prise concrète sur le temps dans un présent vivant. Elle glisse sur le temps comme sur le monde. La personne qui me parle en rêve n'a pas même desserré les dents, sa pensée se communique à moi magiquement, je sais ce qu'elle me dit avant même qu'elle ait rien dit. L'hallucination n'est pas dans le monde mais « devant » lui parce que le corps de l'halluciné a perdu son insertion dans le système des apparences. Toute hallucination est d'abord hallucination du corps propre. « C'est comme si j'entendais avec ma bouche. » « Celui qui parle se tient sur mes lèvres » disent les malades[51]. Dans les « sentiments de présence » (*leibhaften Bewusztheiten*) les malades éprouvent immédiatement près d'eux, derrière eux, ou sur eux, la présence de quelqu'un qu'ils ne voient jamais, ils le sentent s'approcher ou s'éloigner. Une schizophrène a sans cesse l'impression d'être vue nue et de dos. George Sand a un double qu'elle n'a jamais vu, mais qui la voit constamment et l'appelle par son nom avec sa propre voix[52]. La dépersonnalisation et le trouble du schéma corporel se traduisent immédiatement par un fantasme extérieur, parce que c'est pour nous une seule chose de percevoir notre corps et de percevoir notre situation dans un certain milieu physique et humain, parce que notre corps n'est que cette situation même en tant qu'elle est réalisée [392] et effective. Dans l'hallucination extracampine[53], le malade croit voir un homme derrière lui, croit voir de toutes parts autour de lui, croit pouvoir regarder par une fenêtre qui est située derrière son dos[54]. L'illusion de voir est donc beaucoup moins la présentation d'un objet illusoire que le déploiement et comme l'affolement d'une puissance visuelle désormais sans contrepartie sensorielle. Il y a des hallucinations parce que nous avons par le corps phénoménal une relation constante avec un milieu où il se projette, et que, détaché du milieu effectif, le corps reste capable d'évoquer par ses propres montages une pseudo-présence de ce milieu. Dans cette mesure, la chose hallucinatoire n'est jamais vue ni visible. Un sujet sous mescaline[55] perçoit la vis d'un appareil comme une ampoule

51 [NdA] Peter Schröder, *Das Halluzinieren*, p. 606.

52 [NdA] Erich Menninger-Lerchenthal, *Das Truggebilde der Eigenen Gestalt*, p. 76 *sq.*

53 Traduit de l'anglais *extracampine hallucinations*, le terme désigne des hallucinations de présences à l'extérieur du corps propre, non vécues sur le mode des hallucinations visuelles à proprement parler.

54 [NdA] *Ibid.*, p. 147.

55 Substance extraite d'une cactée du Mexique, le peyotl, douée de propriétés hallucinogènes.

de verre ou comme une hernie dans un ballon de caoutchouc. Mais que voit-il au juste ? « Je perçois un monde de boursouflures… C'est comme si l'on changeait brusquement la clé de ma perception et qu'on me fît percevoir en boursouflé, comme on joue un morceau en ut ou en si bémol… À cet instant, toute ma perception se transforma et, une seconde, je perçus une ampoule de caoutchouc. Est-ce à dire que je vis rien de plus ? Non, mais je me sentais comme "monté" de telle sorte que je ne pouvais percevoir autrement. La croyance m'envahit que le monde est tel… Plus tard, se fit un autre changement… Tout me parut pâteux et écaillé à la fois, comme certains gros serpents que j'ai vus dérouler leurs anneaux au Zoo de Berlin. À ce moment, me vint la peur d'être sur un îlot entouré de serpents[56]. » L'hallucination ne me donne pas les boursouflures, les écailles, les paroles comme des réalités pesantes qui révèlent peu à peu leur sens. Elle ne reproduit que la manière dont ces réalités m'atteignent dans mon être sensible et dans mon être linguistique. Quand le malade rejette un mets comme « empoisonné », il faut comprendre que le mot n'a pas pour lui le sens qu'il aurait pour un chimiste[57] : le malade ne croit pas que dans le corps objectif l'aliment possède effectivement des propriétés toxiques. Le poison est ici une entité affective, une présence magique comme celle de la maladie et du malheur. La plupart des hallucinations sont, non pas des choses à facettes, mais des phénomènes éphémères, piqûres, secousses, éclatements, courants d'air, vagues de froid ou de [393] chaleur, étincelles, points brillants, lueurs, silhouettes[58]. Quand il s'agit de véritables choses, comme par exemple un rat, elles ne sont représentées que par leur style ou leur physionomie. Ces phénomènes inarticulés n'admettent pas entre eux des liens de causalité précise. Leur seul rapport est un rapport de coexistence, – une coexistence qui a toujours un sens pour le malade, parce que la conscience du fortuit suppose des séries causales précises et distinctes et que nous sommes ici dans les débris d'un monde ruiné. « L'écoulement du nez devient un écoulement particulier, le fait de sommeiller dans le métro acquiert une signification singulière[59]. » Les hallucinations ne sont rattachées à un certain domaine sensoriel qu'en

56 [NdA] Auto-observation inédite de J.-P. Sartre.
57 [NdA] Erwin Straus, *Vom Sinn der Sinne*, p. 290.
58 [NdA] E. Minkowski, *op. cit.*, p. 67.
59 [NdA] *Ibid.*, p. 68.

tant que chaque champ sensoriel offre à l'altération de l'existence des possibilités d'expression particulières. Le schizophrène a surtout des hallucinations auditives et tactiles parce que le monde de l'ouïe et du toucher, en raison de sa structure naturelle, peut, mieux qu'un autre, figurer une existence possédée, exposée, nivelée. L'alcoolique a surtout des hallucinations visuelles parce que l'activité délirante trouve dans la vue la possibilité d'évoquer un adversaire ou une tâche auxquels il faut faire face[60]. L'halluciné ne voit pas, n'entend pas au sens du normal, il use de ses champs sensoriels et de son insertion naturelle dans un monde pour se fabriquer avec les débris de ce monde un milieu factice conforme à l'intention totale de son être.

Mais si l'hallucination n'est pas sensorielle, elle est encore bien moins un jugement, elle n'est pas donnée au sujet comme une construction, elle ne prend pas place dans le « monde géographique », c'est-à-dire dans l'être que nous connaissons et dont nous jugeons, dans le tissu des faits soumis à des lois, mais dans le « paysage[61] » individuel [394] par lequel le monde nous touche et par lequel nous sommes en communication vitale avec lui. Une malade dit que quelqu'un, au marché, l'a regardée, elle a senti ce regard sur elle comme un coup sans pouvoir dire d'où il venait. Elle ne veut pas dire que dans l'espace visible pour tous une personne en chair et en os se trouvait là et a tourné les yeux vers elle, – et c'est pourquoi les arguments que nous pouvons lui opposer glissent sur elle. Il ne s'agit pas pour elle de ce qui se passe dans le monde objectif, mais de ce qu'elle rencontre, de ce qui la touche ou l'atteint. L'aliment que rejette l'halluciné n'est empoisonné que pour lui, mais l'est irrécusablement. L'hallucination n'est pas une perception, mais « elle vaut comme » réalité, elle compte seule pour l'halluciné. Le

60 [NdA] E. Straus, *op. cit.*, p. 288.

61 [NdA] *Ibid.* Le malade « vit dans l'horizon de son paysage, dominé par des impressions univoques, sans motif et sans fondement, qui ne sont plus insérées dans l'ordre universel du monde des choses et dans les rapports de sens universels du langage. Les choses que les malades désignent par les noms qui nous sont familiers ne sont cependant plus pour eux les mêmes choses que pour nous. Ils n'ont gardé et introduit dans leur paysage que des débris de notre monde, et encore ces débris ne restent-ils pas ce qu'ils étaient comme parties du tout. » Les choses du schizophrène sont figées et inertes, celles du délirant sont au contraire plus parlantes et vivantes que les nôtres. « Si la maladie progresse, la disjonction des pensées et la disparition de la parole révèlent la perte de l'espace géographique, l'hébétude des sentiments révèle l'appauvrissement du paysage » (E. Straus, *op. cit.*, p. 291).

monde perçu a perdu sa force expressive[62] et le système hallucinatoire l'a usurpée. Bien que l'hallucination ne soit pas une perception, il y a une imposture hallucinatoire et c'est ce que nous ne comprendrons jamais si nous faisons de l'hallucination une opération intellectuelle. Il faut que, si différente qu'elle soit d'une perception, l'hallucination puisse la supplanter et exister pour le malade plus que ses propres perceptions. Cela n'est possible que si hallucination et perception sont des modalités d'une seule fonction primordiale par laquelle nous disposons autour de nous un milieu d'une structure définie, par laquelle nous nous situons tantôt en plein monde, tantôt en marge du monde. L'existence du malade est décentrée, elle ne s'accomplit plus dans le commerce avec un monde âpre, résistant et indocile qui nous ignore, elle s'épuise dans la constitution solitaire d'un milieu fictif. « Mais cette fiction ne peut valoir comme réalité que parce que la réalité elle-même est atteinte chez le sujet normal dans une opération analogue. » En tant qu'il a des champs sensoriels et un corps, le normal porte, lui aussi, cette blessure béante par où peut s'introduire l'illusion, sa représentation du monde est vulnérable. Si nous croyons à ce que nous voyons, c'est avant toute vérification, et le tort des théories classiques de la perception est d'introduire dans la perception même des opérations intellectuelles et une critique [395] des témoignages sensoriels auxquelles nous n'avons recours que lorsque la perception directe échoue dans l'ambiguïté. Chez le normal, sans aucune vérification expresse, l'expérience privée se relie à elle-même et aux expériences étrangères, le paysage s'ouvre sur un monde géographique, il tend vers la plénitude absolue. Le normal ne jouit pas de la subjectivité, il la fuit, il est au monde pour de bon, il a sur le temps une prise franche et naïve, tandis que l'halluciné profite de l'être au monde pour se tailler un milieu privé dans le monde commun et bute toujours sur la transcendance du temps. Au-dessous des actes exprès par lesquels je pose devant moi un objet à sa distance, dans une relation définie avec les autres objets et pourvu de caractères définis que l'on peut observer, au-dessous des perceptions proprement dites, il y a donc, pour les sous-tendre, une fonction plus profonde sans laquelle l'indice de réalité manquerait aux objets perçus, comme il manque chez le schizophrène, et par laquelle ils se mettent à compter ou à valoir pour

62 [NdA] L'hallucination, dit Klages, suppose une « Verminderung des Ausdrucksgehaltes des äuszeren Erscheinungswelt », cité par G. Schorsch, *op. cit.*, p. 71.

nous. C'est le mouvement qui nous porte au-delà de la subjectivité, qui nous installe dans le monde avant toute science et toute vérification, par une sorte de « foi » ou d'« opinion primordiale[63] », – ou qui, au contraire, s'enlise dans nos apparences privées. Dans ce domaine de l'opinion originaire, l'illusion hallucinatoire est possible bien que l'hallucination ne soit jamais une perception et que le monde vrai soit toujours soupçonné par le malade au moment où il s'en détourne, parce que nous sommes encore dans l'être antéprédicatif, et que la connexion de l'apparence et de l'expérience totale n'est qu'implicite et présomptive, même dans le cas de la perception vraie.

Ibid., part. III, chap. III, p. 496. © Éditions GALLIMARD.

Encore une fois, il est évident qu'aucun rapport de causalité n'est concevable entre le sujet et son corps, son monde ou sa société. Sous peine de perdre le fondement de toutes mes certitudes, je ne peux révoquer en doute ce que m'enseigne ma présence à moi-même. Or, à l'instant où je me tourne vers moi-même pour me décrire, j'entrevois un flux[64] anonyme, un projet global où il n'y a pas encore d'« états de conscience », ni à plus forte raison de qualifications d'aucune sorte. Je ne suis pour moi-même ni « jaloux », ni « curieux », ni « bossu », ni « fonctionnaire ». On s'étonne souvent que l'infirme ou le malade puissent se supporter. C'est qu'ils ne sont pas pour eux-mêmes infirme ou mourant. Jusqu'au moment du coma, le mourant est habité par une conscience, il est tout ce qu'il voit, il a ce moyen d'échappement. La conscience ne peut jamais s'objectiver en conscience-de-malade ou conscience-d'infirme, et, même si le vieillard se plaint de sa vieillesse ou l'infirme de son infirmité, ils ne peuvent le faire que quand ils se comparent à d'autres ou quand ils se voient par les yeux des autres, c'est-à-dire quand ils prennent d'eux-mêmes une vue statistique et objective, et ces plaintes ne sont jamais tout à fait de bonne foi : revenu au cœur de sa conscience, chacun se sent au-delà de ses qualifications et du coup s'y résigne. Elles sont le prix que nous payons, sans même y penser, pour être au monde, une formalité qui va de soi. De là vient que nous pouvons dire du mal de notre visage

63 [NdA] *Urdoxa* ou *Urglaube*, de Husserl.
64 [NdA] Au sens que nous avons, avec Husserl, donné à ce mot.

et que cependant nous ne voudrions pas le changer pour un autre. À l'insurmontable généralité de la conscience, aucune particularité ne peut, semble-t-il, être attachée, à ce pouvoir démesuré d'évasion aucune limite imposée. Pour que quelque chose du dehors pût me déterminer (aux deux sens du mot), il faudrait que je fusse une chose. Ma liberté et mon universalité ne sauraient admettre d'éclipse.

Sens et non-sens [1948], 5e édition, Paris, Éditions Nagel, 1966, part. I, chap. 4, p. 63-64. © Éditions GALLIMARD.

[63] Sur un autre point encore, la psychologie moderne renverse les préjugés de la physiologie et de la psychologie classiques. C'est un lieu commun de dire que nous avons cinq sens et, à première vue, chacun d'eux est comme un monde sans communication avec les autres. La lumière ou les couleurs qui agissent sur l'œil n'agissent pas sur les oreilles ni sur le toucher. Et cependant on sait depuis longtemps que certains aveugles arrivent à se représenter les couleurs qu'ils ne voient pas par le moyen des sons qu'ils entendent. Par exemple un aveugle disait que le rouge devait être quelque chose comme un coup de trompette[65]. Mais on a longtemps pensé qu'il s'agissait là de phénomènes exceptionnels. En réalité le phénomène est général. Dans l'intoxication par la mescaline[66], les sons sont régulièrement accompagnés par des taches de couleur dont la nuance, la forme et la hauteur varient avec le timbre, l'intensité et la hauteur des sons. Même les sujets normaux parlent de couleurs chaudes, froides, criardes ou dures, de sons clairs, aigus, éclatants, rugueux ou moelleux, de bruits mous, de parfums pénétrants. Cézanne disait qu'on voit le velouté, la dureté, la mollesse, et même l'odeur des objets. Ma perception n'est donc pas une somme de données visuelles, tactiles, auditives, je perçois d'une manière indivise avec mon être total, je saisis une structure unique de la chose, une unique manière d'exister qui parle à la fois à tous mes sens.

Naturellement la psychologie classique savait bien qu'il y a des relations entre les différentes parties de mon champ visuel comme entre les données de mes différents sens. Mais pour elle cette unité était

65 Voir ici le texte de Locke p. 285.
66 Voir la note correspondante p. 801.

construite, elle la rapportait à l'intelligence et à la mémoire. Je dis que je vois des hommes passer dans la rue, écrit Descartes dans un célèbre passage des *Méditations*[67], mais en réalité que vois-je au juste ? Je ne vois que des chapeaux et des manteaux, qui pourraient aussi bien recouvrir des poupées qui ne se remuent que par ressorts, et si je dis que je vois des hommes, c'est que je saisis « par une inspection de l'esprit ce que je croyais voir de mes yeux ». Je suis persuadé que les objets continuent d'exister quand je ne les vois pas, et par exemple derrière mon dos. Mais de toute évidence, pour la [64] pensée classique, ces objets invisibles ne subsistent pour moi que parce que mon jugement les maintient présents.

67 Seconde méditation.

SIMONE DE BEAUVOIR
(1908-1986)

Le Deuxième sexe, Paris, Gallimard, 1949, t. II, part. IV, chap. XIV, p. 539-540. © Éditions GALLIMARD.

[539] Il est difficile de décider dans quelle mesure la constitution physique de la femme représente en soi un handicap. [540] On s'est souvent interrogé entre autres sur l'obstacle créé par la menstruation. Les femmes qui se sont fait connaître par des travaux ou des actions semblaient lui attacher peu d'importance : est-ce parce que précisément elles devaient leur réussite à la bénignité de leurs troubles mensuels ? On peut se demander si ce n'est pas inversement le choix d'une vie active et ambitieuse qui leur a conféré ce privilège : car l'intérêt que la femme accorde à ses malaises les exaspère ; les sportives, les femmes d'action en souffrent moins que les autres parce qu'elles passent outre leurs souffrances. Assurément, celles-ci ont aussi des causes organiques et j'ai vu des femmes des plus énergiques passer chaque mois vingt-quatre heures au lit en proie à d'impitoyables tortures ; mais leurs entreprises n'en ont jamais été entravées. Je suis convaincue que la plus grande partie des malaises et maladies qui accablent les femmes ont des causes psychiques ; c'est ce que m'ont dit d'ailleurs des gynécologues. C'est à cause de la tension morale dont j'ai parlé, à cause de toutes les tâches qu'elles assument, des contradictions au milieu desquelles elles se débattent que les femmes sont sans cesse harassées, à la limite de leurs forces ; ceci ne signifie pas que leurs maux soient imaginaires : ils sont réels et dévorants comme la situation qu'ils expriment. Mais la situation ne dépend pas du corps, c'est lui qui dépend d'elle. Ainsi, la santé de la femme ne nuira pas à son travail quand la travailleuse aura dans la société la place qu'il lui faut ; au contraire, le travail aidera puissamment à son équilibre physique en lui interdisant de s'en préoccuper sans cesse.

La Vieillesse [1970], Paris, Gallimard, 2021, part. I, chap. I, p. 43. © Éditions GALLIMARD.

L'ensemble de l'involution[1] organique de l'homme âgé entraîne une fatigabilité à laquelle nul n'échappe ; l'effort physique ne lui est permis que dans d'étroites limites. Il résiste mieux aux infections que les jeunes ; mais son organisme appauvri se défend mal contre les agressions du monde extérieur : l'involution des organes réduit la marge de sécurité qui permet d'y résister. Certains médecins vont jusqu'à assimiler la vieillesse à une maladie : c'est ce qu'a fait récemment[2] la célèbre gériatre roumaine, le docteur Aslan[3], dans une interview qu'elle a donnée en Italie. Je ne pense pas que cette confusion soit légitime ; la maladie est un accident ; la vieillesse est la loi même de la vie. Cependant l'expression : « Vieux et infirme » est presque un pléonasme. « Cette infirmité résumée, le vieillissement », a écrit Péguy. Samuel Johnson a dit : « Mes maladies sont un asthme, une hydropisie et, ce qui est moins guérissable, soixante-quinze ans. » Un docteur demandait à une vieille femme qui portait des lunettes : « Qu'est-ce que vous avez, madame ? de la presbytie ou de la myopie ? – J'ai de la vieillesse, docteur. »

Il y a une relation réciproque entre vieillesse et maladie ; celle-ci accélère la sénescence et le grand âge dispose à des troubles pathologiques, en particulier aux processus dégénératifs qui le caractérisent. Il est très rare de rencontrer ce qu'on pourrait appeler « la vieillesse à l'état pur ». Les personnes âgées sont atteintes d'une polypathologie chronique.

Ibid., p. 48-49. © Éditions GALLIMARD.

[48] Autrefois, il y avait souvent un contraste flagrant entre l'évolution mentale du sujet et son évolution physique. Montesquieu a déploré ce divorce : « Malheureuse condition des hommes ! À peine l'esprit est-il parvenu au point de maturité, le corps commence à s'affaiblir[4] ! »

1 Dégénérescence.

2 [NdA] Écrit en octobre 1969.

3 Ana Aslan (1897-1988) gérontologue. Elle a breveté des médicaments contre les troubles de la vieillesse.

4 *Pensées diverses*, « Variétés ».

Delacroix note dans son *Journal* : « Ce désaccord singulier entre la force d'esprit qu'amène l'âge et l'affaiblissement du corps qui en est aussi la conséquence me frappe toujours et me paraît une contradiction dans les décrets de la nature. »

Les progrès de la médecine ont modifié la situation. Défendu contre un grand nombre d'infirmités et de maladies, le corps tient le coup plus longtemps. Tant que l'esprit garde son équilibre et sa vigueur, on réussit d'ordinaire à maintenir le sujet en bonne santé physique : celle-ci s'abîme quand le moral flanche. Inversement : si la vie physiologique se dégrade gravement, les facultés intellectuelles se troublent. En tout cas, elles pâtissent des transformations corporelles. Les messages sont transmis moins rapidement et déformés par la mauvaise qualité des [49] récepteurs. Le fonctionnement du cerveau est moins souple ; on a vu que sa consommation d'oxygène se réduit ; or la sous-oxygénation du sang amène une diminution de la mémoire immédiate et de la rétention, un ralentissement des processus idéatifs, une irrégularité dans les opérations mentales faciles, de violentes réactions émotionnelles : euphorie ou dépression. On peut considérer la sénescence comme un exemple de cette « amputation diffuse » dont parle Goldstein[5] à propos des accidents cérébraux posttraumatiques. Là aussi il y a perte de cellules cérébrales. Comme elles sont abondantes, si la situation n'exige pas du sujet un effort excessif, il y fait facilement face. Mais s'il y a dans sa vie des déséquilibres, il risque des catastrophes. En tout cas, l'effort intellectuel le fatigue ; la puissance de travail, la capacité d'attention s'amenuisent, du moins à partir de 70 ans.

Ibid., chap. III, p. 171-172. © Éditions GALLIMARD.

[171] « Dans l'extrême misère, la vieillesse peut ne pas être supportable, même pour un sage », admet Cicéron[6]. Mais les miséreux ne sont pas sénateurs : c'est de ceux-ci qu'il s'agit. Cicéron veut démontrer que l'âge, loin de les disqualifier, accroît leurs capacités. Pour cela, il

---

5 Kurt Goldstein (1878-1965) psychiatre et neurologue allemand, chassé d'Allemagne par le nazisme puis devenu citoyen américain. Auteur de *Der Aufbau des Organismus* (*La Structure de l'organisme*), 1934.

6 *De la vieillesse*, I.

feint de donner la parole à Caton l'Ancien[7] qui à 80 ans était encore en pleine possession de lui-même. La vieillesse a mauvaise réputation, reconnaît Caton ; mais c'est par suite de préjugés qu'il va s'attacher à détruire.

[…]

[172] En second lieu le vieillard, dit-on, manque de forces. Mais la force physique, ce n'est rien. Milon[8] pleurant sur ses bras : « Ah ! ils sont déjà morts ! » ne suscite que du mépris. « Quelles que soient la faiblesse et la langueur d'un homme qui donne des leçons de sagesse et de vertu, je le tiendrai toujours pour fortuné. » Caton déclare qu'à 80 ans passés, il demeure frais et dispos. Il y a des vieillards en mauvaise santé : mais aussi des jeunes gens. « Cette imbécillité de la vieillesse qu'on appelle vulgairement seconde enfance ne se voit pas dans tous les vieillards, mais dans ceux qui ont naturellement un pauvre esprit. »

Cicéron reprend ensuite le lieu commun exposé dans *La République* ; on dit que le vieillard goûte peu de plaisirs : cela signifie qu'il est sauvé des passions et des vices, et c'est là le plus enviable des privilèges. Pour compenser sa bénéfique impuissance, Caton lui propose les plaisirs de la table, ceux de la conversation, l'étude, la littérature, l'agriculture. Il affirme spécieusement : « Quand on est privé de ce dont on n'a pas envie, la privation n'est pas bien douloureuse. » Alors qu'on peut ressentir beaucoup plus vivement la mutilation qui tue en nous le désir que la frustration d'un plaisir. Avoir perdu un sens est plus désolant que de ne pas toujours pouvoir l'assouvir.

Ibid., part. II, chap. v, p. 426-428. © Éditions GALLIMARD.

[426] Bien souvent le poids du corps compte moins que l'attitude adoptée à son égard. Voué à l'optimisme, Claudel écrit dans son *Journal* : « Quatre-vingts ans ! Plus d'yeux, plus d'oreilles, plus de dents, plus de jambes, plus de souffle ! Et c'est étonnant, somme toute, comme on arrive à s'en passer ! » Accablé de maux, un homme comme Voltaire[9],

7 Marcus Porcius Cato (234-149 av. J.-C.), dit Caton l'Ancien ou Caton le Censeur, écrivain et homme politique romain.

8 Voir la note correspondante p. 227.

9 Voir les textes de Voltaire mis en exergue dans le chapitre qui lui est consacré p. 353.

à qui toute sa vie son corps a pesé, qui s'est déclaré moribond dès sa jeunesse, s'en arrange mieux qu'un autre. Il parle de lui à 70 ans et au-delà en s'appelant « le vieux malade », puis « l'octogénaire malade ». C'est alors le point de vue de l'autre qu'il adopte sur soi, non sans se complaire dans son rôle ; quand c'est chez lui le je qui parle, il se dit habitué à son état : « Il y a quatre-vingt-un ans que je souffre, et que je vois tant souffrir et mourir autour de moi. » Il écrit : [427] « Le cœur ne vieillit pas, mais il est triste de le loger dans des ruines. » Il constate : « J'éprouve toutes les calamités attachées à la décrépitude. » Mais riche, glorieux, vénéré, plus actif que jamais, et passionné par ce qu'il écrit, il accepte sa condition avec sérénité : « Il est vrai que je suis un peu sourd, un peu aveugle, un peu impotent ; le tout est surmonté de trois ou quatre infirmités abominables : mais rien ne m'ôte l'espérance. »

D'autres au contraire aggravent leurs infirmités par ressentiment : « C'est un supplice de conserver intact son être intellectuel emprisonné dans une enveloppe matérielle usée », écrit Chateaubriand. Cette plainte fait écho à celle de Voltaire. Seulement celui-ci avait la chance de vivre en plein accord avec son époque et même de l'incarner, ce qui l'inclinait à un optimisme vital. Chateaubriand, tombé de son piédestal, isolé dans un siècle qui se désintéressait de lui, remâchait ses rancunes. Bien que jusqu'en 1841 il ait été capable de travailler aux *Mémoires d'outre-tombe*, et jusqu'en 1847 – un an avant sa mort – de les revoir et de les corriger, il laissait son corps se délabrer.

Les psychiatres appellent « gribouillisme » l'attitude qui consiste à se jeter dans la vieillesse à cause de l'horreur qu'elle inspire. On en « remet ». Parce qu'on traîne un peu la jambe, on mime la paralysie ; parce qu'on est un peu sourd, on cesse d'écouter. Les fonctions qu'on n'exerce plus se dégradent et, à jouer l'infirme, on le devient. C'est une réaction répandue, du fait que beaucoup de vieillards sont, à juste titre, rancuneux, revendicants, désespérés. Ils se vengent d'autrui en exagérant leur impotence ; on a vu que le cas est fréquent dans les asiles : parce qu'on les a abandonnés, ils s'abandonnent et se refusent au moindre effort ; comme on ne combat pas cette [428] tendance – on ne s'occupe pas d'eux – beaucoup finissent grabataires.

Ibid., Conclusion, p. 757-758.

[757] On conseille souvent aux [758] gens de « préparer » leur vieillesse. Mais s'il s'agit seulement de mettre de l'argent de côté, de choisir l'endroit de sa retraite, de se ménager des hobbies, on ne sera, le jour venu, guère avancé. Mieux vaut ne pas trop y penser mais vivre une vie d'homme assez engagée, assez justifiée, pour qu'on continue à y adhérer même toutes illusions perdues et l'ardeur vitale refroidie.

Seulement ces possibilités ne sont accordées qu'à une poignée de privilégiés : c'est dans le dernier âge que le fossé se creuse le plus profondément entre ceux-ci et l'immense majorité des hommes. En les comparant, nous pourrons répondre à la question posée au début de ce livre : Qu'y a-t-il d'inéluctable dans le déclin des individus ? Dans quelle mesure la société en est-elle responsable ?

On l'a vu : l'âge où commence la déchéance sénile a toujours dépendu de la classe à laquelle on appartient. Aujourd'hui, un mineur est à 50 ans un homme fini tandis que parmi les privilégiés beaucoup portent allégrement leurs 80 ans. Amorcé plus tôt, le déclin du travailleur sera aussi beaucoup plus rapide. Pendant ses années de « survie », son corps délabré sera en proie aux maladies, aux infirmités. Tandis qu'un vieillard qui a eu la chance de ménager sa santé peut la conserver à peu près intacte jusqu'à sa mort.

Vieillis, les exploités sont condamnés sinon à la misère, du moins à une grande pauvreté, à des logements incommodes, à la solitude, ce qui entraîne chez eux un sentiment de déchéance et une anxiété généralisée. Ils sombrent dans une hébétude qui se répercute dans l'organisme ; même les maladies mentales qui les affectent sont en grande partie le produit du système.

Ibid., p. 759-761.

[759] C'est là le crime de notre société. Sa « politique de la vieillesse » est scandaleuse. Mais plus scandaleux encore est le traitement qu'elle inflige à la majorité des hommes au temps de leur jeunesse et de leur maturité. Elle préfabrique la condition mutilée et misérable qui est leur lot dans leur dernier âge. C'est par sa faute que la déchéance sénile commence prématurément, qu'elle est rapide, physiquement douloureuse,

moralement affreuse parce qu'ils l'abordent les mains vides. Des individus exploités, aliénés, quand leur force les quittent, deviennent fatalement des « rebuts », des « déchets ».

C'est pourquoi tous les remèdes qu'on propose pour pallier la détresse des vieillards sont si dérisoires : aucun d'eux ne saurait réparer la systématique destruction dont des hommes ont été victimes pendant toute leur existence. Même si on les soigne, on ne leur rendra pas la santé. Si on leur bâtit des résidences décentes, on ne leur inventera pas la [760] culture, les intérêts, les responsabilités qui donneraient un sens à leur vie. Je ne dis pas qu'il soit tout à fait vain d'améliorer, au présent, leur condition ; mais cela n'apporte aucune solution au véritable problème du dernier âge : que devrait être une société pour que dans sa vieillesse un homme demeure un homme ?

La réponse est simple : il faudrait qu'il ait toujours été traité en homme. Par le sort qu'elle assigne à ses membres inactifs, la société se démasque ; elle les a toujours considérés comme du matériel. Elle avoue que pour elle seul le profit compte et que son « humanisme » est de pure façade. Au XIXe siècle, les classes dominantes assimilaient explicitement le prolétariat à la barbarie. Les luttes ouvrières ont réussi à l'intégrer à l'humanité. Mais seulement en tant qu'il est productif. Les travailleurs vieillis, la société s'en détourne comme d'une espèce étrangère. [...]

[761] La société ne se soucie de l'individu que dans la mesure où il rapporte. Les jeunes le savent. Leur anxiété au moment où ils abordent la vie sociale est symétrique de l'angoisse des vieux au moment où ils en sont exclus. Entre-temps, la routine masque les problèmes. Le jeune redoute cette machine qui va le happer, il essaie parfois de se défendre à coups de pavé ; le vieux, rejeté par elle, épuisé, nu, n'a plus que ses yeux pour pleurer. Entre les deux la machine tourne, broyeuse d'hommes qui se laissent broyer parce qu'ils n'imaginent pas même de pouvoir y échapper. Quand on a compris ce qu'est la condition des vieillards, on ne saurait se contenter de réclamer une « politique de la vieillesse » plus généreuse, un relèvement des pensions, des logements sains, des loisirs organisés. C'est tout le système qui est en jeu et la revendication ne peut être que radicale : changer la vie.

SIMONE WEIL
(1909-1943)

> Plus tard, quand les maux de tête ont fait peser sur le peu de facultés que je possède une paralysie que très vite j'ai supposée probablement définitive, cette même certitude m'a fait persévérer pendant dix ans dans des efforts d'attention que ne soutenait presque aucun espoir de résultats[1].
> *Attente de Dieu*, Lettre IV[2].

Écrits de Londres et dernières lettres [1943], Paris, Gallimard, 1957, *Écrits de Londres*, chap. I, p. 31-32.

[31] Mais il y a quantité d'êtres humains, qui, étant mal ou médiocrement doués par la nature, paraissent infiniment inférieurs non seulement à Homère, Eschyle, Sophocle, Shakespeare, Racine, mais aussi à Virgile, Corneille, Hugo ; et qui cependant vivent dans le royaume des biens impersonnels où ces derniers n'ont pas pénétré.

Un idiot de village, au sens littéral du mot, qui aime réellement la vérité, quand même il n'émettrait jamais que des balbutiements, est par la pensée infiniment supérieur à Aristote. Il est infiniment plus proche de Platon qu'Aristote ne l'a jamais été. Il a du génie, au lieu qu'à Aristote le mot de talent convient seul. Si une fée venait lui proposer de changer son sort contre une destinée analogue à celle d'Aristote, la sagesse pour lui serait de refuser sans hésitation. Mais il n'en sait rien. Personne ne le lui dit. Tout le monde lui dit le contraire. Il faut le lui dire. Il faut encourager les idiots, les gens sans talent, les gens de talent médiocre ou à peine mieux que moyen, qui ont du génie. Il n'y a pas

1 Sur l'état physique et psychique de Simone Weil, voir Marie-Charlotte Cadeau, « Simone Weil : savoir qu'on a faim », *Journal français de psychiatrie*, 2009/1 (n° 32), p. 22-24.

2 *Attente de Dieu* [1942], éd. Joseph-Marie Perrin, Paris, La Colombe, 1950, Lettre IV, p. 72.

à craindre de les rendre orgueilleux. L'amour de la vérité est toujours accompagné d'humilité. Le génie réel n'est pas autre chose que la vertu surnaturelle d'humilité dans le domaine de la pensée.

Au lieu d'encourager la floraison des talents, comme [32] on se le proposait en 1789, il faut chérir et réchauffer avec un tendre respect la croissance du génie ; car seuls les héros réellement purs, les saints et les génies peuvent être un secours pour les malheureux.

La Condition ouvrière, Paris, Gallimard, 1951, *Expérience de la vie d'usine (Marseille, 1941-1942)*, p. 255.

Il est vrai qu'ils [*sc.* les ouvriers] ne fabriquent pas véritablement des objets tant qu'ils se bornent à répéter longtemps une combinaison de cinq ou six gestes simples toujours identique à elle-même. Cela ne doit plus être. Tant qu'il en sera ainsi, et quoi qu'on fasse, il y aura toujours au cœur de la vie sociale un prolétariat avili et haineux. Il est vrai que certains êtres humains, mentalement arriérés, sont naturellement aptes à ce genre de travail ; mais il n'est pas vrai que leur nombre soit égal à celui des êtres humains qui en fait travaillent ainsi, et il s'en faut de très loin. La preuve en est que sur cent enfants nés dans des familles bourgeoises la proportion de ceux qui, une fois hommes, ne font que des tâches machinales est bien moindre que pour cent enfants d'ouvriers, quoique la répartition des aptitudes soit en moyenne vraisemblablement la même.

PAUL RICŒUR
(1913-2005)

La Mémoire, l'histoire, l'oubli, Paris, Le Seuil, 2000, part. I, 2, chap. II, § 1, p. 89-91.

[89] Je ne voudrais pas arrêter cette confrontation entre deuil et mélancolie sur ce propos perplexe de Freud : « Nous ne comprenons ni l'un ni l'autre phénomène. » Si le dernier mot n'est pas dit sur le deuil et le travail de deuil en psychanalyse, c'est qu'il n'est pas dit non plus sur la mélancolie. Faut-il en effet abandonner la mélancolie aux médecins, psychiatres ou psychanalystes ? Est-elle seulement une maladie mentale ? Pour qui a lu *Saturn and Melancholy*[1] de Raymond Klibansky[2], Erwin Panofsky[3] et Fritz Saxl[4], la réduction nosologique [90] de la mélancolie, commencée par E. Kraepelin[5] et réorientée par L. Binswanger[6], est inacceptable. Comment ne pas évoquer en effet la place tenue par la mélancolie dans l'antique système des quatre humeurs de la médecine grecque, où l'humeur mélancolique – celle de la bile noire (*atra bilis*) – côtoie l'humeur sanguine, l'humeur colérique et l'humeur flegmatique ? Voilà encore une liste à mémoriser, compte tenu du réseau de correspondance avec des éléments cosmiques, des divisions du temps, des âges de la vie : « Mélancolie, disent des textes médiévaux du XIIe siècle, imite la terre, croît en automne, règne dans la maturité. » Physiologie, psychologie, cosmologie se trouvent ainsi conjugués, selon le triple principe :

---

1 *Saturne et la mélancolie* (1964).

2 Raymond Klibansky (1905-2005) philosophe et historien allemand. Il combat dans l'armée britannique contre le nazisme puis s'établit au Québec après la Seconde Guerre mondiale.

3 Erwin Panofsky (1892-1968) historien de l'art et essayiste d'origine allemande. Il s'exila aux États-Unis en 1933.

4 Fritz Saxl (1890-1948) historien de l'art autrichien. Il exerça essentiellement à Londres.

5 Emil Kraepelin (1856-1926) psychiatre allemand.

6 Ludwig Binswanger (1881-1966) psychiatre et essayiste suisse.

recherche d'éléments primaires communs au microcosme et au macrocosme, établissement d'une expression numérique pour ces structures complexes et loi d'harmonie et de proportionnalité entre les éléments. On reconnaît là l'esprit de Pythagore, suivi par Empédocle. L'important pour la sorte d'excursus que je risque au-delà – ou plutôt en deçà – de Freud est que le concept d'humeur n'a cessé d'osciller entre l'idée de maladie et celle de caractère ou de tempérament, la balance résultant du degré d'harmonie ou de disharmonie entre les humeurs. Or c'est précisément avec la mélancolie que culmine l'ambivalence, laquelle devient ainsi le point critique du système entier. Ce privilège, si l'on peut dire, de la mélancolie, s'est précisé à mesure que la théorie des quatre humeurs s'est transformée en théorie des tempéraments, et des types mentaux. Dépression et anxiété (ou peur) deviennent les symptômes marquants de la mélancolie. Mélancolie devient alors synonyme d'insanité[7], de folie. La jonction entre la mélancolie de la théorie humorale et la folie des héros tragiques – Ajax, Héraclès, Bellérophon –, érigée par Platon en philosophème, est complète dès le plus fameux des *Problèmes* attribués à Aristote, le Problème XXX, I – « une monographie sur la bile noire », disent nos sources. « Pourquoi, demande l'auteur du Problème XXX, les hommes les plus éminents en philosophie, en politique, en poésie ou dans les arts sont-ils si manifestement mélancoliques ? » Et le texte d'ajouter les noms d'Empédocle, de Platon et de Socrate à la liste des esprits dérangés. Comment alors ne pas évoquer la théorie des multiples figures de *mania* chez Platon lui-même et le rapprochement opéré par maints dialogues entre exaltation, extase, ébriété, et autres états « divins » ? Or tous ces états sont [91] l'œuvre de la bile noire ! Ici, le normal et le pathologique se côtoient, le mélancolique se voyant renvoyé du médecin au pédagogue et vice versa. Le mélancolique est « exceptionnel ». La théorie romantique du « génie » est en germe dans cette ambiguë description de la « fureur » (pour reprendre la traduction par Cicéron du grec *mania*). Seuls résistent les Stoïciens qui optent décidément pour la lecture psychiatrique avant la lettre.

7 Synonyme de « déraison ».

ROLAND BARTHES
(1915-1980)

Mythologies, Paris, Le Seuil, 1957, chap. I, § Le procès Dupriez, p. 96-98.

[96] Autrement dit, il suffit que la démence ait une origine « raisonnable » pour que l'on puisse la nommer crime. J'ai déjà indiqué à propos du procès Dominici[1], la qualité de la raison pénale : elle est d'ordre « psychologique », et par là même « littéraire ».

Les psychiatres, eux, n'ont pas admis qu'un crime inexplicable cesse par-là d'être un crime, ils ont laissé à l'accusé sa responsabilité entière, paraissant ainsi à première vue s'opposer [97] aux justifications pénales traditionnelles : pour eux l'absence de causalité n'empêche nullement de nommer l'assassinat crime. Paradoxalement, on en vient à ce que ce soit la psychiatrie qui défende ici l'idée d'un contrôle absolu de soi-même, et laisse au criminel sa culpabilité, même hors des bornes de la raison. La Justice (l'accusation) fonde le crime sur la cause et réserve ainsi la part possible de la démence ; la psychiatrie, elle, du moins la psychiatrie officielle, semble vouloir reculer aussi loin que possible la définition de la folie, elle n'accorde aucune valeur à la détermination et retrouve la vieille catégorie théologique du libre arbitre ; dans le procès Dupriez[2], elle joue le rôle de l'Église livrant aux laïcs (la Justice) les accusés qu'elle ne peut récupérer faute de pouvoir les inclure dans aucune de ses « catégories » ; elle crée même à cet usage une catégorie privative, purement

---

1 Procès, en 1954, de l'affaire dite « Dominici », du nom de Gaston Dominici, accusé du triple meurtre d'une famille britannique, survenu en 1952 à proximité de sa ferme des Basses-Alpes. D'abord condamné à mort, Gaston Dominici est gracié par le général de Gaulle en 1960.

2 Procès, en 1955, de l'affaire dite « Dupriez », du nom de Gérard Dupriez, accusé du meurtre de ses deux parents survenu à Paris en 1953. Souffrant depuis son enfance de séquelles psychologiques dues à une méningite, et sans avoir jamais pu expliquer son geste, Gérard Dupriez est condamné aux travaux forcés à perpétuité.

nominale : la perversion. Ainsi, face à une Justice née dans les temps bourgeois, dressée par conséquent à rationaliser le monde par réaction contre l'arbitraire divin ou monarchique et laissant encore voir à l'état de trace anachronique le rôle progressiste qu'elle a pu jouer, la Psychiatrie officielle reconduit l'idée très ancienne d'une perversion responsable, dont la condamnation doit être indifférente à tout effort d'explication. Loin de chercher à agrandir son domaine, la psychiatrie légale renvoie au bourreau des déments que la Justice, plus rationnelle, encore que timorée, ne demanderait pas mieux que d'abandonner.

Telles sont quelques-unes des contradictions du procès Dupriez : entre la Justice et la défense ; entre la psychiatrie et la Justice ; entre la défense et la psychiatrie. D'autres contradictions existent au sein même de chacun de ces pouvoirs : la Justice, on l'a vu, dissociant irrationnellement la cause de la fin, en vient à excuser un crime à proportion de sa monstruosité ; la psychiatrie légale renonce volontairement à son propre objet et renvoie l'assassin au bourreau, au moment même où les sciences psychologiques prennent en charge chaque jour davantage une plus grande portion de l'homme ; et la défense elle-même hésite entre la revendication d'une *psychiatrie* avancée, qui récupérerait chaque criminel comme un dément, et l'hypothèse d'une [98] « force » magique qui aurait investi Dupriez, comme aux plus beaux temps de la sorcellerie (plaidoirie de Me Maurice Garçon).

L'Obvie et l'Obtus. Essais critiques III, Paris, Le Seuil, 1982, part. II, chap. 2, p. 233-234. © Éditions du Seuil, 1982. © Éditions Points, 1992.

[233] L'œuvre beethovénienne abandonne l'amateur et semble, dans un premier moment, [234] appeler la nouvelle déité romantique, l'interprète. Cependant, ici, nouvelle déception : qui (quel soliste, quel pianiste ?) joue bien Beethoven ? On dirait que cette musique ne donne à choisir qu'entre un « rôle » et son absence, la démiurgie illusoire et la platitude sage, sublimée sous le nom de dépouillement.

C'est que peut-être il y a dans la musique de Beethoven quelque chose d'« inaudible » (dont l'audition n'est pas le lieu « exact »). On rejoint ici le second Beethoven. Il n'est pas possible qu'un musicien soit sourd par pure contingence ou destin poignant (c'est la même chose). La surdité de Beethoven désigne le manque où se loge toute signification : elle en appelle à une musique non pas abstraite ou intérieure, mais douée, si l'on peut dire, d'un intelligible sensible, de l'intelligible comme sensible. Cette catégorie est proprement révolutionnaire, on ne peut la penser dans les termes de l'esthétique ancienne ; l'œuvre qui s'y soumet ne peut être reçue selon la pure sensualité, qui est toujours culturelle, ni selon un ordre intelligible qui serait celui du développement (rhétorique, thématique) ; sans elle, ni le texte moderne, ni la musique contemporaine ne peuvent être acceptés.

LOUIS ALTHUSSER
(1918-1990)

> [269] J'ai lieu maintenant de penser que tout se tenait étroitement : la perte de l'objet-objectal, monnayé dans la perte d'innombrables objets-objectifs réels, comme mon hypocondrie généralisée se révélaient [270] être en même temps la volonté de tout perdre et de tout détruire, Hélène[1], mes livres, mes raisons de vivre, l'École, mon analyste et moi-même.
> *L'Avenir dure longtemps*, chap. XXII[2].

Ibid., chap. II, p. 17-19. © Éditions Stock/IMEC, 1992, 2007.

[17] Mais enfin, il faut aussi le dire, l'idéologie de la « dette », et de la « dette acquittée » à la société, joue malgré tout en faveur du condamné qui a purgé sa peine et, dans une certaine mesure, protège même le criminel libéré, et de surcroît la loi lui donne recours contre toute imputation contraire à la « chose [18] jugée » : le criminel en règle avec la société ou l'amnistié peut intenter des procès en diffamation quand on ressort contre lui un passé infamant. On en connaît mille exemples. La peine « éteint » donc le crime et, le temps, l'isolement et le silence aidant, l'ancien criminel peut se reprendre à vivre. Là aussi les exemples ne manquent Dieu merci pas.

Il n'en va pas tout à fait de même dans le cas du « fou » meurtrier. Quand on l'interne, c'est évidemment « sans limite de temps prévisible », même si l'on sait ou devrait savoir qu'« en principe tout état aigu est transitoire ». Mais il est vrai que les médecins sont le plus souvent, sinon toujours, bien incapables, même pour les aigus, de fixer un délai même

1 Hélène Rytmann (1910-1980) sociologue française, assassinée par son mari Louis Althusser.
2 *L'Avenir dure longtemps, suivi de Les Faits. Autobiographies*, Paris, Stock et l'IMEC, 1992, *L'Avenir dure longtemps* [1985], chap. XXII, p. 269-270. © Éditions Stock/IMEC, 1992, 2007.

approximatif pour un pronostic de guérison. Mieux, le « diagnostic » initialement arrêté ne cesse de varier, car en psychiatrie il n'est de diagnostic qu'« évolutif » : c'est l'évolution de l'état du patient qui permet seule de le fixer, donc de le modifier. Et avec le diagnostic, de fixer et modifier bien entendu le traitement et les perspectives de pronostic.

Or, pour l'opinion commune, qu'une certaine presse cultive sans jamais distinguer la « folie » des états aigus mais passagers, de la « maladie mentale », qui est un destin, le fou est tenu d'emblée pour malade mental, et qui dit malade mental entend évidemment malade à vie, et, par voie de conséquence internable et interné à vie : « *Lebenstodt* » comme l'a si bien dit la presse allemande.

Tout le temps qu'il est interné, le malade mental, sauf s'il parvient à se tuer, continue évidemment de vivre, mais dans l'isolement et le silence de l'asile. Sous sa pierre tombale, il est comme mort pour ceux qui ne le visitent pas, mais qui le visite ? Mais comme il n'est pas réellement mort, comme on n'a pas, s'il est connu, annoncé sa mort (la mort des inconnus ne compte pas), il devient lentement comme une sorte de mort-vivant, ou plutôt, ni mort ni vivant, et ne pouvant donner signe de vie, sauf à des proches ou à ceux qui se soucient de lui (cas rarissime, combien d'internés ne reçoivent pratiquement « jamais de visites » – je l'ai constaté de mes yeux et à Sainte-Anne et ailleurs !), ne pouvant de surcroît s'exprimer publiquement au-dehors, il figure en fait, je risque le terme, sous la rubrique des sinistres bilans de toutes les guerres et de toutes les catastrophes du monde : le bilan des *disparus*.

Si je parle de cette étrange condition, c'est que je l'ai vécue et [19] d'une certaine manière la vis encore aujourd'hui. Même libéré depuis deux ans de l'internement psychiatrique, je suis, pour une opinion qui connaît mon nom, un « disparu ». Ni mort ni vivant, non encore enterré mais « sans œuvre » – le magnifique mot de Foucault pour désigner la folie[3] : « disparu ».

Or, à la différence d'un mort, dont le décès met un point final à la vie d'un individu qu'on enfouit sous la terre d'une tombe, un disparu fait courir à l'opinion le risque singulier de pouvoir (comme aujourd'hui dans mon cas) réapparaître au grand jour de la vie (Foucault a écrit de lui : « au grand soleil de la liberté polonaise[4] », quand il se sentit guéri).

3 Michel Foucault, *Histoire de la folie à l'âge classique*, part. III, chap. v.
4 *Id.*, *Folie et déraison. Histoire de la folie à l'âge classique*, Préface.

Or il faut bien savoir – et on le constate chaque jour – que ce statut singulier d'un « disparu qui peut réapparaître » entretient une sorte de malaise et de mauvaise conscience à son sujet, car l'opinion appréhende sourdement une disparition incapable de mettre définitivement fin à l'existence sociale d'un criminel ou d'un meurtrier interné. Il y va en effet de l'angoisse de mort et de sa menace, pulsion incontournable. Pour l'opinion commune, l'affaire devrait être définitivement réglée par l'internement, et la mauvaise conscience sourde mais diffuse, qui accompagne l'événement des coups au cœur de l'appréhension, se redouble de la crainte que ce ne soit pas à jamais. Et s'il advient que le « fou » interné réapparaisse au grand jour de la vie, même avec l'aval des médecins compétents, voici l'opinion contrainte de chercher et trouver un compromis entre cette évidence inattendue mais fort gênante et le premier scandale du meurtre que réveille le retour du criminel qu'on dit et qui se dit « guéri ». Or, cela est infiniment fréquent dans les cas de crise aiguë. Que va-t-il bien pouvoir faire ? Récidiver ? On en a tant d'exemples ! Se peut-il, lui « fou », qu'il soit redevenu « normal » ? Mais si c'est bien le cas, alors « ne l'était-il pas déjà au moment du crime » ? Dans la conscience sourde et aveugle, car aveuglée par toute une idéologie spontanée (mais aussi cultivée) du crime, de la mort, de la « dette à vie », du « fou » dangereux et imprévisible, voici que le procès qui n'a jamais eu lieu est bien près de reprendre, voire de commencer enfin, sur la place publique, et sans que, pas plus qu'avant, le meurtrier fou ait le moindre droit de s'expliquer.

Ibid., chap. XXII, p. 266-267. © Éditions Stock/IMEC, 1992, 2007.

[266] Mais avant, je voudrais insister sur les dommages que provoque, de son seul fait, l'institution psychiatrique. C'est un fait bien connu que nombre de malades, touchés par une crise aiguë, donc transitoire, et qui sont précipités d'office et comme mécaniquement dans l'internement psychiatrique, peuvent devenir, du fait et des drogues et de l'enfermement, des « chroniques », de vrais malades mentaux, incapables de jamais sortir de l'enceinte de l'hôpital. Cet effet est bien connu de tous ceux qui tentent d'enrayer le mécanisme de l'hospitalisation et lui préfèrent des interventions ambulatoires, soit hôpital de jour, soit dispensaire, etc. C'est là le sens profond de la réforme accomplie (ou

plutôt prêchée) en Italie par Basaglia[5]. Ce que voulait Basaglia, c'était préserver et les cas aigus et les « devenus chroniques » des méfaits mécaniques de l'internement en fermant les hôpitaux psychiatriques et en confiant les malades soit à des cliniques, soit à des familles bénévoles. Naturellement, cette réforme [267] ne pouvait être conçue que dans une période de grands mouvements populaires, avec l'aide des syndicats et des partis ouvriers. En France elle est difficilement concevable, étant donné les constantes d'une mentalité répressive. En Italie même, on le sait, la réforme Basaglia a proprement échoué. Que faire désormais pour sortir les malades de l'enfer des déterminations conjointes de tous les AIE[6] en cause ?

Mais ce qu'on sait moins, ce qu'on connaît moins, ce sont les effets de l'internement psychiatrique sur les médecins eux-mêmes, sur leur représentation de leurs malades et des angoisses de leurs malades. Il est frappant que, dans mon cas, le médecin le mieux intentionné du monde et aussi le mieux armé pour l'« écoute » de son patient ait projeté sur lui (moi) sa propre angoisse de la « forteresse » totale, et se soit en partie abusé, à la faveur de cette projection et confusion, sur ce qui se passait effectivement en moi. Ce n'était pas tant le monde extérieur qui fixait et provoquait mon angoisse que l'intense terreur d'y être *seul*, abandonné, d'être impuissant à résoudre quelque difficulté que ce soit, mon impuissance à être, à exister tout simplement.

5 Franco Basaglia (1924-1980) psychiatre italien. Il fonda le mouvement de la « psychiatrie démocratique ».

6 « Appareils idéologiques d'État » (concept forgé par Althusser lui-même, qui désigne les institutions – l'école, la famille, la religion, les médias, etc. – au moyen desquelles l'État diffuse son idéologie bourgeoise. Voir Louis Althusser, *Positions (1964-1975)*, Paris, Éditions sociales, 1976, p. 67-125).

JOHN RAWLS
(1921-2002)

Théorie de la justice [1971], trad. Catherine Audard, Paris, Points, 2009, part. I, chap. II, § 16, p. 128. © Éditions Points.

Pour fixer les idées, prenons comme étant les plus désavantagés ceux qui sont les moins bien lotis dans les trois domaines où règne la contingence. Ainsi, ce groupe comprend des personnes qui, par leurs origines sociales et familiales, sont désavantagées par rapport aux autres, que leurs dons naturels (une fois réalisés) ont placées en moins bonne position et qui ont eu moins de chance dans la vie (je reste ici dans le cadre du normal – voir plus loin –, et je prends comme critères pertinents les biens sociaux premiers). Il sera certainement nécessaire d'affiner cette définition dans la pratique, mais elle insiste bien sur le lien avec le problème de la contingence et elle devrait suffire pour notre propos ici. Or, je fais l'hypothèse que chacun a des besoins physiques et des capacités psychiques qui ne sortent pas de la normale afin d'éliminer les problèmes posés par les traitements pour les handicapés mentaux ou autres. En introduisant trop tôt des problèmes de ce genre, nous risquons de sortir de la théorie de la justice, et la considération de ces cas difficiles peut détourner notre perception morale en nous faisant penser à des personnes très éloignées de nous dont le sort éveille la pitié et l'inquiétude. Au contraire, le premier problème de la justice concerne les relations entre des personnes qui, dans la vie quotidienne, sont des membres actifs et à part entière de la société, associés les uns aux autres directement ou indirectement, pour toute la durée de leur existence. Donc le principe de différence doit s'appliquer à des citoyens engagés dans la coopération sociale ; si le principe échoue dans ce cas, il est probable qu'il échouera d'une manière générale.

Justice et démocratie, trad. Catherine Audard, Philippe de Lara, Frédéric Piron et Alexis Tchoudnowsky, Paris, Le Seuil, 1993, part. 4, chap. III, p. 219.

Étant donné que nous souhaitons nous placer dans la perspective d'une société qui soit un système équitable de coopération, nous supposons que les personnes en tant que citoyens ont toutes les capacités qui leur permettent d'être des membres normaux et à part entière de la société. Cela n'implique pas que personne ne souffre jamais de maladie ou d'accident ; de tels malheurs sont courants dans le cours de l'existence humaine et il faut prévoir de telles contingences. Mais pour notre propos ici, je ne tiendrai pas compte de handicaps physiques permanents ou de maladies mentales si graves qu'elles empêchent les personnes d'être des membres normaux et à part entière de la société, au sens habituel.

MICHEL HENRY
(1922-2002)

L'Essence de la manifestation, Paris, Presses Universitaires de France, 1963, t. II, sect. IV, § 66, p. 766-768. © Presses Universitaires de France.

[766] Que le sentiment sensoriel soit seulement constitué, c'est-à-dire représenté dans l'être étendu du corps organique, on le voit dans l'illusion des amputés dont la signification, à cet égard, apparaît décisive : « comment le sentiment sensoriel, s'il se trouvait réellement dans une partie du corps, si son être s'identifiait à l'être de celle-ci et à la portion d'étendue qui le délimite, pourrait-il subsister lorsque cette partie est détruite, comment pourrait-il exister quand elle n'existe pas ? » C'est, dit Scheler[1], qu'à la partie détruite du corps organique, au membre amputé, se substitue son image mnémonique dans laquelle la douleur se trouve dès lors ressentie, au lieu de l'être au niveau du moignon. « L'être de l'image mnémonique du membre amputé est cependant, par définition et par [767] essence, un être imaginaire, la douleur ressentie par l'amputé, au contraire, est une douleur réelle, son être, l'être du sentiment sensoriel, loin de pouvoir s'identifier à l'être-étendu de l'image où le sentiment est représenté, en diffère au contraire de manière essentielle et, précisément, comme le réel diffère de l'imaginaire. » Ici encore Scheler confond l'être originel et réel de la douleur avec son être constitué, avec sa représentation dans l'étendue imaginaire de l'image mnémonique du membre absent. Que pour expliquer l'illusion de l'amputé, c'est-à-dire précisément cette extension de la douleur, et cela en l'absence de son substrat organique étendu habituel, Scheler fasse explicitement appel à l'image mnémonique de ce substrat, montre avec éclat que l'être originel de la douleur ne contient en lui-même aucune extension et ne revêt celle-ci que pour autant que se trouve donnée,

1 Max Scheler (1874-1928) sociologue et philosophe allemand.

indépendamment de la douleur elle-même et comme un milieu ontologique étranger à son affectivité, l'extension de l'être-étendu, l'extension d'une partie du corps organique et, en l'absence de cette partie, dans le cas de l'amputation, celle de son substitut imaginaire. Ainsi est démentie, par l'analyse même de Scheler, l'affirmation précitée selon laquelle dans la douleur sensible nous nous trouverions en présence de l'extension et de la localisation, et cela sans avoir aucune connaissance des organes affectés, que ce soit par le moyen de la perception ou des images du souvenir correspondant à ces organes. Qu'il n'en soit point ainsi, que la « connaissance » de l'étendue organique, quel que soit le mode selon lequel elle s'accomplit, soit au contraire requise pour que l'affectivité de la douleur par elle-même étrangère à toute extension puisse être représentée en celle-ci, rend claire la non-appartenance originelle et essentielle du sentiment, fût-il sensoriel, au milieu transcendant du corps où il est constitué, l'hétérogénéité ontologique irréductible des caractères affectifs et de ceux de l'être étendu.

Une telle hétérogénéité, le fait que le sentiment ne se trouve jamais déterminé en lui-même comme étendu et ne se propose jamais en [768] lui-même comme une détermination de l'étendue, s'exprime dans une loi d'essence, « dans la contingence de la relation qui existe entre le sentiment et l'être organique étendu qui sert de substrat à sa constitution. » Telle est la signification décisive de l'illusion des amputés, la mise en évidence de cette contingence, de la possibilité pour le sentiment d'être représenté et constitué, non plus dans l'organe intérieurement appréhendé, mais dans son image. Cette contingence de la relation du sentiment et de l'être étendu organique qui sert de substrat à sa constitution apparaît plus nettement encore dans les douleurs vagabondes de l'hystérie qui se caractérisent justement par la contingence absolue de leur localisation. La possibilité même d'une illusion de ce genre, de toute illusion concernant le sentiment sensoriel en général, la possibilité d'une illusion concernant, non l'affectivité où par principe il n'y a point d'illusion, mais la localisation de ce sentiment, présuppose l'hétérogénéité foncière en lui de sa localisation et de son affectivité et, au-delà de la nécessité de fait de la liaison habituelle dans l'expérience normale de ces déterminations ontologiques hétérogènes, la contingence principielle de leur relation.

ANDRÉ GORZ
(1923-2007)

Misères du présent, richesse du possible, Paris, Galilée, 1997, chap. IV, § 3, p. 173-174. © Éditions Galilée.

[173] D'où l'idée – que résume le slogan *from welfare state to welfare society*[1] – d'un système d'assurance sociale fondé sur des cotisations non pas en argent mais en prestations. Les retraités valides pourraient s'engager à prêter régulièrement aide, [174] assistance et soins à des personnes dépendantes et acquérir ce faisant des créances qu'elles pourraient faire valoir lorsqu'elles auraient elles-mêmes besoin d'assistance et de soins, en quelque endroit qu'elles se trouvent. Ou encore, des parents des personnes dépendantes pourraient leur faire don de créances-temps acquises à leur intention. Il en résulterait pour les personnes dépendantes une plus grande autonomie : elles n'auraient plus besoin de faire appel à la bonne volonté et, surtout, à la disponibilité de membres de leur famille.

Un tel système n'aurait évidemment guère de valeur ni d'avantages s'il reposait sur l'« obligation au volontariat » et avait le démantèlement des prestations et services publics pour but. Son but doit être de prolonger tout au long de leur vie l'insertion des personnes dans le réseau des échanges sociaux. La valeur sociale des cercles de coopération ne réside pas simplement en la création d'« utilités » qui n'auraient pu être produites et échangées en l'absence desdits cercles. Elle réside tout autant dans la démonstration qu'à part l'argent il y a d'autres monnaies d'échange, d'autres sources de droits, d'autres unités comptables, plus concrètes et conviviales. Elle réside dans l'établissement de relations de réciprocité stables, continues et loyales qui protègent contre l'insécurité et la précarité. Elle réside, comme le notait Jessen[2], dans l'autodétermination

1 Littéralement, « de l'État du bien-être à la société du bien-être ».
2 Jens Peter Jessen (1895-1944) économiste allemand.

des prestations reçues et fournies et dans le caractère non hiérarchique des rapports sociaux de coopération et d'échange. Ceux-ci « soutiennent la conscience critique des individus et leur dignité », et, à la différence du travail salarié, « sont vécus comme libres et non aliénés », comme étant « des rapports communicationnels exempts de domination ». Toutes choses propres à renforcer chez les individus une attitude critique et revendicative concernant l'organisation et la qualité du travail dans l'entreprise capitaliste[...].

RENÉ GIRARD
(1923-2015)

Le Bouc émissaire, Paris, Grasset, 1982, chap. II, p. 30-31. © Éditions Grasset & Fasquelle.

[30] Il existe donc des traits universels de sélection victimaire et ce sont eux qui constituent notre troisième stéréotype.

À côté des critères culturels et religieux, il y en a de purement « physiques ». La maladie, la folie, les difformités génétiques, les mutilations accidentelles et même les infirmités en général tendent à polariser les persécuteurs. Pour comprendre qu'il y a là quelque chose d'universel il suffit de regarder autour de soi ou même en soi. Aujourd'hui encore, bien des gens ne peuvent pas réprimer, au premier contact, un léger recul devant l'anormalité physique. Le mot lui-même, « anormal », comme le mot peste au Moyen Âge, a quelque chose de tabou ; il est à la fois noble et maudit, *sacer*[1] dans tous les sens du terme. On juge plus décent de le remplacer par le mot anglais : « handicapé ».

Les « handicapés » font encore l'objet de mesures proprement discriminatoires et victimaires sans commune mesure avec le trouble que leur présence peut apporter à la fluidité des échanges sociaux. C'est la grandeur de notre société qu'elle se sente obligée, désormais, de prendre des mesures en leur faveur.

L'infirmité s'inscrit dans un ensemble indissociable de signes victimaires et dans certains groupes – un internat scolaire par [31] exemple – tout individu qui éprouve des difficultés d'adaptation, l'étranger, le provincial, l'orphelin, le fils de famille, le fauché, ou, tout simplement, le dernier arrivé, est plus ou moins interchangeable avec l'infirme.

Lorsque les infirmités ou les difformités sont réelles, elles tendent à polariser les esprits « primitifs » contre les individus qui en sont affligés.

1 Mot latin signifiant à la fois « sacré » et « maudit ».

Parallèlement, lorsqu'un groupe humain a pris l'habitude de choisir ses victimes dans une certaine catégorie sociale, ethnique, religieuse, il tend à lui attribuer les infirmités ou les difformités qui renforceraient la polarisation victimaire si elles étaient réelles. Cette tendance apparaît nettement dans les caricatures racistes.

Ibid., p. 35. © Éditions Grasset & Fasquelle.

Ce n'est pas la différence au sein du système que signifient les signes de sélection victimaire, c'est la différence hors système, c'est la possibilité pour le système de différer de sa propre différence, autrement dit, de ne pas différer du tout, de cesser d'exister en tant que système.

On le voit bien pour les infirmités physiques. Le corps humain est un système de différences anatomiques. Si l'infirmité, même accidentelle, inquiète, c'est parce qu'elle donne une impression de dynamisme déstabilisant. Elle paraît menacer le système en tant que tel. On cherche à la circonscrire mais on ne peut pas ; elle affole autour d'elle les différences qui deviennent *monstrueuses*, se précipitent, se télescopent, se mélangent, à la limite menacent de s'abolir. La différence hors système terrifie parce qu'elle suggère la vérité du système, sa relativité, sa fragilité, sa mortalité.

Ibid., chap. III, p. 39-40. © Éditions Grasset & Fasquelle.

[39] Troisième stéréotype : les signes victimaires. Il y a d'abord l'infirmité : Œdipe boite. Ce héros d'autre part est arrivé à Thèbes inconnu de tous, étranger en fait sinon en droit. Finalement, il est fils de roi et roi lui-même, héritier légitime de Laïos. Comme tant d'autres personnages mythiques, Œdipe s'arrange pour cumuler la marginalité du dehors et la marginalité du dedans. Comme Ulysse à la fin de l'*Odyssée*, il est tantôt étranger et mendiant, tantôt monarque tout-puissant.

La seule donnée dont on ne trouve pas l'équivalent dans les persécutions historiques, c'est la qualité d'enfant exposé[2]. Mais tout le monde est d'accord pour définir dans l'enfant exposé une victime précoce, choisie en vertu de marques d'anormalité qui augurent mal de son avenir et qui ne font qu'un, de toute évidence, avec les signes de sélection victimaire

2 Voir la note correspondante p. 89.

énumérés plus haut. Le destin fatal promis à l'enfant exposé c'est de se faire expulser par sa communauté. L'enfant exposé n'est jamais sauvé que temporairement, son destin est tout au plus différé et la conclusion du mythe vérifie l'infaillibilité des signes oraculaires, qui le vouaient dès sa plus tendre enfance à la violence collective.

Plus un individu possède de signes victimaires, plus il a de chances d'attirer la foudre sur sa tête. L'infirmité d'Œdipe, son passé d'enfant exposé, sa situation d'étranger, de parvenu, de roi, font de lui un véritable conglomérat de signes victimaires. Nous ne manquerions pas de nous en apercevoir si le mythe était baptisé document historique et nous nous demanderions ce que tous ces signes peuvent bien faire là, en compagnie des autres stéréotypes de la persécution. La réponse ne ferait pas de doute. Nous verrions certainement dans le mythe ce que nous voyons dans le texte[3] de [40] Guillaume de Machaut[4], un compte rendu de persécution rédigé dans la perspective de persécuteurs naïfs. Les persécuteurs se représentent leur victime telle qu'en vérité ils la voient, c'est-à-dire en coupable mais ils ne dissimulent pas les traces objectives de leur persécution. Nous penserions qu'il doit y avoir une victime réelle derrière ce texte, choisie en vertu non des crimes stéréotypés dont on l'accuse et qui n'ont jamais donné la peste à personne mais de tous les traits victimaires énumérés dans le même texte et réellement susceptibles de polariser sur celui qui les possède le soupçon paranoïaque d'une foule angoissée par la peste.

Ibid., p. 51-52. © Éditions Grasset & Fasquelle.

[51] Nous avons vu plus haut que les représentations des persécuteurs historiques ont déjà, sous ce rapport, quelque chose de mythologique. Le passage au monstrueux se situe dans le prolongement de toutes les représentations dont nous avons déjà parlé, celle de la crise comme indifférenciée, celle de la victime comme coupable de crimes indifférenciateurs, celle des signes de sélection victimaire comme difformité. Il arrive un point où la monstruosité physique et la monstruosité morale se rejoignent. Le crime de bestialité, par exemple, enfante des mélanges

3 *Le Jugement du Roy de Navarre.*
4 Guillaume de Machaut (vers 1300-1377) écrivain et compositeur français.

monstrueux d'hommes et de bêtes ; dans l'hermaphrodisme d'un Tirésias, la monstruosité physique ne se distingue plus de la monstruosité morale. Ce sont les stéréotypes [52] eux-mêmes, en somme, qui se mélangent, pour susciter les monstres mythologiques.

Dans le monstre mythologique, le « physique » et le « moral » sont inséparables. L'union des deux choses est si parfaite que toute tentative pour les séparer paraît vouée à la stérilité. Si j'ai raison, pourtant, c'est là qu'il faut faire passer la distinction. La difformité physique doit correspondre à un trait réel de quelque victime, à une infirmité réelle, la claudication d'Œdipe ou de Vulcain n'est pas forcément moins réelle à l'origine que celle de la sorcière médiévale. La monstruosité morale, en revanche, accomplit la tendance de tous les persécuteurs à projeter les monstres qu'ils se font de telle ou telle crise, de tel malheur public ou même privé, sur quelque malheureux dont l'infirmité ou l'étrangeté suggère une affinité particulière pour le monstrueux. Mon analyse passe pour fantaisiste parce que le caractère monstrueux est généralement perçu comme la preuve par neuf du caractère absolument fictif, imaginaire de la mythologie. Dans le monstre, pourtant, nous retrouvons le certainement faux et le possiblement vrai dont j'ai longuement parlé déjà dans cet essai.

Anorexie et désir mimétique, Paris, L'Herne, 2008, *Troubles alimentaires et désir mimétique*, chap. IV, p. 56-59. © Éditions de l'Herne.

[56] Le désir mimétique vise à la minceur absolue de l'être rayonnant qu'une autre personne incarne toujours à nos yeux, mais que nous ne parvenons jamais à être vraiment, au moins à nos propres yeux. Comprendre le désir, c'est comprendre que son égocentrisme est indiscernable de son altérocentrisme.

Les stoïques nous disent que nous devrions nous réfugier en nous-mêmes, mais notre moi boulimique est inhabitable, c'est ce qu'Augustin et Pascal ont découvert il y a longtemps. Tant que nous ne sommes pas pourvus d'un but digne de notre vacuité, nous copierons la vacuité des autres et régénérerons constamment l'enfer auquel nous essayons d'échapper.

[57] Aussi puritains et tyranniques qu'aient pu être nos ancêtres, leurs principes religieux et éthiques pouvaient être négligés impunément. En fait, ils le furent et nous en voyons le résultat. Nous sommes vraiment

seuls. Les dieux que nous nous donnons sont autogénérés dans le sens où ils dépendent entièrement de notre désir mimétique. Nous réinventons ainsi des maîtres plus féroces que le Dieu du christianisme le plus janséniste. Dès que nous violons l'impératif de la minceur, nous souffrons toutes les tortures de l'enfer et nous nous trouvons dans l'obligation redoublée de jeûner. Nos péchés sont inscrits dans notre chair et nous devons les expier jusqu'à la dernière calorie, à travers une privation plus sévère qu'aucune religion n'en a jamais imposé à ses adeptes.

Même avant que l'impératif de la minceur apparût dans notre monde, Dostoïevski se rendit compte que l'homme nouveau, libéré, produirait de cruelles formes d'ascétisme enracinées dans le nihilisme. Le héros de *L'Adolescent* (1875) jeûne afin de se prouver sa volonté de puissance. Encore plus tôt, Stendhal, quoiqu'hostile à la religion, avait [58] détecté la même tendance dans la culture française post-révolutionnaire. Le héros du roman *Le Rouge et le Noir* (1830) s'abstient de manger pour se prouver qu'il peut être Napoléon.

Il y a une grande ironie dans le fait que le processus moderne d'éradication de la religion en produit d'innombrables caricatures. On nous dit souvent que nos problèmes sont dus à notre incapacité à nous débarrasser de nos traditions religieuses mais ce n'est pas vrai. Ils sont enracinés dans la débâcle de cette tradition, qui est nécessairement suivie par la réapparition, dans des habits modernes, de divinités plus anciennes et féroces nées du processus mimétique.

Nos troubles alimentaires ne sont pas en continuité avec notre religion. Ils tirent leurs origines du néopaganisme de notre temps, du culte du corps, de la mystique dionysienne de Nietzsche, qui fut d'ailleurs le premier de nos grands « faiseurs de régime ». Ils sont causés par la destruction de la famille et des autres garde-fous contre les forces de la fragmentation et de la compétition mimétiques, déchaînées par la fin des [59] interdits.

GILBERT SIMONDON (1924-1989)

Sur la philosophie, 1950-1980, Paris, Presses Universitaires de France, 2016, IV, part. III, chap. II, p. 429-430.

[429] Les conséquences de cette vision du monde transductif de la réalité technique deviennent très importantes dans le domaine de la pathologie mentale, en particulier lorsque l'appréciation du psychiatre sert à déterminer le degré de responsabilité d'un délinquant ; l'actuelle législation repose sur une définition des maladies mentales selon des classes aussi inadéquates à la détermination des maladies mentales qu'à celle des maladies somatiques, dans la mesure où elles peuvent s'en distinguer. En effet, l'appréciation de responsabilité est fondée en dernière analyse sur le critère de l'identité et de l'unité personnelle. Pour cette raison, un délinquant caractériel, qui est toujours identique à lui-même dans son action, ne serait-ce que par l'absence de normativité fixe de son action, ce qui constitue une manière négative d'être identique à soi-même, n'est pas considéré comme un aliéné, c'est-à-dire comme un homme chez lequel apparaissent des phénomènes dits anormaux, entrant dans la classe des phénomènes anormaux. Par ailleurs on comprend bien que le caractériel est anormal si on le compare à des individus normaux ; mais comme son manque de normalité affecte tout son psychisme, ce manque de normalité n'apparaît pas par rapport à lui-même, puisque c'est précisément le point de comparaison qui manque. Au contraire, un homme chez lequel un dédoublement se manifeste, soit par alternance de personnalités, soit par idées fixes ou délires, soit par évolution itérative de la vie mentale, est dit affecté de troubles mentaux caractérisés, parce que c'est cet antagonisme de forces non unifiées à l'intérieur d'une personnalité qui est le critère des phénomènes pathologiques. Une pareille définition n'est valable que si l'on part d'une conception de l'essence des phénomènes mentaux, reposant sur

le critère d'unité et d'identité formelle de la vie [430] psychique, supposant que le phénomène mental normal est celui qui rentre dans la définition du phénomène comportant cette unité et cette identité essentielle. Par contre, un phénomène qui ne rentre pas dans cette catégorie, mais se produit pourtant dans une personne, devient anormal, puisqu'il possède des caractères intrinsèquement contradictoires ; ainsi s'explique le recours à l'ancienne hypothèse de la possession par une force étrangère, fondement de l'état d'aliénation ; est par définition en état d'aliénation celui que l'on ne peut faire entrer dans la catégorie d'identité personnelle. Il subsiste encore quelque chose de magique dans la définition juridique de l'aliénation, non seulement à cause de la pensée qui procède par genres communs et différences spécifiques, mais aussi à cause de la structure même de la notion qui suppose que la véritable aliénation, c'est-à-dire la participation de certaines forces ou de certaines fonctions du psychisme à des domaines non-individuels de réalité, est possible ; notion magique dans des cadres magiques, la définition de la normalité psychique ne peut s'appliquer à des états atypiques ; or, c'est précisément l'ensemble des états ou fonctionnements atypiques qui constitue l'aliénation proprement dite sous sa forme la plus générale ; mais le groupe des atypiques ne peut constituer une espèce parmi des espèces ; il est celui des états ou fonctionnements qui ne relèvent pas d'une classification par genres et espèces. Une si grave difficulté intervient parce que le domaine de la pathologie est celui où s'opère une confusion du jugement théorique et du jugement pratique : on voudrait que les catégories éthiques antagonistes du bien et du mal deviennent des catégories scientifiques et puissent se couler dans l'opposition de la normalité et de l'anormalité. Mais ces deux domaines ne peuvent être ainsi appliqués l'un sur l'autre directement ; ils ne peuvent être mis en relation que par le domaine transductif de la réalité technique.

Sur la technique. 1953-1983, Paris, Presses Universitaires de France, 2014, Cours I, part. 3, p. 122-125. © Presses Universitaires de France.

[122] Ainsi, très récemment, l'*Osservatore Romano*[1] s'est élevé contre une expérience, faite à Bologne, sur le développement *in vitro* d'un embryon humain, après fécondation également *in vitro* ; ce qui est

1 Créé en 1861, l'*Osservatore Romano* est un quotidien publié par le service officiel d'information du Vatican.

remarquable, c'est que les représentants autorisés de la sacralité religieuse catholique se présentent ici comme les défenseurs de la nature en présence du geste technique des savants biologistes de Bologne ; la sacralité défend la nature contre la technique, bien que la sacralité sache s'opposer à la nature comme réalité profane. Quand il existe seulement deux ordres, celui du profane et celui du sacré, la sacralité s'oppose à la nature comme l'ordre du parfait à celui du monstrueux possible, du péché originel ou actuel, et de la disposition au mal, du [123] « foyer du péché », cette réserve de potentiel d'actions mauvaises, résidant, particulièrement, dans la concupiscence. Mais quand la technicité, poussée par les sciences et guidée par elles, suscite des occasions de production de monstres, la nature, considérée comme ayant un moindre pouvoir de tératogenèse, devient comme le rempart de la sacralité se défendant contre la technicité. Le jugement de Jean Rostand[2] sur l'expérience de Bologne vise directement le fait que ceux qui l'ont organisée ont produit un monstre : ils sont « allés trop loin », puisqu'ils ont dû arrêter le développement de l'embryon au 28e jour en raison du caractère anormal qu'il prenait. Enfin, on peut noter que le savant de Bologne lui-même a obéi, en arrêtant l'expérience, à un impératif qui n'est pas strictement scientifique ; il aurait pu aussi bien laisser le développement se poursuivre, afin de pouvoir observer quel type de monstre apparaîtrait et comment il se différencierait. Cette notion de monstruosité, fondement d'une esthétique négative qui dépasse l'éthique parce qu'elle n'est pas adiabatique, mais au contraire transductive, est en facteur commun aux jugements portés par les représentants de la sacralité et à ceux qui émanent de la technicité.

En approfondissant les intuitions de la sacralité et les normes de la technicité, on trouverait sans doute une référence commune à l'évitement de la monstruosité conçue comme contradiction fonctionnelle interne des êtres. Un interdit biblique archaïque tel que : « On ne fait pas cuire un chevreau dans le lait de sa mère » présente un sens dans l'univers des significations tératologiques : le lait de la mère tend à nourrir le petit, il n'est pas fait pour cet acte de destruction. C'est au niveau de la perception approfondie des fonctions que la sacralité découvre son pouvoir et son devoir d'évitement des monstruosités. Cette source intrafonctionnelle de normativité ne dépend pas d'une loi reçue et révélée,

2 Jean Rostand (1894-1977) biologiste, écrivain, historien et académicien français.

même si elle se présente comme telle à travers un dogme. Dans la même mesure, elle n'est pas strictement limitée à un public déterminé, à un groupe humain fermé : elle est ce qui, de la sacralité, peut se propager à travers les groupes, entraînant parfois le poids mort des mythologies du groupe d'origine, mais permettant la participation selon certaines valeurs – celles de la fonctionnalité – et allant à la rencontre des normativités intra-techniques.

[124] Il existe un *no man's land* entre la sacralité et la technicité, et c'est dans ce *no man's land* qu'une normativité doit se faire jour comme fondement d'une unité culturelle adéquate aux actuelles conditions psychosociales de vie de la plupart des groupes humains. C'est, en effet, dans ce *no man's land* que s'instituent les actions les plus polarisantes, les plus remarquables, et elles s'instituent sans normes positives. Pourtant, elles suscitent des jugements de valeur et soulèvent scandale ou admiration : une vie psychosociale existe, mais elle n'est pas formalisée. La presse, en France, a présenté récemment le cas d'un jeune cultivateur affligé d'un dérèglement hormonal grave. Ce dérèglement avait provoqué une obésité interdisant toute activité professionnelle, et toute vie normale. Le jeune homme a réussi à redevenir, pour un temps, normal, au moyen d'un régime sévère et d'une médication puissante. Mais il ne peut être définitivement guéri sans une série d'interventions chirurgicales sur les glandes endocrines[3]. Ce traitement est long, fort coûteux, et le jeune homme, pour pouvoir le suivre, a décidé de vendre un de ses yeux. Là intervient le scandale : il est monstrueux qu'un être vivant, pour retrouver un régime de fonctionnement normal de ses glandes endocrines – une partie de l'organisme – doive abandonner l'intégrité d'un autre sous-ensemble de son organisme. Cette opération d'énucléation vénale, compensation d'une amélioration du tractus endocrinien[4], est directement et absolument monstrueuse, au niveau de la fonctionnalité complète de l'organisme. Elle évacue la chirurgie de toute signification de technicité : le geste chirurgical d'opération sur les glandes est rendu absurde par le geste conditionnant d'énucléation. C'est là un cas d'aliénation dans un ensemble fonctionnel, qui montre qu'un geste

3 Glandes internes qui sécrètent des hormones dans le sang.

4 On parle généralement plutôt de « système endocrinien », lequel coordonne, au moyen des hormones, le fonctionnement des différents organes du corps humain.

purement opératoire comme le geste chirurgical est infra-technique : il ne possède pas de normativité adéquate à l'ensemble de réalité sur lequel il opère. Ce cas est équivalent à celui de l'embryon suscité *in vitro*, puis détruit parce qu'il devient monstrueux. Le seul fait qu'il puisse être diversement examiné montre qu'il existe un terrain neutre dans lequel doit naître une normativité, entre technique et sacralité. La motivation vénale est aliénante parce qu'elle est segmentaire ; il n'existe aucune complémentarité [125] réelle entre la vénalité de l'opération sur les glandes et la vénalité inverse de l'énucléation, même si l'une des opérations coûte ce que l'autre rapporte : le résultat est un moindre être, une diminution de fonctionnalité de l'organisme par rapport à son essence, et tout l'ensemble du travail et de la pensée qui le gouverne est tératologique.

Ibid., Articles et conférence, « Trois perspectives pour une réflexion sur l'éthique », § III, p. 349-350. © Presses Universitaires de France.

[349] L'essentiel en éthique, c'est l'être humain, la personne humaine envisagée réflexivement selon une pluralité peut-être indéfinie d'idéaux possibles. Que peuvent les techniques à ce niveau, en face des normes ? Les techniques peuvent déjà beaucoup en domaine médico-chirurgical pour maintenir l'intégrité somatique et même psycho-somatique, éventuellement peut-être l'intégrité mentale. Les techniques médico chirurgicales, après l'ère pasteurienne qui a apporté les sérums, les vaccins et tous les moyens prophylactiques[5] en domaine de virus et de microbes, arrivent maintenant à la greffe d'organes et à l'emploi possible d'un spectre très étalé de médicaments neurotropes[6] et de prothèses[7]. Les techniques du génie génétique sont actuellement capables de programmer des bactéries, par exemple pour obtenir une production de médicaments. Avec les possibilités de fécondation humaine *in vitro*, il n'est pas absolument impossible de penser qu'un jour la génétique permettrait de contrôler ou de modifier ou même de diriger la génétique humaine, par exemple

5 Qui prévient les maladies.
6 Qui agit sur le système nerveux.
7 [NdA] Le développement de la technique des transistors miniaturisés permet de construire des *pace-makers* (rythmeurs) implantés sous la peau près du cœur. Dans certains modèles récents, il suffit de changer tous les cinq ans la pile qui les alimente.

d'éliminer *ab origine*[8], *ab ovo*[9] des [350] maladies qui se transmettent héréditairement. Cette possibilité encore lointaine donnerait un sens à la rêverie des alchimistes animée par le désir de produire un *homunculus*[10] *in vitro*.

Pour l'instant, des réalisations plus modestes dans le sens de la récupération, du recyclage, sont en train de s'opérer en domaine humain. Un ordinateur programmé peut constituer une bonne machine à apprendre. L'oscillographe à rayons cathodiques[11] est efficace pour démutiser les enfants sourds. L'ergothérapie est une technique efficace pour les malades mentaux et pour les enfants handicapés. Ce sont autant de voies de récupération qui s'ouvrent.

L'Individuation à la lumière des notions de forme et d'information [1964], Grenoble, Jérôme Millon, 2021 (1re édition 2005), Conclusion, p. 325. Avec l'aimable autorisation de Nathalie Simondon.

L'acte en lequel il n'y a plus cet indice de la totalité et de la possibilité des autres actes, l'acte qui se donne une aséité[12] malgré le caractère génétique de son émergence comme phase du devenir, l'acte qui ne reçoit pas cette mesure à la fois activante et inhibitrice venant du réseau des autres actes est l'acte fou, en un certain sens identique à l'acte parfait. Un tel acte est celui dans lequel il n'y a plus présence de cette réalité pré individuelle qui est associée à l'être individué ; l'acte fou est celui qui tend à une totale individuation et n'admet plus comme réel que ce qui est totalement individué. Les actes sont en réseau dans la mesure où ils sont pris sur un fond de nature, source de devenir par l'individuation continuée. Cet acte fou n'a plus qu'une normativité interne ; il consiste en lui-même et s'entretient dans le vertige de son existence itérative. Il absorbe et concentre en lui-même toute émotion et toute action, il fait converger vers lui les différentes représentations du sujet et devient point de vue unique : toute sollicitation du sujet appelle l'itération de

8 Depuis l'origine.
9 Depuis l'œuf.
10 Petit homme.
11 Tube électronique doté d'un écran fluorescent qui produit visuellement la forme d'une tension appliquée à ses bornes.
12 Existence propre.

cet acte ; le sujet se ramène à l'individu en tant que résultat d'une seule individuation, et l'individu se réduit à la singularité d'un *hic et nunc*[13] perpétuellement recommençant, se transportant partout lui-même comme un être détaché du monde et des autres sujets en abandonnant son rôle de transfert.

13 « Ici et maintenant ».

MICHEL FOUCAULT
(1926-1984)

Histoire de la folie à l'âge classique, Paris, Gallimard, 1972, part. I, chap. II, p. 56-58.

[56] Dans le cheminement du doute, Descartes rencontre la folie à côté du rêve et de toutes les formes d'erreur. Cette possibilité d'être fou, ne risque-t-elle pas de le déposséder de son propre corps, comme le monde du dehors peut s'esquiver dans l'erreur, ou la conscience s'endormir dans le rêve ? « Comment est-ce que je pourrais nier que ces mains et ce corps sont à moi, si, ce n'est peut-être que je me compare à certains insensés, de qui le cerveau est tellement troublé et offusqué par les noires vapeurs de la bile qu'ils assurent constamment qu'ils sont des rois lorsqu'ils sont très pauvres, qu'ils sont vêtus d'or et de pourpre lorsqu'ils sont tout nus, ou qu'ils s'imaginent être des cruches ou avoir un corps de verre[1] ? » Mais Descartes n'évite pas le péril de la folie comme il contourne l'éventualité du rêve ou de l'erreur. Pour trompeurs qu'ils soient, les sens, en effet, ne peuvent altérer que « les choses fort peu sensibles et fort éloignées » ; la force de leurs illusions laisse toujours un résidu de vérité, « que je suis ici, au coin du feu, vêtu d'une robe de chambre[2] ». Quant au rêve, il peut, comme l'imagination des peintres, représenter « des sirènes ou des satyres par des figures bizarres et extraordinaires » ; mais il ne peut ni créer ni composer de lui-même ces choses « plus simples et plus universelles » dont l'arrangement rend possibles les images fantastiques : « De ce genre de choses est [57] la nature corporelle en général et son étendue. » Celles-là sont si peu feintes qu'elles assurent aux songes leur vraisemblance – inévitables marques d'une vérité que le rêve ne

---

1 [NdA] René Descartes, *Méditations*, I [...].
2 [NdA] *Ibid.*

parvient pas à compromettre. Ni le sommeil peuplé d'images, ni la claire conscience que les sens se trompent ne peuvent porter le doute au point extrême de son universalité ; admettons que les yeux nous déçoivent, « supposons maintenant que nous sommes endormis », la vérité ne glissera pas tout entière dans la nuit.

Pour la folie, il en est autrement ; si ses dangers ne compromettent pas la démarche, ni l'essentiel de sa vérité, ce n'est pas parce que telle chose, même dans la pensée d'un fou, ne peut pas être fausse ; mais parce que moi qui pense, je ne peux pas être fou. Quand je crois avoir un corps, suis-je assuré de tenir une vérité plus ferme que celui qui s'imagine avoir un corps de verre ? Assurément, car « ce sont des fous, et je ne serais pas moins extravagant, si je me réglais sur leur exemple ». Ce n'est pas la permanence d'une vérité qui garantit la pensée contre la folie, comme elle lui permettait de se déprendre d'une erreur ou d'émerger d'un songe ; c'est une impossibilité d'être fou, essentielle non à l'objet de la pensée, mais au sujet qui pense. On peut supposer qu'on rêve et s'identifier au sujet rêvant pour trouver « quelque raison de douter » : la vérité apparaît encore, comme condition de possibilité du rêve. On ne peut, en revanche, supposer, même par la pensée, qu'on est fou, car la folie justement est condition d'impossibilité de la pensée : « Je ne serais pas moins extravagant[3]... » Dans l'économie du doute, il y a un déséquilibre fondamental entre folie d'une part, rêve et erreur de l'autre. Leur situation est différente par rapport à la vérité et à celui qui la cherche ; songes ou illusions sont surmontés dans la structure même de la vérité ; mais la folie est exclue par le sujet qui doute. Comme bientôt sera exclu qu'il ne pense pas, et qu'il n'existe pas. Une certaine décision a été prise, depuis les *Essais*. Quand Montaigne rencontrait le Tasse, rien ne l'assurait que toute pensée n'était pas hantée de déraison. Et le peuple ? Le « pauvre peuple abusé de ces folies » ? L'homme de pensée est-il à l'abri de ces extravagances ? Il est « pour le moins aussi à plaindre » lui-même. Et quelle raison pourrait le faire juge de la folie ? « La raison m'a instruit que de condamner aussi résolument une chose pour fausse et impossible, c'est se donner l'avantage d'avoir dans la tête les bornes et les limites de la volonté de Dieu et de la puissance de notre mère Nature et n'y a pourtant de plus notable folie au monde que de les ramener à la

3 [NdA] *Ibid.*

mesure de notre [58] capacité et suffisance[4]. » Parmi toutes les autres formes de l'illusion, la folie trace un des chemins du doute les plus fréquentés encore par le XVIe siècle. On n'est pas toujours sûr de ne pas rêver, jamais certain de n'être pas fou : « Que ne nous souvient-il combien nous sentons de contradiction en notre jugement même[5] ? »

Or, cette certitude, Descartes, maintenant, l'a acquise, et la tient solidement : la folie ne peut plus le concerner. Ce serait extravagance de supposer qu'on est extravagant ; comme expérience de pensée, la folie s'implique elle-même, et partant s'exclut du projet. Ainsi le péril de la folie a disparu de l'exercice même de la Raison. Celle-ci est retranchée dans une pleine possession de soi où elle ne peut rencontrer d'autres pièges que l'erreur, d'autres dangers que l'illusion. Le doute de Descartes dénoue les charmes des sens, traverse les paysages du rêve, guidé toujours par la lumière des choses vraies ; mais il bannit la folie au nom de celui qui doute, et qui ne peut pas plus déraisonner que ne pas penser et ne pas être.

Ibid., chap. V, p. 150-151. © Éditions GALLIMARD.

[150] Malgré le plaisir rassurant que peuvent avoir les historiens de la médecine à reconnaître sur le grand livre de l'internement le visage familier et, pour eux éternel, des psychoses hallucinatoires, des déficiences intellectuelles, et des évolutions organiques, ou des états paranoïaques, il n'est guère possible de répartir sur une surface nosographique cohérente les formules au nom desquelles on a enfermé les insensés. En fait, les formules d'internement ne présagent pas nos maladies ; elles désignent une expérience de la folie que nos analyses pathologiques peuvent croiser sans pouvoir jamais en rendre compte dans sa totalité. Au hasard, voici quelques internés pour « dérangement d'esprit » dont on peut trouver mention sur les registres : « plaideur opiniâtre », « l'homme le plus processif », « l'homme très méchant et chicaneur », « homme qui passe les nuits et les jours à étourdir les autres personnes par ses chansons et à proférer les blasphèmes les plus horribles », « afficheur de placards », « grand menteur », « esprit inquiet, chagrin et bourru ». Inutile de se

4 [NdA] Michel de Montaigne, *Essais*, liv. 1er, chap. XXVI [...].
5 [NdA] *Ibid.* [...].

demander si ce sont bien là des malades et jusqu'à quel point. Laissons au psychiatre le soin de reconnaître que le « bourru » est un paranoïaque ou de diagnostiquer une belle névrose obsessionnelle dans « cet esprit [151] dérangé qui se fait une dévotion à sa mode ». Ce qui est désigné dans ces formules, ce ne sont pas des maladies, mais des formes de folie qui seraient perçues comme la pointe extrême de défauts. Comme si, dans l'internement, la sensibilité à la folie n'était pas autonome, mais liée à un certain ordre moral où elle n'apparaît plus qu'à titre de perturbation. À lire toutes ces mentions qui sont, sur les états, portées en face du nom des insensés, on a l'impression de se trouver encore dans le monde de Brant[6] ou d'Érasme, un monde où la folie conduit toute une ronde de défauts, la danse insensée des vies immorales.

Ibid., part. II, chap. I, p. 199. © Éditions GALLIMARD.

Le fou n'est pas manifeste dans son être ; mais s'il est indubitable, c'est qu'il est autre. Or, cette altérité, à l'époque où nous nous plaçons, n'est pas éprouvée dans l'immédiat, comme différence ressentie, à partir d'une certaine certitude de soi-même. En face de ces insensés qui s'imaginent « être des cruches ou avoir un corps de verre », Descartes savait aussitôt qu'il n'était point comme eux : « Mais quoi, ce sont des fous... » L'inévitable reconnaissance de leur folie surgissait spontanément, dans un rapport établi entre eux et soi : le sujet qui percevait la différence la mesurait à partir de lui-même : « Je ne serais pas moins extravagant si je me réglais sur leur exemple. » Au XVIIIe siècle, cette conscience de l'altérité cache, sous une apparente identité, une tout autre structure ; elle se formule, non pas à partir d'une certitude, mais d'une règle générale ; elle implique un rapport extérieur, allant des autres à cet Autre singulier qu'est le fou, dans une confrontation où le sujet n'est pas compromis, ni même convoqué sous la forme d'une évidence : « Nous appelons folie cette maladie des organes du cerveau qui empêche un homme nécessairement de penser et d'agir comme les autres[7]. » Le fou, c'est l'autre par rapport aux autres : l'autre – au sens de l'exception – parmi les autres – au sens de l'universel. Toute forme de l'intériorité est maintenant conjurée : le fou est évident,

6 Sébastien Brant (1458-1521) poète satirique et humaniste allemand, auteur de la *Nef des fous*.

7 [NdA] Voltaire, *Dictionnaire philosophique*, art. « Folie », p. 285.

mais son profil se détache sur l'espace extérieur ; et le rapport qui le définit, l'offre tout entier par le jeu des comparaisons objectives au regard du sujet raisonnable. Entre le fou, et le sujet qui prononce « celui-là est un fou », toute une distance est creusée, qui n'est plus le vide cartésien du « je ne suis pas celui-là », mais qui se trouve occupée par la plénitude d'un double système d'altérité : distance désormais tout habitée de repères, mesurable par conséquent et variable ; le fou est plus ou moins différent dans le groupe des autres qui est à son tour plus ou moins universel. Le fou devient relatif, mais il n'en est que mieux désarmé de ses pouvoirs dangereux : lui qui, dans la pensée de la Renaissance, figurait la présence proche et périlleuse, au cœur de la raison, d'une ressemblance trop intérieure, il est maintenant repoussé à l'autre extrémité du monde, mis à l'écart et maintenu hors d'état d'inquiéter, par une double sécurité, puisqu'il représente « la différence de l'Autre dans l'extériorité des autres ».

Le Pouvoir psychiatrique. Cours au collège de France. 1973-1974, Paris, EHESS, Gallimard, Le Seuil, 2003, Leçon du 16 janvier 1974, p. 204-206. © Éditions du Seuil, 2003. © Éditions Points, 2023.

[204] Mais, malgré ce simplisme, l'utilisation de ce critère du développement que l'on a ou que l'on n'a pas, dont on a bénéficié ou non, permet un certain nombre d'élaborations qui sont importantes pour le quadrillage de ce domaine théorique.

Premièrement, cela permet une distinction chronologique nette. Si l'idiotie est une absence de développement, du coup, il est nécessaire, normal, que la folie soit quelque chose qui apparaisse d'entrée de jeu, – et ceci par opposition à d'autres formes d'affaiblissement de la pensée, de l'intellect, ou de la perception comme la démence, qui, elle, tout comme les autres maladies mentales : la manie, la monomanie, la lypémanie[8], etc., n'apparaîtra au plus tôt qu'à partir d'un certain moment, essentiellement à partir de la puberté[9]. Donc, une distinction chronologique est posée à ce moment-là.

8 Dépression caractérisée par une mélancolie profonde qui peut évoluer en obsession morbide ou folie dépressive.

9 [NdE] Jean-Étienne Dominique Esquirol, *Des maladies mentales, considérées sous les rapports médical, hygiénique et médico-légal* [...] : « L'idiotie commence avec la vie ou dans cet âge qui précède l'entier développement des facultés intellectuelles et affectives... La démence, comme la manie et la monomanie, ne commence qu'à la puberté [...] ».

Deuxièmement, une différence dans le type d'évolution. Si l'idiotie est un non-développement, elle est stable, définitivement acquise : l'idiot n'évolue pas ; au contraire, la démence, elle aussi affaiblissement de la pensée, va être, à la différence de l'idiotie, une maladie mentale qui va évoluer, va s'aggraver d'année en année, va peut-être se stabiliser un certain temps, [dont] éventuellement même [on] peut guérir[10].

Troisième différence : l'idiotie est toujours liée à des vices organiques de constitution[11]. Elle est donc de l'ordre de l'infirmité[12], ou elle s'inscrit encore dans le tableau général des monstruosités[13]. Alors que la démence, elle, comme les autres maladies, pourra s'accompagner d'un certain nombre de lésions qui sont des lésions accidentelles, survenant à partir d'un certain moment[14].

---

10 [NdE] J.E.D. Esquirol, « De l'idiotie », p. 284-285 : « Les idiots sont ce qu'ils doivent être pendant tout le cours de leur vie... On ne conçoit pas la possibilité de changer cet état », tandis que « la démence {...} a une période d'accroissement plus ou moins rapide. La démence chronique, la démence sénile s'aggravent d'année en année... On peut guérir de la démence, on conçoit la possibilité d'en suspendre les accidents. » C'est précisément parce qu'ils considèrent aussi les idiots comme incurables que des aliénistes tels que Louis Florentin Calmeil, Achille [de] Foville, Étienne Georget, Louis François Lélut (1804-1877), François Leuret (1797-1851), préconisent leur isolement dans les asiles.

11 [NdE] [a] J.E.D. Esquirol, *ibid.*, p. 284 : « Tout décèle en eux une organisation imparfaite ou arrêtée dans son développement. À l'ouverture du crâne, on trouve presque toujours des vices de conformation. » [b] J. É. Belhomme, [*Essai sur l'idiotie*], éd. 1824, p. 33 : « L'idiot offre les traces d'une organisation incomplète... À l'autopsie, les idiots offrent des vices de conformation, d'organisation. » [c] É. Georget, *De la folie*, p. 105 : « Les idiots et les imbéciles ont non seulement l'organe intellectuel mal conformé (voy. les ouvertures de corps) ; mais toute leur économie participe ordinairement à cet état maladif. En général, ils sont peu développés [...], beaucoup sont ou rachitiques, ou scrofuleux, ou paralytiques, ou épileptiques, et réunissent quelquefois plusieurs de ces maladies... L'organisation du cerveau ne doit pas être meilleure dans ces cas, que celle de tous les autres organes ».

12 [NdE] Ainsi, Henri Jean Baptiste Davenne, directeur général de l'Assistance Publique, adressant le 1er novembre 1852 au préfet de la Seine un rapport dont le chapitre IV concerne l'éducation des enfants idiots et imbéciles, déclare : « L'idiot n'est autre chose qu'un pauvre infirme à qui le médecin ne rendra jamais ce que la nature lui a refusé » (*Rapport du Directeur de l'administration de l'Assistance Publique à M. le Préfet de la Seine sur le service des aliénés du département de la Seine*, Paris, Imprimerie de l'administration de l'Assistance Publique, 1852).

13 [NdE] Ainsi pour Étienne Georget, puisqu'ils sont caractérisés par « un défaut originaire de développement, les idiots doivent être rangés parmi les monstres ; c'en est de véritables sous le rapport intellectuel » (*De la folie*, p. 102 n. 1). Sur les connotations du terme à l'époque, voir Casimir Davaine, art. « Monstres », dans *Dictionnaire encyclopédique des sciences médicales*, t. LXI, Paris, Asselin, 1874, p. 201-264.

14 [NdE] J.E.D. Esquirol, « De l'idiotie » (1820), *op. cit.*, p. 285 : « À l'ouverture du corps, on trouve quelquefois des lésions organiques, mais ces lésions sont accidentelles, car

Enfin, une différence dans les symptômes. La démence, elle, puisqu'elle est une maladie tardive qui intervient à partir d'un certain nombre de processus et, éventuellement, de lésions organiques, aura toujours un passé, c'est-à-dire que dans la démence l'on trouvera toujours des restes : ou bien des restes de l'intelligence, ou bien encore des restes du délire, mais quelque chose du passé de cet état, positif ou négatif, de toute façon quelque chose du passé restera. L'idiot, au contraire, c'est quelqu'un qui n'a pas de passé, c'est quelqu'un à qui il ne reste rien, dont l'existence n'a [205] pas laissé et ne laissera jamais dans sa mémoire la moindre trace. Et c'est ainsi que vous aboutissez à ces formulations canoniques d'Esquirol, qui ont été reprises pendant plus d'un siècle : « L'homme en démence est privé des biens dont il jouissait autrefois : c'est un riche devenu pauvre ; l'idiot a toujours été dans l'infortune et la misère[15]. »

Vous voyez que cette notion de développement, malgré l'usage fruste, proprement binaire que l'on en fait, permet tout de même un certain nombre de distinctions et permet l'établissement d'une certaine ligne de clivage entre deux espèces de caractères : les caractères de quelque chose qui définit une maladie, et les caractères de quelque chose qui est de l'ordre de l'infirmité, de la monstruosité, de la non-maladie.

Second stade, quelques années après, autour des années 1840, c'est Seguin[16], que nous allons retrouver alors dans toute l'institutionnalisation et la psychiatrisation effectives de l'enfance, qui, dans son *Traitement moral des idiots*, va donner les concepts majeurs à partir desquels la psychologie, la psychopathologie de l'arriération mentale vont se développer tout au long du XIXe siècle[17]. Seguin fait une distinction entre les idiots

---

l'épaississement des os du crâne, l'écartement de leurs tables, coïncidant avec la démence seule, ne caractérisent point des vices de conformation ».

15 [NdE] *Ibid.*

16 Voir la note suivante.

17 [NdE] Édouard Seguin (1812-1880), instituteur auxiliaire auprès de Jean Itard, médecin de l'Institution nationale des sourds-muets, se voit confier, en 1831, par ce dernier et Esquirol, l'éducation d'un enfant idiot ; il relate cette expérience dans [1] *Essai sur l'éducation d'un enfant*, Paris, Porthrnan, 1839. En 1840, il met sa méthode en pratique à l'hospice des Incurables du faubourg Saint-Martin, et publie [2] *Théorie pratique de l'éducation des enfants arriérés et idiots. Leçons aux jeunes idiots de l'Hospice des Incurables*, Paris, Germer-Baillière, 1842. En octobre 1842, le Conseil général des Hospices décide de transférer les enfants de l'hospice de Bicêtre dans le service du Dr Félix Voisin, que Seguin quitte en 1843 à la suite de différends. Avant d'émigrer aux États-Unis en 1850, il dresse un bilan de ses expériences dans [3] *Traitement moral, hygiène et éducation des idiots* et y définit ses principes de l'« éducation physiologique ». Aucune publication en France

proprement dits et les enfants arriérés : « Moi le premier, j'ai signalé les extrêmes différences qui les séparent... L'idiot, même superficiel, offre un arrêt de développement physiologique et psychologique[18]. » Non pas donc absence, mais arrêt de développement. Quant à l'enfant arriéré, pour Seguin, – et c'est en ceci qu'il se distingue de l'idiot –, il n'est pas quelqu'un dont le développement aurait été arrêté. C'est quelqu'un qui ne s'arrête pas dans son développement, mais qui « se développe plus lentement que les enfants de son âge ; il est en arrière sur toute la ligne de leurs progrès, et ce retard, chaque jour plus considérable, finit par établir entre lui et eux une différence énorme, une distance infranchissable[19] ». Et ce, au terme d'une évolution continue.

*

Les deux définitions conjointes de l'idiot comme quelqu'un qui est atteint d'un arrêt de développement, et de l'arriéré comme quelqu'un dont le développement, tout en étant continu, est simplement plus lent, sont, je crois, théoriquement importantes. Elles apportent plusieurs notions qui vont être de poids dans la pratique même de cette psychiatrisation de l'enfant.

Premièrement, le développement tel qu'il est conçu par Seguin dans son *Traitement moral des idiots*, ce n'est donc plus, comme chez Esquirol, quelque chose dont on est doté ou dont on est privé au même [206] titre que l'intelligence, la volonté ; le développement, c'est un processus qui affecte la vie organique et la vie psychologique, c'est une dimension le

---

n'a traité de Seguin entre la thèse de Isabelle Saint-Yves, *Aperçus historiques sur les travaux concernant l'éducation médico-pédagogique : Itard, Bourneville* (Th. Méd. Lyon, n° 103, 1913-1914 ; Paris, P. Lethielleux, 1914) et l'article de Hervé Beauchesne, « Seguin, instituteur d'idiots à Bicêtre, ou la première équipe médico-pédagogique », *Perspectives psychiatriques*, vol. 30, 1970, p. 11-14. Voir aussi, depuis lors : Yves Pelicier et Guy Thuillier, [1] « Pour une histoire de l'éducation des enfants idiots en France (1830-1914) », *Revue historique*, vol. 261, n° 1, janvier 1979, p. 99-130 ; [2] Édouard Seguin (1812-1880), *L'Instituteur des idiots*, Paris, Éd. Econornica, 1980 ; ainsi que : Alfred Brauner, éd., *Actes du colloque international : Cent ans après Édouard Seguin*, Saint-Mandé, Groupement de recherches pratiques pour l'enfance, 1981 ; Jean Guy Georges Martin, « Une biographie française d'Onésime-Édouard Seguin (20 janvier 1812-28 octobre 1880), premier thérapeute des enfants arriérés, d'après ses écrits et les documents historiques », Thèse de Médecine, Paris, Hôpital Saint-Antoine, 1981-n° 134.

18 [NdE] É. Seguin, *Traitement moral, hygiène et éducation des idiots.*

19 [NdE] *Ibid.*, p. 72 : « On s'est plu à dire que je confondais les enfants idiots avec les enfants simplement arriérés ou retardés ; et on l'a dit précisément parce que moi, le premier, j'ai signalé les extrêmes différences qui les séparent ».

long de laquelle sont répartis les organisations neurologiques ou psychologiques, les fonctions, les comportements, les acquisitions. C'est une dimension temporelle, et ce n'est plus une espèce de faculté ou de qualité dont on serait doté.

Deuxièmement, cette dimension temporelle est, en un sens, commune à tous. Personne n'y échappe, mais c'est une dimension le long de laquelle l'on peut être arrêté. Dans cette mesure-là, le développement est commun à tout le monde, mais il est commun plus comme une sorte d'optimum, comme une règle de succession chronologique avec un point idéal d'aboutissement. Le développement, c'est donc une espèce de norme par rapport à laquelle on se situe, beaucoup plus qu'une virtualité que l'on posséderait en soi.

Troisièmement, cette norme de développement, vous le voyez, possède deux variables, en ce sens que, ou bien l'on peut s'arrêter à tel ou tel stade dans cette échelle de développement, le long de cette dimension – et l'idiot, c'est précisément quelqu'un qui s'est arrêté très tôt à un certain stade –, [ou bien], l'autre variable, c'est celle, non plus du stade auquel l'on s'arrête, mais de la vitesse avec laquelle l'on parcourt cette dimension – et l'arriéré, c'est précisément quelqu'un qui, sans être bloqué à un certain stade, est freiné au niveau de sa vitesse. D'où deux pathologies qui se complètent d'ailleurs, l'une étant l'effet final de l'autre : une pathologie du blocage [à un] stade [qui, en l'occurrence, sera] terminal et une pathologie de la lenteur.

De là – et c'est la quatrième chose importante –, l'on voit se dessiner une double normativité. D'une part, dans la mesure où l'idiot est quelqu'un qui s'est arrêté à un certain stade, l'ampleur de l'idiotie va se mesurer par rapport à une certaine normativité qui sera celle de l'adulte : l'adulte va apparaître comme le point à la fois réel et idéal de la terminaison du développement ; l'adulte va donc fonctionner comme norme. Et, d'un autre côté, la variable de lenteur, – le texte de Seguin le dit très clairement –, elle, est définie par les autres enfants : un arriéré, c'est quelqu'un qui se développe plus lentement que les autres. Du coup, une certaine moyenne de l'enfance, ou une certaine majorité d'enfant, va constituer l'autre normativité par rapport à laquelle l'arriéré sera situé. De sorte que tous ces phénomènes de la débilité mentale – l'idiotie proprement dite, ou l'arriération – vont se trouver situés par rapport à deux instances normatives : l'adulte comme stade terminal, les enfants comme définissant la moyenne de vitesse de développement.

Les Anormaux. Cours au Collège de France. 1974-1975, Paris, EHESS, Gallimard, Le Seuil, 1999, Cours du 22 janvier 1975, p. 58-60.

[58] Aujourd'hui, on va commencer à parler du monstre[20]. Monstre, donc, non pas notion médicale, mais notion juridique. Dans le droit romain, qui sert évidemment d'arrière-plan à toute cette problématique du monstre, on distinguait avec soin, sinon en toute clarté, deux catégories : la catégorie de la difformité, de l'infirmité, de la défectuosité (le difforme, l'infirme, le défectueux, c'est ce qu'on appelait le *portentum* ou l'*ostentum*), et puis le monstre, le monstre proprement dit[...]. Qu'est-ce que le monstre dans une tradition à la fois juridique et scientifique ? Le monstre, depuis le Moyen Âge jusqu'au XVIIIe siècle qui nous occupe, c'est essentiellement le mixte. C'est le mixte de deux règnes, règne animal et règne humain : l'homme à tête de bœuf, l'homme aux pieds d'oiseau – monstres[21]. C'est le mélange de deux espèces, c'est le mixte de deux espèces : le porc qui a une tête de mouton est un monstre. C'est le mixte de deux individus : celui qui a deux têtes et un corps, celui qui a deux corps et une tête, est un monstre. C'est le mixte de deux sexes : celui qui est à la fois homme et femme est un monstre. C'est un mixte de vie et de mort : le fœtus qui vient au jour avec une morphologie telle qu'il ne peut pas vivre, mais qui cependant arrive à subsister pendant quelques minutes, ou quelques jours, est un monstre. Enfin, c'est un mixte de formes : celui qui n'a ni bras ni jambes, comme un serpent, est un monstre. Transgression, par conséquent, des limites naturelles, transgression [59] des classifications, transgression du tableau, transgression de la loi comme tableau : c'est bien de cela, en effet, qu'il est question dans la monstruosité. Mais je ne pense pas que ça soit ça seulement qui constitue le monstre. Ce n'est pas l'infraction juridique à la loi naturelle qui suffit à constituer – pour la pensée du Moyen Âge sans doute, à coup sûr pour la pensée des XVIIe et XVIIIe siècles – la monstruosité. Pour qu'il y ait monstruosité, il faut que cette transgression de la limite naturelle, cette transgression de la loi-tableau soit telle qu'elle se réfère à, ou en tout cas mette en cause une certaine interdiction de la loi civile, religieuse ou divine ; ou qu'elle provoque une

20 [NdE] L'analyse de la figure du monstre que Foucault développe dans ce cours est fondée notamment sur Ernest Martin, *Histoire des monstres depuis l'Antiquité jusqu'à nos jours*, Paris, 1880.

21 [NdE] *Ibid.*, p. 85-110.

certaine impossibilité à appliquer cette loi civile, religieuse ou divine. Il n'y a de monstruosité que là où le désordre de la loi naturelle vient toucher, bousculer, inquiéter le droit, que ce soit le droit civil, le droit canonique, le droit religieux. C'est au point de rencontre, au point de friction entre l'infraction à la loi-tableau, naturelle, et à cette loi instituée par Dieu ou instituée par les sociétés, c'est en ce point de rencontre de deux infractions que va se marquer la différence entre l'infirmité et la monstruosité. L'infirmité est bien, en effet, quelque chose qui bouscule l'ordre naturel aussi, mais l'infirmité n'est pas une monstruosité, parce que l'infirmité a sa place dans le droit civil ou dans le droit canonique. L'infirme a beau ne pas être conforme à la nature, il est en quelque sorte prévu par le droit. En revanche, la monstruosité est cette irrégularité naturelle, telle que, lorsqu'elle apparaît, le droit se trouve remis en question, le droit n'arrive pas à fonctionner. Le droit est obligé de s'interroger sur ses propres fondements, ou encore sur sa propre pratique, ou de se taire, ou de renoncer, ou de faire appel à un autre système de référence, ou encore d'inventer une casuistique. Le monstre est, au fond, la casuistique nécessaire que le désordre de la nature appelle dans le droit.

[...]

[60] Du coup, le désordre de la nature bouscule l'ordre juridique, et là apparaît le monstre. C'est de la même façon que, par exemple, la naissance d'un être informe qui est voué nécessairement à la mort, mais qui pourtant vit quelques instants, quelques heures ou quelques jours, pose également un problème, et un problème au droit[22]. C'est une infraction à l'ordre de la nature, mais c'est en même temps une énigme juridique. Dans le droit, par exemple, des successions, dans la jurisprudence, vous trouvez toute une série de discussions, de cas infiniment ressassés, dont le plus typique est celui-ci. Un homme meurt, sa femme est enceinte ; il fait un testament dans lequel il dit : « Si l'enfant que ma femme attend vient à terme, il héritera de tous mes biens. Si, au contraire, l'enfant ne naît pas ou naît mort, s'il est mort-né, à ce moment-là les biens

22 [NdE] Voir [Francesco Emanuele Cangiamila] *Abrégé de l'embryologie sacrée ou Traité des devoirs des prêtres, des médecins et autres, sur le salut éternel des enfants qui sont dans le ventre de leur mère*, trad. Joseph Antoine Toussaint Dinouart, Paris, 1762. Le chapitre sur le baptême des monstres se termine en précisant que, bien que le monstre, « entièrement difforme et affreux dans sa conformation meur[e] bientôt naturellement », il y a une législation « qui défend expressément d'étouffer ces monstres et qui ordonne d'appeler le curé pour les voir et en juger » (p. 192-193).

passeront à ma famille[23]. » Si naît un monstre, à qui iront les biens ? Doit-on considérer que l'enfant est né, ou qu'il n'est pas né ? À partir du moment où naît cette espèce de mixte de vie et de mort qu'est l'enfant monstrueux, se pose au droit un problème insoluble. Lorsque naît un monstre à deux corps, ou à deux têtes, est-ce qu'il faut lui donner un baptême, ou est-ce qu'il faut lui donner deux baptêmes ?[…]

Ibid., Cours du 19 mars 1975, p. 296-297. © Éditions du Seuil, 1999.

[296] L'étude de l'hérédité, ou l'assignation à l'hérédité de l'origine de l'état anormal, constitue cette « métasomatisation[24] » qui est rendue nécessaire par tout l'édifice. Cette métasomatisation et cette étude de l'hérédité présentent à leur tour un certain nombre d'avantages dans la technologie psychiatrique. D'abord, un laxisme causal indéfini, laxisme qui se caractérise à la fois par le fait que tout peut être cause de tout. Dans la théorie de l'hérédité psychiatrique, il est établi que non seulement une maladie d'un certain type peut provoquer chez les descendants une maladie du même type, mais qu'elle peut produire également, avec autant de probabilités, n'importe quelle autre maladie de n'importe quel type. Bien plus, ce n'est pas forcément une maladie qui en provoque une autre, mais quelque chose comme un vice, un défaut. L'ivrognerie, par exemple, va provoquer chez la descendance n'importe quelle autre forme de déviation de comportement, que ce soit l'alcoolisme, bien sûr, ou que ce soit une maladie comme la tuberculose ou que ce soit une maladie mentale, ou même que ce soit un comportement délinquant. D'autre part, ce laxisme causal qui est donné à l'hérédité permet d'établir les réseaux héréditaires les plus fantastiques ou, en tout cas, les plus souples. Il suffira de trouver à n'importe quel point du réseau de l'hérédité un élément qui sera déviant, pour pouvoir expliquer, à partir de là, l'émergence d'un état chez un individu descendant. De ce fonctionnement ultralibéral de l'hérédité et de l'étiologie dans le champ de l'hérédité, je vous donnerai simplement un exemple. C'est [297] une étude qui avait été faite

23 [NdE] Voir Paolo Zacchia, *Questionum medico-legalium tomus secundus*, Lyon, 1726, p. 526. Sur toute la question de la succession en cas de naissance d'un *monstrum*, dans les jurisprudences de l'Europe moderne, voir E. Martin, [*Histoire des monstres depuis l'Antiquité jusqu'à nos jours*, Paris, 1880], p. 177-210.

24 Ici, assignation de l'origine de l'« anormalité » à un corps extérieur, celui des ancêtres.

par Lombroso sur un meurtrier italien. Ce meurtrier italien s'appelait Misdea[25]. Il avait une famille très nombreuse ; alors on établit l'arbre généalogique de sa famille pour arriver à ressaisir le point de formation de l'« état ». Son grand-père n'était pas très intelligent, mais très actif. Il avait un oncle qui était imbécile, un autre oncle qui était bizarre et irascible, un troisième oncle qui était boiteux, un quatrième oncle qui était prêtre semi-imbécile et irascible, et, quant à son père, il était bizarre et ivrogne. Le frère aîné était obscène, épileptique et ivrogne, son frère cadet était sain, le quatrième était impétueux et ivrogne, le cinquième avait un caractère indocile. Le second de la série, c'était donc notre meurtrier[26]. Vous voyez que l'hérédité fonctionne comme le corps fantastique des anomalies soit corporelles, soit psychiques, soit fonctionnelles, soit de comportement, qui vont être à l'origine – au niveau de ce métacorps, de cette métasomatisation – de l'apparition de l'« état ».

Autre avantage de cette causalité héréditaire, avantage plus moral qu'épistémologique, c'est que, au moment où l'analyse de l'enfance et de ses anomalies montre manifestement que l'instinct sexuel n'est pas lié par nature à la fonction de reproduction (souvenez-vous de ce que je vous disais la dernière fois), l'hérédité va permettre de faire reporter sur les mécanismes antérieurs de la reproduction, chez les ascendants, la responsabilité des aberrations que l'on peut constater chez les descendants. Autrement dit, la théorie de l'hérédité va permettre à la psychiatrie de l'anormal de n'être pas simplement une technique du plaisir ou de l'instinct sexuel, et à vrai dire de n'être pas du tout une technologie du plaisir et de l'instinct sexuel, mais une technologie du mariage sain ou malsain, utile ou dangereux, profitable ou nuisible. Du coup, la psychiatrie se trouve à se centrer sur le problème de la reproduction, au moment même où elle intégrait dans son champ d'analyse toutes les aberrations de l'instinct sexuel qui dégageaient un fonctionnement non reproductif de cet instinct.

Remoralisation, par conséquent, au niveau de cette étiologie fantastique. Et finalement on peut dire ceci : la nosographie des états anormaux – replacée dans le grand corps à la fois polycéphale, labile, flottant, glissant de l'hérédité – va se formuler dans la grande théorie de la dégénérescence.

---

25 [NdE] Sur le cas Misdea, voir Cesare Lombroso et Augusto Guido Bianchi, *Misdea e la nuova scuola penale*, Turin, 1884, p. 86-95.

26 [NdE] Voir l'arbre généalogique de Misdea, *ibid.*, p. 89.

Ibid., Résumé du cours, p. 308-309. © Éditions du Seuil, 1999.

[308] L'apparition de l'« incorrigible » est contemporaine de la mise en place des techniques de discipline, à laquelle on assiste, pendant le XVIIe et le XVIIIe siècle – à l'armée, dans les écoles, dans les ateliers, puis, un peu plus tard, dans les familles elles-mêmes. Les nouvelles procédures de dressage du corps, du comportement, des aptitudes ouvrent le problème de ceux qui échappent à cette normativité qui n'est plus la souveraineté de la loi.

L'« interdiction » constituait la mesure judiciaire par laquelle un individu était partiellement au moins disqualifié comme sujet de droit. Ce cadre, juridique et négatif, va être en partie rempli, en partie remplacé par un ensemble de techniques et de procédés par quoi on entreprendra de dresser ceux qui résistent au dressage et de corriger les incorrigibles. Le « renfermement » pratiqué sur une large échelle à partir du XVIIe siècle peut apparaître comme une sorte de formule intermédiaire entre la procédure négative de l'interdiction judiciaire et les procédés positifs de redressement. L'enfermement exclut de fait et fonctionne hors [309] des lois, mais il se donne comme justification la nécessité de corriger, d'améliorer, de conduire à résipiscence, de faire revenir à de « bons sentiments ». À partir de cette forme confuse, mais historiquement décisive, il faut étudier l'apparition à des dates historiques précises des différentes institutions de redressement et des catégories d'individus auxquelles elles s'adressent. Naissances technico-institutionnelles de la cécité, de la surdi-mutité, des imbéciles, des retardés, des nerveux, des déséquilibrés.

Monstre banalisé et pâli, l'anormal du XIXe siècle est aussi un descendant de ces incorrigibles qui sont apparus dans les marges des techniques modernes de « dressement ».

Dits et Écrits, t. III, 1976-1979, Paris, Gallimard, 1994, texte n° 222, « La folie et la société », Conférence à la faculté des arts libéraux de l'université de Tokyo, en octobre 1970, p. 482-483. © Éditions GALLIMARD.

[482] Ce statut ethnologique général de la folie, en quoi consiste-t-il ? Comment le caractériser ? Il me semble que l'on pourrait dire ceci. Il n'y a pas évidemment de société sans règles ; il n'y a pas de société sans

un système de contraintes ; il n'existe pas, on le sait bien, de société naturelle : toute société, en posant une contrainte, pose en même temps un jeu d'exclusions. Dans toute société, quelle qu'elle soit, il y aura toujours un certain nombre d'individus qui n'obéiront pas au système de contraintes, et pour la raison très simple que, pour qu'un système de contraintes soit effectivement un système de contraintes, il faut bien qu'il soit tel que les hommes aient toujours une certaine tendance à y échapper. Si la contrainte était acceptée par tout le monde, il est clair qu'elle ne serait pas une contrainte. Toute société ne peut donc fonctionner comme société qu'à la condition qu'elle découpe en elle-même une série d'obligations qui laissent hors de son domaine et hors de son système certains individus ou certains comportements ou certaines conduites ou certaines [483] paroles, ou certaines attitudes, ou certains caractères. Il ne peut pas y avoir de société sans marge, car la société se découpe toujours sur la nature de telle manière qu'il y ait un reste, un résidu, quelque chose qui lui échappe. C'est toujours dans ces marges, nécessaires, indispensables, de la société que le fou va se présenter.

Naissance de la biopolitique. Cours au collège de France 1978-1979, EHESS, Gallimard, Le Seuil, 2004, Leçon du 7 mars 1979, p. 208-209.

[208] L'impôt négatif, ce n'est pas une idée du néolibéralisme français, c'est une idée du néolibéralisme américain (dont je vous parlerai peut-être la prochaine fois) : c'est une idée en tout cas qui a été reprise dans l'entourage même de Giscard par des gens comme Stoléru[27] et par des gens comme Stoffaës[28] (dont je vous parlais tout à l'heure), et dans les discussions préparatoires du VIIe Plan, en 1974 ou 75[29], il y a eu tout un rapport de Stoffaës sur l'impôt négatif[30]. Qu'est-ce que c'est que l'impôt

27 [NdE] Après avoir été conseiller technique au ministère de l'Économie et des Finances de 1969 à 1974 […], Lionel Stoléru avait exercé, de 1974 à 1976, les fonctions de conseiller économique à l'Élysée. Il était, depuis 1978, secrétaire d'État auprès du ministre du Travail et de la participation (Travail manuel et Immigration).

28 Christian Stoffaës (1947-) haut fonctionnaire et économiste français.

29 [NdE] Le VIIe Plan correspond aux années 1976-1980.

30 [NdE] C. Stoffaës, « Rapport du groupe d'étude de l'impôt négatif. Commissariat du Plan », Paris, 1973-1974 ; *id.*, « De l'impôt négatif sur le revenu », *Contrepoint*, 11, 1973 ; L. Stoléru, « Coût et efficacité de l'impôt négatif », *Revue économique*, octobre 1974 ; *id.*,

négatif ? Pour résumer les choses très, très simplement, on peut dire que l'idée de l'impôt négatif est celle-ci : une prestation sociale, pour être efficace socialement sans être perturbatrice économiquement, ne doit, dans toute la mesure du possible, jamais [209] se présenter sous forme de consommation collective car, disent les tenants de l'impôt négatif, les consommations collectives, l'expérience prouve que ce sont finalement les plus riches qui en profitent, et qui en profitent en participant le moins à leur financement. Donc, si l'on veut avoir une protection sociale efficace sans incidence économique négative, il faut tout simplement substituer à tous ces financements globaux, à toutes ces allocations plus ou moins catégorielles, une allocation qui serait une allocation en espèces et qui assurerait des ressources supplémentaires à ceux, et à ceux seulement, qui, soit à titre définitif soit à titre provisoire, n'atteignent pas un seuil suffisant. En termes très clairs, si vous voulez, ce n'est pas la peine de donner aux gens qui sont les plus riches la possibilité de participer à des consommations collectives de santé ; ils peuvent parfaitement assurer leur propre santé. En revanche, vous avez dans la société une catégorie d'individus qui, soit à titre définitif, parce que ce sont des vieillards ou qu'ils sont handicapés, ou encore à titre provisoire, parce qu'ils ont perdu leur emploi, qu'ils sont chômeurs, ne peuvent pas atteindre un certain seuil de consommation que la société considérera comme décente. Eh bien, c'est à eux et à leur bénéfice seulement que l'on devrait attribuer ce qui constitue les allocations compensatoires, les allocations de couverture caractéristiques d'une politique sociale. Au-dessous, par conséquent, d'un certain niveau de revenus on va verser un complément, quitte bien sûr à abandonner l'idée que la société tout entière doit à chacun de ses membres des services comme la santé ou l'éducation, quitte également – et c'est là, sans doute, l'élément le plus important – à réintroduire une distorsion entre les pauvres et les autres, les assistés et les non-assistés.

Vaincre la pauvreté dans les pays riches, Paris, Flammarion (« Champs »), 1977, 2e partie, p. 117-209 : « L'impôt négatif, simple remède ou panacée ? ». Sur ce sujet, voir Henri Lepage, *Demain le capitalisme* [...], p. 280-283 : « La théorie de l'impôt négatif sur le revenu est simple : il s'agit de définir un seuil de pauvreté en matière de revenus annuels, fonction de la taille de la famille (personne seule ou ménage avec enfants), et de verser aux familles déficientes par rapport à la ligne de pauvreté une allocation 1re permettant de combler cet écart. En d'autres termes, c'est un système de revenu minimum garanti par la collectivité » (p. 280, n. 1). L'impôt négatif fit de nouveau l'objet d'un débat, au sein de la gauche, sous le gouvernement de Lionel Jospin, en 2000-01. Voir par exemple Daniel Cohen, « Impôt négatif : le mot et la chose », *Le Monde*, 6 février 2001.

Dits et Écrits, t. IV, 1980-1988, Paris, Gallimard, 1994, « Un système fini face à une demande infinie » (entretien avec R. Bono), p. 376-377.

[376] – Nous voici au cœur d'un problème extrêmement intéressant. Lorsque le système de Sécurité sociale que nous connaissons aujourd'hui a été mis en place sur une grande échelle, il existait une sorte de consensus plus ou moins explicite et en grande partie muet sur ce qu'on pouvait appeler les « besoins de santé ». C'était, en somme, le besoin de parer à des « accidents », c'est-à-dire à des écarts invalidants liés à la maladie comme à des handicaps congénitaux ou acquis.

À partir de là, deux processus se sont déroulés. D'un côté, une accélération technique de la médecine, qui a accru son pouvoir thérapeutique mais beaucoup plus vite encore sa capacité d'examen et d'analyse. D'un autre côté, une croissance de la demande de santé manifestant le fait que le besoin de santé (tel, du moins, qu'il est éprouvé) n'a pas de principe de limitation.

En conséquence, il n'est pas possible de fixer objectivement un seuil théorique et pratique, valable pour tous, à partir duquel on pourrait dire que les besoins de santé sont entièrement et définitivement satisfaits.

La question du droit apparaît particulièrement épineuse dans ce contexte. Je voudrais faire quelques remarques simples.

Il est clair qu'il n'y a guère de sens à parler du « droit à la santé ». La santé – la bonne santé – ne peut relever d'un droit ; la bonne et la mauvaise santé, quels que soient les critères grossiers ou fins qu'on utilise, sont des faits : des états de choses et aussi des états de conscience. Et même si on corrige aussitôt en faisant remarquer que la frontière qui sépare la santé de la maladie est pour une part définie par la capacité des médecins de reconnaître une maladie, par le type d'existence ou d'activité du sujet, et par ce qui dans une culture est reconnu ou non comme maladie, cette relativité n'empêche pas qu'il n'y a pas de droit à être de ce côté-ci ou de ce côté-là de la ligne de partage.

En revanche, on peut avoir droit à des conditions de travail qui n'augmentent pas de façon significative les risques de maladie ou de handicaps divers. On peut avoir droit aussi à des réparations, à des soins et à des dommages lorsqu'un accident de santé peut relever d'une façon ou d'une autre de la responsabilité d'une autorité.

Mais là n'est pas le problème actuel. Il est, je crois, celui-ci : une société doit-elle chercher à satisfaire par des moyens collectifs le besoin de santé des individus ? Et ceux-ci peuvent-ils légitimement revendiquer la satisfaction de ces besoins ?

Il semble – si ces besoins sont susceptibles de croître indéfiniment – qu'une réponse positive à cette question serait sans traduction [377] pratique acceptable ou même envisageable. En revanche, on peut parler de « moyens de santé » ; et par là, il faut entendre non pas simplement les installations hospitalières et les médicaments, mais tout ce dont une société peut disposer à un moment donné pour effectuer les corrections et les ajustements de santé dont on est techniquement capable. Ces moyens de santé définissent une ligne mobile – celle-ci résulte des capacités techniques de la médecine, des capacités économiques d'une collectivité et de ce qu'une société veut consacrer comme ressources et comme moyens à la santé. Et on peut définir le droit d'accès à ces moyens de santé. Droit qui se présente sous différents aspects. Il y a le problème de l'égalité de tous devant cet accès – problème auquel il est facile de répondre en principe, bien qu'il ne soit pas toujours facile pratiquement d'assurer cette égalité. Il y a le problème de l'accès indéfini à ces moyens de santé ; là, il ne faut pas se faire d'illusions : le problème n'a sans doute pas de solution théorique ; l'important est de savoir par quel arbitrage toujours souple, toujours provisoire les limites de cet accès seront définies. Il faut garder à l'esprit que ces limites ne peuvent pas être établies une fois pour toutes par une définition médicale de la santé ni par la notion de « besoins de santé » énoncée comme un absolu.

JEAN BAUDRILLARD
(1929-2007)

L'Échange symbolique et la mort [1976], Paris, Gallimard, 2016, part. V, chap. I, § 1, p. 208-209. © Éditions GALLIMARD.

[208] Il est juste de dire que les morts traqués et séparés des vivants nous condamnent, nous les vivants, à une « mort équivalente » : car la loi fondamentale de l'obligation symbolique joue de toute façon, pour le meilleur et pour le pire. Ainsi la folie n'est jamais que cette ligne de « partage » entre les fous et les normaux, ligne que la normalité partage avec la folie et par où elle se définit. Toute société qui interne ses fous est une société investie en profondeur par la folie, qui seule et partout finit par s'échanger symboliquement sous les signes légaux de la normalité. Ce long travail de la folie sur la société qui l'enferme a duré plusieurs siècles, aujourd'hui les murs de l'asile se lèvent, non par quelque tolérance miraculeuse, mais parce que le travail de normalisation de cette société par la folie est « achevé » – la folie est devenue ambiante, tout en restant interdite de séjour. Il y a résorption de l'asile au sein du champ social, parce que la normalité a atteint le point parfait où elle rejoint les caractéristiques de l'asile, parce que le virus [209] de l'enfermement est passé dans toutes les fibres de l'existence « normale ».

Simulacres et simulation, Paris, Galilée, 1981, chap. XIV, p. 197-198. © Éditions Galilée.

[197] « Au défi de la folie il a été répondu historiquement par l'hypothèse de l'inconscient. » L'Inconscient est ce dispositif logistique qui permet de penser la folie (et plus généralement toute formation étrange et anomalique[1]) dans un système de sens élargi au non-sens et

1 Qui s'écarte de la règle, qui présente un caractère d'irrégularité.

qui fera sa place aux terreurs de l'insensé, désormais intelligibles sous les espèces d'un certain discours : psychisme, pulsion, refoulement, etc. Ce sont les fous qui nous ont forcés à l'hypothèse de l'inconscient, mais [198] c'est nous en retour qui les y avons piégés. Car si, dans un premier temps, l'Inconscient semble se retourner contre la Raison et y porter une subversion radicale, s'il semble encore chargé du potentiel de rupture de la folie, plus tard il se retourne contre elle, car il est ce qui permet de l'annexer à une raison plus universelle que la raison classique.

Les fous, jadis muets, aujourd'hui tout le monde est à leur écoute, on a trouvé la grille sur laquelle recueillir leurs messages jadis absurdes et indéchiffrables. Les enfants parlent, ce ne sont plus ces êtres étranges et insignifiants à la fois pour l'univers adulte – les enfants signifient, ils sont devenus signifiants – non par quelque « libération » de leur parole, mais parce que la raison adulte s'est donné les moyens plus subtils pour conjurer la menace de leur silence. Les primitifs aussi sont entendus, on les sollicite, on les écoute, ce ne sont plus des bêtes, Lévi-Strauss a bien dit que leurs structures mentales étaient les mêmes que les nôtres, la psychanalyse les a ralliés à l'Œdipe, et à la libido – tous nos codes ont bien fonctionné, et ils y ont répondu. On les avait enterrés sous le silence, on les enterre sous la parole, parole « différente » certes, mais sous le mot d'ordre de la « différence », comme jadis sous celui de l'unité de la Raison, ne nous y trompons pas, c'est le même ordre qui s'avance. Impérialisme de la raison, néo-impérialisme de la différence.

L'essentiel est que rien n'échappe à l'empire du sens, au partage du sens. Bien sûr, derrière tout ça, rien ne nous parle, ni les fous, ni les morts, ni les enfants, ni les sauvages, et au fond nous ne savons rien d'eux, mais l'essentiel est que la Raison ait sauvé la face, et que tout échappe au silence.

L'Autre par lui-même. Habilitation, Paris, Galilée, 1987, chap. III, p. 46-47.

[46] Ceci définit, non plus des individus, mais des mutants potentiels. Du point de vue de la biologie, de la génétique et de la cybernétique, nous sommes tous des mutants. Or, pour des mutants, il ne peut plus y avoir de Jugement Dernier, ni de résurrection des corps, car quel corps va-t-on ressusciter ? Il aura changé de formule, de chromosomes, il aura

été programmé selon d'autres variables motrices et mentales, il n'aura plus droit à son image.

Le handicap offre dans ce sens un véritable terrain d'anticipation, une sorte d'expérimentation objective sur le corps, les sens, le cerveau, en particulier dans son rapport avec l'informatique. L'informatique comme nouvelle force productive, immatérielle, inhumaine, et le handicap comme anticipation des futures conditions de travail dans un univers altéré, inhumain, anomalique[2]. Il faut voir les aveugles dans un sport de balle – le torball[3] – créé spécialement pour eux, pris dans des comportements de science-fiction, se réglant les uns sur les autres par l'ouïe et [47] le réflexe animal, comme le feront les humains bientôt dans un processus sans regard de perception tactile et d'adaptation réflexe, évoluant dans les systèmes comme à l'intérieur de leur cerveau ou dans les circonvolutions d'une boîte – tels sont les aveugles, et plus généralement les handicapés, figures de mutants parce que mutilés, et donc plus proches de la commutation, plus proches de cet univers télépathique, télécommunicationnel, que nous autres, humains trop humains, condamnés par notre absence d'anomalie à des formes de travail conventionnelles.

Par la force des choses, le handicapé est un expert en puissance dans le domaine moteur et sensoriel. Et ce n'est pas un hasard si le social s'aligne de plus en plus sur les handicapés et sur leur promotion opérationnelle : ils peuvent devenir de merveilleux instruments en fonction de leur invalidité même. Ils peuvent nous précéder dans la voie de la mutation et de la déshumanisation.

La Transparence du mal. Essai sur les phénomènes extrêmes, Paris, Galilée, 1990, chap. XI, p. 89-90. © Éditions Galilée.

[89] À force de pourchasser en nous la part maudite et de ne laisser rayonner que les valeurs positives, nous sommes devenus dramatiquement vulnérables à la moindre attaque virale, dont celle de l'ayatollah qui, lui, n'est certes pas en état de déficience immunitaire. Nous n'avons à lui opposer que les droits de l'homme, maigre ressource, et qui fait de

2 Voir la note correspondante p. 867.

3 Le torball a été créé en 1955 en Allemagne dans des centres de réadaptation pour soldats mutilés des yeux et fut introduit en France en 1970.

toute façon partie de la déficience politique immunitaire. Et d'ailleurs, au nom des droits de l'homme, nous finissons par traiter l'ayatollah de « Mal Absolu » (Mitterrand), c'est-à-dire par nous aligner sur son imprécation, en contradiction avec les règles d'un discours éclairé (est-ce qu'on traite aujourd'hui un fou de « fou » ? On ne traite même plus un handicapé de « handicapé », tellement nous avons peur du Mal, tellement nous nous gorgeons d'euphémismes pour éviter de [90] désigner l'Autre, le malheur, l'irréductible).

JÜRGEN HABERMAS
(1929-)

> [11] Commençons donc par la petite enfance et par l'opération que j'ai subie tout de suite après ma naissance. Je ne crois pas que cette intervention chirurgicale ait, comme on pourrait le supposer, durablement ébranlé ma foi dans le monde qui m'environnait. Toutefois, il se peut fort bien qu'elle ait suscité en moi le sentiment d'une dépendance [12] et ait donné sens à l'importance de notre rapport *aux autres*. Il est, en tout cas, certain que la nature sociale des êtres humains s'est par la suite trouvée au départ de mes réflexions philosophiques.
> *Parcours 1 (1971-1989). Sociologie et théorie du langage. Pensée post-métaphysique*, Introduction[1].

Ibid., Introduction, p. 11-16. © Éditions GALLIMARD.

[11] Pour mon soixante-dixième anniversaire, des collègues plus jeunes s'intéressant à mon travail m'ont offert des mélanges qu'ils ont intitulés *Die Öffentlichkeit der Vernunft und die Vernunft der Öffentlichkeit*[2] – « La dimension publique de la raison et la raison de la dimension publique ». Ce titre n'est pas mal choisi, car s'il est une question qui m'a occupé ma vie durant, c'est bien celle de la sphère publique comme espace d'échanges et de communication fondés sur la raison. La triade conceptuelle que forment la sphère publique, la discussion et la raison a, de fait, dominé tant mon travail de chercheur que ma vie de citoyen. Toute obsession ayant ses racines biographiques, je peux soupçonner quatre expériences d'être à la source de mes intérêts. (1) Immédiatement après ma naissance et au cours de ma prime enfance, j'ai été exposé à l'expérience traumatique

1 *Parcours 1 (1971-1989). Sociologie et théorie du langage. Pensée postmétaphysique*, Paris, Gallimard, 2018, Introduction, p. 11-12. © Éditions GALLIMARD.

2 [NdA] Suhrkamp, 2001, sous la direction de Lutz Wingert et Klaus Günther.

de plusieurs interventions chirurgicales – l'expérience de la maladie est un trait qui se retrouve dans la biographie de maints philosophes. (2) À l'époque de mon entrée à l'école, je me souviens d'avoir fait l'expérience de difficultés de communication et d'humiliations liées à mon handicap. (3) Au cours de mon adolescence, l'expérience qui m'a marqué est une expérience générationnelle, celle produite par la rupture qu'a représentée l'année 1945 dans l'histoire mondiale. Enfin (4), au cours de ma vie adulte, je n'ai cessé d'éprouver une profonde inquiétude politique face à l'extrême lenteur et aux constantes incertitudes qui accompagnèrent la libéralisation de la société allemande d'après-guerre.

(1) Commençons donc par la petite enfance et par l'opération que j'ai subie tout de suite après ma naissance. Je ne crois pas que cette intervention chirurgicale ait, comme on pourrait le supposer, durablement ébranlé ma foi dans le monde qui m'environnait. Toutefois, il se peut fort bien qu'elle ait suscité en moi le sentiment d'une dépendance [12] et ait donné sens à l'importance de notre rapport *aux autres*. Il est, en tout cas, certain que la nature sociale des êtres humains s'est par la suite trouvée au départ de mes réflexions philosophiques. [...]

Que j'aie dû subir une nouvelle opération du palais à l'âge de cinq ans, c'est-à-dire à un âge où cette fois la mémoire est tout à fait en éveil, a certainement accentué cette conscience d'une dépendance profonde des uns aux autres. [...]

[14] (2) Voilà pour les élucidations concernant le paradigme sous lequel se placent mes recherches. J'ai développé dans ce cadre une approche philosophique centrée sur le langage et une théorie morale qui pourraient avoir été inspirées par deux expériences auxquelles, écolier, j'ai été confronté : (*a*) les autres enfants ne comprenant pas ce que je disais ; et (*b*) la réaction de rejet que cela entraînait de leur part.

(*a*) Je me souviens des difficultés que j'éprouvais lorsqu'il m'a fallu, alors que je nasonnais[3] et articulais mal – ce dont je n'étais pas du tout conscient –, me faire comprendre en classe ou dans la cour de récréation. Je devais, hors de mon cercle familial et familier, m'affirmer dans un espace jusqu'à un certain point anonyme. C'est lorsque la communication tourne court que l'on prête attention à la réalité d'un monde intermédiaire qui, sans cela, passe inaperçu : celui des symboles qu'à la différence des objets on ne peut pas toucher. Dans ces échecs, le médium de la

3 Parler du nez.

communication langagière s'impose alors véritablement comme l'assise de tout ce que nous avons en commun et sans quoi nous ne pouvons pas, même en tant qu'individus, exister. Nous nous trouvons toujours déjà dans l'élément du langage. Seuls ceux qui parlent peuvent se taire. Ce [15] n'est que parce que nous sommes d'entrée de jeu liés aux autres que nous pouvons nous isoler.

[...]

Il se peut, par ailleurs, que mon handicap explique que j'aie, ma vie durant, été convaincu de la supériorité de l'écrit sur l'oral. La forme écrite masque les défauts liés à une oralité précaire. J'ai toujours plutôt évalué mes étudiants sur leurs travaux écrits que sur leur participation, quand bien même brillante, aux discussions du séminaire. Et, comme vous pouvez le constater, à votre grand dam j'en suis sûr, je répugne encore aujourd'hui à l'exercice de la conférence. Ce refuge derrière la précision de l'expression écrite pourrait bien être à l'origine d'une distinction théorique importante, chez moi. Dans l'« activité communicationnelle », nous avons, dans une certaine mesure, un comportement naïf ; dans la « discussion », qui n'est pas qu'orale, nous [16] échangeons des raisons afin d'examiner les prétentions à la validité devenues problématiques. C'est ce qui a permis de faire entrer en ligne de compte la contrainte non contraignante du meilleur argument.

(*b*) Cette conception m'a aidé à théoriser une autre expérience : les humiliations qui proviennent de ce type de discriminations plus ou moins anodines que les enfants différents des autres sont amenés à subir dans les cours d'école ou dans la rue. Depuis lors, la mondialisation, le tourisme de masse, les migrations planétaires, et, d'une manière générale, le pluralisme croissant des visions du monde et des formes culturelles de vie nous ont familiarisés avec ces expériences d'exclusion des marginaux et de marginalisation des minorités. Chacun d'entre nous peut aujourd'hui se faire une idée de ce que c'est que d'être un étranger à l'étranger, un allogène[4] parmi les allogènes, un autre parmi les autres. De telles situations éveillent nos sentiments moraux. La morale en effet est un dispositif qui se tisse avec les moyens de la communication afin de protéger les individus de la particulière vulnérabilité à laquelle les expose leur socialisation communicationnelle.

4 Personne d'une origine différente de celle de la population autochtone.

Plus la personne est individuée de l'intérieur et plus elle se trouve enchevêtrée, pour ainsi dire de l'extérieur, dans un réseau toujours plus dense et plus fragile de relations fondées sur la reconnaissance mutuelle. Plus elle s'expose, par conséquent, aux risques de « refus » de réciprocité. La morale de l'égal respect dû à chacun vise à réduire ces risques. Elle a pour but, et c'est ce qui la définit, à la fois d'en finir avec la discrimination et d'inclure dans le réseau du respect mutuel ceux qui se trouvent marginalisés. Les normes du vivre-ensemble peuvent produire une solidarité, y compris entre des personnes allogènes – qu'aucun lien préalable n'unit –, mais il faut pour cela qu'elles reçoivent l'agrément de tous. Nous devons nous engager dans des discussions afin de développer de telles normes. Les discussions morales, en effet, permettent à toutes les personnes concernées d'avoir voix au chapitre. En outre, elles les engagent à adopter également le point de vue des autres.

L'Avenir de la nature humaine, Vers un eugénisme libéral ? [2001], trad. Christian Bouchindhomme, Paris, Gallimard, 2002, chap. I, § III, p. 25-27. © Éditions GALLIMARD.

[25] Cette possibilité, catégorialement nouvelle, qui nous est donnée d'intervenir sur le génome humain, voulons-nous la considérer comme un accroissement de liberté « qui requiert d'être réglementé », ou comme une autorisation que l'on s'octroie de procéder à des transformations préférentielles qui n'exigent « aucune autolimitation » ? Ce n'est qu'en tranchant cette question fondamentale en faveur de la première solution que l'on peut débattre sur les limites dans lesquelles doit être contenu un eugénisme négatif, c'est-à-dire un eugénisme visant sans ambiguïté à épargner le développement de certaines malformations graves. Je souhaite ici n'aborder qu'un seul des aspects du problème sous-jacent à cette question – celui du défi auquel est confrontée la compréhension moderne de la liberté. Le déchiffrement du génome humain met en perspective des interventions qui jettent une lumière remarquable sur une condition dont l'hypothèse n'avait jusqu'ici jamais été thématisée, mais qui, telle qu'elle se présente désormais, est une condition évidente et essentielle de la compréhension normative que nous avons de nous-mêmes.

Jusqu'ici la pensée séculière propre à la modernité [26] européenne pouvait, à l'instar de la foi religieuse, partir du fait que l'équipement génétique du nouveau-né, et par conséquent les conditions organiques de départ de sa future biographie, étaient à l'abri de toute programmation et de toute manipulation intentionnelle de la part d'autres personnes. En grandissant la personne peut, sans nul doute, soumettre son histoire personnelle à un jugement critique et à une révision rétrospective. Notre biographie est d'une nature telle que nous pouvons nous l'« approprier » et, au sens de Kierkegaard, l'« assumer en responsabilité ». Ce à quoi nous avons désormais accès, c'est autre chose – c'est à ce dont « nous ne sommes pas censés pouvoir disposer » dans le processus contingent de la procréation, qui fait qu'il en résulte une combinaison *imprévisible* de deux séquences chromosomiques différentes. Or cette contingence peu visible se révèle, dès l'instant où on peut la maîtriser, une présupposition nécessaire du pouvoir-être-soi, sans laquelle il est impossible de parvenir à l'égalité de principe qui conditionne nos relations interpersonnelles. En effet, dès l'instant où, un jour, des adultes considéreraient l'équipement génétique qu'ils souhaitent pour leur enfant à naître comme un produit auquel il suffit de donner une forme et où, conformément à leur fantaisie, ils imagineraient à cette fin un « design » approprié, ils exerceraient par rapport à ce « produit » génétiquement manipulé une forme d'intervention par prise de disposition qui constituerait un empiètement dans les fondements somatiques de la relation spontanée à soi et de la liberté éthique d'une autre personne, empiètement qui, jusque-là, autant qu'on puisse en juger, n'aurait pu être exercé que sur des choses, non sur des personnes. Les enfants qui naîtraient de ces opérations pourraient alors, plus tard, demander des [27] comptes aux fabricants de leur génome et les rendre responsables des conséquences, non désirées à leurs yeux, qu'a entraînées le point de départ organique de leur biographie. Cette nouvelle structure de l'imputation en responsabilité résulte de l'effacement de la frontière entre personnes et choses – comme c'est déjà aujourd'hui le cas pour ces parents d'enfants handicapés qui intentent des procédures civiles[5] à l'encontre de leurs médecins les rendant responsables des conséquences matérielles d'un diagnostic prénatal

5 C'est ce qui est arrivé lors de « l'affaire Perruche », du nom de Nicolas Perruche, qui, en 1983, naît avec une surdité aux deux oreilles, une cécité de l'œil droit et une pathologie cardiaque causées par la rubéole que sa mère a contractée pendant sa grossesse, alors qu'elle avait exprimé la volonté d'avorter en cas de transmission de la maladie au fœtus. En 2000, la Cour de cassation donne raison aux époux Perruche. C'est ainsi la première fois qu'un enfant est indemnisé pour le « préjudice d'être né ».

erroné et qui demandent pour cela des « dommages-intérêts », comme si un handicap intervenu contre toute attente médicale avait le statut d'une dégradation de bien dans une avarie matérielle.

À travers la décision irréversible que constitue l'intervention d'une personne dans l'équipement « naturel » d'une autre personne, naît une forme de relation interpersonnelle jusqu'ici inconnue. Ce nouveau type de relation choque notre sensibilité morale parce qu'il représente un corps étranger dans les relations de reconnaissance juridiquement institutionnalisées dans les sociétés modernes. Si une personne prend pour une autre personne une décision irréversible, touchant profondément l'appareil organique de cette dernière, alors la symétrie de responsabilité qui existe par principe entre des personnes libres et égales se trouve nécessairement limitée.

Ibid., chap. II, § VI, p. 96. © Éditions GALLIMARD.

Le programme génétique est une réalité muette et en un certain sens qui ne souffre aucune réponse ; celui qui, en effet, s'en prend à des intentions génétiquement fixées, ne peut pas se rapporter à ses dons (ou à ses handicaps) de la même manière que le ferait une personne née naturellement, qui peut, au fil de l'histoire d'une vie qu'elle s'est appropriée par la réflexion et à laquelle elle a donné une continuité délibérée, revenir sur la compréhension qu'elle a d'elle-même et trouver une réponse productive à sa situation initiale. La situation de la personne programmée est analogue à celle du clone qui, par le regard modélisant porté sur la personne et la biographie du « jumeau » décalé, est privé d'un avenir non obstrué qui lui soit propre[6].

6 [NdA] Voir l'argument de Hans Jonas, dans *Technik, Medizin und Eugenik*, p. 190-193 ; également, Kathrin Braun, *Menschenwürde und Biomedizin*, Francfort-sur-le-Main, 2000, p. 162-179. Allen Buchanan *et alii* (*From Chance to Choice*) prennent bien en compte le droit pour l'enfant « à un avenir ouvert » (revendiqué par Joel Feinberg dans un autre contexte : « The Child's Right to an open Future », dans William Aiken et Hugh LaFollette (dir.), *Whose Child ? Children's Right, Parental Authority, and State Power*, NJ, 1980). Mais ils ont l'idée que l'existence du modèle précurseur incarné par le jumeau décalé n'empiéterait sur ce droit que si l'on envisageait cette question en partant des prémisses (fausses) du déterminisme génétique. Ils négligent le fait que, lorsqu'est pratiqué un eugénisme d'amélioration, comme c'est le cas ici, seule compte l'intention qui préside à l'intervention génétique. La manipulation n'a été entreprise, ce que la personne concernée sait, que dans l'intention

Les interventions visant une amélioration génétique n'empiètent sur la liberté éthique que dans la mesure où elles soumettent la personne concernée aux intentions fixées par un tiers, intentions qu'elle rejette, mais qui sont irréversibles et l'empêchent de se comprendre comme l'auteur sans partage de sa vie personnelle. Il est peut-être plus facile de s'identifier à des facultés ou à des aptitudes qu'à des dispositions ou des qualités, mais, du point de vue de la résonance psychique sur la personne concernée, seule compte l'intention qui fut attachée au projet de programmation. Le seul cas où il y aurait de bonnes raisons que la personne concernée soit en accord avec la finalité eugénique est celui de déficiences extrêmes et tout à fait généralisées.

Ibid., § VII, p. 103-105. © Éditions GALLIMARD.

[103] L'hésitation concernant le DPI[7] peut être justifiée de [104] manière plus directe que l'inhibition comparativement archaïque touchant la recherche « consommatrice » d'embryons. Ce qui nous retient de légaliser le DPI est de deux ordres : cela concerne à la fois la production d'embryons sous condition et la nature de la condition elle-même. Provoquer une situation dans laquelle, le cas échéant, un embryon est rejeté parce qu'il est déficient est aussi problématique que la sélection lorsqu'elle est effectuée selon des critères décidés unilatéralement. La sélection ne peut être entreprise que de manière unilatérale, et, partant, dans une optique instrumentale puisque, alors que, dans le cas d'interventions génétiques, un accord pourrait toujours, *a posteriori* du moins, être confirmé par une prise de position de la personne ayant fait l'objet du traitement, ici, il n'est pas possible d'anticiper un accord puisque ce dont on envisage la création, ici, n'est en aucun cas une personne. À la différence de ce qui se passe dans le cas de la recherche sur l'embryon, toutefois, peser moralement le pour et le contre en présence d'une prédisposition à un déficit lourd pour la future personne elle-même peut être une attitude à prendre en ligne de compte[8]. Ceux

d'influer sur l'empreinte phénotypique d'un programme génétique déterminé et pour autant, naturellement, que les technologies requises pour cela ont déjà fait leurs preuves.

7 Diagnostic pré-implantatoire.

8 [NdA] Aussi longtemps que les partisans du DPI verront, dans ce qui est préconisé aujourd'hui par la médecine pour l'interruption de grossesse, un modèle, ils s'interdiront

qui en appellent à une réglementation qui, le cas échéant, limiterait la recevabilité du procédé aux cas indiscutablement extrêmes de maladies monogénétiques, peuvent, contre la protection de la vie, avancer au premier chef[9] que l'on peut percevoir et plaider qu'il est de l'intérêt de la personne à venir concernée qu'on lui évite une vie dont le caractère restreint lui serait insupportable.

Mais même dans ce cas de figure, le fait que nous envisagions de prendre « pour autrui » une décision lourde de conséquences en tranchant entre une vie qui vaut d'être vécue et une vie qui ne le vaut pas, demeure quelque [105] que chose de dérangeant. Est-ce que les parents qui, pour satisfaire leur désir d'enfant, se déterminent en faveur de la sélection manquent à une attitude clinicienne dont le but est la bonne santé de l'enfant ? Ou se comportent-ils à l'égard de l'enfant à naître, même si cela procède d'une fiction invérifiable, comme à l'égard d'une seconde personne – émettant l'hypothèse qu'« elle-même », dans une certaine mesure, dirait non à une existence limitée par la maladie ? Moi-même, je ne suis sûr de rien ; mais quoi qu'il en soit, les opposants disposeraient encore de solides raisons dès lors qu'ils montreraient du doigt (comme récemment le Président fédéral[10]) les effets secondaires discriminants et l'accoutumance problématique que ne peut pas manquer d'engendrer une appréciation aussi restrictive de cette modalité de la vie humaine qu'on appelle le handicap.

La situation sera différente lorsque le développement de la technologie génétique, un jour, permettra de faire suivre le diagnostic d'un déficit héréditaire sévère d'une intervention génético-thérapeutique et par là même de rendre superflue une sélection. Le seuil ouvrant sur l'eugénisme négatif serait alors franchi. Si tel était le cas, les raisons que nous avons mentionnées et qui sont aujourd'hui invoquées pour libéraliser le DPI

---

un changement de perspective et le passage de ce qui n'est pas médicalement recommandé pour la mère à ce qui n'est pas médicalement supportable pour l'enfant.

9 [NdA] Si l'on fait abstraction de la sélection délibérément provoquée, il est à vrai dire encore un autre point de vue qui peut entrer en ligne de compte dans la recevabilité du procédé, et qui recoupe le droit de la femme à l'autodétermination dans le cas d'un avortement – ce qui est, encore une fois, une situation d'une autre nature –, il s'agit, dans le cas présent, de la capacité des parents à faire face aux circonstances. Il faut en effet que ceux-ci se sachent capables d'assumer, y compris si la situation s'aggrave, la responsabilité exigeante d'un enfant avec qui ils vont désormais à jamais partager leur vie.

10 Probablement Johannes Rau (1931-2006) président fédéral de l'Allemagne de 1999 à 2004.

pourraient alors valoir en faveur des modifications génétiques sans que l'on doive mettre en balance un handicap non désiré et la protection de la vie d'un embryon « rejeté ». Envisager une modification génétique (de préférence sur des cellules somatiques) qui se limiterait à des fins sans aucun doute possible thérapeutiques peut être comparé à la lutte contre les épidémies et les pandémies. Le degré de profondeur propre aux moyens avec lesquels on opère pour intervenir ne justifie nullement l'abandon d'un traitement.

Ibid., chap. III, p. 126-127. © Éditions GALLIMARD.

[126] Mais même ici la question se pose : pouvons-nous savoir si un don « quel qu'il soit » élargit effectivement la latitude offerte à une autre personne de donner forme à sa vie ? Les parents, qui ne veulent que ce qu'il y a de mieux pour leurs enfants, sont-ils réellement bien placés pour prévoir les circonstances – et le concours des circonstances – dans lesquelles, par exemple, une mémoire éblouissante ou une grande intelligence (comme on voudra bien la définir) sera un avantage. Une bonne mémoire est souvent une bénédiction, mais pas toujours, il s'en faut de beaucoup. Ne pas pouvoir oublier peut être un fléau. Le sens de ce qui est pertinent, ou la formation des traditions, tout cela repose sur la sélectivité de notre mémoire. L'intégration de trop de données empêche parfois qu'on ait aux données les plus importantes un rapport productif.

Il en va de même pour une intelligence supérieure. On s'en doute, elle constitue, dans bien des situations, un avantage. Mais quelles sont les répercussions de ces avantages acquis « au départ » dans une société qui valorise la concurrence, par exemple, sur la formation du caractère du surdoué ? Comment l'individu en question interprétera-t-il et usera-t-il de cette différence – sans passion et avec souveraineté, ou au contraire avec une ambition sans relâche ? Comment va-t-il tirer parti dans ses rapports sociaux d'une telle faculté, qui va le faire remarquer et peut susciter la jalousie de son entourage ? [127] Dans des contextes biographiques différents, le bien – très généralisé – que représente le corps en bonne santé ne recouvre jamais la même valeur. Il est donc impossible que les parents puissent savoir si un handicap léger ne se transformera pas, en fin de compte, en un avantage pour leur enfant.

Ibid., p. 141-143. © Éditions GALLIMARD.

[141] Au lieu de l'attitude performative adoptée face à une personne future, qui, dès le stade embryonnaire, « est traitée en tant que » personne qui pourra dire oui ou non, l'attitude adoptée dans le cas de l'eugénisme positif est celle du « bricoleur » qui [142] allie la finalité de l'éleveur classique cherchant à améliorer les caractères héréditaires d'une espèce et le mode opératoire d'un ingénieur qui réalise instrumentalement son projet – et « traite » les cellules de l'embryon comme un matériau.

On ne peut naturellement parler de « pente glissante » que s'il y a des raisons de supposer que la libéralisation du DPI[11] (a) et de la recherche sur les cellules souches de l'embryon humain (b) débouche sur l'accoutumance précisément à ces deux attitudes qui vont de pair avec l'« amélioration » et la « réification » de la vie humaine antépersonnelle.

(a) Le contexte pratique dans lequel s'inscrit le procédé du diagnostic préimplantatoire fait que les deux attitudes sont adoptées. À la différence de ce qui se produit dans le cas de la grossesse non désirée, la protection de la vie n'entre pas ici en concurrence avec un droit fondamental protégé, celui de la femme à s'autodéterminer. Ici, disons plutôt que les parents qui souhaitent avoir un enfant prennent une décision de procréer sous réserve. Lorsque le diagnostic aura été établi, ils auront à choisir entre plusieurs options ou devront prendre une décision binaire (l'implantation ou la destruction d'un embryon). Or la première intention qui s'exprime dans cette attitude est bel et bien une « intention d'amélioration ». La sélection délibérée est fonction de l'appréciation de la qualité génétique d'un être humain et obéit par conséquent à un désir d'optimisation. Une action qui aboutit à la sélection d'un être vivant plus sain résulte de la même attitude que celle qui guide une pratique eugénique.

En limitant strictement le procédé à l'évitement de pathologies héréditaires sévères, il est vrai que, au premier abord, le parallèle avec l'eugénisme négatif – ou [143] ce que nous appellerons par hypothèse l'eugénisme « sans inconvénients » – s'impose. Les parents peuvent prétendre qu'une décision est prise dans l'intérêt prévisionnel de l'enfant à naître, afin que lui soit évitée une existence obérée par un handicap insupportable, qui ne serait qu'une vie de tortures. En décrivant le problème sous cet angle, la protection de la vie de l'embryon se trouve en

11 Voir la note correspondante p. 877.

quelque sorte bornée par le non anticipé de la personne à naître elle-même. C'est la compréhension de soi qui sous-tend l'attitude clinicienne – et en aucun cas l'attitude recherchant l'optimisation. Mais cette prétention clinicienne se concilie-t-elle avec la distinction, imposée de manière « unilatérale » et – à la différence de ce qui se produit dans le cas de l'eugénisme négatif – de manière « irrévocable », entre une vie qui « vaut d'être vécue » et une vie « qui ne le vaut pas » ? Cette interprétation n'est-elle pas toujours grevée par l'ambiguïté d'un altruisme de façade masquant l'égocentrisme d'un désir, d'entrée de jeu, conditionné ? Il faut, bien que d'autres solutions existent, que nous ayons un enfant à nous, mais qui ne peut venir au monde que s'il correspond à des critères de qualité déterminés.

JACQUES DERRIDA
(1930-2004)

> [37] Depuis treize jours, je souffre d'une paralysie faciale d'origine virale, dite *a frigore*[1] (défiguration, le nerf facial enflammé, [38] le côté gauche du visage frappé de rigidité, l'œil gauche fixe et terrible à voir dans un miroir, la paupière ne se ferme plus normalement : privation du « clin d'œil », donc, de cet instant d'aveuglement qui assure à la vue sa respiration).
> *Mémoires d'aveugle. L'autoportrait et autres ruines*[2].

L'Écriture et la différence, Paris, Le Seuil, 1967, chap. II, p. 74-79. © Éditions du Seuil, 1967. © Éditions Points, 2014.

[74] Nous avons essayé de lire Foucault[3]. Tentons maintenant de relire naïvement Descartes et de voir, avant de répéter la question du rapport entre le « signe » et la « structure », tentons de voir, comme je l'avais annoncé, ce que peut être le « sens du signe lui-même ». (Puisque le signe ici a déjà l'autonomie d'un discours [75] philosophique, est déjà un rapport de signifiant à signifié). En relisant Descartes, je remarque deux choses :

1. Que dans le passage auquel nous nous sommes référés[4] et qui correspond à la phase du « doute » fondé sur des raisons « naturelles », Descartes « ne contourne pas » l'éventualité de l'erreur sensible et du rêve, il ne les « surmonte » pas « dans la structure de la vérité » pour la simple raison que, semble-t-il, il ne les surmonte ni ne les contourne à aucun moment et aucunement ; et qu'il n'écarte à aucun moment

1 Paralysie du visage idiopathique, c'est-à-dire, dans ce contexte, sans cause identifiée.
2 *Mémoires d'aveugle. L'autoportrait et autres ruines*, Paris, Réunion des musées nationaux, 1990, p. 37-38. Avec l'aimable autorisation des ayants droit de Jacques Derrida.
3 *Histoire de la folie à l'âge classique*, part. I, chap. II.
4 Au sein de la Première Méditation.

la possibilité de l'erreur totale pour « toute » connaissance qui a son origine dans les sens et dans la composition imaginative. Il faut bien comprendre ici que l'hypothèse du rêve est la radicalisation, ou si l'on préfère l'exagération hyperbolique de l'hypothèse où les sens pourraient « parfois » me tromper. Dans le rêve, la « totalité » de mes images sensibles est illusoire. Il s'ensuit qu'une certitude invulnérable au rêve le serait *a fortiori* à l'illusion « perceptive » d'ordre sensible. Il suffit donc d'examiner le cas du rêve pour traiter, au niveau qui est en ce moment le nôtre, celui du doute naturel, du cas de l'erreur sensible en général. Or, quelles sont la certitude et la vérité qui échappent à la perception, donc à l'erreur sensible ou à la composition imaginative et onirique ? Ce sont des certitudes et des vérités d'origine non-sensible et non-imaginative. Ce sont les choses « simples » et « intelligibles ».

En effet, si je dors, tout ce que je perçois en rêve peut être, comme dit Descartes, « fausse illusion », et en particulier l'existence de mes mains, de mon corps, et que nous ouvrons les yeux, que nous remuons la tête, etc. Autrement dit, ce qu'il semblait exclure plus haut, selon Foucault, comme extravagance, est ici admis comme possibilité du rêve. Et nous verrons pourquoi tout à l'heure. Mais, dit Descartes, supposons que toutes mes représentations oniriques soient illusoires. Même dans ce cas, de choses si naturellement certaines que mon corps, mes mains, etc., il faut bien qu'il y ait représentation, si illusoire cette représentation soit-elle, si fausse soit-elle quant à son rapport au représenté. Or dans ces représentations, ces images, ces idées au sens cartésien, tout peut être faux et fictif, comme les représentations de ces peintres dont l'imagination, dit expressément Descartes, est assez « extravagante » pour inventer quelque chose de si nouveau que jamais nous n'ayons rien vu de semblable. Mais du [76] moins y a-t-il, dans le cas de la peinture, un élément dernier qui ne se laisse pas décomposer en illusion, que les peintres ne peuvent feindre, et c'est la « couleur ». C'est là seulement une « analogie » car Descartes ne pose pas l'existence nécessaire de la couleur en général : c'est une chose sensible parmi d'autres. Mais « de même que » dans un tableau, si inventif et si imaginatif soit-il, il reste une part de simplicité irréductible et réelle – la couleur, – « de même » il y a dans le songe une part de simplicité non feinte, supposée par toute composition fantastique, et irréductible à toute décomposition. Mais cette fois – et c'est pourquoi l'exemple du peintre et de la couleur n'était qu'analogique – cette part n'est ni sensible ni imaginative : elle est « intelligible ».

C'est un point auquel Foucault ne s'attache pas. [...]

[77] Ainsi la certitude de cette simplicité ou généralité *intelligible* – qui sera peu après soumise au doute métaphysique, artificiel et hyperbolique avec la fiction de Malin Génie – n'est pas du tout obtenue par une réduction continue découvrant enfin la résistance d'un noyau de certitude sensible ou imaginative. Il y a passage à un autre ordre et discontinuité. Le noyau est purement intelligible et la certitude, encore naturelle et provisoire, que l'on atteint ainsi, suppose une rupture radicale avec les sens. À ce moment de l'analyse, « aucune » signification sensible ou imaginative, en tant que telle, « est sauvée », « aucune » invulnérabilité du sensible au doute est éprouvée. « Toute » signification, « toute » « idée » d'origine sensible est « exclue » du domaine de la vérité, « au même titre que la folie ». Et il n'y a rien là d'étonnant : la folie n'est qu'un cas particulier, et non le plus grave, d'ailleurs, de l'illusion sensible qui intéresse ici Descartes. On peut ainsi constater que :

2. L'hypothèse de l'extravagance semble – à ce moment de l'ordre cartésien – ne recevoir aucun traitement privilégié et n'être soumise à aucune exclusion particulière. Relisons, en effet, le passage où apparaît l'extravagance et que cite Foucault. Situons-le à nouveau. Descartes vient de remarquer que les sens nous trompant quelquefois, « il est de la prudence de ne se fier jamais entièrement à ceux qui nous ont quelquefois trompés ». Il va à la ligne et il commence par le *sed forte*[5] sur lequel j'attirais tout à l'heure votre attention. Or tout le paragraphe qui suit exprime non pas la pensée définitive et arrêtée de Descartes mais l'objection [78] et l'étonnement du non-philosophe, du novice en philosophie que ce doute effraie et qui proteste, et qui dit : je veux bien que vous doutiez de certaines perceptions sensibles concernant des choses « peu sensibles et fort éloignées », mais les autres ! que vous soyez assis ici, près du feu, tenant ce langage, ce papier entre les mains et autres choses de même nature ! Alors Descartes assume l'étonnement de ce lecteur ou de cet interlocuteur naïf, il feint de le prendre à son compte lorsqu'il écrit : « Et comment est-ce que je pourrais nier que ces mains et ce corps-ci soient à moi ? Si ce n'est que je me compare à ces insensés, de qui..., etc. » « Et je ne serais pas moins extravagant si je me réglais sur leurs exemples... ».

5 « Mais peut-être ».

On voit quel est le sens pédagogique et rhétorique du *sed forte* qui commande tout ce paragraphe. C'est le « mais peut-être » de l'objection feinte. Descartes vient de dire que toutes les connaissances d'origine sensible peuvent le tromper. Il feint de s'adresser l'objection étonnée du non-philosophe imaginaire qu'une telle audace effraie et qui lui dit : non, pas toutes les connaissances sensibles, sans quoi vous seriez fou et il serait déraisonnable de se régler sur les fous, de nous proposer un discours de fou. Descartes « se fait l'écho » de cette objection : puisque je suis là, que j'écris, que vous m'entendez, je ne suis pas fou, ni vous, et nous sommes entre gens sensés. L'exemple de la folie n'est donc pas révélateur de la fragilité de l'idée sensible. Soit. Descartes acquiesce à ce point de vue naturel ou plutôt il feint de se reposer dans ce confort naturel pour mieux et plus radicalement et plus définitivement s'en déloger et inquiéter son interlocuteur. Soit, dit-il, vous pensez que je serais fou de douter que je sois assis auprès du feu, etc., que je serais extravagant de me régler sur l'exemple des fous. Je vais donc vous proposer une hypothèse qui vous paraîtra bien plus naturelle, qui ne vous dépaysera pas, parce qu'il s'agit d'une expérience plus commune, plus universelle aussi que celle de la folie : et c'est celle du sommeil et du rêve. Descartes développe alors cette hypothèse qui ruinera « tous » les fondements « sensibles » de la connaissance et ne mettra à nu que les fondements « intellectuels » de la certitude. Cette hypothèse, surtout, ne fuira pas la possibilité d'extravagances – épistémologiques – bien plus graves que celles de la folie.

[79] Cette référence au songe n'est donc pas, bien au contraire, en retrait par rapport à la possibilité d'une folie que Descartes aurait tenue en respect ou même exclue. Elle constitue, dans l'ordre méthodique qui est ici le nôtre, l'exaspération hyperbolique de l'hypothèse de la folie. Celle-ci n'affectait, de manière contingente et partielle, que certaines régions de la perception sensible. Il ne s'agit d'ailleurs pas ici, pour Descartes, de déterminer le concept de la folie mais de se servir de la notion courante d'extravagance à des fins juridiques et méthodologiques, pour poser des questions de droit concernant seulement la « vérité » des idées. Ce qu'il faut ici retenir, c'est que, « de ce point de vue », le dormeur, ou le rêveur, est plus fou que le fou. Ou du moins, le rêveur, au regard du problème de la connaissance qui intéresse ici Descartes, est plus loin de la perception vraie que le fou. C'est dans le cas du sommeil

et non dans celui de l'extravagance que la « totalité absolue » des idées d'origine sensible devient suspecte, est privée de « valeur objective » selon l'expression de M. Guéroult[6]. L'hypothèse de l'extravagance n'était donc pas un bon exemple, un exemple révélateur ; ce n'était pas un bon instrument de doute. Et cela au moins pour deux raisons.

a) Il ne couvre pas la « totalité » du champ de la perception sensible. Le fou ne se trompe pas toujours et en tout ; il ne se trompe pas assez, il n'est jamais assez fou.

b) C'est un exemple inefficace et malheureux dans l'ordre pédagogique car il rencontre la résistance du non-philosophe qui n'a pas l'audace de suivre le philosophe quand celui-ci admet qu'il pourrait bien être fou au moment où il parle.

Ibid., p. 83-86. © Éditions du Seuil, 1967. © Éditions Points, 2014.

[83] Foucault dit : « La folie, c'est l'absence d'œuvre. » C'est une note de base dans son livre. Or l'œuvre commence avec le discours le plus élémentaire, avec la première articulation d'un sens, avec la « phrase », avec la première amorce syntaxique d'un « comme tel[7] », puisque faire une phrase, c'est « manifester » un sens possible. La phrase est par essence normale. Elle porte la normalité en soi, c'est-à-dire « le sens », à tous les sens [84] de ce mot, celui de Descartes en particulier. Elle porte en soi la normalité et le sens, quel que soit d'ailleurs l'état, la santé ou la folie de celui qui la profère ou par qui elle passe et sur qui, en qui elle s'articule. Dans sa syntaxe la plus pauvre, le logos est la raison, et une raison déjà historique. Et si la folie, c'est, en général, par-delà toute structure historique factice et déterminée, l'absence d'œuvre, alors la folie est bien par essence et en général, le silence, la parole coupée, dans une césure et une blessure qui « entament » bien la vie comme « historicité en général ». Silence non pas déterminé, non pas imposé à ce moment plutôt qu'à tel autre, mais lié par essence à un coup de

6 Martial Gueroult (1891-1976) philosophe français, spécialiste de la philosophie du XVIIe siècle.

7 [NdA] C'est-à-dire dès que, plus ou moins implicitement, il est « fait appel à l'être » (avant même la détermination en essence et existence) ; ce qui ne peut signifier que « se laisser appeler par l'être ». L'être ne serait pas ce qu'il est si la parole le précédait ou l'appelait « simplement ». Le dernier garde-fou du langage, c'est le sens de l'être.

force, à un interdit qui ouvrent l'histoire et la parole. « En général ». C'est dans la dimension de l'historicité en général, qui ne se confond ni avec une éternité anhistorique, ni avec quelque moment empiriquement déterminé de l'histoire des faits, la part de silence irréductible qui porte et hante le langage, et hors de laquelle seule, et « contre » laquelle seule il peut surgir ; « contre » désignant ici à la fois le fond contre lequel la forme s'enlève par force et l'adversaire contre lequel je m'assure et me rassure par force. Bien que le silence de la folie soit l'absence d'œuvre, il n'est pas le simple exergue de l'œuvre, il n'est pas hors d'œuvre pour le langage et le sens. Il en est aussi, comme le non-sens, la limite et la ressource profonde. Bien sûr, à essentialiser ainsi la folie, on risque d'en dissoudre la détermination de fait dans le travail psychiatrique. C'est une menace permanente, mais elle ne devrait pas décourager le psychiatre exigeant et patient.

Si bien que, pour en revenir à Descartes, tout philosophe ou tout sujet parlant (et le philosophe n'est que le « sujet parlant » par excellence) devant évoquer la folie à « l'intérieur » de la pensée (et non seulement du corps ou de quelque instance extrinsèque), ne peut le faire que dans la dimension de la « possibilité » et dans le langage de la fiction ou dans la fiction du langage. Par là même, il se rassure en son langage contre la folie de fait – qui peut parfois paraître très bavarde, c'est un autre problème, – il prend ses distances, la distance indispensable pour pouvoir continuer à parler et à vivre. Mais il n'y a pas là une défaillance ou une recherche de sécurité propre à tel ou tel langage historique (par exemple, la recherche de la « certitude » dans le style cartésien), mais à l'essence et au projet même de tout langage en général ; [85] et même des plus fous en apparence ; et même et surtout de ceux qui, par l'éloge de la folie, par la complicité avec la folie, se mesurent au plus proche de la folie. Le langage étant la rupture même avec la folie, il est encore plus conforme à son essence et à sa vocation, il rompt encore mieux avec elle s'il se mesure plus librement à elle et s'en approche davantage : jusqu'à n'en être plus séparé que par la « feuille transparente » dont parle Joyce, par soi-même, car cette diaphanéité n'est rien d'autre que le langage, le sens, la possibilité, et la discrétion *élémentaire* d'un rien qui neutralise tout. En ce sens, je serais tenté de considérer le livre de Foucault comme un puissant geste de protection et de renfermement. Un geste cartésien pour le XXe siècle. Une récupération de la négativité.

En apparence, c'est la raison qu'il renferme à son tour, mais, comme le fit Descartes, c'est la raison d'hier qu'il choisit comme cible, et non la possibilité du sens en général.

2. Quant à la deuxième vérité que Foucault aurait pu nous opposer, elle semble aussi ne valoir que pour la phase naturelle du doute. Non seulement Descartes ne met plus la folie à la porte dans la phase du doute radical, non seulement il en installe la possibilité menaçante au cœur de l'intelligible, mais il ne permet à aucune connaissance déterminée de lui échapper en droit. Menaçant le tout de la connaissance, l'extravagance – l'hypothèse de l'extravagance – n'en est pas une modification interne. À aucun moment la connaissance ne pourra donc à elle seule dominer la folie et la maîtriser, c'est-à-dire l'objectiver. Du moins tant que le doute ne sera pas levé. Car la fin du doute pose un problème que nous retrouverons dans un instant.

L'acte du Cogito et la certitude d'exister échappent bien, pour la première fois, à la folie ; mais outre qu'il ne s'agit plus là, pour la première fois, d'une connaissance objective et représentative, on ne peut plus dire à la lettre que le Cogito échappe à la folie parce qu'il se tiendrait hors de sa prise, ou parce que, comme le dit Foucault, « "moi" qui pense, je ne peux pas être fou », mais bien parce que dans son instant, dans son instance propre, l'acte du Cogito vaut *« même si je suis fou, même si »* ma pensée est folle de part en part. Il y a une valeur et un sens du Cogito comme de l'existence qui échappent à l'alternative d'une folie et d'une [86] raison déterminées. Devant l'expérience aiguë du Cogito, l'extravagance, comme le dit le *Discours de la méthode*, est irrémédiablement du côté du scepticisme. La pensée alors ne redoute plus la folie : : « Les plus extravagantes suppositions des sceptiques ne sont pas capables de l'ébranler » (*Discours*, IVe partie). La certitude ainsi atteinte n'est pas à l'abri d'une folie enfermée, elle est atteinte et assurée en la folie elle-même. Elle vaut « même si je suis fou ». Suprême assurance qui semble ne requérir ni exclusion ni contournement. Descartes ne renferme jamais la folie, ni à l'étape du doute naturel ni à l'étape du doute métaphysique. « Il fait seulement semblant de l'exclure dans la première phase de la première étape, dans le moment non-hyperbolique du doute naturel ». L'audace hyperbolique du Cogito cartésien, son audace folle que nous ne comprenons peut-être plus très bien comme audace parce que, à la différence du contemporain de Descartes, nous

nous sommes trop rassurés, trop rompus à son schéma plus qu'à son expérience aiguë, son audace folle consiste donc à faire retour vers un point originaire qui n'appartient plus au couple d'une raison et d'une déraison « déterminées », à leur opposition ou à leur alternative. Que je sois fou ou non, *Cogito, sum*[8]. À tous les sens de ce mot, la folie n'est donc qu'un « *cas* » de la pensée (« dans » la pensée). Il s'agit alors de faire retraite vers un point où toute contradiction « déterminée » sous la forme de telle structure historique de fait peut apparaître et apparaître comme relative à ce point-zéro où le sens et le non-sens déterminés se rejoignent en leur origine commune. De ce point-zéro, déterminé comme Cogito par Descartes, on pourrait peut-être dire ceci, du point de vue qui est en ce moment le nôtre.

Invulnérable à toute contradiction déterminée entre raison et déraison, il est le point à partir duquel l'histoire des formes déterminées de cette contradiction, de ce dialogue entamé ou rompu peut apparaître comme tel et être dit. Il est le point de certitude inentamable où s'enracine la possibilité du récit foucaldien, comme le récit, aussi bien, de la totalité, ou plutôt de *toutes* les formes déterminées des échanges entre raison et folie.

Ibid., p. 91-92. © Éditions du Seuil, 1967. © Éditions Points, 2014.

[91] Et la lecture de Foucault me paraît forte et illuminante non pas à l'étape du texte qu'il cite, et qui est antérieure et inférieure au Cogito, mais à partir du moment qui succède immédiatement à l'expérience instantanée du Cogito en sa pointe la plus aiguë, où raison et folie ne se sont pas encore séparées, quand prendre le parti du Cogito, ce n'est pas prendre le parti de la raison comme ordre raisonnable ni celui du désordre et de la folie, mais ressaisir la source à partir de laquelle raison *et* folie peuvent se déterminer et se dire. L'interprétation de Foucault me paraît illuminante à partir du moment où le Cogito doit se réfléchir et se proférer dans un discours philosophique organisé. C'est-à-dire « presque tout le temps ». Car si le Cogito vaut même pour le fou, être fou – si, encore une fois, cette expression a un sens philosophique univoque, ce que je ne crois pas : elle dit simplement l'autre de chaque forme déterminée du logos, – c'est ne pouvoir réfléchir et dire le Cogito, c'est-à-dire le faire

8 « Je pense, je suis ».

apparaître comme tel pour un autre ; un autre qui peut être moi-même. À partir du moment où Descartes énonce le Cogito, il l'inscrit dans un système de déductions et de protections qui trahissent sa source vive et contraignent l'errance propre du Cogito pour contourner l'erreur. Au fond, en passant sous silence le problème de parole que pose le Cogito, Descartes semble sous-entendre que penser *et* dire le clair et le distinct, c'est la même chose. On peut dire *ce qu'on* pense et *qu'on* pense sans le trahir. De façon analogue – analogue seulement – saint Anselme voyait dans l'*insipiens*, dans l'insensé, [92] quelqu'un qui ne pensait pas parce qu'il ne pouvait pas penser ce qu'il disait. La folie était aussi pour lui un silence, le silence bavard d'une pensée qui ne pensait pas ses mots. C'est aussi un point sur lequel il faudrait s'étendre davantage. En tous cas, le Cogito est œuvre dès qu'il se rassure en son dire. Mais il est folie avant l'œuvre. Le fou, s'il pouvait récuser le Malin Génie, ne pourrait en tous cas se le dire. Il ne peut donc pas le dire. En tous cas, Foucault a raison dans la mesure où le projet de contraindre l'errance animait déjà un doute qui s'est toujours proposé comme méthodique. Cette identification du Cogito et de la raison raisonnable – normale – n'a même pas besoin d'attendre – en fait sinon en droit – les preuves de l'existence d'un Dieu vérace comme suprême garde-fou.

Mémoires d'aveugle. L'autoportrait et autres ruines, *op. cit.*, p. 18-21. Avec l'aimable autorisation des ayants droit de Jacques Derrida.

[18] Péché, faute ou erreur, la chute signifie aussi que l'aveuglement *viole* ce qu'on peut appeler ici la Nature. C'est un accident qui interrompt le cours des choses ou transgresse les lois naturelles. Il laisse penser, parfois, que le mal affecte, en même temps que la Nature, une nature de la volonté, la volonté de savoir comme volonté de voir. Une mauvaise volonté aurait poussé l'homme à se fermer les yeux. L'aveugle ne veut pas savoir ou plutôt voudrait ne pas savoir : c'est-à-dire ne pas voir. *Idein, eidos, idea* : toute l'histoire, toute la sémantique de l'« idée » européenne, dans sa généalogie grecque, on le sait, on le voit, assigne le voir au savoir. Voyez l'allégorie de « L'erreur », l'homme aux yeux bandés de Coypel[9]. « Naturellement » ses yeux « pourraient » voir. Mais ils sont « bandés »

9 Antoine Coypel (1661-1722) peintre français.

(mouchoir, foulard, toile, voile, du textile en tous cas qu'on ajuste au regard et qu'on attache derrière la tête). Bandés, ils ne le sont pas naturellement, mais par la main de l'autre, ou par la sienne, obéissant à une loi qui n'est pas naturelle ou physique puisque le [21] nœud, derrière la tête, reste à portée de main du sujet qui pourrait le défaire : comme si le sujet de l'erreur consentait à ce qui ainsi lui bande les yeux, comme s'il jouissait de sa souffrance et de son errance, comme s'il la choisissait, au risque de la chute, comme s'il jouait à chercher l'autre au cours d'un sublime et mortel colin-maillard. Il y va de son vouloir, c'est lui qui se trouve ainsi « bandé », les yeux bandés. Descartes, ce penseur de l'œil qui analysa un jour son inclination « à aimer » les « personnes louches[10] », que dit-il de l'erreur ? Pour l'auteur de *La Dioptrique*[11], qui rêvait aussi de fabriquer des lunettes et de rendre la vue aux aveugles, l'erreur est d'abord une croyance ou plutôt une opinion : consistant à acquiescer, à dire oui, à « opiner » trop tôt, cette faute du « jugement », non de la perception, trahit l'excès de la volonté infinie sur l'entendement fini. Je suis dans l'erreur, je me trompe parce que, capable de mouvoir ma volonté à l'infini et dans l'instant, je peux vouloir me porter au-delà de la perception, vouloir au-delà du voir.

Est-ce que je « me » trompe à mon tour ? Suis-je victime d'une hallucination lorsque je crois voir, à travers cette « Erreur » de Coypel, la figure d'un dessinateur au travail ? Je m'en expliquerai plus tard.

En tout cas cette « Erreur » d'un homme debout, « seul, curieux », *en souci* de voir et de toucher, les mains inquiètes, livré de pied en cap à l'esquisse autant qu'à l'esquive, je ne lui trouve aucune ressemblance, bien qu'il s'agisse encore d'une aventure de la connaissance, avec ces prisonniers enchaînés à l'opinion dans la caverne de *La République*[12]. La spéléologie platonicienne développe elle-même, ne l'oublions pas, une « image » de tous les aveuglements possibles, une « icône », dit souvent Platon, mot qu'on traduit aussi par allégorie. Encore aveugles à l'idée des choses mêmes dont ils contemplent les ombres projetées par le feu sar la paroi qui leur fait face, les prisonniers sont enchaînés depuis leur enfance, « ils ne peuvent bouger de place, ni voir ailleurs que devant eux; car les liens les empêchent de tourner la tête[13] ». Une conversion

10 C'est-à-dire les personnes qui louchent. Voir la lettre à Chanut du 6 juin 1647.

11 Ouvrage de Descartes publié en 1637. Voir ici les textes qui en sont tirés, p. 259-263.

12 Liv. VII, 514 a-519 e.

13 [NdA] Trad. Émile Chambry, Paris, Budé, 514a.

les libérera de la prison phénoménale du monde visible. Mais avant cette anabase[14] éblouissante qui est aussi une anamnèse[15], avant cette passion de la mémoire qui, au risque d'une autre cécité, tournera le regard de l'âme vers le « lieu intelligible », ces prisonniers souffrent de la vue, certes, et ils souffriront encore, car « les yeux sont troublés de deux manières et par deux causes opposées, par le passage de la lumière à l'obscurité et par celui de l'obscurité à la lumière[16] ».

Ibid., p. 128-129. Avec l'aimable autorisation des ayants droit de Jacques Derrida.

[128] C'est le moment de préciser l'hypothèse « aboculaire[17] » – ou l'époque de la vue. La cécité n'interdit pas les larmes, elle n'en prive pas. Si l'aveugle [129] pleure en demandant pardon (Samson : « *His pardon I implore* »[18]), si un dessin d'aveugle le rappelle, on entrevoit la question : après qui le dessin pleure-t-il ? Après quoi ? Après la vue ou après les yeux ? Et si ce n'était pas la même chose ? La vue ou les yeux de qui ? N'oublions pas qu'on peut aussi cacher ses larmes (ce qui revient à dissimuler ce qui vient voiler la vue : ainsi cette *Vénus en pleurs* de Lairesse[19] ou la pleurante de Daniele da Volterra[20]). On peut d'abord pleurer sans larmes. Dans les descriptions qu'il donne du « Pleurer », le *Traité des Passions* de Le Brun[21] mentionne à peine les larmes. Elles n'apparaissent pas sur ses représentations graphiques. Est-ce parce qu'il décrit *Le Pleurer* de l'homme ? L'opposerait-il à une larme de femme ? Que faire ici de la différence sexuelle ? Et de Tirésias en nous ?

14 Phase d'aggravation d'une maladie.

15 Retour à la mémoire du passé oublié, et, au sens contemporain, récit d'une maladie. Peut-être Derrida se livre-t-il à un jeu de mots.

16 [NdA] *Ibid.*, 518a.

17 Néologisme forgé par Derrida à partir du latin « *ab oculis* », que Derrida traduit par « sans les yeux » dans cet ouvrage, et dont il fait l'étymologie (au demeurant probable) du mot « aveugle ».

18 « Son pardon j'implore » (John Milton, *Samson Agonistes*, v. 520).

19 Gérard de Lairesse (1641-1711) peintre, graveur et dessinateur néerlandais. La date exacte de l'œuvre mentionnée ici par Derrida n'est pas connue.

20 Daniele da Volterra (1509-1566) ou le *Volterran*, peintre et un sculpteur florentin. Derrida fait référence ici à sa sanguine intitulée *Femme au pied de la croix*, réalisée vers 1545.

21 Charles Le Brun (1619-1690) peintre et décorateur français, premier peintre de Louis XIV. Publiée à titre posthume en 1698, sa *Méthode pour apprendre à dessiner les passions* serait inspirée du *Traité des passions de l'âme* (1649) de Descartes.

Marvell[22] comparait Milton, son ami, à Tirésias : le poète de *Samson Agonistes* aurait reçu l'aveuglement comme une bénédiction, un prix, une prime, une « récompense » divine, un génie de la voyance poétique et politique, la chance de la prophétie. Rien d'étonnant à cela : Marvell croyait savoir qu'en perdant la vue l'homme ne perd pas les yeux. Au contraire. L'homme commence alors à penser les yeux. Les siens propres et non ceux de n'importe quel animal.

Le Monolinguisme de l'autre ou la prothèse d'origine, Paris, Galilée, 1996, chap. III, p. 104. Avec l'aimable autorisation des ayants droit de Jacques Derrida.

Or ce que Arendt semble ne pas envisager du tout, ce qu'elle semble conjurer, dénier ou forclore le plus naturellement du monde, c'est en un mot plus d'une chose :

a. « D'une part » qu'une langue puisse en elle-même devenir folle, voire devenir une folie, la folie elle-même, le lieu de la folie, la folie dans la loi. Arendt ne peut ou ne veut penser cette aberration : pour que les « sujets » d'une langue deviennent « fous », pervers ou diaboliques, mauvais d'un mal radical, il a bien fallu que la langue n'y fût pas pour rien ; elle a dû avoir sa part dans ce qui a rendu cette folie possible ; un être non parlant, un être sans langue « maternelle » ne peut pas devenir « fou », pervers, méchant, meurtrier, criminel ou diabolique ; et si la langue est pour lui autre chose qu'un simple instrument neutre et extérieur (ce que Arendt a raison de supposer, justement, car il faut que la langue soit plus et autre chose qu'un outil pour rester tout le temps, « toujours », avec soi à travers les déplacements et les exils), il faut bien que le citoyen parlant devienne fou « dans » une langue folle – où les mêmes mots perdent ou pervertissent leur sens prétendument commun. Et on comprendra moins que rien à quelque chose comme le nazisme si on en exclut, avec la langue et le langage, tout ce qui en est inséparable : ce n'est pas rien, c'est presque tout.

---

22 Andrew Marvell (1621-1678) poète et homme politique anglais. Il fut le premier assistant et l'ami de Milton, devenu totalement aveugle à l'âge de 40 ans. Il écrivit un poème en préface à la seconde édition du *Paradis perdu* de Milton.

Ibid., p. 106-108. Avec l'aimable autorisation des ayants droit de Jacques Derrida.

[106] L'idée que, à la différence du père, on sait « naturellement » qui est la mère, au spectacle de la naissance, c'est un vieux phantasme (encore à l'œuvre chez le Freud de *L'Homme aux rats)* qu'on ne devrait pas avoir attendu les « mères porteuses » et la « procréation assistée » pour identifier comme tel, à savoir comme phantasme. Rappelons-nous ce nom étrange que je ne sais qui (Voltaire dit que c'est Malebranche[23]) donna à l'imagination : « *la folle du logis*[24] ». La mère peut devenir la folle du logis, la délirante de la loge, de ce lieu de substitution où loge le chez-soi, la loge ou le lieu, la localité ou la location du « chez-soi ». Il peut arriver qu'une mère devienne folle, et cela peut être, certes, un moment de terreur. Quand une mère perd la raison et le sens commun, l'expérience en est aussi effrayante que quand le roi devient fou. Dans les deux cas, ce qui devient fou, c'est quelque chose comme la loi ou l'origine du sens (le père, le roi, la reine, la mère). Or cela peut parfois arriver comme un événement, sans doute, et menacer un jour, une fois, dans l'histoire de la maison ou de la lignée, l'ordre même du « chez-soi », de la « casa », du « chez ». Cette expérience peut angoisser comme une chose qui arrive mais aurait pu ne pas arriver : elle aurait même « *dû* » ne pas arriver.

Mais on peut dire encore la même chose en deux sens plus radicaux, à la fois différents et non différents de celui-ci, à savoir, 1) formellement, la mère comme [107] l'unique insuppléable mais toujours substitutive, et précisément comme lieu de la langue, c'est ce qui rend possible la folie, et 2) plus profondément, comme cette possibilité toujours ouverte, elle « est » la folie même, la folie toujours à l'œuvre : la mère, comme la langue maternelle, l'expérience même de l'unicité absolue qui peut seulement être remplacée « parce qu »'elle est irremplaçable, traduisible parce que intraduisible, là où elle est intraduisible (que traduirait-on autrement ?), la mère « est » la folie : la mère « unique » (disons la maternité, l'expérience de la mère, la relation à la mère « unique ») est « toujours » une folie et donc toujours, en tant que mère et lieu de la folie, folle. Folle comme l'Un de l'unique. Une mère, une

23 Ce qui au sens strict est inexact.

24 Voltaire, *Dictionnaire philosophique*, « APPARITION ».

relation à la mère, une maternité est toujours unique et donc toujours lieu de folie (rien ne rend plus fou que l'unicité absolue de l'Un ou de l'Une). Mais toujours unique, elle est toujours seulement remplaçable, re-plaçable, suppléable là seulement où il n'y a de place unique que pour elle. Remplacement de la place même, à la place de la place : *khôra*[25]. La tragédie et la loi du remplacement, c'est qu'il remplace l'unique – l'unique en tant que substitut substituable. Qu'on soit fils ou fille, et chaque fois différemment selon qu'on est fils ou fille, on est toujours fou d'une mère qui est toujours folle de ce dont elle est, sans jamais pouvoir l'être uniquement, la mère, précisément au lieu, et dans le logis, du chez-soi unique. Et substituable parce que unique. On pourrait montrer que [108] l'unicité absolue rend aussi fou que la remplaçabilité absolue, la remplaçabilité absolue qui remplace l'emplacement même, la place, le lieu, le logis du chez-soi, l'*ipse*[26], l'être chez-soi ou l'être-avec-soi du soi.

Ce discours sur l'insensé nous rapproche d'une énergie de la folie qui pourrait bien être liée à l'essence de l'hospitalité comme essence du chez-soi, essence de l'être-soi ou de l'ipséité[27] comme être-chez-soi. Mais aussi comme ce qui identifie la Loi à la langue maternelle, l'y enracine ou inscrit en tout cas.

Penser à ne pas voir. Écrits sur les arts du visible, 1979-2004, Paris, La Différence, 2013, chap. I, § 2, p. 77. Avec l'aimable autorisation des ayants droit de Jacques Derrida.

Naturellement, il y a des traits épais comme on dit, des traits qui ont une épaisseur de visibilité, un gros trait noir, mais ce qui fait trait dans ce gros trait noir, ce n'est pas l'épaisseur noire, c'est la différentialité, la limite qui, en tant que limite, en tant que trait, n'est pas visible. L'opération dessinante n'a affaire ni à de l'intelligible ni à du sensible et c'est pourquoi elle est, d'une certaine manière, aveugle. Cet aveuglement n'est pas une infirmité. Il faut voir au sens courant du terme pour déployer ces puissances d'aveuglement. Mais

25 En grec ancien, l'espace, l'emplacement, donc possiblement « la place ».

26 « Le soi ».

27 L'identité personnelle.

l'expérience du trait en elle-même est une expérience d'aveugle : *ab-oculaire*[28] (étymologie d'« aveugle »), sans yeux. On a posé la question des musiciens sourds ou aveugles : il faut aussi penser aux dessinateurs ou aux peintres aveugles. Il y en a, il y a même eu des expositions de leurs œuvres. Cela signifie peut-être que, dans la pureté du geste dessinant, la visibilité différentielle, la visibilité de ce qui est différentiel, de ce qui marque la marque, de ce qui laisse une trace, n'est pas simplement la chose ou l'affaire de l'œil. Ce n'est pas simplement la différence entre le jour et la nuit.

Ibid., chap. II, § 3, p. 150-151. Avec l'aimable autorisation des ayants droit de Jacques Derrida.

[150] Il s'agissait[29] non seulement d'exposer des dessins représentant l'œil ou représentant l'aveugle ou représentant les yeux fermés mais d'exposer l'exposition du regard, d'exposer le regard, enfin, l'œil en tant qu'il est exposé lui-même, [151] exposé à la blessure. Alors, il y avait là toutes sortes d'aveugles dont certains étaient des aveugles-nés en quelque sorte ; dont d'autres étaient frappés d'aveuglement par châtiment divin, par exemple ; d'autres avaient les yeux crevés (le cas de Samson) ; d'autres dont la vue était affaiblie et nécessitait le port de prothèses optiques, de lunettes, dans les autoportraits de Chardin par exemple. Donc, <il s'agissait> de montrer l'œil en tant qu'il est exposé et quelquefois l'œil du dessinateur lui-même – dans le cas de Chardin[30] ou de Fantin-Latour[31] – en tant qu'il est exposé à la blessure et à l'aveuglement, en tant qu'il est virtuellement ou actuellement non voyant, l'aveuglement n'étant pas toujours – et c'est là que, naturellement, toutes les choses essentielles se passent à mes yeux – cette infirmité congénitale ou accidentelle qui consiste à priver de la vue au sens strict, mais l'aveuglement pouvant être l'expérience même de la vue.

---

28 Voir la note correspondante p. 893.

29 Dans le livre *Les Mémoires d'aveugle*.

30 Jean Siméon Chardin (1699-1779) peintre français.

31 Ignace Henri Jean Théodore Fantin-Latour (1836-1904) peintre et lithographe français.

Ibid., p. 152-153. Avec l'aimable autorisation des ayants droit de Jacques Derrida.

[152] En tout cas, l'hypothèse générale est que l'aveuglement est, en quelque sorte, l'origine du dessin, l'expérience ou l'appréhension de l'aveuglement. Alors, je dis « expérience » ou « appréhension » : pourquoi ? Quand je dis « expérience », je pense à ce que ce mot veut dire au plus près de sa racine. Une expérience est toujours un voyage, une expérience est toujours une traversée, donc un déplacement dans l'espace. Et l'aveugle est quelqu'un qui fait l'expérience de l'espace en le traversant sans le voir. L'appréhension, c'est à la fois la peur, la peur de l'aveuglement, et puis aussi, précisément à cause de la peur, [153] le geste qui consiste à avancer les mains, à mettre les mains en avant pour ne pas tomber. Et l'aveugle est quelqu'un qui tombe, alors c'est comme ça, souvent, qu'il est représenté : il est toujours en train de tomber ou d'éviter de tomber, de se protéger contre une chute possible, et la signification biblique, notamment, de l'aveuglement est toujours celle de la chute spirituelle, de la chute au sens du péché. Donc, l'hypothèse générale était celle-ci : que l'origine du dessin était une certaine expérience, une certaine appréhension de l'aveuglement.

Ibid., p. 153-157. Avec l'aimable autorisation des ayants droit de Jacques Derrida.

[153] De façon un peu désordonnée, puisque je viens de dire « femme », je voudrais rappeler d'un mot ce qui a été un des motifs directeurs de cette exposition, à savoir que, bien que l'origine du dessin fut attribuée à une femme, à une amante – une femme aveugle, donc, une femme qui ne voit pas, qui dessine [154] en tant qu'elle ne voit pas[32]–, les grands aveugles de l'histoire biblique ou de la mythologie grecque sont toujours des grands aveugles, c'est-à-dire des hommes. Il n'y a pas, ou en tout cas c'est extrêmement minoritaire, de grandes aveugles, de femmes aveugles. L'histoire de l'œil – et cette exposition était une histoire de l'œil : j'ai mimé ou parodié le titre du texte de Bataille que

32 Derrida fait ici référence à l'œuvre du peintre Jean-Baptiste Regnault, *Dibutade ou L'Origine de la peinture* (1786).

vous connaissez bien, *Histoire de l'œil*[33] –, donc l'« histoire de l'œil » comme histoire de la vue menacée, exposée, perdue, est une histoire d'hommes. Le regard, donc l'autorité du regard, l'autorité du dessin, l'autorité menacée de l'œil, étant toujours – alors là, ouverture du grand schéma psychanalytique ou postfreudien sur l'Œdipe, etc. – des expériences de filiations d'hommes, rapports père-fils, etc., et il y a beaucoup d'histoires qui sont racontées dans l'exposition autour du dessin et qui vont dans ce sens-là, la femme n'étant pas ici commise, en quelque sorte, à la représentation de l'autorité du voir, au dessein de la vision, comme si l'œil était fait pour voir. On dit souvent : « Bon, la finalité de l'œil, c'est la vision. Voir, savoir, avoir des objets, dessiner, maîtriser, etc. » Ça, c'est le dessein – le dessein (e, i, n) – de la fonction visuelle et c'est masculin. Alors qu'on peut se demander – et j'ai cité des textes, notamment anglais, d'un poète anglais qui s'appelle Marvell[34] – si la finalité de l'œil, de l'œil humain par opposition à l'œil animal – et il y a dans le fonds du Louvre beaucoup de représentations d'œil animal, d'œil de loups ou d'œil de lynx –, si la finalité de l'œil humain est de voir ou de pleurer. Il y a un très beau texte de Marvell[35] qui dit <qu'> au fond, tous les animaux pourvus d'yeux peuvent voir, <mais> seul l'œil humain peut pleurer. Si bien que si cette hypothèse avait un sens vérifiable – ce au sujet de quoi j'ai beaucoup de questions, [155] mais laissons –, si cette hypothèse avait un sens, elle signifierait que le propre de l'œil humain n'est pas de voir, et donc de dessiner en se réglant sur la vue, puisque aussi bien les animaux peuvent voir avec l'œil, mais <que> le propre de l'œil humain serait de pleurer. Et donc, non pas de voir ou montrer la vérité de l'objet, mais de faire ce qu'on fait quand on pleure, c'est-à-dire être affecté par une émotion qui fait venir l'eau à la vue, qui peut aussi bien brouiller la vue, qui en tout cas… – les aveugles peuvent pleurer, les aveugles peuvent pleurer – révèlerait – les larmes révèleraient – la vérité, dévoilerait la vérité de l'œil. Or dans les

---

33 [NdA] Georges Bataille (pseudonyme Lord Auch), *Histoire de l'œil*, avec huit lithographies non signées d'André Masson, achevé par un chapitre intitulé « Coïncidences », Paris, 1928 ; nouvelle version qui s'achève par un chapitre « Réminiscences », Séville, 1940, avec six gravures à l'eau-forte et burin de Hans Bellmer. Voir « Histoire de l'œil », dans *Œuvres complètes* (Premiers Écrits, 1922-1940), t. 1, présentation de Michel Foucault, Paris, Gallimard, coll. « NRF », 1970, p. 9-78.

34 Voir la note correspondante p. 894.

35 *Eyes and Tears*, dans *Complete poems*.

dessins du Louvre que j'ai vus, les larmes étaient toujours des larmes de femmes, des pleurantes, et il y en a une en particulier qui est montrée, de Daniele da Volterra[36], on voit une pleurante. Il y a donc, traversant plus ou moins discrètement cette exposition, cette thématique de l'œil et du voir, et de l'autorité du voir réservée à l'homme, les pleurs étant révélés, la vérité de l'œil étant révélée par les larmes de la femme.

Donc, premier thème de l'exposition : montrer des aveugles. Et ce qu'on voit dans les aveugles, ce qui est immédiatement le plus manifeste, qu'il s'agisse d'aveugles tâtonnants (je pense aux aveugles de Coypel[37] en particulier) ou qu'il s'agisse d'aveugles guéris par le Christ (on voit des guérisons d'aveugles), ce qu'on voit d'abord, ce sont les mains, ce sont des dessins de mains. Alors, j'ai essayé d'analyser les positions des mains de la part des aveugles, mais aussi bien du Christ qui guérit par attouchement, c'est-à-dire en portant ses doigts sur les paupières des aveugles. Et donc, on voit une manœuvre, une manipulation, des manières si vous voulez, autrement dit, tous des jeux de mains ou de bâtons, de mains appuyées sur un bâton, le bâton étant la prothèse, la pointe qui permet à la main de l'aveugle de s'orienter dans l'espace, de dessiner dans l'espace, donc, entre le bâton, entre la main et le bâton de l'aveugle, et puis le geste du dessinateur qui fait la même chose avec un crayon au fusain, les analogies se pressaient. Ça, c'est la surface la plus évidente d'une exposition des aveugles : on montre les aveugles, les aveugles sont représentés dans leur histoire ou dans leur mythologie, prétexte pour raconter – mais ça, je ne vais [156] pas le faire ici – ces histoires qui sont toujours très riches dans la Bible ou ailleurs, ou dans la mythologie grecque, les histoires qui chargent de signification l'expérience de l'aveuglement comme châtiment, ou aussi bien comme privilège. C'est-à-dire que l'homme frappé d'aveuglement est ou bien le pécheur que Dieu ou que le Christ va sauver miraculeusement en lui rendant la vue, c'est-à-dire en ouvrant ses yeux à une lumière qui n'est plus naturelle ou physique, ou sensible, mais qui est surnaturelle. Et la métaphore de l'aveuglement joue toujours entre ces deux lumières : la lumière sensible et la lumière spirituelle ou surnaturelle. Quelquefois, c'est

36 [NdA] *Femme au pied de la croix*, de Daniele da Volterra, dans J. Derrida, *Mémoires d'aveugle*, p. 127, p. 129.

37 Voir la note correspondante p. 891.

un simple châtiment qui appelle une rédemption, c'est-à-dire la guérison d'aveugle ; quelquefois, la privation de la vue, de la vue sensible, de la vue charnelle, signifie immédiatement l'accès à une vue intérieure, à la vue spirituelle, à la révélation de la vérité de la foi ; et très souvent – ça, c'est, disons, l'équivalent, la correspondance de cette ambiguïté –, très souvent (c'est le cas chez Borges, c'est le cas chez Milton), l'expérience de l'aveuglement est considérée comme un privilège, comme une élection : l'aveugle est élu parce qu'il a la chance de la mémoire, il est livré à la mémoire, et parce qu'il voit mieux que les voyants. Alors là, il y a – bon, je ne vais pas m'engager là-dedans –, mais il y a tout un discours, tenu d'ailleurs par ces poètes ou écrivains mêmes, sur la chance : la chance qu'a constituée pour eux cette privation de la vue charnelle qui ne les a privés de rien et qui leur a, au contraire, donné le privilège de voir mieux que d'autres. Ce qui nous met sur le chemin d'une sorte de surcroît de lumière ou de visibilité dans l'expérience même de la cécité. Dans la nuit, dans la nuit même, le plus de lumière apparaît.

Alors, sous ce thème général de la représentation, de l'aveugle en tant qu'il est représenté, qu'il est montré, là, tâtonnant ou guéri par le Christ, etc., une autre couche, si vous voulez, de l'expérience graphique comme aveuglement pouvait s'annoncer. La démonstration que je tentai ne concernait pas simplement la fascination, ne concernait pas directement la fascination que le dessinateur ressent devant le spectacle des aveugles, mais l'explication de cette fascination. À savoir que si le dessinateur est fasciné, ce n'est pas simplement parce que, comme à tout le monde, l'aveuglement peut arriver : il peut être [157] privé de la vue par accident, il peut peu à peu perdre la vue, devenir myope, devoir porter des lunettes, voir de moins en moins bien, etc. Ça, ça peut arriver à tout le monde, mais c'est suffisant pour fasciner ou obséder un dessinateur qui, quand il montre les yeux (quand Chardin se montre avec des lunettes), sait ce qu'il fait. Mais, plus secrètement, le dessinateur éprouve que, quand il dessine, il est déjà, d'une certaine manière, aveugle. Alors, qu'est-ce que ça veut dire ? Même quand il voit, même quand sa vue est, comme on dit, « normale », l'expérience du dessin est l'expérience de l'aveuglement.

[Avec Safaa Fathy] *Tourner les mots, Au bord d'un film*, Paris, Galilée, 2000, *Lettres sur un aveugle*. Punctum caecum, p. 77-82. Avec l'aimable autorisation des ayants droit de Jacques Derrida.

[77] A. AVEUGLE. Nom ou adjectif? Masculin ou féminin ? Un aveugle, une aveugle ? Un point aveugle ? Depuis le film[38], depuis qu'il fut tourné puis monté, et enfin montré, il y a désormais pour moi l'aveugle. Celui-ci. Reste seulement l'aveugle, ou presque, la figure d'un aveugle. Unique au monde. Ces aveuglements, pour qui *aveugle* devient un nom propre. Toujours je penserai à cet aveugle que je ne connais pas. Je ne l'avais même jamais vu, je pense, à sa première apparition, dans une rue de Tolède, alors que nous « tournions », du 22 au 24 février de cette année (1999).

Presque au milieu du film, voici qu'il surgit maintenant. Sa réapparition reste pour moi une apparition. Une première apparition. Comme une vision furtive, une hallucination même, elle dure une à deux secondes.

Mon expérience du film : elle tend à se rassembler en ce point, désormais. Maintenant, et pour toujours, tout s'organise, comme dans la physiologie de l'œil, à partir de ce qui fut, et qui reste, un « point aveugle » (*punctum caecum*). Autour de lui, depuis sa place, mon point de vue se voit ainsi assigné.

L'aveugle est assis, contemplez-le, arrêtez l'image.

Les mains sur sa tablette, il semble ne prêter attention à rien. À rien du reste du monde. Comme si, alors que la caméra se tournait vers lui, pendant le tournage, il restait lui, dans son infinie solitude, tourné ailleurs, tourné vers le seul dedans d'un secret. De « son » secret.

D'un secret dont maintenant, et pour toujours, nous savons que nous ne saurons rien. D'un secret dont, nous le savons aussi « une fois pour toutes », il ne sortira jamais. L'archive du film est là pour l'attester. C'est ça, la loi du genre, la nécessité vertigineuse d'un film surnommé « documentaire ». Surnom imprudent mais bien porté puisque l'aveugle fut là, en effet, un matin ensoleillé, au coin d'une rue de Tolède. Mais une fiction n'en passe pas moins en contrebande sous le montage dudit documentaire. Ce [78] qui, dans la réalité, n'eut lieu qu'une fois, une seule et unique fois, voilà l'événement ainsi archivé, voilà le document,

38 *D'ailleurs, Derrida*, film documentaire écrit et réalisé en 1999 par la cinéaste, poétesse, dramaturge et essayiste égyptienne Safaa Fathy (néé en 1958).

et cette référence résiste, comme un certain nombre de « faits » rappelés par l'Acteur, au sujet de l'un des sujets qu'il est censé représenter (« Derrida » habite bien cette maison, ces maisons – le film en montre au moins trois : Laguna Beach, El Biar, Ris Orangis), il enseigne bien dans cette salle, ces salles (le film en montre au moins deux, Paris et Irvine en Californie), il a bien donné ce séminaire sur le pardon (c'est bien lui l'Acteur, etc.).

[...]

[79] Rien dans la séquence ne semblait l'annoncer, cet aveugle. Il surgit d'un coup en coupant une séquence. Comme le chat, comme les poissons, comme Jean-Luc Nancy[39]. Anacoluthes[40], changement de plan, discontinuité qui ne laisse pas le temps. Toute l'écriture du film (son nom propre est Safaa Fathy) a d'ailleurs misé sur ces effets de coupure (oserai-je dire d'entame, d'interruption, voire de cette blessure et de cette circoncision-excision qui forme l'un des motifs, peut-être le thème le plus continu, de l'œuvre ?). Les césures, en particulier celle qui *cerne* l'apparition furtive de l'aveugle, je les crois propices, si l'on peut dire, et comme hospitalières à l'imprévisibilité, à l'inanticipable, à ce que nul ne voit venir. Elles donnent à chaque surgissement [80] de l'image l'aura d'un événement. Il n'y a d'événement, bien sûr, que là où l'imprévisible arrive – à l'improviste, donc –, comme l'arrivant, comme l'hôte inattendu dont parle l'Acteur au sujet de l'hospitalité absolue.

Discontinuité au moins apparente, car un fil secret vient toujours faufiler ou recoudre, disons dans l'inconscient, l'apparence de ce que la perception reçoit, accueille, laisse venir, appelons cela la phénoménalité du film.

Jouons maintenant à supposer que l'apparition instantanée de cet aveugle, soit signée, par l'Auteur du film, comme l'allégorie d'un moi, de moi ou de l'Acteur, de moi l'Acteur ou le Figurant, eh bien, de même je n'ai rien vu, moi, au moment du tournage et n'ai découvert l'aveugle qu'une fois le film tourné-monté, selon une idée et une signature de Safaa Fathy, de même ou plus gravement, plus radicalement encore, l'aveugle, lui, l'aveugle lui-même ne saura jamais rien de ce qui lui est

39 Jean-Luc Nancy (1940-2021) philosophe français. Il entretint avec Derrida une relation à la fois amicale et philosophique.

40 Une anacoluthe est une rupture, une discontinuité dans la construction syntaxique d'une phrase.

arrivé là. Il n'aura jamais accès à ce savoir. Il ne saura jamais que son image reste archivée dans un film : pour le reste du monde, voire pour le reste des temps. Soit qu'il ait consenti à ne rien savoir ni comprendre au reste du monde, soit qu'il ait su, secrètement, qu'il faut chercher ailleurs, autrement, et s'attendre à autre chose. Il semble tourné vers le dedans, tourné en vu du dedans qu'il ne voit pas – et c'est tourné vers le dedans qu'il est aussi *tourné*, comme on le dit étrangement, en français, d'un film.

L'aveugle, voilà une certitude, ne verra jamais le film. Un peu comme moi, en somme, et comme l'Acteur. Mais il ne pourra même pas témoigner, comme je le fais ici, de notre aveuglement commun. Ni de ce que cet aveuglement partagé n'est pas le même pour lui et pour moi. Mon « je ne verrai jamais ce film » n'a aucun rapport avec le sien, malgré la parenté. Mais même si je peux le revoir à l'infini, ce qui lui sera refusé, à l'aveugle, je sais que d'une tout autre manière, je ne le verrai jamais.

À moins que je ne sois le seul à savoir ce qu'il faut savoir de ce film, le seul à garder une chance de voir la chose de l'autre côté, d'un côté inaccessible à tout autre. Ou à moins que mon témoignage, à moins que mon savoir allégué n'ajoute un surcroît de cécité. Qui serait aussi un surcroît de vérité quant au divorce dont je parlais plus haut. Il n'y a pas de point de vue absolu sur ce [81] film, nous signifie l'aveugle de Tolède. Si du moins on tient à le « faire parler » – ce qui serait une trahison du film, et des « intentions de l'auteur ».

[…]

L'aveugle de Tolède, c'est lui qui m'a donné l'idée de l'alphabet (et si j'écrivais un abécédaire ?). Digitalisation. Les signes s'orientent et s'ordonnent au bout des doigts. L'aveugle « lit ». À moins (saura-t-on jamais, et quelle différence ?) qu'il n'« écrive » sur une tablette. Il palpe. J'imagine une extase. Elle le requiert corps et âme. Il jouit, il est seul à jouir. Il lit ou il écrit, mais au toucher. Seuls ses doigts remuent. Écriture ou lecture « en relief ». Amour du relief et donc des restes. On aura remarqué tous les restes et toutes les ruines remises en scène dans un film qui ne montre et ne parle que de « ruines », le mot revient souvent, et « restes », et « archives », et « cryptes » et « mémoires » incorporées ou menacées. D'autant plus aimées et désirées au futur antérieur.

L'aveugle est au secret. On le voit, il est voué au secret. Il appartient au secret. Le secret, autre motif continu du film, et traité sur tous les modes. L'aveugle de Tolède est peut-être tenu [82] au secret, tel un de ces marranes[41] dont on s'entretenait tout près de là, dans une cour intérieure. Un marrane qui sait se cacher ou un marrane qui s'ignore à force de se cacher – un peu comme moi.

Je l'ai dit, je ne l'avais jamais vu, l'aveugle, pendant que cela se tournait, et voici, longtemps après le tournage, je le découvre dans un film dont je resterai le Spectateur ahuri, un Rêveur qui n'arrive pas à crever la toile du Rêve, un Spectateur-Acteur parfois incapable de traverser l'écran pour *rentrer* dans le film, pour le rejoindre, pour « enchaîner » et y retrouver sa place (je pense au courrier du cœur dans *Sheikh blanc*[42] que j'avais revu un jour à Montevideo, et à *La Rose pourpre du Caire*[43]), dans un film dont je fus l'Acteur aveugle et largement inconscient.

41 Juifs ou descendants de Juifs d'Espagne ou du Portugal, convertis sous contrainte au christianisme, mais restés fidèles à leur religion ou culture.

42 *Le Cheik blanc* (*Lo sceicco bianco*) connu également sous le titre *Courrier du cœur* est le premier film de Federico Fellini, sorti en 1952.

43 *La Rose pourpre du Caire* (*The Purple Rose of Cairo*) est un film de Woody Allen sorti en 1985.

MICHEL SERRES
(1930-2019)

Les Cinq sens, Paris, Grasset et Fasquelle, 1985, part. II, p. 96. © Éditions Grasset & Fasquelle.

Il [*sc.* Socrate] pensait sans cesser d'être laid. Peut-on vraiment penser sans accéder à la beauté, sans toucher au secret où frémit la vie, sans que le corps se transfigure ? À partir d'un certain âge, un penseur répond de son visage, son savoir et sa pensée doivent répondre de son corps. Socrate hideux : quel aveu ! Son corps demeuré noueux : quel emblème de haine ! La difformité de cet homme révèle sa philosophie malade. Il a aimé la mort, il l'a tant souhaitée. Voyez comment il l'exhibe, entendez la tragédie : combien se réjouissent devant ce cadavre de gnome en représentation, au centre, à l'orchestre, parmi les plaintes et les pleurs ; dialogue sublime, joueuses de flûte, entrée des parents éplorés, coupe bue jusqu'à la lie, sanglots, applaudissements. Il n'a pas su mourir seul, il a fait toute une histoire du moment le plus banal, obligé, le plus solennel, privé, de la vie brève. Vingt-cinq siècles de philosophie pleureuse et plaintive devant ce laideron en exhibition ; à quel dieu monstrueux et immonde se donne-t-il en sacrifice ? À quel dieu hideux, exigeant haine, mort et laideur, doit-il son apothéose, devons-nous de l'écouter au centre du théâtre de philosophie ?

Le Tiers-Instruit, Paris, François Bourin, 1991, part. II, chap. XV, p. 145-146. © Humensis.

[145] On demandait à Malebranche comment et pourquoi Il avait créé le monde, avec son cortège de peines et d'ennuis, de crimes et d'abominations, ce Dieu infini qui eût pu si aisément se reposer en jouissant éternellement de son intelligence et de bonheurs renouvelés ;

à quoi le philosophe avait coutume de répondre que nul ne crée que par un supplément de puissance : donc l'univers naît de la surpuissance du facteur. Dans la pratique, rien de plus vrai. Plus de force et l'œuvre vient ; et de la faiblesse rien.

On rencontre donc peu de génies malades, drogués, faibles ou mélancoliques. Doutant, oui ; pathologiques, non. Elle a produit beaucoup d'émules stériles, la publicité romantique et menteuse en faveur de l'inventeur fou, désaxé ou déséquilibré dont l'œuvre marche à la névrose ou à la chimie : rien ne sort d'une piqûre ni d'un flacon d'alcool. Ou plutôt : à supposer que, faible et alangui, commence l'ouvrier, l'œuvre, petite et croissante, fonctionne, vite, pour lui, comme un appui, et sans cesse le renforce. L'œuvre habite [146] dans la force, puis la puissance loge dans l'œuvre ; l'une se nourrit de l'autre qui se repaît d'elle, de sorte que toutes deux, en symbiose spiralée, grandissent l'une par l'autre en augmentant leur résistance à l'attraction de la mort.

Ibid., part. III, chap. I, p. 185-186. © Humensis.

[185] Persévérer sans cesse dans son être, aller même au-delà de sa persévérance complètement développée, dépasser en conservant, voici la conduite de folie. La paranoïa pourrait se définir par l'expansion d'un trait local exaspéré vitrifiant l'espace mental pour ne laisser aucune chance à la croissance d'une autre variable. Présent, un psychotique éradique toute autre présence, comme en lui la psychose a tout raboté. Royal, impérial, solaire, il persévère dans son être, s'expanse, convertit son entourage. La propagation de la pathologie dépasse tout ce qu'elle trouve devant elle et l'absorbe en se conservant. Rien de nouveau sous cette folie.

Nous supportons mal cette psychose-là quand un individu l'impose, mais donnons parfois nos vies pour elle quand elle devient collective. Nos conduites sociales traduisent souvent des maladies en modèles géants ou additionnent nombre d'atomes ou d'éléments qui, pris séparément, se réduisent au morbide. La folie, la grande, ressemble toujours, peu ou prou, à la conduite de celui qui veut devenir roi et se met à s'identifier au soleil. Le peuple ne s'y trompe pas pour qui le fou se prend pour Napoléon. Or il n'est jamais dit que se trompe celui qui se croit. Il a bien fallu qu'un jour quelque géomètre corse le croit jusqu'au bout. Le collectif s'assemble et se reconnaît autour du potentat qui cherche à ce qu'on le prenne pour le vrai.

[186] S'il réussit, le voici couronné empereur ; s'il échoue, on le désigne comme fou. La paroi est assez mince qui sépare les deux échéances décisives. Voilà, en tous cas, une variable singulière qui tente de se répandre au-delà de sa petite niche, qui persévère dans son être ou se dépasse en se conservant.

IAN HACKING[1]
(1936-)

« Philosophie et histoire des concepts scientifiques », Cours au Collège de France, 2001-2002, « Façonner les gens », p. 540-542, en ligne : https://www.college-de-france.fr/sites/default/files/documents/ian-hacking/UPL7997567846150782232_Hacking2001_2002.pdf (consulté le 02/03/2023).

[540] Un article bien documenté affirmait récemment qu'« il est grand temps de considerer l'autisme comme une catégorie administrative plutôt que comme une maladie spécifique. L'autisme n'est pas une maladie, pas plus que le retard mental : c'est un terme générique {ce n'est pas le nom d'une maladie spécifique} qui recouvre une grande variété de maladies, ainsi que certains traits de comportements communs ». Cette remarque peut contribuer utilement à la typologie des [541] classifications interactives : l'autisme n'est pas seulement une espèce de trouble du comportement : c'est aussi une catégorie *administrative*.

Dans notre société industrialisée, avec les systèmes massifs d'éducation et de santé, nous ne laissons pas les enfants autistes seuls dans leur famille. Il faut créer des systèmes de traitement, d'éducation, même de rééducation. « La prise en charge des enfants autistes doit être le plus précoce possible. Elle doit se faire individuellement et en groupes dans les établissements spécialisés, par une équipe pluridisciplinaire (socio-éducative et psychothérapeutique). Cette prise en charge peut s'accompagner, si nécessaire, d'une rééducation du langage (ortho-phonie) et de la motricité. » C'est un fait : de nos jours, les établissements spécialisés et les équipes pluridisciplinaires sont nécessaires. L'existence d'experts et de bureaux qui prennent des décisions administratives est devenue une nécessité. Or le placement d'un enfant dans un tel établissement a beaucoup d'effets sur

1 Nous devons la connaissance des textes qui suivent à Emma Bourges.

lui. Il se trouve parmi des enfants qui ont des troubles de comportement. Il est conscient d'être une personne comme cela. Il acquiert un peu du comportement des autres enfants qu'il côtoie dans l'institution. On a observé que les enfants étudiés par Bruno Bettelheim dans son école pour les autistes – l'École orthogénique à Chicago – deviennent très différents des enfants pris en charge par d'autres institutions. Les symptômes et le comportement des autistes ont été modifiés par les institutions et les théories institutionnelles depuis 1943.

La normalisation (type VI). Nous avons présenté une histoire de l'idée du normal qui doit beaucoup aux recherches de Georges Canguilhem. L'idée de la normale est le produit de plusieurs facteurs : l'éducation révolutionnaire (L'école normale) ; la médecine polémique (de Broussais en particulier) ; l'exportation des idées techniques du normal à la politique, à la littérature et à la vie quotidienne (Comte, Balzac) ; la nouvelle bureaucratie chargée de compter, qui produit « l'avalanche de nombres imprimés » (1815-1830) ; les régularités qui apparaissent parmi ces nombres, et l'idée de l'homme moyen (Quételet) ; le fait que l'utilité de l'idée ne dépend pas seulement de l'idée du normal comme moyen, mais aussi des écarts par rapport à la moyenne (Galton).

Il serait trompeur de se focaliser uniquement sur le mot « normal » lui-même et sur la dichotomie normal/anormal. Pensez aux autres paires de contraires : rationnel/irrationnel ; sain/malade ; sain d'esprit/fou ; stable/instable ; responsable/irresponsable. Ces idées sont toutes dans l'arène de la normalité. Chacune est l'expression d'une ou de plusieurs normes. Ces idées sont beaucoup plus anciennes que l'idée de normal elle-même, mais toutes sont maintenant organisées dans le cadre des normes. Toutes ces idées sont sous la domination d'un concept organisateur : le normal.

Chacune de ces dichotomies est associée à des institutions. Il y a des institutions dont le but est de régulariser, surveiller, énumérer, contrôler, réformer, vérifier, guérir, confiner, interner – en un mot, *normaliser.* Il y a des personnes dont le métier est d'établir les normes, de déterminer les écarts par rapport à la [542] norme, et d'effectuer des normalisations : la police et la gendarmerie, la magistrature, les militaires, les gardiens de prison, les infirmières dans les maisons de retraite, les sondeurs, les techniciens de l'AFNOR, les contrôleurs de tests de QI et d'innombrables autres tests psychologiques. Citons encore les employés de l'administration et des services : les inspecteurs des impôts, les fonctionnaires de la sécurité sociale, les mécaniciens qui réalisent les contrôles techniques des voitures, ou encore les experts qui vérifient la normalité de votre installation électrique ou du gaz, ou des centrales nucléaires. Pour conclure, pensons aux gens qui font l'objet de vérifications de la normalité : les RMIstes, les autistes, les contribuables coupables de fraude fiscale, les immigrants sans papiers, vous et moi. Quelle est la plus grande classe d'individus normalisés ? Les élèves, les étudiants et les étudiantes. Quelle est la plus grande classe d'individus normalisateurs ? Les instituteurs, institutrices, professeurs, fonctionnaires du ministère de l'éducation, jusqu'au ministre de l'éducation lui-même.

Ibid., p. 549-550.

[549] *Une nouvelle forme de folie ? Le désir d'être amputé.* Certaines formes de folie constituent un terreau très fertile pour examiner la manière de façonner des personnes et des comportements. Il existe en effet des maladies sans cause connue – du point de vue neurologique ou physiologique – et qui n'apparaissent qu'à des époques et en des lieux donnés. C'est la raison pour laquelle, au cours de recherches sur les manières de « façonner les gens », j'ai consacré deux livres à deux espèces inhabituelles de folie : la personnalité multiple (*L'Âme réécrite*, 1999), et la fugue (*Les Fous voyageurs*, 2002). La première grande vague de personnalités multiples s'est produite en France dans les années 1870. Le phénomène est réapparu aux États-Unis un siècle plus tard, et cette « épidémie » de personnalités multiples a culminé vers 1990. Quant au second syndrome, la fugue ou le voyage aliéné (pathologique), c'est en 1886, à Bordeaux, qu'il a fait l'objet pour la première fois d'un rapport détaillé. Il ne s'agissait pas, dans ce cours, de répéter des études de ce type. Néanmoins nous avons saisi l'opportunité de présenter un phénomène similaire, et tout à fait nouveau : une mini-épidémie d'un désir d'être amputé. Il ne s'agit peut-être pas de folie, mais tout du moins de désirs et de comportements qui, pour la plupart d'entre nous, paraissent extrêmement étranges.

Pour donner une idée de ce que c'est que d'avoir une telle obsession, nous nous sommes appuyés sur un texte français trouvé sur l'Internet. C'est une déclaration de quatre pages, très émouvante, écrite par un certain Philippe Michel. Mais Philippe Michel, qui recherche la compagnie de personnes qui partagent ses goûts, a été condamné à se trouver des amis aux États-Unis, ou, un peu plus près, dans un club londonien, le « Outsider's Club ». (*Outsider* est le mot anglais par lequel on a traduit le titre du roman de Camus, *L'Étranger*.)

Le chirurgien qui pratique le plus ouvertement des amputations sur les gens qui le demandent travaille en Écosse : c'est le docteur Robert Smith. En 2000 il a publié, avec un coauteur qui éprouve lui-même ce curieux besoin d'être amputé, le premier livre sur notre sujet, *Apotemnophilia*. Néanmoins, le phénomène reste [550] surtout américain, et il est florissant grâce à l'Internet. On peut penser qu'il s'agit de l'une des premières maladies « internautique », pour autant que ce soit une maladie. Ou disons au moins que c'est l'un des premiers cas de ce genre, c'est-à-dire de désir et de comportement profondément déviant ou profondément inhabituel, qui se trouve favorisé par Internet et qui ne serait pas possible, ou qui n'aurait pas la même extension, sans l'Internet.

Un article publié dans une revue médicale en 1983 passe en revue la literature médicale pour trouver des cas de personnes qui veulent se faire amputer, ainsi que les cas complémentaires qui sont impliqués par le sous-titre de l'article : « le handicap comme préférence sexuelle ». En 1983, on ne trouvait pratiquement rien sur ce sujet, ni dans la littérature médicale, ni dans la littérature « under-ground ». Certainement, il n'existait pas un type de personne attirée par les personnes amputées. Mais ce type de personne existe aujourd'hui, et il existe un vocabulaire nouveau : trois mots qu'on trouve dans le français courant, et deux mots américains importés en français :

Amputé : au sens ordinaire, mais maintenant utilisé avec une nouvelle connotation de désir – désir pour les amputés ou désir d'être amputé.

« *Devotee* » : quelqu'un qui est émotionnellement ou sexuellement attiré par les amputés. Le mot évoque sans doute l'idée qu'on est « voué » ou « dévoué » aux amputés. Un *devotee* français écrit : « le terme dévot, qui en est la traduction littérale, nous a toujours semblé trop faible pour décrire nos sentiments, et nos sentiments présentent bien cet aspect quasi religieux qui est suggéré bien par le terme ».

« *Wannabe* » : (*want to be* : littéralement « veut être ») – une personne qui souhaite être amputée, qui a l'impression qu'elle n'est pas complète (pas entièrement elle-même) si elle n'est pas amputée.

Prétendant : une personne qui simule un handicap ou l'absence d'un membre (par exemple en repliant une jambe et en marchant avec des béquilles).

Valide : le cas « normal » d'une personne qui a toute son intégrité physique et qui n'est pas *devotee.*

Ces noms sont vraiment importants, comme dans la plupart des exemples où il est question de façonner les gens. On découvre sa propre nature quand on apprend son nom. Les témoignages vont dans ce sens, comme celui de cette jeune femme qui dit avoir « récemment découvert qu'elle était une *wannabe* » : « Je suis une femme normale, jolie, très active. J'ai toujours eu le sentiment que quelque chose en moi n'allait pas du tout – jusqu'à ce que j'apprenne que ce que je ressentais avait un nom. » Bien entendu, ce sont les *Wannabes* qui vont nous intéresser. Mais ils relèvent d'une culture plus large, tournée vers l'amputation ou « l'amputation naturelle », c'est-à-dire le fait d'être né avec un ou plusieurs membres en moins.

Ibid., p. 551.

Je ne suis pas convaincu qu'il faille considérer l'auto-amputation comme une maladie, mais certaines analyses de mon livre *Les fous voyageurs* pourraient s'appliquer à ce phénomène. J'ai proposé l'idée que les troubles mentaux passagers ont besoin d'une « niche écologique » qui leur permet de survivre, de croître et de s'épanouir. Si étonnant que cela paraisse, la structure des deux niches écologiques, l'une pour la fugue et l'autre pour l'amputisme, sont très semblables.

Nous avons caractérisé une niche par un certain nombre de « vecteurs », dont le plus curieux se situe entre les deux pôles du vice et de la vertu – les vertus qui sont prisées dans la société concernée à l'époque considérée, et les vices qui sont craints. Par exemple, l'épidémie de fugue s'est produite au moment même où le tourisme de masse des classes moyennes connaissait un formidable développement (avec voyages organisés, clubs cyclistes, centres de villégiature, et cartes postales à envoyer depuis son lieu de vacances). Le tourisme était valorisé, on l'enviait, on le recherchait. Une vertu. À la même époque, on voit se développer une crainte très vive du vagabondage. En France, on adopte des lois drastiques à ce sujet en 1885, l'année qui précède la vague des fugues. Cela traduit la grande peur du vagabondage, le vice. Est-ce qu'on retrouve une opposition analogue entre vertu et vice, dans le cas de la vague actuelle de la sous-culture liée à l'amputation ? À l'évidence, l'aspect vertueux concerne la très grande publicité donnée aux transplantations d'organes, qui sont présentées comme une avancée thérapeutique considérable – une vertu. Côté peur du vice, on a les opérations qui permettent de changer de sexe. Changer de sexe apparaît toujours comme un affront fait aux bonnes mœurs. C'est une chose qui fait peur, et les gens « normaux » qui rencontrent par hasard ce monde des transsexuels sont souvent très choqués de ce qu'ils y voient.

Nous avons trouvé dans le cas de l'amputisme tous les vecteurs que nous avions définis pour caractériser les troubles mentaux passagers (la polarité vertu-vice, la taxinomie médicale, l'évasion, et l'observabilité). La question de l'observabilité est d'un grand intérêt. Dans le cas de la fugue, un puissant système de surveillance et de détection avait été mis en place. Les fugueurs français devaient avoir des papiers s'ils voyageaient loin. On avait établi des contrôles systématiques, de crainte que les gens ne désertent ou ne répondent pas à l'appel. On ne pouvait pas simplement vagabonder dans toute l'Europe sans être remarqué par les autorités. Pour qu'une forme de comportement soit considérée comme un trouble mental, il faut qu'elle soit étrange, perturbante et remarquée. C'est le vecteur d'observabilité de la niche de la fugue. Et pour l'auto-amputisme ? Ce trouble était presque invisible. Maintenant, sur Internet, on tape des mots comme « *wannabe* », « amputé » etc., et on trouve des liens. L'Internet est essentiel pour que les *wannabes* puissent s'affirmer, gagner une confiance en eux-mêmes, mais il les rend visibles. L'effet de boucle agit par l'Internet, parce que c'est dans le cyberespace que les internautes *wannabes* façonnent et renforcent leurs désirs, créent un stéréotype du *wannabe*, et même recherchent les chirurgiens qui acceptent de remodeler le corps par amputation.

ALAIN BADIOU
(1937-)

Logiques des mondes. L'Être et l'événement, 2, Paris, Le Seuil, 2006, « Renseignements, commentaires et digressions », § III. 2, p. 561-562.

[561] Rendre impraticables toutes les lumineuses promesses de Platon, voilà à quoi s'emploie l'obsessionnel de Königsberg, notre premier *professeur.*

Et cependant, dès qu'il touche à une question, on est invinciblement tenu, si cette question vous soucie, d'en passer par lui. Son acharnement, comme d'une araignée des catégories, est tel, sa découpe des notions, si consistante, sa conviction quoique médiocre, si violente, que, rien à faire, vous passerez sous sa fourche.

C'est ainsi que je comprends la vérité des considérations de Monique David-Ménard[1] sur les origines proprement psychotiques du kantisme (*La Folie dans la raison pure*, Paris, Vrin, 1990). Que toute l'entreprise critique soit montée pour parer au tentateur symptôme de l'illuminé Swedenborg[2], ou, comme dit Kant, aux « maladies de la tête », je le crois.

Kant est ce philosophe paradoxal dont simultanément les intentions répugnent, le style décourage, les effets institutionnels et idéologiques sont calamiteux, mais dont émane une sorte de grandeur ténébreuse, comme d'un grand Surveillant au regard duquel on ne peut échapper, et dont on ne peut s'empêcher de redouter qu'il vous emberlificote dans la « démonstration » de votre culpabilité spéculative, de votre folie métaphysique. C'est la raison pour laquelle j'approuve Lacan de l'avoir accolé à Sade (voyez, dans les *Écrits*, « Kant avec Sade »). Sade est

---

1 Monique David-Ménard (1947-) philosophe et psychanalyste française.
2 Emanuel Swedenborg (1688-1872) scientifique et théologien suédois.

un écrivain laborieux et compulsif, capable de transformer l'érotisme sanglant en niaiserie néo-classique et les postures sexuelles en acrobaties ratées. Cependant, il demeure, il [562] veille, il surveille. Il est le régent triste des débauches, dont il signale à tout instant qu'elles sont obligatoires et sinistres.

Je paie ici mon tribut au sadisme philosophique de Kant. Je cherche en vain à obtenir de ce Pion, qui ratiocine et colle, l'autorisation de platoniser, c'est-à-dire, au regard de l'enfermement critique (ah ! les éternelles « limites » de la Raison), le salvateur *bon de sortie*.

HÉLÈNE CIXOUS
(1937-)

Quel est le point de départ de Savoir ?

Un accident, l'incision dans une histoire d'aveugle : je suis née si myope que j'étais quasiment aveugle. J'ai passé des années de petite enfance dans une perdition totale. Dès que j'ai su qu'on pouvait opérer les fortes myopies, je me suis livrée à cette opération. Derrida décrit merveilleusement l'engendrement de l'œuvre (l'opus) par l'opération (active/passive) de l'œil. Il y a eu miracle. D'autant que je n'avais jamais imaginé qu'il m'arriverait un jour de « voir le jour ». Je pensais toujours aux guerriers au siège de Troie : aucun myope ne pouvait survivre, on ne voit pas l'ennemi arriver. Ça prend un peu de temps pour arriver au « voir » après l'opération : cette progressivité fait que vous êtes vous-même le lieu et le témoin de la dissipation du voile et de la venue du monde vers l'œil nu. J'étais si bouleversée que je me suis accompagnée de notes : or, tandis que j'allais traversant avec joie cette zone d'opacité, se levait un deuil je perdais ma mie, mon étrangère. Encore une trace de mon enfance à langues : ma mère a un léger accent allemand. Lorsque je lui ai annoncé : « On va opérer ma myopie », elle m'a répondu : « Was ? Qui est ma mie Opi ? » Alors j'ai entendu que toute ma vie j'avais dit, comme ma mère : ma mie opie. Et j'ai pensé : c'est ma moi, mon étrangère la plus intime qui s'en va, à jamais.

Libération, 24 septembre 1998, « Cixous l'œil nu », entretien mené par Éric Loret[1].

Lettres de fuite. Séminaire 2001-2004, éd. Marta Segarra, Paris, Gallimard, 2020, part. I, Le 1er juin 2002, p. 446-447. © Éditions GALLIMARD.

[446] Si Rimbaud avait pu avoir des enfants, je pense que Proust aurait pu descendre de l'aéroplane Rimbaud, parce qu'il est un mélange

1 *Libération*, 24 septembre 1998, « Cixous l'œil nu », entretien mené par Éric Loret, en ligne : https://www.liberation.fr/livres/1998/09/24/cixous-l-oeil-nu_246602/ (consulté le 14/01/2023).

d'observateur, d'expérimentateur – il fait des observations comme quelqu'un qui fait des sciences naturelles – et d'esthète, en quoi il est l'artiste qu'il met en scène ensuite sous les traits d'Elstir[2] ou les autres. Il a ces merveilleux aéroplanes qu'il a analysés, enregistrés, et il ne les a pas encore articulés et mis en place avec tous les autres éléments de la cathédrale, même si ces analyses, ces expériences relèvent d'une démarche générale qui porte toujours sa marque. Regardez la phrase suivante : « Dans le ~~ciel~~ soir bleu du ciel d'été on voyait au loin ~~une que~~ une petite tache brune qu'on aurait pu prendre pour un moucheron ou pour un oiseau[3]. » À part moi, qui suis d'une myopie telle que quand je suis à l'océan et qu'on me dit : tu as vu ça là-bas ?, très franchement, je ne sais pas si c'est une mouette ou un avion, sinon, on conclut : t'as vu ? et tout de suite on dit : C'est ; le moucheron ou l'oiseau, on les a éliminés par un raisonnement qui précède. « Ainsi quand on voit de très loin une montagne, on pourrait croire que c'est [447] un nuage[4]. » Alors, j'élimine l'erreur ; ce n'est pas une erreur, c'est un plus, c'est un supplément, c'est ça l'art. « Mais on est ému parce qu'on sait que ce nuage est immense et résistant[5]. » Qu'est-ce qu'une montagne ? C'est un nuage immense et résistant ; et, effectivement, à ce moment-là ça cesse d'être m-o-n-t-a-g-n-e pour redevenir ce que ça paraît, et la violente séparation entre le paraître et le supposé être est annulée par la réhabilitation du rapport entre le témoin et l'objet. « Ainsi je savais que la tache ~~noire~~ brune qui bourdonnait dans le ciel d'été n'était ni un moucheron ni un oiseau, mais un aéroplane monté[6] » ; ça, c'est génial : ce n'est pas : je savais que c'était un avion, non ; c'est le travail du savoir qui n'est pas un savoir refermant et écrasant, mais un savoir qui va procéder comme la théologie négative : ce n'est pas, ce n'est pas ; et le ce n'est pas conserve, est une partie de c'est. Il n'y a pas de c'est

---

2 Personnage d'*À la recherche du temps perdu*, Elstir est selon le narrateur une figure du peintre idéal.

3 La phrase publiée est : « [...] dans le ciel encore clair, on voyait de loin de petites taches brunes qu'on eût pu prendre, dans le soir bleu, pour des moucherons, ou pour des oiseaux » (*Le Temps retrouvé*, dans *À la recherche du temps perdu*, Paris, Gallimard, 1927, t. VIII, chap. II, p. 60).

4 *Ibid.*

5 « Mais on est ému parce qu'on sait que ce nuage est immense, à l'état solide, et résistant » (*ibid.*).

6 « Ainsi étais-je ému parce que la tache brune dans le ciel d'été n'était ni un moucheron, ni un oiseau, mais un aéroplane monté par des hommes qui veillaient sur Paris » (*ibid.*).

qui ne soit d'abord un ce n'est pas; mais attention : du coup, le « ni un moucheron ni un oiseau » fait partie de l'aéroplane; cet aéroplane est aussi un non-oiseau et un non-moucheron, et, de même que ce qui nous émeut dans la montagne, c'est que c'est un nuage immense et résistant, un aéroplane est un non-oiseau et un non-moucheron, et le non-être n'est pas rien.

JACQUES RANCIÈRE
(1940-)

Le Philosophe et ses pauvres, Paris, Fayard, 1983, part. I, chap. II, p. 54-56.

[54] Car il est maintenant question, sans fard, de liberté et [55] d'esclavage. Il est question d'âmes et de corps qui portent les marques de l'une ou de l'autre. La passion du Livre VI de la *République* culmine dans la description d'une usurpation, voire d'un viol exercé à l'encontre de la dignité philosophique : « Des nabots, apercevant la place vide mais pleine de beaux noms et de belles apparences, font comme ces gens qui fuient leurs chaînes en se réfugiant dans les temples : tout joyeux de quitter leur métier, ils se jettent sur la philosophie. Et c'est, comme par hasard, les plus habiles dans leur petit métier. Car, malgré sa situation, la philosophie garde, en comparaison des autres métiers, le rang le plus prestigieux. D'où la convoitise d'un tas de gens qui n'y sont pas destinés par leur nature, des hommes dont le corps a été abîmé par les métiers et les travaux manuels et l'âme brisée et broyée par la condition ouvrière [...]. Vois-tu une grande différence entre ces gens et un forgeron enrichi, un petit homme au crâne rasé qui, tout juste délié de ses entraves, fait toilette au bain public, met un habit neuf et, harnaché en jeune marié, s'en va épouser la fille de son maître, en profitant de sa pauvreté et de son abandon[1] ? »

Assurément le subtil Adimante ne se permettra pas d'y voir une différence. Et il ne reviendra pas sur une question déjà réglée : les aptitudes ou inaptitudes liées à la présence ou à l'absence de cheveux. Il était admis que la chose était sans incidence sur la cordonnerie. Mais si la cordonnerie est largement ouverte aux chevelus, il ne s'ensuit aucunement que la philosophie soit ouverte aux chauves. Jamais jusqu'ici

1 [NdA] *République*, VI, 495 d-e.

Platon n'avait aussi délibérément accumulé les marques physiques de la nature inférieure : nanisme, calvitie et surtout mutilation du corps et de l'âme par le travail manuel. La figure du parvenu prend maintenant une dimension nouvelle. Auparavant, c'était l'homme du lucre[2], le chef d'entreprise usant de sa puissance économique [56] et sociale pour jouer un rôle dans la cité. C'est maintenant le travailleur manuel comme tel.

Platon avait soigneusement évité de partir d'une hiérarchie socialement admise des tâches nobles ou viles. Il avait gommé l'aristocratique imagerie des corps droits ou courbés qui marque au contraire les analyses d'un Aristote ou d'un Xénophon[3]. Et c'est maintenant, dans la mise en jeu de l'identité philosophique, qu'elle revient à son paroxysme. Pour exclure les cordonniers de la classe des guerriers, aucun critère physique n'était retenu. Il suffisait de remarquer que la guerre est un métier trop difficile et trop prenant pour que les cordonniers l'exercent à leurs moments perdus. Et, paradoxalement, c'est quand il s'agit de la philosophie que le marquage physique apparaît.

La raison en est simple. C'est que la philosophie ne peut se justifier comme un poste de la division du travail, sauf à retomber dans la démocratie des métiers. Elle doit donc exacerber l'argument de la nature, lui donner la figure de l'interdit marqué sur les corps. Pas question ici d'évoquer les origines plébéiennes ou la face de Silène de Socrate. Pas question d'opposer, comme Alcibiade dans le *Banquet*, l'enveloppe grossière et la statuette précieuse. Il y a des corps qui ne peuvent loger la philosophie : des corps stigmatisés, marqués par la servitude du travail *pour laquelle* ils ont été faits.

2 Gain, profit.

3 Xénophon (vers 430-vers 355 av. J.-C.) historien, philosophe et chef militaire de la Grèce antique.

DONNA HARAWAY
(1944-)

Manifeste cyborg et autres essais : sciences, fictions, féminismes [2007], trad. Laurence Allard, Delphine Gardey, Nathalie Magnan, Paris, Exils, 2016, p. 75-76. © Éditions Exils.

[75] Il n'y a pas de différence ontologique, pas de différence fondamentale dans ce que nous savons de la machine et l'organisme, du technique et de l'organique. Rachel, la réplicante[1] du film de Ridley Scott[2] *Blade Runner*[3], représente la peur, l'amour et la confusion que produit une culture cyborgienne.

[76] Tout cela provoque, entre autres, un sens plus vif de la connexion qui nous lie à nos outils. L'état de transe que connaissent beaucoup d'utilisateurs d'ordinateurs est devenu un lieu commun du film de science-fiction et de la blague branchée. Un paraplégique, ou toute autre personne lourdement handicapée, doit avoir (et a quelquefois) une expérience intense de l'hybridation complexe qui existe entre elle et les autres outils de communication[4]. *Le Vaisseau qui chantait* (1969), roman protoféministe d'Anne McCaffrey[5], explorait les pensées d'un cyborg, hybride entre un cerveau de petite fille et une machinerie complexe mise au point après la naissance d'un enfant gravement handicapé. Genre, sexualité, incarnation et compétence, dans cette histoire, tous ces éléments étaient reconstitués. Pourquoi nos corps devraient-ils s'arrêter à

1 C'est-à-dire, dans le film, un être vivant mais artificiel à apparence humaine (un androïde) servant d'esclave et d'objet de plaisirs aux humains.

2 Ridley Scott (né en 1937) réalisateur et producteur britanno-américain.

3 Film de science-fiction sorti en 1982.

4 [NdA] Susan Leigh Star, « Power, Technology and the Phenomenology of Conventions : On Being Allergic to Onions », dans John Law éd., Power Technology and the Modem World, numéro spécial, *Sociological Review Monograph*, n° 38, Oxford, Blackwell, 1991, p. 39.

5 Anne McCaffrey (1926-2011) écrivaine américaine.

la frontière de la peau, ou ne comprendre au mieux que d'autres êtres encapsulés dans cette peau ?

Quand les espèces se rencontrent [2008], trad. Fleur Courtois-l'Heureux, Paris, La Découverte, 2021, part. II, chap. 6, p. 278-279. *When species meet*, Minneapolis, University of Minnesota Press, 2008.

[278] Avec ses béquilles, mon père a vécu sa vie d'adulte à toute allure. Petite fille, ce dont je me souviens quand on allait faire un tour, ce n'est pas que je marchais à côté d'une personne handicapée, mais que je devais courir pour le rattraper. Aujourd'hui encore, j'ai besoin de me ressourcer dans de grandes promenades pour mieux comprendre comment fonctionnent les corps en transformation. Très tôt, j'ai remarqué que mes frères, Bill l'aîné et Rick le cadet, tous les deux sans aucun trouble manifeste de hanche, marchaient comme mon père. Et ils le font toujours si l'on sait bien regarder. Ils ont, au sens propre, incorporé la démarche de cet homme. La famille n'y a jamais [279] vraiment fait attention : après tout, n'était-il pas normal que des fils soient comme leur père ? Leur démarche est une reprise mimétique s'inscrivant à travers l'histoire des corps masculins entre père et fils, et n'était, en aucun cas, perçue comme une imitation, voire comme une quelconque bizarrerie. Le mot « handicap » n'est pas entré dans le vocabulaire familial, non par déni par rapport à la nécessité de recourir à des béquilles, mais parce que ces objets représentaient des parties normales de l'équipement paternel, dans tous les sens du terme. Elles ont, de toute évidence, fait partie de l'appareil reproducteur qui a façonné le corps de mes frères.

Partager une même façon de marcher, c'était entrer en connivence, en connexion respectueuse avec le corps de notre père d'une manière qui donnait forme à la vie. En un sens, les béquilles de mon père ont symbiotiquement imprégné les corps de toute la famille. Naturellement, mes frères et moi aimions emprunter ses béquilles pour les essayer et voir à quelle vitesse nous pouvions aller.

ANGELA DAVIS
(1944-)

Femmes, race et classe, trad. Dominique Taffin et le collectif Des femmes, Des femmes, 1983, chap. XII, p. 270-271. © 1981 par Angela Y. Davis, avec l'autorisation de Random House.

[270] En 1932, la Société pour l'Eugénisme[1] pouvait se targuer d'avoir fait voter des lois de stérilisation obligatoire dans vingt-six États et d'avoir fait stériliser des milliers de gens « indignes » de se reproduire[2]. Margaret Sanger[3] se félicita en public de ces résultats. Elle déclara à la radio qu'il fallait stériliser les « arriérés, les débiles mentaux, les épileptiques, les illettrés, les pauvres, ceux qui ne pouvaient pas travailler, les criminels, les prostituées et les toxicomanes[4] ». Elle ne voulait pas pousser l'intransigeance jusqu'à leur ôter toute possibilité de choix : ils [271] pouvaient donc, s'ils le souhaitaient, opter pour une vie isolée dans des camps de travail jusqu'à la fin de leurs jours.

La Ligue Américaine pour le Contrôle des Naissances lançait auprès des noirs une invitation aussi raciste que l'appel à la stérilisation obligatoire. La Fédération pour le Contrôle des Naissances qui lui succéda en 1939 mit au point un programme « noir » :

> Les Noirs, surtout dans le Sud, continuent à procréer de façon anarchique et catastrophique. Cette population, qui s'accroît plus vite que les blancs, est la moins apte à élever les enfants correctement[5].

---

1 La American Eugenics Society, fondée en 1926.

2 [NdA] Herbert Aptheker, « Sterilization, Experimentation and Imperialism », *Political Affairs*, vol. LIII, n° 1 (janvier 1974), p. 44.

3 Margaret Sanger (1879-1966) militante américaine qui lutta aussi bien pour la contraception que pour l'eugénisme négatif.

4 [NdA] Gena Corea, *The Hidden Malpractice*, New York, A Jove/HBJ Book, 1977, p. 149.

5 [NdA] Linda Gordon, *Woman's Body, Woman's Right : Birth Control in America*, p. 332.

La Fédération demanda le recrutement de pasteurs noirs pour diriger les comités locaux de contrôle des naissances et proposa une sensibilisation des Noirs à sa propagande. Margaret Sanger écrivit à une collègue :

> Il ne faut pas révéler notre désir d'exterminer la population noire ; le pasteur est le seul qui puisse redresser la situation au cas où cette idée viendrait à l'esprit des plus révoltés…[6]

Voilà qui confirme la victoire idéologique du racisme associé à l'eugénisme.

6 [NdA] *Ibid.*, p. 332-333.

PETER SINGER
(1946-)

La Libération animale [1975], trad. Louise Rousselle, Paris, Grasset, 1993, chap. I, p. 51-52.

[51] Supposons qu'un enfant ait été mis au monde avec, comme c'est parfois le cas, un cerveau affecté de lésions massives et irréversibles. L'atteinte est si profonde que l'enfant ne pourra jamais devenir plus qu'un « légume humain », incapable de parler, de reconnaître ses proches, d'agir indépendamment, ou de développer une conscience de soi-même. Les parents, comprenant qu'ils ne peuvent espérer d'amélioration dans l'état de leur enfant et ne voulant de toute façon pas dépenser ni faire dépenser à [52] l'État les grandes sommes d'argent qui seraient nécessaires chaque année pour s'occuper correctement de lui, demandent au médecin de le tuer sans douleur.

Le médecin devrait-il accéder à cette demande ? Selon la loi, il ne le devrait pas, et sous ce rapport la législation reflète l'idée du caractère sacré de la vie. La vie de tout être humain est sacrée. Pourtant, les gens qui tiennent ce langage à propos des enfants de cette sorte ne s'élèvent pas contre le fait de tuer les animaux non humains. Comment peuvent-ils justifier cette différence dans leurs jugements ? Les chimpanzés, les chiens, les porcs et les membres adultes de bien d'autres espèces dépassent de loin un tel enfant au cerveau endommagé du point de vue de leur capacité à entrer en relation avec autrui, à agir avec autonomie, à être conscients d'eux-mêmes, et de toute autre capacité qui pourrait raisonnablement être considérée comme donnant une valeur à la vie. Même avec les soins les plus intensifs, certains enfants gravement déficients ne pourront jamais atteindre le niveau d'intelligence d'un chien. Nous ne pouvons pas non plus invoquer le respect des sentiments des parents, puisqu'eux-mêmes, dans cet exemple imaginaire (et dans certains cas réels) ne veulent pas que l'on garde leur enfant en vie. La seule chose qui distingue cet enfant des animaux non humains, aux yeux des personnes qui lui attribuent un « droit à la vie », est son appartenance, au niveau biologique, à l'espèce *Homo sapiens*, espèce dont ne font pas partie les chimpanzés, les chiens et les porcs. Mais invoquer « cette différence-là » comme base pour accorder un droit à la vie à l'enfant sans en accorder aux autres animaux constitue, de toute évidence, du spécisme à l'état pur. Il s'agit exactement du même genre de différence arbitraire dont le raciste le plus effronté et le moins dissimulé se sert pour tenter de justifier la discrimination raciale.

Ibid., p. 55-56.

[55] Je conclus, donc, que le rejet du spécisme n'implique pas que toutes les vies soient d'égale valeur. Alors que la conscience de soi, la capacité à réfléchir à l'avenir et à entretenir des espoirs et des aspirations, la capacité à nouer des relations significatives avec autrui, et ainsi de suite, sont des caractéristiques non pertinentes relativement au fait de faire souffrir – puisque la souffrance est la souffrance, quelles que soient les capacités, autres que la capacité à souffrir, dont dispose l'être en question – ces caractéristiques sont au contraire pertinentes quand se pose le problème de tuer. Il n'est pas arbitraire de soutenir que la vie d'un être possédant conscience de soi, capable de penser abstraitement, d'élaborer des projets d'avenir, de communiquer de façon complexe, et ainsi de suite, a plus de valeur que celle d'un être qui n'a pas ces capacités. Pour bien saisir la différence qui existe entre la question de faire souffrir et celle de tuer, nous pouvons considérer comment nous choisirions d'agir dans un cas concernant deux membres de notre propre espèce. Si nous devions choisir de sauver la vie soit d'un humain normal soit d'un humain handicapé mental, nous choisirions probablement de sauver la vie du premier ; mais si nous devions choisir de faire cesser la douleur soit chez un humain normal soit chez un humain handicapé mental – si par exemple tous deux souffrent de blessures douloureuses mais superficielles, sans que nous ne disposions d'assez d'analgésique pour les deux – il est loin d'être aussi simple d'opérer un choix. Cela reste vrai si nous considérons d'autres espèces.

Le mal que représente la douleur est en lui-même indépendant des autres caractéristiques de l'être qui la ressent ; la valeur de la vie, elle, est affectée par ces autres caractéristiques. Pour ne citer qu'une seule raison à cette différence, si nous ôtons la vie à un être qui entretient des espoirs d'avenir, qui fait des projets et qui travaille à les faire aboutir, nous le privons de l'accomplissement de tous ces efforts ; si nous ôtons la vie à un être dont la capacité mentale est [56] en dessous du niveau nécessaire pour se concevoir comme individu doté d'un avenir – et donc *a fortiori* incapable de faire des projets – cet acte ne peut pas entraîner cette sorte de perte[1].

Cela signifiera en général que s'il nous faut choisir entre la vie d'un être humain et celle d'un autre animal nous devons sauver celle de l'humain ; mais il peut y avoir des cas particuliers où l'inverse sera vrai, quand l'être humain en question ne possède pas les capacités d'un humain normal.

L'Altruisme efficace [2015], trad. Laurent Bury, Paris, Les Arènes, 2018, chap. XI, p. 159-160. © Les Arènes, 2018 pour la traduction française.

[159] Imaginons que vous ayez 100 000 dollars à donner à la meilleure cause que vous trouverez. Le musée des Beaux-Arts de votre ville cherche des fonds pour bâtir une nouvelle aile et avoir plus de place pour présenter sa collection. En même temps, vous êtes sollicité pour donner à une organisation qui s'attache à faire opérer les victimes du trachome[2] dans les pays en développement. Examinons cette alternative selon le critère du bien que vous pouvez faire avec votre argent. Supposons que la nouvelle aile du musée coûte 50 millions, et qu'au cours de ses cinquante prochaines années d'existence, elle séduira chaque année 1 million de visiteurs, soit un total de 50 millions de visites. Puisque vous offrirez [160] 1/500 du coût, vous pourrez prétendre avoir enrichi l'expérience esthétique de cent mille visiteurs. Et si vous donnez pour guérir la cécité ? Si l'on s'appuie sur les chiffres les plus prudents évoqués au chapitre précédent, nous pouvons dire qu'il faut en moyenne 100 dollars pour chaque cas de cécité guérie ou évitée, donc un don de

1 [NdA] Voir Judy Mann, « Whales, Hype, Hypocrisy », *The Washington Post*, 28 octobre 1988.

2 Conjonctivite de nature virale, fréquente en Orient, cause de cécité.

100 000 dollars pourrait rendre la vue (ou leur éviter de la perdre) à 1 000 habitants pauvres d'un pays en développement.

D'un côté, donc, nous avons une expérience esthétique enrichie pour 100 000 visiteurs de musée, de l'autre 1 000 personnes à qui l'on épargne 15 années de cécité, avec tous les problèmes que cela pose pour des gens qui n'ont pas de sécurité sociale. Un aveugle risque de ne plus pouvoir travailler, auquel cas la famille perd son revenu ou alors, s'il s'agit d'une femme qui doit veiller sur de jeunes enfants, la fille aînée doit souvent quitter l'école pour l'aider, ce qui la prive des perspectives qu'aurait pu lui ouvrir l'éducation. Le problème, à présent, est de comparer ces deux résultats si différents et de déterminer lequel nous devons viser en priorité.

Intuitivement, on pourrait être tenté de répondre ainsi : la différence entre éviter 15 années de cécité et ne pas voir la nouvelle aile d'un musée est si grande que peu importent les chiffres. Jamais rendre plus agréable une visite de musée ne l'emportera sur le fait de rendre la vue à une personne menacée de cécité.

Ibid., chap. XII, p. 174-175. © Les Arènes, 2018 pour la traduction française.

[174] Pour mieux définir ses priorités, l'OMS[3] voulait estimer le poids mondial de diverses maladies. Pour cela, elle a dû procéder au genre de comparaison dont parle Berman : en comparant, par exemple, le poids des maladies qui rendent aveugle au poids de celles qui causent la mort. Dans ce but, l'OMS utilise le DALY[4], l'année de vie corrigée de l'incapacité (AVCI[5], en français). Un DALY représente une année de vie en pleine santé. Comme pour le QALY[6], la valeur d'une année de vie avec un handicap est revue à la baisse en fonction de la gravité dudit handicap. Le taux d'escompte est fixé *via* différentes méthodes reposant notamment sur des entretiens avec des échantillons de population. En 2010, dans le cadre d'une étude lancée par l'OMS sur l'impact mondial des maladies,

3 Organisation mondiale de la santé.

4 Pour « *disability-adjusted life years* ». Pour la traduction de cette expression, voir la note suivante.

5 Ou ACVI (pour « année de vie corrigée du facteur d'invalidité »).

6 Pour « *quality-adjusted life year* », « année de vie pondérée par la qualité ».

une vaste équipe de chercheurs a procédé à près de 14 000 entretiens individuels dans plusieurs pays, complétés par des sondages en ligne. Les chercheurs ont obtenu des résultats assez cohérents d'une culture à l'autre. Pour la cécité, l'escompte est de 0,21. Autrement dit, une année de vie en étant aveugle équivaut à 0,8 année de vie saine, ou encore guérir quelqu'un de la cécité pour cinq ans équivaut à augmenter d'un an la vie [175] d'une personne saine. À ce taux d'escompte, et en utilisant les chiffres hypothétiques mentionnés plus haut, dans les populations que nous pourrions aider avec 100 000 dollars, la cécité non traitée cause la perte de 1000 × 0,2 = 200 DALY par an, alors que la famine risque de causer la perte de 500 DALY par an. D'après ces chiffres, donc, nous devrions en priorité nourrir les affamés.

Il n'est guère difficile, toutefois, de trouver des raisons de remettre en cause ce taux d'escompte pour la cécité ainsi que les méthodes employées pour évaluer divers états de santé. À qui, en effet, demanderons-nous de réaliser cette évaluation ? À des membres ordinaires de la population ou à ceux qui souffrent de la maladie en question ? D'un côté, de nombreuses recherches psychologiques contestent la fiabilité du jugement des personnes en bonne santé sur ce que c'est que d'être malade. D'un autre côté, les personnes qui se sont adaptées à leur pathologie oublient parfois à quel point elles vivaient mieux auparavant.

AXEL HONNETH
(1949-)

La Réification. Petit traité de Théorie critique [2005], trad. Stéphane Haber, Paris, Gallimard, 2007, chap. III, p. 57-58.

[57] Mais à la différence des approches centrées sur la cognition, Hobson[1] et Tomasello[2] défendent ensemble l'idée selon laquelle l'enfant ne pourrait pas réaliser tous ces progrès s'il n'avait pas développé auparavant un sentiment d'attachement à la personne privilégiée de son environnement. Car seule une telle identification préalable lui permet d'être attiré et motivé par la présence de l'autre concret d'une manière telle qu'il puisse saisir les changements d'attitude que manifeste cette personne en s'y intéressant.

Les traits spécifiques de cette théorie ressortent plus nettement si l'on revient aux différentes explications de l'autisme. Les approches traditionnelles, centrées sur la connaissance, sont vouées à réduire les causes de la conduite autistique à des déficits cognitifs liés à des perturbations des fonctions intellectuelles et langagières. Hobson et Tomasello invoquent plutôt comme cause décisive l'absence de réactivité de l'enfant devant la présence émotionnelle des personnes privilégiées de l'environnement. Assurément, il existe des conditions neurologiques ou encore génétiques à cette absence de réactivité ; mais ce qui demeure décisif, c'est que l'enfant autiste reste par-là structurellement empêché de s'identifier émotionnellement avec une seconde personne [58] concrète. Martin Dornes[3] jette déjà un pont vers ce qui m'intéresse au premier chef en insistant sur les aspects affectifs et sensibles de l'autisme : parce que l'enfant autiste « n'est pas réactif sur le plan émotionnel, il reste enfermé dans sa propre perspective sur le monde et ne peut se familiariser avec

---

1 John Allan Hobson (1933-2021) neuropsychiatre américain.
2 Michael Tomasello (1950-) psychologue cognitiviste américain.
3 Martin Dornes (1950-2021) psychologue, psychothérapeute et sociologue allemand.

aucune autre perspective. Il ne voit pas, ou plutôt il ne sent pas que les expressions de visage, les mouvements et les gestes de communication expriment des attitudes. Il est aveugle au contenu expressif et mental de ces expressions, ou bien, comme on peut le dire aussi, il est aveugle à leur signification. Si le jeune enfant autiste est ainsi "aveugle spirituellement", ce n'est pas en raison d'un déficit cognitif ; s'il est aveugle spirituellement, c'est d'abord parce qu'il est aveugle émotionnellement[4]. »

T. Adorno était parvenu à des réflexions similaires dans certains passages de son œuvre, notamment dans *Minima Moralia* et dans la *Dialectique négative*. À plusieurs reprises, Adorno, tout comme Hobson et Tomasello, rattache l'éveil de l'esprit humain au moment préalable où l'on imite la personne privilégiée de l'environnement.

4 [NdA] M. Dornes, « Die emotionalen Ursprünge des Denkens », *WestEnd, Neue Zeitschrift für Sozialforschung*, 2005, vol. 2, p. 26.

JUDITH BUTLER
(1956-)

Défaire le genre [2004], trad. Maxime Cervulle, Paris, Éditions Amsterdam, 2016, Introduction, p. 15.

Considérons l'opposition des intersexes à la pratique répandue qui, au nom de la normalisation de ces corps, consiste à effectuer une opération chirurgicale coercitive sur les nourrissons et enfants dont l'anatomie est sexuellement indéterminée ou hermaphrodite. Ce mouvement offre une perspective critique sur le modèle de « l'humain » qui requiert des morphologies idéales et la contrainte de normes corporelles. De plus, la résistance de la communauté intersexe à la chirurgie coercitive vise à faire comprendre que les nourrissons intersexués s'inscrivent dans le continuum de la morphologie humaine et que leur vie est et sera non seulement vivable mais aussi source d'épanouissement. Les normes qui gouvernent l'anatomie humaine idéalisée opèrent ainsi une différenciation entre ce qui est humain et ce qui ne l'est pas, entre les vies vivables et celles qui ne le sont pas. Cette différenciation fonctionne aussi pour un large éventail de handicaps (bien qu'une autre norme fonctionne pour les handicaps invisibles).

Ibid., chap. I, p. 47.

En fait, si on considère, d'une part, que les corps humains ne sont vécus qu'à travers un recours à une certaine idéalité, à un certain cadre propre à cette expérience, et que ceci est aussi vrai pour l'expérience de notre propre corps que pour celui d'autrui, et si on admet, d'autre part, que cette idéalité et ce cadre ont une articulation sociale, il est alors possible que la corporalisation ne puisse pas être pensée sans que soit établie une relation avec une norme ou un système de normes. La lutte engagée pour reformuler les normes par lesquelles le corps est vécu est ainsi d'une importance extrême, non seulement pour la politique du handicap [*disability politics*], mais aussi pour les mouvements intersexe et transgenre dans la mesure où ils contestent les idéaux physiques et corporels imposés. La relation corporelle à la norme exerce un potentiel transformateur. Permettre que des possibilités se développent au-delà de la norme ou même que la norme ait un futur différent fait partie du travail du fantasme, à condition que l'on comprenne que le fantasme prend le corps comme point de départ d'une réarticulation qui n'est pas toujours contrainte par l'état actuel du corps.

Ce qui fait une vie. Essai sur la violence, la guerre et le deuil [2009], trad. Joëlle Marelli, Paris, Zones, 2010, chap. I, p. 55-56. © Éditions La Découverte.

[55] Si nous acceptons l'idée que notre survie elle-même ne dépend pas du contrôle d'une frontière (*boundary*) – ce qui serait la stratégie d'un souverain par rapport à son territoire – mais de la reconnaissance de ce qui nous lie à autrui, alors il nous faut reconsidérer notre manière de conceptualiser le corps dans le champ de la politique. Il nous faut demander si le corps est correctement défini quand il l'est comme une entité circonscrite [56] (*a bounded kind of entity*). Ce n'est pas le fait d'avoir une morphologie bien établie qui fait d'un corps une entité à part, comme si certaines formes corporelles pouvaient être identifiées en tant que paradigmatiquement humaines. En fait, je ne suis pas du tout sûre que l'on puisse identifier une forme humaine et je ne pense d'ailleurs pas que cela soit nécessaire. Une telle vision a des conséquences sur la manière dont on repense le genre, le handicap et la racialisation, pour nommer quelques-uns des processus sociaux qui reposent sur la reproduction des normes corporelles. Et comme la critique de la normativité de genre, du validisme[1] et de la perception raciste a permis de le comprendre, il n'y a pas une forme humaine au singulier. On peut penser la démarcation du corps humain en identifiant sa limite ou la forme qui le contient, mais cela revient à passer à côté du fait très important que le corps est, à certains égards et même inévitablement, illimité (*unbound*) dans son

1 [NdA] « *able-ism* » : Cette expression désigne la plus-value accordée à la performance individuelle, avec pour corollaire la discrimination des handicaps.

action, dans sa réceptivité, dans son discours, son désir et sa mobilité. Il est hors de lui-même, dans le monde d'autrui, dans un espace et un temps qu'il ne contrôle pas, et il n'existe pas seulement *dans* le champ de ces relations, mais comme champ, comme le vecteur même des relations ou de la relationalité[2]. Dans ce sens, le corps ne s'appartient pas.

2 [NdA] Une morphologie donnée prend forme à travers une négociation temporelle et spatiale spécifique. C'est une négociation avec le temps, au sens où la morphologie du corps ne reste pas identique à elle-même : elle vieillit, change de forme, elle acquiert et perd des capacités. Et c'est une négociation avec l'espace, au sens où aucun corps n'existe sans exister quelque part. Le corps est la condition du lieu et chaque corps a besoin d'un environnement où vivre. Ce serait une erreur de dire que le corps existe dans son environnement, simplement parce que cette formulation n'est pas assez forte. S'il n'y a pas de corps sans environnement, nous ne pouvons pas penser l'ontologie du corps sans son être-quelque-part, sans une « hiccité » [*thereness*]. Et, disant cela, je n'essaie pas de dire quelque chose d'abstrait, mais bien de considérer les modes de matérialisation à travers lesquels un corps existe et par les moyens desquels cette existence peut être compromise.

ANNEXE I

Zhuāng Zhōu[1]
(IVe siècle av. J.-C.)

Les Œuvres de Maître Tchouang, trad. Jean Levi, Paris, Éditions de l'Encyclopédie des Nuisances, 2010, part. I, chap. III, p. 32. © Éditions de l'Encyclopédie des Nuisances.

La vue du Général de Droite arracha à Carrosse Doré cette exclamation :
– Ma parole, mais c'est un unijambiste ! Est-ce l'homme ou bien le ciel qui a fait ça ?
– C'est le ciel, lui fut-il répondu, et non l'homme. C'est le ciel qui a voulu que je n'ai qu'une seule jambe ; car les hommes en ont deux habituellement ; ce qui prouve bien que la cause en est céleste et non pas humaine.

Ibid., chap. IV, p. 44. © Éditions de l'Encyclopédie des Nuisances.

Il y avait un homme difforme. Non seulement il était bossu, mais son menton s'enfonçait dans son nombril, ses épaules dépassaient le sommet de son crâne, son échine pointait vers le ciel, ses cinq viscères remontaient vers le haut tandis que ses fesses étaient au niveau de ses côtes. Il maniait l'aiguille, lavait le linge, et pourvoyait à son quotidien. Il vannait le grain et tamisait la farine, et ainsi était à même de subvenir aux besoins d'une nombreuse famille. Lorsqu'un ordre de conscription fut lancé par le gouvernement, il lui suffit de se présenter pour être dispensé du service. Il était exempté des corvées, comme incurable, et reçu annuellement, au titre de sa maladie, des subsides de l'État consistant

1 Comme pour ouvrir vers un autre ouvrage, qui serait consacré aux textes philosophiques sur le handicap issus des autres cultures que de l'aire occidentale, nous produisons ici quelques passages de Zhuāng Zhōu, plus connu en France sous le nom de Tchouang-tseu.

en quatre-vingt-douze boisseaux de grain et dix fagots de bois. Si par le simple fait de la difformité physique on peut atteindre à la limite naturelle de son existence, que dire alors de la difformité morale !

Ibid., p. 58-59.

[58]

– Extraordinaire, lui dit son ami, que la création ait pu faire de moi cette chose toute tassée et toute déjetée ! Une bosse m'a poussé sur le dos, mes cinq viscères remontent vers le haut tandis que mon menton s'est enfoncé dans mon nombril. Mes épaules dépassent le sommet de mon crâne et mon échine pointe vers le ciel !

Bien que les humeurs yin et yang s'agitassent à l'intérieur de son corps, son esprit était calme et ne s'en préoccupait pas. Il se traîna pour se contempler dans l'eau du puits. Il resta un long moment à s'admirer poussant des exclamations :

– Vraiment la création m'a drôlement arrangé !

Son ami lui dit :

– Cela te fait-il horreur ?

– Non, pourquoi donc ? Qu'elle transforme mon bras gauche en coq, et je pourrai annoncer le jour ; qu'elle transforme mon bras droit en arbalète, je m'en servirai pour dîner de cailles rôties ; qu'elle transforme mes fesses en roues et mon esprit en cheval, alors je les prendrai pour attelage, si bien que je n'aurai plus besoin de rouler carrosse ! Ce qui nous est échu l'est à titre temporaire, aussi est-ce dans l'ordre des choses que cela nous soit [59] retiré. Quand on se satisfait du provisoire et que l'on accepte l'ordre des choses, la joie et l'affliction n'ont plus de prise sur nous ; c'est ce que les anciens appelaient être délivré de tous liens. Qui ne sait se délivrer de ses liens est esclave des choses. Les créatures doivent depuis toujours se soumettre à la volonté du Ciel, pourquoi en éprouverais-je du dégoût ?

ANNEXE II

Sur la cécité (ou prétendue telle) de Démocrite[1] (460-370 av. J.-C.)

Cicéron, *Tusculanes*, V, XXXIX, 114, dans *Les Présocratiques*, éd. Jean-Paul Dumont avec Daniel Delattre et Jean-Louis Poirier, Paris, Gallimard, 1988, p. 758-759. © Éditions GALLIMARD.

[758] Démocrite, devenu aveugle, n'était bien sûr même plus capable de discerner le blanc du noir. Mais il savait encore distinguer les biens des maux, les actes justes des actes injustes, les actions bonnes des actions malhonnêtes, les choses utiles des choses inutiles, ce qui est noble de ce qui est mesquin ; être privé de la diversité des couleurs ne l'empêchait pas de connaître le bonheur dont l'eût privé la reconnaissance des réalités. Du reste, ce grand philosophe estimait aussi que la vision des yeux fait obstacle à la pénétration d'esprit et, alors que d'autres souvent ne [759] voient même pas ce qui est sous leurs pas, lui voyageait de par tout l'infini, sans se heurter à aucune limite.

Aulu-Gelle, *Nuits attiques*, X, 17, dans *Les Présocratiques*, *op. cit.*, p. 759. © Éditions GALLIMARD.

Le nom du philosophe Démocrite a été inscrit sur les monuments de l'histoire grecque comme celui d'un personnage qu'on doit vénérer plus que d'autres, et doté d'un prestige fort ancien : il se priva lui-même de l'usage de la vue, parce qu'il estimait que les pensées et les méditations de son esprit occupé à examiner les principes de la nature seraient plus vives et plus précises, une fois affranchies des prestiges de la vue et des entraves que les yeux constituent. Le geste et la manière même que lui

1 Nous avons réuni ici ces textes qui, s'ils ne sont pas exactement de nature philosophique, nous semblent instructifs du point de vue de l'histoire de la philosophie du handicap.

dicta son habileté extrême pour le réduire à la cécité, ont été décrits par le poète Labérianus dans un mime qu'il a intitulé *Le Cordier* et qu'il a composé en vers fort élégants et raffinés ; mais il a imaginé un motif différent d'aspirer à la cécité, et adapté (le geste de Démocrite), fort habilement, au sujet qu'il traitait : en effet Labérianus met en scène un personnage riche, avare et économe, qui déplore les nombreuses dépenses de son jeune débauché de fils. Voici les vers de Labérianus :

Démocrite d'Abdère, le savant physicien,
Plaça un bouclier tourné vers le Soleil
Pour que l'éclat du bronze aveuglât son regard :
Les rayons du soleil lui ôtèrent la vue ;
Ainsi, pour son bonheur, il ne fut plus témoin
De la méchanceté de ses concitoyens.
Je voudrais pour ma part que l'éclat de mes biens
Pût aussi aveugler le reste de mes jours,
Pour ne pas assister au spectacle navrant
De mon vaurien de fils vautré dans les plaisirs.

Tertullien, *Apologétique*, 46, dans *Les Présocratiques*, *op. cit.*, p. 760.

Démocrite, en s'aveuglant lui-même, parce qu'il ne pouvait pas voir de femmes sans être enflammé de désir, et souffrait de ne les pouvoir posséder, témoigne par ce remède de son incapacité à se dominer.

Plutarque, *De la curiosité*, 12, 521 D, dans *Les Présocratiques*, *op. cit.*, p. 760.

Pourtant est-ce chose fausse qui se dit communément, que Démocrite le philosophe s'éteignit la vue en fichant et appuyant ses yeux sur un miroir ardent et recevant la réverbération de la lumière d'icelui, afin qu'ils ne lui apportassent aucun sujet de divertissement en évoquant souvent la pensée au-dehors, mais la laissant au-dedans en la maison, pour vaquer au discours des choses intellectuelles, étant comme fenêtres, répondantes sur le chemin, bouchées.

François de La Mothe Le Vayer, Lettre LXV, *D'un aveugle-né* [1651], dans *Œuvres de François de la Mothe Le Vayer*, t. VI, part. II, Dresde, Michel Groell, 1758, p. 136.

Et ne dit-on pas que Démocrite se priva tout exprès des yeux du corps, pour avoir ceux de l'esprit plus propres à la contemplation ? s'il ne le fit, comme d'autres pensent, pour ne pouvoir souffrir l'objet des méchants qui ne prospéraient pas moins de son temps, qu'ils ont fait depuis.

Pierre Bayle, *Dictionnaire historique et critique* [1697], éd. Jean-Quentin Beuchot, t. V, Paris, Desoer, 1820, « DÉMOCRITE », p. 471a-472a.

[471a] « Je ne pense pas qu'il [*sc.* Démocrite] ait été assez visionnaire pour s'être crevé les yeux. » Plusieurs auteurs rapportent cette sottise. La raison la plus ordinaire que l'on donne pourquoi il en usa de la sorte, est qu'il espéra de méditer plus profondément, lorsque les objets de la vue ne feraient point diversion aux forces intellectuelles de son âme[2]. *Democritum philosophum in monumentis historiæ græcæ scriptum est... luminibus oculorum sua sponte se privasse, qui existimaret cogitationes commentationesque animi sui in contemplandis naturæ rationibus vegetiores et exactiores fore, si eas videndi illecebris, et oculorum impedimentis liberasset*[3]. Ne lui suffisait-il pas de s'enfermer dans un lieu obscur, ou de n'ouvrir pas les yeux pendant les heures de [471b] méditation ? Labérius[4], dans une pièce de théâtre, feignit que ce philosophe s'aveugla, afin que la prospérité des méchants ne lui frappât plus la vue ; Labérius, dis-je, feignit cela sans autre raison, si ce n'est que cette hypothèse lui était commode pour soutenir le personnage qu'il avait en main. Il expliqua même comment Démocrite s'était aveuglé ; ce fut, disait-il, en s'exposant à la lumière qu'un bouclier lui réfléchissait[5] : *Causam voluntariæ cæcitatis finxit aliam* (Labérius)[6] *vertitque in eam rem quam tum agebat, non inconcinniter. Est*

2 [NdE] Cicéron, *De Finibus*, liv. V, chap. XXIX, n'affirme ni ne nie le fait, mais s'il eût avoué le fait ; il en eut reconnu cette raison.

3 [NdE] Aulu-Gelle, liv. X. chap. XVII. [voir le texte ci-dessus : « Le nom du philosophe Démocrite [...] des entraves que les yeux constituent ».

4 Decimus Laberius (vers 105-vers 43 av. J.-C.), poète latin.

5 [NdE] Aulu-Gelle, liv. X, chap. XVII.

6 [NdE] *In mimo quem scripsit restionem* [« Dans le mime il écrivit la réponse »]. *Ibid.*

enim persona, quæ hæc apud Laberium dicit, divitis avari et parci sumptum plurimum asotiamque adolescentis viri deplorantis[7].

> *[Democritus Abderites physicus philosophus*
> *Clypeum constituit contra exortum Hyperionis,*
> *Oculos effodere ut posset splendore aereo.*
> *Ita radiis solis aciem effodit luminis,*
> *Malis benè esse ne videret civibus.*
> *Sic ego fulgentis splendorem pecuniæ*
> *Volo elucificare exitum aetati meae ;*
> *Ne in re bonâ esse videam nequam filium.]*[8]

Plutarque avait ouï dire que Démocrite s'était servi de miroirs brûlants, sur lesquels il attacha fixement la vue, et cela afin de s'ôter un obstacle de méditation. ὅθεν ἐκεῖνο μὲν ψεῦδος ἐστι, τὸν Δημόκριτον ἑκουσίως σβέσαι τὰς ὄψεις ἀπερεισάμενον, εἰς ἐσοπτὰ πυρωθέντα καὶ τὴν απ' ἀυτῶν ἀνάκλασιν δεξάμενον[9]. Il rejette ce conte comme une fable. L'auteur des *Nouvelles de la République des Lettres*[10], ayant rapporté la cause qui, selon Labérius, obligea ce philosophe à s'aveugler, ajoute : « D'autres disent qu'il s'aveugla pour méditer avec moins de distraction. Cela est plus vraisemblable, quoique peut-être aussi faux ; car quelle apparence que Démocrite, qui riait de toutes choses, se fit une cause de chagrin de la prospérité d'un malhonnête homme ? Ce devait être une fête et [472a] un régal pour un philosophe comme lui, qui ne cherchait qu'à tourner le monde en ridicule[11]. » Il se pouvait repaître par-là d'un triomphe imaginaire sur la religion[12].

---

7 « Labérius prête une autre intention au philosophe : et voici par quel rapprochement heureux il introduit ce trait dans sa pièce. Le personnage qui parle dans le poème est un riche, économe jusqu'à l'avarice, qui déplore le luxe et la prodigalité d'un jeune homme » (Aulu-Gelle, *ibid.*).

8 « Démocrite d'Abdère, physicien et philosophe, plaça un bouclier en face de l'orient, afin que l'éclat de l'airain paralysât ses yeux. Il voulut perdre l'usage de la vue, pour ne pas voir les mauvais citoyens dans la prospérité. Et moi je veux, sur la fin de ma vie, que l'éclat de l'or étincelant me rende aveugle, afin que je ne voie pas dans les plaisirs un indigne fils » (*ibid.*).

9 [NdE] Plutarque, *De curiositate*, p. 521, C [« Sans doute il est faux de dire que Démocrite s'éteignit volontairement la vue en la fixant sur un miroir ardent, dont la réverbération frappait ses regards [...] ».

10 Pierre Bayle lui-même, qui créa cette revue philosophique, scientifique et littéraire en 1684.

11 [NdA] *Nouvelles de la République des Lettres*, février 1686, p. 155.

12 [NdA] « *Quare relligio pedibus subjecta vicissim. Obleritur, nos exæqual victoria cælo.* » [« La religion fut foulée aux pieds. Cette victoire fit de nous les égaux des dieux »]. Lucrèce, *De natura rerum*, liv. I, v. 79.

Tertullien[13] allègue une autre raison de la conduite de ce philosophe. Il prétend que Démocrite ne pouvait ni regarder une femme sans en souhaiter la jouissance, ni manquait d'en jouir, sans se chagriner et se dépiter. Il n'y eut donc point de meilleur remède contre cette persécution, que de se priver de la vue. Tertullien tire de là pour les vrais fidèles un grand sujet de triomphe sur les sages du paganisme. *Democritus excæcando semetipsum, quod mulieres sine concupiscentia aspicere non posset, et doleret si non esset potitus, incontinentiam emendatione profitetur*[14]. C'est un triomphe bien imaginaire ; car ce que l'on sait de plus certain touchant Démocrite renverse de fond en comble la supposition de Tertullien. C'était un homme détaché des sens, un méditatif qui méprisait les honneurs et les richesses, et qui voyagea jusqu'à l'âge de quatre-vingts ans[15]. On ne s'avise guère d'entreprendre de grands voyages quand on est aveugle ; et si ceux qui ont passé l'âge de quatre-vingts ans avaient besoin de s'aveugler, ce ne serait pas à cause que la vue des femmes allume en eux le feu de l'amour. Un désir suivi du regret de ne jouir pas ne se guérit pas par la privation de la vue : l'impudicité du cœur a besoin d'un autre remède.

13 Quintus Septimius Florens Tertullianus, dit Tertullien, écrivain et théologien, vécut entre le IIe et le IIIe siècle de notre ère.

14 [NdA] Tertullien, *Apologétique ou défense des Chrétiens contre les Gentils*, chap. XLVI. [« Démocrite, se crevant les yeux de sa propre main parce qu'il ne pouvait pas regarder une femme sans concupiscence et qu'il souffrait s'il ne la possédait pas, met au grand jour son incontinence par la punition qu'il s'impose »].

15 [NdA] Il le dit lui-même : Clément d'Alexandrie, *Stromates*, liv. I, p. 304, et Eusèbe, *La Préparation évangélique*, liv. X, chap. IV, p. 1472.

ANNEXE III

William Hay[1] (1695-1755)

Deformity : an essay, Londres, R. et J. Dodsley, 1754, p. 22-23.

[22] Mais je laisse aux meilleurs naturalistes le soin de déterminer si la difformité, considérée abstraitement, est préjudiciable à la santé ; car dans ses conséquences, je crois qu'elle est le plus souvent un avantage. Les personnes difformes ont moins de force que les autres, et doivent donc être naturellement plus attentives à sa conservation ; et comme la tempérance est le grand préservatif de la santé, elle peut les inciter à être plus tempérantes. J'ai des raisons de penser que la faiblesse de ma morphologie et de ma constitution a prolongé ma vie jusqu'à ce jour. Mais j'en imposerais à mon lecteur, et j'offenserais le Ciel, si j'attribuais cela à la vertu, qui prit sa source dans la nécessité. Ayant une prédisposition à la boisson, [23] j'ai été alarmé, quand j'étais jeune, par de fréquents crachements de sang. Ils m'ont fait m'abstenir du vin et de toutes les liqueurs fortes, depuis maintenant près de trente ans.

Ibid., p. 26-27.

[26] Comme une personne difforme n'est pas faite pour les exercices violents, elle est moins sujette aux troubles qui en sont les conséquences naturelles. Elle échappera aussi à beaucoup d'accidents auxquels les hommes athlétiques qui se glorifient de leur force s'exposent toujours, afin de l'éprouver et d'en faire démonstration. […] Elle ne sera pas de ceux qui, pour un pari, iront de Londres à York en un jour, ou à

1 Avec Samuel Formey, William Hay est l'un des rares philosophes qui serait aujourd'hui qualifié de « personne handicapée » à avoir écrit, avant l'émergence des études de handicap, un ouvrage philosophique sur ce thème (voir ici l'introduction p. 49-50). C'est pourquoi nous traduisons ici quelques passages de son *Deformity : an essay*, dans lequel il s'emploie notamment à réfuter les thèses de Francis Bacon en la matière (voir ici p. 219-221).

Windsor en une heure, ou feront sans cesse des voyages étonnamment longs dans un temps étonnamment [27] court, sans autre but que le plaisir de les raconter.

Ibid., p. 53-54.

[53] La position suivante de Lord Bacon est « que les personnes difformes sont très hardies, d'abord pour leur propre défense, parce qu'elles sont exposées au mépris, mais, avec le temps, en vertu d'une habitude générale ». C'est probablement le cas chez les personnes de qualité inférieure, qui sont exposées à des insultes continuelles, car le retour de l'injure est une arme naturelle d'autodéfense, qui, dans une certaine mesure, se justifie par la loi du talion. Attaquer un homme pour un défaut personnel, qu'il ne peut éviter, est également un acte immoral, et celui qui le fait n'a pas de raison d'espérer un meilleur sort que d'entendre parler de fautes qu'il était en son pouvoir de ne pas commettre. Mais je trouve que cette observation est loin de se vérifier chez moi. [54] Une timidité déplacée a été la conséquence de ma triste figure et de la mauvaise éducation qu'on m'a donnée dans mon enfance. Je suis toujours mal à l'aise lorsque quelqu'un regarde fixement une si vilaine image, et ne peux regarder quelqu'un dans les yeux avec une pleine confiance.

Ibid., p. 68-70.

[68] Un autre grand avantage de la difformité est qu'elle tend à l'amélioration de l'esprit. Un homme qui ne peut briller par sa personne aura recours à son intelligence, et tentera d'orner cette partie de lui-même qui est seule susceptible de l'être, lorsque son ambition [69] l'incitera à en venir, avec Cowley[2], à se poser cette question :

> Que dois-je faire pour être à jamais connu et faire mien l'âge à venir ?

En regardant autour de lui, il trouvera nombre d'avenues vers le temple de la renommée qui lui seront fermées. Mais certaines sont encore ouvertes,

2 Abraham Cowley (1618-1667) poète anglais.

celles de la vertu. Et celles-là, s'il a une juste ambition, il essaiera très probablement de les gagner. Plus un homme est inactif dans sa personne, plus son esprit est au travail ; et le temps que d'autres passent dans l'action, il le passera dans l'étude et la contemplation. Par elles, il peut acquérir la sagesse, et par la sagesse, la renommée. Le nom de *Socrate* est aussi connu que ceux d'*Alexandre* et de *César*, et est inscrit en de bien plus nobles caractères. Il a acquis la renommée par la sagesse et la bonté, eux, par la tyrannie et l'oppression ; lui, par l'instruction, eux, [70] par la destruction de l'humanité. Il est heureux que leurs méfaits aient été circonscrits à leur existence, quand, lui, continue à ce jour à nous instruire.

Ibid., p. 72-73.

[72] Et que toute personne difforme se console en se disant que, même si son âme n'a pas l'appartement le plus commode ni le plus beau, il est habitable, qu'il peut servir d'auberge sur la route ; qu'elle n'en est que le locataire à vie, ou (plus exactement) à volonté, et que, tant qu'elle y reste, [73] elle est dans une situation que les sourds, les muets, les boiteux et les aveugles peuvent lui envier.

REMERCIEMENTS

Sans les institutions qui en ont soutenu la publication et les personnes qui l'ont relue, cette anthologie n'aurait pu voir le jour. Nous adressons ainsi toute notre gratitude à la direction de l'Institut hospitalo-universitaire FOReSIGHT (Institut de la Vision, Centre hospitalier national d'ophtalmologie des Quinze-Vingts, Sorbonne Université, Inserm), tout particulièrement au Professeur José-Alain Sahel, dont les recherches en ophtalmologie, internationalement reconnues, ne font pas du sens de la vue la seule norme valable ; à celle de l'IHRIM (UMR 5317) ; du Programme Handicap et Sociétés (EHESS) ; et enfin à celle du LabEx COMOD (Université de Lyon). Nos remerciements les plus vifs vont aussi à Pierre-François Moreau et Raphaële Andrault, à l'origine de ce projet éditorial en tant que directeur et directrice de la collection qui accueille cet ouvrage, et à Élisabeth Baïsse-Macchi, assistante de rédaction et d'édition à l'IHRIM. Nous exprimons enfin toute notre reconnaissance à Nadia Benshila, Smaranda Marculescu, Marie Mühleck, Henri-Jacques Stiker, Gilles Vaisenberg et Zina Weygand.

INDEX DES NOMS DE PERSONNES ET DE PERSONNAGES[1]

1 Sont ici cités les noms mentionnés dans la présente anthologie, notes de bas de page incluses et introduction exclue. Les noms des philosophes qui constituent la table des matières et apparaissent dans le présent index sont ceux qui sont cités par un ou plusieurs autres philosophes ou éditeurs et éditrices.

INDEX DES NOMS DE LIEUX

INDEX DES NOTIONS[1]

HANDICAP PHYSIQUE

---

1 Ces notions suivent l'énumération donnée à l'article 2 de la loi française du 11 février 2005 « pour l'égalité des droits et des chances, la participation et la citoyenneté des personnes handicapées » (voir ici l'introduction p. 21). On ne s'étonnera pas de voir certains mots figurer dans des rubriques différentes. Ainsi, le terme de « muet » et ses dérivés peuvent être employés dans leurs sens propres contemporains – la mutité désignant alors l'incapacité à parler (qu'elle soit physiologique et constituant alors un « handicap physique », ou issue d'un trouble du langage et formant dans ce cas un « handicap cognitif ») – ou bien, dans les textes du passés, à propos d'une personne sourde et de la surdité (« handicap sensoriel »). Les mots « débile » et « débilité », quant à eux, ont renvoyé d'abord aux idées d'infirmité corporelle et de constitution faible (« handicap physique » et « trouble de santé invalidant »), puis, à la période contemporaine, à la faiblesse des facultés intellectuelles (« handicap mental »). Enfin, le terme « perclus » ou « percluse » renvoie à l'idée de paralysie (« handicap physique »), souvent associée à une pathologie (« trouble de santé invalidant »).

HANDICAP SENSORIEL

HANDICAP MENTAL

HANDICAP COGNITIF

HANDICAP PSYCHIQUE

POLYHANDICAP[2]

TROUBLE DE SANTÉ INVALIDANT

2 Très peu présent dans cette anthologie, le polyhandicap se signale avant tout, dans les quelques textes qui en traitent, par l'association des termes du « handicap physique », du « handicap mental » et/ou « sensoriel ». Voir par exemple, sous la plume de Lactance : « […] c'est ou bien une beauté que l'on remarque trop, ou bien un excès de pâleur, ou une faiblesse du corps, ou une finesse des membres, ou une taille petite, ou la voix faible, ou l'esprit débile, ou *plusieurs de ces dommages à la fois* » (p. 71 ; nous soulignons).

TABLE DES MATIÈRES

COLLECTION
« TEXTES DE PHILOSOPHIE »

La collection « Textes de philosophie » publie à la fois les grands ouvrages classiques de l'histoire de la philosophie et les textes moins systématiques qui en ont élaboré les matériaux ou discuté les conséquences. Elle accueille également ceux qui ont marqué les relations de la pensée philosophique avec les autres domaines de l'histoire des idées : sciences, droit et politique, controverses religieuses, pratiques esthétiques.

Retrouvez tous les titres de la collection en scannant ce code QR :

Et pour recevoir nos dernières actualités, abonnez-vous ici :

IMPRIM'VERT®

Achevé d'imprimer par Corlet,
Condé-en-Normandie (Calvados),
en Octobre 2025
N° d'impression : 189106 - dépôt légal : Octobre 2025
Imprimé en France